Kieler
Rechtswissenschaftliche Abhandlungen (NF)

Herausgegeben von der Rechtswissenschaftlichen
Fakultät der Universität Kiel

Band 11

Martin Borowski

Grundrechte als Prinzipien

2. Auflage

Nomos

Die Deutsche Bibliothek verzeichnet diese Publikation in
der Deutschen Nationalbibliografie; detaillierte bibliografische
Daten sind im Internet über http://dnb.ddb.de abrufbar.

ISBN 978-3-8329-2625-0

2. Auflage 2007
© Nomos Verlagsgesellschaft, Baden-Baden 2007. Printed in Germany. Alle Rechte, auch die des Nachdrucks von Auszügen, der fotomechanischen Wiedergabe und der Übersetzung, vorbehalten. Gedruckt auf alterungsbeständigem Papier.

Meinen Eltern

Vorwort zur ersten Auflage

Diese Untersuchung hat im Wintersemester 1996/97 der Rechtswissenschaftlichen Fakultät der Christian-Albrechts-Universität zu Kiel als Dissertation vorgelegen. Sie war im wesentlichen im November 1995 abgeschlossen. Später erschienene Literatur und Rechtsprechung habe ich nur noch gelegentlich berücksichtigt.

Mein herzlicher Dank gilt meinem Doktorvater Professor Dr. Robert Alexy, ohne dessen vielfältige Förderung die Arbeit nicht in dieser Form entstanden wäre. In der freundlichen und offenen Atmosphäre seines Lehrstuhls konnte stets mit großem Vergnügen gearbeitet werden. Herrn Professor Dr. Jost Delbrück danke ich für die rasche Erstellung des Zweitgutachtens. Dank gebührt weiter der Studienstiftung des deutschen Volkes, die die Entstehung dieser Untersuchung durch ein Promotionsstipendium ideell und finanziell gefördert hat, sowie der Deutschen Forschungsgemeinschaft für einen Druckkostenzuschuß. Zu danken habe ich ferner meinem Bruder Roman für die Hilfe beim Lesen der Korrekturen sowie meiner Frau für vielfältige Unterstützungen.

Kiel, im September 1997   Martin Borowski

Vorwort zur zweiten Auflage

Nachdem die erste Auflage aufgrund der freundlichen Aufnahme der Arbeit vergriffen war, haben sich Verlag und Autor zu einer Neuauflage entschlossen. Die deutsche Diskussion um die Prinzipientheorie der Grundrechte ist nach wie vor lebhaft, und die internationale Rezeption gewinnt weiter an Schwung.

Der Text ist umfassend aktualisiert. An vielen Stellen sind neue Abschnitte eingefügt worden, weite Teile des ursprünglichen Textes wurden grundlegend überarbeitet. Es hat sich als zweckmäßig erwiesen, Erwiderungen auf kritische Einwände nicht in einem Nachwort zusammenzufassen, sondern an den einschlägigen Stellen in den Text einzuarbeiten.

Die in Kiel begonnenen Arbeiten an der Neuauflage wurden während eines Forschungsaufenthaltes an der School of Law der Washington University in St. Louis (USA) abgeschlossen, den die Alexander-von-Humboldt-Stiftung, Bonn, freundlicherweise mit einem Feodor-Lynen-Forschungsstipendium unterstützt hat.

Kiel/St. Louis, im September 2006   Martin Borowski

Inhaltsübersicht

	Seite
Einleitung	24
1. Teil: Grundlagen	34
1. Abschnitt: Die grundlegenden Konstruktionsmöglichkeiten von Rechten	34
2. Abschnitt: Die Prinzipientheorie der Grundrechte	68
3. Abschnitt: Die prinzipientheoretische Rekonstruktion der Schrankentheorien	135
2. Teil: Die Normstruktur der Grundrechte	160
1. Abschnitt: Die strukturelle Unterscheidung nach der staatlich geschuldeten Verhaltensform	160
2. Abschnitt: Die Unterscheidung von Grundrechtsfunktionen	209
3. Abschnitt: Die strukturelle Analyse der Grundrechtsfunktionen	231
A. Die Abwehrrechte	231
B. Die grundrechtlichen Leistungsrechte im weiteren Sinne	293
I. Die grundrechtlichen Schutzrechte	293
II. Die sozialen Grundrechte	341
III. Die grundrechtlichen Rechte auf Organisation und Verfahren	368
IV. Der Grundrechtsschutz konstituierter Positionen im Bereich der grundrechtlichen Leistungsrechte im weiteren Sinne	392
C. Die Gleichheitsrechte	394

Inhaltsverzeichnis

	Seite
Einleitung	24
I. Ziel	24
1. Die Wirkungen der Grundrechte	24
2. Grundrechtstheorie als Strukturtheorie	26
3. Die fundamentale Struktur der Grundrechte	28
a) Problem und begrifflicher Rahmen	28
aa) Der Streit um das Eingriffs-Schranken-Schema in der Grundrechtsdogmatik	29
bb) Der Streit um Innen- und Außentheorie im Zivilrecht	30
cc) Begrifflicher Rahmen	31
b) Der Gegenstand der Untersuchung	31
II. These	32
III. Gang der Untersuchung	32
1. Teil: Grundlagen	**34**
1. Abschnitt: Die grundlegenden Konstruktionsmöglichkeiten von Rechten	34
I. Die Unterscheidung zwischen Außen- und Innentheorie	34
1. Die Außentheorie	34
2. Die Innentheorie	37
II. Zu Theorien immanenter Schranken als Innentheorien	39
1. Die Theorie immanenter Schranken	40
2. Folgerungen für die Normstruktur	42
a) Immanente Schranken auf der Tatbestandsebene	42
aa) Äußere Schranken unzulässig	42
bb) Äußere Schranken zulässig	42
b) Immanente Schranken auf der Schrankenebene	43
c) Ergebnis	44
III. Die Relevanz der Unterscheidung zwischen Innen- und Außentheorie	45
1. Allgemeine normative Annahmen	45
a) Negative und positive Freiheit	47
b) Die Außentheorie als normative Theorie oder Konstruktionstheorie	50

2. Die Stufung der Argumentation	53
3. Rechtfertigungslasten	54
IV. Die Geschichte der Schrankentheorien	54
1. Die Geschichte der Schrankentheorien im Zivilrecht	55
a) Der römischrechtliche Eigentumsbegriff	56
b) Der deutschrechtliche Eigentumsbegriff	57
c) Zivilrecht und Verfassung	60
2. Die Geschichte der Schrankentheorien im Öffentlichen Recht	61
a) Drei Positionen vor der Machtübernahme der Nationalsozialisten	62
aa) Otto von Gierke	62
bb) Der frühe Carl Schmitt	63
cc) Rudolf Smend	64
b) Die nationalsozialistische Gemeinschaftsideologie	64
c) Die Entwicklung unter dem Grundgesetz	65
V. Zusammenfassung	67
2. Abschnitt: Die Prinzipientheorie der Grundrechte	68
I. Die Prinzipientheorie und ihre Anwendung auf die Grundrechte	68
1. Die Prinzipientheorie als solche	68
2. Die Anwendung der Prinzipientheorie auf die Grundrechte	69
II. Die Prinzipientheorie als rechtstheoretische Theorie	70
1. Ronald Dworkin	72
a) Ausgangspunkt und theoretischer Rahmen	72
b) Dworkins Unterscheidung von Regeln und Prinzipien	74
aa) Die Alles-oder-Nichts-Anwendbarkeit	75
bb) Die Dimension des Gewichts	75
cc) Kritik an der Prinzipientheorie Dworkins	76
dd) Ergebnis	77
2. Robert Alexy	78
a) Das Kollisionsverhalten von Regeln und Prinzipien	79
aa) Die Regelkollision	79
bb) Die Prinzipienkollision	80
aaa) Geltung trotz Kollision	80
bbb) Die Abwägungsgesetze	82
(1) Das materielle Abwägungsgesetz	82
(2) Das epistemische Abwägungsgesetz	82

ccc) Metrisierung und Skalierung in der Abwägung	83
(1) Ordinale und kardinale Ordnungen	83
(2) Infinitesimale und limitierte Skalierung	84
ddd) Die Gewichtsformel	84
eee) Das Kollisionsgesetz	85
cc) Die Regel/Prinzipienkollision	86
b) Der unterschiedliche prima facie-Charakter von Regeln und Prinzipien	87
c) Regeln und Prinzipien als Gründe	89
d) Das Verhältnis zwischen Prinzipientheorie und Verhältnismäßigkeitsgrundsatz	89
e) Das Verhältnis zwischen Prinzipien und Werten	90
f) Das Verhältnis zwischen Prinzipientheorie und Außentheorie	90
g) Kritik an der Prinzipientheorie Alexys	91
aa) Prinzipien als Optimierungsgebote	91
bb) Der unterschiedliche prima facie-Charakter von Regeln und Prinzipien	93
h) Ergebnis	95
3. Jan-Reinard Sieckmann	96
a) Die Unterscheidung von Regeln und Prinzipien	96
aa) Strikte Geltung oder nicht strikte Geltung	96
bb) Rein deskriptive oder auch normative Bestimmung des Geltungsbereiches	97
cc) Die Teilnahme an der Abwägung als Grund	97
dd) Zwischenergebnis	97
b) Die Eigenschaften von Regeln und Prinzipien	98
aa) Der Festsetzungsgehalt von Normen	98
bb) Ideales und reales Sollen	99
aaa) Normative Aussagen und normative Argumente	99
bbb) Universelle und existentielle Handlungsgebote	100
cc) Abwägungs- und Handlungsstufe	101
c) Kritik an der Prinzipientheorie Sieckmanns	101
aa) Der Festsetzungsgehalt von Regeln und Prinzipien	101
bb) Die komplexe Unterscheidung zwischen Regeln und Prinzipien	104
cc) Die Unterscheidung von Abwägungs- und Handlungsstufe	105
dd) Ergebnis	105
4. Einwände gegen die starke Trennungsthese	105
a) Ulrich Penski	106

b) Aulis Aarnio	107
c) Klaus Günther	109
d) Giovanni Sartor	111
5. Ergebnis	113
III. Die Anwendung der Prinzipientheorie auf die Grundrechte	114
1. Die Ermittlung der Normstruktur durch Auslegung	114
2. Die grundrechtliche Abwägung als Element einer umfassenden Methodik der Grundrechtsanwendung	116
a) Die grundrechtliche Abwägung als Abwägung von Rechtsnormen	117
b) Die Subsumtion unter Grundrechtsbestimmungen und die grundrechtliche Abwägung	118
3. Abwägungsskepsis	120
a) Geeignetheit und Erforderlichkeit als abwägungsfrei anwendbare Kriterien	120
b) Die Strukturierungsleistung der Abwägung nach der Prinzipientheorie	121
c) Die Kohärenz im grundrechtlichen System	122
d) Radikale und moderate Abwägungsskepsis	122
4. Spielräume	123
a) Strukturelle Spielräume	124
aa) Der Zwecksetzungsspielraum	124
bb) Der Abwägungsspielraum	125
cc) Der Mittelwahlspielraum	126
b) Erkenntnisspielräume	126
aa) Der empirische Erkenntnisspielraum	126
aaa) Die Berücksichtigung formeller Prinzipien in der grundrechtlichen Abwägung	127
bbb) Einwände gegen die Abwägung formeller und materieller Prinzipien	128
bb) Der normative Erkenntnisspielraum	130
5. Sonstige Einwände gegen die Prinzipientheorie der Grundrechte	130
a) Die Prinzipientheorie als „Nullpunkt der Dogmatik"?	131
b) Die vermeintliche „wissenschaftstheoretische Verdächtigkeit" der Prinzipientheorie	132
c) Der Vorwurf bundesverfassungsgerichtspositivistischer Affirmation	132
d) Einwände gegen „die dem Prinzipienmodell zugrundeliegende Diskurstheorie des Rechts"	134
VI. Ergebnis	134

3. Abschnitt: Die prinzipientheoretische Rekonstruktion der Schrankentheorien	135
I. Innentheoretische Rechte	135
II. Außentheoretische Rechte	137
1. Das Recht „an sich" oder prima facie-Recht	137
2. Die Schranken	140
a) Regeln und Prinzipien als Schranken	140
aa) Prinzipien als Schranken	140
aaa) Prinzipien ohne Festsetzungsgehalt als Schranken	141
bbb) Prinzipien mit teilweisem Festsetzungsgehalt als Schranken	142
bb) Regeln als Schranken	143
cc) Zur Redundanz von Regeln und Prinzipien mit teilweisem Festsetzungsgehalt als Schranken	144
b) Norm oder Einzelakt als Schranke	146
c) Die Wirksamkeit als Eigenschaft der Schranke	147
III. Die Ausgestaltung von Rechten	148
1. Die „Pflicht zur Ausgestaltung" als Inhalt eines grundrechtlichen Leistungsrechts	149
2. Die Ausgestaltung des Grundrechts selbst	151
a) Die ungebundene Ausgestaltung des Grundrechts	151
b) Die gebundene Ausgestaltung des Grundrechts	152
3. Die Ausgestaltung der unterverfassungsrechtlichen Rechtsordnung	154
4. Ergebnis	154
IV. Die Reduktion des Grundrechts auf das Abwägungsergebnis	155
1. Der effektive Garantiebereich als vermeintlich alleiniger Grundrechtsinhalt	156
2. Das grundrechtliche Prinzip als Inhalt des Grundrechts	156
a) Das grundrechtliche Prinzip als rechtliche Norm	156
b) Das grundrechtliche Prinzip als moralische Norm	157
c) Ergebnis	158
V. Zusammenfassung	159
2. Teil: Die Normstruktur der Grundrechte	**160**
1. Abschnitt: Die strukturelle Unterscheidung nach der staatlich geschuldeten Verhaltensform	160
I. Die Struktur der Grundrechte nach Gertrude Lübbe-Wolff	161
1. Die Theorie Lübbe-Wolffs	161

2. Kritik	165
a) Die Begrenzung auf das Eingriffs-Schranken-Schema und das Präformationsmodell	165
b) Strukturmodelle und Schutzintensität	167
c) Die Unterscheidung von positivem Handeln und Unterlassen	168
d) Folgenbeseitigungsansprüche	173
e) Grundrechtsschutz einfachgesetzlich konstituierter Rechtspositionen	173
II. Zur Möglichkeit außentheoretischer Modelle im Leistungsbereich	175
1. Die grundrechtlich prima facie gebotenen Unterlassungen und Handlungen	176
a) Die Unterscheidung universeller und existentieller Ge- und Verbote von Handlungen	176
b) Grundrechtliche Handlungsverbote	178
c) Grundrechtliche Handlungsgebote	178
d) Die Unterscheidung von Abwägungs- und Handlungsstufe	184
2. Das Untermaßverbot als Mittel zur Bestimmung des definitiv Gebotenen	184
a) Das Übermaßverbot	185
aa) Der Grundsatz der Geeignetheit	186
aaa) Legitimes Ziel	186
bbb) Förderung des legitimen Ziels durch das eingesetzte Mittel	187
bb) Der Grundsatz der Erforderlichkeit	188
cc) Der Grundsatz der Verhältnismäßigkeit im engeren Sinne	189
b) Das Untermaßverbot	191
aa) Entbehrlichkeit des Untermaßverbots?	191
bb) Das Untermaßverbot als unmittelbare Umkehrung des Übermaßverbots?	192
cc) Die Struktur des Untermaßverbots	196
aaa) Die Notwendigkeit der Berücksichtigung aller möglichen Erfüllungshandlungen	196
bbb) Die drei Teilgrundsätze der Verhältnismäßigkeit	198
(1) Die Geeignetheit im Rahmen des Untermaßverbots	198
(2) Die Erforderlichkeit im Rahmen des Untermaßverbots	199
(3) Die Verhältnismäßigkeit im engeren Sinne im Rahmen des Untermaßverbots	201
ccc) Weitere Auswahl unter den verhältnismäßigen Förderungsmitteln?	203
(1) Verzicht auf weitere Auswahl	203
(2) Maximierung der Förderungsintensität	204

(3) Abwägung 2. Stufe?	204
(4) Ergebnis	205
dd) Untermaßverbot und Spielräume	205
ee) Mögliche Ergebnisse	207
aaa) Gebot einer bestimmten Förderungshandlung	207
bbb) Gebot einer Handlung aus einer Klasse von Handlungen	207
ccc) Kein Gebot einer Handlung	208
3. Ergebnis	208
2. Abschnitt: Die Unterscheidung von Grundrechtsfunktionen	209
I. Die Unterscheidung von Abwehr- und Leistungsrechten	210
1. Die Unterscheidung von positivem Handeln und Unterlassen	210
2. Formelle und materielle Unterscheidung von Abwehr- und Leistungsrechten	213
a) Die materielle Unterscheidung von Abwehr- und Leistungsrechten	214
aa) Abwehrrechte im materiellen Sinne	215
bb) Grundrechtliche Leistungsrechte im materiellen Sinne	216
aaa) Der Begriff des grundrechtlichen Leistungsrechts im materiellen Sinne	216
bbb) Materiell leistungsgrundrechtlicher Schutz von konstituierten Rechtspositionen	218
ccc) Materiell leistungsgrundrechtliche Ansprüche auf Unterlassen	221
b) Die formelle Unterscheidung von Abwehr- und Leistungsrechten	222
c) Zur vorzugswürdigen Verwendung der Begriffe „Abwehrrecht" und „Leistungsrecht"	222
3. Die Unterscheidung innerhalb der grundrechtlichen Leistungsrechte im weiteren Sinne	224
a) Die grundsätzliche Unterscheidung	224
b) Probleme der Unterscheidung	226
II. Die Gleichheitsrechte	228
1. Gleichheitsrechte und Abwehrrechte	228
2. Gleichheitsrechte und grundrechtliche Leistungsrechte	229
a) Originäre Teilhabe- oder Leistungsrechte	230
b) Derivative Teilhabe- oder Leistungsrechte	230

3. Abschnitt: Die strukturelle Analyse der Grundrechtsfunktionen	231
A. Die Abwehrrechte	231
I. Die Abwehrrechte als innen- oder außentheoretische Rechte	231
1. Die strukturelle Analyse des Grundschemas der Abwehrrechte	231
a) Das Grundschema der Abwehrrechte	231
aa) Schutzbereich	232
bb) Eingriff	233
cc) Verfassungsrechtliche Rechtfertigung des Eingriffs	234
b) Die strukturelle Analyse des Grundschemas der Abwehrrechte	234
aa) Das Verhältnis von Schutzbereich und Eingriff – Schutzbereichs- und Tatbestandsbegriffe	234
bb) Das Verhältnis von Grundrechtstatbestand und Grundrechtsschranke	237
cc) Ergebnis	238
2. Der Streit um die Schrankentheorie	239
a) Das Argument des logischen Widerspruchs	239
b) Das Argument des außerrechtlichen Ideals	241
c) Das Argument des unrealistischen Ideals	242
d) Das Argument der notwendigen Gemeinschaftsbindung	243
e) Das Argument der konstituierten Freiheit	243
f) Das Argument des verfehlten räumlichen Denkens	244
g) Das Argument der Rangordnung der Normen	244
h) Das Unredlichkeitsargument	246
i) Das Argument der fehlenden legitimierenden Kraft	246
j) Das Argument der Anspruchsinflation	247
k) Das Argument der fehlenden Grundrechtsbindung	248
l) Das Argument der zu starken Grundrechtsbindung	251
m) Das Rationalitätsargument	252
n) Die grundrechtliche Freiheit als negative Freiheit	252
o) Ergebnis	252
3. Ergebnis	252
4. Enge und weite Tatbestandstheorie	252
a) Das Unredlichkeitsargument	254
b) Das Argument der fehlenden legitimierenden Kraft	254
c) Das Kollisionsargument	256

d) Das Rechtssicherheitsargument	257
e) Das Rationalitätsargument	258
f) Ergebnis	258
5. Die grundrechtliche Eingriffsermächtigung bei Abwehrrechten	259
a) Die Grundtypen der Gesetzesvorbehalte	259
aa) Der einfache Gesetzesvorbehalt	260
bb) Der qualifizierte Gesetzesvorbehalt	260
cc) Der ungeschriebene Gesetzesvorbehalt	260
b) Das Gebot der weiten Deutung von Gesetzesvorbehalten	261
aa) Die Grundgedanken des Parlamentarischen Rates zur Schrankenkonzeption	261
bb) Weiter Tatbestand und weite grundrechtliche Eingriffsermächtigung	264
II. Innentheoretische Konzeptionen und Ausnahmen vom außentheoretischen Grundschema	264
1. Innentheoretische Konzeptionen	265
a) Peter Häberle	265
b) Marcel Bolz	268
c) Ulrich Klaus Preuß	269
2. Ausnahmen vom außentheoretischen Grundschema?	270
a) Die Struktur der Menschenwürde gem. Art. 1 Abs. 1 GG als Abwehrrecht	271
aa) Die grundsätzlichen Positionen	271
bb) Die Rechtsprechung des Bundesverfassungsgerichts	273
aaa) Die Rechtsprechung zur Menschenwürde gem. Art. 1 Abs. 1 GG	273
bbb) Die Rechtsprechung zur verfassungsrechtlichen allgemeinen Persönlichkeitsrecht gem. Art. 2 Abs. 1 i.V.m. 1 Abs. 1 GG	275
cc) Die Versöhnung von absoluter und relativer Linie	278
aaa) Der Eindruck des Absoluten bei gewichtigen Prinzipien	278
(1) Der überproportionale Anstieg der Resistenz gegen weitere Eingriffe mit zunehmender Eingriffstiefe	278
(2) Die Anforderungen an die Sicherheit empirischer Prämissen	279
(3) Die relative Absolutheit der Menschenwürde	280
bbb) Die Prinzipienebene und die Regelebene der Menschenwürde	281
dd) Explizite und implizite Beschränkung der Menschenwürde	282
aaa) Das Modell expliziter Beschränkungen der Menschenwürde	282
bbb) Das Modell impliziter Beschränkungen der Menschenwürde	283

ccc) Das vorzugswürdige Modell	283
b) Schutzbereichsbegrenzung aufgrund kollidierenden Verfassungsrechts	284
c) Wesensgehaltsgarantie und Grundrechtsstruktur	287
aa) Die Theorie vom relativen Wesensgehalt	287
bb) Die Theorie vom absoluten Wesensgehalt	288
3. Ergebnis	290
III. Die Prüfungsfolge der Abwehrrechte	290
B. Die grundrechtlichen Leistungsrechte im weiteren Sinne	293
I. Die grundrechtlichen Schutzrechte	293
1. Bindende und nicht bindende Normen	296
2. Subjektive Rechte und bloß objektives Recht	297
a) Die Positionen zur Subjektivierung grundrechtlicher Schutzrechte	298
b) Das Problem des Überganges von objektivem Recht zu subjektiven Rechten	298
c) Die Subjektivierung qua Gegenstand des Optimierungsgebots	299
aa) Die Optimierung des Inhalts und der Durchsetzbarkeit eines Rechts	300
bb) Das Grundrecht als subjektives Recht und einfachrechtliche subjektive Rechte	300
cc) Einwände gegen die Subjektivierung qua Optimierung	302
d) Einwände gegen eine umfassende Subjektivierung	302
3. Grundrechtliche Schutzrechte als innen- oder außentheoretische Rechte	303
a) Grundrechtliche Schutzrechte als Unterfall der Abwehrrechte im klassischen Sinne	304
b) Argumente für eine innentheoretische Konzeption	305
c) Argumente für eine außentheoretische Konzeption	307
aa) Anwendung des Grundsatzes der Verhältnismäßigkeit	307
aaa) Einwände gegen eine Prüfung der Verhältnismäßigkeit in Schutzrechtsfällen	308
bbb) Die Verhältnismäßigkeit grundrechtlicher Schutzrechte – Das Untermaßverbot	312
bb) Das Argument der Stufung der Argumentation	313
d) Ergebnis	313
e) Ein Überblick über das Eingriffs-Schranken-Schema bei grundrechtlichen Schutzrechten	314

aa) Der Tatbestand grundrechtlicher Schutzrechte 314
bb) Die verfassungsrechtliche Rechtfertigung von Eingriffen in den Schutzbereich 315
4. Enge oder weite Tatbestandstheorie grundrechtlicher Schutzrechte 315
   a) Das Erfordernis der evidenten Verletzung grundrechtlicher Schutzrechte 316
   b) Die Sozialadäquanz als immanente Grenze grundrechtlicher Schutzrechte 317
      aa) Sozialadäquanz kraft Situationsgebundenheit 318
      bb) Sozialadäquanz kraft Abwägung 319
   c) Das Kollisionsargument 320
   d) Das Argument der fehlenden legitimierenden Kraft 321
      aa) Die legitimierende Kraft aller Förderungshandlungen 321
      bb) Die praktische Grenze des Tatbestandes 322
   e) Das Argument der Stufung der Argumentation 324
   f) Ergebnis 324
5. Grundrechtliche Eingriffsermächtigung bei grundrechtlichen Schutzrechten 324
   a) Die abwehrrechtlichen Eingriffsermächtigungen 325
   b) Die ungeschriebene Eingriffsermächtigung 325
6. Die Kriterien für die Wirksamkeit von Schranken grundrechtlicher Schutzrechte 326
   a) Materielle Kriterien der Wirksamkeit der Schranken grundrechtlicher Schutzrechte 327
   b) Formelle Kriterien der Wirksamkeit der Schranken grundrechtlicher Schutzrechte 327
      aa) Umfassender formeller Schutz 327
      bb) Eingeschränkter formeller Schutz 328
         aaa) Eingeschränkter Gesetzesvorbehalt 328
            (1) Erforderlichkeit eines formellen Gesetzes für schutzrechtrelevante Fragen 329
            (2) Formelles Gesetz als Anforderung grundrechtlicher Schutzrechte 331
         bbb) Sonstige formelle Anforderungen 333
         ccc) Ergebnis 334
      cc) Zu formellem Schutz in Dreieckskonstellationen 335
7. Zusammenfassung 338

8. Die Prüfungsfolge der grundrechtlichen Schutzrechte	339
II. Die sozialen Grundrechte	341
1. Soziale Grundrechte im Grundgesetz	341
a) Der Begriff der sozialen Grundrechte	341
b) Politisches Problem, Staatsziel und Grundrecht	343
c) Soziale Grundrechte und Verfassungstext	344
2. Bindende und nicht bindende Normen	348
3. Subjektive Rechte und bloß objektives Recht	349
4. Soziale Grundrechte als innen- oder außentheoretische Rechte	351
a) Argumente gegen ein außentheoretisches Modell	352
aa) Die Unbestimmtheit des Anspruchsgegenstandes	352
bb) Die Erforderlichkeit einer multidimensionalen Abwägung	353
cc) Kein Recht auf alles	354
dd) Die Unmöglichkeit umfassenden formellen Schutzes	355
b) Argumente für ein außentheoretisches Modell	355
aa) Die Rekonstruktion des Übergangs zu definitiven Rechten	357
bb) Der Wandel des Anspruchsinhalts	357
cc) Die Offenheit für verschiedene normative Konzeptionen	358
dd) Das Rationalitätsargument	358
c) Ergebnis	359
5. Enge oder weite Tatbestandstheorie sozialer Grundrechte	359
a) Das Unredlichkeitsargument	359
b) Das Argument der strukturellen Unmöglichkeit	360
c) Das Argument der fehlenden legitimierenden Kraft	360
d) Das Rationalitätsargument	362
e) Ergebnis	363
6. Grundrechtliche Eingriffsermächtigung bei sozialen Grundrechten	363
7. Die Kriterien für die Wirksamkeit von Schranken sozialer Grundrechte	363
a) Materielle Kriterien der Wirksamkeit von Schranken sozialer Grundrechte	363
b) Formelle Kriterien der Wirksamkeit von Schranken sozialer Grundrechte	366
8. Zusammenfassung	367
9. Die Prüfungsfolge der sozialen Grundrechte	367

III. Die grundrechtlichen Rechte auf Organisation und Verfahren 368
  1. Der Begriff des grundrechtlichen Rechts auf Organisation und Verfahren 368
    a) Der Gedanke des Verfahrens 369
    b) Die Begründung aus der objektiv-rechtlichen Wertentscheidung 371
    c) Der Charakter als grundrechtliche Leistungsrechte im weiteren Sinne 372
  2. Die grundrechtlichen Rechte auf Verfahren im engeren Sinne 373
    a) Grundrechtliche Rechte auf Verfahren im engeren Sinne als innen- oder außentheoretische Rechte 374
    b) Ergebnis 377
  3. Die grundrechtlichen Rechte auf Organisation im engeren Sinne 377
    a) Subjektive Rechte oder bloß objektives Recht 378
      aa) Individuelle Freiheit allein als Zweck für die öffentliche Meinungsbildung 380
      bb) Individuelle Rundfunkfreiheit auch als Mittel zur Entfaltung der Persönlichkeit 382
    b) Innen- oder außentheoretische Rechte 384
    c) Ergebnis 385
  4. Die grundrechtlichen Rechte auf privatrechtliche Kompetenzen 385
    a) Grundrechtliche Rechte auf privatrechtliche Kompetenzen als grundrechtliche Leistungsrechte im weiteren Sinne 387
    b) Grundrechtliche Rechte auf privatrechtliche Kompetenzen als subjektive Rechte 390
    c) Grundrechtliche Rechte auf privatrechtliche Kompetenzen als innen- oder außentheoretische Rechte 390
  5. Die Prüfungsfolge der grundrechtlichen Rechten auf Organisation und Verfahren 391
IV. Der Grundrechtsschutz konstituierter Rechtspositionen im Bereich der grundrechtlichen Leistungsrechte im weiteren Sinne 392

C. Die Gleichheitsrechte 394

I. Der Gegenstand der Untersuchung 394
II. Das allgemeine Willkürverbot als Inhalt des allgemeinen Gleichheitssatzes 394
III. Rechtliche und faktische Gleichheit 395
IV. Der allgemeine Gleichheitssatz als bindende Norm 399

V. Der allgemeine Gleichheitssatz als subjektives Recht	400
VI. Gleichbehandlungsgebot und Ungleichbehandlungsgebot	400
1. Das Gleichbehandlungsgebot	401
2. Das Ungleichbehandlungsgebot	402
a) Die vermeintliche Redundanz des Gebots der Ungleichbehandlung	402
b) Kritik an der Redundanzthese	404
c) Die vorzugswürdige Formulierung des Ungleichbehandlungsgebots	405
VII. Der allgemeine Gleichheitssatz als innen- oder außentheoretisches Recht	407
1. Die grundsätzlichen Thesen	407
2. Die Argumente für ein innentheoretisches Recht	410
3. Die Argumente für ein außentheoretisches Recht	412
4. Zur „Neuen Formel" des Bundesverfassungsgerichts	413
5. Ergebnis	416
VIII. Enge oder weite Tatbestandstheorie des allgemeinen Gleichheitssatzes	417
1. Michael Kloepfer	417
2. Stefan Huster	418
a) Normative Gleichheit und der Begriff der Ungleichbehandlung	420
b) Die Rechtfertigungslast von Ungleichbehandlungen im „schematischen" oder rechtlichen Sinne	421
c) Mögliche Auswege aus dem Dilemma	422
d) Husters Argumente	423
aa) Argumente gegen das prima facie-Gebot „schematischer" oder rechtlicher Ungleichbehandlung	423
bb) Argumente gegen die Prüfung der Verhältnismäßigkeit bei der Verfolgung interner Zwecke	426
aaa) Zu strenger Prüfungsmaßstab	426
bbb) Wird in der Praxis nicht durchgeführt	426
ccc) Rechtfertigung der Gerechtigkeitsmaßstäbe betrifft keine Rechtsfragen	428
ddd) Handlungstheoretische Argumente	428
e) Probleme der Gesamtkonzeption Husters	432
aa) Anwendungsprobleme	433
bb) Konsequenzen für die Kontrolldichte	435
f) Ergebnis	436
3. Wolfgang Rüfner	436

4. Christian Koenig	437
5. Robert Alexy	438
6. Reduktion auf ohnehin gebotene oder nicht verbotene Rechtsfolgen	440
a) Reduktion auf ohnehin gebotene Rechtsfolgen	441
aa) Reduktion auf Differenzierungen im Anwendungsbereich einfachrechtlicher subjektiver Rechte	441
bb) Reduktion auf Differenzierungen im Bereich von Abwehrrechten oder grundrechtlichen Leistungsrechten	442
aaa) Bestimmung anhand des von Abwehrrechten oder grundrechtlichen Leistungsrechten definitiv Gebotenen	442
bbb) Bestimmung anhand des von Abwehrrechten oder grundrechtlichen Leistungsrechten prima facie Gebotenen	442
b) Reduktion auf nicht verbotene Rechtsfolgen – Keine Gleichheit im Unrecht	443
IX. Die grundrechtliche Eingriffsermächtigung	447
X. Die Kriterien für die Wirksamkeit von Schranken des allgemeinen Gleichheitssatzes	448
1. Materielle Kriterien	449
2. Formelle Kriterien	449
a) Umfassender formeller Schutz	450
b) Eingeschränkter formeller Schutz	450
XI. Ein Drei-Bereiche-Modell des allgemeinen Gleichheitssatzes	451
XII. Zusammenfassung	453
XIII. Die Prüfungsfolge des allgemeinen Gleichheitssatzes	454
Gesamtergebnis der Untersuchung	455

Literaturverzeichnis   456

Sachregister   489

Einleitung

Im 1. Teil dieser Untersuchung werden zunächst die historischen und rechtstheoretischen Grundlagen erarbeitet, auf deren Grundlage im 2. Teil die Struktur der Grundrechte des Grundgesetzes untersucht werden kann. In dieser Einleitung gilt es zunächst das Ziel dieser Arbeit zu erläutern, bevor die zentrale These vorgestellt und der Gang der Untersuchung skizziert wird.

I. Ziel

Das Ziel dieser Untersuchung besteht in erster Linie darin, die fundamentale Struktur der Grundrechte des Grundgesetzes zu klären.[1] Unter dem Problem der fundamentalen Struktur soll die Frage verstanden werden, ob die von den Grundrechten gewährten Rechtspositionen[2] ihren endgültigen Umfang von vornherein besitzen, oder zunächst eher weitreichend gewährt werden, dann aber eingeschränkt werden können oder müssen. In der gegenwärtigen Grundrechtsdogmatik wird dieses Problem erörtert, wenn nach der Reichweite der Eingriffsdogmatik bei den Grundrechten gefragt wird.

1. Die Wirkungen der Grundrechte

Nach ständiger Rechtsprechung des Bundesverfassungsgerichts sind die Grundrechte „in erster Linie Abwehrrechte des Bürgers gegen den Staat".[3] Doch darin sollen sich die Wirkungen der Grundrechte nicht erschöpfen. Das Gericht erwähnte bereits im SRP-

---

[1] Die Struktur der Menschenrechte als moralische Rechte (zu den Definitionen des Grundrechts und des Menschenrechts siehe Alexy, Die Institutionalisierung der Menschenrechte im demokratischen Verfassungsstaat, S. 244 ff.; ders., Grundrechte, S. 525 ff.; ders., Christiana Albertina 54 (2002), S. 7 f.; ders., DZPhil 52 (2004), S. 16; Borowski, German Yearbook of International Law 44 (2001), S. 42 ff.; ders., Die Glaubens- und Gewissensfreiheit des Grundgesetzes, S. 84 ff.) oder der internationalen Grundrechte sowie der Grundrechte und Grundfreiheiten im Recht der Europäischen Union bzw. Europäischen Gemeinschaft kann in dieser Untersuchung dagegen nicht näher in den Blick genommen werden. Die rechtstheoretisch vertiefte Analyse der Grundrechte des Grundgesetzes wird jedoch ein allgemeines Strukturmodell der Grundrechte aufzeigen, das sich in der Analyse der Strukturen anderer Arten von Grundrechten, der Menschenrechte sowie der Grundfreiheiten als fruchtbar erweist. Dies insbesondere für die europäischen Grundrechte und die Grundfreiheiten des Binnenmarktes im einzelnen darzulegen, muß jedoch gesonderten Abhandlungen vorbehalten bleiben.

[2] Eine Rechtsposition wie ein Recht auf etwas, eine Freiheit oder Kompetenz existiert genau dann, wenn eine Norm gilt, die diese Position gewährt, vgl. Alexy, Theorie der Grundrechte, S. 163 f. Zum System der rechtlichen Grundpositionen ders., a.a.O., S. 171 ff. In der grundrechtsdogmatischen Diskussion werden einige Unterscheidungen terminologisch eher auf Normen bezogen, andere eher auf Positionen. Dem Bemühen nach systematischer Analyse könnte es entsprechen, alle Unterscheidungen entweder auf Normen oder auf Positionen zu beziehen und entsprechend umzuformulieren. Dies führte aber notwendig dazu, daß an einer ganzen Reihe von Stellen die übliche Terminologie verlassen werden müßte, was zu hölzernen und nicht leicht verständlichen Formulierungen führte. Nur dort, wo der Argumentationsgang es unerläßlich macht, werden entsprechende Umformulierungen vorgenommen.

[3] BVerfGE 7, 198 (204); 21, 362 (371 f.); 39, 1 (148); 50, 290 (327); 68, 193 (205).

Urteil die „wertgebundene Ordnung" des Grundgesetzes.[4] Im Lüth-Urteil ging es dann von einer objektiven Wertordnung des Grundrechtsabschnitts aus, die der prinzipiellen Verstärkung der Geltungskraft der Grundrechte als Abwehrrechte im klassischen Sinne diene und alle drei Gewalten binde.[5] Nach verbreiteter Terminologie werden diese Wirkungen der Grundrechtsbestimmungen den sogenannten „objektivrechtlichen Funktionen" oder „Gehalten"[6] zugeschrieben. Diese sollen vor allem grundrechtliche Schutzrechte, soziale Grundrechte und Rechte auf Organisation und Verfahren umfassen.[7] Der damit verbundenen substantiellen Ausweitung der Grundrechte[8] hielt die systematische Analyse kaum Schritt. Während die dogmatische Behandlung der Abwehrrechte im klassischen Sinne im Grundsatz als einigermaßen gesichert gelten darf, stellen sich Inhalt, Struktur und Reichweite der sogenannten objektivrechtlichen Grundrechtswirkungen als unklar und höchst umstritten dar.[9] Ähnliches gilt für die Gleichheitsrechte.[10] Die einfachste Lösung bestünde darin, das bewährte dogmatische Schema der Abwehrrechte im klassischen Sinne auf die anderen Grundrechtsfunktionen zu übertragen. Dieses auf die Abwehrrechte und ihre Struktur zugeschnittene Schema ist ohne Modifikationen jedoch nicht in der Lage, die Probleme zu lösen, die sich bei den anderen Grundrechts-

---

4   BVerfGE 2, 1 (12). Ansätze zur Deutung der Grundrechte als Quelle einer Wertordnung finden sich bereits in Schriften zur Weimarer Reichsverfassung. In diesem Zusammenhang ist allererst Rudolf Smend zu nennen (Smend, Verfassung und Verfassungsrecht, S. 264), aber auch andere Autoren verdienen hervorgehoben zu werden, vgl. insbesondere Gerber, Die weltanschaulichen Grundlagen des Staates, S. 13 ff.; Hensel, Grundrechte und politische Weltanschauung, S. 10; ders., HbDStR II, S. 313 ff.; Holstein, AöR 50 (1926), S. 29 ff.; Erich Kaufmann, VVDStRL 3 (1927), S. 3 ff. Vgl. zur historischen Entwicklung des „Wertordnungsgedankens" Stern, Das Staatsrecht der Bundesrepublik Deutschland, Bd. 3/1, S. 894 ff.
5   BVerfGE 7, 198 (205); vgl. BVerfGE 21, 362 (371 f.); 48, 127 (168); 50, 290 (327); 52, 131 (168 f.); 73, 261 (269).
6   Statt vieler Bryde, HbGR I, § 17, Rn 35 ff.; Wahl, HbGR I, § 19, Rn 1 ff.; Stern, HbStR V, § 109, Rn 50 ff.; Dolderer, Objektive Grundrechtsgehalte; Cremer, Freiheitsgrundrechte, S. 191 ff. Die Bezeichnung als „objektivrechtlich" ist mißverständlich, da sie vermeintlich abschlägig die Frage zu beantworten scheint, ob dem einzelnen die Position eines subjektiven Rechts – also die Position eines gerichtlich durchsetzbaren Rechts – verliehen wird (vgl. zum subjektiven Recht 2. Teil, 3. Abschnitt, B. I. 2. sowie Borowski, JöR 50 (2002), S. 308 ff.; ders., Die Glaubens- und Gewissensfreiheit des Grundgesetzes, S. 222 ff. Tatsächlich geht es jedoch ganz entscheidend um individuelle subjektivierte grundrechtliche Positionen jenseits der klassischen Abwehrfunktion der Grundrechte. Die Frage nach der „Resubjektivierung" (vgl. beispielsweise H. Dreier in Dreier[2], Vorb., Rn 95; Enders in Friauf/Höfling, vor Art. 1 GG, Rn 83; Dolderer, Objektive Grundrechtsgehalte, S. 351; Hain, JZ 2002, S. 1041) setzt daher den falschen Akzent, es bestünde eine Argumentationslast gegen eine „Subjektivierung" sogenannter „objektivrechtlicher Grundrechtsgehalte". Bei der Analyse der einzelnen Grundrechtsfunktionen im zweiten Teil dieser Untersuchung wird näher darzulegen sein, daß die grundrechtlichen Rechtspositionen – auch solche der sogenannten „objektivrechtlichen Funktionen" – grundsätzlich umfassend subjektiviert sind, soweit sie inhaltlich reichen.
7   Die Terminologie ist uneinheitlich, zu Abgrenzung und Definition siehe 2. Teil, 2. Abschnitt, II.
8   Vgl. zu dieser substantiellen Ausweitung insbesondere Alexy, VVDStRL 61 (2002), S. 9 ff.
9   Zu grundrechtlichen Schutzrechten Isensee, HbStR V, § 111, Rn 86 f.; G. Hermes, Grundrecht auf Schutz, S. 76; Robbers, Sicherheit als Menschenrecht, S. 122 ff.; Stern, HbStR V, § 109, Rn 60; ders., Das Staatsrecht der Bundesrepublik Deutschland, Bd. 3/2, S. 1806 f.; zu sozialen Grundrechten Bethge, Der Staat 24 (1985), S. 378; zu Rechten auf Organisation und Verfahren ders., NJW 1982, S. 1; Stern, Das Staatsrecht der Bundesrepublik Deutschland, Bd. 3/1, S. 970.
10 Vgl. nur Bleckmann, Staatsrecht II – Die Grundrechte[4], § 12, Rn 5; Rüfner in BonnKomm, Art. 3 Abs. 1 GG, Rn 2.

funktionen stellen. Dies wirft die Frage auf, ob das Eingriffs-Schranken-Schema, das hinter dem abwehrrechtlichen Schema steht, überhaupt eine taugliche Grundlage für ein leistungsgrundrechtliches beziehungsweise gleichheitsrechtliches Schema bilden kann, in dem sich die jeweils aufgeworfenen Probleme dogmatisch angemessen verarbeiten lassen. Sollte dies nicht der Fall sein, käme ein Rückgriff auf die fundamentale Alternative zum Eingriffs-Schranken-Schema, das Präformationsmodell,[11] in Betracht. Nach diesem Modell ist eine Beschränkung von Rechten weder erforderlich noch möglich, da sie von vornherein nur mit ihren Grenzen gewährt werden.[12]

2. Grundrechtstheorie als Strukturtheorie

Eine Theorie der fundamentalen Struktur der Grundrechte bildet einen Teil einer allgemeinen Strukturtheorie der Grundrechte. Diese wiederum bildet die Grundlage für eine umfassende Theorie der Grundrechte des Grundgesetzes.

An eine umfassende, rationale Theorie der Grundrechte des Grundgesetzes sind verschiedene Anforderungen zu stellen. Sie muß die drei Dimensionen der Rechtswissenschaft, die empirische, die analytische und die normative Dimension, angemessen miteinander verbinden.[13] Als verfassungsmäßige Grundrechtstheorie muß sie nicht nur die bestehenden wesentlichen Inhalte und ihre Zusammenhänge darstellen, sondern gleichzeitig ein offenes und flexibles System bilden, das neue Inhalte und Entwicklungen aufnehmen kann.[14]

In der Klasse der Grundrechtstheorien kann zwischen „Ein-Punkt-Theorien", bloßen kombinierten Theorien und kombinierten Theorien in Form von integrativen Theorien unterschieden werden. Eine „Ein-Punkt-Theorie" liegt vor, wenn in einer Theorie eine Grundansicht allgemeinster Art über den Zweck und die Struktur der Grundrechte ausgedrückt wird.[15] Die in der Literatur gegenwärtig diskutierten Grundrechtstheorien sind überwiegend solche „Ein-Punkt-Theorien". Nach der bekannten Klassifikation von Ernst-Wolfgang Böckenförde sind fünf derartige Grundrechtstheorien zu unterscheiden, und zwar

„die liberale oder bürgerlich-rechtsstaatliche Grundrechtstheorie, die institutionelle Grundrechtstheorie, die Werttheorie der Grundrechte, die demokratisch funktionale und die sozialstaatliche Grundrechtstheorie"[16].

Jede einzelne dieser „Grundrechtstheorien" vermittelt zwar eine wichtige Grundeinsicht, kann aber die Grundrechte insgesamt nicht adäquat erfassen. Enthält eine kom-

---

11 Der Begriff des Präformationsmodells geht auf Gertrude Lübbe-Wolff zurück, Lübbe-Wolff, Die Grundrechte als Eingriffsabwehrrechte, S. 27 et passim.
12 Zum Präformationsmodell sogleich näher unter Einleitung, I. 3. a) aa).
13 Alexy, Theorie der Grundrechte, S. 27.
14 Stern, HbStR V, § 109, Rn 28.
15 Alexy, Theorie der Grundrechte, S. 29 f.
16 Böckenförde, NJW 1974, S. 1530. Zur Diskussion um derartige Grundrechtstheorien statt vieler Stern, Das Staatsrecht der Bundesrepublik Deutschland, Bd. 3/2, S. 1680 ff.; ders., HbStR V, § 109, Rn 22 ff.; Dolderer, Objektive Grundrechtsgehalte, S. 58 ff. mit weiteren Nachweisen.

plexe Theorie mehrere dieser Grundeinsichten, handelt es sich um eine kombinierte Theorie. Ein Beispiel hierfür bildet die Grundrechtstheorie des Bundesverfassungsgerichts. Der Nachteil einer bloß kombinierten Theorie besteht darin, daß zwar die wichtigen Grundeinsichten enthalten sind, ihr Verhältnis zueinander aber unklar bleibt. Anzustreben ist dagegen eine Theorie, die nicht nur alle Grundeinsichten enthält, sondern sie auch geordnet ins Verhältnis setzt, also eine kombinierte Theorie in Form einer integrativen Theorie.[17]

Die Grundlage einer adäquaten integrativen Theorie ist eine allgemeine Strukturtheorie der Grundrechte.[18] In einer allgemeinen grundrechtlichen Strukturtheorie werden die Strukturen grundrechtlicher Begriffe, grundrechtlicher Begründungen und grundrechtlicher Auswirkungen untersucht.[19] Mit dem ausgeprägt begrifflich-systematischen Ansatz ist sie eine primär analytische Theorie. Gegen primär analytische Theorien wird gerne der Einwand erhoben, es handele sich um „formalistische Theorien" wie beispielsweise die als überwunden geltende Begriffsjurisprudenz. Der analytische Reduktionismus der Begriffsjurisprudenz[20] des 19. Jahrhunderts leugnete die Notwendigkeit von Wertungen. Der Grundgedanke der Begriffsjurisprudenz bestand darin, ein System rechtlicher Begriffe zu entwickeln, aus denen durch logische Deduktion neue Rechtssätze erzeugt werden können.[21] Heute darf als unbestritten gelten, daß jede Rechtsanwendung nicht ausschließlich als logisches Verfahren beschrieben werden kann, sondern zwangsläufig Wertungen enthalten muß.[22] Neben analytischen Prämissen bedarf es stets auch empirischer und normativer Prämissen, um ein Sollen zu begründen.[23] Die Begriffsjurisprudenz in ihrer klassischen Form unterlag daher der Interessenjurisprudenz, aus der dann die Wertungsjurisprudenz hervorging.[24]

Kritik an dem analytischen Reduktionismus der Begriffsjurisprudenz ist daher ohne Frage berechtigt. Sie betrifft aber nicht die grundsätzliche Bedeutung der begrifflich-systematischen Arbeit für die Rechtswissenschaft. Begriffliche Klarheit, Widerspruchsfreiheit und Kohärenz sind die Voraussetzungen der Rationalität jeder Wissenschaft.[25] Das Maß der Rationalität der Rechtswissenschaft hängt wesentlich von dem in der analytischen Dimension erreichten Niveau ab.[26] Die analytische Dimension wird je wichti-

---

17 Eingehender zu einer solchen Theorie Alexy, Theorie der Grundrechte, S. 21 ff.
18 Ders., a.a.O., S. 32.
19 Ders., a.a.O.
20 Der Begriff der Begriffsjurisprudenz geht auf Rudolf von Jhering zurück, von Jhering, Scherz und Ernst in der Jurisprudenz, S. 337. Zur Entwicklung dieser Auffassung siehe insbesondere Larenz, Methodenlehre der Rechtswissenschaft, S. 19 ff.
21 Berühmtheit erlangt haben vor allem zwei Zitate: „Die Endentscheidung ist das Resultat einer Rechnung, bei welcher die Rechtsbegriffe die Faktoren sind" (Windscheid, Lehrbuch des Pandektenrechts I^9, S. 111); „Durch Kombination verschiedener Elemente kann die Wissenschaft neue Begriffe und Rechtssätze bilden: die Begriffe sind produktiv, sie paaren sich und zeugen neue" (von Jhering, Geist des römischen Rechts auf den verschiedenen Stufen seiner Entwicklung, Bd. 1, S. 29).
22 Statt vieler Koch/Rüßmann, Juristische Begründungslehre, S. 192 ff.; Larenz, Methodenlehre der Rechtswissenschaft, S. 119 ff.
23 Statt vieler Alexy, Theorie der Grundrechte, S. 37.
24 Zur Wertungsjurisprudenz siehe Larenz, Methodenlehre der Rechtswissenschaft, S. 117 ff.
25 Alexy, Theorie der Grundrechte, S. 27, 38.
26 Ders., a.a.O., S. 38.

ger, desto größer Unklarheit und Streit in der normativen Dimension sind. Die Grundrechtswissenschaft ist in besonderem Maße Schauplatz weltanschaulicher Kontroversen: Die Auslegung verfassungsrechtlicher Normen, also auch der Grundrechte, wird in hohem Maße durch individuelle oder soziale Ideologien beeinflußt.[27] Diesen Kontroversen kann sich die Rechtswissenschaft nicht verschließen, sofern nach dem verfassungsrechtlich Gesollten gefragt ist. Eine Methode, die exakt aufzeigt, welche normativen Prämissen zur Entscheidung welcher konkreten Grundrechtsfragen überhaupt begründet werden müssen, ist daher von zentraler Bedeutung.[28] Natürlich können die erforderlichen Wertungen selbst nicht aus einer Strukturtheorie begründet werden, insofern muß jede Strukturtheorie mit einer Theorie der Begründung normativer Prämissen verbunden werden. In der grundrechtlichen Strukturtheorie ist dies der normative Aspekt der Grundrechtsauslegung als Teil der Verfassungsauslegung.

3. Die fundamentale Struktur der Grundrechte

Die Frage nach der fundamentalen Struktur von Rechten ist die Frage, ob Rechte einer Einschränkung zugänglich oder bedürftig sind. Sie wird in verschiedenen Kontexten in unterschiedlichen Terminologien erörtert.

a) Problem und begrifflicher Rahmen

Das Problem der fundamentalen Struktur von Rechten ist nicht auf die Grundrechte begrenzt, sondern stellt sich in allen Rechtsgebieten. Entweder wird ein Recht von vornherein mit seinem endgültigen Inhalt gewährleistet. Eine Einschränkung ist dann weder erforderlich noch möglich. Oder ein Recht wird derart gewährleistet, daß es einer Beschränkung zugänglich ist. In der allgemeinen Theorie subjektiver Rechte[29] wird die erste Konzeption als „Innentheorie", die zweite als „Außentheorie" bezeichnet.

Dieses allgemeine strukturtheoretische Problem liegt zwei unterschiedlichen Kontroversen zugrunde. Die erste Kontroverse ist der verfassungsrechtliche Streit um das „Eingriffs- und Schrankendenken"[30], die zweite die Diskussion um den innen- und außentheoretischen Charakter subjektiver zivilrechtlicher Rechte.

---

27 R. Dreier, Zur Problematik und Situation der Verfassungsinterpretation, S. 106 f.
28 Vgl. zur Prinzipientheorie als Strukturtheorie 1. Teil, 2. Abschnitt, III. 3. b).
29 Ob für eine Rechtsposition die Innen- oder die Außentheorie zutrifft, wird zwar nahezu ausschließlich bei subjektiven Rechten erörtert. Die Frage der Schrankentheorie ist jedoch nicht auf subjektive Rechte beschränkt. Auch bei bloß objektiven Rechtspositionen kann zwischen beschränkbaren und unbeschränkbaren unterschieden werden.
30 Die auf Peter Häberle zurückgehende Formulierung „Eingriffs- und Schrankendenken" (Häberle, Die Wesensgehaltsgarantie des Artikels 19 Abs. 2 Grundgesetz, S. 3 et passim) hat sich weitgehend eingebürgert. Es werden aber auch verwandte Formulierungen wie „Eingriffs-Schrankendenken", „Eingriffs-Schranken-Schema" oder ähnliche in gleicher Bedeutung verwendet. Nicht selten wird dabei der strukturellen Aussage eine negative evaluative Konnotation beigegeben.

aa) *Der Streit um das Eingriffs-Schranken-Schema in der Grundrechtsdogmatik*

Konstitutiv für das Eingriffs-Schranken-Schema ist die Unterscheidung von Schutzbereich, Eingriff und Schranke. Ein Eingriff in einen grundrechtlichen Schutzbereich ist nur dann keine Grundrechtsverletzung, wenn er eine wirksame Grundrechtsschranke darstellt oder sich auf eine solche stützen kann. Daraus ergibt sich die Unterscheidbarkeit zweier verschiedener Rechtspositionen, einerseits des Schutzbereichs[31] (prima facie-Position) und andererseits des effektiven Garantiebereichs (definitive Position). Ist ein Eingriff in den Schutzbereich eines Grundrechts verfassungsrechtlich gerechtfertigt, wird das Grundrecht eingeschränkt. Als Ergebnis einer wirksamen Einschränkung entsteht der effektive Garantiebereich. Kennzeichnend für das Eingriffs-Schranken-Schema ist weiter, daß die Wirksamkeit der Einschränkung nicht nur von materiellen Kriterien, insbesondere dem Grundsatz der Verhältnismäßigkeit im weiteren Sinne, sondern auch von formellen Kriterien abhängt.[32] Formelle Kriterien für eine Beschränkung durch den parlamentarischen Gesetzgeber sind beispielsweise das Einfallgesetzverbot gem. Art. 19 Abs. 1 Satz 1 GG, das Zitiergebot gem. Art. 19 Abs. 1 Satz 2 GG oder die Anforderungen nach der Wesentlichkeitstheorie des Bundesverfassungsgerichts.[33]

Mit Blick auf das Eingriffs-Schranken-Schema lassen sich zwei Unterscheidungen treffen: Differenz oder Identität von Schutzbereich und effektivem Garantiebereich einerseits und Gewährung oder Nichtgewährung formellen Schutzes neben materiellem Schutz andererseits.[34] Bezogen auf diese zwei Unterscheidungen enthält der Raum des logisch Möglichen vier verschiedene Modelle:

(1) Differenz von Schutzbereich und effektivem Garantiebereich mit Gewährung formellen Schutzes (Eingriffs-Schranken-Schema),

(2) Differenz von Schutzbereich und effektivem Garantiebereich ohne Gewährung formellen Schutzes,

---

31 Die im folgenden wiedergegebene Gegenüberstellung von Eingriffs-Schranken-Schema und Präformationsmodell folgt in der Terminologie der einflußreichen Arbeit von Gertrude Lübbe-Wolff. Es sei allerdings darauf hingewiesen, daß Lübbe-Wolff unglücklicherweise das als „Schutzbereich" bezeichnet, was in dieser Untersuchung als „Tatbestand" bezeichnet wird, vgl. einerseits Lübbe-Wolff, Die Grundrechte als Eingriffsabwehrrechte, S. 25 et passim; andererseits diese Untersuchung 2. Teil, 3. Abschnitt, A. I. 1. b) aa), bb). Die im Schrifttum verwendete Terminologie ist ohnehin eher uneinheitlich, vgl. 2. Teil, 3. Abschnitt, A. I. 1. a) aa) und 2. Teil, 3. Abschnitt, A. I. 1. b) aa).

32 Lübbe-Wolff, Die Grundrechte als Eingriffsabwehrrechte, S. 25 ff.; Häberle, Die Wesensgehaltsgarantie des Artikels 19 Abs. 2 Grundgesetz, S. 3.

33 Zu den formellen Kriterien der verfassungsrechtlichen Rechtfertigung von Eingriffen in Abwehrrechte siehe den Anhang zu den Abwehrrechten. Zur Wesentlichkeitstheorie siehe 2. Teil, 3. Abschnitt, B. I. 6. b) bb) aaa) (1).

34 Eine weitere Möglichkeit bestünde darin, nur formellen, aber keinen materiellen Schutz gewährleistet zu sehen. Ein Beispiel für eine derartige Theorie ist das ältere Grundrechtsverständnis unter der Weimarer Reichsverfassung, nach dem Grundrechte nur die „Freiheit von gesetzwidrigem Zwange" (G. Jellinek, System der subjektiven öffentlichen Rechte, S. 103) verbürgten, Lübbe-Wolff, Die Grundrechte als Eingriffsabwehrrechte, S. 28. Dieses Modell kommt nicht ernsthaft in Betracht, da die Grundrechte unter dem Grundgesetz gem. Art. 1 Abs. 3 GG unbestritten alle Staatsgewalt gerade auch materiell binden.

(3) Identität von Schutzbereich und effektivem Garantiebereich mit Gewährung formellen Schutzes und schließlich

(4) Identität von Schutzbereich und effektivem Garantiebereich ohne Gewährung formellen Schutzes (Präformationsmodell[35]).

Die Diskussion wird vorwiegend durch die Gegenüberstellung von (1) und (4) bestimmt, (2)[36] und (3)[37] werden dagegen in aller Regel nicht näher erwogen.

bb) *Der Streit um Innen- und Außentheorie im Zivilrecht*

Die Frage, ob eine Beschränkung von Rechten möglich und notwendig ist, liegt auch der Kontroverse um die Schrankentheorien im Zivilrecht zugrunde. Hier stehen sich zwei Konzeptionen gegenüber. Nach der ersten werden Rechte von vornherein nur mit ihren Grenzen gewährt. Wenn in diesem Zusammenhang von „Grenzen" oder „Schranken" die Rede ist, werden sie der fraglichen Rechtsposition als „immanent" zugeschrieben. Nach der zweiten Konzeption werden Rechte grundsätzlich eher weitreichend gewährleistet. Sie kollidieren deshalb regelmäßig mit anderen Rechten oder Gütern. Der endgültige Inhalt des Rechts wird in diesen Fällen erst durch Beschränkung durch von außen an dieses Recht herantretende Schranken gebildet. Diese Schranken sind nicht Bestandteil des Rechts, sondern von diesem zu unterscheiden. Die erste Auffassung wird als Innentheorie, die zweite als Außentheorie bezeichnet.[38]

---

35 Lübbe-Wolff, Die Grundrechte als Eingriffsabwehrrechte, S. 27 et passim.
36 Gegen Modell (2) spricht dem ersten Anschein nach die Bedeutung, die der formellen Schutzwirkung von Grundrechten beigemessen wird. Allerdings stellt sich schon bei Abwehrrechten die Frage, ob in gewissen Bereichen eine vorsichtige Entkoppelung von formellem und materiellem Schutz insbesondere gegenüber einer engen Tatbestandstheorie vorzuziehen ist, wenn formelle Kriterien der verfassungsrechtlichen Rechtfertigung Probleme aufwerfen, vgl. Borowski, Die Glaubens- und Gewissensfreiheit des Grundgesetzes, S. 449. Im Verlauf der Untersuchung wird eingehender zu erörtern sein, ob das Modell (2) nicht dennoch sinnvolle Anwendungsbereiche besitzt, dies betrifft neben gewissen Konstellationen bei Abwehrrechten insbesondere die grundrechtlichen Leistungsrechte und die grundrechtlichen Gleichheitsrechte.
37 Gegen das Modell (3) spricht, daß die Gewährung formellen Schutzes bei der Identität von Schutzbereich und effektivem Garantiebereich sinnlos ist (Lübbe-Wolff, Die Grundrechte als Eingriffsabwehrrechte, S. 28). Entweder ist staatliches Verhalten eine materielle Grundrechtsverletzung, dann wäre ein Verstoß gegen formelle Rechtmäßigkeitserfordernisse bestenfalls ein zusätzlicher Grund für die Verfassungswidrigkeit staatlichen Verhaltens, aber nicht mehr entscheidungserheblich. Oder das staatliche Verhalten ist materiell grundrechtsgemäß, dann stellen sich keine weiteren formellen Rechtfertigungserfordernisse durch dieses Grundrecht mehr, da der „Schutzbereich" nicht einschlägig ist.
38 Die Terminologie variiert in der zivilrechtlichen Diskussion stärker als in der verfassungsrechtlichen. Beispielsweise unterscheidet Soergel[13]-J. F.Baur, § 903 BGB, Rn 15 ff. zwischen Außentheorie, Immanenztheorie und Trennungstheorie. Abweichende Bezeichnungen oder „vermittelnde Auffassungen" ändern jedoch nichts daran, daß jede Konzeption sich in der Sache notwendig entweder als innentheoretisch oder außentheoretisch einstufen läßt.

cc) *Begrifflicher Rahmen*

Als begrifflicher Rahmen für diese Untersuchung scheint sich die Terminologie des Eingriffs-Schranken-Schemas anzubieten, da sie gerade in der grundrechtsdogmatischen Diskussion weit verbreitet ist. Diesem Vorteil steht jedoch eine Reihe von Nachteilen gegenüber. Die Terminologie des Eingriffs-Schranken-Schemas weist keinen eingeführten Begriff für ein dogmatisches Modell auf, das zwischen Schutzbereich und effektivem Garantiebereich unterscheidet, ohne gleichzeitig die Frage der Gewährung des formellen Schutzes positiv zu entscheiden, entsprechend Modell (2) oben. Ob dieses Modell einen sinnvollen Anwendungsbereich besitzt, wird jedoch im Verlauf der Untersuchung anhand substantieller Argumente zu entscheiden sein. Die Antwort auf diese Frage sollte nicht durch bloß begriffliche Festlegungen vorweggenommen werden. Außerdem ist die Terminologie des Eingriffs-Schranken-Schemas mit spürbar negativen evaluativen Konnotationen verbunden. Auch kann die Unterscheidung zwischen Innen- und Außentheorie auf eine längere Tradition in der allgemeinen Rechtslehre zurückblicken. In der verfassungsrechtlichen Diskussion um die Struktur von Normen werden die Begriffe „Innentheorie" und „Außentheorie" auch zunehmend verwendet.[39]

Die strukturell fundamentaleren Begriffe „Innentheorie" und „Außentheorie" erweisen sich daher als vorzugswürdig. Rechte, die einer Einschränkung weder fähig noch bedürftig sind, werden im folgenden als „innentheoretische Rechte" bezeichnet, Rechte, die eingeschränkt werden können, dagegen als „außentheoretische Rechte".[40] Die Frage, ob die Wirksamkeit der Einschränkung nicht nur von materiellen, sondern zusätzlich von formellen Kriterien abhängt, wird als zusätzliches Problem bei der Analyse der grundrechtlichen Rechtspositionen der jeweiligen Grundrechtsfunktion erörtert.

b) Der Gegenstand der Untersuchung

Diese Untersuchung widmet sich der Frage, welche fundamentale Struktur die verschiedenen Gehalte der Grundrechte des Grundgesetzes aufweisen. Während für Abwehrrechte außentheoretische Struktur und formelle Schutzwirkung kaum bestritten werden, ist unklar, ob auch die Rechte nach den anderen Grundrechtsfunktionen diese funda-

---

39 Häberle, Die Wesensgehaltsgarantie des Artikels 19 Abs. 2 Grundgesetz, S. 120, 157 f., 179; Bolz, Das Verhältnis von Schutzgut und Schranken der Grundrechte, S. 96, 226; Haverkate, Rechtsfragen des Leistungsstaates, S. 97 f. Anm. 126; Alexy, Theorie der Grundrechte, S. 250 ff.; ders., Grundrechtsnorm und Grundrecht, S. 111 f.; Eckhoff, Der Grundrechtseingriff, S. 15 ff.; Huster, Rechte und Ziele, S. 85 ff.; Lawrence, Grundrechtsschutz, technischer Wandel und Generationenverantwortung, S. 98 ff.; Losch, Wissenschaftsfreiheit, Wissenschaftsschranken, Wissenschaftsverantwortung, S. 170 f.; Lübbe-Wolff, Die Grundrechte als Eingriffsabwehrrechte, S. 89 Anm. 45; Wülfing, Grundrechtliche Gesetzesvorbehalte und Grundrechtsschranken, S. 64; zum Zusammenhang zwischen Eingriffs-Schranken-Schema und Außentheorie Häberle, a.a.O., S. 128; Schnur, Anspruch, absolutes Recht und Rechtsverhältnis, S. 58; von Arnauld, Die Freiheitsrechte und ihre Schranken, S. 15 f. et passim; Cornils, Die Ausgestaltung der Grundrechte, S. 40 et passim.
40 Eingehender zur Unterscheidung von Innentheorie und Außentheorie siehe 1. Teil, 1. Abschnitt, I. Entsprechendes gilt für Freiheiten und Kompetenzen, die beiden anderen rechtlichen Grundpositionen.

mentale Struktur aufweisen. Teilweise wird für Gruppen von Grundrechtsfunktionen oder einzelne Grundrechtsfunktionen radikal die Innentheorie verwendet, teilweise radikal die Außentheorie. Unter Hinweis auf verschiedene Abgrenzungskriterien werden für Gruppen von Grundrechtsfunktionen oder einzelne Grundrechtsfunktionen sowohl die Innentheorie als auch die Außentheorie verwendet. Innerhalb dieser Modelle werden darüber hinaus vereinzelt „Übergangsformen" von Innen- und Außentheorie behauptet. Diese grundlegenden Unterscheidungsmöglichkeiten in der fundamentalen Struktur lassen sich mit zahlreichen weiteren grundrechtsdogmatischen Unterscheidungen kombinieren. Dies und die uneinheitliche Terminologie sorgen für ein insgesamt recht verwirrendes Bild.

Diese Untersuchung umfaßt den gesamten Bereich grundrechtlicher Rechtspositionen. Im Vordergrund steht die Frage nach der fundamentalen Struktur: Innentheorie oder Außentheorie. Eingehendere Erörterungen der Fülle der einzelnen Probleme, die die verschiedenen Grundrechtsfunktionen aufwerfen, können nicht geleistet werden. Sie würden angesichts der kaum überschaubaren Zahl der Probleme und des reich vorhandenen Materials an Rechtsprechung und Literatur jeden vertretbaren Umfang sprengen.[41] Der Fokus der Untersuchung soll daher primär auf der vergleichenden Betrachtung der fundamentalen Struktur der verschiedenen Grundrechtsfunktionen liegen. Dies ist der einzige Weg, übergreifende strukturelle Zusammenhänge sichtbar zu machen. Nur so kann der Gefahr begegnet werden, daß eine sich ständig ausdifferenzierende Grundrechtsdogmatik letztlich unüberschaubar wird und damit dogmatisch außer Kontrolle gerät.

II. These

Die zentrale These dieser Untersuchung lautet, daß der fundamentalen Struktur nach alle grundrechtlichen Rechtspositionen, gleich welcher Grundrechtsfunktion sie angehören, der Außentheorie folgen. Die Grundrechtsnormen gewähren grundsätzlich umfassende Rechtspositionen, die einer Beschränkung zugänglich sind. Dies gilt nicht nur für die Abwehrrechte, sondern auch für die grundrechtlichen Leistungsrechte und die Gleichheitsrechte. Eine besondere Rolle für die Begründung dieser These spielt der Grundsatz der Verhältnismäßigkeit im weiteren Sinne. Seine Anwendung bei der Anwendung der Grundrechte impliziert die Prinzipienstruktur der Grundrechte und damit deren außentheoretische Struktur.

III. Gang der Untersuchung

Die Untersuchung gliedert sich zwei Teile. Im 1. Teil werden die historischen und rechtstheoretischen Grundlagen gelegt, auf denen die folgende Analyse aufbaut. Im

---

41 „Grundrechtsarbeiten allgemeinen Zuschnitts, womöglich noch mit vermessenem Perfektionsanspruch, sind unschreibbar geworden" (Bethge, Der Staat 24 (1985), S. 382).

2. Teil folgt eine eingehende Untersuchung der fundamentalen Struktur der der Grundrechte des Grundgesetzes, orientiert an der Unterscheidung von Grundrechtsfunktionen.

Das 1. Kapitel des 1. Teils ist den Schrankentheorien gewidmet. Die grundlegende Unterscheidung von Außen- und Innentheorie sowie deren geschichtliche Entwicklung werden untersucht. Das 2. Kapitel entwickelt die normtheoretische Unterscheidung zwischen Regeln und Prinzipien, von der behauptet wird, sie sei „ein Schlüssel zur Lösung zentraler Probleme der Grundrechtsdogmatik"[42] beziehungsweise ein „Grundpfeiler des Gebäudes der Grundrechtstheorie".[43] Diese Einschätzung wird sich im Verlauf der Untersuchung bestätigen. Im 3. Kapitel werden die Schrankentheorien auf der Grundlage der Prinzipientheorie rekonstruiert.

Am Anfang des 2. Teils steht die Frage, nach welchem Kriterium die grundrechtlichen Rechtspositionen zwecks Untersuchung ihrer fundamentalen Struktur unterteilt werden sollten. Im 1. Abschnitt wird untersucht, ob bereits die staatlich geschuldete Verhaltensform über die fundamentale Struktur entscheidet. Im Mittelpunkt dieses Teils steht die Theorie von Gertrude Lübbe-Wolff, nach der grundrechtliche Ansprüche auf staatliche Unterlassungen grundsätzlich weitreichend bestehen, aber einschränkbar sind, Ansprüche auf staatliche Handlungen dagegen nur in einem definitiven Mindestmaß, das weder beschränkt werden kann noch muß. Nachdem diese Auffassung analysiert und zurückgewiesen wurde, erfolgt im 2. Abschnitt eine Einteilung der Grundrechtsfunktionen, hier wird insbesondere die Distinktion zwischen einer formellen und einer materiellen Unterscheidung von Abwehrrechten und grundrechtlichen Leistungsrechten entwickelt. Die weitere Erörterung der fundamentalen Struktur erfolgt im 3. Abschnitt dann im Rahmen dieser Klassifikation. Dabei wird sich erweisen, daß sowohl die Abwehrrechte, die grundrechtlichen Gleichheitsrechte sowie alle Teilklassen grundrechtlicher Leistungsrechte einschränkbare Rechte darstellen.

---

42 Alexy, Theorie der Grundrechte, S. 71
43 Ders., Der Staat 29 (1990), S. 54.

1. Teil: Grundlagen

In diesem 1. Teil der Untersuchung sind zunächst die historischen und rechtstheoretischen Grundlagen zu erarbeiten, die für die Analyse der fundamentalen Struktur der Grundrechte des Grundgesetzes im 2. Teil erforderlich sind.

1. Abschnitt: Die grundlegenden Konstruktionsmöglichkeiten von Rechten

Bevor im 2. Abschnitt dieses 1. Teils die Prinzipientheorie dargelegt wird und im 3. Abschnitt auf dieser Grundlage die Schrankentheorien rekonstruiert werden, sind zunächst die grundlegenden Konstruktionsmöglichkeiten von Rechten aus der Perspektive der allgemeinen Rechtslehre und der Rechtsgeschichte in den Blick zu nehmen.

I. Die Unterscheidung zwischen Außen- und Innentheorie

Die dogmatische Konstruktion der durch die Grundrechtsnormen gewährten Rechtspositionen kann sich zweier verschiedener Modelle bedienen: der **Außentheorie** und der **Innentheorie** von Rechten. Diese zentrale strukturelle Dichotomie wird sich durch die gesamte folgende Untersuchung ziehen.

1. Die Außentheorie

Nach der Außentheorie gibt es zwei verschiedene rechtliche Gegenstände. Der erste Gegenstand ist das Recht „an sich" oder das prima facie-Recht.[1] In der Grundrechtsdogmatik entspricht dies dem Tatbestand[2] eines Grundrechts. Der zweite Gegenstand ist

---

[1] Der Begriff „prima facie" geht auf W. D. Ross zurück, Ross, The Right and the Good, S. 18 ff. Kennzeichnend für eine Betrachtung „prima facie" ist, daß das Ergebnis nicht mit allen relevanten empirischen und normativen Prämissen begründet wird, Sieckmann, Regelmodelle und Prinzipienmodelle des Rechtssystems, S. 81. Vgl. Baier, The Moral Point of View, S. 102 ff.; Hare, Moral Thinking, S. 27 ff., 38 ff.; Sieckmann, Regelmodelle und Prinzipienmodelle des Rechtssystems, S. 79 ff.; ders., Rechtstheorie 25 (1994), S. 165 f. Anm. 14; Buchwald, The Rule of Law, S. 156. Zum eng verwandten Konzept des „pro tanto-Sollens" siehe Jansen, Die Struktur der Gerechtigkeit, S. 50 Anm. 47 und S. 81.

[2] Die Begriffe „Schutzbereich" und „Tatbestand" werden in grundrechtsdogmatischen Erörterungen, wie bereits erwähnt, in unterschiedlicher Bedeutung verwendet. Einerseits wird, wie in der Lübbe-Wolff'schen Gegenüberstellung von Eingriffs-Schranken-Schema und Präformationsmodell (siehe Einleitung, I. 3. a) aa)), unter „Schutzbereich" das verstanden, was ein Grundrecht prima facie verlangt. Dies schließt den Eingriff mit ein, denn die Rechtfertigungsbedürftigkeit auf der Schrankenebene wird nur ausgelöst, wenn das gerügte staatliche Handeln den Kriterien des Eingriffsbegriffs genügt. Andererseits wird unter (personellem und sachlichem) „Schutzbereich" vielfach nur das jeweilige Schutzgut eines Grundrechts verstanden. Das Schutzgut beispielsweise der Berufsausübungsfreiheit des einheitlichen Grundrechts der Berufsfreiheit aus Art. 12 Abs. 1 GG ist die gesamte berufliche Tätigkeit Deutscher im Sinne von Art. 116 Abs. 1 GG. Im ersten Fall wird der Begriff

die Schranke dieses Rechts, die von dem Recht zu unterscheiden ist.[3] Wird dem prima facie-Recht wirksam eine Schranke gezogen, so entsteht das eingeschränkte oder definitive Recht oder der effektive Garantiebereich des Rechts.[4] Dieses definitive Recht ist dann gerichtlich durchsetzbar.[5] Durch die Schrankenziehung werden die Elemente der Klasse der prima facie-Rechte in zwei Teilklassen unterteilt: (1) die Teilklasse der bloßen prima facie-Rechte und (2) die Teilklasse der definitiven Rechte. In der zivilrechtlichen Diskussion um die Schrankentheorien wurden zwei Varianten der Außentheorie unterschieden. Nach der ersten Variante wird das prima facie-Recht selbst beschränkt, nach der zweiten bleibt das Recht selbst bestehen, aber seine Ausübung wird beschränkt.[6] In der grundrechtsdogmatischen Diskussion kann die letztere Variante jedoch in keiner Deutung der ersteren sinnvoll gegenübergestellt werden,[7] so daß sie im folgenden auf sich beruhen mag.

---

des Schutzbereichs im weiteren Sinne, im zweiten Fall im engeren Sinne verwendet. Der Schutzbereich im weiteren Sinne entspricht also der Konjunktion von Schutzbereich im engeren Sinne und Eingriff. Dies wird in dieser Untersuchung als „Tatbestand" bezeichnet, der wiederum vom Grundrechtstatbestand im weiteren Sinne, der alle Voraussetzungen der Rechtsfolge des Grundrechts umfaßt, zu unterscheiden ist. Zu den verschiedenen Schutzbereichs- und Tatbestandsbegriffen siehe 2. Teil, 3. Abschnitt, A. I. 1. a) aa) und 2. Teil, 3. Abschnitt, A. I. 1. b) aa).

3   Isensee, HbStR V, § 111, Rn 45; Alexy, Theorie der Grundrechte, S. 250; vgl. auch Eckhoff, Der Grundrechtseingriff, S. 19: „Die Schranken der Grundrechte sind (darum) nicht Teil ihres Schutzbereiches, sondern sie sind diesem Schutzbereich und damit auch dem Tatbestand der Grundrechte entgegenzusetzen"; zum zivilrechtlichen Eigentumsbegriff vgl. Liver, Gedächtnisschrift Gschnitzler, S. 262: „Die Schranken gehören nicht zum Eigentum, sie stellen sich ihm entgegen".

4   Für die Unterscheidung zwischen dem nicht eingeschränkten und dem eingeschränkten Recht gibt es verschiedene Begriffspaare: Schutzbereich/effektiver Garantiebereich (Lübbe-Wolff, Die Grundrechte als Eingriffsabwehrrechte, S. 25 ff. et passim); prima facie-Recht/definitives Recht (Alexy, Theorie der Grundrechte, S. 251 ff.); Schutzbereich/definitiver Garantiebereich (Huster, Rechte und Ziele, S. 78); Brutto-Grundrecht und Netto-Grundrecht (Bolz, Das Verhältnis von Schutzgut und Schranken der Grundrechte, S. 226).

5   Wenn es sich um ein subjektives definitives Recht handelt. Zum Verhältnis der Unterscheidungen subjektiver Rechte und bloß objektivem Recht einerseits und prima facie-Rechten und definitiven Rechten andererseits siehe 2. Teil, 3. Abschnitt, B. I. 2.

6   Statt vieler Windscheid, Lehrbuch des Pandektenrechts I[9], S. 603.

7   Wie diese Variante zu deuten ist, hängt davon ab, was man unter dem „Bestehen" des Rechts und der „Beschränkung der Ausübung" zu verstehen hat. Hier können insbesondere drei Konstellationen unterschieden werden. (1) Wenn mit dem Recht das prima facie-Recht als bestehend behauptet wird, welches durch die „Einschränkung der Ausübung" zum bloßen prima facie-Recht wird, ist dies nichts anderes als die klassische Form der inhaltlichen Einschränkung eines Rechts. (2) Soll gesagt werden, daß das Recht als definitives Recht besteht, vom Betroffenen aber nicht gerichtlich geltend gemacht werden kann, wird die Rechtsposition inhaltlich nicht eingeschränkt, aber das prima facie subjektivierte Grundrecht zur bloß objektiven Rechtsposition beschränkt, vgl. zu dieser Unterform der Einschränkung Borowski, Die Glaubens- und Gewissensfreiheit des Grundgesetzes, S. 227. Dies unterscheidet sich von Konstellation (1) insofern, als die Einschränkung zwar dem Träger der Rechtsposition das Klagerecht nimmt, in Verfahren des objektiven Rechtsschutzes jedoch ohne Wirkung bleibt. Vgl. auch 2. Teil, 3. Abschnitt, B. I. 2. (3) Soll dagegen gesagt werden, daß das Recht als definitives Recht bestehen bleibt, aber weder vom Träger gerichtlich durchgesetzt werden kann noch in Verfahren des objektiven Rechtsschutzes beachtlich sein soll, bleibt vollkommen offen, wie dies sinnvoll insbesondere von der inhaltlichen Einschränkung im Sinne von (1) soll unterschieden werden können. Insofern kann man sagen, entweder werde ein Recht inhaltlich oder in seiner gerichtlichen Durchsetzbarkeit für den Träger des Rechts eingeschränkt. Jenseits dessen von einer „Einschränkung der Ausübung" zu sprechen, erweist sich als sinnlos.

Rechten „an sich" oder prima facie-Rechten Schranken zu ziehen, ist notwendig, weil sie mit ihrem idealen Charakter zwar schrankenlos vorstellbar sein mögen, in der realen Welt aber nicht gleichzeitig in vollem Umfang nebeneinander bestehen können. In einem solchen Fall der Kollision muß eines der kollidierenden prima facie-Rechte zurücktreten. Dies steht im Gegensatz zur Innentheorie, die von einer kollisionsunabhängigen Inhaltsbestimmung von Rechten ausgeht. Hat das Recht seinen definitiven Inhalt von vornherein, so ist es weder notwendig noch möglich, diesen Inhalt aufgrund von Kollisionen mit anderen Rechten zu verändern.

Die Prüfung eines Rechts mit außentheoretischer Struktur erfolgt daher in zwei Schritten. Zunächst ist zu fragen, ob die beabsichtigte Handlung oder Unterlassung Inhalt eines Rechts „an sich" oder prima facie-Rechts ist. Wenn dies der Fall ist, wird geprüft, ob dieses Recht derart wirksam beschränkt ist, daß im konkreten Fall dennoch ein definitives Recht nicht besteht.[8] Dies kann am Beispiel der sozialen Grundrechte veranschaulicht werden. Nach Auffassung des Bundesverfassungsgerichts

> „gehört die Fürsorge für Hilfsbedürftige zu den selbstverständlichen Pflichten des Sozialstaates. Dies schließt notwendig die soziale Hilfe für die Mitbürger ein, die wegen körperlicher oder geistiger Gebrechen an ihrer persönlichen und sozialen Entfaltung gehindert und außerstande sind, sich selbst zu unterhalten. Die staatliche Gemeinschaft muß ihnen jedenfalls die Mindestvoraussetzungen für ein menschenwürdiges Dasein sichern."[9]

Dies ist im Sinne eines Rechts auf ein Existenzminimum zu deuten. Ein außentheoretisches Modell der sozialen Grundrechte ginge von einem grundsätzlich weitergehenden prima facie-Recht auf Unterstützung des einzelnen aus, welches durch gegenläufige Rechte oder Güter beschränkt wird.[10] Dem Interesse des Bedürftigen stehen die Interessen der Steuerzahler gegenüber, die letztlich die notwendigen finanziellen Mittel erbringen müssen, sowie die Haushaltskompetenz des demokratisch legitimierten Gesetzgebers, der grundsätzlich frei über die Verwendung staatlicher Mittel entscheiden kann. Je nach dem Grad der Bedürftigkeit, der Zahl der Bedürftigen, der zu verteilenden Menge der finanziellen Mittel und der zugrundegelegten normativen Konzeption von verfassungsgebotener Verteilungsgerechtigkeit kann der Anspruchsinhalt recht verschieden ausfallen. Die gegenläufigen Interessen beschränken das grundsätzlich weiterreichende Recht auf Unterstützung durch die Solidargemeinschaft auf das in der konkreten Situation gebotene Maß. Dies wird in aller Regel dazu führen, daß zum Beispiel statt einer nach dem Stand der Wissenschaft bestmöglichen, aber ausgesprochen aufwendigen und

---

8   Bei der Prüfung der Grundrechte als Abwehrrechte wird herkömmlich eine Prüfung in drei Schritten vorgenommen: (1) Schutzbereich des Grundrechts, (2) Eingriff in den Schutzbereich und (3) verfassungsrechtliche Rechtfertigung des Eingriffs. Jenseits aller Unterschiede in der Terminologie besteht hierüber weitgehend Einigkeit in der Sache, vgl. die Nachweise bei 2. Teil, 3. Abschnitt, A. I 1. a). Die Zwei-Schritt-Prüfung wird hier zu einer Drei-Schritt-Prüfung, indem der erste Schritt, die Ermittlung des Tatbestandes, in zwei Teile unterteilt wird: (1) Schutzbereich und (2) Eingriff. Der dritte und letzte Schritt klärt die Frage nach der wirksamen Beschränkung.
9   BVerfGE 40, 121 (133); vgl. BVerfGE 45, 187 (228); 82, 60 (85); 87, 153 (169 ff.); BVerwGE 1, 159 (161 f.); 5, 27 (31); 52, 339 (346).
10 Alexy, Theorie der Grundrechte, S. 465 ff.

teuren medizinischen Versorgung dem Bedürftigen nur ein medizinischer Mindeststandard geboten wird, um den Gedanken der finanziellen Solidarität nicht zu überspannen.[11]

Die Unterscheidung zwischen der prima facie gebotenen optimalen medizinischen Versorgung und dem definitiv gebotenen Mindeststandard zeigt die charakteristische Unterscheidung zweier rechtlicher Gegenstände durch die Außentheorie: nicht eingeschränktes Recht oder Recht „an sich" einerseits und eingeschränktes Recht andererseits.

2. Die Innentheorie

Nach der Innentheorie gibt es von vornherein nur ein Recht mit seinem bestimmten Inhalt. Damit gibt es auch nur einen Gegenstand: das Recht mit seinen ihm von vornherein innewohnenden Grenzen.[12] Eine über diese Grenzen hinausgehende Rechtsposition, gleich welcher Art, existiert nach der Innentheorie nicht. Damit kann auch keine Rechtsposition „beschränkt" werden.[13] Denn der Begriff der Beschränkung bezeichnet eine Prozedur, nach deren Durchführung etwas, was vorher dazugehörte, nicht mehr dazugehört: Eine Beschränkung oder Einschränkung ist eine Verkleinerung oder Verminderung eines Rechts.[14] Nach der Innentheorie steht der endgültige Inhalt des Rechts dagegen von vornherein fest, er ergibt sich „von selbst", „Kraft der Natur der Sache", „aus dem Wesen der Sache selbst".[15] Damit steht die vereinzelt anzutreffende Auffassung, kennzeichnend für die Innentheorie sei die Einschränkung „von innen her", der die Einschränkung „von außen her" gegenüberstehe,[16] nicht auf dem Boden der Unterscheidung von Innen- und Außentheorie in der allgemeinen Rechtslehre und Rechts-

---

11 Eingehender zu innen- und außentheoretischen Modellen sozialer Grundrechte siehe 2. Teil, 3. Abschnitt, B. II. 4.
12 In diesem Sinne Siebert, Vom Wesen des Rechtsmißbrauchs, S. 201: „Alle Anforderungen der Gemeinschaft sind dann keine gegenüberstehenden äußeren Schranken, sondern natürliche, in dem Recht liegende Grenzen" (Hervorhebung im Original); vgl. ders., Verwirkung und Unzulässigkeit der Rechtsausübung, S. 87 f.; ders., DJZ 1934, S. 1243; ders., JW 1934, S. 1830; ders., JW 1934, S. 3055; ders., Die Volksgemeinschaft im bürgerlichen Recht, S. 961 f.; ders., JW 1935, S. 1554; ders., DRWiss 1 (1936), S. 28. Ähnlich auch von Gierke, Die soziale Aufgabe des Privatrechts, S. 20; ders., Deutsches Privatrecht, Bd. 2, S. 358; Häberle, Die Wesensgehaltsgarantie des Artikels 19 Abs. 2 Grundgesetz, S. 179 f.; E. Hesse, Die Bindung des Gesetzgebers an das Grundrecht des Art. 2 I GG, S. 90. Vgl. auch Imboden, Staat und Recht, S. 441: „Substanz und Schranke sind eines".
13 Es gibt hier kein vom „wahren" Recht unterscheidbares weitergehendes Recht, das beschränkt werden könnte, Georgiades, Festgabe Sontis, S. 154; Liver, Gedächtnisschrift Gschnitzer, S. 262; Alexy, Theorie der Grundrechte, S. 252; Merten, HbStR VI, § 144, Rn 69. Den Begriff der Beschränkung bei innentheoretischen Rechten zu verwenden, ist daher strenggenommen nicht möglich. Insofern begegnet es terminologischen Bedenken, den Begriff der Schrankentheorie als Oberbegriff für Innen- und Außentheorie zu verwenden (so zum Beispiel Alexy, Theorie der Grundrechte, S. 251). Diese Terminologie ist mittlerweile aber üblich und wird aus diesem Grund im folgenden beibehalten.
14 Schwabe, Probleme der Grundrechtsdogmatik, S. 64.
15 Haverkate, Rechtsfragen des Leistungsstaates, S. 97 f. Anm. 126.
16 Huster; Rechte und Ziele, S. . 86 ff.; Lawrence, Grundrechtsschutz, technischer Wandel und Generationenverantwortung, S. 100, 132; vgl. auch Starck in von Mangoldt/Klein/Starck[5], Art. 1 Abs. 3 GG, Rn 322 Anm. 581.

theorie. Sofern überhaupt eine „Beschränkung" erfolgt, die mehr als die bloße Ermittlung der dem Recht von vornherein innewohnenden Grenzen darstellen soll, ist der Boden der Innentheorie verlassen und derjenige der Außentheorie betreten – gleich wie man dann die Beschränkungen innerhalb des außentheoretischen Modells weiter unterscheiden und bezeichnen mag.

Das Verfahren der Rechtsanwendung hat bei innentheoretischen Rechten die Aufgabe, den scheinbaren[17] Rechtsinhalt daraufhin zu überprüfen, ob er auch wahren Rechtsinhalt darstellt. Nach der Innentheorie wird der Rechtsinhalt folglich in einem Schritt ermittelt. Die Grenze, die den scheinbaren vom wahren Rechtsinhalt trennt, wird oft als „immanente Grenze" bezeichnet.[18]

Man könnte in der Unterscheidung von scheinbarem und wahrem Inhalt des Rechts eine Parallele zu der Unterscheidung von prima facie-Recht und eingeschränktem Recht im Sinne der Außentheorie sehen. Zunächst wäre dann zu ermitteln, ob der fragliche Fall in den Bereich des scheinbaren Rechtsinhalts fällt, oder den Bereich „nicht einmal scheinbaren Inhalts". Fällt er in den Bereich scheinbaren Inhalts, wäre weiter zu prüfen, ob er auch in den Bereich wahren Inhalts fällt. Der scheinbare Inhalt entspräche dem Tatbestand, der wahre Inhalt dem effektiven Garantiebereich. Diese Parallele verbietet sich aber, weil nach der Innentheorie der Bereich des scheinbaren Inhalts gerade keine rechtliche Position darstellt, sondern nur ein Phänomen im Rahmen der Erkenntnis des rechtlich Gesollten. Wer sich nur scheinbar auf das Recht berufen kann, handelt ohne Recht, nicht mit minderem oder eingeschränktem Recht.

Übertragen auf das Beispiel der sozialen Grundrechte bedeutete dies, daß nicht zwischen zwei verschiedenen Rechtspositionen zu unterscheiden wäre. Gewährt wäre

„nicht ein prima facie umfassender und unbedingter Leistungsanspruch mit der Maßgabe, daß die Zurückschneidung dieses Anspruches auf sozialadäquate Dimensionen ... [nur]

---

17 Der Begriff des Scheinbaren – eine Handlung scheint auf den ersten Blick Rechtsausübung zu sein, ist aber bei näherer Betrachtung Handeln ohne Recht – ist kennzeichnend für innentheoretische Konzeptionen, vgl. vor allem Siebert, Verwirkung und Unzulässigkeit der Rechtsausübung, S. 99; ders., JW 1934, S. 1830; ders., Vom Wesen des Rechtsmißbrauchs, S. 203; ders., Die Volksgemeinschaft im bürgerlichen Recht, S. 966; ders., JW 1935, S. 1554; ders., DR 1941, S. 1934; Soergel[9]-Siebert, vor § 226, Rn 12; ähnlich Kipp in Windscheid, Lehrbuch des Pandektenrechts I[9], S. 603; Dürig in Maunz/Dürig, Art. 2 Abs. 1 GG (Erstbearbeitung), Rn 74 Anm. 2 (unter Hinweis auf Siebert, Verwirkung und Unzulässigkeit der Rechtsausübung); Roßnagel, Grundrechte und Kernkraftwerke, S. 41.

18 Der Begriff der Immanenz für Grenzen oder Schranken der Rechte wird von den Vertretern der Innentheorie häufig verwandt, und innentheoretische Konzeptionen werden nicht selten als „Immanenztheorien" bezeichnet, vgl. nur Soergel[13]-J. F. Baur, § 903, Rn 17 zum Streit um das Wesen des Eigentums. Der Begriff „Immanenz" als Gegenbegriff zu „Transzendenz" besitzt vielfältige Bedeutungen und wird meist unreflektiert gebraucht, Oeing-Hanhoff, Immanent, S. 219 f. In ähnlicher Bedeutung findet sich der – auch nicht wesentlich klarere – Begriff der „Inhärenz", vgl. etwa Englisch, Die verfassungsrechtliche Gewährleistung kommunalen Eigentums, S. 122; Loebenstein, EuGRZ 1985, S. 383; Losch, Wissenschaftsfreiheit, Wissenschaftsschranken, Wissenschaftsverantwortung, S. 172, 175; Krüger, Allgemeine Staatslehre, S. 554; Lawrence, Grundrechtsschutz, technischer Wandel und Generationenverantwortung, S. 89, 97; von Mangoldt, Das Bonner Grundgesetz, S. 36; von Mangoldt/Klein, Das Bonner Grundgesetz, Bd. 1, S. 121 f.; Schnapp JuS 1978, S. 733; Scholtissek, NJW 1952, S. 562.

durch Gesetz oder aufgrund Gesetzes erfolgen kann, sondern die grundrechtliche Gewährleistung umfaßt von vornherein nur den bedingten und eingeschränkten, d.h. einen präformierten Anspruch, der dann einer weiteren Einschränkung durch Gesetz auch weder bedürftig noch fähig ist."[19]

Es gibt dann stets einen bestimmten Inhalt des Rechts auf soziale Hilfe, unabhängig von der Gewichtung kollidierender Rechte und Güter, etwa dem Grad der Bedürftigkeit, der Zahl der Bedürftigen und der Höhe der staatlicherseits zur Verfügung stehenden Mittel. Mangels überschießenden rechtlichen Gehalts einer innentheoretischen Rechtsposition kann sie selbst nicht Gegenstand einer Abwägung sein.[20] Dies ist insbesondere allen Versuchen entgegenzuhalten, den Inhalt einer vermeintlich weder der Einschränkung bedürftigen noch zugänglichen Rechtsposition durch Abwägung oder Verhältnismäßigkeitsprüfung zu bestimmen.[21]

II. Zu Theorien immanenter Schranken als Innentheorien

In der Literatur zur Grundrechtsdogmatik werden die Begriffe der Innen- und Außentheorie zwar zunehmend verwendet, dies stellt jedoch nicht die Regel dar. Nur in wenigen Arbeiten erfolgen klare strukturtheoretische Abgrenzungen,[22] meist wird eine bestimmte fundamentale Struktur des fraglichen Rechts ohne jede nähere Erörterung schlicht vorausgesetzt. Sofern Aussagen zur Struktur getroffen werden, herrscht eine unreflektierte Verwendung der Begriffe „Eingriffs-Schrankendenken", „Außentheorie", „Innentheorie", „immanenter Schranke", „immanenter Grenze" und ähnlichen vor.[23]

Nach einer Auffassung soll für innentheoretische Rechte kennzeichnend sein, daß dieses Recht von innen her beschränkt wird.[24] Diese Beschränkung von innen erfolge durch „immanente Schranken". Eine zusätzliche Beschränkung von außen, durch äußere Schranken, wird dabei nicht ausgeschlossen. Danach soll ein innentheoretisches Recht vorliegen, wenn eine Beschränkung jedenfalls auch von innen erfolgt, wenn ausschließlich äußere Schranken gezogen würden, handele es sich um ein außentheoretisches

---

19 Lübbe-Wolff, Die Grundrechte als Eingriffsabwehrrechte, S. 17 (Hervorhebung im Original).
20 Dies., a.a.O., S. 230 f.; vgl. auch dies., a.a.O., S. 78 Anm. 12.
21 Siehe zu derartigen Versuchen insbesondere 1. Teil, 3. Abschnitt, I. 4.
22 Alexy, Theorie der Grundrechte, S. 249 ff. Die strukturtheoretische Unterscheidung zwischen Innen- und Außentheorie liegt auch, wie bereits erwähnt, der Unterscheidung von Eingriffs-Schranken-Modell und Präformationsmodell Lübbe-Wolffs zugrunde (Lübbe-Wolff, Die Grundrechte als Eingriffsabwehrrechte, S. 14 ff. et passim). Siehe Einleitung, I. 3. a) aa).
23 Beispielhaft das Bundesverfassungsgericht in BVerfGE 7, 377 (404): Der Ausdruck „regeln", den „der Grundgesetzgeber hier offenbar bewußt statt des in Grundrechtsbestimmungen sonst üblichen ‚beschränken' und ‚einschränken' gebraucht", deute „darauf hin, daß eher an eine nähere Bestimmung der Grenzen von innen her, d.h. der im Wesen des Grundrechts selbst angelegten Grenzen, gedacht ist als an Beschränkungen, durch die der Gesetzgeber über den sachlichen Gehalt des Grundrechts selbst verfüge, nämlich seinen natürlichen, sich aus rationaler Sinnerschließung ergebenden Geltungsbereich von außen her einengen würde". Ob nun „regeln" von innen oder von außen her das Grundrecht „berührt", ob dies den Schutzbereich oder die Schrankenebene betrifft und welche Kriterien der Wirksamkeit der Beschränkung existieren, bleibt unklar.
24 Huster; Rechte und Ziele, S. 86 f.

Recht.[25] Die Verwendung des Begriffs der Immanenz bei der Innentheorie in diesem Sinne und das regelmäßig bemühte metaphysische begriffliche Instrumentarium[26] scheinen auf eine innentheoretische Konzeption hinzudeuten. Der Begriff der Beschränkung dagegen spricht für eine außentheoretische Konzeption, denn nur bei außentheoretischen Rechten existiert ein überschießender rechtlicher Gehalt, der inhaltlich vermindert werden kann.[27] Weiterhin könnte man noch an eine dritte Möglichkeit denken, eine „graduelle Übergangsform zwischen Innen- und Außentheorie".[28] Ob und inwiefern diese Verwendung der Begriffe „Außentheorie" und „Innentheorie" von der soeben unter I. eingeführten fundamentalen strukturellen Unterscheidung abweicht, hängt davon ab, wie der notorisch unklare[29] Begriff der immanenten Schranke verwendet wird. Damit sind die Varianten der Theorie immanenter Schranken auf ihre Konsequenzen für die fundamentale Struktur im soeben eingeführten Sinne zu untersuchen.

1. Die Theorie immanenter Schranken

Der Begriff der immanenten Schranke wird von einer ganzen Reihe verschiedener Auffassungen verwendet.[30] Gemeinsam ist allen, daß der Begriff der immanenten Schranke oder ähnlich dazu dient, definitiven grundrechtlichen Schutz zu versagen. Der Grund für die Beschränkung oder Begrenzung und der Gegenstand, aus dem sich eine Beschränkung oder Begrenzung ergeben soll, unterscheiden sich dagegen erheblich. So wird der Wortlaut der Verfassung, soweit er den Tatbestand eines Grundrechts beschreibt, als „grundrechtsimmanente Grenze"[31] bezeichnet. Andererseits soll der Begriff der Immanenz für Begrenzungen reserviert werden, die sich nicht aus dem Wortlaut, sondern aus dem Sinn und Zweck der Grundrechtsbestimmung ergeben: die „sachimmanenten Grenzen"[32]. Teilweise werden die „allgemeinen Gesetze" auch als immanente Schranke aller

---

25 Ders., a.a.O., S. 86 ff.; Lawrence, Grundrechtsschutz, technischer Wandel und Generationenverantwortung, S. 100, 132; Starck in von Mangoldt/Klein/Starck[5], Art. 1 Abs. 3 GG, Rn 322 Anm. 581.
26 Vgl. nur von Pollern, JuS 1977, S. 645, die immanenten Schranken sollen vorbehaltlosen Grundrechten „wesensmäßig innewohnen".
27 Vgl. 1. Teil, 1. Abschnitt, I. 2.
28 Eckhoff, Der Grundrechtseingriff, S. 14.
29 Ebenso Huster, Rechte und Ziele, S. 85; Lerche, Übermaß und Verfassungsrecht, S. 105 Anm. 30; ders., HbStR V, § 121, Rn 12; F. Müller, Die Positivität der Grundrechte, S. 13 f.; Preu, JZ 1991, S. 266; Schnapp, JuS 1978, S. 733; L. Schneider, Der Schutz des Wesensgehaltes von Grundrechten nach Art. 19 Abs. 2 GG, S. 48 Anm. 56; Scholler, Die Interpretation des Gleichheitssatzes als Willkürverbot oder als Gebot der Chancengleichheit, S. 359.
30 Einen Überblick über die Immanenzlehren vermittelt Wipfelder, BayVBl 1981, S. 417 ff., 457 ff. mit weiteren Nachweisen, zur Kritik dieser Auffassungen van Nieuwland, Darstellung und Kritik der Theorien der immanenten Grundrechtsschranken.
31 K. Hesse, Grundzüge des Verfassungsrechts[20], Rn 310. Vgl. auch die „immanente Gewährleistungsschranke" im Sinne des Schrankensystems von Friedrich Klein, der aber daneben auch „systematische Gewährleistungsschranken" anerkennt, die sich nicht aus dem Wortlaut, sondern dem System der Grundrechtsbestimmungen ergäben, und neben den Gewährleistungsschranken wiederum Vorbehaltsschranken, die nicht „das Feststehende" bestimmten, sondern dieses einschränkten, von Mangoldt/Klein, Das Bonner Grundgesetz, Bd. 1, S. 122 ff.
32 Lerche, Übermaß und Verfassungsrecht, S. 106 ff.; ders., HbStR V, § 121, Rn 12; vgl. Bettermann, Grenzen der Grundrechte, S. 12 ff.; sowie die Lehre der immanenten Schranken Günter Dürigs mit

Grundrechte angesehen,[33] nach anderer Auffassung stehen Grundrechte unter der immanenten Schranke des Gewaltverbots[34] oder ihrer „Rechtsqualität".[35] Schließlich sollen kollidierende Verfassungsbestimmungen einigen oder allen Grundrechten verfassungsimmanente Schranken ziehen[36] oder der Mißbrauch eine den Grundrechten immanente Schranke bilden[37].

Die unter strukturellen Gesichtspunkten bedeutsamste Unterscheidung innerhalb dieser Vielzahl verschiedener Positionen besteht darin, ob die immanente Schranke bereits eine Grenze des Tatbestands bildet oder ein grundsätzlich weiterreichendes Grundrecht inhaltlich vermindert. Die erste Gruppe bilden damit diejenigen Positionen, die die immanenten Schranken oder Grenzen bereits zur Tatbestandsbestimmung verwenden.[38] Innerhalb dieser Gruppe kann weiter unterschieden werden, ob neben den immanenten Schranken noch äußere Schranken zulässig sind, die das grundsätzlich bestehende Recht

---

der Unterscheidung der rechtslogisch immanenten Schranke der Rechte anderer, der ethisch immanenten Schranke des Sittengesetzes und der gesellschaftlich immanenten Schranke der elementaren öffentlichen Ordnungsnormen, Dürig, AöR 79 (1970), S. 80 ff.; ders. in Maunz/Dürig, Art. 2 Abs. 1 GG (Erstbearbeitung), Rn 72 ff.; vgl. zu „betriebsbedingten Schranken" des Art. 10 Abs. 1 GG ders. in Maunz/Dürig, Art. 10 GG, Rn 66 f.

33 Bachof, Freiheit des Berufs, S. 195 f.; Bettermann, Grenzen der Grundrechte, S. 26 ff.; Scheuner, DÖV 1971, S. 510 f.; Selmer, DÖV 1972, S. 558; Rüfner, Festgabe BVerfG, Bd. 2, S. 457 ff.; Ridder, Die soziale Ordnung des Grundgesetzes, S. 78; Schwäble, Das Grundrecht der Versammlungsfreiheit, S. 176 ff.

34 Isensee, Festschrift Sendler, S. 59.

35 So Friedrich Müllers Theorie der sachlichen Reichweite als „einzig wirklich ‚immanente' Beschränkung [des Grundrechts, M.B.]: seiner Rechtsqualität" (F. Müller, Die Positivität der Grundrechte, S. 41). Nur „sachspezifisch geschützte[n]" Handlungsmodalitäten genössen grundrechtlichen Schutz (ders., a.a.O., S. 73 f.), nicht aber „unspezifische Modalitäten" (ders., a.a.O., S. 88 et passim).

36 Blaesing, Grundrechtskollisionen, S. 90 ff.; Katz, Staatsrecht[16], Rn 643 f.; Kriele, Recht – Vernunft – Wirklichkeit, S. 606 ff.; Schramm/Strunk, Staatsrecht II, S. 38 ff.; jeweils mit weiteren Nachweisen. Das Bundesverfassungsgericht begrenzt in ständiger Rechtsprechung seit BVerfGE 28, 243 (261) den effektiven Garantiebereich eines vorbehaltlosen Grundrechts durch eine Abwägung bei Kollisionen mit Grundrechten anderer und sonstigen Gütern mit Verfassungsrang (vgl. hierzu Borowski, Die Glaubens- und Gewissensfreiheit des Grundgesetzes, S. 505 ff.), vermeidet aber den Begriff der „immanenten Schranke" (van Nieuwland, Darstellung und Kritik der Theorien der immanenten Grundrechtsschranken, S. 102; Zeitler, BayVBl. 1971, S. 418 f.). Nur in einer Entscheidung zu Art. 5 Abs. 3 Satz 1 GG wird der Begriff der „verfassungsimmanenten Schranke" verwendet, BVerfGE 83, 130 (142). Außerhalb der Kollisionsproblematik erscheint der Begriff zu Art. 103 Abs. 3 GG in BVerfGE 3, 248 (253); zu Art. 4 Abs. 1, 2 GG in einem obiter dictum in BVerfGE 24, 236 (249) und zu Art. 8 Abs. 1, 9 Abs. 1 GG in BVerfGE 39, 334 (367). In BVerfGE 80, 137 (152) werden „grundrechtsimmanente Schranke[n]" des Art. 2 Abs. 1 GG ausdrücklich abgelehnt, in BVerfGE 85, 368 (392 f.) „immanente Schranken" des Art. 10 Abs. 1 GG. Auch dem allgemeinen Gemeinschaftsvorbehalt der älteren Rechtsprechung des Bundesverwaltungsgerichts liegt eine kollisionsorientierte Betrachtung zugrunde, vgl. zu dieser Rechtsprechung Lübbe-Wolff, Die Grundrechte als Eingriffsabwehrrechte, S. 90 f.; van Nieuwland, a.a.O, S. 90 ff.). Zur vergleichsweise neueren Rechtsprechung des Bundesverwaltungsgerichts siehe BVerwGE 87, 37 (45); 90, 112 (117 f.).

37 Gallwas, Der Mißbrauch von Grundrechten, S. 35 et passim; ders., Faktische Beeinträchtigungen im Bereich der Grundrechte, S. 85 ff.; BGH DVBl. 1954, 673 (675).

38 BVerwGE 87, 37 (45); Blaesing, Grundrechtskollisionen, S. 132 f.; Isensee, Festschrift Sendler, S. 59; Lerche, Übermaß und Verfassungsrecht, S. 107 ff.; F. Müller, Die Positivität der Grundrechte, S. 41; ders., Freiheit der Kunst als Problem der Grundrechtsdogmatik, S. 48. Vgl. auch die „Gewährleistungsschranken" im Sinne Friedrich Kleins (von Mangoldt/Klein, Das Bonner Grundgesetz, Bd. 1, S. 123).

inhaltlich vermindern. Hinsichtlich der immanenten Schranken oder Grenzen des Tatbestandes kann weiter unterschieden werden, ob sie lediglich Ergebnis eines Erkenntnisakts sind, oder der Gesetzgeber die Kompetenz besitzt, den Tatbestand „auszugestalten".[39] Die zweite Gruppe von Positionen zu immanenten Schranken berücksichtigt diese erst auf der Schrankenebene, der Schrankengrund rechtfertigt dann einen Eingriff in grundsätzlich bestehende Rechte.[40]

2. Folgerungen für die Normstruktur

Nachdem die Varianten der Theorie immanenter Schranken identifiziert sind, gilt es der Frage nach der Auswirkung auf die fundamentale Struktur der Grundrechte nachzugehen.

a) Immanente Schranken auf der Tatbestandsebene

Diese Auffassung sieht den Tatbestand als von vornherein durch allgemeine Gesetze, Mißbrauch oder sonstige Merkmale begrenzt an. Es ist weiter zu unterscheiden, ob ausschließlich derartige immanente Schranken zugelassen werden, oder neben diesen tatbestandslimitierenden inneren Grenzen zusätzlich äußere Schranken möglich sind.

aa) *Äußere Schranken unzulässig*

Sind äußere Schranken neben den inneren oder immanenten Schranken unzulässig, wird der Tatbestand abschließend durch immanente Schranken bestimmt. Der Tatbestand des Grundrechts ist dann notwendig mit dem effektiven Garantiebereich identisch. Ein derart konstruiertes Grundrecht besitzt seinen endgültigen Inhalt von vornherein, es ist im Sinne der fundamentalen strukturellen Unterscheidung ein innentheoretisches Grundrecht.

bb) *Äußere Schranken zulässig*

Sind innerhalb des durch innere Grenzen definierten Tatbestandes äußere Schranken zulässig, wird der Tatbestand durch ein prima facie-Recht gebildet. Der effektive Garantiebereich ist das Ergebnis der Tatbestandsbestimmung durch „innere Grenzen" und „Beschränkung von außen", womit Tatbestand und effektiver Garantiebereich unterscheidbar sind. Folglich wird eine außentheoretische Struktur des Grundrechts vorausgesetzt. Die Bestimmung der Reichweite des prima facie-Rechts durch „immanente Grenzen" hindert die Annahme einer außentheoretischen Struktur nicht, denn auch bei außentheoretisch konzipierten Rechten steht der Rechtsanwender zunächst vor der Auf-

---

39 Zur Figur der Ausgestaltung von Rechten siehe 1. Teil, 3. Abschnitt, I. 3.
40 Kloepfer, HbStR VI, § 143, Rn 47; Lorenz, Festschrift Lerche, S. 268; Bleckmann, Staatsrecht II – Die Grundrechte[4], § 12, Rn 19 ff.; Starck in von Mangoldt/Klein/Starck[5], Art. 1 Abs. 3 GG, Rn 275; BVerwGE 82, 76 (79 ff.); 90, 112 (117 f.); anderer Ansicht BVerwGE 87, 37 (45).

gabe, die Reichweite des prima facie-Rechts zu ermitteln. Auf welche Art und Weise diese Reichweite zu ermitteln ist, schreibt die Außentheorie nicht vor. Die Ermittlung grundrechtlicher Tatbestände erfolgt durch Auslegung der Verfassung, insbesondere mittels der klassischen Interpretationsmethoden.[41] Innerhalb der canones der Auslegung finden sich nahezu alle Aspekte wieder, die auch zur Begründung immanenter Grenzen geltend gemacht werden: der Wortlaut der Verfassung in der Auslegung nach dem Wortlaut,[42] der Sinn und Zweck der Bestimmung in der subjektiv-teleologischen[43] und objektiv-teleologischen Interpretation[44] und kollidierende Interessen in der systematischen Interpretation.[45]

Wenn der Begriff der Immanenz für Tatbestandsbegrenzungen verwendet wird, sollte jedoch nicht von immanenten Schranken gesprochen werden. Denn der Begriff der Schranke deutet auf den Vorgang der Beschränkung hin, die inhaltliche Verminderung eines grundsätzlich weitergehend bestehenden Rechts.[46] Wird von einer immanenten Begrenzung des Tatbestandes ausgegangen, soll gerade kein grundsätzlich weitergehend bestehendes Recht vorliegen, das vermindert werden könnte. Der Begriff der immanenten Grenze ist daher eher angemessen.

b) Immanente Schranken auf der Schrankenebene

Nach dieser Auffassung vermindern die immanenten Schranken ein grundsätzlich weitergehend bestehendes Recht. Insofern unterscheiden sie sich strukturell nicht von den „äußeren" Schranken,[47] der Unterschied liegt vielmehr in dem Grund der Einschränkung: während eine Gruppe von Schrankengründen zu „inneren" Schranken führen soll, sollen andere Gründe zu „äußeren" Schranken führen. Es handelt sich aber insofern in beiden Fällen um strukturell äußere Schranken, da sie eine weitergehend gewährte rechtliche Position inhaltlich vermindern.[48] Der Grund für eine Beschränkung im Sinne

---

41 Statt vieler Starck, HbStR VII, § 164, Rn 38, 16 ff. Dabei ist davon auszugehen, daß zwischen der Interpretation einfachen Rechts und der Verfassungsauslegung nur ein gradueller, kein kategorischer Unterschied besteht, R. Dreier, Zur Problematik und Situation der Verfassungsinterpretation, S. 107. Vgl. auch 1 Teil, 2. Abschnitt, III., 2.
42 Vgl. Koch/Rüßmann, Juristische Begründungslehre, S. 126 ff.; Larenz, Methodenlehre der Rechtswissenschaft, S. 320 ff.; Alexy, Theorie der juristischen Argumentation, S. 289 ff.; ders., Juristische Interpretation, S. 85 f.
43 Vgl. Koch/Rüßmann, a.a.O., S. 210 ff.; Alexy, Theorie der juristischen Argumentation, S. 291 ff.; ders., Juristische Interpretation, S. 86.
44 Vgl. Koch/Rüßmann, a.a.O., S. 221 ff.; Larenz, Methodenlehre der Rechtswissenschaft, S. 328 ff.; Alexy, Theorie der juristischen Argumentation, S. 295 ff.
45 Koch/Rüßmann, a.a.O., S. 263 ff.; Larenz, a.a.O., S. 339 ff.; Alexy, Theorie der juristischen Argumentation, S. 295; ders., Juristische Interpretation, S. 86 f.
46 Schwabe, Probleme der Grundrechtsdogmatik, S. 64.
47 Vgl. Bolz, Das Verhältnis von Schutzgut und Schranken der Grundrechte, S. 184, zwischen „immanenten" und „heterogenen" Schranken bestünde kein relevanter Unterschied. Seine Unterscheidung immanenter und heterogener Schranken entspricht der hier verwendeten Unterscheidung zwischen inneren und äußeren Schranken, vgl. ders., a.a.O., S. 94 ff. Vgl. auch Huster, Rechte und Ziele, S. 86, der Unterschied „der Theorien der ‚immanenten Schranken' zum herkömmlichen Eingriffs- und Schrankendenken sind dann eher terminologischer und konstruktiver als inhaltlicher Natur".
48 Vgl. bereits bei 1. Teil, 1. Abschnitt, I. 2.

der Außentheorie kann je nach der bevorzugten grundrechtstheoretischen Position variieren. Grundrechtsdogmatisch ist dies aber nicht entscheidend. Auch hier sind Tatbestand und effektiver Garantiebereich nicht notwendig identisch. Selbst wenn man eine Schranke, die ein prima facie-Recht inhaltlich vermindert, als „innere" Schranke bezeichnen will, handelt es sich im Sinne der fundamentalen strukturellen Unterscheidung um eine Schranke im Sinne der Außentheorie.

c) Ergebnis

Theorien, die neben „äußeren Schranken" auch „immanente Schranken" verwenden, stellen damit keine „graduelle Übergangsform[en] zwischen Innen- und Außentheorie"[49] dar, sondern setzen außentheoretische Struktur voraus. Nur wenn die „immanenten Schranken" den Tatbestand begrenzen und keine „äußeren" Schranken anerkannt werden,[50] sind Tatbestand und effektiver Garantiebereich identisch, womit ein innentheoretisches Recht vorliegt.[51] Nur dieses Verständnis der „immanenten Schranken" führt zu einem innentheoretischen Modell. Anders liegt es jedoch bei allen anderen möglichen Konzeptionen immanenter Schranken. Werden äußere Schranken zugelassen, ist die Frage, ob immanente Schranken auf der Tatbestandsebene oder der Schrankenebene berücksichtigt werden, nicht die Frage, ob das fragliche Recht innen- oder außentheoretische Natur aufweist, sondern der Weite des Grundrechtstatbestands. Wer immanente Schranken auf Tatbestandsebene verwendet, vertritt eher eine enge Tatbestandstheorie,[52] wer sie erst auf der Schrankenebene berücksichtigt, eher eine weite Tatbestandstheorie. Fügt man der Unterscheidung zwischen Innen- und Außentheorie die zwischen enger und weiter Tatbestandstheorie hinzu, entstehen drei verschiedene Modelle[53]: (1) die Innentheorie, (2) die Außentheorie in Form der engen Tatbestandstheorie, und (3) die Außentheorie in Form der weiten Tatbestandstheorie.[54] Auch wenn die Distinktion von enger und weiter Tatbestandstheorie im Rahmen der Außentheorie von der von Innen- und Außentheorie unterschieden werden muß, bestehen doch argumentative Parallelen. Die Vorteile der Außentheorie gegenüber der Innentheorie werden durch

---

49 Eckhoff, Der Grundrechtseingriff, S. 14.
50 1. Teil, 1. Abschnitt, II. 2. a) aa).
51 Die Theorien immanenter Schranken, die zur Bestimmung der Grenze des Tatbestandes eine Abwägung oder den Grundsatz der Verhältnismäßigkeit verwenden, werden noch näher daraufhin zu untersuchen sein, ob sie einen Schutzbereich im weiteren Sinne voraussetzen und damit möglicherweise doch eine außentheoretische Struktur voraussetzen, siehe 1. Teil, 3. Abschnitt, I. 4. Für die anderen Theorien kann endgültig festgehalten werden, daß sie die Innentheorie voraussetzen.
52 Ähnlich Eckhoff, Der Grundrechtseingriff, S. 20.
53 Der Raum des logisch Möglichen enthält vier Modelle, wenn man enge und weite Tatbestandstheorien auch bei innentheoretischen Rechten unterscheidet. Bei innentheoretischen Rechten sind Tatbestand und effektiver Garantiebereich identisch, so daß die Unterscheidung zur Distinktion von Innentheorien mit engem oder weitem effektiven Garantiebereich führt. Diese Unterscheidung ist unter strukturellen Gesichtspunkten eher uninteressant und soll nicht weiter verfolgt werden.
54 Man kann die Innentheorie in gewisser Weise als Extremfall der engen Tatbestandstheorie ansehen: der Tatbestand des Rechts ist derart nah an den effektiven Garantiebereich herangerückt, daß zwischen beiden kein Unterschied mehr besteht. Diese Betrachtung würde aber vernachlässigen, daß genau darin ein qualitativer, nicht bloß quantitativer Unterschied besteht.

die Außentheorie in Form der weiten Tatbestandstheorie in höherem Maße verwirklicht als durch die Außentheorie in Form der engen Tatbestandstheorie.[55]

Insgesamt bleibt festzuhalten, daß der Begriff der immanenten Schranke recht unklar verwendet wird und durch differenzierte grundrechtsdogmatische Begriffe ersetzt werden sollte.[56]

III. Die Relevanz der Unterscheidung zwischen Innen- und Außentheorie

Die Relevanz der Unterscheidung zwischen Innen- und Außentheorie wird verschiedentlich in Frage gestellt.[57] Worin soll der Unterschied bestehen, ob dem Fürsorgebedürftigen aus sozialen Grundrechten von vornherein nur ein Mindeststandard medizinischer Versorgung zusteht, oder ob ihm grundsätzlich die nach dem technischen Stand bestmögliche medizinische Versorgung zusteht, dieser Anspruch aufgrund der nur begrenzten Kraft des Arguments der finanziellen Solidarität aber wirksam auf einen Mindeststandard beschränkt wird? In beiden Fällen geben die sozialen Grundrechte dem Fürsorgebedürftigen nur einen definitiven Anspruch auf eine medizinische Mindestversorgung. Man könnte geneigt sein, dies für eine bloße Frage der Konstruktion zu halten, die keinerlei Einfluß auf das Ergebnis habe. Es wird sogar weitergehend geltend gemacht, die Befassung mit dem Konstruktionsproblem sei gleichsam schädlich, da sie geeignet sei, das inhaltliche Problem – also das „wahre Problem" – zu verdecken.[58]

1. Allgemeine normative Annahmen

Zwischen allgemeinen normativen Annahmen und den Schrankentheorien bestehen gewisse Zusammenhänge. Wer in erster Linie auf das Gemeinwesen abstellt und dem einzelnen eine Gliedstellung zuweist, wird der Innentheorie zuneigen. So führte beispielsweise der Gedanke der „Genoßenschaft" des älteren deutschen Rechts Otto von Gierke in die Richtung der Innentheorie.[59] Dies wurde mit dem völkischen Gedanken im Nationalsozialismus dann weit übersteigert.[60] Neuere Bestrebungen, den Gedanken der Nation und der eigenen Kultur in den Mittelpunkt der politischen Theorie zu stellen,

---

55 Siehe 2. Teil, 3. Abschnitt, A. I. 4. f).
56 So auch Schnapp, JuS 1978, S. 733.
57 Böckenförde, Grundrechte als Grundsatznormen, S. 194 Anm. 108; Isensee, HbStR V, § 111, Rn 42 Anm. 90; Wulfing, Grundrechtliche Gesetzesvorbehalte und Grundrechtsschranken, S. 64 f.; Huster, Rechte und Ziele, S. 90; im Zivilrecht Eichler, Institutionen, Bd. 1, S. 142; Planck$^{1/2}$-Achilles, vor § 903 BGB, Anm. 1, S. 129; Planck^4-Strecker, Vor § 903 BGB, Anm. 1.
58 Böckenförde, Grundrechte als Grundsatznormen, S. 194 Anm. 108.
59 Vgl. von Gierkes rechtshistorische Untersuchung zum deutschen Genossenschaftsrecht (von Gierke, Das deutsche Genossenschaftsrecht, Bd. 1-4) sowie ders., Die Genossenschaftstheorie und die deutsche Rechtsprechung. Der Innentheorie zuneigend die Formulierungen in ders., Die soziale Aufgabe des Privatrechts, S. 20; ders., Deutsches Privatrecht, Bd. 2, S. 358. Allerdings geht in von Gierkes Konzeption der einzelne nicht vollständig in der Gliedstellung auf, sondern steht dem Gemeinwesen auch zumindest ein Stück weit selbständig gegenüber, siehe 1. Teil, 1. Abschnitt, IV. 2. a) aa).
60 Siehe 1. Teil, 1. Abschnitt, IV. 2. b).

finden sich im Kommunitarismus.[61] Wer dagegen eine individualistische Theorie von Staat und Gesellschaft bevorzugt, wird eher der Außentheorie folgen.[62] So folgt der römischrechtliche Eigentumsbegriff nicht von ungefähr der Außentheorie, wie ein Vergleich der außentheoretischen Eigentumsdefinition von Bartolus:

„Quid ergo est dominum? Responde: est ius de re corporali perfecte disponendi, nisi lex prohibeat."[63]

mit dem Freiheitsbegriff der römischen Tradition zeigt:

„Libertas est (naturalis) facultas eius quod cuique facere libet, nisi si quid (vi aut) iure prohibeatur."[64]

Der strukturelle Gegensatz zwischen Innen- und Außentheorie spiegelt sich auch in der Unterscheidung vermeintlich verschiedener Formen der Begründung moralischer Urteile in der feministischen Moral- und Rechtsphilosophie wider.[65]

---

61 Der Kommunitarismus stellt eine insgesamt eher heterogene philosophische Richtung dar, deren verschiedene Positionen vor allem den Gegner gemeinsam haben: die Theorie und die Praxis des liberalen Staates (vgl. beispielsweise Honneth, Kommunitarismus, S. 7 f.; Scheffer, Diskurs 1994, S. 63). Neben der Stoßrichtung gegen den liberalen Staat und meist auch die analytische Philosophie verbindet die Kommunitaristen die These des Vorrangs des Teleologischen vor dem Deontologischen. Die Handlungen einzelner seien stärker auf gemeinschaftliche Ziele auszurichten, Scheffer, a.a.O. So stellt etwa Alasdair MacIntyre zwei verschiedene Begriffe der Moral gegenüber, einerseits den neutralen moralischen Standpunkt in der Tradition des modernen Liberalismus: „Jedem Individuum ist die Freiheit zu gewähren, auf eine eigene Weise zu leben, die er oder sie für die beste hält" (MacIntyre, Patriotismus, S. 89), und andererseits die Auffassung der Moral des Patriotismus: „Eine zentrale Annahme der Moral des Patriotismus ist es, daß ich eine wesentliche Dimension des moralischen Lebens übergehe und verliere, wenn ich nicht das gelebte Narrativ meines eigenen individuellen Lebens als Teil der Geschichte meines Landes verstehe. Denn wenn ich es nicht so verstehe, werde ich nicht verstehen können, was ich den anderen schulde oder was sie mir schulden, für welche Verbrechen meiner Nation ich Wiedergutmachung leisten muß, für welche empfangenen Vorteile ich meiner Nation gegenüber Dankbarkeit empfinden muß. Das Verständnis dessen, was man mir schuldet und was ich schulde, und das Verständnis der Geschichte der Gemeinschaften, denen ich angehöre, sind nach dieser Ansicht ein und dasselbe" (ders., a.a.O., S. 99). Ausführungen zur Struktur von Rechtspositionen findet man bei Kommunitaristen, soweit ersichtlich, nicht. Daraus, ob ein Kommunitarist den Wert der negativen Freiheit an sich leugnet oder nicht, läßt sich jedoch schließen, welcher Schrankentheorie er näher steht.
62 Alexy, Theorie der Grundrechte, S. 251.
63 Bartolus, Commentaria In Primam Digesti Novi Partem, S. 84 (n.4 zur lex Si quis vi (=D 41, 2, 17)). Der genaue Wortlaut dieser Definition ist umstritten. Ebenso wie hier Kroeschell, Festschrift Thieme, S. 37; Willoweit, Historisches Jahrbuch 94 (1974), S. 144 f.; Olzen, JuS 1984, S. 332. Anders Mayer-Maly, Festschrift Heinz Hübner, S. 145: „Quid ergo est dominum? Respondeo: est ius de re corporali perfecte disponendi, nisi lege prohibeatur" unter Hinweis auf die Ausgabe aus Lyon von 1550. Es ist umstritten, ob die Interpretation dieser Definition im Sinne der Außentheorie bereits der ursprünglichen Auffassung des Bartolus entspricht (in diesem Sinne, Nicolini, La propieta, il principe e l' espropriazione per publica utilita, S. 57 ff.; Piccinelli, Studi e Ricerche Intorno alla definizione: Dominum est ius utendi, S. 44 ff.) oder erst auf die Rezeption dieser Eigentumsdefinition der italienischen Rechtswissenschaft zurückgeht (Willoweit, Historisches Jahrbuch 94 (1974), S. 148).
64 Dig. 1, 5, 4 pr. (Florent. 1. 9 inst.).
65 Als Begründerin der modernen feministischen Moral- und Rechtsphilosophie darf Carol Gilligan angesehen werden. In ihrem 1982 erschienenen Werk „In a different Voice" behauptet sie, das mora-

a) Negative und positive Freiheit

Der Begriff der Freiheit bildet nicht nur einen zentralen Begriff der praktischen Philosophie,[66] sondern besitzt auch in der Grundrechtstheorie und -dogmatik herausragende Bedeutung. Die Unterscheidung von positiver und negativer Freiheit weist nicht weniger als mindestens drei Bedeutungen auf, von denen hier nur die grundlegendste näher in den Blick genommen werden soll.[67] Danach ist negative Freiheit die Freiheit „von etwas", zu tun und zu lassen, was man will, oder Abwesenheit von staatlichem Zwang. Positive Freiheit ist dagegen inhaltlich determinierte Freiheit, die Freiheit „zu etwas". Der bereits vorgestellte Freiheitsbegriff der römischen Tradition gründet sich auf negative Freiheit.[68] Diese Unterscheidung läßt sich innerhalb einer dreistelligen Relation aus Freiheitsträger, Freiheitshindernis und dem Freiheitsgegenstand rekonstruieren: Im Fall der negativen Freiheit ist der Freiheitsgegenstand eine Handlungsalternative, im

---

lische Verhalten von Männern unterscheide sich von dem von Frauen. Männer neigten eher zu einer rationalen Abwägung von Werten, Gilligan, In a different Voice, S. 26 f. Dieser Methode liege eine hierarchische Ordnung zugrunde, die zwischen Gewinnern und Verlierern unterscheide und ein Gewaltpotential aufweise, dies. a.a.O., S. 32. Frauen hingegen sähen nicht isolierte Menschen, sondern insbesondere die Bindungen zwischen den Menschen. Moralische Probleme seien für sie nicht „mathematische" Probleme, sondern eingebettet in eine Geschichte von Beziehungen, an deren Aufrechterhaltung alle ein Interesse haben, dies. a.a.O., S. 28. Weibliche Moral enthalte im Gegensatz zur männlichen Moral zentrale Einsichten einer Ethik der Anteilnahme („ethic of care"), dies. a.a.O., S. 30. Die prinzipienorientierte, angeblich spezifisch männliche Art der Begründung moralischer Urteile verweist mit der Notwendigkeit der Abwägung auf die Außentheorie, während das kontextuale Verfahren der Innentheorie näher steht. An die empirischen Thesen Gilligans schloß sich eine breite Debatte normativer Thesen an, einem Überblick vermitteln Frommel, Männliche Gerechtigkeitsmathematik versus weiblicher Kontextualismus?, S. 82 ff.; Hilgendorf, ARSP 80 (1994), S. 278 ff.

66 Vgl. beispielsweise Berlin, Two Concepts of Liberty, S. 118 ff.; Feinberg, Freedom and Liberty, S. 753 ff.

67 Auch bei den beiden anderen Bedeutungen, die das Begriffspaar „negative/positive" Freiheit bezeichnet, spielen in der Grundrechtsdogmatik eine wichtige Rolle, eingehend Borowski, Die Glaubens- und Gewissensfreiheit des Grundgesetzes, S. 186 ff. Nach der ersten ist nur rechtliche Freiheit negative Freiheit, Inhalt der negativen Freiheit ein Unterlassen des Staates, so zum Beispiel Leibniz mit seiner Unterscheidung der „liberté de droit" von der „liberté de fait" (Leibniz, Schriften, Bd. 7, S. 160). Ganz anders wiederum wird das Begriffspaar verwendet, wenn man nicht darauf abstellt, ob der Staat handelt oder unterläßt, sondern auf die Form des Verhaltens des einzelnen, positives Handeln oder Unterlassen. In diesem Sinne ist positive Religionsfreiheit die Freiheit, einen Glauben zu bilden, zu haben und zu äußern sowie demgemäß zu handeln (Pieroth/Schlink, Grundrechte – Staatsrecht II[21], Rn 510), negative Religionsfreiheit dagegen die Freiheit, nicht zu glauben, einen Glauben zu verschweigen sowie glaubensgeleitete Handlungen zu unterlassen (Dies., a.a.O., Rn 516, allgemein zu dieser Unterscheidung Rn 199; Kunig in von Münch/Kunig[5], Art. 2 GG, Rn 17; vgl. hierzu Hellermann, Die sogenannte negative Seite der Freiheitsrechte). Positive und negative Freiheit im Sinne der zweiten Unterscheidung ist jeweils negative Freiheit im Sinne der ersten Unterscheidung, wenn und soweit es um die Abwehrrechte geht: Im ersten Fall hat der Staat Sanktionen in Anknüpfung an den Vollzug religiöser Handlungen zu unterlassen, im zweiten Fall hat er Sanktionen in Anknüpfung an das Unterlassen religiöser Handlungen zu unterlassen. Die fehlende explizite Unterscheidung dieser beiden weiteren Bedeutungen voneinander – sowie jeweils ihre fehlende explizite Unterscheidung von der im Text näher ausgeführten fundamentalen Unterscheidung von negativer und positiver Freiheit – sind der Hauptgrund für die zahlreichen Verwirrungen in der grundrechtsdogmatischen Diskussion um die Unterscheidung negativer und positiver Freiheit.

68 Zur historischen Entwicklung des Freiheitsbegriffs vgl. Krämer, Die Grundlegung des Freiheitsbegriffs in der Antike, S. 239 ff.

Fall der positiven Freiheit nur eine Handlung.[69] Für die Vertreter positiver Freiheitsbegriffe besteht die Freiheit darin, das „Vernünftige" (im weiteren Sinne) oder „Notwendige" zu tun.[70] Die negative Freiheit dagegen sagt nicht, was zu tun ist, sondern sagt, welche Möglichkeiten der einzelne hat, etwas zu tun.[71] Sowohl bei der negativen als auch bei der positiven Freiheit sind Freiheitshindernisse denkbar. Ein Freiheitshindernis behindert im Fall der negativen Freiheit die Wahlfreiheit zwischen Handlungsalternativen des Freiheitsträgers. Legt man positive Freiheit zugrunde, so verhindert ein Freiheitshindernis dagegen, daß der Freiheitsträger das „Vernünftige" tut.

Es könnte die These vertreten werden, eine Beschränkung im Sinne der Außentheorie wäre bei positiver und negativer Freiheit gleichermaßen möglich, indem der Staat jeweils ein Freiheitshindernis schafft. Die negative Freiheit werde beschränkt, indem die Wahlfreiheit zwischen Handlungen vermindert werde. Die positive Freiheit werde beschränkt, indem die Möglichkeit des Einzelnen, das „Vernünftige" zu tun, erschwert oder beseitigt werde. Diese Betrachtung setzt aber voraus, daß das „Vernünftige" unabhängig von dem zu bestimmen ist, was der Staat verbietet oder erlaubt. Wer die positive Freiheit zur Basis seiner politischen Theorie erklärt, verleiht dem Staat die Kompetenz, allein und abschließend festzusetzen, was im Einzelfall „vernünftig" ist. Er kann damit den einzelnen nicht daran hindern, das „Vernünftige" zu tun, sondern nur definieren, was vom Standpunkt der Rechtsordnung aus „vernünftig" ist. Ein Gesetz im Sinne einer Ausgestaltung der Freiheit nimmt dem einzelnen nicht die Freiheit „zu etwas", sondern definiert die Freiheit „zu etwas".

Ein staatlicher Eingriff im Sinne der Verminderung von Handlungsmöglichkeiten der Freiheitsträger kann nur vorliegen, wenn der Freiheitsträger vorher die Rechtsmacht

---

69 Alexy, Theorie der Grundrechte, S. 197 f.
70 Als Beispiele seien hier vier Freiheitsbegriffe vorgestellt. Der erste stammt von Baruch de Spinoza: „Ea res libera dicitur, quae ex sola suae naturae necessitate existit, et a se sola ad agendum determinatur" (Spinoza, Ethica, S. 88). Im System der Kantischen Freiheitsbegriffe findet man: „Der positive ist: das Vermögen der reinen Vernunft für sich selbst praktisch zu sein. Dieses ist aber nicht anders möglich, als durch die Unterwerfung der Maxime einer jeden Handlung unter die Bedingung der Tauglichkeit der erstern zum allgemeinen Gesetze" (Kant, Metaphysik der Sitten, S. 213 f.). Philosophisch auch wirkmächtig Hegel: „Notwendig ist das Vernünftige als das Substantielle, und frei sind wir, indem wir es als Gesetz anerkennen und als der Substanz unseres eigenen Wesens folgen" (Hegel, Vorlesungen über die Philosophie der Geschichte, S. 57). In der Philosophiegeschichte nicht in gleichem Maße bedeutsam, aber in der Formulierung durchaus eindrucksvoll de Lagarde: „Frei ist nicht, wer tun kann, was er will, sondern wer werden kann, was er soll" (de Lagarde, Deutscher Glaube – Deutsches Vaterland – Deutsche Bildung, S. 59).
Diese Begriffe positiver Freiheit bergen die Gefahren einer umfassenden Erziehungsdiktatur in sich: „The perils of using organic metaphors to justify the coercion of some men by others in order to raise them to a ‚higher' level of freedom have often been pointed out", Berlin, Two Concepts of Liberty, S. 132. Eine Erziehungsdiktatur ist aber keine logische Konsequenz des positiven Freiheitsbegriffs, sondern ein mögliches Ergebnis seiner undifferenzierten Rezeption in die politische Theorie, Alexy, Theorie der Grundrechte, S. 198 Anm. 121; Huster, Rechte und Ziele, 1993, S. 69 Anm. 16; vgl. Taylor, Philosophical Papers 2, S. 215 ff.
71 Berlin, Introduction, S. xlii: „opportunity for action". Es ist weiter zu unterscheiden, ob die negative Freiheit des einzelnen durch Rechte gegenüber dem Staat bewehrt ist. Während unbewehrte Freiheiten sich vollständig auf die Abwesenheit rechtlicher Verbote zurückführen lassen, treten bei der bewehrten Freiheit freiheitsschützende Rechte und Kompetenzen hinzu, vgl. Alexy, Theorie der Grundrechte, S. 203 ff.; Borowski, Die Glaubens- und Gewissensfreiheit des Grundgesetzes, S. 192.

erhält, für sich festzulegen, was „vernünftig" ist, und mit welchen Mitteln er diese Ziele verfolgen will. Dies beinhaltet aber die Freiheit, zwischen alternativen Zielen und Strategien ihrer Verfolgung – Handlungsalternativen – zu wählen, also mit anderen Worten: negative Freiheit. Daß der einzelne im privaten Bereich eine individuelle Konzeption des guten Lebens, also positiver Freiheit, verfolgt, und der Staat bei grundsätzlicher Anerkennung der Freiheit der Wahl und Verfolgung dieser Konzeptionen einige aus sachlichen Gründen privilegiert oder behindert, ist mit negativer Freiheit als Basis einer politischen Theorie vereinbar. Die Behinderung der Wahl und Verfolgung von Zwecken durch den Staat schafft Freiheitshindernisse im Sinne einer außentheoretischen Beschränkung. Freiheitshindernisse im Sinne der positiven Freiheit als Basis einer politischen Theorie können dagegen nur tatsächliche Hindernisse, wie zum Beispiel „falsches Bewußtsein" oder unklare Ideen[72] sein, nicht aber staatliche Maßnahmen.

Da positive Freiheit in diesem Sinne begrifflich nicht staatlich beschränkt werden kann, impliziert die Verwendung eines positiven Freiheitsbegriffs eine innentheoretische Konstruktion von Rechten.[73] Den Zusammenhang von positivem Freiheitsbegriff und Innentheorie verdeutlicht der positive Freiheitsbegriff, den Karl Larenz – unter maßgeblichem Einfluß von Hegel – aufgestellt hat:

„Der existentiell gebundene Wille [des Gesetzgebers, M.B.] ist niemals ‚für sich seiender' Wille, der nur von außen beschränkt wird, sondern eins mit der Substanz, die ihn als das Gesetz seines eigenen Wesens durchdringt. Er will, was er soll, aus eigener Wesensnotwendigkeit. Freiheit und Notwendigkeit sind hier eins geworden".[74]

Im Anschluß an diese Ausführungen plädiert er für einen innentheoretischen Eigentumsbegriff, den er am Beispiel des Bauern und seines Ackerlandes ausführt:

„Der Bauer ist nicht die abstrakte Person des Privatrechts, sondern nur berechtigt als Glied und gewissermaßen als Treuhänder seines Geschlechts und der ganzen Volksgemeinschaft. Für seinen existentiell gebundenen Willen bedeutet die Versagung der Veräußerungsbefugnis keine äußerliche Schranke, die Pflicht zur ordnungsgemäßen Bewirtschaftung keine von außen an ihn herantretende Forderung, sondern das eine wie das andere entspricht der ihm ursprünglich gemäßen Haltung."[75]

---

72 Vgl. Alexy, Theorie der Grundrechte, S. 197.
73 Im Ergebnis ebenso Huster, Rechte und Ziele, S. 85 f. zur „starken These": „wenn die Freiheitsrechte im Ergebnis zu bestimmten Ge- und Verbotsnormen uminterpretiert werden, gibt es nichts, was auf irgendeine Weise eine Einschränkung erleidet. Das Schrankendenken ist hier nicht nur nicht notwendig, sondern sogar ganz unpassend – und zwar nicht allein im technischen, sondern auch und gerade im inhaltlichen Sinne." Ähnlich ders. a.a.O., S. 88 Anm. 112. Dies soll nicht für die Theorien immanenter Schranken gelten, die er unter b) behandelt und als „Innentheorien" bezeichnet, diese Auffassungen stellen in der hier verwendeten Klassifikation aber Außentheorien in Form enger Tatbestandstheorien dar. Zum Zusammenhang von Freiheitsbegriff und Schrankentheorie vgl. Losch, Wissenschaftsfreiheit, Wissenschaftsschranken, Wissenschaftsverantwortung, S. 170 f.; Murswiek, Die staatliche Verantwortung für die Risiken der Technik, S. 194 Anm. 12.
74 Larenz, Zeitschrift für Kulturphilosophie 1 (1935), S. 58 (Hervorhebung im Original).
75 Ders., a.a.O., S. 59.

Negative Freiheit als Basis politischer Theorie gewährt dem einzelnen dagegen die Freiheit, zwischen Handlungsalternativen zu wählen. Aufgrund von Kollisionen mit Freiheiten anderer und kollektiven Gütern muß diese Freiheit aber oft eingeschränkt werden, sie impliziert daher außentheoretische Strukturen des Rechts.

b) Die Außentheorie als normative Theorie oder Konstruktionstheorie

Es wird die These vertreten, die Anerkennung negativer Freiheit und der Außentheorie von Rechten führe zu einer individualistischen Position, die notwendig Gemeinwohlbelange vernachlässige. Eine angemessene Berücksichtigung von Gemeinwohlbelangen sei dagegen nur mit innentheoretischen Rechten zu erreichen:

„Die Lehre, die Schranken und Pflichten gehörten zum Inhalt und zum Wesen des Rechts, vermag den Gedanken der Gemeinschaft und des Gemeinnutzes viel unmittelbarer und eindringlicher zur Geltung zu bringen."[76]

Dies beruht auf der verbreiteten Auffassung, die Beschränkung eines prima facie-Rechts habe eine Ausnahme zu bleiben:

„Und wenn wir Umschau halten, wie es im wirklich lebendigen Recht sich mit diesen Beschränkungen verhält, so entdecken wir, daß jene ausschließliche Willkürherrschaft eine bloße Fiktion ist. Aber diese Fiktion ist gemeingefährlich! Sie begründet eine Vermuthung für Schrankenlosigkeit und stempelt die Beschränkungen zu Singularitäten."[77]

Wer die Außentheorie als Theorie individueller Rechte in diesem Sinne versteht,[78] deutet sie als stark normative Theorie: nur in geringem Maße sollen sich kollektive Interessen oder Güter in Kollisionen mit individuellen Rechten durchsetzen. Es ist zwar nicht ausgeschlossen, die Außentheorie derart zu verstehen, aber keineswegs notwendig. Im Sinne einer Konstruktionstheorie[79] kann man sie zunächst als weitestgehend

---

76 Siebert, Verwirkung und Unzulässigkeit der Rechtsausübung, S. 87 f.
77 von Gierke, Die soziale Aufgabe des Privatrechts, S. 20 zu Eigentumsbeschränkungen.
78 Bryde in von Münch/Kunig⁵, Art. 14 GG, Rn 50; Eichler, Institutionen des Sachenrechts, Bd. 1, S. 142; Krebs, Vorbehalt des Gesetzes und Grundrechte, S. 68; Larenz, Zeitschrift für Kulturphilosophie 1 (1935), S. 58; Walter Merk, Das Eigentum im Wandel der Zeiten, S. 13 ff.; Schloßmann, JherJb. 45 (1903), S. 319; Siebert, Verwirkung und Unzulässigkeit der Rechtsausübung, S. 87 f.; ders., Vom Wesen des Rechtsmißbrauchs, S. 194 ff., 201.
79 Zum Unterschied zwischen normativen Theorien und Konstruktionstheorien vgl. Alexy, Theorie der Grundrechte, S. 279 zu Tatbestandstheorien. Ähnlich Lübbe-Wolff mit ihrer Unterscheidung zwischen einer auf Resultate zielenden Interpretation des Regel-Ausnahme-Verhältnisses von Freiheit und Freiheitsbeschränkung und einer auf das Verfahren bezogenen Deutung dieses Verhältnisses, Lübbe-Wolff, Die Grundrechte als Eingriffsabwehrrechte, S. 67. Im letzteren Sinne auch gegen natürliche Freiheit, zu tun oder zu lassen, was man will, als substantielles Freiheitsideal, Lübbe-Wolff, Die Grundrechte als Eingriffsabwehrrechte, S. 99 f. In die Richtung einer Konstruktionstheorie weisen auch Schwabe, Probleme der Grundrechtsdogmatik, S. 60 ff. mit dem Regel-Ausnahme-Prinzip von Freiheit und Freiheitsbeschränkung als rechtstechnischem Grundsatz; Schlink, EuGRZ 1984, S. 467 mit dem Eingriffs-Schrankendenken als rechtstechnisch-konstruktivem Denken; sowie Hotz, Zur Notwendigkeit und Verhältnismäßigkeit von Grundrechtseingriffen, S. 32 mit der Eingriffsvorstellung als technischer Vorstellung; ähnlich weiter Burgi, Erholung in freier Natur, S. 258; Dirnber-

frei von normativen Annahmen über Argumentationslasten und Gewichtungen bei Kollisionen verstehen. Sie kann dann mit derartigen normativen Annahmen verbunden werden, diese Annahmen können mehr oder weniger stark sein.

Aus der Außentheorie als bloßer Konstruktionstheorie folgt lediglich, daß ein Recht einschränkbar ist. Normative Kriterien der Wirksamkeit der Einschränkung wie Argumentations- oder Rechtfertigungslasten werden aus der Betrachtung zunächst weitgehend ausgeblendet. Daß eine Außentheorie nicht begrifflich notwendig mit normativen Annahmen von Gewicht wie Argumentations- oder Rechtfertigungslasten verbunden ist, kann am Beispiel einer Variante despotischer Rechtssysteme gezeigt werden. Man kann ein despotisches Rechtssystem durchaus so konstruieren, daß prima facie-Rechte der einzelnen existieren. Ein Despot kann diese Rechte allein durch seinen bloßen Willensakt einschränken, ohne einer weitergehenden Rechtfertigung zu bedürfen. Nun mag man sagen, in diesem Rechtssystem seien die einzelnen rechtlos gestellt, da der Despot ihnen nach Belieben definitive Rechte nehmen kann. In einem übertragenen Sinne trifft dies auch zu: in dem Sinne, daß Einschränkungen der Rechte durch den Despoten nicht materiellen Kriterien – wie insbesondere dem Grundsatz der Verhältnismäßigkeit im weiteren Sinne – genügen müssen. Im konstruktiven Sinne trifft dies aber nicht zu. Vor dem bloßen Willensakt des Despoten ist das prima facie-Recht der einzelnen unbeschränkt, also ein definitives Recht. Nach dem Willensakt ist das Recht beschränkt. Der Willensakt des Despoten vermindert inhaltlich ein Recht der einzelnen. Genau darin liegt der konstruktive Unterschied zu einer anderen Variante despotischer Rechtssysteme, in denen nicht einmal die genannten prima facie-Rechte gewährt werden. Hier sind die einzelnen gleichfalls den Launen des Despoten hilflos ausgeliefert, seine Willensakte vermindern inhaltlich aber keine Rechte.

Die Außentheorie wird mit normativen Annahmen verbunden, wenn Argumentationslasten von spürbarem Gewicht eingeführt werden. Die mit der Außentheorie notwendig verbundene Annahme, daß überhaupt eine Argumentationslast besteht, ist für sich gesehen äußerst schwach, weil sie ein sehr breites Spektrum normativer Konzeptionen zuläßt, das bereits bei einer verschwindend geringen Argumentationslast beginnt. Im Fall der Abwehrrechte des Grundgesetzes besteht eine schwache normative Annahme beispielsweise darin, daß negative Freiheit einen Wert an sich darstellt.[80] Ohne die Einführung zusätzlicher normativer Annahmen bleibt eine radikal individualistische Konzeption aber ebenso möglich wie eine Konzeption, die nachdrücklich die Gliedstellung des einzelnen in einem Gemeinwesen betont.

---

ger, Recht auf Naturgenuß und Eingriffsregelung, S. 89; Stern, Das Staatsrecht der Bundesrepublik Deutschland, Bd. 3/2, S. 17 f. Gegen ein normatives und für ein konstruktionstheoretisches Verständnis der Außentheorie beim verfassungsrechtlichen Eigentumsbegriff Leisner, HbStR VI, § 149, Rn 8; beim zivilrechtlichen Eigentumsbegriff Kipp in Windscheid, Lehrbuch des Pandektenrechts I^9, S. 857 f. Anm. 3. Vgl. zur Gegenüberstellung von normativen Theorien und Konstruktionstheorien weiter Borowski, JöR 50 (2002), S. 325 f; ders., La Estructura de los Derechos Fundamentales, S. 135 ff.; ders., Die Glaubens- und Gewissensfreiheit des Grundgesetzes, S. 382.

80 Zum „Wert an sich" der negativen Freiheit unter dem Grundgesetz Schmitt Glaeser, HbStR VI, § 129, Rn 22: Alexy, Theorie der Grundrechte, S. 325; Burgi, ZG 9 (1994), S. 358, Huster, Rechte und Ziele, S. 127; vgl. grundlegend zum Wert der Freiheit „an sich" Berlin, Introduction, S. lx.

Werden zusätzliche normative Annahmen eingeführt, wie zum Beispiel eine hohe Argumentationslast für eine wirksame Beschränkung eines Abwehrrechts aufgrund kollektiver Interessen oder Güter, entsteht eine Außentheorie in einem stark normativen Sinne. Da starke normative Annahmen deutlich schwerer zu begründen sind als schwache, wird darüber regelmäßig Streit entstehen. Es ist daher wichtig zu sehen, daß Kritik an einer stark normativen Außentheorie sich in erster Linie gegen die starken normativen Annahmen wendet, nicht gegen die Außentheorie als Konstruktionstheorie oder die verschwindend schwache normative Annahme, daß überhaupt technisch gesehen eine Argumentations- oder Rechtfertigungslast besteht.[81]

Die Schrankentheorien implizieren folglich nur insofern eine bestimmte Gewichtung individueller Rechte und kollektiver Interessen oder Güter, als derjenige, der eine Innentheorie individueller Rechte vertritt, den Wert der negativen Freiheit an sich leugnet.[82] Erst wer zusätzlich die für sich verschwindend schwache normative Annahme einführt, für eine wirksame Einschränkung individueller Rechte bestehe eine Argumentations- oder Rechtfertigungslast, erkennt diesen Wert an. Die Einführung dieser schwachen normativen Annahme einer Rechtfertigungs- oder Argumentationslast ist nach dem gegenwärtigen Grundrechtsverständnis auch gerechtfertigt. Von zwei Situationen, die sich vollständig gleichen, nur daß der einzelne in der ersten Situation negative Freiheit hat, in der zweiten nicht, ist die erste Situation klar vorzuziehen. Dies aber heißt nichts anderes, als daß negative Freiheit einen Wert an sich hat, wie man ihn auch veranschlagen mag. Ob das Gewicht der negativen Freiheit gegenüber der Freiheit anderer oder kollektiven Gütern gering, mittel oder hoch anzusetzen ist, hängt davon ab, welche weiteren, starken normativen Annahmen einzuführen sind. Dies liegt jenseits der Außentheorie der Grundrechte als solche, die daher keine bestimmte Gewichtung individueller Rechte und kollektiver Interessen oder Güter impliziert.

---

81 Vgl. von Jhering, Der Zweck im Recht, Bd. 1, S. 514: „Die wahre Bedeutung der Expropriation wird meines Erachtens völlig verkannt, wenn man in ihr einen Eingriff in das Eigentum, eine Abnormität erblickt, die mit der ‚Idee' desselben in Widerspruch stehe" (Hervorhebungen im Original); vgl. weiter Wagner, Allgemeine oder theoretische Volkswirtschaftslehre, S. 503 Anm. 9 zum Eigentumsbegriff der Pandektenwissenschaft: „Diese und andere, im Wesentlichen dasselbe sagende Definitionen sind schon deswegen nicht zutreffend, weil sie die Möglichkeit von gesetzlichen Beschränkungen gleich begrifflich ausschließen". Vgl. auch Kipp in Windscheid, Lehrbuch des Pandektenrechts I^9, S. 857 f. Anm. 3: „Die Darstellung Windscheids kann zu dem Glauben verführen, als wenn Beschränkungen des Eigentums etwas mehr oder weniger Zufälliges, Seltenes wären, während doch weder im römischen noch im deutschen und heutigen R. ein völlig schrankenloses Eigentum bestanden hat oder besteht. Dies ruft dann die Opposition gegen den aufgestellten Begriff des Eigentums wach. Richtig bleibt doch, daß das Eigentum insoweit schrankenlos ist, als nicht Schranken nachweisbar sind" (Hervorhebungen im Original).

82 Anderer Auffassung ist Stefan Huster, das nicht-liberale Verständnis grundrechtlicher Freiheit sei eine hinreichende, nicht aber notwendige Voraussetzung der Innentheorie, Huster, Rechte und Ziele, S. 88 Anm. 112. Wer sich konstruktiv der Innentheorie bedient, müßte demnach nicht den Wert der Freiheit an sich leugnen. Diese Auffassung resultiert daraus, daß Huster Außentheorien in Form enger Tatbestandstheorien als Innentheorien bezeichnet, ders., a.a.O., S. 86 ff. Diese „Innentheorien" folgen dann konsequenterweise dem liberalen Grundrechtsverständnis. Diese Terminologie entspricht nicht der in dieser Untersuchung verwendeten.

2. Die Stufung der Argumentation

Die Zwei-Schritt-Prüfung der Außentheorie führt zu einer stärkeren Stufung der Argumentation als das Ein-Schritt-Verfahren der Innentheorie. Die divergierenden Interessen, das Interesse des Trägers des Rechts und die kollidierenden Interessen anderer Individuen oder der Gemeinschaft, werden mit dieser Stufung geordnet zueinander ins Verhältnis gesetzt. Das rechtlich geschützte Interesse des Rechtsträgers ist ein Grund für eine definitive Rechtsposition, die kollidierenden Interessen sind Gegengründe in bezug auf diese definitive Rechtsposition. Das entstehende Spiel von Grund und Gegengrund gewährleistet in besonderem Maße die Rationalität der grundrechtlichen Begründung.[83] Zunächst wird ermittelt, ob ein prima-facie Recht besteht. Wenn ja, wird auf der Schrankenebene geklärt, ob Rechte anderer oder kollektive Güter im konkreten Fall dieses prima facie-Recht beschränken. Die zur Rechtsanwendung erforderlichen empirischen, analytischen und normativen Prämissen werden in diesem Verfahren offengelegt und so der Kritik zugänglich. Dies führt zu berechenbarer und nachvollziehbarer Begründung.[84] In einem derart ideologieanfälligen Bereich wie der Grundrechtsdogmatik ist dieser Gewinn an Begründungsrationalität nicht zu unterschätzen. Es wird die Gefahr verringert, daß politische Forderungen einzelner als Forderungen des Rechts ausgegeben werden.

Die Innentheorie mit ihrem Ein-Schritt-Verfahren vermag diese Begründungsrationalität dagegen nicht zu gewährleisten:

> „[D]ie Nachvollziehbarkeit einer derartigen Entscheidung[sfindung] wird durch eine totale In-Eins-Sicht aller verfassungsrechtlichen Aspekte faktisch auf eine nicht kontrollierbare, sondern allenfalls registrierbare politische Willensentscheidung mit juristischer Subsumtionsfassade reduziert."[85]

Eine innentheoretische Konzeption führt zwar nicht notwendig zu Scheinbegründungen, läßt sich aber leichter zu Scheinbegründungen mißbrauchen.

---

83 Alexy, Theorie der Grundrechte, S. 469; vgl. 1. Teil, 2. Abschnitt, II. 5.
84 Kloepfer, Festgabe BVerfG, Bd. 2, S. 406. Ebenso Eckhoff, Der Grundrechtseingriff, S. 17 f., 24; Geddert-Steinacher, Menschenwürde als Verfassungsbegriff, S. 82; Höfling, Offene Grundrechtsinterpretation, S. 173 ff.; ders., Jura 1994, S. 169 f., 172 f.; ders., JZ 1995, S. 32; Huster, Rechte und Ziele, S. 88 f.; ders., JZ 1994, S. 549; Isensee, HbStR V, § 111, Rn 39; Katz, Staatsrecht[16], Rn 635; Morlok, Selbstverständnis als Rechtskriterium, S. 400 ff., 423 f.; Sachs, Grenzen des Diskriminierungsverbotes, S. 20 f.; Starck in von Mangoldt/Klein/Starck[5], Art. 1 Abs. 3 GG, Rn 263; Starck, HbStR VII, § 164, Rn 36; ders., Praxis der Verfassungsauslegung, S. 24; von Arnauld, Die Freiheitsrechte und ihre Schranken, S. 40 ff.; Stern, Das Staatsrecht der Bundesrepublik Deutschland, Bd. 3/2, S. 790 f.; vgl. auch Holoubek, Bauelemente eines grundrechtsdogmatischen Argumentationsschemas, S. 64. Daß die Außentheorie zu größerer Klarheit führt, wurde bereits in der zivilrechtlichen Diskussion gesehen, Staud.[11]-Weber, § 242 BGB, Anm. D 29.
85 Kloepfer, Festgabe BVerfG, Bd. 2, S. 407. Ders., Gleichheit als Verfassungsfrage, S. 56 spricht von einem „undurchsichtigen Subsumtionsbrei". Ähnlich kritisch Alexy, Theorie der Grundrechte, S. 469: „Behauptungen"; Eckhoff, Der Grundrechtseingriff, S. 18: „durch solche Scheinbegründungen entstehende[n] Begründungsdefizite"; Höfling, Offene Grundrechtsinterpretation, S. 172: „nebulöse Zusammenschau und Bewertung dessen, was grundrechtlich geschützt ist oder nicht".

3. Rechtfertigungslasten

Ein weiterer Unterschied der Rechtsfindungsverfahren nach den Schrankentheorien besteht, sofern man im Rahmen der Außentheorie den Wert der negativen Freiheit an sich anerkennt, in unterschiedlichen Rechtfertigungs- oder Argumentationslasten. Wenn im Rahmen der Rechtsanwendung bei außentheoretischen Rechten festgestellt wurde, daß ein prima-facie Recht besteht, muß der Staat eine wirksame Beschränkung darlegen, sonst besitzt der einzelne ein definitives Recht.[86] Die Stärke der Rechtfertigungs- oder Argumentationslast hängt allerdings davon ab, welche normativen Thesen man dem Regel-Ausnahmeverhältnis von Freiheit und Freiheitsbegrenzung zugrundelegt. Von sehr starken Anforderungen – eine Einschränkung ist dann nur unter ganz außergewöhnlichen Umständen zulässig – bis zu ganz schwachen ist alles denkbar. Im ersten Fall ist die Argumentationslast sehr hoch, im zweiten verschwindend gering. Die Innentheorie kennt derartige Argumentationslasten nicht. Eine Vermutung dafür, daß das Verhalten des einzelnen in den Schutzbereich eines Grundrechts fällt, gibt es aber auch nach der Außentheorie als Konstruktionstheorie nicht.[87]

IV. Die Geschichte der Schrankentheorien

Der Streit um die Frage, ob Rechtspositionen nach der Innen- oder der Außentheorie[88] zu konstruieren sind, hat eine lange Tradition. Die Geschichte der Schrankentheorien im Privatrecht läßt sich bis zum römischen Recht zurückverfolgen. Im Öffentlichen Recht erscheint das Problem erst gegen Ende des 19. Jahrhunderts. Die Außentheorie ist römischrechtlichen Ursprungs,[89] die Innentheorie deutschrechtlichen Ursprungs.[90]

---

86 Dies darf nicht als formelle Darlegungslast verstanden werden – es geht um eine materielle Darlegungslast.

87 Der Grundsatz, daß abwehrrechtliche Schutzbereiche im Zweifel weit auszulegen sind, folgt aus inhaltlichen Erwägungen, vgl. 2. Teil, 3. Abschnitt, A. I. a) aa). Im übrigen führt die Interpretation des Art. 2 Abs. 1 GG als allgemeine Handlungsfreiheit (BVerfGE 6, 32 (37); 80, 137 (152 f.)) im Sinne eines Auffanggrundrechts dazu, daß jedes Verhalten, das keinen Eingriff in den Schutzbereich eines speziellen Abwehrrechts darstellt, einen Eingriff in den Schutzbereich des Art. 2 Abs. 1 GG darstellen kann. Es sei allerdings eingeräumt, daß eine Übertragung dieses Gedankens auf die Leistungsrechte im weiteren Sinne auf den ersten Blick nicht selbstverständlich erscheint. Vgl. 2. Teil, 3. Abschnitt, B. I. 4.; 2. Teil, 3. Abschnitt, B. II. 5.

88 Die Begriffe „Innentheorie" und „Außentheorie" finden sich erst bei Wolfgang Siebert. In älteren Werken werden die Schrankentheorien meist umschrieben. Wenn von „immanenten Grenzen" die Rede ist, oder von Schranken bzw. Grenzen, die in den Begriff aufzunehmen sind, wird regelmäßig die Innentheorie gemeint. Zu außentheoretischen Positionen heißt es meist, die Schranken würden dem Recht von außen her gezogen, oder sie seien nicht in den Begriff des Rechts aufzunehmen.

89 Arnold, Cultur und Recht der Römer, S. 195 ff.; Hausmaninger/Selb, Römisches Privatrecht, S. 139; Hedemann, Sachenrecht des Bürgerlichen Gesetzbuches, S. 52 ff.; Walter Merk, Das Eigentum im Wandel der Zeiten, S. 12 f.; Staud.^{9}-Riezler, § 226, Anm. 1; Staud.^{14}-Seiler, Vorbem vor §§ 903 ff., Rn 57 ff.; vgl. auch die Eigentumsdefinitionen der Pandektisten: Puchta, Pandekten, S. 113; von Vangerow, Leitfaden für Pandekten-Vorlesungen, S. 474; Windscheid, Lehrbuch des Pandektenrechts I^9, S. 857 f.

90 von Gierke, Das deutsche Genossenschaftsrecht, Bd. 2, S. 137 ff.; ders., Die soziale Aufgabe des Privatrechts, S. 20; ders., Deutsches Privatrecht, Bd. 2, S. 348 Anm. 2, 358; Hedemann, Sachenrecht des Bürgerlichen Gesetzbuches, S. 55 ff.; Kroeschell, Festschrift Thieme, S. 46 ff.; Walter Merk,

1. Die Geschichte der Schrankentheorien im Zivilrecht

Das Problem der Schrankentheorien wurde im Zivilrecht sowohl als Problem der Struktur der privatrechtlichen Rechtsposition allgemein als auch insbesondere im Streit um das „Wesen" des Eigentums erörtert. Im Rahmen der Erörterung von Problemen der Struktur der privatrechtlichen Rechtsposition im allgemeinen finden sich die Schrankentheorien zuerst bei Rudolf von Jhering[91] und Otto von Gierke[92], beide für die Innentheorie. In der Literatur zum Bürgerlichen Gesetzbuch finden sich Stellungnahmen zu den Schrankentheorien in der Regel in Ausführungen zum Rechtsmißbrauch und der unzulässigen Rechtsausübung im Sinne des § 242 BGB[93] sowie zum Schikaneverbot gem. § 226 BGB[94] und § 826 BGB[95]. Das Problem der Schrankentheorien wurde jedoch in erster Linie in der Kontroverse um das „Wesen" des Eigentums ausgetragen. Das Eigentum war und ist stets in besonderer Weise ein Kristallisationspunkt im politischen Richtungsstreit. Auch in neuerer Zeit läßt sich beobachten, wie Forderungen zum Umbau der Gesellschaft am Eigentumsbegriff ansetzen.[96]

Häufig wurde die Auffassung vertreten, die außentheoretische Konzeption, die dem römischen Eigentumsbegriffes zugrundeliegt, sei notwendig individualistisch und bin-

---

Das Eigentum im Wandel der Zeiten, S. 11 ff.; Siebert, Verwirkung und Unzulässigkeit der Rechtsausübung, S. 87, 94 f.
91 von Jhering, Der Zweck im Recht, Bd. 1, S. 519.
92 von Gierke, Die soziale Aufgabe des Privatrechts, S. 20.
93 BGHZ 3, 94 (103); 30, 140 (145), BAG DB 1990, 740 (741) und OLG Karlsruhe JW 1934, 3300 (3301) für die Innentheorie. Die Rechtsprechung hat sich zu § 242 BGB – bis auf diese eher beiläufigen Passagen – nicht zu den Schrankentheorien geäußert, vgl. Staud.[11]-Weber, § 242, Anm. D 32. Insbesondere gibt die Entscheidung RGZ 148, 81 (93), die Soergel[9]-Siebert, Vor § 226, Rn 12 als Beleg anführt, nichts für die Innentheorie her, wie hier auch Staud.[11]-Weber, § 242, Anm. D 32. Gleiches gilt für die Entscheidung RGZ 146, 385 (395 f.), auf die sich Siebert, JW 1937, S. 2496 beruft. Die Literatur steht ganz überwiegend auf dem Standpunkt der Innentheorie, de Boor, AcP 141 (1935), S. 268; Dölle, Schmollers Jb. 57 (1933), S. 664; Ennecerus/Nipperdey, Allgemeiner Teil, Bd. 1, Halbbd. 2, S. 1442; Siebert, Verwirkung und Unzulässigkeit der Rechtsausübung, S. 91; ders., JW 1934, S. 1830; ders., Vom Wesen des Rechtsmißbrauchs, S. 196 ff.; Soergel[9]-Siebert, § 242 BGB, Rn 115; Soergel[10]-Siebert/Knopp, § 242 BGB, Rn 172; Erman[8]-Sirp, § 242 BGB, Rn 74; Erman[11]-Hohloch, § 242, Rn 101; Jauernig[6]-Vollkommer, § 242 BGB, Anm. III. 1. b); Jauernig[11]-Mansel, § 242 BGB, Rn 33; Lehmann, JW 1936, S. 2196; MünchKomm[4]-Roth, § 242 BGB, Rn 63; Palandt[63]-Heinrichs, § 242 BGB, Rn 38; RGRK-BGB[11]-Nastelski, § 242 BGB, Anm. 118; Soergel[12]-Teichmann, § 242 BGB, Rn 274; weitere Nachweise bei Staud.[11]-Weber, § 242, Anm. D 28, der selbst eine „vermittelnde Ansicht" vertritt. Ders. a.a.O., Anm. D 25 mit Nachweisen zu Vertretern der Außentheorie.
94 Für die Innentheorie Planck[1]-Planck, § 226 BGB, S. 276; Siebert, Verwirkung und Unzulässigkeit der Rechtsausübung, S. 83 ff.; ders., Vom Wesen des Rechtsmißbrauchs, S. 190 ff.; Soergel[9]-Siebert, Vor § 226 BGB, Rn 12; Soergel[13]-Fahse, § 226 BGB, Rn 1; Staud.[11]-Coing, § 226 BGB; Anm. 1 a; für die Außentheorie Crome, System, Bd. 1, S. 531; Hölder, § 226 BGB, Anm. 1; Oertmann[2], § 226 BGB, Anm. 2; Staud.[9]-Riezler, § 226 BGB, Anm. 1.
95 Siebert, Verwirkung und Unzulässigkeit der Rechtsausübung, S. 92 ff.; ders., Vom Wesen des Rechtsmißbrauchs, S. 196 ff.; ders., DJZ 1934, S. 1243.
96 So etwa Vogel, NJW 1972, S. 1546 f. Unter Hinweis auf „unverdiente und risikolose Wertzuwächse in den Händen Einzelner" und den Konflikt zwischen Nutzungsentscheidungen der Gemeinschaft und den „absoluten" Ansprüchen der Eigentümer fordert er eine Aufspaltung des Eigentums in Nutzungs- und Verfügungseigentum, das Verfügungseigentum soll gem. Art. 15 GG auf die Gemeinschaft übergehen.

dungslos, die innentheoretische Konzeption des deutschrechtlichen Eigentumsbegriffs hingegen stark von Sozialbindungen geprägt.[97] Hier zeigt sich am Beispiel des Eigentums, wie allgemeine normative Annahmen Einfluß auf die Wahl der Schrankentheorie haben können. Versteht man die Außentheorie jedoch als Konstruktionstheorie ohne starke normative Annahmen, ist dies, wie schon ausgeführt, nicht notwendig.[98]

a) Der römischrechtliche Eigentumsbegriff

Nach dem römischrechtlichen Eigentumsbegriff[99] sind Schranken nicht in den Begriff des Eigentums aufzunehmen, sondern werden dem Eigentum von außen her gezogen. Der altrömische Eigentumsbegriff ist stark umstritten,[100] was nicht zuletzt daran liegt, daß kaum Quellen vorhanden sind.[101]. Die Quellen des klassischen römischen Rechts geben ebenfalls keine Definition des Eigentumsbegriffs.[102] Aus einer Gesamtbetrachtung der Rechtsstellung des Eigentümers ist aber zu schließen, daß schon der Eigentumsbegriff des klassischen römischen Rechts durch Totalität und Ausschließlichkeit gekennzeichnet war.[103] Auch im Vulgarrecht, dem justinianischen Recht und den Lehren der Glossatoren[104] findet sich keine Definition des Eigentums.

Die erste überlieferte Definition des Eigentumsrechts stammt aus dem 14. Jahrhundert. Es handelt sich um die bereits zitierte Eigentumsdefinition des Bartolus, die im

---

97 Diese These ist nicht nur der Sache nach falsch (siehe 1. Teil, 1. Abschnitt, III. 1. b)), sondern auch historisch mindestens ungenau. Im Laufe der Entwicklung des römischen Eigentumsbegriffs gab es eine ganze Reihe verschiedener Beschränkungen des Eigentums, von einer Bindungslosigkeit kann keine Rede sein, Blomeyer, Festschrift Rudolf Hübner, S. 97; Hausmaninger/Selb, Römisches Privatrecht, S. 143 ff.; Heck, Grundriß des Sachenrechts, S. 72; Honsell, Römisches Recht, S. 57 f.; Kaser/Knütel, Römisches Privatrecht, S. 112 ff.; Kroeschell, Festschrift Thieme, S. 43 f.; Mayer-Maly, Festschrift Heinz Hübner, S. 151; Meier-Hayoz, Festgabe Oftinger, S. 177; Staud.[14]-Seiler, Vorbem vor §§ 903 ff. BGB, Rn 59. Vgl. Wagner, Allgemeine oder theoretische Volkswirthschaftslehre, S. 503 Anm. 9 unter Hinweis auf einen „socialrechtlichen" Eigentumsbegriff des römischen Rechts: „jus utendi et abutendi re sua, quatenus juris ratio patitur". Vgl. weiter auch die Charakterisierung des Eigentums von Bernhard Windscheid: „Das Eigentum ist als solches schrankenlos, aber es verträgt Beschränkungen" (Windscheid, Lehrbuch des Pandektenrechts I[9], S. 857 f.).
98 Vgl. auch Meier-Hayoz, Festgabe Oftinger, S. 186, die Bezeichnung des Eigentums als ihrem Wesen nach unbeschränkte Herrschaftsmacht stehe einer sozialen Eigentumsordnung keineswegs im Wege.
99 Hier kann nur eine kurze Darstellung der beiden Eigentumsbegriffe gegeben werden, die sich auf das für die Darstellung der Geschichte der Schrankentheorien Notwendige beschränkt. Zum römischrechtlichen Eigentumsbegriff gibt es eine ganze Reihe von Untersuchungen, siehe nur Mayer-Maly, Festschrift Heinz Hübner, S. 149 ff.; Kroeschell, Festschrift Thieme, S. 36 ff.; Olzen, JuS 1984, S. 330 ff.; Willoweit, Historisches Jahrbuch 94 (1974), S. 131 ff.; jeweils mit weiteren Nachweisen.
100 Honsell, Römisches Recht, S. 58; Olzen, JuS 1984, S. 330.
101 Olzen, a.a.O., S. 330.
102 Hausmaninger/Selb, Römisches Privatrecht, S. 139; Mayer-Maly, Festschrift Heinz Hübner, S. 149; Olzen, JuS 1984, S. 330; Staud.[14]-Seiler, Vorbem vor § 903 ff. BGB, Rn 58; Willoweit, Historisches Jahrbuch 94 (1974), S. 132.
103 Olzen, JuS 1984, S. 330 mit weiteren Nachweisen.
104 Zur Auffassung der Glossatoren bezüglich des Eigentums Landsberg, Die Glosse des Accursius und ihre Lehre vom Eigenthum, S. 92 ff. Die Definition des Eigentums, die Landsberg auf S. 92 f. formuliert, ist eine Interpretation der Glossen, insbesondere der Glosse des Accursius, diese Definition findet sich in den Glossen selbst jedoch nicht.

Sinne der Außentheorie zu interpretieren ist.[105] Diese außentheoretische Struktur wird in der folgenden Entwicklung beibehalten. So bezeichnet Donellus die Eigentumsdefinition des Bartolus als richtig.[106] Sie wurde dann durch die erwähnten Pandektisten[107] fortgeführt und fand Eingang in die Privatrechtskodifikationen. Trotz der römischrechtlichen Tradition des Sachenrechts des Bürgerlichen Gesetzbuches und des Wortlautes des § 903 BGB, der in der außentheoretischen Tradition der Eigentumsdefinition des Bartolus steht,[108] dominiert in der Auslegung des § 903 BGB klar die Innentheorie.[109]

b) Der deutschrechtliche Eigentumsbegriff

Nach dem deutschrechtlichen Eigentumsbegriff[110] sind Begrenzungen in den Begriff des Eigentums aufzunehmen. Es werden nicht dem Eigentum von außen her Schranken

---

105 Siehe 1. Teil, 1. Abschnitt, III. 1.
106 Und gibt selbst eine ähnliche Eigentumsdefinition: „ius de re corporali statuendi, ut quis velit, nisi si quid iure prohibeatur", Donellus, Opera omnia, Bd. 2, lib. IX cap. VIII n. 10.
107 Vgl. die bei 1. Teil, 1. Abschnitt, IV. am Anfang Genannten. Die Pandektisten führten auch den Begriff des „an sich" in die Eigentumsdefinition ein. Die Formulierung „an sich unbeschränktes Eigentum" oder ähnliche deuten auf die Außentheorie hin, da das „an sich unbeschränkte Eigentum" und die Schranke dieses Eigentums als unterscheidbare Gegenstände vorausgesetzt werden. Zwischen dem Recht „an sich" oder dem prima facie-Recht und seiner Schranke als verschiedenen Gegenständen wird nur im Rahmen der Außentheorie unterschieden, vgl. 1. Teil, 1. Abschnitt, I. 1., 2.
Nach Auffassung von Kroeschell, Festschrift Thieme, S. 40, soll Bernhard Windscheid vorgeschlagen haben, in die Eigentumsdefinition die Kategorie des „an sich" aufzunehmen. Er zitiert dabei die siebte Auflage des Lehrbuch des Pandektenrechts von Windscheid. Bei Windscheid erscheint der Begriff „an sich" allerdings zum ersten Mal bereits in der vierten Auflage dieses Lehrbuchs (Windscheid, Lehrbuch des Pandektenrechts I[4], S. 514 Anm. 2). Zudem verwenden über dreißig Jahre vor Windscheid schon Georg Friedrich Puchta und Karl Adolph von Vangerow die Formulierung „an sich" in ihren Eigentumsdefinitionen (Puchta, Pandekten, S. 113; von Vangerow, Leitfaden für Pandekten-Vorlesungen, S. 474).
108 Zum Zusammenhang zwischen der Eigentumsdefinition Bartolus mit § 903 BGB Willoweit, Historisches Jahrbuch 94 (1974), S. 132.
109 Erman[8]-Hagen, § 903 BGB, Rn 2; Palandt[63]-Bassenge, Überbl v § 903 BGB, Rn 1; RGRK-BGB[10]-Denecke, § 903 BGB, Vorbem.; Soergel[13]-J.F.Baur, § 903 BGB, Rn 20. Aus der älteren Literatur Crome, System des Deutschen Bürgerlichen Rechts, Bd. 2, S. 254; Dernburg, Das bürgerliche Recht des Deutschen Reiches und Preußens, Bd. 1, S. 444 Anm. 7; Dölle, Schmollers Jb. 57 (1933), S. 668; Endemann, Lehrbuch des Bürgerlichen Rechts, S. 436 f.; von Gierke, Das deutsche Genossenschaftsrecht, Bd. 2, S. 137 ff.; ders., Die soziale Aufgabe des Privatrechts, S. 20; ders., Deutsches Privatrecht, Bd. 2, S. 348 f. Anm. 2, 358; Hedemann, Sachenrecht des Bürgerlichen Gesetzbuches, S. 80; E. R. Huber, Verfassungsrecht des Großdeutschen Reiches, S. 372 ff.; von Jhering, Der Zweck im Recht, Bd. 1, S. 519; Larenz, Zeitschrift für Kulturphilosophie 1 (1935), S. 58 ff.; Raape, JherJb. 71 (1922), S. 124; Schloßmann, JherJb. 45 (1903), S. 319 ff.; Siebert, Verwirkung und Unzulässigkeit der Rechtsausübung, S. 94 ff.; ders., Vom Wesen des Rechtsmißbrauchs, S. 201; ders., Die Volksgemeinschaft im bürgerlichen Recht, S. 963; ders., DRWiss 1 (1936), S. 28; Wolff/Raiser, Sachenrecht, S. 174, 180; Würdinger, DRWiss 1 (1936), S. 21 f.; ders., ZaKDR 3 (1936), S. 73 ff.
Für die Außentheorie Jauernig in Jauernig[11], Vor § 903 BGB, Anm. 2; aus der älteren Literatur Windscheid, Lehrbuch des Pandektenrechts I[9], S. 857 f.; Cosack, Lehrbuch des Deutschen bürgerlichen Rechts, S. 101; Gareis in Endemann/Gareis, Einführung in das Studium des Bürgerlichen Gesetzbuchs für das Deutsche Reich, S. 217 ff.; Randa, Das Eigenthumsrecht nach österreichischem Rechte, S. 1; Staud.[5/6]-Kober, § 903 BGB, Anm. III.
110 Eingehend zum deutschrechtlichen Eigentumsbegriff Kroeschell, Festschrift Thieme, S. 34 ff. mit weiteren Nachweisen.

gezogen, sondern Begrenzungen sind dem Begriff des Eigentums von vornherein immanent. Die Wurzeln des deutschrechtlichen Eigentumsbegriffs sind deutlich jünger als die des römischrechtlichen. Nach Auffassung der älteren deutschrechtlichen Zivilrechtslehre ist das Eigentum in der Tradition des römischen Rechts, also grundsätzlich als schrankenloses Vollrecht, zu definieren.[111] In den dreißiger Jahren des 19. Jahrhunderts finden sich die ersten Arbeiten, in denen ein eigener deutschrechtlicher Eigentumsbegriff entwickelt und dem römischrechtlichen gegenübergestellt wird. Die Auseinandersetzung der konkurrierenden Auffassungen war ausgesprochen heftig. Verständlich ist dies nur vor dem Hintergrund des Richtungsstreits innerhalb der Historischen Schule.[112] Ausgangspunkt war eine Abhandlung über das deutschrechtliche Rechtsinstitut der Gewere von Wilhelm Eduard Albrecht.[113] In mehreren Arbeiten der folgenden Jahre zu diesem Rechtsinstitut wurde der deutschrechtliche Eigentumsbegriff entwickelt.[114] Zum ersten Mal in der Geschichte wurde von zwei grundlegend verschiedenen Anschauungen gesprochen.[115] Der römischrechtliche Begriff des Eigentums gehe auf das Prinzip der Willensherrschaft zurück, der deutschrechtliche hingegen auf das Prinzip der sittlichen Berechtigung. Es

> „wird natürlich auch Inhalt und Umfang der Herrschaft durch den Begriff der sittlichen Berechtigung bestimmt, und Eigenthum nach germanischem Begriffe ist daher ein Recht sittlicher Herrschaft über die Sache, d.h. eine Herrschaft über die Sache, vermöge derer der Eigentümer dieselbe ihrem sittlichem Zwecke gemäß zu gebrauchen berechtigt, aber auch zugleich verpflichtet ist. Die Sache ist eben ein Lehen, das der Mensch von Gott empfangen hat, um ihm damit zu dienen, und für dessen Gebrauch er Gott verantwortlich ist."[116]

Mit der inhaltlichen Ausrichtung auf die „sittliche Berechtigung" vertritt Carl Adolf Schmidt einen positiven Freiheitsbegriff der Eigentumsfreiheit und somit eine innentheoretische Konzeption. In diesem Zitat zeigt sich die für positive Freiheitsbegriffe typische Verbindung von Freiheit und Verpflichtung, die besonders im Nationalsozialismus betont werden sollte: Der „rechte" Gebrauch der Freiheit wurde nicht nur als nicht verboten – also bloß erlaubt – angesehen, sondern als geboten.[117]

---

111 Statt vieler Eichhorn, Einleitung in das deutsche Privatrecht, S. 413: „Bei einem Verhältnisse dieser Art ist von dem Eigenthum, welches auch nach deutschen Begriffen ein in sich unbeschränktes Recht (jus infinitum) an einer Sache ist" (Hervorhebung ausgelassen).
112 Zum Richtungsstreit innerhalb der Historischen Schule statt vieler Dilcher/Kern, ZRG Germ. Abt. 101 (1984), S. 4 ff. mit weiteren Nachweisen.
113 Albrecht, Die Gewere als Grundlage des ältern deutschen Sachenrechts.
114 Eingehend zu dieser Entwicklung Kroeschell, Festschrift Thieme, S. 50 ff.
115 C. A. Schmidt, Der principielle Unterschied zwischen dem römischen und dem germanischen Rechte, S. 16; aus späterer Zeit sind insbesondere die Darstellungen von Georg Dahm (Dahm, Deutsches Recht, S. 450 ff.) und Walter Merk hervorzuheben (Walter Merk, Das Eigentum im Wandel der Zeiten, S. 11 ff.).
116 C. A. Schmidt, a.a.O., S. 224.
117 Dölle, Schmollers Jb. 57 (1933), S. 656; Forsthoff, Der totale Staat, S. 42; Knubben, RVerwBl. 1934, S. 774; Maunz, Das Verwaltungsrecht des nationalsozialistischen Staates, S. 37. Diese Auffassung wurde oft schlagwortartig ausgedrückt: „kein Recht ohne Pflicht". In diesem Sinne von Gierke,

Bedeutsamer als die problematische Begründung des deutschrechtlichen Eigentumsbegriffes aus den Quellen[118] ist die Wirkungsgeschichte der zitierten Abhandlung von Schmidt. Durch die Arbeiten von Wilhelm Arnold[119] und Otto von Gierke[120] wurde der deutschrechtliche Eigentumsbegriff fester Bestandteil des deutschen Zivilrechts. Otto von Gierke vertrat unter Hinweis auf die „germanische Anschauung" in seiner vehementen Kritik an dem Eigentumsbegriff der Entwürfe des Bürgerlichen Gesetzbuchs die Innentheorie:

„Mit dem Satze ‚kein Recht ohne Pflicht' hängt innig unsere germanische Anschauung zusammen, daß jedes Recht eine ihm immanente Schranke hat. Das romanistische System an sich schrankenloser Begriffe, welche nur von außen her durch entgegenstehende Befugnisse eingeschränkt werden, widerspricht jedem sozialen Rechtsbegriff. Uns reicht schon an sich keine rechtliche Herrschaft weiter, als das in ihr geschützte vernünftige Interesse es fordert und die Lebensbedingungen der Gesellschaft es zulassen."[121]

Die Arbeiten von Gierkes waren der Ausgangspunkt von Wolfgang Siebert,[122] im Rahmen der sogenannten „nationalsozialistischen Rechtserneuerung" das „individualistisch-normative Trennungsdenken"[123] abzulehnen und dagegen den Gemeinschaftsgedanken als konstruktiven Ausgangspunkt subjektiver Rechte zu stellen:

„Wird dagegen die Gemeinschaft – des ganzen Volkes, der Familie, des Standes usw. – als Ausgangs- und Endpunkt, als Entstehungsursache und Ziel, als Wesensgrundlage und Kraftquelle für den einzelnen und sein Recht angesehen, (Siebert, Die Volksgemeinschaft im bürgerlichen Recht, NS.-Handbuch, 1935, S. 957 ff.; Höhn, a.a.O., bes. S. 7 ff., 72 ff.) so hat diese ‚existentielle' (Larenz, a.a.O., S. 40 ff., 57 ff.) Bedeutung der Gemeinschaft zur Folge, daß die Lehre von Norm und Gegennorm durch eine einheitliche Gestaltung überwunden wird. Alle Anforderungen der Gemeinschaft sind dann keine gegenüberstehenden äußeren Schranken, sondern natürliche, in dem Recht liegende Grenzen.

Die soziale Aufgabe des Privatrechts, S. 20; Siebert, Vom Wesen des Rechtsmißbrauchs, S. 194 Anm. 11.
118 Kroeschell, Festschrift Thieme, S. 56; allgemein zur mangelnden Begründung des deutschrechtlichen Eigentumsbegriffs aus den historischen Quellen S. 53 f., 58 f., 60. Gegen Ende der Entwicklung des deutschrechtlichen Eigentumsbegriffs mit dem Anspruch, die geschichtliche Entwicklung darzustellen, kaum noch erhoben, ders., a.a.O., S. 60. Hier soll nicht behauptet werden, der „wahre" germanische Eigentumsbegriff sei in Wirklichkeit ein anderer – dieser Frage kann in diesem Rahmen nicht weiter nachgegangen werden. Es fällt aber auf, daß beispielsweise von Gierke sich an zentralen Stellen auf deutschrechtliche Traditionen stützt, ohne eine Quelle zu nennen (ebenso Kroeschell, Festschrift Thieme, S. 58).
119 Arnold, Cultur und Recht der Römer, S. 171 ff.
120 von Gierke, Genossenschaftsrecht, Bd. 2, insbes. S. 137 ff.; ders., Soziale Aufgabe, insbes. S. 20; ders., Deutsches Privatrecht, Bd. 2, insbes. S. 348 Anm. 2, 358.
121 von Gierke, Die soziale Aufgabe des Privatrechts, S. 20.
122 Siebert beruft sich einerseits mehrfach auf von Gierke, Siebert, Verwirkung und Unzulässigkeit der Rechtsausübung, S. 87 Anm. 12, S. 95 Anm. 34; ders., Wesen, S. 195 Anm. 34; Soergel[9]-Siebert, Vor § 226 BGB, Rn 12; wirft ihm andererseits aber auch vor, „auf halbem Wege stehen[zu]bleiben", Siebert, Die Volksgemeinschaft im bürgerlichen Recht, S. 959. Zum Verhältnis der nationalsozialistischen Staatsauffassung zu von Gierkes Konzeption siehe 1. Teil, 1. Abschnitt, IV. 2. a).
123 Siebert, Vom Wesen des Rechtsmißbrauchs, S. 201.

Was vom individualistischen Standpunkt aus wesensfeindliche Beschränkung des Rechtsinhabers darstellte, wird also vom Gemeinschaftsgedanken her wesensnotwendige Gestaltung des Rechtsinhalts. Damit ist das bisherige ‚subjektive Recht' überwunden; an seine Stelle tritt im Recht der Volksgemeinschaft die volksgenössische Berechtigung!"[124]

Diese innentheoretische Auffassung war kennzeichnend für die Rechtswissenschaft des Dritten Reiches.[125] Noch weit über den Zusammenbruch des „Dritten Reiches" hinaus wirkte der Schluß von der Gemeinschaftsgebundenheit von Rechten auf die Innentheorie weiter, insbesondere im Zivilrecht.[126]

c) Zivilrecht und Verfassung

Der Streit um die Schrankentheorien im Zivilrecht zeigt, daß das Problem der Schrankentheorie ein fundamentales Problem jeder Rechtsordnung darstellt. Welche der beiden Schrankentheorien im Zivilrecht vorzugswürdig ist, braucht in einer grundrechtsdogmatischen Arbeit jedoch nicht entschieden zu werden. Die Antwort auf die Frage nach der Schrankentheorie zivilrechtlicher Rechte besitzt über die historische Explikation hinaus keine unmittelbare Relevanz für die Antwort auf die Frage, welche Schrankentheorie für die Grundrechte zutrifft.

Dies kann am Beispiel des zivilrechtlichen Eigentums illustriert werden. Vom Standpunkt des einfachen Rechts aus wird das Eigentum durch die Tätigkeit des Gesetzgebers konstituiert. Man kann § 903 BGB als Bestimmung ansehen, die eine Norm ausdrückt, welche ein Recht „an sich" oder prima facie-Recht gewährt, das durch eigentumsbestimmende Gesetze beschränkt wird. Eine wirksame inhaltliche Bindung des Gesetzgebers kann sich aus § 903 BGB aber nicht ergeben, da diese Norm als einfachrechtliche Norm durch später erlassene eigentumsbestimmende, einfachrechtliche Normen nach der Regel „lex posterior derogat legi priori" ganz oder zum Teil derogiert werden kann. Vom einfachrechtlichen Standpunkt aus stünde es dem Gesetzgeber sogar frei, die einfachrechtliche Eigentumsordnung unter Verzicht auf § 903 BGB als ein bloßes Bündel verschiedener definitiver zivilrechtlicher Rechtspositionen auszugestalten[127] oder sogar ganz abzuschaffen.[128] Welche Lösung vorzugswürdig ist, ist ein Problem der zweckmä-

---

124 Ders., a.a.O., S. 201 (Hervorhebungen im Original).
125 Vgl. die schon mehrfach erwähnte Arbeit Karl Larenz', auch Ernst Rudolf Huber, ders., Verfassungsrecht des Großdeutschen Reiches, S. 372 ff. Zur Figur der „volksgenössischen Rechtsstellung" vgl. auch Pauly, HbGR I, § 14, Rn 21 ff. mit weiteren Nachweisen.
126 Soergel^9-Siebert, Vor § 226 BGB, Rn 12; Soergel^9-Siebert, § 242 BGB, Rn 115. Zur Fortwirkung der nationalsozialistischen Eigentumslehre vgl. Kroeschell, Die nationalsozialistische Eigentumslehre, S. 55 ff.
127 Diese Auffassung hat sich in der Zivilrechtsdogmatik nicht durchsetzen können, siehe nur Randa, Das Eigenthumsrecht nach österreichischem Rechte, S. 6; Windscheid, Lehrbuch des Pandektenrechts I^9, S. 857 Anm. 2; Wolff/Raiser, Sachenrecht, S. 175. Zu Versuchen in dieser Richtung Randa, a.a.O., S. 6 Anm. 8.
128 Eine wirksame Bindung des parlamentarischen Gesetzgebers könnte sich nur aus höherrangigen Normen ergeben. So könnte man den Eigentumsbegriff als fundamentales Rechtsprinzip der Privatrechtsordnung als Inhalt einer ungeschriebenen höherrangigen Norm ansehen. Die Annahme derarti-

ßigen zivilrechtsdogmatischen Konstruktion. Insbesondere liegt jedoch ein Verständnis fern, nach dem die Wirksamkeit der Beschränkung des zivilrechtlichen Eigentums auch von einer Abwägung kollidierender Rechte und Güter abhängt. Soweit Argumente gegen eine zu starke Beschränkung des Eigentums geltend gemacht wurden, handelte es sich um rechtspolitische Forderungen. Eine rechtliche Bindung des souveränen Privatrechtsgesetzgebers lag fern.

Ganz anders liegt es in diesem entscheidenden Punkt in Art. 14 GG. Der grundrechtliche Eigentumsschutz ist auf Prinzipien mit Verfassungsrang zurückzuführen.[129] Der Erlaß eines einfachrechtlichen Gesetzes, welches die Eigentümerstellung neu definiert, kann sich als Eingriff in Art. 14 GG erweisen.[130] Die Grundrechtsbindung der Legislative aus Art. 1 Abs. 3 GG verlangt, diese Neudefinition vor Art. 14 GG zu rechtfertigen. Die Inhalts- und Schrankenbestimmung im Sinne von Art. 14 Abs. 1 Satz 2 GG muß insbesondere verhältnismäßig im weiteren Sinne sein.[131] Im Rahmen der Abwägung bei der Prüfung der Verhältnismäßigkeit im engeren Sinne werden alle relevanten Rechte und Güter geordnet ins Verhältnis gesetzt, wobei dem demokratisch legitimierten Gesetzgeber angemessene Spielräume zu gewähren sind.

2. Die Geschichte der Schrankentheorien im Öffentlichen Recht

Die Entwicklung der Schrankentheorien im Öffentlichen Recht ist auf die Grundrechte begrenzt und läßt sich grob in drei Phasen gliedern. In der ersten Phase wurden im 19. und 20. Jahrhundert bis zur Machtübernahme der Nationalsozialisten die Grundlagen der heute festen grundrechtsdogmatischen Bestände gelegt. Die eher liberale Staatsauffassung stand der Außentheorie nahe. In der zweiten Phase bekämpften die Nationalsozialisten mit ihrer Gemeinschaftsideologie den Individualismus und Liberalismus. Unter dem Grundgesetz wurden und werden die Grundrechte vor allem in ihrer klassischen Funktion als „Abwehrrechte des Bürgers gegen den Staat"[132] überwiegend außentheoretisch verstanden.

---

ger höherrangiger Rechtsprinzipien oder Rechtsgrundsätze des Zivilrechts ist jedoch mit Erlaß des Grundgesetzes überflüssig geworden. Bindungsmaßstab des parlamentarischen Gesetzgebers im Bereich der einfachrechtlichen Eigentumsordnung ist nicht ein vorausgesetztes Systemprinzip der zivilrechtlichen Eigentumsordnung, sondern Art. 14 GG. Dieser Wechsel in der Perspektive zeigt sich auch deutlich in den Lehrbüchern zum Sachenrecht. Während ältere Lehrbücher am Anfang des Kapitels zum Eigentum regelmäßig einen Abschnitt zum Begriff des (zivilrechtlichen) Eigentums aufweisen, ist dieser in modernen Sachenrechtslehrbüchern regelmäßig durch mehr oder weniger umfangreiche Ausführungen zu Art. 14 GG ersetzt.

129 Zur Interpretation des Art. 14 GG im Sinne jedenfalls auch eines Prinzips siehe 2. Teil, 3. Abschnitt, B. III. 4.
130 Depenheuer in von Mangoldt/Klein/Starck[5], Art. 14 GG, Rn 206; Sieckmann, Modelle des Eigentumsschutzes, S. 263 f.; ders. in Friauf/Höfling, Art. 14 GG, Rn 102; Pieroth/Schlink, Grundrechte – Staatsrecht II[21], Rn 899.
131 BVerfG in st. Rspr. seit BVerfGE 8, 71, (80); zuletzt BVerfGE 83, 201 (212).
132 BVerfGE 7, 198 (204); 21, 362 (371 f.); 39, 68 (70 ff.); 50, 290 (327); 68, 193 (205).

a) Drei Positionen vor der Machtübernahme der Nationalsozialisten

Um die historische Entwicklung der Konzeption der Schranken der Grundrechte zu darzustellen soll es im folgenden ausreichen, beispielhaft die Positionen Otto von Gierkes, des frühen Carl Schmitt und Rudolf Smends zu skizzieren. In Deutschland beginnt die Entwicklung der Grundrechte erst im 19. Jahrhundert. Der Begriff „Grundrechte", dessen französisches Gegenstück „droit fundamentaux" bereits um 1770 im Vorfeld der „Déclaration des Droits de l'Homme et du Citoyen" erschien,[133] wird zuerst im Rahmen der verfassunggebenden Nationalversammlung verwendet, die zur Paulskirchenverfassung vom 28. März 1849 führte.[134] Auch wenn die Verfassung de facto scheiterte, ging von ihr ein starker Impuls aus, das Problem der juristischen Bedeutung der grundrechtlichen Normen zu klären.[135] Nach dem Scheitern der Paulskirchenverfassung und nachdem die Verfassung von 1871 keinen Grundrechtsteil enthielt, dauerte es fast siebzig Jahre, bis in der Weimarer Reichsverfassung wieder auf nationaler Ebene geltende Grundrechte positiviert wurden.[136]

aa) *Otto von Gierke*

Die Staatstheorie Otto von Gierkes ist eine Variante der Organismustheorien und knüpft insofern die Schriften Friedrich Carl von Savignys an. Ein zentraler Begriff in allen seinen Werken ist der Begriff der Genossenschaft.[137] Bei dieser gemeinschaftsorientierten Auffassung, für die von Gierke bekannt geworden ist, handelt es sich jedoch mitnichten um eine radikale Gemeinschaftsideologie. Das Verhältnis von Staat und Individuum erschöpft sich für ihn gerade nicht in einem reinen Gliedschaftsverhältnis. Vielmehr unterscheidet er zwei verschiedene Sphären. Die Grundrechte

---

133 Oestreich, Geschichte der Menschenrechte und Grundfreiheiten im Umriß, S. 66.
134 Stern, Das Staatsrecht der Bundesrepublik Deutschland, Bd. 3/1, S. 111.
135 Statt vieler ders., a.a.O., S. 116.
136 In der Zwischenzeit galten freilich in den einzelnen deutschen Staaten Grundrechte. Es können zwei Wellen der Konstitutionalisierung auf der Ebene der deutschen Staaten unterschieden werden, zunächst der „deutsche Frühkonstitutionalismus" mit vor allem der „Verfassungsurkunde des Königreiches Baiern" vom 26. Mai 1818 und der „Verfassungs-Urkunde für das Großherzogthum Baden" vom 22. August 1818 sowie der „Verfassungsurkunde für das Königreich Württemberg" vom 25. September 1819, sodann – ausgelöst durch die Pariser Julirevolution im Jahre 1830 – die zweite Welle des „mitteldeutschen Konstitutionalismus", hier sind insbesondere die Verfassung für das Kurfürstentum Hessen vom 5. Januar 1831, die Verfassung des Königreichs Sachsen vom 4. September 1831 und das Grundgesetz des Königreichs Hannover vom 26. September 1833 hervorzuheben. Zur ersten Welle von Verfassungen siehe insbesondere Hartung, Deutsche Verfassungsgeschichte, S. 197 ff.; Grimm, Deutsche Verfassungsgeschichte 1776-1866, S. 71 ff.; Wahl, HbStR I³, § 2, Rn 23 ff.; Würtenberger, HbGRe I, § 2, Rn 19 f.; zur zweiten Welle vor allem Forsthoff, Deutsche Verfassungsgeschichte der Neuzeit, S. 110 ff.; Scheyhing, Deutsche Verfassungsgeschichte der Neuzeit, S. 133 ff.; Grimm, a.a.O., S. 161 ff. In der anschließenden Entwicklung der Grundrechte auf der Ebene der deutschen Staaten sind vor allem die beiden Preußischen Verfassungen hervorzuheben, die „oktroyierte" vom 5. Dezember 1848 und die „revidierte" vom 31. Januar 1850. Zu diesen Verfassungen insbesondere Forsthoff, a.a.O., S. 128 ff.; E. R. Huber, Deutsche Verfassungsgeschichte, Bd. 2, S. 762 ff.; Grimm, a.a.O.; Wahl, HbStR I³, § 1, Rn 38 ff.
137 Vgl. insbesondere von Gierke, Das deutsche Genossenschaftsrecht, Bd. 1-4; vgl. weiter ders., Die Genossenschaftstheorie und die Deutsche Rechtsprechung.

„stellen sich in objektiver Hinsicht als Normen dar, welche die Sphäre des Staates ein für alle mal gegen die Sphären der Individuen (oder auch engerer Verbände) abgrenzen. Daraus fließt aber in subjektiver Hinsicht für den Staat eine Pflicht und für die Individuen (oder engeren Verbände) ein Recht auf Innehaltung dieser Schranken. Der einzelne Staatsburger empfängt in den Grundrechten einen verfassungsmäßigen Anspruch darauf, daß ihn sein Staat in bestimmten Beziehungen als freies Individuum und nicht als Glied behandele. Die Grundrechte enthalten eine konkrete und positivrechtliche Ausgestaltung des großen Gedankens, daß der Mensch nicht im Bürger aufgeht, daß der Staatsverband nur einen Teil der Persönlichkeit absorbirt, daß es ein auch für die höchste Allgemeinheit unantastbares Reich der Individualfreiheit giebt."[138]

Ob von Gierke von innen- oder außentheoretischen Grundrechten ausgeht, führt er nicht ausdrücklich aus. Die Betonung des Gedankens der Genossenschaft und des Gliedschaftsverhältnisses sprechen für eine innentheoretische Konzeption, die Anerkennung jedenfalls eines Rests von Individualfreiheit dagegen eher für eine außentheoretische Konzeption. Dies mag auch ein Stück weit die ambivalente Haltung der nationalsozialistischen Staatstheorie zu Otto von Gierke erklären. Einerseits wurde er wegen seiner gemeinschaftsorientierten Auffassung als Wegbereiter und Begründer der nationalsozialistischen Gemeinschaftsideologie angesehen,[139] andererseits als dem Individualismus verhaftet abgelehnt.[140]

bb) *Der frühe Carl Schmitt*

Vom grundrechtstheoretischen Ausgangspunkt aus, daß die Freiheit des einzelnen unbegrenzt, die Befugnis des Staates zu Eingriffen dagegen prinzipiell begrenzt sei, formulierte der frühe Carl Schmitt als den Grundgedanken liberal-rechtsstaatlicher Grundrechtsgewährleistung[141] das „rechtsstaatliche Verteilungsprinzip"[142]:

„Jede gesetzliche Normierung, jede behördliche Intervention, jeder staatliche Eingriff muß prinzipiell begrenzt, meßbar, berechenbar, jede staatliche Kontrolle ihrerseits wieder kontrollierbar sein."[143]

Dies läßt sich klar im Sinne außentheoretischer Grundrechte deuten. Die grundsätzlich unbegrenzte Freiheit des einzelnen ist im Sinne von prima facie-Grundrechten zu inter-

---

138 Ders., Schmollers Jb. 7 (1883), S. 1133; ähnlich ders., Logos 6 (1916/17), S. 260 f. Vgl. zu dieser Unterscheidung zweier Sphären Suppé, Die Grund- und Menschenrechte in der deutschen Staatslehre des 19. Jahrhunderts, S. 291 ff.
139 Fischer, Festschrift Rudolf Hübner, S. 50 ff.; Helfritz, RVerwBl. 1935, S. 485 ff.; Koellreutter, Der Deutsche Führerstaat, S. 10; ders., AöR 65 (1935), S. 127; Wilhelm Merk, Der Staatsgedanke im Dritten Reich, S. 44 f. Anm. 85; Tartarin-Tarnheyden, Werdendes Staatsrecht, S. 25.
140 Forsthoff, DJZ 1934, S. 310; Höhn, von Gierkes Staatslehre, S. 150 ff.; Schmitt, Über die drei Arten rechtswissenschaftlichen Denkens, S. 48 f.; Siebert, Das Arbeitsverhältnis in der Ordnung der nationalen Arbeit, S. 19.
141 Böckenförde, NJW 1974, S. 1531.
142 Schmitt, Verfassungslehre, S. 175.
143 Ders., Grundrechte und Grundpflichten, S. 208 f.; vgl. ders., Verfassungslehre, S. 175 ff.

pretieren. Eingriffe des Staates in diese Grundrechte sollen nicht unbegrenzt möglich sein. Mittels welcher Kriterien die Begrenzung staatlicher Eingriffe realisiert werden soll, führt Carl Schmitt nicht weiter aus. Insbesondere war der Gedanke der Abwägung noch nicht selbstverständlich. Dies führt zu Rudolf Smend.

cc) *Rudolf Smend*

Der Gedanke der Abwägung als Kriterium der wirksamen Einschränkung eines Grundrechts findet sich erstmals bei Rudolf Smend. Nach seiner „Abwägungslehre" zum Begriff des allgemeinen Gesetzes gemäß Art. 118 WRV ist ein Gesetz dann ein „allgemeines Gesetz", wenn das von ihm geschützte gesellschaftliche Gut wichtiger ist als die Meinungsfreiheit.[144] Mit der Abwägung als Kriterium für Einschränkungen der Meinungsfreiheit gem. Art. 118 WRV legt Rudolf Smend die Außentheorie zugrunde.

Auch wenn das Konzept der Abwägung bei Smend keine auf den Einzelfall bezogene Abwägung verlangt, sondern auf der Ebene der Abwägung der Rechte, Interessen und Güter als abstrakte Gegenstände verbleibt, kann man ihn durchaus als einen der Väter der Abwägung bezeichnen. Das Bundesverfassungsgericht hat später nicht nur seine „Abwägungslehre" in die Definition des allgemeinen Gesetzes gemäß Art. 5 Abs. 2 GG inkorporiert,[145] sondern auch die einzelfallbezogene Abwägung im Sinne des dritten Teilgrundsatzes der Verhältnismäßigkeit im weiteren Sinne als zentrales materielles Kriterium der Wirksamkeit jeder Grundrechtseinschränkung etabliert. Bevor die Entwicklung allerdings zum Grundsatz der Verhältnismäßigkeit und zur ausdrücklichen Erörterung der Schrankentheorien im Öffentlichen Recht vordringen konnte, wurde sie zeitlich und inhaltlich durch das „Dritte Reich" unterbrochen.

b) Die nationalsozialistische Gemeinschaftsideologie

Die sogenannte „nationalsozialistische Rechtserneuerung" erklärte den Gedanken der Gemeinschaft zum konstruktiven Ausgangspunkt des Rechts. Dies zeigte sich nicht nur im Zivil- und Strafrecht, sondern auch im Öffentlichen Recht. Das liberal-rechtsstaatliche Grundrechtsverständnis wurde vehement bekämpft:

> „Ein Grundrecht der persönlichen Freiheit, dessen Inhalt sich aus der dem Artikel 114 zugrundeliegenden liberal-rechtsstaatlichen Gegensätzlichkeit von Staat und Individuum erschließen ließe, ist mit nationalsozialistischem Rechtsdenken unvereinbar."[146]

---

144 Smend, VVDStRL 4 (1928), S. 52.
145 Nach ständiger Rechtsprechung seit BVerfGE 7, 198 (209 f.) sind allgemeine Gesetze die Gesetze, „die nicht eine Meinung als solche verbieten, die sich nicht gegen die Äußerung einer Meinung als solche richten, die vielmehr dem Schutze eines schlechthin, ohne Rücksicht auf eine bestimmte Meinung, zu schützenden Rechtsguts dienen, dem Schutze eines Gemeinschaftswerts, der gegenüber der Betätigung der Meinungsfreiheit den Vorrang hat".
146 Dannbeck, Freiheit der Persönlichkeit im nationalsozialistischen Gemeinschaftsstaat, S. 427. Ähnlich Scheuner, Die Rechtsstellung der Persönlichkeit in der Gemeinschaft, S. 89: „In der deutschen Volksgemeinschaft, wie sie der Nationalsozialismus geformt hat, ist kein Raum mehr für Grundrech-

Die Grundrechte wurden nicht mehr als subjektiv-individuelle Rechte, sondern als Ordnungsprinzipien für die Gemeinschaft gedeutet.[147] Der einzelne wird nicht mehr als dem Staat gegenüberstehend angesehen, sondern allein als Glied des Volkes:

„Es gibt keine persönliche, vorstaatliche und außerstaatliche Freiheit des Einzelnen, die vom Staat zu respektieren wäre. An die Stelle des Individuums ist der in die Gemeinschaft gliedhaft eingeordnete Volksgenosse getreten, der von der Totalität des politischen Volkes erfaßt und in das Gesamtwirken einbezogen ist."[148]

In dieser Betonung des Gedankens der Gemeinschaft nur eine Zunahme der Beschränkungsmöglichkeiten liberal-rechtsstaatlicher Freiheit zu sehen, wird ausdrücklich abgelehnt:

„Nichts wäre aber verkehrter und würde dem völkischen Gemeinschaftsdenken weniger entsprechen, als darin gegenüber der verfassungsrechtlichen Lage des bürgerlich-freiheitlichen Rechtsstaates lediglich eine erhöhte Intensität von Eingriffs- und Beschränkungsmöglichkeiten sehen zu wollen. Es ist durchaus nicht so, als wäre der einzelne in stärkerem Maße als im liberalen Staate gehalten, seine Kräfte der Volksgemeinschaft zur Verfügung zu halten. Diese Annahme würde nichts anderes als eine Verewigung der Gegensätzlichkeit zwischen einzelnem und Staat bedeuten".[149]

Mit der Ablehnung eines Freiheitsraumes des einzelnen, den der Staat zu respektieren hat, wird jeglicher Wert der negativen Freiheit geleugnet. Soweit im Dritten Reich Rechte überhaupt anerkannt wurden, lag ihnen eine innentheoretische Konstruktion zugrunde.[150]

c) Die Entwicklung unter dem Grundgesetz

Die Grundrechte des Grundgesetzes sollten im Hinblick auf die Erfahrungen des Scheiterns der Weimarer Reichsverfassung der gesamten Staatsgewalt unmittelbar wirksame Schranken ziehen.[151] Diese Aufgabe sollten nach Auffassung des Parlamentarischen Rates insbesondere Art. 1 Abs. 3 und 19 Abs. 2 GG sowie die qualifizierten grundrecht-

---

te des einzelnen gegen Volk und Staat". Vgl. Knubben, RVerwBl. 1934, S. 772: „Die Ideen des Individualismus und Liberalismus sind aus dem deutschen Verfassungsleben verschwunden". Vgl. ferner Forsthoff, Der totale Staat, S. 41 f.; E. R. Huber, Verfassungsrecht des Großdeutschen Reiches, S. 361; Weber, Das Dogma der Gewaltenteilung und die Verfassungsgrundsätze des nationalsozialistischen Deutschen Reiches, S. 18 f. Vgl. zu dieser Entwicklung Pauly, HbGR I, § 14, Rn 15 ff. mit weiteren Nachweisen.
147 E. R. Huber, AöR 62 (1933), S. 79 ff.
148 Ders., Verfassungsrecht des Großdeutschen Reiches, S. 361; ähnlich Dannbeck, Freiheit der Persönlichkeit im nationalsozialistischen Gemeinschaftsstaat, S. 431 ff; Koellreutter, Grundriß der Allgemeinen Staatslehre, S. 105; Löbe, Der Grundsatz der Gewaltenteilung im deutschen Verfassungsleben, S. 88.
149 Dannbeck, a.a.O., S. 432. Vgl. auch Vocke, Grundrechte und Nationalsozialismus, S. 115.
150 Vgl. Schäfer, Die Rechtsstellung des Einzelnen – Von den Grundrechten zur volksgenössischen Gliedstellung, S. 115.
151 JöR 1 (1951), S. 177 ff.; von Mangoldt, Das Bonner Grundgesetz, S. 36.

lichen Eingriffsermächtigungen übernehmen.[152] Differenzierte grundrechtsdogmatische Konzepte lagen diesen Vorschriften nicht zugrunde. Deren Entwicklung wurde der Rechtsprechung und Wissenschaft überlassen.[153]

In der frühen Rechtsprechung des Bundesverfassungsgerichts finden sich Formulierungen, die eher in der Tradition der Innentheorie stehen. Zum Recht der Freiheit der Person aus Art. 2 Abs. 2, 104 Abs. 1 GG liest man: „es ist von vornherein nur mit dieser Begrenzung gewährt".[154] In der Entscheidung zum Investitionshilfegesetz aus dem Jahre 1952 geht das Gericht davon aus, die Handlungsfreiheit im Sinne von Art. 2 Abs. 1 GG bestehe

„von vornherein nur, soweit sie nicht die Rechte anderer verletzt und nicht gegen die verfassungsmäßige Ordnung oder das Sittengesetz verstößt".[155]

Selbst wenn das Gericht an diesen Stellen typisch innentheoretische Begriffe verwendet, hat sich in seiner Rechtsprechung zu den Abwehrrechten – vorbehaltlich einer genaueren Analyse – jedoch die außentheoretische Deutung durchgesetzt. Hervorzuheben sind insbesondere der Schnellreinigungsbeschluß[156] und die Entscheidung zu Eingriffen in Art. 10 Abs. 1 GG durch Fangschaltungen der Deutschen Bundespost.[157] Im Schnellreinigungsbeschluß stellt das Gericht den Grundsatz auf, zunächst sei

„die materielle Substanz des Grundrechts zu ermitteln; erst danach sind unter Beachtung der grundsätzlichen Freiheitsvermutung und des Verfassungsgrundsatzes der Verhältnismäßigkeit und Zumutbarkeit die rechtsstaatlich vertretbaren Schranken der Grundrechtsausübung zu fixieren".[158]

Dieser Grundsatz wird, ohne den Schnellreinigungsbeschluß zu zitieren, im Fangschaltungsbeschluß in der Sache wiederholt und bekräftigt. Das Gericht wendet sich gegen die Auffassung, der Schutzbereich des Art. 10 Abs. 1 GG erfasse von vornherein nicht Fangschaltungen der Deutschen Bundespost:

„Diese Sicht wird dem Sinn der Grundrechte nicht gerecht. Der Grundrechtsschutz bezieht sich auf Bürgerverhalten. Dieses soll frei sein. Staatliche Maßnahmen gegenüber grundrechtsgeschütztem Bürgerverhalten sind Eingriffe. Im Interesse der Individualfreiheit werden sie besonderen Anforderungen unterworfen, die sich vor allem aus der

---

152 Zu Art. 1 Abs. 3 GG siehe von Mangoldt, Das Bonner Grundgesetz, S. 158 ff.; ders., DÖV 1949, S. 262; ders., AöR 75 (1949), S. 276; vgl. auch BTDrucks. 2/2150 zur Änderung des Art. 1 Abs. 3 GG vom 19. März 1956; zu Art. 19 Abs. 2 GG siehe JöR 1 (1951), S. 177 f.; von Mangoldt, Das Bonner Grundgesetz, S. 540 ff.; Stern, Das Staatsrecht der Bundesrepublik Deutschland, Bd. 3/2, S. 840 ff.; zu den grundrechtlichen Eingriffsermächtigungen JöR 1 (1951), S. 43; von Mangoldt, DÖV 1949, S. 262; ders., AöR 75 (1949), S. 276 f.
153 Vgl. auch Borowski, Die Glaubens- und Gewissensfreiheit des Grundgesetzes, S. 531 ff.
154 BVerfGE 1, 418 (420).
155 BVerfGE 4, 7 (15).
156 BVerfGE 32, 54 ff.
157 BVerfGE 85, 386 ff.
158 BVerfGE 32, 54 (72).

Schrankenregelung des betroffenen Grundrechts und dem Verhältnismäßigkeitsprinzip ergeben. ... Eingriffsorientierte Gesichtspunkte haben aber bei der Definition des Schutzbereiches keinen Platz. Grundrechtliche Schutzbereiche lassen sich nicht nach Eingriffsnotwendigkeiten zuschneiden. ... Die Bedürfnisse des Postbetriebes und der Schutz anderer Fernsprechteilnehmer werden dadurch nicht außer acht gelassen, aber in den Bereich des Eingriffs und der Schrankenregelung verwiesen."[159]

Diese Ausführungen lassen klar die methodische Unterscheidung zwischen Schutzbereich/Eingriff einerseits und Schranken andererseits erkennen, womit eine außentheoretische Deutung der Abwehrrechte vorausgesetzt wird.

V. Zusammenfassung

Kennzeichnend für innentheoretische Rechte ist, daß das Recht seinen endgültigen Inhalt von vornherein aufweist. Einschränkungen des Rechts sind weder erforderlich noch möglich. Bei außentheoretischen Rechten ist dagegen zwischen dem Recht „an sich" oder prima facie-Recht einerseits und dem eingeschränkten Recht andererseits zu unterscheiden. Die Unterscheidung von innen- und außentheoretischen Rechten läßt sich nicht auf die Unterscheidung immanenter und äußerer Schranken zurückführen. Insbesondere trifft es nicht zu, daß immanente Schranken für innentheoretische Konzeptionen und äußere Schranken für außentheoretische Konzeptionen kennzeichnend sind. Die Theorie immanenter Schranken führt nur in einer besonderen, nach dem gegenwärtigen Grundrechtsverständnis fernliegenden Interpretation zu einer Innentheorie. Der notorisch unklare Begriff der immanenten Schranke sollte ohnehin vermieden werden.

Die Untersuchung der Geschichte der Schrankentheorien im Zivilrecht und Öffentlichen Recht hat dargelegt, daß das Problem der fundamentalen Struktur von Rechten ein grundlegendes Problem jeder Rechtsordnung bildet. Häufig wird die Außentheorie im Sinne einer stark normativen Theorie verstanden: Denjenigen, der eine Beschränkung eines Rechts behauptet, trifft dann eine hohe Argumentationslast, der er nur selten gerecht werden wird. Ein derartiges stark normatives Verständnis ist zwar möglich, aber nicht notwendig. Die Einschränkung eines Rechts kann im Sinne einer bloßen Konstruktionstheorie durchaus auch den Regelfall darstellen. Ob ein stark normatives oder ein konstruktionstheoretisches Verständnis der Außentheorie mit nur schwachen normativen Annahmen vorzugswürdig ist, hängt von inhaltlichen Erwägungen jenseits strukturtheoretischer Fragen ab.

---

159 BVerfGE 85, 386 (397).

2. Abschnitt: Die Prinzipientheorie der Grundrechte

Die rechtstheoretische Unterscheidung von Regeln und Prinzipien bildet die Grundlage der adäquaten normtheoretischen Rekonstruktion der Schrankentheorien in der Grundrechtsdogmatik. Eine derartige normtheoretische Rekonstruktion der Schrankentheorien ist insbesondere eine unverzichtbare Voraussetzung für die Antwort auf die Frage, ob die Grundrechte des Grundgesetzes innen- oder außentheoretische Rechte gewähren. Sie wird im 3. Abschnitt dieses 1. Teils erfolgen. Zuvor gilt es jedoch in diesem 2. Abschnitt die „Prinzipientheorie der Grundrechte" näher zu entwickeln.

I. Die Prinzipientheorie und ihre Anwendung auf die Grundrechte

Wird die Prinzipientheorie zur Rekonstruktion der Grundrechte verwendet, gilt es zwei verschiedene Ebenen auseinanderzuhalten. Auf der ersten Ebene befindet sich die rechtstheoretische Analyse der Struktur von Normen als Regel oder Prinzip, auf der zweiten geht es um die Anwendung der auf der ersten Ebene gewonnenen rechtstheoretischen Strukturen auf die Grundrechte. Diese Unterscheidung zweier Ebenen[1] führt zu zwei verschiedenen Gruppen von Argumenten: Argumenten für und gegen die rechtstheoretische Unterscheidung von Regel und Prinzip und Argumenten für und gegen die Anwendung dieser Unterscheidung auf die Grundrechte.[2]

1. Die Prinzipientheorie als solche

Auf der ersten Ebene steht die Diskussion um die Prinzipientheorie selbst oder die „Prinzipientheorie als solche" ganz im Vordergrund. Die Prinzipientheorie ist eine rechtstheoretische Theorie analytischer Natur. Regeln und Prinzipien werden normstrukturell unterschieden und die charakteristischen Eigenschaften dieser beiden Normarten herausgearbeitet. Die Anwendung auf konkrete Rechtssysteme[3] oder rechtsdogma-

---

[1] Diese beiden Ebenen sind nicht hermetisch voneinander getrennt, sondern beeinflussen sich wechselseitig. Insbesondere dürfte ein Hin- und Herwandern des Blickes zwischen der Prinzipientheorie als solcher und ihrer Anwendung auf die Grundrechte die Entwicklungsgeschichte der Prinzipientheorie treffend beschreiben. Von dieser entwicklungsgeschichtlichen Fokussierung der Anwendung auf die Grundrechte zu unterscheiden ist jedoch der mögliche Bereich der Anwendung der Prinzipientheorie als solcher, der weit über die Grundrechte hinausweist. Der Behauptung, die Prinzipientheorie sei „letztlich nur für und nur anhand der Grundrechte entwickelt" worden (so Poscher, Grundrechte als Abwehrrechte, S. 80), kann man damit nur insoweit zustimmen, als auf die Entwicklungsgeschichte abgestellt wird.

[2] Es wäre damit durchaus möglich, die rechtstheoretische Unterscheidung von Regeln und Prinzipien zu akzeptieren, ihre Anwendung auf die Grundrechte jedoch abzulehnen. Die Untersuchung wird allerdings zeigen, daß diese Position nicht gerechtfertigt ist.

[3] Der Gegenstandsbereich der Normen, deren Struktur die Prinzipientheorie als analytische Theorie zu beschreiben vermag, ist nicht auf den Bereich des Rechts begrenzt. Auch bei moralischen Normen oder religiösen Normen kann die Frage nach ihrer Regel- oder Prinzipieneigenschaft gestellt werden. Insbesondere für die Menschenrechte, deren Transformation in das Recht den Grundgedanken der

tische Bereiche steht dagegen nicht im Vordergrund. Die Prinzipientheorie als rechtstheoretische Theorie allein stuft daher konkrete Normen – wie beispielsweise die Grundrechte des Grundgesetzes – nicht als Regeln oder Prinzipien ein, sondern kann nur aufzeigen, welche normtheoretischen Strukturen zur Verfügung stehen.

2. Die Anwendung der Prinzipientheorie auf die Grundrechte

Wenn es um die Frage geht, ob bestimmte Normen Regeln oder Prinzipien sind, wird die Prinzipientheorie angewendet. In dieser Untersuchung steht die Anwendung auf die Grundrechtsnormen des Grundgesetzes ganz im Vordergrund. Die Deutung von Normen als Regeln oder Prinzipien ist aber keineswegs auf die Grundrechtsdogmatik begrenzt. Jede Rechtsnorm, gleich welchen Inhalts, welcher Rangstufe und in welchem Rechtsgebiet, kann daraufhin untersucht werden, ob sie eine Regel oder ein Prinzip darstellt.[4] Die Einstufung als Regel oder Prinzip ist Ergebnis einer Interpretation oder Auslegung der betreffenden Bestimmung, deren Bedeutung die fragliche Norm ist.[5] Ebenso wie die Auslegung einer Bestimmung der Ermittlung ihres Inhalts im engeren Sinne dient, werden mit ihr auch strukturelle Eigenschaften der fraglichen Norm bestimmt. Ein Beispiel für eine Auslegung nach der Struktur besteht in der Beantwortung der Frage, ob eine bestimmte Bestimmung ein subjektives Recht gewährt. Entsprechendes gilt mutatis mutandis für die Ermittlung der Struktur einer Norm als Regel oder Prinzip, hierauf wird noch näher zurückzukommen sein.[6]

In der Prinzipientheorie der Grundrechte wird daher die Frage gestellt, ob es vorzugswürdig ist, Grundrechtsbestimmungen dahingehend auszulegen, daß sie von Prinzipien gewährt werden. Im Grundsatz muß diese Frage für jede einzelne Grundrechtsbestimmung einzeln beantwortet werden. In einem bestimmten Rechtssystem mag es durchaus sein, daß einige Grundrechte durch Prinzipien gewährt werden, einige andere dagegen durch Regeln. Damit entsteht ein breites Spektrum grundrechtsdogmatischer Systeme. Es existieren zwei Endpunkte dieses Spektrums, nach dem ersten werden alle Grundrechte durch Prinzipien gewährt, nach dem zweiten wird kein Grundrecht durch ein Prinzip gewährt. Zwischen diesen beiden Endpunkten befindet sich weiter Bereich von Rechtssystemen, in denen mindestens ein Grundrecht durch ein Prinzip gewährt wird, solange es mindestens ein Grundrecht gibt, das nicht durch ein Prinzip gewährt wird – oder weniger technisch ausgedrückt: es existiert ein weiter Bereich von gemischten Systemen. Wenn Kritiker der Prinzipientheorie der Grundrechte dagegen behaupten, nach der Prinzipientheorie der Grundrechte müßten notwendig alle

---

Grundrechte darstellt, liegt diese Frage nahe (zur Grundidee der Grundrechte als transformierte Menschenrechte siehe Borowski, Die Glaubens- und Gewissensfreiheit des Grundgesetzes, S. 91 ff.

4   Wendet man die Prinzipientheorie auf das Verwaltungsrecht oder auf die Theorie der strafrechtlichen Rechtfertigung an, erhält man die „Prinzipientheorie des Verwaltungsrechts" und die „Prinzipientheorie der strafrechtlichen Rechtfertigung". Zu Anwendungen der Prinzipientheorie jenseits der Grundrechtsdogmatik siehe die Nachweise in Fn. 276 bis Fn. 281 bei 1. Teil, 2. Abschnitt, II. 5.

5   Nach dem semantischen Normbegriff sind Normen die Bedeutung von Normsätzen in den fraglichen Bestimmungen oder Vorschriften, vgl. 1. Teil, 3. Abschnitt, II. 2. b).

6   Siehe 1. Teil, 2. Abschnitt, III. 1.

Grundrechte durch Prinzipien gewährt werden, oder sogar weitergehend behauptet wird, Vertreter der Prinzipientheorie würden dies als „rechtstheoretisch zwingende Erkenntnis" ausgeben,[7] wird dies der Prinzipientheorie der Grundrechte schon im Ansatz nicht gerecht.

Bevor jedoch die Anwendung der Prinzipientheorie auf die Grundrechte in Abschnitt III. näher in den Blick genommen wird, gilt es im folgenden Abschnitt II. die rechtstheoretische Unterscheidung von Regeln und Prinzipien oder die „Prinzipientheorie als solche" darzulegen.

II. Die Prinzipientheorie als rechtstheoretische Theorie

Bei der „Prinzipientheorie als solcher" oder der „rechtstheoretischen Prinzipientheorie" handelt es sich um eine rechtstheoretische Theorie analytischer Natur, in der Regeln und Prinzipien als verschiedene Arten von Normen mit charakteristischen Eigenschaften unterschieden werden.[8] Die Arten und Kriterien der Unterscheidung von Regeln und Prinzipien sind zahlreich.[9] In systematischer Hinsicht lassen sich die verschiedenen Ansichten drei Thesen zuordnen:[10]

(1) der **starken Trennungsthese**, nach der ein nicht nur gradueller, sondern ein logischer Unterschied in der Normstruktur zwischen Regeln und Prinzipien besteht,[11]

---

7   Poscher, Grundrechte als Abwehrrechte, S. 80.
8   Eine umfassende Klärung aller mit der rechtstheoretischen Unterscheidung von Regel und Prinzip verbundenen Probleme würde gewiß eine eigene Untersuchung erfordern. Im Rahmen dieser Arbeit kann es nur darum gehen, die Fragen zu erörtern, die für die Untersuchung der für die Grundrechte zutreffenden Schrankentheorie notwendig sind. Grundlegende Darstellungen der Prinzipientheorie finden sich insbesondere bei Alexy, Theorie der Grundrechte, S. 71 ff., und Sieckmann, Regelmodelle und Prinzipienmodelle des Rechtssystems, S. 52 ff.; jeweils mit weiteren Nachweisen. Zur neueren Diskussion vgl. insbesondere Alexy, Zur Struktur der Rechtsprinzipien, S. 31 ff.; ders., Gedächtnisschrift Sonnenschein, S. 771 ff.; ders., Postscript, S. 388 ff. Vgl. weiter Sieckmann, Begriff und Struktur von Regeln, Prinzipien und Elementen im Recht, S. 69 ff.; Borowski, ZÖR 53 (1998), S. 307 ff.; ders., JöR 50 (2002), S. 313 ff.; ders., La Estructura de los Derechos Fundamentales, S. 47 ff.
9   Zu den verschiedenen Arten und Kriterien der Unterscheidung vgl. Alexy, Theorie der Grundrechte, S. 71 ff.; ders., Rechtsregeln und Rechtsprinzipien, S. 14 f.; Penski JZ 1989, S 103 f.; Sieckmann, Regelmodelle und Prinzipienmodelle des Rechtssystems, S. 52 f.; Neumann, Die Geltung von Regeln, Prinzipien und Elementen, S. 115 f.
10 Alexy, Zum Begriff des Rechtsprinzips, S. 64 f.; ders., Theorie der Grundrechte, S. 74 f.; ders., Rechtsregeln und Rechtsprinzipien, S. 14 f.; Sieckmann, Regelmodelle und Prinzipienmodelle des Rechtssystems, S. 53; vgl. Aarnio, Taking Rules Seriously, S. 180 f.
11 Vertreter dieser These sind vor allem Dworkin, Taking Rights Seriously, S. 24 ff.; Alexy, Zum Begriff des Rechtsprinzips, S. 78 f.; ders., Theorie der Grundrechte, S. 75 f.; ders., Rechtsregeln und Rechtsprinzipien, S. 19 f.; Sieckmann, Regelmodelle und Prinzipienmodelle des Rechtssystems, S. 74 ff.; ders., ARSP 78 (1992), S. 151; vgl. auch Eckhoff/Sundby, Rechtssysteme, S. 90 ff.; Raabe, Grundrechte und Erkenntnis, S. 176 ff.; Jansen, Die Struktur der Gerechtigkeit, S. 76 ff.; Borowski, ZÖR 53 (1998), S. 309 ff.; ders., Revista Española de Derecho Constitucional 20 (2000), S. 35 ff.; ders., JöR 50 (2002). S. 313 ff.; ders., La Estructura de los Derechos Fundamentales, S. 47 ff. Auch Esser, Larenz und Canaris vertreten trotz einiger relativierender Äußerungen (vgl. hierzu Alexy,

(2) der schwachen Trennungsthese, nach der zwischen Regeln und Prinzipien lediglich ein gradueller logischer Unterschied besteht,[12] und

(3) der Übereinstimmungsthese, nach der zwischen Regeln und Prinzipien kein logischer Unterschied besteht, sondern alle Eigenschaften der einen Klasse von Normen auch bei der anderen Klasse auftreten können.[13]

Die deutsche Diskussion wurde zunächst durch Arbeiten von Josef Esser[14], Karl Larenz[15] und Claus-Wilhelm Canaris[16] bestimmt.[17] In der anglo-amerikanischen Rechtstheorie wurde eine Prinzipientheorie insbesondere von Ronald Dworkin entwickelt. Dieses Konzept wurde in Deutschland, zusammen mit den älteren Ansätzen im deutschen Sprachraum, von Robert Alexy[18] und Jan-Reinard Sieckmann[19] aufgenommen[20]

Zum Begriff des Rechtsprinzips, S. 67 f.) im wesentlichen die starke Trennungsthese, Esser, Grundsatz und Norm in der richterlichen Fortbildung des Privatrechts, S. 51, 95; Larenz, Richtiges Recht, S. 24 f.; Canaris, Systemdenken und Systembegriff in der Jurisprudenz, S. 26, 55, 116 f.

12 H.L.A. Hart hat sich in seinem „Postscript" zur zweiten Auflage von „The Concept of Law" der schwachen Trennungsthese angeschlossen, wenn er sagt, die Unterscheidung sei „a matter of degree", Hart, Postscript, S. 262. In der neueren deutschen Literatur sind Hans-Joachim Koch und Peter Lerche Vertreter der schwachen Trennungsthese (H.-J. Koch, Zur Methodenlehre des Rechtspositivismus, S. 156; ders., Die normtheoretische Basis der Abwägung, S. 18 f.; Lerche, Übermaß und Verfassungsrecht, S. XXII). Im übrigen folgen ihr diejenigen Autoren, die das Kriterium der Generalität oder der Allgemeinheit von Normen zur Abgrenzung zwischen Regel und Prinzip verwenden, dies und unter anderen Christie, Duke Law Journal 1968, S. 669; Hughes, The Yale Law Journal 77 (1968), S. 419; Penski, JZ 1989, S. 108; Raz, The Yale Law Journal 81 (1972), S. 838; Simonius, ZSR 71 (1952), S. 239.

13 Mangels logischer Unterscheidung besteht zwischen Regeln und Prinzipien entweder das Verhältnis der Identität oder der Familienähnlichkeit im wittgensteinschen Sinne, zu letzterem Alexy, Theorie der Grundrechte, S. 75. Vertreter sind Aarnio, Taking Rules Seriously, S. 181, 188 ff. und Günther, Der Sinn für Angemessenheit, S. 270 ff. sowie diejenigen Autoren, die unter Regel eine Norm unter Einschluß des dazugehörigen Zweckes verstehen (Sieckmann, Regelmodelle und Prinzipienmodelle des Rechtssystems, S. 53 Anm. 10), wie etwa Soper, Michigan Law Review 75 (1977), S. 483.

14 Esser, Grundsatz und Norm in der richterlichen Fortbildung des Privatrechts.

15 Larenz, Richtiges Recht, S. 23 ff.; ders., Methodenlehre der Rechtswissenschaft, S. 404 ff., 473 ff.

16 Canaris, Systemdenken und Systembegriff in der Jurisprudenz, S. 46 ff.

17 Im deutschen Sprachraum finden sich zudem wesentliche Ansätze bereits in der in den vierziger Jahren des vergangenen Jahrhunderts entwickelten „Theorie der beweglichen Systeme" des Österreichers Walter Wilburg, siehe Wilburg, Die Elemente des Schadensrechts; ders., Entwicklung eines beweglichen Systems des bürgerlichen Rechts; ders., AcP 163 (1963), S. 346 ff. Zum Verhältnis der Lehre Wilburgs und der Prinzipientheorie siehe insbesondere Michael, Der Gleichheitssatz als Methodennorm komparativer Systeme. S. 105 f.; Jansen, Die Struktur des Haftungsrechts, S. 598.

18 Insbesondere Alexy, Zum Begriff des Rechtsprinzips, S. 59 ff.; ders., Theorie der Grundrechte, S. 71 ff.; ders., Rechtsregeln und Rechtsprinzipien, S. 13 ff.; ders., Zur Struktur der Rechtsprinzipien, S. 31 ff.

19 Insbesondere Sieckmann, Regelmodelle und Prinzipienmodelle des Rechtssystems; ders., Zur Abwägungsfähigkeit von Prinzipien, S. 205 ff.; ders., Rechtstheorie 25 (1994), S. 163 ff.

20 Ob man dieses Anknüpfen als einen „Reimport" bezeichnen kann (so ausdrücklich H. Dreier in Dreier², Vorb., Rn 79), hängt davon ab, was man damit meint. In der ersten, engen und eigentlichen Bedeutung dieses Begriffs wird damit gesagt, daß etwas zunächst von der angloamerikanischen Rechtswelt aus Deutschland importiert wurde, um dann diesen Weg entgegengesetzt – von der angloamerikanischen Rechtswelt in die deutsche – „zurückimportiert" zu werden. Um es vorsichtig zu sagen, ist jedoch recht unwahrscheinlich, daß Ronald Dworkin die Arbeiten insbesondere von Josef Esser bekannt waren. Man müßte schon weiter zurückgehen, um etwa bei Brückenfiguren wie Ros-

und weiterentwickelt. Im folgenden wird die Entwicklung der starken Trennungsthese anhand der Konzeptionen von Ronald Dworkin, Robert Alexy und Jan-Reinard Sieckmann dargestellt. Anschließend ist auf die Kritik einzugehen, die von seiten der Vertreter der schwachen Trennungsthese und der Übereinstimmungsthese vorgebracht wird.

1. Ronald Dworkin

Ronald Dworkins Prinzipientheorie[21] bei weitem nicht so detailliert ausgearbeitet wie die nachfolgend in Deutschland ausgearbeiteten Konzeptionen. Sie bildet jedoch Ausgangspunkt der modernen rechtstheoretischen Unterscheidung von Regel und Prinzip und verdient schon aus diesem Grund einige Aufmerksamkeit.

a) Ausgangspunkt und theoretischer Rahmen

Dworkin entwickelt seine Konzeption der Unterscheidung von Regeln und Prinzipien im Rahmen einer Auseinandersetzung mit der positivistischen[22] Rechtstheorie vor allem H.L.A. Harts.[23] Ziel seiner Untersuchung ist eine normative Theorie des Rechts.[24] Diese Theorie soll angeben, was gute Gründe für richterliche Entscheidungen sind.[25] Das Recht einer Gemeinschaft bestehe in der besten Rechtfertigung ihrer Rechtspraxis insgesamt.[26] Recht sei ein interpretatives Unternehmen. Was die beste Interpretation sei,

---

coe Pound anzusetzen, dem die Schriften der deutschen allgemeinen Rechtslehre – allerdings weit vor Esser – gut bekannt waren, und der recht früh eine eigene Abwägungskonzeption entwickelte (vgl. insbesondere Pound, Harvard Law Review 57 (1943), S. 39). Derartige Zusammenhänge sind aber doch allzu ätherisch, als daß sie mit Begriffen wie „Reimport" treffend erfaßt werden könnten. Möglicherweise soll „Reimport" lediglich darauf hinweisen werden, daß etwas aus dem angelsächsischen Rechtsraum „importiert" wurde, was der Sache nach in Deutschland schon vorhanden war. Dies trifft zu, allerdings in der Genese der modernen Prinzipientheorie auch nie in Abrede gestellt worden, sondern wurde im Gegenteil regelmäßig betont (vgl. insbesondere die Hinweise auf Esser bei Alexy, Theorie der Grundrechte, S. 72 Anm. 8; ders., Zur Struktur der Rechtsprinzipien, S. 31; ders., Die Abwägung in der Rechtsanwendung, S. 69).

21 Eine eingehende Darstellung von und Auseinandersetzung mit Dworkins Theorie kann hier nicht erfolgen. Die Untersuchung beschränkt sich auf zentrale Aussagen Dworkins und ihre grundlegenden Probleme im Hinblick auf das Ziel dieser Untersuchung. Weiterführend zu Dworkins Prinzipientheorie Alexy, Zum Begriff des Rechtsprinzips, S. 59 ff.; ders., Rechtsregeln und Rechtsprinzipien, S. 15 ff.; Sieckmann, Regelmodelle und Prinzipienmodelle des Rechtssystems, S. 54 ff., 199 ff.; ders., ARSP 78 (1992), S. 160 ff.; jeweils mit weiteren Nachweisen.

22 Die Kernthese des Rechtspositivismus ist die Trennungsthese. Sie besagt, daß keine notwendige Verbindung zwischen Recht und Moral besteht (Alexy, Begriff und Geltung des Rechts, S. 15). Die Gegenthese in diesem über zweitausendjährigen Streit um den Rechtsbegriff ist die Verbindungsthese. Diese besagt, daß der Begriff des Rechts so zu definieren ist, daß er moralische Elemente enthält (ders., a.a.O., S. 17). Mit der Behauptung der Möglichkeit rationaler Normenbegründung durch eine Prinzipientheorie wird eine Verbindung zwischen Recht und Moral im Sinne der Verbindungsthese hergestellt (vgl. Dworkin, Taking Rights Seriously, S. 46). Eingehend zu Versuchen, rein positivistische Geltungstheorien für Prinzipien zu entwickeln, Sieckmann, Regelmodelle und Prinzipienmodelle des Rechtssystems, S. 178 ff.

23 Hart, The Concept of Law.
24 Dworkin, Taking Rights Seriously, S. vii f., 51 f., 57 f.
25 Dworkin, The Yale Law Journal 74 (1965), S. 641.
26 Ders., Law's Empire, S. vii, 90, 225, 285.

werde in den Dimensionen des „fit" und „value" entschieden.[27] Die Dimension des „fit" sichert dabei eine Anbindung der zu treffenden Entscheidung an eine bestehende Praxis. Erfüllen verschiedene Entscheidungsalternativen dieses formelle, abwägungsfreie Kriterium, so sei diejenige zu wählen, die nach politisch-moralischer Bewertung vorzuziehen sei.[28] Diese Frage werde in der Dimension des „value" durch eine Prinzipienabwägung geklärt.[29]

Nach Dworkin wird die positivistische Rechtstheorie vor allem durch drei Kernthesen („key tenets") definiert:

(1) Das Recht einer Gemeinschaft bestehe aus speziellen Regeln, die nicht aufgrund ihres Inhalts, sondern aufgrund ihrer Herkunft („pedigree") identifiziert werden. Mit Hilfe der Prüfung dieser Herkunft („test of pedigree") würden geltende rechtliche Regeln von anderen Regeln unterschieden.

(2) Wenn ein Fall nicht klar durch eine solche Regel entschieden werde, sei es, weil keine passende Regel vorliegt, oder weil eine passende Regel vorliegt, der Fall aber im Offenheitsbereich dieser Regel liegt, sei die Entscheidung nicht durch Anwendung geltenden Rechts („applying the law") möglich. Sei aber die Entscheidung rechtlich nicht festgelegt, hätten die Richter freies Ermessen.

(3) Rechtspflichten bestünden nur aufgrund geltender rechtlicher Regeln im Sinne von (1).[30] Wenn ein Richter einen Rechtsfall aufgrund seines freien Ermessens entscheiden müsse, werde nicht eine bestehende Rechtspflicht ausgesprochen, sondern eine vorher nicht existente Regel geschaffen.[31]

Diesem positivistischen Modell stellt Dworkin sein Prinzipienmodell entgegen. Insbesondere geht er davon aus, daß Individuen Rechte haben, unabhängig von der Frage, ob vorher entsprechende Regeln geschaffen wurden.[32] Aufgabe des Richters sei es daher nicht, noch nicht bestehende Rechte zu schaffen, sondern bereits bestehende Rechte zu entdecken.[33] Kennzeichnend für das Prinzipienmodell Dworkins sind drei Thesen[34]:

(1) Das Recht einer Gemeinschaft bestehe nicht nur aus Regeln, sondern auch aus Prinzipien. Anders als Regeln seien Prinzipien nicht allein aufgrund formeller Kriterien zu identifizieren.[35]

---

27 Ders., a.a.O., S. 66 f., 255.
28 Ders., a.a.O., S. 255 ff.
29 Vgl. ders., a.a.O., S. 256 f.
30 Dworkin, Taking Rights Seriously, S. 17.
31 Ders., a.a.O., S. 17, 44.
32 Ders., a.a.O., S. xi.
33 Ders., a.a.O., S. 81.
34 Vgl. Sieckmann, Regelmodelle und Prinzipienmodelle des Rechtssystems, S. 15.
35 Dworkin, Taking Rights Seriously, S. 22, 39 ff.

(2) Auch wenn ein Fall nicht durch eine Regel klar entschieden werden könne, also im Offenheitsbereich der Rechtsregeln liege, sei die Entscheidung rechtlich durch Prinzipien festgelegt. Richter hätten deshalb auch in schwierigen Fällen („hard cases") kein freies Ermessen.[36]

(3) Rechtspflichten bestünden nicht nur aufgrund von Regeln, sondern auch aufgrund von Prinzipien.[37]

Der Hauptfehler positivistischer Theorien bestehe demnach erstens in der Verkennung der tatsächlichen Bedeutung von Prinzipien in der juristischen Argumentation[38] sowie zweitens in der Verkennung der Bedeutung von Prinzipien, die sie innerhalb jener haben sollten.[39]

b) Dworkins Unterscheidung von Regeln und Prinzipien

Dworkin verwendet zur Unterscheidung von Regeln und Prinzipien[40] als verschiedene Klassen von Normen zwei verschiedene Kriterien. Das erste Kriterium ist das der Alles-

---

36 Ders., a.a.O., S. 29 f., 34 ff.
37 Ders., a.a.O., S. 28 ff.
38 Ders., a.a.O., S. 22.
39 Ders., a.a.O., S. 123. Dworkin vertritt damit eine sowohl empirische als auch normative These (Alexy, Zum Begriff des Rechtsprinzips, S. 62 Anm. 20).
40 Innerhalb der Klasse der Prinzipien im weiteren Sinne unterscheidet Dworkin weiter zwischen „principles" und „policies", Dworkin, Taking Rights Seriously, 22 f., 82 f. Erstere seien Standards, die individuelle Rechte statuieren, ders., a.a.O., S. 82. Letztere seien dagegen Standards, die ein gesellschaftlich zu erreichendes Ziel angeben, ders., a.a.O., S. 22, 82. Diese an sich klare Unterscheidung, die in der Diskussion immer wieder aufgegriffen wird (vgl. beispielsweise Cornils, Die Ausgestaltung der Grundrechte, S. 618 ff.), wird wesentlich dadurch verkompliziert, daß kollektive Güter zumindest ein ganzes Stück weit auf individuelle Rechte reduziert werden können (zur Reduktionsfrage vgl. Alexy, Individuelle Rechte und kollektive Güter, S. 49 ff.). Die „Volksgesundheit" besteht eben ein ganzes Stück weit aus der Summe der individuellen Gesundheit aller einzelnen. Nun mag man einen „Mehrwert" kollektiver Güter postulieren, der diese bloße Summe übersteigt und ihre besondere Qualität begründet, aber es bleibt ein großer Teil, der gleichermaßen Gegenstand von Rechten wie kollektiver Güter sein kann. Auch der Hinweis darauf, der demokratische Prozeß müsse über Existenz und Gewicht kollektiver Güter entscheiden (Cornils, a.a.O., S. 619) trifft in der Sache etwas Richtiges. Dies gilt allerdings nicht für kollektive Güter, die unmittelbar Verfassungsrang aufweisen. Weisen sie diesen unmittelbaren Verfassungsrang oder Verfassungsrang 1. Grades nicht auf, sind sie erst dann in grundrechtlichen Abwägungen zu berücksichtigen, wenn der demokratisch legitimierte Gesetzgeber sie mit dem Erlaß eines Parlamentsgesetzes zu einem verfassungsrechtlich beachtlichen Schrankengrund gemacht hat, also zu Prinzipien mit Verfassungsrang 2. Grades (vgl. zur Unterscheidung von Verfassungsrang 1. und 2. Grades 1. Teil, 2. Abschnitt, III. 2. a). Ist dies geschehen und das Gemeinwohlziel zu Recht geworden, besteht die Aufgabe der Gerichte darin, dieses Recht anzuwenden und gegebenenfalls in verfassungsrechtliche Abwägungen einzustellen. Was auch immer mögliche „Binnendifferenzierungen" innerhalb der Klasse der Prinzipien angehen mag, können jedenfalls individuelle Rechte und kollektive Güter strukturell miteinander abgewogen werden. Die Unterscheidung von „principles" und policies" verweist gewiß auf normative Fragen sowie auf die Frage, wer wie weit zur Abwägung ermächtigt ist, dies liegt jedoch jenseits der Grundstruktur der Abwägung.
Zu einem Versuch der formalen Rekonstruktion der Unterscheidung von „principles" und „policies" Sieckmann, Regelmodelle und Prinzipienmodelle des Rechtssystems, S. 226 ff.

oder-Nichts-Anwendbarkeit („all-or-nothing-fashion"). Das zweite Kriterium besteht in der Dimension des Gewichts („dimension of weight"), die Regeln fehle, Prinzipien aber zukomme.

aa) *Die Alles-oder-Nichts-Anwendbarkeit*

Während Regeln auf eine Alles-oder-Nichts-Weise anwendbar seien, gelte dies für Prinzipien nicht. Entweder sei die Regel gültig, dann sei die Rechtsfolge zu akzeptieren. Oder die Regel sei nicht gültig, dann begründe sie die Rechtsfolge nicht.[41] Die Möglichkeit von Ausnahmen beinträchtige diesen Befund nicht, denn eine vollständige Formulierung der Regel müsse alle Ausnahmen einschließen. Prinzipien hingegen legten im Fall ihrer Anwendbarkeit der Formulierung nach die Entscheidung nicht zwingend fest.[42] Vielmehr enthielten Prinzipien Gründe, die für eine Entscheidung sprächen.[43] Andere Prinzipien, die ihrerseits der Formulierung nach anwendbar seien, könnten diesem Prinzip im konkreten Fall vorgehen. Darin liege aber keine Ausnahme, die in eine vollständige Formulierung des Prinzips aufzunehmen sei.[44]

bb) *Die Dimension des Gewichts*

Dieses erste Unterscheidungskriterium soll ein zweites nach sich ziehen. Prinzipien soll im Gegensatz zu Regeln eine Dimension des Gewichts („dimension of weight or importance") zukommen.[45] Wenn zwei Prinzipien kollidieren, gehe das Prinzip mit dem auf den konkreten Fall bezogenen größeren Gewicht[46] vor. Damit werde das zurücktretende Prinzip aber nicht aus der Rechtsordnung verabschiedet, denn in anderen Fällen könne die Vorrangfrage anders zu entscheiden sein. Auch wenn die Frage, welches Prinzip im Einzelfall das größere Gewicht habe, sehr kontrovers sei, sei es ein wesentliches Element des Begriffs des Prinzips, daß die Frage nach dem Gewicht eines Prinzips sinnvoll sei.[47] Regeln hätten demgegenüber keine Dimension des Gewichts.[48]

---

41 Dworkin, Taking Rights Seriously, S. 24.
42 Ders., a.a.O., S. 25.
43 Ders., a.a.O., S. 26.
44 Ders., a.a.O., S. 25.
45 Ders., a.a.O., S. 26.
46 Der Begriff des Gewichts eines Prinzips wird metaphorisch verwendet. Ein Versuch der Präzisierung dieses Begriffs findet sich bei Dworkin nicht. Grundsätzlich gibt es zwei Ansätze, die Dimension des Gewichts einer Norm zu präzisieren, erstens die Stärke der Begründung einer Norm und zweitens die graduelle Erfüllbarkeit von Normen (Sieckmann, Regelmodelle und Prinzipienmodelle des Rechtssystems, S. 62). Diese Ansätze können je allein verwendet oder auch verbunden werden.
47 Dworkin, Taking Rights Seriously, S. 26 f.
48 Dennoch ist die Frage nach dem Gewicht einer Regel nicht sinnlos. Sie ist nur ungenau. Eine Regel als solche hat kein Gewicht (Dworkin, Taking Rights Seriously, S. 77 f.; Pöyhönen, Rechtstheorie 20 (1989), S. 218; Alexy, Theorie der Grundrechte, S. 79 ff.; Sieckmann, Regelmodelle und Prinzipienmodelle des Rechtssystems, S. 59 ff.; Borowski, ZÖR 53 (1998), S. 310; ders., Die Glaubens- und Gewissensfreiheit des Grundgesetzes, S. 198). Sie kann aber inhaltlich durch Prinzipien gestützt werden (vgl. Dworkin, Taking Rights Seriously, S. 27). Das Gewicht der Regel, legt man die Gewichtsformel (siehe 1. Teil, 2. Abschnitt, I. 2. a) bb) ddd)) zugrunde, entspricht dann dem Quotien-

cc) *Kritik an der Prinzipientheorie Dworkins*

Insbesondere das Kriterium der Alles-oder-Nichts-Anwendbarkeit zur Unterscheidung von Regeln und Prinzipien hat Kritik auf sich gezogen. Dieses Kriterium nimmt auf die Möglichkeit der vollständigen Aufzählbarkeit von Ausnahmen zu Normen Bezug. Eine vollständige Formulierung einer Regel müsse alle Ausnahmen beinhalten, und dies sei auch möglich. Anders sei dies bei Prinzipien. Hier seien die Ausnahmen dieser Norm auch theoretisch nicht aufzählbar.[49] Die Tauglichkeit des Unterscheidungsmerkmals hängt davon ab, ob die Ausnahmen von Regeln theoretisch aufzählbar sind. Wenn die vollständige Aufzählbarkeit nicht gegeben ist, kann aufgrund der nur unvollständigen Aufzählung nicht sicher auf die Rechtsfolge geschlossen werden.[50] Denn es kann zwar sein, daß keine bekannte Ausnahme vorliegt. Es muß aber immer damit gerechnet werden, daß die Voraussetzungen einer nicht bekannten Ausnahme vorliegen. Damit wären die Anwendungsfälle von Regeln ebenso wie die von Prinzipien nicht vollständig aufzählbar, das Kriterium wäre zur Unterscheidung mithin untauglich.

Alexy hat gegen die Tragfähigkeit des Kriteriums der Alles-oder-Nichts-Anwendbarkeit zu Recht eingewendet, es sei zu unterscheiden, welcher Regelbegriff verwendet wird. Entweder werde ein Regelbegriff verwendet, der ausschließlich rein formell begründete Normen als Regeln ansieht. Der Inhalt einer geltenden Regel sei dann allein durch formelle Kriterien bestimmt. Auch das Einfügen einer Ausnahmeklausel in eine geltende Regel, wodurch deren Anwendungsbereich verkleinert wird, müsse den formellen Kriterien genügen. Oder es werde ein Regelbegriff verwendet, der neben formellen Kriterien der Geltung auch materielle Kriterien zulasse. Dies sei zum Beispiel der Fall, wenn dem Rechtsanwender unter bestimmten Voraussetzungen die Kompetenz eingeräumt werde, in die formell begründete Regel aufgrund eines Prinzips eine bloß materiell begründete Ausnahmeklausel einzufügen. Verwende man einen Regelbegriff, der nur rein formell begründete Anwendungsbedingungen zuläßt, so sei es möglich, alle Anwendungsfälle dieser Regel aufzuzählen. Die klaren formellen Kriterien erlaubten eine sichere Identifikation aller Anwendungsfälle. Insofern träfe die Beschreibung Dworkins zu. Es sei aber zu bedenken, daß nicht alle Regeln moderner Rechtsordnungen Regeln mit rein formell definierten Anwendungsbedingungen seien.[51]

In modernen Rechtsordnungen besteht grundsätzlich kein Verbot, in bestehende Regeln neue Ausnahmeklauseln einzufügen.[52] Prinzipien als Gründe für Normen können

---

ten des Gewichts der sie stützenden Prinzipien unter den Anwendungsbedingungen der Prinzipien, die durch die Tatbestandsbeschreibung der Regel charakterisiert werden, und dem Gewicht der kollidierenden Prinzipien. Siehe auch 1. Teil, 2. Abschnitt, II. 2. a) cc) zur Regel/Prinzipienkollision.
49 Dworkin, Taking Rights Seriously, S. 25.
50 Alexy, Zum Begriff des Rechtsprinzips, S. 68; ders., Rechtsregeln und Rechtsprinzipien, S. 16.
51 Ders., Zum Begriff des Rechtsprinzips, S. 69; ders., Theorie der Grundrechte, S. 89; Sieckmann, Regelmodelle und Prinzipienmodelle des Rechtssystems, S. 57 Anm. 28. Insbesondere stellt die teleologische Reduktion ein praktisch bedeutsames Verfahren bei der Rechtsanwendung dar, bei dem nicht ausschließlich formelle Kriterien Anwendung finden. Vgl. zur teleologischen Reduktion insbesondere Larenz, Methodenlehre der Rechtswissenschaft, S. 391 ff.
52 Alexy, Rechtsregeln und Rechtsprinzipien, S. 16.

auch Gründe für Ausnahmen von Normen sein. Das Einfügen einer Ausnahme in eine bestehende Regel könne also ein Anwendungsfall eines Prinzips sein. Da nach Dworkin aber die Anwendungsfälle von Prinzipien auch theoretisch nicht aufzählbar sind,[53] seien die aufgrund von Prinzipien statuierten Ausnahmen von Regeln auch nicht vollständig aufzählbar. Eine andere Betrachtung könne sich daraus ergeben, daß man auf die Einfügung von inhaltlich ausdifferenzierten Ausnahmeklauseln in Regeln verzichtet und statt dessen eine allgemeine Vorbehaltsklausel wie „wenn nicht ein Prinzip rechtlich etwas anderes verlangt"[54] hinzufüge. Diese Ausnahmeklausel sei jedoch auch in Prinzipien einzufügen. Durch sie könne deshalb kein klassifikatorischer Unterschied begründet werden.[55] Das Unterscheidungskriterium der vollständigen Aufzählbarkeit treffe also nur für einen Regelbegriff zu, der jedenfalls nicht alle Regeln moderner Rechtsordnungen erfasse. Eine klassifikatorische Unterscheidung zwischen Regeln und Prinzipien begründe die Aufzählbarkeit von Ausnahmen deshalb nicht.

In dieser Kritik wird jedoch vorausgesetzt, daß die genannten Normen moderner Rechtsordnungen, in die aufgrund von Prinzipienabwägungen Ausnahmeklauseln eingefügt werden können, Regeln sind. Dies bedarf einer näheren Begründung. Handelt es sich dagegen um eine Teilklasse der Prinzipien[56], kann das Kriterium der Alles-oder-Nichts-Anwendbarkeit mit dieser Argumentation nicht zu Fall gebracht werden. Ob es sich um Regeln handelt, hängt davon ab, welcher Regelbegriff vorzugswürdig ist. Welcher Regelbegriff vorzugswürdig ist, wird in der Kritik an den Prinzipientheorien Alexys und Sieckmanns eingehender erörtert werden. Es wird sich dabei zeigen, daß die Normen im Sinne von „Regeln moderner Rechtsordnungen" als Regeln im Sinne der Prinzipientheorie eingeordnet werden können.[57]

dd) *Ergebnis*

Mit der Dimension des Gewichts hat Dworkin einen ganz entscheidenden Punkt der Unterscheidung von Regeln und Prinzipien getroffen. Das Kriterium der Alles-oder-Nichts-Anwendbarkeit dagegen vermag eine klassifikatorische Unterscheidung nicht zu begründen. Auch bleibt in Dworkins Konzeption das Verhältnis seiner zwei Unterscheidungskriterien etwas unklar.[58] Inwieweit das Kriterium der Dimension des Gewichts

---

53 Dworkin, Taking Rights Seriously, S. 25.
54 Alexy, Zum Begriff des Rechtsprinzips, S. 70.
55 Ders., a.a.O., S. 71.
56 Vgl. Scherzberg, Diskussionsbeitrag, S. 49; vgl. weiter Sieckmann, Regelmodelle und Prinzipienmodelle des Rechtssystems, S. 71.
57 Siehe 1. Teil, 2. Abschnitt, I. 3. c) aa); vgl. auch 1. Teil, 2. Abschnitt, I. 2. g) bb).
58 Nach Auffassung von Dworkin ist das Kriterium der Dimension des Gewichts in dem Kriterium der Alles-oder-nichts-Anwendbarkeit enthalten (Dworkin, Taking Rights Seriously, S. 26). Damit läge genaugenommen nur ein entscheidendes Kriterium vor, das zweite wäre neben diesem redundant. Ob das von Dworkin angenommene Verhältnis der zwei Kriterien zutrifft, hängt von dem Inhalt des Kriteriums der Dimension des Gewichts ab. Inhalt des Kriteriums der Dimension des Gewichts können drei Dinge sein: (1) Die Möglichkeit der Rechtsgeltung von Prinzipien, obwohl sie im konkreten Fall durch Kollision mit anderen Prinzipien verdrängt werden und nicht die definitive Rechtsfolge bestimmen, (2) die Ermöglichung der Abwägung von Prinzipien, (3) die Eigenschaft, das Kriterium

eine klassifikatorische Unterscheidung zwischen Regeln und Prinzipien zu begründen vermag, und wenn ja, was seinen genauen Inhalt bildet, soll im Rahmen der Analyse der Prinzipienkonzeptionen von Alexy und Sieckmann erörtert werden.

2. Robert Alexy

Robert Alexy hat die Unterscheidung Dworkins – zusammen mit frühen deutschsprachigen Entwicklungssträngen[59] – aufgegriffen, präzisiert und insbesondere auf die Grundrechte angewandt. Seiner Auffassung nach sind Prinzipien Optimierungsgebote. Nach diesem rechtstheoretischen Begriff des Optimierungsgebots – nicht zu verwechseln mit dem planungsrechtlichen Begriff[60] – seien Prinzipien Normen, die geböten, daß etwas in einem relativ auf die rechtlichen und tatsächlichen Möglichkeiten möglichst hohen Maße realisiert werde.[61] Dies sei ein gegenüber Regeln qualitativer Unterschied. Diese enthielten Festsetzungen im Raum des rechtlich und tatsächlich Möglichen.[62] Aus

---

der Abwägungsentscheidung zu bilden, das Ergebnis ist dann ohne Rückgriff auf nicht unmittelbar an der Prinzipienkollision beteiligte Normen zu bestimmen. Während (1) und (2) unterscheidbare Elemente des Kriteriums der Alles-oder-nichts-Anwendbarkeit sind, gilt dies nicht für (3), Sieckmann, Regelmodelle und Prinzipienmodelle des Rechtssystems, S. 60. Wer sich mit der Dimension des Gewichts auf (3) bezieht, verwendet mit der Dimension des Gewichts ein gegenüber der Alles-oder-nichts-Anwendbarkeit nicht redundantes Merkmal.

59 Siehe eingangs 1. Teil, 2. Abschnitt, II.
60 Der Begriff des Optimierungsgebots im Sinne des Planungsrechts als Teil des Verwaltungsrechts bezeichnet einen Abwägungsbelang, der gegenüber anderen Belangen, insbesondere gegenüber bloßen Berücksichtigungsgeboten, gesteigertes Gewicht aufweist, vgl. statt vieler Wolff/Bachof/Stober, Verwaltungsrecht, Bd. 1, § 31, Rn 60; Koch/Rubel/Heselhaus, Allgemeines Verwaltungsrecht, § 8, Rn 97; Bartlsperger, Das Abwägungsgebot in der Verwaltung, S. 106; jeweils mit weiteren Nachweisen. Zusätzlich zu der strukturellen Aussage, nach der diese planungsrechtlichen Optimierungsgebote Optimierungsgegenstände besitzen, die relativ auf die rechtlichen und tatsächlichen Möglichkeiten bestmöglich zu realisieren sind, tritt die normative Aussage des besonderen Gewichts gegenüber anderen Rechten und Gütern in der erforderlichen Abwägung. Optimierungsgebote im planungsrechtlichen Sinne sind – im Bereich der verwaltungsrechtlichen Planung – daher Optimierungsgebote im rechtstheoretischen Sinne, denen in der erforderlichen Abwägung ein besonderes Gewicht gegeben wird. Zur Unterscheidung von Optimierungsgeboten im rechtstheoretischen und planungsrechtlichen Sinne vgl. auch H.-J. Koch, Rechtsprinzipien im Bauplanungsrecht, S. 251 f. Diese etwas unglückliche, parallele Begriffsbildung mit entscheidend verschiedener Bedeutung hat leider zu einiger Verwirrung geführt. Wenn man Grundrechte *qua* Prinzipien als Optimierungsgebote bezeichnet, mag es durchaus plausibel sein, daß Grundrechte in Abwägungen gesteigertes Gewicht aufweisen. Dies folgt jedoch aus der Bedeutung der Grundrechte im demokratischen Verfassungsstaat, also aus inhaltlichen Erwägungen. Es folgt nicht aus der Einstufung als Optimierungsgebote im rechtstheoretischen Sinne, die allein eine strukturelle Aussage trifft, hinsichtlich des Gewichts aber praktisch vollkommen neutral ist.
61 Alexy, Zum Begriff des Rechtsprinzips, S. 79 ff.; ders., Theorie der Grundrechte, S. 75 f.; ders., Rechtsregeln und Rechtsprinzipien, S. 19 f.; ders., Rechtstheorie 18 (1987), S. 407; ders., Individuelle Rechte und kollektive Güter, S. 53; ders., Idee und Struktur eines vernünftigen Rechtssystems, S. 40; ders., Begriff und Geltung des Rechts, S. 120; ders., Zur Struktur der Rechtsprinzipien, S. 32; ders., Die Abwägung in der Rechtsanwendung, S. 70; ders., Kollision und Abwägung als Grundprobleme der Grundrechtsdogmatik, S. 196 f.; ders., Grundrechtsnorm und Grundrecht, S. 103; vgl. auch R. Dreier, JZ 1985, S. 356; ders., NJW 1986, S. 892 f.; Peczenik, On Law and Reason, S. 77 f.; Riedel, Festschrift Schwartländer, S. 114.
62 Alexy, Theorie der Grundrechte, S. 76; ders., Rechtsregeln und Rechtsprinzipien, S. 20; ders., Zur Struktur der Rechtsprinzipien, S. 32; ders., Die Abwägung in der Rechtsanwendung, S. 70.

dieser Unterscheidung soll eine Reihe unterschiedlicher Eigenschaften beider Normarten resultieren, allem voran ein unterschiedliches Kollisionsverhalten.

a) Das Kollisionsverhalten von Regeln und Prinzipien

Die Lösung der Kollision zweier Normen[63] hänge davon ab, ob Regeln oder Prinzipien miteinander kollidierten. Es sind drei verschiedene Kollisionsarten denkbar: die Kollision zweier Regeln, zweier Prinzipien oder die Kollision zwischen Regel und Prinzip.[64]

aa) *Die Regelkollision*

Zwei Regeln kollidieren, wenn beide ihren Tatbestandsbedingungen nach anzuwenden sind, aber sich widersprechende Rechtsfolgen anordnen. Die Lösung dieser Kollision erfolge entweder durch die Einfügung von Ausnahmeklauseln oder durch die Ungültigerklärung einer der kollidierenden Regeln.[65] Die Ungültigerklärung sei eine Entschei-

---

63 Der Einfachheit halber wird hier der Fall der Kollision nur zweier Normen betrachtet. Wenn drei oder mehr Normen miteinander kollidieren – was häufig der Fall ist –, liegt der Fall zwar komplizierter, aber die Kollision weist keine grundsätzlich andere Struktur auf. Vgl. auch Enderlein, Abwägung in Recht und Moral, S. 85; Borowski, JöR 50 (2002), S. 316 Anm. 89.
64 Genaugenommen gäbe es eine vierte Art der Kollision, die Kollision von Prinzip und Regel. Da Kollisionen jedoch symmetrische Struktur aufweisen, unterscheidet sich diese Kollision nicht von der von Regel und Prinzip. Alexy, Theorie der Grundrechte, S. 182 ff.; Koch/Rüßmann, Juristische Begründungslehre, S. 43 ff.;
65 Alexy, Zur Struktur der Rechtsprinzipien, S. 33. Fraglich ist, ob zwischen der Ungültigerklärung und dem Einfügen einer Ausnahmeklausel ein gradueller oder prinzipieller Unterschied besteht. Alexy erläutert das Einfügen von Ausnahmeklauseln mit einem Beispiel: Es gelte das Verbot, vor dem Klingelzeichen den Klassenraum zu verlassen, und das Gebot, den Klassenraum bei Feueralarm zu verlassen. Wenn der Feueralarm ertöne, es aber noch nicht geklingelt habe, gelten widersprüchliche konkrete Sollensurteile. Der Konflikt sei zu lösen, indem in die erste Regel eine Ausnahmeklausel für den Fall des Feueralarms einzuführen sei, Alexy, Theorie der Grundrechte, S. 77. Dies kann mit Hilfe von Prädikatenlogik (vgl. hierzu Koch/Rüßmann, Juristische Begründungslehre, S. 31 ff.; Quine, Grundzüge der Logik, S. 25 ff.; Stegmüller, Probleme und Resultate der Wissenschaftstheorie und Analytischen Philosophie, Bd. 1, S. 52 ff.) und deontischer Logik (vgl. zur Einführung in die deontische Logik Alexy, Theorie der Grundrechte, S. 182 ff.; Bulygin, Normenlogik, S. 35 ff.; Weinberger, Rechtslogik, S. 218 ff.; von Wright, Ratio Juris 4 (1991), S. 265 ff.Holländer/Knapp, ARSP 77 (1991), S. 396 ff.) formalisiert werden wie folgt: „(x)" ist der Allquantor, der sagt, daß für alle x gilt, was rechts von ihm steht. „→" ist das Konditional oder die Implikation: wenn das, was links von diesem Zeichen steht, wahr ist, ist auch wahr, was rechts von ihm steht, Quine, a.a.O., S. 38 ff. „∧" ist die Konjunktion, das logische „und". Der Gesamtausdruck ist nur wahr, wenn wahr ist, was rechts und links dieses Zeichens steht, Quine, a.a.O., S. 25 ff. „¬" schließlich ist die Negation, die Verneinung, vgl. Quine a.a.O., sowie Frege, Die Verneinung, S. 54 ff. „F" ist der Verbotsoperator der deontischen Logik, „O" der Gebotsoperator. Die übrigen verwendeten Großbuchstaben sind Prädikate zur Individuenvariable „x", vgl. Koch/Rüßmann, a.a.O., S. 39.
(1) $(x)(Kx \rightarrow FVx)$. Wenn das Klingelzeichen noch nicht ertönt ist („Kx"), ist es verboten, das Klassenzimmer zu verlassen („FVx").
(2) $(x)(Ax \rightarrow OVx)$: Wenn Feueralarm gegeben wurde („Ax"), ist es geboten, das Klassenzimmer zu verlassen („OVx").
Das Einfügen der Ausnahmeklausel läßt die Regel (2) unberührt, verändert aber die Regel (1). Sie lautet nunmehr:

dung über die rechtliche Geltung,⁶⁶ und die rechtliche Geltung sei keine Frage des Grades.⁶⁷ Einer von beiden Regeln sei damit jegliche rechtliche Geltung abzusprechen. Welcher von beiden, sei den im jeweiligen Rechtssystem geltenden Vorrangregeln zu entnehmen. Dies seien Regeln wie „lex posterior derogat legi priori" und ähnliche. Die für ungültig erklärte Regel wirkt damit weder an der aktuellen Entscheidung noch an zukünftigen Entscheidungen mit.

bb) *Die Prinzipienkollision*

Ganz anders sei dies bei Prinzipienkollisionen. Auch Prinzipien kollidierten, wenn der Tatbestandsformulierung nach beide Prinzipien anwendbar sind und widersprüchliche Rechtsfolgen vorsehen.

aaa) *Geltung trotz Kollision*

Im Falle eines derartigen Konflikts werde aber keines der beiden Prinzipien für ungültig erklärt und auch nicht in eines von ihnen eine Ausnahmeklausel eingefügt.⁶⁸ Vielmehr trete eines von beiden nur für den konkreten Fall zurück. Unter anderen Umständen als denen des konkreten Falles könne die Vorrangfrage umgekehrt zu lösen sein. Dies sei gemeint, wenn gesagt werde, daß Prinzipien in konkreten Fällen unterschiedliche Gewichte haben könnten und daß das Prinzip mit dem jeweils größeren Gewicht jeweils vorgeht.⁶⁹ Regelkonflikte spielten sich in der Dimension der Geltung ab, Prinzipienkonflikte hingegen in der Dimension des Gewichts.⁷⁰

(1') (x)(Kx ∧ ¬Ax → FVx): Wenn das Klingelzeichen noch nicht ertönt ist („Kx"), und kein Feueralarm gegeben wurde („¬Ax"), dann ist es verboten, den Klassenraum zu verlassen.
Aus der Regel (1) wurde die Regel (1'). Regeln als Festsetzungen des rechtlich und tatsächlich Möglichen werden in materieller Hinsicht allein durch ihren Festsetzungsgehalt bestimmt. Ändert man den Festsetzungsgehalt einer Regel, so sind Ausgangs- und Endprodukt zwei verschiedene Regeln. Durch das Einfügen der Ausnahmeklausel in die Regel (1) wird also die Regel (1) als solche für ungültig erklärt und die Regel (1') in Geltung gesetzt. Insofern ist das Einfügen einer Ausnahmeklausel eine teilweise Ungültigerklärung und somit ein Unterfall der Ungültigerklärung von Normen. Der Vorrang der Lösung über Ausnahmeklauseln vor der vollständigen Ungültigerklärung von Regeln (vgl. Alexy, Theorie der Grundrechte, S. 77) folgt daraus, daß eine nur teilweise Ungültigerklärung einer Regel durch Einfügen einer Ausnahmeklausel die Realisierung der Stützungsprinzipien der Regel weniger hemmt als die vollständige Ungültigerklärung. Formelle Prinzipien verlangen, daß autoritativ gesetzte und bisher angewendete Regeln nur dann und insoweit außer Kraft gesetzt werden, als es gute Gründe dafür gibt (vgl. ders., a.a.O.; Sieckmann, Regelmodelle und Prinzipienmodelle des Rechtssystems, S. 147 ff.). Ist eine teilweise Ungültigerklärung durch Ausnahmeklausel zur Kollisionslösung hinreichend, ist eine vollständige Ungültigerklärung nicht erforderlich im Sinne des zweiten Teilgrundsatzes des Grundsatzes der Verhältnismäßigkeit. Zu diesem Grundsatz siehe 1. Teil, 3. Abschnitt, II. 1. b).
66 Zum Begriff der rechtlichen Geltung Alexy, Begriff und Geltung des Rechts, S. 142 f.
67 Ders., Theorie der Grundrechte, S. 78.
68 Ders., a.a.O., S. 79; ders., Zur Struktur der Rechtsprinzipien, S. 33 f.
69 Ders., Theorie der Grundrechte, S. 79; vgl. Koch/Rüßmann, Juristische Begründungslehre, S. 97 ff., 244 ff.
70 Alexy, Theorie der Grundrechte, S. 79.

Alexy erläutert seine Charakterisierung der Prinzipienkollision am Beispiel des Verhandlungsfähigkeitsbeschlusses[71] des Bundesverfassungsgerichts.[72] Dort ging es um die Frage, ob gegen einen Beschuldigten eine Hauptverhandlung im Strafverfahren durchgeführt werden kann, wenn diesem aufgrund der Belastungen des Verfahrens ein Herzinfarkt oder Schlaganfall droht. Einerseits fordert die „Pflicht des Staates zur Gewährleistung einer funktionsfähigen Strafrechtspflege"[73] die Durchführung der Hauptverhandlung. Andererseits verlangt das „Interesse des Beschuldigten an der Wahrung seiner verfassungsmäßigen Rechte"[74], zu denen insbesondere auch das Recht auf Leben und körperliche Unversehrtheit aus Art. 2 Abs. 2 Satz 1 GG zählt, die Hauptverhandlung nicht durchzuführen. Beide Normen sind ihrer Tatbestandsformulierung nach anwendbar, kommen aber zu unterschiedlichen Rechtsfolgen. Damit liegt eine Kollision dieser beiden Normen vor.

Die Kollision wird vom Gericht nicht durch Ungültigerklärung einer der beiden Normen oder Einfügung einer Ausnahmeklausel gelöst, sondern durch Bildung einer Vorrangrelation unter den konkreten Umständen des Falles. Grundsätzlich sind vier verschiedene Vorrangrelationen möglich. Das eine oder das andere Prinzip kann dem anderen jeweils unbedingt oder bedingt vorgehen.[75] Eine unbedingte Vorrangrelation wird vom Gericht abgelehnt, denn: „keiner dieser Belange genießt schlechthin den Vorrang vor dem anderen".[76] Vielmehr sei eine bedingte Vorrangrelation zu bilden: Entscheidend sei, ob die

„Interessen des Beschuldigten im konkreten Fall ersichtlich schwerer wiegen als diejenigen Belange, deren Wahrung die staatliche Maßnahme dienen soll".[77]

Wenn es hinreichende Gründe dafür gebe, daß das eine Prinzip dem anderen unter den Bedingungen „C" des konkreten Falles vorgeht, habe es in diesem Sinne ein höheres Gewicht.[78] Ob dies der Fall sei, sei argumentativ zu entscheiden.

---

71 BVerfGE 51, 324 ff.
72 Alexy, Theorie der Grundrechte, S. 79 ff.
73 BVerfGE 51, 324 (345).
74 BVerfG a.a.O.
75 Dies kann unter Verwendung des Präferenzoperators „P" (zur Präferenzlogik vgl. von Wright, Logic of Preference, insbesondere S. 19) formalisiert werden, vgl. Alexy, Theorie der Grundrechte, S. 82. Der Präferenzoperator besagt, daß das links von ihm notierte Prinzip dem rechts von ihm notierten vorgeht. Der Raum des logisch Möglichen enthält vier Vorrangrelationen:
(1) $P_1 \, P \, P_2$: P_1 geht P_2 unter allen Umständen vor,
(2) $P_2 \, P \, P_1$: P_2 geht P_1 unter allen Umständen vor,
(3) $(P_1 \, P \, P_2) \, C$: P_1 geht P_2 unter den Umständen C vor,
(4) $(P_2 \, P \, P_1) \, C$: P_2 geht P_1 unter den Umständen C vor.
(1) und (2) sind unbedingte Vorrangrelationen. Unabhängig von den Umständen des konkreten Falles geht hier immer ein bestimmtes Prinzip dem anderen vor. Dies führt zum Begriff des absoluten Prinzips, vgl. ders., a.a.O., S. 94 ff. (3) und (4) sind bedingte Vorrangrelationen. Hier geht ein bestimmtes Prinzip dem anderen nicht unter allen, sondern nur unter bestimmten Bedingungen des Falles vor. Für andere Bedingungen wird keine Aussage getroffen.
76 BVerfGE 51, 324 (345).
77 BVerfGE 51, 324 (346).
78 Alexy, Theorie der Grundrechte, S. 82.

bbb) *Die Abwägungsgesetze*

Im Rahmen dieser argumentativen Entscheidung seien insbesondere zwei Abwägungsgesetze zu beachten, das materielle und das epistemische Abwägungsgesetz.

(1) *Das materielle Abwägungsgesetz*

Das erste Abwägungsgesetz nimmt seit Anbeginn der Alexyschen Arbeiten zur Prinzipientheorie eine zentrale Stellung ein. Es wurde und wird in aller Regel schlicht als „Abwägungsgesetz" bezeichnet, kann in Unterscheidung vom gleich erwähnten epistemischen Abwägungsgesetz aber als materielles Abwägungsgesetz bezeichnet werden, da es entscheidend auf die materielle Wichtigkeit der den Eingriff tragenden Gründe abstellt.[79] Das materielle Abwägungsgesetz lautet:

> „(A) Je höher der Grad der Nichterfüllung oder Beeinträchtigung des einen Prinzips ist, um so größer muß die Wichtigkeit der Erfüllung des anderen sein".[80]

Zur Illustration der hinter dem Abwägungsgesetz stehenden Idee verwendet Alexy Indifferenzkurven.[81]

(2) *Das epistemische Abwägungsgesetz*

Eine wichtige Erweiterung in späteren Arbeiten Alexys besteht darin, daß die häufigen Probleme der Erkenntnis der Prämissen, die in der Abwägungsbegründung zugrundegelegt werden müssen, näher mit in den Blick genommen werden. In vielen Fällen kann man sich nicht nur über die materielle Wichtigkeit der kollidierenden Rechte und Güter streiten, sondern auch hinsichtlich der Sicherheit der Erkenntnis der genannten Prämissen. Im Vordergrund stehen hier oft empirische Prämissen, aber auch hinsichtlich der Erkenntnis normativer Prämissen und sogar analytischer Prämissen können Probleme bestehen. Ausgehend von der Intuition, daß die Intensität des Grundrechtseingriffs mit der zu fordernden Sicherheit der Prämissen, die den Eingriff tragen, korrespondieren muß, formuliert Alexy das epistemische Abwägungsgesetz, das auch als zweites Abwägungsgesetz bezeichnet werden kann:

> „Je schwerer ein Eingriff in ein Grundrecht wiegt, desto größer muß die Gewißheit der den Eingriff tragenden Prämissen sein."[82]

---

79 Vgl. die Formulierung bei Alexy, Gedächtnisschrift Sonnenschein, S. 789.
80 Alexy, Theorie der Grundrechte, S. 146; vgl. ders., Rechtsregeln und Rechtsprinzipien, S. 27; ders., Zur Struktur der Rechtsprinzipien, S. 36; ders., Die Abwägung in der Rechtsanwendung, S. 72; ders., Kollision und Abwägung als Grundprobleme der Grundrechtsdogmatik, S. 204; ders., Grundrechtsnorm und Grundrecht, S. 107; ders., Ratio Juris 16 (2003), S. 436; ders., Gedächtnisschrift Sonnenschein, S. 772; ders., Postscript, S. 401.
81 Alexy, Theorie der Grundrechte, S. 146 ff.; vgl. auch Jansen, Der Staat 36 (1997), S. 31 ff.
82 Alexy, Postscript, S. 418; ders., Gedächtnisschrift Sonnenschein, S. 789.

Dies kann auch umgekehrt werden: Je stärker die Realisierung von Schrankengründen gehemmt wird, desto größer muß die Gewißheit des Eingriffs und seiner nachteiligen Folgen sein.[83]

ccc) *Metrisierung und Skalierung in der Abwägung*

Mit Blick auf die Kritik an der Rationalität der Abwägung, es fehle an „eindeutig anwendbaren Maßeinheiten",[84] – hierauf wird eingehend zurückzukommen sein[85] – gilt es näher zu untersuchen, was in der Abwägung genau zu begründen ist. Dies ist die Frage, ob eine ordinale oder kardinale Ordnung zugrundegelegt werden muß, verbunden mit der Frage nach dem Maß der Metrisierung und Skalierung in der Abwägung.

(1) *Ordinale und kardinale Ordnungen*

Kritischen Stellungnahmen zur grundrechtlichen Abwägung liegt nicht selten – zumindest implizit – die Vorstellung zugrunde, jede Abwägung setze notwendig eine umfassende „Verrechenbarkeit" von Rechten und Gütern voraus.[86] Dies trifft nur grob etwas Richtiges. Es gilt zwei verschiedene Deutungen von „Verrechenbarkeit" genau auseinanderzuhalten.

Die erste Deutung von „Verrechenbarkeit" besteht darin, von einer Metrisierung durch eine Kardinalskala auszugehen. Die Intensität des Eingriffs in ein Prinzip bzw. die Wichtigkeit der Erfüllung eines gegenläufigen Prinzips muß sich dann auf einer Skala von 0 bis 1 angeben lassen.[87] Ein intersubjektiv verbindlicher Maßstab der Einstufung der Eingriffsintensität oder des Gewichts von Prinzipien auf dem Niveau quantitativer Begriffe existiert aber nicht und wird in absehbarer Zeit auch nicht gefunden werden können.[88]

Die zweite Deutung besteht darin, eine bloß ordinale Ordnung zugrundezulegen. Eine derartige Ordnung verlangt nur das Urteil, ob den Elementen der Ordnung eine Eigenschaft mehr, weniger oder in gleichem Maße zukommt. Sie wird auf der Grundlage eines komparativen oder topologischen Begriffs gebildet.[89] Diese Deutung ist für die Rekonstruktion der Abwägung vollkommen ausreichend. Eine Abwägungsentscheidung kann schon dann getroffen werden, wenn lediglich das Urteil getroffen wird, ob das Gewicht der den Eingriff rechtfertigenden Gründe sich als höher oder geringer als die

---

83 Borowski, Die Glaubens- und Gewissensfreiheit des Grundgesetzes, S. 558 f.
84 Habermas, Faktizität und Geltung, S. 316 Anm. 33.
85 Siehe 1. Teil, 2. Abschnitt, III. 3.
86 Eine „Mathematisierung" durch Zuordnung von durch Zahlen ausgedrückten Werten findet sich allerdings bei Hubmann, Festschrift von Carolsfeld, S. 173 ff.
87 Stegmüller, Probleme und Resultate der Wissenschaftstheorie und analytischen Philosophie, Bd. 2, 2. Halbbd., S. 44 ff., Koch/Rüßmann, Juristische Begründungslehre, S. 76.
88 Schlink, Abwägung im Verfassungsrecht, S. 134 ff.; Alexy, Theorie der Grundrechte, S. 141 f.; Stelzer, Das Wesensgehaltsargument und der Grundsatz der Verhältnismäßigkeit, S. 221 f.; Sieckmann, Rechtstheorie 26 (1995), S. 8.
89 Stegmüller, Probleme und Resultate der Wissenschaftstheorie und analytischen Philosophie, Bd. 2, 2. Halbbd., S. 27 ff.; Koch/Rüßmann, Juristische Begründungslehre, S. 76.

Eingriffsintensität darstellt oder als gleich einzustufen ist.[90] Daß die abzuwägenden Prinzipien inkommensurabel sind, stellt damit keinerlei Problem dar, sondern ist gerade kennzeichnend für Abwägungen.

(2) *Infinitesimale und limitierte Skalierung*

Weiter stellt sich die Frage, wie fein die Elemente der ordinalen Ordnung skaliert, also eingeteilt werden können. Dies ist von großer Bedeutung, denn wenn man in der Prüfung der grundrechtlichen Verhältnismäßigkeit verlangt, daß die Intensität des Eingriffs das Gewicht der den Eingriff rechtfertigenden Gründe nicht überwiegen darf, kann bei einem „Abwägungspatt" keine Grundrechtsverletzung festgestellt werden. Ein Abwägungspatt, also die Lage, nach der nicht gesagt werden kann, daß ein Prinzip im konkreten Fall ein höheres Gewicht als ein anderes Prinzip hat, wird je häufiger vorliegen, desto gröber skaliert wird.

Die regelmäßig intuitiv zugrundegelegte Skalierung ist infinitesimal, läßt also grundsätzlich unendlich feine Unterscheidungen zu. Die Annahme eines Abwägungspatts läßt sich dann nicht aus der Natur des Gegenstandes, sondern letztlich nur unter Hinweis auf Grenzen der Erkenntnis begründen.

Alexy hat unter Hinweis auf den Ausspruch Aristoteles', Genauigkeit dürfe nicht in gleicher Weise bei allen Gegenständen erstrebt werden, sondern in jedem Fall nur so weit, wie der gegebene Stoff es gestatte,[91] eine limitierte Skalierung vorgeschlagen. Nur dies sei der Rechtswissenschaft als praktischer Wissenschaft angemessen. Eine dreistufige oder triadische Skalierung, in der zwischen leichten, mittleren und schweren Eingriffen zu unterscheiden sei – entsprechendes gelte für das Gewicht der kollidierenden Prinzipien – entspreche in besonderem Maße der Praxis der juristischen Argumentation.[92] Dies könne bei Bedarf durch eine weitere dreifache Unterteilung zu einer doppeltriadischen Skalierung verfeinert werden.[93]

ddd) *Die Gewichtsformel*

Zur näheren Explikation der Struktur der Abwägung und des Gewichts eines Prinzips hat Alexy als Erweiterung seiner Theorie die „Gewichtsformel" eingeführt, nach der das Gewicht eines Prinzips unter den Umständen „C" gegenüber einem gegenläufigen Prinzip den Quotienten zwischen den Eingriffsintensitäten bildet. Notiert man für das Gewicht der kollidierenden Prinzipien „i" und „j" den Ausdruck „$G_{i,j}$", für die Intensität

---

90 Borowski, JöR 50 (2002), S. 320 Anm. 103; ders., Die Glaubens- und Gewissensfreiheit des Grundgesetzes, S. 208, 288.
91 Aristoteles, Nikomachische Ethik, S. 15.
92 Zur triadischen Skalierung siehe Alexy, Die Abwägung in der Rechtsanwendung, S. 74 ff.; ders., Postscript, S. 405 ff.; ders., VVDStRL 61 (2002), S. 21; ders., Gedächtnisschrift Sonnenschein, S. 777 ff.; ders., Ratio Juris 16 (2003), S. 440 ff.
93 Zur doppeltriadischen Skalierung Alexy, Die Abwägung in der Rechtsanwendung, S. 76; ders., Postscript, S. 412 f.; ders., Gedächtnisschrift Sonnenschein, S. 786 f.

des Eingriffs in „i" „I$_i$" und für die Intensität des Eingriffs in „j" „I$_j$",[94] so ergebe sich als Kern der Gewichtsformel, die zu geometrischen Folgen[95] führe, die Formel[96]

$$G_{i,j} = \frac{I_i}{I_j}$$

Berücksichtige man zudem die jeweiligen abstrakten Gewichte von „i" und „j" mit „G$_i$" und „G$_j$" sowie die Sicherheit der Erkenntnis der den jeweiligen Eingriff tragenden Prämissen mit „S$_i$" und „S$_j$", so ergebe als vollständige Gewichtsformel:[97]

$$G_{i,j} = \frac{I_i \cdot G_i \cdot S_i}{I_j \cdot G_j \cdot S_j}$$

Diese Formel lasse sich auf verschiedene Weise abwandeln, hierzu zähle insbesondere die Erweiterung für den Fall der Beteiligung von mehr als zwei Prinzipien an der Kollision.[98]

eee) *Das Kollisionsgesetz*

Um auf das eingangs eingeführte Beispiel zurückzukommen: Die Abwägung des Gerichts bestehe in der Nennung der Vorrangbedingungen und der Begründung der These, daß in dem zu entscheidenden Fall die Grundrechte des Beschuldigten den Vorrang hätten.[99] Dies führt in der Entscheidung zu dem Satz:

„Besteht die naheliegende, konkrete Gefahr, daß der Beschuldigte bei Durchführung der Hauptverhandlung sein Leben einbüßen oder schwerwiegenden Schaden an seiner Gesundheit nehmen würde, so verletzt ihn die Fortsetzung des Verfahrens in seinem Grundrecht aus Art. 2 Abs. 2 Satz 1 GG."[100]

Dieser Satz nenne Bedingungen, unter denen eine Grundrechtsverletzung vorliege. Damit sei er als Regel der Form:

---

94 Dabei gilt, daß das „Gewicht der rechtfertigenden Gründe" in eine Eingriffsintensität umformuliert werden kann, nämlich die Intensität des Eingriffs, der aus der Nichtrealisierung des Optimierungsgegenstandes des jeweiligen Prinzips resultiert, vgl. Alexy, Postscript, S. 407; ders., Gedächtnisschrift Sonnenschein, S. 778.
95 Zur Unterscheidung arithmetischer und geometrischer Folgen siehe Alexy, Gedächtnisschrift Sonnenschein, S. 783 ff.
96 Alexy, Gedächtnisschrift Sonnenschein, S. 785; ders., Ratio Juris 16 (2003), S. 445; vgl. auch ders., Postscript, S. 408; ders., Die Abwägung in der Rechtsanwendung, S. 77.
97 Alexy, Gedächtnisschrift Sonnenschein, S. 790; ders., Ratio Juris 16 (2003), S. 446; vgl. bereits Postscript, S. 419.
98 Alexy, Gedächtnisschrift Sonnenschein, S. 791.
99 Alexy, Theorie der Grundrechte, S. 82.
100 BVerfGE 51, 324 (346).

„Wenn eine Handlung h die Bedingungen C erfüllt, dann ist sie grundrechtlich verboten".[101]

zu verstehen. Damit spiele die Vorrangbedingung „C" eine doppelte Rolle: In dem Präferenzsatz „(P_1 $\mathbb{P}$ P_2) C" sei „C" die Bedingung einer Vorrangrelation, in der Regelformulierung „Wenn die Handlung h die Bedingungen C erfüllt, dann ist die Handlung h grundrechtlich verboten" seien die Bedingungen „C" die Tatbestandsvoraussetzung einer Norm. Dieser Doppelcharakter ergebe sich zwingend aus der Struktur des Präferenzsatzes. Aus dem Präferenzsatz über bedingte Vorrangrelationen folge eine Regel, die beim Vorliegen der Vorrangbedingung die Rechtsfolge des vorgehenden Prinzips vorschreibe.[102] Damit lasse sich das **Kollisionsgesetz** formulieren:

„(K) Wenn das Prinzip P_1 dem Prinzip P_2 unter den Umständen C vorgeht: (P_1 $\mathbb{P}$ P_2) C, und wenn sich aus P_1 unter den Umständen C die Rechtsfolge R ergibt, dann gilt eine Regel, die C als Tatbestand und R als Rechtsfolge enthält: C $\rightarrow$ R."[103]

Auch wenn auf der grundrechtsunmittelbaren Ebene einer Verfassung nur Grundrechtsnormen mit Prinzipiencharakter existieren sollten,[104] enthalte das Rechtssystem dieser Verfassung dennoch notwendig Grundrechtsnormen mit Regelcharakter.[105]

cc) *Die Regel/Prinzipienkollision*

Anders liegt der Fall der Kollision von Regel und Prinzip oder umgekehrt. Er liegt vor, wenn der Tatbestand einer Regel „R" erfüllt ist, gleichzeitig ein Prinzip „P_1" seiner Formulierung nach anwendbar ist und die Rechtsfolgen beider Normen sich widersprechen. Eine Abwägung beider Normen sei nicht möglich, denn Regeln seien weder abwägungsfähig noch abwägungsbedürftig.[106] Nach Alexy ist zwischen **strikten Regeln**

---

101 Alexy, Theorie der Grundrechte, S. 83.
102 Ders., a.a.O., S. 83; ders., Rechtsregeln und Rechtsprinzipien, S. 26.
103 Ders., Theorie der Grundrechte, S. 83; vgl. ders., Rechtsregeln und Rechtsprinzipien, S. 26; ders., Zur Struktur der Rechtsprinzipien, S. 34; ders., Die Abwägung in der Rechtsanwendung, S. 71; ders., Grundrechtsnorm und Grundrecht, S. 105.
104 Für das Rechtssystem der Bundesrepublik Deutschland treffe dies nicht zu. Der Grundrechtsteil des Grundgesetzes treffe neben der Positivierung von Prinzipien auch Festsetzungen angesichts der Anforderungen gegenläufiger Prinzipien. Dies erfolge durch differenzierte Gewährleistungtatbestände und Schrankenklauseln. Damit werde eine Regelebene eröffnet, die zu einer stärkeren Bindung an Entscheidungen des Verfassungsgebers führe als die bloße Bindung an Prinzipien (Alexy, Theorie der Grundrechte, S. 119 ff.). Diese Regelebene bezeichnet Alexy als grundrechtsunmittelbare Regelebene, die aus dem Kollisionsgesetz folgende Regelebene als grundrechtsmittelbare Regelebene. Diese grundrechtsmittelbare Regelebene übersieht, wer sagt, Alexy sehe nur die vom Wortlaut der Verfassung umfaßten unmittelbaren Geltungsanordnungen als Regeln an, so aber Dietlein, Die Lehre von den grundrechtlichen Schutzpflichten, S. 154.
105 Alexy, Theorie der Grundrechte, S. 87.
106 Ders., Rechtstheorie 18 (1987), S. 408; ders., Idee und Struktur eines vernünftigen Rechtssystems, S. 40; vgl. auch Sieckmann, Regelmodelle und Prinzipienmodelle des Rechtssystems, S. 74 f. Anderer Ansicht Rossen, Grundrechte als Regeln und Prinzipien, S. 55 f., es würden stets Regeln abgewogen. Rossen verweist auf Entscheidungen des Bundesverfassungsgerichts, in denen nicht abstrakte Prinzipien, sondern stärker konkretisierte Regeln verglichen würden. Zutreffend daran ist, daß in

und nicht strikten Regeln zu unterscheiden. Im Fall der strikten Regel gelte die von der Regel vorgesehene Rechtsfolge, unabhängig vom Gewicht des kollidierenden Prinzips im konkreten Einzelfall.[107] Im Fall der nicht strikten Regel sei ein Abweichen von der Regel aufgrund des Prinzips „P_1" möglich. Regelmäßig werden als Gründe für die Regel „R" ein oder mehrere Prinzipien anzuführen sein.[108] Die Lösung des Normkonfliktes erfolgt durch Abwägung des Prinzips „P_1" mit den die Regel „R" stützenden Prinzipien „P_2-Pn".[109]

b) Der unterschiedliche prima facie-Charakter von Regeln und Prinzipien

Regeln und Prinzipien soll ein unterschiedlicher prima facie-Charakter[110] zukommen. Prinzipien im Sinne von Optimierungsgeboten – im rechtstheoretischen Sinne – verlangten, daß etwas relativ auf die rechtlichen und tatsächlichen Möglichkeiten in mög-

---

den Entscheidungen die Diskussion um recht konkrete Regeln im Vordergrund steht. Bei diesen Regeln handelt es sich um alternativ erwogene Entscheidungsnormen. Es trifft jedoch nicht zu, daß die Abwägung im Vergleich dieser alternativ möglichen Entscheidungsnormen besteht. Vielmehr wird durch die Abwägung der Prinzipien, die die Entscheidungsnormen mit Regelcharakter inhaltlich stützen, entschieden, welche Entscheidungsnorm die zutreffende Festsetzung im Raum des tatsächlich und rechtlich Möglichen darstellt. Die „Berührungsflächen" zwischen abstrakten Prinzipien, die Rossen meint nicht erkennen zu können, bestehen in den Kollisionen unter den jeweiligen Umständen des Falles.

107 Alexy, Rechtsregeln und Rechtsprinzipien, S. 20 Anm. 38; ebenso Pöyhonen, Rechtstheorie 20 (1989), S. 218. Vgl. auch die „strict legal rule" im Sinne von Aarnio, von der ein Abweichen nur durch andere gesetzliche Regeln, nicht aber durch Prinzipien möglich sein soll, Aarnio, Taking Rules Seriously, S. 189.

108 Dies müssen nicht die Gründe sein, die den Rechtsetzungsprozeß tatsächlich bestimmten, auch wenn es regelmäßig der Fall sein wird. Maßgebend sind also nicht die Motivationen des Gesetzgebers, sondern welche Prinzipien sich als Gründe vom objektiven Standpunkt des Verfassungsrechts zur Stützung von Regeln anführen lassen.

109 Vgl. Alexy, Rechtsregeln und Rechtsprinzipien, S. 20 Anm. 38; vgl. ferner Aarnio, Taking Rules Seriously, S. 189, „ordinary rule"; Pöyhonen, Rechtstheorie 20 (1989), S. 218. Die Beteiligung der Prinzipien „P_2-Pn" an dem Konflikt der beiden Normen „P_1" und „R" zeigt, daß es sich nicht um einen Konflikt nur dieser beiden Normen handelt. Dieser Eindruck entsteht zunächst aus der Perspektive des Rechtsanwenders, der den grundsätzlichen Anwendungsvorrang des einfachrechtlichen Rechts zu beachten hat. Nur in problematischen Fällen erfolgt ein Rückgriff auf die höherrangige Prinzipienebene.

Die Regel „R" wird durch die Klasse der Prinzipien „P_2-Pn" gestützt. Auch wenn es die Regel „R" nicht gäbe, würden diese Prinzipien mit dem Prinzip „P_1" kollidieren, es wäre eine ohnehin eine Abwägung erforderlich. Dann fragt sich aber, ob die Regel überflüssig ist. Dies trifft nicht zu, durch die Einführung einer Regelebene kommt es im Rahmen der Abwägung der Stützungsprinzipien zur Berücksichtigung von formellen Prinzipien, die die autoritativen Strukturen des Rechtssystems abbilden. Man kann den Fall der Regel/Prinzipienkollision auch anders formulieren. Es wird in einem solchen Fall geprüft, ob die Regel angesichts aller relevanten Prinzipien unter den Anwendungsbedingungen „C" eine zutreffende Festsetzung im Raum des rechtlich und tatsächlich Möglichen darstellt. Pöyhonen hat vorgeschlagen, diese Form der Abwägung als „Abwägung zweiten Ranges" zu bezeichnen, Pöyhonen, Rechtstheorie 20 (1989), S. 218. Diese Formulierung erweckt aber den Eindruck, es handele sich um eine Abwägung auf einer Metaebene, was nicht der Fall ist. Vielmehr ist für diese Form der Abwägung kennzeichnend, daß formelle Prinzipien als Gründe in der Abwägungsentscheidung beteiligt sind. Das Verfahren der Abwägung aber ist kein besonderes. Insofern ist Pöyhonens Begriff irreführend.

110 Zum Begriff „prima facie" siehe bei 1. Teil, 1. Abschnitt, I. 1.

lichst hohem Maße realisiert werde. Sie enthielten damit keine definitiven, sondern nur prima facie-Gebote.[111] Daraus, daß ein Prinzip in einem Fall einschlägig sei, folge nicht, daß das, was das Prinzips grundsätzlich verlange, im Ergebnis gelte. Prinzipien stellten nur Gründe dar, die durch gegenläufige Gründe ausgeräumt werden könnten.[112] Ob die Gründe oder Gegengründe im konkreten Fall das höhere Gewicht hätten, werde durch das Prinzip selbst nicht festgesetzt. Prinzipien hätten deshalb keinen Festsetzungsgehalt in bezug auf gegenläufige Prinzipien und tatsächliche Möglichkeiten.[113] Regeln hingegen enthielten Festsetzungen im Raum des rechtlich und tatsächlich Möglichen. Immer, wenn der Tatbestand erfüllt sei, gelte definitiv das, was die Regel sage.[114] Daraus könnte man ein einfaches Modell ableiten, in dem Prinzipien immer den gleichen prima facie-Charakter haben und Regeln immer den gleichen definitiven Charakter. Dieses einfache Modell sei jedoch ungenügend.[115] Die Notwendigkeit eines differenzierteren Modells folge daraus, daß es im Rahmen der Entscheidung eines Falles erforderlich werden könne, in die Regel eine Ausnahmeklausel einzufügen.[116] Damit verliere die Regel ihren strikt definitiven Charakter.[117] Der daraus resultierende prima facie-Charakter der Regeln sei jedoch von grundsätzlich anderer Art als der von Prinzipien.[118]

Ein Prinzip sei überspielt, wenn dem gegenläufigen Prinzip im zu entscheidenden Fall ein größeres Gewicht zukomme. Eine Regel dagegen sei nicht schon dann überspielt, wenn das gegenläufige Prinzip im konkreten Fall ein größeres Gewicht habe als das die Regel stützende materielle Prinzip. Überspielt werden müßten darüber hinaus Prinzipien, die die Befolgung einer tradierten Praxis oder autoritativen Setzung verlangen.[119] Prinzipien, die Bindungen an frühere fremde Entscheidungen statuieren, werden als formelle Prinzipien bezeichnet.[120] Je mehr Gewicht den formellen Prinzipien einer Rechtsordnung gegeben werde, desto stärker sei der prima facie-Charakter der Regeln dieser Rechtsordnung.[121]

Durch die mögliche Einfügung von Ausnahmeklauseln schwäche sich der definitive Charakter von Regeln ab. Der resultierende prima facie-Charakter unterscheide sich jedoch grundsätzlich von demjenigen von Prinzipien.[122] Auch eine mögliche Verstärkung des prima facie-Charakters von Prinzipien durch Annahme von Argumentations-

---

111 Alexy, Zum Begriff des Rechtsprinzips, S. 78 f.; ders., Theorie der Grundrechte, S. 88.
112 Ders., Theorie der Grundrechte, S. 88.
113 Ders., Zum Begriff des Rechtsprinzips, S. 79; ders., Theorie der Grundrechte, S. 88.
114 Ders., Theorie der Grundrechte, S. 88; ders., Idee und Struktur eines vernünftigen Rechtssystems, S. 40.
115 Ders., Theorie der Grundrechte, S. 88.
116 Ders., a.a.O.
117 Ders., a.a.O.
118 Zur Unterscheidung des prima facie-Charakters von Regeln und Prinzipien vgl. weiter Peczenik, On Law and Reason, S. 80 ff.
119 Alexy, Theorie der Grundrechte, S. 89; ders., Rechtsregeln und Rechtsprinzipien, S. 20 Anm. 38.
120 Zu formellen Prinzipien siehe insbesondere 1. Abschnitt, 2. Teil, III. 4. b) aa) aaa).
121 Alexy, Theorie der Grundrechte, S. 89; ders., Rechtsregeln und Rechtsprinzipien, S. 20.
122 Ders., Theorie der Grundrechte, S. 90.

lastregeln zugunsten dieser Prinzipien[123] gleiche den prima facie-Charakter von Prinzipien nicht dem von Regeln an.[124]

c) Regeln und Prinzipien als Gründe

Regeln und Prinzipien seien Gründe unterschiedlicher Art für Normen.[125] Prinzipien seien stets prima facie-Gründe, während Regeln, die keine Ausnahme zuließen, definitive Gründe seien.[126] Die Auffassung, nach der Prinzipien allein Gründe für Regeln, und Regeln allein Gründe für konkrete rechtliche Sollensurteile sein könnten,[127] treffe nicht zu.[128] Regeln könnten auch Gründe für Regeln darstellen, und Prinzipien Gründe für konkrete rechtliche Sollensurteile.[129] Die Kennzeichnung von Prinzipien als Gründe für Regeln treffe dennoch einen richtigen Punkt. Prinzipien für sich seien stets prima facie-Gründe. Wenn Prinzipien aber ein konkretes rechtliches Sollensurteil begründen, werde eine Vorrangrelation kollidierender Prinzipien festgesetzt. Gemäß dem Kollisionsgesetz ergebe sich daraus notwendig eine Regel. Wenn Prinzipien konkrete rechtliche Sollensurteile begründen, begründeten sie damit zugleich auch stets Regeln.[130]

d) Das Verhältnis zwischen Prinzipientheorie und Verhältnismäßigkeitsgrundsatz

Der Prinzipiencharakter einer Norm impliziere die Prüfung des Grundsatzes der Verhältnismäßigkeit im weiteren Sinne bei ihrer Anwendung und umgekehrt.[131] Der Grundsatz der Verhältnismäßigkeit umfaßt die drei Teilgrundsätze der Geeignetheit, der Erforderlichkeit und der Verhältnismäßigkeit im engeren Sinne.[132] Dieser Grundsatz folge logisch aus dem Prinzipiencharakter von Normen. Prinzipien als Optimierungsgebote geböten ihre möglichst weitgehende Realisierung relativ auf die rechtlichen und tatsächlichen Möglichkeiten. Die Relativierung auf die rechtlichen Möglichkeiten erfolge durch den dritten Teilgrundsatz, den der Verhältnismäßigkeit im engeren Sinne, die

---

123 Vgl. dazu ders., a.a.O., S. 517 f.
124 Ders., a.a.O., S. 90.
125 Ders., Rechtsregeln und Rechtsprinzipien, S. 90 f.
126 Ders., Theorie der Grundrechte, S. 90.
127 Esser, Grundsatz und Norm in der richterlichen Fortbildung des Privatrechts, S. 51; ihm folgend Larenz, Richtiges Recht, S. 24 f.
128 Alexy, Theorie der Grundrechte, S. 91.
129 Ders., a.a.O., S. 91.
130 Alexy, Zur Struktur der Rechtsprinzipien, S. 34 f.
131 Ders., a.a.O., S. 100; ders., Rechtstheorie 18 (1987), S. 415; ders., Individuelle Rechte und kollektive Güter, S. 68; ders., Der Staat 29 (1990), S. 55; ders., Ratio Juris 5 (1992), S. 149; ders., Zur Struktur der Rechtsprinzipien, S. 35; ders., Die Abwägung in der Rechtsanwendung, S. 72; ders., Kollision und Abwägung als Grundprobleme der Grundrechtsdogmatik, S. 202 f.; ders., Grundrechtsnorm und Grundrecht, S. 106; ders., Postscript, S. 397; ders., Gedächtnisschrift Sonnenschein, S. 772. Zustimmend Huster, Rechte und Ziele, S. 108, 119 f.; Stelzer, Das Wesensgehaltsargument und der Grundsatz der Verhältnismäßigkeit, S. 220 ff.; Häberle, Der Staat 26 (1987), S. 140 f. Alexy verweist auch auf die Auffassung des Bundesverfassungsgerichts, der Grundsatz der Verhältnismäßigkeit ergebe sich „im Grunde bereits aus dem Wesen der Grundrechte selbst", BVerfGE 19, 342 (348 f.); 61, 126 (134); 65, 1 (44); 76, 1 (50 f.); 77, 308 (334).
132 Ders., Theorie der Grundrechte; S. 100.

Relativierung auf die tatsächlichen Möglichkeiten erfolge durch den ersten und zweiten Teilgrundsatz, den der Geeignetheit und den der Erforderlichkeit.

Der Grundsatz der Verhältnismäßigkeit im engeren Sinne verlange eine Abwägung im Sinne des Kollisionsgesetzes mit den gegenläufigen Prinzipien. Diese gegenläufigen Prinzipien begrenzten je nach den Bedingungen, unter denen die Kollision stattfindet, den Raum der rechtlich möglichen Realisierung für das Prinzip.[133]

e) Das Verhältnis zwischen Prinzipien und Werten

Werte und Prinzipien seien strukturgleich. Der Unterschied bestehe lediglich darin, daß Werte axiologischen Charakter aufwiesen, Prinzipien dagegen deontologischen Charakter.[134] Während Werte etwas als „gut" auszeichnen, geben Prinzipien an, was „gesollt" ist. Der Unterscheidung von Regel und Prinzip bei deontologischen Normen entspreche bei axiologischen Normen die Unterscheidung zwischen Bewertungsregel und Bewertungskriterium.[135] Die Prinzipientheorie sei als eine von unhaltbaren Annahmen gereinigte Werttheorie zu deuten.[136]

f) Das Verhältnis zwischen Prinzipientheorie und Außentheorie

Alexy stellt die These auf, das Verhältnis zwischen der Struktur von Rechten als durch Prinzipien gewährt und der außentheoretischen Struktur von Rechten sei nicht kontingent, sondern notwendig. Verstehe man Grundrechtsnormen im Sinne der Prinzipientheorie als prima facie-Normen, so treffe die Außentheorie zu, verstehe man sie als Regeln, dagegen die Innentheorie.[137]

Zur Illustration rekonstruiert Alexy die Entscheidung des Bundesverfassungsgerichts zur Schutzhelmpflicht für Kraftradfahrer.[138] Das Gebot, als Kraftradfahrer einen Schutzhelm zu tragen, schränke die allgemeine rechtliche Freiheit dadurch ein, daß es die spezielle rechtliche Freiheit, als Kraftradfahrer einen Schutzhelm zu tragen oder nicht, beseitige. Fraglich sei aber, ob auch ein Grundrecht eingeschränkt werde. Im Sinne eines Regelmodells der Grundrechte komme nur die abstrakte definitive Position des einzelnen in Betracht, daß seine allgemeine Handlungsfreiheit nicht durch Normen eingeschränkt werde, die nicht Bestandteil der verfassungsmäßigen Ordnung seien. Dies ist der Fall, wenn sie nicht formell und materiell verfassungsgemäß sind.[139] Mit dem Bundesverfassungsgericht sei von der formellen und materiellen Verfassungsmäßigkeit der

---

133 Ders., a.a.O., S. 100 f; ders., Der Staat 29 (1990), S. 54 f.
134 Ders., Theorie der Grundrechte, S. 133 f.; ders., Individuelle Rechte und kollektive Güter, S. 55; ders., Der Staat 29 (1990), S. 55; ebenso Peczenik, On Law and Reason, S. 75; anderer Auffassung Habermas, Faktizität und Geltung, S. 311.
135 Alexy, Theorie der Grundrechte, S. 130 ff.
136 Ders., Der Staat 29 (1990), S. 55. Vgl. auch Sieckmann, Zum Verhältnis von Werten und Normen, S. 743 ff.
137 Ders., Theorie der Grundrechte, S. 251.
138 BVerfGE 59, 275 ff.
139 BVerfGE 59, 275 (278).

zu prüfenden Normen auszugehen. Daraus folge, daß das abstrakte definitive Recht aus Art. 2 Abs. 1 GG nicht zu einem Recht gegenüber dem Staat konkretisiert werden könne, jene Normen nicht zu erlassen. Gehe man nur von einem abstrakten definitiven Recht aus, existiere ein solches konkretes Recht nicht. Wenn ein solches Recht aber nicht existiere, könnten die zu prüfenden Normen kein Recht aus Art. 2 Abs. 1 GG einschränken. Auch wenn die zu prüfenden Normen verfassungswidrig wären, könnten sie keine Einschränkung begründen. Sie würden das erwähnte abstrakte Recht verletzen, eine Verletzung sei aber etwas anderes als eine Einschränkung eines Grundrechts. Gehe man ausschließlich von definitiven Positionen aus, sei eine Einschränkung von Rechten nicht möglich.[140]

Anderes gelte, wenn man als das Einzuschränkende nicht definitive, sondern prima facie-Positionen annehme. Art. 2 Abs. 1 GG sei dann ein Prinzip zuzuordnen, das ein möglichst hohes Maß an allgemeiner Handlungsfreiheit fordere. Mit dem diesem prima facie-Grundrecht korrespondierenden Prinzip sei etwas Überschießendes vorhanden, das eingeschränkt werden könne, und zum Bestand der Verfassung gehöre. Im Prinzipienmodell der Grundrechte seien die Grundrechte daher als außentheoretische Rechte zu deuten.[141]

g) Kritik an der Prinzipientheorie Alexys

Die Prinzipientheorie Alexys hat mittlerweile nicht nur weite Verbreitung gefunden, sondern auch Kritik auf sich gezogen. Im folgenden sollen insbesondere zwei Dinge näher in den Blick genommen werden, seine Charakterisierung von Prinzipien als Optimierungsgebote und der prima facie-Charakter von Regeln.

aa) *Prinzipien als Optimierungsgebote*

Kritik setzt zunächst an der Definition von Prinzipien als Optimierungsgeboten an. Zunächst sei noch einmal darauf hingewiesen, daß Optimierungsgebote im rechtstheoretischen Sinne nicht mit Optimierungsgeboten im planungsrechtlichen Sinne verwechselt werden dürfen.[142] Optimierungsgebote im rechtstheoretischen Sinne besagen, daß der Zustand herzustellen sei, in dem ein vorgegebener Gegenstand oder ein vorgegebenes Ziel oder eine Menge vorgegebener Gegenstände oder Ziele in optimaler Weise realisiert sei. Je nachdem, ob die Relativierung auf die rechtlichen und tatsächlichen Möglichkeiten in den Norminhalt aufgenommen wird oder nicht, sind zwei Interpretationen des Norminhalts von Optimierungsgeboten möglich.[143] Nicht in Norminhalt aufgenommen wird die Relativierung im Fall der Norm

---

140 Alexy, Theorie der Grundrechte, S. 252.
141 Ders., a.a.O., S. 253.
142 Siehe Fn. 60 in diesem Abschnitt, eingangs 1. Teil, 2. Abschnitt, II. 2.
143 Vgl. zum folgenden insgesamt Sieckmann, Regelmodelle und Prinzipienmodelle des Rechtssystems, S. 64 ff. mit einem ähnlichen Beispiel; vgl. weiter die Unterscheidung von Peczenik, On Law and Reason, S. 78, ob der „command to weigh" „inside" oder „outside" „the meaning of a principle" zu suchen sei.

N_1: „Jeder darf seine Meinung frei äußern", aber diese Norm gilt lediglich in der Weise, daß ihre Erfüllung nur geboten ist, soweit dies tatsächlich und rechtlich möglich ist.

Anders ist dies im Fall der Norm

N_2: „Jeder darf seine Meinung frei äußern, soweit dies tatsächlich und rechtlich möglich ist", diese Norm ist in allen Fällen vollständig zu erfüllen.

Die Norm N_1 stellt kein Optimierungsgebot dar, sondern nur einen möglichen Gegenstand eines Optimierungsgebots. Denn das rechtliche Gebot der Optimierung ist im Norminhalt nicht enthalten.[144] Die Norm N_2 stellt ein Optimierungsgebot dar, eignet sich aber nicht zur Definition des Prinzips. Optimierungsgebote haben Eigenschaften, die gerade für Regeln kennzeichnend sind.[145] Regeln sind strikt und vollständig zu erfüllen. Auch Optimierungsgebote verlangen strikt, das Optimum zu erreichen. Unter den gegebenen tatsächlichen und rechtlichen Umständen ist stets geboten, das Optimum zu erreichen. Für Prinzipien dagegen soll aber gerade graduelle Erfüllbarkeit kennzeichnend sein.[146]

Im Sinne einer rechtstheoretisch exakten Rekonstruktion lassen sich Prinzipien daher nicht als Optimierungsgebote definieren. Andererseits handelt es sich bei Optimierungsgeboten zwar um Regeln, aber um eine besondere Form von Regeln. Mit der Relativierung auf die rechtlichen Möglichkeiten machen sie der Sache nach eine Abwägung notwendig und sprengen so das reine Regelmodell.[147] Insofern kann man sagen, es handele sich um Regeln 2. Stufe[148], sie könnten als Projektionen eines Prinzipienmodells auf ein Regelmodell angesehen werden[149], oder als prozedurale Forderung, die einen Aspekt der Geltungsweise von Prinzipien expliziere.[150]

In diesem Sinne unterscheidet Alexy zwischen Optimierungsgeboten und zu optimierenden Geboten, die auf unterschiedlichen Ebenen angesiedelt seien.[151] Auf der Objektebene fänden sich graduell erfüllbare Prinzipien als ideale und damit zu optimierende Gebote. Diese seien Gegenstände von Abwägungen. Auf der Metaebene werde gesagt, was mit den Gegenständen auf der Objektebene zu tun sei, hier fänden sich Optimierungsgebote als Regeln. Optimierungsgebote seien nicht selbst zu optimieren, sondern forderten die möglichst weitgehende Realisierung ihrer Gegenstände, der

---

144 Sieckmann, Regelmodelle und Prinzipienmodelle des Rechtssystems, S. 64.
145 Aarnio, Taking Rules Seriously, S. 187; Sieckmann, Regelmodelle und Prinzipienmodelle des Rechtssystems, S. 65; vgl. auch Penski, JZ 1989, S. 109 f.; Reimer, Verfassungsprinzipien, S. 282.
146 Alexy, Theorie der Grundrechte, S. 76.
147 Sieckmann, Regelmodelle und Prinzipienmodelle des Rechtssystems, S. 75.
148 Ders., a.a.O., S. 84 f.; ders., ARSP 78 (1992), S. 151.
149 Ders., Regelmodelle und Prinzipienmodelle des Rechtssystems, S. 75.
150 Ders., Zur Abwägungsfähigkeit von Prinzipien, S. 209.
151 Von der technischen Regeleigenschaft von Optimierungsgeboten kann daher nicht auf eine „rechtstheoretische (Selbst-)Widerlegung" geschlossen werden, wie dies Poscher, Grundrechte als Abwehrrechte, S. 78, behauptet.

zu optimierenden Gebote. Zwischen dem idealen Sollen als Prinzip und dem Optimierungsgebot als Regel bestehe eine notwendige Beziehung, das eine impliziere das andere und umgekehrt.[152]

Weiter ist einzuräumen, daß der Begriff des Optimierungsgebots zutreffend darauf hinweist, daß Prinzipien einen Optimierungsgegenstand oder ein Optimierungsziel aufweisen und daß die Optimierung dieses Gegenstandes oder Ziels rechtlich geboten ist. Er drückt damit im wesentlichen aus, worum es bei Prinzipien geht. Im Sinne einer verkürzten und etwas unscharfen Redeweise kann er als Charakterisierung für Prinzipien beibehalten werden, soweit es nicht auf eine exaktere rechtstheoretische Rekonstruktion ankommt. Dies entspricht der bewährten allgemeinen Regel, in einem konkreten Kontext stets so genau wie nötig zu unterscheiden, aber nicht genauer, oder in anderen Worten: so genau wie nötig, aber so einfach wie möglich zu formulieren.

bb) *Der unterschiedliche prima facie-Charakter von Regeln und Prinzipien*

Nach Alexy kann auch Regeln prima facie-Charakter zukommen. Wenn Regeln aber stets Normen mit vollständigem Festsetzungsgehalt – also definitive Normen – sind, stellt sich die Frage, worin ihr prima facie-Charakter bestehen soll. Im Rahmen der Entscheidung eines Falles könne es erforderlich werden, in eine Regel eine Ausnahmeklausel einzufügen.[153] Dann verliere die Regel für die Entscheidung dieses Falles ihren strikt definitiven Charakter, und weise prima facie-Charakter auf. Dieser prima facie-Charakter der Regel sei jedoch von „grundsätzlich anderer Art als der von Prinzipien",[154] Regeln und Prinzipien unterschieden sich „hinsichtlich ihres prima facie-Charakters … deutlich".[155] Alexy begründet diesen entscheidenden Unterschied unter Hinweis auf die Stützung von Regeln durch formelle Prinzipien.[156] Während ein Prinzip schon überspielt sei, wenn ein gegenläufiges im konkreten Fall größeres Gewicht als ein gegenläufiges Prinzip, sei eine Regel erst überspielt, wenn das gegenläufige Prinzip größeres Gewicht habe als das materielle Stützungsprinzip der Regel zusammen mit formellen Prinzipien.[157] Einen entscheidenden Unterschied begründet die Beteiligung auch formeller Prinzipien an der Kollision jedoch nicht. Die beiden genannten Varianten der Prinzipienkollision unterscheiden sich in zwei Hinsichten. An Kollisionen der ersten Art sind zwei Prinzipien beteiligt, an denen der zweiten Art mindestens drei. Wenn mehr als zwei Prinzipien kollidieren, liegt der Fall zwar komplizierter, aber die Struktur der Kollisionslösung verändert sich nicht grundsätzlich.[158] Weiterhin kollidieren im ersten Fall nur materielle Prinzipien, im zweiten materielle auch mit formellen. Dieser Unterschied

---

152 Alexy, The Institutionalization of Reason, S. 39; ders., Zur Struktur der Rechtsprinzipien, S. 38 f.; vgl. Borowski, JöR 50 (2002), S. 315 Anm. 78.
153 Dies sei zwar nicht notwendig in allen Rechtssystemen erlaubt, jedenfalls aber in dem der Bundesrepublik Deutschland, Alexy, Theorie der Grundrechte, S. 89.
154 Ders., a.a.O.
155 Ders., a.a.O., S. 90.
156 Zu formellen Prinzipien siehe 1. Abschnitt, 2. Teil, III. 4. b) aa) aaa).
157 Alexy, Theorie der Grundrechte, S. 89.
158 Siehe bereits bei 1. Teil, 2. Abschnitt, II. 2. a).

bezieht sich jedoch nur auf den Inhalt der Prinzipien, nicht auf das Kollisionsverhalten. Materiellen und formellen Prinzipien ist gemeinsam, daß es sich in normstruktureller Hinsicht um Prinzipien handelt. Die Struktur der Lösung einer Kollision zwischen materiellen und auch formellen Prinzipien unterscheidet sich nicht von der der Lösung einer Kollision ausschließlich materieller Prinzipien.[159] Im Hinblick auf die Struktur der Lösung der Kollision besteht daher weder ein gradueller noch ein klassifikatorischer Unterschied. Aus der Struktur der Lösung der Kollision ergibt sich damit kein Unterschied des prima facie-Charakters von Regeln und Prinzipien.

Dennoch trifft Alexys These des unterschiedlichen prima facie-Charakters von Regeln und Prinzipien etwas Richtiges. Der prima facie-Charakter von Prinzipien beruht darauf, daß in der zur Anwendung dieser Normen erforderlichen Abwägung normative Festsetzungen zu treffen sind. Er folgt daher unmittelbar aus der Normstruktur. Anders liegt dies bei dem prima facie-Charakter von nicht strikten Regeln, in die aufgrund von Prinzipienkollisionen Ausnahmeklauseln eingefügt werden können. Dies kann am Beispiel des Gebots des Linksüberholens im Straßenverkehr gem. § 5 Abs. 1 StVO dargestellt werden. Die Norm lautet:

„Es ist links zu überholen."

§ 5 Abs. 1 StVO stellt eine subsumtionsfähige Regel dar und enthält definitives Sollen. Wer rechts überholt, verstößt gegen diese Norm. Niemand wird jedoch ernsthaft bestreiten wollen, daß in Fällen dringender Lebensgefahr die Einführung einer Ausnahmeklausel geboten sein kann: wenn eine dringende Lebensgefahr nur ausgeräumt werden kann, indem rechts überholt wird. Eine Abwägung unter Berücksichtigung des grundrechtlichen Prinzips des Lebensschutzes aus Art. 2 Abs. 1 Satz 1 GG führt in diesem Fall zu dem Ergebnis, daß auch rechts überholt werden darf. Eine entsprechende Ausnahmeklausel ist damit einzufügen. Was aber heißt genau, daß in eine Regel eine Ausnahmeklausel eingefügt wird? Die Anwendung einer Regel mit Ausnahmevorbehalt erfolgt in zwei Stufen. Auf der ersten Stufe wird die Regel R: „Es ist links zu überholen" angewandt. Es handelt sich um eine auf dieser Stufe definitiv geltende subsumtionsfähige Norm. Die Subsumtion führt zu dem Ergebnis, daß es verboten ist, rechts zu überholen. Auf der zweiten Stufe wird gefragt, ob das durch Subsumtion gewonnene Ergebnis im Einzelfall eine zutreffende Festsetzung angesichts der im jeweiligen Rechtssystem geltenden Prinzipien darstellt. Zunächst wird ohne Berücksichtigung der Regel R eine Abwägung der kollidierenden Prinzipien unter Berücksichtigung aller konkreten Umstände, also auch derjenigen, die die dringende Lebensgefahr begründen, vorgenommen. Das Abwägungsergebnis wird dann, gegebenenfalls unter Berücksichtigung angemessener Spielräume, mit R verglichen. Im genannten Fall der dringenden Lebensgefahr weicht das durch die Abwägung gebotene von dem des durch die Regel R Gebotenen ab, womit eine Ausnahmeklausel in R einzufügen ist.

---

159 1. Abschnitt, 2. Teil, III. 4. b) aa) bbb).

Oben wurde bereits dargelegt, daß mit der Einfügung einer Ausnahmeklausel in eine Regel die ursprüngliche Regel ihre Geltung verliert und eine neue Regel in Kraft gesetzt wird.[160] Die Regel R verliert ihre Geltung zugunsten einer Regel R', welche besagt: „Es ist links zu überholen, außer wenn dringende Lebensgefahr gebietet, daß rechts überholt wird". Die Regel R verliert ihre Geltung jedoch nicht aufgrund einer normstrukturellen Eigenschaft, sondern aufgrund einer außerhalb ihrer Normstruktur liegenden Eigenschaft. Denn daß Regeln zutreffende Festsetzungen darstellen müssen, die durch Prinzipienabwägungen begründet werden, ist eine mögliche, nicht aber notwendige Eigenschaft von Regeln. Es sind auch Rechtssysteme vorstellbar, in denen strikte Regeln ohne derartige Vorbehalte definitiv gelten.[161]

Die Regel R auf der ersten Stufe als strikt geltende definitive Norm hat keinen prima facie-Charakter. Dieser ergibt sich nur auf der zweiten Stufe unter der Berücksichtigung der Geltungsweise aller Regeln in einem Rechtssystem, in dem die Regeln inhaltlich mit den Abwägungsergebnissen aus der Lösung von Prinzipienkollisionen übereinstimmen müssen. In diesem Sinne ist zu unterscheiden zwischen der Norm R und der komplexen Norm „R, wenn nicht Prinzipien anderes verlangen". Erstere kann als **Regel im engeren Sinne** bezeichnet werden, letztere als **Regel im weiteren Sinne**.[162]

Zusammengefaßt ergibt sich: Der prima facie-Charakter von Prinzipien folgt aus ihrer Normstruktur. Regeln im engeren Sinne haben keinen prima facie-Charakter, sondern definitiven Charakter. Regeln im weiteren Sinne weisen prima facie-Charakter auf, dieser ergibt sich jedoch nicht aus ihrer Normstruktur, sondern aus ihrer Öffnungsklausel zu Prinzipien hin und der Normstruktur dieser Prinzipien. Auch wenn sich der prima facie-Charakter von Regeln im weiteren Sinne und Prinzipien letztlich auf Abwägungen gleicher Struktur bezieht, kann er unterschieden werden.

h) Ergebnis

Die wesentliche Leistung der Prinzipientheorie Alexys besteht in der rationalen Rekonstruktion der zentralen grundrechtlichen Begründungsstrukturen. Mit der Prinzipientheorie lassen sich die vom Bundesverfassungsgericht und der herrschenden Literatur verwendeten Kriterien und Begründungen grundrechtlicher Entscheidungen zu einem einheitlichen System zusammenfassen. Im Mittelpunkt dieses Systems steht der Grundsatz der Verhältnismäßigkeit im weiteren Sinne als zentrales Kriterium der materiellen Grundrechtsbindung, der notwendig aus dem Prinzipiencharakter der Grundrechte folgt. Auch das Verhältnis zwischen Prinzipientheorie und Außentheorie wird zutreffend bestimmt, wie noch eingehender zu zeigen sein wird.[163] Die Erweiterung um die Ge-

---

160 Vgl. Fn. 65 in diesem Abschnitt bei 1. Teil, 2. Abschnitt, II. 2. a) aa). Dies trifft unabhängig von der Frage zu, ob die Einfügung der Ausnahmeklausel auf einer Regelkollision beruht oder aufgrund einer Prinzipienkollision geboten ist.
161 Vgl. Alexy, Rechtsregeln und Rechtsprinzipien, S. 20 Anm. 38; Aarnio, Taking Rules Seriously, S. 189; Sieckmann, Regelmodelle und Prinzipienmodelle des Rechtssystems, S. 89 ff.
162 Vgl. 1. Teil, 2. Abschnitt, II. 3. c) aa).
163 Siehe 1. Teil, 3. Abschnitt.

wichtsformel und die Idee der limitierten Skalierung erlaubt es, die Abwägung mit der größtmöglichen Genauigkeit zu rekonstruieren, die der Stoff der Rechtswissenschaft zuläßt. Auch wenn damit natürlich kein wertungsfreies, gleichsam logisches Kalkül zur Lösung von Grundrechtsfällen etabliert werden kann und soll, wird damit die Struktur von Grundrechtskollisionen offengelegt, so daß die entscheidenden Fragen ans Licht gehoben und der Kritik zugänglich werden.[164] Ein weiterer, nicht zu unterschätzender Vorteil der Prinzipientheorie Alexys besteht darin, daß sie trotz ihres durchaus hohen Maßes normtheoretischer Fundiertheit intuitiv ausgesprochen plausibel bleibt.

3. Jan-Reinard Sieckmann

Auch nach Auffassung von Jan-Reinard Sieckmann ist die Unterscheidung von Regeln und Prinzipien klassifikatorischer Art. Die Unterscheidung könne jedoch nicht anhand eines einzigen Unterscheidungskriteriums vollständig getroffen werden.

a) Die Unterscheidung von Regeln und Prinzipien

Die Unterscheidung von Regeln und Prinzipien nach der Struktur sei aufgrund logischer Kriterien möglich, aber komplexer Struktur.[165]

aa) *Strikte Geltung oder nicht strikte Geltung*

Zunächst werden strikt geltende und nicht strikt geltende Normen unterschieden. Diese Unterscheidung knüpft an die Alles-oder-nichts-These von Dworkin an.[166] Strikt geltende Normen sind Normen, von denen bekannt ist, daß sie vollständig, in allen möglichen Anwendungsfällen, gelten.[167] Immer dann, wenn ihre Anwendungsbedingungen vorliegen, bestimmen sie die Rechtsfolge.

---

164 Um hier nur zwei Aspekte hervorzuheben, erklärt erstens die Deutung der Prinzipiengewichtung auf der Basis geometrischer Folgen mathematisch und nicht nur intuitiv, warum die Resistenz von Prinzipien gegen Eingriffe mit zunehmender Eingriffstiefe überproportional ansteigt, vgl. Alexy, Theorie der Grundrechte, S. 147; ders., Gedächtnisschrift Sonnenschein, S. 785. Zweitens wird durch die erweiterte Gewichtsformel, bei der auf jeder Seite der Kollision mehrere Prinzipien eingestellt werden können, zu Recht der Blick auf die Frage der substantiellen Überschneidung dieser gleichläufigen Prinzipien gelenkt. Wenn sich mehrere Abwehrrechte des Beschwerdeführers oder, auf der Schrankenseite, kollektive Güter und Rechte anderer substantiell überschneiden, kommt es zu einer fehlerhaften Gewichtung, wenn die kongruenten Gehalte doppelt berücksichtigt werden. Vgl. Alexy, Gedächtnisschrift Sonnenschein, S. 792. Die Idee der substantiellen Überschneidung kann beispielsweise erklären, wieso eine religiös begründete Gewissensentscheidung sowohl durch die Glaubensfreiheit gem. Art. 4 Abs. 1, 2 GG als auch durch die Gewissensfreiheit gem. Art. 4 Abs. 1 GG geschützt wird, ohne daß die Tatsache dieses doppelten Schutzes notwendig zu einer substantiellen Höhergewichtung in der Abwägung führt, vgl. hierzu Muckel, Religiöse Freiheit und staatliche Letztentscheidung, S. 161; Borowski, Die Glaubens- und Gewissensfreiheit des Grundgesetzes, S. 562.
165 Ders., a.a.O., S. 74.
166 Ders., a.a.O., S. 54.
167 Ders., a.a.O., S. 59.

bb) *Rein deskriptive oder auch normative Bestimmung des Geltungsbereiches*

Innerhalb der Klasse der nicht strikt geltenden Normen sei weiter danach zu unterscheiden, ob der Geltungsbereich der Norm ausschließlich deskriptiv zu bestimmen sei.[168] Dies sei der Fall, wenn eine Relativierung nur auf die tatsächlichen Möglichkeiten vorliege.[169] Dann könne von einem Maximierungsgebot gesprochen werden.[170] Sei der Geltungsbereich einer Norm dagegen auch normativ zu bestimmen, also über die Abwägung kollidierender Prinzipien, liege ein Optimierungsgebot im Sinne des Gebots der Realisierung eines idealen Zustandes vor.[171]

cc) *Die Teilnahme an der Abwägung als Grund*

Innerhalb der Klasse der Normen, deren Geltungsbereich von einer Abwägung kollidierender Prinzipien abhänge, sei zu unterscheiden, ob die Normen an dieser Abwägung als Grund teilnähmen. Normen, die nicht an der Abwägung, die ihren Geltungsbereich bestimmen, als Grund teilnehmen, bezeichnet Sieckmann als subsidiäre Normen. Kennzeichnend für diese Normen sei, daß das Rechtssystem hinsichtlich ihrer Geltung in möglichen Anwendungsfällen indifferent sei.[172] Diese Normen seien nicht abwägungsfähig. Nur Normen, die an der zur Bestimmung ihres Geltungsbereiches gebotenen Abwägung selbst als Grund teilnähmen, seien abwägungsfähige Normen. Grundlage der Abwägungsfähigkeit dieser Normen sei, daß die vollständige Geltung dieser Normen geboten sei.[173] Nur diese Normen sind nach Sieckmann Prinzipien.

dd) *Zwischenergebnis*

Bezogen auf die drei getroffenen Unterscheidungen sind nur die Normen Prinzipien, die nicht strikt gelten, deren Geltungsbereich nicht bloß deskriptiv, sondern auch normativ zu bestimmen ist, und die an der zur Bestimmung ihres Geltungsbereiches notwendigen Abwägung selbst als Grund teilnehmen. Alle anderen Klassen von Normen, also (1) die strikt geltenden, oder (2) die nicht strikt geltenden, aber rein deskriptiv zu bestimmenden, oder (3) die nicht strikt geltenden, deren Geltungsbereich auch normativ zu bestimmen ist, die aber an der zur Bestimmung ihres Geltungsbereiches notwendigen Abwägung nicht selbst als Grund teilnehmen, sind Regeln.[174] Regeln selbst können demnach abwägungsabhängig sein, aber darüber hinaus nicht abwägungsfähig.[175]

---

168 Ders., a.a.O., S. 74.
169 Ders., a.a.O., S. 66.
170 Zum Begriff des Maximierungsgebotes ders., a.a.O., S. 66 f.; Alexy, Theorie der Grundrechte, S. 80 f. Anm. 37.
171 Sieckmann, Regelmodelle und Prinzipienmodelle des Rechtssystems, S. 66 f.
172 Ders., a.a.O., S. 58.
173 Ders., a.a.O., S. 75.
174 Ders., a.a.O., S. 75.
175 Ders, a.a.O. Vgl. auch Alexy, Rechtstheorie 18 (1987), S. 408; ders., Idee und Struktur eines vernünftigen Rechtssystems, S. 40.

Innerhalb der so definierten Klasse von Prinzipien könne weiter zwischen Prinzipien im engeren Sinne und Prinzipien im weiteren Sinne unterschieden werden. Prinzipien im engeren Sinne seien Geltungsgebote der Struktur „O Gn".[176] Um die argumentative Kraft dieser Prinzipien im engeren Sinne zu erfassen, hält Sieckmann die Reiteration von Geltungsgeboten für erforderlich.[177] Prinzipien in diesem Sinne stellten Gründe für Abwägungen dar[178], und als Zielbestimmungen mit idealem Charakter enthielten sie stets Gebote.[179] Prinzipien im weiteren Sinne dagegen seien die Normen „n" als Gegenstand eines solchen Geltungsgebots.[180] Prinzipien im weiteren Sinne könnten im Gegensatz zu Prinzipien im engeren Sinne nicht nur die deontische Modalität des Gebots, sondern auch der Erlaubnis enthalten.[181]

b) Die Eigenschaften von Regeln und Prinzipien

Diese Unterscheidung von Regeln und Prinzipien führt nach Sieckmann zu einer Reihe von Eigenschaften, die Prinzipien und Regeln charakterisieren.

aa) *Der Festsetzungsgehalt von Normen*

Im Hinblick auf den Festsetzungsgehalt von Normen hinsichtlich der rechtlichen und tatsächlichen Möglichkeiten sei zunächst zu fragen, ob eine Norm Festsetzungsgehalt aufweise. Wenn ja, sei weiter zu fragen, ob dieser Festsetzungsgehalt vollständig oder unvollständig sei. Dies führt zu drei Arten von Normen:[182] (1) Normen, die keine Festsetzungen hinsichtlich der rechtlichen und tatsächlichen Möglichkeiten enthalten, (2) Normen, die Festsetzungen hinsichtlich der rechtlichen und tatsächlichen Möglichkeiten enthalten, deren Anwendung aber weitere derartige Festsetzungen fordere, (3) Normen, deren Anwendung keine weiteren Festsetzungen hinsichtlich der rechtlichen und tatsächlichen Möglichkeiten erfordert.

---

176 Ders., a.a.O., S. 75; ders., Rechtstheorie 25 (1994), S. 169 Anm. 35. „G" stellt den Geltungsoperator dar, die Normen „n" den Gegenstand, dem die Geltung zugesprochen wird, Sieckmann, Regelmodelle und Prinzipienmodelle des Rechtssystems, S. 37. Bei „O" handelt es sich um den Gebotsoperator der deontischen Logik, vgl. statt vieler Koch/Rüßmann, Juristische Begründungslehre, S. 43 ff. „O Gn" drückt aus, daß die Geltung der Normen „n" geboten ist.
177 Zur Diskussion um die Iteration von Geltungsgeboten in der Analyse der Struktur des Rechtsprinzips Sieckmann, Zur Abwägungsfähigkeit von Prinzipien, S. 205 ff.; ders., ARSP 80 (1994), S. 239 f.; ders., Zur Analyse von Normkonflikten und Normabwägungen, S. 353 ff.; ders., ARSP 83 (1997), S. 21 f.; ders., Begriff und Struktur von Regeln, Prinzipien und Elementen im Recht, S. 73 ff. Vgl. zu dieser Konstruktion Alexy, Zur Struktur der Rechtsprinzipien, S. 39 ff.
178 Ders., Regelmodelle und Prinzipienmodelle des Rechtssystems, S. 75, 87; ders., ARSP 78 (1992), S. 151; ders., Zur Abwägungsfähigkeit von Prinzipien, S. 207; ders., Rechtstheorie 25 (1994), S. 169.
179 Ders., Regelmodelle und Prinzipienmodelle des Rechtssystems, S. 78.
180 Ders., a.a.O., S. 75; ders., Zur Abwägungsfähigkeit von Prinzipien, S. 209 Anm. 15; ders., Rechtstheorie 25 (1994), S. 169 Anm. 35.
181 Ders., Regelmodelle und Prinzipienmodelle des Rechtssystems, S. 77 f.
182 Vgl. ders., a.a.O., S. 69.

Der Festsetzungsgehalt einer Norm ist dann nicht vollständig, wenn ein Fall durch die Norm nicht ohne (weitere) normative Festsetzungen entschieden werden kann. Eine Norm, die als Abwägungsergebnis gemäß dem Kollisionsgesetz[183] im Fall der Lösung einer Prinzipienkollision entsteht, weist vollständigen Festsetzungsgehalt auf, wenn alle kollidierenden Prinzipien in die Abwägung eingestellt werden und alle relevanten tatsächlichen Umstände der Kollision C berücksichtigt wurden. Bloß teilweisen Festsetzungsgehalt weist eine Norm auf, wenn nicht alle Prinzipien in die Abwägung eingestellt oder alle relevanten Umstände C berücksichtigt werden. Hat die erforderliche Abwägung in keiner Hinsicht stattgefunden, weisen die Normen keinen Festsetzungsgehalt auf.

Normen der Klassen ohne Festsetzungsgehalt oder mit teilweisem Festsetzungsgehalt sind nach Sieckmann Prinzipien, Normen mit vollständigem Festsetzungsgehalt Regeln.[184] Prinzipien ohne Festsetzungsgehalt bezeichnet er als Ideale, Prinzipien mit teilweisem Festsetzungsgehalt als Konkretisierungen.[185] Hinsichtlich des Festsetzungsgehalts sei zwischen epistemischen und normativen Festsetzungen zu unterscheiden.[186]

bb) *Ideales und reales Sollen*

Kennzeichnend für die Unterscheidung von idealem und realem Sollen sei die Unterscheidung normativer Aussagen und normativer Argumente, universeller und existentieller Handlungsgebote sowie die Unterscheidung von Abwägungs- und Handlungsstufe des Rechts.

aaa) *Normative Aussagen und normative Argumente*

Prinzipien hätten den Charakter von normativen Argumenten,[187] während Regeln in normativen Aussagen ausgedrückt werden könnten.[188] Prinzipien unmittelbar in normativen Aussagen auszudrücken, sei nicht möglich.[189] Normative Aussagen besagen, daß

---

183 Siehe 1. Teil, 2. Abschnitt, I. 2. a) bb) eee).
184 Ders., a.a.O.
185 Ders., a.a.O., S. 165 ff.
186 Eine epistemische Festsetzung sei ein Urteil über den realen normativen Gehalt von Prinzipien und habe keine normative Bedeutung für spätere Entscheidungen. Eine normative Festsetzung dagegen beanspruche Verbindlichkeit und schließe abweichende Urteile über den normativen Gehalt aus. Normative Festsetzungen führten zu einer von den durch sie konkretisierten Prinzipien unabhängigen Geltung, Sieckmann, Regelmodelle und Prinzipienmodelle des Rechtssystems, S. 69 f.
187 Sieckmann, Zur Abwägungsfähigkeit von Prinzipien, S. 205 ff.; ders., Rechtstheorie 25 (1994), S. 64 ff.; ders., ARSP 80 (1994), S. 241.
188 Sieckmann, ARSP 78 (1992), S. 151; ders., Zur Abwägungsfähigkeit von Prinzipien, S. 209 f.
189 Ders., Regelmodelle und Prinzipienmodelle des Rechtssystems, S. 84, 86; ders., ARSP 78 (1992), S. 151. Als prinzipielle Gebote ließen sie sich in Form normativer Aussagen ausdrücken, indem ihre Geltungsweise in Form eines Optimierungsgebotes explizit gemacht werde, Sieckmann, ARSP 80 (1994), S. 237 Anm. 51. Jedem Prinzip korrespondiere ein Optimierungsgebot, das Geltungsweise und definitiven normativen Gehalt des Prinzips ausdrücke, Sieckmann, ARSP 78 (1992), S. 151 f.; ders., Zur Abwägungsfähigkeit von Prinzipien, S. 207.

eine bestimmte Norm „n" gilt, seien also Geltungsaussagen mit der Struktur „Gn".[190] Auf der Ebene der Aussagen könne nicht der Satz „Es ist geboten, daß p" und gleichzeitig seine Negation „Es ist geboten, daß nicht p" gelten.[191] Die nicht unmittelbar handlungsleitenden Prinzipien verlören ihre Geltung dagegen nicht, wenn konträre Normwidersprüche auftreten.[192] Die Geltung trotz Kollision sei gerade die Voraussetzung der Abwägung.[193] Wer ein normatives Argument vorbringe, brauche sich nicht zu korrigieren, wenn dieses Argument in einigen Fällen durch Gegenargumente verdrängt werde.[194] Als Gründe für Normen seien Prinzipien Geltungsgebote mit der Struktur „O Gn".[195] Die Kollision zwischen Geltungsgeboten bestehe nicht unmittelbar zwischen den die Geltung gebietenden Normen, sondern zwischen ihren Gegenständen: den Normen, deren Geltung geboten sei.[196]

bbb) *Universelle und existentielle Handlungsgebote*

Hinsichtlich der drei deontischen Modalitäten des Gebots, des Verbots und der Erlaubnis können je eine universelle und eine existentielle Version unterschieden werden.[197] Ein existentielles Handlungsgebot gebietet den Vollzug mindestens einer Handlung aus einer Klasse von Handlungen. Ein Beispiel ist das Gebot, das Fenster zu schließen. Dieses Gebot ist bereits dann erfüllt, wenn eine „Fenster-Schließ-Handlung" vollzogen wurde. Ein universelles Handlungsgebot dagegen verlangt den Vollzug aller Handlungen einer Klasse. Ein Beispiel ist etwa das Gebot, seine Kinder vor Gefahren zu schützen. Hier ist nach Vollzug einer einzelnen Schutzhandlung das Gebot nicht vollständig erfüllt, die Kinder sind durch weitere Handlungen vor möglicherweise bestehenden weiteren Gefahren zu schützen. Bei der Interpretation rechtlicher Gebote liegt nach Sieckmann regelmäßig die Annahme existentieller Gebote näher.[198] Im Fall von Prinzipien als Normen, die die Realisierung von Zielen gebieten, sei aber von universellen Hand-

---

190 Ders., ARSP 80 (1994), S. 233 f.
191 Ders., Regelmodelle und Prinzipienmodelle des Rechtssystems, S. 84; ders., Zur Abwägungsfähigkeit von Prinzipien, S. 206; ders., ARSP 78 (1992), S. 151; ders., Rechtstheorie 25 (1994), S. 163 f.; ders., ARSP 80 (1994), S. 228.
192 Ders., Regelmodelle und Prinzipienmodelle des Rechtssystems, S. 84.
193 Ders., Zur Abwägungsfähigkeit von Prinzipien, S. 205 f.; ders., Rechtstheorie 25 (1994), S. 163 f., 168; ders., ARSP 80 (1994), S. 228, 241.
194 Ders., Zur Abwägungsfähigkeit von Prinzipien, S. 206.
195 Ders., ARSP 80 (1994), S. 237; vgl. ders., Zur Abwägungsfähigkeit von Prinzipien, S. 209. Die Geltung der Norm „n" wird damit also nicht festgestellt, sondern nur das Gebotensein der Geltung der Norm „n".
196 Ders., ARSP 80 (1994), S. 239.
197 Sieckmann, Regelmodelle und Prinzipienmodelle des Rechtssystems, S. 38 ff.; ders., Rechtstheorie 25 (1994), S. 177; vgl. auch ders., Zum Verhältnis von Werten und Normen, S. 746 ff. Die Quantifikation über Handlungen bereitet das eine oder andere Problem, was Sieckmann aber sieht, ders., Rechtstheorie 25 (1994), S. 177 f. Anm. 55. Eingehender zu grundrechtlichen Prinzipien als universelle Handlungsgebote 2. Teil, 1. Abschnitt, II. 1.
198 Vgl. Alexy, Theorie der Grundrechte, S. 420; Sieckmann, Regelmodelle und Prinzipienmodelle des Rechtssystems, S. 39; ders., Rechtstheorie 25 (1994), S. 178.

lungsgeboten auszugehen, da sie geböten, alles zur Erreichung eines Ziels Erforderliche zu tun.[199]

cc) *Abwägungs- und Handlungsstufe*

Die Unterscheidung zwischen prima facie-Geltung von Prinzipien und definitiver Geltung von Regeln sei mit zwei verschiedenen Stufen der Rechtsanwendung zu verbinden. Auf der Abwägungsstufe sei das definitiv geltende Recht in Prinzipienabwägungen zu ermitteln. Auf der Handlungsstufe sei anschließend gemäß dem definitiv geltenden Recht zu entscheiden und zu handeln.[200] Auf der Abwägungsstufe seien wegen der nicht unmittelbar handlungsleitenden Funktion von Prinzipien konträre Normwidersprüche unschädlich, hier sei nur eine korrekte Abwägung verlangt.[201] Die unmittelbar handlungsleitende Funktion von Regeln dagegen erlaube weder kontradiktorische noch konträre Normwidersprüche.[202]

c) Kritik an der Prinzipientheorie Sieckmanns

Die Sieckmannschen Präzisierungen der Prinzipientheorie stellen eine wertvolle Weiterentwicklung dar. Einige Aspekte bedürfen jedoch der kritischen Überprüfung.

aa) *Der Festsetzungsgehalt von Regeln und Prinzipien*

Wenn die These von Sieckmann, Normen ohne Festsetzungsgehalt oder mit teilweisem Festsetzungsgehalt seien stets Prinzipien, Normen mit vollständigem Festsetzungsgehalt dagegen stets Regeln,[203] zutrifft, könnte eine Norm bereits allein aufgrund ihres Festset-

---

199 Sieckmann, Regelmodelle und Prinzipienmodelle des Rechtssystems, S. 39, 79, 167; ders., Rechtstheorie 25 (1994), S. 179 ff.
200 Ders., Regelmodelle und Prinzipienmodelle des Rechtssystems, S. 83; vgl. ders., ARSP 78 (1992), S. 152; ders., Rechtstheorie 25 (1994), S. 183; vgl. auch die Unterscheidung von Raz, Concept of a Legal System, S. 214 zwischen „deliberative stage" und „executive stage".
201 Sieckmann, Regelmodelle und Prinzipienmodelle des Rechtssystems, S. 84.
202 Ders., a.a.O., S. 83 f.
203 Sieckmann, Regelmodelle und Prinzipienmodelle des Rechtssystems, S. 69. Die Aussagen Alexys zum Festsetzungsgehalt von Regeln und Prinzipien sind dagegen weniger eindeutig. In einer frühen Arbeit zur Prinzipientheorie unterscheidet er zwischen idealem und realem Sollen. Prinzipien enthielten ideales Sollen, Regeln reales Sollen. Ideales Sollen verlange möglichst weitgehende oder approximative Erfüllung. Ein Sollen, das nur entweder erfüllt oder nicht erfüllt werden könne, also keiner weiteren Festsetzung mehr bedürfe, sei als reales Sollen zu bezeichnen (Alexy, Zum Begriff des Rechtsprinzips, S. 80 f.). Danach sind jedenfalls Normen ohne jeden Festsetzungsgehalt Prinzipien, Normen mit vollständigem Festsetzungsgehalt Regeln. In der „Theorie der Grundrechte" wird diese Terminologie wegen „sich leicht einstellender Mißverständnisse" weitgehend aufgegeben (ders., Theorie der Grundrechte, S. 120 Anm. 148). Hier führt er aus, Prinzipien wiesen keinen Festsetzungsgehalt im Hinblick auf gegenläufige Prinzipien und tatsächliche Möglichkeiten auf, während Regeln ein solcher Festsetzungsgehalt zukomme (ders., a.a.O., S. 88). Auch nach diesen Ausführungen sind jedenfalls Normen ohne jeden Festsetzungsgehalt Prinzipien, Normen mit vollständigem Festsetzungsgehalt Regeln. Unklar bleibt jedoch, wie Normen mit teilweisem Festsetzungsgehalt einzuordnen sind. Nach Alexys Charakterisierung in der früheren Arbeit handelt es sich mangels

zungsgehalts als Regel oder Prinzip klassifiziert werden. Normen mit teilweisem Festsetzungsgehalt können jedoch sowohl Prinzipien als auch Regeln sein.

Weist eine Norm vollständigen Festsetzungsgehalt auf, ist sie notwendig als Regel einzustufen. Weitere normative Festsetzungen in Abwägungen sind zur Anwendung dieser Norm weder erforderlich noch möglich. Weiterhin trifft es zu, daß Normen ohne Festsetzungsgehalt stets Prinzipien sind. Eine Subsumtion, die Anwendungsform von Regeln, kann mangels Festsetzungsgehalts nicht durchgeführt werden. Jenseits dieser beiden klaren Fälle, also bei Normen mit teilweisem Festsetzungsgehalt, liegt der Fall weniger einfach.

Zunächst ist darauf hinzuweisen, daß eine Entscheidung der Frage, ob Normen mit teilweisem Festsetzungsgehalt als Regeln oder Prinzipien einzuordnen sind, von hohem Interesse ist, und zwar sowohl in theoretischer wie praktischer Hinsicht. Derartige Normen kommen zahlreich vor. Die in modernen Rechtssystemen häufigen – bereits bei der Diskussion um den unterschiedlichen prima facie-Charakter von Regeln und Prinzipien dargestellten[204] – nicht strikten Regeln sind Normen mit teilweisem Festsetzungsgehalt. Dies gilt jedoch nur für die Regeln im weiteren Sinne, nicht für die Regeln im engeren Sinne.[205] Die Regeln im engeren Sinne auf der ersten Stufe der Anwendung nicht strikter Regeln weisen vollständigen Festsetzungsgehalt auf. Das Problem der Anwendung nicht strikter Regeln besteht nicht in der Ermittlung der Frage, was sie verlangen, sondern ob sie ohne Ausnahmeklauseln zutreffende normative Festsetzungen darstellen. Die Regel im weiteren Sinne (Regel im engeren Sinne mit Ausnahmeklausel), im genannten Beispiel „Es ist links zu überholen, wenn nicht Prinzipien anderes gebieten", dagegen weist keinen vollständigen Festsetzungsgehalt auf. Denn bei der Anwendung dieser Norm ist zu entscheiden, ob sie eine Ausnahmeklausel aufweist und wenn ja, ob im konkreten Fall anhand von Prinzipienabwägungen eine Ausnahme geboten ist. Die letztere Entscheidung setzt eine Abwägung der relevanten Prinzipien voraus, in der normative Festsetzungen zu treffen sind.[206] Dennoch handelt es sich bei diesen Normen nicht um Prinzipien. Hiervon geht auch Sieckmann aus, und führt als Grund an,

---

vollständigen Festsetzungsgehalts um Prinzipien, nach der in der „Theorie der Grundrechte" dürfte er von Regeln ausgehen, da Prinzipien keinen Festsetzungsgehalt aufweisen sollen.
204 Siehe 1. Teil, 2. Abschnitt, I. 2. g) bb).
205 Vgl. ebenda.
206 Auf den ersten Blick scheint bei den häufigen Regeln im weiteren Sinne eine Mischform von Regeln und Prinzipien vorzuliegen (vgl. Dworkin, Taking Rights Seriously, S. 28; H.-J. Koch, Zur Methodenlehre des Rechtspositivismus, S. 156; ders., Die normtheoretische Basis der Abwägung, S. 18 f.; ders., Diskussionsbeitrag, S. 49; Peters, ZÖR 51 (1996), S. 164). Dann könnte man, bezogen auf den Festsetzungsgehalt, im Sinne einer vermittelnden Ansicht eine Unterscheidung von Regeln und Prinzipien nach dem Maß des Festsetzungsgehalts treffen. Erst ab einer bestimmten Quantität an Festsetzungsgehalt wäre eine Norm als Regel einzustufen. Diese Unterscheidung führt jedoch zu kaum lösbaren Abgrenzungsschwierigkeiten, denn eine derartige Grenze des Maßes an Festsetzungsgehalt dürfte nur höchst schwer zu bestimmen sein. Derartige Unsicherheit verträgt sich nicht mit einer normtheoretischen Klassifizierung schlecht. Nur der Klarheit halber sei zudem hervorgehoben, daß mit dieser Unterscheidung der Standpunkt der starken Trennungsthese verlassen wird. Mit dem quantifizierbaren Kriterium des Maßes an Festsetzungsgehalt bestünde zwischen Regeln und Prinzipien nur ein gradueller Unterschied. Wer diese Unterscheidung vertritt, nimmt den Standpunkt der schwachen Trennungsthese ein.

es sei nicht sinnvoll, derartige Normen als Prinzipien bezeichnen. Anderenfalls könne die Unterscheidung von Regeln und Prinzipien nicht innerhalb des Prinzipienmodells des Rechtssystems getroffen werden, da in diesem Modell alle Regeln in ihrer Geltung von Prinzipien abhingen.[207] Das entscheidende Argument besteht jedoch darin, daß Regeln im weiteren Sinne die für Prinzipien kennzeichnende Dimension des Gewichts fehlt. Die Regel im weiteren Sinne ist von Abwägungen abhängig, sie selbst wird aber nicht abgewogen. Auf der zweiten Stufe der Anwendung wird eben nicht die Regel selbst in die Abwägung eingestellt, sondern es werden ausschließlich andere Normen eingestellt. Die Regel selbst nimmt an der zur Bestimmung ihres definitiven Geltungsbereichs erforderlichen Abwägung nicht selbst als Grund teil. Dies entspricht der Unterscheidung Sieckmanns von bloß abwägungsabhängigen Normen als Regeln und Normen, die an der zur Bestimmung ihres Geltungsbereichs erforderlichen Abwägung selbst teilnehmen, als Prinzipien.[208] Nicht strikte Regeln sind daher Normen mit teilweisem Festsetzungsgehalt, die Regeln im Sinne der Prinzipientheorie darstellen.[209]

Andererseits gibt es auch Normen mit teilweisem Festsetzungsgehalt, die Prinzipien im Sinne der Prinzipientheorie darstellen. Normen, die selbst abwägungsfähig sind, können durch Abwägungen ausschließlich anderer Normen begründet werden. Sieckmann bezeichnet derartige Normen als Konkretisierungen. Als Beispiel nennt er ein Gesetz, in dem bestimmte Anlagen zur Vermeidung von Emissionen und damit verbundenen Gesundheitsgefährdungen vorgeschrieben werden. Der Gesetzgeber treffe damit eine Entscheidung für den Vorrang des Schutzes der Gesundheit vor der Berufs- oder Eigentumsfreiheit. Er könne aber zulassen, daß einzelne Betriebe aus Gründen, die in der gesetzlichen Regelung nicht berücksichtigt würden, von dieser Pflicht befreit würden. Als derartiger Grund komme die Gefährdung der Existenz eines Betriebes in Betracht.[210] Es stellt sich die Frage, wieso das Gesetz nicht eine nicht strikte Regel im oben dargelegten Sinne darstellt. Die Antwort auf diese Frage besteht darin, daß eine bloße Überprüfung, ob das Gesetz seiner Formulierung nach die zutreffende normative Festsetzung angesichts aller kollidierenden Prinzipien darstellt, einen entscheidenden Aspekt vernachlässigen würde. Denn es wäre möglich, daß der Rechtsanwender entgegen der Auffassung des Gesetzgebers in den geregelten Fällen einen Vorrang der Berufs- oder Eigentumsfreiheit annähme. An die Grundentscheidung des Gesetzgebers sei der Rechtsanwender jedoch gebunden. Deswegen sei das Gesetz als prinzipielles Gebot der Verwendung bestimmter Anlagen zur Verhinderung von Emissionen mit sonstigen, noch nicht berücksichtigten Prinzipien abzuwägen. Das Gewicht des Gesetzes ergebe sich daraus, wie sehr das Prinzip des Gesundheitsschutzes das der Berufs- oder Eigentumsfreiheit überwiegt.

Dieses Beispiel legt zutreffend dar, daß Normen mit teilweisem Festsetzungsgehalt auch Prinzipien darstellen können. Wenn Normen mit teilweisem Festsetzungsgehalt

---

207 Sieckmann, Regelmodelle und Prinzipienmodelle des Rechtssystems, S. 150 f.
208 Ders., a.a.O., S. 57 f., 75.
209 Vgl. Enderlein zu derartigen Normen mit „Geltung des ersten Anscheins" als Regeln, Enderlein, Abwägung in Recht und Moral, S. 93 f.
210 Sieckmann, Regelmodelle und Prinzipienmodelle des Rechtssystems, S. 68.

aber auch, wie oben dargelegt, Regeln darstellen können, stellt sich die Frage, ob denn nicht ein Widerspruch vorliegt. Normen können nur entweder Regeln oder Prinzipien sein, nicht aber beides zugleich.[211] Die Antwort lautet: Zwar kann nicht ein und dieselbe Norm gleichermaßen Regel und Prinzip sein. Aber ein und derselbe Normsatz[212] kann sowohl im Sinne einer bloß abwägungsabhängigen Norm mit teilweisem Festsetzungsgehalt interpretiert werden als auch im Sinne einer Norm mit teilweisem Festsetzungsgehalt, die in der erforderlichen Abwägung selbst als Grund zu berücksichtigen ist. Im ersten Fall deutet man die Norm als Regel, im zweiten als Prinzip.[213] Der entscheidende Unterschied besteht in der Frage, ob man der Norm selbst die Dimension des Gewichts zuschreibt, die Eigenschaft, die allein Prinzipien zukommt. In diesem Sinne kann man sagen, ob eine Norm eine Regel oder ein Prinzip sei, könne man dem Inhalt der Norm nicht von vornherein ansehen.[214] Damit ist Sieckmann zu widersprechen, eine Norm mit teilweisem Festsetzungsgehalt ist nicht stets ein Prinzip.

Im übrigen ist Sieckmanns Terminologie zur Kennzeichnung des Festsetzungsgehalts von Normen nicht ohne Probleme. Er bezeichnet Prinzipien ohne Festsetzungsgehalt als Ideale, Prinzipien mit teilweisem Festsetzungsgehalt als Konkretisierungen. Der Begriff der Konkretisierung besitzt jedoch eingeführte Bedeutungen in Rechtstheorie[215] und Verfassungsrecht.[216] Um Mißverständnisse zu vermeiden, sollte er im Kontext der Prinzipientheorie nicht in Bedeutungen verwendet werden, die von eingebürgerten Bedeutungen in anderen Bereichen abweichen. In dieser Untersuchung wird im folgenden zwischen Prinzipien mit teilweisem Festsetzungsgehalt und Prinzipien ohne Festsetzungsgehalt unterschieden.

bb) *Die komplexe Unterscheidung zwischen Regeln und Prinzipien*

Die bei Alexy eher einfache Unterscheidung von Regeln und Prinzipien ersetzt Sieckmann durch eine komplexe Unterscheidung. Der Sache nach besteht insofern kein wesentlicher Unterschied, als sich die Grundgedanken, auf denen seine drei Unterscheidungskriterien aufbauen, auch schon bei Dworkin und Alexy finden.[217] Seine komplexe Unterscheidung führt durchaus weiter, es sollte aber noch stärker betont werden, daß der maßgebende Unterschied darin besteht, daß Prinzipien die Dimension des Gewichts aufweisen und selbst in Abwägungen einzustellen sind. Die Unterscheidung strikter und nicht strikter Normen sowie die von bloß abwägungsabhängigen oder selbst in Abwä-

---

211 Alexy, Theorie der Grundrechte, S. 77; Borowski, JöR 50 (2002), S. 314.
212 Hier wie im folgenden wird der semantische Normbegriff vorausgesetzt, vgl. hierzu näher 1. Teil, 3. Abschnitt, I. 2. b) bb).
213 Zur Ermittlung der Natur einer Norm als Regel oder Prinzip durch Auslegung siehe auch 1. Teil, 2. Abschnitt, III. 1.
214 Enderlein, Abwägung in Recht und Moral, S. 98 f.
215 Vgl. nur Engisch, Die Idee der Konkretisierung in Recht und Rechtswissenschaft unserer Zeit.
216 Vgl. statt vieler K. Hesse, Grundzüge des Verfassungsrechts[20], Rn 60 ff.
217 Vgl. zu strikt geltenden Normen als Regeln Alexy, Theorie der Grundrechte, S. 76; dazu, daß Maximierungsgebote keine Prinzipien darstellen, Alexy, a.a.O., S. 80 f. Anm. 37; zu bloß abwägungsabhängigen Normen als Regeln Dworkin, Taking Rights Seriously, S. 28; Alexy, a.a.O., S. 88 f.

gungen einzustellenden Normen besitzt jeweils auch in der Analyse der Struktur grundrechtlicher Normen hohe Bedeutung. Dies gilt weniger für die Unterscheidung der deskriptiven oder auch normativen Bestimmung des Geltungsbereichs von Normen. Es ist keine grundrechtliche Norm ersichtlich, die ernsthaft als Kandidat für ein bloßes Maximierungsgebot in Betracht kommt.

cc) *Die Unterscheidung von Abwägungs- und Handlungsstufe*

Auch die Unterscheidung zwischen einer Abwägungs- und Handlungsstufe des Rechts trifft in einem Rechtssystem wie dem der Bundesrepublik Deutschland, in dem in zahlreiche Regeln aufgrund von Prinzipienkollisionen Ausnahmeklauseln eingefügt werden können, einen wichtigen Punkt. Die Unterscheidung zwischen diesen beiden Stufen der Rechtsanwendung ergibt sich aber der Sache nach ebenso bereits aus dem Kollisionsgesetz, nach dem bei der Lösung einer Prinzipienkollision durch Abwägung eine Regel entsteht. Die Abwägung der Prinzipien erfolgt auf der Abwägungsstufe der Rechtsanwendung, die Subsumtion der Regel, die gemäß dem Kollisionsgesetz entsteht, auf der Handlungsstufe.

dd) *Ergebnis*

Auch die Unterscheidung zwischen normativen Aussagen und Argumenten sowie die zwischen universellen und existentiellen Handlungsgeboten trifft jeweils etwas Richtiges, insbesondere letztere wird im Laufe der weiteren Untersuchung aufgenommen werden.[218] Bei aller weiteren, aus rechtstheoretischer Sicht zu begrüßenden Präzisierung der Prinzipientheorie darf jedoch nicht übersehen werden, daß mit steigender Kompliziertheit ein entscheidender Vorteil der Prinzipientheorie, ihre intuitive Plausibilität, zunehmend in den Hintergrund tritt.

4. Einwände gegen die starke Trennungsthese

Gegen die normstrukturelle Unterscheidung von Regeln und Prinzipien werden verschiedene Einwände vorgebracht. Die Kritiker der starken Trennungsthese verbindet die Ansicht, eine klassifikatorische normstrukturelle Unterscheidung sei nicht möglich. Ob überhaupt, auf welcher Ebene und mittels welcher Kriterien eine Unterscheidung begründet werden kann, wird nicht einheitlich beurteilt. Im folgenden kann und soll nur eine Auswahl von Einwänden in den Blick genommen werden.[219]

---

218 Siehe vor allem 2. Teil, 1. Abschnitt, II. 1.
219 Zum Einwand, die Deutung von Prinzipien als Optimierungsgebote führte notwendig zum Verlust des deontologischen Status' dieser Rechtsnormen (insbesondere Habermas, Faktizität und Geltung, S. 310 f.; ders., Die Einbeziehung des Anderen, S. 367 ff.) siehe Alexy, Zur Struktur der Rechtsprinzipien, S. 48 ff. Gegen den Gedanken der Optimierung schlechthin ist geltend gemacht worden, in vielen Fällen sei „ausreichend" genug, es müßte kein Optimum angestrebt werden, Slote, Beyond Optimizing. Im Rahmen eines Prinzipienmodells gegen diese Erwägung Sieckmann, ARSP 90 (2004), S. 73 Anm. 21.

a) Ulrich Penski

Ulrich Penski unterscheidet Regeln und Prinzipien nach der Bestimmbarkeit des ge- oder verbotenen beziehungsweise erlaubten Verhaltens. Regeln, oder in seiner Terminologie „Rechtsregeln", seien „Normen, die ein der Art nach bestimmtes Verhalten gebieten oder verbieten".[220] Für ein Prinzip, oder in seiner Terminologie „eine Norm als Rechtsgrundsatz" spreche „in entscheidender Weise" die „Unbestimmtheit der Verhaltensanordnung wie Allgemeinheit des Adressatenkreises".[221]

Seiner Auffassung nach sei die Einschränkung eines Gebots relativ auf die rechtlichen und tatsächlichen Möglichkeiten im Sinne eines Alexyschen Optimierungsgebotes völlig unbestimmt und drücke nur einen allgemeinen Weltbezug aus.[222] Zwar seien aufgrund der Unbestimmbarkeit des durch Rechtsgrundsätze gebotenen Verhaltens Kollisionen unvermeidbar und durch Abwägung zu lösen.[223] Die Relativierung auf die rechtlichen und tatsächlichen Möglichkeiten sei jedoch nicht in das Gebot zu inkorporieren, sondern erst ein Ergebnis der Anwendung.[224] Der Gebotscharakter von Rechtsregeln und Rechtsgrundsätzen unterscheide sich nicht.[225] Das Erfordernis der Abwägung als Teilgrundsatz des Grundsatzes der Verhältnismäßigkeit folge nicht aus dem Prinzipiencharakter von Normen. Vielmehr diene der Verhältnismäßigkeitsgrundsatz dem „übergeordneten Grundsatz der Bestandswahrung rechtgrundsätzlicher Ziele".[226]

Mit der Ablehnung der Relativierung des Gebots auf die rechtlichen und tatsächlichen Möglichkeiten lehnt Penski es ab, diese Relativierung in den Norminhalt aufzunehmen. Damit lehnt er zugleich ab, Prinzipien als Optimierungsgebote zu verstehen. Diese Kritik trifft aber nicht den Ansatz, als Prinzipien die Normen anzusehen, die die Realisierung eines Optimierungsziels gebieten, des Gegenstands eines Optimierungsgebots.[227] Optimierungsgebote sind danach Regeln, die die spezifische Geltungsweise von Prinzipien explizieren.[228] Implizit lehnt Penski diese Auffassung ab, indem er lediglich die Bestimmtheit des gebotenen Verhaltens und nicht verschiedene Arten der Geltungsweise für erheblich hält.

Nach Penski verbiete die resultierende „völlige Unbestimmtheit"[229] des Gebots, die Relativierung in den Norminhalt aufzunehmen. Diese Argumentation setzt voraus, daß nur inhaltlich bestimmte Gebote normenlogisch formulierbar sind. Dies trifft jedoch nicht zu, der Inhalt einer prinzipiell oder definitiv geltenden Norm kann – normenlogisch – sehr unbestimmt sein. Bei der Rechtsanwendung entsteht dann das Problem, die

---

220 Penski, JZ 1989, S. 108, vgl. S. 110.
221 Ders., a.a.O.
222 Ders., a.a.O., S. 109.
223 Ders., a.a.O., S. 110.
224 Ders., a.a.O., S. 109.
225 Ders., a.a.O., S. 110: „Der Forderungscharakter beider Normarten ist im wesentlichen der gleiche."
226 Ders., a.a.O., S. 110 Anm. 51.
227 Zum Unterschied zwischen Optimierungsgeboten und Gegenständen dieser Optimierungsgebote vgl. Sieckmann, Regelmodelle und Prinzipienmodelle des Rechtssystems, S. 63 ff.; ders., Rechtstheorie 25 (1994), S. 168.
228 Siehe bereits 1. Teil, 2. Abschnitt, II. 2. g) aa).
229 Penski, JZ 1989, S. 109.

Unbestimmtheit auszuräumen. Dies entsteht aber ebenso, wenn die Relativierung auf die tatsächlichen und rechtlichen Möglichkeiten nicht in den Norminhalt aufgenommen wird.

Nach Penski folgt das Erfordernis der Abwägung nicht aus dem Prinzipiencharakter einer Norm. Vielmehr folge es aus der Unbestimmbarkeit des durch Rechtsgrundsätze gebotenen Verhaltens. Die Bestimmbarkeit des durch eine Norm gebotenen Verhaltens ist eine abstufbare Eigenschaft, also eine Sache des Grades. Zwischen den Anwendungsformen von Regeln und Prinzipien, oder in Penskis Terminologie Rechtsregeln und Rechtsgrundsätzen, der Subsumtion und der Anwendung des Grundsatzes der Verhältnismäßigkeit, besteht jedoch kein fließender Übergang. Der klare Zusammenhang zwischen der Struktur einer Norm, Regel oder Prinzip, und der Anwendungsform dieser Norm, Subsumtion oder Abwägung, der in der Prinzipientheorie in der von Alexy und Sieckmann entwickelten Form besteht, geht bei Penski verloren.

Die Prinzipientheorie Penskis vernachlässigt darüber hinaus die fundamentale Eigenschaft von Prinzipien, einen Grund für andere Normen bzw. einzelne rechtliche Entscheidungen zu bilden.[230] Seine Unterscheidung zwischen Rechtsregeln und Rechtsgrundsätzen kann daher nicht überzeugen.

b) Aulis Aarnio

Aulis Aarnio leugnet die Möglichkeit der Unterscheidung von Regeln und Prinzipien grundsätzlich. Sowohl die starke wie auch die schwache Trennungsthese träfen nicht zu.[231] Vielmehr vollziehe sich der Übergang von Regeln zu Prinzipien stufenlos und könne auf einer Stufenleiter mit vier Stufen illustriert werden. Diese Stufenleiter bestehe aus „rules", „principle-like rules", „rule-like principles" und „principles".[232] Aarnio begründet seine These mit Hilfe der Unterscheidung zwischen der „all-things-considered-Bedeutung" und der „prima facie-Bedeutung". Die Bedeutung eines Normsatzes vor seiner Interpretation, die man ihm aufgrund unserer grundsätzlichen Kenntnis der Sprache zuordne, sei die prima facie-Bedeutung.[233] Die Interpretation des Normsatzes im Rahmen der Anwendung der Norm könne aber dazu führen, daß das auf die prima facie-Bedeutung gestützte Argument durch eine andere Norm überspielt werde. Diese Berücksichtigung aller relevanten Argumente führe zur „all-things-considered-Bedeutung".[234]

Auf der Ebene der Normsätze gebe es keine strikten Grenzen zwischen Regeln und Prinzipien. Die Normsätze, die Regeln und Prinzipien ausdrücken, könnten gleicherma-

---

230 Zur Eigenschaft von Prinzipien als Gründen Esser, Grundsatz und Norm in der richterlichen Fortbildung des Privatrechts, S. 51 f.; Larenz, Richtiges Recht, S. 26; Alexy, Zum Begriff des Rechtsprinzips, S. 66; ders., Theorie der Grundrechte, S. 93 ff.; Sieckmann, Regelmodelle und Prinzipienmodelle des Rechtssystems, S. 52, 75, 86 f.; ders., ARSP 78 (1992), S. 151; ders., Zur Abwägungsfähigkeit von Prinzipien, S. 209; ders., Rechtstheorie 25 (1994), S. 169.
231 Aarnio, Taking Rules Seriously, S. 181.
232 Ders., a.a.O., S. 184.
233 Ders., a.a.O., S. 185.
234 Ders., a.a.O.

ßen vage und kognitiv offen sein. Darüber hinaus seien Prinzipien notwendig evaluativ offen, während dies bei Regeln und den Zwischenformen lediglich möglich sei.[235] Auf der sprachlichen Ebene liege die schwache Trennungsthese im Sinne einer wittgensteinschen Familienähnlichkeit nahe.[236]

Vor der Anwendung einer Norm sei eine Unterscheidung damit nicht möglich. Die Prozedur der Anwendung führe zur Berücksichtigung aller relevanten Argumente. Die „all-things-considered-Bedeutung" von Normen sei damit stets eine Regel des entweder/oder-Typs.[237] Aarnio führt das Beispiel des Prinzips der Gleichheit an, das interpretiert eine Regel darstelle.[238] Nach der Anwendung sei ebenfalls kein struktureller Unterschied feststellbar.

Aarnio wendet gegen die Konzeption Alexys ein, Optimierungsgebote drückten eine Regel aus, entweder werde optimiert oder nicht.[239] Regeln und Prinzipien hätten daher die gleiche deontische Natur. Vom Standpunkt der Interpretation seien Regeln und Prinzipien axiologische, keine deontischen Phänomene. Folglich treffe weder die starke noch die schwache Trennungsthese zu.[240] Die Behauptung Aarnios, Optimierungsgebote könnten entweder nur erfüllt oder nicht erfüllt werden, und hätten somit Regelcharakter, trifft zu. Jedoch handelt es sich um eine besondere Form von Regeln. Mit der Relativierung auf die rechtlichen und tatsächlichen Möglichkeiten wird die Geltung von Prinzipien vorausgesetzt.[241] Auch hier hilft eine Unterscheidung zwischen Optimierungsgebot und Gegenstand des Optimierungsgebots weiter. Das Optimierungsgebot kann stets entweder nur erfüllt oder nicht erfüllt werden. Aber der Gegenstand des Optimierungsgebots, also das Optimierungsziel, kann in unterschiedlichem Maße erfüllt werden. Das Gebot, dieses Optimierungsziel zu erreichen, ist Grundlage der Definition des Begriffs des Prinzips.[242] Jedem Prinzip im Sinne des Gebots, ein Optimierungsziel zu erreichen, korrespondiert ein Optimierungsgebot in Form einer Regel.[243] Die Eigenschaft des Optimierungsgebots als Regel spricht damit, wie bereits ausgeführt, nicht gegen die starke Trennungsthese.[244]

Aarnio schließt von der Tatsache, daß Regeln und Prinzipien die gleiche deontologische Natur aufweisen, auf die Verbindungsthese.[245] Dieser Schluß ist nicht zwingend. Der normstrukturelle Unterschied zwischen Regeln und Prinzipien liegt in der Struktur des Norminhalts und der Geltungsweise, nicht in der deontischen Modalität.[246] Regeln

---

235 Ders., a.a.O., S. 187.
236 Ders., a.a.O., S. 186 f.
237 Ders., a.a.O., S. 192.
238 Ders., a.a.O., S. 187.
239 Ders., a.a.O.
240 Ders., a.a.O., S. 188.
241 Sieckmann, Regelmodelle und Prinzipienmodelle des Rechtssystems, S. 75; vgl. Alexy, Theorie der Grundrechte, S. 124.
242 Sieckmann, Regelmodelle und Prinzipienmodelle des Rechtssystems, S. 66.
243 Ders., ARSP 78 (1992), S. 151 f.; ders., Zur Abwägungsfähigkeit von Prinzipien, S. 207.
244 Vgl. bereits 1. Teil, 2. Abschnitt, I. 2. g) aa).
245 Aarnio, Taking Rules Seriously, S. 192.
246 Sieckmann, Regelmodelle und Prinzipienmodelle des Rechtssystems, S. 87. Zwar besteht insofern die Besonderheit, daß Prinzipien (in Sieckmanns Terminologie Prinzipien in engerem Sinne) stets

sind normative Aussagen oder die Bedeutung solcher Aussagen,[247] während Prinzipien die Realisierung eines Optimierungsgegenstandes gebieten und normative Argumente darstellen,[248] aber beide verwenden gleichermaßen den deontischen Gebotsoperator. Aarnios Einwände sind daher nicht begründet.

c) Klaus Günther

Nach Klaus Günther liegt der Unterschied von Regeln und Prinzipien nicht in der Normstruktur, sondern in der unterschiedlichen Anwendung dieser Normen in komplexen Situationen.[249] Zur Begründung seiner These nimmt er John Searles Unterscheidung von drei verschiedenen Interpretationen der Kollision von prima facie-Normen auf.

Nach Searles erster Interpretation, die auf W. D. Ross zurückgehe,[250] verpflichten prima facie-Normen nur scheinbar, sie stellen daher keine rechtlichen (oder moralischen) Gebote dar. Lediglich die definitiven Normen verpflichten rechtlich. Dann besteht im Fall der Kollision von prima facie-Normen keine wirkliche Kollision im Sinne einer Kollision rechtlicher Gebote. Die prima facie-Norm kann die definitive Norm auch nicht implizieren.[251]

In der zweiten Interpretation weist auch die prima facie-Norm den – wenn auch schwachen – Charakter einer Verpflichtung auf. Zwischen dieser und definitiven Normen bestehe eine logische Beziehung insofern, als aus der prima facie-Norm eine definitive Norm werde, wenn die prima facie-Norm in der gegebenen Situation alle anderen Normen überspielt. Unabhängig von den Anwendungsbedingungen lasse sich nicht festlegen, ob eine Norm bloßen prima facie- oder definitiven Charakter aufweise.[252]

Die dritte Interpretation besteht darin, in dem Unterschied zwischen prima facie- und definitiven Verpflichtungen verschiedene Arten zu sehen, Gründe für Handlungen zu nennen. Der Unterschied liege nicht auf der Ebene der Verpflichtung, sondern im Umfang an mitgeteilten Informationen. Searle führt für prima facie-Verpflichtungen und definitive Gebote jeweils verschiedene deontische Operatoren ein.[253]

Gegen die erste Interpretation spricht, daß ein Konflikt geleugnet wird.[254] Nach Günther ist auch die zweite Interpretation nicht zutreffend. Sie führe zu der „absurden

---

    die deontische Modalität des Gebots aufweisen, während die Normen, deren Geltung durch das Prinzip geboten ist (in Sieckmanns Terminologie Prinzipien im weiteren Sinne), auch die deontische Modalität der Erlaubnis aufweisen können, ders., a.a.O., S. 77 f. Die deontische Modalität des Gebots folgt aber in beiden Fällen den gleichen Gesetzen.
247 Ders., Regelmodelle und Prinzipienmodelle des Rechtssystems, S. 86; ders., Zur Abwägungsfähigkeit von Prinzipien, S. 209; ders., ARSP 78 (1992), S. 151.
248 Ders., Regelmodelle und Prinzipienmodelle des Rechtssystems, S. 87; ders., Zur Abwägungsfähigkeit von Prinzipien, S. 205 ff.; ders., ARSP 80 (1994), S. 241.
249 Günther, Der Sinn für Angemessenheit, S. 270.
250 Searle, Prima Facie Obligations, S. 81 f.
251 Ders., a.a.O., S. 82.
252 Ders., a.a.O., S. 86.
253 Ders., a.a.O., S. 89.
254 Ders., a.a.O., S. 82.

Schlußfolgerung",[255] daß zwischen zwei Geltungsbegriffen zu unterscheiden sei. Bei der prima facie-Geltung sei unklar, in welchem Grade sie verpflichte, die absolute Geltung hingegen dürfe nicht eingeschränkt werden.[256] Er will den Ansatz Searles, der die dritte Interpretation zugrunde legt, weiterführen. Alexys Beschreibung des Kollisionsverhaltens von Normen lege nahe, die Unterscheidung von Regeln und Prinzipien habe weniger mit der Normstruktur als mit der Anwendung von Normen in komplexen Situationen zu tun.[257] Im Fall der Regelanwendung seien Angemessenheitserwägungen aufgrund institutioneller Einschränkungen ausgeschlossen, im Fall der Anwendung von Prinzipien nicht.[258] Die Kollision von prima facie- und definitiven Normen sei kein Geltungsproblem, welches im Begründungsdiskurs zu erörtern sei, sondern ein Problem der Angemessenheit und daher in einem Anwendungsdiskurs zu klären.[259] Der Begründungsdiskurs dagegen könne nur zur Begründung von prima facie-Normen führen.[260]

Zutreffend ist, daß die erste Interpretation Searles das Konfliktverhalten von Prinzipien nicht zutreffend rekonstruiert. Günthers Kritik an der zweiten Interpretation ist jedoch unberechtigt. Zwar kommt es zu verschiedenen Geltungsweisen von Regeln und Prinzipien. Prinzipien als prima facie-Normen enthalten ideales Sollen und stellen normative Argumente dar. Ohne Berücksichtigung von Merkmalen der Anwendungssituation gebieten sie prima facie alle Handlungen, die das Erreichen des Optimierungsgegenstandes fördern. Berücksichtigt man die Merkmale der Anwendungssituation, so kann durch Berücksichtigung der tatsächlichen Möglichkeiten und Abwägung mit kollidierenden Prinzipien ermittelt werden, welche Handlungen definitiv geboten sind. Weiter ist die Unmöglichkeit der Einschränkung absoluter Geltung von Regeln keine negative Eigenschaft. Der Grund für diese Eigenschaft besteht darin, daß alle Belange, die zur Begründung einer Einschränkung der Geltung einer Norm angeführt werden könnten, bereits berücksichtigt sind. Diese Unterscheidung ist damit keine „absurde Schlußfolgerung",[261] sondern eine Rekonstruktion der spezifischen Geltungsweise von Regeln und Prinzipien. Günthers Kritik an der zweiten Interpretation Searles zur Kollision von prima facie-Normen überzeugt nicht.

Der Ansatz Searles, dem Günther folgt, wirft dagegen seinerseits Probleme auf. Kennzeichnend für prima facie-Normen ist, daß nicht alle relevanten Prämissen zur Begründung angeführt werden. Der grundsätzliche Inhalt des Sollens ist jedoch unabhängig davon, ob nur einige oder alle relevanten Prämissen zu ihrer Begründung verwendet werden. Der Übergang von prima facie-Normen zu definitiven Normen besteht

---

255 Günther, Der Sinn für Angemessenheit, S. 265.
256 Ders., a.a.O.
257 Ders., a.a.O., S. 270.
258 Ders., a.a.O.
259 Ders., a.a.O., S. 267. Auf die für Günthers Theorie fundamentale Unterscheidung von Begründungs- und Anwendungsdiskurs, der Jürgen Habermas gefolgt ist (Habermas, Faktizität und Geltung, S. 266 ff. et passim), kann hier nicht näher eingegangen werden. Vgl. hierzu insbesondere Alexy, Festschrift Krawietz, S. 3 ff.; sowie auch Borowski, German Yearbook of International Law 44 (2001), S. 59.
260 Günther, Der Sinn für Angemessenheit, S. 94.
261 Ders., a.a.O., S. 265.

daher in einem Übergang von einer unvollständigen zu einer vollständigen Begründung.[262] Die Einführung verschiedener deontischer Operatoren[263] ist weder erforderlich noch hilfreich, dies angemessen zu rekonstruieren. Weiterhin leugnet die dritte Interpretation der Kollision von prima facie-Normen, der Searle und Günther folgen, eine logische Beziehung zwischen prima facie- und definitiven Normen.[264] Der Übergang von prima facie-Normen zu definitiven Normen kann damit nicht erklärt werden. Weiterhin ist die Theorie Günthers mit allen Problemen verbunden, die aus der Unterscheidung von Begründungs- und Anwendungsdiskurs folgen. Auch ist ein Regel/Prinzipienmodell reichhaltiger als Günthers Modell. Es kann die unterschiedliche Behandlung von Normen nicht nur auf der Ebene der Anwendung abbilden, sondern zusätzlich auf der Ebene der Norm. Darüber hinaus läßt sich in Günthers Modell die Einschränkung von Rechten nicht rekonstruieren.[265] Seine Kritik an der starken Trennungsthese überzeugt nicht.

d) Giovanni Sartor

Giovanni Sartor entwickelt seine Kritik an der Prinzipientheorie im Rahmen eines Modells der formalen Analyse juristischer Argumentation. Sein Modell stellt eine Variante der Theorien des „nonmonotonic reasoning" dar. Während in einer monotonen Logik durch Hinzufügen neuer Prämissen alte Schlüsse nicht widerlegt werden können, sondern nur neue Schlüsse möglich werden, soll dies in Systemen nichtmonotoner Logik anders liegen. Durch Hinzufügen neuer Prämissen könnten Schlüsse, die unter Berücksichtigung der alten Prämissenmenge gültig waren, ungültig werden.[266] Eine Theorie der deduktiven Begründung, rekonstruiert im System monotoner Logik, könne das die juristische Argumentation kennzeichnende Verhältnis von Grund und Gegengrund nicht adäquat erfassen.[267] Deduktive Begründungen in monotoner Logik formulierten Rechtsnormen als „perfect conditional norm", dessen Vordersatz hinreichende Begründung für den Hintersatz sei.[268] Eine adäquate Rekonstruktion der Argumentationsprozesse aber verlange danach, einem rechtswissenschaftlichen Schluß den Status als „vorläufig akzeptabel" zuzuerkennen. Es wird daher eine Schlußregel zwischen Antezedens und Konsequenz gebildet, die „defeasible" sei. Defeasibility soll die Eigenschaft einer Norm

---

262 Sieckmann, Regelmodelle und Prinzipienmodelle des Rechtssystems, S. 81.
263 Searle, Prima Facie Obligations, S. 89.
264 Ders., a.a.O.
265 Alexy, Zur Kritik des Rechtspositivismus, S. 22 Anm. 45; ders., Begriff und Geltung des Rechts, S. 123 Anm. 102; ders., Zur Struktur der Rechtsprinzipien, S. 37 f.
266 Sartor, Rechtstheorie 24 (1993), S. 296; ders., Ratio Juris 7 (1994), S. 191. Logisch folgen heißt, in der Prämissenmenge enthalten zu sein. Fügt man weitere Prämissen hinzu, vergrößert die Prämissenmenge, ist eine größere Anzahl logischer Folgerungen möglich. Das Hinzufügen von Prämissen kann aber nicht dazu führen, daß etwas, was vorher in der Prämissenmenge enthalten war, jetzt nicht mehr enthalten ist. Logik ist deshalb notwendig monoton. Bei nichtmonotoner Logik kann es sich lediglich um eine Logik in einem weiteren Sinne handeln, was von Sartor auch ausdrücklich eingeräumt wird, ders., Rechtstheorie 24 (1993), S. 301 Anm. 14.
267 Ders., Rechtstheorie 24 (1993), S. 301.
268 Ders., a.a.O., S. 282.

sein, durch Gegenargumente entkräftet werden zu können.[269] Dies entspricht der Eigenschaft von Prinzipien, durch kollidierende Prinzipien überspielt werden zu können. Nach Sartor stellt defeasability eine universelle Eigenschaft aller Rechtsnormen dar, folglich handele es sich bei allen Normen um Prinzipien im Sinne der Prinzipientheorie.[270] Eine Unterscheidung im Sinne der starken Trennungsthese sei nicht möglich, die Unterschiede seien vielmehr empirischer und gradueller Natur.[271]

Sartor weist zu Recht darauf hin, daß ein Erkenntnisfortschritt zur Revision früherer Urteile zwingen kann. Eine Regel, die man als in allen Anwendungsfällen anwendbar ansah, mag sich als unvollständig erweisen. Die alte Regel ist in diesem Fall um eine Ausnahmeklausel zu ergänzen. Auch sind die möglichen Ausnahmeklauseln nicht einmal theoretisch aufzählbar,[272] für die möglichen Ausnahmen zu Prinzipien gilt dies ohnehin. Insofern steht die Formulierung jeder Norm unter dem Vorbehalt eines weiteren Erkenntnisfortschritts: Jede Norm ist „defeasible".

Dies zwingt jedoch nicht, die Unterscheidung von Regeln und Prinzipien aufzugeben. Wenn eine Ausnahmeklausel in eine Regel eingeführt wird, kann dies insbesondere durch eine Prinzipienkollision begründet werden. Die Prinzipien werden in die Abwägung eingestellt, Abwägungsergebnis ist im Fall der vollständigen normativen Festsetzung eine Regel.[273] Durch den Erkenntnisfortschritt ist ein weiteres Prinzip in der Abwägung zu berücksichtigen, oder das Gewichtsverhältnis der bisher an der Kollision beteiligten Prinzipien verschiebt sich. Ist in dem fraglichen Rechtssystem die Geltung der Regeln von Prinzipienkollisionen abhängig,[274] wird durch den Erkenntnisfortschritt die Regel „widerlegt". Zwar läßt sich die Regel nicht unmittelbar durch kollidierende Prinzipien entkräften, dies gilt aber für die materiellen und formellen Prinzipien, die die Regel stützen. Ist die Regel nicht zutreffender Ausdruck der Vorrangrelation ihrer Stützungsprinzipien mit gegenläufigen Prinzipien, verliert sie ihre rechtliche Geltung. „Defeasability" ist insofern eine Eigenschaft, die auch in einem Regel/Prinzipienmodell durchaus Regeln zukommen kann. Daß jede Normformulierung unter dem Gesichtspunkt eines möglichen Erkenntnisfortschritts vorläufig sein muß, kann keinen Einwand gegen die starke Trennungsthese begründen.

---

269 Ders., a.a.O., S. 281. Zur Diskussion um „defeasibility" vgl. weiter Wang, Defeasibility in der juristischen Begründung; Brożek, Defeasibility of Legal Reasoning; ders., Law, Defeasibility and Logical Consequence, S. 69 ff.
270 Ders., a.a.O., S. 306; ders., Ratio Juris 7 (1994), S. 189.
271 Ders., Rechtstheorie 24 (1993), S. 306.
272 Dies wurde bereits als Ergebnis der Diskussion der Dworkinschen Unterscheidungskriterien von Regeln und Prinzipien festgehalten, siehe 1. Teil, 2, Abschnitt, I. 1. b) cc) aaa).
273 Im Fall der lediglich teilweisen normativen Festsetzung ist das Abwägungsergebnis dagegen ein Prinzip mit teilweisem Festsetzungsgehalt.
274 Interpretiert man die Abwehrrechte des Grundgesetzes als Prinzipien (zu dieser Frage 2. Teil, 3. Abschnitt, A.), dann gilt dies für einfachrechtliche Normen, die in den Schutzbereich eines Grundrechts eingreifen. Ein einfaches Gesetz, das – jedenfalls nach der Berücksichtigung eines adäquaten Spielraums für den demokratisch legitimierten Gesetzgeber – in keiner Interpretation das Ergebnis der Abwägung der kollidierenden grundrechtlichen Prinzipien sein kann, ist verfassungswidrig und damit nichtig.

5. Ergebnis

Damit kann festgehalten werden, daß alle Einwände gegen die normstrukturelle Unterscheidung von Regeln und Prinzipien im Sinne der starken Trennungsthese zurückzuweisen sind. Zwischen Regeln und Prinzipien besteht ein Unterschied in der Normstruktur. Prinzipien weisen eine Dimension des Gewichts auf, im Gegensatz zu Regeln handelt es sich um Normen, die in die zur Ermittlung ihres Anwendungsbereiches erforderliche Abwägung selbst einzustellen sind.

Die Prinzipientheorie hat den großen Vorteil, nicht nur eine normlogisch korrekte Rekonstruktion der Kollision von prima facie-Normen zu erlauben, sondern besitzt darüber hinaus eine hohe intuitive Plausibilität. Nicht zuletzt diese hohe intuitive Plausibilität bildet den Grund dafür, daß sie mittlerweile weite Verbreitung gefunden hat. So wird die Unterscheidung von Regeln und Prinzipien nicht nur im Bereich der Grundrechte für erheblich gehalten,[275] sondern auch im Rahmen der Rekonstruktion von Staatszielbestimmungen,[276] im Verwaltungsrecht,[277] dort insbesondere im Planungsrecht[278] und innerhalb der Lehre des verwaltungsrechtlichen Ermessens,[279] sowie auch im Strafrecht[280] und im Zivilrecht.[281]

---

275 Um nur eine Auswahl zu geben, interpretieren Grundrechte als Prinzipien: Alexy, Zum Begriff des Rechtsprinzips, S. 76 ff.; ders., Theorie der Grundrechte, S. 79 ff.; ders., Der Staat 29 (1990), S. 52 ff.; ders., Ratio Juris 5 (1992), S. 148 ff.; von Arnauld, JZ 2000, S. 279; ders., Die Freiheitsrechte und ihre Schranken, S. 44 Anm. 181, S. 100 et passim; Bleckmann, Staatsrecht II - Die Grundrechte[4], § 12, Rn 1; Borowski, ZÖR 53 (1998), S. 307 ff.; ders., JöR 50 (2002), S. 312 ff.; ders., Revista Española de Derecho Constitucional 20 (2000), S. 35 ff.; ders., Der Grundrechtsschutz des religiösen Selbstverständnisses, S. 77 ff.; ders., La Estructura de los Derechos Fundamentales, S. 47 ff.; Chang, Zur Begründung und Problematik der objektiven Dimension der Grundrechte, S. 109 ff.; Clérico, Die Struktur der Verhältnismäßigkeit, S. 20; Cremer, Freiheitsgrundrechte, S. 227 et passim; Dechsling, Das Verhältnismäßigkeitsgebot, S. 36 f.; Höfling, Vertragsfreiheit, S. 36 f.; ders., Jura 1994, S. 171; Holoubek, Bauelemente eines grundrechtsdogmatischen Argumentationsschemas, S. 75 f.; H. H. Klein, DVBl. 1994, S. 495; Koch/Rüßmann, Juristische Begründungslehre, S. 98; H.-J. Koch, Zur Methodenlehre des Rechtspositivismus, S. 154; ders., Die normtheoretische Basis der Abwägung, S. 21; Lubberger, Eigentumsdogmatik, S. 245 f.; Michael, JöR 48 (2000), S. 185 ff.; Morlok, Selbstverständnis als Rechtskriterium, S. 396; Raabe, Grundrechtsschutz und gesetzgeberischer Einschätzungsspielraum, S. 94; Riecken, Verfassungsgerichtsbarkeit in der Demokratie, S. 412; Riedel, Festschrift Schwartländer, S. 112; Rubel, Planungsermessen, S. 77 ff.; Rühl, Tatsachen – Interpretationen – Wertungen, S. 383 ff.; Sieckmann, Regelmodelle und Prinzipienmodelle des Rechtssystems, S. 141 ff.; ders., Homo oeconomicus 10 (1993), S. 463 ff.; ders., Modelle des Eigentumsschutzes, S. 37 ff.; ders., Zum verfassungsrechtlichen Eigentumsschutz im deutschen und britischen Recht, S. 17 ff.; Stelzer, Das Wesensgehaltsargument und der Grundsatz der Verhältnismäßigkeit, S. 229 ff.; Stern, Das Staatsrecht der Bundesrepublik Deutschland, Bd. 3/2, S. 1768; Wahl/Masing, JZ 1990, S. 556. Während Horst Dreier der Deutung von Grundrechtsnormen als Prinzipien in der ersten Auflage des von ihm herausgegebenen Grundgesetzkommentars noch zugestimmt hat (H. Dreier in Dreier[1], Vorb., Rn 40), steht er ihr in der zweiten Auflage nunmehr ablehnend gegenüber (H. Dreier in Dreier[2], Vorb., Rn 79).

276 Beispielsweise für das Republikprinzip als Ausdruck eines Optimierungsgebotes Gröschner, HbStR II[3], § 23, Rn 40; für das das Staatsziel Umweltschutz Schulze-Fielitz in Dreier[1], Art. 20a GG, Rn 23, 42; Epiney in von Mangoldt/Klein/Starck[5], Art. 20a GG, Rn 62; jeweils mit weiteren Nachweisen.

277 Zu einer umfassenden Prinzipientheorie des Verwaltungsrechts Park, Rechtsfindung im Verwaltungsrecht.

278 Bartlsperger, Das Abwägungsgebot in der Verwaltung, S. 103 f.; H.-J. Koch, Zur Methodenlehre des Rechtspositivismus, S. 155; ders., Die normtheoretische Basis der Abwägung, S. 21 f.; Hoppe,

III. Die Anwendung der Prinzipientheorie auf die Grundrechte

Mit der „Prinzipientheorie als solcher" ist jedoch bislang nur das rechtstheoretische Instrumentarium begründet. Die Frage, ob einige oder alle Grundrechte des Grundgesetzes durch Prinzipien gewährt werden, kann nur durch Auslegung der entsprechenden Grundrechtsbestimmungen beantwortet werden.[282] In der Sache ist der gesamte 2. Teil dieser Untersuchung, geordnet nach den Grundrechtsfunktionen, dieser Frage gewidmet. Einige Aspekte sind jedoch von derart allgemeiner und übergreifender Natur, daß ihre Erörterung in den einzelnen Abschnitten des 2. Teils nicht angebracht ist. Vor diesem Hintergrund sollen die übergreifenden Fragen der Deutung von Grundrechtsnormen als Prinzipien bereits in diesem Abschnitt aufgenommen werden.

1. Die Ermittlung der Normstruktur durch Auslegung

Der Inhalt von Normen wird durch Auslegung ermittelt. „Inhalt" in diesem Sinne ist weit zu verstehen und erfaßt jenseits inhaltlicher Fragen im engeren Sinne (wie etwa die Frage nach der Definition des Berufsbegriffs in Art. 12 Abs. 1 GG) auch strukturelle Eigenschaften der fraglichen Norm.[283] Unter den strukturellen Eigenschaften von Grundrechtsnormen sind insbesondere drei hervorzuheben: erstens die Eigenschaft, eine **bindende Norm** zu sein,[284] zweitens diejenige, ein **subjektives Recht**[285] zu gewähren, und drittens die normstrukturelle Eigenschaft, eine **Regel** oder ein **Prinzip** zu sein.[286] Daß die Grundrechte des Grundgesetzes grundsätzlich bindende Normen

---

DVBl. 1992, S. 854 ff.; ders., DVBl. 1993, S. 685 f.; ders., DVBl. 1994, S. 1034; ders., Festschrift Stree/Wessels, S. 1160 ff.; Pfeifer, Grundsatz der Konfliktbewältigung, S. 36 ff.; ders., DVBl. 1989, S. 341 ff.; Rubel, Planungsermessen, S. 123 ff.; H.-J. Koch, Rechtsprinzipien im Bauplanungsrecht, S. 245 ff.; Stern, Das Staatsrecht der Bundesrepublik Deutschland, Bd. 3/1, S. 501 f. Anm. 95.
279 H.-J. Koch, Die normtheoretische Basis der Abwägung, S. 22 f.; Bartlsperger, Das Abwägungsgebot in der Verwaltung, S. 103 f.; Borowski, DVBl. 2000, S. 149 ff.
280 B. Koch, ZStW 104 (1992), S. 785 ff.
281 Vgl. beispielsweise Bydlinski, Die Elemente des Beweglichen Systems, S. 9 ff.; Flessner, JZ 2002, S. 18; Jansen, Die Struktur des Haftungsrechts, S. 593 ff.
282 Vgl. bereits 1. Teil, 2. Abschnitt, I. 2. und sogleich 1. Teil, 2. Abschnitt, III. 1.
283 Diese fundamentale Einsicht liegt beispielsweise der verwaltungsrechtlichen „Schutznormtheorie" zugrunde, nach der die Frage, ob eine verwaltungsrechtliche Norm ein subjektives Recht gewährt, mit Hilfe der klassischen Auslegungsmethoden zu ermitteln ist, vgl. statt vieler Maurer, Allgemeines Verwaltungsrecht[15], § 8, Rn 9.
284 Vgl. hierzu 2. Teil, 3. Abschnitt, B. I. 1.; 2. Teil, 3. Abschnitt, B. II. 2.; 2. Teil, 3. Abschnitt, C. IV. sowie Borowski, JöR 50 (2002), S. 307; ders., Die Glaubens- und Gewissensfreiheit des Grundgesetzes, S. 219 ff.
285 Zu Grundrechten als subjektive Rechte vgl. Borowski, JöR 50 (2002), S. 308 ff.; ders., Die Glaubens- und Gewissensfreiheit des Grundgesetzes, S. 222 ff.
286 Wieso aus dem „aposteriorischen Charakter strukturtheoretischer Präzisierung" folgen soll, daß die „Unterscheidung von Regeln und Prinzipien deutlich an Wert" einbüßt (so Jestaedt, Grundrechtsentfaltung im Gesetz, S. 218 f.), ist schwer nachzuvollziehen. Auch wenn die Unterscheidung zwischen Regeln und Prinzipien analytischer – und wenn man so will, apriorischer – Natur ist, kann ihre Anwendung auf bestimmte Systeme von Normen es nicht sein. Die Auslegung von Normen ist wandelbar und steht unter dem ewigen Vorbehalt der Änderung, wenn die besseren Gründe für die Änderung einer Auslegung sprechen.

sind, wird durch Art. 1 Abs. 3 GG entschieden. Auch die Subjektivierung der Grundrechte des Grundgesetzes wird durch eine besondere Bestimmung positiv entschieden, und zwar durch Art. 93 Abs. 1 Nr. 4a GG in Verbindung mit §§ 13 Nr. 8a, 90 ff. BVerfGG. Diese Bestimmung eröffnet die Verfassungsbeschwerde zum Bundesverfassungsgericht, womit die Grundrechte jedenfalls vor diesem Gericht durchgesetzt werden können.[287] Allerdings entscheidet dies nicht über die gerichtliche Durchsetzbarkeit vor den Fachgerichten.[288] Auch Art. 19 Abs. 4 GG hilft hier nicht weiter, weil er nicht bestimmt, welche Rechte subjektive Rechte sind. Es bleibt daher nur eine Auslegung der einzelnen Verfassungsnorm selbst, ob sie – jenseits der ausdrücklich statuierten Fähigkeit, eine Verfassungsbeschwerde begründen zu können – ein umfassend subjektiviertes Recht gewährt, das auch vor den Fachgerichten durchgesetzt werden kann. Diese Auslegung kann einfach sein, wie im Fall von Art. 20a GG,[289] sie kann aber auch schwieriger sein, wie etwa im Fall von Art. 140 GG in Verbindung mit Art. 139 WRV.[290]

Alle Auslegung beginnt beim Wortlaut. Nun darf man aber nicht erwarten, in Grundrechtsartikeln einen Absatz oder Satz nach der Art „Dieses Grundrecht wird durch ein Prinzip gewährt" vorzufinden. Strukturelle Eigenschaften von Normen werden regelmäßig implizit vorausgesetzt, nicht explizit statuiert.[291] Nimmt man den Willen des Verfassungsgebers, systematische Argumente sowie objektive Auslegungsargumente hinzu, und betrachtet dies alles vor dem Hintergrund des charakteristischen Kollisionsverhaltens von Prinzipien, werden allerdings Rückschlüsse möglich.

Zunächst muß unterstrichen werden, daß der entscheidende Lackmustest im Kollisionsverhalten besteht. Prinzipienkollisionen werden durch Abwägungen gelöst, Regelkollisionen durch die Anwendung von Vorrangregeln. Liegt dagegen gar keine Kollision vor, tritt bei Erfüllung der Tatbestandsbedingungen des Grundrechts[292] – ohne daß Schranken eine Rolle spielen könnten – die Rechtsfolge der betreffenden Norm definitiv

---

287 Für die Einstufung eines Rechts als subjektives Recht ist es nicht erforderlich, daß das Recht vor allen Gerichten durchgesetzt werden kann. Allerdings ist der Charakter als subjektives Recht in diesem Fall nur unvollkommen entfaltet. Zur klassifikatorischen Dimension und qualifizierenden Dimension der Eigenschaft von Normen, gerichtlich durchsetzbar zu sein, siehe Borowski, Die Glaubens- und Gewissensfreiheit des Grundgesetzes, S. 101, 105.
288 Zur großen Bedeutung des durch die Fachgerichte gewährten Grundrechtsschutzes siehe statt vieler Schlaich/Korioth, Das Bundesverfassungsgericht, Rn 244.
289 Wortlaut, Wille des Verfassungsgebers und systematische Stellung sprechen recht eindeutig dagegen, daß Art. 20a GG subjektive Rechte gewährt, vgl. statt vieler Kloepfer, Umweltrecht, S. 123 ff. Dies bedeutet allerdings keineswegs, daß Art. 20a GG nicht einfachrechtliche subjektive Rechte begründen könnte. Zur Figur der Begründung einfachrechtlicher subjektiver Rechte durch bloß objektive verfassungsrechtliche Normen siehe Borowski, JöR 50 (2002), S. 309 Anm. 46; ders., Die Glaubens- und Gewissensfreiheit des Grundgesetzes, S. 224 f.
290 Zur Frage, ob die Sonn- und Feiertagsruhe gem. Art. 140 GG in Verbindung mit Art. 139 WRV subjektive Rechte gewährt, Borowski, Die Glaubens- und Gewissensfreiheit des Grundgesetzes, S. 318 mit weiteren Nachweisen.
291 Insofern greift die Bemerkung Josef Franz Lindners, „[d]em Grundgesetz selbst" sei „die normtheoretische Einteilung in Regeln und Prinzipien so nicht zu entnehmen", Lindner, Theorie der Grundrechtsdogmatik, S. 54 (Hervorhebung im Original), deutlich zu kurz. Vgl. auch Jestaedt, Grundrechtsentfaltung im Gesetz, S. 214 f. Bei zutreffender Auslegung, wie sogleich im Text auszuführen sein wird, kann durchaus gezeigt werden, daß das Grundgesetz Prinzipienstrukturen voraussetzt.
292 Zum Begriff des Grundrechtstatbestands siehe 2. Teil, 3. Abschnitt, A. I. 1. b) aa) und bb).

ein. Man kann anhand dieses isolierten Anwendungsfalles dann gar nicht entscheiden, ob das fragliche Grundrechts durch eine Regel oder durch ein Prinzip gewährt wird.[293]

In aller Regel liegt aber eine Kollision von Grundrecht und Schrankengründen vor. Wird hier nach Maßgabe der Verhältnismäßigkeit abgewogen, werden notwendig Prinzipien angewendet.[294] In diesem Zusammenhang werden die Schrankenklauseln in den Grundrechtsbestimmungen bedeutsam. Sie ermächtigen dem Wortlaut nach zu Grundrechtseinschränkungen.[295] Nimmt man die grundrechtsdogmatische Einsicht, nach der Grundrechtseinschränkungen stets verhältnismäßig sein müssen, hinzu, folgt aus dem Wortlaut vor dem Hintergrund der genannten Einsicht, daß die in die Abwägung einzustellenden Grundrechte Prinzipienstruktur aufweisen. Zu diesem auf Wortlaut und feste Bestände der Grundrechtsdogmatik gestütztem Argument tritt die objektive Erwägung hinzu, daß die eher starren Vorrangregeln für Regelkollisionen die komplexen Kollisionslagen von Grundrechten und Schrankengründen kaum angemessen erfassen können.

Grundsätzlich läßt sich daher sagen, daß vieles für eine Deutung der Grundrechte des Grundgesetzes als Prinzipien spricht. Natürlich bleibt es eine wichtige Frage der Auslegung, die Subsumtion unter feste Tatbestandsgrenzen des Grundrechts und die Abwägung auf der Schrankenseite angemessen zu unterscheiden. Doch dies betrifft nicht mehr die Frage, ob das fragliche Grundrecht durch eine Norm in Form eines Prinzips gewährt wird, sondern ob und inwieweit die enge oder die weite Tatbestandstheorie vorzugswürdig ist. Diese Frage wird später aufzunehmen sein.[296]

2. Die grundrechtliche Abwägung als Element einer umfassenden Methodik der Grundrechtsanwendung

Die zunehmend geforderte und praktizierte grundrechtliche Abwägung kann die Befürchtung laut werden lassen, die wohlgeordnete deutsche Grundrechtsdogmatik werde durch eine alles erfassende, alle festen Strukturen zersetzende Abwägung zerstört.[297] Vor diesem Hintergrund ist vorgeschlagen worden, weitestgehend auf Abwägungen zu verzichten und statt dessen die traditionellen canones der Auslegung anzuwenden.[298] In

---

293 Das bedeutet allerdings nicht, daß diese Norm dann neben Regel und Prinzip etwas Drittes darstellt, sondern nur, daß die Einstufung als Regel oder Prinzip vor dem Hintergrund eines bestimmten Anwendungsfalles allein nicht entschieden werden kann und muß. Die Einstufung der Normstruktur – in dem fraglichen Rechtssystem – wird erst dann notwendig, wenn Fälle zu entscheiden sind, in denen das Kollisionsverhalten eine Rolle spielt. Das epistemische Phänomen von Normen ungeklärter Struktur kann man nicht auf die gleiche kategoriale Ebene stellen wie die Unterscheidung von Regeln und Prinzipien (so allerdings Steiff, Rechtsfindung im Umweltrecht, S. 200 et passim).
294 Zum notwendigen Zusammenhang zwischen Prinzipienstruktur einer Norm und der Anwendung des Grundsatzes der Verhältnismäßigkeit siehe 1. Teil, 2. Abschnitt, II. 2. d).
295 Dies gilt natürlich nur für geschriebene Schrankenklauseln. Im Fall der ungeschriebenen Schrankenklauseln ist eine entsprechende Argumentation möglich, die sich dann freilich nicht auf den Wortlaut stützen kann, sondern auf die Gründe für die Annahme der ungeschriebenen Schrankenklausel.
296 Vgl. zu dieser Frage insbesondere 2. Teil, 3. Abschnitt, A. I. 4.
297 Siehe 1. Teil, 2. Abschnitt, III. 5. a).
298 Peters, ZÖR 51 (1996), S. 168, 176 f. Auch Jestaedt, Grundrechtsentfaltung im Gesetz, S. 231 merkt in kritischer Absicht an, in der Prinzipientheorie der Grundrechte sänken „die herkömmlichen Auslegungscanones folgerichtig auf den Status von ‚Argumentformen' herab, zu ‚Gründen', die selbst

diese Richtung weist auch die Mahnung von Josef Isensee: „Nicht mehr Abwägung als unbedingt nötig!"[299] Um derartige Befürchtungen realistisch und jenseits plakativer Formeln einschätzen zu können, muß man sich den wohldefinierten Platz vergegenwärtigen, den die Abwägung in einer prinzipientheoretischen Grundrechtsdogmatik einnimmt. Dann wird rasch klar, daß das Bild der alles überwuchernden Abwägung nicht mehr als ein bloßes Zerrbild darstellt. Zunächst verdient hervorgehoben zu werden, daß der Rechtsanwender in der Wahl der Abwägungsgegenstände nicht frei ist, sondern auf geltende Rechtsnormen verwiesen bleibt. Dann gilt es den durchaus strengen methodischen Rahmen aufzuzeigen, den die Grundrechtsdogmatik der Abwägung zieht.

a) Die grundrechtliche Abwägung als Abwägung von Rechtsnormen

Die grundrechtliche Abwägung darf nicht als Aufforderung mißverstanden werden, mehr oder weniger unreflektiert Intuitionen über das, was der einzelne Rechtsanwender für gut und richtig hält, zur Anwendung zu bringen.[300] Es handelt sich um ein Verfahren, das strengen methodischen Anforderungen zu genügen hat. Dies betrifft zunächst die Frage, welche Abwägungsgegenstände überhaupt in die grundrechtliche Abwägung einzustellen sind. Nur Prinzipien, die sich unter Anwendung der Mittel der juristischen Methodenlehre als geltendes Recht auf der Rangstufe des Verfassungsrechts erweisen,[301] können Eingang in die Abwägung finden.[302] Dabei kann es sich entweder um Prinzipien handeln, die Verfassungsbestimmungen inhaltlich zugeordnet werden können, oder um solche, die der parlamentarische Gesetzgeber in Wahrnehmung eines Gesetzesvorbehaltes gesetzt hat. Erstere sind Prinzipien mit Verfassungsrang 1. Grades,

---

prima facie-Charakter haben können und, bei Kollision mit anderen ‚Gründen', in eine Abwägung einzustellen sind". Vgl. weiter ders., a.a.O., S. 247. Dies spielt zu Recht auf das an, was an anderer Stelle in dieser Untersuchung als „methodologische Abwägung" bezeichnet wird, siehe sogleich Fn. 306. Der Rekonstruktion als Abwägung zwischen den canones könnte man entgegentreten, wenn man ein überzeugendes Modell der Rangfolge der canones präsentieren kann, welches ohne Abwägung auskommt. Ein derartiges Modell ist jedoch nicht in Sicht.
299 Isensee, HbStR V, § 111, Rn 175.
300 So aber beispielsweise Peters, ZÖR 51 (1996), S. 167 f. In diesem Sinne nunmehr auch Lindner, Theorie der Grundrechtsdogmatik, S. 55: Bei einer prinzipientheoretischen Deutung der Grundrechte bestehe „das Risiko, über den Optimierungshebel den Grundrechtsbestimmungen Geltungsgehalte unterzuschieben, die politisch oder aus sonstigen Gründen wünschenswert sind oder für wünschenswert gehalten werden, aber aus den Grundrechtsbestimmungen selbst eben nicht ohne weiteres begründbar sind. Mit dem Optimierungsargument wird der Grundrechtslehre ein Universalschlüssel an die Hand gegeben, mit dem sich jede grundrechtspolitische Forderung erschließen läßt." Die Gefahr ideologischer Deutung ist jedoch ein allgemeines Problem der Grundrechtsinterpretation, vgl. R. Dreier, Zur Problematik und Situation der Verfassungsinterpretation, S. 106 f. Die Prinzipientheorie ist ihr nicht in besonderem Maße ausgesetzt, sondern kann ihr vielmehr ausgezeichnet begegnen: Dadurch, daß die zur Begründung des Abwägungsergebnisses erforderlichen normativen Prämissen klar aufgezeigt werden, werden sie der kritischen Betrachtung allererst zugänglich gemacht, siehe sogleich 1. Teil, 2. Abschnitt, III. 3. b).
301 Eine gewisse Weiterung kann aus einem nichtpositivistischen Rechtsbegriff folgen, siehe 1. Teil, 3. Abschnitt, I. 4. b) bb). Vgl. auch Borowski, ZÖR 53 (1998), S. 329.
302 Borowski, Die Glaubens- und Gewissensfreiheit des Grundgesetzes, S. 203.

letztere Prinzipien mit Verfassungsrang 2. Grades.[303] Grundrechtliche Prinzipien sind in jedem Falle Grundrechtsbestimmungen – als Unterklasse der Verfassungsbestimmungen – zuzuordnen, sie sind daher immer Prinzipien mit Verfassungsrang 1. Grades. Als Schrankenprinzipien kommen stets Prinzipien mit Verfassungsrang 1. Grades, also Grundrechte anderer und sonstige Prinzipien mit Verfassungsrang 1. Grades wie etwa des Umweltschutzprinzip gem. Art. 20a GG in Frage, Prinzipien mit Verfassungsrang 2. Grades nur dann, wenn die Schrankenklausel des Grundrechts dies zuläßt – dies ist etwa im Falle des einfachen Gesetzesvorbehalts der Fall.[304] In jedem Falle bleibt festzuhalten, daß klare und feste Regeln dafür existieren, welcher Abwägungsgegenstand in eine grundrechtliche Abwägung eingestellt werden darf.

b) Die Subsumtion unter Grundrechtsbestimmungen und die grundrechtliche Abwägung

Selbst wenn die Klasse der tauglichen Abwägungsgegenstände exakt definiert ist, bleibt die Frage, ob in der Abwägung die Festsetzungen des Verfassungsgebers zu Unrecht überspielt werden. Diese Befürchtung steht hinter der eingangs von 2. oben erwähnten Forderung nach verstärkter Anwendung der klassischen canones der Auslegung. Sie mag auch ein wenig durch Konnotationen der Charakterisierung von Prinzipien als Optimierungsgebote, die Robert Alexy stark in den Vordergrund gestellt hat, genährt worden sein. Vor dem Hintergrund der planungsrechtlichen, mit starken normativen Thesen verbundenen Deutung des Begriffs des Optimierungsgebotes mag für den einen oder anderen der Eindruck entstehen, die Grundrechte würden sich gegen alles durchsetzen und die grundrechtliche Abwägung hätte eine alle methodische Grenzen sprengende Tendenz zur Ausdehnung.[305]

---

303 Zur Unterscheidung von Prinzipien mit Verfassungsrang 1. und 2. Grades siehe Alexy, Theorie der Grundrechte, S. 118 f.; Borowski, ZÖR 53 (1998), S. 319 f.; ders., Die Glaubens- und Gewissensfreiheit des Grundgesetzes, S. 519 Anm. 723 und S. 541.
Bei dem Begriffspaar „Verfassungsrang 1. Grades" und „Verfassungsrang 2. Grades" soll die Betonung darauf liegen, daß die Gegenstände gleichermaßen Verfassungsrang aufweisen. Die Verwendung von „1." und „2." könnte allerdings die falsche Assoziation wecken, daß eine Hierarchie zwischen beiden Gliedern bestünde, was jedoch gerade nicht der Fall sein soll. Vielleicht wäre es daher glücklicher, zwischen „selbständigem" und „unselbständigem" Verfassungsrang zu unterscheiden, oder zwischen „direktem" und „indirektem" Verfassungsrang oder ähnlich. Die erstgenannte Terminologie hat sich bei Befürwortern wie bei Kritikern jedoch inzwischen weitgehend eingebürgert und wird daher im folgenden beibehalten.
304 Die Ermächtigung des Gesetzgebers, Prinzipien mit Verfassungsrang 2. Grades in Geltung zu setzen, führt zum Zwecksetzungsspielraum, siehe 1. Teil, 2. Abschnitt, III. 4. a) aa). Das Argument, allein die Schrankenklausel habe Verfassungsrang (Jestaedt, Grundrechtsentfaltung im Gesetz, S. 235 f.), übersieht, das genau wegen des Verfassungsranges der Ermächtigung für den Gesetzgeber die von ihm gesetzten Prinzipien einen derivativen Verfassungsrang haben müssen – ohne diesen könnten sie ja gar nicht das verfassungskräftige Grundrecht einschränken, denn dann würden die Schrankengründe nach der Kollisionsregel „lex superior derogat legi inferiori" vollständig zurücktreten müssen.
305 Diese Konnotation gilt jedoch für das rechtstheoretische Optimierungsgebot, das Alexy in Bezug nimmt, schlichtweg von vornherein gar nicht, vgl. hierzu bereits 1. Teil, 2. Abschnitt, II. 2., Anm. 60 (in diesem Abschnitt). Es geht dabei nur um die Beschreibung des einfachen Befundes, daß ein

Allerdings zeugt die Idee, eine prinzipientheoretische Deutung der Grundrechte habe zumindest die Nebenwirkung, Festsetzungen des Verfassungsgebers zu überspielen, von einem grundlegenden Mißverständnis. Es geht gar nicht darum, die Abwägung auf Kosten von Festsetzungen in Wortlaut der Verfassung und Wille des Verfassungsgebers auszudehnen, und dies ist auch kein ungewolltes Resultat. Auch in der Prinzipientheorie der Grundrechte gilt natürlich, daß autoritative strikte Festsetzungen auf Verfassungsebene absoluten Vorrang haben, sie können durch Abwägungen niemals überspielt werden. Die autoritativen Festsetzungen finden sich in den Tatbestandsbedingungen der Grundrechte sowie in den abwägungsfrei anwendbaren Kriterien der verfassungsrechtlichen Rechtfertigung. Wenn etwa die Definition des sachlichen oder personellen Schutzbereichs nicht erfüllt ist, oder der eingreifenden staatlichen Stelle die Zuständigkeit fehlte, kann keine Abwägung mehr zum Eintritt der Rechtsfolge des Grundrechts führen.

Die Trennlinie zwischen Subsumtion unter Festsetzungen des Verfassungsgebers anhand der klassischen canones der Auslegung und grundrechtlicher Abwägung kann klar gezogen werden. Insoweit der Wortlaut der Verfassung oder der Wille des Verfassungsgebers strikte Festsetzungen trifft, hat die Subsumtion unter diese Festsetzungen Vorrang. Abwägungen des Grundrechts[306] sind insoweit ausgeschlossen. Sind die Festsetzungen dagegen nur relativer Natur, sollen sie definitionsgemäß „nur" in Abwägungen angemessen Berücksichtigung finden. Zunächst wird auch hier unter die Tatbestandsbedingungen der relativen Festsetzung subsumiert, im positiven Fall findet sie mit dem vorgesehenen Gewicht Eingang in die anschließend vorzunehmende Abwägung.[307] Damit können die relativen Festsetzungen das grundrechtlich Gesollte ein Stück weit steuern. Dort, wo keine Festsetzungen im Wortlaut der Verfassung und im Willen des Verfassungsgebers mehr festgestellt werden können, gibt es dann nichts mehr, unter das subsumiert werden könnte. Kurz gesagt kann die grundrechtliche Abwägung erst dort beginnen, wo die Subsumtion unter Festsetzungen im Wortlaut der Verfassung und im Willen des Verfassungsgebers ihr Ende gefunden hat. In der Prinzipientheorie der Grundrechte sind Subsumtion und Abwägung bestmöglich verbunden.[308]

Natürlich schließt dies nicht aus, in einigen konkreten Anwendungsfällen darüber zu streiten, wie weit die Festsetzungen im Wortlaut der Verfassung oder im Willen des

---

Rechtsprinzip die weitestmögliche Realisierung seines Optimierungsgegenstandes gebietet, soweit dies tatsächlich und rechtlich möglich ist.

306 Von der hier gemeinten grundrechtlichen Abwägung, in die das grundrechtliche Prinzip selbst eingestellt wird, ist die methodologische Abwägung von Auslegungsargumenten zu unterscheiden. Die methodologische Abwägung von Auslegungsargumenten kann bei jeder Subsumtion erforderlich werden, wenn nicht alle Auslegungsargumente für das gleiche Auslegungsergebnis sprechen. Mangels einer strikten Rangfolge der Auslegungsargumente im Rahmen der Subsumtion muß daher eine Bestimmung des Gewichts der Auslegungsargumente erfolgen. Vgl. zu dieser methodologischen Abwägung Borowski, ZÖR 53 (1998), S. 315; ders., Die Glaubens- und Gewissensfreiheit des Grundgesetzes, S. 201 f.

307 Als verwaltungsrechtliche Parallele derartiger relativer Festsetzungen verdient insbesondere die Rechtsfigur des intendierten Ermessens Hervorhebung, vgl. Borowski, DVBl. 2000, S. 149 ff.

308 Borowski, ZÖR 53 (1998), S. 318; ders., Die Glaubens- und Gewissensfreiheit des Grundgesetzes, S. 217.

Verfassungsgebers reichen, und wie weit diese Festsetzungen strikter oder relativer Natur sind. Aber dies ist kein Streit mehr um die Richtigkeit des prinzipientheoretischen Modells der Grundrechte, sondern eine Diskussion im Rahmen seiner Anwendung.

3. Abwägungsskepsis

Selbst wenn die Klasse der Abwägungsgegenstände klar definiert ist, und der grundrechtlichen Abwägung durch methodische Regeln der Grundrechtsauslegung ein fester Rahmen gezogen wird, bleibt die grundsätzliche Frage nach der Rationalität der Abwägung. Die Rationalität und Objektivität von Abwägungen ist immer wieder bezweifelt worden.[309] Daran ist gewiß richtig, daß ein zwingender intersubjektiver Maßstab zur Entscheidung aller bei Abwägungen aufkommenden normativen Fragen nicht gefunden wurde und in absehbarer Zeit wohl auch nicht zu finden sein wird.

Zunächst gilt es jedoch festzuhalten, daß die Begründung normativer Prämissen jenseits autoritativer Festsetzungen in Wortlaut der Verfassung und Wille des Verfassungsgebers ein grundsätzliches Problem für Grundrechtstheorie und Grundrechtsdogmatik bildet. Die Frage, wie jenseits autoritativer Festsetzungen Wertungen rational und objektiv begründet werden können, gilt nicht nur für Abwägungen, sondern auch für alle konkurrierenden Methoden. Daß dies oft gar nicht angemessen in den Blick kommt, liegt wohl auch daran, daß Abwägungsskeptiker allzuoft gar keine Methode vorschlagen, die ernsthaft als Ersatz für Abwägungen in Betracht käme.[310] Gegen alle Abwägungskritik bleibt festzuhalten: Die durch die Prinzipienstruktur von Normen implizierte Abwägung stellt die bestmögliche strukturelle Grundlage für die Begründung von Wertungen jenseits autoritativer Festsetzungen im Wortlaut der Verfassung und im Willen des Verfassungsgebers zur Verfügung.

a) Geeignetheit und Erforderlichkeit als abwägungsfrei anwendbare Kriterien

Mit den ersten beiden Teilgrundsätzen des Grundsatzes der Verhältnismäßigkeit, dem der Geeignetheit und dem der Erforderlichkeit,[311] die Ausdruck der Relativierung der Realisierung eines Optimierungsgegenstandes auf die tatsächlichen Möglichkeiten

---

309 Böckenförde, NJW 1974, S. 1534; ders., Der Staat 2003 (42), S. 164, 190; Forsthoff, Festgabe Carl Schmitt, S. 209; Habermas, Faktizität und Geltung, S. 310; Isensee, HbStR V, § 111, Rn 175; Jestaedt, Grundrechtsentfaltung im Gesetz, S. 53; Leisner, Der Abwägungsstaat, S. 43 ff. et passim; F. Müller, Die Positivität der Grundrechte, S. 18; F. Müller/Christensen, Juristische Methodik, S. 72 f.; Pestalozza, Der Staat 2 (1963), S. 447; Pieroth/Schlink, Grundrechte – Staatsrecht II[21], Rn 293; Schlink, Abwägung im Verfassungsrecht, S. 134 ff.; ders., EuGRZ 1984, S. 462; ders., Osaka University Law Review 39 (1992), S. 55; ders., Festschrift BVerfG II, Bd. 2, S. 461 f.; Preuß, Internalisierung, S. 37 et passim; BVerfGE 90, 199 (200) – diss. vote Graßhoff –.
310 So wird beispielsweise in dem berühmten Aufsatz von T. Alexander Aleinikoff, in dem er sich grundlegend gegen die Anwendung der Methode der Abwägung im U.S.-amerikanischen Verfassungsrecht wendet, eine fundamentale Alternative nur höchst vage in Aussicht gestellt: „My purpose is not to propose a comprehensive alternative to balancing, though I suggest that alternatives exist", Aleinikoff, Yale Law Journal 96 (1987), S. 945.
311 Zu diesen Teilgrundsätzen siehe insbesondere 1. Teil, 3. Abschnitt, II. 1. a), b).

sind,[312] stehen Kriterien zur Verfügung, die ohne Abwägungen angewandt werden können.[313] Soweit Prinzipienkollisionen durch diese Kriterien entschieden werden, trifft die Kritik am Konzept der Abwägung von vornherein nicht die Prinzipientheorie. Nur wenn und soweit die Kollision durch die diese beiden Teilgrundsätze nicht entschieden werden kann, kommt es überhaupt zu einer Abwägung im Sinne des Grundsatzes der Verhältnismäßigkeit im engeren Sinne, die Ausdruck der Relativierung auf die rechtlichen Möglichkeiten ist.

b) Die Strukturierungsleistung der Abwägung nach der Prinzipientheorie

Die Begründung der bedingten Vorrangrelation im Rahmen der Abwägung folgt nicht aus der Prinzipientheorie. Die Strukturierung durch die Prinzipientheorie kann zwar die zu begründenden Prämissen aufzeigen,[314] nicht aber die substantielle Begründung dieser Prämissen liefern. Hier ist man auf die auch sonst in der juristischen Argumentation möglichen Argumente verwiesen.[315] Es ist daher von vornherein falsch, die Prinzipientheorie wegen mit ihr vermeintlich spezifisch verbundener Methoden der substantiellen Begründung normativer Prämissen anzugreifen.[316] Es ist weiter falsch, sie aufgrund ihrer Offenheit zu kritisieren. Als analytische und strukturtheoretische Theorie ist sie fraglos in hohem Maße offen, was gerade ihre Stärke darstellt.[317] Sie beansprucht in dieser Offenheit gar nicht, eine vollständige Theorie der Entscheidung von beispielsweise Grundrechtsfällen zu sein.[318] In diesem Sinne kann man durchaus sagen, die Entscheidung werde durch die Prinzipientheorie eher strukturiert als getroffen.[319] Im weltanschaulich besonders kontroversen Bereich der Grundrechte, wo nicht selten normative Prämissen verdeckt in die Diskussion um rechtliche Sollensurteile einfließen, kann diese Strukturierung kaum hoch genug eingeschätzt werden:

„Darin besteht gerade der besondere Vorteil der Güterabwägung, daß sie dazu zwingt, die Hintergründe offenzulegen. So läßt sich die apodiktische Behauptung von der begründe-

---

312 Siehe 1. Teil, 2. Abschnitt, II. 2. d).
313 Vgl. Sieckmann, Regelmodelle und Prinzipienmodelle des Rechtssystems, S. 224 f.
314 Vgl. ders, a.a.O., S. 237.
315 Vgl. Alexy, Theorie der Grundrechte, S. 150; ders., Grundrechtsnorm und Grundrecht, S. 115.
316 Vgl. hierzu auch 1. Teil, 2. Abschnitt, III. 5. d).
317 Eine Theorie ist um so leichter zu begründen, desto schwächer die mit ihr verbundenen Annahmen sind. In diesem Sinne ist die Prinzipientheorie ausgesprochen leicht zu begründen.
318 Der Schlinksche Einwand, „das Optimierungsgebot" sei „ein so offenes Konzept, daß es jeden nicht völlig unsinnigen staatlichen Eingriff in die Freiheit zu rechtfertigen gestattet" (Schlink, Osaka University Law Review 39 (1992), S. 54), geht daher von vornherein ins Leere. Gleiches gilt für eine „rechtstheoretische Kritik" dahingehend, die „Festsetzung der konkreten Präferenzrelation [könne] nicht den widerstreitenden Rechtsprinzipien selbst entnommen werden" (Jestaedt, Grundrechtsentfaltung im Gesetz, S. 241 Anm. 144).
319 Vgl. Alexy, Theorie der Grundrechte, S. 149 ff.; ders., Rechtstheorie 18 (1987), S. 415; ders., Individuelle Rechte und kollektive Güter, S. 69; ders., Kollision und Abwägung als Grundprobleme der Grundrechtsdogmatik, S. 206; Borowski, Die Glaubens- und Gewissensfreiheit des Grundgesetzes, S. 206. Vgl. auch Freihalter, Gewissensfreiheit, S. 234: „Mehr als Offenlegung leistet die Güterabwägung nicht".

ten Auffassung sondern, deren rationale Argumente in die allgemeine Diskussion eingehen können".[320]

Mit der Offenlegung der in Abwägungen vorausgesetzten Prämissen weist die prinzipientheoretische Rekonstruktion eine nicht zu unterschätzende kritische Dimension auf.

c) Die Kohärenz im grundrechtlichen System

Jenseits der Frage nach der isoliert betrachteten grundrechtlichen Entscheidung kann aus einer Vielzahl von Entscheidungen ein kohärentes System von Vorrangrelationen gebildet werden. Die Kohärenz eines Normensystems ist eine elementare wissenschaftstheoretische Anforderung.[321] Ein Rechtsanwender mag bei der ersten Entscheidung eines einzelnen Falles zwar nicht strikt festgelegt sein. Mit jeder Entscheidung trifft er jedoch neue Festsetzungen, die immer klarer zu einem System von abstrakten Vorrangrelationen entwickelt werden können. Dieses System erzeugt über den Einzelfall hinaus in nicht zu unterschätzendem Maße Rechtssicherheit.[322] Zwar kann der Rechtsanwender von seinem „alten" System abweichen, jedoch trifft ihn dann eine Begründungslast.[323] So läßt sich etwa aufgrund eines dichten Netzes vieler verschiedener Präjudizien des Bundesverfassungsgerichts für eine große Zahl von Fällen eine recht verläßliche Prognose abgeben, wie das Gericht entscheiden wird. Die Stiftung der Kohärenz erfolgt durch das hinter allen einschlägigen grundrechtlichen Entscheidungen stehende grundrechtliche Prinzip.[324]

d) Radikale und moderate Abwägungsskepsis

Vorbehaltlich der detaillierten Darlegung einer Theorie der juristischen Argumentation als Ergänzung der Prinzipientheorie verdient es festgehalten zu werden, daß die Behauptung, die Abwägung führe niemals zu einem rationalen und objektiven Ergebnis, schwerlich überzeugen kann. Derart **radikale Abwägungsskepsis** verträte etwa jemand, der angesichts der Strafe des Abhackens der Füße für das versehentliche Betreten des Rasens in öffentlichen Parkanlagen behauptet, man könne nicht objektiv urteilen, daß die Strafe in keinem Verhältnis zur Übertretung stünde. Dieses Urteil ist aber,

---

320 Freihalter a.a.O.
321 Vgl. Dworkin, Law's Empire, S. 165 ff.; Alexy/Peczenik, Ratio Juris 3 (1990), S. 130 ff.; Sieckmann, Regelmodelle und Prinzipienmodelle des Rechtssystems, S. 164 ff.; Peczenik, On Law and Reason, S. 158 ff.; Bracker, Kohärenz und juristische Interpretation, S. 13.
322 Vgl. Dechsling, Das Verhältnismäßigkeitsgebot, S. 23 f.; Sieckmann, Regelmodelle und Prinzipienmodelle des Rechtssystems, S. 238; von Arnauld, Die Freiheitsrechte und ihre Schranken, S. 258 ff.
323 Zur Argumentationslast beim Abweichen von Präjudizien Koch/Rüßmann, Juristische Begründungslehre, S. 186 ff.; Sieckmann, Regelmodelle und Prinzipienmodelle des Rechtssystems, S. 158 f.; Dechsling, Verhältnismäßigkeitsgebot, S. 26 ff.; vgl. auch Alexy, Theorie der Juristischen Argumentation, S. 336 ff.; ders., Theorie der Grundrechte, S. 505; Alexy/Dreier, Precedent in the Federal Republic of Germany, S. 43 ff.
324 Vgl. Borowski, ZÖR 53 (1998), S. 313 f.; ders., Die Glaubens- und Gewissensfreiheit des Grundgesetzes, S. 207.

ebenso wie Urteile in einer ganzen Reihe ähnlich einfacher Fälle,[325] ebenso rational wie objektiv gültig. Wer undifferenziert Abwägungsskepsis geltend macht, wird daher in aller Regel die schwierigen Fälle im Blick haben. Es verdient jedoch festgehalten zu werden, daß dies nur eine moderate Abwägungsskepsis darstellt – die man auch, aus der entgegengesetzten Perspektive, als moderaten Abwägungsoptimismus bezeichnen kann. Wie weit sich diese wird ausräumen lassen, hängt von der Theorie der juristischen Argumentation ab, die man bevorzugt. Wie schon die erwähnte limitierte Skalierung nahelegt, wird es in der Tat eine Reihe von Fällen geben, in denen man ein Überwiegen eines Prinzips in der Kollision nicht wird objektiv erweisen können. Wer einem eng verstandenen Ideal der einzig richtigen Antwort in allen Fällen nachhängt,[326] mag dies als Mangel empfinden. Die zutreffende Lösung dieses Problems besteht aber in der Annahme von Spielräumen. Dies wird im nächsten Abschnitt näher auszuführen sein.[327]

Zunächst bleibt aber festzuhalten: Verbunden mit einer Theorie rationaler juristischer Argumentation erlaubt die Prinzipientheorie eine Entscheidung normativer Probleme auf dem derzeit höchstmöglichen analytischen Niveau. Von Irrationalität, reinem Dezisionismus oder Beliebigkeit kann keine Rede sein.[328]

4. Spielräume

Ein ernster Einwand Ernst-Wolfgang Böckenfördes gegen eine prinzipientheoretische Deutung der Grundrechte lautet, nach dieser enthalte die Verfassung die „Rechtsordnung insgesamt ... – auf der Ebene der Prinzipien-Normen mit Optimierungstendenz".[329] Der demokratische Prozeß verliere jede Bedeutung, es vollziehe sich unweigerlich der „Übergang vom parlamentarischen Gesetzgebungsstaat zum verfassungsgerichtlichen Jurisdiktionsstaat".[330] Diesen Bedenken haben sich zahlreiche Autoren angeschlossen.[331] In der Sache ist das Problem keineswegs neu. Schon gegen die Deutung

---

325 Vgl. Alexy, Postscript, S. 402; ders., Gedächtnisschrift Sonnenschein, S. 773.
326 Der wohl bekannteste Vertreter der These der einzig richtigen Antwort dürfte Ronald Dworkin sein, Dworkin, A Matter of Principle, S. 119 ff. Zu der fast uferlosen Literatur zu dieser These siehe statt vieler Arango, ¿Hay repuestas correctas en el derecho?, S. 19 ff; Roumeliotis, ARSP 87 (2001), S. 72 ff.
327 Siehe 1. Teil, 2. Abschnitt, III. 4.
328 Zur Rationalität von Abwägungsmodellen vgl. insbesondere Alexy, Theorie der Grundrechte, S. 143 ff.; Enderlein, Abwägung in Recht und Moral, S. 344 ff.; Sieckmann, Regelmodelle und Prinzipienmodelle des Rechtssystems, S. 223 ff.; ders., Rechtstheorie 26 (1995), S. 24 f.; ders., ARSP 90 (2004), S. 76 ff.; vgl. auch Huhmann, Festschrift von Carolsfeld, S. 173 ff.; ders., Festschrift Obermayer, S. 43 ff.; Huster, Rechte und Ziele, S. 456; Stelzer, Das Wesensgehaltsargument und der Grundsatz der Verhältnismäßigkeit, S. 223; Jansen, Die Struktur des Haftungsrechts, S. 600 ff.; Bernal Pulido, The Structure and Limits of Balancing, S. 79 ff.
Zur Bedeutung der Abwägung als Rechtsfindungsmethode vgl. auch Mahrenholz, Freiheit der Kunst, S. 1311: „Rechtsfindung im Grundrechtsbereich teilt das Schicksal der Rechtsfindung überhaupt; Auslegung und Anwendung des Rechts ist weithin Abwägung vorfindlicher Rechtsgüter gegeneinander."
329 Böckenförde, Grundrechte als Grundsatznormen, S. 188.
330 Ders., a.a.O., S. 190; ders., EuGRZ 2004, S. 603.
331 Vgl. nur Lindner, Theorie der Grundrechtsdogmatik, S. 55; Poscher, Grundrechte als Abwehrrechte, S. 83.

der Grundrechte als „objektive Wertentscheidungen" und die Drittwirkung der Grundrechte erhoben Carl Schmitt und Ernst Forsthoff den Einwand, die Anerkennung dieser grundrechtlichen Elemente stelle eine „Umdeutung der Grundrechte"[332] bzw. eine „radikale Wendung im Verständnis der Grundrechte"[333] dar, die zu einer unangemessenen Konstitutionalisierung der Rechtsordnung führe. Berühmt ist vor allem der spöttische Ausspruch Forsthoffs, die Verfassung werde zu einem „juristischen Weltenei", welches bereits die gesamte unterverfassungsrechtliche Rechtsordnung enthalte.[334]

Wenn die Prinzipientheorie der Grundrechte nicht in der Lage wäre, angemessene Spielräume insbesondere für den demokratisch legitimierten Gesetzgeber abzubilden, wäre ihre Eignung als Grundlage einer grundrechtsdogmatischen Konzeption in der Tat ernstlich in Frage gestellt. Allerdings war die Frage der Spielräume von Anbeginn der modernen Prinzipientheorie an mitbedacht. In der „Theorie der Grundrechte" Robert Alexys finden sich mehrfach an zentralen Stellen Ausführungen zu formellen Prinzipien, aus deren Berücksichtigung in der Abwägung ein Spielraum für den parlamentarischen Gesetzgeber folgt.[335] Nachfolgend ist die Theorie der Spielräume noch wesentlich verfeinert worden. Sie ist damit deutlich leistungsfähiger, aber auch ein ganzes Stück weit komplexer geworden. Hier mag es ausreichen, nur die wesentlichen Linien zu skizzieren. Dabei wird sich zeigen, daß unter Berücksichtigung angemessener Spielräume auch auf der Basis der Prinzipientheorie der Grundrechte eine Deutung der Verfassung als Rahmenordnung[336] ohne weiteres möglich wird.

a) Strukturelle Spielräume

Die Leitunterscheidung innerhalb der Spielraumtheorie ist diejenige zwischen strukturellen Spielräumen und Erkenntnisspielräumen. Innerhalb eines strukturellen Spielraums befindet sich von der Verfassung definitiv Erlaubtes. Mit anderen Worten sind im strukturellen Spielraum die Grenzen dessen erreicht, was die Verfassung definitiv ge- oder verbietet.[337] Bei Erkenntnisspielräumen dagegen geht es um die Grenzen der Erkenntnis dessen, was die Verfassung ge- oder verbietet.

aa) *Der Zwecksetzungsspielraum*

Ein Zwecksetzungsspielraum existiert, wenn und soweit eine staatliche Stelle ermächtigt ist, Prinzipien in Geltung zu setzen. Das prominenteste Beispiel ist der durch den einfachen Gesetzesvorbehalt entstehende Spielraum für den parlamentarischen Gesetzgeber. Die Prinzipien mit Verfassungsrang 1. Grades – also sowohl die grundrechtlichen

---

332 Schmitt, Festschrift Forsthoff, S. 37.
333 Forsthoff, Festgabe Schmitt, S. 191.
334 Ders., Der Staat in der Industriegesellschaft, S. 144.
335 Alexy, Theorie der Grundrechte, S. 89, 120, 267, 385 f., 427. Zu formellen Prinzipien sogleich, 1. Teil, 2. Abschnitt, III. 4. b) aa), bb).
336 Zu den Begriffen der Rahmenordnung und der Grundordnung vgl. Alexy, Postscript, S, 390 ff.; ders., VVDStRL 61 (2002), S. 14 f.
337 Ders., Postscript, S. 393; ders., VVDStRL 61 (2002), S. 16.

Prinzipien als auch die weiteren Prinzipien mit unmittelbarem Verfassungsrang – als Schrankengründe gelten unabhängig von jeder gesetzgeberischen Entscheidung. Durch den einfachen Gesetzesvorbehalt wird der Gesetzgeber ermächtigt, rechtlich wirksam zumindest ein Stück weit – nämlich insbesondere verhältnismäßig – darüber hinaus Gemeinwohlziele gegen die Grundrechte zu stellen. Der entsprechende Akt der Setzung einfachrechtlicher Bestimmungen ist zugleich die Setzung eines Prinzips als Schrankengrund mit Verfassungsrang 2. Grades.[338] Begrenzt wird diese Ermächtigung durch die Kriterien der Beschränkung von Grundrechten, hierzu zählt nicht zuletzt als Teil der Verhältnismäßigkeit im weiteren Sinne, daß ein legitimes Ziel verfolgt werden muß.

Wenn der Gesetzgeber innerhalb gewisser Grenzen über das zu verfolgende Ziel entscheiden kann, liegt es auf der Hand, daß er innerhalb dieser Grenzen auch über das Maß der Realisierung des Ziels entscheiden kann.[339] Bis hin zum gerade noch zulässigen Maß obliegt es ihm, anhand politischer Erwägungen über die Realisierung des fraglichen Gemeinwohlziels zu entscheiden.[340]

bb) *Der Abwägungsspielraum*

Der Abwägungsspielraum entsteht durch Abwägungspatts.[341] Ein Abwägungspatt entsteht, wenn ein Überwiegen einer der beiden Seiten in der Abwägung nicht festgestellt werden kann. Die Eingriffsintensität und das Gewicht der den Eingriff rechtfertigenden Gründe sind damit als gleich einzustufen. Wie oft mit diesem Phänomen zu rechnen ist, hängt davon ab, wie fein oder grob in der Abwägung skaliert wird. Geht man von einer infinitesimalen Skalierung[342] aus, tendiert der Abwägungsspielraum als struktureller Spielraum zum vollständigen Verschwinden. Es stellt sich jedoch die Frage, ob dies dem Gegenstand der Rechtswissenschaft angemessen ist. Geht man hiervon aus, wird alles zu einer Frage der Erkenntnis, die den Gegenstand der sogleich zu behandelnden epistemischen Spielräume bildet. Je weniger fein man skaliert, desto größer wird die Rolle, die der Abwägungsspielraum als struktureller Spielraum spielt.[343]

---

338 Vgl. ders., Postscript, S. 395 f.; ders., VVDStRL 61 (2002), S. 17; vgl. weiter Borowski, ZÖR 53 (1998), S. 319; ders., Die Glaubens- und Gewissensfreiheit des Grundgesetzes, S. 212.
339 Der Zwecksetzungsspielraum kann allerdings ausnahmsweise gleichermaßen von der anderen Seite eingeengt sein, wenn die Realisierung des Gemeinwohlzieles gleichzeitig eine Erfüllung definitiver leistungsgrundrechtlicher Gehalte darstellt. Insoweit sind Zwecksetzung und Zweckerfüllung dann nicht mehr frei. Aufgrund des regelmäßig großen Spielraums des Gesetzgebers im Bereich der grundrechtlichen Leistungsrechte wird dies aber nur selten der Fall sein.
340 Diesen wichtigen Bereich originärer Gestaltung übersieht, wer behauptet, in der Prinzipientheorie der Grundrechte werde Politik nur noch zur Aufgabe der Erkenntnis des verfassungsrechtlich Gesollten, so etwa Poscher, Grundrechte als Abwehrrechte, S. 83 f.
341 Alexy, Postscript, S. 408; ders., VVDStRL 61 (2002), S. 22.
342 Vgl. hierzu bereits 1. Teil, 2. Abschnitt, II. 2. a) bb) ccc) (2).
343 Alexy, VVDStRL 61 (2002), S. 25 f.

cc) *Der Mittelwahlspielraum*

Ein besonderer Spielraum entsteht dort, wo die Grundrechte den Staat zu positivem Handeln verpflichten.[344] In der Deutung der Grundrechte als Prinzipien gebieten Grundrechte Handlungen nicht als Selbstzweck, sondern um der Erreichung bestimmter Ziele willen.[345] Im Rahmen der Ermittlung der möglichen Erfüllungshandlungen von grundrechtlichen Leistungsrechten im formellen Sinne ergibt sich häufig die Situation, daß der Vollzug verschiedener staatlicher Handlungen zum Erreichen oder zumindest zur Förderung der Erreichung des grundrechtlichen Zieles führt. Innerhalb dieser Klasse von Handlungen kann eine weitere Auswahl geboten sein, wenn das Maß der Förderung des grundrechtlichen Zieles und das Gewicht der jeweils kollidierenden Rechte und Güter relevante Unterschiede aufweisen.[346] Wenn und soweit derart relevante Unterschiede nicht existieren,[347] kann der Staat frei entscheiden, welches Mittel er einsetzt.[348]

b) Erkenntnisspielräume

Bei den Erkenntnisspielräumen oder epistemischen Spielräumen kann nach der Art der in Frage stehenden Prämissen zwischen empirischen und normativen Erkenntnisspielräumen unterschieden werden.

aa) *Der empirische Erkenntnisspielraum*

Wenn die Gerichte empirische Prämissen zu ermitteln haben, kann in vielen Fällen eine gewisse Unsicherheit nicht vollständig ausgeräumt werden.[349] In dieser Situation entsteht das Dilemma, daß die verbleibende Unsicherheit entweder zu Lasten des Grundrechts oder zu Lasten des grundrechtseinschränkenden Gesetzgebers und des Schankengrundes geht.

Das betroffene Grundrecht verlangt prima facie, unter Bedingungen der Unsicherheit die für die Realisierung des grundrechtlichen Optimierungsgegenstandes günstigste Lösung zu wählen. Die günstigste Lösung besteht darin, daß der Eingriff nicht vorge-

---

344 Also bei grundrechtlichen Leistungsrechten im formellen Sinne, gleich ob es sich im materiellen Sinne um Abwehrrechte oder grundrechtliche Leistungsrechte handelt, zu diesen Unterscheidungen siehe 2. Teil, 2. Abschnitt.
345 Zur teleologischen Natur von grundrechtlichen Prinzipien siehe 2. Teil, 1. Abschnitt, II. 1. c).
346 Vgl. 2. Teil, 1. Abschnitt, 2. a) bb); vgl. auch Borowski, JöR 50 (2002), S. 317 ff.
347 Derartige Unterschiede werden allerdings deutlich die Regel sein, insofern trifft es etwa Richtiges, wenn gesagt wird, der Mittelwahlspielraum erfasse nur „seltene Ausnahmefälle" (Jestaedt, Grundrechtsentfaltung im Gesetz, S. 240 Anm. 142).
348 Alexy, Postscript, S. 396; ders., VVDStRL 61 (2002), S. 17.
349 Die spöttische Formulierung zur Rekonstruktion von Spielräumen über formelle Prinzipien, die Verfassungsgerichtsbarkeit sei danach „mit dem Gesetzgeber nicht ganz so streng ..., wie sie es sein könnte, wenn sie genauer hinsehen würde" (Poscher, Grundrechte als Abwehrrechte, S. 83), geht wegen genau dieser Erkenntnisunsicherheit am grundlegenden Problem vorbei. Wenn sie „genauer hinsehen" könnte, könnte die Erkenntnisunsicherheit beseitigt werden, dies ist in den betrachteten Situationen aber definitionsgemäß nicht der Fall.

nommen wird.³⁵⁰ In der Konsequenz dürfte der Gesetzgeber nur Grundrechtseingriffe vornehmen, wenn alle zugrundeliegenden empirischen Prämissen sicher wahr sind.³⁵¹ Da die Unsicherheit hinsichtlich der empirischen Prämissen kaum je vollständig beseitigt werden kann, würde die Gesetzgebung weitgehend lahmgelegt

Auf der anderen Seite verlangt das Demokratiegebot gem. Art. 20 Abs. 1 GG, daß dem demokratisch legitimierten Gesetzgeber in Fällen der Unsicherheit die Letztbeurteilung der empirischen Prämissen zusteht.³⁵² Dies wiederum kann jedoch dazu führen, daß Grundrechtseingriffe auf Grundlage unsicherer empirischer Prämissen gerechtfertigt werden. Im Ergebnis kann die empirisch-epistemische Unsicherheit wie eine Grundrechtsschranke wirken, sie ist deshalb auch als „Schrankensetzungskompetenz epistemischer Stufe" bezeichnet worden.³⁵³

Weder die grundrechtliche Forderung noch die Forderung des Demokratiegebots können absolut verwirklicht werden. Eine schematische Lösung dieses Dilemmas ist nicht möglich, vielmehr kommt es darauf an, wie groß die verbleibende Unsicherheit und wie intensiv der in Frage stehende Grundrechtseingriff ist, und wie gewichtig die einschlägigen Schrankengründe sind. Dies kann als Berücksichtigung eines formellen Prinzips in der grundrechtlichen Abwägung rekonstruiert werden.³⁵⁴

aaa) *Die Berücksichtigung formeller Prinzipien in der grundrechtlichen Abwägung*

Ein formelles Prinzip unterscheidet sich dadurch von einem materiellen Prinzip, daß es bei abstrakter Betrachtung keinen inhaltlich feststehenden Optimierungsgegenstand aufweist, sondern eine prima facie-Bindung an das Ergebnis früherer Prozeduren statuiert.³⁵⁵ Einer Person oder einem Organ wird die Kompetenz zugewiesen, etwas als inhaltlich befolgungswürdig auszuweisen. Nachdem diese Entscheidung getroffen wurde, ist der Optimierungsgegenstand des formellen Prinzips im konkreten Fall inhaltlich festgelegt. Gegenüber der Abwägung ausschließlich der materiellen Prinzipien wirkt sich die Berücksichtigung des formellen Prinzips derart aus, daß der Gesetzgeber den Schrankengründen³⁵⁶ gleichsam zusätzliches Gewicht verschaffen kann. In welchem

---

350 Raabe, Grundrechte und Erkenntnis, S. 229.
351 Alexy, VVDStRL 61 (2002), S. 27.
352 Raabe, Grundrechte und Erkenntnis, S. 208 ff.
353 Ders., a.a.O., S. 242. Vgl. bereits Alexy, Theorie der Grundrechte, S. 120: „selbständiger Schrankengrund".
354 Einen konstruktiv anderen Ansatz verfolgt Jan-Reinard Sieckmann mit seinem Modell konkurrierender Konzeptionen der Verfassungsinterpretation, vgl. Sieckmann, Regelmodelle und Prinzipienmodelle des Rechtssystems, S. 160 ff.; ders., Der Staat 41 (2002), S. 397 ff. Kritisch hierzu Jestaedt, Grundrechtsentfaltung im Gesetz, S. 211 f.
355 Vgl. Alexy, Theorie der Grundrechte, S. 89, 120, 267, 427; ders., Rechtsregeln und Rechtsprinzipien, S. 20; Sieckmann, Regelmodelle und Prinzipienmodelle des Rechtssystems, S. 147; ders., System richterlicher Bindungen, S. 46 f.; Raabe, Grundrechte und Erkenntnis, S. 184 ff.; Borowski, ZÖR 53 (1998), S. 321 f.; ders., Der Grundrechtsschutz des religiösen Selbstverständnisses, S. 77; ders., Die Glaubens- und Gewissensfreiheit des Grundgesetzes, S. 213 ff.
356 Grundsätzlich könnte der Gesetzgeber auch der anderen Seite, dem grundrechtlichen Prinzip, zusätzliches Gewicht verschaffen. Dem steht jedoch die Konstruktion des zugrundeliegenden Grundrechtsfalles entgegen. Daß der Gesetzgeber sich auf die Seite der Schrankengründe schlägt, muß daraus

Maße, hängt davon ab, wie hoch man das abstrakte Gewicht des formellen Prinzips veranschlagt, und auf welchem Niveau sich die materiellen Prinzipien gegenüberstehen.[357]

bbb) *Einwände gegen die Abwägung formeller und materieller Prinzipien*

Gegen dieses Modell der Abwägung formeller und materieller Prinzipien werden verschiedene Einwände erhoben. Zunächst heißt es, formelle und materielle Prinzipien könnten nicht kollidieren oder jedenfalls sei bei einer Kollision keine Entscheidung möglich.[358] Dies verkennt jedoch die Gemeinsamkeiten materieller und formeller Prinzipien. Zwar weisen formelle Prinzipien die Besonderheit auf, daß ihr Optimierungsgegenstand vor Ausübung der Kompetenz nicht festgelegt ist. In diesem Zustand wären sie in der Tat schwerlich gegen materielle Prinzipien abwägbar. Zur Berücksichtigung formeller Prinzipien in der grundrechtlichen Abwägung kommt es aber nur dann, wenn das grundrechtseingreifende Gesetz auf seine Grundrechtsgemäßheit geprüft wird. Dann hat der Gesetzgeber sich mit dem Erlaß des grundrechtseingreifenden Gesetzes unter empirischer Unsicherheit auf die Seite der Schrankengründe geschlagen[359] und seine Kompetenz ausgeübt. Der Optimierungsgegenstand im konkreten Fall ist dann notwendig bestimmt. Einer gemeinsamen Abwägung eines formellen Prinzips mit materiellen Prinzipien steht ebensowenig im Wege wie einer Abwägung ausschließlich materieller Prinzipien. Insbesondere die im Zuge skeptischer Ausführungen zur Abwägung formeller und materieller Prinzipen erwähnte Inkommensurabilität[360] stellt dabei kein Problem dar. Denn Inkommensurabilität ist für Abwägungen jeder Art, auch ausschließlich materieller Prinzipien, ohnehin kennzeichnend. Anderenfalls könnten die gegenüberstehen-

---

geschlossen werden, daß er trotz empirischer Unsicherheit das entsprechende grundrechtseingreifende Gesetz erläßt. Der korrespondierende Anknüpfungspunkt für den umgekehrten Fall wäre der Nichterlaß eines grundrechtseingreifenden Gesetzes. Zunächst kann ein Nichterlaß sowohl bewußt als auch unbewußt erfolgen, während ein unbewußter Erlaß von Gesetzen kaum vorstellbar ist. Jenseits dieser fundamentalen Asymmetrie fehlt es bei einem Nichterlaß eines grundrechtseingreifenden Gesetzes bereits an einem Grundrechtsfall, da ja gar kein Eingriff vorliegt. Es kann nur anders sein, wenn unter den Schrankengründen wiederum ein Grundrecht zu finden ist, das etwa als grundrechtliches Leistungsrecht den Eingriff in ein Abwehrrecht fordert. Diese Konstellation ist dann aber aus der Perspektive des grundrechtlichen Leistungsrechts aus zu betrachten, was hier nicht weiter verfolgt werden soll.

357 Zu einem derartigen Modell der Abwägung formeller und materieller Prinzipien siehe Alexy, Theorie der Grundrechte, S. 427; ders., VVDStRL 61 (2002), S. 27 f.; ders., Postscript, S. 418 f.; Enderlein, Abwägung in Recht und Moral, S. 338; M. Kaufmann, Staatswissenschaften und Staatspraxis 1997, S. 175 ff.; Borowski, ZÖR 53 (1998), S. 321 f.; ders., Der Grundrechtsschutz des religiösen Selbstverständnisses, S. 77 f.; ders., Die Glaubens- und Gewissensfreiheit des Grundgesetzes, S. 213 ff.; Raabe, Grundrechtsschutz und gesetzgeberischer Einschätzungsspielraum, S. 83 ff.; ders., Grundrechte und Erkenntnis, S. 207 ff.; Afonso da Silva, Grundrechte und gesetzgeberische Spielräume, S. 113 ff.

358 Jestaedt, Grundrechtsentfaltung im Gesetz, S. 226; Hain, Die Grundsätze des Grundgesetzes, S. 136 f.

359 Vgl. soeben Fn. 356.

360 Vgl. Hain, Die Grundsätze des Grundgesetzes, S. 137. In diese Richtung wohl auch Jestaedt, Grundrechtsentfaltung im Gesetz, S. 226 Anm. 84.

den Gebote einfach „verrechnet" werden, der Festsetzung einer Austauschrelation zur Bildung einer ordinalen Ordnung bedürfte es dann gar nicht.[361]

Möglicherweise wird Unbehagen an einem Einstellen formeller Prinzipien in Abwägungen auch durch die intuitive Unsicherheit genährt, anhand welcher Größen das Gewicht des formellen Prinzips zu variieren sein soll. Der Inhalt des formellen Prinzips gibt dabei keinen tauglichen Maßstab ab, da das Charakteristikum des formellen Prinzips ja gerade darin besteht, daß der Ermächtigte über den Optimierungsgegenstand bestimmen kann. Damit blieben nur formelle Kriterien für die Variation des Gewichts, wie etwa das Maß der parlamentarischen Mehrheit. Ein mit großer Mehrheit zustandegekommenes Gesetz würde dann einen größeren Spielraum verdienen als eines, das nur mit sehr knapper Mehrheit erlassen wurde. Dieses Kriterium ausdrücklich zu formulieren heißt beinahe schon, es abzulehnen. Ein derartiges Gewichten der Prärogative des parlamentarischen Gesetzgebers würde den Bedingungen der parlamentarischen Demokratie nicht gerecht. Doch selbst wenn sich Kriterien für eine Variation des Gewichts formeller Prinzipien nicht finden lassen sollten, hieße dies noch nicht, daß die Rekonstruktion empirisch-epistemischer Spielräume über formelle Prinzipien gescheitert ist. Die für materielle Prinzipien regelmäßig kennzeichnende Eigenschaft großer Variabilität des Gewichts in verschiedenen Anwendungsfällen muß formellen Prinzipien nicht notwendig zukommen. Selbst wenn sie in Abwägungen stets das gleiche Gewicht haben, weisen sie die Dimension des Gewichts auf und sind damit definitionsgemäß Prinzipien. Die Abwägung bleibt trotz dieses konstanten Gewichts formeller Prinzipien dynamisch, da die auf beiden Seiten zu berücksichtigenden materiellen Prinzipien in verschiedenen Anwendungsfällen stark variieren. Damit läßt sich auch nachvollziehbar erklären, wieso die Eingriffsintensität verbreitet als Leitkriterium für die Größe epistemischer Spielräume angesehen wird.[362] Je größer die Eingriffsintensität, desto stärker wird das stets mit gleichem Gewicht ausgestattete formelle Prinzip zurückgedrängt, und desto kleiner ist ergo der epistemische Spielraum.

Ein weiterer Einwand gegen die Abwägung formeller und materieller Prinzipien macht geltend, bei der Zuerkennung von Spielräumen für die Legislative drohe eine „adressatenorientierte Abstufung der Verpflichtungskraft der Grundrechte", die gegen Art. 1 Abs. 3 GG verstoße. Diese Bestimmung postuliere die Grundrechtsbindung für alle Staatsgewalten.[363] Nun spricht einiges dafür, auch in gewissem Maße Spielräume der Exekutive und der Judikative, die in der Gewaltenteilung gem. Art. 20 Abs. 2 Satz 2 GG mit einem jeweils eigenen Kernbereich ausgestattet sind,[364] anzuerkennen. Angesichts der besonderen Bedeutung des Demokratiegebots gem. Art. 20 Abs. 1 GG dürfte aber kaum ein Zweifel bestehen, daß dem demokratisch unmittelbar legitimierten Gesetzgeber der vergleichsweise größte Spielraum zusteht. Dies kann man jedoch nicht als eine kritikwürdige Verzerrung der Grundrechtsbindung gem. Art. 1 Abs. 3 GG darstellen, es handelt sich letztlich um nichts anderes als einen Ausdruck des fundamentalen

---

361 Siehe 1. Teil, 2. Abschnitt, II. 2. a) bb) ccc) (1).
362 Vgl. insbesondere Raabe, Grundrechte und Erkenntnis.
363 Scherzberg, Grundrechtsschutz und Eingriffsintensität, S. 176.
364 Vgl. nur BVerfGE 34, 52 (59).

Spannungsverhältnisses von Demokratie und Grundrechten.[365] Zudem sollte man sehen, daß der Einwand der adressatenorientierten Abstufung sich weniger spezifisch gegen das Modell der Abwägung formeller und materieller Prinzipien wendet als vielmehr gegen die in der Rechtsprechung des Bundesverfassungsgerichts entwickelte und in der Literatur überwiegend gebilligte Konzeption von epistemischen Spielräumen für die Legislative in empirischer Hinsicht,[366] die in diesem Abwägungsmodell lediglich dogmatisch rekonstruiert wird.

bb) *Der normative Erkenntnisspielraum*

Beim normativen Erkenntnisspielraum besteht Unsicherheit über die Erkenntnis normativer Prämissen im Rahmen der Ermittlung des grundrechtlich Gesollten. Ob und wie weit ein derartiger normativer Erkenntnisspielraum, insbesondere bei Abwehrrechten, überhaupt angenommen werden sollte, ist nicht einfach zu beantworten. Die verfassungsgerichtliche Kontrolle des Gesetzgebers würde empfindlich beschnitten, wenn unter Hinweis auf die Schwierigkeit und Offenheit der Grundrechtsauslegung allzu großzügig normativ-epistemische Spielräume angenommen würden.[367] Derartige Spielräume müßten daher hinreichend eng gefaßt werden. Zudem ist die Grenze zum Abwägungsspielraum als strukturellem Spielraum schwer zu ziehen: Während die Betonung des Stoffes der Rechtswissenschaft als ungenau, in seiner Ungenauigkeit aber der Erkenntnis eher gut zugänglich, zur Ausdehnung des (strukturellen) Abwägungsspielraums auf Kosten des normativ-epistemischen Spielraums führt, gilt Umgekehrtes für die Betonung des Stoffes der Rechtswissenschaft als genau, aber der Erkenntnis nur schwer zugänglich.[368] Soweit man normativ-epistemische Spielräume anzuerkennen bereit ist, kann auch dies in einer Abwägung formeller und materieller Prinzipien rekonstruiert werden.[369]

5. Sonstige Einwände gegen die Prinzipientheorie der Grundrechte

Mit dem bislang Ausgeführten dürften die zentralen Einwände gegen die Prinzipientheorie der Grundrechte, die vermeintliche Hypertrophie der Abwägung, Abwägungsskepsis sowie der Einwand des bundesverfassungsgerichtlichen Jurisdiktionsstaates, ausgeräumt sein. Abschließend gilt es einige weitere Bedenken in den Blick zu nehmen, die in neuerer Zeit erhoben worden sind.

---

365 Vgl. Alexy, Festschrift Dießelhorst, S. 82 ff.; ders., Festschrift Peczenik, S. 32 ff.
366 BVerfG in st. Rspr. seit BVerfGE 50, 290 (333).
367 Alexy, VVDStRL 61 (2002), S. 29; ders., Postscript, S. 420.
368 Vgl. ders., VVDStRL 61 (2002), S. 25 f., 29.
369 Eingehender zu normativ-epistemischen Spielräumen ders., VVDStRL 61 (2002), S. 28 ff.; ders., Postscript, S. 420 ff.

a) Die Prinzipientheorie als „Nullpunkt der Dogmatik"?

Gegen die Prinzipientheorie der Grundrechte wird geltend gemacht, sie

„kollabiert letztlich in einer Abwägung aller relevanten Aspekte des Einzelfalls, in der sich alle sonstigen Strukturen der Grundrechte auflösen."[370]

Sie besage

„letztlich nicht viel mehr, als daß im Einzelfall unter Berücksichtigung aller relevanten Umstände eine rational begründete Entscheidung getroffen werden muß. Weniger Strukturen kann ein dogmatischer Vorschlag kaum bieten."[371]

Vor dem Hintergrund des bereits Ausgeführten ist rasch zu sehen, daß dieses Mißverständnis auf der verfehlten Gleichsetzung der „Prinzipientheorie als solcher"[372] und der „Prinzipientheorie der Grundrechte"[373] beruht. Die Prinzipientheorie als solche kann als rechtstheoretische Theorie analytischer Natur naturgemäß kaum dogmatischen Gehalt haben. Ganz anders sieht dies jedoch mit der Prinzipientheorie der Grundrechte dar, die in erheblichem Maße dogmatisch angereichert ist. Unter Schutzbereichsdefinitionen wird ebenso subsumiert wie unter die Kriterien des Eingriffsbegriffs, gleiches gilt für die abwägungsfrei anwendbaren Kriterien der Wirksamkeit der Grundrechtseinschränkung. Zur Ermittlung der Festsetzungen in Wortlaut der Verfassung und Wille des Verfassungsgebers kommt das gesamte, reich entwickelte Instrumentarium der canones der Auslegung zur Anwendung.[374] Diese vielfältigen grundrechtsdogmatischen Vorgaben werden mit der These vom „Nullpunkt der Dogmatik" gänzlich übersehen. Wo diese grundrechtsdogmatischen Festsetzungen enden, beginnt der Bereich, in dem Abwägungen vorzunehmen sind.[375] Insofern kann man sagen, die Abwägung fülle die Lücken,

---

370 Poscher, Grundrechte als Abwehrrechte, S. 81 (Anmerkung ausgelassen). Ebenso H. Dreier in Dreier, Vorb., Rn 79.
371 Ders., a.a.O. (Anmerkung ausgelassen). Vgl. auch ders., a.a.O., S. 75: „Die gesamte Grundrechtsdogmatik läßt sich dann in einer Abwägungsformel bündeln". Poscher „belegt" diesen Satz in einer Fußnote mit einem Hinweis auf S. 411 der Vorauflage dieser Untersuchung. Dies wird dort aber gar nicht gesagt. Dort wird das Gesamtergebnis der strukturtheoretischen Untersuchung aller Grundrechtsfunktionen zusammengefaßt. Vermutlich soll der letzte Satz in Bezug genommen werden, nach dem der Grundsatz der Verhältnismäßigkeit im weiteren Sinne das wichtigste Kriterium der Wirksamkeit der Beschränkung eines prima facie-Grundrechts darstellt. Der Formulierung ist recht deutlich zu entnehmen, daß es weitere Kriterien der verfassungsrechtlichen Rechtfertigung – jenseits bzw. vor der Abwägung – geben soll, und die Ebene von Schutzbereich und Eingriff wird nicht einmal angesprochen. Hier sind in erheblichem Maße grundrechtsdogmatische Festsetzungen verortet (vgl. hierzu sogleich im Text). Eine Reduktion der gesamten Grundrechtsdogmatik auf eine „Abwägungsformel" kann man der am genannten Stelle in der Vorauflage daher wahrlich nicht entnehmen.
372 Siehe 1. Teil, 2. Anschnitt, I. 1.
373 Siehe 1. Teil, 2. Anschnitt, I. 2.
374 Die Methodenarmut, die Poscher, Grundrechte als Abwehrrechte, S. 78, zu sehen meint, existiert damit gar nicht.
375 Zur durchaus begrenzten Rolle der Abwägung in der Dogmatik der Grundrechte siehe bereits 1. Teil, 2. Abschnitt, III. 2.

welche die dogmatischen Festsetzungen lassen. Die Rede von einer „Auflösung" der Grundrechtsdogmatik geht an der Prinzipientheorie der Grundrechte vorbei.

b) Die vermeintliche „wissenschaftstheoretische Verdächtigkeit" der Prinzipientheorie

Als Einwand wird weiter angedeutet, das „fast unbeschränkte Beschreibungspotential"[376] der Prinzipientheorie ermögliche es ihr, „jede Kritik, die an ihr geäußert wird, auf ein Prinzip zurückzuführen und in sich aufzunehmen". Dies erscheint Ralf Poscher suspekt:

> „Doch daß sich die Prinzipientheorie gegen Kritik zu immunisieren vermag, macht sie aus wissenschaftstheoretischer Perspektive eher verdächtig, soweit etwa in der Falsifizierbarkeit einer Theorie ein Kriterium ihrer Wissenschaftlichkeit gesehen wird."[377]

Das „Argument der wissenschaftstheoretischen Verdächtigkeit" wird nicht weiter entwickelt. Wäre eine solche weitere Entwicklung erfolgt, und hätte sie die Unterscheidung von Prinzipientheorie als rechtstheoretischer Theorie und Prinzipientheorie der Grundrechte als dogmatische Theorie angemessen berücksichtigt, wäre man darauf gestoßen, daß die Prinzipientheorie als rechtstheoretische Theorie weitgehend aus sehr voraussetzungsarmen und zum Teil auch analytischen Sätzen besteht. Ohne die Argumentation erkenntnistheoretisch weiter zu vertiefen, sei nur angemerkt, daß die Schwierigkeit der Falsifikation der rechtstheoretischen Prinzipientheorie auf der Voraussetzungsarmut ihrer Sätze beruht. Das heißt nicht, daß diese Sätze nicht falsifizierbar seien. Wenn einem Autor die Falsifikation von Sätzen einer Theorie nicht gelingen will, erscheint es ein wenig rabulistisch, hieraus auf deren grundsätzliche Nichtfalsifizierbarkeit im wissenschaftstheoretischen Sinne zu schließen und dunkel von „wissenschaftstheoretischer Verdächtigkeit" zu reden. Wenn die Falsifikation von Sätzen nicht gelingen will, sollte man nicht vorschnell die Möglichkeit ausschließen, daß die Sätze ihrer wissenschaftstheoretischen Natur nach zwar falsifizierbar, als konkrete Sätze aber wahr sind.

Die Prinzipientheorie der Grundrechte als dogmatische Theorie ist demgegenüber deutlich mit voraussetzungsreicheren Sätzen, Sätzen der Grundrechtsdogmatik, angereichert. Diese Ebene betrachtet Poscher aber gar nicht, mit seiner These des verschwindend geringen Erklärungswerts der Prinzipientheorie[378] geht es ihm augenscheinlich nur um die Prinzipientheorie als rechtstheoretische Theorie.

c) Der Vorwurf bundesverfassungsgerichtspositivistischer Affirmation

Weiter ist geltend gemacht worden, die Prinzipientheorie erschöpfe sich in bundesverfassungsgerichtspositivistischer Affirmation.[379] In diesem Sinne heißt es bei Poscher:

---

376 Poscher, Grundrechte als Abwehrrechte, S. 75.
377 Ders., a.a.O., S. 76.
378 Ders., a.a.O.
379 Jestaedt, Grundrechtsentfaltung im Gesetz, S. 217; H. Dreier in Dreier^2, Vorb., Rn 79.

„Entsprechend findet sich in den vielen tausend Seiten, die Prinzipientheoretiker über die Verfassungsrechtsprechung geschrieben haben, kaum eine im Ergebnis kritische Auseinandersetzung mit einer Entscheidung."[380]

Sicher ist es richtig, die große Beschreibungskraft der Prinzipientheorie zu betonen.[381] Große Beschreibungskraft sollte jedoch nicht vorschnell kritischem Potential entgegengesetzt werden. Wer eine gerichtliche Entscheidung, sei es des Bundesverfassungsgerichts oder sonst eines Gerichts, kritisch analysieren möchte, muß sie zunächst korrekt verstanden und beschrieben haben. Das große kritische Potential der Prinzipientheorie der Grundrechte besteht gerade darin, daß sie die in der Rechtsanwendung vorausgesetzten Prämissen ans Licht holt und so allererst ausdrücklicher Kritik zugänglich macht. Kritik ohne angemessene Beschreibung muß in ihrem Wert dagegen begrenzt bleiben.

Im übrigen trifft die Behauptung, „Prinzipientheoretiker" setzten sich mit Rechtsprechung nicht kritisch auseinander, schlicht nicht zu. Hier sei nur auf die in dieser Abhandlung zurückgewiesene bundesverfassungsgerichtliche These des absoluten Kernbereichs des verfassungsrechtlichen allgemeinen Persönlichkeitsrechts hingewiesen,[382] oder auf die gleichfalls abgelehnte These des Bundesverwaltungsgerichts, es gebe keine – auch keine prima facie – „Gleichheit im Unrecht".[383] Auf der Grundlage der Prinzipientheorie der Grundrechte ist in neueren Arbeiten fundamentale Kritik am Dietylenglykol-Beschluß und am Osho-Beschluß des Bundesverfassungsgerichts geübt worden,[384] die ständige Rechtsprechung des Bundesverfassungsgerichts seit dem 28. Band zur ungeschriebenen Schrankenklausel bei Art. 4 Abs. 1, 2 GG[385] und bei Art. 4 Abs. 3 GG[386] ist grundlegend zurückgewiesen worden. Die Liste ließe sich verlängern, und andere Vertreter der Prinzipientheorie mögen für sich selbst sprechen. Aber es dürfte bereits deutlich geworden sein, daß „Bundesverfassungsgerichtspositivismus" – ein in der Tat hier und da leider anzutreffendes Phänomen[387] – anders aussieht.

Zudem sei darauf hingewiesen, daß diejenigen, die den Einwand des „prinzipientheoretischen Bundesverfassungsgerichtspositivismus" vorbringen, es unterlassen, angemessen zwischen den verschiedenen Ebenen zu unterscheiden, auf denen – um die ad personam-Formulierung aufzugreifen[388] – „die Prinzipientheoretiker" argumentieren. Dies ist zum einen die Ebene der Anwendung der prinzipientheoretischen Grundrechtsdogmatik, hier geht es in erster Linie um die Richtigkeit von unter anderem gerichtlichen Entscheidungen. Zum anderen ist dies die methodologische Ebene, auf der die Vorzugswürdigkeit einer prinzipientheoretischen Rekonstruktion dargelegt werden soll.

---

380 Poscher, Grundrechte als Abwehrrechte, S. 76.
381 Ders., a.a.O., S. 75.
382 2. Teil, 3. Abschnitt, A. II. 2.a) bb), in der Vorauflage S. 216 ff.
383 2. Teil, 3. Abschnitt, C. VIII. 6. b), in der Vorauflage S. 399 ff.
384 Borowski, Die Glaubens- und Gewissensfreiheit des Grundgesetzes, S. 452 ff.
385 Ders. a.a.O., S. 505 ff.
386 Ders., a.a.O., S. 583 ff.
387 Vgl. hierzu ders., a.a.O., S. 527 mit weiteren Nachweisen.
388 Vgl. das Zitat soeben bei Fn. 380.

Man wird es „den Prinzipientheoretikern" nicht verdenken können, wenn sie zwar nicht untypische, aber doch besonders geeignete Entscheidungen auswählen, um die Vorzüge einer prinzipientheoretischen Rekonstruktion zu demonstrieren. Insofern sollte es nicht verwundern, wenn gerade in umfassenden Darlegungen zur Entwicklung und Verteidigung der Prinzipientheorie der Grundrechte Kritik an einzelnen gerichtlichen Entscheidungen nicht im Vordergrund steht. Mit „Bundesverfassungsgerichtspositivismus" auf der Ebene, um der es in erster Linie um die Richtigkeit gerichtlicher Entscheidungen geht, hat dies nichts zu tun.

d) Einwände gegen „die dem Prinzipienmodell zugrundeliegende Diskurstheorie des Rechts"

Weiter ist gegen die Prinzipientheorie der Grundrechte eingewandt worden, es sei überzeugende Kritik an der „dem Prinzipienmodell zugrundeliegende[n] Diskurstheorie des Rechts" geübt worden.[389] Es ist in diesem Rahmen nicht möglich, die Diskurstheorie zu verteidigen.[390] Im Rahmen einer Verteidigung der Prinzipientheorie der Grundrechte muß der Hinweis ausreichen, daß der vorausgesetzte Zusammenhang gar nicht besteht. Es wurde bereits ausgeführt, daß die Prinzipientheorie die Entscheidung des grundrechtlich Gesollten eher strukturiert als allein zu entscheiden vermag. Insofern ist der Rechtsanwender darauf angewiesen, die Prinzipientheorie mit einer Theorie der juristischen Argumentation zu verbinden.[391] Richtig ist auch, daß Robert Alexy als wohl prominentester deutscher Vertreter der Prinzipientheorie der Grundrechte eine diskurstheoretisch orientierte Theorie der juristischen Argumentation vorgelegt hat.[392] Aus dieser „Verbindung" in der Person Alexys folgt aber keineswegs, daß eine intrinsische Verbindung zwischen Prinzipientheorie und Diskurstheorie besteht. Grundsätzlich kann man, ohne den Boden der Prinzipientheorie verlassen zu müssen, jede beliebige Theorie der juristischen Argumentation vorschlagen.

III. Ergebnis

Damit kann festgehalten, daß nicht nur die Prinzipientheorie im Sinne der strikten Trennungsthese in der geschilderten Form gegen alle Einwände verteidigt werden kann, sondern auch die Anwendung dieser rechtstheoretischen Theorie auf die Grundrechte.

---

389 H. Dreier in Dreier², Vorb., Rn 79. Vgl. auch Jestaedt, Grundrechtsentfaltung im Gesetz, S. 231 ff., der von einem „diskurstheoretischen Rechtsgewinnungsverständnis der Prinzipienlehre" spricht.
390 Vgl. Borowski, German Yearbook of International Law 44 (2001), S. 38 ff. mit weiteren Nachweisen.
391 Siehe 1. Teil, 2. Abschnitt, III. 3. b). Poschers These von der methodischen Verarmung in der Prinzipientheorie der Grundrechte (Poscher, Grundrechte als Abwehrrechte, S. 78) übersieht dies.
392 Vgl. nur Alexy, Theorie der Juristischen Argumentation; ders., Rechtstheorie 18 (1987), S. 417 ff.

3. Abschnitt: Die prinzipientheoretische Rekonstruktion der Schrankentheorien

Nach dem im 1. und 2. Abschnitt Ausgeführten liegt es nahe, eine prinzipientheoretische Rekonstruktion der Schrankentheorien zu unternehmen. Die Prinzipientheorie ist auf alle Arten von Normen anwendbar, während die Schrankentheorien klassisch auf Recte gewährende Normen bezogen werden. Die Rekonstruktion der Schrankentheorien wird im Rahmen dieser Untersuchung in erster Linie auf die Grundrechtsnormen des Grundgesetzes,[1] bezogen, auch wenn die Rekonstruktion ohne weiteres für andere Rechte gewährende Normen Geltung beanspruchen könnte.[2]

Um das Ergebnis der Rekonstruktion mit einer einfachen Formel vorwegzunehmen: Normen in Form von Regeln gewähren innentheoretische Rechte, in Form von Prinzipien außentheoretische Rechte.[3] Die Rekonstruktion wird den notwendigen Zusammenhang zwischen der Anwendung des Grundsatzes der Verhältnismäßigkeit im weiteren Sinne bei der Anwendung eines Rechts und der außentheoretischen Struktur des angewendeten Rechts aufzeigen.

I. Innentheoretische Rechte

Nach der Innentheorie existiert lediglich ein Gegenstand, das Recht mit seinen immanenten Grenzen. Der Umfang des Rechts wird nicht durch Kollisionen mit anderen Rechten oder Gütern verändert, sein definitiver Inhalt ist von vornherein festgelegt. Angesichts der in der Wirklichkeit kollidierenden Rechte und Güter läßt sich dies nur erklären, indem einem innentheoretischen Recht vollständiger Festsetzungsgehalt in Bezug auf diese kollidierenden Rechte und Güter zukommt. Vollständiger Festsetzungsgehalt ist charakteristisch für Regeln.[4] Weiter gibt es von innentheoretischen Rechten keine Ausnahme. Dies deutet darauf hin, daß die Norm, die dieses Recht gewährt, in allen ihrer möglichen Anwendungsfälle gilt. Diese Eigenschaft der strikten Geltung einer Norm ist hinreichend dafür, diese als Regel einzuordnen.[5]

Andererseits könnte man die strikte Geltung insofern bestreiten, als die Ermittlung des Inhalts von Rechten oftmals unsicher ist. Es kann sein, das sich etwas auf den ersten Blick als Inhalt eines innentheoretischen Rechts darstellt, sich dieser Eindruck bei näherer Betrachtung jedoch verflüchtigt. Die Ermittlung des genauen Inhalts konstituiert den Rechtsinhalt innentheoretischer Rechte aber nicht, sondern stellt fest, was wahrer und

---

[1] Zur Definition des Grundrechts vgl. die Nachweise bei Einleitung, I.
[2] Also für Landesgrundrechte, Grundrechte in ausländischen Verfassungen, supranationale oder internationale Grundrechte, einfachrechtliche Rechte sowie – jenseits der rechtlichen Rechte – für moralische Rechte.
[3] Dabei soll nicht in Abrede gestellt werden, daß sich die tieferen Zusammenhänge im Verlaufe der folgenden Ausführungen als etwas komplexer erweisen werden.
[4] Alexy, Zum Begriff des Rechtsprinzips, S. 80 f.; ders., Theorie der Grundrechte, S. 88; Sieckmann, Regelmodelle und Prinzipienmodelle des Rechtssystems, S. 69.
[5] Sieckmann, Regelmodelle und Prinzipienmodelle des Rechtssystems, S. 59.

bloß scheinbarer Rechtsinhalt ist.[6] Insofern könnte man auch bei der Innentheorie vor der endgültigen Ermittlung des „wahren" Inhalts im Hinblick auf den „scheinbaren Inhalt"[7] von einem Inhalt prima facie sprechen. Die Ermittlung des Rechtsinhalts mag zwar häufig problematisch sein, die Probleme liegen jedoch allein auf der Ebene der Ermittlung eines bereits festgesetzten Inhalts. Eine normative Ermittlung des Gesollten mittels einer Abwägung, also eine Festsetzung hinsichtlich kollidierender Rechte und Güter, ist weder erforderlich noch möglich.[8] Wenn man den Begriff „prima facie" derart verwendet, entspricht dies der bereits abgelehnten ersten Interpretation John Searles der Kollision von prima facie-Normen, nach der die Kollision nur scheinbar besteht.[9] Liegt der Übergang von prima facie-Normen zu definitiven Normen allein auf der Ebene der Ermittlung bereits festgesetzten Inhalts, handelt es sich bei den prima facie-Normen um Regeln.[10] Auch wenn ihre strikte Geltung bestritten wird, handelt es sich also bei den Normen, die innentheoretische Rechte gewähren, um Regeln.[11]

Der Unmöglichkeit der Abwägung innentheoretischer Rechte entspricht die Eigenschaft von Regeln, nicht als Gründe in Abwägungen eingestellt werden zu können.[12] Die Abwägung ist eine Prozedur zur Lösung von Prinzipienkollisionen. Eine Regel selbst kann nicht abgewogen werden. Grundsätzlich besteht zwar die Möglichkeit festzustellen, ob die Regel einen zutreffenden Festsetzungsgehalt hat. Dies erfolgt mittels einer Abwägung der materiellen und formellen Prinzipien, die diese Regel inhaltlich stützen.[13] Eine Innentheorie kann jedoch derartige Abwägungen zur Begründung von

---

6   Siehe 1. Teil, 1. Abschnitt, I. 2.
7   Vgl. zu dieser Sichtweise bereits 1. Teil, 1. Abschnitt, I. 2.
8   Es sei eingeräumt, daß es nicht analytisch ausgeschlossen ist, ein außentheoretisches Regelmodell zu konzipieren, solange nur die Rechte selbst nicht in die zur Bestimmung ihres Anwendungsbereiches erforderlichen Abwägung eingestellt werden (dies entspricht dem komplexen Regelbegriff Sieckmanns, der in dieser Untersuchung grundsätzlich gefolgt wird, vgl. 1. Teil, 2. Abschnitt, II. 3. a) und 1. Teil, 2. Abschnitt, II. 3. c) bb)). Als Beispiel für eine derartige Theorie mag das ältere Grundrechtsverständnis unter der Weimarer Reichsverfassung dienen, nach dem in den Grundrechten nur die „Freiheit von gesetzwidrigem Zwange" (G. Jellinek, System der subjektiven öffentlichen Rechte, S. 103) verbürgt wurde. Solange innerhalb des Schutzbereiches eines derart verstandenen Grundrechts kein Verbotsgesetz erlassen wurde, ist die grundrechtliche Freiheit unbeschränkt. Wird ein Verbotsgesetz erlassen, das allen formellen Geltungskriterien genügt, ist die grundrechtliche Freiheit ohne Rücksicht auf das inhaltliche Maß der Einschränkung und die für diese Einschränkung sprechenden materiellen verfassungsrechtlichen Gründe in jedem Falle wirksam beschränkt. Das Problem derartiger Auffassungen besteht in der völlig fehlenden materiellen Bindung des Gesetzgebers, was unter dem Grundgesetz unbestritten gegen Art. 1 Abs. 3 GG verstoßen würde. Ein außentheoretisches Regelmodell kann zwar materiellen Grundrechtsschutz gewähren, aber eben nur über Regeln im Sinne normativer Festsetzungen. Dies setzt allerdings voraus, daß der Festsetzungsgehalt relativ auf die tatsächlichen und rechtlichen Möglichkeiten derart hoch ist, daß der Fall abwägungsfrei durch Subsumtion gelöst werden kann. Im gegenwärtigen Verfassungsrecht dürfte derart hoher, abwägungsfrei ermittelter und begründeter Festsetzungsgehalt kaum zu finden sein.
9   Searle, Prima Facie Obligations, S. 82; siehe auch 1. Teil, 2. Abschnitt, II. 4. c).
10 Vgl. Sieckmann, Regelmodelle und Prinzipienmodelle des Rechtssystems, S. 74.
11 Die Eigenschaft der strikten Geltung ist zwar keine notwendige, aber eine hinreichende Eigenschaft, eine Norm als Regel einzuordnen, 1. Teil, 2. Abschnitt, II. 3. a); 1. Teil, 2. Abschnitt, II. 3. c) bb).
12 Zur Unmöglichkeit, Regeln selbst in Abwägungen einzustellen, 1. Teil, 2. Abschnitt, II. 3 a). Regeln können zwar abwägungsabhängig, aber niemals abwägungsfähig sein.
13 Siehe 1. Teil, 2. Abschnitt, II. 2. a) cc).

Regeln nicht zulassen. Erstens müßte sie die abzuwägenden Prinzipien als Rechtsnormen voraussetzen. Dann enthielte das Rechtssystem gegenüber den innentheoretischen Rechten einen inhaltlich überschießenden rechtlichen Gehalt, was gerade nicht der Fall sein soll.[14] Weiterhin würde eine derartige Abwägungsfähigkeit zur Begründung und Korrektur der Regeln, die innentheoretische Rechte gewähren, die Möglichkeit von Ausnahmen eröffnen. Die innentheoretischen Rechte müßten stets eine Ausnahme zulassen, wenn eine Abwägung der sie inhaltlich stützenden Prinzipien dies verlangt. Dann würde nicht mehr der Inhalt einer bestehenden Festsetzung ermittelt, wie es die Innentheorie behauptet, sondern es würde in der Abwägung der Inhalt der Regel neu festgesetzt werden. Eine Innentheorie kann daher weder Prinzipien als Rechte noch Prinzipien zur Begründung von Rechten zulassen.[15] Ein Rechtssystem, das ausschließlich innentheoretische Rechtspositionen enthält, ist daher notwendig ein reines Regelmodell.[16]

II. Außentheoretische Rechte

Bei der Außentheorie ist in erster Linie zwischen zwei verschiedenen Gegenständen zu unterscheiden, dem Recht „an sich" und der Schranke.

1. Das Recht „an sich" oder prima facie-Recht

Das grundsätzlich schrankenlos vorstellbare prima facie-Recht wird durch ein Prinzip gewährt.[17] Normen, die die Realisierung dieses Prinzips einschränken, sind Schranken dieses Prinzips.[18] Diese Interpretation erklärt, weshalb die Außentheorie zu zwei verschiedenen Rechtspositionen gelangt: Dem grundsätzlich schrankenlos vorstellbaren prima facie-Recht und dem beschränkten Recht. Das prima facie-Recht wird durch ein Prinzip gewährt, das die Realisierung eines Optimierungsgegenstandes gebietet. Damit ist auch die Geltung von Normen geboten, die den Optimierungsgegenstandes in höherem Maße realisieren.[19]

---

14 Siehe 1. Teil, 1. Abschnitt, I. 2.
15 Dies führt zu dem Problem, wie ein Vertreter der Innentheorie dann die Geltung der Normen, die innentheoretische Rechte gewähren, begründen kann. Nachdem eine normative Begründung aus Prinzipienkollisionen ausscheidet, verbleiben in erster Linie die empirischen Kriterien der sozialen Wirksamkeit und autoritativen Gesetztheit, vgl. Sieckmann, Regelmodelle und Prinzipienmodelle des Rechtssystems, S. 138.
16 Zum reinen Regelmodell des Rechtssystems vgl. Alexy, Theorie der Grundrechte, S. 106 ff.; Sieckmann, Regelmodelle und Prinzipienmodelle des Rechtssystems, S. 89 ff.
17 Dies gilt jedenfalls für den in diesem Kontext allein relevanten Fall, in dem die Wirksamkeit der Einschränkung von einer Prüfung der Verhältnismäßigkeit im weiteren Sinne abhängt, vgl. den Vorbehalt eingangs dieses Abschnittes.
18 Vgl. Alexy, Theorie der Grundrechte, S. 257; Höfling, Jura 1994, S. 171.
19 Dies betrifft keineswegs nur Parlamentsgesetze, sondern auch individuelle Normen wie etwa die Entscheidungsnormen im Sinne Eugen Ehrlichs, vgl. Ehrlich, Grundlegung der Soziologie des Rechts, S. 97 ff. Zu Prinzipien als Geltungsgeboten vgl. Sieckmann, Regelmodelle und Prinzipienmodelle des Rechtssystems, S. 75; ders., Rechtstheorie 25 (1994), S. 169 Anm. 35. Vgl. auch 1. Teil, 3. Abschnitt, I. 2. b) bb).

Um dies zu veranschaulichen, sei als Beispiel die verfassungsgerichtliche Entscheidung zur Verwertung von Tagebüchern im Strafverfahren rekonstruiert.[20] Das verfassungsrechtliche allgemeine Persönlichkeitsrecht aus Art. 2 Abs. 1 i.V.m. 1 Abs. 1 GG gewährleistet die Befugnis des einzelnen, selbst zu entscheiden, welche persönlichen Lebenssachverhalte er offenbart.[21] Die Geltung jeder Norm, soweit sie dazu führt, daß der Optimierungsgegenstand dieses grundrechtlichen Prinzips, der Schutz persönlicher Geheimnisse, in höherem Maße realisiert wird, ist prima facie geboten. Neben einer potentiell unendlichen Anzahl anderer Normen gehört hierzu auch die Norm

N_1: Private tagebuchartige Aufzeichnungen eines Beschuldigten im Strafverfahren, der unter dem Verdacht einer außerordentlich schweren Straftat steht, dürfen nicht verwertet werden.

Das Verhältnis zwischen dem Prinzip und der Norm, deren Geltung geboten ist, kann im Sinne zweier verschiedener Relationen interpretiert werden. Es kann sich entweder um eine Begriffsrelation im Sinne eines Bedeutungseinschlusses handeln. Dann liegt zwischen der Norm, deren Geltung geboten ist, und dem Prinzip eine Element-Menge-Relation vor. Im Beispiel enthält der verfassungsrechtlich gebotene Schutz der Persönlichkeit gem. Art. 2 Abs. 1 i.V.m. 1 Abs. 1 GG als Menge die Norm N_1 als Element. Oder man deutet das Verhältnis als eine Zweck-Mittel-Relation im Sinne einer kausalen Relation. Im Beispiel wäre die Norm N_1 das Mittel, den Zweck des Schutzes der Persönlichkeit zu fördern oder zu erreichen. Das Mittel ist die Ursache, die Wirkung besteht in der höheren Realisierung des Zweckes. Bei den Abwehrrechten liegt die Interpretation im Sinne einer Begriffsrelation näher. Staatliche Eingriffe sind Beeinträchtigungen, sie führen nicht erst zu Beeinträchtigungen. Die Geltung der Norm N_1 ist damit ein Teil der Realisierung des Persönlichkeitsschutzes, nicht Mittel zum Zweck, es bedarf keiner vermittelnden Kausalbeziehung. Bei grundrechtlichen Leistungsrechten im weiteren Sinne, wie etwa grundrechtlichen Schutzrechten, liegt eine Interpretation im Sinne einer Zweck-Mittel-Relation dagegen näher, wie noch darzulegen sein wird.[22]

Gegenüber dem Schutz der Persönlichkeit verlangt im obengenannten Beispiel das verfassungsrechtliche Prinzip der rechtsstaatlichen, der Idee der Gerechtigkeit verpflichteten Rechtspflege[23] die Geltung der Norm

N_2: Private tagebuchartige Aufzeichnungen eines Beschuldigten im Strafverfahren, der unter dem Verdacht einer außerordentlich schweren Straftat steht, müssen verwertet werden.

---

20 BVerfGE 80, 367 ff.
21 BVerfGE 80, 367 (373).
22 Siehe 2. Teil, 1. Abschnitt, II. 1.
23 BVerfGE 80, 367 (378).

Die Normen N_1 und N_2 widersprechen sich und können nicht zugleich gelten.[24] N_1 wird durch das Prinzip des Schutzes der Persönlichkeit gestützt, N_2 durch das Prinzip der rechtsstaatlichen Rechtspflege. Durch Abwägung ist zu ermitteln, „welchem dieser beiden verfassungsrechtlich bedeutsamen Prinzipien das größere Gewicht zukommt".[25] In dem vom Bundesverfassungsgericht entschiedenen Fall waren die Aufzeichnungen für die Bewertung der Tat von erheblichem Interesse. Mit ihrer Hilfe konnten wichtige Eindrücke über die Persönlichkeit des Beschuldigten gewonnen werden, auch ergaben sich Hinweise für Gefahrenlagen, die in Bezug auf Dritte bestanden.[26]

Die Richter des Zweiten Senats des Bundesverfassungsgerichts waren geteilter Meinung, welchem der genannten Prinzipien der Vorrang zu geben war. Nach Ansicht der Richter Träger, Klein, Kruis und Kirchhof haben die Aufzeichnungen einen Inhalt, der über die Rechtssphäre des Verfassers hinausweist und Belange der Allgemeinheit nachhaltig berührt,[27] danach war eine Verwertung geboten. Nach Ansicht der Richter Mahrenholz, Böckenförde und Franßen sowie Richterin Graßhoff dagegen gehören die Aufzeichnungen zum absolut geschützten Bereich privater Lebensgestaltung und mußten dem staatlichen Zugriff entzogen bleiben.[28] Aufgrund von Stimmengleichheit ließ sich nicht feststellen, daß die vorgängige Entscheidung des Bundesgerichtshofs, die von der Geltung der Norm N_2 ausging, gegen das Grundgesetz verstößt, § 15 Abs. 3 Satz 3 BVerfGG. Es gilt die Norm N_2, die Norm N_1 dagegen nicht. Insofern das verfassungsrechtliche allgemeine Persönlichkeitsrecht die Geltung der Norm N_1 gebietet, dieser aber die Geltung abgesprochen wird, wird das Grundrecht des verfassungsrechtlichen allgemeinen Persönlichkeitsrechts aus Art. 2 Abs. 1 i.V.m. 1 Abs. 1 GG eingeschränkt. Ergebnis ist das eingeschränkte Recht im Sinne der Außentheorie.

Dies kann verallgemeinert werden. Bei der Anwendung eines Prinzips durch Abwägung wird festgestellt, welche der Normen, deren Geltung durch das Prinzip geboten ist, definitiv gelten. Die definitiv geltenden Normen bilden den Bereich des eingeschränkten Rechts im Sinne der Außentheorie. Diese Sichtweise erklärt auch, wie eine wirksame Einschränkung im Sinne einer inhaltlichen Verminderung möglich ist. Sie führt dazu, daß Normen, deren Geltung durch ein Prinzip geboten ist, definitiv nicht gelten, und das Prinzip trotzdem nicht verletzt ist. In anderen Worten ausgedrückt, besteht die Einschränkung als inhaltliche Verminderung in der Verminderung der Transformation idealen Sollens in definitives Sollen.

---

24 Die Frage, ob Normen wie N_1 und N_2 sich widersprechen, und um was für eine Art des Widerspruchs es sich handelt, ist ein allgemeines Problem der Normenlogik. Nach der zutreffenden Ansicht in der modernen Normenlogik handelt es sich um einen logischen Widerspruch, Weinberger, Rechtslogik, S. 236 f.; ders., Normentheorie als Grundlage der Jurisprudenz und Ethik, S. 98 f.; von Wright, Ratio Juris 4 (1991), S. 271 f.
25 BVerfGE 80, 367 (375).
26 BVerfGE 80, 367 (376 ff.).
27 BVerfGE 80, 367 (376).
28 BVerfGE 80, 367 (380 f.).

2. Die Schranken

Die Schranken eines außentheoretischen Rechts sind Normen.[29] Eine Norm bildet eine Schranke eines Rechts, wenn die Realisierung des Optimierungsgegenstandes oder Optimierungsziels des Prinzips, welches das Recht gewährt, durch die Norm gehemmt wird. Wird die Realisierung des Optimierungsgegenstandes eines grundrechtlichen Prinzips gehemmt, stellt die Norm eine Grundrechtsschranke dar.

a) Regeln und Prinzipien als Schranken

Auch bei den Schrankennormen kann unterschieden werden, ob es sich um Regeln oder Prinzipien handelt.

aa) *Prinzipien als Schranken*

Im Gegensatz zum prima facie-Recht, welches stets durch ein Prinzip gewährt wird, kommen als Grundrechtsschranken sowohl Regeln als auch Prinzipien in Frage. Innerhalb der Prinzipien als Grundrechtsschranken ist wiederum zwischen Prinzipien ohne Festsetzungsgehalt und Prinzipien mit teilweisem Festsetzungsgehalt zu unterscheiden.[30] Bei Prinzipien ohne Festsetzungsgehalt handelt es sich Normen, deren Inhalt nicht eine Festsetzung angesichts kollidierender anderer Prinzipien darstellt. Sie lassen sich nicht in Prinzipienkollisionen rechtfertigen. Als Beispiel kann die allgemeine Handlungsfreiheit gem. Art. 2 Abs. 1 GG dienen. Prinzipien mit teilweisem Festsetzungsgehalt dagegen sind als Abwägungsergebnisse anderer kollidierender Prinzipien zu rechtfertigen.[31] Als Beispiel kann ein Gesetz dienen, in dem der Gesetzgeber bestimmte Anlagen zur Vermeidung von Emissionen und damit verbundenen Gesund-

---

29 Zu Schranken als Normen vgl. Alexy, Theorie der Grundrechte, S. 254; Bolz, Das Verhältnis von Schutzgut und Schranken der Grundrechte, S. 80 ff.; Eckhoff, Der Grundrechtseingriff, S. 23; vgl. auch Siebert, Vom Wesen des Rechtsmißbrauchs, die Außentheorie als „Lehre von Norm und Gegennorm", ähnlich ders., Die Volksgemeinschaft im bürgerlichen Recht, S. 966.
30 Bei Normen mit vollständigem Festsetzungsgehalt handelt es sich stets um Regeln, siehe 1. Teil, 2. Abschnitt, II. 3. d) aa). Zur Unterscheidung von Prinzipien ohne Festsetzungsgehalt und Prinzipien mit teilweisem Festsetzungsgehalt siehe ebenda. Grundsätzlich ist eine Unterscheidung von Prinzipien ohne Festsetzungsgehalt und Prinzipien mit teilweisem Festsetzungsgehalt nicht nur auf der Ebene der Schranken, sondern auch auf der Ebene des außentheoretischen Rechts „an sich" möglich. So kann man bezüglich der Grundrechte des Grundgesetzes fragen, ob sie ihrerseits aus Prinzipienkollisionen begründet sind. In verfassungsrechtlichen Erörterungen wird die Geltung der Grundrechte jedoch nicht in Frage gestellt. Sie werden vielmehr als Anfangsgründe der Argumentation behandelt. Ihre rechtliche Geltung im Rechtssystem der Bundesrepublik Deutschland ist nicht davon abhängig, ob sie aus anderen Prinzipien begründet werden können. Andererseits ist damit nicht gesagt, daß sie nicht aus anderen Prinzipien, etwa Prinzipien einer Theorie der Gerechtigkeit als moralischer Theorie, begründet werden können. In diesem Sinne bezeichnet Sieckmann sie daher als Ideale im weiteren Sinne und stellt ihnen die Ideale im engeren Sinne gegenüber, die nicht Konkretisierungen eines oder mehrerer Prinzipien sind, Sieckmann, Regelmodelle und Prinzipienmodelle des Rechtssystems, S. 165. Gegen seine Bezeichnung von Prinzipien ohne Festsetzungsgehalt als Ideale und Prinzipien mit teilweisem Festsetzungsgehalt als Konkretisierungen siehe bereits 1. Teil, 2. Abschnitt, II. 3. c) aa).
31 Vgl. Sieckmann, Regelmodelle und Prinzipienmodelle des Rechtssystems, S. 168.

heitsgefährdungen vorschreibt, in Einzelfällen aber aus Gründen, die in der gesetzlichen Regelung nicht berücksichtigt sind, Ausnahmen zuläßt.[32] Damit ist im Hinblick auf die in der gesetzlichen Regelung allein berücksichtigten Gründe, Schutz der Gesundheit und Berufs- und Eigentumsfreiheit, die Vorrangentscheidung zugunsten des Schutzes der Gesundheit getroffen. Diese partielle Vorrangentscheidung ist ebenso in einer Abwägung zu rechtfertigen wie vollständige Vorrangentscheidungen. Unter den tatsächlichen Umständen C, die den Tatbestandsbedingungen der gesetzlichen Norm entsprechen, ist daher der Schutz der Gesundheit gem. Art. 2 Abs. Satz 1 GG gegen die Berufsfreiheit gem. Art. 12 Abs. 1 GG und Eigentumsfreiheit gem. Art. 14 GG abzuwägen. Oben wurde bereits ausgeführt, daß Normen mit teilweisem Festsetzungsgehalt sowohl Regeln als auch Prinzipien mit teilweisem Festsetzungsgehalt darstellen können.[33] Das maßgebende Unterscheidungskriterium besteht in der Frage, ob die Norm an den im Rahmen ihrer Anwendung erforderlichen Abwägungen selbst als Grund teilnimmt oder bloß abwägungsabhängig ist. Im ersten Fall handelt es sich um ein Prinzip, im zweiten um eine Regel.

aaa) *Prinzipien ohne Festsetzungsgehalt als Schranken*

Ein Prinzip ohne Festsetzungsgehalt wirkt als Schranke eines grundrechtlichen Prinzips, wenn die beiden Prinzipien kollidieren, also unter den tatsächlichen Umständen der Kollision prima facie widersprüchliche Rechtsfolgen anordnen. Auch wenn zur Feststellung des definitiven Maßes der Einschränkung eine Abwägung beider Prinzipien notwendig ist, die nach dem Kollisionsgesetz eine Regel erzeugt,[34] besteht die materielle Einschränkung in dem Prinzip selbst, nicht erst in der gemäß dem Kollisionsgesetz erzeugten Regel.[35] Die Einschränkung durch ein Prinzip ist daher als Prinzipienkollision zu rekonstruieren. Eine Schrankenziehung durch Prinzipien erfolgt beispielsweise durch die Begrenzung von Grundrechten durch „kollidierende Grundrechte Dritter und andere mit Verfassungsrang ausgestattete Rechtswerte",[36] aber auch durch die Prinzipien, die der Gesetzgeber in Wahrnehmung der Kompetenz zur Setzung von Schrankengründen in geschriebenen Gesetzesvorbehalten statuiert. Beispiel für eine Begrenzung eines Grundrechts durch ein Prinzip ohne Festsetzungsgehalt ist die Entscheidung des Bundesverfassungsgerichts zur Aufnahme des Romans „Josefine Mutzenbacher" in die Liste der jugendgefährdenden Schriften.[37] Die Beschwerdeführerin rügte die Verletzung der Kunstfreiheit aus Art. 5 Abs. 3 Satz 1 GG. Das Gericht stellte fest, daß der Roman trotz seiner Eigenschaft als Pornographie in den Schutzbereich der Kunstfreiheit fällt.[38] Belange des Kinder- und Jugendschutzes, der Verfassungsrang aufweise, verpflichteten

---

32 Zu diesem Gesetz als Beispiel für ein Prinzip mit teilweisem Festsetzungsgehalt siehe bereits 1. Teil, 2. Abschnitt, II. 3. d) aa).
33 Siehe 1. Teil, 2. Abschnitt, II. 3. d) aa).
34 Siehe 1. Teil, 2. Abschnitt, II. 2. a) bb) eee).
35 Alexy, Theorie der Grundrechte, S. 256 f.
36 BVerfG in st. Rspr. seit BVerfGE 28, 243 (261).
37 BVerfGE 83, 130 ff.
38 BVerfGE 83, 130 (138 f.).

den Gesetzgeber, „die Schranken der widerstreitenden Freiheitsgarantien ... selbst zu bestimmen"[39]. Gerate

„die Kunstfreiheit mit einem anderen Recht von Verfassungsrang in Widerstreit, müssen (vielmehr) beide mit dem Ziel der Optimierung zu einem angemessenen Ausgleich gebracht werden."[40]

Das Gericht geht der Sache nach von der Lösung einer Prinzipienkollision durch Anwendung des Grundsatzes der Verhältnismäßigkeit im weiteren Sinne aus. Auf der einen Seite gebietet die Kunstfreiheit die umfassende Freiheit, künstlerische Werke zu schaffen und zu präsentieren. Auf der anderen Seite gebietet der Jugendschutz, Schäden der seelischen Entwicklung durch Pornographie zu verhindern. Die kollidierenden Prinzipien werden abgewogen, der Hinweis auf die „Optimierung" deutet auf die spezifische Geltungsweise von Prinzipien hin, die die Geltung der Normen gebieten, die die Realisierung des Optimierungsgegenstandes oder -ziels des Prinzips fördern. §§ 3-6 GjS stellen bei verfassungskonformer Auslegung eine verfassungsmäßige und damit wirksame Schranke der Kunstfreiheit dar.[41]

bbb) *Prinzipien mit teilweisem Festsetzungsgehalt als Schranken*

Ein wenig anders liegt der Fall bei Prinzipien mit teilweisem Festsetzungsgehalt als Schranken. Der Festsetzungsgehalt des Prinzips ist in einer Abwägung der kollidierenden Prinzipien ohne Festsetzungsgehalt[42], die das Prinzip mit teilweisem Festsetzungsgehalt inhaltlich stützen, zu überprüfen. Dazu gehört auch das grundrechtliche Prinzip, dem durch das Prinzip mit teilweisem Festsetzungsgehalt Schranken gezogen werden. Insofern wird ein Konflikt eines Prinzip mit teilweisem Festsetzungsgehalt und eines Prinzips ohne Festsetzungsgehalt in der Sache ebenso behandelt wie eine Kollision von Regel und Prinzip.[43] Zunächst sind die Prinzipien ohne Festsetzungsgehalt zu ermitteln, die das Prinzip mit teilweisem Festsetzungsgehalt inhaltlich stützen, sowie die kollidierenden Prinzipien. Dann wird in einer Abwägung dieser Prinzipien ermittelt, ob das Prinzip mit teilweisem Festsetzungsgehalt eine zutreffende normative Festsetzung darstellt. Das Prinzip, das in der Abwägung zurücktritt, wird beschränkt. Auch dies kann wieder anhand des bereits oben bei (1) eingeführten Beispiels des Gesetzes, das die

---

39 BVerfGE 83, 130 (142).
40 BVerfGE 83, 130 (143).
41 BVerfGE 83, 130 (143 ff.). Die Verfassungsbeschwerde war dennoch begründet, da die Bundesprüfstelle für jugendgefährdende Schriften und die Fachgerichte § 6 GjS verfassungswidrig anwendeten, BVerfGE 83, 130 (145 ff.). Dies soll hier nicht weiter verfolgt werden.
42 Prinzipien mit teilweisem Festsetzungsgehalt können nicht nur durch Prinzipien ohne Festsetzungsgehalt, sondern wiederum durch Prinzipien mit teilweisem Festsetzungsgehalt gestützt werden, sofern deren Festsetzungsgehalt geringer ist. Auch in dieser Konstellation ist maßgebend, ob die getroffenen normativen Festsetzungen in einer Abwägung gerechtfertigt werden können. Ob die normativen Festsetzungen zu Prinzipien ohne oder mit teilweisem Festsetzungsgehalt getroffen werden, ist kein entscheidender Unterschied. Diese Konstellation wird daher nicht eingehender erörtert.
43 Siehe 1. Teil, 2. Abschnitt, II. 2. a) cc).

Verwendung bestimmter emissionsmindernder Anlagen vorschreibt, dargestellt werden. Dieses Gesetz wird durch den Schutz der Gesundheit gem. Art. 2 Abs. 2 Satz 1 GG gestützt.[44] Die Berufsfreiheit gem. Art. 12 Abs. 1 GG und die Eigentumsfreiheit gem. Art. 14 GG werden eingeschränkt, da berufliche Betätigung und Eigentumsnutzung ohne die emissionsmindernden Anlagen verboten werden. Unter den Tatbestandsbedingungen des Gesetzes als tatsächliche Bedingungen der Kollision C im Sinne des Kollisionsgesetzes[45] sind Schutz der Gesundheit gegen Berufs- und Eigentumsfreiheit abzuwägen. Ergibt die Abwägung, daß der Schutz der Gesundheit Vorrang genießt, sind Berufs- und Eigentumsfreiheit durch die grundsätzliche Vorrangentscheidung in dem genannten Gesetz insoweit wirksam eingeschränkt. Diese Einschränkung ist insofern noch vorläufig, als nicht alle im Einzelfall möglichen Prinzipien sowie alle Umstände des konkreten Einzelfalles berücksichtigt sind. In diesem Sinne kann man die Einschränkung von Grundrechten durch Prinzipien mit teilweisem Festsetzungsgehalt als prima facie-Einschränkung bezeichnen. Auf der Ebene der Anwendung des Prinzips mit teilweisem Festsetzungsgehalt, also im Beispiel des genannten Gesetzes, wird sich im Regelfall ergeben, daß auch die Berücksichtigung aller weiteren Prinzipien bei Betrachtung aller konkreten Umstände des Einzelfalles keine Ausnahme gebietet. In diesem Fall ist die prima facie-Einschränkung auch eine definitive Einschränkung. Anderenfalls liegt insgesamt keine wirksame Einschränkung vor.[46]

bb) *Regeln als Schranken*

Eine Regel wirkt dann als Grundrechtsschranke, wenn sie bewirkt, daß ein grundrechtliches prima facie-Recht nicht zu einem definitiven grundrechtlichen Recht erstarkt.[47] Als Beispiel für eine schrankensetzende Regel kann in Anlehnung an den Beschluß zum

---

44 Darüber hinaus durch ein formelles Prinzip, da das Gesetz als Entscheidung des demokratisch legitimierten Gesetzgebers besonders ausgezeichnet ist. Vgl. 1. Teil, 2. Abschnitt, III. 4. b). Dies soll in diesem Zusammenhang aus Gründen der Vereinfachung jedoch außer Betracht bleiben.
45 Siehe 1. Teil, 2. Abschnitt, I. 2. a) bb) eee).
46 Man könnte die Frage stellen, ob ein Prinzip mit teilweisem Festsetzungsgehalt angesichts des nicht endgültigen Charakters als Einschränkung eines Grundrechts überhaupt als Schranke bezeichnet werden sollte. Doch es wurde bereits bei Prinzipien ohne Festsetzungsgehalt als Schranken ausgeführt, es sei maßgebend, daß die materielle Einschränkung in dem Prinzip selbst liege (siehe oben, aaa)). Ebenso liegt es hier. Weiterhin führt die Geltung eines Prinzips mit teilweisem Festsetzungsgehalt als Vorrangentscheidung dazu, daß sich die Argumentationslasten ändern. Wenn das oben genannte Gesetz mit der Vorrangentscheidung zugunsten des Gesundheitsschutzes gilt, besteht eine deutlich höhere Argumentationslast, Berufsausübung und Eigentumsnutzung in den relevanten Hinsichten ohne die Verwendung emissionsmindernder Anlagen zu betreiben resp. auszuüben. Regelmäßig werden hinreichende Argumente für eine Ausnahme nicht vorliegen, womit dann eine definitive Einschränkung vorliegt. In der Festsetzung in dem Prinzip mit teilweisem Festsetzungsgehalt liegt daher eine bedeutsame Vorentscheidung, die die Bezeichnung als Schranke rechtfertigt.
47 Man könnte auch sagen, daß an die Stelle des prima facie-Rechts ein definitives Nicht-Recht tritt, vgl. Alexy, Theorie der Grundrechte, S. 255. Das Nicht-Recht ist die Negation des Rechts, zur Möglichkeit der Betrachtung der Negation von Relationen als Relationen ders., a.a.O., S. 189. Die Formulierung mag zwar etwas umständlich wirken, drückt aber klar aus, daß definitiv gilt, daß ein Recht nicht besteht.

Nachtbackverbot[48] die Bestimmung § 5 Abs. 1 BAZG[49] dienen. Aus Art. 12 Abs. 1 GG folgt das prima facie-Recht, frei über die Berufsausübung zu bestimmen. Dieses Recht enthält das spezielle prima facie-Recht von Bäckern und Konditoren, ihre Produktionszeiten frei zu bestimmen. § 5 BAZG verbot die Produktion in Konditoreien und Bäckereien werktags von 22.00 Uhr bis 4.00 Uhr des folgenden Tages. An die Stelle des speziellen prima facie-Recht von Bäckern und Konditoren, werktags von 22.00 Uhr bis 4.00 Uhr des folgenden Tages zu produzieren, trat durch die Geltung des verfassungsmäßigen[50] § 5 BAZG das definitive Nicht-Recht, dies zu tun. Wird die Regel in Geltung gesetzt, wird das grundrechtliche Prinzip eingeschränkt.

cc) *Zur Redundanz von Regeln und Prinzipien mit teilweisem Festsetzungsgehalt als Schranken*

Man könnte Regeln als Schranken für redundant halten, wenn und soweit hinter einer Regel ihre Stützungsprinzipien stehen. Da im Fall der Beschränkung durch Prinzipien die Einschränkung materiell durch die Prinzipien selbst erfolge, liege im Fall einer Beschränkung durch eine Regel die Beschränkung materiell bereits durch in den Stützungsprinzipien der Regel. Für eine parallele Betrachtung beider Fallgruppen spricht die Ähnlichkeit der angeführten Beispiele. Beiden Beispielen liegt eine Kollision grundrechtlicher Prinzipien zugrunde. Im ersten Beispiel kollidieren Kunstfreiheit und Jugendschutz, im zweiten die Berufsausübungsfreiheit von Bäckern und Konditoren mit einer grundrechtlichen Schutzpflicht für die Gesundheit der Beschäftigten im Backgewerbe aus Art. 2 Abs. 2 Satz 1 GG.[51] In beiden Fällen hat der parlamentarische Gesetzgeber die Prinzipienkollision durch Abwägung gelöst und die gemäß dem Kollisionsgesetz entstehende Regel formell in Geltung gesetzt. Ein Unterschied liegt zwar darin, daß im ersten Fall keine geschriebene grundrechtliche Eingriffsermächtigung[52] existiert, wie im zweiten Fall mit Art. 12 Abs. 1 Satz 2 GG. Dieser Unterschied begründet jedoch keinen in diesem Zusammenhang relevanten Unterschied in der Struktur.

In der Sache erfolgt in beiden Fällen die materielle Einschränkung des Prinzips daher bereits durch das Schrankenprinzip, welches die Regel inhaltlich stützt. Fokussiert man allein hierauf, könnte man die Regeln in der Tat für entbehrlich halten. Regeln sind aber für eine angemessene Verteilung der Entscheidungskompetenzen notwendig.[53] Hätte jeder Rechtsanwender bei der Entscheidung von Einzelfällen alle einschlägigen Prinzipien von Grund auf abzuwägen, würden Gesetze und mit ihnen der demokratisch unmittelbar legitimierte Gesetzgeber als zentrale Instanz des demokratischen Verfassungsstaates überflüssig. Da Abwägungsentscheidungen nicht vollständig inhaltlich determi-

---

48 BVerfGE 87, 363 ff.
49 Gesetz über die Arbeitszeit in Bäckereien und Konditoreien vom 29. Juni 1936 (RGBl. I S. 521). Die Rechtslage hat sich mittlerweile mehrfach geändert, was hier aber auf sich beruhen mag.
50 BVerfGE 87, 363 (382 ff.).
51 BVerfGE 87, 363 (385 f.).
52 Es finden auch die Begriffe des Schrankenvorbehalt, der Schrankenklausel sowie des Gesetzes-, Verwaltungs- oder Judikativvorbehalts Verwendung.
53 Vgl. zur materiellen Entbehrlichkeit von Regeln und bereits 1. Teil, 2. Abschnitt, II. 2. a) cc).

niert werden können, kommt es maßgebend darauf an, wem wie weit die Kompetenz zur Abwägung verfassungsrechtlicher Prinzipien gegeben wird. Dies ist im demokratischen Verfassungsstaat der parlamentarische Gesetzgeber.[54] Die resultierende Strukturierung durch die Parlamentsgesetze führt zudem zu Rechtssicherheit. Würde hingegen jede Entscheidung in einem Rechtssystem vom jeweiligen Rechtsanwender durch Abwägung der grundrechtlichen Prinzipien und gegenläufiger Prinzipen von Grund auf getroffen, führte dies notwendig zu starker Rechtsunsicherheit.

Bei der „normalen" Rechtsanwendung wird ein Gesetz im Sinne einer Regel subsumiert. Ein derartiger Fall der normalen Rechtsanwendung liegt vor, wenn keine Zweifel an der Verfassungsmäßigkeit des Gesetzes aufkommen. Das formelle Prinzip der Bindung an autoritative Entscheidungen des Gesetzgebers spricht dafür, nicht ohne besondere Anhaltspunkte auf die Ebene grundrechtlicher Prinzipien zurückzugreifen. Im Fall der Beschränkung eines grundrechtlichen Prinzips durch eine Regel ist daher bei Fehlen besonderer Anhaltspunkte für die Verfassungswidrigkeit der Regel von einer wirksamen Einschränkung des Grundrechts in dem Umfang auszugehen, den diese Regel festsetzt.

Anders liegt der Fall, wenn ernsthafte Zweifel an der Verfassungsmäßigkeit des Gesetzes bestehen. In diesem Fall ist eine verfassungsrechtliche Überprüfung des Gesetzes[55] vorzunehmen. Es ist zu prüfen, ob die Regel angesichts der kollidierenden materiellen und formellen Prinzipien die definitive Beschränkung des grundrechtlichen Prinzips zutreffend festsetzt. Diese Prüfung besteht in einer Abwägung von Grund auf. Innerhalb dieser Abwägung wird die Entscheidungsprärogative des demokratisch legitimierten Gesetzgebers dadurch berücksichtigt, daß das formelle Prinzip der Bindung an Entscheidungen des Gesetzgebers eingestellt wird. Dies ist geboten, da anderenfalls das Bundesverfassungsgericht alle Richtungsentscheidungen des Gesetzgebers überspielen könnte. So wird ein Kompromiß möglich, nach dem zwar der demokratische Prozeß nicht obsolet gemacht wird, anderseits eine zwar leicht abgeschwächte, dennoch aber effektive Grundrechtsbindung des Gesetzgebers bleibt.

Gleiches gilt sinngemäß für Prinzipien mit teilweisem Festsetzungsgehalt. Hier bezieht sich die Entscheidungsprärogative des Gesetzgebers auf die grundsätzliche Vorrangentscheidung im Sinne des Prinzips mit teilweisem Festsetzungsgehalt als normativer Festsetzung. Im bereits mehrfach verwendeten Beispiel des Gesetzes, welches bestimmte Anlagen zur Vermeidung von Emissionen und damit verbundenen Gesundheitsgefährdungen vorschreibt, ist dies die grundsätzliche Entscheidung des Gesetzgebers, daß der Gesundheitsschutz unter den Tatbestandsbedingungen des Gesetzes Vorrang vor der Berufs- und Eigentumsfreiheit hat. Der Normalfall der Rechtsanwendung besteht hier darin, die Verfassungsmäßigkeit dieser abstrakten Vorrangentscheidung nicht in Frage zu stellen. Dann wird diese abstrakte Vorrangentscheidung hingenommen

---

54 Dies ist über ein formelles Prinzip in der Abwägung der Stützungsprinzipien der Regel zu rekonstruieren, vgl. 1. Teil, 2. Abschnitt, III. 4. b).
55 Diese verfassungsrechtliche Überprüfung obliegt sowohl dem Bundesverfassungsgericht als auch jedem Fachgericht. Anders als das Bundesverfassungsgericht haben die Fachgerichte jedoch gem. Art. 100 Abs. 1 GG nicht die Verwerfungskompetenz, sondern nur die Prüfungskompetenz, vgl. statt vieler Schlaich/Korioth, Das Bundesverfassungsgericht, Rn 135.

und bei der Ermittlung, ob aufgrund weiterer kollidierender Prinzipien im Einzelfall eine Ausnahme vorliegt, in die erforderliche Abwägung eingestellt. Eine verfassungsrechtliche Überprüfung dieser abstrakten Vorrangentscheidung ist dagegen geboten, wenn ernsthafte Zweifel an der Verfassungsmäßigkeit der abstrakten Vorrangentscheidung bestehen. Es erfolgt dann eine Abwägung des Schutzes der Gesundheit sowie Berufs- und Eigentumsfreiheit von Grund auf unter den Bedingungen der Tatbestandsmerkmale des Gesetzes. In diese Abwägung wird wiederum das formelle Prinzip der Bindungen an Entscheidungen des Gesetzgebers eingestellt.

b) *Norm oder Einzelakt als Schranke*

Sowohl die Befürworter als auch die Gegner der Außentheorie gehen von der Vorstellung von Schranken als Normen aus.[56] Dem steht auch nicht entgegen, daß vereinzelt die Frage gestellt wird, ob Schranken Normen sein müssen, oder auch Einzelakte wirksame Grundrechtsschranken bilden können.[57] Dieser Frage liegt ein Begriff der Norm zugrunde, der im Gegensatz zu dem des Einzelakts steht. Dies entspricht dem verwaltungsrechtlichen Begriff der Rechtsnorm als Gegenbegriff zu dem des Verwaltungsakts. Während abstrakt-generelle Regelungen wie Parlamentsgesetze oder Rechtsverordnungen Rechtsnormen darstellen,[58] liegt ein Verwaltungsakt im Falle einer konkret-individueller Regelung vor.[59] Normen und Einzelakten im verwaltungsrechtlichen Sinne ist jedoch gemeinsam, daß sie gleichermaßen rechtliches Sollen darstellen. Im Fall der verwaltungsrechtlichen Rechtsnorm liegt dies auf der Hand, im Fall des verwaltungsrechtlichen Einzelaktes liegt ein konkretes rechtliches Sollensurteil[60] vor. Rechtstheoretisch gesehen stellt ein derartiges konkretes rechtliches Sollensurteil eine Norm dar. Im Sinne der vorzugswürdigen Variante des rechtstheoretischen Normbegriffs, des semantischen Normbegriffs, ist eine Norm die Bedeutung eines deontischen Satzes, während eine Aussage die Bedeutung eines Aussagesatzes ist.[61] Normsätze sagen, was sein soll, Aussagesätze sagen, was ist. Im Sinne des semantischen Normbegriffs[62] handelt es sich

---

56 Vgl. bereits die Nachweise bei 1. Teil, 3. Abschnitt, I. 2. b).
57 Bolz, Das Verhältnis von Schutzgut und Schranken der Grundrechte, S. 80 f.
58 Maurer, Allgemeines Verwaltungsrecht[15], § 4, Rn 4, § 9, Rn 14 f.; Erichsen in Erichsen/Martens, Allgemeines Verwaltungsrecht[12], § 12, Rn 46.
59 Maurer, a.a.O., § 9, Rn 14; Erichsen in Erichsen/Martens, a.a.O., § 12, Rn 45.
60 Vgl. Engisch, Logische Studien zur Gesetzesanwendung, S. 7 et passim.
61 Zum semantischen Normbegriff vgl. Alexy, Theorie der Grundrechte, S. 42 ff.; Sieckmann, Regelmodelle und Prinzipienmodelle des Rechtssystems, S. 25 ff.; ders., ARSP 80 (1994), S. 228 f. Vgl. auch Borowski, Die Glaubens- und Gewissensfreiheit des Grundgesetzes, S. 181 f.; Reimer, Verfassungsprinzipien, S. 54 f.
62 Der semantische Normbegriff ist zwar die vorzugswürdige Variante des rechtstheoretischen Normbegriffs, es der Vollständigkeit halber aber erwähnt, daß in der rechtstheoretischen Diskussion eine Reihe konkurrierender Konzepte vertreten werden, statt vieler Alexy, Theorie der Grundrechte, S. 41; Holländer, Rechtsnorm, Logik und Wahrheitswerte, S. 64 ff.; Sieckmann, Regelmodelle und Prinzipienmodelle des Rechtssystems, S. 25 f.; jeweils mit weiteren Nachweisen. Die Definition des rechtstheoretischen Normbegriffs in der Variante des semantischen Normbegriffs weicht von dem Begriff des rechtstheoretischen Rechtssatzes im Sinne des klassischen Lehrbuches von Hans Julius Wolff, Otto Bachof und Rolf Stober ab. Nach deren Ansicht ist ein rechtstheoretischer Rechtssatz

sowohl bei verwaltungsrechtlichen Normen als auch verwaltungsrechtlichen Einzelakten gleichermaßen um Normen. Verwaltungsrechtliche Einzelakte sind individuelle Normen, verwaltungsrechtliche Rechtsnormen universelle Normen.[63] Angesichts der fundamentalen Unterscheidung zwischen Sein und Sollen ist der rechtstheoretische Normbegriff vorzuziehen. Die Ausgangsfrage muß daher modifiziert werden. Sie lautet nunmehr, ob Schranken sowohl durch universelle als auch durch individuelle Normen gebildet werden können.

Entscheidend für die Antwort auf die Frage, ob etwas eine Schranke eines prima facie-Rechts sein kann, ist, ob es die Realisierung des Optimierungsgegenstandes oder Optimierungsziels eines Prinzips hemmt. Dies ist der Fall, wenn die Geltung von Normen, deren Geltung durch das Prinzip geboten wird, verhindert wird. Dies kann sowohl durch eine individuelle Norm, etwa eine Polizeiverfügung, als auch durch eine generelle Norm, etwa ein ordnungsrechtliches Verbotsgesetz, geschehen. Der Generalitätsgrad erweist sich damit als nicht entscheidend.[64]

Aus Gründen der Gewaltenteilung und des Demokratieprinzips allerdings müssen Grundrechtsschranken regelmäßig generelle Normen in Form von Parlamentsgesetzen sein oder ihre Anwendung darstellen. Nach der Wesentlichkeitstheorie des Bundesverfassungsgerichts ist der Gesetzgeber verpflichtet, in grundlegenden normativen Bereichen, insbesondere der Grundrechtsausübung, alle wesentlichen Entscheidungen selbst zu treffen.[65] Außerhalb der Reichweite der Wesentlichkeitstheorie oder soweit von dieser Ausnahmen zugelassen werden, steht der Annahme einer Grundrechtseinschränkung unmittelbar durch individuelle Normen jedoch nichts im Wege, zumindest wenn die grundrechtliche Eingriffsermächtigung keine besonderen Anforderungen stellt.

c) *Die Wirksamkeit als Eigenschaft der Schranke*

Man kann die Wirksamkeit einer beschränkenden Norm entweder als begrifflich notwendiges Merkmal oder als bloß mögliche Eigenschaft der Schranke ansehen.

Einerseits kann man davon ausgehen, nur formell und materiell wirksame Schrankenziehungen führten zu „Schranken".[66] Eine Schranke ist dann begrifflich notwendig auch wirksam. Für diese Verwendung spricht, daß wenn von „Schranken" gesprochen wird, meist „wirksame Schranken" gemeint sind. Gegen diese Verwendung spricht aber, daß die Frage nach der Wirksamkeit einer „Schranke" sinnlos wird: Entweder ist der

---

    „der geschriebene oder ungeschriebene Ausdruck jeder auf das äußere Verhalten von Menschen bezüglichen abstrakten und generellen Anordnung (Norm)", der die jeweiligen Geltungskriterien des Rechtssystems erfüllt, (Wolff/Bachof/Stober, Verwaltungsrecht, Bd. 1, § 24, Rn 10). Mit der Beschränkung auf abstrakte und generelle Anordnungen entspricht der von Rolf Stober aus den Vorauflagen übernommene Begriff des rechtstheoretischen Rechtssatzes daher dem verwaltungsrechtlichen Normbegriff im oben erläuterten Sinne.
63 Zu Unterschieden und Gemeinsamkeiten individueller und genereller Normen Kelsen, Reine Rechtslehre, S. 20; A. Ross, Directives and Norms, S. 106 ff.
64 Vgl. auch Isensee, HbStR V, § 111, Rn 38.
65 Siehe 2. Teil, 3. Abschnitt, B. I. 6. b) bb).
66 Alexy, Theorie der Grundrechte, S. 254.

fragliche Gegenstand eine „Schranke" oder nicht wirksam. Es empfiehlt sich daher, eine Norm, die ihrem Norminhalt nach ein prima facie-Recht inhaltlich vermindert, ohne Rücksicht auf ihre Wirksamkeit als „Schranke" zu bezeichnen. Dann kann mit „Schranke" im Sinne einer verkürzten Redeweise grundsätzlich eine wirksame Schranke gemeint sein, die Frage nach der Wirksamkeit einer „Schranke" wird aber nicht sinnlos. Dies entspricht der Verwendung eines geltungsfreien Normbegriffs im Rahmen des semantischen Normbegriffs.[67] Schranken im Sinne der Außentheorie sind Normen im rechtstheoretischen Sinne, die Bedingungen der Wirksamkeit innerhalb der jeweiligen Rechtsordnung entsprechen den Geltungskriterien dieser Rechtsnormen.

III. Die Ausgestaltung von Rechten

Häufig wird in Untersuchungen zur Grundrechtsdogmatik der Gedanke der Ausgestaltung bemüht, auch der Begriff der Konkretisierung wird gerne gebraucht.[68] Nach Auffassung einiger Autoren sollen alle Grundrechte einem Ausgestaltungsvorbehalt unterliegen,[69] laut überwiegender Ansicht der Literatur soll dagegen nur für Grundrechte mit ganz oder teilweise „rechtsgeprägten Schutzbereichen" gelten, daß sie der gesetzgeberischen Ausgestaltung bedürfen oder zugänglich seien.[70] Letzteres dürfte auch der Auffassung der Rechtsprechung entsprechen.[71] Die Figur der Ausgestaltung wirft eine ganze Reihe von Fragen auf, von denen hier nur die für die Struktur wesentlichen aufgegriffen werden können. Die wohl fundamentalste Frage besteht darin, ob die Grundrechtsausgestaltung sich überhaupt auf Abwehrrechte im materiellen Sinne bezieht, oder nicht vielmehr auf grundrechtliche Leistungsrechte im materiellen Sinne, diese Unterscheidung wird später systematisch einzuführen sein.[72] Um darzulegen, in welche strukturellen Probleme Ausgestaltungstheorien führen, gilt es anschließend einen Blick auf zwei zentrale Unterscheidungen zu werfen. Die erste betrifft den Gegenstand der Ausgestaltung, die zweite die Frage, ob eine Bindung im Rahmen der Ausgestaltung besteht und worin die Maßstäbe dieser Bindung liegen können.[73]

---

67 Zu einem geltungsfreien Normbegriff im Rahmen des semantischen Normbegriffs vgl. Alexy, Theorie der Grundrechte, S. 47 ff.; Sieckmann, Regelmodelle und Prinzipienmodelle des Rechtssystems, S. 26 ff.; Borowski, Die Glaubens- und Gewissensfreiheit des Grundgesetzes, S. 182.
68 Vgl. beispielsweise Badura, HbStR VII, § 163, Rn 16.
69 Jarass, Die Freiheit der Massenmedien, S. 20 f.; ders., AöR 110 (1985), S. 394; Jarass in Jarass/Pieroth[8], Vorb. vor Art. 1 GG, Rn 34 f.; Lerche, Verfassungsrechtliche Zentralfragen des Arbeitskampfes, S. 37 ff; vgl. ders., HbStR V, § 121, Rn 38 ff.; Morgenthaler, Freiheit durch Gesetz, S. 244 f. et passim; vgl. K. Hesse, Grundzüge des Verfassungsrechts[20], Rn 303 ff.
70 Statt vieler Pieroth/Schlink, Grundrechte – Staatsrecht II[21], Rn 209 ff.
71 Vgl. zu Art. 6 Abs. 1 GG BVerfGE 31, 58 (69 f.); 62, 323 (330); 81, 1 (7); zu Art. 9 Abs. 1 GG BVerfGE 50, 290 (354 f.); zu Art 14 GG BVerfGE 20, 351 (355 ff.); 21, 73 (83); 21, 92 (93); 24, 367 (396); 58, 300 (330); 79, 29 (40); 80, 137 (151 f.); 87, 114 (138 f.); BVerwGE 7, 257 (261).
72 Siehe 2. Teil, 2. Abschnitt, I. 2.
73 Vgl. zum Folgenden auch Borowski, Revista Española de Derecho Constitucional 20 (2000), S. 50 ff.; ders., La Estructura de los Derechos Fundamentales, S. 85 ff.; ders., Die Glaubens- und Gewissensfreiheit des Grundgesetzes, S. 231 ff.

1. Die „Pflicht zur Ausgestaltung" als Inhalt eines grundrechtlichen Leistungsrechts

In der modernen grundrechtsdogmatischen Literatur wird die Figur der Ausgestaltung vielfach in besonderer Nähe zu den sogenannten objektivrechtlichen Funktionen der Grundrechte gesehen.[74] Es geht dabei nicht um gesetzgeberische Unterlassungspflichten jenseits grundrechtlicher Eingriffe, sondern um gesetzgeberische Handlungspflichten. Mit anderen Worten: Es geht nicht darum, zu welchen Eingriffen in natürliche Freiheit der Gesetzgeber ermächtigt ist, sondern welche gesetzgeberischen Handlungen ihm geboten sind. Daß „ausgestaltungsbedürftige Grundrechte" keine vorstaatliche, natürliche Freiheit schützen können, liegt auf der Hand, denn anderenfalls wäre Freiheitsgebrauch ohne den Staat zumindest grundsätzlich möglich. Für die „ausgestaltungsbedürftigen Grundrechte" soll aber gerade typisch sein, daß ohne staatliches Handeln, insbesondere Gesetzgebung, das Grundrecht nicht oder nicht effektiv ausgeübt werden kann. Als Beispiel kann das Eigentum dienen. Im juristischen Alltag steht regelmäßig die Bestandsgarantie ganz im Vordergrund, also die Frage, ob in einem konkreten Fall eine Eigentumsposition, die entsprechend der einfachrechtlichen Eigentumsdefinition gebildet wurde, rechtmäßig entzogen oder beeinträchtigt wurde. Dies hat rechtstechnisch abwehrrechtliche Struktur.[75] Fragt man jedoch nach der Verfassungsgemäßheit der gesetzgeberischen Eigentumsdefinition, geht es um eine andere Ebene, nämlich die Ebene der Institutsgarantie. Hier geht es darum, welche Eigentumsdefinition der parlamentarische Gesetzgeber dem einzelnen zur Verfügung zu stellen hat, mithin strukturell um ein grundrechtliches Leistungsrecht.[76] Diese Unterscheidung beider Ebenen stellt klar, wieso es beim Eigentumsrecht gem. Art. 14 GG um ein Abwehrrecht geht, aber eben um kein klassisches Abwehrrecht, mit dem natürliche Freiheit geschützt wird.

Ohne Frage kann man den Begriff „Ausgestaltung" verwenden, um auf den wichtigen Punkt hinzuweisen, daß die Grundrechte den Gesetzgeber verpflichten können, bestimmte parlamentsgesetzliche Regelungen zu erlassen, um den Gebrauch der grundrechtlich gebotenen Freiheit zu ermöglichen oder zu erleichtern. Auf der anderen Seite wird die Figur der Ausgestaltung aber auch bei Abwehrrechten im klassischen Sinne verwendet, wenn etwa der geschriebene Verfahrensvorbehalt des Art. 4 Abs. 3 Satz 2 GG als Vorbehalt für „bloßes Verfahrensrecht" gedeutet wird, welches vermeintlich keinen Eingriff bzw. keine Einschränkung darstellen soll.[77] Daß die Figur der Ausgestaltung sowohl auf Abwehrrechte als auch grundrechtliche Leistungsrechte angewendet wird, zeigt, daß sie quer zu jener Unterscheidung liegt. Bei grundrechtlichen Leistungs-

---

74 Jarass, AöR 120 (1995), S. 368; Bumke, Der Grundrechtsvorbehalt, S. 58; Morgenthaler, Freiheit durch Gesetz, S. 249 f.; Gellermann, Grundrechte im einfachgesetzlichen Gewande, S. 52 f.; Cornils, Die Ausgestaltung der Grundrechte, S. 557 ff.
75 Womit aber noch keineswegs gesagt ist, daß diese abwehrrechtliche Struktur nicht bloß formeller Art, sondern darüber hinaus auch materieller Art ist. Grundlegend zu dieser Unterscheidung 2. Teil, 2. Abschnitt, I. 2., zum Eigentum vgl. weiter 2. Teil, 3. Abschnitt, B. III. 4. a).
76 Wohlgemerkt nur strukturell um ein grundrechtliches Leistungsrecht, weil es eben um gesetzgeberische Pflichten geht. Dies hat mit inhaltlichen Überlegungen sozialstaatlicher Färbung nichts zu tun, derartige und andere inhaltliche Überlegungen liegen schlichtweg auf einer anderen Ebene.
77 Borowski, Die Glaubens- und Gewissensfreiheit des Grundgesetzes, S. 584 ff. mit Nachweisen.

rechten wird nicht einheitlich beurteilt, ob Nichtleistungen oder Schlechtleistungen begrifflich überhaupt als „Eingriff" gefaßt werden können, und wann derartige Eingriffe vorliegen. Nimmt man hinzu, daß der Begriff der Ausgestaltung zum Teil als Gegenbegriff zu dem der Einschränkung verwendet wird, zum Teil aber auch nicht,[78] wird deutlich, daß die Anwendung der Figur der Ausgestaltung auf grundrechtliche Leistungsrechte eher Probleme schafft denn beseitigt.

Vorzugswürdig erscheint demgegenüber, grundrechtliche Handlungspflichten in erster Linie schlicht als das zu behandeln, was sie sind: nämlich als Gegenstand grundrechtlicher Leistungsrechte. Wie die weitere Untersuchung erweisen wird, stellen auch die grundrechtlichen Leistungsrechte Rechte nach dem Eingriffs-Schranken-Schema dar, bei denen Eingriffe durch Nichtleistung verfassungsrechtlich gerechtfertigt sein können.[79] Auch bei diesen Rechten bildet der Grundsatz der Verhältnismäßigkeit im weiteren Sinne – in Gestalt des Untermaßverbots[80] – den zentralen Maßstab der materiellen Rechtfertigung von Eingriffen. Hat man dies geklärt, und die verschiedenen Gebrauchsweisen von „Ausgestaltung" – als Gegenbegriff zur Einschränkung, sei es von Abwehrrechten oder grundrechtlichen Leistungsrechten, oder als Begriff, dessen Bedeutung Einschränkungen mit umfassen kann – hinreichend im Blick, mag man darüber nachdenken, welcher Raum für die Figur einer „Grundrechtsausgestaltung" noch bleibt. Nach der hier vertretenen Konzeption bleibt ein solcher Raum nicht. Bei konsequenter Konstruktion der grundrechtlichen Leistungsrechte lassen sich die Eigenschaften der Grundrechte, welche in der „Ausgestaltungstheorie objektiver Grundrechtsfunktionen" behauptet werden, auf der Basis der strukturellen Eigenschaften dieser Grundrechtsfunktion bruchlos rekonstruieren.[81] Damit sollte das Augenmerk eher darauf gelegt werden, die Strukturen grundrechtlicher Leistungsrechte zu untersuchen.

---

78 Zu den verschiedenen Gebrauchsweisen des Begriffs „Ausgestaltung" Lübbe-Wolff, Die Grundrechte als Eingriffsabwehrrechte, S. 59 ff.; Alexy, Theorie der Grundrechte, S. 302 ff.; Borowski, Revista Española de Derecho Constitucional 20 (2000), S. 55; ders., Die Glaubens- und Gewissensfreiheit des Grundgesetzes, S. 233.
79 Siehe 2. Teil, 3. Abschnitt, B. I. 3.; 2. Teil, 3. Abschnitt, B. II. 4.; 2. Teil, 3. Abschnitt, B. III. 2. a); 2. Teil, 3. Abschnitt, B. III. 3. b); 2. Teil, 3. Abschnitt, B. III. 4. c).
80 Zum Untermaßverbot siehe 2. Teil, 1. Abschnitt, II. 2. b).
81 Es sei ausdrücklich eingeräumt, daß sich bei vergleichbarer dogmatischer Differenzierung und auf der Grundlage der gleichen normativen Prämissen eine Ausgestaltungstheorie als zu der hier bevorzugten Konzeption grundrechtlicher Leistungsrechte ergebnisäquivalent erweisen kann. Der notorisch unklare Begriff der Ausgestaltung erschwert die Erkenntnis der strukturellen Zusammenhänge jedoch eher. Es bleibt zudem die Frage, wieso die Kategorie der Ausgestaltung eingeführt werden soll, wenn sich, ein zutreffendes Verständnis von Eingriffen und Einschränkungen vorausgesetzt, mit Eingriffen und Einschränkungen alle Konstellationen und Phänomene ebenso vollständig wie angemessen erfassen lassen. Als Beispiel mag der der angeblich besondere Spielraum des Gesetzgebers bei der „Ausgestaltung" dienen, vgl. hierzu Gellermann, Grundrechte im einfachgesetzlichen Gewande, S. 53. In der Deutung *qua* grundrechtliche Leistungsrechte folgt der vermeintlich besondere Spielraum für den Gesetzgeber aus allgemeinen Regeln, nämlich aus dem regelmäßig geringen Gewicht leistungsgrundrechtlicher Prinzipien – relevant im Rahmen der Bestimmung von Abwägungsspielraum (siehe 1. Teil, 2. Abschnitt, III. 4. a) bb)) und Erkenntnisspielraum (1. Teil, 2. Abschnitt, III. 4. b)), sowie dem nur bei Handlungspflichten auftretenden Mittelwahlspielraum (siehe 1. Teil, 2. Abschnitt, III. 4. a) cc)). Daß die Rekonstruktion über allgemeine Regeln, wenn und soweit die

2. Die Ausgestaltung des Grundrechts selbst

Gleich ob man die Ausgestaltung bei Abwehrrechten oder grundrechtlichen Leistungsrechten bemühen will, stellt sich die Frage nach dem Gegenstand der Ausgestaltung. Geht man von dem Grundrecht selbst als Gegenstand der Ausgestaltung aus, kann weiter unterschieden werden, ob der Ausgestalter bei der Prozedur der Ausgestaltung gebunden ist oder nicht. Als Ausgestalter kommt in erster Linie der Gesetzgeber in Betracht, der Parlamentsgesetze erläßt und dabei das Grundrecht ausgestaltet, aber auch eine Ausgestaltung unmittelbar durch exekutive oder judikative Stellen kann vorgesehen werden. Die Frage nach der Bindung bei der Ausgestaltung des Grundrechts selbst ist daher die Frage, ob die staatliche Gewalt bei der Ausgestaltung von Grundrechten gebunden ist.

a) Die ungebundene Ausgestaltung des Grundrechts

Nach der Idee der ungebundenen Ausgestaltung ist die staatliche Gewalt bei der Ausgestaltung des Grundrechts an keinen Maßstab gebunden. Das fragliche Grundrecht hat immer den und nur den Inhalt, den die Parlamentsgesetze ihm gerade geben. Jenseits dessen existiert weder eine formelle noch eine materielle Schutzwirkung des betreffenden Grundrechts. Diese Konzeption ausdrücklich zu formulieren heißt praktisch sie zu verneinen. Es liegt auf der Hand, daß eine derartige Deutung der Grundrechte mit der durch Art. 1 Abs. 3 GG angeordneten umfassenden Grundrechtsbindung nicht vereinbart werden kann. Auch der Einwand, ohne Parlamentsgesetz existiere der fragliche grundrechtliche Tatbestand gar nicht,[82] hat nur oberflächlich Überzeugungskraft. Der entscheidende Fehler besteht darin, daß – um beim Beispiel des Eigentums zu bleiben – nur eine Ebene erfaßt wird – im Fall des Eigentums die Bestandsgarantie –, nicht das Grundrecht als Ganzes. Daß ein Eingriff in das Grundrecht als grundrechtliches Leistungsrecht liegt, wenn der Gesetzgeber einen verfassungsgemäßen einfachrechtlichen Eigentumsbegriff nicht normiert oder nicht aufrechterhält, wird vollkommen ausgeblendet. Hinter dem „Tatbestand" der Bestandsgarantie steht ein weiterer Tatbestand, und zwar derjenige der Institutsgarantie. Daß die „Institutsebene" der vermeintlich „ausgestaltungsbedürftigen Grundrechte" nicht intuitiv als leistungsgrundrechtliche Ebene ins Auge sticht, mag wesentlich darauf beruhen, daß im Zeitpunkt des Inkrafttretens des Grundgesetzes in praktisch allen einschlägigen Bereichen ein weitgehend angemessener einfachrechtlicher Normenbestand fortgalt. Dies kann an einem zweiten Beispiel, dem des vermeintlich „rechtsgeprägten Grundrechts" auf Vertragsfreiheit[83] erläutert werden. Einfachrechtlich ist diese Freiheit durch die schuldrechtlichen Vorschriften gewährleistet. Diese galten grundsätzlich schon vor dem Inkrafttreten des Grundgesetzes, und hätten sie nicht gegolten, hätte eine leistungsgrundrechtliche Pflicht des Gesetzgebers

---

möglich ist, der Behauptung vermeintlich besonderer Figuren vorgeht, dürfte keiner weiteren Betonung bedürfen.
82 Vgl. beispielsweise Morgenthaler, Freiheit durch Gesetz, S. 19 ff.
83 Nachweise bei Cornils, Die Ausgestaltung der Grundrechte, S. 186 ff.

bestanden, sie zu schaffen.[84] Denn die Geltung der Kompetenz zum Abschluß zivilrechtlicher Verträge realisiert zumindest das Prinzip der freien Entfaltung der Persönlichkeit aus der allgemeinen Handlungsfreiheit gem. Art. 2 Abs. 1 GG. Man mag darüber streiten, ob dies allein aus Art. 2 Abs. 1 GG folgt oder auch aus den speziellen Abwehrrechten als leges speciales und nur subsidiär aus Art. 2 Abs. 1 GG.[85] Mit dem bestehenden grundrechtsdienlichen einfachrechtlichen Normenbestand und der verfassungsrechtlichen Konzeption des verfassungsgebotenen einfachrechtlichen Normenbestandes existieren ebenso taugliche wie praktikable Bindungsgegenstände.[86] Damit liegt es auf der Hand, daß der Gesetzgeber nicht einfach ohne jede Rechtfertigung auf den Erlaß und das In-Geltung-halten der einfachrechtlichen Normen, ohne die die Vertragsfreiheit nicht effektiv ausgeübt werden kann, verzichten kann. Eine bindungslose Ausgestaltung von Grundrechten im demokratischen Verfassungsstaat, auch und gerade unter dem Grundgesetz, läßt sich nicht vertreten.

b) Die gebundene Ausgestaltung des Grundrechts

Die meisten Befürworter von Ausgestaltungen erkennen denn auch für die Grundrechte des Grundgesetzes eine Bindung im Rahmen der Ausgestaltung an und verweisen in diesem Zusammenhang regelmäßig auf den Grundsatz der Verhältnismäßigkeit im weiteren Sinne.[87] Ohne Frage wird damit zutreffend der zentrale materielle Maßstab der staatlichen Grundrechtsbindung hervorgehoben. Allerdings müssen auch Einschränkungen verhältnismäßig im weiteren Sinne sein. Dies wirft in konstruktiver Hinsicht die Frage auf, worin sich Ausgestaltungen denn von Einschränkungen unterscheiden sollen. Wie man auf diese Frage antworten will, hängt zunächst davon ab, ob man den Begriff der Ausgestaltung als Gegenbegriff zu dem der Einschränkung versteht. Deutet man ihn nicht als Gegenbegriff, können Ausgestaltungen auch Einschränkungen sein. Eine gesetzliche Regelung, die als Ausgestaltung verstanden wird, verliert dadurch nicht ihre Qualität als Einschränkung, die formell und materiell vor dem Grundrecht zu rechtfertigen ist. Mit der Einstufung auch als Ausgestaltung könnten dann höchstens zusätzliche

---

84 Zu leistungsgrundrechtlichen Rechten auf privatrechtliche Kompetenzen siehe 2. Teil, 3. Abschnitt, B. III. 4.
85 Vgl. zu diesem Problem sowie zum grundrechtlichen Status der Vertragsfreiheit überhaupt Höfling, Vertragsfreiheit, S. 6 ff.; Koch, Der Grundrechtsschutz des Drittbetroffenen, S. 468 ff.; Bäuerle, Vertragsfreiheit und Grundgesetz, S. 280 ff.; Floren, Grundrechtsdogmatik im Vertragsrecht, S. 132 ff.; Cornils, Die Ausgestaltung der Grundrechte, S. 165 ff.; jeweils mit weiteren Nachweisen.
86 Der Unterschied zwischen beiden Bindungsgegenständen zeigt sich vor allem dann, wenn die Frage gestellt wird, ob ein Unterlassen des Gesetzgebers das auszugestaltende Grundrecht verletzen kann. Sieht man als Bindungsgegenstand den traditionellen Normenbestand an, ist dies nicht möglich, was für das Abstellen auf den verfassungsgebotenen einfachrechtlichen Normenbestand spricht. Darauf wird zurückzukommen sein, vgl. am Beispiel des Eigentums 2. Teil, 3. Abschnitt, B. III. 4. a).
87 K. Hesse, Grundzüge des Verfassungsrechts der Bundesrepublik Deutschland, Rn 303 ff.; F. Müller, Die Einheit der Verfassung, S. 198 ff.; Kriele, Vorbehaltlose Grundrechte und die Rechte anderer, S. 626; Gellermann, Grundrechte in einfachgesetzlichem Gewande, S. 331 f.; Ruffert, Vorrang der Verfassung und Eigenständigkeit des Privatrechts, S. 118; Jarass in Jarass/Pieroth[8], Vorb. vor Art. 1 GG, Rn 35. Nichts anderes dürfte gemeint sein, wenn Morgenthaler, Freiheit durch Gesetz, S. 256 einen „schonenden Ausgleich durch Herstellung praktischer Konkordanz" verlangt.

Anforderungen aufgestellt werden, hierauf zielen Ausgestaltungstheorien aber regelmäßig nicht ab.

In aller Regel wird der Begriff der Ausgestaltung vielmehr als Gegenbegriff zu dem der Einschränkung verstanden.[88] Wenn, wie bereits erwähnt, verbreitet das Erfordernis aufgestellt wird, die Ausgestaltung müsse verhältnismäßig im weiteren Sinne sein, setzt dies allerdings strukturell notwendig voraus, daß die Ausgestaltung einschränkend wirkt. Denn es wird ein grundrechtliches Prinzip vorausgesetzt, das in die Abwägung im Rahmen der Verhältnismäßigkeitsprüfung eingestellt wird, und wenn und soweit dieses grundrechtliche Prinzip in der Abwägung zurücktritt, wird das grundrechtliche Prinzip in der Sache eingeschränkt.[89] Dies gilt unabhängig davon, wie man den Vorgang auch betiteln mag. Wenn man Einschränkungen und Ausgestaltungen in diesem Sinne differenzieren will, bleibt doch die fundamentale Struktur beider dogmatischer Figuren identisch. Dies wirft die Frage auf, warum man überhaupt die Ausgestaltung als besondere Form der Einschränkung etablieren will. Eine Möglichkeit besteht darin, daß man, abgesehen vom Grundsatz der Verhältnismäßigkeit im weiteren Sinne, die Kriterien der verfassungsrechtlichen Rechtfertigung beider Arten von Eingriffen, der Eingriffe durch „Einschränkungen" und durch „Ausgestaltungen", verschieden bestimmt. Dies ist technisch möglich, muß deswegen aber noch lange nicht zweckmäßig sein. Denn wenn man einen Unterschied zwischen den Eingriffsformen „Ausgestaltung" und „Einschränkung" behauptet, muß dies auch von den vorgesehenen Unterschieden in den Rechtfertigungsanforderungen getragen werden. Etwas ist nicht per se leichter zu rechtfertigen als Einschränkungen, wenn dieses etwas als „Ausgestaltung" tituliert wird, der Sache nach jedoch eine Einschränkung darstellt.[90] Die Tendenz, „ausgestaltende" gesetzliche Regelungen den „einschränkenden" Regelungen gegenüberzustellen und erstere geringeren Anforderungen zu unterwerfen,[91] erweist sich damit als bedenkliche Verschleierung der Tatsache, daß bestimmte Eingriffsformen – „Ausgestaltungen" – geringeren Rechtfertigungsanforderungen unterworfen sein sollen. Es ist zweckmäßiger und auch redlicher, alles das, was in der Sache ein Grundrecht einschränkt, auch begrifflich als Einschränkung des Grundrechts einzustufen. Differenzierungen in den Kriterien der verfassungsrechtlichen Rechtfertigung bleiben damit durchaus möglich, müssen aber offen ausgewiesen werden und sind begründungsbedürftig.

---

88 Vgl. nur Gellermann, Grundrechte im einfachgesetzlichen Gewande, S. 18 mit weiteren Nachweisen.
89 Siehe 1. Teil, 3. Abschnitt, I. 2. b).
90 Die These, bei Ausgestaltungen sei die Verhältnismäßigkeitsprüfung weniger intensiv (so Grabitz, AöR 98 (1973), S. 600 ff.; Ruffert, Vorrang der Verfassung und Eigenständigkeit des Privatrechts, S. 118), ist in dieser Pauschalität nicht zu rechtfertigen. Einen richtigen Kern kann man in dieser These allerdings sehen, wenn man berücksichtigt, daß hinter der „Pflicht zur Ausgestaltung" regelmäßig die Struktur eines grundrechtlichen Leistungsrechts steht, siehe soeben 1. Teil, 3. Abschnitt, I. 3. a). Bei Verpflichtungen zu positivem Handeln gelten gegenüber der Verpflichtung zum Unterlassen strukturelle Besonderheiten, die regelmäßig größere Spielräume des Gesetzgebers begründen. Dies kann sich dann in der Verhältnismäßigkeitsprüfung gesetzgeberischer Entscheidungen in der Tat so auswirken, als sei diese „weniger intensiv". Dies folgt jedoch aus allgemeinen Regeln, nicht aus Besonderheiten von „Ausgestaltungen".
91 Statt vieler Badura, HbStR VII, § 163, Rn 10; Manssen, Privatrechtsgestaltung durch Hoheitsakt, S. 213, Gellermann, Grundrechte im einfachgesetzlichen Gewande, S. 20.

3. Die Ausgestaltung der unterverfassungsrechtlichen Rechtsordnung

Nachdem deutlich geworden sein dürfte, daß das Grundrecht selbst als Gegenstand der Ausgestaltung nicht ernsthaft in Frage kommt, bleibt als Gegenstand der Ausgestaltung die unterverfassungsrechtliche Rechtsordnung. So kann man ohne weiteres sagen, daß durch den Erlaß des Bundes-Immissionsschutzgesetzes die unterverfassungsrechtliche Freiheit zu umweltbelastenden Tätigkeiten ausgestaltet wird. Wer im Rahmen beruflicher Betätigung als Anlagenbetreiber beispielsweise Luftverunreinigungen emittiert, unterliegt dem Regime des Bundes-Immissionsschutzgesetzes, welches sich angesichts des Grundrechts der beruflichen Betätigung aus Art. 12 Abs. 1 GG als grundrechtskonform erweisen muß. Wenn und soweit dem Staatsziel Umweltschutz aus Art. 20a GG gegenüber dem Grundrecht der Berufsfreiheit der Vorrang zukommt, tritt letzteres zurück und wird eingeschränkt. Während es auf der Ebene des Grundrechts bei der Einschränkung bleibt, kann man die Gesetzgebung auf der unterverfassungsrechtlichen Ebene als konstitutiv für die Existenz deuten. Entsprechendes gilt, um diese Konstellation fortzuführen, auch für grundrechtliche Schutzrechte gegenüber Luftverunreinigungen durch andere. Hier sieht das Bundes-Immissionsschutzgesetz ein Stück weit Schutz vor den Beeinträchtigungen durch andere vor, die der Staat zu unterbinden hat. Soweit das Bundes-Immissionsschutzgesetz Schutz gewährt, werden grundrechtliche Schutzrechte[92] erfüllt und wird das Abwehrrecht des Emittenten eingeschränkt. Soweit Schutz versagt wird, wird das Abwehrrecht des Emittenten erfüllt und werden grundrechtliche Schutzrechte eingeschränkt. Auch aus der Perspektive grundrechtlicher Leistungsrechte bleibt es auf der grundrechtlichen Ebene bei entweder der Einschränkung oder Erfüllung, während man von Ausgestaltung nur auf der unterverfassungsrechtlichen Ebene sprechen kann. Wenn man angesichts dessen dennoch von einer „Ausgestaltung des Grundrechts" sprechen will, mag man dies tun; es bleibt aber höchst metaphorisch.

4. Ergebnis

Es bleibt festzuhalten, daß „Ausgestaltungen" von Grundrechten gegenüber Grundrechtseinschränkungen, sei es bei Abwehrrechten oder grundrechtlichen Leistungsrechten, in struktureller Hinsicht keinen sinnvollen Anwendungsbereich besitzen. Die verbreitet in Bezug genommenen Phänomene lassen sich ausnahmslos über Eingriffe in Abwehrrechte oder grundrechtliche Leistungsrechte erfassen. Entweder wird ein Grundrecht erfüllt, eine staatliche Handlung erweist sich als indifferent oder es wird eingeschränkt. Nur im letzteren Fall ist das staatliche Verhalten vor dem Grundrecht rechtfertigungspflichtig, aber dafür auch in jedem Fall. Als Gegenstand der Ausgestaltung kann man bestenfalls die unterverfassungsrechtliche Rechtsordnung ansehen. Aus grundrechtsstruktureller Perspektive ist diese metaphorische Redeweise aber nicht von größerem Interesse.

---

92 Zu grundrechtlichen Schutzrechten siehe 2. Teil, 3. Abschnitt, B. I.

IV. Die Reduktion des Grundrechts auf das Abwägungsergebnis

Es stellt sich die Frage, warum man nicht einfach nicht die Abwägung verwendet, um „den Inhalt des Grundrechts" zu ermitteln – ohne daß man sich „umständlich" mit Schutzbereich und Eingriff etc. „aufhält". Das, was nach der Abwägung bleibt, das Abwägungsergebnis, wäre dann „das Grundrecht". Strukturell scheint hier gar nichts eingeschränkt zu werden, sondern vielmehr in einem Schritt der Inhalt des Rechts ermittelt zu werden – liegt damit nicht eine innentheoretische Auffassung vor?[93] Bei den Abwehrrechten mit der festen dogmatischen Tradition der Unterscheidung von Schutzbereich, Eingriff und Schranke[94] mag dies weniger naheliegen.[95] Aber für die grundrechtlichen Leistungsrechte und die Gleichheitsrechte, bei denen die Deutung als einschränkbare Rechte keineswegs weithin anerkannt ist, könnte diese „Strukturvariante" attraktiv erscheinen.

Das strukturelle Problem, das durch diese „Strukturvariante" aufgeworfen wird, besteht darin, daß – wie bereits dargelegt – die Abwägung nach Maßgabe des Grundsatzes der Verhältnismäßigkeit im Rahmen der Anwendung von Rechten impliziert, daß die fraglichen Rechte außentheoretischer Natur sind.[96] Innentheoretische Rechte dagegen werden durch Regeln gewährt,[97] die nicht abwägungsfähig sind.[98] Der Inhalt innentheoretischer Rechte kann also niemals durch Abwägung ermittelt werden. So zeigt denn auch ein näherer Blick, daß die erwähnte „Strukturvariante" in Wahrheit gar keine selbständige strukturelle Variante darstellt, sondern nur die Verschleierung außentheoretischer Strukturen beziehungsweise der Einschränkung von Rechten.

---

93 Zum Ein-Schritt-Verfahren der Innentheorie siehe 1. Teil, 1. Abschnitt, I. 2.
94 Siehe 2. Teil, 3. Abschnitt, A. I. 1. a).
95 Vgl. dennoch Imboden, Staat und Recht, S. 441: „Substanz und Schranke sind eines. Die Substanz kann nicht weiter reichen als bis dahin, wo der ‚Raum zulässiger Begrenzung' beginnt; umgekehrt liegt der der ‚beschränkbare Bereich' außerhalb des Feldes der grundrechtlich geschützten Positionen". Weiteres Beispiel ist die Theorie Peter Häberles. Häberle geht ausdrücklich von einer innentheoretischen Konzeption der Grundrechte aus, Häberle, Die Wesensgehaltsgarantie des Artikels 19 Abs. 2 Grundgesetz, S. 179 f. Zur Bestimmung des Inhalts der Grundrechte seien im Rahmen des Art. 19 Abs. 2 GG absolute und relative Elemente zu verknüpfen. „Zu fragen ist sowohl nach dem Grund der Freiheitsbegrenzung, als auch nach dem, was danach mit dem verbleibenden Maß an Freiheit noch sachlich ausgerichtet werden kann. Es geht also um Abwägung zwischen dem Ziel des Eingriffs und der Schwere der Beeinträchtigung" (ders., a.a.O., S. 327 f.; vgl. ders., AöR 114 (1989), S. 387). Weitere Beispiele sind die Auffassung, nach der die Menschenwürde gem. Art. 1 Abs. 1 GG nicht beschränkbar, ihr Inhalt aber mittels einer Abwägung festzustellen sein soll, siehe 2. Teil, 3. Abschnitt, A. II. 2. a), und die Auffassung, der Schutzbereich der Grundrechte ohne geschriebene grundrechtliche Eingriffsermächtigung sei zwar nicht beschränkbar, seine Reichweite aber durch eine Abwägung kollidierender Grundrechte oder Verfassungsgüter zu ermitteln, siehe 2. Teil, 3. Abschnitt, A. II. 2. b). Ein strukturell paralleles Problem entsteht, wenn man zwar äußere Schranken eines Grundrechts anerkennt, daneben aber auch innere Schranken im Sinne von Ausgestaltungen oder Konkretisierungen des Schutzbereichs annimmt, deren Wirksamkeit von einer Abwägung abhängt, siehe 1. Teil, 1. Abschnitt, II. 1.
96 Siehe 1. Teil, 3. Abschnitt, I. 2.
97 Siehe 1. Teil, 3. Abschnitt, I. 1.
98 Siehe 1. Teil, 2. Abschnitt, II. 2. a) cc); 1. Teil, 2. Abschnitt, II. 3. a).

1. Der effektive Garantiebereich als vermeintlich alleiniger Grundrechtsinhalt

Die Gemeinsamkeit aller Konzeptionen, die das Grundrecht auf das Abwägungsergebnis reduzieren, besteht darin, daß eine Abwägung verwendet wird, um die Grenzen der Grundrechte zu bestimmen. Als Ergebnis der Abwägung entstehen nach dem Kollisionsgesetz Regeln im Sinne vollständiger Festsetzungen im Raum des rechtlich und tatsächlich Möglichen.[99] Diese Festsetzungen bestimmen den effektiven Garantiebereich eines Rechts. Insofern kann man sagen, durch eine Abwägung werde der Bereich des definitiven Grundrechtsschutzes festgelegt. Wer eine Abwägung zur Bestimmung des Inhalts eines Grundrechts verwendet, setzt den Inhalt des Grundrechts mit dem effektiven Garantiebereich gleich.[100]

2. Das grundrechtliche Prinzip als Inhalt des Grundrechts

Wenn das Ergebnis der Abwägung des grundrechtlichen Prinzips mit den kollidierenden Prinzipien den Grundrechtsinhalt bilden soll, kann der Gegenstand der Abwägung, das eventuell über den Grundrechtsinhalt hinausgehende „grundrechtliche Prinzip"[101], nicht mehr Grundrechtsinhalt sein. Fraglich ist, welcher Status diesem „grundrechtlichen Prinzip" zukommen soll. Die Antwort auf diese Frage ist von überragender Bedeutung, denn welches Ergebnis eine Abwägung hat, hängt davon ab, welche Prinzipien in die Abwägung einzustellen sind und welche Gewichtung man ihnen gibt.[102]

a) Das grundrechtliche Prinzip als rechtliche Norm

Folgt man den Prämissen der Konzeption, nach der allein der effektive Garantiebereich Inhalt des Grundrechts ist, kann das grundrechtliche Prinzip nicht als Inhalt des Grundrechts angesehen werden. Auch der Versuch, dieses Prinzip als Ausdruck anderer Verfassungsnormen jenseits der Grundrechtsnormen ansehen zu wollen, scheidet aus, und zwar aus thematischen Gründen. Auch um rechtliche Normen unterhalb Verfassungsranges kann es sich nicht handeln, da eine Abwägung derartiger unterverfassungsrechtlicher Normen nicht zu Normen mit Verfassungsrang, nämlich grundrechtlichen Normen, führen kann. Will man in der Sphäre der rechtlichen Normen bleiben, wäre man

---

99 Siehe 1. Teil, 2. Abschnitt, II. 2. a) bb) eee).
100 Womit per definitionem Schutzbereich und effektiver Garantiebereich identisch sind. Definitionsgemäß liegt ein innentheoretisches Recht vor, siehe 1. Teil, 1. Abschnitt, I. 2. Allerdings verweist die Notwendigkeit der Abwägung auf die Außentheorie. Diese vermeintliche Paradoxie entsteht durch die Unvollständigkeit dieses Modells, dazu sogleich.
101 Die Qualifikation als grundrechtlich muß hier in Anführungsstriche gesetzt werden, da das Prinzip ja gar nicht – zumindest nicht vollen Umfangs – Grundrechtsinhalt sein soll. Auf der anderen Seite ist es aber das Prinzip, das prima facie verlangt, was sich, so es sich in der Abwägung durchsetzt, später als Grundrechtsinhalt darstellt.
102 Eines der Hauptanliegen der Prinzipientheorie und der prinzipientheoretischen Deutung der Grundrechte besteht denn auch gerade darin, die Gründe für Entscheidungen über das rechtlich Gesollte – im hier vorliegenden Zusammenhang über das grundrechtlich Gesollte – als dem Recht zugehörig zu verstehen.

darauf verwiesen, die in grundrechtliche Abwägungen einzustellenden Prinzipien als ungeschriebenes rechtliches Sollen oberhalb der Verfassungsebene zu deuten. Problematisch an dieser Lösung ist zunächst, ob überhaupt Rechtsnormen oberhalb der Ebene der Verfassung gelten.[103] Eine Interpretation der Grundrechtsbestimmungen im Sinne von jedenfalls auch Prinzipien abzulehnen und jene statt dessen als ungeschriebene überverfassungsrechtliche, nicht grundrechtliche Normen anzusehen, hätte eine Fülle von Nachteilen. Das Ergebnis der grundrechtlichen Abwägung hängt neben der Prozedur der Abwägung allein davon ab, welche Prinzipien in die Abwägung eingestellt werden und welche Gewichtung ihnen gegeben wird. Geht man von ungeschriebenen überverfassungsrechtlichen Prinzipien aus, so existiert keine autoritative Entscheidung – Wortlaut der Verfassung und Wille des Verfassungsgebers – an die der Abwägende bei der Beantwortung der Frage, welche Prinzipien mit welcher Gewichtung einzustellen sind, gebunden wäre. Im Bereich der Grundrechte, deren Auslegung stark von unterschiedlichen weltanschaulichen Grundhaltungen und fundamentalen Kontroversen über das Staatsverständnis geprägt wird, führte dies zu starker Rechtsunsicherheit. Ein Streit wie über Menschenrechtskonzeptionen als moralische Theorien wäre unausweichlich. Die ungeschriebenen überverfassungsrechtlichen Prinzipien unterfielen darüber hinaus nicht den klassischen Grundrechtssicherungen. Weder der Art. 1 Abs. 3 GG, der die Bindung aller staatlichen Gewalten an die Grundrechte statuiert, noch die sogenannte Ewigkeitsgarantie des Art. 79 Abs. 3 GG fänden auf diese überverfassungsrechtlichen Prinzipien Anwendung. Damit ständen maßgebliche Voraussetzungen der Grundrechte, versteht man sie nur im Sinne des Abwägungsergebnisses, vollständig zur Disposition von Gesetzgeber und Rechtsanwender. Dies widerspricht diametral den Absichten des Parlamentarischen Rates.[104]

b) Das grundrechtliche Prinzip als moralische Norm

Es bliebe die Lösung, zwar die Bedeutung von Prinzipien als prima facie-Normen für die Ermittlung des rechtlich definitiv Gesollten in Abwägungen anerkennen, die Prinzipien selbst aber als bloß moralische, sittliche oder göttliche Normen – also außerrechtliche Normen – ansehen.[105] Dies führt zu einem großem Thema, das auch am Anfang der Entwicklung der modernen Prinzipientheorie als rechtstheoretische Theorie stand: dem des Bestehens eines begrifflichen Zusammenhanges zwischen Recht und Moral.[106] Ein Rechtspositivist kann einräumen, im Offenheitsbereich des positiven Rechts entscheide der Rechtsanwender zwar aufgrund von Prinzipien, aber eben rechtlich ungebunden wie ein Gesetzgeber.[107] Für die Abwesenheit rechtlicher Bindungen im Ermessensspielraum des Richters ist vor allem ein Satz von John Austin berühmt geworden: „So far as the

---

103 Abgesehen von einer Grundnorm als Geltungsgrund aller Normen eines Rechtssystems, zur Diskussion um die Grundnorm vgl. Alexy, Begriff und Geltung des Rechts, S. 154 ff.
104 Vgl. JöR 1 (1951), S. 177 ff.; von Mangoldt, Das Bonner Grundgesetz, S. 36.
105 Vgl. etwa Kearns, American Journal of Jurisprudence 18 (1973), S. 130.
106 Vgl. bereits bei 1. Teil, 2. Abschnitt, II. 1. a).
107 Kelsen, Reine Rechtslehre, S. 350 f.

judge's arbitrium extends, there is no law at all."[108] Doch selbst wenn ein Prinzip ein moralisches Prinzip ist, heißt dies nicht, es sei nicht rechtlich zu beachten. Gegen eine rechtliche Pflicht zur Beachtung moralischer Prinzipien ist vorgetragen worden, entweder sei ein Prinzip ein rechtliches Prinzip und sei dann bei rechtlichen Entscheidungen zu beachten, oder es sei ein moralisches Prinzip und bei rechtlichen Entscheidungen nicht zu beachten.[109] Jenseits rechtlicher Prinzipien können jedoch auch moralische Prinzipien unter bestimmten Umständen zu beachten sein. Rechtliche Prinzipien bilden eine Teilklasse der Rechtsnormen und müssen den jeweiligen Geltungskriterien der Rechtsordnung genügen. Als Geltungskriterien kommen ordnungsgemäße Gesetztheit, soziale Richtigkeit und inhaltliche Richtigkeit in Betracht. Positives Recht ist stets durch ordnungsgemäße Gesetztheit oder soziale Wirksamkeit institutionalisiert. Darüber hinaus erhebt das Recht notwendig einen Anspruch auf inhaltliche Richtigkeit.[110] Moralische Prinzipien dagegen sind nicht institutionalisiert, ihre Geltung hängt allein von ihrer inhaltlichen Richtigkeit ab. Die inhaltliche Richtigkeit umfaßt auch die Moral. Der Anspruch auf Richtigkeit sprengt so den positivistischen Rechtsbegriff zumindest ein Stück weit und öffnet ihn ein wenig zur Moral hin, insoweit werden qua Rechtsbegriff moralische Prinzipien rechtlich beachtlich.[111] Nach der vorzugswürdigen schwachen Verbindungsthese führt dies jedoch nur in extremen Fällen dazu, daß unmoralisches Recht seinen Rechtscharakter verliert.[112]

Unabhängig von vorher entschiedenen Fällen besteht damit eine rechtliche Pflicht zur Beachtung moralischer Prinzipien bei rechtlichen Entscheidungen, ohne daß diese Prinzipien ihren technischen, bloß moralischen Charakter verlieren. Wenn jedoch ein moralisches Prinzip von einem Gericht bei einer rechtlichen Entscheidung beachtet wurde, entsteht für nachfolgende Rechtsanwendungen die prima Pflicht der Beachtung dieses Präjudizes.[113] Auch damit wird das technisch bloß moralische Prinzip ein Stück weit rechtlich beachtlich.

c) Ergebnis

Den Inhalt eines Grundrechts lediglich als Ergebnis einer Abwägung überverfassungsrechtlicher oder außerrechtlicher Normen anzusehen, verbietet sich daher. Die Prinzipien, die in die Abwägung zur Ermittlung des definitiv grundrechtlich Gesollten eingestellt werden, werden ebenfalls durch Grundrechtsbestimmungen gewährt.[114] Der Fehler

---

108 Austin, Lectures on Jurisprudence or the Philosophy of Positive Law, S. 664.
109 U. Neumann, Protosoziologie 6 (1994), S. 246.
110 Vgl. eingehend Alexy, Begriff und Geltung des Rechts, S. 64 ff.
111 Ders., Festschrift Alchourron/Bulygin, S. 238.
112 Alexy, Begriff und Geltung des Rechts, S. 201 et passim.
113 Zur Bindung an Präjudizien siehe bereits bei 1. Teil, 2. Abschnitt, III. 3. c).
114 Entsprechendes gilt für das parallele Problem der vermeintlichen „Ausgestaltung" grundrechtlicher Schutzbereiche. Wenn eine Abwägung zur Bestimmung der „Schutzbereichsgrenze" verwendet wird, dann entfaltet das Grundrecht auch im Falle rechtmäßiger vermeintlicher „Ausgestaltung" Rechtswirkungen, denn das grundrechtliche Prinzip wird in die Abwägung zur Ermittlung der Rechtmäßigkeit der „Ausgestaltung" eingestellt. Das Ergebnis dieser Abwägung, die „Schutzbereichsgrenze", ist daher eine Beschränkung des wirklichen Schutzbereichs des Grundrechts, der alle

der vermeintlichen Innentheorien, die eine Abwägung von Prinzipien zur Bestimmung des wahren Inhalts des Rechts verwenden und „das Grundrecht" auf das Abwägungsergebnis reduzieren wollen, besteht in der übertriebenen Fokussierung auf den definitiven Schutz. Dieser wird für allein maßgeblich gehalten. Die Grundrechtsnormen, die in die Abwägung eingestellt werden und damit die entscheidende Voraussetzung des definitiven grundrechtlichen Schutzes bilden, werden dagegen aus der Betrachtung ausgeblendet.

V. Zusammenfassung

Es bleibt festzuhalten: Innentheoretische Rechte werden durch Regeln, außentheoretische Rechte durch Prinzipien gewährt.[115] Wo Rechtspositionen nach Maßgabe der Verhältnismäßigkeit – sei es in Form des Über- oder des Untermaßverbots[116] – abgewogen werden, werden Prinzipien angewendet, die fraglichen Rechtspositionen sind notwendig außentheoretisch. Die Schranken außentheoretischer Rechte „an sich" sind Normen, wobei es sich bei diesen Normen um Regeln oder Prinzipien handeln kann. Diese Normen können individuelle oder generelle Normen sein. Die Wirksamkeit der Schranke, also die Geltung der beschränkenden Norm, ist kein begrifflich notwendiges Merkmal der Schranke, sondern eine bloß mögliche Eigenschaft. Die „Ausgestaltung" besitzt als selbständige Figur neben der zutreffend verstandenen Einschränkung von Grundrechten, sei es von Abwehrrechten, grundrechtlichen Leistungsrechten oder Gleichheitsrechten, keinen sinnvollen Anwendungsbereich. Die Theorien, die den Grundrechtsinhalt auf das Ergebnis einer Abwägung reduzieren wollen, erweisen sich als strukturell unmöglich. Ihr Fehler besteht vor allem in einer inadäquat starken Fokussierung auf den effektiven Garantiebereich, während die in die Abwägung einzustellenden Prinzipien vernachlässigt werden. Da das Abwägungsergebnis und damit auch der effektive Garantiebereich des Grundrechts entscheidend davon abhängt, welche Prinzipien mit welchem Gewicht in die Abwägung eingestellt werden, sind derartige grundrechtsdogmatische Modelle grob unvollständig.

Fälle erfaßt, in denen Abwägungen erforderlich werden, in die das grundrechtliche Prinzip eingestellt wird. Wer die Ausgestaltung eines Grundrechts in diesem Sinne von Einschränkungen eines Grundrechts unterscheidet, differenziert lediglich zwei verschiedene Formen von Grundrechtseingriffen, vgl. hierzu bereits 1. Teil, 3. Abschnitt, I. 3. b) bb).

115 Vgl. jedoch auch die Präzisierung eingangs dieses Abschnittes.
116 Siehe zu Über- und Untermaßverbot als Formen der Verhältnismäßigkeit 2. Teil, 1. Abschnitt, II. 2. a) und b).

2. Teil: Die Normstruktur der Grundrechte

Nachdem im 1. Teil die theoretischen Grundlagen gelegt wurden, kann im 2. Teil der Untersuchung der Frage nachgegangen werden, ob die Grundrechte des Grundgesetzes einschränkbare, außentheoretische Rechte darstellen. Dies ist vor allem bei grundrechtlichen Leistungsrechten und Gleichheitsrechten alles andere als selbstverständlich.

Bevor im 2. Abschnitt dieses 2. Teils die Unterscheidung von Grundrechtsfunktionen als Grundlage für die weitere Untersuchung näher in den Blick genommen werden wird, gilt es einem einfacheren strukturellen Unterscheidungskriterium nachzugehen: der staatlich geschuldeten Verhaltensform. Nach einer verbreiteten Ansicht soll die Struktur der Grundrechtsnormen als einschränkbar oder nicht davon abhängen, ob der Staat grundrechtlich positives Handeln oder Unterlassen schuldet. Unterlassungsansprüche im Sinne der klassischen Abwehrrechte folgen danach der bewährten Eingriffs-Schranken-Dogmatik. Grundrechtliche Leistungsansprüche seien dagegen in deutlich geringerem Maße justitiabel als grundrechtliche Abwehransprüche, dieser Unterschied wird dann zumeist darauf zurückgeführt, daß diese keine einschränkbaren Rechte seien, sondern nur definitive Mindestgarantien.[1] Der folgende 1. Abschnitt ist der Frage gewidmet, wie weit diese verbreitete Auffassung trägt.

1. Abschnitt: Die strukturelle Unterscheidung nach der staatlich geschuldeten Verhaltensform

Sollte es gelingen, die Form des staatlich geschuldeten Verhaltens als entscheidend für die Grundrechtsstruktur zu erweisen, wäre ein ebenso einfaches wie fundamentales Kriterium gefunden. Es wäre „nur" noch eine überzeugende Abgrenzung zwischen positivem Handeln und Unterlassen erforderlich.[2]

Der Gedanke, die staatlich geschuldete Verhaltensform entscheide unmittelbar oder jedenfalls mittelbar darüber, ob das korrespondierende Recht einschränkbar ist, liegt vielen grundrechtsdogmatischen Theorien, und sei es implizit, zugrunde. Eine systematische Untersuchung hat er in der Schrift „Die Grundrechte als Eingriffsabwehrrechte" von Gertrude Lübbe-Wolff[3] erfahren.

---

1 Vgl. beispielsweise Huster, Rechte und Ziele, S. 116 Anm. 237; Stern, Das Staatsrecht der Bundesrepublik Deutschland III/2, S. 389.
2 Diese Abgrenzung bereitet nicht wenige Schwierigkeiten, statt vieler Reuber, Lebens- und Gesundheitsschutz, S. 46; vgl. auch Canaris, JuS 1989, S. 164; H. H. Klein, DVBl. 1994, S. 496: Zwischen positivem Handeln und Unterlassen bestünden „fließende Übergänge". Zur Abgrenzung der Verhaltensformen siehe 2. Teil, 2. Abschnitt, I. 1.
3 Lübbe-Wolff, Die Grundrechte als Eingriffsabwehrrechte.

I. Die Struktur der Grundrechte nach Gertrude Lübbe-Wolff

Zunächst gilt es die elaborierte Theorie von Lübbe-Wolff zu skizzieren, bevor eine ganze Reihe kritischer Anmerkungen anzubringen sein werden.

1. Die Theorie Lübbe-Wolffs

Nach Auffassung von Gertrude Lübbe-Wolff entscheidet die staatlich geschuldete Verhaltensform über die Bestimmbarkeit des verfassungsmäßigen Verhaltens und damit über die Grundrechtsstruktur.[4] Ihre Untersuchung gliedert sich in drei Teile. Im ersten Teil entwickelt sie einige für die weiteren Teile fundamentale Unterscheidungen und Thesen zur Eingriffsdogmatik. Im zweiten Teil legt sie eine Theorie des grundrechtlichen Schutzes konstituierter Rechtspositionen vor, im dritten Teil werden auf der Grundlage der gewonnenen Ergebnisse grundrechtliche Probleme von Gewährung und Begrenzung staatlicher Leistungen erörtert.

Ihre Theorie verstehe sich weniger als Beitrag zur Grundrechtstheorie denn zur Grundrechtsdogmatik, die sie als unzureichend entwickelt beklagt.[5] Eine Durchmusterung der verschiedenen Grundrechtstheorien und -funktionen ergibt nach ihrer Auffassung, daß nur zwei ausgebildete grundrechtsdogmatische Modelle existieren, das Eingriffs-Schranken-Schema und das Präformationsmodell.[6] Kennzeichnend für das Eingriffs-Schranken-Schema sei die Unterscheidung von Schutzbereich des Grundrechts und der Möglichkeit seiner Einschränkung, die nur unter formellen und materiellen Voraussetzungen wirksam sei.[7] Mit der Möglichkeit der Einschränkung seien Rechte nach dem Eingriffs-Schranken-Schema außentheoretische Rechte. Kennzeichnend für grundrechtliche Gewährleistungen nach dem Präformationsmodell sei, daß von vornherein nur ein eingeschränkter Inhalt gewährt werde, eine Einschränkung dieses Rechts sei weder notwendig noch möglich.[8] Indem die Beschränkung nicht möglich sein soll und überschießende abwägungsfähige rechtliche Gehalte geleugnet werden,[9] handelt es sich um innentheoretische Rechte. Ihrer Gegenüberstellung von Eingriffs-Schranken-Schema und Präformationsmodell entspricht die Gegenüberstellung von Außentheorie und Innentheorie.[10] Die gegenwärtig diskutierten, dogmatisch noch weitgehend unerforschten Grundrechtsfunktionen sollen daraufhin untersucht werden, inwieweit sie innerhalb der bewährten dogmatischen Strukturen bewältigt werden können.[11]

---

4 Dies., a.a.O., S. 40 ff.
5 Dies., a.a.O., S. 13.
6 Dies., a.a.O., S. 14.
7 Dies., a.a.O., S. 25 f.
8 Dies., a.a.O., S. 17.
9 Dies., a.a.O., S. 230 f.
10 Die beiden ausgebildeten grundrechtsdogmatischen Modelle im Sinne Lübbe-Wolffs erschöpfen jedoch nicht den Rahmen der analytisch möglichen außentheoretischen Modelle, siehe Einleitung, I. 3. a) cc).
11 Lübbe-Wolff, Die Grundrechte als Eingriffsabwehrrechte, S. 21.

Kennzeichnend für den Eingriffsabwehranspruch sei, daß es sich um einen Unterlassungsanspruch handele. Als Grundrechtseingriff komme nach nahezu einhelliger Auffassung nur positives staatliches Handeln in Betracht.[12] Der Unterschied in der Justitiabilität von staatlichem positiven Handeln und Unterlassen bestehe in der Bestimmbarkeit des „verfassungsmäßigen Gegenteils" eines staatlichen Verhaltens. Positives grundrechtsverletzendes staatliches Handeln besitze ein bestimmtes verfassungsmäßiges Gegenteil, das Unterlassen dieses positiven Handelns. Grundrechtsverletzendes staatliches Unterlassen hingegen stehe nicht lediglich einer grundrechtsgemäßen positiven staatlichen Handlung gegenüber, sondern einer großen Zahl alternativer Handlungen. Der Staat erfülle seine grundrechtliche Pflicht, wenn er eine hinreichende Handlung vornimmt. Hier existiere nicht ein definites verfassungsmäßiges Gegenteil, sondern eine indefinite Zahl verfassungsmäßiger Alternativen.[13]

In der Regel habe grundrechtsverletzendes positives staatliches Handeln ebenso wie staatliches Unterlassen eine indefinite Anzahl verfassungsmäßiger Alternativen. Grundrechtsverletzendes positives staatliches Handeln könnte auch abgewehrt werden, indem die Gerichte beispielsweise statt einer unverhältnismäßigen irgendeine verhältnismäßige Belastung aussprächen.[14] Bekanntlich werde jedoch der staatliche Akt im Fall grundrechtswidriger Belastung „kassiert". Der Unterschied zwischen der gerichtlichen Kontrolle staatlichen positiven Handelns und Unterlassens bestehe darin, daß nur im Fall positiven staatlichen Handelns ein Spezialfall unter den verfassungsmäßigen Alternativen bestehe, das Unterlassen des grundrechtswidrigen Akts.[15] Positives staatliches Handeln werde nach dem Eingriffs-Schranken-Schema, also gerichtlich streng kontrolliert, staatliches Unterlassen nach dem Präformationsmodell, schwach oder gar nicht.[16]

Nach der Einführung dieses Grundsatzes behauptet Lübbe-Wolff sogleich eine Ausnahme hinsichtlich der Verletzung grundrechtsrelevanten einfachen Rechts. Habe die Verletzung einfachen Rechts grundrechtliche Bedeutung, sei belanglos, ob sie durch positives Handeln oder Unterlassen erfolge. Auch das Unterlassen habe hier, wie sonst nur positives Handeln, ein definites verfassungsmäßiges Gegenteil, das Tun des rechtlich Gebotenen.[17] Was von Lübbe-Wolff als Sonderbereich bezeichnet wird, stellt den Normalfall der Rechtsanwendung dar. In vielen Bereichen grundrechtlicher Handlungspflichten bestehen einfachgesetzliche Regelungen, die Anwendungsvorrang vor den Grundrechten besitzen. Die Reichweite des von ihr aufgestellten Grundsatzes wird damit zugunsten des „Sonderbereichs" stark eingeschränkt.

Im zweiten Teil ihrer Untersuchung geht Lübbe-Wolff näher auf diesen „Sonderbereich" – einfachrechtlich oder untergesetzlich konstituierte Rechtspositionen – ein. Sie

---

12 Dies., a.a.O., S. 33. Ganz so einhellig oder selbstverständlich ist dies allerdings durchaus nicht, vgl. 2. Teil, 3. Abschnitt, B. I. 3. d).
13 Dies., a.a.O., S. 40, 226.
14 Allerdings sollte man hinzufügen, daß dies mit dem Gesetzesvorbehalt für grundrechtseingreifendes Handeln nicht vereinbar wäre, wenn und soweit es um die verfassungsmäßige Kontrolle von Parlamentsgesetzen geht.
15 Dies., a.a.O., S. 40 f.
16 Dies., a.a.O., S. 39, 101.
17 Dies., a.a.O., S. 42, 123 f.

bedient sich einer kritisch-rekonstruktiven Methode. Der grundrechtliche Schutz konstituierter Rechtspositionen werde in Literatur und Rechtsprechung weitgehend anerkannt.[18] Eine dogmatische Klärung könne zwar auch zu Ergebnissen führen, die ein Stück weit von den bisherigen abwichen, dies liege jedoch lediglich an dem Gebot dogmatischer Konsequenz.[19]

Zunächst werden natürliche Freiheit und konstituierte Rechtspositionen unterschieden. Während natürliche Freiheit ohne vorherige Handlungen des Gesetzgebers Grundrechtsschutz nach dem Eingriffs-Schranken-Schema genießt, setzt dies im Fall des Grundrechtsschutzes konstituierter Rechtspositionen staatliches Handeln voraus – staatliches Handeln, welches diese Rechtspositionen schafft.[20]

Nachdem sie das Freiheitsverständnis Hegels, nach dem alle Freiheit durch den Staat konstituiert wird, abgelehnt hat,[21] wendet Lübbe-Wolff sich der Frage zu, ob die natürliche Freiheit präformiert ist. Dies wäre der Fall, wenn von vornherein keine natürliche Freiheit etwa zu mißbräuchlichen oder gemeinschädlichen Handlungen besteht.[22] In der Grundrechtsdogmatik entspricht dies der Frage, ob enge oder weite Tatbestandstheorien vorzugswürdig sind.[23] Nach einem kurzen Streifzug durch die geistesgeschichtlichen Grundlagen des Naturrechts und die Rechtsprechung vor allem des Bundesverfassungsgerichts kommt sie zu dem Ergebnis, die durch das Grundgesetz geschützte natürliche Freiheit sei eine nicht von vornherein begrenzte Freiheit des Beliebens.[24]

Diese Freiheit könne durch eine vorgeschobene Sphäre von Rechtspositionen erweitert werden, durch konstituierte Rechtspositionen.[25] Lübbe-Wolff unterscheidet einfachgesetzlich konstituierte Rechtspositionen und untergesetzlich konstituierte Rechtspositionen. Zunächst geht sie auf Rechtspositionen ein, die durch einfache Gesetze, also Parlamentsgesetze, gewährt werden. Als grundrechtliche Schutzwirkungen für einfachgesetzlich konstituierte Rechtspositionen seien einerseits Normanwendungsschutz und andererseits Normbestandsschutz zu unterscheiden. Innerhalb des Normanwendungsschutzes könnten Grundrechtsverstöße sowohl in der Nichtanwendung als auch der Falschanwendung des einfachen Rechts bestehen.

Die gemeinsame Voraussetzung aller erwähnten Modalitäten des Grundrechtsschutzes von einfachgesetzlich konstituierten Rechtspositionen bestehe darin, daß das konstituierende einfache Gesetz „einen grundrechtlichen Verfassungsauftrag erfüllt oder zu dessen Erfüllung beiträgt".[26] Als grundrechtliche Verfassungsaufträge kämen beispielsweise Rechte auf staatlichen Schutz oder das Recht auf die Gewährung des Existenzminimums in Betracht. Beide betreffen nicht den Bereich natürlicher Freiheit, sondern gewähren Rechte auf positive Handlungen des Staates. Solange eine einfachgesetz-

---

18 Dies., a.a.O., S. 77, 105.
19 Dies., a.a.O., S. 77.
20 Dies., a.a.O., S. 75 f.
21 Dies., a.a.O., S. 82 ff.
22 Dies., a.a.O., S. 87 ff.
23 Vgl. 2. Teil, 3. Abschnitt, A. I. 4.
24 Dies., a.a.O., S. 98.
25 Dies., a.a.O., S. 103.
26 Dies., a.a.O., S. 119, vgl. S. 122, 145.

lich konstituierte Rechtsposition nicht vorliege, handele es sich bei diesen grundrechtlichen Ansprüchen um originäre oder derivative Leistungsansprüche. Diese gewährten mangels definitiven verfassungsmäßigen Gegenteils lediglich präformierten, also innentheoretischen, Grundrechtsschutz.[27] Liege hingegen ein einfaches Gesetz vor, das einen grundrechtlichen Verfassungsauftrag fördert, wie etwa die staatliche Schutzpflicht für grundrechtliche Schutzgüter einzelner gegen negative Einwirkungen Dritter, existiere gegenüber der grundrechtswidrigen Nichtanwendung oder Falschanwendung dieses einfachen Gesetzes ein definites verfassungsmäßiges Gegenteil: das Tun des rechtlich Gebotenen.[28] Ebenso wie im Falle positiven staatlichen Handelns folgten die grundrechtlichen Ansprüche gegen das Unterlassen des rechtlich Gebotenen den Regeln der Eingriffsdogmatik.[29] Ähnliches gelte für den Bestandschutz von einfachen Gesetzen, die grundrechtlichen Verfassungsaufträgen dienten. Bevor sie erlassen seien, sei lediglich präformierter, innentheoretischer Grundrechtsschutz eröffnet, gegen ihre Abschaffung dagegen außentheoretischer Grundrechtsschutz nach dem Eingriffs-Schranken-Modell.[30] Zusammengefaßt bedeutet dies: Solange im Bereich außerhalb der natürlichen Freiheit, in dem grundrechtliche Verfassungsaufträge zu positiven staatlichen Handlungen bestehen, kein grundrechtsdienliches einfaches Gesetz erlassen wurde, besteht lediglich innentheoretischer Grundrechtsschutz nach dem Präformationsmodell.[31] Wurde ein grundrechtsdienliches einfaches Gesetz erlassen, wird gegen die Nichtanwendung, die Falschanwendung oder die Abschaffung dieses Gesetzes außentheoretischer Grundrechtsschutz nach dem Eingriffs-Schranken-Schema gewährt.

Im dritten Teil ihrer Arbeit wendet Lübbe-Wolff sich dem Problem grundrechtsrelevanter Wirkungen von staatlicher Leistung und Leistungsbegrenzung zu. Sie unterscheidet zwischen der Ausschlußwirkung, der Differenzierungswirkung, der Lenkungswirkung und der Interventionswirkung von Subventionen. Die Ausschlußwirkung bestehe darin, daß die Nichtempfänger staatlicher Leistungen von der Verbesserung der Möglichkeiten faktischen Grundrechtsgenusses ausgeschlossen werden.[32] Die Differenzierungswirkung bestehe in der Ungleichbehandlung durch Gewährung von Subventionen in nur einigen Fällen.[33] Eine staatliche Leistung habe Lenkungswirkung, wenn die Leistung von einem bestimmten Verhalten des Empfängers abhängig gemacht wird.[34] Die Interventionswirkung schließlich bestehe in der steuernden Einwirkung auf grundrechtlich ausdifferenzierte Funktionsbereiche.[35] Während der Grundrechtsschutz hinsichtlich der Ausschlußwirkung und Differenzierungswirkung nicht dem Eingriffs-Schranken-

---

27 Dies., a.a.O., S. 123 f., 17, vgl. S. 168 f.
28 Dies., a.a.O., S. 41 f., 123 f.
29 Dies., a.a.O., S. 124.
30 Dies., a.a.O., S. 145 ff., vgl. S. 176.
31 Dies., a.a.O., S. 203.
32 Dies., a.a.O., S. 222.
33 Dies., a.a.O., S. 236.
34 Dies., a.a.O., S. 262.
35 Dies., a.a.O., S. 281.

Schema folge,[36] gelte dies für die Lenkungswirkung[37]. Für die Interventionswirkung soll diese Frage differenziert zu beantworten sein.[38]

2. Kritik

Lübbe-Wolffs Theorie stellt einen eindrucksvollen Versuch dar, verschiedene Gruppen grundrechtlicher Positionen konsequent grundrechtsdogmatischen Konstruktionsmodellen zuzuordnen. Sie ist jedoch einer Reihe von Einwänden ausgesetzt.[39]

a) Die Begrenzung auf das Eingriffs-Schranken-Schema und das Präformationsmodell

Ein erster und wichtiger Einwand besteht darin, daß Lübbe-Wolff ihre Untersuchung von vornherein darauf begrenzt, Grundrechtsnormen entweder dem Eingriffs-Schranken-Schema oder dem Präformationsmodell zuzuordnen. Ihrer Auffassung nach bestehen nur diese zwei „einigermaßen ausgebildeten dogmatischen Modelle oder Schemata".[40] Durch diese Beschränkung wird eine Erörterung anderer, analytisch möglicher grundrechtsdogmatischer Modelle von vornherein abgeschnitten.

Kennzeichnend für das Eingriffs-Schranken-Schema seien Unterscheidbarkeit von Schutzbereich und effektivem Garantiebereich sowie die Gewährung formellen Schutzes neben materiellem Schutz. Im Fall des Präformationsmodells seien Schutzbereich und effektiver Garantiebereich identisch, formeller Schutz werde nicht gewährt.[41] Die beiden nach Lübbe-Wolff allein „einigermaßen ausgebildeten dogmatischen Modelle" werden folglich mit Hilfe zweier Kriterien abgegrenzt, der Differenz oder Identität von Schutzbereich und effektivem Garantiebereich und der Gewährung oder Nichtgewährung formellen Schutzes. Mit der Kombination zweier zweiwertiger Unterscheidungen enthält der Raum des logisch Möglichen damit vier verschiedene Modelle.[42]

Modell (1), das Eingriffs-Schranken-Schema, ist durch die Differenz von Schutzbereich und effektivem Garantiebereich bei Gewährung formellen Schutzes gekennzeichnet. Das Präformationsmodell (4) unterscheidet sich davon in beiden Merkmalen. Schutzbereich und effektiver Garantiebereich sind identisch, formeller Schutz wird nicht gewährt. Zwischen diesen Modellen stehen zwei zusätzliche Modelle, die sich von beiden erstgenannten Modellen je in einem Merkmal unterscheiden:

(1) Differenz von Schutzbereich und effektivem Garantiebereich bei Gewährung formellen Schutzes (Eingriffs-Schranken-Schema)

---

36 Dies., a.a.O., S. 236, 258 f., 317.
37 Dies., a.a.O., S. 278 f.
38 Dies., a.a.O., S. 309 ff.
39 Ein neuerer Überblick zur Kritik an Lübbe-Wolffs Theorie findet sich bei Cremer, Freiheitsgrundrechte, S. 96 Anm. 120.
40 Dies., a.a.O., S. 14.
41 Dies., a.a.O., S. 25 ff.
42 Siehe bereits Einleitung, I. 3. a) cc).

(2) Differenz von Schutzbereich und effektivem Garantiebereich ohne Gewährung formellen Schutzes

(3) Identität von Schutzbereich und effektivem Garantiebereich bei Gewährung formellen Schutzes

(4) Identität von Schutzbereich und effektivem Garantiebereich ohne Gewährung formellen Schutzes (Präformationsmodell)

Modell (3) ist – das ist einzuräumen – grundrechtsdogmatisch eher uninteressant. Die Gewährung formellen Schutzes ist nur im Fall der Differenz von Schutzbereich und effektivem Garantiebereich relevant.[43] Nur in dieser Konstellation kann der Fall eintreten, daß eine Grundrechtseinschränkung zwar materiell verfassungsgemäß ist, aber an einem formellen Mangel leidet und deswegen verfassungswidrig ist. Das ist im Fall der Identität von Schutzbereich und effektivem Garantiebereich anders. Entweder fällt ein Verhalten in den Tatbestand einer Grundrechtsnorm. Eine Einschränkung, deren Wirksamkeit von formellen Kriterien abhängen könnte, ist dann weder erforderlich noch möglich. Oder ein Verhalten fällt nicht in den Tatbestand einer Grundrechtsnorm, formelle Kriterien können dann ohnehin keinen effektiven Grundrechtsschutz begründen. Modell (3) besitzt damit aus strukturellen Gründen keinen sinnvollen Anwendungsbereich.

Dies ist allerdings im Fall von Modell (2), dem Eingriffs-Schranken-Schema ohne Gewährung formellen Schutzes,[44] anders. Ob ein Modell, welches zwischen Schutzbereich und effektivem Garantiebereich unterscheidet, aber keinen formellen Schutz vorsieht, eine adäquate Rekonstruktion darstellt, muß durch substantielle Argumente entschieden werden. Das Modell (2) wird in Lübbe-Wolffs Untersuchung angedeutet, wenn sie nach der Koordination der Schutzfunktionen im Eingriffs-Schranken-Schema fragt. Grundsätzlich setze beim Eingriffs-Schranken-Schema der formelle Schutz an der Schwelle des Grundrechtseingriffs ein.[45] Eine Entkopplung der Schutzwirkungen kann auf zweierlei Weise erfolgen. Entweder greift der formelle Schutz unterhalb der Schwelle des materiellen ein. Das würde bedeuten, daß es staatliche Handlungen gibt, die nicht materiell Grundrechtseingriffe sind, aber dennoch formellen Anforderungen aus Grundrechten genügen müssen. Lübbe-Wolff erwägt dies unter Hinweis auf einige Entscheidungen des Bundesverfassungsgerichts und Bundesverwaltungsgerichts, lehnt

---

43 Lübbe-Wolff, Die Grundrechte als Eingriffsabwehrrechte, S. 28.
44 Für die Modelle (2) und (3) existieren keine eingeführten Begriffe. Das Modell (2) könnte man als „Eingriffs-Schranken-Schema mit bloß materiellem Schutz" oder „Eingriffs-Schranken-Schema ohne formellen Schutz" bezeichnen. In dieser Untersuchung werden einschränkbare Rechte in erster Linie als außentheoretische Rechte bezeichnet. Die Gewährung formellen Schutzes ist in der Unterscheidung innentheoretischer und außentheoretischer Rechte nicht enthalten, sondern eine zusätzliche Eigenschaft von Rechten, siehe Einleitung, I. 3. cc). Mangels eines eingeführten Begriffs für das Modell (2) wird bei außentheoretischen Rechten oder Rechten nach dem Eingriffs-Schranken-Schema im folgenden explizit darauf hingewiesen, ob formeller Schutz eröffnet ist, wenn und soweit es im jeweiligen Zusammenhang erheblich ist.
45 Lübbe-Wolff, Die Grundrechte als Eingriffsabwehrrechte, S. 30.

eine derartige Entkopplung aber ab.⁴⁶ Die zweite Möglichkeit der Entkopplung besteht darin, daß der formelle Schutz nur bei qualifizierten Grundrechtseingriffen eingreift. Hier greift der materielle Schutz unterhalb der Schwelle des formellen Schutzes ein, es gibt also staatliche Handlungen, die zwar materiellen, nicht aber formellen grundrechtlichen Anforderungen genügen müssen. Es entstünde ein Kombinationsmodell aus (1) und (2).⁴⁷ Im Fall nicht qualifizierter Grundrechtseingriffe gäbe es nur materiellen Schutz entsprechend Modell (2), im Fall qualifizierter Grundrechtseingriffe materiellen und formellen Schutz entsprechend (1). Lübbe-Wolff diskutiert nur die erste Form der Entkopplung und lehnt das Modell (2) aufgrund substantieller Argumente im Bereich der Abwehrrechte ab, wobei die Betrachtung aber von vornherein auf diese Grundrechtsfunktion begrenzt bleibt. Wenn sie später, bei der Erörterung der Ausschlußwirkung staatlicher Leistungen, prima facie-Ansprüche auf staatliche Leistungen unter Hinweis auf die Unmöglichkeit der Gewährung formellen Schutzes ablehnt,⁴⁸ setzt sie voraus, was in ihrer Untersuchung nirgends begründet wird: daß das Modell (2) im Bereich staatlicher Leistungen keinen sinnvollen Anwendungsbereich besitzt. Damit beraubt sie sich auch der Möglichkeit differenzierter Überlegungen zum Gesetzesvorbehalt bei grundrechtlichen Leistungsrechten.⁴⁹

b) Strukturmodelle und Schutzintensität

Lübbe-Wolff ordnet beiden „einigermaßen ausgebildeten dogmatischen Modellen" eine bestimmte Schutzintensität zu. Während Grundrechtsschutz nach dem Eingriffs-Schranken-Schema eine strenge gerichtliche Kontrolle zur Folge habe, führe Grundrechtsschutz nach dem Präformationsmodell zu nur schwacher oder fehlender gerichtlicher Kontrolle.⁵⁰ Im Fall des Grundrechtsschutzes nach dem Präformationsmodell wird ein nicht einschränkbarer, also kollisionsunabhängiger Grundrechtsschutz gewährt. Derart absolute strukturierte Rechtspositionen sind analytisch nicht auf eine bestimmte Größe festgelegt, sie können theoretisch inhaltlich weitgehende Positionen oder lediglich Minimalposition darstellen. In einem Rechtssystem sind inhaltlich weitgehende Rechtspositionen, die nicht eingeschränkt werden können, jedoch in höchstem Maße unvernünftig. Eine situationsangemessene Beschränkung und Abwägung dieser Rechtspositionen ist unmöglich. Soweit andere Rechtspositionen mit diesen absoluten Rechtspositionen kollidieren, treten sie ohne Berücksichtigung der Umstände stets zurück. Die Zuerken-

---

46 Dies., a.a.O., S. 30 ff.
47 Genaugenommen handelt es sich gar nicht um ein Kombinationsmodell, sondern um eine Variante innerhalb des Modells (1), des Modells nach dem Eingriffs-Schranken-Schema. Denn auch wenn nur partiell formeller Schutz gewährt wird, wird formeller Schutz gewährt. Ob vollständig – also für den gleichen Bereich, für den auch materieller Schutz gewährt wird – formeller Schutz existiert, oder nur für einen Teilbereich, ist eine Binnendifferenzierung innerhalb des Modells (1). Nur wenn man dieses Modell von vornherein auf die vollständige Gewährung formellen Schutzes verengt, kann man ein Modell mit partieller Gewährung formellen Schutzes den Modellen (1) und (2) als etwas Drittes selbständig gegenüberzustellen versuchen.
48 Dies., a.a.O., 228 ff.
49 Vgl. Robbers, DÖV 1989, S. 688.
50 Lübbe-Wolff, Die Grundrechte als Eingriffsabwehrrechte, S. 39, vgl. S. 101.

nung weitgehender absoluter Rechtspositionen ist damit zwar nicht analytisch unmöglich, in modernen Rechtssystemen aber sehr wenig praktikabel. Wenn ein Rechtssystem absolute abwägungsunfähige Rechtspositionen, entsprechend dem Präformationsmodell, vorsieht, sind dies regelmäßig lediglich Minimalpositionen. Insofern führt das Präformationsmodell im Rahmen moderner Rechtssystem de facto tendenziell zu Minimalpositionen. Wenn „schwache gerichtliche Kontrolle" meint, daß die Staatsgewalt in nur geringem Maße gebunden wird, und in nur sehr wenigen Anwendungsfällen ein Grundrechtsverstoß festgestellt werden kann, dann führt eine absolute Minimalposition zu schwacher gerichtlicher Kontrolle. Präformierter Grundrechtsschutz führt folglich zu schwacher gerichtlicher Kontrolle.

Dies heißt jedoch nicht, daß von schwacher gerichtlicher Kontrolle auf präformierten Grundrechtsschutz zurückgeschlossen werden kann. Eine „schwache gerichtliche Kontrolle", also ein geringes Maß der Bindung der staatlichen Gewalten, ist auch bei Grundrechtsschutz nach dem Eingriffs-Schranken-Schema möglich. Dies kann an einer sehr engen Definition der grundrechtlichen Schutzgüter liegen, was die Zahl der Grundrechtsfälle klein hält. Oder die grundrechtlichen Schutzgüter werden weit gefaßt, aber der Begriff des Grundrechtseingriffs wird eng verstanden. Eine weitere Möglichkeit besteht darin, daß trotz weiter Fassung der Schutzgüter und des Grundrechtseingriffs den staatlichen Stellen, insbesondere dem Gesetzgeber, sehr großzügige Spielräume eingeräumt werden.[51]

Dies führt zu folgenden Zusammenhängen: Präformierter Grundrechtsschutz erweist sich nur dann als praktikabel, wenn er zu schwacher gerichtlicher Kontrolle führt. Strenge gerichtliche Kontrolle ist daher ein deutliches Indiz dafür, daß die Rechtsposition dem Eingriffs-Schranken-Schema[52] folgt. Schwache gerichtliche Kontrolle dagegen ist bei beiden Strukturmodellen möglich.[53] Es ist daher nicht notwendig, verschiedene gerichtliche Kontrolldichten auf verschiedene Strukturmodelle zurückzuführen.

c) Die Unterscheidung von positivem Handeln und Unterlassen

Die Unterscheidung von positivem Handeln und Unterlassen ist für Lübbe-Wolffs Theorie von entscheidender Bedeutung, da die Grundrechtsstruktur von der staatlich geschuldeten Verhaltensform abhängt.

Sie verwendet in ihrer Untersuchung zwei verschiedene Unterscheidungen der Verhaltensformen. Die erste Unterscheidung entspricht der Unterscheidung der Verhaltensformen in der Tradition der analytischen Philosophie. Diese nicht ausdrücklich eingeführte, sondern lediglich vorausgesetzte Unterscheidung wird im folgenden als fundamentale Unterscheidung der Verhaltensformen bezeichnet. Positives Handeln

---

51 Zur Frage von Spielräumen siehe 1. Teil, 2. Abschnitt, III. 4.
52 Bzw. dem Modell (2), also dem Eingriffs-Schranken-Schema ohne Gewährung formellen Schutzes.
53 Vorausgesetzt ist dabei, daß die beiden Strukturmodelle überhaupt anwendbar sind. Sollte etwa das Eingriffs-Schranken-Schema im Leistungsbereich unanwendbar sein, so könnte effektiver Grundrechtsschutz nur nach dem Präformationsmodell gewährt werden. Dies ist jedoch nicht der Fall, siehe 2. Teil, 1. Abschnitt, II.

ist eine kausale Änderung von Zuständen oder Prozessen in der Wirklichkeit, Unterlassen eine Nichtänderung trotz Möglichkeit.[54] Lübbe-Wolff führt aus, positives Handeln besitze stets ein definites verfassungsgemäßes Gegenteil, das Unterlassen genau dieses positiven Handelns. Unterlassen könne diesem positiven Tun „grundrechtsdogmatisch gleichgestellt" werden, wenn es ausnahmsweise ein definites verfassungsgemäßes Gegenteil besitze.[55] Durch die Gleichstellung in den Rechtsfolgen verliert das Unterlassen im Sinne der fundamentalen Unterscheidung seinen Status als Verhaltensform Unterlassen nicht. Ein definites verfassungsgemäßes Gegenteil zu besitzen, wird als Eigenschaft behandelt, die positivem Tun im Sinne der fundamentalen Unterscheidung notwendig, Unterlassen im Sinne dieser Unterscheidung nur unter Umständen zukommt. Entscheidend ist die Bestimmbarkeit des gegenteiligen Verhaltens, die bei beiden Verhaltensformen gegeben sein kann.

Die zweite Unterscheidung der Verhaltensformen weicht von der soeben eingeführten ab. Sie verwendet das Vorliegen eines definiten verfassungsgemäßen Gegenteils nicht als Eigenschaft beider Verhaltensformen, sondern als Unterscheidungsmerkmal. Nicht irgendwelche Aktivitäts- oder Passivitätsmerkmale, sondern die Bestimmbarkeit des verfassungsgemäßen Gegenteils bilde den Kern der Unterscheidung der Verhaltensformen.[56] Existiert ein definites verfassungsgemäßes Gegenteil, liege positives Handeln vor, wenn nicht, Unterlassen. Diese Unterscheidung der Verhaltensformen soll im folgenden als bestimmtheitsbezogene Unterscheidung bezeichnet werden. Ein definites verfassungsgemäßes Gegenteil des Verhaltens und damit positives Handeln im Sinne der bestimmtheitsbezogenen Definition soll auch dann vorliegen, wenn eine einfachrechtliche Norm Handeln im Interesse der Grundrechte gebietet, dieses Handeln aber ausbleibt. Das definite verfassungsgemäße Gegenteil des Nichthandelns ist die Vornahme der rechtlich gebotenen Handlung. Positives Handeln im grundrechtsdogmatischen Sinne liegt nach dieser zweiten, bestimmtheitsbezogenen Unterscheidung damit vor, wenn entweder positives Handeln im Sinne der fundamentalen Unterscheidung vorliegt, also eine kausale Änderung von Zuständen oder Prozessen in der Wirklichkeit erfolgt, oder Unterlassen im Sinne der fundamentalen Unterscheidung vorliegt, aber eine einfachrechtliche Rechtspflicht zum positiven Handeln im Sinne der fundamentalen Unterscheidung bestand. Im Fall des Unterlassens im Sinne der fundamentalen Unterscheidung entsteht also das Problem, daß nach der zweiten, bestimmtheitsbezogenen Definition sowohl positives Handeln als auch Unterlassen vorliegen kann. Welche Verhaltensform vorliegt, entscheidet sich mit der rechtlichen Normalebene des Verhal-

---

54 von Wright, Norm and Action, S. 35 ff.; vgl. Roth, Faktische Eingriffe, S. 91, 99; vgl. auch LK[11]-Jescheck, Vor § 13 StGB, Rn 90; Struensee, Festschrift Stree/Wessels, S. 140 ff.; jeweils mit weiteren Nachweisen. Vgl. weiter zu engeren Begriffen der positiven Handlung und Unterlassung 2. Teil, 2. Abschnitt, I. 1.
55 Lübbe-Wolff, Die Grundrechte als Eingriffsabwehrrechte, S. 41 f., vgl. S. 123 f. Unterlassen im Sinne der fundamentalen Unterscheidung wird also im Hinblick auf die grundrechtlichen Rechtsfolgen behandelt, als läge positives Handeln im Sinne der fundamentalen Unterscheidung vor.
56 Lübbe-Wolff, Die Grundrechte als Eingriffsabwehrrechte, S. 226. Vgl. auch dies., S. 227 Anm. 60, die Rechtspflicht zum Handeln im Sinne der Verschiebung der „Normalebene" des Verhaltens führe zu einer „logischen Transformation staatlichen Unterlassens in positives Tun".

tens. Von einem erhöhten rechtlichen Anforderungsniveau aus ließen sich dahinter zurückbleibende Leistungen als positives Verhalten auffassen.[57] Terminologisch konsequent fragt sie nicht mehr, ob dann Unterlassen dem positiven Handeln in den Rechtsfolgen gleichzustellen ist, sondern ob in diesen Fällen, in denen nach intuitivem Verständnis und der fundamentalen Unterscheidung Unterlassen vorliegt, positives Handeln anzunehmen ist.[58] Mit Hilfe dieser bestimmtheitsbezogenen Unterscheidung wird der eingriffsdogmatische Grundrechtsschutz von Nichtleistungen im Bereich auftragsgemäß grundrechtsschützenden einfachen Recht begründet: Die einfachrechtlichen Rechtspositionen führten zu einer bereichsweisen Anhebung der rechtlichen Normalebene.[59]

Das Verhältnis der beiden verschiedenen Unterscheidungen der Verhaltensformen, der fundamentalen und der bestimmtheitsbezogenen, wird nicht erörtert. Lübbe-Wolff selbst scheint nicht einmal zu sehen, daß sie verschiedene Definitionen verwendet. In der Passage, in der die zweite Unterscheidung eingeführt wird, knüpft sie ausdrücklich an frühere Passagen an, in denen sie die erste Unterscheidung voraussetzte.[60] In diesen früheren Passagen erklärt die Eigenschaft, ein definites verfassungsmäßiges Gegenteil zu besitzen, lediglich die „dogmatische Relevanz" der Unterscheidung der Verhaltensformen,[61] stellt dagegen nicht den „Kern der Unterscheidung" der Verhaltensformen dar[62]. Es bleibt damit unklar, welche Unterscheidung der Verhaltensformen der Ansicht Lübbe-Wolffs entspricht.

Die erste Unterscheidung wirft keine besonderen Probleme auf. Für die zweite gilt dies nicht. Sie entfernt sich im Hinblick auf die Bestimmbarkeit des definitiven verfassungsgemäßen Gegenteils von der fundamentalen, intuitiv plausiblen Unterscheidung der Verhaltensformen. Soll die Bestimmbarkeit des definiten verfassungsgemäßen Gegenteils eines Verhaltens für die Justitiabilität staatlichen Handelns entscheidend sein,[63], dann könnte man unmittelbar von der Bestimmbarkeit des definiten verfassungsgemäßen Gegenteils auf die Justitiabilität schließen. Von der Bestimmbarkeit des definiten verfassungsgemäßen Gegenteils statt dessen zunächst auf die Verhaltensform zu schließen, und von dieser dann auf die Justitiabilität, ist ein unnötiger Umweg. Die gleichen Ergebnisse könnten im Rahmen der ersten, fundamentalen Unterscheidung der Verhaltensformen erzielt werden. Positives Handeln besäße stets ein definites verfassungsmä-

---

57 Lübbe-Wolff, Die Grundrechte als Eingriffsabwehrrechte, S. 227.
58 Dies., a.a.O., S. 226: „Von der Normalebene der damit zugeschriebenen Handlungspflichten aus erscheint auch das Unterlassen als positive, zurechenbare Handlung"; dies., a.a.O., S. 227: „läßt sich … als positives … Verhalten auffassen"; dies., S. 227 Anm. 60: die erhöhte Normalebene des Verhaltens führe zu einer „logischen Transformation staatlichen Unterlassens in positives Tun"; vgl. auch die Überschrift des fraglichen Abschnitts, dies., a.a.O., S. 226: „α) Nichtleistung als positives Tun?".
59 Lübbe-Wolff, Die Grundrechte als Eingriffsabwehrrechte, S. 227.
60 Dies., a.a.O., S. 226: „Der Kern der Unterscheidung zwischen beiden Formen und der Grund für ihre dogmatische Relevanz wurde nicht in irgendwelchen Aktivitäts- oder Passivitätsmerkmalen, sondern in der Bestimmtheit jeden realen positiven Tuns gesehen, nämlich die Unterlassung eben dieses Tuns".
61 Lübbe-Wolff, Die Grundrechte als Eingriffsabwehrrechte, S. 40 f., 123.
62 Wie dies., a.a.O., S. 226, geltend macht.
63 Dies., a.a.O., S. 40 f.

ßiges Gegenteil und wäre stets nach dem Eingriffs-Schranken-Schema justitiabel. Für Unterlassen gelte dies nur ausnahmsweise. Ist dies der Fall, verliert es nicht seinen Status als Unterlassen, sondern es läge ausnahmsweise nach dem Eingriffs-Schranken-Schema justitiables Unterlassen vor. Zum Beispiel ordnet Lübbe-Wolff mit ihrer bestimmtheitsbezogenen Unterscheidung der Verhaltensformen die Verletzung eines Sozialhilfeanspruchs eines Bedürftigen nicht als rechtswidrige Vorenthaltung einer grundrechtlich gebotenen Leistung im Sinne einer Unterlassung ein, sondern als Fall des eingriffsabwehrenden Grundrechtsschutzes gegen Nicht- bzw. Falschanwendung grundrechtsdienlichen einfachen Rechts.[64] Durch die einfachrechtliche Norm des Sozialhilferechts soll bereichsweise die rechtliche Normalebene des Verhaltens angehoben sein, so daß eine negative Abweichung von dieser Normalebene, eben der Nichtgewährung der einfachrechtlich gebotenen Leistung, als positives Tun justitiabel sei.[65] Im Fall einer Nichtanwendung einer Norm des Sozialhilferechts liegt nach ihrer Auffassung also positives Handeln vor.

Im Hinblick auf die Justitiabilität ist jedoch zwischen der Justitiabilität vor den Fachgerichten und der Justitiabilität vor dem Bundesverfassungsgericht zu unterscheiden. Vor den Fachgerichten ist in erster Linie nach dem einfachrechtlich Gebotenen zu fragen. Einfachrechtlich ist durch die Norm des Sozialhilferechts ein positives Handeln geboten, die Gewährung von Sozialhilfe, also die tatsächliche Gewährung der Leistung nach Erlaß eines entsprechenden Bescheides. Kommt die Sozialhilfebehörde dieser Pflicht nicht nach, wird sie von den Gerichten der Verwaltungsgerichtsbarkeit dazu verurteilt. Auch wenn die Fachgerichte zur Gewährung von Grundrechtsschutz verpflichtet sind, kommt die Frage nach dem grundrechtlich Gebotenen in diesen zahlreichen Fällen nicht oft in den Blick.[66] Anders ist dies, wenn das Bundesverwaltungsgericht letztinstanzlich die Klage des Sozialhilfebedürftigen abweist und dieser Verfassungsbeschwerde erhebt. Dann stellt sich die Frage, ob das staatliche Verhalten einen Eingriff in den Schutzbereich eines Grundrechts darstellt. Welche sozialen Leistungen zugunsten der einzelnen grundrechtlich geboten sind, ist die Frage nach den sozialen Grundrechten, einer Teilklasse der grundrechtlichen Leistungsrechte im weiteren Sinne. Die Vorenthaltung einer sozialen Leistung als Unterlassen grundrechtlich gebotenen positiven Handelns stellt einen Eingriff in soziale Grundrechte dar, oder kann jedenfalls einen Eingriff darstellen.[67] Die Frage nach dem grundrechtlich Gebotenen ist im Fall der so-

---

64   Dies., a.a.O., S. 115.
65   Vgl. dies., a.a.O., S. 227.
66   Wenn sie ausnahmsweise in den Blick kommt, bestimmt sich das weitere Vorgehen nach dem Gegenstand, der als grundrechtswidrig eingestuft wird. Kommt das Fachgericht zu der Überzeugung, daß ein nachkonstitutionelles Parlamentsgesetz wegen eines Verstoßes gegen Grundrechte mit der Verfassung nicht vereinbar ist, hat es die betreffende Norm dem Bundesverfassungsgericht im Wege der konkreten Normenkontrolle gem. Art. 100 Abs. 1 GG, §§ 13 Nr. 11, 80 ff. BVerfGG vorzulegen. In den Fällen der Grundrechtswidrigkeit anderer Bestimmungen, also grundrechtswidriger vorkonstitutioneller Parlamentsgesetze oder untergesetzlicher Bestimmungen, besitzen die Fachgerichte neben der Prüfungskompetenz auch die Verwerfungskompetenz.
67   Welche sozialen Leistungen prima facie geboten sind, hängt von der Frage ab, ob eine eher enge oder eher weite Tatbestandstheorie sozialer Grundrechte vorzugswürdig ist. Zu sozialen Grundrechten siehe eingehender 2. Teil, 3. Abschnitt, B. II.

zialen Grundrechte daher die Frage, inwieweit positives Handeln geboten ist. Wenn Lübbe-Wolff jetzt davon ausgeht, durch die einfachrechtliche Norm des Sozialhilferechts werde in diesem Bereich die Normalebene des Verhaltens angehoben, so daß ein Unterlassen geschuldet sei, das Unterlassen des Vorenthaltens der Leistung, so übersieht dies, daß einfaches Recht nicht über den Umfang der Prüfung eines Grundrechts entscheidet. Auch das einfache Recht ist an den Grundrechten zu messen. Weiter stellt sich die Frage, in welches Grundrecht nach Lübbe-Wolff eingegriffen werden soll. In Betracht kommt nur Art. 2 Abs. 1 GG als allgemeines Freiheitsrecht, da konstituierte Rechtspositionen dem Schutzbereich von Freiheitsrechten angegliedert werden sollen und ein spezielles Freiheitsrecht thematisch nicht einschlägig ist. Wenn jetzt die verfassungsrechtliche Rechtfertigung des Eingriffs durch Vorenthalten der Leistung geprüft wird, ist zu fragen, welche sozialen Leistungen von Verfassungs wegen geschuldet sind. Auch nach Lübbe-Wolffs Theorie ist folglich entscheidend, welche sozialen Leistungen definitiv durch Grundrechte geboten sind. Diese Frage wird durch die sozialen Grundrechte als Leistungsrechte jedoch unmittelbar beantwortet, es fragt sich, worin der Gewinn des Umwegs über die Abwehrrechte liegt. Es ist weniger verwirrend und führt zum gleichen Erfolg, wenn man die Vorenthaltung einer sozialen Leistung als Unterlassen versteht, das Unterlassen der Gewährung der Leistung, auf die ein Anspruch besteht.[68] Im Sinne ihrer ersten, fundamentalen und intuitiv plausiblen Unterscheidung zwischen positivem Handeln und Unterlassen könnte Lübbe-Wolff Unterlassen im Fall des Vorliegens eines definiten verfassungsgemäßen Gegenteils ausnahmsweise für justitiabel erklären. Dieses Unterlassen verlöre jedoch dadurch nicht die Qualität als Unterlassen als Verhaltensform, was auch gar nicht einzusehen ist.

Auch Lübbe-Wolffs Hinweis auf das Strafrecht stützt ihre zweite Definition der Verhaltensformen nicht. Sie macht geltend, die strafrechtlichen Garantenpflichten konstituierten eine rechtliche Normalebene des Verhaltens. Bleibe das Verhalten hinter diesen Anforderungen zurück, erscheine das Unterlassen als positive, zurechenbare Handlung.[69] Doch erstens entscheiden Bestehen und Reichweite einer Garantenpflicht im Strafrecht nicht über die Verhaltensform, sondern über die Frage, ob und inwieweit ein Unterlassen strafbar ist.[70] Zweitens ist eine Garantenpflicht nur bei unechten Unterlassungsdelikten Voraussetzung der Strafbarkeit. Hier ist von vornherein im Tatbestand der Strafnorm nur positives Handeln strafbar. Über § 13 StGB wird gefragt, ob dieser Tatbestand auch durch ein Unterlassen in Garantenstellung, das positivem Handeln gleichzustellen ist, verwirklicht werden kann. Überträgt man dies auf die Grundrechte, so wäre vorausgesetzt, daß Grundrechte von vornherein nur Abwehrrechte gegen grundrechtswidriges positives Handeln sind, Unterlassen diesem nur ausnahmsweise in besonderen Fällen gleichzustellen sei. Dies steht keineswegs fest, vielmehr ist die Frage, ob die Grundrechte neben Unterlassungspflichten auch originäre Handlungspflichten

---

68 Vgl. Schwabe, Der Staat 30 (1991), S. 284, der in „der Verbiegung dieses klaren Befundes zu einer Abwehr staatlichen Tuns (in Form einer Rechtsverletzung) … noch nicht einmal ansatzweise einen Sinn" sieht.
69 Lübbe-Wolff, Die Grundrechte als Eingriffsabwehrrechte, S. 226.
70 Vgl. Scholderer, KJ 22 (1989), S. 369.

statuieren. Die zweite, bestimmtheitsbezogene Unterscheidung der Verhaltensformen kann damit nicht überzeugen.

d) Folgenbeseitigungsansprüche

Weiterhin bereiten grundrechtliche Folgenbeseitigungsansprüche in Lübbe-Wolffs Konzeption Probleme. Wenn ein verfassungswidriger Grundrechtseingriff in ein Abwehrrecht vorgenommen wurde, kann durchaus der Fall eintreten, daß fortbestehende Folgen dieses Eingriffs nur durch positive Wiederherstellungshandlungen beseitigt werden können. Nachdem die Unterlassung des Eingriffs unmöglich geworden ist, sind positive Handlungen zur Herstellung des grundrechtsgemäßen Zustands aus dem verletzten Grundrecht geboten.[71]

Eine Verletzung der grundrechtlichen Pflicht zur Vornahme von Wiederherstellungshandlungen besteht in der Nichtvornahme dieser Handlungen. Nach der fundamentalen Unterscheidung der Verhaltensformen liegt Unterlassen vor. Nach der bestimmtheitsbezogenen Unterscheidung der Verhaltensformen gilt dies gleichermaßen. Zwar besteht eine Rechtspflicht zum Handeln aus dem Grundrecht. Der Staat kann jedoch unter verschiedenen Wiederherstellungshandlungen frei wählen, welche er vornimmt. Ein definites verfassungsgemäßes Gegenteil existiert nicht. Auch eine einfachrechtliche grundrechtsschützende Norm, die die justitiabilitätshemmende Komplexität beseitige,[72] existiert nicht. Die Nichtvornahme von Wiederherstellungshandlungen besitzt damit kein definites verfassungsgemäßes Gegenteil, ist also als Unterlassen anzusehen. Unterlassen kann aber nach Auffassung von Lübbe-Wolff niemals einen Grundrechtseingriff darstellen,[73] ist daher nur schwach beziehungsweise nicht justitiabel.[74] Ihre Konzeption vernachlässigt somit den grundrechtlichen Folgenbeseitigungsanspruch.[75] Indem der Staat den justitiablen Unterlassungsanspruch verletzt, wird ein nicht justitiabler Zustand geschaffen. Eine Konzeption, die in diesem Sinne rechtswidriges Handeln des Staates nicht effektiv sanktioniert, kann nicht überzeugen.

e) Grundrechtsschutz einfachgesetzlich konstituierter Rechtspositionen

Gleich nachdem Lübbe-Wolff die Relevanz der Unterscheidung von positivem Handeln und Unterlassen eingeführt hat, weist sie auf den bereits erwähnten „Sonderbereich" hin, in dem diese Unterscheidung von Tun und Unterlassen (im Sinne der fundamenta-

---

71 Papier in Maunz/Dürig, Art. 34 GG, Rn 62 ff.; Schoch, VerwArch 79 (1988), S. 34 ff.; Schwabe, Probleme der Grundrechtsdogmatik, S. 198; Stern, Das Staatsrecht der Bundesrepublik Deutschland, Bd. 3/1, S. 675 f. mit weiteren Nachweisen. Nach anderer Auffassung wird der Folgenbeseitigungsanspruch nicht durch die Grundrechte, sondern Art. 20 Abs. 3 GG, § 1004 BGB analog oder sonstiges begründet; vgl. Schoch, VerwArch 79 (1988), S. 15 ff.; Wolff/Bachof/Stober, Verwaltungsrecht, Bd. 2, § 52, Rn 11 ff.; jeweils mit weiteren Nachweisen.
72 Vgl. Lübbe-Wolff, Die Grundrechte als Eingriffsabwehrrechte, S. 145 f.
73 Dies., a.a.O., S. 33.
74 Dies., a.a.O., S. 39, vgl. auch S. 101.
75 Vgl. auch Sachs, NWVBl. 1989, S. 351; Schwabe, Der Staat 30 (1991), S. 283.

len Unterscheidung) keine grundrechtsdogmatische Bedeutung habe, den Bereich des als grundrechtsrelevant erachteten einfachen Rechts.[76]

Lübbe-Wolff geht von grundrechtlichen Verfassungsaufträgen aus, die Schutz vor rechtswidrigen Eingriffen Dritter oder sonstige Rechte auf staatliche Leistungen gewähren.[77] Aufgrund der Interpretationsbedürftigkeit im Hinblck auf Inhalt und Reichweite der nur begrenzt verfassungsrechtlich determinierten Entscheidung über die beste Art der Erfüllung des Auftrages stehe der unzureichenden Auftragserfüllung kein definites verfassungsgemäßes Gegenteil gegenüber. Ein Anspruch auf Erlaß eines grundrechtsdienlichen einfachen Gesetzes sei daher nicht justitiabel.[78] Anders sei dies, wenn der Gesetzgeber ein einfachrechtliches Gesetz, das einem grundrechtlichen Verfassungsauftrag dient, erlassen habe. Die justitiabilitätshemmende Komplexität des Verfassungsauftrags sei beseitigt.[79] Das Unterlassen der Anwendung dieser Norm habe ein definites durch das Recht gebotenes Gegenteil, das Tun des rechtlich Gebotenen.[80]

Im Rahmen des rechtlich Gebotenen ist jedoch zwischen dem grundrechtlich Gebotenen und dem einfachrechtlich Gebotenen zu unterscheiden. Das grundrechtliche Gebot ergibt sich aus dem grundrechtlichen Verfassungsauftrag, das einfachrechtliche Gebot aus dem einfachen Gesetz. Der Erlaß des einfachen Gesetzes führt nicht erstmalig zu einem rechtlichen Gebot, sondern in Erfüllung des grundrechtlichen Gebots tritt neben dieses ein einfachrechtliches Gebot.[81]

Man könnte Lübbe-Wolff so verstehen, daß zwar nicht erstmalig durch den Erlaß des einfachrechtlichen Gesetzes ein rechtliches Gebot entsteht, aber erstmalig ein rechtliches Gebot hinreichender Bestimmtheit. Doch erstens können auch im Bereich des einfachen Rechts erhebliche Bestimmtheitsprobleme auftreten. Zweitens, und dies ist der wichtigere Punkt, beeinflußt die Bestimmtheit des einfachrechtlich Gebotenen nicht die Bestimmtheit des grundrechtlich Gebotenen. Wird ein grundrechtsrelevantes einfaches Gesetz erlassen, ist es gem. Art. 1 Abs. 3 GG an den Grundrechten zu messen. Im Rahmen der Überprüfung der Verfassungsmäßigkeit dieses Gesetzes kann das Problem auftreten, daß der Bindungsmaßstab, das Grundrecht, unbestimmt ist. Entweder lassen sich diese Probleme ausräumen, dann kann eine Verletzung gegebenenfalls festgestellt werden. Oder die Probleme lassen sich nicht ausräumen, die Feststellung einer Grundrechtsverletzung ist dann nicht möglich. In allen Fällen bleibt jedoch die Bestimmtheit des grundrechtlichen Gebots unverändert. Lübbe-Wolff vermag die abweichende grundrechtliche Behandlung einfachgesetzlich konstituierter Rechtspositionen nicht schlüssig zu begründen.

Auch die Folgen ihrer Theorie des Grundrechtsschutzes konstituierter Rechtspositionen sind nicht zu akzeptieren. Der gesamte Bereich staatlicher Leistungspflichten wäre ohne Tätigwerden des parlamentarischen Gesetzgebers nicht justitiabel. Grundrechtli-

---

76 Lübbe-Wolff, Die Grundrechte als Eingriffsabwehrrechte, S. 42.
77 Dies., a.a.O., S. 112, 119, 127, 136, 138 f., 143, 145 ff., 225, 227.
78 Dies., a.a.O., S. 145 f.
79 Dies., a.a.O., S. 146.
80 Dies., a.a.O., S. 42, 123 f.
81 Vgl. Pieroth, AöR 115 (1990), S. 518.

che Verfassungsaufträge und Gesetzgebungspflichten müssen gem. Art. 1 Abs. 3 GG für den Gesetzgeber auch gerade dann verbindlich und gerichtlich einklagbar sein, wenn der Gesetzgeber nicht gehandelt hat.[82] Aber auch wenn der Gesetzgeber gehandelt hat, wird nach der Konstruktion Lübbe-Wolffs nur der erreichte Standard gegen nachteilige Änderung oder Nicht- und Falschanwendung geschützt, eine Ausdehnung der einfachrechtlichen Rechtspositionen gegen den Gesetzgeber soll nicht justitiabel sein. Im Bereich grundrechtlicher Leistungsansprüche gewährt sie lediglich ein „Rückschrittsabwehrrecht".[83]

Da nach ihrer Auffassung im gesamten Bereich staatlicher Leistungen der Grundrechtsschutz nach dem Eingriffs-Schranken-Schema von vorherigem Verhalten des Gesetzgebers abhängig ist, handelt es sich um eine **radikale Ausgestaltungstheorie im Bereich staatlicher Leistungen**. Der Grundgedanke der Grundrechte besteht jedoch darin, daß diese derart wichtige Positionen sind, daß ihre Gewährung oder Nichtgewährung nicht der einfachen parlamentarischen Mehrheit überlassen werden kann.[84] Nicht zuletzt diesem entscheidenden Grundgedanken werden die Grundrechte im Leistungsbereich nach der Konzeption Lübbe-Wolffs nicht gerecht.

II. Zur Möglichkeit außentheoretischer Modelle im Leistungsbereich

Mit der Theorie Lübbe-Wolffs wurde soeben die am meisten elaborierte Variante der Auffassung, die Schrankentheorie der Grundrechte sei von der staatlich geschuldeten Verhaltensform abhängig, zurückgewiesen. Daß diese wichtige Variante dieser Auffassung abzulehnen ist, legt zwar nahe, daß die Auffassung insgesamt falsch ist, beweist dies aber nicht in einem strengen Sinne. Vor allem bleibt das Bedenken, grundrechtliche Handlungspflichten des Staates seien inhaltlich zu unbestimmt, als daß sie verfassungsgerichtlich justitiabel sein könnten,[85] im Raum stehen. Wenn sich dieses Bedenken bewahrheiten sollte, könnten subjektive grundrechtliche Leistungsrechte nur in den Ausnahmekonstellationen in Betracht kommen, in denen ausnahmsweise der Anspruchsgegenstand hinreichend bestimmt ist. Die Annahme grundsätzlich weitreichender prima facie-Rechte, die durch kollidierende verfassungsrechtliche Rechte und Güter eingeschränkt werden, läge dann eher fern. Für Einschränkungen bliebe kaum sinnvoller Raum. Man könnte dann weiter fragen, wo letztlich überhaupt der Unterschied zu einer innentheoretischen Konstruktion liegen soll, bei der der endgültige Inhalt von vornherein feststeht.

---

82 Ebenso Scholderer, KJ 22 (1989), S. 369.
83 Ders., a.a.O.
84 Vgl. Alexy, Theorie der Grundrechte, S. 406; ders., Der Staat 29 (1990), S. 68.
85 Vgl. nur Breuer, Festgabe BVerwG, S. 93; Böckenförde, Die sozialen Grundrechte, S. 151 f.; Dürig in Maunz/Dürig, Art. 1 Abs. 3 GG (Erstbearbeitung), Rn 95; Forsthoff, VVDStRL 12 (1954), S. 20; K. Hesse, Grundzüge des Verfassungsrechts[20], Rn 289; Lübbe-Wolff, Die Grundrechte als Eingriffsabwehrrechte, S. 145; Martens, VVDStRL 30 (1972), S. 33 f.; Murswiek, HbStR V, § 112, Rn 93; von Mutius, VerwArch 64 (1973), S. 192 f.; Stern, Das Staatsrecht der Bundesrepublik Deutschland, Bd. 3/1, S. 695; Wahl/Masing, JZ 1990, S. 558.

Die allgemeine These, mangels hinreichender Bestimmtheit seien grundrechtliche Handlungspflichten des Staates nicht justitiabel, kann letztlich nur durch ein Modell widerlegt werden, das den Einwand mangelnder Bestimmtheit ausräumt. Ein derartiges Modell soll im folgenden skizziert werden.[86] Dabei wird sich zeigen, daß zwar die Bestimmtheitsprobleme bei grundrechtlichen Handlungspflichten des Staates in der Tat größer sind als bei grundrechtlichen Unterlassungspflichten, dieser Befund jedoch nur eine graduelle, nicht eine prinzipielle Unterscheidung rechtfertigt. Es gibt eine Reihe von Kriterien, deren Anwendung eine Handlung aus der Vielzahl möglicher Erfüllungshandlungen als definitiv geboten auszeichnet, wenn die Handlungspflicht nicht vollständig beschränkt ist. Die gegenüber grundrechtlichen Unterlassungspflichten des Staates größere Unbestimmtheit beruht auf der regelmäßig erforderlichen Betrachtung einer Vielzahl möglicher Erfüllungshandlungen, der regelmäßig komplexeren Abwägung sowie zu einer zusätzlichen Form zu berücksichtigender Spielräume.

1. Die grundrechtlich prima facie gebotenen Unterlassungen und Handlungen

Der fundamentale strukturtheoretische Unterschied zwischen Unterlassungspflichten (Handlungsverboten) und Handlungspflichten (Handlungsgeboten) besteht darin, daß Unterlassungspflichten nur durch Unterlassung aller Zuwiderhandlungen erfüllt werden, Handlungspflichten hingegen durch Vornahme einer hinreichenden Erfüllungshandlung.[87] Beispielsweise wird das Tötungsverbot nur erfüllt, wenn alle Tötungshandlungen unterlassen werden. Das Gebot der Rettung eines anderen in lebensgefährlicher Situation wird dagegen schon dann erfüllt, wenn eine taugliche Rettungshandlung vorgenommen wird. Damit scheint es nahezuliegen, im Fall von Handlungspflichten sei nicht jede, sondern nur eine Handlung geboten.[88]

a) Die Unterscheidung universeller und existentieller Ge- und Verbote von Handlungen

Bei Ge- und Verboten von Handlungen kann eine universelle und eine existentielle Form unterschieden werden.[89] Entweder sind alle Handlungen, die zum Beispiel ein grundrechtliches Schutzgut beeinträchtigen, verboten, dann liegt ein universelles Handlungsverbot vor. Wenn nur mindestens eine dieser beeinträchtigenden Handlungen ver-

---

86 Dieses Modell soll zunächst nur zeigen, daß ein außentheoretisches Modell grundrechtlicher Leistungsrechte möglich ist. Ob es gegenüber einem innentheoretischen Modell auch vorzugswürdig ist, wird im 2. Teil, 3. Abschnitt, B. I.-III. näher zu erörtern sein.
87 Alexy, Theorie der Grundrechte, S. 420.
88 So Alexy, Der Staat 29 (1990), S. 62; ebenso ders., Theorie der Grundrechte, S. 420 f. mit dem Vorbehalt in Anm. 97, bei diesem Satz handele es sich um eine allgemeinste Formulierung, die weiterer Qualifizierung zugänglich und bedürftig sei. Vgl. weiter Eiberle-Herm, NuR 1990, S. 207; Isensee, HbStR V, § 111, Rn 152; S. König, Drittschutz, S. 214; Sieckmann, Regelmodelle und Prinzipienmodelle des Rechtssystems, S. 39, ders., Rechtstheorie 25 (1994), S. 178.
89 Gleiches gilt für Erlaubnisse. Die universelle Erlaubnis zu zum Beispiel Meinungsäußerungshandlungen führt zur Erlaubnis, alle Meinungsäußerungshandlungen zu vollziehen. Die entsprechende existentielle Erlaubnis führt nur zur Erlaubnis mindestens einer Meinungsäußerungshandlung, Sieckmann, Rechtstheorie 25 (1994), S. 177.

boten ist, handelt es sich um ein existentielles Handlungsverbot. Gleiches gilt für Handlungsgebote. Das Gebot aller Handlungen führt zu universellen Handlungsgeboten, das Gebot mindestens einer Handlung zu existentiellen Handlungsgeboten:

(1) **universelles Handlungsgebot**: Für alle Handlungen einer Klasse ist geboten, daß wenn auf eine Handlung eine bestimmte Beschreibung zutrifft, diese Handlung vollzogen wird.

(2) **universelles Handlungsverbot**: Für alle Handlungen einer Klasse ist geboten, daß wenn auf eine Handlung eine bestimmte Beschreibung zutrifft, diese Handlung nicht vollzogen wird.

(3) **existentielles Handlungsgebot**: Es ist geboten, daß eine Handlung aus einer Klasse von Handlungen vollzogen wird.

(4) **existentielles Handlungsverbot**: Es ist geboten, daß eine Handlung aus einer Klasse von Handlungen nicht vollzogen wird.[90]

---

[90] Notiert man die Beschreibung der Handlung „h" als „B_h" und den Vollzug der Handlung „h" als „V_h", kann dies wie folgt logisch formalisiert werden:
(1) $O\,(h)\,(B_h \rightarrow V_h)$: universelles Handlungsgebot
(2) $O\,(h)\,(B_h \rightarrow \neg V_h)$: universelles Handlungsverbot
(3) $O\,\neg(h)\,\neg(B_h \wedge V_h)$: existentielles Handlungsgebot
(4) $O\,\neg(h)\,\neg(B_h \wedge \neg V_h)$: existentielles Handlungsverbot
„B_h" und „V_h" sind einstellige Prädikate im Sinne der Prädikatenlogik. „$\neg$" ist die Negation, die Verneinung. „$\wedge$" ist die Konjunktion, das logische „und" und „$\rightarrow$" die Implikation oder das Konditional, das logische „wenn, dann". „(h)" schließlich ist der Allquantor, der besagt, das für alle „h" gilt, was rechts von ihm steht. Zur Prädikatenlogik Logik siehe bereits Fn. 65 bei 1. Teil, 2. Abschnitt, 2. a) aa). „O" ist der Gebotsoperator der deontischen Logik, zu dieser siehe ebenda. „B_h" ist zu lesen: Die Handlung „h" erfüllt die Beschreibung „B", „V_h" als: Die Handlung „h" wird vollzogen. „(1) $O\,(h)\,(B_h \rightarrow V_h)$" ist dann zu lesen: Für alle Handlungen ist geboten („$O\,(h)$") daß wenn die Handlung „h" die Beschreibung „B" erfüllt („B_h"), die Handlung „h" vollzogen wird („V_h"). Vgl. zu einer ähnlichen Formalisierung Sieckmann, Regelmodelle und Prinzipienmodelle des Rechtssystems, S. 38; ders., Rechtstheorie 25 (1994), S. 178, mit etwas abweichender Notation.
Was im Fall grundrechtlicher Handlungsge- und -verbote als Handlungsbeschreibung „B" in Betracht kommt, hängt davon, welches Verhältnis zwischen dem grundrechtlichen Prinzip und dem Gegenstand, auf den das Verhalten des Staates sich bezieht, besteht. Dies kann eine Element-Menge-Relation oder eine kausale Ursache-Wirkung-Relation sein, vgl. zu dieser Unterscheidung bereits 1. Teil, 3. Abschnitt, I. 2. a). Im Fall der Element-Menge-Relation realisieren die staatliche Verhalten unmittelbar den Optimierungsgegenstand des grundrechtlichen Prinzips, im Fall der kausalen Relation gilt dies erst für die Folgen des staatlichen Verhaltens.
Es sei lediglich erwähnt, daß es ohne weiteres möglich wäre, nicht nur über Handlungen, sondern zusätzlich über grundrechtliche Prinzipien zu quantifizieren, indem ein zweistelliges Prädikat gebildet wird, „B_{hx}": Der Vollzug der Handlung „h" ist eine Beeinträchtigung des grundrechtlichen Prinzips „x" oder führt zu einer Beeinträchtigung des grundrechtlichen Prinzips „x". Solange das beeinträchtigte grundrechtliche Prinzip innerhalb der Formalisierung konstant bleibt, ist eine Formalisierung mittels einstelliger Prädikate ausreichend. Die zusätzlichen Schwierigkeiten, die beim logischen Schließen mit zweistelligen Prädikaten entstehen (vgl. Quine, Grundzüge, S. 163 ff.), können so vermieden werden. Dies folgt der Regel, daß logische Formalisierungen so kompliziert wie nötig, aber so einfach wie möglich zu halten sind, Alexy, Logische Analyse, S. 198; Koch/Rüßmann, Juristische Begründungslehre, S. 85 Anm. 17; Quine, Grundzüge, S. 239.

b) Grundrechtliche Handlungsverbote

An den Staat adressierte grundrechtliche Handlungsverbote finden sich vor allem bei Abwehrrechten. Hier ist ein grundrechtliches Schutzgut vor jeglicher Beeinträchtigung durch den Staat geschützt, wie zum Beispiel im Fall des Schutzes des Lebens gem. Art. 2 Abs. 2 Satz 1 GG. Ein wirksamer Lebensschutz wird nur erreicht, wenn nicht nur mindestens eine Tötungshandlung dem Staat prima facie verboten ist, sondern ihm alle Tötungshandlungen verboten sind. Grundrechtliche Handlungsverbote sind daher universelle Handlungsverbote entsprechend (2) oben.[91] Existentielle Handlungsverbote entsprechend (4), wie etwa das Verbot bloß einer Tötungshandlung, spielen dagegen als prima facie-Verbote keine Rolle.

c) Grundrechtliche Handlungsgebote

Im Bereich der Handlungsgebote ist die Lage weniger eindeutig. Um die Konstellation des vorgeburtlichen Lebensschutzes zum Beispiel zu nehmen,[92] sei davon ausgegangen, daß der Staat gegenüber dem nasciturus zum Schutz dessen Lebens verpflichtet ist,[93] und ihm vier verschiedene Schutzmittel[94] zur Verfügung stehen. Das erste Mittel M_1 besteht in einer hohen Strafdrohung für Schwangere und Ärzte im Fall von Schwangerschaftsunterbrechungen mit nur engen Ausnahmetatbeständen – bei effektiver Strafverfolgung. Das zweite Mittel M_2 verzichtet völlig auf eine Strafdrohung, sieht dagegen

---

91 Vgl. Alexy, Theorie der Grundrechte, S. 420; Sieckmann, Regelmodelle und Prinzipienmodelle des Rechtssystems, S. 38; ders., Rechtstheorie 25 (1994), S. 178.
92 Vgl. hierzu auch Borowski, JöR 50 (2002), S. 317 ff.
93 BVerfGE 39, 1 (42 ff.); 88, 203 (251 ff.).
94 Die gebotene staatliche Handlung besteht darin, das Mittel zur Förderung des Optimierungsgegenstandes (Lebensschutz) anzuwenden. Insofern korrespondiert jedem gebotenen Mittel eine – wenn auch komplexe, dazu sogleich – gebotene Handlung, die Anwendung dieses Mittels. Bei grundrechtlichen Leistungsrechten, insbesondere Schutzrechten, liegt eine kausale Relation zwischen staatlichem Verhalten und grundrechtlichem Prinzip näher als eine Element-Menge-Relation. Es ist zwar nicht ausgeschlossen zu sagen, der Erlaß einer Strafrechtsrechtsnorm wie § 218 StGB sei Lebensschutz. Der Satz, der Erlaß dieser Norm führe zu Lebensschutz, dürfte das Verhältnis jedoch besser treffen.
Welche staatliche Handlung geboten ist, hängt von den Zweck-Mittel-Verhältnissen ab, also davon, auf welche Weise das Schutzmittel wirksam werden kann. In der Regel bereiten die entsprechenden Feststellungen keine Probleme. Besteht das Schutzmittel in einem tatsächlichen Verhalten, so ist dieses vorzunehmen. Ist die Geltung einer Norm, zum Beispiel einer parlamentsgesetzlichen materiellen Strafrechtsnorm geboten, bestehen die gebotenen Handlungen in den verschiedenen Handlungen, die zum wirksamen Erlaß dieser Norm in der jeweiligen Rechtsordnung und ihrer effektiven Durchsetzung erforderlich sind. Insofern kann die Anwendung eines Schutzmittels den Vollzug eines ganzen Komplexes verschiedener Handlungen voraussetzen. Insoweit stehen unproblematisch schützende H a n d l u n g e n in Frage. Problematisch wird es allerdings, wenn eine Strafrechtsnorm des fraglichen Inhalts bereits gilt. Die Realisierung des Schutzziels verlangt hier – neben den positiven Handlungen zur Durchsetzung der geltenden Norm – eine U n t e r l a s s u n g, nämlich die Unterlassung der Handlungen , die ursächlich dafür werden, daß die fragliche Norm ihre Geltung verliert. Dieser Wechsel der Verhaltensform wird vermieden, wen man das In-Geltung-Halten von Normen (also das Nicht-Abschaffen) als positive Handlung des Gesetzgebers anzusehen ist, vgl. zu dieser Lösung Alexy, Theorie der Grundrechte, S. 436. Näher zum Problem der Unterscheidung von Rechten auf Unterlassen und auf positives Handeln 2. Teil, 2. Abschnitt, I.

ausgesprochen umfangreiche finanzielle und sonstige Förderungsmaßnahmen für Mütter vor. M_3 stellt eine Kombination einer mittleren Strafdrohung mit nennenswerten Ausnahmetatbeständen mit einem mittleren Paket finanzieller und sonstiger Förderung dar. M_4 schließlich verzichtet ebenfalls auf eine Strafdrohung und besteht ausschließlich in einer umfassenden Werbekampagne, in der Vorzüge und Wichtigkeit der Elternschaft herausgestellt werden. Sollten alle vier Mittel „hinreichend" geeignet sein, ungeborenem Leben Schutz vor Abbruchshandlungen zu bieten, erfüllte der Staat seine grundrechtliche Schutzpflicht, wenn er ein beliebiges von ihnen anwendet. Wenn die Pflicht durch Vornahme bloß eines Mittels erfüllt wird, scheint auch nur die Vornahme eines Mittels geboten zu sein. Es liegt dann nahe, grundrechtliche Handlungsgebote von vornherein als existentielle Handlungsgebote zu interpretieren.

Andererseits handelt es sich bei grundrechtlichen Handlungsgeboten um eine besondere Form von Handlungsgeboten. Bei ihnen ist eine Handlung nicht um ihrer selbst willen geboten, sondern weil mit ihrer Vornahme ein Ziel erreicht wird, dessen Erreichung grundrechtlich geboten ist.[95] Grundrechtliche Leistungsrechte muß der Staat daher – soweit ihr effektiver Garantiebereich reicht – erreichen, sie sind positiv absolute Ziele.[96] Grundrechtlich geboten ist primär das zu erreichende Ziel, Handlungen nur, soweit sie diesem Ziel dienen.[97] Zwischen dem grundrechtlich vorgegebenen Ziel und den Mitteln, die die Erreichung dieses Ziels fördern, besteht ein teleologisches Verhältnis. Ein teleologischer Schluß weist folgende Struktur auf:[98]

(1) Das Erreichen oder Fördern des Ziels „Z" ist geboten.

(2) Wenn das Mittel „M" nicht angewendet wird, wird das Ziel „Z" nicht erreicht oder sein Erreichen nicht gefördert.

---

95 Dies gilt sinngemäß ebenso für grundrechtliche Handlungsverbote.
96 Man kann zwischen positiv absoluten Zielen, relativen Zielen und negativ absoluten Zielen des Staates unterscheiden. Positiv absolute Ziele müssen verfolgt bzw. erreicht werden, hinsichtlich der relativen ist der Staat ermächtigt, hinsichtlich der negativ absoluten Ziele verboten. Relative Ziele sind die vielen verschiedenen Ziele, die der Gesetzgeber zu verfolgen ermächtigt ist, die er aber nicht verfolgen muß. Ein Beispiel für ein negativ absolutes Ziel wäre die Abschaffung der freiheitlich demokratischen Grundordnung im Sinne von Art. 21 Abs. 2 Satz 1 GG. Diese Unterscheidung gilt grundsätzlich sowohl für individuelle Rechte als auch kollektive Güter. Das ob des verfassungsrechtlichen Gebots der Zielerreichung sagt noch keineswegs alles, im Mittelpunkt der Erörterung grundrechtlicher Leistungsrechte steht regelmäßig die Frage, wie weit ein Handeln definitiv geboten ist.
97 Dies ist insbesondere ein Ergebnis der Diskussion um grundrechtliche Schutzrechte, Dietlein, ZG 10 (1995), S. 140; Fluck, UPR 1990, S. 83; G. Hermes, Grundrecht auf Schutz, S. 261; E. Klein, NJW 1989, S. 1638; Murswiek, UPR 1986, S. 378; Pietrzak, JuS 1994, S. 752; Wahl/Masing, JZ 1990, S. 558. In diesem Sinne auch BVerfGE 88, 203 (254): „Die Verfassung gibt den Schutz als Ziel vor, nicht aber seine Ausgestaltung im einzelnen."
98 Zu teleologischen Schlüssen vgl. Koch/Rüßmann, Juristische Begründungslehre, S. 216; Alexy, Theorie der Juristischen Argumentation, S. 292, 297; ders., Logische Analyse, S. 210 f.; Sieckmann, Regelmodelle und Prinzipienmodelle des Rechtssystems, S. 166; ders., Rechtstheorie 25 (1994), S. 187. Diese Schlußform ist nur dann logisch gültig, wenn die zusätzliche normative Prämisse vorausgesetzt wird, daß von dem Gebotensein eines Zieles auf die Gebotenheit der notwendigen Bedingungen der Zielverwirklichung zu schließen ist, vgl. Koch/Rüßmann, Juristische Begründungslehre, S. 216; Alexy, Theorie der Juristischen Argumentation, S. 292.

(3) Die Anwendung des Mittels „M" ist geboten.

Diese teleologische Struktur entspricht der Struktur von Prinzipien, die prima facie alles gebieten, was den Optimierungsgegenstand des Prinzips ganz oder teilweise realisiert. Folglich gebieten sie grundsätzlich alle Handlungen, die die Realisierung des Optimierungsgegenstandes fördern.[99]

Dies heißt selbstverständlich nicht, daß der Staat letztendlich verpflichtet ist, alle möglichen Förderungshandlungen auch tatsächlich vorzunehmen – es handelt sich ja um Verhaltensalternativen. Bei grundrechtlichen Handlungsgeboten ist der Staat letztlich definitiv entweder zu keiner oder nur zu einer Handlung verpflichtet. In der Phase der Erwägung, in der das Abwägungsmaterial zunächst aufbereitet wird, darf jedoch keine mögliche Erfüllungshandlung vorschnell ausgeschlossen werden. Denn was von vornherein ausgeschlossen wird, kann keinen Eingang mehr in Abwägungen finden. Und eine Abwägung ist erforderlich, weil die alternativen Förderungshandlungen jeweils unterschiedlich stark fördern und unterschiedlich stark verschiedene andere verfassungsrechtliche Rechte und Güter beeinträchtigen.[100]

Dies kann am oben verwendeten Beispiel des Schutzes des ungeborenen Lebens veranschaulicht werden. Dieses Beispiel ist nicht zuletzt deswegen besonders geeignet, weil die beiden Entscheidungen des Bundesverfassungsgerichts zur Verfassungsmäßigkeit der Abtreibungsregelungen[101] die Diskussion um grundrechtliche Schutzrechte in besonderem Maße angeregt und geprägt haben. Andererseits wird die Diskussion um Abtreibungsregelungen in gesteigertem Maße durch weltanschauliche und religiöse Grundüberzeugungen bestimmt. Mit dem folgenden Beispiel soll keine inhaltliche Stellungnahme abgegeben werden. Im Laufe der weiteren Erörterung werden Annahmen zum Effektivitätsgrad und zur Eingriffsintensität von Schutzmitteln getroffen, die in einer inhaltlichen Diskussion durchaus kontrovers beurteilt werden könnten. Das Beispiel hat in diesem Rahmen jedoch allein den Zweck, die Struktur grundrechtlicher Handlungsgebote zu illustrieren.

---

99 Sieckmann, Regelmodelle und Prinzipienmodelle des Rechtssystems, S. 79, 167; ders., Rechtstheorie 25 (1994), S. 183.

100 Steht von vornherein fest, daß zwei Förderungshandlungen die Realisierung des Optimierungsgegenstandes des Prinzips gleich stark fördern und andere verfassungsrechtliche Rechte und Güter gleich stark beeinträchtigen, kann der Staat von vornherein ohne Abwägung wählen, welche Förderungshandlung er vollzieht – die Handlungen liegen in seinem Mittelwahlspielraum, siehe 1. Teil, 2. Abschnitt, III. 4. a) cc). Daß zwei Förderungshandlungen sich in ihren Auswirkungen derart exakt gleichen, wird kaum vorkommen. In vielen Fällen wird man zumindest streiten können, ob zwei Handlungen derart gleiche Auswirkungen haben. Durch Verknüpfung des Mittelwahlspielraums mit dem Abwägungsspielraum und dem Erkenntnisspielraum kann sich der Mittelwahlspielraum deutlich erweitern, die Größe dieser beiden letzteren Spielraumarten allerdings ist in Abwägungen zu ermitteln. Die praktische Bedeutung der abwägungsfreien Bestimmung, ob zwei Förderungshandlungen gleich zu beurteilen sind, ist daher sehr begrenzt. Nur wenn zwei Förderungshandlungen genau die gleichen Auswirkungen haben oder jedenfalls diese Einschätzung sicher innerhalb des Spielraums des Gesetzgebers liegt, kann auf eine eingehendere Abwägung der materiellen und formellen Prinzipien im Hinblick auf diese beiden Handlungen verzichtet werden. Dies wird ein seltener Ausnahmefall sein.

101 BVerfGE 39, 1 ff.; 88, 203 ff.

Verfassungsrechtliches Prinzip[102] ist der Schutz ungeborenen Lebens, auch vor Schwangerschaftsabbrüchen. Die vier Mittel M_1-M_4[103] fördern die Realisierung des Optimierungsgegenstandes, des Schutzes ungeborenen Lebens, in unterschiedlich hohem Maße. Zudem beeinträchtigen die vier Mittel die Realisierung verschiedener kollidierender Prinzipien in unterschiedlich hohem Maße. Im folgenden sei zu Zwecken dieser Illustration unterstellt:

M_1 führt zu einem hohen Maß an Lebensschutz. Die hohe Strafdrohung für alle, die an Schwangerschaftsunterbrechungen beteiligt sind, und eine wirksame Strafverfolgung bewirken einen sehr starken Rückgang der Schwangerschaftsabbrüche. Allerdings wird intensiv in die Grundrechtspositionen von Schwangeren und Ärzten eingegriffen. Die grundrechtliche Position der Schwangeren[104] verlangt prima facie eine Erlaubnis der Abbruchshandlung, dennoch wird sie strafrechtlich verboten.

M_2 führt zu einem mittleren bis hohen Maß an Lebensschutz von Ungeborenen. Die umfassende finanzielle und sonstige Förderung wirkt zwar auch schützend, aber nicht ganz in dem Maß wie die hohe Strafdrohung. Da die erheblichen finanziellen Mittel, die dieses Paket erfordert, vom Staat erbracht werden müssen, entsteht eine starke Belastung für den Staatshaushalt.[105] Aufgrund bereits hoher Steuerbelastung und knappem Staatshaushalt ist die Belastungsintensität mittel.

---

102 Dies wird hier zunächst vorausgesetzt, um die Konsequenzen für die Normstruktur beurteilen zu können. Ob grundrechtliche Schutzrechte durch verfassungsrechtliche Prinzipien gewährt werden, wird später genauer zu untersuchen sein, 2. Teil, 3. Abschnitt, B. I.

103 M_1-M_4 stellen insofern nur eine kleine Auswahl dar, die zu Zwecken der Veranschaulichung gebildet wurde. Alle Maßnahmen, die unmittelbar oder mittelbar die Entscheidung zu einem Schwangerschaftsabbruch oder die Durchführung eines Abbruchs beeinträchtigen, wären in die Betrachtung einzubeziehen. Dies scheint auf eine Pflicht zu einer Erwägung einer schier unendlichen Zahl von Mitteln hinauszulaufen. Grundsätzlich ist dies nicht falsch. Die Rechtsanwendung wird dadurch jedoch erheblich vereinfacht, daß aus praktischen Gründen nur Schutzmittel ernsthaft zu erwägen sind, die eine bestimmte Mindestintensität an Schutz gewähren, siehe 2. Teil, 3. Abschnitt, B. I. 4. d). Dies bedeutet aber nicht, daß die anderen nicht theoretisch prima facie geboten sind. Eine weitere Komplikation ergibt sich daraus, daß auch Kombinationen einer beliebigen Zahl von Mitteln wiederum als ein eigenes Mittel zu behandeln sind, soweit sie sich nicht ausnahmsweise tatsächlich ausschließen.

104 Gegen das strafrechtliche Verbot von Abbruchshandlungen sprechen nach Ansicht des Bundesverfassungsgerichts die Menschenwürde der Schwangeren aus Art. 1 Abs. 1 GG, ihr Recht auf Leben und körperliche Unversehrtheit gem. Art. 2 Abs. 2 GG und ihr Persönlichkeitsrecht gem. Art. 2 Abs. 1 GG, BVerfGE 88, 203 (254).

105 Anstatt als kollidierendes Prinzip das kollektive Gut der finanziellen Leistungsfähigkeit des Staates anzusehen, kann statt dessen oder zusätzlich auf das grundrechtliche Interesse des einzelnen abgestellt werden, nicht mit Zahlungspflichten belegt zu werden. Höhere Staatsausgaben bedingen eine höhere Steuerlast. Die Auferlegung von Zahlungspflichten, insbesondere Steuern, kann die allgemeine Handlungsfreiheit aus Art. 2 Abs. 1 GG verletzen (BVerfGE 9, 3 (11); 19, 206 (215 f.); 19, 253 (257); 21, 1 (3); 31, 145 (173); 42, 223 (227); 42, 374 (385); 44, 59 (69); 44, 216 (223 f.); 48, 102 (114 ff.); 87, 153 (169)), stellt also einen Grundrechtseingriff dar. Bis vor kurzem stellte das Bundesverfassungsgericht in ständiger Rechtsprechung lediglich im Fall erdrosselnder Steuern auf Art. 14 GG ab, zuletzt BVerfGE 87, 153 (169). Dies schien in der Entscheidung zur Vermögenssteuer erheblich ausgeweitet zu werden: Die Vermögenssteuer „greift in die in der Verfügungsgewalt und Nutzungsbefugnis über ein Vermögen angelegte allgemeine Handlungsfreiheit (Art. 2 Abs. 1 GG) gerade in deren Ausprägung als persönliche Entfaltung im vermögensrechtlichen Bereich ein (Art. 14 GG)" (BVerfGE 93, 121 (137)). Vgl. hierzu diss. vote Böckenförde, BVerfGE 93, 149

M_3 führt insgesamt nur zu einem mittleren Maß an Schutz. Eine mittlere Strafdrohung mit nennenswerten Ausnahmetatbeständen führt nicht zu einer sehr wirkungsvollen Abschreckung. Ein mittleres Förderungspaket stellt keine ausreichende Kompensation der Belastungen dar, die durch eine Schwangerschaft und Mutterschaft verursacht werden. Allerdings werden die gegenläufigen verfassungsrechtlichen Interessen auch nur in geringerem Maße beeinträchtigt, so daß insgesamt einem mittleren Maß der Gewährung von Lebensschutz eine geringe bis mittlere Beeinträchtigung der gegenläufigen Interessen gegenübersteht.

M_4, die umfassende Werbekampagne zugunsten der Vorzüge und Wichtigkeit der Elternschaft, ist zwar absolut gesehen sicher nicht billig, verlangt im Verhältnis zu finanziellen Förderungspaketen zugunsten von Müttern, wie in M_2 und M_3 vorgesehen, doch ausgesprochen geringe finanzielle Mittel. Der Staatshaushalt wird nur gering belastet. Allerdings ist das Maß an erreichtem Lebensschutz auch recht gering, da die persönliche Entscheidung einer Schwangeren für oder gegen Abbruchshandlungen von bloßer Werbung kaum beeinflußt wird.

Nun könnte man davon ausgehen, ein Prinzip gebote vor der erforderlichen Abwägung mit anderen Prinzipien lediglich eine Handlung. Prinzipien stellten in diesem Fall existentielle Handlungsgebote dar. Für die Auswahl der Handlung, die allein prima facie geboten wäre, böten sich zwei verschiedene Kriterien an: (1) die maximale Erfüllung des Optimierungsgegenstandes des Prinzips[106] oder (2) die minimale Beeinträchtigung gegenläufiger Rechte und Güter.[107] Zur Ermittlung des allein prima facie gebotenen Mittels wären alle Mittel daraufhin zu untersuchen, welches von ihnen (1) die höchste Förderungsintensität hinsichtlich des grundrechtlichen Prinzips beziehungsweise (2) die geringste Beeinträchtigungsintensität hinsichtlich kollidierender Rechte und Güter aufweist.

Wendet man das Kriterium (1) an, so ist lediglich M_1 prima facie geboten. Die Anwendung dieses Mittels führt zum höchsten Maß an Förderung des grundrechtlichen Prinzips, Lebensschutz für ungeborenes Leben. Allerdings wird die erforderliche Ab-

---

(153 ff.). Dies wurde alsbald dahingehend klargestellt, daß die alten Linien nicht verlassen werden sollten, vgl. BVerfGE 95, 267 (300).

106 Vgl. Sieckmann, Rechtstheorie 25 (1994), S. 183.

107 Beide Kriterien dürfen, da sie vor der Abwägung angewandt werden sollen, keine Abwägung voraussetzen. Dies trifft auch zu. Zunächst sind die Handlungen bzw. Schutzmittel danach zu klassifizieren, ob sie die Realisierung des Optimierungsziels fördern. Zum klassifikatorischen oder qualitativen Begriff Koch/Rüßmann, Juristische Begründungslehre, S. 76; Stegmüller, Probleme und Resultate, Bd. 2, 2. Halbbd., S. 19 ff. Innerhalb dieser Teilklasse der Handlungen ist eine komparative oder ordinale Ordnung zu bilden, vgl. hierzu bereits 1. Teil, 2. Abschnitt, II. 2. a) bb) ccc) (1). Der zugrundeliegende komparative Begriff besteht im Fall des Kriteriums (1) in der Förderung des Optimierungsgegenstandes, im Fall von (2) in der Beeinträchtigung gegenläufiger Rechtspositionen. Eine Abwägung würde dagegen die Festsetzung eines Austauschverhältnisses zwischen der Förderung des Schutzes und der Beeinträchtigung der gegenläufigen Rechtspositionen verlangen. Kriterium (1) berücksichtigt gegenläufige Rechtspositionen nicht. Kriterium (2) berücksichtigt zwar sowohl die Förderung als auch die Beeinträchtigungsintensität. Entscheidend ist jedoch nur, ob eine Handlung in die Teilklasse der Förderungshandlungen fällt. Unerheblich ist, in welchem Maße sie fördert. Ist die Klassifikation hinsichtlich des „Ob" der Förderung gefallen, erfolgt eine ordinale Ordnung der Handlungen nach der Beeinträchtigungsintensität.

wägung mit der Rechtsposition der Schwangeren ergeben, daß dieses Mittel aufgrund der sehr intensiven Grundrechtseingriffe nicht verhältnismäßig im engeren Sinne ist, also verfassungsrechtlich nicht definitiv geboten. Das grundrechtliche Schutzrecht des nasciturus ist im Hinblick auf dieses Schutzmittel insofern materiell beschränkt. Weitere Schutzmittel wären nicht einmal prima facie geboten. Eine Möglichkeit, Schutzmittel zu berücksichtigen, die zwar ein geringeres Maß an Schutz gewähren, bei denen sich aber, wie bei M_2 und M_3, ergibt, daß sich das Prinzip des Lebensschutzes in einer Abwägung mit der gegenläufigen Rechten und Gütern durchsetzt, besteht nicht. Da die wirksamsten Mittel in der Regel auch die stärksten nachteiligen Folgen haben, würde dieser Fall oftmals eintreten. Obwohl praktikable Mittel ergriffen werden könnten, bei denen eine Abwägung ergäbe, daß sich der Lebensschutz durchsetzt, würden diese ohne Abwägung von vornherein außer Betracht bleiben. Grundrechtliche Handlungsgebote liefen bei dieser Deutung weitgehend leer.

Ähnliches gilt für das Kriterium (2). Dessen Anwendung führt zu einem prima facie-Gebot lediglich von M_4. Doch auch die Anwendung dieses Mittel ist nicht verfassungsrechtlich definitiv geboten, da der geringen Beeinträchtigung gegenläufiger Rechte und Güter lediglich eine noch geringer wiegende Förderung des Schutzes ungeborenen Lebens ergibt. Auch hier sind weitere Abwägungen in den Fällen der vielversprechenden Mittel wie M_2 und M_3 folglich nicht möglich, da auch im Fall des Kriteriums (2) diese Mittel nicht einmal prima facie geboten wären.

Dies alles macht deutlich: In der Phase der Erwägung darf daher grundsätzlich kein Schutzmittel beziehungsweise keine Förderungshandlung ohne eine Abwägung aus der Betrachtung ausgeschlossen werden. Um die eine, von grundrechtlichen Prinzipien möglicherweise definitiv gebotene Förderungshandlung in einer Abwägung ermitteln zu können, müssen alle fördernden Mittel in eine Abwägung eingestellt werden können.[108] Dies ist nur dann möglich, wenn jede fördernde Handlung prinzipiell geboten ist. In diesem Sinne sind grundrechtliche Prinzipien universelle prima facie-Gebote von Handlungen.[109]

---

108 Im Rahmen der Untersuchung der einzelnen Grundrechtsfunktionen wird noch zu erörtern sein, ob im Sinne einer engen Tatbestandstheorie bei grundrechtlichen Leistungsrechten nur Förderungshandlungen prima facie geboten sind, die ein besonderes Kriterium erfüllen. In Betracht kommt insbesondere ein Intensitätskriterium, bezogen auf die Intensität der Förderung des leistungsgrundrechtlichen Prinzips. Das Kriterium der qualifizierten Förderung führt jedoch ebenso wie das Kriterium der bloßen Förderung zu einem universellen Handlungsgebot, lediglich die Handlungsbeschreibung verändert sich.
109 Ein weiteres Argument für die Interpretation von Prinzipien als universellen Handlungsgeboten ergibt sich aus der Analyse der logischen Beziehungen von Prinzipien, die in eine Abwägung einzustellen sind, und möglichen Ergebnissen dieser Abwägung. Im Gegensatz zu entscheidungstheoretischen und teleologischen Ansätzen erklärt die Annahme universeller Handlungsgebote die Begründungsrelation zwischen Prinzipien und den sie teilweise realisierenden Handlungen, Sieckmann, Rechtstheorie 25 (1994), S. 185 ff. Weiterhin entsteht der normenlogische Vorteil, daß universelle Handlungsverbote und universelle Handlungsgebote untereinander interdefinierbar sind, für universelle Handlungsverbote und existentielle Handlungsgebote gilt dies dagegen nicht, Sieckmann, Regelmodelle und Prinzipienmodelle des Rechtssystems, S. 38 f. Eine Interdefinierbarkeit von Handlungsgeboten und -verboten erleichtert eine bruchlose logische Rekonstruktion des Rechtssystems. Darüber hinaus entsteht die Möglichkeit, grundrechtliche Handlungsverbote und -gebote in einer

d) Die Unterscheidung von Abwägungs- und Handlungsstufe

Damit scheint aber ein Widerspruch zu entstehen. Um alle Mittel abwägen zu können, die das grundrechtliche Prinzip fördern, ist eine Interpretation als universelle Handlungsgebote erforderlich. Andererseits scheinen universelle Handlungsgebote nicht erfüllbar, denn die tatsächliche Vornahme aller alternativen fördernden Handlungen ist tatsächlich und rechtlich unmöglich.

Dieser scheinbare Widerspruch läßt sich auflösen, indem zwischen **Abwägungsstufe** und **Handlungsstufe** der Rechtsanwendung unterschieden wird.[110] Auf der Abwägungsstufe werden grundrechtliche Prinzipien angewendet. Das leistungsgrundrechtliche Prinzip wird gegen kollidierende Prinzipien abgewogen. Mit Hilfe von Abwägungen wird ermittelt, ob eine Förderungshandlung vollzogen werden muß, und welche. Auf dieser Abwägungsstufe ist, wie bereits dargelegt, von universellen Handlungsgeboten auszugehen, da anderenfalls nicht die erforderlichen Abwägungen vorgenommen werden können. Auf der Handlungsstufe der Rechtsanwendung dagegen wird das Ergebnis der Abwägungsstufe angewandt. Das Ergebnis der Abwägungsstufe besteht darin, daß entweder keine Handlung definitiv geboten ist, oder daß eine Handlung definitiv geboten ist. Auf dieser Stufe besteht damit im Fall der vollständigen Beschränkung kein definitives Handlungsgebot, anderenfalls ein definitives Gebot nur einer Handlung.

2. Das Untermaßverbot als Mittel zur Bestimmung des definitiv Gebotenen

Jetzt könnte man entgegnen, das justitiabilitätshemmende Problem der Bestimmtheit des rechtlich Gebotenen im Fall grundrechtlicher Handlungsgebote werde damit nur verschoben. Zwar sei jede Handlung, die die Realisierung des Optimierungsgegenstandes eines grundrechtlichen Prinzips fördert, prima facie geboten. Unklar und im höchsten Maße unbestimmt sei jedoch, welche Handlung definitiv geboten sei. Die mangelnde Justitiabilität staatlicher Handlungspflichten ergäbe sich nicht aus der Unbestimmtheit des rechtlich prima facie Gebotenen, aber aus der Unbestimmtheit des rechtlich definitiv Gebotenen. Das rechtlich definitiv Gebotene bildet den effektiven Garantiebereich eines grundrechtlichen Leistungsrechts im weiteren Sinne, also die entscheidende Antwort auf die Frage nach dem im konkreten Fall grundrechtlich Gesollten.

Die Bestimmung des definitiv Gebotenen bei grundrechtlichen Leistungsrechten (bei denen staatliche Handlungspflichten in Rede stehen) erfolgt durch das **Untermaßverbot** als Ausprägung des Grundsatzes der Verhältnismäßigkeit im weiteren Sinne. Das

---

Formulierung zusammenzufassen: Grundrechtlich geboten ist jedes staatliche Verhalten (positives Handeln oder Unterlassen), das die Optimierungsgegenstände grundrechtlicher Prinzipien realisiert.

110 Zur Unterscheidung von Abwägungsstufe und Handlungsstufe Sieckmann, Regelmodelle und Prinzipienmodelle des Rechtssystems, S. 83 ff.; ders., Rechtstheorie 25 (1994), S. 183 ff.; vgl. die Unterscheidung von „deliberative stage" und „executive stage" bei Joseph Raz, Raz, Concept of a Legal System, S. 214. Die Unterscheidung dieser beiden Stufen der Rechtsanwendung erfolgt hier bei der Diskussion von grundrechtlichen Handlungsgeboten. Sie läßt sich gleichermaßen bei grundrechtlichen Handlungsverboten treffen. Eine Interpretation der Abwehrrechte als universelle prinzipielle Handlungsverbote wird jedoch nicht bezweifelt.

Untermaßverbot bei staatlichen Handlungspflichten stellt das strukturelle Gegenstück zum Übermaßverbot bei staatlichen Unterlassungspflichten dar. Es empfiehlt sich daher, das in der grundrechtsdogmatischen Diskussion mit vielen Unklarheiten behaftete Untermaßverbot systematisch als strukturell korrekte Umkehrung des Übermaßverbots zu entwickeln. Dazu ist zunächst das Übermaßverbot in den Blick zu nehmen.

a) Das Übermaßverbot

Der Grundsatz[111] der Verhältnismäßigkeit im weiteren Sinne, dessen bekannteste Ausprägung das Übermaßverbot ist, hat wohl wie kein anderer Rechtsgrundsatz in den letzten Jahrzehnten in Deutschland wie auch supra-[112] und international[113] breite Anerkennung gefunden.[114] Zur Begründung des Grundsatzes der Verhältnismäßigkeit im Grundgesetz gibt es vor allem[115] zwei Ansätze. Erstens wird er unter Hinweis auf das Rechtsstaatsprinzip gem. Art. 20 Abs. 3 GG begründet.[116] Zweitens soll die Normstruk-

---

111 Unter anderem wird der Grundsatz der Verhältnismäßigkeit auch als „Verhältnismäßigkeitsprinzip" und ähnlich bezeichnet. Derartige Ausdrücke werden nicht im Sinne des Begriffs des Prinzips im Sinne der Unterscheidung von Regeln und Prinzipien verwendet. Das „Prinzip" der Verhältnismäßigkeit ist danach eine Regel, Alexy, Theorie der Grundrechte, S. 100 Anm. 84. Vgl. hierzu auch Clérico, Die Struktur der Verhältnismäßigkeit, S. 20 f. mit weiteren Nachweisen.
112 Zum Grundsatz der Verhältnismäßigkeit im Europäischen Gemeinschaftsrecht siehe statt vieler Emmerich-Fritsche, Der Grundsatz der Verhältnismäßigkeit als Direktive und Schranke der EG-Rechtsetzung, S. 96 ff.; Schwab, Der Europäische Gerichtshof und der Verhältnismäßigkeitsgrundsatz, S. 43 ff.; Stieglitz, Allgemeine Lehren im Grundrechtsverständnis nach der EMRK und der Grundrechtsjudikatur des EuGH, S. 138 ff.; Streinz in Streinz, Art. 5 EGV, Rn 45 ff.; Herdegen, Europarecht[7], § 9, Rn 19; § 16, Rn 20 f.; jeweils mit weiteren Nachweisen.
113 Zum Grundsatz der Verhältnismäßigkeit bei der Anwendung der Rechte der Europäischen Menschenrechtskonvention siehe insbesondere Grabenwarter, Europäische Menschenrechtskonvention, § 18, Rn 14 ff.; Frowein in Frowein/Peukert[2], Vorb. zu Art. 8-11 EMRK, Rn 14 ff.; Villiger, Handbuch der Europäischen Menschenrechtskonvention, Rn 539 ff.; Stieglitz, Allgemeine Lehren im Grundrechtsverständnis nach der EMRK und der Grundrechtsjudikatur des EuGH, S. 83 ff.; zur Methode der Abwägung des Europäischen Gerichtshofs für Menschenrechte Greer, Cambridge Law Journal 63 (2004), S. 412 ff.
114 Nachweise zur Entwicklung des Gedankens der Verhältnismäßigkeit bei Jestaedt, Grundrechtsentfaltung im Gesetz, S. 242 Anm. 150.
115 Als weitere Begründungsansätze werden häufig der allgemeine Gleichheitssatz gem. Art. 3 Abs. 1 GG (vor allem Wittig, DÖV 1968, S. 821 f.) und die Wesengehaltsgarantie des Art. 19 Abs. 2 GG (insbesondere Kraus, Der Grundsatz der Verhältnismäßigkeit, S. 47 f.; Zippelius, DVBl. 1956, S. 354; Dürig, AöR 81 (1956), S. 146 f.; Lerche, Übermaß und Verfassungsrecht, S. 34 f.) genannt. Zu diesen und weiteren Begründungsansätzen statt vieler Jakobs, Der Grundsatz der Verhältnismäßigkeit, S. 27 ff; Clérico, Die Struktur der Verhältnismäßigkeit, S. 19 f.; jeweils mit weiteren Nachweisen. Da der Grundsatz der Verhältnismäßigkeit notwendig Anwendung finden muß, wenn Normen mit Prinzipienstruktur kollidieren, ist er notwendig auch im Staatsorganisationsrecht anwendbar, wenn Prinzipien des Staatsorganisationsrechts kollidieren. Dies wird in der Interpretation von Art. 72 Abs. 2 GG (vgl. Calliess, DÖV 1997, S. 895) ebenso gesehen wie im Gemeinschaftsrecht mit Art. 5 Abs. 3 EGV (Kahl in Streinz, Art. 5 EGV, Rn 45 ff.). Zum Grundsatz der Verhältnismäßigkeit im deutschen Staatsorganisationsrecht siehe Heusch, Der Grundsatz der Verhältnismäßigkeit im Staatsorganisationsrecht, S. 47 ff. mit weiteren Nachweisen.
116 BVerfGE 17, 306 (313 f.); 23, 127 (133 f.); 27, 1 (8); 30, 250 (263); 35, 382 (400); 38, 348 (368); 49, 24 (58); 61, 126 (134); 69, 1 (35); 76, 256 (359); 80, 109 (120); 92, 277 (325); BSGE 59, 276 (278); Bleckmann, Staatsrecht I, S. 25; Grabitz, AöR 98 (1973), S. 584 ff.; Haverkate, Rechtsfragen

tur der Grundrechte strukturell eine Prüfung des Grundsatzes der Verhältnismäßigkeit erforderlich machen.[117] Dieser zweite Ansatz deckt sich mit der prinzipientheoretischen Rekonstruktion der Grundrechte insofern, als die Anwendung von Prinzipien notwendig die Anwendung des Grundsatzes der Verhältnismäßigkeit erfordert. Der Grundsatz der Verhältnismäßigkeit im weiteren Sinne folgt logisch aus dem Prinzipiencharakter der Grundrechte, und umgekehrt.[118] Im Bereich der Grundrechte liefert der erste Ansatz einen zusätzlichen Begründungsstrang,[119] fügt dem Anwendungsbereich, der sich aus dem zweiten Ansatz ergibt, aber nichts hinzu. Da nach der Begründung aus dem Rechtsstaatsprinzip das gesamte Handeln des Staates unter dem Vorbehalt der Verhältnismäßigkeit steht, wird deutlich, daß auch jenseits der Grundrechtsdogmatik im öffentlichen Recht die Abwägung von Prinzipien entscheidende Bedeutung besitzt.

Die Anwendung des Grundsatzes der Verhältnismäßigkeit bei staatlichen Unterlassungspflichten ist im Grundsatz unbestritten. Staatliche Unterlassungspflichten stehen in aller Regel in Frage, wenn der einzelne Abwehrrechte im klassischen Sinne gegen den Staat geltend macht.[120] Der Grundsatz der Verhältnismäßigkeit im weiteren Sinne in Form des Übermaßverbots weist drei Teilgrundsätze[121] auf, den Grundsatz der Geeignetheit, den Grundsatz der Erforderlichkeit und den Grundsatz der Verhältnismäßigkeit im engeren Sinne.

aa) *Der Grundsatz der Geeignetheit*

Eine staatliche Maßnahme ist dann geeignet, wenn der Einsatz des Mittels dazu führt, daß ein legitimer Zweck erreicht oder wenigstens gefördert wird.[122]

aaa) *Legitimes Ziel*

Das staatlicherseits verfolgte Ziel muß zunächst legitim sein. Dies bedeutet, daß nicht schon die Verfolgung des Ziels an und für sich rechtlich verboten sein darf, so daß es

---

des Leistungsstaates, S. 14; Herzog in Maunz/Dürig, Art. 20 GG, VII., Rn 72; Stern, Festschrift Lerche, S. 173 ff.; Schlink, Festschrift BVerfG II, Bd. 2, S. 448.

117 Der Verhältnismäßigkeitsgrundsatz ergebe sich bereits aus „Wesen der Grundrechte", BVerfGE 19, 342 (348 f.); 61, 126 (134); 65, 1 (44); 76, 1 (50 f.); 77, 308 (334); Dechsling, Verhältnismäßigkeitsgebot, S. 83 ff.; Hirschberg, Grundsatz, S. 213 ff.; Huster, Rechte und Ziele, S. 97 ff.; ders., JZ 1994, S. 543; Jakobs, Grundsatz, S. 42 ff.; ders., DVBl. 1985, S. 99; Schmidt-Aßmann, HbStR II³, § 26, Rn 87; Schnapp in von Münch/Kunig⁵, Art. 20 GG, Rn 32; Starck in von Mangoldt/Klein/Starck⁵, Art. 2 Abs. 1 GG, Rn 30 f.; Schlink, Festschrift BVerfG II, Bd. 2, S. 448; von Arnauld, Die Freiheitsrechte und ihre Schranken, S. 223. Vgl. auch ders., JZ 2000, S. 279.
118 Siehe 1. Teil, 2. Abschnitt, II. 2. d).
119 Alexy, Theorie der Grundrechte, S. 103 f.; vgl. auch Schlink, Festschrift BVerfG II, Bd. 2, S. 448.
120 Ausnahmsweise können Abwehrrechte auch grundrechtliche Handlungspflichten des Staates begründen, etwa im Fall des grundrechtlichen Folgenbeseitigungsanspruchs, siehe 2. Teil, 2. Abschnitt, I. 2.
121 Teilweise wird eine vierstufige Prüfung vorgenommen. Dann wird vor der Anwendung der drei Teilgrundsätze gefragt, ob mit der staatlichen Maßnahme ein legitimer Zweck verfolgt wird. Dies kann aber ohne weiteres – wie auch hier – innerhalb der Prüfung der Geeignetheit geschehen.
122 Vgl. BVerfGE 30, 292 (316); 33, 171 (187); 67, 157 (173); 90, 145 (172); 96, 10 (23); aus der Literatur statt vieler Michael, JuS 2001, S. 149, 656.

auf weitere Betrachtungen über positive und negative Auswirkungen des angewandten Mittels gar nicht mehr ankäme. Grenzen für die Legitimität staatlicher Ziele[123] werden durch die Verfassung gezogen, indem die Auslegung von Verfassungsbestimmungen ausnahmsweise schon ein Ziel an und für sich als verboten auszeichnet. Als Beispiel kann ein Gesetz zur Abschaffung der freiheitlich-demokratischen Grundordnung im Sinne von Art. 21 Abs. 2 Satz 1 GG dienen. Systematisch gesehen sind derart nicht legitime Ziele negativ absolute Ziele. Diesen können die positiv absoluten Ziele gegenübergestellt werden, deren Verfolgung dem Staat geboten ist, etwa durch objektive Staatszielbestimmungen oder grundrechtliche Leistungsrechte. Zwischen diesen Polen liegen die relativen Ziele,[124] zu deren Verfolgung der Gesetzgeber bloß ermächtigt ist.[125] Ob und wieweit er von dieser Ermächtigung Gebrauch macht, obliegt seiner politischen Entscheidung.[126] Positiv absolute Ziele und relative Ziele sind gleichermaßen legitime Ziele im Sinne des Grundsatzes der Geeignetheit.

bbb) *Förderung des legitimen Ziels durch das eingesetzte Mittel*

Die Geeignetheit verlangt nicht notwendig, daß das gesetzgeberische Ziel vollständig erreicht würde, vielmehr reicht eine Förderung der Erreichung des Zieles aus. In diesem Sinne wird, wenn auch begrifflich etwas mißverständlich,[127] die Teileignung der Volleignung gegenübergestellt.[128] In den Worten des Bundesverfassungsgerichts kommt es mit Blick auf das staatlicherseits eingesetzte Mittel darauf an, ob „mit seiner Hilfe der gewünschte Erfolg gefördert werden kann".[129] Dieses in der Rechtsprechung entwickelte Kriterium folgt analytisch aus dem Optimierungscharakter von Prinzipien.[130]

---

123 Da im grundrechtsdogmatischen Kontext schon wegen des Gesetzesvorbehaltes die Verhältnismäßigkeitsprüfung von Gesetzen im Vordergrund steht, werden die Ausführungen in erster Linie auf den Gesetzgeber bezogen. Sie gelten mutatis mutandis auch für die Verhältnismäßigkeitsprüfung exekutiver oder judikativer Akte.
124 Zur Unterscheidung negativ absoluter, positiv absoluter und relativer Ziele siehe bereits Fn. 96 bei 2. Teil, 1. Abschnitt, II. 1. c).
125 Vgl. die Ausführungen des Bundesverfassungsgerichts im Beschluß zur Handwerksordnung im Rahmen der Prüfung der Drei-Stufen-Theorie zu Art. 12 GG: „Schutzwürdig sind hier nicht nur ‚absolute', d.h. allgemein anerkannte und von der jeweiligen Politik des Gemeinwesens unabhängige Gemeinschaftswerte (wie z. B. die Volksgesundheit). Der Gesetzgeber kann auch Gemeinschaftsinteressen zum Anlaß von Berufsregelungen nehmen, die ihm nicht in diesem Sinne ‚vorgegeben' sind, die sich vielmehr erst aus seinen besonderen wirtschafts-, sozial- und gesellschaftspolitischen Vorstellungen und Zielen ergeben, die er also erst selbst in den Rang wichtiger Gemeinschaftsinteressen erhebt", BVerfGE 13, 97 (107).
126 Dies führt zum Zwecksetzungsspielraum, siehe 1. Teil, 2. Abschnitt, III. 4. a) aa).
127 Dies ist mißverständlich, weil die „Teileignung" in diesem Sinne die Voraussetzungen des Grundsatzes der Geeignetheit vollständig erfüllt.
128 Vgl. beispielsweise Stern, Das Staatsrecht der Bundesrepublik Deutschland, Bd. 3/1, S. 776.
129 BVerfGE 30, 292 (316); 33, 171 (187); 39, 210 (230); 40, 196 (222); 63, 88 (115); 67, 157 (173); 70, 278 (286); 77, 84 (108); 78, 38 (50); 81, 156 (192); 96, 10 (23).
130 Um dies zu illustrieren: An einem Grundrechtsfall sind die Prinzipien P_1 und P_2 beteiligt. Der Staat wendet das Mittel A an, um die Realisierung von P_1 zu fördern. Wenn die Anwendung von A nun aber nicht dazu führt, daß die Realisierung von P_1 gefördert wird, wird A von P_1 nicht verlangt. Für P_1 ist es also gleich, ob A angewandt wird oder nicht. Beeinträchtigt A auf der anderen Seite die Realisierung von P_2, dann ist A durch P_2 unter dem Aspekt der Optimierung relativ auf die tatsächli-

bb) *Der Grundsatz der Erforderlichkeit*

Eine Maßnahme ist nicht erforderlich, wenn das Ziel der staatlichen Maßnahme durch ein anderes, gleich wirksames Mittel erreicht werden kann, das das betreffende Grundrecht nicht oder weniger fühlbar einschränkt.[131] Dies entspricht der Pareto-Optimalität als einer der Minimalbedingungen rationalen Handelns[132] und läßt sich ebenfalls aus der Optimierungsnatur von Prinzipien begründen.[133]

Häufig sind bei gleicher Erreichung des gesetzgeberischen Zwecks weniger intensive Grundrechtseingriffe möglich, wenn der Staat in großer Höhe finanzielle Mittel aufwendet oder in Grundrechte anderer eingreift. Derartige gegenüber dem zu überprüfenden Eingriff zusätzliche Belastungen führen dazu, daß kein Alternativmittel im Sinne der Erforderlichkeit vorliegt.[134] Die Erforderlichkeit wird aus der objektiven Perspektive

---

chen Möglichkeiten verboten, womit der Grundsatz der Geeignetheit aus dem Prinzipiencharakter folgt. Vgl. hierzu Alexy, Theorie der Grundrechte, S. 103; ders., Der Staat 29 (1990), S. 54; ders., Idee und Struktur eines vernünftigen Rechtssystems, S. 42.

131 BVerfGE 40, 196 (223); 53, 135 (145 f.); 67, 157 (177); 68, 193 (219); 77, 84 (109); 90, 145 (172); aus der Literatur statt vieler Michael, JuS 2001, S. 149, 656 f.

132 Das Kriterium der Pareto-Optimalität geht zurück auf Vilfredo Pareto. Ein sozialer Zustand ist pareto-optimal, wenn er nicht in einen anderen Zustand überführt werden kann, in dem es mindestens einem Individuum besser und keinem Individuum schlechter geht, Pareto, Manuel d'Economie Politique, S. 354, 617 f. (engl. Ausg. S. 261, 451 f.). Zur Rekonstruktion des Grundsatzes der Erforderlichkeit im Sinne der Pareto-Optimalität Alexy, Theorie der Grundrechte, S. 149 Anm. 222; ders., Rechtsregeln und Rechtsprinzipien, S. 27; ders., Individuelle Rechte und kollektive Güter, S. 68; Dechsling, Verhältnismäßigkeitsgebot, S. 51 ff.; Schlink, Abwägung, S. 181 ff.; Sieckmann, Regelmodelle und Prinzipienmodelle des Rechtssystems, S. 224 f.; ders., Homo oeconomicus 10 (1993), S. 469.

133 Die einfachste Konstellation der Erforderlichkeitsprüfung liegt vor, wenn nur der Staat und ein privates Individuum sowie nur zwei kollidierende Prinzipien beteiligt sind (die Deduktion ist auch bei komplizierteren Konstellationen möglich, ist dann aber komplexer). Angenommen, der Staat begründet die Verfolgung eines Zweckes anhand von A_1 mit dem Prinzip P_1. Die Mittel A_1 und A_2 sind gleich gut geeignet, den Zweck herbeizuführen oder zu fördern. A_2 beeinträchtigt weniger intensiv oder gar nicht die Realisierung dessen, was P_2 fordert. Dann ist es zwar im Hinblick auf P_1 neutral, ob A_1 oder A_2 gewählt wird, nicht aber im Hinblick auf P_2. Relativ auf die tatsächlichen Möglichkeiten wird P_2 bei der Wahl von A_2 in höherem Maße erfüllt werden als bei der Wahl von A_1. Gelten sowohl P_1 als auch P_2 rechtlich, ist nur A_2 geboten und A_1 verboten. Vgl. Alexy, Theorie der Grundrechte, S. 102; ders., Der Staat 29 (1990), S. 54; ders., Idee und Struktur eines vernünftigen Rechtssystems, S. 42.

134 Nach der Formel des Bundesverfassungsgerichts im Arbeitnehmerüberlassungsbeschluß „kann der Einzelne im Blick auf Gemeinschaftsbezogenheit und Gemeinschaftsgebundenheit (vgl. BVerfGE 65, 1 [44] mit weiteren Nachweisen) doch nicht erwarten, daß zur Vermeidung grundrechtsbeschränkender Maßnahmen mit dem Ziel der Bewältigung sozialer Mißstände die nur begrenzt verfügbaren öffentlichen Mittel über das vernünftigerweise von der Gesellschaft erwartbare Maß hinaus zum Ausbau der für die Bekämpfung dieser Mißstände zuständigen Behörde verwendet werden" (BVerfGE 77, 84 (110 f.)). Ein Alternativmittel im Sinne der Erforderlichkeit liegt nach dieser Formel nicht vor, wenn es mit unzumutbar höheren finanziellen Aufwendungen seitens des Staates verbunden ist. In inhaltlicher Hinsicht stellt drängt sich die Frage auf, was unzumutbar ist, also mit welchen Kriterien und in welchem Verfahren die Zumutbarkeit bestimmt wird. Weiterhin hat das Gericht offengelassen, ob im Falle der Zumutbarkeit finanzieller Aufwendungen des Staates von einem Alternativmittel im technischen Sinne der Erforderlichkeit auszugehen ist.
Rainer Dechsling hat vorgeschlagen, das Erforderlichkeitsgebot (zusätzlich zur Pareto-Optimalität, vgl. Dechsling, Verhältnismäßigkeitsgebot, S. 68 Anm. 287) im Sinne eines modifizierten Kaldor-

des Staates bestimmt. Je mehr das betreffende Grundrecht aber durch das Selbstverständnis der Grundrechtsträger geprägt wird,[135] desto näher liegt es, vom subjektiven Standpunkt des Grundrechtsträgers aus „Austauschmittel" zuzulassen.[136]

cc) *Der Grundsatz der Verhältnismäßigkeit im engeren Sinne*

Der Grundsatz der Verhältnismäßigkeit im engeren Sinne verlangt eine Abwägung zwischen der Schwere des Grundrechtseingriffs und dem Gewicht der ihn rechtfertigenden Gründe.[137] Das Gewicht des Grundrechts und der kollidierenden Grundrechte und Güter

---

Hicks-Kriteriums zu rekonstruieren. Das wohlfahrtsökonomische Kaldor-Hicks-Kriterium besagt, daß eine Entscheidung, durch die mindestens ein Mitglied der Gesellschaft bevorzugt und ein Mitglied der Gesellschaft benachteiligt wird, durchgeführt werden soll, wenn es möglich ist, aus dem Gewinn der Begünstigten den Nachteil der Benachteiligten zu kompensieren (Dechsling, Verhältnismäßigkeitsgebot, S. 68; vgl. weiter Huster, Rechte und Ziele, S. 433 ff.; Sieckmann, Homo oeconomicus 10 (1993), S. 471). Ist bei gleicher Zielerreichung ein Alternativmittel mit einem weniger intensiven Grundrechtseingriff, aber höheren Kosten verbunden, so wird eine Abwägung erforderlich (vgl. Dechsling, Verhältnismäßigkeitsgebot, S. 68; ähnlich Gentz, NJW 1968, S. 1604; Jakobs, Grundsatz, S. 72; von Arnauld, Die Freiheitsrechte und ihre Schranken, S. 239 ff.). In dieser Abwägung ist ein Austauschverhältnis zwischen der Reduktion der Eingriffsintensität und der Höhe der finanziellen Aufwendungen für den konkreten Fall festzulegen: Rechtfertigt die Reduktion der Eingriffsintensität die Höhe der erforderlichen finanziellen Aufwendungen? Wenn ja, liegt ein zu berücksichtigendes Alternativmittel vor – wenn nein, nicht. Daß in derartigen Fällen eine Abwägung erforderlich ist, kann nur schwer bestritten werden. Fraglich ist aber, ob dies ein Problem der Erforderlichkeit oder nicht vielmehr der Verhältnismäßigkeit im engeren Sinne darstellt. Gegen eine Berücksichtigung im Rahmen der Erforderlichkeit spricht, daß ein Austauschverhältnis zwischen Reduktion der Eingriffsintensität und den höheren Kosten festgelegt werden muß. Dies ist kennzeichnend für die Verhältnismäßigkeit im engeren Sinne, während bei der Erforderlichkeit nur Erreichung des gesetzgeberischen Zwecks und Eingriffsintensität jeweils in eine Reihenordnung zu bringen sind. Eine Abwägung im Rahmen der Erforderlichkeit hätte zur Folge, daß vor der Verhältnismäßigkeit im engeren Sinne komplexe Wertungsfragen zu erörtern wären. Dies widerspricht dem Zweck der Prüfung von Eignung und Erforderlichkeit, in einer ebenso einfach handhabbaren wie intersubjektiv überzeugenden Beurteilung die interne Zweckrationalität der Handlungen des Staates zu erörtern. Abwägungen sind damit dem letzten Teilgrundsatz der Verhältnismäßigkeit vorbehalten. Belastet ein Alternativmittel Dritte oder die Allgemeinheit in einer Hinsicht stärker als das tatsächlich staatlicherseits gewählte Mittel, kommt eine Kompensation im Rahmen der Erforderlichkeit nicht in Betracht (vgl. Jarass in Jarass/Pieroth[8], Art. 20 GG, Rn 85).

135 Borowski, Der Grundrechtsschutz des religiösen Selbstverständnisses, S. 49 f.; ders., Die Glaubens- und Gewissensfreiheit des Grundgesetzes, S. 251 f.
136 Ders., Die Glaubens- und Gewissensfreiheit des Grundgesetzes, S. 546 f.
137 BVerfGE 30, 292 (316); 67, 157 (178); 68, 193 (219); 81, 70 (92); 90, 145 (173); aus der Literatur statt vieler Michael, JuS 2001, S. 149 f., 657 ff.
Bernhard Schlink hat vorgeschlagen, die Verhältnismäßigkeit nicht als Abwägung, sondern als einseitige Prüfung einer Mindestposition zu rekonstruieren, Schlink, Abwägung im Verfassungsrecht, S. 76 ff. Diese Mindestposition sei „starr" und „auf jeden Fall vor Eingriffen" zu schützen, ders., a.a.O., S. 78, womit die Mindestposition strukturell mit dem Wesensgehalt im Sinne der absoluten Wesensgehaltsgarantie zu vergleichen ist, zu letzterer siehe 2. Teil, 3. Abschnitt, A. II. 2. c). Seine Auffassung ist aus den gleichen Gründen wie jene zurückzuweisen. Soweit Schlink zur Stützung seiner Theorie zahlreiche Entscheidungen des Bundesverfassungsgerichts anführt, in denen Grundrechtsfälle angeblich abwägungsfrei entschieden wurden (ders., a.a.O., S. 17 ff.), begegnet dies erheblichen Zweifeln, ebenso Dechsling, Verhältnismäßigkeitsgebot, S. 14 und Schwabe, Probleme der Grundrechtsdogmatik, S. 323 Anm. 45. Darüber hinaus kann er seinen Standpunkt nicht konsequent durchhalten. Er begründet den Verzicht auf Abwägung mit dem vermeintlichen Fehlen ratio-

im konkreten Fall sind zu ermitteln und einander gegenüberzustellen. In der Abwägung ist auch die Sicherheit der Erkenntnis der Prämissen, die den Eingriff in das Grundrecht oder die rechtfertigende Kraft der kollidierenden Rechte und Güter begründen, zu berücksichtigen, worauf das zweite Abwägungsgesetz[138] ebenso hinweist wie der Versuch der formalen Erfassung der Abwägung in der „Gewichtsformel".[139] Bei selbstverständnisgeprägten Grundrechten, insbesondere bei der Glaubens- und Gewissensfreiheit,[140] ist zudem das Selbstverständnis des Grundrechtsträgers in der Abwägung zu berücksichtigen. Weiter stellt sich die Frage, ob es dem Gegenstand der Rechtswissenschaft oder den Erkenntnismöglichkeiten desselben angemessen ist, innerhalb der Abwägung infinitesimal, also unendlich fein, zu skalieren, oder nicht vielmehr eine limitierte Skalierung etwa nach der Triade „leicht, mittel, schwer" das Mögliche ausschöpft.[141] Diese Abwägung im Sinne des dritten Teilgrundsatzes der Verhältnismäßigkeit im weiteren Sinne entspricht in der Struktur insgesamt der Abwägung, die zur Lösung von Prinzipienkollisionen erforderlich ist, [142] auf die einschlägigen Passagen sei daher verwiesen.[143] Es sei zudem darauf hingewiesen, daß die Begründung der Gewichtung in der Abwägung einen Gegenstand der juristischen Methode bildet, auf die Notwendigkeit der Verbindung von einerseits der Prinzipientheorie als Strukturtheorie und andererseits einer adäquaten Theorie der juristischen Argumentation wurde bereits hingewiesen.[144]

Diesem dritten Teilgrundsatz entspricht die Relativierung der Optimierung des Optimierungsgegenstandes von Prinzipien auf die rechtlichen Möglichkeiten. Nachdem bereits gezeigt wurde, daß die Relativierung auf die tatsächlichen Möglichkeiten dem ersten und zweiten Teilgrundsatz entspricht,[145] ergibt sich, daß der Grundsatz der Verhältnismäßigkeit insgesamt logisch aus dem Prinzipiencharakter von Normen folgt. Wer eine Norm in eine Verhältnismäßigkeitsprüfung und damit auch Abwägung einstellt, setzt damit ihre Prinzipiennatur voraus.[146]

---

naler und intersubjektiv verbindlicher Maßstäbe, siehe hierzu Schlink, Abwägung im Verfassungsrecht, S. 134 ff.; ders., EuGRZ 1984, S. 462; ders., Festschrift BVerfG II, Bd. 2, S. 462; Pieroth/Schlink, Grundrechte – Staatsrecht II[21], Rn 293. Diese radikale Abwägungsskepsis kann schon für sich nicht überzeugen, vgl. 1. Teil, 2. Abschnitt, III. 3., vgl. auch Borowski, Die Glaubens- und Gewissensfreiheit des Grundgesetzes, S. 209 f. Zu Mindestpositionstheorien vgl. ders., a.a.O., S. 217 ff. Weiter ist Schlink entgegenzuhalten, daß er im Rahmen der Prüfung der Erforderlichkeit die abgelehnte Abwägung – und zwar verdeckt – vornimmt, in diesem Sinne auch Hirschberg, Grundsatz, S. 175.
138 Zum zweiten Abwägungsgesetz siehe 1. Teil, 2. Abschnitt, II. 2. a) bb) bbb) (2).
139 Zur Gewichtsformel siehe 1. Teil, 2. Abschnitt, II. 2. a) bb) ddd).
140 Zum Gebot der Selbstverständnisberücksichtigung insbesondere bei der Glaubens- und Gewissensfreiheit gem. Art. 4 Abs. 1, 2 GG siehe Borowski, Die Glaubens- und Gewissensfreiheit des Grundgesetzes, S. 251 ff.
141 Zur Frage der infinitesimalen oder limitierten Skalierbarkeit siehe 1. Teil, 2. Abschnitt, II. 2. a) bb) ccc) (2).
142 Alexy, Theorie der Grundrechte, S. 100 f.; ders., Der Staat 29 (1990), S. 54 f.; ders., Idee und Struktur eines vernünftigen Rechtssystems, S. 42.
143 Siehe 1. Teil, 2. Abschnitt, II. 2. a) bb).
144 Siehe 1. Teil, 2. Abschnitt, III. 3. b).
145 Siehe 2. Teil, 1. Abschnitt, II. 2. a) aa), bb).
146 Alexy, Der Staat 29 (1990), S. 55. Dagegen könnte der Einwand erhoben werden, im Rahmen der Anwendung von Regeln werde häufig der Grundsatz der Verhältnismäßigkeit angewendet. So wurde

b) Das Untermaßverbot

Um zeigen zu können, daß und wie eine Bestimmung des durch grundrechtliche Leistungsrechte definitiv Gebotenen möglich ist, gilt es nun das Untermaßverbot[147] zu entwickeln – die dem Übermaßverbot korrespondierende Erscheinungsform von Verhältnismäßigkeit bei staatlichen Handlungspflichten.

aa) *Entbehrlichkeit des Untermaßverbots?*

Zunächst stellt sich die Frage, ob es einer selbständigen Figur des Übermaßverbots überhaupt bedarf. Die wäre nicht der Fall, wenn in jeder Konstellation das definitiv durch grundrechtliche Leistungsrechte Gebotene ohne „Untermaßverbot" ermittelt werden könnte. Mit der „Kongruenzthese" wird vertreten, das Untermaßverbot als dogmatische Figur lasse sich in jeder Grundrechtsprüfung auf das Übermaßverbot zurückführen.[148] Als Argument für diese Kongruenzthese wird angeführt, daß wenn der Ausgleich zwischen kollidierenden Grundrechten herbeigeführt sei, sich die Grenzen der Verwirklichung des zu schützenden und des beeinträchtigten Grundrechts decken.[149] Damit wird die Dreieckskonstellation in Bezug genommen, die insbesondere bei grundrechtlichen Schutzrechten regelmäßig vorliegt. Hier geht es um die Frage, ob und wieweit der Staat den einen Privaten vor Einwirkungen anderer Privater zu schützen hat. Da die Einwirkungen dieser anderen Privaten in Ausübung grundsätzlich abwehrrechtlich geschützter Freiheit vorgenommen werden, stellt sich jede Schutzgewährung in dieser Dreieckskonstellation als Eingriff in Abwehrrechte dar. Daraus wird nun offenbar zu schließen gesucht, daß eine staatliche Handlung, die durch grundrechtliche Leistungsrechte prima facie geboten ist und keinen gegen das Übermaßverbot verstoßenden Eingriff in Abwehrrechte des einwirkenden Privaten darstellt, durch das Untermaßverbot geboten ist.

---

oben § 5 BAZG als ein Beispiel einer schrankensetzenden Regel genannt. Das Bundesverfassungsgericht prüft zur Feststellung der Verfassungsmäßigkeit dieser Regel den Grundsatz der Verhältnismäßigkeit, BVerfGE 87, 363 (386 ff.). Dieser Einwand ist jedoch unbegründet. Zwar wird der Grundsatz der Verhältnismäßigkeit im Rahmen der Rechtsanwendung geprüft, aber die Regel selbst wird nicht in die Abwägung eingestellt. Die Abwägung findet zwischen dem Regelungsziel des Gesundheitsschutzes und den wirtschaftlichen Folgen einer Produktionsunterbrechung statt (BVerfGE 87, 363 (387 ff.), die als Prinzipien die bestmögliche Realisierung ihres Optimierungsziels, eben den Regelungszielen, gebieten. Grundsätzlich, in nicht problematischen Fällen, erfolgt die Anwendung einer Regel durch Subsumtion, unter Anwendung der traditionellen canones der Auslegung. Nur wenn in problematischen Fällen die Verfassungsmäßigkeit der Regel zu erörtern ist, wird die Festsetzung durch die Regel anhand einer Abwägung grundrechtlicher Prinzipien überprüft. Diese Überprüfung stellt eine Anwendung dieser grundrechtlichen Prinzipien, nicht der überprüften Regel dar.

147 Der Begriff „Untermaßverbot" geht zurück auf Claus-Wilhelm Canaris, ders., AcP 184 (1984), S. 228; ders., JuS 1989, S. 163; ders., Grundrechte und Privatrecht, S 55 ff. et passim. Zum Untermaßverbot vgl. BVerfGE 88, 203 (254 f.); 88, 338 (340) – diss. vote Mahrenholz/Sommer – ; Hain, DVBl. 1993, S. 982 ff.; ders., ZG 11 (1996), S. 75 ff.; Dietlein, ZG 10 (1995), S. 131 ff.; Scherzberg, Grundrechtsschutz, S. 208 ff.; Götz, HbStR III, § 79, Rn 30 f.; Isensee, HbStR V, § 111, Rn 165 f.; Starck, JZ 1993, S. 817.

148 Hain, DVBl. 1993, S. 983; ders., ZG 11 (1996), S. 75; Starck, JZ 1993, S. 817; Stern, Das Staatsrecht der Bundesrepublik Deutschland, Bd. 3/2, S. 813 f.

149 Hain, DVBl. 1993, S. 983; ders., ZG 11 (1996), S. 75.

Richtig daran ist, daß in vielen Fällen – dies gilt vor allem bei grundrechtlichen Schutzrechten – die geschilderte Dreieckskonstellation vorliegt. Allerdings liegt sie keineswegs in allen Fällen vor. Grundrechtliche Schutzrechte schützen nicht nur vor Einwirkungen Privater, sondern auch vor Einwirkungen ausländischer Staatsgewalt.[150] Da diese sich nicht auf Grundrechte berufen kann, gibt es hier gar keine Dreieckskonstellation. Betrachtet man die weiteren Teilklassen grundrechtlicher Leistungsrechte, wie insbesondere die sozialen Grundrechte, besteht der Gegengrund in aller Regel gar nicht in Grundrechten, sondern in kollektiven Gütern. Damit kann die „Kongruenzthese" von vornherein nur einen Teilbereich erfassen.

Das größte Problem besteht jedoch darin, daß die Kongruenzthese Spielräume, insbesondere des Gesetzgebers, vollkommen außer Acht läßt. Berücksichtigt man die gebotenen Spielräume, den Abwägungsspielraum,[151] den Erkenntnisspielraum[152] sowie den nur bei grundrechtlichen Leistungsrechten auftretenden Mittelwahlspielraum,[153] kann der „Ausgleich" im Sinne einen einzigen Punktes nicht allein durch Abwägung der gegenüberstehenden materiellen Prinzipien ermittelt werden, sondern es ist zusätzlich ein formelles Prinzip zu berücksichtigen. Damit gibt es drei Bereiche: einen, in dem sich das Abwehrrecht stets durchsetzt, einen, in dem sich das grundrechtliche Leistungsrecht stets durchsetzt,[154] sowie einen Bereich, indem der Gesetzgeber sich für die eine oder andere Seite entscheiden kann. Schlagwortartig gesagt beginnt der definitive Schutz grundrechtlicher Leistungsrechte nicht dort, wo der von Abwehrrechten aufhört. Dort beginnt vielmehr der Spielraum staatlicher Stellen, insbesondere des Gesetzgebers, und erst wo dieser aufhört, beginnt dann der definitive Schutz grundrechtlicher Leistungsrechte. Eine dogmatische Figur wie die „Kongruenzthese", die nicht in der Lage ist, die in Grundrechtstheorie und Grundrechtsdogmatik wichtigen Spielräume angemessen abzubilden, muß daher von begrenztem Wert bleiben. In jedem Fall kann sie das Untermaßverbot als selbständige dogmatische Figur nicht überflüssig machen.

bb) *Das Untermaßverbot als unmittelbare Umkehrung des Übermaßverbots?*

Verlockend erscheint der Gedanke, das Übermaßverbot einfach unmittelbar strukturell umzukehren. Während der Staat beim Übermaßverbot ein legitimes Ziel verfolgt, zu dessen Erreichen eine Handlung als Mittel geeignet, erforderlich und angemessen sein muß, wäre das korrespondierende Mittel bei grundrechtlichen Handlungsgeboten umgekehrt eine Unterlassung.[155] Zur Illustration dieser unmittelbaren strukturellen Umkehrung des Übermaßverbots kann ein Fall dienen, in dem der Gesetzgeber sich ent-

---

150 2. Teil, 3. Abschnitt, B. I. Entsprechendes gilt für Schutz vor Naturgewalten, wenn man diesen – entgegen der in dieser Untersuchung vertretenen Konzeption – als durch grundrechtliche Schutzrechte garantiert ansieht, vgl. ebenda.
151 1. Teil, 2. Abschnitt, III. 4. a) bb).
152 1. Teil, 2. Abschnitt, III. 4. b).
153 1. Teil, 2. Abschnitt, III. 4. a) cc).
154 Jedenfalls bezogen auf die eine Erfüllungshandlung, die in dieser Argumentation allein betrachtet wird.
155 Vgl. G. Hermes, Grundrecht auf Schutz, S. 253; Robbers, Sicherheit als Menschenrecht, S. 171.

schlossen hat, ein Abwehrrecht eines Privaten zugunsten eines grundrechtlichen Schutzrechts eines anderen Privaten zu beschränken. Um bei dem bisher gewählten Beispiel zu bleiben,[156] wählt der Gesetzgeber zum Schutz des ungeborenen Lebens das Mittel M_1: Schwangerschaftsabbrüche sind für Schwangere und auch Ärzte mit einer hohen Strafdrohung und nur sehr engen Ausnahmetatbeständen bedroht. Wird dieser Fall aus der Perspektive des Trägers des Abwehrrechts erörtert – der Schwangeren –, ergibt sich die folgende Prüfung des Übermaßverbots:

(1) Eignung: Grundrechtliche Schutzinteressen Ungeborener zu erfüllen, ist nicht nur erlaubt, sondern durch Art. 2 Abs. 2 Satz 1 GG sogar verfassungsrechtlich geboten, in jedem Falle ein legitimer Zweck. Eine Strafdrohung im Fall von Schwangerschaftsabbrüchen führt zu höherer Wahrscheinlichkeit, daß Abbruchshandlungen unterbleiben, der staatlicherseits verfolgte Zweck – Schutz des ungeborenen Lebens – wird damit gefördert.

(2) Erforderlichkeit: Gegenüber den Alternativmitteln M_2 bis M_4 hat M_1 zwar den höchsten Grad der Beeinträchtigung von Rechten und Gütern, aber auch das höchste Maß an Förderung des Schutzes ungeborenen Lebens. Ein Alternativmittel mit mindestens gleich hoher Intensität des Schutzes ungeborenen Lebens existiert nicht. M_1 ist folglich erforderlich.

(3) Verhältnismäßigkeit im engeren Sinne: Es sei davon ausgegangen, daß das Gewicht des Eingriffs in die grundrechtliche Rechtsposition der Schwangeren aufgrund der hohen Eingriffsintensität das Gewicht des rechtfertigenden Grundes, des erreichten Maßes an Lebensschutz für nascituri, überwiegt.

Das Übermaßverbot ergibt also, daß die Strafnorm verfassungswidrig und damit nichtig ist. Diese Prüfung könnte man im oben erwähnten Sinne strukturell unmittelbar umkehren und aus der Perspektive des Ungeborenen betrachten. Dabei sei der Fall betrachtet, in dem der Staat den Konflikt zwischen grundrechtlichem Schutzrecht und Abwehrrecht genau andersherum löst, die Strafnorm also bewußt nicht erläßt. Zweck des Unterlassens des Erlasses der Strafnorm ist die bestmögliche Realisierung der abwehrrechtlichen Position der Schwangeren. Als Prüfung würde sich ergeben:

(1) Eignung: Dem einzelnen – also auch schwangeren, abtreibungswilligen Frauen – einen größtmöglichen Freiheitsraum sicherzustellen, ist ein legitimer Zweck. Das Unterlassen des Erlasses einer Strafrechtsnorm führt gegenüber dem Erlaß dieser Norm zu einem größeren Freiheitsraum schwangerer Frauen. In diesem Sinne ist das Unterlassen geeignet.

(2) Erforderlichkeit: Maßgeblich ist, ob es ein milderes Alternativverhalten gibt. Die Schwierigkeiten der unmittelbaren Umkehrung des Übermaßverbots beginnen bei der Frage, was eigentlich alternatives Verhalten zum Unterlassen des Vollzuges einer Handlung darstellt. Alternatives Verhalten zu einem Unterlassen einer Handlung liegt dann

---
156 Siehe 2. Teil, 1. Abschnitt, II. 1. c).

und nur dann vor,[157] wenn diese Handlung vollzogen wird.[158] Der Vollzug dieser Handlung würde im Erlaß der Strafrechtsnorm bestehen, was zu einer Beeinträchtigung der abwehrrechtlichen Position der Schwangeren führte. Das Ziel, diesen Freiheitsraum möglichst groß zu halten, wird nicht mindestens gleich gut erreicht. Das Unterlassen des Erlasses dieser Norm wäre somit erforderlich.[159]

(3) Verhältnismäßigkeit im engeren Sinne: Hier ergeben sich keine besonderen Probleme, die schutzgrundrechtliche Position des nasciturus ist gegen die abwehrrechtliche Position der Schwangeren abzuwägen.

---

157 Auf den ersten Blick könnte man denken, daß das alternative Verhalten erweitert wird, wenn man andere Handlungen mit in den Blick nimmt, neben der Handlung H_1 etwa die Handlung H_2. Zunächst dürfte feststehen, daß man von alternativem Verhalten zum Unterlassen von H_1 sprechen kann, wenn H_1 vollzogen wird. Gegenüber dem Vollzug von H_1 stellt auch der Vollzug von H_2 alternatives Verhalten dar. Dies erweist sich bei näherem Hinsehen jedoch als schlichter Anwendungsfall der erstgenannten Konstellation, denn „Vollzug von H_1" ist eine Kurzformel dafür, daß H_1 vollzogen und H_2 unterlassen wird, für „Vollzug von H_2" gilt dies entsprechend umgekehrt. Schwieriger wird die Sache, wenn man fragt, ob das Unterlassen von H_2 alternatives Verhalten zum Unterlassen von H_1 darstellt. Das Unterlassen von H_2 sagt für sich nichts darüber aus, ob ein Vollzug von H_1 erfolgt oder nicht. Damit liegt offenbar nicht genug Information vor, um von „alternativem Verhalten" zu reden. Dies führt zu einer wichtigen Einsicht: Die Einstufung als alternatives Verhalten setzt eine **vollständige Beschreibung des Verhaltens** voraus, die die Angabe des Vollzugs oder Nichtvollzugs aller möglichen (relevanten) Handlungen enthalten muß. In der einfachsten Konstellation, in der nur zwei mögliche Handlungen betrachtet werden, H_1 und H_2, existieren vier Verhaltensalternativen: (1) Vollzug von H_1 und H_2, (2) Vollzug von H_1, Unterlassen von H_2, (3) Unterlassen von H_1, Vollzug von H_2, (4) Unterlassen von H_1 und H_2. In diesem Beispiel sind 2^2 Kombinationen möglich, im Fall von n möglichen Handlungen 2^n, dies kann sich reduzieren, wenn bestimmte Kombinationen aus tatsächlichen Gründen unmöglich sind. Es ist leicht zu sehen, daß die Zahl der möglichen Kombinationen stark ansteigt, wenn der Vollzug von mehr als zwei Handlungen möglich ist. Schon bei drei möglichen Handlungen – H_1', H_2' und H_3' – existieren $2^3 = 8$ mögliche Kombinationen. Notiert man für den Vollzug „+" und für die Unterlassung „-", ergibt sich: (1) H_1' (+), H_2' (+), H_3' (+); (2) H_1' (+), H_2' (+), H_3' (-); (3) H_1' (+), H_2' (-), H_3' (+); (4) H_1' (+), H_2' (-), H_3' (-); (5) H_1' (-), H_2' (+), H_3' (+); (6) H_1' (-), H_2'(+), H_3' (-); (7) H_1' (-), H_2' (-), H_3' (+); (8) H_1' (-), H_2' (-), H_3' (-). Fragt man nach Alternativen für das Unterlassen von H_1, so fragt man nach alternativem Verhalten für alle Verhaltensmöglichkeiten, die das Unterlassen von H_1 enthalten. Den vier Kombinationen, auf die dies zutrifft, und zwar (5) bis (8), stehen vier Kombinationen gegenüber, denen gemeinsam ist, daß sie alle den Vollzug von H_1 enthalten, nämlich (1) bis (4). Dies kann verallgemeinert werden: **Alle möglichen Alternativen zu einem Verhalten, das das Unterlassen einer Handlung enthält, enthalten den Vollzug genau dieser Handlung.** Insofern besteht die „Alternative" zum Unterlassen des Vollzugs einer Handlung immer nur in der Vornahme dieser Handlung.

158 Dies ist weniger überraschend, als es auf den ersten Blick scheint. Auch bei der Erforderlichkeitsprüfung im Rahmen des Übermaßverbots werden als alternatives Verhalten zu einer Handlung H_1 nur Verhaltensformen erwogen, die das Unterlassen von H_1 enthalten – und zusätzlich den Vollzug der Handlungen H_2 bis H_n, die insgesamt möglicherweise „mildere Mittel" darstellen. Daß alternative Verhaltensformen zu Handeln regelmäßig wesentlich zahlreicher sind als alternative Verhaltensformen zu Unterlassen, folgt aus einer fundamentalen Asymmetrie von Handeln und Unterlassen.

159 Eine Konstellation, in der zwar die Eignung, nicht aber die Erforderlichkeit vorliegt, ist damit kaum vorstellbar. Wenn die Unterlassung einer Handlung die Realisierung eines grundrechtlichen Prinzips fördert, kann die Vornahme der Handlung dessen Realisierung nicht mindestens genausogut fördern, und andere Prinzipien weniger hemmen. In dieser Interpretation des Untermaßverbots geht die Prüfung der Erforderlichkeit damit „ins Leere", vgl. Grimm, Rückkehr zum liberalen Grundrechtsverständnis, S. 236.

Damit zeigt schon die Betrachtung einer einzelnen möglichen Förderungshandlung, daß es zu strukturellen Veränderungen bei der Erforderlichkeitsprüfung kommt. Dieser Unterschied ist aber bei weitem nicht der einzige. Ein weiterer wesentlicher struktureller Unterschied besteht darin, daß es bei der Prüfung des Untermaßverbots nicht eine einzige Verhaltensalternative gibt, mit deren Prüfung man sich von vornherein bescheiden kann.

Im Falle eines Eingriffs in Abwehrrechte, der zur Prüfung des Übermaßverbots führt, existiert mit dem staatlichen Eingriff ein fester Bezugspunkt der Verhältnismäßigkeitsprüfung. Im Rahmen der Erforderlichkeit muß der Blickwinkel zwar ein Stück weit geöffnet werden, wenn nach alternativen, milderen Mitteln gefragt wird, aber der tatsächlich vorgenommene Eingriff bleibt auch hier ein fester Bezugspunkt. Ist der Eingriff in das Abwehrrecht unverhältnismäßig, ist er verfassungswidrig und hat definitiv zu unterbleiben. Der Fall ist endgültig entschieden.

Ganz anders jedoch im Falle des Untermaßverbots. Wenn das Unterlassen einer bestimmten Förderungshandlung für des Schutz des einzelnen dagegen nach Prüfung von Geeignetheit, Erforderlichkeit und Verhältnismäßigkeit im engeren Sinne erlaubt oder geboten ist, sagt dies nichts über andere mögliche Förderungshandlungen aus. Bezogen auf das bisherige Beispiel dürfte sich ergeben, daß der Erlaß der Strafnorm im Sinne von M_1 nicht verhältnismäßig gegenüber den Abwehrrechten der Schwangeren und der Ärzte ist,[160] das Unterlassen des Vollzuges der Gesetzgebungshandlung ist also zumindest erlaubt. Daß weitere Förderungshandlungen, im Beispiel M_2 bis M_4, überhaupt möglich sind und vielleicht auch verhältnismäßig im Hinblick auf die Erfüllung des Schutzzwecks sind, gerät gar nicht in den Blick.

Es mag auf den ersten Blick naheliegen, als archimedischen Punkt den Willen des Gesetzgebers zu nehmen: den vom Gesetzgeber bewußt verfolgten Zweck, um dessen willen die Förderungshandlung unterlassen wurde. Dagegen spricht jedoch die Einsicht, daß Unterlassungen keineswegs nur im Sinne einer Zweck-Mittel-Relation bewußt eingesetzt werden, sondern sie auch vollkommen unbewußt möglich sind.[161] Ob Unterlassungen prima facie grundrechtsgebotener Handlungen bewußt oder unbewußt erfolgen, spielt keine entscheidende Rolle: Grundrechte schützen nicht in erster Linie vor böser Absicht oder nachlässiger Einstellung des Staates, sondern vor objektiver Beeinträchtigung durch den Staat. Grundrechtliche Handlungsgebote, also grundrechtliche Leistungsrechte, schreiben ein Stück weit das Erreichen bestimmter Ziele vor.[162] Im Rahmen der Prüfung grundrechtlicher Handlungsgebote ist nicht in erster Linie entscheidend, ob der Staat illegitime Zwecke, legitime Zwecke zu weit oder gar keine

---

160 Vgl. bereits 2. Teil, 1. Abschnitt, II. 1. c).
161 Daraus muß man allerdings nicht den Schluß ziehen, der Grundsatz der Verhältnismäßigkeit sei bei grundrechtlichen Schutzrechten nicht anwendbar, so aber Robbers, Sicherheit als Menschenrecht, S. 171. Es wird zu zeigen sein, daß im Rahmen des Untermaßverbots die objektiven Relationen der Förderung und Beeinträchtigung ein hinreichendes Fundament für das Untermaßverbot bilden. In diesem Sinne nunmehr auch Cremer, Freiheitsgrundrechte, S. 283.
162 Alexy, Theorie der Grundrechte, S. 404; zu grundrechtlichen Schutzrechten Hain, ZG 11 (1996), S. 78 f.

Zwecke verfolgt hat. Entscheidend ist vielmehr, ob ein grundrechtlich gebotenes Ziel angesichts aller Umstände des Falles hinreichend weit erreicht wurde.

Ein derartig fester Bezugspunkt fehlt beim Untermaßverbot selbst dann, wenn der Staat gehandelt hat. Dieses Handeln kann sich als vollständige Erfüllung herausstellen, wenn das verfassungsrechtlich Gebotene vollständig erreicht wurde, das Leistungsgrundrecht ist dann erfüllt. Das staatliche Handeln kann sich auch als bloße Teilerfüllung oder Schlechterfüllung darstellen. Ob eine Handlung jedoch eine vollständige Erfüllung staatlicher Handlungspflichten oder vielmehr nur eine Teil- oder Schlechterfüllung bildet, kann man erst beurteilen, wenn man weiß, welche Handlung verfassungsrechtlich definitiv geboten ist. Hierfür müssen, ebenso wie bei vollständigem Unterlassen, alle möglichen Erfüllungshandlungen umfassend untersucht werden.[163] Wendet der Staat etwa zum Schutz ungeborenen Lebens M_4 an, die umfassende Werbekampagne zugunsten der Vorzüge und Wichtigkeit der Elternschaft, kann man durchaus die Frage stellen, ob dies nicht zuwenig ist. Es müssen dann auch alle anderen möglichen Mittel, im Beispiel M_1 bis M_3, untersucht werden. Erweist sich, daß eine Teilerfüllung vorliegt, hat dies in erster Linie Bedeutung für die Rechtsfolge.

Es dürfte deutlich geworden sein, daß eine unmittelbare strukturelle Umkehrung des Übermaßverbots daher nicht zu einer angemessenen Formulierung des Untermaßverbots führen kann.

cc) *Die Struktur des Untermaßverbots*

Nachdem simple Lösungen als unzureichend zurückzuweisen waren, gilt es nunmehr die adäquate Struktur des Untermaßverbots zu entwickeln und am bereits eingeführten Beispiel[164] des Schutzes ungeborenen Lebens zu illustrieren. Schlagwortartig gesagt entspricht das Untermaßverbot strukturell dem Übermaßverbot, soweit nicht Unterschiede aus dem zugrundeliegenden Unterschied der Verhaltensformen, positives Handeln oder Unterlassen des Staates, unterschiedliche Strukturen bedingen.

aaa) *Die Notwendigkeit der Berücksichtigung aller möglichen Erfüllungshandlungen*

Es wurde soeben unter bb) hervorgehoben, daß zu den Strukturunterschieden von Übermaßverbot und Untermaßverbot allererst zählt, daß bei der Prüfung des Untermaßverbots regelmäßig mehrere mögliche Erfüllungshandlungen zu untersuchen sind, während die Prüfung des Übermaßverbots allein in der Untersuchung des erfolgten staatlichen Handelns besteht. Ob eine mögliche staatliche Erfüllungshandlung definitiv grundrechtlich geboten ist, kann nicht allein durch Anwendung der drei Teilgrundsätze der Verhältnismäßigkeit auf diese Erfüllungshandlung entschieden werden. Die anderen möglichen Erfüllungshandlungen müssen mit in den Blick genommen werden. Der Grund hierfür liegt in der universellen Natur von grundrechtlichen prima facie-

---

163 Borowski, JöR 50 (2002), S. 319 Anm. 100.
164 2. Teil, 1. Abschnitt, II. 1. c).

Handlungspflichten.[165] Grundrechtliche Handlungspflichten sind Pflichten zu Handlungen, die nicht um ihrer selbst willen, sondern um der Erreichung eines bestimmten Erfolges oder Zieles willen existieren, was in aller Regel auf verschiedene Weise möglich ist. Bevor es zu einer Anwendung der drei Teilgrundsätze der Verhältnismäßigkeit im weiteren Sinne als Kernstück der Prüfung des Untermaßverbots kommen kann, ist daher zunächst zu ermitteln, welche Unterlassungen einen Eingriff in das fragliche grundrechtliche Leistungsrecht darstellen, oder anders gesagt: welche Handlungen technisch als „Förderungshandlungen" in Betracht kommen.

Auf den ersten Blick scheint die Anzahl von in Betracht kommenden Förderungshandlungen kaum überschaubar.[166] Diese kaum überschaubare Vielzahl[167] wird aber dadurch handhabbar, daß dem Rechtsanwender aufgrund intuitiv leicht möglicher Gewichtungen die besonders untersuchenswerten Förderungsmittel erkennbar werden. Wenn die fragliche Problematik bereits öffentlich breit diskutiert wurde – was für die im Beispiel verwendete Abtreibungsproblematik gewiß gilt –, hat der öffentliche Diskurs in aller Regel die erfolgversprechenden Förderungsmittel recht genau herausgearbeitet. Zudem wird eine effiziente dogmatische Bearbeitung von Grundrechtsfällen auch auf der Basis der weiten Tatbestandstheorie gut möglich, wenn man im Sinne einer

---

165 Zu grundrechtlichen prima facie-Handlungsgeboten als universelle Handlungsgebote siehe 2. Teil, 1. Abschnitt, II. 1. c).
166 Weiterhin ist fraglich, wie Förderungshandlungen oder Mittel zu formulieren sind. Es kann sich um eine oder mehrere Handlungen im natürlichen Sinne handeln. Weiter kann man Mittel kombinieren, diese Kombinationen können wiederum als weitere – komplexe – Mittel betrachtet werden. Allerdings wird diese Anzahl der möglichen Kombinationen dadurch verringert, daß nicht alle Handlungen tatsächlich nebeneinander vollzogen werden können. Weiterhin ist bei der weiteren Prüfung derartiger Kombinationsmittel zu berücksichtigen, daß nicht einfach die Förderungsintensität des grundrechtlichen Prinzips und die Beeinträchtigungsintensität hinsichtlich der gegenläufigen verfassungsrechtlichen Rechtsposition, die sich für die „einzelnen" Mittel ergeben, addiert werden können. Durch eine gegenseitige Behinderung oder Verstärkung der Wirksamkeit kann die Förderungsintensität tiefer oder höher liegen als die Summe der beiden einzelnen Förderungsintensitäten. Auch wenn dies nicht der Fall ist, gilt: Je besser ein Optimierungsgegenstand eines Prinzips realisiert wird, desto weniger wichtig wird eine weitere Erfüllung, vgl. Alexy, Theorie der Grundrechte, S. 147. Bei Kombinationsmitteln wiegt der Anstieg der Förderungsintensität nicht so schwer. Andererseits werden die Beeinträchtigungen, wenn sie auf einem relativ geringeren Niveau liegen, in ihrem Gewicht stärker ansteigen, als es dem Ursprungsverhältnis Förderung/Beeinträchtigung entspricht. Tendenziell sinkt bei Kombinationsmitteln daher das Verhältnis von grundrechtlichem Nutzen und grundrechtlichen Kosten. Sofern im folgenden in Beispielen verschiedene Mittel verwendet werden, sei zur Vereinfachung unterstellt, daß die Anwendung jeweils eines Mittels tatsächlich die Anwendung aller anderen ausschließt.
167 Cremer, Freiheitsgrundrechte, S. 278, sieht darin eine Überforderung des Gerichts. Er will nur die Lösungen berücksichtigt sehen, die sich „aufdrängten". Nun ist „aufdrängen" alles andere als ein exaktes Kriterium, als materiell-rechtliches Kriterium dürfte es kaum taugen. Es kann hier einen Platz in den Regeln praktischer Fallbearbeitung finden. Dies entspricht in etwa der Lösung, die in dieser Untersuchung gewählt wird, wenn eine „praktische Grenze" des Tatbestandes grundrechtlicher Schutzrechte eingeführt wird, vgl. 2. Teil, 3. Abschnitt, B. I. 4. d) bb). Dies hat den Vorteil, daß klar und begründet zwischen der Reichweite des materiellrechtlichen Grundrechtstatbestands einerseits und der Frage der effektiven Fallbearbeitung unterschieden wird, während bei Cremer unklar bleibt, ob der Tatbestand auf die Schutzmittel begrenzt werden soll, die sich „aufdrängen", oder ob dieser weiter reicht und nur eine Überforderung der Gerichte vermieden werden soll.

„praktischen Ebene" nur Mittel mit einer bestimmten Mindestintensität der Förderung zu berücksichtigen hat.[168]

Um an das bereits eingeführte Beispiel des Schutzes ungeborenen Lebens[169] anzuknüpfen: M_1, die hohe Strafdrohung für alle, die an Schwangerschaftsabbrüchen beteiligt sind, führt zu Lebensschutz für den nasciturus, gleiches gilt für M_2, die umfassende finanzielle und sonstige Förderung, M_3, die mittlere Strafdrohung mit nennenswerten Ausnahmetatbeständen, sowie M_4, die umfassende Werbekampagne zugunsten der Vorzüge und Wichtigkeit der Elternschaft. Das Maß des jeweils bewirkten Schutzes mag unterschiedlich sein, aber auf der Ebene der Eingriffsprüfung geht es grundsätzlich zunächst nur darum, ob Schutz bewirkt wird. Damit stellen M_1 bis M_4 Förderungshandlungen dar, das Unterlassen des Einsatzes dieser Mittel ist grundsätzlich vor grundrechtlichen Schutzrechten rechtfertigungsbedürftig.

bbb) *Die drei Teilgrundsätze der Verhältnismäßigkeit*

Für alle Förderungshandlungen – also Handlungen, deren Unterlassung ein Eingriff in grundrechtliche Leistungsrechte darstellt – sind die drei Teilgrundsätze der Verhältnismäßigkeit anzuwenden, im Beispiel also M_1 bis M_4.

(1) *Die Geeignetheit im Rahmen des Untermaßverbots*

Die Geeignetheit verlangt, daß ein legitimes Ziel zumindest gefördert wird.[170] Es stellt sich die Frage, ob das relevante Ziel das grundrechtliche Leistungsrecht selbst ist oder ein außerhalb des Leistungsrechts liegendes Ziel, um dessen willen die Realisierung des Leistungsrechts unterlassen wird. Die erste Konstellation führt zur internen Geeignetheitsprüfung, die zweite zur externen Geeignetheitsprüfung.[171]

Nach der internen Geeignetheitsprüfung ist eine staatliche Maßnahme dann geeignet im Sinne des Untermaßverbots, wenn das verfassungsrechtliche Ziel, dem die Handlungspflicht dient, erreicht oder gefördert wird.[172] Diese interne Version wirft das Problem auf, daß interne Geeignetheit notwendig vorliegt, wenn ein Eingriff in grundrechtliche Leistungsrechte festgestellt wurde. Denn wenn die fragliche staatliche Handlung die Realisierung des leistungsgrundrechtlichen Prinzips nicht fördert – fehlende interne Geeignetheit – bildet das Unterlassen ihres Vollzuges notwendig keinen Eingriff. Daß eine derart redundante Prüfung nicht sinnvoll ist, muß nicht weiter betont

---

168 Siehe 2. Teil, 3. Abschnitt, B. I. 4. d).
169 Siehe bereits 2. Teil, 1. Abschnitt, II. 1. c).
170 Zur Grunddefinition beim Übermaßverbot siehe 2. Teil, 1. Abschnitt, II. 2. a) aa) aaa).
171 Vgl. zu dieser Unterscheidung auch Borowski, JöR 50 (2002), S. 319 Anm. 101.
172 In der Vorauflage wurde diese interne Variante der Geeignetheitsprüfung in den Vordergrund gestellt, vgl. dort S. 119 f., 152. Vgl. weiter Starck, JZ 1993, S. 817; sowie Möstl, DÖV 1998, S. 1038. Um dies schematisiert zu erläutern: Der Staat setzt ein Mittel M zur Erfüllung des grundrechtlichen Schutzrechts Ps mit Prinzipiencharakter nicht ein (Eingriff in das grundrechtliche Schutzrecht). Wenn M die Realisierung von Ps nicht fördert, ist es im Hinblick auf dieses Prinzip nicht geboten und damit nicht geeignet.

werden. Es kommt das Argument der strukturellen Symmetrie hinzu: Auch beim Übermaßverbot wird keine interne, sondern eine externe Geeignetheitsprüfung durchgeführt. Denn es wird dort nicht gefragt, ob die Anwendung des staatlichen Mittels geeignet ist, das Abwehrrecht zu beeinträchtigen – das ist ja die Eingriffsprüfung –, sondern ob ein staatliches Ziel jenseits des beeinträchtigten Abwehrrechts gefördert wird.

Die externe Geeignetheitsprüfung beim Untermaßverbot besteht darin, daß gefragt wird, ob durch das Unterlassen des Vollzuges der staatlichen Erfüllungshandlung – den Eingriff in das grundrechtliche Leistungsrecht – die Erreichung legitimer Ziele gefördert wird.[173] Da das staatliche Unterlassen sowohl bewußt als auch unbewußt sein kann, kommt es nicht auf subjektive Überlegungen staatlicher Stellen an, sondern auf die objektiven Zusammenhänge der Förderung und/oder Beeinträchtigung. Um dies am Beispiel von M_1 – der hohen Strafdrohung für alle, die an Schwangerschaftsunterbrechungen beteiligt sind – zu veranschaulichen: Geht man davon aus, eine Strafdrohung für Abtreibungen jenseits gewisser rechtlicher Grenzen habe zumindest eine gewisse abschreckende Wirkung, bewirkt der Erlaß einer entsprechenden strafrechtlichen Norm Schutz für das Leben des nasciturus. Dies wird allerdings mit dem Preis erkauft, daß die Freiheit der Schwangeren und auch der Ärzte eingeschränkt wird. Das Unterlassen des Erlasses genau dieser Norm – gemessen an der Situation, in der diese Handlung vollzogen wird – fördert dagegen die Freiheit von Schwangeren und Ärzten. Die Freiheit von Individuen zu fördern stellt ein legitimes Ziel dar. Dies kann man dahingehend verallgemeinern, daß immer dann, wenn die in Frage stehende Erfüllung grundrechtlicher Leistungsrechte die Realisierung von verfassungsrechtlichen Rechten oder Gütern beeinträchtigen würde, die korrespondierende Unterlassung der Erfüllungshandlung extern geeignet sein muß. Da derartige „Dreieckskonstellationen" ganz klar den Regelfall darstellen, liegt die externe Geeignetheit der einzelnen Erfüllungshandlung im Rahmen des Untermaßverbots praktisch immer vor. Im Ergebnis ist der Unterschied zur internen Geeignetheitsprüfung, bei der die Geeignetheit durch die Prüfungsfolge bedingt stets vorliegen muß, daher ziemlich gering. Dies mag erklären, warum die Unterscheidung zwischen interner und externer Geeignetheitsprüfung in der Diskussion bislang nicht in der gebotenen Schärfe gesehen wurde. Aus Gründen redundanzfreier Prüfung und struktureller Symmetrie zum Übermaßverbot ist jedoch die externe Geeignetheitsprüfung vorzuziehen. Aus der Häufigkeit, mit der die externe Geeignetheit vorliegt, folgt, daß die Geeignetheitsprüfung nur in seltenen Fällen einen Schwerpunkt der Verhältnismäßigkeitsprüfung beim Untermaßverbot darstellen wird.

(2) Die Erforderlichkeit im Rahmen des Untermaßverbots

Die Unterscheidung zwischen interner und externer Betrachtung gilt auch im Rahmen der Erforderlichkeitsprüfung. Nach der internen Erforderlichkeitsprüfung ist eine

---

173 Der Staat setzt ein Mittel M zur Erfüllung des grundrechtlichen Schutzrechts Ps mit Prinzipiencharakter nicht ein (Eingriff in das grundrechtliche Schutzrecht). Fördert das Unterlassen von M die Realisierung anderer Prinzipien P_n, ist das Unterlassen (der Eingriff) geeignet. Vgl. auch die Formulierung in der Voraufl. auf S. 148, Zeile 31 bis 34.

staatliche Maßnahme dann nicht erforderlich im Sinne des Untermaßverbots, wenn durch ein anderes Förderungsmittel ein mindestens gleiches Maß an Förderung des grundrechtlichen Ziels erreicht wird, kollidierende Grundrechtspositionen aber weniger stark beeinträchtigt werden.[174] Hiergegen kann man zu Recht einwenden, daß es gar keine Frage des zu prüfenden grundrechtlichen Leistungsrechts ist, ob Alternativmittel existieren, die das grundrechtliche Leistungsrecht genausogut erfüllen, aber für kollidierende Prinzipien günstiger sind. Natürlich ist dies eine Erforderlichkeitserwägung, aber eben aus der Perspektive der kollidierenden Rechte und Güter. Dies mag bei deren Anwendung geprüft werden, aber nicht aus der Perspektive des grundrechtlichen Leistungsrechts.

Dem steht die **externe Erforderlichkeitsprüfung** gegenüber, nach der es darauf ankommt, ob ein zum Eingriff alternatives staatliches Verhalten das leistungsgrundrechtliche Prinzip intensiver fördert und kollidierende Rechte oder Güter weniger oder höchstens gleich intensiv beeinträchtigt.[175] Auch hier spricht das Argument der strukturellen Symmetrie für die externe Version, denn die Erforderlichkeitsprüfung des Übermaßverbots ist auch extern.

Weiter ist von entscheidender Bedeutung, was man als **alternatives Verhalten zu einem Unterlassen** zu verstehen hat. Es wurde bereits ausgeführt, daß bei vollständiger Beschreibung staatlichen Verhaltens als alternatives Verhalten zum Unterlassen einer Handlung nur die Vornahme dieser Handlung verstanden werden kann.[176] Zudem ist bei Prüfung der Erforderlichkeit im Rahmen des Untermaßverbots **vorausgesetzt**, daß überhaupt **ein Eingriff** in das grundrechtliche Leistungsrecht **vorliegt** – deswegen steht ja das Unterlassen einer „Förderungshandlung" in Rede. Gegenüber dem Eingriff in das grundrechtliche Leistungsrecht, dem Unterlassen des Vollzuges der Förderungshandlung, besteht die einzig mögliche Verhaltensalternative im Vollzug dieser Förderungshandlung. Wenn das Unterlassen der Handlung ein Eingriff ist, muß der Vollzug im Hinblick auf die Förderung der Realisierung des leistungsgrundrechtlichen Prinzips positiv sein – anderenfalls wäre das Unterlassen ja gar kein Eingriff. Der erste Teil des externen Erforderlichkeitskriteriums – die intensivere Förderung des leistungsgrundrechtlichen Prinzips – liegt also stets vor, ein anderes Ergebnis ist strukturell ausgeschlossen.

Damit spitzt sich alles auf den zweiten Teil des externen Erforderlichkeitskriteriums zu: Beeinträchtigt die einzig mögliche Verhaltensalternative, der Vollzug der Erfüllungshandlung, kollidierende Prinzipien gleich oder weniger intensiv? Der Fall der gleichen Beeinträchtigung kollidierender Prinzipien durch Vollzug der Handlung – der Fall der Indifferenz – würde notwendig voraussetzen, daß auch das Unterlassen des Vollzuges indifferent wäre. Wenn es gleich ist, ob eine Handlung vollzogen wird, ist es auch

---

174 So die Vorauflage auf S. 120, 153.
175 Borowski, JöR 50 (2002), S. 320 Anm. 102; vgl. auch die Formulierung in der Vorauflage auf S. 149 f. In diese Richtung auch Möstl, DÖV 1998, S. 1038 f.; Emmerich-Fritsche, Der Grundsatz der Verhältnismäßigkeit als Direktive und Schranke der EG-Rechtsetzung, S. 249; Michael, JuS 2001, S. 151.
176 Siehe 2. Teil, 1. Abschnitt, II. 2. b) bb); vgl. auch Borowski, JöR 50 (2002), S. 320 Anm. 102.

gleich, ob sie unterlassen wird. Die Indifferenz des Unterlassens ist nach überstandener Geeignetheitsprüfung in externer Form aber ausgeschlossen. Denn diese kann nur überstanden werden, wenn das Unterlassen des Vollzuges der Erfüllungshandlung kollidierende Rechte oder Güter fördert. Entsprechendes gilt für die geringere Beeinträchtigung kollidierender Rechte und Güter. Wegen der vorliegenden Eignung – sonst ist die Prüfung auf der vorherigen Stufe ohnehin mit negativem Ergebnis beendet – muß das Unterlassen für kollidierende Rechte und Güter positiv sein, somit ist das Unterlassen notwendig negativ. Zusammengefaßt kann man daher sagen, daß wenn das Unterlassen einer staatlichen Handlung einen Eingriff in grundrechtliche Leistungsrechte darstellt und dieses Unterlassen auch extern geeignet ist, notwendig kein alternatives staatliches Verhalten existieren kann, welches das Unterlassen im externen Sinne als nicht erforderlich auszeichnet. Bedingt durch die fundamentalen handlungstheoretischen Unterschiede zwischen positivem Handeln und Unterlassen läuft die Erforderlichkeitsprüfung im Rahmen des Untermaßverbots in der externen Deutung – die allein die angemessene strukturelle Umkehrung der Erforderlichkeitsprüfung des Übermaßverbots darstellt – daher notwendig leer.[177]

(3) Die Verhältnismäßigkeit im engeren Sinne im Rahmen des Untermaßverbots

Der Grundsatz der Verhältnismäßigkeit im engeren Sinne des Untermaßverbots fordert eine Abwägung des Gewichts der unterlassenen Förderung des leistungsgrundrechtlichen Prinzips mit den Gründen, die genau dieses Unterlassen der Förderung des leistungsgrundrechtlichen Prinzips verlangen oder rechtfertigen. Diese Definition ist genau strukturäquivalent zur Abwägung im Sinne des Übermaßverbotes.[178] Während im Fall des Übermaßverbotes ein staatliches Unterlassen geboten ist, gebietet das geprüfte Prinzip im Fall des Untermaßverbots ein staatliches Handeln.[179] Dieses Handeln ist jedoch nicht Selbstzweck, sondern nur um Willen der Erreichung eines Ziels geboten. Indem der Staat damit zumindest ein Stück weit darauf verpflichtet wird, ein Ziel zu verfolgen,

---

177 Um beim Beispiel des Lebensschutzes für nascituri zu bleiben: Das Unterlassen von M_1 – das Unterlassen des Erlasses der Norm mit hoher Strafdrohung für alle, die an Schwangerschaftsabbrüchen beteiligt sind – ist ein Eingriff in grundrechtliche Schutzrechte. Dieser Eingriff ist geeignet im Sinne des Untermaßverbots, da der Freiheitsraum für Schwangere und Ärzte erweitert bleibt. Als Alternativmaßnahme im Sinne der Erforderlichkeit kommt nur staatliches Verhalten in Betracht, welches den Vollzug dieser Gesetzgebungshandlung einschließt. Der Erlaß der fraglichen Strafnorm ist nicht indifferent oder besser für kollidierende Rechte und Güter, im Beispiel den Freiheitsraum für Schwangere und Ärzte, da deren Freiheit durch die Strafnorm empfindlich beschnitten wird.
178 Siehe 2. Teil, 1. Abschnitt, II. 2. a) cc).
179 Die folgende Argumentation setzt voraus, daß die grundrechtlichen Schutzrechte Prinzipiencharakter aufweisen. Dies wird im 2. Teil, 3. Abschnitt, B. I. näher zu untersuchen sein und sei hier zunächst unterstellt. Wer den Gedanken der Optimierung von Schutzpflichten verwendet, setzt implizit Prinzipiencharakter voraus, vgl. in diesem Sinne beispielsweise BVerfGE 88, 203 (254); Hain, DVBl. 1993, S. 983; G. Hermes, Grundrecht auf Schutz, S. 253 ff.; Isensee, HbStR V, § 111, Rn 165; Starck, JZ 1993, S. 817. Ausdrücklich für den Prinzipiencharakter staatlicher Schutzrechte etwa Alexy, Theorie der Grundrechte, S. 420 ff.; Isensee, HbStR V, § 111, Rn 138; H. H. Klein, DVBl. 1994, S. 495; Sieckmann, Regelmodelle und Prinzipienmodelle des Rechtssystems, S. 168.

stellen grundrechtliche Leistungsrechte positiv absolute Ziele dar.[180] Bezogen auf grundrechtliche Schutzrechte: Das Gewicht der Verweigerung von Schutzgewährung ist je höher, desto dringender der einzelne auf den Schutz angewiesen und desto weniger er zur Selbsthilfe in der Lage ist. Die Intensität dieses Grundrechtseingriffs ist gegen die Rechte und Güter abzuwägen, die für Verweigerung von Schutzgewährung sprechen. In den häufigen Dreieckskonstellationen werden dies oft Abwehrrechte anderer Grundrechtsträger sein, in die zur Schutzgewährung eingegriffen werden muß.

Dies sei wiederum am bereits bekannten Beispiel von M_1 bis M_4 illustriert. Dabei seien die Förderungsintensität und die Beeinträchtigungsintensität zur Veranschaulichung und im Hinblick auf noch zu untersuchende Kriterien, insbesondere Spielräume, durch Zahlen ausgedrückt – was zur Durchführung der Abwägung als solche nicht notwendig wäre.[181] M_1, die hohe Strafdrohung für alle, die an Schwangerschaftsunterbrechungen beteiligt sind, kombiniert mit einer wirksamen Strafverfolgung, bewirkt einen deutlichen Rückgang der Schwangerschaftsabbrüche (Förderungsintensität 110). Allerdings wird ausgesprochen intensiv in die Grundrechtspositionen von Schwangeren und Ärzten eingegriffen (Beeinträchtigungsintensität 120). M_1 ist unverhältnismäßig. M_2, die umfassende finanzielle und sonstige Förderung wirkt weniger schützend (Förderungsintensität 70). Die deutliche Belastung für den Staatshaushalt führt zu einer mittleren Belastung (Beeinträchtigungsintensität 50). M_2 erweist sich als verhältnismäßig.

M_3, die mittlere Strafdrohung mit nennenswerten Ausnahmetatbeständen, kombiniert mit einem mittelgroßen Förderungspaket fördert insgesamt etwas weniger (Förderungsintensität 60). Allerdings sind die finanziellen Belastungen deutlich geringer, und der Freiheitsraum von Schwangeren und Ärzten wird nicht sehr stark eingeengt (Beeinträchtigungsintensität 20). M_4, die umfassende staatliche Werbekampagne zugunsten der Vorzüge und Wichtigkeit der Elternschaft, bewirkt kaum Schutz (Förderungsintensität 10), ist aber auch ausgesprochen billig, und grundrechtliche Freiheit wird unmittelbar gar nicht eingeschränkt (Beeinträchtigungsintensität 2). Faßt man dies in einer Tabelle zusammen, ergibt sich:

Förderungsmittel	Förderungsintensität	Beeinträchtigungsintensität
M_1	110	120
M_2	70	50
M_3	60	20
M_4	10	2

---

180 Zur Unterscheidung von negativ absoluten, positiv absoluten und relativen Zielen siehe bereits Fn. 96 bei 2. Teil, 1. Abschnitt, II. 1. c).
181 Die Zahlen dienen nur der Illustration. Für die Anwendung aller Kriterien ist die Erörterung auf dem Niveau ordinaler Ordnungen ausreichend. Vgl. auch 1. Teil, 2. Abschnitt, II. 2. a) bb) ccc) (1).

ccc) *Weitere Auswahl unter den verhältnismäßigen Förderungsmitteln?*

Nachdem alle ernsthaft in Betracht kommenden Mittel auf Verhältnismäßigkeit im Sinne des Untermaßverbots überprüft wurden, können drei Konstellationen auftreten. Die erste Konstellation besteht darin, daß kein Mittel allen Anforderungen genügt. In diesem Fall ist klar, daß kein Förderungsmittel definitiv grundrechtlich geboten ist. Das grundrechtliche Leistungsrecht ist vollständig beschränkt.

In der zweiten Konstellation genügt genau ein Mittel allen Anforderungen des Untermaßverbots, dieses Mittel ist dann leistungsgrundrechtlich definitiv geboten. In beiden Fällen stellen sich keinerlei Bestimmtheitsprobleme hinsichtlich des definitiv Gebotenen.

Anders ist dies, wenn, wie im Beispiel, mehrere Förderungsmittel, jeweils für sich gesehen, den Anforderungen des Untermaßverbots genügen – im Beispiel M_2 bis M_4. Hier wird die Frage aufgeworfen, ob und mit Hilfe welcher Kriterien die Klasse der Handlungen, die dem Staat definitiv geboten sind, weiter eingeengt werden kann oder muß.

(1) *Verzicht auf weitere Auswahl*

Die erste Möglichkeit besteht darin, auf eine weitere Auswahl aus der Klasse der verhältnismäßigen Mittel zu verzichten. Dann ist die Anwendung eines dieser Mittel geboten, dem Staat also die freie Auswahl unter den Mitteln überlassen. Gegen eine freie Wahl des Mittels durch den Staat spricht, daß dieser damit in aller Regel sehr frei über das Niveau der Erfüllung der Handlungspflicht entscheiden könnte. Wählte er M_2, ergäbe sich eine Förderungsintensität von 70, bei der Wahl von M_4 dagegen nur von 10. Da grundrechtliche Prinzipien die bestmögliche Realisierung ihres Optimierungsgegenstandes gebieten, verlangt das leistungsgrundrechtliche Prinzip, jedenfalls prima facie, die Wahl von M_2 gegenüber M_3 und M_4.[182]

---

[182] Diese Argumentation setzt voraus, daß Prinzipien auch nach einer Abwägung mit anderen Prinzipien noch in der Lage sind, rechtliche Entscheidungen weiter zu steuern. Dieser Gedanke ist aus dem – dogmatisch weit eingehender untersuchten – Abwehrbereich nicht vertraut. Dies liegt jedoch daran, daß im Abwehrbereich stets nur eine staatliche Maßnahme untersucht wird, es kommt damit nur zu einer Abwägung. Im Fall von grundrechtlichen Handlungsgeboten wird das prima facie-Gebot aller fördernden Handlungen durch gegenläufige verfassungsrechtliche Rechte und Güter derart beschränkt, daß alle Handlungen, in Bezug auf die gegenläufige Rechte und Güter gewichtiger sind, bloß prima facie, nicht aber definitiv geboten sind. Alle Mittel, die in den Abwägungen vorgehen, sind weiterhin prima facie geboten. Dieses prima facie-Gebot unterscheidet sich jedoch von dem vor den Abwägungen. Das prima facie-Gebot vor der Abwägung ist das Gebot eines Prinzips ohne Festsetzungsgehalt, das prima facie-Gebot nach den Abwägungen ist das Gebot eines Prinzips mit teilweisem Festsetzungsgehalt. Dies entspricht der bereits eingeführten Unterscheidung zwischen Prinzipien ohne Festsetzungsgehalt und mit teilweisem Festsetzungsgehalt, siehe 1. Teil, 2. Abschnitt, II. 3. b) aa) und 1. Teil, 2. Abschnitt, II. 3. c) aa). Es bleibt weiterhin die bestmögliche Realisierung des Optimierungsgegenstandes geboten. Relativ auf alle rechtlichen und tatsächlichen Möglichkeiten ist aus der Klasse der Mittel, die sich in den Abwägungen durchsetzen, daher die Vornahme des Mittels mit der höchsten Förderungsintensität geboten.

(2) Maximierung der Förderungsintensität

Das prima facie-Gebot der bestmöglichen Erfüllung legt das Kriterium der Maximierung der Förderungsintensität nahe. Dieses verlangte die Wahl des Mittels mit der höchsten absoluten Förderungsintensität. Im Beispiel wäre dies M_2 mit 70. Der Vorteil besteht in der einfachen Anwendbarkeit dieses Kriteriums, es ist lediglich eine ordinale Ordnung[183] nach dem Kriterium der Förderungsintensität notwendig.

(3) Abwägung 2. Stufe?

Der Nachteil der bloßen Maximierung der Förderungsintensität besteht darin, daß keinerlei Rücksicht auf das grundrechtliche Kosten-Nutzen-Verhältnis genommen wird. Es kann vorkommen, daß ein alternatives Mittel eine nur etwas geringere Förderungsintensität, aber im Verhältnis spürbar geringere Beeinträchtigungsintensität aufweist, dies gilt etwa für M_2 und M_3. M_3 fördert nur um 10 weniger als M_2 (60 zu 70), beeinträchtigt aber um 30 weniger (20 zu 50). Die Anwendung von M_2 gegenüber M_3 ist vom leistungsgrundrechtlichen Prinzip weniger stark geboten als die Anwendung von M_3 gegenüber M_2 von den kollidierenden Rechten und Gütern.[184] Intuitiv scheint damit die Wahl von M_3 geboten. Ein Rechtssystem, das in dieser Situation die Wahl von M_3 vorschreibt, optimiert das Verhältnis aller kollidierenden Prinzipien. Dies führte zu Kriterien, die auf das Verhältnis zwischen Förderungsintensität und Beeinträchtigungsintensität abstellen. Man könnte auf die absolute Differenz abstellen, oder auf einen Quotienten. Beide Lösungen führen jedoch in erhebliche Probleme.

Die absolute Differenz besteht in dem Unterschied zwischen Förderungsintensität und Beeinträchtigungsintensität. Für M_2 ist dies 20 (70/50), für M_3 40 (60/20), für M_4 8 (10/2). Nach diesem Kriterium wäre recht klar M_3 definitiv grundrechtlich geboten. Dieses Kriterium berücksichtigt jedoch nicht das Niveau, auf dem der absolute Unterschied zustande kommt. Der absolute Vorteil von 40 kann sich gleichermaßen aus einer Förderungsintensität 42/Beeinträchtigungsintensität 2 oder aus Förderungsintensität 300/Beeinträchtigungsintensität 260 ergeben. Für die Bewertung eines absoluten Unterschieds spielt es jedoch eine nicht unwesentliche Rolle, auf welchem Niveau er vorliegt.

Eine weitere Möglichkeit besteht darin, einen Quotienten aus Förderungsintensität und Beeinträchtigungsintensität zu bilden. Er beträgt für M_2 1,4 zu 1 (70/50), für M_3 3 zu 1 (60/20) und für M_4 5 zu 1 (10/2). M_4 mit dem günstigsten Quotienten wäre definitiv grundrechtlich geboten. Doch dieses Kriterium nimmt keine Rücksicht auf die absolute Differenz (M_3: 40 (60/20), M_4: 8 (10/2)) oder die absolute Höhe des Förderungsniveaus.

---

183 Zu ordinalen Ordnungen vgl bereits 1. Teil, 2. Abschnitt, II. 2. a) bb) ccc) (1).
184 Dabei wird vorausgesetzt, daß gegenläufige verfassungsrechtliche Rechte oder Güter (P_{2-n}), die in die Abwägung im Sinne des Grundsatzes der Verhältnismäßigkeit eingestellt werden, weiterhin die Wahl des Mittels mit der geringsten Beeinträchtigungsintensität fordern, und zwar auch noch nach der ersten Stufe der Abwägung. Hier gilt das in Fn. 182 Ausgeführte mutatis mutandis.

Der Nachteil der Kriterien der absoluten Differenz und des Quotienten besteht gleichermaßen darin, daß eine ordinale Ordnung zu ihrer Anwendung nicht mehr ausreicht. Um diese Kriterien anwenden zu können, wäre die Beurteilung eines bestimmten Maßes der genannten Größen erforderlich, also eine Diskussion auf der Ebene kardinaler Ordnungen. Gegenüber allem, was in der bisherigen Untersuchung vorausgesetzt wurde, wären zusätzliche Festsetzungen zu treffen, deren Maßstab höchst unsicher ist.[185]

(4) Ergebnis

Ergeben die Prüfungen der Verhältnismäßigkeit im Hinblick auf mehrere Mittel, daß das grundrechtliche Prinzip ein höheres Gewicht besitzt als kollidierende Prinzipien, ist innerhalb der Klasse dieser Mittel eine weitere Auswahl durchzuführen. Anderenfalls würde dem Staat ohne rechtfertigenden Grund innerhalb dieser Klasse die freie Wahl überlassen, und damit insoweit die freie Entscheidung über das Maß der Erfüllung der grundrechtlichen Handlungspflicht.

Eine weitere Auswahl innerhalb der Klasse der verhältnismäßigen Mittel erfolgt nach dem Kriterium der Maximierung der Förderungsintensität. Dieses Kriterium hat den Vorteil der sicheren Anwendbarkeit. Die Optimierung des Verhältnisses grundrechtlichen Nutzens und grundrechtlicher Kosten kann dagegen nur in evidenten Fällen berücksichtigt werden. Eine breite Anwendung dieses Kriteriums setzte eine Metrisierung grundrechtlicher Probleme voraus, und eine Lösung des Problems der Metrisierung grundrechtlicher Probleme ist nicht in Sicht. Definitiv geboten ist damit das Mittel aus der Klasse der verhältnismäßigen Mittel, das die absolut höchste Förderungsintensität besitzt, es sei denn, ein anderes Mittel aus dieser Klasse besitzt ähnlich hohe Förderungsintensität und beeinträchtigt kollidierende verfassungsrechtliche Prinzipien evident geringer.

dd) Untermaßverbot und Spielräume

Im Bereich grundrechtlicher Leistungsrechte stellt sich mit Nachdruck die Frage, ob die Verfassung ein „juristisches Weltenei"[186] darstellt, welches jede Entscheidung des Gesetzgebers in sich birgt. Sie führt zum bereits behandelten Problem der Spielräume.[187] Es sind verschiedene Arten von Spielräumen zu unterscheiden. Zunächst gilt es den Mittelwahlspielraum[188] bei grundrechtlichen Leistungsrechten hervorzuheben, der keine Entsprechung beim Übermaßverbot hat und insofern eine Besonderheit dieser Grundrechtsfunktion darstellt. Dann sind der Abwägungsspielraum als struktureller

---

185 Zur Ergebnislosigkeit bisheriger Versuche der Metrisierung grundrechtlicher Förderungs- und Beeinträchtigungsintensitäten siehe Schlink, Abwägung im Verfassungsrecht, S. 134 ff.; Alexy, Theorie der Grundrechte, S. 141 f.; Stelzer, Das Wesensgehaltsargument und der Grundsatz der Verhältnismäßigkeit, S. 221 f.
186 Forsthoff, Der Staat in der Industriegesellschaft, S. 144.
187 Vgl. bereits 1. Teil, 2. Abschnitt, III. 4.
188 Siehe 1. Teil, 2. Abschnitt, III. 4. a) cc).

Spielraum sowie empirische und normative Erkenntnisspielräume von Bedeutung. Bei grundrechtlichen Leistungsrechten liegt es noch näher als bei Abwehrrechten, über normative Erkenntnisspielräume einen originären Gestaltungsspielraum des Gesetzgebers zu begründen. Zum anderen können sich die Spielräume an verschiedenen Stellen auswirken: (1) bei der Beurteilung der Verhältnismäßigkeit im engeren Sinne im Rahmen des Untermaßverbots und (2) bei der Frage der weiteren Auswahl von Mitteln, die alle den Anforderungen des Untermaßverbots genügen.

Es wurde bereits ausgeführt, daß die Bedeutung des Abwägungsspielraums davon abhängt, ob und in welchem Maße limitiert skaliert wird.[189] Um dies am Beispiel zu illustrieren: Für M_1, die hohe Strafdrohung für alle, die an Schwangerschaftsunterbrechungen beteiligt sind, wurde von Förderungsintensität 110 und Beeinträchtigungsintensität 120 ausgegangen, was zur Unverhältnismäßigkeit führt. Geht man jetzt von limitierter Skalierung aus, die durch „Fünfzigerschritte" dargestellt wird, erhielte man die dreistufige Skala: 0 bis 49 leicht, 50 bis 99 mittel, 100 bis 149 schwer. Für M_1 (110/120) ließe sich nur sagen, daß hohe Förderungsintensität einem intensiven Eingriff in kollidierende Rechte und Güter gegenübersteht. Der Gesetzgeber dürfte von einem Abwägungspatt ausgehen. Entsprechendes gilt auf der Ebene geringer Förderungsintensität und eines nur schwachen Eingriffs für M_4 (10/2) sowie auf der mittleren Ebene für M_2 (70/50). Nur bei M_3 (60/20) liegt kein Abwägungspatt vor, da eine mittlere Förderungsintensität einem nur geringen Gewicht kollidierender Rechte und Güter gegenübersteht.

Berücksichtigt man – dies sei hier zur Vereinfachung auf der Grundlage infinitesimaler Skalierung betrachtet – die Erkenntnisspielräume oder epistemischen Spielräume, so wird es bei Berücksichtigung eines Erkenntnisspielraums von ± 10% vertretbar, M_1 (110/120) für verhältnismäßig im engeren Sinne zu halten. Der Staat darf von 110 ± 11 = 99 bis 121 Förderungsintensität und 120 ± 12 = 108 bis 132 Beeinträchtigungsintensität ausgehen. Für die anderen Mittel ändert sich dagegen nichts. Bei M_2 (70/50) darf der Staat nur von 70 ± 7 = 63 bis 77 Förderungsintensität und 50 ± 5 = 45 bis 55 Beeinträchtigungsintensität ausgehen, auch unter Zugrundelegung dieses Spielraums bleibt M_2 stets verhältnismäßig im Sinne des Untermaßverbots. Dies änderte sich erst bei einem Erkenntnisspielraum von ± 20%: Der Staat dürfte dann von 70 ± 14 = 56 bis 84 Förderungsintensität und 50 ± 10 = 40 bis 60 Beeinträchtigungsintensität ausgehen, womit Unverhältnismäßigkeit angenommen werden dürfte.

Geht man von einem Erkenntnisspielraum von ± 10% aus, wirkt sich dies nicht nur auf die Verhältnismäßigkeitsprüfung selbst aus, sondern kann auch für die nachfolgende Stufe, die Auswahl aus der Klasse verhältnismäßiger Mittel, Bedeutung erlangen. Ein Gesetzgeber mag M_1 für unverhältnismäßig halten (was er nicht muß, aber kann). M_2 (70/50) und M_3 (60/20) sowie M_4 (10/2) muß er trotzdem für verhältnismäßig halten. Er kann aber M_2 (70/50) mit 70 ± 7 = 63 bis 77 für weniger fördernd halten als M_3 (60/20) mit 60 ± 6 = 54 bis 66, oder umgekehrt. Insofern wäre er ermächtigt, frei zwischen M_2 und M_3 zu wählen.

---

[189] Siehe 1. Teil, 2. Abschnitt, III. 4. a) bb).

Im Rahmen dieses Abschnittes können nur die Grundlinien der Berücksichtigung von Spielräumen aufgezeigt werden. Es dürfte aber deutlich geworden sein, daß die differenzierte Spielraumtheorie eine angemessene Rekonstruktion originärer Entscheidungsräume staatlicher Stellen, insbesondere des demokratisch legitimierten Gesetzgebers, ermöglicht. Angesichts dessen besteht kein Anlaß, weiter pauschal die Gefahr des „Jurisdiktionsstaates" zu beschwören. Die bleibende Bedeutung dieses Schlagwortes mag in der Mahnung liegen, die Spielräume adäquat zu bemessen, aber ein Argument gegen die prinzipientheoretische Deutung der Grundrechte, sei es der Abwehrrechte, der grundrechtlichen Leistungsrechte oder der Gleichheitsrechte, bildet sie nicht.

ee) *Mögliche Ergebnisse*

Werden die Kriterien des Untermaßverbots unter Berücksichtigung angemessener Spielräume auf alle möglichen Förderungshandlungen angewandt, sind drei verschiedene Ergebnisse möglich.

aaa) *Gebot einer bestimmten Förderungshandlung*

Die Anwendung des Grundsatzes der Verhältnismäßigkeit in Form des Untermaßverbots und der weiteren Kriterien kann zum Ergebnis führen, daß lediglich eine Einschätzung vertretbar ist, die zur Folge hat, daß eine **bestimmte Handlung** als definitiv geboten anzusehen ist. Der Staat hat diese Handlung vorzunehmen, anderenfalls verletzt er das grundrechtliche Leistungsrecht. Der definitive Inhalt des grundrechtlichen Leistungsrechts ist in diesem Fall eindeutig bestimmt.

bbb) *Gebot einer Handlung aus einer Klasse von Handlungen*

Die zweite Möglichkeit besteht darin, daß es vertretbar ist, **aus einer Klasse von Handlungen jeweils eine für definitiv geboten zu halten, nicht aber, keine für definitiv geboten zu halten.** Hier ist der Staat zwar nicht verpflichtet, eine bestimmte Handlung zu vollziehen. Andererseits steht fest, daß ein Unterlassen jeglicher fördernder Handlung aus dieser Klasse einen Verfassungsverstoß darstellt.[190] Als Beispiel mag die letzterwähnte Konstellation dienen, in der der Gesetzgeber bei einem Erkenntnisspielraum von ± 10% frei zwischen M_2 und M_3 wählen kann, siehe soeben dd). Auch hier ist letztlich der definitive Inhalt grundrechtlicher Leistungsrechte genau

---

190 Nach Auffassung von Cremer soll es ausreichen, wenn das Bundesverfassungsgericht ein Schutzmittel festsetze, das sich in einer Abwägung mit kollidierenden Rechten und Gütern durchsetze. Das Gericht sei nicht verpflichtet, dem Gesetzgeber „das Nachdenken über verfassungsrechtlich zulässige Alternativen abzunehmen", Cremer, Freiheitsgrundrechte, S. 279. Man sollte den Spielraum des demokratisch unmittelbar legitimierten Gesetzgebers – der dann besteht, wenn dieser vertretbarerweise mehrere Schutzmittel für definitiv geboten halten darf – jedoch ernst nehmen. Wenn das Gericht einfach ein Schutzmittel herausgreift und anordnet – und sei es auch dasjenige, welches der Beschwerdeführer prozessual beantragt hat, vgl. ders., a.a.O., S. 278 – greift das Gericht unzulässig in diesen Spielraum ein.

bestimmt, auch wenn die Beschreibung des Inhalts etwas komplexer ausfallen mag als im Falle aaa).

ccc) *Kein Gebot einer Handlung*

Eine dritte Möglichkeit besteht darin, daß es sowohl vertretbar ist, keine Handlung als definitiv geboten anzusehen, als auch vertretbar, eine oder alternativ mehrere Handlungen für definitiv geboten zu halten. Bei Unterlassen jeglicher fördernder Handlung läßt sich dann ein Verfassungsverstoß nicht feststellen. Wenn eine der Handlungen, die vertretbarerweise als definitiv geboten angesehen werden dürfen, vorgenommen wird, läßt sich ebenfalls kein Verstoß feststellen. Selbst wenn eine beliebige andere fördernde Handlung vorgenommen, die der Staat möglicherweise irrig als Erfüllung der Handlungspflicht ansieht, liegt in diesem Ergebnis ebenso kein Verfassungsverstoß,[191] da selbst eine vollständige Unterlassung grundrechtsgemäß wäre. In dieser Konstellation ist das grundrechtliche Leistungsrecht vollständig beschränkt, so daß auch hier der Inhalt genau bestimmt ist.

3. Ergebnis

Zwar hat die Untersuchung gezeigt, daß das Verfahren der Bestimmung des definitiven Inhalts bei grundrechtlichen Handlungsgeboten (grundrechtlichen Leistungsrechten) in der Regel deutlich komplexer ausfällt als im Fall grundrechtlicher Handlungsverbote (Abwehrrechte). Aus dieser Komplexität und besonderen Strukturen bei Eingriffen durch Unterlassen folgen auch in aller Regel deutlich größere Spielräume als bei typisch abwehrrechtlichen grundrechtlichen Handlungsverboten. Am Ende dieses Verfahrens steht jedoch entweder das Gebot, genau eine – näher qualifizierte[192] – Handlung vorzunehmen, oder die Erkenntnis, daß der Staat aus der Perspektive grundrechtlicher Leistungsrechte tun und lassen kann, was er will. Damit ist der Übergang vom universellen prima facie-Handlungsgebot zum existentiellen definitiven Handlungsgebot vollzogen. Die Behauptung, der Inhalt grundrechtlicher Leistungsrechte sei strukturell notwendig nicht hinreichend bestimmt, erweist sich daher als falsch.

Ein außentheoretisches Modell entlang den geschilderten Linien kann somit auch der Rekonstruktion grundrechtlicher Leistungsrechte zugrundegelegt werden. Grundrechtliche Leistungsrechte im weiteren Sinne können durchaus außentheoretische Rechte sein. Damit steht fest, daß die grundrechtlich geschuldete staatliche Verhaltensform, positives Handeln oder Unterlassen, nicht über die Grundrechtsstruktur entscheidet.

---

191 Dies gilt aus der Perspektive des grundrechtlichen Leistungsrechts. Wenn diese „irrige Erfüllung" eines grundrechtlichen Leistungsrechts allerdings einen Eingriff in ein Abwehrrecht bewirkt (was aufgrund der Häufigkeit von „Dreieckskonstellationen" regelmäßig der Fall sein dürfte), kann dieses Abwehrrecht verletzt sein.

192 Sei es dahingehend, daß genau eine bestimmte Handlung zu vollziehen ist oder dahingehend, eine Handlung aus einer definierten Klasse von Handlungen sei zu vollziehen.

2. Abschnitt: Die Unterscheidung von Grundrechtsfunktionen

Nachdem die staatliche Verhaltensform nicht die Grundrechtsstruktur impliziert, sind die einzelnen Grundrechtsfunktionen auf die zutreffende Schrankentheorie zu untersuchen. Die Unterscheidung von Grundrechtsfunktionen bildet einen geeigneten Rahmen für die weitere Untersuchung, weil eine Vermutung dafür spricht, daß alle grundrechtlichen Rechtspositionen, die einer Grundrechtsfunktion zuzuordnen sind, der gleichen Schrankentheorie folgen. Die Untersuchung wird dies bestätigen.

Die Unterscheidung von Grundrechtsfunktionen oder -dimensionen faßt verschiedene Gruppen von Grundrechtspositionen – die Gemeinsamkeiten in Struktur, Voraussetzungen und Rechtsfolgen aufweisen – zu einer Grundrechtsfunktion zusammen. Von welchen Grundrechtsfunktionen im einzelnen auszugehen ist, ist unklar und umstritten,[1] doch die grundlegende Unterscheidung zwischen Abwehrrechten, grundrechtlichen Leistungsrechten im weiteren Sinne und Gleichheitsrechten liegt allen Konzeptionen mehr oder weniger zugrunde.[2] Innerhalb der grundrechtlichen Leistungsrechte im weiteren Sinne kann weiter unterschieden werden zwischen grundrechtlichen Schutzrechten,[3] sozialen Grundrechten und grundrechtlichen Rechten auf Organisation und Verfahren.

Die Abgrenzung von Abwehrrechten, grundrechtlichen Leistungsrechten im weiteren Sinne und Gleichheitsrechten ist weniger klar, als dies auf den ersten Blick scheint. Für zahlreiche Fallgruppen ist umstritten, ob abwehrrechtlicher oder leistungsrechtlicher Grundrechtsschutz in Betracht kommt.[4] Auch die Unterscheidung innerhalb der grund-

---

1   Zur Unterscheidung verschiedener Funktionen oder Dimensionen der Grundrechte vgl. Bleckmann, Staatsrecht II – Die Grundrechte[4], § 11, Rn 1 ff.; H. Dreier, Jura 1994, S. 505 ff.; K. Hesse, EuGRZ 1978, S. 427 ff.; Jarass, AöR 110 (1985), S. 363 ff.; ders., AöR 120 (1995), S. 347 ff.; Katz, Staatsrecht[16], Rn 572 ff.; Lübbe-Wolff, Die Grundrechte als Eingriffsabwehrrechte, S. 14 ff.; G. Müller, ZSR 100 (1981), S. 35; von Münch in von Münch/Kunig[5], Vorb. Art. 1-19, Rn 16 ff.; Ossenbühl, NJW 1976, S. 2100 ff.; Pieroth/Schlink, Grundrechte – Staatsrecht II[21], Rn 57 ff.; Starck, JuS 1981, S. 239 ff.; ders. in von Mangoldt/Klein/Starck[5], Art. 1 Abs. 3 GG, Rn 182 ff.; Stern, Das Staatsrecht der Bundesrepublik Deutschland, Bd. 3/1, S. 454 ff.; ders., HbStR V, § 109, Rn 27; Enders in Friauf/Höfling, vor Art. 1 GG, Rn 62 ff.; Jarass, Festschrift BVerfG II, Bd. 2, S. 35 ff. Vgl. auch Borowski, Die Glaubens- und Gewissensfreiheit des Grundgesetzes, S. 241 ff.
2   Sowohl die „Ausstrahlungswirkung" wie die „Drittwirkung" der Grundrechte begründet keine eigene Grundrechtsfunktion, sondern kann in allen Konstellationen mit Hilfe der abwehrrechtlichen, leistungsgrundrechtlichen und gleichheitsrechtlichen Funktion der Grundrechte angemessen rekonstruiert werden, vgl. Borowski, Die Glaubens- und Gewissensfreiheit des Grundgesetzes, S. 250 f.
3   „Grundrechtliche Schutzrechte" werden in der verfassungsrechtlichen Diskussion verbreitet auch als „grundrechtliche Schutzpflichten" bezeichnet, zur Terminologie siehe 2. Teil, 3. Abschnitt, B. I.
4   Zum Beispiel soll ein Verstoß gegen die staatliche Pflicht zur verfassungsmäßigen Normanwendung einfachrechtlicher grundrechtsschützender Gesetze nach Lübbe-Wolff auch im Fall der Untätigkeit ein Grundrechtseingriff in ein Abwehrrecht sein, Lübbe-Wolff, Die Grundrechte als Eingriffsabwehrrechte, S. 122 ff.; anderer Auffassung Burgi, ZG 9 (1994), S. 350 Anm. 34; Sachs, NWVBl. 1989, S. 351; Schwabe, Der Staat 30 (1991), S. 284; zur Diskussion um abwehrrechtlichen Grundrechtsschutz gegen die Verweigerung staatlicher Leistungen vgl. Lübbe-Wolff, Die Grundrechte als Eingriffsabwehrrechte, S. 210 f.; zum abwehrrechtlichen oder leistungsrechtlichen Charakter des Grundrechtsschutzes des Gemeingebrauchs an öffentlichen Sachen vgl. Burgi, ZG 9 (1994), S. 363. Letztlich läßt sich jeder Anspruch auf staatliche Leistungen in einer abwehrrechtlichen Sprache formulieren, wenn von der Abwehr des Unterlassens gebotener Leistungen ausgegangen wird. Andrerer-

rechtlichen Leistungsrechte im weiteren Sinne, zwischen grundrechtlichen Schutzrechten, sozialen Grundrechten und grundrechtlichen Rechten auf Organisation und Verfahren wirft Fragen auf.[5] Es gilt zunächst die besonders problematische Unterscheidung zwischen Abwehrrechten und Leistungsrechten im weiteren Sinne in den Blick zu nehmen.

I. Die Unterscheidung von Abwehr- und Leistungsrechten

In der bisherigen Untersuchung wurde die Unterscheidung zwischen Abwehrrechten und grundrechtlichen Leistungsrechten im weiteren Sinne als intuitiv verständlich vorausgesetzt. Eine genauere Unterscheidung von Grundrechtsfunktionen setzt jedoch eine exakte Differenzierung von Abwehr- und Leistungsrechten voraus.

In einer ersten Orientierung kann man sagen: Abwehrrechte fordern primär ein Unterlassen des Staates, Leistungsrechte im weiteren Sinne primär ein positives Handeln. Diese Definition gibt zweifellos die Richtung an, wirft aber zwei Fragen auf. Erstens muß eine exakte Unterscheidung von positivem Handeln und Unterlassen vorgenommen werden. Zweitens ist zu klären, wofür eigentlich die Einschränkung „primär" steht. Dies setzt die Differenzierung zwischen einer materiellen und einer formellen Unterscheidung von Abwehrrechten und Leistungsrechten voraus.

1. Die Unterscheidung von positivem Handeln und Unterlassen

Es ist oft bemerkt worden, daß die Unterscheidung von positivem Handeln und Unterlassen[6] Schwierigkeiten bereitet.[7] Die Begriffe „Handlung" und „Unterlassung" sind im Zusammenhang mit verschiedenen rechtswissenschaftlichen Problemen vielfach erörtert worden. Zu nennen ist hier nur die Diskussion um die kausale, finale und soziale Handlungslehre im Strafrecht. Eine umfassende Darstellung der Geschichte der Unterscheidung von positivem Handeln und Unterlassen in der Rechtswissenschaft kann hier

---

    seits kann man jede staatliche Gewährleistung von Freiheit, die dann abwehrrechtlich geschützt wird, als eine staatliche Leistung ansehen.
    Fraglich ist weiter, ob sich die Gleichheitsrechte abwehrrechtlich verstehen lassen, vgl. hierzu 2. Teil, 2. Abschnitt, II. 1.
5   Vgl. zu diesen Problemen 2. Teil, 2. Abschnitt, II.
6   Als mögliche Formen des Verhaltens eines Subjekts werden im folgenden „positive Handlung" und „Unterlassung" gegenübergestellt. Es könnte als Gegenbegriff zum „Unterlassen" statt „positiver Handlung" auch der Begriff „Handlung" verwendet werden, ohne daß dies eine sachliche Änderung darstellen müßte. Teilweise wird der Begriff „Handlung" jedoch als Oberbegriff für das gesamte Verhalten eines Subjekts verwendet, dann ist zwischen positiven Handlungen (Tun) und negativen Handlungen (Unterlassen) zu unterscheiden, vgl. statt vieler Alexy, Theorie der Grundrechte, S. 173; Roth, Faktische Eingriffe, S. 91 f. Anm. 6. Die Verwendung des Begriffs „Handlung" könnte daher zu Unsicherheiten führen, ob er im Sinne bloß positiver Handlungen oder als Oberbegriff für positive und negative Handlungen verstanden wird.
7   Statt vieler Reuber, Lebens- und Gesundheitsschutz, S. 46; vgl. auch Canaris, JuS 1989, S. 164; H. H. Klein, DVBl. 1994, S. 496: Zwischen positivem Handeln und Unterlassen bestünden „fließende Übergänge". Zur Schwierigkeit der Unterscheidung von Eingriff und Leistung vgl. Kloepfer, JZ 1984, S. 688.

ebensowenig erfolgen wie eingehendere handlungstheoretische Erörterungen. Im folgenden wird eine Unterscheidung der Verhaltensformen vorgenommen, die die größte gemeinsame Basis aller vertretenen Unterscheidungen darstellt. Dies ist die Unterscheidung der Verhaltensformen in der Tradition der analytischen Philosophie. Nach dieser besteht der Unterschied zwischen positivem Handeln und Unterlassen darin, daß **positives Handeln** eine kausale Änderung von Zuständen oder Prozessen in der Wirklichkeit darstellt, während im Falle der Nichtänderung von Zuständen oder Prozessen in der Wirklichkeit nur **Unterlassen** in Betracht kommt.[8] Unterlassen läßt sich jedoch nicht allein durch eine Nichtänderung von Zuständen oder Prozessen in der Wirklichkeit definieren. Eine Nichtänderung läßt sich nur als menschliches Verhalten erfassen, wenn eine Änderung tatsächlich möglich war. Der schwächste Begriff des Unterlassens erfaßt jede Nichtänderung von Zuständen oder Prozessen in der Wirklichkeit, sofern die nicht erfolgte Änderung möglich war.[9] Stärkere Begriffe des Unterlassens entstehen einerseits, wenn eine besondere psychische Beziehung zur nicht ergriffenen Möglichkeit zum positiven Handeln verlangt wird, wie etwa das Bewußtsein der Möglichkeit der Handlung oder eine bewußte Entscheidung gegen die Handlung[10], andererseits, wenn eine Rechtspflicht zur Handlung vorausgesetzt wird.[11]

---

8 von Wright, Norm and Action, S. 35 ff.; vgl. Roth, Faktische Eingriffe, S. 91, 99; Cremer, Freiheitsgrundrechte, S. 139; vgl. im Strafrecht LK[11]-Jescheck, Vor § 13 StGB, Rn 13, 90; Struensee, Festschrift Stree/Wessels, S. 140 ff. jeweils mit weiteren Nachweisen. Diese Unterscheidung der Verhaltensformen steht der kausalen Handlungslehre im Sinne der Diskussion um die Handlungslehren in Zivil- und Strafrecht nahe, vgl. LK[11]-Jescheck, Vor § 13 StGB, Rn 13, 26. Der finale Handlungsbegriff erfaßt nur die Handlungen im Sinne des kausalen Handlungsbegriffs, die durch planvolle Steuerung auf ein Ziel hin gelenkt werden, Ennecerus-Nipperdey, Allgemeiner Teil, Bd. 1, 2. Halbbd., S. 860 f.; LK[11]-Jescheck, Vor § 13 StGB, Rn 28 ff. Der soziale Handlungsbegriff erfaßt dagegen das gesamte durch menschliches Verhalten beherrschbare Geschehen, soweit es sozial relevant ist. Dabei kann es sich sowohl um positives Handeln als auch um Unterlassen im Sinne der kausalen Handlungslehre handeln, LK[11]-Jescheck, Vor § 13 StGB, Rn 32.
Zur **Identifikation** der Verhaltensform ungeeignet ist dagegen die von der herrschenden Ansicht im Strafrecht vertretene Theorie des „Schwerpunkts der Vorwerfbarkeit", BGHSt 6, 46 (59); BGH bei Holtz, MDR 1982, 624 (624); OLG Karlsruhe, GA 1980, 429 (431); OLG Frankfurt, GA 1987, 549 (551); OLG Saarbrücken, NJW 1991, 3045 (3046); OLG Köln, JR 1991, 523 (525); Nachweise aus der Literatur bei LK[11]-Jescheck, Vor § 13 StGB, Rn 90; Struensee, Festschrift Stree/Wessels, S. 136 ff. Nach dieser Theorie ist auf diejenige Handlung abzustellen, die den Schwerpunkt des Täterverhaltens bildet. Wenn gefragt wird, ob der Schwerpunkt des Täterverhaltens oder der Vorwerfbarkeit auf positivem Handeln oder Unterlassen liegt, setzt dies schon voraus, daß man zwei verschiedene Verhaltensformen, positives Handeln und Unterlassen, identifiziert hat. Die Theorie des Schwerpunkts des Täterverhaltens stellt damit lediglich eine Theorie zur Entscheidung der **Konkurrenz identifizierter Verhaltensformen** dar, vgl. hierzu statt vieler Struensee, Festschrift Stree/Wessels, S. 137 ff.
9 von Wright, Norm and Action, S. 45.
10 Ders., a.a.O., S. 46.
11 Derartige Auffassungen führen zu dem Problem, ob es überhaupt rechtmäßiges Unterlassen geben kann. Wenn eine definitive Handlungspflicht bestand, und die Handlung nicht vorgenommen wurde, steht die Rechtswidrigkeit des Unterlassens fest, vgl. Roth, Faktische Eingriffe, S. 101 Anm. 54. Ein Ausweg bestünde darin, für die Begründung einer möglichen Unterlassung als Verhaltensform eine prima facie-Pflicht zum Handeln ausreichen zu lassen, ein rechtmäßiges Unterlassen läge dann vor, wenn zwar eine prima facie-Pflicht zum Handeln, nicht aber eine definitive Pflicht zum Handeln be-

Zur Identifikation der Verhaltensform sind die Kriterien mit den schwächsten Voraussetzungen vorzugswürdig. Dies hat zunächst den allgemeinen Vorteil, die geringsten Begründungsanforderungen zu stellen. Generell ist eine These um so sicherer und leichter zu begründen, je schwächer ihre Voraussetzungen sind. Weiterhin kann auf diese Weise die größte Menge an Änderungen oder Nichtänderungen von Zuständen und Prozessen in der Wirklichkeit als Verhalten eines Subjekts erfaßt werden. Das Kriterium „Verhalten" stellt das fundamentalste Zurechnungskriterium dar. Wenn eine Änderung in der Wirklichkeit oder Nichtänderung trotz Möglichkeit nicht als Verhalten eines Subjekts erfaßt werden kann, kann sie ihm nicht zugerechnet werden. Das Verhalten eines Subjekts besteht in der Summe der zurechenbaren positiven Handlungen und Unterlassungen. Je enger jeweils der Begriff der positiven Handlung und Unterlassung gefaßt wird, desto enger wird das gesamt erfaßbare Verhalten. Wenn eine Änderung der Wirklichkeit oder Nichtänderung trotz Möglichkeit unter bestimmten Umständen eine bestimmte Rechtsfolge nicht auslösen soll, sollte nicht die Qualität als Verhalten eines Subjekts geleugnet, sondern der Nichteintritt der Rechtsfolge mit substantiellen Argumenten gerechtfertigt werden. Andernfalls werden komplexe Wertungen, die einer inhaltlichen Begründung bedürfen, mit der bloßen Behauptung verschleiert, es liege schon kein Verhalten eines Subjekts vor.[12]

Als Ergebnis ist festzuhalten: Positives Handeln ist die kausale Änderung von Zuständen oder Prozessen in der Wirklichkeit, Unterlassen die Nichtänderung trotz Möglichkeit.

---

stand. Gegen die Voraussetzung der Rechtspflicht zum Handeln zur Begründung des Unterlassens als Verhaltensform Enneccerus-Nipperdey, Allgemeiner Teil, Bd. 1, 2. Halbbd., S. 862 Anm. 5.

12 Diese Fälle sind zwar theoretisch bedeutsam, zugegebenermaßen praktisch aber eher selten. Praktisch bedeutsam ist ein ähnliches Vorgehen, bei dem eine unterschiedliche dogmatische Behandlung von positivem Handeln und Unterlassen generell behauptet wird, und im Einzelfällen ohne substantielle Argumentation ein Verhalten kontraintuitiv identifiziert wird. Ein Beispiel ist die Behauptung Gertrude Lübbe-Wolffs, nur staatliche Unterlassungspflichten seien (streng) justitiabel, vgl. Lübbe-Wolff, Die Grundrechte als Eingriffsabwehrrechte, S. 39, 101. Staatlich geschuldetes Unterlassen liege vor, wenn ein definites verfassungsmäßiges Gegenteil existiere, dies., a.a.O., S. 226 f. Wenn ein einfachrechtliches Gesetz Voraussetzungen für die gebundene Erteilung einer verwaltungsrechtlichen Erlaubnis vorsieht, ist das rechtlich Gebotene hinreichend bestimmt. Die Verweigerung der Erteilung der Erlaubnis durch die Verwaltung besitzt ein definites Gegenteil, die Nichterteilung der Erlaubnis wäre nach Lübbe-Wolff die Verletzung einer prima facie-Unterlassungspflicht, also positives Handeln dar. Nach der Intuition ist die Nichterteilung einer Erlaubnis aber staatliches Unterlassen. Dies kann Lübbe-Wolff jedoch nicht einräumen, denn sie müßte ihren strikten Grundsatz aufgeben, daß nur positives Handeln einen Grundrechtseingriff darstellen kann, dies., a.a.O., S. 33 f. Andererseits dürfte sie erkennen, daß eine nur schwache bzw. fehlende verfassungsgerichtliche Justitiabilität der Verweigerung einer derartigen verwaltungsrechtlichen Erlaubnis nicht substantiell gerechtfertigt werden kann. Der einzige Ausweg besteht dann darin, das staatliche Unterlassen als positives staatliches Verhalten zu konzeptualisieren.

Um derartige Verschleierungen von Wertungen möglichst zu vermeiden, sollten an die Unterscheidung der Verhaltensformen nur die strukturell unerläßlichen dogmatischen Unterschiede geknüpft werden. Viele Fallgruppen lassen sich sowohl als positives Handeln als auch als Unterlassen des Staates auffassen. Nicht die im Einzelfall umstrittene und unklare Einstufung als positives Handeln oder Unterlassen sollte über den Eintritt der Rechtsfolge entscheiden, sondern die substantielle Argumentation.

2. Formelle und materielle Unterscheidung von Abwehr- und Leistungsrechten

Die Unterscheidung von Abwehrrechten und grundrechtlichen Leistungsrechten kann anhand eines formellen oder eines materiellen Kriteriums vorgenommen werden. Gesetzt den Fall, für die Veranstaltung von Sammlungen für beliebige Zwecke gilt ein Parlamentsgesetz, welches die Veranstaltung von Sammlungen für erlaubnispflichtig erklärt.[13] Jemand möchte eine Sammlung für einen wohltätigen Zweck veranstalten, die Erlaubnis wird ihm jedoch von der Behörde verwehrt. Auch der gesamte fachgerichtliche Instanzenzug verwehrt dem einzelnen die Erlaubnis, er erhebt Verfassungsbeschwerde. Handelt es sich bei dem Anspruch auf die Erteilung der Erlaubnis um einen abwehrrechtlichen oder einen leistungsgrundrechtlichen Anspruch?

Eine formelle Betrachtung spricht für einen leistungsgrundrechtlichen Anspruch,[14] denn der einzelne begehrt eine Erlaubnis, deren Erlaß staatliches positives Handeln voraussetzt. Andererseits soll durch die Erlaubnispflichtigkeit von Sammlungen nur sichergestellt werden, daß eine vorbeugende Prüfung der Behörden möglich ist:

„Die gesetzliche Verpflichtung, eine Erlaubnis einzuholen, besagt daher nicht, daß die erlaubnispflichtige Tätigkeit als solche verboten sei, sondern nur, daß mit der Rechtsausübung erst begonnen werden darf, wenn die Gesetzmäßigkeit des Vorhabens in einem geordneten Verfahren geprüft und festgestellt ist."[15]

Materiell stellt die Erteilung der Erlaubnis nur die Freiheit des einzelnen wieder her, so daß das Unterlassen der Erteilung der Erlaubnis einen Eingriff in Abwehrrechte im klassischen Sinne darstellt. Die Erlaubnispflicht bildet nur ein formelles Erfordernis:

„Dem Wesen eines Grundrechts entspricht ein Erlaubnisvorbehalt hiernach dann, wenn er das materielle, aus dem Grundrecht fließende Recht als solches unberührt läßt, und dem Grundrechtsträger in dem einfachen Gesetz, das den Erlaubnisvorbehalt enthält, das Recht eingeräumt ist, die Aufhebung der formellen Ausübungsschranke zu verlangen."[16]

Folglich ist der Anspruch auf Erteilung der Sammlungsgenehmigung materiell ein abwehrrechtlicher Anspruch.[17] Ob es sich um einen Abwehr- oder Leistungsanspruch

---

13 Der Beispielsfall ist angelehnt an den Sachverhalt, der der Entscheidung des Bundesverfassungsgerichts zum Sammmlungsgesetz vom 5. November 1934 (RGBl. I S. 1086) in der Fassung vom 23. Oktober 1941 (RGBl. I S. 654) zugrundeliegt, vgl. BVerfGE 20, 150 ff. Cremer, Freiheitsgrundrechte, S. 141 Anm. 312 macht geltend, in dem vom Bundesverfassungsgericht entschiedenen Fall habe das Gericht über eine abstrakte Normenkontrolle zu entscheiden gehabt, womit sich der Fall strukturell fundamental von dem hier gebildeten unterscheide, da es im Originalfall zweifelsfrei nur um positives Handeln gehe. Erstens ist der Fall, wie schon in der Vorauflage hervorgehoben wurden, eben nur angelehnt, zweitens dürfte schwer zu bestreiten sein, daß sich auf der Grundlage des hier geschilderten Sachverhalts die dargelegten Probleme ergeben.
14 Vgl. Breuer, Festgabe BVerwG, S. 105 f.; Pieroth/Schlink, Grundrechte – Staatsrecht II[21], Rn 63.
15 BVerfGE 20, 150 (155).
16 BVerfG a.a.O.
17 Vgl. Bleckmann, Staatsrecht II - Die Grundrechte[4], § 11, Rn 54; Jarass in Jarass/Pieroth[3], Vorb. vor Art. 1 GG, Rn 5a; Maurer, Allgemeines Verwaltungsrecht[15], § 9, Rn 52 f.; Pieroth/Schlink, Grund-

handelt, hängt davon ab, ob man die formelle oder die materielle Perspektive einnimmt. Aus der materiellen Perspektive handelt es sich um einen Fall der allgemeinen Handlungsfreiheit als Abwehrrecht.[18] Es geht um die Bewahrung der negativen Freiheit[19], also klassische Eingriffe in die Freiheit des einzelnen und damit um die Abwehrrechte in der liberalen Tradition. Aus der formellen, rechtsfolgenbezogenen Perspektive geht es um die im jeweiligen Rechtssystem unmittelbar notwendige Rechtsfolge. Unmittelbar notwendige Rechtsfolge zur Herstellung der rechtlichen Zulässigkeit der geplanten Sammlung ist der Erlaß einer Sammlungserlaubnis, also eine positive Handlung im Sinne einer staatlichen Leistung.[20]

a) Die materielle Unterscheidung von Abwehr- und Leistungsrechten

Eine materielle Unterscheidung zwischen Abwehr- und Leistungsrechten ergibt sich, wenn man zwischen natürlicher Freiheit und sonstigen grundrechtlichen Positionen unterscheidet. Ob es eine natürliche, vorstaatliche Freiheit gibt, oder nicht erst alle Freiheit durch den Staat konstituiert wird, ist eine klassische Kontroverse in der Verfassungsgeschichte.[21] Soweit eine „natürliche Freiheit" auf der Ebene der Grundrechte positiviert ist, mag diese Kontroverse im Rahmen dieser Untersuchung jedoch offenbleiben, ob die Positivierung konstitutive oder bloß deklaratorische Wirkung hat.

---

rechte – Staatsrecht II[21], Rn 62 f.; Roth, Faktische Eingriffe, S. 77 Anm. 71; Schwabe, Probleme der Grundrechtsdogmatik, S. 202.
18 BVerfGE 20, 150 (154 f.).
19 Zu den verschiedenen Bedeutungen des Ausdrucks „negative Freiheit" siehe 1. Teil, 1. Abschnitt, III. 1. a).
20 Hier könnte der Einwand erhoben werden, das Verhalten der Verwaltung sei zusammen mit dem Verhalten des Gesetzgebers zu betrachten, was zu einem Gesamt-Verhalten des Staates führe. Dieses Gesamt-Verhalten bestehe im Erlaß der fraglichen Normen des Sammlungsgesetzes mit nachfolgender Verweigerung der Erlaubnis durch die Verwaltung, insgesamt einem positiven Handeln. Dieser Anspruch auf Unterlassen verfassungswidrigen positiven Handelns habe nichts mit einer staatlichen Leistung zu tun. Diese Sichtweise mag sich vielleicht für eine wertende Perspektive eignen, nicht jedoch für eine rechtsfolgenbezogene Betrachtung. Einem derartigen „Gesamt-Verhalten" korrespondiert keine verfassungsprozessual mögliche Rechtsfolge. Entweder ist die Norm, welche das Erfordernis der behördlichen Erlaubnis aufstellt, verfassungswidrig, dann besteht die Rechtsfolge in der Nichtigkeit der Norm, entsprechend einem gesetzgeberischen Unterlassen. Oder die Norm ist verfassungsgemäß, aber die Anwendung durch die Verwaltung verfassungswidrig. In diesem Fall besteht die mögliche Rechtsfolge nicht in einer (Teil-)Nichtigkeit der gesetzlichen Norm, soweit ihr ein verfassungswidriges Unterlassen der Erteilung der Erlaubnis durch die Verwaltung folgt. Die Norm selbst ist verfassungsrechtlich einwandfrei. Die Rechtsfolge besteht vielmehr in der Verpflichtung der Verwaltung zur Erteilung der Erlaubnis: einem positivem Handeln im Sinne einer staatlichen Leistung.
21 Vgl. G. Jellinek, Die Erklärung der Menschen- und Bürgerrechte, S. 57 ff.; Lübbe-Wolff, Die Grundrechte als Eingriffsabwehrrechte, S. 82 ff.; Borowski, Die Glaubens- und Gewissensfreiheit des Grundgesetzes, S. 106 ff. Nach dem Wortlaut des Art. 1 Abs. 2 GG („bekennt sich") und den Vorstellungen des Parlamentarischen Rates (JöR 1951, S. 42 f.) geht das Grundgesetz von natürlichen, vorstaatlichen Rechten aus, vgl. nur Zippelius in BonnKomm, Art. 1 Abs. 1 u. 2 GG, Rn 104; H. Dreier in Dreier[2], Art. 1 Abs. 2 GG, Rn 3.

aa) *Abwehrrechte im materiellen Sinne*

Materielle Abwehrrechte im Sinne der hier verwendeten Unterscheidung sind die Rechte, die dem einzelnen eine staatsfreie Sphäre sichern:

„Ohne Zweifel sind die Grundrechte in erster Linie dazu bestimmt, die Freiheitssphäre des einzelnen zu schützen; sie sind Abwehrrechte des Bürgers gegen den Staat."[22]

Verbreitet werden die materiellen Abwehrrechte im klassischen Sinne als Rechte des status negativus beschrieben.[23] Der status negativus oder status libertatis im Sinne Georg Jellineks beschreibt den Raum der grundrechtlichen Freiheit des einzelnen, innerhalb dessen er sich frei betätigen kann.[24] Er liegt den klassischen, traditionellen, liberalen Grundrechten zugrunde, wie sie sich in den Verfassungsurkunden der modernen Staaten finden.[25] Läßt man die unterverfassungsrechtliche Rechtsordnung oder bereits erfolgte staatliche Eingriffe außer Betracht, ist die Rechtsfolge eines materiellen Abwehrrechts stets ein Unterlassen. Anders kann dies nur sein, wenn besondere Umstände vorliegen. Die unterverfassungsrechtliche Rechtsordnung kann technisch zunächst ein weitgehendes Verbot aussprechen, welches dann in vielen Fällen durch eine positive Handlung der Verwaltung wieder zurückgenommen werden muß.[26] Wird die Genehmi-

---

22   BVerfGE 7, 198 (204 f.).
23   Statt vieler Isensee, HbStR V, § 111, Rn 2; Pieroth/Schlink, Grundrechte – Staatsrecht II[21], Rn 58 f.; Starck in von Mangoldt/Klein/Starck[5], Art. 1 Abs. 3 GG, Rn 182 f.; von Münch in von Münch/Kunig[5], Vorb. Art. 1-19 GG, Rn 16.
24   G. Jellinek, System der subjektiven öffentlichen Rechte, S. 87: „Dem Staatsmitgliede kommt daher ein Status zu, in dem er Herr ist, eine staatsfreie, das Imperium verneinende Sphäre. Es ist die individuelle Freiheitssphäre, des negativen Status, des status libertatis, in welcher die streng individuellen Zwecke durch die freie Tat des Individuums ihre Befriedigung finden." Die verbreitete Interpretation der Abwehrrechte als Rechte des status negativus im Sinne Jellineks wirft zwei Probleme auf. Zunächst enthält der status negativus nach Jellinek nur unbewehrte Freiheiten, eine Bewehrung ergibt sich erst aus inhaltlichen Überlegungen, vgl. Alexy, Theorie der Grundrechte, S. 236 f.; Schoch, VerwArch 79 (1988), S. 35. Zur Unterscheidung unbewehrter und bewehrter Freiheiten Alexy, Theorie der Grundrechte, S. 203 ff. Weiter stellt sich die Frage, welchem Status die bewehrenden Rechte zuzuordnen sind, ders., a.a.O., S. 240 f. Diese und weitere Probleme der Jellinekschen Statustheorie müssen hier auf sich beruhen, zur Diskussion dieser Theorie vgl. Alexy, Theorie der Grundrechte, S. 229 ff.; Stern, Das Staatsrecht der Bundesrepublik Deutschland, Bd. 3/1, S. 426 ff.
25   Statt vieler Starck in von Mangoldt/Klein/Starck[5], Art. 1 Abs. 3 GG, Rn 183; Pieroth/Schlink, Grundrechte – Staatsrecht II[21], Rn 59.
26   Dies stellt ein Verbot mit Erlaubnisvorbehalt dar, im Gegensatz zur Erlaubnis mit Verbotsvorbehalt, zu dieser Unterscheidung BVerfGE 2, 266 (279). Zur grundsätzlichen Zulässigkeit und den verfassungsrechtlichen Anforderungen derartiger Erlaubnis- bzw. Befreiungsvorbehalte vgl. BVerfGE 2, 266 (279); 6, 32 (42); 8, 71 (76); 20, 150 (154 f.); 20, 365 (372 f.); 50, 256 (263); 52, 1 (41); 58, 300 (346 f.); 62, 169 (183). Innerhalb der Erlaubnis- und Genehmigungserfordernisse wird weiter zwischen dem präventiven Erlaubnisvorbehalt und dem repressiven Verbot mit Befreiungsvorbehalt unterschieden, vgl. statt vieler Wolff/Bachof/Stober, Verwaltungsrecht, Bd. 2, § 46, Rn 36 ff.; sowie die soeben erwähnte Unterscheidung des Bundesverfassungsgerichts. Aus der grundrechtsdogmatischen Perspektive ist diese Unterscheidung kaum erheblich, Bachof, Freiheit des Berufs, S. 220 ff.; Schwabe, JuS 1973, S. 133 ff. Gegen eine Überbewertung dieser Unterscheidung auch aus verwaltungsrechtlicher Sicht Wolff/Bachof/Stober, Verwaltungsrecht, Bd. 2, § 46, Rn 44; Gromitsaris, DÖV 1997, S. 401 ff.

gung nicht erteilt, liegt ein „Eingriff durch Unterlassen" vor.[27] Als Beispiel kann die oben erwähnte Sammlungserlaubnis dienen. Ein weiterer Fall, in dem aus materiellen Abwehrrechten Ansprüche auf positives Handeln folgen, ist der grundrechtliche Folgenbeseitigungsanspruch. Bestehen Folgen eines verfassungsrechtlich nicht gerechtfertigten Grundrechtseingriffs in materielle Abwehrrechte fort, folgt aus dem Abwehrrecht ein Anspruch auf Beseitigung der Folgen durch positive Handlungen.[28]

Oben wurde gesagt, Abwehrrechte geböten „primär" ein Unterlassen. Vernachlässigt man die unterverfassungsrechtliche Rechtsordnung und vorgängiges staatliches Verhalten, gebieten Abwehrrechte im materiellen Sinne stets ein Unterlassen. Unter den Bedingungen eines entwickelten Rechtssystems ist eine solche Vernachlässigung jedoch nicht angebracht, wie die erwähnten Fälle belegen. Daraus rechtfertigt sich die Einschränkung „primär". Materiell abwehrrechtliche Ansprüche auf positives Handeln stellen jedoch die Ausnahme dar. Die Bezeichnung als „Ausnahme" kann dabei zwei verschiedene Ebenen betreffen. Einerseits kann in einem normativen Sinne gemeint sein, daß Unterlassungsansprüche insofern die Grundkonstellation bilden, als Ansprüche auf positives Handeln besondere und zusätzliche Voraussetzungen aufweisen. Andererseits kann im empirischen Sinne darauf abgestellt werden, daß Unterlassungsansprüche statistisch häufiger auftreten als Ansprüche auf positives Handeln. Auch wenn es empirisch zutrifft, daß Abwehrrechte im materiellen Sinne regelmäßig ein Unterlassen zum Anspruchsinhalt haben, ist die erste Ebene entscheidend.

bb) *Grundrechtliche Leistungsrechte im materiellen Sinne*

Die Unterscheidung zwischen materieller und formeller Perspektive kann auch bei Leistungsrechten im weiteren Sinne getroffen werden.

aaa) *Der Begriff des grundrechtlichen Leistungsrechts im materiellen Sinne*

Ein grundrechtliches Leistungsrecht im materiellen Sinne dagegen liegt vor, wenn zur Realisierung eines verfassungsrechtlich gebotenen Zustands oder Ziels eine positive Handlung im formellen Sinne erforderlich ist – vernachlässigt man die unterverfassungsrechtliche Rechtsordnung oder vorgängiges staatliches Verhalten. Dieser Begriff des grundrechtlichen Leistungsrechts im materiellen Sinne ist ausgesprochen weit. Zunächst wird der Begriff der „Leistung" weit gebraucht, er erfaßt alle Arten faktischer und normativer Handlungen, also auch den Erlaß von Parlamentsgesetzen.[29] Weiter

---

27 In derartigen Fällen geht es um einen Eingriff in klassische Abwehrrechte im materiellen Sinne durch Unterlassen, da aufgrund des staatlichen Vorverhaltens die Handlungsform verkehrt wurde, vgl. zu derartigen Konstellationen Wild, DÖV 2004, S. 371 ff. Dies darf nicht mit grundrechtlichen Leistungsrechten im materiellen Sinne verwechselt werden, bei denen in der Grundkonstellation der Eingriff durch Unterlassen erfolgt, und nur in besonderen Konstellationen ausnahmsweise durch ein positives Tun.
28 Siehe 2. Teil, 1. Abschnitt, I. 2. d).
29 Alexy, Theorie der Grundrechte, S. 403 ff.; Jarass, AöR 120 (1995), S. 356. Zu engeren Verwendungen dieses Begriffs vgl. Murswiek, HbStR V, § 112, Rn 8.

wird der Anwendungsbereich ausgedehnt, indem die unterverfassungsrechtliche Rechtsordnung oder vorgängiges staatliches Handeln vernachlässigt wird. Dies führt dazu, daß alle Grundrechte, die einen durch einfache Gesetze konstituierten „Schutzbereich" aufweisen,[30] als grundrechtliche Leistungsrechte im materiellen Sinne zu verstehen sind. Dies verwundert nur auf den ersten Blick, denn einfachgesetzliche oder sonstige Rechtspositionen, die gegen Abschaffung geschützt werden könnten, existieren ohne unterverfassungsrechtliche Rechtsordnung definitionsgemäß nicht.[31] Grundrechtliche Leistungsrechte in diesem materiellen Sinne sind vor allem grundrechtliche Schutzrechte, soziale Grundrechte und Rechte auf Organisation und Verfahren. Wenn keine unterverfassungsrechtliche Rechtsordnung existiert und kein vorgängiges Handeln des Staates vorliegt, gebieten diese Rechte positive Handlungen, zum Beispiel den Erlaß von Parlamentsgesetzen, Rechtsverordnungen, Satzungen oder Verwaltungsakten sowie faktische Leistungsgewährungen. Berücksichtigt man die unterverfassungsrechtliche Rechtsordnung oder vorgängiges Staatshandeln, können verfestigte Positionen entstanden sein. Dies kann dazu führen, daß die Konservierung eines grundrechtsgemäßen Zustandes bei grundrechtlichen Leistungsrechten im materiellen Sinne durch Unterlassen der Abschaffung oder nachteiligen Änderung bestehender Positionen möglich

---

30 Zur Ausgestaltung siehe bereits 1. Teil, 3. Abschnitt, III.
31 Dies betrifft neben der Ehefreiheit gem. Art. 6 Abs. 1 GG insbesondere die Eigentumsfreiheit gem. Art. 14 GG. Nach herrschender Ansicht stellt Art. 14 GG ein „Abwehrrecht" gegen die Beeinträchtigung konkreter, bestehender Eigentumspositionen dar, statt vieler Kimminich in BonnKomm, Art. 14 GG, Rn 101; Leisner, HbStR VI, § 149, Rn 3; Papier in Maunz/Dürig, Art. 14 GG, Rn 27. Diese Bestandsgarantie des Eigentums wird in der hier vorgenommenen Klassifikation als der Schutz konstituierter Rechtspositionen eingestuft. Wenn man die gesamte unterverfassungsrechtliche Rechtsordnung hinwegdenkt, fehlt die gesamte einfachrechtliche Eigentumsordnung und konsequent jede Eigentumsposition. Ohne vom Gesetzgeber anerkannte Eigentumsposition existiert auch keine konkrete Eigentumsposition des einzelnen, die durch Unterlassungspflichten des Staates geschützt werden könnte. Art. 14 GG ist folglich kein Abwehrrecht im materiellen Sinne. Diese hypothetische Situation, das Fehlen jeder einfachrechtlichen Eigentumsordnung, hat niemals bestanden, denn zum Zeitpunkt des Inkrafttretens des Grundgesetzes bestand eine komplexe einfachrechtliche Eigentumsordnung. Die Institutsgarantie des Art. 14 GG verpflichtet den Gesetzgeber darauf, daß eine einfachrechtliche Eigentumsordnung besteht, die verfassungsrechtlichen Mindestforderungen genügt: „Der Gesetzgeber hat bei der ihm obliegenden Inhaltsbestimmung (Art. 14 Abs. 1 Satz 2 GG) ... zu beachten, daß das Eigentum privatnützig auszugestalten ist und seine Nutzung dem Rechtsinhaber eine eigenverantwortliche Lebensgestaltung ermöglichen soll (vgl. BVerfGE 24, 367 [396]; 46, 325 [334]; 50, 290 [341]; 52, 1 [30])" (BVerfGE 81, 208 (220)); vgl. Kimminich in BonnKomm, Art. 14 GG, Rn 123; Leisner, HbStR VI, § 149, Rn 71; Papier in Maunz/Dürig, Art. 14 GG, Rn 11 mit weiteren Nachweisen. Die bestehende Eigentumsordnung entspricht den verfassungsrechtlichen Erfordernissen, damit stellt sich aus der Perspektive der Institutsgarantie lediglich die Frage, wie weit Eigentümerbefugnisse entzogen werden dürfen, ohne daß Art. 14 GG als „Rechtseinrichtung" verletzt wird. Würde jedoch die hypothetische Situation bestehen, in der keine einfachrechtliche Eigentumsordnung besteht, würde die Institutsgarantie des Art. 14 GG vom Gesetzgeber den Erlaß einer einfachrechtlichen Eigentumsordnung verlangen. Entsprechend den allgemeinen Grundsätzen bestünde ein weiter Gestaltungsspielraum des demokratisch legitimierten Gesetzgebers. Nichts anderes als die Pflicht zur Gestaltung einer einfachrechtlichen Eigentumsordnung, ohne die wirksamer Eigentumsschutz nicht gewährt werden könnte, meint die Einordnung als „grundrechtliches Leistungsrecht im materiellen Sinne". Da die Eigentümerbefugnisse auf Kompetenzen zurückzuführen sind, die ein Verfahren privatautonomer Rechtserzeugung ermöglichen, stellt Art. 14 GG insofern einen Unterfall der grundrechtlichen Rechte auf Organisation und Verfahren dar, siehe 2. Teil, 3. Abschnitt, B. III. 4.

ist. Ebenso wie Abwehrrechte im materiellen Sinne ausnahmsweise positive Handlungen gebieten können, können grundrechtliche Leistungsrechte im materiellen Sinne ausnahmsweise Unterlassen gebieten. Dies kann anhand des Beispiels eines grundrechtlichen Schutzrechts verdeutlicht werden. Wenn für ein grundrechtliches Schutzgut eine erhebliche Gefahr besteht, und keinerlei Schutzmaßnahmen des Staates existieren, so kann Schutz nur durch positive Handlungen hergestellt werden. Das materielle Leistungsrecht verlangt positive Handlungen, in der Regel wird der Erlaß eines einfachrechtlichen Schutzgesetzes erforderlich sein. Das grundrechtliche Leistungsrecht im materiellen Sinne gewährt einen Anspruch auf Gesetzgebungsakte, normative positive Handlungen. Wenn dieses Schutzgesetz in Erfüllung dieses Anspruchs erlassen wurde, gebietet das grundrechtliche Schutzrecht als materielles Leistungsrecht nicht nur möglicherweise weitere definitiv geschuldete positive Handlungen – wie etwa die angemessene Anwendung dieses Gesetzes –, sondern auch das Unterlassen des Abschaffens des bestehenden Schutzgesetzes. Denkt man die unterverfassungsrechtliche Rechtsordnung, also auch das bestehende Schutzgesetz, hinweg, wäre der Erlaß dieses Schutzgesetzes erforderlich. Hierfür wären positive Handlungen notwendig, folglich liegt nach wie vor ein grundrechtliches Leistungsrecht im materiellen Sinne vor. Die Bestimmung der Rechtsfolge dieses grundrechtlichen Leistungsrechts im materiellen Sinne hat unter Berücksichtigung der gesamten bestehenden Rechtsordnung zu erfolgen. Da die Geltung des Schutzgesetzes aus grundrechtlichen Schutzrechten definitiv geschuldet ist, kann diese im Fall der Geltung dieses Gesetzes durch einen Anspruch gesichert werden, alle gesetzgeberischen Handlungen zu unterlassen, welche das Schutzgesetz außer Geltung setzen. In dem Moment, in dem der leistungsgrundrechtliche Anspruch auf Erlaß des Gesetzes erfüllt wird, wandelt er sich von einem Anspruch auf positives Handeln in einen Anspruch auf ein Unterlassen[32] um. Allein die Tatsache, daß ein Grundrecht in einem konkreten Fall als Rechtsfolge Unterlassen vorsieht, kann daher eine Einordnung als materielles Abwehrrecht im klassischen Sinne nicht rechtfertigen.[33]

bbb) *Materiell leistungsgrundrechtlicher Schutz von konstituierten Rechtspositionen*

Dagegen könnte der Einwand erhoben werden, die Frage nach der hypothetischen Rechtsfolge – wenn man die unterverfassungsrechtliche Rechtsordnung und vorgängiges Staatshandeln vernachlässigt – sei irreführend und überflüssig. Sofern in Erfüllung

---

32 Es ist vorgeschlagen worden, das In-Geltung-Halten von Normen als Handlung des Gesetzgebers anzusehen, vgl. Alexy, Theorie der Grundrechte, S. 436. Das Unterlassen von Normaufhebungsakten wäre als positive Handlung anzusehen. Dies entspräche einer Verwendung des Begriffs „positive Handlung" in einem wertenden Sinne. Derartige wertende Verwendungen der Begriffe „positive Handlung" und „Unterlassung" können zwar zutreffend darauf hinweisen, daß neben der formellen Ebene der Unterscheidung, die sogleich eingeführt wird, noch eine materielle besteht. Wertende Begriffe der Verhaltensformen stellen jedoch eine Quelle potentieller Mißverständnisse und Unklarheiten dar und sollten nicht verwendet werden.
33 Vgl. auch Roth, Faktische Eingriffe in Freiheit und Eigentum, S. 77 Anm. 75; Stern, Das Staatsrecht der Bundesrepublik Deutschland, Bd. 3/1, S. 697; vgl. Isensee, HbStR V, § 111, Rn 160.

von grundrechtlichen Leistungsrechten Rechtspositionen gewährt wurden, seien diese gegen Beseitigung oder nachteilige Änderung abwehrrechtlich geschützt. In Erfüllung grundrechtlicher Leistungsrechte gewährte einfachrechtliche oder untergesetzliche Positionen bildeten in diesem Fall ein Schutzgut der Abwehrrechte im klassischen Sinne.[34] Kennzeichnend für Abwehrrechte im materiellen Sinne ist, bis auf die oben geschilderten Ausnahmen, daß sie durch Kassation des verfassungswidrigen Staatsakts einen verfassungsmäßigen Zustand wiederherstellen. Beschränkt zum Beispiel ein Parlamentsgesetz die Versammlungsfreiheit gem. Art. 8 GG verfassungswidrig, so ist es nichtig. Mit der Nichtigkeit des Gesetzes als Sanktion für die Verfassungswidrigkeit ist der Freiheitsraum des einzelnen unbeschränkt geblieben. Ähnlich scheint es auch im Bereich von einfach- oder untergesetzlichen Rechtspositionen zu sein, die in Erfüllung grundrechtlicher Leistungsrechte konstituiert wurden. Wenn ein Parlamentsgesetz in Erfüllung eines definitiven grundrechtlichen Schutzrechts erlassen wird, kommt der Gesetzgeber einer Gesetzgebungspflicht, einer Pflicht zu normativen positiven Handlungen, nach. Wenn dieses Gesetz wieder abgeschafft wird, und diese Abschaffung verfassungswidrig ist, weil damit das verfassungsrechtlich geforderte Schutzminimum unterschritten wird, so kann ein verfassungsmäßiger Zustand ebenfalls durch Kassation des Änderungsgesetzes erreicht werden. Wenn dieser Akt verfassungswidrig und nichtig ist, derogiert das kassierte Änderungsgesetz nicht nach dem Grundsatz „lex posterior derogat legi priori" das Schutzgesetz, denn dieser Grundsatz bezieht sich nur auf Normen, die alle Geltungskriterien der Rechtsordnung erfüllen. Indem die Verfassungswidrigkeit des Änderungsgesetzes festgestellt wird, wird gleichfalls festgestellt, daß die ursprüngliche verfassungsgemäße Lage fortbesteht. Die Alternative zu dieser Kassationslösung bestünde darin, die Abschaffung für wirksam zu halten, aber die Verpflichtung des Gesetzgebers zum (Neu-)Erlaß des entsprechenden Gesetzes festzustellen. Diese Neuerlaßlösung wäre nicht nur umständlich, sondern würde auch für die Zeit, in der das Schutzgesetz wirksam abgeschafft wurde und noch nicht wieder erlassen ist, einen verfassungswidrigen Zustand herbeiführen. Eine ernsthafte Alternative zur Kassationslösung bildet sie damit nicht.

Aber auch die Kassationslösung wirft Probleme auf. Die „Herstellung" der verfassungsmäßigen Lage durch Kassation eines Änderungsgesetzes ist nur möglich, wenn in der Vergangenheit eine Rechtsposition bestand, die unter den heutigen Umständen das verfassungsrechtlich geschuldete Minimum gewährte. Wenn niemals eine solche Position bestand oder eine ursprünglich geschaffene Rechtsposition wegfiel, weil die sie gewährende Norm durch Änderung der Sach- oder Rechtslage verfassungswidrig oder sonst rechtswidrig wurde,[35] kann die Nichtigkeit des Änderungsgesetzes kein Fortbeste-

---

34 Lübbe-Wolff, Die Grundrechte als Eingriffsabwehrrechte, S. 75 ff. Zu Rechtspositionen als Schutzgüter von Abwehrrechten vgl. Alexy, Theorie der Grundrechte, S. 311; Burgi, Erholung in freier Natur, S. 292 ff.; ders., ZG 9 (1994), S. 359 ff.; Stern, Das Staatsrecht der Bundesrepublik Deutschland, Bd. 3/1, S. 653 ff.

35 Zur Verfassungswidrigkeit einer Norm durch Änderung der tatsächlichen oder rechtlichen Situation vgl. Mayer, Die Nachbesserungspflicht des Gesetzgebers, S. 101 ff.; Steinberg, Der Staat 26 (1987), S. 169 ff.; Stern, Das Staatsrecht der Bundesrepublik Deutschland, Bd. 3/2, S. 1159.

hen einer gegenwärtigen verfassungsrechtlichen Mindestanforderungen genügenden Rechtsposition bewirken. In diesen Fällen bedarf es zur Schaffung eines verfassungsgemäßen Zustandes gesetzgeberischer Handlungen.

Aber auch in den Fällen, in denen durch Kassation eines Änderungsgesetzes ein verfassungsmäßiger Zustand hergestellt werden kann, treten Probleme auf. Dies kann am Beispiel der sozialen Grundrechte erläutert werden. Gesetzt den Fall, für einen bestimmten Grad sozialer Bedürftigkeit besteht ein definitiver grundrechtlicher Anspruch auf Gewährung des Existenzminimums in Höhe von 500 €. Dieser leistungsgrundrechtliche Anspruch wird auf der Ebene des einfachen Rechts insofern umgesetzt, als für diesen Grad der Bedürftigkeit ein einfachrechtlicher Anspruch auf Sozialhilfe geschaffen wird. Nicht problematisch ist der Fall, in dem der Anspruch auf der Ebene des einfachen Rechts lediglich das definitiv grundrechtlich geschuldete Existenzminimum in Höhe von 500 € gewährt. Jedes Änderungsgesetz, daß das grundrechtlich definitiv geschuldete Minimum unterschreitet, ist nichtig. Das bisher geltende Gesetz wird in keiner Weise derogiert. Probleme entstehen dagegen, wenn das bisher geltende Gesetz über das grundrechtlich definitiv Geschuldete hinaus weitere Positionen gewährt. Neben der grundrechtlich definitiv geschuldeten Leistung werden weitere, vom Standpunkt der Grundrechte aus freiwillige Leistungen eingeräumt, zum Beispiel zusätzlich zu den definitiv geschuldeten 500 € weitere 200 €, insgesamt 700 €. Wenn der Gesetzgeber in einem Änderungsgesetz das definitiv geschuldete Leistungsniveau unterschreitet, etwa nur einen einfachrechtlichen Anspruch von 400 € einräumt, ist dieses Änderungsgesetz materiell verfassungswidrig. Grundsätzlich müßte das bestehende Gesetz vollen Umfangs weitergelten, da das Änderungsgesetz verfassungswidrig und damit nichtig ist. Der einfachrechtliche Anspruch in Höhe von 700 € würde fortgelten. Jedoch stellt die Kassationslösung nur das verfassungsprozessual effektivste Mittel dar, das grundrechtlich definitiv geschuldete Leistungsniveau in Geltung zu halten. Die zusätzlichen, vom Standpunkt der sozialen Grundrechte aus freiwillig gewährten Leistungen sollten nach dem Willen des Gesetzgebers abgeschafft werden, und der Gesetzgeber hat seinen Änderungswillen auch betätigt. Damit müßte, sofern die Regelung hinreichend teilbar ist,[36] nur das grundrechtlich definitiv geschuldete Leistungsniveau in Geltung bleiben: in Höhe von 500 €. In dem Fall, in dem das Änderungsgesetz ausschließlich wegen Unterschreitens des definitiv geschuldeten Leistungsniveaus verfassungswidrig ist, liegt dies auf der Hand. Der grundrechtliche Mangel besteht nur darin, daß das definitiv Geschuldete unterschritten wurde, hinsichtlich der Abschaffung bis auf das definitiv Geschuldete herab kann das Änderungsgesetz als wirksames Änderungsgesetz behandelt werden. Unmöglich ist dies aber dann, wenn ein Fehler das gesamte Änderungsgesetz erfaßt, wie etwa Verfahrens- oder Kompetenzfehler. Gäbe es vorher keine einfachrechtliche Regelung, wäre ein vollständiger Neuerlaß erforderlich und hinsichtlich der definitiv geschuldeten 500 € auch grundrechtlich definitiv geboten. Dieser Neuerlaß kann durch

---

36 Zur Teilbarkeit einer Regelung als Voraussetzung der Teilnichtigerklärung vgl. Ipsen, Rechtsfolgen der Verfassungswidrigkeit von Norm und Einzelakt, S. 104 ff.; Schlaich/Korioth, Das Bundesverfassungsgericht, Rn 384 ff.

Fortgeltung der alten einfachrechtlichen Norm vermieden werden, grundrechtswidrige Übergangszeiten entstehen so nicht. Da die Kassationslösung lediglich aus Erwägungen effektiven Rechtsschutzes der Neuerlaßlösung vorgezogen wird, müßte die Kassation auf den Teil des Änderungsgesetzes beschränkt werden, der die Geltung der alten Norm hinsichtlich des grundrechtlich definitiv geschuldeten Teiles aufhebt: auf die Höhe von 500 €. Dann mißt man dem formell verfassungswidrigen Änderungsgesetz aber die Kraft zu, die alte Regelung hinsichtlich des nicht grundrechtlich definitiv geschuldeten Teiles zu derogieren. Dies widerspräche dem Grundsatz, daß verfassungswidrige Normen ipso iure nichtig sind und keine Rechtswirkungen entfalten.[37]

Trotz dieser Probleme verdient die Kassationslösung gegenüber der Neuerlaßlösung den Vorzug. Die dargestellten Probleme resultieren jedoch daraus, daß eine Kassation von rechtlichen Änderungsakten nur erfolgt, damit eine ursprünglich bestehende rechtliche Situation in Geltung bleibt. Dies ist kennzeichnend für Unterlassungsansprüche im Bereich von grundrechtlichen Leistungsrechten im materiellen Sinne. Im Bereich von Abwehrrechten im materiellen Sinne führt die Kassation von rechtlichen Regelungen dagegen unmittelbar und stets zur verfassungsmäßigen Lage, nicht erst über den Umweg des Fortgeltens bestehender Normen. Dies zeigt, daß in Erfüllung grundrechtlicher Leistungsrechte im materiellen Sinne gewährte Rechtspositionen nicht Gegenstand von Abwehrrechten im materiellen Sinne sein können.[38]

ccc) *Materiell leistungsgrundrechtliche Ansprüche auf Unterlassen*

Grundrechtliche Leistungsrechte im materiellen Sinne sind der Idee nach zwar Ansprüche auf staatliches Handeln, ihre Rechtsfolge besteht jedoch im Konkreten oft in Unterlassen. Für diese scheinbare Paradoxie – die sich bei genauerem Hinsehen auflöst – gibt es vor allem zwei Gründe.

Der erste Grund besteht darin, daß die Bundesrepublik Deutschland eine hochkomplexe und ausdifferenzierte Rechtsordnung besitzt. Zwar erfaßt materiell leistungsgrundrechtlicher Schutz von Rechtspositionen durch Unterlassungsansprüche nur rechtliche Gegenstände. Eine faktische Handlung kann nicht dadurch vollzogen werden, daß die Ablehnung ihres Vollzuges als nichtig festgestellt wird. Nur in der Dimension des Rechts kann die Situation unmittelbar gestaltet werden. In einer hochkomplexen und ausdifferenzierten Rechtsordnung spielen Ansprüche auf faktische Handlungen unmittelbar aus Grundrechten jedoch keine große Rolle. Aus verschiedenen Gründen – als Anforderung der Grundrechte selbst, aus Gründen der Demokratie, der Gewaltenteilung und der Rechtssicherheit – ist regelmäßig ein Parlamentsgesetz erforderlich, das ein einfachrechtliches Recht auf faktische Handlungen gewährt. Dieses kann dann mit der Kassationslösung gegen Abschaffung und nachteilige Änderung geschützt werden.

---

37 Zu diesem Grundsatz statt vieler Schlaich/Korioth, Das Bundesverfassungsgericht, Rn 379 ff. mit weiteren Nachweisen.
38 Vgl. auch mit anderer Begründung Isensee, HbStR V, § 111, Rn 160.

Der zweite Grund besteht darin, daß die vom parlamentarischen Gesetzgeber gewährten Rechtspositionen im gegenwärtigen Rechtssystem der Bundesrepublik Deutschland in zahlreichen Bereichen das verfassungsrechtlich definitiv geschuldete Minimum deutlich übertreffen. Unterlassungsansprüche kommen zwar nur zur Konservierung bestehender rechtlicher Positionen in Betracht, aber weitgehende Positionen bestehen eben oft. Positive Handlungen des Staates sind daher nur in Bereichen erforderlich, in denen durch technische und gesellschaftliche Entwicklungen die Gewährung neuer Rechtspositionen notwendig wird, und der Gesetzgeber hierauf noch nicht reagiert hat.

Insgesamt kann daher festgehalten werden, daß die Grundkonstellation der grundrechtlichen Leistungsrechte im materiellen Sinne – Gewährung von Rechten auf positive Handlungen – eher selten vorliegt. Aus den genannten Gründen gewähren grundrechtliche Leistungsrechte im materiellen Sinne im gegenwärtigen Rechtssystem der Bundesrepublik Deutschland oft Unterlassungsansprüche nach der „Kassationslösung".

b) Die formelle Unterscheidung von Abwehr- und Leistungsrechten

Wesentlich einfacher ist die formelle Unterscheidung von Abwehr- und Leistungsrechten. Ein formelles Abwehrrecht gewährt, unabhängig von seiner Begründung, im konkreten Fall einen grundrechtlichen Anspruch auf eine Unterlassung. Formelle grundrechtliche Leistungsrechte dagegen gewähren, ebenfalls unabhängig von ihrer Begründung, im konkreten Fall Ansprüche auf positives Handeln des Staates.

Abwehrrechte im formellen Sinne können sowohl durch Abwehrrechte im materiellen Sinne als auch grundrechtliche Leistungsrechte im materiellen Sinne begründet werden. Der Anspruch auf Unterlassen verfassungsrechtlich nicht gerechtfertiger Eingriffe in Versammlungen gemäß Art. 8 GG ist ebenso ein formell abwehrrechtlicher Anspruch wie der oben erwähnte Anspruch aus sozialen Grundrechten, das verfassungsrechtliche definitiv Geschuldete auf der Ebene des einfachen Rechts nicht abzuschaffen.

Dagegen stellt der Anspruch auf Erteilung der erwähnten verwaltungsrechtlichen Sammlungserlaubnis ebenso einen formell leistungsgrundrechtlichen Anspruch dar wie der Anspruch aus sozialen Grundrechten auf Schaffung eines einfachrechtlichen Anspruchs in Höhe von – im Beispiel – 500 €.

c) Zur vorzugswürdigen Verwendung der Begriffe „Abwehrrecht" und „Leistungsrecht"

Fraglich ist, ob die formelle oder die materielle Unterscheidung von Abwehrrechten und grundrechtlichen Leistungsrechten den Vorzug verdient. Es dürfte hinreichend deutlich geworden sein, daß beide Unterscheidungen ihre Berechtigung besitzen. Welche der beiden Unterscheidungen an das Begriffspaar „Abwehrrecht" und „Leistungsrecht" zu knüpfen ist, stellt in erster Linie eine Zweckmäßigkeitsfrage dar. In der Literatur werden die Begriffe „Abwehrrecht" und „Leistungsrecht" unterschiedlich verwendet. Teilweise wird ohne ausdrückliche Einschränkung gesagt, Abwehrrechte gewährten Ansprüche auf Unterlassen.[39] Dies kommt der formellen Unterscheidung zwischen Abwehrrechten und Leistungsrechten nahe. Andererseits wird teilweise zwischen den Abwehrrechten und ihren „Hilfsrechten" unterschieden, die sowohl Ansprüche auf Unterlassen oder positives Handeln darstellen könnten,[40] was einer materiellen Unterscheidung näher kommt. „Leistungsrechte" bezeichnen eher formell Ansprüche auf positives Handeln und werden nicht selten auf soziale Grundrechte beschränkt.

Weder die formelle noch die materielle Unterscheidung ist ohne Probleme. Die formelle Unterscheidung scheint den Vorteil der einfachen Anwendbarkeit zu haben. Allerdings werden sehr verschiedene Konstellationen unter den Oberbegriffen „Abwehrrecht" und „Leistungsrecht" zusammengefaßt. Klassische Freiheitseingriffe wie ordnungsrechtliche Verbote wären als abwehrrechtliche Fälle einzustufen, gleiches gilt für die Beseitigung einfachrechtlicher Positionen, die in Erfüllung grundrechtlicher materieller Leistungsrechte gewährt wurden. Der Anspruch auf Erteilung einer Sammlungsgenehmigung aus Art. 2 Abs. 1 GG, der grundrechtliche Folgenbeseitigungsanspruch, der schutzgrundrechtliche Anspruch auf polizeiliches Einschreiten zum Schutz grundrechtlicher Schutzgüter sowie die Gewährleistung des Existenzminimums im Sinne sozialer Grundrechte stellten gleichermaßen leistungsrechtliche Ansprüche dar.

Die materielle Unterscheidung wiederum führt zur Unsicherheit, welche staatliche Verhaltensform, positives Handeln oder Unterlassen, im Fall der Grundrechtsverletzung geschuldet ist. Hinsichtlich der Bestimmtheit der Rechtsfolge stellen sich bei grundrechtlichen Handlungspflichten besondere Probleme. Auch hier werden recht unterschiedliche Konstellationen unter den Begriffen „Abwehrrecht" und „Leistungsrecht" zusammengefaßt. Der Vorteil der materiellen Unterscheidung besteht aber darin, daß sie die substantiellen Argumente in den Vordergrund stellt. Wenn eine einfachrechtliche Rechtsposition vom Gesetzgeber in Erfüllung eines materiell leistungsgrundrechtlichen Anspruchs geschaffen wurde, und diese Rechtsposition nunmehr grundrechtlich gegen Abschaffen geschützt ist, sprechen die gleichen substantiellen Argumente gegen die Abschaffung, die ursprünglich für ihre Schaffung sprachen.[41] Die verfassungsrechtliche Kollision mit allen Argumenten hat sich nicht verändert. Dies gilt mutatis mutandis ebenso für die materiell abwehrrechtlichen Positionen. Ob der Gesetzgeber im Bereich eines Abwehrrechts im materiellen Sinne auf der Ebene des einfachen Rechts einen bloßen Verbotsvorbehalt oder ein Verbot mit Erlaubnisvorbehalt einführt, ist weitgehend eine Frage der zweckmäßigen einfachrechtlichen Normierung. Im ersten Fall schuldet der Staat grundrechtlich prima facie ein Unterlassen des behördlichen Verbots, im zweiten Fall prima facie die positive Handlung der Erlaubniserteilung. Würde man

---

39 Lübbe-Wolff, Die Grundrechte als Eingriffsabwehrrechte, S. 33 ff. mit weiteren Nachweisen; vgl. Alexy, Theorie der Grundrechte, S. 173.
40 Stern, Das Staatsrecht der Bundesrepublik Deutschland, Bd. 3/1, S. 671 ff.; ihm folgend Isensee, HbStR V, § 111, Rn 76.
41 Es sprechen alle Argumente gegen die Abschaffung, die auch vorher für die Schaffung sprachen. Umgekehrt gilt dies nicht unbedingt. Je länger eine Rechtsposition besteht, desto mehr Bedeutung gewinnt der Aspekt des Vertrauensschutzes. Zum verfassungsrechtlichen Vertrauensschutz vgl. statt vieler Herzog in Maunz/Dürig, Art. 20 GG, VII, Rn 64 ff.; Jarass in Jarass/Pieroth[8], Art. 20 GG, Rn 67 ff., jeweils mit weiteren Nachweisen.

die formelle Unterscheidung von Abwehr- und Leistungsrechten in den Vordergrund stellen, würde man diese Fallgruppen, die jeweils in der substantiellen Argumentation sehr ähnlich sind, aufgrund der zufällig im Einzelfall geschuldeten Rechtsfolge voneinander trennen. Nicht diese zufällige Rechtsfolge steht jedoch im Vordergrund, sondern die substantielle Argumentation. Daher bildet die materielle Unterscheidung im folgenden die Grundlage für die Unterscheidung der Grundrechtsfunktionen. Innerhalb der Abwehr- und Leistungsrechte ist dann weiter zu fragen, ob die Rechtsfolge im konkreten Fall in einem staatlichen Unterlassen oder positiven Handeln besteht.

3. Die Unterscheidung innerhalb der grundrechtlichen Leistungsrechte im weiteren Sinne

Innerhalb der Leistungsrechte im weiteren Sinne existieren verschiedene Kategorisierungen. So unterscheidet zum Beispiel Wolfgang Roth zwischen Bewahrungs- und Förderungsrechten, innerhalb der Bewahrungsrechte wiederum zwischen Schutz- und Beistandsrechten.[42] Klaus Stern unterteilt die grundrechtlichen Leistungsrechte in Schutzansprüche, Realisierungshilfsrechte, Schadenersatz- und Entschädigungsansprüche, Ansprüche auf Gestaltung von Organisation und Verfahren sowie derivative Teilhaberechte aufgrund des Gleichheitssatzes.[43] Rüdiger Breuer unterscheidet, eher kasuistisch orientiert, zwischen dem Anspruch auf Hilfeleistung zur Sicherung des Existenzminimums, dem Förderungsanspruch zur Sicherung einer speziellen grundrechtlichen Freiheit, dem Subventionsanspruch aus dem Gleichheitssatz oder dem Gebot des Vertrauensschutzes, Ansprüchen auf behördliches Tätigwerden zum Schutz grundrechtlicher Freiheit, grundrechtlich gebotenen Genehmigungsansprüchen, grundrechtlichen Genehmigungsabwehransprüchen, grundrechtlichen Subventionsansprüchen von Konkurrenten, grundrechtlichen Ansprüchen auf Bereitstellung öffentlicher Einrichtungen, grundrechtlichen Ansprüchen auf Zulassung zu öffentlichen Einrichtungen und Ansprüchen auf institutionelle Sicherung einer grundrechtlichen Freiheit.[44]

a) Die grundsätzliche Unterscheidung

Bei allen Unklarheiten dürfte die Unterscheidung zwischen grundrechtlichen Schutzrechten, sozialen Grundrechten und grundrechtlichen Rechten auf Organisation und Verfahren die größte gemeinsame Basis darstellen.[45]

Kennzeichnend für **grundrechtliche Schutzrechte** ist, daß ein grundrechtliches Schutzgut, welches auch abwehrrechtlich geschützt wird, vor Gefährdungen durch andere Private oder andere Völkerrechtssubjekte bewahrt werden muß. Der Anspruchsgegenstand ist davon abhängig, auf welche Weise tatsächlich Schutz gewährt werden

---

42 Roth, Faktische Eingriffe in Freiheit und Eigentum, S. 75 ff.
43 Stern, Das Staatsrecht der Bundesrepublik Deutschland, Bd. 3/1, S. 728 ff.
44 Breuer, Festgabe BVerwG, S. 95 ff.
45 Vgl. Borowski, JöR 50 (2002), S. 305 f.; ders., Die Glaubens- und Gewissensfreiheit des Grundgesetzes, S. 607 ff.

kann, und welche kollidierenden verfassungsrechtlichen Rechte und Güter durch den Einsatz des Schutzmittels nachteilig betroffen werden.[46]

Soziale Grundrechte zielen auf die Gewährung faktischer Freiheit. Auch wenn der einzelne rechtliche Freiheit hat, können ihm die tatsächlichen Voraussetzungen zur Ausübung dieser Freiheit fehlen. Die Ausreisefreiheit aus Art. 2 Abs. 1 GG[47] enthält beispielsweise die spezielle rechtliche Freiheit, auf die Malediven zu verreisen. Dennoch kann der einzelne diese rechtliche Freiheit nicht ausüben, wenn ihm entsprechende finanzielle Mittel fehlen. Wenn der einzelne ein besonderes Interesse an der Ausübung einer rechtlichen Freiheit trotz fehlender tatsächlicher Voraussetzungen hat, und keine schwerer wiegenden verfassungsrechtlichen Rechte und Güter im Wege stehen, kommen soziale Grundrechte in Form definitiver Positionen ernsthaft in Betracht. Beispiele sind insbesondere die Gewährung des materiellen Existenzminimums sowie die Privatschulsubventionierung.[48]

Alle verschiedenen Unterklassen der grundrechtlichen Rechte auf Organisation und Verfahren verbindet der Gedanke der Prozedur oder des Verfahrens. Prozeduren oder Verfahren sind Systeme von Regeln und/oder Prinzipien zur Erzeugung eines Ergebnisses. Wird dieses Ergebnis unter Einhaltung aller prozeduralen Vorschriften erzeugt, ist es positiv ausgezeichnet. Wird es nicht unter Einhaltung aller prozeduralen Vorschriften erzeugt, ist dagegen negativ ausgezeichnet.[49] Materielle Maßstäbe spielen dagegen grundsätzlich keine Rolle, wenn sie nicht zusätzlich aufgestellt werden. Nach einem rein prozeduralen grundrechtlichen Modell statuieren Grundrechte Ansprüche auf Schaffung und Anwendung bestimmter Verfahrensnormen. Wird das gebotene Verfahren unter Einhaltung aller Verfahrensnormen durchlaufen, ist das Ergebnis – ohne Rücksicht auf materielle Aspekte – notwendig grundrechtsgemäß. Im Bereich der Grundrechte können jedoch prozedurale Anforderungen die Anforderungen an das Ergebnis nicht vollständig ersetzen. Die Prozedur ist nur ein Mittel, inhaltlichen Maßstäben in möglichst hohem Maße gerecht zu werden und von den Maßstäben freigelassene Spielräume zu füllen.[50] Grundrechtliche Rechte auf Organisation und Verfahren folgen damit stets einem gemischt prozedural-materiellen Modell. Innerhalb dieser Rechte kann nach dem Gegenstand des Verfahrens zwischen Rechten auf Verfahren im engeren Sinne, Rechten auf Organisation im engeren Sinne, Rechten auf privatrechtliche Kompetenzen und Rechten auf Verfahren der staatlichen Willensbildung unterschieden werden.[51]

---

46 Eingehender zu grundrechtlichen Schutzrechten siehe insgesamt 2. Teil, 3. Abschnitt, B. I.
47 Vgl. statt vieler Murswiek in Sachs³, Art. 2 GG, Rn 54; Kunig in von Münch/Kunig⁵, Art. 2 GG, Rn 29; Jarass in Jarass/Pieroth⁸, Art. 2 GG, Rn 7.
48 Eingehender zu sozialen Grundrechten siehe 2. Teil, 3. Abschnitt, B. II.
49 Alexy, Theorie der Grundrechte, S. 431.
50 Ders., a.a.O., S. 445.
51 Ders., a.a.O., S. 440 ff. Eingehender zu grundrechtlichen Rechten auf Organisation und Verfahren siehe 2. Teil, 3. Abschnitt, B. III.

b) Probleme der Unterscheidung

Eine exakte Unterscheidung der drei Teilklassen der grundrechtlichen Leistungsrechte im weiteren Sinne entlang der geschilderten Linien bereitet das eine oder andere Problem.

Kennzeichnend für grundrechtliche Schutzrechte ist die Gefahr, die einem grundrechtlichen Schutzgut von nichtstaatlicher Seite droht. Versteht man die „Gefahr für ein Schutzgut" weit, erfassen sie weitgehend die Konstellationen, die herkömmlich als soziale Grundrechte und Rechte auf Organisation und Verfahren diskutiert werden. In diesem Sinne spricht das Bundesverfassungsgericht im Hinblick auf die staatliche Pflicht zu sozialer Hilfe, also allen Bürgern die Mindestvoraussetzungen eines menschenwürdigen Daseins zu sichern, von einer „allgemeinen Schutzpflicht".[52] Die Pflicht zur Subventionierung von Privatschulen wird nicht nur als „Förderpflicht", sondern auch als „Schutzpflicht" bezeichnet.[53] In beiden Fällen geht es jedoch um finanzielle oder sachliche Hilfen des Staates zur Grundrechtsausübung. Die Gewährung des Existenzminimums ist Ergebnis einer Grundrechtsinterpretation im Sinne der sozialstaatlichen Grundrechtstheorie. Die Privatschulsubventionierung findet ihren Grund in erster Linie darin, daß anderenfalls ohne die Subventionierung das vom Grundgesetz vorgesehene private Ersatzschulwesen als kollektive Einrichtung, von dem Staat und Gesellschaft profitieren, unter den heutigen Bedingungen nicht bestehen könnte.[54] Mit den grundrechtlichen Schutzrechten vor Angriffen Dritter in der Tradition der liberalen Grundrechtstheorie hat dies nichts zu tun. Eine Unterscheidung der Teilklassen der grundrechtlichen Leistungsrechte im weiteren Sinne könnte sich damit an der Gefährdungslage orientieren. Bei Gefahren für grundrechtliche Schutzgüter der Abwehrrechte durch Dritte wären grundrechtliche Schutzrechte einschlägig, im Fall fehlender tatsächlicher Voraussetzungen der Grundrechtsausübung, auf die der einzelne dringend angewiesen ist, soziale Grundrechte. Dann entstehen aber Probleme dadurch, daß Rechte auf Organisation und Verfahren durch ihren Gegenstand, nicht die anspruchsauslösenden Voraussetzungen bestimmt werden.[55] Ein behördliches Verfahren im engeren Sinne wie etwa das Verfahren zur Genehmigung von Kernkraftwerken ist Gegenstand grundrechtlicher Rechte auf Organisation und Verfahren, gleichermaßen aber Schutzmittel im Sinne eines grundrechtlichen Schutzrechts.[56] Auch die – auf einen Grundrechtsträger bezogen – eher unproblematische Unterscheidung zwischen grundrechtlichen Schutzrechten und sozialen Grundrechten wird fraglich, wenn man verschiedene Grundrechtsträger betrachtet. Wenn einem Kind ein Anspruch auf einen Kindergartenplatz eingeräumt wird, kann dies Eltern erheblich die Kindererziehung erleichtern. Diese Erleichterung

---

52 BVerfGE 40, 121 (133).
53 BVerfGE 75, 40 (63 ff); 90, 107 (115 ff.).
54 Zur Privatschulsubventionierung vgl. 2. Teil, 3. Abschnitt, B. II. 1. c) und 2. Teil, 3. Abschnitt, B. II. 4. b).
55 In diesem Sinne wird auch gesagt, grundrechtliche Rechte auf Organisation und Verfahren lägen „quer zu den ... eigenständigen Grundrechtsfunktionen", Jarass, AöR 120 (1995), S. 353.
56 Vgl. BVerfGE 53, 30 (57 ff.).

kann dazu führen, daß eine Schwangere auf einen Schwangerschaftsabbruch verzichtet. Indem die Einräumung des Anspruchs auf einen Kindergartenplatz die Chancen auf Leben eines nasciturus erhöht,[57] wird ein grundrechtliches Schutzrecht des Ungeborenen aus Art. 2 Abs. 2 Satz 1 GG erfüllt. Aus der Perspektive der Schwangeren beziehungsweise Mutter geht es nicht um Eingriffe Dritter in ihre grundrechtlichen Schutzgüter. Für sie besteht das Problem, daß ihre Erwerbstätigkeit und andere wichtige Grundrechtsausübungen erschwert oder unmöglich gemacht werden, wenn ihr Kind keinen Kindergartenplatz erhält. Aus ihrer Perspektive ist ein Anspruch ihres Kindes auf einen Kindergartenplatz durch soziale Grundrechte gefordert.[58]

Andererseits könnte man eine an den Anspruchsgegenständen orientierte Unterscheidung zwischen den drei verschiedenen Teilklassen der Leistungsrechte im weiteren Sinne erwägen. Soziale Grundrechte gäben Ansprüche auf Leistungen, die der einzelne grundsätzlich auch von Privaten erhalten könnte. Den Gegenstand von Rechten auf Organisation und Verfahren zu gewähren bleibt dagegen regelmäßig ausschließlich Hoheitsträgern vorbehalten. Nur die Staatsgewalt kann Organisations- und Verfahrensvorschriften setzen. Der Anspruchsinhalt grundrechtlicher Schutzrechte kann jedoch sowohl in ausschließlich hoheitlich als auch privat verfügbaren Gegenständen bestehen. Ob der Erlaß eines Verbotsgesetzes oder die faktische Gewährung finanzieller oder sachlicher Leistungen geschuldet sind, hängt von den tatsächlich zur Verfügung stehenden Schutzmitteln, dem grundrechtlichen Schutzinteresse sowie mit der Anwendung der verschiedenen Schutzmittel verbundenen Beeinträchtigung kollidierender Rechte und Güter ab. Bei dieser Unterscheidung käme es zu Überschneidungen zwischen grundrechtlichen Schutzrechten und sozialen Grundrechten beziehungsweise grundrechtlichen Rechten auf Organisation und Verfahren.

Ein einzelnes Kriterium kann eine vollständige und eindeutige Unterscheidung insgesamt nicht leisten. Einige Fallgruppen lassen sich in zwei oder sogar drei Teilklassen der Leistungsrechte im weiteren Sinne einordnen.[59] Ein ernsthaftes Problem entstünde daraus nur, wenn die dogmatische Behandlung unterschiedlichen Regeln folgen würde. Die Untersuchung wird zeigen, daß dies nicht zutrifft. Letztlich sind die Unterscheidungsprobleme innerhalb der grundrechtlichen Leistungsrechte ein weiteres Argument, nicht zweifelhafte begriffliche Abgrenzungen in den Vordergrund zu stellen, mit denen sich die notwendigen Wertungen verschleiern lassen. Entscheidend bleiben die substantiellen Argumente. Die Unterscheidung zwischen grundrechtlichen Schutzrechten, sozialen Grundrechten und grundrechtlichen Rechten auf Organisation und Verfahren im eingangs eingeführten Sinne wird der folgenden Untersuchung zugrunde gelegt. Ist die Einordnung in mehrere Teilklassen der Leistungsrechte im weiteren Sinne möglich, ist in erster Linie auf den jeweiligen Schwerpunkt abzustellen.

---

57 Vgl. BVerfGE 88, 203 (260); zweifelnd Isensee, DVBl. 1995, S. 4.
58 Vgl. Isensee, DVBl. 1995, S. 2.
59 Vgl. Borowski, Die Glaubens- und Gewissensfreiheit des Grundgesetzes, S. 611 f.

II. Gleichheitsrechte

Gleichheitsrechte unterscheiden sich von Abwehr- und Leistungsrechten dadurch, daß eine Prüfung von Gleichheitsrechten stets einen Vergleich verschiedener Personen, Personengruppen oder Sachverhalte voraussetzt. Die Behandlung einer Person, einer Personengruppe oder eines Sachverhaltes ist das Argument für den Grundrechtsträger, der entweder eine begünstigende Behandlung erstrebt oder eine belastende Behandlung abwehren will. Die Prüfung von Abwehr- und Leistungsrechten dagegen kann auch für einzelne Personen oder Sachverhalte isoliert geprüft werden. Die Rechtsfolge eines grundrechtlichen Gleichheitsrechts ist aus der Perspektive des Grundrechtsträgers letztlich stets entweder auf eine staatliche Unterlassung (Abwehr gleichheitswidriger Belastung) oder auf eine staatliche Handlung (Erstreben gleichheitswidriger vorenthaltener Leistung) gerichtet. Im Fall des gleichheitsgemäß abgewehrten Eingriffs begehrt er eine staatliche Unterlassung, im Fall der gleichheitsgemäß erstrebten Begünstigung eine staatliche Handlung. Damit stellt sich die Frage, wie sich die grundrechtlichen Gleichheitsrechte von Abwehr- und Leistungsrechten abgrenzen lassen.

1. Gleichheitsrechte und Abwehrrechte

In Reaktion auf gleichheitswidrige Belastung gewähren Gleichheitsrechte Ansprüche auf staatliches Unterlassen, womit sie insoweit formell abwehrrechtlicher Natur sind. Nun könnte man in der anderen grundsätzlichen Konstellation der Gleichheitsrechte – Leistungsansprüche in Reaktion auf das Unterlassen gleichheitsgemäßer Begünstigungen – die staatliche Begünstigung als „vorgängiges Verhalten" im Sinne der materiellen Unterscheidung von Leistungs- und Abwehrrechten zu deuten versuchen, dies rückte die Gleichheitsrechte scheinbar in die Nähe der Abwehrrechte im materiellen Sinne. Damit würde übersehen, daß das „vorgängige Verhalten" bei materiellen Abwehrrechten nur die Handlungsform der Rechtsfolge umkehrt, bei Gleichheitsrechten dagegen die fundamentale Voraussetzung für jeglichen Anspruch darstellt: Ohne vorgängiges Verhalten der einschlägigen staatlichen Stelle können gar keine Vergleichsgruppen aufgestellt werden, Gleichheitsrechte sind – anders als Abwehrrechte – immer derivativer Natur.[60] Auch wenn die Deutung von Gleichheitsrechten als Abwehrrechte sich damit recht schnell als strukturell inadäquat erweisen läßt, erfreut sie sich einer gewissen Beliebtheit. Die Tendenz, die Freiheit gegenüber der Gleichheit in den Mittelpunkt der Grund- und Menschenrechte zu stellen, geht nicht zuletzt auf Kants Formulierung des allgemeinen Freiheitsrechts zurück.[61] In der modernen grundrechtsdogmatischen Literatur wird denn auch verschiedentlich gefordert, Gleichheitsrechte als „modale Abwehr-

---

60 Vgl. Borowski, Die Glaubens- und Gewissensfreiheit des Grundgesetzes, S. 248. Zur vergleichspaarfreien Willkürprüfung als vermeintlichem Gehalt des allgemeinen Gleichheitssatzes siehe 2. Teil, 3. Abschnitt, C. II.
61 Kant, Metaphysik der Sitten, S. 237: „Freiheit (Unabhängigkeit von eines Anderen nötigender Willkür), sofern sie mit jedes Anderen Freiheit nach einem allgemeinen Gesetz zusammen bestehen kann, ist dieses einzige, ursprüngliche, jedem Menschen, kraft seiner Menschheit zustehende Recht".

rechte" zu verstehen, da sie das Unterlassen gleichheitswidrigen Staatshandelns als solches geböten.[62] Hiervon wird die weitergehende Sichtweise der Gleichheitsrechte als „materielle Abwehrrechte" unterschieden, die nicht bloß formelle oder prozedurale Forderungen aufstellten – was dann wohl zu der bloß modalen Natur führen soll –, sondern zum materiellen Verfassungsrecht zählten.[63]

Man mag zur Kennzeichnung von Gleichheitsrechten durchaus sagen, sie geböten das Unterlassen gleichheitswidrigen Staatshandelns als solches, aber diese und vergleichbare Formulierungen bleiben an der sprachlichen Oberfläche.[64] Gleichheitsrechte könnte man mit exakt derselben Berechtigung auch als „modale Leistungsrechte" bezeichnen, nämlich als grundrechtliche Leistungsrechte, aus denen der Staat die Vornahme gleichheitsgemäßer Differenzierungen schuldet.[65]

Der fundamentale strukturelle Unterschied zwischen Abwehrrechten und Gleichheitsrechten zeigt sich auch bei der Rechtsfolge. Während die abwehrrechtliche Rechtsfolge im konkreten Fall stets eindeutig ist, kann eine gleichheitswidrige Behandlung in aller Regel auf zwei Arten aus der Welt geschafft werden. Im Fall der gleichheitsgemäß abgewehrten Belastung kann die Belastung des Grundrechtsträgers aufgehoben oder aber auf die Vergleichsgruppe ausgedehnt werden, im Fall der gleichheitsgemäß erstrebten Begünstigung kann die Begünstigung auch dem Grundrechtsträger zuerkannt oder aber der Vergleichsgruppe entzogen werden.[66]

Auch wenn schließlich von einer „Nichtdiskriminierungsfunktion" von Abwehrrechten gesprochen wird,[67] kann dies die strukturellen Unterschiede von Abwehrrechten und Gleichheitsrechten nicht einebnen.

2. Gleichheitsrechte und grundrechtliche Leistungsrechte

Für das Verhältnis von den Gleichheitsrechten zu den grundrechtlichen Leistungsrechten gilt mutatis mutandis, was zum Verhältnis von Gleichheitsrechten und Abwehrrech-

---

62 Sachs, DÖV 1984, S. 414; ders., Grenzen des Diskriminierungsverbotes, S. 28 f.; Schwabe, Probleme der Grundrechtsdogmatik, S. 23 f.; Osterloh in Sachs³, Art. 3 GG, Rn 38 ff.; Heun in Dreier², Art. 3 GG, Rn 17; Huster in BerlKomm, Art. 3 GG, Rn 42.
63 Kirchhof, HbStR V, § 124, Rn 276; Stern, Das Staatsrecht der Bundesrepublik Deutschland, Bd. 3/1, S. 652.
64 Lübbe-Wolff, Die Grundrechte als Eingriffsabwehrrechte, S. 18, 258; Borowski, Die Glaubens- und Gewissensfreiheit des Grundgesetzes, S. 247.
65 Borowski, a.a.O., S. 248.
66 Siehe statt vieler Kirchhof, HbStR V, § 124, Rn 272 ff.; Kokott, Festschrift BVerfG II, S. 160 f.
67 In diesem Sinne, unter Hinweis auf Grundrechte als „objektivrechtliche Wertentscheidungen", Jarass, AöR 110 (1985), S. 374 ff.; ders., AöR 120 (1995), S. 375 ff.; ders., Festschrift BVerfG II, Bd. 2, S. 45 f.; vgl. auch Kirchhof, HbStR V, § 124, Rn 169. Dafür kann man versuchen anzuführen, daß sich in bundesverfassungsgerichtlichen Entscheidungen bisweilen gleichheitsrechtliche Erwägungen in Ausführungen zu speziellen Abwehrrechten finden, vgl. etwa BVerfGE 17, 210 (217); 28, 324 (347); 80, 124 (134); 93, 1 (17); 99, 216 (232). Dies verweist aber eher auf die Gleichbehandlung als methodisches Prinzip. Auch knüpft die „Neue Formel" des Bundesverfassungsgerichts zum allgemeinen Gleichheitssatz eine gewisse Verbindung zu den Abwehrrechten, aber dies erfolgt nur zur Steuerung des Prüfungsmaßstabes innerhalb der neuen Formel.

ten gesagt wurde. Die an sich klare Unterscheidung wird leider allzuoft durch verwirrende Terminologie verunklart.

a) Originäre Teilhabe- oder Leistungsrechte

Grundrechtliche Leistungsrechte im hier zugrundegelegten Sinne sind originäre Teilhabe- oder Leistungsrechte. Im Rahmen der Prüfung dieser Rechte sind nicht notwendig Vergleichsgruppen in den Blick zu nehmen. Es geht um die Frage, was dem Grundrechtsträger aus Grundrechten zusteht, ohne daß es auf die Behandlung anderer Personen, Personengruppen oder Sachverhalte entscheidend ankäme.

b) Derivative Teilhabe- oder Leistungsrechte

Derivative Teilhabe- oder Leistungsrechte dagegen gewähren Ansprüche auf Leistungen, die anderen in vergleichbarer Lage auch gewährt wurden, oder auf die Partizipation an bestehenden Einrichtungen, die anderen auch gewährt wird. Entscheidend ist hier das Argument der gleichen Behandlung, derivative Leistungsrechte sind Gleichheitsrechte im Leistungsbereich.[68]

---

68 Lübbe-Wolff, Die Grundrechte als Eingriffsabwehrrechte, S. 17 f.; Murswiek, HbStR V, § 112, Rn 69 ff.; Borowski, JöR 50 (2002), S. 302; ders., Die Glaubens- und Gewissensfreiheit des Grundgesetzes, S. 250; Stern, Das Staatsrecht der Bundesrepublik Deutschland, Bd. 3/1, S. 749 f.

3. Abschnitt: Die strukturelle Analyse der Grundrechtsfunktionen

Nachdem die notwendigen Grundlagen gelegt wurden, gilt es die Abwehrrechte, die grundrechtlichen Leistungsrechte und die Gleichheitsgrundrechte daraufhin zu untersuchen, ob sie einschränkbare Grundrechte nach dem Eingriffs-Schranken-Schema oder Rechte nach dem Präformationsmodell gewähren.

A. Die Abwehrrechte

Die Abwehrrechte im klassischen oder materiellen Sinne[1] stehen in der liberalen Tradition des Grundgesetzes. Sie sichern die Freiheitssphäre des einzelnen vor Eingriffen der öffentlichen Gewalt[2] und bewehren seine grundrechtliche Freiheit.

I. Die Abwehrrechte als innen- oder außentheoretische Rechte

Abwehrrechte binden gem. Art. 1 Abs. 3 GG gleichermaßen Gesetzgebung, vollziehende Gewalt und Rechtsprechung und gewähren unbestritten subjektive Rechte.[3] Die Untersuchung der fundamentalen Struktur kann sich daher gleich auf die Frage konzentrieren, ob die Abwehrrechte einschränkbare, außentheoretische Rechte oder innentheoretische Rechte nach dem Präformationsmodell gewähren.

1. Die strukturelle Analyse des Grundschemas der Abwehrrechte

Bevor der Blick auf mögliche Ausnahmen zu richten sein wird, gilt es das Grundschema der Abwehrrechte zu entwickeln.

a) Das Grundschema der Abwehrrechte

Die Prüfung der Abwehrrechte erfolgt herkömmlich in drei Schritten: Schutzbereich, Eingriff und verfassungsrechtliche Rechtfertigung des Eingriffs.[4]

---

1 Zur Unterscheidung von Abwehrrechten und grundrechtlichen Leistungsrechten im formellen und im materiellen Sinne siehe 2. Teil, 2. Abschnitt, I.
2 Insbesondere BVerfGE 7, 198 (204).
3 Statt vieler Stern, Das Staatsrecht der Bundesrepublik Deutschland, Bd. 3/1, S. 558 ff.
4 Die Terminologie ist zwar unterschiedlich, es besteht aber Einigkeit in der Sache: Isensee HbStR V, § 111, Rn 37 ff.; Lübbe-Wolff, Die Grundrechte als Eingriffsabwehrrechte, S. 25 ff.; Starck in von Mangoldt/Klein/Starck[5], Art. 1 Abs. 3 GG, Rn 262 ff.; Höfling, Jura 1994, S. 170 f.; Jarass in Jarass/Pieroth[8], Vorb. vor Art. 1 GG, Rn 14-16; ders., AöR 120 (1995), S. 359; Pieroth/Schlink, Grundrechte – Staatsrecht II[21], Rn 346; Bleckmann, Staatsrecht II – Die Grundrechte[4], § 12, Rn 1 ff.; Katz, Staatsrecht[16], Rn 627; von Münch in von Münch/Kunig[5], Vorb. Art. 1-19, Rn 48 ff.; Schmalz, Grundrechte[4], Rn 30 ff; Schnapp, JuS 1983, S. 851. Auch das Bundesverfassungsgericht legt seinen Entscheidungen diese Dreiteilung zugrunde, vgl. hierzu Kloepfer, Festgabe BVerfG I, Bd. 2,

aa) *Schutzbereich*

Innerhalb des Schutzbereiches[5] ist zwischen dem personellen und dem sachlichen Schutzbereich zu unterscheiden. Der **personelle Schutzbereich** entscheidet darüber, welche Personen sich auf das betreffende Grundrecht berufen können. Im Hinblick auf natürliche Personen kann zwischen Jedermanngrundrechten und den sogenannten „Deutschengrundrechten" unterschieden werden. Die Deutschengrundrechte stehen nur den Deutschen im Sinne des Art. 116 Abs. 1 GG zu, die Jedermanngrundrechte auch allen übrigen Personen. Die Frage der Grundrechtsträgerschaft juristischer Personen wird durch Art. 19 Abs. 3 GG entschieden.

Der **sachliche Schutzbereich** bezeichnet den Bereich der Schutzgüter eines Grundrechts. Schutzgüter sind in erster Linie Handlungen oder Zustände in dem jeweiligen thematischen Bereich des Abwehrrechts.[6] Durch Auslegung der Grundrechtsbestimmung wird ermittelt, ob die Handlung oder der Zustand als Schutzgut in den Schutzbereich des fraglichen Abwehrrechts fällt.[7] Dabei wird häufig der Grundsatz genannt, daß diejenige Auslegung zu wählen sei, bei der die Grundrechte die größtmögliche Wirkkraft entfalten.[8] Der sachliche Schutzbereich bezeichnet die materielle Frei-

---

S. 408 ff. Von dieser Grundstruktur geht auch das die Rechtsprechung des Schweizerischen Bundesgerichts und die herrschende Lehre in der Schweizerischen Literatur aus, Bolz, Das Verhältnis von Schutzgut und Schranken der Grundrechte, S. 13 ff. mit weiteren Nachweisen; ebenso die Österreichische Grundrechtsdogmatik, Holoubek, Bauelemente eines grundrechtsdogmatischen Argumentationsschemas, S. 61. Auch die Rechte der Europäischen Menschenrechtskonvention folgen diesem Schema, vgl. Berka, Österreichische Zeitschrift für Öffentliches Recht und Völkerrecht 37 (1986), S. 71 ff.; Engel, Österreichische Zeitschrift für Öffentliches Recht und Völkerrecht 37 (1986), S. 261 ff.; Hailbronner, Festschrift Mosler, S. 359 ff.

5   Statt „Schutzbereich" finden sich auch die Begriffe „Normbereich", „Schutzgut", „Grundrechtstatbestand", „Tatbestand" und ähnliche, Stern, Das Staatsrecht der Bundesrepublik Deutschland, Bd. 3/2, S. 31 ff. mit zahlreichen Nachweisen. Einige Begriffe werden teils in einem engeren, teils in einem weiteren Sinne gebraucht. Zur vorzugswürdigen Begriffsverwendung sogleich.

6   Vgl. Stern, Das Staatsrecht der Bundesrepublik Deutschland, Bd. 3/1, S. 622; Alexy, Theorie der Grundrechte, S. 174 ff., 274. Konstituierte Rechtspositionen, die in Erfüllung grundrechtlicher Leistungsrechte geschaffen wurden und durch Kassation von Änderungsakten geschützt werden können, werden nach der in dieser Untersuchung bevorzugten Konzeptualisierung nicht als Bestandteil des Schutzbereichs von Abwehrrechten im materiellen Sinne angesehen, vgl. zu den Gründen für diese Konzeptualisierung bereits 2. Teil, 2. Abschnitt, I. 2.

7   Isensee, HbStR V, § 111, Rn 54; Bleckmann, Staatsrecht II – Die Grundrechte[4], § 12, Rn 13; Katz, Staatsrecht[16], Rn 629, 636 f.; H.-J. Koch, EuGRZ 1986, S. 345; von Münch in von Münch/Kunig[5], Vorb. Art. 1-19 GG, Rn 50; Starck in von Mangoldt/Klein/Starck[5], Art. 1 Abs. 3 GG, Rn 264; Pieroth/Schlink, Grundrechte – Staatsrecht II[21], Rn 230; Starck, HbStR VII, § 164, Rn 35; ders., Praxis der Verfassungsauslegung, S. 24.

8   Dieser Grundsatz geht auf Richard Thoma zurück, Thoma, Die juristische Bedeutung der grundrechtlichen Sätze der Deutschen Reichsverfassung im allgemeinen, S. 9. Vgl. BVerfGE 6, 55 (72); 32, 54 (71); 39, 1 (38); 43, 154 (167); 51, 97 (110); 57, 70 (99); 59, 231 (265); 103, 142 (153); Jarass in Jarass/Pieroth[8], Einl, Rn 12; von Mangoldt/Klein/Starck[3], Art. 1 Abs. 3 GG, Rn 105; von Münch in von Münch/Kunig[5], Vorb. Art. 1-19 GG, Rn 51; zurückhaltend von Arnauld, Die Freiheitsrechte und ihre Schranken, S. 272 f.; ablehnend für die Berücksichtigung in der Grundrechtsauslegung Stern, Das Staatsrecht der Bundesrepublik Deutschland, Bd. 3/2, S. 1740: „Die Gefahr einer solch einseitigen Bevorzugung der Grundrechte und ihrer Freiheitsgehalte liegt in der Maximierung der Grundrechte auf Kosten denkbarer anderer Verfassungsrechtsgüter". Dies trifft jedoch die Berücksichtigung auf der Ebene des sachlichen Schutzbereiches gar nicht, da eine Maximierung der Grund-

heitssubstanz,[9] bei seiner Bestimmung sind Eingriffsnotwendigkeiten nicht zu berücksichtigen.[10] Geschützt ist auch die **Modalität** der Grundrechtsausübung, also Ort, Zeit und Art der fraglichen Handlung.[11]

bb) *Eingriff*

Hier ist zwischen dem klassischen Eingriffsbegriff und dem erweiterten Eingriffsbegriff zu unterscheiden. Der **klassische**[12] Grundrechtseingriff ist eine finale, rechtliche, hoheitliche und an den Grundrechtsträger adressierte belastende staatliche Maßnahme.[13] Liegt ein klassischer Eingriff vor, steht die Eingriffsqualität des staatlichen Handelns außer Zweifel.[14] Ist dies nicht der Fall, kann die Eingriffsqualität über den **modernen Eingriffsbegriff** begründet werden. Der moderne Eingriffsbegriff verzichtet auf die vier Merkmale des klassischen Eingriffsbegriffs, jedes belastende staatliche Handeln stellt grundsätzlich einen Grundrechtseingriff dar.[15] Dies führt zu einer weiten Ausdeh-

---

rechte auf Kosten anderer Rechte oder Güter auf dieser Prüfungsstufe noch gar nicht droht. Dies ist eine Frage der zutreffenden Abwägung auf der Ebene der verfassungsrechtlichen Rechtfertigung. Stern verwendet die Ausdrücke „Interpretation" und „Auslegung" an der genannten Stelle in einem weiten Sinne, der alle drei Stufen der Grundrechtsprüfung erfaßt. Hier mag sich „in dubio pro libertate", wie jede übermäßige Vereinfachung, durchaus als gefährlich erweisen. Für den Schutzbereich als Teil des Tatbestandes wird sich erweisen, daß die weite Tatbestandstheorie bei Abwehrrechten vorzugswürdig ist, siehe 2, Teil, 3. Abschnitt, A. I. 4.

9   BVerfGE 32, 54 (72); Isensee, HbStR V, § 111, Rn 45; Stern, Das Staatsrecht der Bundesrepublik Deutschland, Bd. 3/2, S. 791; ders., Festschrift BVerfG II, Bd. 2, S. 7 f.
10 BVerfGE 85, 386 (397 f.); BVerfG NJW 1995, 184 (185).
11 BVerfGE 69, 315 (343); vgl. Schwabe, Probleme der Grundrechtsdogmatik, S. 161; Alexy, Theorie der Grundrechte, S. 285.
12 Der Ausdruck „klassisch" darf nicht im Sinne von Historizität verstanden werden, da selbst weit vor dem Inkrafttreten des Grundgesetzes der Eingriffsbegriff schon weiter gefaßt wurde, vgl. nur Bethge, VVDStRL 57 (1998), S. 38.
13 Bleckmann/Eckhoff, DVBl. 1988, S. 373 f.; Eckhoff, Der Grundrechtseingriff, S. 175 ff.; Isensee, HbStR V, § 111, Rn 61; Lübbe-Wolff, Die Grundrechte als Eingriffsabwehrrechte, S. 42 ff.; Bleckmann, Staatsrecht II - Die Grundrechte⁴, § 12, Rn 34 ff.; Pieroth/Schlink, Grundrechte – Staatsrecht II²¹, Rn 238; Koch, Der Grundrechtsschutz des Drittbetroffenen, S. 18 ff.; von Arnauld, Die Freiheitsrechte und ihre Schranken, S. 93 f.; Bethge, VVDStRL 57 (1998), S. 38; Lücke, DVBl. 2001, S. 1469; Stern, Das Staatsrecht der Bundesrepublik Deutschland, Bd. 3/2, S. 82 f.; H. Dreier in Dreier², Vorb., Rn 124. Nach der Definition des Bundesverfassungsgerichts im 105. Band wird unter dem „Grundrechtseingriff im herkömmlichen Sinne …im Allgemeinen ein rechtsförmiger Vorgang verstanden, der unmittelbar und gezielt (final) durch ein vom Staat verfügtes, erforderlichenfalls zwangsweise durchzusetzendes Ge- oder Verbot, also imperativ, zu einer Verkürzung grundrechtlicher Freiheiten führt", BVerfGE 105, 279 (299 f.).
14 Gallwas, Faktische Beeinträchtigungen im Bereich der Grundrechte, S. 45; Lübbe-Wolff, Die Grundrechte als Eingriffsabwehrrechte, S. 47; Koch, Der Grundrechtsschutz des Drittbetroffenen, S. 20; Stern, Das Staatsrecht der Bundesrepublik Deutschland, Bd. 3/2, S. 104 mit weiteren Nachweisen; anderer Ansicht Eckhoff, Der Grundrechtseingriff, S. 230 f.
15 Bleckmann/Eckhoff, DVBl. 1988, S. 376; Eckhoff, Der Grundrechtseingriff, S. 19; Bleckmann, Staatsrecht II – Die Grundrechte⁴, § 12, Rn 40 ff.; Lübbe-Wolff, Die Grundrechte als Eingriffsabwehrrechte, S. 71; Schwabe, Probleme der Grundrechtsdogmatik, S. 176 ff.; H. Dreier in Dreier², Vorb., Rn 125 f. Vgl. auch BVerfGE 105, 279 (301).

nung des Eingriffsbegriffs,[16] womit eingrenzende Kriterien erforderlich werden. Hier werden insbesondere eine Mindestintensität des Eingriffs[17] oder eine Lockerung des Gesetzesvorbehaltes für bestimmte Eingriffsformen[18] erwogen.

cc) *Verfassungsrechtliche Rechtfertigung des Eingriffs*

In der verfassungsrechtlichen Rechtfertigung des Eingriffs wird geprüft, ob der staatliche Eingriff zu einer wirksamen Beschränkung des Grundrechts geführt hat. Hier sind formelle und materielle Anforderungen zu unterscheiden. Zunächst ist eine grundrechtliche Eingriffsermächtigung oder Schrankenklausel erforderlich. Existiert keine geschriebene Schrankenklausel, kann eine ungeschriebene Schrankenklausel eine Rechtfertigung des Eingriffs erlauben.[19] Im Zweifel sind grundrechtliche Eingriffsermächtigungen weit auszulegen.[20] Dann sind die allgemein anerkannten formellen Kriterien der verfassungsrechtlichen Rechtfertigung von Eingriffen zu prüfen, dann die materiellen, insbesondere der Grundsatz der Verhältnismäßigkeit.[21]

b) Die strukturelle Analyse des Grundschemas der Abwehrrechte

Dieses dreigliedrige Grundschema der Abwehrrechte gilt es nun auf seine Struktur hin zu analysieren.

aa) *Das Verhältnis von Schutzbereich und Eingriff – Schutzbereichs- und Tatbestandsbegriffe*

Zwischen Schutzbereich und Eingriff im oben eingeführten Sinne besteht ein enges Verhältnis. Der Unterschied besteht darin, daß der Schutzbereich bestimmt, **was** geschützt wird, der Eingriff, **wogegen** etwas geschützt wird.[22] Andererseits lassen sich

---

16 Eckhoff, Der Grundrechtseingriff, S. 235; Lübbe-Wolff, Die Grundrechte als Eingriffsabwehrrechte, S. 72 f.; Bleckmann, Staatsrecht II – Die Grundrechte[4], § 12, Rn 40.
17 BVerwGE 87, 37 (44); 90, 112 (121); Eckhoff, Der Grundrechtseingriff, S. 252 ff.; Katz, Staatsrecht[16], Rn 638; Pieroth/Schlink, Grundrechte – Staatsrecht II[21], Rn 248; Ramsauer, VerwArch 72 (1981), S. 104 f.; jeweils mit weiteren Nachweisen; ablehnend Stern, Das Staatsrecht der Bundesrepublik Deutschland, Bd. 3/2, S. 209.
18 Eckhoff, Der Grundrechtseingriff, S. 40 ff.; Isensee, HbStR V, § 111, Rn 68; jeweils mit weiteren Nachweisen. Vgl. auch Borowski, Die Glaubens- und Gewissensfreiheit des Grundgesetzes, S. 449.
19 Sowohl die Terminologie als auch die vorgeschlagenen Unterscheidungen der grundrechtlichen Eingriffsermächtigungen sind nicht einheitlich, vgl. nur von Mangoldt/Klein, Das Bonner Grundgesetz, Bd. 1, S. 120 ff.; Starck in von Mangoldt/Klein/Starck[5], Art. 1 Abs. 3 GG, Rn 267 ff.; Stern, Das Staatsrecht der Bundesrepublik Deutschland, Bd. 3/2, S. 369 ff.; ders., Festschrift BVerfG II, Bd. 2, S. 8 ff. Siehe 2. Teil, 3. Abschnitt, A. I. 5.
20 Siehe bei 2. Teil, 3. Abschnitt, B. I. 5.; siehe auch Borowski, Die Glaubens- und Gewissensfreiheit des Grundgesetzes, S. 539.
21 Zu den formellen und materiellen Kriterien der verfassungsrechtlichen Rechtfertigung vgl. statt vieler Stern, Das Staatsrecht der Bundesrepublik Deutschland, Bd. 3/2, S. 691 ff. Vgl. auch 2. Teil, 3. Abschnitt, A. III.
22 Eckhoff, Der Grundrechtseingriff, S. 20 f.; vgl. Schwabe, Probleme der Grundrechtsdogmatik, S. 152 f.

nahezu alle Probleme des prima facie-Schutzes von Grundrechten sowohl als Schutzbereichs- als auch als Eingriffsprobleme formulieren.[23] So gibt es beispielsweise zwei Möglichkeiten, einen prima facie-Schutz von Geschäfts- und Betriebsräumen aus Art. 13 GG vor handwerksrechtlichen Betretungen und Besichtigungen zu verneinen. Man kann die Subsumtion von Geschäfts- und Betriebsräumen unter „Wohnung" im Sinne von Art. 13 Abs. 1 GG ablehnen. Dann liegt kein rechtfertigungsbedürftiger Eingriff in den Schutzbereich vor. Die andere Möglichkeit besteht darin, Geschäfts- und Betriebsräume unter Art. 13 Abs. 1 GG zu subsumieren,[24] aber einen Eingriff zu verneinen, wenn vier Bedingungen erfüllt sind: (1) eine besondere gesetzliche Vorschrift ermächtigt zum Eingriff, (2) das Betreten der Räume dient einem erlaubten Zweck und ist erforderlich, (3) das Gesetz läßt den Zweck des Betretens, den Gegenstand und Umfang der zugelassenen Besichtigung und Prüfung, deutlich erkennen, (4) das Betreten erfolgt innerhalb der gewöhnlichen Geschäftszeiten.[25] Auch in diesem Fall liegt kein rechtfertigungsbedürftiger Eingriff in den Schutzbereich vor.

Dieser enge Zusammenhang von Schutzbereich und Eingriff hat zur Lehre vom funktionalen Schutzbereich geführt, nach der die Schutzbereichs- und Eingriffsprüfung auf eine Prüfungsstufe reduziert wird. Maßgebend ist danach, ob nach dem Schutzzweck der Grundrechte Beeinträchtigungen bestimmter Qualität vom funktionalen Schutzbereich erfaßt sind.[26] Auf einen allgemeinen Eingriffsbegriff zu verzichten und bei jedem grundrechtlichen Schutzbereich die Frage, wogegen das grundrechtliche Schutzgut geschützt wird, besonders zu klären, erweist sich nur dann als sinnvoll, wenn die auftretenden Probleme bei verschiedenen Abwehrrechten verschiedener Art sind. Die Frage, unter welchen Voraussetzungen staatliches Handeln als Eingriff in Grundrechte zu rechtfertigen ist, wirft jedoch bei allen Abwehrrechten vergleichbare Probleme auf.[27] Daher ist der Grundrechtseingriff als Rechtsfigur der allgemeinen Grundrechtsdogmatik beizubehalten, gleiches gilt für die Unterscheidung der herkömmlichen Grundrechtsdogmatik zwischen Schutzbereich und Eingriff. Dem engen Verhältnis beider Elemente kann auf andere Weise angemessen Rechnung getragen werden.

Die eingangs dargelegte Grundstruktur der Prüfung der Abwehrrechte kann wie folgt schematisch dargestellt werden:

Wenn (Sx und Ex) und nicht VRx, dann Rx.[28]

---

23 Zum engen Zusammenhang von Schutzbereich und Eingriff Bleckmann, Staatsrecht II – Die Grundrechte⁴, § 12, Rn 53; Eckhoff, Der Grundrechtseingriff, S. 36 ff., Lübbe-Wolff, Die Grundrechte als Eingriffsabwehrrechte, S. 42; Böckenförde, Der Staat 42 (2003), S. 167.
24 BVerfGE 32, 54 (68 ff.).
25 BVerfGE 32, 54 (76 f.).
26 Ramsauer, VerwArch 72 (1981), S 99 ff.; ders., AöR 111 (1986), S. 516 f.; Schwerdtfeger, NVwZ 1982, S. 7; ders., Öffentliches Recht in der Fallbearbeitung, Rn 447 et passim.
27 Ebenso Eckhoff, Der Grundrechtseingriff, S. 39.
28 Diese schematische Darstellung kann zu der Formalisierung im Rahmen der Prädikatenlogik und deontischen Logik erweitert werden: $(x)((Sx \wedge Ex) \wedge \neg VRx \leftrightarrow ORx)$. Dies ist zu lesen: Für alle Handlungen oder Zustände „x" gilt: Wenn es sich bei der Handlung, der Rechtsposition oder dem Zustand „x" um ein Schutzgut des Abwehrrechts handelt („Sx"), und eine staatliche Maßnahme in

235

„x" steht dabei für eine Handlung, einen Zustand oder eine Rechtsposition. „Sx" bedeutet, daß „x" Schutzgut eines Abwehrrechts ist. „Ex" sagt, daß der Staat in die Handlung oder den Zustand als Schutzgut eingreift, „VRx", daß dieser Eingriff in das Schutzgut verfassungsrechtlich gerechtfertigt ist. „Rx" schließlich bedeutet, daß im Hinblick auf „x" die Rechtsfolge des Abwehrrechts eintritt. Insgesamt ergibt sich damit: Wenn eine Handlung oder ein Zustand Schutzgut eines Abwehrrechts ist, der Staat in diese Handlung oder diesen Zustand eingreift und dieser Eingriff in das Schutzgut nicht verfassungsrechtlich gerechtfertigt ist, tritt die Rechtsfolge dieses Abwehrrechts ein.

Diese schematische Darstellung zeigt, daß als Gegenstück zur verfassungsrechtlichen Rechtfertigung der komplexe Ausdruck („Sx und Ex")[29] anzusehen ist. Nicht der Schutzbereich im Sinne der Summe der Schutzgüter allein („Sx")[30] bildet das strukturelle Gegenstück zur in der Rechtfertigung geprüften Wirksamkeit der Grundrechtsschranke, sondern Schutzbereich und Eingriff.[31] Damit sind zwei verschiedene Begriffe des Schutzbereichs zu unterscheiden. Der **Schutzbereich im engeren Sinne** ist mit der Summe der Schutzgüter identisch („Sx"). Er beantwortet allein die Frage nach dem „was" des Schutzes. Der Schutzbereich im weiteren Sinne besteht aus der Summe der Schutzgüter, in die eine Maßnahme des Staates eingreift („Sx und Ex"). Er beantwortet die Frage nach dem „was" und die Frage des „wogegen" des Grundrechtsschutzes.[32] In

---

„x" eingreift („Ex") und der Eingriff in das Abwehrrecht in Hinblick auf *x* nicht verfassungsrechtlich gerechtfertigt ist („¬VRx"), tritt die Rechtsfolge „R" für „x" ein („ORx"). „∧" ist die Konjunktion, das logische „und", „¬" die Verneinung, und schließlich „↔" das Bikonditional, das logische „genau dann, wenn". Zur Prädikatenlogik vgl. bereits bei 1. Teil, 2. Abschnitt, II. 2. a) aa) sowie bei 2. Teil, 1. Abschnitt, II. 1. a). „O" ist der Gebotsoperator der deontischen Logik, zur deontischen Logik vgl. ebenda.
Die Quantifikation erfolgt hier über Handlungen oder Zustände des einzelnen. Dies führt dazu, daß alle Bedingungen als Eigenschaften von Handlungen, Zuständen oder Rechtspositionen formuliert werden. Dies mag zwar ungewohnt klingen, erlaubt es aber, die logische Struktur so einfach wie möglich zu halten, ohne daß sie fehlerhaft wird, vgl. zu diesem Vorgehen grundsätzlich Alexy, Logische Analyse, S. 198. Eine Quantifikation über Grundrechtsträger oder staatliche Maßnahmen wäre ebenso möglich und führte zu keinem anderen Ergebnis, die Quantifikation über Handlungen oder Zustände kommt der juristischen Sprache jedoch am nächsten.

29 Die Handlung oder den Zustand „x" ist Schutzgut des Abwehrrechts und der Staat greift in diese Handlung oder diesen Zustand ein.
30 Die Handlung oder der Zustand „x" ist Schutzgut des Abwehrrechts.
31 Für diesen komplexen Ausdruck werden verschiedene Begriffe verwendet, vgl. nur Höfling, Jura 1994, S. 170: „Grundrechtstatbestand"; Schwabe, Probleme der Grundrechtsdogmatik, S. 152 f.: „Schutzbereich"; Alexy, Theorie der Grundrechte, S. 276: „Schutzgut/Eingriff-Tatbestand"; Starck in von Mangoldt/Klein/Starck[5], Art. 1 Abs. 3 GG, Rn 264: „Schutzbereich". Koch, Der Grundrechtsschutz des Drittbetroffenen, S. 66 ff. et passim, verwendet den Ausdruck „Beeinträchtigungstatbestand", der sich aus dem „Schutzgut-Tatbestand" und dem „Einwirkungstatbestand" zusammensetzen soll.
32 Die Bezeichnung als Schutzbereich im weiteren Sinne folgt daraus, daß gegenüber dem Schutzbereich im engeren Sinne zusätzliche Anforderungen gestellt werden. Dies heißt jedoch nicht, daß eine größere Anzahl von Handlungen oder Zuständen eines einzelnen in den Schutzbereich im weiteren Sinne fällt als in den Schutzbereich im engeren Sinne. Das Gegenteil ist der Fall. Dies liegt einmal daran, daß nicht alle grundrechtlichen Schutzgüter, deren Summe den Schutzbereich im engeren Sinne bildet, durch staatliche Maßnahmen beeinträchtigt werden. Weiterhin bildet nicht jede staatliche Maßnahme mit grundrechtsbeeinträchtigendem Charakter einen Grundrechtseingriff, wenn man eine bestimmte Mindestintensität der Betroffenheit verlangt. Der Schutzbereich im weiteren Sinne

den folgenden strukturellen Untersuchungen geht es in erster Linie um den Schutzbereich als strukturelles Gegenstück zur Grundrechtsschranke. Dies spräche dafür, „Schutzbereich" als Bezeichnung für den Schutzbereich im weiteren Sinne zu verwenden. Andererseits könnte dies zu Verwirrung führen, da sich „Schutzbereich" als Bezeichnung des Schutzbereichs im engeren Sinne weitgehend durchgesetzt hat.[33] Daher wird der Begriff „Schutzbereich" im engeren Sinne, als Summe der Schutzgüter verstanden (Sx). Der Schutzbereich im weiteren Sinne hingegen wird als **Grundrechtstatbestand**, oder kurz Tatbestand bezeichnet (Sx und Ex). Davon zu unterscheiden ist noch der Grundrechtstatbestand im weiteren Sinne. Er bezeichnet den komplexen Ausdruck, der aus Grundrechtstatbestand und Grundrechtsschranke besteht: „(Sx und Ex) und nicht VRx".[34] Immer, wenn dieser Grundrechtstatbestand im weiteren Sinne erfüllt ist, tritt die unbedingt die Rechtsfolge des Grundrechts ein. Der Grundrechtstatbestand im weiteren Sinne beschreibt damit die Voraussetzungen des definitiven Grundrechtsschutzes.[35]

bb) *Das Verhältnis von Grundrechtstatbestand und Grundrechtsschranke*

Das Verhältnis von Grundrechtstatbestand und Grundrechtsschranke entspricht dem Verhältnis zwischen dem unbeschränkten Recht oder prima facie-Recht im Sinne der Außentheorie und der Schranke dieses Rechts. Der effektive Garantiebereich oder Bereich definitiven Schutzes eines Abwehrrechts entspricht dem beschränkten Recht im Sinne der Außentheorie.[36] Dies zeigt sich insbesondere am Kollisionsverhalten von Abwehrrechten. Im Falle etwa der Kollision von Abwehrrechten mit Grundrechten anderer oder verfassungsrechtlichen kollektiven Gütern wird nicht ein strikter Vorrang ermittelt, sondern fallbezogen abgewogen. Das Bundesverfassungsgericht hat für die Kunstfreiheit gem. Art. 5 Abs. 3 Satz 1 GG entschieden, daß

„in allen Fällen, in denen andere Verfassungsgüter mit der Ausübung der Kunstfreiheit in Widerstreit geraten, ein verhältnismäßiger Ausgleich der gegenläufigen, gleichermaßen verfassungsrechtlich geschützten Interessen mit dem Ziel der Optimierung gefunden werden"[37]

muß. Diese Kollision rechtlicher Normen, die durch Abwägung jeweils zu optimaler Geltung zu bringen sind, weist auf die Prinzipienstruktur der abgewogenen Normen hin.

---

erfaßt dann nur die Teilklasse der Schutzgüter, die mit einer bestimmten Mindestintensität durch eine staatliche Maßnahme beeinträchtigt werden.
33 Statt vieler BVerfGE 85, 386 (397); Jarass in Jarass/Pieroth[8], Vorb. vor Art. 1 GG, Rn 19 ff.; Pieroth/Schlink, Grundrechte – Staatsrecht II[21], Rn 231 ff.; Stern, Das Staatsrecht der Bundesrepublik Deutschland, Bd. 3/2, S. 31 f. mit weiteren Nachweisen in Anm. 87.
34 In prädikatenlogischer Formulierung entspricht dem „(Sx $\land$ Ex) $\land$ ¬VRx".
35 Und damit, welche staatlichen Maßnahmen definitiv grundrechtlich verboten sind, vgl. das Eingriffsgesetz II bei Alexy, Theorie der Grundrechte, S. 277.
36 Zum unbeschränkten Recht oder Recht „an sich" im Sinne der Außentheorie und dem beschränkten Recht im Sinne der Außentheorie siehe 1. Teil, 1. Abschnitt, I. 1.
37 BVerfGE 81, 278 (292); ähnlich BVerfGE 83, 130 (143); vgl. BVerfGE 77, 240 (253).

Ähnlich klar bereits zur Kollision des verfassungsrechtlichen allgemeinen Persönlichkeitsrechts und der Rundfunkfreiheit in der Lebach-Entscheidung: Es sei

„unter Berücksichtigung der falltypischen Gestaltung und der besonderen Umstände des Einzelfalles zu entscheiden, welches Interesse zurückzutreten habe."[38]

Diese Grundstruktur, fallbezogene Abwägung des Grundrechts gegen Grundrechte anderer oder kollektive Güter, liegt allen Abwehrrechten zugrunde.[39] Auch aus der Notwendigkeit der Anwendung des Grundsatzes der Verhältnismäßigkeit folgt die Prinzipienstruktur der Abwehrrechte des Grundgesetzes.[40] Hat eine Norm, die ein Recht gewährt, Prinzipiencharakter, so ist das gewährte Recht notwendig ein außentheoretisches Recht.[41] (Sx und Ex) stellt daher das unbeschränkte Recht im Sinne der Außentheorie dar, während VRx für eine wirksame Schranke steht.[42]

cc) *Ergebnis*

Das Grundschema der herkömmlichen Grundrechtsdogmatik ist im Sinne der Außentheorie zu rekonstruieren.[43]

---

38   BVerfGE 35, 202 (219).
39   Zahlreiche weitere Entscheidungen des Bundesverfassungsgerichts, in denen eine Abwägung im Sinne des dritten Teilgrundsatzes des Grundsatzes der Verhältnismäßigkeit vorgenommen wurde, finden sich bei H. Schneider, Die Güterabwägung des Bundesverfassungsgerichts bei Grundrechtskonflikten, S. 41 ff. und Stern, Das Staatsrecht der Bundesrepublik Deutschland, Bd. 3/2, S. 819 ff.
40   Siehe 1. Teil, 3. Abschnitt, I., ebenso für die Prinzipienstruktur der Abwehrrechte im klassischen Sinne statt vieler Alexy, Logische Analyse, S. 194 ff.; ders., Theorie der Grundrechte, S. 84 ff.; Höfling, Jura 1994, S. 171; Koch/Rüßmann, Juristische Begründungslehre, S. 98; Stelzer, Das Wesensgehaltsargument und der Grundsatz der Verhältnismäßigkeit, S. 229 f.; Bleckmann, Staatsrecht II – Die Grundrechte[4], § 12, Rn 1; vgl. auch die Nachweise bei 1. Teil, 2. Abschnitt, III.
41   Siehe 1. Teil, 2. Abschnitt, I. 2. f).
42   Die eingangs logisch formalisierte Prüfungsfolge „(x)(Sx ∧ Ex) ∧ ¬VRx ↔ ORx" läßt sich folglich im Sinne des allgemeinen außentheoretischen Grundschemas „Wenn URx und nicht GSx, dann Rx" interpretieren, welches umgangssprachlich lautet: Wenn der Gegenstand x Inhalt eines unbeschränkten Rechts „an sich" ist und dieses Recht nicht im Hinblick auf x wirksam beschränkt ist, ist für x die Rechtsfolge dieses Rechts geboten. Logisch formalisiert: „(x)(URx ∧ ¬GSx ↔ ORx)". „URx": „x" ist Gegenstand eine unbeschränkten Rechts „an sich"; „GSx": Im Hinblick auf „x" ist das außentheoretische Recht wirksam beschränkt. „URx" entspricht „(Sx ∧ Ex)", „GSx" entspricht „VRx". „VRx" liegt vor, wenn die formellen („FAx") und die materiellen Wirksamkeitskriterien („MAx") für Abwehrrechtsschranken vorliegen. Diese beiden Elemente führen zur Unterscheidung formeller und materieller Schutzwirkung, vgl. Lübbe-Wolff, Die Grundrechte als Eingriffsabwehrrechte, S. 25 ff.
Im Gegensatz zum allgemeinen außentheoretischen Grundschema steht das allgemeine innentheoretische Grundschema „Wenn WIx, dann Rx": Wenn der Gegenstand „x" wahrer Inhalt eines Rechts ist, ist für „x" die Rechtsfolge dieses Rechts geboten. Logisch formalisiert: „(x)(WIx ↔ ORx)". „WIx": „x" ist wahrer Inhalt eines Rechts; „ORx": die Rechtsfolge dieses Rechts für „x" geboten. In den Schematisierungen und Formalisierungen zeigt sich deutlich die Zweistufigkeit der Prüfung bei der Außentheorie und die Einstufigkeit bei der Innentheorie, vgl. insgesamt 1. Teil, 1. Abschnitt, I.
43   In diesem Sinne auch beispielsweise Lübbe-Wolff, Die Grundrechte als Eingriffsabwehrrechte, S. 25 ff.; Alexy, Theorie der Grundrechte, S. 249 ff.; Cremer, Freiheitsgrundrechte, S. 74 ff.

2. Der Streit um die Schrankentheorie

Nach der Analyse des Grundschemas der herkömmlichen Grundrechtsdogmatik sollen die Argumente für und gegen die verschiedenen Schrankentheorien bei den Abwehrrechten in den Blick genommen werden. Überwiegend stammen diese Argumente aus der verfassungsrechtlichen Diskussion. Die ersten Argumente gegen die strukturelle Möglichkeit der Außentheorie stammen jedoch bereits aus der zivilrechtlichen Diskussion um die Schrankentheorien.

Die Innen- und Außentheorie als Konstruktionstheorien stehen im Verhältnis exklusiver Alternativität. Eine Rechtsposition kann nur entweder innentheoretischer oder außentheoretischer Natur sein, nicht aber beides oder weder das eine noch das andere. Ein Argument für die Innentheorie ist daher notwendig ein Argument gegen die Außentheorie und umgekehrt. Vor diesem Hintergrund sind Argumente für die Innentheorie kaum von Argumenten gegen die Außentheorie zu unterscheiden, gleiches gilt für die umgekehrte Relation. Die Argumente werden daher der Übersichtlichkeit halber einfach der Reihe nach präsentiert.

a) Das Argument des logischen Widerspruchs

Wolfgang Siebert macht geltend, eine von außen her kommende Ausübungsschranke, die den Rechtsinhalt unberührt lasse, sei „logisch nicht möglich".[44] Etwas könne nicht einerseits Rechtsinhaltsverwirklichung, andererseits gleichzeitig unzulässige Ausübung eines Rechts sein.[45] Den gleichen Gedanken macht Endemann geltend, wenn er sagt, die Außentheorie führe zu einem „unentwirrbaren Kreislauf", indem ein Recht unbeschränkt zugesprochen, die Ausübung dieses Rechts aber für unzulässig erklärt werde.[46]

Ein ähnliches Argument ist das „Zirkelschlußargument" gegen die in der Lüth-Entscheidung des Bundesverfassungsgerichts entwickelte sogenannte „Wechselwirkungstheorie".[47] Durch die Wechselwirkungstheorie wird die Schranke der „allgemeinen Gesetze" des Art. 5 Abs. 2 GG der materiellen Schranken-Schranke der Verhältnismäßigkeit unterworfen.[48]

---

44 Siebert, Verwirkung und Unzulässigkeit der Rechtsausübung, S. 88.
45 Ders. a.a.O.
46 Endemann, Lehrbuch des Bürgerlichen Rechts, § 84, a), Anm. 8. Vgl. Sontis, Festschrift Larenz, S. 983: „unheilbarer Widerspruch". Ein verwandtes Argument besagt, daß es zwar nicht logisch unmöglich ist, eine Rechtsposition einerseits umfassend zu gewähren, andererseits wieder einzuschränken, aber inhaltlich widersprüchlich, Enneccerus-Nipperdey, Allgemeiner Teil, Bd. 1, 2. Halbbd., S. 1442 Anm. 23.
47 Die beiden Argumente sind nicht identisch, da das erste Argument die Beschränkung eines Rechts für logisch unmöglich erklärt, das zweite Argument dagegen die Beschränkung einer beschränkenden Norm. Das erste Argument bezieht sich auf Schranken, das zweite auf Schranken-Schranken. Sie sind insofern aber ähnlich, als sie sich beide gegen die Grundstruktur richten, die sich aus dem außentheoretischen Grundschema beziehungsweise dem Eingriffs-Schranken-Schema ergibt.
48 Zur Deutung der Wechselwirkungslehre als Anforderung der Verhältnismäßigkeit vgl. K. Hesse, Grundzüge des Verfassungsrechts[20], Rn 72; Jarass in Jarass/Pieroth[8], Vorb. vor Art. 1 GG, Rn 44; Lübbe-Wolff, Die Grundrechte als Eingriffsabwehrrechte, S. 29; Stern, Das Staatsrecht der Bundesrepublik Deutschland, Bd. 3/2, S. 1799.

„Die gegenseitige Beziehung zwischen Grundrecht und ‚allgemeinem Gesetz' ist also nicht als einseitige Beschränkung der Geltungskraft des Grundrechts durch die ‚allgemeinen Gesetze' aufzufassen; es findet vielmehr eine Wechselwirkung in dem Sinne statt, daß die allgemeinen Gesetze zwar dem Wortlaut nach dem Grundrecht Schranken setzen, ihrerseits aber aus der Erkenntnis der wertsetzenden Bedeutung dieses Grundrechts im freiheitlich-demokratischen Staat ausgelegt und so in ihrer das Grundrecht begrenzenden Wirkung selbst wieder eingeschränkt werden müssen."[49]

Gegen diese Theorie wurde vorgebracht,

„eine das Grundrecht beschränkende Norm [könne] logisch nicht in der Reichweite der Beschränkung wegen der inhaltlichen Wertigkeit des grundrechtlichen Rechtsguts beschränkt werden".[50]

Das Argument des logischen Widerspruchs läßt sich durch eine prinzipientheoretische Rekonstruktion der Außentheorie entkräften. Das Argument besagt, es bestehe ein logischer Widerspruch, wenn etwas Inhalt eines außentheoretischen prima facie-Rechts und gleichzeitig ein definitives Nicht-Recht sei. Das außentheoretische prima facie-Recht als Prinzip und die definitive Position als Regel befinden sich jedoch auf verschiedenen Ebenen. Das Prinzip ist auf der Abwägungsstufe der Rechtsanwendung zu berücksichtigen, das definitive Recht (bzw. Nicht-Recht) hingegen erst auf der Handlungsstufe.[51] In einem Rechtssystem wie dem der Bundesrepublik Deutschland, in dem die Geltung von Regeln auch von Prinzipienkollisionen abhängt, besteht kein normenlogischer Widerspruch zwischen Regeln und Prinzipien. Vielmehr ist die Kollision von Regel und Prinzip nach den bereits dargelegten Grundsätzen der Regel/Prinzipienkollision aufzulösen: Es ist zu fragen, ob die Regel angesichts des grundrechtlichen Prinzips und kollidierender Prinzipien eine zutreffende normative Festsetzung im Raum des tatsächlich und rechtlich Möglichen darstellt.[52] Es wurde bereits § 5 Abs. 1 BAZG als Beispiel für eine schrankensetzende Regel genannt.[53] Diese Norm verbietet die Produktion in Konditoreien und Bäckereien werktags von 22.00 Uhr bis 4.00 Uhr des folgenden Tages. Diese Norm beschränkt das prima facie-Recht von Bäckern und Konditoren, ihre Produktionszeiten frei zu bestimmen, als Teil ihrer Berufsausübungsfreiheit aus Art. 12 Abs. 1 GG. Eine Abwägung mit kollidierenden Prinzipien, wie zum Beispiel der staatlichen Schutzpflicht für die in Bäckereien Beschäftigten, denen durch Nachtarbeit gesundheitliche Schäden drohen,[54] ergibt, daß die Berufsfreiheit insofern wirksam beschränkt ist. Auf-

---

49 BVerfGE 7, 198 (207).
50 Hamann-Lenz, Art. 5 GG, Rn 9; Kiesel, NVwZ 1992, S. 1130; Schmitt Glaeser, AöR 97 (1972), S. 280; vgl. auch Schwenk, NJW 1962, S. 1322: durch die Wechselwirkungslehre hebe das Bundesverfassungsgericht „die Begrenzung der Grundrechte in Wirklichkeit auf"; vgl. weiter Herzog in Maunz/Dürig, Art. 5 Abs. 1, 2 GG, Rn 261 f., es handele sich zwar um einen Zirkelschluß, dieser sei jedoch „offensichtlich im System der Grundrechte angelegt".
51 Zur Unterscheidung zwischen Abwägungs- und Handlungsstufe siehe bereits 1. Teil, 2. Abschnitt, II. 3. c) cc); 2. Teil, 1. Abschnitt, II. 1. d).
52 Siehe 1. Teil, 2. Abschnitt, II. 2. a) cc).
53 Siehe 1. Teil, 3. Abschnitt, II. 2. a) bb).
54 Vgl. BVerfGE 87, 363 (386).

grund der Schutzpflicht tritt die Berufsfreiheit zurück. Kennzeichnend für Prinzipien ist gerade, daß im Fall ihrer Kollision kein normenlogischer Widerspruch besteht, der nur durch Ungültigerklärung einer der beiden Normen gelöst werden kann.[55] Daß trotz Kollision beide Normen gelten, ist gerade die Voraussetzung einer Abwägung.[56] Da eine Regel wie § 5 Abs. 1 BAZG nach dem Kollisionsgesetz bei der Lösung der Prinzipienkollision durch Abwägung auch notwendig entsteht,[57] kann auch zwischen Regel und beschränktem Prinzip kein normenlogischer Widerspruch bestehen.

Weder die Kollision zweier grundrechtlicher Prinzipien noch die Kollision eines grundrechtlichen Prinzips mit einer beschränkenden Regel, deren Geltung von einer Prinzipienkollision abhängt, begründet einen normenlogischen Widerspruch. Normenlogische Widersprüche bestehen vielmehr nur zwischen Regeln.[58]

b) Das Argument des außerrechtlichen Ideals

Ein weiteres Argument gegen die außentheoretische Deutung von Rechten besteht darin, dem außentheoretischen prima facie-Recht die Rechtsqualität abzusprechen. Das Ideal ist dann Inhalt einer moralischen, sittlichen oder göttlichen Norm, nicht aber einer geltenden Rechtsnorm:

„Wenn man das Wesen des Rechtsmißbrauchs positivrechtlich ermitteln will, ist es nicht zulässig, das geltende Recht einem unerfüllten Idealbild gegenüberzustellen und daraus zwei verschiedene Normgruppen zu gewinnen. Es kann sich hier vielmehr nur darum handeln, wie weit das Idealbild vom positiven Recht aufgenommen ist und damit zu Sätzen des positiven Rechts gemacht ist. ... Wenn nämlich die Rechtsordnung solche Normen der Moral oder des richtigen Rechts in sich aufgenommen und somit zu Rechtsnormen gemacht hat, so ist Gesetzesmißbrauch auch Rechtsmißbrauch, auch Mißbrauch der ‚höheren‘, ‚richtigen‘ Norm. Sind aber solche ‚außerjuristischen‘ Normen nicht in die Rechtsordnung aufgenommen, nicht zu Rechtsnormen gemacht, so ist es bei Erforschung des geltenden Rechts nicht zulässig, die außerjuristischen Normen zur Kennzeichnung des Wesens des Rechtsmißbrauchs zu verwenden."[59]

Die Trennung von geltendem Recht und unerfülltem Idealbild hat nach Siebert nur rechtspolitischen Wert.[60] Sein Argument kann auf zwei verschiedene Arten interpretiert werden. In der ersten Interpretation beruht die Nichtgeltung von Idealen als Rechtsnormen darauf, daß Rechtsnormen keine Ideale enthalten können. Die Geltung rechtlicher Ideale wäre strukturell unmöglich. Die zweite Interpretation besteht darin, daß Rechtsnormen nach Siebert zwar Ideale enthalten können, derartige Rechtsnormen in seinem zeitgenössischen Rechtssystem aber nicht gelten.

---

55 Siehe 1. Teil, 2. Abschnitt, II. 2. a) bb).
56 Vgl. Sieckmann, Rechtstheorie 25 (1994), S. 164.
57 Vgl. zum Kollisionsgesetz 1. Teil, 2. Abschnitt, II. 2. a) bb) eee).
58 Vgl. bereits bei 1. Teil, 3. Abschnitt, II. 1. den Widerspruch zwischen N_1 und N_2.
59 Siebert, Verwirkung und Unzulässigkeit der Rechtsausübung, S. 89 f.
60 Ders., a.a.O., S. 90.

Rechtliche Ideale sind Normen, die ideales Sollen enthalten. Ideales Sollen ist noch nicht beschränktes Sollen. Dies ist kennzeichnend für Prinzipien[61] als Teilklasse der Rechtsnormen. Somit bereitet die Annahme von Idealen als Inhalt von Rechtsnormen keine besonderen Probleme. In der ersten Interpretation wäre Sieberts Argument unzutreffend. Gegen die Interpretation Sieberts in diesem Sinne spricht, daß er im folgenden ausführt, im Rahmen des § 242 BGB sei die

„Idee richtigen Rechts ... Rechtsinhalt geworden. Das soziale Sittengesetz ist dann nicht eine von außen her die Rechtsordnung durchbrechende Macht, sondern ist als ‚konstitutiver Faktor' in die Rechtsordnung aufgenommen mit der Folge, daß es sich bei der Anwendung von Treu und Glauben um eine rechtliche Wertung handelt."[62]

Wenn im Fall des § 242 BGB Ideale den Inhalt von Rechtsnormen bilden, kann dies nicht grundsätzlich strukturell unmöglich sein. Siebert ist im zweiten Sinne zu interpretieren. Er bestreitet, daß die „außerjuristischen Normen", abgesehen von § 242 BGB, in sein zeitgenössisches Rechtssystem inkorporiert wurden. Er behauptet nicht die strukturelle Unmöglichkeit rechtlicher Ideale, sondern die Nichtgeltung bestimmter rechtlicher Ideale im Rechtssystem des Dritten Reichs. Dies mag ein Problem der Zivilrechtsdogmatik sein, stellt aber keinen grundlegenden Einwand gegen die Außentheorie dar.

c) Das Argument des unrealistischen Ideals

Gegen die Außentheorie wird weiter eingewandt, die Annahme unbeschränkter Rechte sei lebensfremd. Ein unbeschränktes Recht könne in realen Rechtssystemen nicht existieren:

„Windscheid, Pandekten, I § 167 sagt, das Eigenthum sei ‚als solches' schrankenlos. – Aber das Eigenthum besteht doch nirgends ‚als solches', als platonische Idee, sondern überall nur als etwas Reales, und es soll nicht ‚als solches', sondern als eine Realität nach dem Willen des Gesetzgebers ins Leben treten. Jene Vorstellung von Windscheid wird nicht verbessert durch seine Bemerkung a.a.O. Anm. 5, in die vollständige Definition sei die Kategorie des ‚an sich' aufzunehmen. Denn von dem `Eigenthum ‚an sich', wenn es ein solches geben sollte, können wir ebensowenig wissen, wie von dem ‚Ding an sich'."[63]

Dies spricht jedoch nicht gegen die Außentheorie. Sie kann ohne weiteres einräumen, prima facie-Rechte seien nur schrankenlos vorstellbar, existierten aber in der Realität

---

61 Alexy, Zum Begriff des Rechtsprinzips, S. 80 f.; Sieckmann, Regelmodelle und Prinzipienmodelle des Rechtssystems, S. 76.
62 Siebert, Verwirkung und Unzulässigkeit der Rechtsausübung, S. 91.
63 Schloßmann, JherJb. 45 (1903), S. 319 Anm. 1. Ähnlich Crome, System, Bd. 3, S. 254 Anm. 2: „Der Mensch ist nicht allein auf der Welt, und kann sich nirgends schrankenlos bethätigen"; Raape, JherJb. 71 (1922), S. 125: „Der Gedanke eines ewig inhaltsgleichen Eigentums ist nicht von dieser Welt"; Haverkate, Rechtsfragen des Leistungsstaates, S. 98 Anm. 125: „alles Dürfen (gelte) nur innerhalb bestimmter Grenzen". Vgl. auch Böhmer, NJW 1988, S. 2569: „Keine Theorie und kein Gesetzgeber kann daran vorbeigehen, daß das menschliche Zusammenleben gewisse Beschränkungen des Eigentümers erfordert."

nicht schrankenlos.[64] Enthält eine Norm als Prinzip ideales Sollen in Form eines zu optimierenden Gegenstandes – was für Prinzipien zutrifft – kann sie im Einzelfall aufgrund einer korrekten Abwägung zurücktreten. Wie eine regulative Idee hat das prima facie-Recht regelmäßig einen gegenüber dem beschränkten Recht überschießenden Gehalt. Dies stellt jedoch keine Verletzung außentheoretischer Rechte dar. Die Geltung einer Norm trotz Kollision ist, wie bereits erwähnt, gerade Voraussetzung einer Abwägung. Der im Einzelfall überschießende rechtliche Gehalt bezeichnet den Bereich, um den das Prinzip wirksam beschränkt ist. Läge dieser Bereich von vornherein fest, wäre eine Beschränkung im Sinne einer inhaltlichen Verminderung nicht möglich.

d) Das Argument der notwendigen Gemeinschaftsbindung

Ein weiteres Argument für die Innentheorie und gegen die Außentheorie soll im Hinweis auf die notwendige Gemeinschaftsbindung von Rechten bestehen. Allein die Innentheorie sei geeignet, die Bindung des Rechtsinhabers gegenüber der Gemeinschaft zur Geltung zu bringen, oder sie sei zumindest besser geeignet.[65] Dieses Argument wurde bereits grundlegend zurückgewiesen.[66] Es beruht auf Interpretation der Außentheorie im Sinne einer normativen Theorie. Rechtlich geschützt ist dann in erster Linie die freie Willkür des einzelnen, Gemeinschaftsbelange treten nahezu vollständig zurück. Ein Beispiel ist die stark individualistische Position des Zivilrechts im 19. Jahrhundert. Es ist jedoch nicht notwendig, die Außentheorie in diesem Sinne als normative Theorie zu verstehen. Bei einem Verständnis als Konstruktionstheorie können Gemeinschaftsbelange sogar grundsätzlich Vorrang vor Individualbelangen erhalten, solange den Individualbelangen überhaupt ein relevantes Gewicht beigemessen wird.[67]

e) Das Argument der konstituierten Freiheit

Gegen die Außentheorie wird das Argument vorgebracht, sie führe zu der einseitigen Sicht des Gesetzgebers als Feind der Grundrechte. Der Gesetzgeber sei nicht nur Feind, sondern auch Förderer der Grundrechte.[68] Zwischen Grundrecht und einfachem Gesetz bestehe ein „inneres, werthaftes Verständnis"[69] bzw. ein „außerordentlich vielschichtiges und komplexes Verhältnis"[70], das nicht auf eine Sicht der bloßen Beschränkung des

---

64 Alexy, Theorie der Grundrechte, S. 250.
65 Statt vieler Siebert, Verwirkung und Unzulässigkeit der Rechtsausübung, S. 87 f.
66 Siehe 1. Teil, 1. Abschnitt, III. 1. b).
67 Zur Außentheorie als normative Theorie oder Konstruktionstheorie siehe 1. Teil, 1. Abschnitt, III. 1. b).
68 Bolz, Das Verhältnis von Schutzgut und Schranken der Grundrechte, S. 238; Häberle, Die Wesensgehaltsgarantie des Artikels 19 Abs. 2 Grundgesetz, S. 127 ff., 163 ff. et passim; E. Hesse, Die Bindung des Gesetzgebers an das Grundrecht des Art. 2 I GG, S. 87 ff; Krebs, Vorbehalt des Gesetzes und Grundrechte, S. 66 ff.; G. Müller, ZSR 100 (1981), S. 43 ff. In diesem Sinne gegen eine prinzipientheoretische Rekonstruktion der Abwehrrechte Jestaedt, Grundrechtsentfaltung im Gesetz, S. 222.
69 Häberle, Die Wesensgehaltsgarantie des Artikels 19 Abs. 2 Grundgesetz, S. 127.
70 Bolz, Das Verhältnis von Schutzgut und Schranken der Grundrechte, S. 239.

Grundrechts durch den Gesetzgeber reduziert werden könne. Einerseits werde Freiheit beschränkt, andererseits Freiheit konstituiert. Diese konstituierende und ausgestaltende Leistung des Gesetzgebers werde von der Außentheorie vernachlässigt. Sie sei nur in einem innentheoretischen Modell der Grundrechte adäquat zu rekonstruieren.

Die Außentheorie führt nicht notwendig zu dieser Sichtweise. Die Beschränkung eines außentheoretischen Rechts durch ein Gesetz führt gleichermaßen zu einer Beschränkung als auch einer Ausgestaltung. Das prima facie-Recht als Prinzip wird durch das Gesetz insofern eingeschränkt, als daß sein Optimierungsgegenstand nicht vollständig realisiert wird. Betrachtet man jedoch nur die Ebene des einfachen Rechts als Ebene des definitiven Grundrechtsschutzes, wird das prima facie-Recht aus der Betrachtung ausgeblendet. Aus dieser Perspektive kommt es zu einer Ausgestaltung, Konstituierung oder Schaffung definitiven rechtlichen Sollens. Die Frage, ob Handeln des Gesetzgebers in erster Linie als Beschränkung oder eine Ausgestaltung angesehen wird, ist insofern eine Frage der Perspektive. Dennoch bleibt aber ein Handeln, das den definitiven grundrechtlichen Schutz ausgestaltet, eine Beschränkung des prima facie-Schutzes.[71]

f) Das Argument des verfehlten räumlichen Denkens

Weiter heißt es, die Außentheorie führe zu verfehltem räumlichen Denken.[72] Als Hilfsmittel der juristischen Didaktik seien räumliche Modelle zwar hilfreich, auf höheren Stufen der Erörterung sollten diese Denkhilfen jedoch überwunden werden.[73] Sonst werde eher „Grundrechtsgeometrie" als Grundrechtsdogmatik betrieben. Bei der Grundrechtsanwendung handele sich um einen teleologischen Konkretisierungsvorgang,[74] räumliche Modelle führten zu einer „Scheinlogik."[75] Dieses Argument geht schlichtweg fehl, da räumliche Betrachtungsweisen bestenfalls im metaphorischen Sinne verwendet werden.[76] Räumliche Betrachtungen werden von der Außentheorie weder vorausgesetzt noch gefordert.

g) Das Argument der Rangordnung der Normen

Weiterhin wird gegen die Außentheorie geltend gemacht, eine Beschränkung von Grundrechten im Sinne der Außentheorie verstoße gegen den Stufenbau der Rechtsordnung. Beschränkungen von Grundrechten sollen insbesondere durch einfache Gesetze erfolgen. Da das Grundrecht in der Hierarchie der Normen aber über den einfachen Gesetzen stehe, seien diese, soweit sie den Grundrechten widersprechen, rechtswidrig. Sie könnten etwas, was durch die Verfassung gewährleistet wird, nicht vermindern.[77]

---

71 Vgl. zum Verhältnis von Ausgestaltung und Einschränkung bereits 1. Teil, 3. Abschnitt, III.
72 Bolz, Das Verhältnis von Schutzgut und Schranken der Grundrechte, S. 25, 220 f., 224 ff.; Imboden, Staat und Recht, S. 440 ff.
73 Bolz, Das Verhältnis von Schutzgut und Schranken der Grundrechte, S. 226.
74 Ders., a.a.O., S. 224.
75 Vgl. Imboden, Staat und Recht, S. 435, 440 f.
76 Vgl. beispielsweise Pieroth/Schlink, Grundrechte – Staatsrecht II[21], Rn 231.
77 Bolz, Das Verhältnis von Schutzgut und Schranken der Grundrechte, S. 234.

Wenn man dies dennoch zulasse, laufe dies auf eine Kompetenz zur stillschweigenden Verfassungsänderung hinaus.[78]

Diese Argumentation übersieht, daß die materielle Einschränkung des Grundrechts nicht in dem einfachen Gesetz selbst liegt, sondern in Prinzipien, die dieses einfache Gesetz im Sinne einer Regel stützen.[79] Bei diesen Stützungsprinzipien kann es sich um Prinzipien im Sinne von Grundrechten oder kollektiven Gütern mit Verfassungsrang handeln. Grundrechte oder kollektive Güter mit Verfassungsrang in diesem Sinne sind alle Prinzipien, die inhaltlich Verfassungsbestimmungen zugeordnet werden können. Es sind die Prinzipien, die nach allgemeiner Lehre auch eine Einschränkung vorbehaltlos gewährleisteter Grundrechte rechtfertigen können.[80] Der Verfassungsrang dieser Prinzipien mit Verfassungsrang 1. Grades steht ohnehin außer Frage.[81] Aber auch die relativen Ziele[82] als Prinzipien mit Verfassungsrang 2. Grades haben die Kraft, Grundrechte einzuschränken. Ein Beispiel ist die „Erhaltung und Förderung des Handwerks"[83] als klassischer und zentraler Bestandteil des Mittelstandsschutzes.[84] Grundrechtliche Bedeutung erlangen diese Prinzipien nur, wenn der Gesetzgeber die ihm in der grundrechtlichen Eingriffsermächtigung eingeräumte Kompetenz wahrnimmt. Damit weisen alle Prinzipien, die Grundrechte einschränken können, Verfassungsrang auf, entweder Verfassungsrang 1. oder 2. Grades. Die resultierende Einschränkung verstößt nicht gegen Stufenbau der Rechtsordnung.[85]

Auch der Einwand, der Gesetzgeber könne die Grundrechte nicht einschränken, da er den Grundrechten bereits in eingeschränkter Form begegne[86], überzeugt nicht. Er verkennt, daß bei relativen Zielen des Gesetzgebers die Frage der Kompetenz, über das Ob oder das Maß der Einschränkung zu entscheiden – und damit der Zwecksetzungsspielraum[87] – eine entscheidende Rolle spielt. Aufgrund der unmittelbaren demokratischen Legitimation des parlamentarischen Gesetzgebers stehen diesem auch bei absoluten Zielen Erkenntnisspielräume[88] zu, hinzu kommt der Abwägungsspielraum als struktu-

---

78 G. Müller, ZSR 100 (1981), S. 45 Anm. 88.
79 Vgl. zur Redundanz von Regeln als Schranken bereits 1. Teil, 3. Abschnitt, I. 2. b) aa) (3).
80 Vgl. 2. Teil, 3. Abschnitt, A. II. 2. b).
81 Zur Unterscheidung von Prinzipien mit Verfassungsrang 1. und 2. Grades vgl. 1. Teil, 2. Abschnitt, III. 2. a).
82 Zur Unterscheidung von relativen und absoluten Zielen siehe bereits Fn. 96 bei 2. Teil, 1. Abschnitt, II. 1. c), sowie 2. Teil, 1. Abschnitt, II. 2. a) aa) aaa).
83 BVerfGE 13, 97 (110).
84 Die Frage, ob ein Prinzip Verfassungsrang 1. oder 2. Grades hat, ist nur relativ zu einer konkreten Verfassungsordnung zu beantworten. In der Weimarer Reichsverfassung statuierte Art. 164: „Der selbständige Mittelstand in Landwirtschaft, Gewerbe und Handel ist in Gesetzgebung und Verwaltung zu fördern und gegen Überlastung und Aufsaugung zu schützen." Man kann daher sagen, daß – wenn auch die grundrechtsdogmatische Relevanz der Unterscheidung von Prinzipien mit Verfassung 1. oder 2. Grades noch gar nicht erkannt war – der Mittelstandsschutz unter der Weimarer Reichsverfassung ein Prinzip mit Verfassungsrang 1. Grades bildete. Im Grundgesetz fehlt dagegen eine entsprechende Bestimmung, hier handelt es sich um ein Prinzip mit Verfassungsrang 2. Grades.
85 Zum Stufenbau der Rechtsordnung siehe Borowski, Die Lehre vom Stufenbau, S. 122 ff.
86 Bolz, Das Verhältnis von Schutzgut und Schranken der Grundrechte, S. 235.
87 Siehe 1. Teil, 2. Abschnitt, III. 4. a) aa).
88 Siehe 1. Teil, 2. Abschnitt, III. 4. b).

reller Spielraum.[89] Die Entscheidung des Gesetzgebers ist daher in einem durchaus weiten Bereich konstitutiv.

h) Das Unredlichkeitsargument

Man könnte der Ansicht sein, ein außentheoretisches Modell der Grundrechte führe zu unberechtigten Illusionen. Zunächst werde ein weitgehendes außentheoretisches prima facie-Recht gewährt. Der schöne Schein, der dadurch erweckt wird, werde jedoch wieder zerstört, wenn dieses Recht eingeschränkt wird.[90]

Wer sich allein aufgrund eines außentheoretischen prima facie-Rechts Hoffnung auf ein definitives Recht macht, macht sich zu Unrecht Hoffnung. Ob das grundrechtliche prima facie-Recht auch ein definitives Recht darstellt, hängt von den kollidierenden Prinzipien und deren Gewichtung ab. Versteht man die Außentheorie als Konstruktionstheorie,[91] kann sogar regelmäßig eine weitgehende Einschränkung vorliegen.

Von einer Unredlichkeit könnte man aber nur sprechen, wenn mehr versprochen als gehalten wird. Ein prima facie-Recht gibt jedoch nur einen Anspruch auf ein zutreffendes Abwägungsergebnis. Wer ein prima facie-Recht als unbedingtes Versprechen eines definitiven Rechts interpretiert, unterliegt einem grundlegenden Mißverständnis.[92]

i) Das Argument der fehlenden legitimierenden Kraft

Der Außentheorie wird vorgeworfen, sie gehe von prima facie-Rechten aus, die keine legitimierende Kraft entfalten. Folglich hätten diese „von vornherein" hinter andere Rechte zurückzutreten, ein durch Abwägung zu lösender Konflikt liege nicht wirklich vor.[93] Dies ist in erster Linie ein Einwand gegen Außentheorien in Form von weiten Tatbestandstheorien, er trifft weniger Außentheorien in Form von engen Tatbestandstheorien. Dieses Argument stellte nur dann einen Einwand auch gegen enge Tatbestandstheorien dar, wenn der gesamte Bereich des effektiven Grundrechtsschutzes von vornherein festgelegt wäre. Eine Abwägung wäre dann niemals notwendig. Eine abwägungsfreie Bestimmung des effektiven Grundrechtsschutzes als Fundamentalprinzip der Anwendung von Abwehrrechten ist jedoch weder vorzugswürdig noch wird sie vertreten. Die Abwägung als Mittel der Lösung der Kollision von Rechten und Gütern ist, wie bereits ausgeführt, die rationalste Methode, die gegenwärtig zur Verfügung steht.[94]

---

89 Siehe 1. Teil, 2. Abschnitt, III. 4. a) bb).
90 Dieses Argument wird sowohl gegen die Außentheorie bzw. das Eingriffs-Schranken-Schema bei Abwehrrechten geltend gemacht, Bolz, Das Verhältnis von Schutzgut und Schranken der Grundrechte, S. 228; Fechner, Soziologische Grenze; W. Jellinek, DRZ 1 (1946), S. 4; Marx, Konstitution, S. 503 f., als auch insbesondere gegen ein außentheoretisches Eingriffs-Schranken-Modell sozialer Grundrechte, vgl. die Nachweise bei 2. Teil, 3. Abschnitt, B. II. 5. a).
91 Zur Unterscheidung von Konstruktionstheorien und normativen Theorien siehe 1. Teil, 1. Abschnitt, III. 1. b).
92 Vgl. Borowski, Die Glaubens- und Gewissensfreiheit des Grundgesetzes, S. 382; vgl. weiter von Arnauld, Die Freiheitsrechte und ihre Schranken, S. 40.
93 Huster, Rechte und Ziele, S. 89.
94 Zur Rationalität des Konzepts der Abwägung 1. Teil, 2. Abschnitt, III. 3.

Dementsprechend ist der Grundsatz der Verhältnismäßigkeit mit unter anderem dem dritten Teilgrundsatz in der Rechtsprechung des Bundesverfassungsgerichts das zentrale Kriterium der Prüfung einer wirksamen Einschränkung eines Grundrechts. Es gibt keinen Anlaß, den Abwehrrechten als außentheoretische, abwägungsbedürftige Rechte von vornherein jede legitimierende Kraft abzusprechen.

j) Das Argument der Anspruchsinflation

Gegen ein außentheoretisches Modell der Grundrechte wird weiter vorgebracht, es führe zu einer Anspruchsinflation.[95] Dieser Einwand besitzt sowohl einen materiellen als auch einen pragmatischen Aspekt.

Materiell geht ein außentheoretisches Modell der Grundrechte von einer höheren Zahl von Grundrechtsfällen aus. Während ein innentheoretisches Modell eine ganze Reihe von Fällen als bloß scheinbare Grundrechtsfälle zu entlarven versucht, wird der Bereich des prima facie-Schutzes bei einem außentheoretischen Modell grundsätzlich weiter gezogen. Dies kann zu der Befürchtung Anlaß geben, die einfachrechtliche Argumentation werde unangemessen zugunsten der grundrechtlichen Argumentation zurückgedrängt, da beinahe jeder Fall ein Grundrechtsfall werde. Diesem Einwand kann mit der Unterscheidung von potentiellen und aktuellen Grundrechtsfällen begegnet werden.[96] Ein **potentieller Grundrechtsfall** ist ein Fall, in dem kein Zweifel besteht, daß die einfachrechtliche Lösung grundrechtsgemäß ist. Ein **aktueller Grundrechtsfall** ist dagegen ein Fall, in dem dieser Zweifel besteht. In aktuellen Grundrechtsfällen ist explizit grundrechtlich zu argumentieren. Die grundrechtliche Argumentation tritt damit nur in aktuellen Grundrechtsfällen ausdrücklich an die Seite der einfachrechtlichen Argumentation und kann letztere gegebenenfalls überlagern. Letzteres folgt daraus, daß die Grundrechte als höherrangiges Recht den Geltungsvorrang vor einfachem Recht besitzen.

Daß ein außentheoretisches Modell der Grundrechte in **pragmatischer** Hinsicht zu einer grundrechtlichen Anspruchsinflation und damit zu einer Überlastung des Bundesverfassungsgerichts beiträgt, wird man bezweifeln dürfen. Zunächst stellt sich die Frage, ob ein außentheoretisches Modell überhaupt zu einer Zunahme der Verfassungsbeschwerden führt. Nur wirklichkeitsfremde Beschwerdeführer werden in Fällen Verfassungsbeschwerde erheben, in denen eine Beschränkung ihres prima facie-Rechts evident sowohl formell wie materiell verfassungsgemäß ist. Im übrigen hat das Gericht durchaus verschiedene Möglichkeiten, von vornherein aussichtslose Verfahren effizient abzulehnen. Dies gilt insbesondere nach dem Inkrafttreten des Fünften Änderungsgesetzes zum BVerfGG,[97] dessen Hauptanliegen die Entlastung des Gerichts war.[98] Die Ver-

---

95 Bolz, Das Verhältnis von Schutzgut und Schranken der Grundrechte, S. 228.
96 Zu dieser Unterscheidung Alexy, Theorie der Grundrechte, S. 295; vgl. auch Sieckmann, Regel- und Prinzipienmodelle, S. 251 f.
97 Fünftes Gesetz zur Änderung des Gesetzes über das Bundesverfassungsgericht vom 2. August 1993, BGBl I, 1442.
98 Gesetzentwurf der Bundesregierung, BT-Drucks. 12/3628 vom 5. November 1992, S. 9.

fassungsbeschwerde muß zunächst eine Kammer, die aus drei Verfassungsrichtern besteht, passieren. Die Kammer entscheidet über das Vorliegen der Annahmevoraussetzungen des § 93a Abs. 2 BVerfGG. Im Fall einer einstimmigen Annahme, vgl. § 93d Abs. 3 Satz 1 BVerfGG, wird die Beschwerde durch den Senat entschieden, bei offensichtlicher Begründetheit wird ihr durch Kammerbeschluß stattgegeben. Im Fall einer einstimmigen Ablehnung bedarf der Beschluß keiner Begründung, § 93d Abs. 1 Satz 3 BVerfGG. Kammerentscheidungen gem. §§ 93b, 93c BVerfGG sind unanfechtbar, § 93d Abs. 1 Satz 2 BVerfGG. Kommt es nicht zu einer einstimmigen Entscheidung in der Kammer, entscheidet der Senat über die Annahme, § 93b Satz 2 BVerfGG. Die Senatsentscheidung ergeht gem. § 93d Abs. 1 Satz 1 BVerfGG ohne mündliche Verhandlung.[99] Annahmevoraussetzung für das Verfahren sowohl vor der Kammer als auch vor dem Senat sind grundsätzliche verfassungsrechtliche Bedeutung gem. § 93a Abs. 2 lit a BVerfGG, oder die Verfassungsbeschwerde muß zur Durchsetzung der Grundrechte oder grundrechtsgleichen Rechte „angezeigt" im Sinne von § 93a Abs. 2 lit b BVerfGG sein. Mit der zweiten Voraussetzung wird zwar kein Annahmeermessen eröffnet, aber der unbestimmte Rechtsbegriff „angezeigt" eröffnet einen Beurteilungsspielraum.[100] Insgesamt steht dem Bundesverfassungsgericht damit ein breites Spektrum von Möglichkeiten offen, seine Ressourcen auf die wirklich problematischen Grundrechtsfälle zu konzentrieren.[101]

k) Das Argument der fehlenden Grundrechtsbindung

Oben wurde bereits ausgeführt, daß die Außentheorie als Konstruktionstheorie grundrechtlicher Positionen die Struktur der Grundrechtsnormen als Prinzipien impliziert. Gegen die Interpretation der Abwehrrechte als Prinzipien wird geltend gemacht, sie berge die Gefahr einer weitgehenden Relativierung des Geltungsanspruchs der Grundrechte überhaupt in sich.[102] In schärferer Form wird eine „adressatenorientierte Abstufung der Verpflichtungskraft" grundrechtlicher Handlungsmaßstäbe beklagt. Würden im Rahmen der Interpretation der Grundrechte als Prinzipien Spielräume des Gesetzgebers aufgrund formeller Prinzipien anerkannt, sei die Gesetzgebung in geringerem Maße an die Grundrechte gebunden. Dies verstoße gegen Art. 1 Abs. 3 GG, der alle Gewalten in gleicher Weise an die Grundrechte binde.[103] Diese Befürchtung wird auf die Spitze getrieben, wenn Prinzipien im Sinne der bereits vorgestellten Prinzipientheorie als „Programmsätze" bezeichnet werden,[104] und eine Interpretation von Grundrechtsnormen als

---

99 Graßhoff in Maunz/Schmidt-Bleibtreu/Klein/Bethge, § 93b BVerfGG, Rn 27.
100 Graßhoff in Maunz/Schmidt-Bleibtreu/Klein/Bethge, § 93a BVerfGG, Rn 21a; Zuck, NJW 1993, S. 2643 f.
101 Vgl. auch von Arnauld, Die Freiheitsrechte und ihre Schranken, S. 103 f. Die Erweiterung dieser Möglichkeiten durch die Novelle war derart groß, daß sie zu der Befürchtung geführt hat, die Verfassungsbeschwerde werde „faktisch abgeschafft", Zuck, NJW 1993, S. 2641.
102 Stern, Das Staatsrecht der Bundesrepublik Deutschland, Bd. 3/1, S. 504.
103 Scherzberg, Grundrechtsschutz und Eingriffsintensität, S. 176.
104 Reuber, Lebens- und Gesundheitsschutz, S. 101.

Prinzipien unter Hinweis darauf abgelehnt wird, daß die Grundrechte des Grundgesetzes gem. Art. 1 Abs. 3 GG

„in Abgrenzung zu den Grundrechten der Weimarer Reichsverfassung keinen Programmsatz-, sondern strikten Normcharakter"

haben.[105] Wer dieses Argument in der zuletzt dargestellten Form vorbringt, verwechselt die Unterscheidung zwischen bindenden und nicht bindenden Normen mit der Unterscheidung von prima facie-Rechten und definitiven Rechten. Kennzeichnend für die Grundrechte der Weimarer Reichsverfassung als Programmsätze war, daß ein Verstoß des Gesetzgebers gegen diese Grundrechte nicht möglich war, sie galten lediglich im Rahmen der Gesetze.[106] Eine Verletzung der Grundrechte durch den Gesetzgeber konnte niemals festgestellt werden, was kennzeichnend für nicht bindende Normen – also Programmsätze – ist.[107]

Auf einer ganz anderen Ebene liegt die Frage, ob Grundrechte prima facie-Rechte oder definitive Rechte gewähren. Wird ein grundrechtliches Prinzip im Sinne eines außentheoretischen prima facie-Rechts wirksam eingeschränkt, so handelt es sich im konkreten Fall um ein definitives Nicht-Recht, oder – in anderen Worten: das Grundrecht ist zum bloßen prima facie-Recht eingeschränkt. Es liegt dann kein Verstoß gegen dieses Grundrecht vor, wenn der Inhalt des bloßen prima facie-Rechts dem einzelnen vorenthalten wird. Dies findet seinen Grund jedoch nicht darin, daß die Grundrechte mangels Bindungswirkung in der Interpretation als Prinzipien grundsätzlich nicht gerichtlich durchsetzbar sind. Das Bundesverfassungsgericht hat in zahlreichen Fällen die Nichtigkeit von Akten der Gesetzgebung festgestellt. Der fehlende Verstoß gegen Grundrechte ist vielmehr das Ergebnis der gerichtlichen Kontrolle, welche wiederum Ausdruck der Bindung des Gesetzgebers an die Grundrechte gem. Art. 1 Abs. 3 GG ist. Eine Interpretation der Grundrechte als Prinzipien führt folglich zu rechtlicher Bindung auch des Gesetzgebers.

Die einzige ernsthafte konstruktive Alternative mit mindestens gleich intensiver rechtlicher Bindung zu einer Interpretation der Grundrechte als Prinzipien – einem außentheoretischen Modell – wäre ein ausführlicher Katalog detaillierter Festsetzungen der zutreffenden Lösung von Grundrechtsfällen innerhalb des Verfassungstextes im Sinne eines innentheoretischen Modells. Angesichts der vielen verschiedenen grundrechtlichen Positionen, verschiedenen kollidierenden Rechte und Güter und den unzähligen verschiedenen tatsächlichen Umständen der Kollisionslagen würde dieser Katalog wahrscheinlich das Bürgerliche Gesetzbuch an Umfang weit übertreffen. Abgesehen davon, daß derart umfassende und detaillierte Festsetzungen bei Verfassungsgebungen innerhalb vertretbarer Zeit gar nicht zu treffen sind und der Katalog von Festsetzungen

---

105 Ders., a.a.O., S. 104.
106 G. Jellinek, System der subjektiven öffentlichen Rechte, S. 103: „Alle Freiheit ist einfach Freiheit von gesetzwidrigem Zwange".
107 Zur Unterscheidung bindender/nicht bindender Normen siehe ferner 2. Teil, 3. Abschnitt, B. I. 1.; vgl. auch Borowski, Die Glaubens- und Gewissensfreiheit des Grundgesetzes, S. 219 ff.

angesichts technischer Entwicklungen und wandelnder Anschauungen rasch unvollständig und änderungsbedürftig wäre, entspräch ein derartig ausgeuferter Katalog nicht dem Willen des Parlamentarischen Rates: Die Grundrechte sollten so kurz und einprägsam wie möglich formuliert werden.[108]

Es bleibt der Vorwurf der unangemessen nach Adressaten abgestuften Bindung durch die Grundrechte. In der Tat ergibt sich eine relative Abschwächung der verfassungsgerichtlichen Kontrolle grundrechtserheblicher Entscheidungen der Legislative gegenüber denen der Judikative oder Exekutive aus der Bedeutung des Demokratieprinzips[109] aus Art. 20 Abs. 1 GG, welches als formelles Prinzip zu Erkenntnisspielräumen führt. Auch besitzt der Zwecksetzungsspielraum des Gesetzgebers keine vergleichbar bedeutende Entsprechung bei den anderen Staatsgewalten. Fraglich ist aber, ob die hieraus resultierende Abstufung der Bindungskraft unangemessen ist. Um dies zu beurteilen zu können, ist es zunächst wichtig, das komplexe Verhältnis von Demokratieprinzip und Grundrechten zu sehen. Umfassend bindende Grundrechte, wie die des Grundgesetzes gem. Art. 1 Abs. 3 GG, legen Mindestpositionen des einzelnen fest, in die der Gesetzgeber ohne Verfassungsänderung, also mit einfacher parlamentarischer Mehrheit, nicht eingreifen darf. Insofern beschränken die Grundrechte die Freiheit des demokratisch legitimierten Gesetzgebers.[110] Andererseits sind die Entscheidungen des unmittelbar demokratisch legitimierten parlamentarischen Gesetzgebers besonders ausgezeichnet, dies gilt auch ein Stück weit gegenüber dem zur grundrechtlichen Kontrolle des Gesetzgebers berufenen Organ, dem Bundesverfassungsgericht, das nur mittelbare demokratisch Legitimation besitzt. Daraus ergibt sich das bekannte Problem der Kompetenzverteilung zwischen Gesetzgeber und Bundesverfassungsgericht. Dieses Problem löst das Gericht durch die Zuerkennung von legislativen Spielräumen.[111] Die Kontrolle der grundrechtlichen Entscheidungen der nicht unmittelbar demokratisch legitimierten Exekutive ist nicht durch vergleichbar große Spielräume relativiert. Wenn Scherzberg dagegen den Einwand der „adressatenorientierten Abstufung der Verpflichtungskraft" erhebt, sollte man zunächst sehen, daß er sich damit in erster Linie gegen die ständige Rechtsprechung des Bundesverfassungsgerichts zum Problem der Abgrenzung der Kompetenzen zwischen Gesetzgeber, Verwaltung und Rechtsprechung sowie Bundesverfassungsgericht wendet. Das hier vorgeschlagene Modell der Abwägung von materiellen und formellen Prinzipien[112] versucht diese Rechtsprechung lediglich kritisch zu rekonstruieren.

---

108 von Mangoldt, Das Bonner Grundgesetz, S. 37.
109 Der Begriff des Prinzips – im überwiegend verwendeten, untechnischen Sinne – hat sich für das Demokratieprinzip weitgehend durchgesetzt, vgl. statt vieler Pieroth in Jarass/Pieroth[8], Art. 20 GG, Rn 1 ff. Da es auch formelle Prinzipien als technische Prinzipien im Sinne der Prinzipientheorie begründet, liegt es nahe, daß das „Demokratieprinzip" in untechnischen Sinne auch eine Prinzipienebene im technischen Sinne aufweist.
110 Alexy, Theorie der Grundrechte, S. 407. In anderer Hinsicht fördern Grundrechte die Demokratie. Eine demokratische Willensbildung des Volkes ist ohne und Wahlfreiheit nicht vorstellbar.
111 St. Rspr. seit BVerfGE 50, 290 (333). Zur Stellung des Bundesverfassungsgerichts im System der staatlichen Gewalten statt vieler Delbrück, Festschrift Menzel, S. 83 ff.
112 Siehe 1. Teil, 2. Abschnitt, III. 4. b).

Es bleibt festzuhalten: Die Interpretation der Abwehrrechte als Prinzipien und außentheoretische Rechte verwirklicht das höchste realistisch erreichbare Maß an Grundrechtsbindung und erlaubt angemessene Differenzierungen.[113]

l) Das Argument der zu starken Grundrechtsbindung

In die entgegengesetzte Richtung zielt das insbesondere von Ernst-Wolfgang Böckenförde angeführte Argument, die Deutung von Grundrechten als Prinzipien führe zu einer zu starken Grundrechtsbindung. Es resultiere eine demokratietheoretisch bedenkliche Machtverschiebung innerhalb der Gewaltenteilung, ein gleitender Übergang vom parlamentarischen Gesetzgebungsstaat hin zum verfassungsgerichtlichen Jurisdiktionsstaat. Das Verfassungsgericht werde damit zu einem stärker politischen Organ, einem Verfassungs-Areopag.[114]

Jede materielle Bindung aller Staatsgewalten und damit auch des Gesetzgebers ist nur auf Kosten der Bedeutung jedenfalls eines Teils des demokratischen Prozesses möglich. Soweit der demokratische Prozeß sich auf Verfassungswidriges bezieht, muß er rechtlich wirkungslos bleiben.[115] Der Parlamentarische Rat hat sich mit Art. 1 Abs. 3 GG ausdrücklich für eine derartige materielle Bindung ausgesprochen, und auch mit den von Anfang an vorgesehenen verfassungsprozessualen Verfahrensarten[116] die verfassungsgerichtliche Kontrolle dieser Bindung angeordnet. Andererseits stellt das Demokratieprinzip gem. Art. 20 Abs. 1 GG ein Fundamentalprinzip der staatlichen Ordnung des Grundgesetzes dar, das in allen Bereichen angemessene Beachtung verlangt. Die Lösung kann weder in einer unbegrenzten noch einer fehlenden materiellen Bindung liegen, sondern nur in einem vernünftigen Kompromiß. Dieser Kompromiß besteht in einem Abwägungsmodell, in dem nicht nur die materiellen Prinzipien – die grundrechtlichen Prinzipien und ihre inhaltlichen Schrankengründe – berücksichtigt werden, sondern unter anderem formelle Prinzipien, die einen Spielraum des demokratisch legitimierten Gesetzgebers erzeugen.[117] Dadurch wird sichergestellt, daß der demokratische Prozeß seine wichtige Bedeutung behält, aber die individuellen Rechte der einzelnen dennoch vor verfassungswidrigen Eingriffen auch des demokratisch legitimierten Gesetzgebers geschützt werden.

m) Das Rationalitätsargument

Die eher metaphysisch-spekulative Innentheorie läßt sich leichter als die klar strukturierende Außentheorie zu Scheinbegründungen mißbrauchen. Die Außentheorie unter-

---

113 Vgl. auch Borowski, Die Glaubens- und Gewissensfreiheit des Grundgesetzes, S. 203 ff.
114 Böckenförde, Grundrechte als Grundsatznormen, S. 190 f.; vgl. ders., EuGRZ 2004, S. 603.
115 Sofern er nicht eine wirksame Verfassungsänderung bewirkt.
116 Hierzu zählt zwar nicht die erst nachträglich durch den verfassungsändernden Gesetzgeber eingefügte Verfassungsbeschwerde gem. Art. 93 Abs. 1 Nr. 4a GG, §§ 13 Nr. 8a, 90 ff. BVerfGG, aber die abstrakte Normenkontrolle gem. Art. 93 Abs. 1 Nr. 2 GG, §§ 13 Nr. 6, 76 ff. BVerfGG und die konkrete Normenkontrolle gem. Art. 100 Abs. 1 GG, §§ 13 Nr. 11, 80 ff. BVerfGG.
117 Siehe 1. Teil, 2. Abschnitt, III. 4. b).

scheidet zwischen abwehrrechtlich geschützten Interessen des Grundrechtsträgers und kollidierenden Interessen anderer Grundrechtsträger oder der Gemeinschaft. Diese werden bei der Lösung der Prinzipienkollision insbesondere durch Anwendung des Grundsatzes der Verhältnismäßigkeit im weiteren Sinne geordnet zueinander ins Verhältnis gesetzt. Dies führt gegenüber der Innentheorie zu eher berechenbarer und nachvollziehbarer Begründung[118] und in diesem Sinne zu rationaler[119] Argumentation.

n) Die grundrechtliche Freiheit als negative Freiheit

Ein weiteres starkes Argument für ein außentheoretisches Modell der Abwehrrechte im klassischen Sinne ergibt sich aus der Struktur der grundrechtlichen Freiheit. Die Freiheit im Sinne des Grundgesetzes ist die negative Freiheit,[120] deren Gegenstand eine Handlungsalternative darstellt.[121] Negative Freiheit impliziert notwendig außentheoretische Strukturen des Rechts.[122] Die Abwehrrechte, die die negative Freiheit des Grundgesetzes schützen, sind daher außentheoretische Rechte.

o) Ergebnis

Die Bewertung der vorgetragenen Argumente hat gezeigt, daß alle Einwände gegen eine außentheoretische Rekonstruktion der Abwehrrechte entkräftet werden können. Die vermeintlichen Vorteile der Innentheorie können bei einem Verständnis der Außentheorie als Konstruktionstheorie mindestens ebensogut, wenn nicht besser verwirklicht werden. Entscheidend sind sowohl das Argument aus der Struktur der negativen Freiheit als auch das Rationalitätsargument. Im weltanschaulich umkämpften Bereich der Grundrechte ist eine Theorie, die normative Probleme mit der höchstmöglichen Klarheit und Genauigkeit formuliert, von herausragender Bedeutung.

3. Ergebnis

Bei den Abwehrrechten des Grundgesetzes handelt es sich um außentheoretische Rechte.

4. Enge und weite Tatbestandstheorie

Der Streit um die enge oder weite Tatbestandstheorie betrifft die Frage der Reichweite des prima facie-Schutzes. Nach der engen Tatbestandstheorie ist der Grundrechts-

---

118 Siehe 1. Teil, 1. Abschnitt, III. 2.
119 Siehe 1. Teil, 2. Abschnitt, III. 3.
120 Zum „Wert an sich" der Freiheit unter dem Grundgesetz Alexy, Theorie der Grundrechte, S. 325; Berlin, Introduction, S. lx; Burgi, ZG 9 (1994), S. 358; Huster, Rechte und Ziele, S. 127; Schmitt Glaeser, HbStR VI, § 129, Rn 22.
121 Zur negativen Freiheit siehe 1. Teil, 1. Abschnitt, III. 1. a); vgl. auch Borowski, Die Glaubens- und Gewissensfreiheit des Grundgesetzes, S. 184 ff.
122 Siehe 1. Teil, 1. Abschnitt, III. 1. a).

tatbestand (Sx und Ex) von vornherein eng zu bestimmen, so daß Einschränkungen nur noch in geringem Maße erforderlich sind. Die weite Tatbestandstheorie dagegen dehnt den prima facie-Schutz weiter aus, wodurch tendenziell in höherem Maße Einschränkungen erforderlich werden. Dies sind natürlich weniger zwei klare Punkte als mehr Tendenzen in einem breiten Spektrum, in dem weit feinere Unterscheidungen möglich sind. Der Rechtsanwender kann dieses Spektrum natürlich nicht frei bestimmen, sondern dieses wird begrenzt durch die vorrangigen Festsetzungen im Wortlaut der Verfassung und dem Willen des Verfassungsgebers.[123]

Die Reichweite des prima facie-Schutzes bestimmt sich nach dem Begriff des jeweiligen Schutzgutes und dem Eingriffsbegriff. Eine weite Tatbestandstheorie fordert damit – im Rahmen der autoritativen Festsetzungen in der Verfassung – sowohl ein extensives Verständnis der Schutzgüter als auch einen weiten Eingriffsbegriff, die enge Tatbestandstheorie ein restriktives Verständnis der Schutzgüter und einen engen Eingriffsbegriff. Enge Tatbestandstheorien verwenden zur Ermittlung des Bereiches, der nach ihnen nur scheinbar dem Wortlaut nach grundrechtlich prima facie geschützt wird, verschiedene Kriterien.[124]

Die Frage, ob der Bereich des prima facie-Schutzes eher eng oder eher weit zu bestimmen ist, entscheidet nicht darüber, welche Schrankentheorie zutrifft. Wenn Schutzbereich und effektiver Garantiebereich nicht identisch sind – dies gilt auch für Rechte nach der engen Tatbestandstheorie – handelt es sich gleichermaßen um außen-

---

123 Siehe 1. Teil, 2. Abschnitt, III. 2 b).
124 Dabei geht es strukturell um diejenigen Auffassungen, die ausdrücklich oder der Sache nach immanente Schranken als Schutzbereichsbegrenzung verstehen, zugleich aber äußere Schranken des Grundrechts zulassen, siehe 1. Teil, 1. Abschnitt, II. 2. a) bb). Probleme bereitet die Einordnung der Auffassung, die zwischen Ausgestaltung oder Grundrechtsprägung im Sinne einer Substanzausformung von innen her und Grundrechtseingriff im Sinne einer Begrenzung von außen unterscheidet, vgl. Brenner, DÖV 1995, S. 61 f.; Jarass, AöR 110 (1985), S. 392 f.; ders. in Jarass/Pieroth[8], Vorb. vor Art. 1 GG, Rn 34; ders., AöR 120 (1995), S. 367 ff.; Lerche, Übermaß und Verfassungsrecht, S. 98 ff.; ders., HbStR V, § 121, Rn 7 ff. Mit der Möglichkeit der Beschränkung von außen her sind Schutzbereich und effektiver Garantiebereich nicht identisch, womit ein außentheoretisches Modell vorliegt, siehe 1. Teil, 1. Abschnitt, I. 1. Für die Annahme einer engen Tatbestandstheorie könnte sprechen, daß der Bereich möglicher „Eingriffe" durch zulässige „Ausgestaltungen" des Gesetzgebers begrenzt ist. Allerdings muß eine „Ausgestaltung" des Schutzbereichs eines Grundrechts, soll sie verfassungsmäßig sein, nach den Vertretern dieser Auffassung verhältnismäßig im weiteren Sinne sein, Brenner, DÖV 1995, S. 62; Lerche, HbStR V, § 122, Rn 9 f.; vorsichtig Jarass in Jarass/Pieroth[8], Vorb. vor Art. 1 GG, Rn 35. Da ein Grundrecht nur innerhalb seines Schutzbereichs Rechtswirkungen hervorbringen kann, werden alle Fälle, in denen eine Abwägung erforderlich wird, vom Schutzbereich erfaßt, vgl. hierzu bereits 1. Teil, 3. Abschnitt, IV. Dies betrifft sowohl „Eingriffe" als auch „Ausgestaltungen". „Ausgestaltet" wird daher nicht der Schutzbereich, sondern „Ausgestaltungen" stellen eine besondere Form von Grundrechtseingriffen dar, die abgeschwächten Rechtfertigungserfordernissen unterworfen werden. Als Ergebnis dieser Teilklasse von Grundrechtseingriffen entsteht, sofern die „Ausgestaltungen" verfassungsmäßig sind, ein besonderer Bereich innerhalb des Schutzbereichs. Allein dieser besondere Bereich wird als „Schutzbereich" bezeichnet, in dem nun „Eingriffe" möglich sind. Diese abweichende Terminologie ändert jedoch nichts daran, daß der gesamte Bereich, innerhalb dessen „Ausgestaltungen" und „Eingriffe" zu rechtfertigen sind, den Schutzbereich des Grundrechts darstellt, womit strukturell eher eine weite Tatbestandstheorie vorliegt. Die Besonderheit besteht lediglich in der Unterscheidung verschiedener Eingriffsformen mit verschiedenen Rechtfertigungsanforderungen, vgl. zu Ausgestaltungen bereits grundlegend 1. Teil, 3. Abschnitt, III.

theoretische Rechte. Dennoch bestehen zwischen der Diskussion um Innen- und Außentheorie und zwischen den Argumenten um die enge und weite Tatbestandstheorie enge Beziehungen. Eine Reihe von Argumenten, die für beziehungsweise gegen die Außentheorie sprechen, lassen sich auch für respektive gegen die weite Tatbestandstheorie anführen.[125] Insofern kann man sagen, durch die Außentheorie oder die Prinzipientheorie der Grundrechte werde die weite Tatbestandstheorie nahegelegt.

a) Das Unredlichkeitsargument

Nach dem Unredlichkeitsargument soll es unredlich sein, zunächst einen weiten Bereich der Freiheit zu gewährleisten, diesen dann aber wieder stark einzuschränken.[126] Zu diesem Argument gilt sinngemäß das im Rahmen der Diskussion um die innen- oder außentheoretische Natur der Abwehrrechte Gesagte: Ein weit gefaßter prima facie-Schutz stellt nicht das unbedingte Versprechen einer definitiven grundrechtlichen Position dar. Bei einem Verständnis der weiten Tatbestandstheorie als Konstruktionstheorie[127] ist es vollkommen unschädlich, wenn prima facie-Schutz und definitiver Schutz stark auseinanderfallen. Dagegen ist es eher unredlich, mit der Innentheorie oder engen Tatbestandstheorie ohne inhaltliche Rechtfertigung – insbesondere durch Abwägung – von vornherein definitiven grundrechtlichen Schutz zu versagen.[128]

b) Das Argument der fehlenden legitimierenden Kraft

Weiterhin wird geltend gemacht, in einer Reihe von Fällen hätten Grundrechte als prima facie-Rechte keine legitimierende Kraft. Hier könne der Grundrechtsschutz niemals den Vorrang beanspruchen. Der prima facie-Schutz dieser Fälle, wie etwa Stehlen, Hehlen und Töten, sei daher unplausibel.[129] Die Vorstellung eines „Grundrechts" in derartigen Fallgruppen sei grotesk.[130]

---

125 Zum Verhältnis der Unterscheidungen zwischen Innen- und Außentheorie sowie enger und weiter Tatbestandstheorie vgl. bereits 1. Teil, 1. Abschnitt, II. 2. c).
126 Marx, Die Konstitution der Französischen Republik, angenommen am 4. November 1848, S. 503 f.; W. Jellinek, DRZ 1946, S. 4; Fechner, Die soziologische Grenze der Grundrechte; Isensee, Wer definiert die Freiheitsrechte?, S. 30 f.; ders., Festschrift Sendler, S. 58; ders., HbStR V, § 111, Rn 174; Leisner, UFITA 37 (1962), S. 137.
127 Zum Unterschied zwischen normativen Theorien und Konstruktionstheorien vgl. bereits 1. Teil, 1 Abschnitt, III. 1. b).
128 Alexy, Theorie der Grundrechte, S. 295 f.; Höfling, Offene Grundrechtsinterpretation, S. 181; Borowski, Die Glaubens- und Gewissensfreiheit des Grundgesetzes, S. 382.
129 Dietlein, ZG 10 (1995), S. 135; Huster, Rechte und Ziele, S. 89; Starck, JuS 1981, S. 245 f.; Starck in von Mangoldt/Klein/Starck[5], Art. 1 Abs. 3 GG, Rn 322. Begrenzt auf das „Töten" Riecken, Verfassungsgerichtsbarkeit in der Demokratie, S. 412. Vgl. zu Nachweisen zum entsprechenden Argument in der Interpretation des sachlichen Schutzbereiches der Glaubensfreiheit Borowski, Die Glaubens- und Gewissensfreiheit des Grundgesetzes, S. 440 f.
130 Starck, JuS 1981, S. 245 f.

Der Eindruck des Grotesken jedoch resultiert aus der mehrdeutigen Verwendung des Begriffs „Grundrecht".[131] Nach unbefangenem Vorverständnis werden mit dem Begriff „Grundrecht" definitive Rechte bezeichnet. Ein definitives Grundrecht auf Stehlen, Hehlen und Töten erscheint – jedenfalls im Regelfall – in der Tat grotesk. Die weite Tatbestandstheorie behauptet ein derartiges definitives Recht nicht, sondern zunächst einmal ein prima facie-Recht. Wer ein umfassendes prima facie-Recht auf beliebige Handlungen hat, besitzt auch ein prima facie-Recht auf Stehlen, Hehlen und Töten. Aufgrund kollidierender Rechte anderer Privater wird dieses prima facie-Recht andererseits kaum je zu einem definitiven Recht erstarken. Kennzeichnend für die Beispielsfälle ist die Sicherheit, mit der die kollidierenden Interessen vorgehen. In zweifelhaften Fällen jedoch, in denen diese Sicherheit nicht besteht, versagt die enge Tatbestandstheorie.[132] Die enge Tatbestandstheorie arbeitet – sofern sie nicht ohnehin bloß programmatisch befürwortet wird – mit eher unklaren Kriterien, durch deren Anwendung keine Rechtssicherheit hergestellt wird.[133] Natürlich wird jeder mit großer Zustimmung rechnen dürfen, wenn ohne weitere Differenzierung gesagt, es könne kein „Recht zum Töten" geben. Auf der anderen Seite gehört die Notwehr gegen gegenwärtige und rechtswidrige Angriffe zum Kernbestand der Rechtsordnung des demokratischen Verfassungsstaates. Dies kann, je nach den Umständen, bis hin zur Tötung des Angreifers reichen. Warum soll diese zwar seltene, aber traditionell anerkannte Ausnahme vom Tötungsverbot nicht grundrechtlich, durch Freiheitsrechte des Angegriffenen, unterfüttert sein? Wer dies leugnen will, müßte konsequent davon ausgehen, daß eine vollständige Abschaffung jeglicher Notwehr grundrechtlich von vornherein unbedenklich wäre. Da dieses Ergebnis wahrlich nicht überzeugen kann, scheint es eben doch in bestimmten Fallgruppen ein „Recht zu Töten" zu geben. Die exakte Differenzierung, wann dies der Fall ist und wann nicht, wird jedoch nicht gegeben.

Es liegt auch näher, derartige Differenzierungen mit der weiten Tatbestandstheorie nicht auf der Ebene des Schutzbereichs und des Eingriffs, sondern auf der Ebene der verfassungsrechtlichen Rechtfertigung zu behandeln. Dabei ist es nicht notwendig, in allen Fällen innerhalb des Bereichs eines weit gedeuteten Grundrechtstatbestandes ausdrücklich und ausführlich grundrechtlich zu argumentieren. Nach der bereits eingeführten Unterscheidung kann zwischen aktuellen und potentiellen Grundrechtsfällen differenziert werden.[134] Potentielle Grundrechtsfälle sind Fälle, in denen die Lösung des grundrechtlichen Problems derart auf der Hand liegt, daß eine ausdrückliche und detaillierte grundrechtliche Argumentation, insbesondere die Abwägung der kollidierenden Rechte und Güter, unterbleiben kann. Dies ist regelmäßig, etwa in klassischen Diebstahlsfällen, gegeben. Aktuelle Grundrechtsfälle dagegen sind die grundrechtlich problematischen Fälle, die eine eingehende grundrechtliche Prüfung erfordern. Mit Hilfe dieser Unterscheidung können insbesondere bloß potentielle Grundrechtsfälle effizient

---

131 Alexy, Theorie der Grundrechte, S. 297; Höfling, Offene Grundrechtsinterpretation, S. 184; Borowski, Die Glaubens- und Gewissensfreiheit des Grundgesetzes, S. 441.
132 Alexy, Theorie der Grundrechte, S. 296.
133 Vgl. auch Borowski, Die Glaubens- und Gewissensfreiheit des Grundgesetzes, S. 386.
134 Vgl. bereits 2. Teil, 3. Abschnitt, A. I. 2. j).

entschieden werden. Andererseits bleibt mit der Einordnung als „Grundrechtsfall" doch die Möglichkeit offen, eine eingehende grundrechtliche Prüfung im Sinne eines aktuellen Grundrechtsfalles vorzunehmen. Erforderlich wird dies, wenn die Evidenz der zutreffenden grundrechtlichen Lösung durch neue Argumente, neue empirische Erkenntnisse oder neue Präjudizien erschüttert wird. Da dies stets möglich bleibt, sollte die – vermeintliche – Evidenz der zutreffenden grundrechtlichen Lösung nicht dazu führen, daß die dogmatische Konstruktion im Sinne der engen Tatbestandstheorie die Möglichkeit einer grundrechtlichen Argumentation von vornherein abschneidet. Zudem erkennen auch Vertreter der engen Tatbestandstheorie letztlich an, daß der enge Tatbestand Ergebnis einer Abwägung ist[135] – der wahre Tatbestand muß daher weiter sein.[136]

c) Das Kollisionsargument

Als Argument gegen die weite Tatbestandstheorie wird die unerwünschte Zunahme von Grundrechtskollisionen angeführt. Je weiter die Grundrechtstatbestände gefaßt werden, desto häufiger komme es zu problematischen Konflikten zwischen grundrechtlichen prima facie-Rechten.[137] Daß mit einer weiten Fassung der Grundrechtstatbestände die Zahl der Kollisionen von Grundrechten und Rechten anderer und kollektiver Güter zunimmt, ist schwer zu bestreiten. Dies ist aber keineswegs als an und für sich negativ zu bewerten. Soweit die zahlreichen Kollisionen zum Anlaß genommen werden, eine übermäßige „Vergrundrechtlichung" der Rechtsordnung zu beschwören,[138] sei nur darauf hingewiesen, daß die Berücksichtigung der angemessenen Spielräume die Verfassung zu einer Rahmenordnung werden läßt.[139] Die erwähnten Kollisionen sind nicht zuletzt durch Abwägung im Sinne der Verhältnismäßigkeit im engeren Sinne zu lösen. Auch dies wird vor dem Hintergrund übermäßiger Abwägungsskepsis kritisch gesehen.[140] Der richtige Weg besteht jedoch nicht darin, den Bereich der Abwägung durch verschnelle Verengung des grundrechtlichen Tatbestandes klein zu halten, sondern rationale Strukturen der Abwägung auszuarbeiten. Soweit moderate Abwägungsskepsis zutrifft und damit ein gewisses Element der Unsicherheit nicht endgültig auszuschließen ist, sollte man sehen, daß die enge Tatbestandstheorie diese Unsicherheit nur vermeintlich ausschließt. Hier sind es bereits die Wertungen, die hinter den Kriterien stehen, die den Tatbestand angeblich begrenzen sollen. Anders als bei der weiten Tatbestandstheorie sollen diese Wertungen jedoch nicht in einer Abwägung zu rechtfertigen sein, die alle

---

135 Huster, Rechte und Ziele, S. 87 f., 444; Starck in von Mangoldt/Klein/Starck[5], Art. 1 Abs. 3 GG, Rn 321 f.
136 Zur Unmöglichkeit, Abwägungen zur Bestimmung des Grundrechtstatbestandes zu verwenden, vgl. bereits 1. Teil, 3. Abschnitt, IV.
137 Isensee, HbStR V, § 111, Rn 174; Kloepfer, Festschrift Lerche, S. 764; Rüfner, Festgabe BVerfG I, Bd. 2, S. 453 ff.; Starck, JuS 1981, S. 246; Starck in von Mangoldt/Klein/Starck[5], Art. 1 Abs. 3 GG, Rn 321, 325.
138 Starck, JuS 1981, S. 246.
139 Siehe 1. Teil, 2. Abschnitt, III. 4.
140 Isensee, HbStR V, § 111, Rn 175; Loschelder, Essener Gespräche 20 (1986), S. 158.

Prämissen klar aufzeigen würde.[141] Unter dem Gesichtspunkt rationaler Wertungen ist die enge Tatbestandstheorie daher deutlich problematischer als die weite.

Sofern mit dem Kollisionsargument schließlich eine befürchtete Überlastung des Bundesverfassungsgerichts geltend gemacht wird, gilt das zur Diskussion um die innen- oder außentheoretische Natur der Abwehrrechte Gesagte: Erstens wird es zu keiner nennenswerten Mehrbelastung kommen, zweitens stehen dem Gericht, wenn eine Mehrbelastung eintreten sollte, ausreichend verfassungsprozessuale Möglichkeiten offen, seine Ressourcen auf die wirklich problematischen Grundrechtsfälle zu konzentrieren.[142]

d) Das Rechtssicherheitsargument

Schließlich wird behauptet, eine weite Tatbestandstheorie führe zu Rechtsunsicherheit.[143] Der Grundrechtstatbestand definiere nicht mehr das „praktische Potential der Freiheit", sondern stelle nur noch das „Eingangsstatement eines methodischen Verfahrens mit offenem Ergebnis dar".[144] Es ist einzuräumen, daß die Differenz zwischen Grundrechtstatbestand und effektivem Garantiebereich bei der weiten Tatbestandstheorie tendenziell höher ist. Auf den ersten Blick scheint dann das Ergebnis bei der weiten Tatbestandstheorie offener zu sein. Blickt man genauer hin, sehen die Dinge aber anders aus. Wie weit die Entscheidung von Grundrechtsfällen vorhersehbar ist, hängt von der Bestimmtheit der Kriterien ab, die im Rahmen der Anwendung des Grundrechts verwendet werden. Bei der weiten Tatbestandstheorie ist der Tatbestand zwar weit, weil auf unklare eingrenzende Kriterien grundsätzlich verzichtet wird, aber in hohem Maße bestimmt. Bestimmtheitsprobleme mögen dagegen erst auf der Ebene der verfassungsrechtlichen Rechtfertigung entstehen, wenn und soweit Abwägungsskepsis gerechtfertigt ist. Es wurde bereits ausgeführt, daß dies nur in einem geringen Maße zutrifft.[145]

Blickt man jetzt auf die enge Tatbestandstheorie, so werden die Bestimmtheitsprobleme auf der Schrankenseite in der Tat in den Fällen obsolet, in denen durch die enge Tatbestandskonzeption bereits der Grundrechtsschutz auf der ersten Ebene eliminiert wird. Diese begrenzte Reduktion von Unsicherheit wird jedoch durch den hohen Preis erkauft, daß auf der Tatbestandsebene zusätzliche Kriterien verankert werden, deren Anwendung Unsicherheit mit sich bringt – je unbestimmter die Rechtsbegriffe, desto mehr Unsicherheit. Diese zusätzlich eingefügte Rechtsunsicherheit wiegt gegenüber dem Gewinn an Sicherheit durch Reduktion von Abwägungen eher gering. Vor diesem Hintergrund spricht das Rechtssicherheitsargument nicht nur nicht gegen die weite Tatbestandstheorie, sondern eher für sie.[146]

---

141 Zur Strukturierungsleistung der Abwägung siehe bereits 1. Teil, 2. Abschnitt, III. 3. b).
142 Siehe 2. Teil, 3. Abschnitt, A. I. 2. j).
143 Isensee, Festschrift Sendler, S. 57.
144 Ders., HbStR V, § 111, Rn 173.
145 Siehe 1. Teil, 2. Abschnitt, III. 3.
146 Vgl. Borowski, Die Glaubens- und Gewissensfreiheit des Grundgesetzes, S. 386.

Zudem sollte man sehen, daß aus einer Vielzahl verfassungsgerichtlicher Präjudizien ein kohärentes System von abstrakten Vorrangrelationen entwickelt werden kann,[147] womit die künftigen Entscheidungen in hohem Maße vorhersehbar werden.

e) Das Rationalitätsargument

Der entscheidende Vorzug der weiten Tatbestandstheorie besteht darin, daß sie die erforderlichen Wertungen über die Abwägung klar offenlegt. Es wurde bereits darauf hingewiesen, daß die Abwägung die Entscheidung normativer Fragen auf dem gegenwärtig höchstmöglichen analytischen Niveau ermöglicht.[148] Dann aber sollte ein Rückgriff auf vermeintlich abwägungsfreie Kriterien oder eine verschleierte Abwägung unterbleiben.[149]

f) Ergebnis

Die weite Tatbestandstheorie verwirklicht die Vorteile der Außentheorie, geordnete Berücksichtigung der kollidierenden Rechte und Güter und rationale Abwägung, in höherem Maße als die enge Tatbestandtheorie. Je mehr Fälle – innerhalb des Rahmen autoritativer Festsetzungen in Wortlaut der Verfassung und Wille des Verfassungsgebers – jedenfalls potentiell durch Abwägung zu lösen sind, desto höher ist das Maß an gewährleisteter Begründungsrationalität. Der Grundrechtstatbestand ist daher im Rahmen der vorrangigen Festsetzungen so weit als möglich zu fassen.

Das Bundesverfassungsgericht folgt insbesondere mit der Deutung der allgemeinen Handlungsfreiheit gem. Art. 2 Abs. 1 GG diesem Grundsatz. Die Deutung des Art. 2 Abs. 1 GG ist von besonderer Wichtigkeit, denn erkennt man die allgemeine Handlungsfreiheit als grundsätzlich umfassendes Abwehrrecht an, so verliert die Frage nach der Weite der Tatbestände der speziellen Abwehrrechte ein ganzes Stück weit an Bedeutung. Selbst wenn diese eher eng gefaßt werden, so wird jedenfalls gem. Art. 2 Abs. 1 GG Grundrechtsschutz gewährt.[150] Die Frage nach der Weite der Tatbestände der speziellen Abwehrrechte entscheidet dann nicht darüber, ob Grundrechtsschutz, sondern nach welcher Grundrechtsbestimmung Grundrechtsschutz gewährt wird. Nach der Auffassung des Gerichts ist Art. 2 Abs. 1 GG als Handlungsfreiheit im umfassenden Sinne zu verstehen.[151] Geschützt wird also „jede Form menschlichen Han-

---

147 Siehe 1. Teil, 2. Abschnitt, III. 3. c).
148 Siehe 1. Teil, 2. Abschnitt, III. 3. b).
149 Dechsling, Verhältnismäßigkeitsgebot, S. 15; Riecken, Verfassungsgerichtsbarkeit in der Demokratie, S. 412; Alexy, Theorie der Grundrechte, S. 295 f.
150 Anderer Ansicht allerdings Isensee, HbStR V, § 111, Rn 178, der im thematischen Bereich spezieller Abwehrrechte einen Rückgriff auf die allgemeine Handlungsfreiheit gemäß Art. 2 Abs. 1 GG ablehnt. Gegen diese These sprechen wiederum alle Argumente, die für die weite Tatbestandstheorie sprechen.
151 BVerfGE 6, 32 (36); 8, 274 (328); 12, 341 (347); 54, 143 (144); 80, 137 (152); aus der Literatur statt vieler Koch, Der Grundrechtsschutz des Drittbetroffenen, S. 102 ff.

delns",[152] soweit nicht ein Eingriff in den Schutzbereich eines speziellen Abwehrrechts vorliegt.

5. Die grundrechtliche Eingriffsermächtigung bei Abwehrrechten

Die Prüfung der verfassungsrechtlichen Rechtfertigung des Eingriffs in den Schutzbereich wird von der grundrechtlichen Eingriffsermächtigung[153] gesteuert, die Einschränkungen in Abwehrrechte allererst erlaubt und die Kriterien aufstellt, denen wirksame Einschränkungen genügen müssen. Die Schrankenseite der abwehrrechtlichen Bestimmungen des Grundgesetzes stellt den Interpreten vor eine Vielzahl von Fragen, um nicht zu sagen: Rätseln. Dies hat Ende der sechziger Jahre zu der in der Formulierung zugespitzten, aber in der Sache vollkommen berechtigten These vom „Schrankenwirrwarr" des Grundgesetzes geführt.[154] Eine allseits anerkannte Typologie der grundrechtlichen Eingriffsermächtigungen ist bis heute nicht gefunden worden.[155] Diese zu erarbeiten stellt gewiß Stoff für eine eigene Untersuchung dar. Hier können nur einige bescheidene Bemerkungen erfolgen, die aus der Perspektive einer prinzipientheoretischen Grundrechtsdogmatik angezeigt erscheinen. Zum einen gilt es zunächst die Grundtypen der Gesetzesvorbehalte – die anderen Formen grundrechtlicher Eingriffsermächtigungen seien hier aus Gründen der Vereinfachung nicht weiter betrachtet – zu skizzieren. Dann wird der Frage nachzugehen sein, ob die einschränkenden Merkmale in qualifizierten Gesetzesvorbehalten, seien sie geschrieben oder ungeschrieben, tendenziell eher eng oder eher weit auszulegen sind.

a) Die Grundtypen der Gesetzesvorbehalte

Die Grundtypen des Gesetzesvorbehalts sind der einfache Gesetzesvorbehalt, der qualifizierte Gesetzesvorbehalt und der ungeschriebene Gesetzesvorbehalt – für Abwehrrechte, die dem Wortlaut nach vorbehaltlos gewährleistet sind.

aa) *Der einfache Gesetzesvorbehalt*

Eine grundrechtliche Eingriffsermächtigung kann für die wirksame Einschränkung schlicht verlangen, daß die Einschränkung durch Gesetz bzw. aufgrund Gesetzes erfolgt. Dies führt zum einfachen oder allgemeinen Gesetzesvorbehalt, etwa im Falle von Art. 2 Abs. 1, 10 Abs. 2 Satz 1, 12 Abs. 1 Satz 2 und 14 Abs. 1 Satz 2 GG. Hier müssen

---

[152] BVerfGE 80, 164 (152). Die vereinzelt vertretene Gegenansicht will nur Handlungen mit spezifischem Bezug zur Persönlichkeitsentfaltung unter Art. 2 Abs. 1 GG subsumieren, BVerfGE 80, 164 (164 f.) – diss. vote Grimm –; K. Hesse, Grundzüge des Verfassungsrechts[20], Rn 426 ff.; Peters, Festschrift Laun, S. 673; ders., Recht auf freie Entfaltung.
[153] Als Synonyme werden die Begriffe „Schrankenklausel", „Einschränkungsvorbehalt" und – je nach der ermächtigten Staatsgewalt – „Gesetzesvorbehalt", „Exekutivvorbehalt" oder „Judikativvorbehalt" verwendet.
[154] Bettermann, Grenzen der Grundrechte, S. 3.
[155] Vgl. statt vieler Stern, Festschrift Bundesverfassungsgericht II, Bd. 2, S. 20 ff. mit weiteren Nachweisen.

lediglich die allgemeinen Kriterien der verfassungsrechtlichen Rechtfertigung vorliegen,[156] spezielle Kriterien werden nicht aufgestellt.

bb) *Der qualifizierte Gesetzesvorbehalt*

Der Gesetzesvorbehalt kann aber auch zusätzliche Anforderungen aufstellen, bei denen man zwischen materiellen und formellen Anforderungen unterscheiden kann.[157] Klassisches Beispiel ist der Katalog von disjunktiv verknüpften Kriterien in Art. 11 Abs. 2 GG, der grundrechtlichen Eingriffsermächtigung für die Freizügigkeit. Derartige Kriterien sind mit den Methoden der Verfassungsinterpretation auszulegen. Hierbei geht es um die Subsumtion unter Festsetzungen im Wortlaut der Verfassung und im Willen des Verfassungsgebers. Aus Erwägungen, die zu den Grundsätzen der Tatbestandsermittlung parallel laufen, können die qualifizierenden Merkmale der grundrechtlichen Eingriffsermächtigung nicht durch eine Abwägung mit dem Grundrecht selbst bestimmt werden, da in diesem Fall eine weiterreichende prima facie-Einschränkbarkeit vorausgesetzt würde.[158]

cc) *Der ungeschriebene Gesetzesvorbehalt*

Nach ganz überwiegender Ansicht ist eine Beschränkung von Abwehrrechten, die im Wortlaut keine geschriebene grundrechtliche Eingriffsermächtigung aufweisen,[159] möglich.[160] Allerdings kann der rechtfertigende Grund für diese Einschränkung nach herrschender Meinung nur in „Grundrechten anderer" oder in „sonstigen Rechtswerten mit Verfassungsrang" bestehen.[161] Wie eng die Klasse der „Rechtswerte mit Verfassungsrang" zu bestimmen ist, wird recht kontrovers beurteilt.[162] Insbesondere ist umstritten, ob ein Verfassungsgut durch Interpretation von Kompetenz- oder Organisationsbestimmungen der Verfassung ermittelt werden kann.[163] In der Regel wird der Gesetzgeber im Rahmen der Beschränkung durch kollidierendes Verfassungsrecht strengeren Anforderungen unterworfen als im Bereich geschriebener grundrechtlicher Gesetzesvorbehalte.

---

156 Siehe 2. Teil, 3. Abschnitt, A. III.
157 Vgl. statt vieler *Stern,* Das Staatsrecht der Bundesrepublik Deutschland, Bd. 3/2, S. 470 ff.; *Sachs,* JuS 1995, S. 696; ders. In Sachs[3], Vor Art. 1 GG, Rn 116.
158 Die bereits bei 1. Teil, 3. Abschnitt, IV. dargelegte Struktur gilt hier mutatis mutandis.
159 Zur Frage, ob die bundesverfassungsgerichtliche Formel zur Einschränkung von im Wortlaut vorbehaltlosen Abwehrrechten auch bei Abwehrrechten mit geschriebenem Vorbehalt angewendet werden kann, siehe *Borowski,* Die Glaubens- und Gewissensfreiheit des Grundgesetzes, S. 511 ff.
160 Siehe 2. Teil, 3. Abschnitt. A. II. 2. b). Nach der Gegenansicht ist die Annahme einer grundrechtlichen Eingriffsermächtigung überflüssig, da bereits der Schutzbereich des Grundrechts begrenzt wird.
161 BVerfG in st. Rspr. seit BVerfGE 28, 243 (261). Zur Entwicklung der Rechtsprechung siehe *Borowski,* Die Glaubens- und Gewissensfreiheit des Grundgesetzes, S. 505 ff. Gegen diese ungeschriebene qualifizierte Schrankenklausel bei der Glaubens- und Gewissensfreiheit gem. Art. 4 Abs. 1, GG und statt dessen für einen einfachen ungeschriebenen Gesetzesvorbehalt ders., a.a.O., S. 526 ff.
162 Vgl. *Jarass* in Jarass/Pieroth[8], Vorb. vor Art. 1 GG, Rn 46; *Stern,* Das Staatsrecht der Bundesrepublik Deutschland, Bd. 3/2, S. 552 ff. jeweils mit weiteren Nachweisen.
163 *Pieroth,* AöR 114 (1989), S. 422 ; *Borowski,* Die Glaubens- und Gewissensfreiheit des Grundgesetzes, S. 514, 518 ff., jeweils mit weiteren Nachweisen.

Hinter diesen strengen Anforderungen steht die Sorge der Nivellierung der im Wortlaut unterschiedlichen Gewährleistung, Abwehrrecht mit geschriebenem Vorbehalt und Abwehrrecht ohne geschriebenen Vorbehalt.[164] Dieser ungeschriebene qualifizierte Gesetzesvorbehalt stellt gewissermaßen eine gedankliche Verlängerung der Idee des Parlamentarischen Rates dar, mit qualifizierten Gesetzesvorbehalten eine materielle Grundrechtsbindung des Gesetzgebers herzustellen, die über einen einfachen Gesetzesvorbehalt hinausgeht. Diese Grundidee – und die Frage, wie sie aus heutiger Perspektive einzuschätzen und zu realisieren ist – wird sogleich in den Blick zu nehmen sein.

b) Das Gebot der weiten Deutung von Gesetzesvorbehalten

Die Auslegung der einzelnen Schrankenklauseln in den Grundrechten des Grundgesetzes wirft natürlich eine Vielzahl von Auslegungsproblemen auf. Will man sich auf die ganz groben Linien beschränken, sollte zum Wortlaut – der zur geschilderten Klassifikation führt – der Wille des Verfassungsgebers hinzugenommen werden. Zudem läßt sich aus der grundrechtsstrukturellen Perspektive eine argumentative Parallele zur weiten Tatbestandstheorie ziehen. Dies führt zum Gebot der weiten Deutung von grundrechtlichen Eingriffsermächtigungen beziehungsweise Gesetzesvorbehalten.

aa) *Die Grundgedanken des Parlamentarischen Rates zur Schrankenkonzeption*

Daß im Grundgesetz objektiv ein „Schrankenwirrwarr" herrscht, liegt vor allem daran, daß die grundrechtsdogmatischen Vorstellungen im Parlamentarischen Rat recht diffus waren. Der Herrenchiemseer Entwurf verzichtete noch weitgehend auf Schrankenklauseln, die den einzelnen Grundrechten beigefügt waren, und sah statt dessen in Art. 21 Ch.E. einen „allgemeinen Rechtsordnungsvorbehalt" vor. Deutet man dies unter anderem als Anforderung der Verhältnismäßigkeit, ist dies gar so weit entfernt von der Lösung, die heute für Art. II-112 Abs. 1 des Vertrages über eine Verfassung für Europa gewählt wurde – eine allgemeine Bestimmung zur Einschränkung von Grundrechten. Allerdings muß man sich klar vor Augen führen, daß der Grundsatz der Verhältnismäßigkeit als wichtigste materielle Begrenzung zulässiger Grundrechtseinschränkung noch nicht entwickelt war. Vor diesem Hintergrund wurde dann der allgemeine Rechtsordnungsvorbehalt des Herrenchiemseer Entwurfs bald abgelehnt, da er – um die Worte von Ludwig Bergsträsser aufzunehmen – der „Durchlöcherung" der Grundrechte „Vorschub leisten würde".[165] Hermann von Mangoldt wies den Weg, der dann schließlich beschritten werden sollte, um gegenüber dem Gesetzgeber leerlaufende Grundrechte zu verhindern: die Konkretisierung der Eingriffsbefugnisse des Gesetzge-

---

164 Statt vieler Jarass in Jarass/Pieroth[8], Vorb. vor Art. 1 GG, Rn 45; Pieroth/Schlink, Grundrechte – Staatsrecht II[21], Rn 330 ff.; vgl. auch Borowski, Die Glaubens- und Gewissensfreiheit des Grundgesetzes, S. 509, 526, 540.
165 Katalog der Grundrechte, Anregungen von Dr. Bergsträsser als Berichterstatter, 21. September 1948, in: Deutscher Bundestag/Bundesarchiv, Der Parlamentarische Rat 1948-1949. Akten und Protokolle, Bd. 2, S. 27.

bers bei den einzelnen Grundrechten.[166] Die resultierenden qualifizierten Gesetzesvorbehalte sollten, im Verbund der Wesensgehaltsgarantie gem. Art. 19 Abs. 2 GG (deren dogmatische Konstruktion aber noch weitgehend im Dunkeln lag), eine materielle Bindung auch des Gesetzgebers an die Grundrechte realisieren. Dieses Vorgehen beschritt grundrechtsdogmatisches Neuland, was dem Verfassungsgeber klar vor Augen stand:

„Leitend waren von nun ab einerseits der Grundsatz, die Grundrechte möglichst kurz und einprägsam, damit also notwendig in einer ziemlich weiten Fassung zu formulieren, andererseits das Bestreben, bei jedem Grundrecht gleichzeitig so weit wie möglich konkretisierend festzulegen, nach welchen Richtungen dem Gesetzgeber ein Recht zu Eingriffen zugestanden sein sollte. Dieser Versuch, neue Wege zu beschreiten, dessen Gefahren sich der Gesetzgeber [des Grundgesetzes, M.B.] durchaus bewußt gewesen ist, mußte gemacht werden, wenn der Grundrechtsteil nicht seine innere Folgerichtigkeit verlieren sollte. Die Praxis des Verfassungslebens wird aber erst zeigen müssen, ob der eingeschlagene Weg gangbar ist, und wo gegf. noch Berichtigungen erforderlich sind."[167]

Man kann nicht die Augen davor verschließen, daß diese Linie der Konkretisierung der Eingriffsbefugnisse sowohl bei Abwehrrechten mit einfachem Gesetzesvorbehalt als auch ohne geschriebenen Vorbehalt – also in wesentlichen Teilen – verlassen wurde.[168] Neben dieser Inkonsequenz des Verfassungsgebers liegt das wohl größere Problem darin, daß sein „Experiment", durch qualifizierende Kriterien in den Gesetzesvorbehalten die Einschränkungsmacht des Gesetzgebers materiell zu begrenzen, rasch durch die Entwicklung des Grundsatzes der Verhältnismäßigkeit überholt wurde.[169] Stellt man die beiden Konzeptionen der Erzeugung materieller Bindung – qualifizierte Gesetzesvorbehalte und Verhältnismäßigkeit – einander gegenüber,[170] zeigt sich, daß die durch die Verhältnismäßigkeit erreichte materielle Bindung des Gesetzgebers derjenigen, die durch Tatbestandsmerkmale von grundrechtlichen Eingriffsermächtigungen erzeugt werden kann, grundsätzlich überlegen ist. Die Verhältnismäßigkeit, verbunden mit einem einfachen Gesetzesvorbehalt, ist wesentlich flexibler. Je nach Intensität des Eingriffs und dem Gewicht der Schrankengründe kann das Maß der materiellen Bindung in allen Bereichen situationsangemessen abgestuft werden. Ganz anders liegt dies bei qualifizierenden Kriterien in Gesetzesvorbehalten ohne Verhältnismäßigkeit. Nimmt man

---

166 Abg. von Mangoldt, Protokoll der 3. Sitzung des Grundsatzausschusses des Parlamentarischen Rates, in: Deutscher Bundestag/Bundesarchiv, Der Parlamentarische Rat 1948-1949. Akten und Protokolle, Bd. 5/1, S. 41.
167 von Mangoldt, Das Bonner Grundgesetz, S. 37.
168 Borowski, die Glaubens- und Gewissensfreiheit des Grundgesetzes, S. 535 ff.
169 Zur Begründung und Verortung des Grundsatzes der Verhältnismäßigkeit siehe 2. Teil, 1. Abschnitt, II. 2. a).
170 Diese Gegenüberstellung mag aus der der heutigen Perspektive etwas überraschend wirken, da man es in der Grundrechtsdogmatik mittlerweile gewöhnt ist, die Verhältnismäßigkeit bei der Prüfung qualifizierter Gesetzesvorbehalte anzuwenden – insofern begrenzen sowohl die qualifizierenden Merkmale als auch die Verhältnismäßigkeit. Die Verhältnismäßigkeit als grundrechtsdogmatisches Kriterium war zur Zeit der Verfassungsberatungen aber eben noch unbekannt – damit ist sie hinwegzudenken, wenn man ergründen will, wie der Parlamentarische Rat materielle Bindung durch qualifizierte Kriterien in grundrechtlichen Eingriffsermächtigungen erzeugen wollte.

das Beispiel „zur Bekämpfung von Seuchengefahr" in Art. 11 Abs. 2 GG, ist die Freizügigkeit immer eingeschränkt, wenn der Staat handelt, um Seuchengefahren zu bekämpfen. Mangels Verhältnismäßigkeit und Abwägung kommt es überhaupt nicht darauf an, wie intensiv die Eingriffe sind, und wie wichtig oder unwichtig der resultierende Beitrag zur Verhütung oder Bekämpfung von Seuchen ist – die Freizügigkeit ist eingeschränkt. Auf der anderen Seite kann der Staat die Freizügigkeit überhaupt nicht beschränken, wenn er nicht „zur Bekämpfung von Seuchengefahr" handelt – und, um das Beispiel vollständig zu machen, sich nicht auf die anderen Fälle in Art. 11 Abs. 2 GG stützen kann.

Angesichts dessen kann man mit Fug und Recht die Frage stellen, ob das Schrankensystem des Grundgesetzes nicht vollkommen anders aussähe, wenn die grundrechtsdogmatische Entwicklung – vor allem was die Verhältnismäßigkeit als zentrales materielles Kriterium der Wirksamkeit von Einschränkungen angeht – zur Zeit der Verfassungsberatungen zwanzig Jahre weiter gewesen wäre. Allerdings können derartige Spekulationen nicht dazu führen, daß man die qualifizierenden Kriterien in den qualifizierten Gesetzesvorbehalten des Grundgesetzes als Schlacken eines überholten Experiments des Verfassungsgebers einfach beiseite schiebt. Sie sind Bestandteil des Wortlautes der Verfassung, des höchsten autoritativen Textes der deutschen Rechtsordnung. Im Rahmen der Auslegung ihres Wortlautes ist aber zu berücksichtigen, daß der ihnen zugedachte Zweck – eine materielle Bindung des einschränkenden Gesetzgebers zu bewirken – in der modernen Grundrechtsdogmatik besser über den Grundsatz der Verhältnismäßigkeit im weiteren Sinne erreicht werden kann und erreicht wird. Es besteht daher kein Anlaß, die qualifizierenden Kriterien in qualifizierten Gesetzesvorbehalten extensiv zu deuten, so daß der Gesetzgeber für einen weiten Bereich abwägungsfrei jeder Einschränkungsmöglichkeit beraubt wird. Im Gegenteil, derartige Kriterien in qualifizierten Gesetzesvorbehalten sind im Zweifel eng zu verstehen – oder, um es andersherum zu formulieren, Gesetzesvorbehalte sollten im Zweifel so verstanden werden, daß sie in einem möglichst weiten Bereich verhältnismäßige Einschränkungen erlauben. Dies gilt sowohl für geschriebene qualifizierte Gesetzesvorbehalte als auch für den richterrechtlich entwickelten ungeschriebenen qualifizierten Gesetzesvorbehalt für im Wortlaut vorbehaltlos gewährleistete Abwehrrechte. Bei letzterem wird insoweit die weite Deutung des Bundesverfassungsgerichts argumentativ gestützt.[171]

---

171 Zur weiten Deutung siehe Borowski, Die Glaubens- und Gewissensfreiheit des Grundgesetzes, S. 517 ff. Allerdings ist vorrangig die Frage zu klären, ob überhaupt ein ungeschriebener qualifizierter Gesetzesvorbehalt oder nicht vielmehr ein ungeschriebener einfacher Gesetzesvorbehalt anzunehmen ist, für letzteres bei der Glaubens- und Gewissensfreiheit gem. Art. 4 Abs. 1, 2 GG ders., a.a.O., S. 526 ff. Insoweit die Literatur die weite Deutung der bundesverfassungsgerichtlichen Formel kritisiert, ist ihr zuzugeben, daß das Gericht mit der weiten Deutung hinsichtlich des gewählten Ausgangspunktes inkonsequent wird, vgl. ders., a.a.O., S. 540. Allerdings ist mehr der Ausgangspunkt das Problem als die weite Deutung.

bb) *Weiter Tatbestand und weite grundrechtliche Eingriffsermächtigung*

Das Gebot der weiten Deutung grundrechtlicher Eingriffsermächtigungen wird nicht nur durch eine Analyse der Grundgedanken in den Verfassungsberatungen und die nachfolgende grundrechtsdogmatische Entwicklung gestützt, sondern auch durch zwei strukturelle Überlegungen.

Zum ersten paßt eine enge grundrechtliche Eingriffsermächtigung nicht gut zu einem weiten Grundrechtstatbestand.[172] In diesem Fall entstünde eine strukturelle Asymmetrie zwischen dem Freiheitsinteresse des einzelnen und den kollidierenden Rechten und Gütern, für deren Realisierung der Staat verantwortlich sein muß. Der Vorrang zwischen diesem Freiheitsinteresse und kollidierenden Rechten und Gütern sollte jedoch durch substantielle Argumentation entschieden werden, nicht durch die Behauptung von nicht weiter inhaltlich gerechtfertigten Kriterien, die angeblich die Einschränkungsmacht des Gesetzgebers von vornherein begrenzen. Damit die rationale substantielle Argumentation, das Spiel von Grund und Gegengrund, möglichst ungehindert entscheiden kann, muß dem weiten Grundrechtstatbestand eine weite grundrechtliche Eingriffsermächtigung gegenüberstehen.

Zum zweiten ist das Gebot der weiten grundrechtlichen Eingriffsermächtigung nicht bloß die Konsequenz der weiten Tatbestandstheorie, sondern die Argumente für beide laufen über weite Strecken parallel. Ein wichtiges Argument für die weite Tatbestandstheorie besteht darin, daß die Rationalität der grundrechtlichen Entscheidung im Zweifel höher ist, wenn mehr Grundrechtsfälle durch Abwägung entschieden werden.[173] Entsprechendes gilt aber ebenso für die grundrechtliche Eingriffsermächtigung. Je mehr Kriterien die Einschränkungsmacht des Gesetzgebers abwägungsfrei begrenzen, und je größer ihr Anwendungsbereich, desto weniger Fälle sind durch Abwägung zu entscheiden – nur daß es hier nicht gegen den einzelnen geht, sondern gegen den Staat und die Ziele, die er verfolgen will oder sogar verfolgen muß.[174] Insoweit verlangt die Rationalität grundrechtlicher Entscheidungen eine im Zweifel – soweit der Wortlaut der Verfassung und der Wille des Verfassungsgebers dies erlaubt – weite grundrechtliche Eingriffsermächtigung.

II. Innentheoretische Konzeptionen und Ausnahmen vom außentheoretischen Grundschema

Auch wenn die Analyse des Grundschemas der Abwehrrechte gezeigt hat, daß dieses weithin anerkannte Grundschema eine außentheoretische Struktur der Abwehrrechte voraussetzt, gehen einige Autoren für Abwehrrechte von innentheoretischer Struktur aus. Zudem werden auch dann, wenn die außentheoretische Grundstruktur grundsätzlich

---

172 Zur Vorzugswürdigkeit der weiten Tatbestandstheorie bei Abwehrrechten siehe 2. Teil, 3. Abschnitt, A. I. 4. Zum Zusammenhang von engem und weitem Tatbestand und enger und weiter Schranke siehe bereits Alexy, Theorie der Grundrechte, S. 279 mit weiteren Nachweisen.
173 Siehe 2. Teil, 3. Abschnitt, A. I. 4. e).
174 Borowski, Die Glaubens- und Gewissensfreiheit des Grundgesetzes, S. 539.

anerkannt wird, für einzelne Grundrechte oder bestimmte Figuren der allgemeinen Grundrechtsdogmatik Ausnahmen behauptet.

1. Innentheoretische Konzeptionen

Die außentheoretische Grundstruktur der Abwehrrechte wird von Peter Häberle, Ulrich K. Preuß und Marcel Bolz grundsätzlich abgelehnt.

a) Peter Häberle

Peter Häberles Grundrechtstheorie stellt die wohl bedeutendste Variante der institutionellen Grundrechtstheorie dar. Nach der institutionellen Grundrechtstheorie haben die Grundrechte nicht primär die Funktion, das freie Belieben des einzelnen zu schützen, sondern den Charakter objektiver Ordnungsprinzipien für die von ihnen geschützten Lebensbereiche.[175] Der zentrale Begriff in Häberles Grundrechtstheorie, die er im Anschluß an die allgemeine institutionelle Theorie des Rechts von Maurice Hauriou und Santi Romano entwickelt, ist der Begriff des Instituts. Voraussetzung für ein Grundrecht als Institut ist, daß es von vielen dauerhaft tatsächlich in Anspruch genommen wird und stabilisierende Wirkung für das „Ganze der Sozialordnung" hat.[176] Es wird nicht maßgeblich auf die Freiheit einzelner, sondern auf die „Freiheit der Vielen" abgestellt. Mit diesem Wechsel der Perspektive finde ein „Umschlag von der Quantität in die Qualität" statt.[177] Grundrechtsnormen hätten einen Doppelcharakter, neben einer individualrechtlichen eine institutionelle Seite.[178]

Häberle kritisiert das herkömmliche Verständnis der Grundrechte und der Funktion der Gesetzgebung, das er als „Eingriffs- und Schrankendenken"[179] bezeichnet. Es werde übersehen, daß der Gesetzgeber nicht der Feind der grundrechtlichen Freiheit, sondern auch ihr aktueller Garant sei, indem er die Grundrechte in den einfach-rechtlichen Gesetzen konkretisiert.[180] Ursache für diese Verkennung sei die individualistische Sichtweise der Freiheit. Das Recht als soziale Schrankenziehung werde nach dieser Auffassung an die grundrechtliche Freiheit im Sinne einer allgemeinen Handlungsfreiheit von außen herangetragen.[181] Damit wird eine Freiheit „von" etwas vorausgesetzt, eine negative Freiheit.[182]

---

175 Böckenförde, NJW 1974, S. 1532.
176 Häberle, Die Wesensgehaltsgarantie des Artikels 19 Abs. 2 Grundgesetz, S. 123 f.
177 Ders., a.a.O., S. 108.
178 Ders., a.a.O., S. 70 ff.
179 Ders., a.a.O., S. 3 et passim.
180 Ders., a.a.O., S. 163.
181 Ders., a.a.O., S. 150.
182 Ders., a.a.O., S. 151. Mit der grundrechtlichen Freiheit als negative Freiheit sind die Abwehrrechte notwendig außentheoretische Rechte, zum Zusammenhang von negativer Freiheit und Außentheorie siehe 1. Teil, 1. Abschnitt, III. 1. a).

Die Grundrechte aber enthielten nicht nur das Verbot, das Grundrecht zu verletzen, sondern auch das an den Gesetzgeber gerichtete Gebot, das Grundrecht im einzelnen auszugestalten.[183] Der ausgestaltende Gesetzgeber statte die Grundrechte

„mit ihrem jeweiligen Wesensgehalt aus, d.h. er schafft Normenkomplexe und einzelne Rechtsinstitute, welche zum Wesen des betreffenden Grundrechts gehören oder (und) er schafft die Voraussetzungen dafür, daß die einzelnen Grundrechtsberechtigten in der Lage sind, vom Wesen ihrer Freiheit Gebrauch zu machen. Daß die Funktion des Gesetzgebers auch wesentlich mit dem ‚Ineinanderstehen' von Recht und Freiheit zusammenhängt, liegt auf der Hand."[184]

Die Tätigkeit des Gesetzgebers beschränkt zwar einerseits Freiheit, andererseits schafft sie aber Freiheit, die vorher nicht vorhanden war.[185] Mit der Begrenzung der Grundrechte finde stets auch eine Konkretisierung der wesensmäßigen Grundrechtsgrenzen statt.[186] Erst durch diesen Vorgang würden sie zur rechtlichen Wirklichkeit.[187] Das Verhältnis der Schranken oder Grenzen eines Grundrechts zu seinem Inhalt entspreche in der fundamentalen Struktur der Innentheorie.[188]

Die grundrechtsdogmatische Unterscheidung zwischen Schutzbereich und Eingriff einerseits und verfassungsrechtlicher Rechtfertigung des Eingriffs andererseits müßte Häberle dann aufgeben, da die Ermittlung des wahren Inhalts im Gegensatz zum scheinbaren Inhalt der Grundrechte dann in einem Schritt zu bewältigen wäre.[189]

Dem ist jedoch Gertrude Lübbe-Wolff entgegengetreten. Ihrer Auffassung nach ist Häberles Theorie nicht primär ein Beitrag zur Grundrechtdogmatik im Sinne eines die Fallbearbeitung leitenden Systems von Regeln und Begriffen zu verstehen. Sie sei vielmehr als Beitrag zur Grundrechtstheorie im Sinne der Grundrechtsanschauung zu lesen.[190] Sein Ziel sei eine grundsätzliche Neubesinnung auf die Funktion der Gesetzgebung im Bereich der Grundrechte, die nicht allein als grundrechtsfeindlich angesehen werden könne.[191] Häberles mißverständliche Ausführungen[192] seien daher so zu verstehen, daß er sich zwar grundrechtstheoretisch gegen die alltagssprachlichen Konnotationen der Begriffe der Eingriffsdogmatik wehre, grundrechtsdogmatisch aber dem Eingriffs-Schranken-Schema folge.[193] Lübbe-Wolff führt als Argument die von Häberle geforderte Aufwertung des Instituts des Gesetzesvorbehalts und der Vorbehaltsgesetzge-

---

183 Ders., a.a.O., S. 182.
184 Ders., a.a.O., S. 183.
185 Ders., a.a.O., S. 225: „Das Recht schafft Freiheit und es macht frei."
186 Ders., a.a.O., S. 183.
187 Ders., a.a.O., S. 210.
188 Ders., a.a.O., S. 179 f.
189 Zum Ein-Schritt-Verfahren der Inhaltsermittlung bei innentheoretischen Rechten siehe 1. Teil, 1. Abschnitt, I. 2.
190 Lübbe-Wolff, Die Grundrechte als Eingriffsabwehrrechte, S. 64; ihr folgend Isensee, HbStR V, § 111, Rn 48; Roth, Faktische Eingriffe, S. 79 Anm. 66; Sachs, NWVBl. 1989, S. 351.
191 Lübbe-Wolff, Die Grundrechte als Eingriffsabwehrrechte, S. 64 f.
192 Dies., a.a.O., S. 66. Häberle sei „insofern darauf angewiesen, genauer gelesen zu werden, als er geschrieben hat".
193 Dies., a.a.O., S. 64 f.

bung an.[194] Gesetzesvorbehalte stellten formelle Schutzanforderungen dar, welche nur bei Differenz von Schutzbereich und effektivem Garantiebereich möglich und sinnvoll seien.[195] Lübbe-Wolff weist zu Recht darauf hin, daß Schutzbereich und effektiver Garantiebereich nur bei dem außentheoretischen Eingriffs-Schranken-Schema differieren.

Für die These, daß Häberle das Eingriffs-Schranken-Schema und damit die Abwehrrechte als außentheoretische Rechte voraussetzt, spricht ein noch gewichtigeres Argument. Zur Bestimmung von Inhalt und Grenzen der Grundrechte bedarf es nach Häberle einer Güterabwägung.[196] Mittels dieser Abwägung werde der Wesensgehalt ermittelt, was die Grenzen der Grundrechte bestimme.[197] Dem entspricht auch, daß nach Häberle die Grundrechte nicht „an sich" unbegrenzte Freiheiten gewähren.[198] Nicht kollidierenden Rechte und Güter „an sich", sondern nur das Ergebnis nach Lösung der Kollision soll nach Häberle Grundrechtsinhalt sein. Daß eine innentheoretische Konzeption zur Ermittlung des Inhalts der Grundrechte eine Abwägung gar nicht verwenden kann, ohne sich als grob unvollständig zu erweisen, wurde allerdings bereits detailliert aufgezeigt.[199]

Ob Häberles Konzeption als innen- oder außentheoretisch zu deuten ist, hängt davon ab, ob die von ihm schlüssig vorausgesetzten prima facie-Normen mit in die Betrachtung einbezogen werden. Bezieht man diese Normen ein, trifft die These Lübbe-Wolffs, Häberle setze das Eingriffs-Schranken-Schema und damit die Außentheorie voraus, zu. Dann gewähren die vorausgesetzten, vor-grundrechtlichen prima facie-Normen grundsätzlich weitergehende Freiheit. Ergebnis der Abwägung dieser prima facie-Normen ist der „Wesensgehalt" der Grundrechte, bestehend aus den definitiven grundrechtlichen Rechten. Allerdings muß man sehen, daß Häberle diese vor-grundrechtlichen Normen eben ausdrücklich nicht als Grundrechtsinhalt ansehen will, womit er mit gewisser Konsequenz sagen kann, seine – unvollständige – Konzeption sei innentheoretisch.[200]

Nimmt man Häberles ausdrückliche und eindeutige Begrenzung seiner Konzeption ernst, kann man ihm nicht ohne viel Federlesen Außentheorie und Eingriffs-Schranken-Schema zuzuschreiben.[201] Allerdings ist nicht zu bestreiten, daß seine Konzeption sich als zu eng erweist und auf außentheoretische Strukturen verweist, in die sie notwendig eingebettet ist. Geltung, Inhalt und Umfang der in die Abwägung einzustellenden prima facie-Normen werden vollkommen im Dunkeln gelassen. Zudem haben diese Normen – die nicht Grundrechtsinhalt sein sollen – nicht an den Sicherungen der Grundrechte teil.[202] Die bleibende Lehre der Häberleschen Grundrechtstheorie besteht gewiß darin,

---

194 Dies., a.a.O., S. 69 unter Hinweis auf Häberle, Die Wesensgehaltsgarantie des Artikels 19 Abs. 2 Grundgesetz, S. 206.
195 Lübbe-Wolff, Die Grundrechte als Eingriffsabwehrrechte, S. 28.
196 Häberle, Die Wesensgehaltsgarantie des Artikels 19 Abs. 2 Grundgesetz, S. 31 ff., 188, 218; ders., AöR 114 (1989), S. 387.
197 Ders., Die Wesensgehaltsgarantie des Artikels 19 Abs. 2 Grundgesetz, S. 58.
198 Ders., a.a.O., S. 46.
199 Siehe 1. Teil, 3. Abschnitt, IV.
200 Häberle, Die Wesensgehaltsgarantie des Artikels 19 Abs. 2 Grundgesetz, S. 179 f.
201 Vgl. aber Lübbe-Wolff, Die Grundrechte als Eingriffsabwehrrechte, S. 66.
202 Vgl. insgesamt 1. Teil, 3. Abschnitt, IV.

die zentrale Rolle der Abwägung mit Nachdruck unterstrichen zu haben. Allerdings kann eine Konzeption, die die wesentlichen Gründe für den definitiven Gehalt der Abwehrrechte derart aus der Betrachtung ausblendet, letztlich nicht überzeugen.

b) Marcel Bolz

Auch Marcel Bolz wendet sich gegen die Sicht des Gesetzgebers als Feind der Grundrechte oder als „Grundrechtseinschränker vom Dienst".[203] Vielmehr seien einfache Gesetze als Entfaltungen und Ausgestaltungen der Grundrechte anzusehen.[204] Unter Hinweis insbesondere auf Karl Engisch, Karl Larenz und Friedrich Müller entwickelt er eine Theorie der „Konkretisierung" der Grundrechte.[205] Grundelemente seien Schutzobjekt und Schutzwirkung der Grundrechte, die gleichermaßen der „Konkretisierung" bedürften.[206] Das Schutzobjekt bilde den Bereich potentiellen Grundrechtsschutzes,[207] bei der Frage nach der Schutzwirkung gehe es um die Ermittlung der reellen Reichweite.[208] Diese Ermittlung erfolge durch Herstellung „praktischer Konkordanz" zwischen divergierenden Verfassungswerten.[209] Maßgebliches Kriterium der verfassungsmäßigen Konkretisierung sei der Grundsatz der Verhältnismäßigkeit, insbesondere die Güterabwägung.[210]

Im Gegensatz zur Schrankentheorie (Außentheorie) werde durch das Verfahren der Konkretisierung ein „Zusammenhang stiftendes gedankliches Konzept"[211] möglich. Bolz unterscheidet verschiedene Stufen der Konkretisierung. Die abstraktesten Prinzipien, welche die gesamte Rechtsordnung prägen, seien Gerechtigkeit, Freiheit, Menschenwürde, Selbstbestimmung und Demokratie. Eine Stufe tiefer befänden sich das Sozialstaats-, Rechtsstaats- und Bundesstaatsprinzip, wiederum eine Stufe tiefer die Grundrechte, unterhalb dieser die Gesetze, Verordnungen, Weisungen und Verfügungen.[212] Die Konkretisierung obliege in erster Linie dem Verfassungsgericht,[213] aber auch dem Gesetzgeber, zwischen beiden herrsche ein „dialektisches Verhältnis".[214] Bolz lehnt Eingriffs-Schrankendenken und Außentheorie ab und folgt der Innentheorie.[215]

In der Grundstruktur ähnelt die Theorie Bolz' ein Stück weit der Theorie Häberles. Beide verwenden zur Bestimmung des Inhalts der Grundrechte im Sinne der Innentheo-

---

203 Bolz, Das Verhältnis von Schutzgut und Schranken der Grundrechte, S. 277.
204 Ders., a.a.O., S. 264 f.
205 Ders., a.a.O., S. 266 ff.
206 Zwischen diesen beiden Gegenständen herrsche ein dialektisches Verhältnis insofern, als es sich zwar um zu unterscheidende Elemente handelt, sie aber „untrennbar aufeinander bezogen bleiben", ders., a.a.O., S. 281.
207 Ders., a.a.O., S. 282.
208 Ders., a.a.O., S. 305.
209 Ders., a.a.O., S. 307.
210 Ders., a.a.O., S. 323 f.
211 Ders., a.a.O., S. 278 unter Hinweis auf Larenz, Methodenlehre der Rechtswissenschaft, S. 437.
212 Bolz, Das Verhältnis von Schutzgut und Schranken der Grundrechte, S. 276.
213 Ders., a.a.O., S. 285 f.
214 Ders., a.a.O., S. 286.
215 Ders., a.a.O., S. 226 f.

rie die Güterabwägung. Mit der Güterabwägung, deren Ergebnis der Inhalt sein soll, setzt auch Bolz Normen voraus, zwischen denen abgewogen werden muß. Auch seine Theorie ist ebenso unvollständig wie die Häberles. Weiterhin übersieht Bolz, daß sein zentrales Kriterium, der Grundsatz der Verhältnismäßigkeit, ebenso das zentrale Kriterium der Ermittlung der definitiven grundrechtlichen Rechte in einem außentheoretischen Modell der Grundrechte bildet. Mit diesem Modell läßt sich mindestens ebenso grundrechtliche Kohärenz herstellen wie mit seinem System ein „Zusammenhang stiftendes gedankliches Konzept", und zwar in einem vollständigen und analytisch klaren dogmatischen Modell. Das bewährte außentheoretische Modell der Grundrechte ist zudem nicht mit den vielfältigen Unklarheiten des Bolzschen Konzepts verbunden.[216]

c) Ulrich Klaus Preuß

Nach Auffassung von Ulrich Klaus Preuß ist eine Interpretation der Grundrechte als klassische Abwehrrechte unzureichend.[217] Im Laufe der geschichtlichen Entwicklung habe die gegenseitige Abhängigkeit der Individuen deutlich zugenommen.[218] Grundrechtliche Freiheit sei daher nicht aus der Idee der autonomen Persönlichkeit herzuleiten, sondern bedürfe vielmehr einer Begründung aus der Konzeption „vergesellschafteter Freiheit".[219] Grundrechte seien daher nicht Abwehrrechte des einzelnen, sondern „Ordnungsprinzipien für spezifische, gegeneinander differenzierte soziale Bereiche".[220] Nicht der einzelne, der dem Staat gegenübersteht, sondern der einzelne gerade in seiner Rolle als aktiver Staatsbürger rückt damit ins Zentrum der politischen Theorie. Der Staat solle für die Vergesellschaftung der Individuen „Organisations- und Verfahrensrechte nach dem Prinzip strikter Gleichheit" schaffen.[221] Ziel ist die Relativierung der Ungleichheit der jeweiligen ökonomischen, sozialen und kulturellen Ausgangsposition, die für die individualistische Grundrechtsverwirklichung charakteristisch sei.[222] Die Förderung der materiellen Gleichheit der Staatsbürger sei ein Mittel zur Herausbildung zeitgemäßer Formen einer demokratischen „civic culture".[223]

Preuß' Grundrechtstheorie stellt einen radikalen Bruch mit dem Konzept der Grundrechte als klassische Abwehrrechte dar. Indem der Gesetzgeber die sozialen Beziehungen der einzelnen organisiert, beschränkt er nicht individuelle Freiheit, sondern er konstituiert erst vergesellschaftete Freiheit. Ebenso wie in der Theorie Häberles und Bolz'

---

216 Neben der hervorgehobenen Unvollständigkeit der vermeintlich innentheoretischen Konzeption sei nur erwähnt, daß die Stufung der Konkretisierung so manche Frage auf wirft, und statt des dunklen Geredes vom „dialektischem Verhältnis" von Verfassungsgericht und Gesetzgeber sollten besser klare Kriterien zur Abgrenzung von Kompetenzen vorgeschlagen werden.
217 Preuß, Die Internalisierung des Subjekts, S. 13.
218 Ders., Verfassungstheoretische Überlegungen zur normativen Begründung des Wohlfahrtsstaates, S. 128.
219 Ders., Die Internalisierung des Subjekts, S. 91.
220 Ders., a.a.O., S. 190 (Hervorhebung von M.B.).
221 Ders., Verfassungstheoretische Überlegungen zur normativen Begründung des Wohlfahrtsstaates, S. 128.
222 Ders., a.a.O.
223 Ders., a.a.O., S. 129.

ist der Gesetzgeber nicht der Feind der Grundrechte, sondern Schöpfer der Freiheit. Dies zeigt sich auch an der Auffassung Preuß' zur Eigentumsfreiheit gemäß Art. 14 GG. Die Eigentumsfreiheit bestehe in der Freiheit des demokratisch legitimierten Gesetzgebers, das Eigentum zu definieren.[224] Eine Bindung an ein „Institut Eigentum" wird ausdrücklich abgelehnt.[225] Insbesondere habe der einzelne kein Recht darauf, daß der Gesetzgeber es unterläßt, bisheriges Eigentum als Nicht-Eigentum zu kategorisieren.[226] Anders als Häberle und Bolz lehnt Preuß jedoch das Konzept der Güterabwägung ab.[227] Eine Bindung an wertentscheidende Grundsatznormen sei mit dem Primat des demokratischen Willensbildungs- und Entscheidungsprozesses nicht zu vereinbaren.[228]

Die Grundrechtstheorie Preuß' widerspricht dem klaren Willen des Parlamentarischen Rates, nach dem die Grundrechte die Staatsgewalt umfassend binden sollen.[229] Werden die Grundrechte im Sinne Preuß' interpretiert, existiert keinerlei materielle Bindung des demokratisch legitimierten Gesetzgebers. Es hängt dann allein von den politischen Vorstellungen des Parlaments – also von wechselnden Mehrheiten – ab, was den Inhalt der Grundrechte bildet. Eine Grundrechtskonzeption, die inhaltlich gegen die freiheitlich demokratische Grundordnung verstößt ist, wäre durchaus möglich.[230] Preuß' Grundrechtstheorie kann der adäquaten Grundrechtstheorie des Grundgesetzes keine Grundlage bieten.

2. Ausnahmen vom außentheoretischen Grundschema?

Auch wenn die außentheoretische Deutung des Grundschemas der Abwehrrechte grundsätzlich vorzugswürdig ist, werden Ausnahmen diskutiert. So ist nach herrschender Auffassung eine Beschränkung der Menschenwürde als Abwehrrecht im klassischen Sinne nicht möglich. Mit der Unmöglichkeit der Beschränkung wären Grundrechtstatbestand und effektiver Garantiebereich notwendig identisch, was zur Innentheorie führt. Die Auffassung, nach der kollidierendes Verfassungsrecht zu einer abwägungsfreien Schutzbereichsbegrenzung vorbehaltloser Abwehrrechte durch kollidierendes Verfassungsrecht führt, behauptet gleichermaßen insoweit die Identität von Grundrechtstatbe-

---

224 Ders., Die Internalisierung des Subjekts, S. 191. Daneben bestehe die Eigentumsfreiheit darin, daß eine als Eigentum anerkannte konkrete Rechtsposition nur wieder gegen Entschädigung entzogen werden kann.
225 Ders., a.a.O., S. 191.
226 Ders., a.a.O.
227 Ders., a.a.O., S. 37, 156 f., 177, 193, 195, 304.
228 Ders., a.a.O., S. 151.
229 Vgl. nur JöR 1 (1951), S. 177 ff.; von Mangoldt, Das Bonner Grundgesetz, S. 36.
230 Es soll hier durchaus nicht unterstellt werden, daß die von Preuß beabsichtigte Grundrechtskonzeption dem Inhalt nach bedenklich ist, es geht vielmehr um die fehlende Sicherung der fundamentalen Rechte des einzelnen gegen Entscheidungen der Mehrheit. Daß diese Sicherung von fundamentaler Bedeutung ist, stand dem Parlamentarischen Rat nach dem nationalsozialistischrn Unrechtsregime des sogenannten „Dritten Reichs" auch klar vor Augen. In diesem Zusammenhang ist der Hinweis angebracht, daß nach der Grundrechtsdeutung unter dem Nationalsozialismus die Grundrechte auf „Ordnungsprinzipien" für Gesellschaft und Gemeinschaft reduziert wurden. Allein die terminologische Parallele ist frappierend, vgl. einerseits Preuß, Die Internalisierung des Subjekts, S. 190, andererseits E. R. Huber, AöR 62 (1933), S. 79 ff.

stand und effektivem Garantiebereich. Entsprechendes gilt für die Theorie des absoluten Wesensgehalts zu Art. 19 Abs. 2 GG.

a) Die Struktur der Menschenwürde gem. Art. 1 Abs. 1 GG als Abwehrrecht

Die Menschenwürde[231] besitzt als oberster Wert im System der Grundrechte des Grundgesetzes,[232] wie er jetzt auch in Art. II-61 des Vertrages über eine Verfassung für Europa positivrechtlich anerkannt ist, besondere Bedeutung. Diese besondere Bedeutung spiegelt sich nicht nur in heftigen Kontroversen im Rahmen der inhaltlichen Interpretation, sondern auch in Diskussionen um strukturelle Besonderheiten. Gestützt nicht zuletzt auf den Wortlaut des Art. 1 Abs. 3 GG, der die Bindung aller Staatsgewalt an die „nachfolgenden" Grundrechte anordnet, wird die Frage gestellt, ob die Menschenwürde gem. Art. 1 Abs. 1 GG überhaupt ein selbständiges Grundrecht darstellt. Nach überwiegender Auffassung ist dem so.[233] Diese Frage mag hier jedoch auf sich beruhen,[234] die Frage der Absolutheit wird im folgenden im Vordergrund stehen.

aa) *Die grundsätzlichen Positionen*

Ob die Menschenwürde gem. Art. 1 Abs. 1 GG wirksam beschränkt werden kann, ist unklar und umstritten. Nach klassischer und noch überwiegender Ansicht kann ein Eingriff in die Menschenwürde in keinem Falle gerechtfertigt werden, er stellt stets eine Verletzung dar.[235] Innerhalb dieser klassischen Ansicht kann weiter unterschieden werden, ob die Bestimmung des Tatbestandes der Menschenwürde mittels der Verhältnis-

---

231 Art. 1 Abs. 1 GG gewährt nicht ausschließlich ein Abwehrrecht, sondern weist zusätzliche Gehalte auf, die hier aber nicht näher in den Blick genommen werden sollen.
232 BVerfGE 35, 367 (376).
233 Das Bundesverfassungsgericht prüft in der Begründetheit der Verfassungsbeschwerde öfter die Verletzung des Art. 1 Abs. 1 GG und setzt die Grundrechtsqualität damit voraus, auch wird vom „Grundrecht" aus Art. 1 Abs. 1 GG gesprochen, BVerfGE 15, 249 (255); 15, 283 (286); 61, 126 (137); weiter für die Grundrechtsqualität VerfGH Berlin, MDR 1993, 154 (155); Löw, DÖV 1958, S. 516 ff.; Nipperdey, Die Würde des Menschen, S. 12; Häberle, HbStR II[3], § 22, Rn 74; ders. in Sachs[3], Art. 1 GG, Rn 3; Jarass in Jarass/Pieroth[8], Art. 1 GG, Rn 3; Höfling, JuS 1995, S. 857 f.; Starck in von Mangoldt/Klein/Starck[5], Art. 1 Abs. 1 GG, Rn 28 ff.; Kunig in von Münch/Kunig[5], Art. 1 GG, Rn 3; Herdegen in Maunz/Dürig, Art. 1 Abs. 1 GG, Rn 26; Zippelius in BonnKomm, Art. 1 Abs. 1 u. 2 GG, Rn 24 ff.; Zippelius/Würtenberger, Deutsches Staatsrecht, S. 202; Stern, Das Staatsrecht der Bundesrepublik Deutschland, Bd. 3/1, S. 26 f., 352; Cremer, Freiheitsgrundrechte, S. 243 ff.; weitere Nachweise bei Geddert-Steinacher, Menschenwürde als Verfassungsbegriff, S. 167 f. Anm. 596. Gegen die Grundrechtsqualität Dürig in Maunz/Dürig, Art. 1 Abs. 1 GG (Erstbearbeitung), Rn 4 ff; von Mangoldt/Klein, Das Bonner Grundgesetz, Bd. 1, S. 119, 147 f.; Geddert-Steinacher, Menschenwürde als Verfassungsbegriff, S. 164 ff.; Teifke, Flexibilität der Menschenwürde?, S. 155 f.; H. Dreier in Dreier[2], Art. 1 Abs. 1 GG, Rn 124 ff.; V. Neumann, KritV 1993, S. 288; jeweils mit weiteren Nachweisen.
234 Selbst wenn es sich um ein bloß objektivrechtliches Verfassungsprinzip mit Bedeutung in der Auslegung der Grundrechte handeln sollte, stellt sich die Frage nach der innen- oder außentheoretischen Struktur dieses Verfassungsprinzips.
235 Hamann/Lenz, Art. 1 GG, Anm. B 3; Kunig in von Münch/Kunig[5], Art. 1 GG, Rn 4, 26; Jarass in Jarass/Pieroth[8], Art. 1 GG, Rn 12; Pieroth/Schlink, Grundrechte – Staatsrecht II[21], Rn 365; Podlech in AK[3], Art. 1 Abs. 1 GG, Rn 73.

mäßigkeit im weiteren Sinne, also auch mittels einer Güterabwägung, bestimmt werden soll oder nicht. Damit sind drei[236] verschiedene Positionen zu unterscheiden:

(1) Die Menschenwürde ist nicht einschränkbar, der Tatbestand der Menschenwürde ist ohne den Grundsatz der Verhältnismäßigkeit im weiteren Sinne zu bestimmen.[237]

(2) Die Menschenwürde ist nicht einschränkbar, ihr Tatbestand ist – jedenfalls unter anderem – mittels des Grundsatzes der Verhältnismäßigkeit zu bestimmen.[238]

(3) Die Menschenwürde ist einschränkbar, Voraussetzung einer wirksamen Einschränkung ist unter anderem die Wahrung des Grundsatzes der Verhältnismäßigkeit.[239]

Es erweist sich häufig als nicht ganz einfach, Äußerungen in Rechtsprechung oder Literatur einer dieser Positionen klar zuzuordnen. Dies liegt nicht zuletzt daran, daß oft nicht hinreichend deutlich zwischen einerseits dem verfassungsrechtlichen allgemeinen Persönlichkeitsrecht aus Art. 2 Abs. 1 i.V.m. 1 Abs. 1 GG und andererseits der Garantie der Menschenwürde gem. Art. 1 Abs. 1 GG unterschieden wird.[240] Es sind jedoch drei selbständige Grundrechte zu unterscheiden, und zwar die Menschenwürde gem. Art. 1 Abs. 1 GG, die allgemeine Handlungsfreiheit gem. Art. 2 Abs. 1 GG und das verfas-

---

236 Man könnte auch innerhalb der Ansicht, die eine wirksame Beschränkung für möglich hält, unterscheiden, ob die Beschränkung verhältnismäßig im weiteren Sinne sein muß oder nicht. Dies würde zur Unterscheidung von vier Positionen führen. Eine Position, nach der eine unverhältnismäßige Beschränkung der Menschenwürde verfassungsmäßig sein kann, wird jedoch, soweit ersichtlich, nicht vertreten.
237 Höfling, JuS 1995, S. 858 ff.; ders. in Sachs³, Art. 1 GG, Rn 11; Kunig in von Münch/Kunig⁵, Art. 1 GG, Rn 11 ff.; Lorz, Modernes Grund- und Menschenrechtsverständnis und die Philosophie Kants, S. 274; H. Dreier in Dreier², Art. 1 Abs. 1 GG, Rn 131 ff. Einen Überblick über die verschiedenen Ansätze der Definition des Begriffs der „Menschenwürde" vermittelt Geddert-Steinacher, Menschenwürde als Verfassungsbegriff, S. 27 ff., mit weiteren Nachweisen.
238 Losch, Wissenschaftsfreiheit, Wissenschaftsschranken, Wissenschaftsverantwortung, S. 210; Podlech in AK³, Art. 1 Abs. 1 GG, Rn 41; Vitzthum, Gentechnologie und Menschenwürdeargument, S. 129 Anm. 53; Herdegen in Maunz/Dürig, Art. 1 Abs. 1 GG, Rn 43 ff., 69.
239 Blankenagel, KJ 20 (1987), S. 383 ff.; Brugger, Der Staat 35 (1996), S. 80 f.; Häberle, HbStR II³, § 22, Rn 85; Hofmann, AöR 118 (1993), S. 374; Katz, Staatsrecht¹⁶, Rn 680; Nipperdey, Würde, S. 22 (nur durch Staatsnotwehr und Staatsnotstand zu rechtfertigen); Alexy, Theorie der Grundrechte, S. 95 ff. (nur für das Menschenwürde-Prinzip, nicht die Menschenwürde-Regel); Zippelius in BonnKomm, Art. 1 Abs. 1 u. 2 GG, Rn 30 ff.; Maunz/Zippelius, Deutsches Staatsrecht, S. 173 (gilt jeweils nur für die „richtungweisende Wertentscheidung" aus Art. 1 Abs. 1 GG, nicht für das „Grundrecht"); Kloepfer, Festschrift BVerfG II, Bd. 2, S. 97 f. Nach Auffassung von Starck in von Mangoldt/Klein/Starck⁵, Art. 1 Abs. 1 GG, Rn 35, 79 soll die Menschenwürde nur durch die Menschenwürde anderer Personen einschränkbar sein, in diesem Sinne auch Wittreck, DÖV 2003, S. 879 ff.
240 Weiterhin spielt in den Erörterungen der Gedanke des Wesensgehalts der Grundrechte eine Rolle. Der Menschenwürdegehalt eines Grundrechts soll entweder mit dem Wesensgehalt gem. Art. 19 Abs. 2 GG identisch sein, siehe 2. Teil, 3. Abschnitt, A. II. 2. c) bb), oder bei der Ermittlung des Wesensgehalts jedenfalls eine entscheidende Rolle spielen, Antoni in Seifert/Hömig⁷, Art. 19 GG, Rn 6; Bleckmann, Staatsrecht II – Die Grundrechte⁴, § 12, Rn 149; Maunz/Zippelius, Deutsches Staatsrecht, S. 153; Pieroth/Schlink, Grundrechte – Staatsrecht II²¹, Rn 306.

sungsrechtliche allgemeine Persönlichkeitsrecht aus Art. 2 Abs. 1 i.V.m. 1 Abs. 1 GG. Welche Schrankentheorie zutrifft, muß für jedes Grundrecht im Grundsatz einzeln bestimmt werden. Bei Äußerungen über die Struktur von „Art. 2 Abs. 1", „das Persönlichkeitsrecht" oder die „Menschenwürde" muß daher stets zunächst ermittelt werden, ob das jeweilige Einzelgrundrecht oder das Kombinationsgrundrecht des verfassungsrechtlichen allgemeinen Persönlichkeitsrechts in Rede steht.

bb) *Die Rechtsprechung des Bundesverfassungsgerichts*

In der Rechtsprechung des Bundesverfassungsgerichts zur Menschenwürde finden sich einerseits Linien, in denen der absolute, unbeschränkbare Charakter behauptet wird, andererseits werden bestimmte Strukturen von Begründungen verwendet, die eher in Richtung außentheoretischer Strukturen deuten.

aaa) *Die Rechtsprechung zur Menschenwürde gem. Art. 1 Abs. 1 GG*

Der Begriff der Menschenwürde im Sinne von Art. 1 Abs. 1 GG weist einen großen semantischen Spielraum auf. In einigen Entscheidungen verwendet das Gericht bei der Beantwortung der Frage, ob die Menschenwürde verletzt ist – also der Festlegung der Bedeutung innerhalb dieses Spielraumes –, Abwägungsstrukturen, die klar auf außentheoretische Strukturen hindeuten. So heißt es in der Entscheidung zur Verwertung tagebuchartiger Aufzeichnungen eines Beschuldigten im Strafverfahren:

„Eine Verletzung der Menschenwürde kommt danach nicht in Betracht, wenn die Auswertung privater Schriftstücke des hier in Frage stehenden Inhalts Aufschluß über Ursachen und Hintergründe der Straftat geben kann, also die für ein rechtsstaatliches Strafverfahren unerläßlichen Untersuchungen in dem Umfang ermöglicht, daß die Grundlagen für eine gerechte Bewertung des Tatgeschehens geschaffen werden".[241]

Vorher wird das verfassungsrechtliche Gewicht einer rechtsstaatlichen, der Idee der Gerechtigkeit verpflichteten Rechtspflege als Grund dafür genannt, daß die Aufzeichnungen des Beschwerdeführers nicht in den unantastbaren Bereich privater Lebensgestaltung fielen.[242] Hätten die Aufzeichnungen nichts mit der Straftat zu tun gehabt, so wäre sein legitimes Geheimhaltungsinteresse an diesen privaten Aufzeichnungen ebenso hoch. Ihre Auswertung wäre jedoch nicht für ein rechtsstaatliches Strafverfahren unerläßlich. Dann könnte die Menschenwürde verletzt sein. Daß dies unter den vorlie-

---

241 BVerfGE 80, 367 (379). Von dieser Entscheidung auf die Struktur der Menschenwürde im Sinne von Art. 1 Abs. 1 GG zu schließen, könnte man für problematisch halten, da sich die zitierte Passage innerhalb der Prüfung des verfassungsrechtlichen allgemeinen Persönlichkeitsrechts befindet. Diese Bedenken sind jedoch unbegründet, da innerhalb der Prüfung des Persönlichkeitsrechts eine Prüfung der Menschenwürde gem. Art. 1 Abs. 1 GG erfolgt. Die innerste Sphäre des Persönlichkeitsrechts wird mit der Menschenwürde begründet, BVerfGE 80, 367 (374). Die Prüfung des Kernbereiches des Persönlichkeitsrechts wird mit der zitierten Formulierung abgeschlossen („Eine Verletzung der Menschenwürde kommt danach nicht in Betracht").
242 BVerfGE 80, 367 (378).

genden Umständen nicht der Fall war, ergibt sich nur aus dem besonderen Gewicht der Aufklärung „außerordentlich schwerwiegender strafbaren Handlung[en]"[243] im Rechtsstaat. Die Menschenwürde verlangt, private Aufzeichnungen nicht in Gerichtsverfahren zu verwerten, der Grundsatz rechtsstaatlicher Rechtspflege das Gegenteil. Welches Prinzip vorgeht, ist anhand des jeweiligen Gewichts unter den konkreten Umständen zu entscheiden. Die Lösung der Spannungslage erfolgt in einer Prinzipienkollision, die Menschenwürde und der Grundsatz der rechtsstaatlichen Rechtspflege werden gegeneinander abgewogen und damit als Prinzipien behandelt. Dies zeigt sich auch in der Formulierung der allgemeinen Voraussetzungen, einen Sachverhalt dem Kernbereich zuzuordnen:

„Ob ein Sachverhalt dem Kernbereich zugeordnet werden kann, hängt ferner (neben dem Willen zur Geheimhaltung, M.B.) davon ab, ob er seinem Inhalt nach persönlichen Charakters ist und in welcher Art und Intensität er aus sich heraus die Sphäre anderer oder die Belange der Gemeinschaft berührt."[244]

Soweit die Menschenwürde gem. Art. 1 Abs. 1 GG in dieser Abwägung zurücktritt, wird sie beschränkt. Diese Beschränkung wird jedoch nicht ausdrücklich durchgeführt, sondern erfolgt bei der Bestimmung des Umfanges der „Menschenwürde" im konkreten Fall. Diese Argumentationsstruktur liegt weiteren Entscheidungen zugrunde.[245]

Bei der Lösung der Prinzipienkollision ist der Grundsatz der Verhältnismäßigkeit zu berücksichtigen. Die Position (1) kommt als Grundlage der Rekonstruktion dieser Rechtsprechung daher nicht in Betracht. Eine Tatbestandsermittlung durch Abwägung im Sinne von (2) scheitert daran, daß der Tatbestand im Sinne des Bereiches potentiellen Grundrechtsschutzes[246] nicht das Ergebnis der Abwägung bildet, sondern durch eine Norm gewährt wird, die in die Abwägung eingestellt wird. Soweit in der Rechtsprechung des Bundesverfassungsgerichts diese Argumentationsstruktur verwendet wird, folgt die Menschenwürde also der Position (3).

Neben dieser Linie existiert in der Rechtsprechung des Gerichts jedoch auch eine absolute Linie. In der abweichenden Meinung der vier überstimmten Richter in der Tagebuch-Entscheidung führen sie aus:

„Der im Strafverfahren unzugängliche Kernbereich muß vielmehr aus sich heraus, vom Personenhaften her, bestimmt werden."[247]

In der Entscheidung des Gerichts zur Strauß-Karrikatur heißt es:

---

243 BVerfGE 80, 367 (377).
244 BVerfGE 80, 367 (374).
245 Nachweise bei Alexy, Theorie der Grundrechte, S. 95 ff., Geddert-Steinacher, Menschenwürde als Verfassungsbegriff, S. 52 ff.; Kloepfer, Festgabe BVerfG I, Bd. 2, S. 416 ff.
246 In der in dieser Untersuchung verwendeten Terminologie entspricht dies dem Grundrechtstatbestand, siehe 2. Teil, 3. Abschnitt, A. I. 1. b) aa).
247 BVerfGE 80, 367 (383).

„Zwar genießt der Schutz des allgemeinen Persönlichkeitsrechts keinen generellen Vorrang gegenüber dem Recht aus Art. 5 Abs. 3 Satz 1 GG, sondern muß auch im Lichte dieses Grundrechts verstanden werden. Soweit das allgemeine Persönlichkeitsrecht allerdings unmittelbarer Ausfluß der Menschenwürde ist, wirkt diese Schranke absolut ohne die Möglichkeit eines Güterausgleichs."[248]

Diese absolute Linie wird in der Entscheidung zu der Äußerung „Soldaten sind Mörder" fortgesetzt:

„So muß die Meinungsfreiheit stets zurücktreten, wenn die Äußerung die Menschenwürde eines anderen antastet. Dieser für die Kunstfreiheit ausgesprochene Grundsatz (vgl. BVerfGE 75, 369 [380]) beansprucht auch für die Meinungsfreiheit Geltung, denn die Menschenwürde als Wurzel aller Grundrechte ist mit keinem Einzelgrundrecht abwägungsfähig."[249]

Mit dieser absoluten Linie der Rechtsprechung, die die Position (1) zur dogmatischen Struktur der Menschenwürde nahelegt, scheint ein Widerspruch zur erstgenannten Linie zu entstehen. Dieser vermeintliche Widerspruch läßt sich aber, wie noch unter cc) zu zeigen sein wird, auflösen.

bbb) *Die Rechtsprechung zum verfassungsrechtlichen allgemeinen Persönlichkeitsrecht gem. Art. 2 Abs. 1 i.V.m. 1 Abs. 1 GG*

Das Gericht arbeitet im Bereich des verfassungsrechtlichen allgemeinen Persönlichkeitsrecht gem. Art. 2 Abs. 1 i.V.m. 1 Abs. 1 GG, angelehnt an die Rechtsprechung zum zivilrechtlichen allgemeinen Persönlichkeitsrecht, mit verschiedenen Sphären. Die innerste Sphäre oder Intimsphäre soll einen absolut geschützten Kernbereich menschlicher Freiheit bilden.[250] Auch überwiegende Interessen der Allgemeinheit könnten einen Eingriff in diese Sphäre nicht rechtfertigen, eine Abwägung im Sinne des Grundsatzes der Verhältnismäßigkeit finde nicht statt.[251] Außerhalb dieser Sphäre, in der weiteren Privatsphäre und der Sozialsphäre, soll ein Eingriff in das allgemeine verfassungsrechtliche Persönlichkeitsrecht gerechtfertigt werden können, unter anderem müsse dann die Verhältnismäßigkeit gewahrt sein.[252] Das verfassungsrechtliche allgemeine Persönlichkeitsrecht ist damit außerhalb der innersten Sphäre ausdrücklich beschränkbar, folgt insofern explizit der Außentheorie.

---

248 BVerfGE 75, 369 (380) (Hervorhebung von M.B.).
249 BVerfGE 93, 266 (293) (Hervorhebung von M.B.).
250 BVerfGE 6, 32 (41); 6, 389 (433); 10, 55 (59); 27, 1 (6); 27, 344 (350 f.); 32, 54 (75); 32, 373 (378 f.); 33, 367 (376); 34, 238 (245); 35, 35 (39); 35, 202 (220 f.); 38, 105 (115); 38, 312 (320); 44, 197 (203); 54, 143 (146); 80, 137 (153); 89, 69 (84).
251 BVerfGE 34, 238 (245); 75, 369 (380); 80, 367 (373 f.).
252 BVerfGE 27, 344 (350 f.); 32, 373 (379); 33, 367 (376 f.), 34, 238 (246); 35, 35 (39); 35, 202 (220 f.); 44, 353 (373); 78, 38 (49); 78, 77 (85); 79, 256 (269 f.); 80, 367 (375 f.); 84, 192 (194); 89, 69 (84).

Fraglich ist, welche Rückschlüsse dies auf die Struktur der Menschenwürde gem. Art. 1 Abs. 1 GG zuläßt. Soweit die innerste Sphäre durch den Menschenwürdegehalt des Kombinationsgrundrechts bestimmt werden soll, wird keine Antwort auf die Frage nach der Struktur der Menschenwürde gegeben, sondern diese gerade vorausgesetzt. Aus den Anforderungen an Eingriffe in die äußeren Sphären des Persönlichkeitsrechts lassen sich aber Rückschlüsse auf die vorausgesetzte Struktur der Menschenwürde ziehen. Maßgebend ist, in welchem Sinne das verfassungsrechtliche allgemeine Persönlichkeitsrecht gem. Art. 2 Abs. 1 i.V.m. 1 Abs. 1 GG als „Kombinationsgrundrecht" verstanden wird. Einerseits könnte man versuchen, den grundrechtlichen Schutz der nicht einschränkbaren innersten Sphäre des Persönlichkeitsrechts allein auf Art. 1 Abs. 1 GG zurückführen, den grundrechtlichen Schutz der weiteren Privatsphäre und der Sozialsphäre dagegen allein auf Art. 2 Abs. 1 GG. Eingriffe in die Menschenwürde sind dann einer Verhältnismäßigkeitsprüfung nicht zugänglich. Das verfassungsrechtliche allgemeine Persönlichkeitsrecht aus Art. 2 Abs. 1 i.V.m. 1 Abs. 1 GG ist dann nur insofern ein Kombinationsgrundrecht, als die innerste Sphäre auf Art. 1 Abs. 1 GG, die äußeren Sphären auf Art. 2 Abs. 1 GG zurückzuführen sind.[253] Keine der Sphären wird durch beide Grundrechte gemeinsam bestimmt, von einem echten Kombinationsgrundrecht kann man hier kaum sprechen.

Andererseits kann man das Persönlichkeitsrecht als ein echtes Kombinationsgrundrecht ansehen. Dann ist der grundrechtliche Schutz jeder Sphäre auf beide Einzelgrundrechte im Zusammenwirken zurückzuführen. Sphäre. Auch außerhalb der innersten Sphäre ist das Gewicht der Menschenwürde gem. Art. 1 Abs. 1 GG bei Abwägungen von Eingriffen in das Persönlichkeitsrecht zu berücksichtigen. Dies zeigt sich daran, daß auch außerhalb der innersten Sphäre ein gegenüber der allgemeinen Handlungsfreiheit aus Art. 2 Abs. 1 GG gesteigerter Grundrechtsschutz gewährt wird.[254] In diesen Abwägungen kann die Menschenwürde zusammen mit dem Gewicht der allgemeinen Handlungsfreiheit hinter andere, im konkreten Fall gewichtigere Belange zurücktreten, also inhaltlich beschränkt werden. Sie besitzt dann, jedenfalls im Hinblick auf die beiden äußeren Sphären, außentheoretische Struktur.[255]

---

253 BVerfGE 80, 367 (376 ff.), aus der Feststellung, der absolut geschützte Bereich persönlicher Lebensgestaltung sei nicht berührt, wird darauf geschlossen, die Menschenwürde sei nicht verletzt, vgl. auch BVerfGE 80, 367 (373 f.); ähnlich bereits BVerfGE 34, 238 (245); vgl. weiter Geis, JZ 1991, S. 113, der zwischen dem absolut geschützten Bereich und dem „‚nur' von Art. 2 Abs. 1 GG geschützten Bereich" unterscheidet; Höfling, JuS 1995, S. 862, es sei auf „der Eigenständigkeit der grundrechtlichen Gewährleistung sowohl des Art. 1 I GG als auch des Art. 2 I GG zu beharren". Ähnlich soll nach Geddert-Steinacher, Menschenwürde als Verfassungsbegriff, S. 84 f., die den Schutzbereich des verfassungsrechtlichen allgemeinen Persönlichkeitsrechts allein durch Art. 2 Abs. 1 GG gewährt ansieht, Art. 1 Abs. 1 GG nur die Funktion einer Schranken-Schranke haben.
254 Vgl. BVerfGE 54, 148 (153); Jarass, NJW 1989, S. 857; Störmer, Jura 1991, S. 17, die den engeren Grundrechtstatbestand und die höhere Schutzintensität des verfassungsrechtlichen allgemeinen Persönlichkeitsrechts gem. Art. 2 Abs. 1 i.V.m. 1 Abs. 1 GG gegenüber der allgemeinen Handlungsfreiheit aus Art. 2 Abs. 1 GG auf die Menschenwürde gem. Art. 1 Abs. 1 GG stützen. Vgl. Stark, Ehrenschutz in Deutschland, S. 36 f.
255 In diese Richtung Starck in von Mangoldt/Klein/Starck[5], Art. 2 Abs. 1 GG, Rn 57: Art. 1 Abs. 1 GG fungiere im Rahmen des Art. 2 Abs. 1 GG zwar nicht als subjektives Recht, aber als objektiv-

Für die zweite Sichtweise spricht, daß das verfassungsrechtliche allgemeine Persönlichkeitsrecht ein eigenes Grundrecht darstellt.[256] Es ergänzt als „unbenanntes" Freiheitsrecht die spezielleren „benannten" Freiheitsrechte und soll die engere persönliche Lebenssphäre gewährleisten. Diese wird durch moderne Entwicklungen besonders gefährdet, angemessener Schutz kann durch die traditionellen Freiheitsgarantien nicht gewährleistet werden.[257] Das allgemeine Persönlichkeitsrecht weist daher einen gegenüber der allgemeinen Handlungsfreiheit engeren Schutzbereich auf.[258] Auch sind die Verhältnismäßigkeitsanforderungen gegenüber der allgemeinen Handlungsfreiheit grundsätzlich höher, da zusätzlich das Gewicht der Menschenwürde in der Abwägung für den Persönlichkeitsschutz spricht. Auch ein gegenüber der allgemeinen Handlungsfreiheit engerer Eingriffsbegriff wird diskutiert.[259] Folgte man dagegen der ersten Sichtweise, so bestünde die zusätzliche Schutzwirkung der Menschenwürde gemäß Art. 1 Abs. 1 GG gegenüber der allgemeinen Handlungsfreiheit gemäß Art. 2 Abs. 1 GG lediglich im Schutz eines absoluten Kerns. Dies ist aber nach der verbreiteten Ansicht, nach der sich der absolute Wesensgehalt eines Grundrechts aus seinem Menschenwürdegehalt ergibt, ohnehin gem. Art. 19 Abs. 2 GG der Fall.[260] Das verfassungsrechtliche allgemeine Persönlichkeitsrecht stellt damit ein echtes Kombinationsgrundrecht im Sinne der zweiten Sichtweise dar. Die Menschenwürde ist bei der Abwägung im Rahmen der Prüfung von Eingriffen in das Persönlichkeitsrecht außerhalb der innersten Sphäre zu berücksichtigen und kann in den erforderlichen Abwägungen zurücktreten. Der Menschenwürdeanteil in den beiden äußeren Sphären des Persönlichkeitsrechts ist daher beschränkbar. Für die innere Sphäre soll es bei der Uneinschränkbarkeit bleiben, dies entspricht insoweit der absoluten Linie der Rechtsprechung zum Einzelgrundrecht der Menschenwürde, siehe oben aaa). Damit stellt sich die Frage, ob es überhaupt möglich ist, daß ein und dieselbe Norm ein außentheoretisches Recht mit einem innentheoretischen Kern gewährt. Diese Frage bedarf jedoch an dieser Stelle keiner Klärung.[261]

---

rechtliche Leitlinie. Damit kann diese „Leitlinie" bei der Abwägung mit anderen Belangen zurücktreten, also beschränkt werden, und besitzt dann außentheoretische Struktur.
256 Es handelt sich um das einzige richterrechtlich entwickelte echte Kombinationsgrundrecht. In allen anderen Fällen, in denen das Gericht in den Entscheidungsgründen Grundrechte zusammen zur Begründung anführt, konstituiert dies keine selbständigen Grundrechte.
257 BVerfGE 54, 148 (153); 60, 329 (339); 65, 1 (41); 72, 155 (170); 79, 256 (268); BVerfG NJW 1993, 1463 (1463).
258 Zum Schutzbereich des verfassungsrechtlichen allgemeinen Persönlichkeitsrechts gem. Art. 2 Abs. 1 i.V.m. 1 Abs. 1 GG vgl. statt vieler Hufen, Festschrift BVerfG II, Bd. 2, S. 110 ff.; Starck in von Mangoldt/Klein/Starck[5], Art. 2 Abs. 1 GG, Rn 86 ff.; Stern, Das Staatsrecht der Bundesrepublik Deutschland, Bd. 3/1, S. 646 ff.
259 Pieroth/Schlink, Grundrechte – Staatsrecht II[21], Rn 380; Höfling in Friauf/Höfling, Art. 2 GG, Rn 62.
260 Vgl. BVerfGE 34, 238 (245); 80, 367 (373 f.), wo der absolute Schutz der innersten Sphäre des verfassungsrechtlichen allgemeinen Persönlichkeitsrechts ausdrücklich sowohl auf die Menschenwürde gem. Art. 1 Abs. 1 GG als auch auf die Wesensgehaltsgarantie gem. Art. 19 Abs. 2 GG gestützt wird.
261 Die weitere Untersuchung wird zeigen, daß dies nicht möglich ist. Außentheoretische Rechte mit einem innentheoretischen Kern werden notwendig durch eine Kombination eines Prinzips mit einer unabhängig von diesem Prinzip begründeten Regel gewährt, also durch zwei Normen. Allerdings können ein und derselben Bestimmung zwei oder mehr Normen interpretativ zugeordnet werden.

cc) *Die Versöhnung von absoluter und relativer Linie*

Die absolute und die relative Linie zur Menschenwürde sind, wie dargelegt, tief in der Rechtsprechung des Bundesverfassungsgerichts und der deutschen Dogmatik der Menschenwürde verankert. Bevor man vorschnell eine der beiden Linien zurückweist, verdient die Frage Aufmerksamkeit, ob man sie nicht ein ganzes Stück weit versöhnen kann. Zunächst wird auszuführen sein, daß gewichtige grundrechtliche Prinzipien als Prinzipien definitionsgemäß zwar nicht absoluter Natur sind, aber unter vielen Bedingungen ihrer Anwendung absolut aussehen. Nimmt man dies auf, kann zwischen zwei Ebenen der Menschenwürde unterschieden werden, und zwar der Menschenwürde im weiteren Sinne auf der Prinzipienebene und der Menschenwürde im engeren Sinne auf der Regelebene.

aaa) *Der Eindruck des Absoluten bei gewichtigen Prinzipien*

Sieht man von der „definitorischen Elimination von Kollisionen"[262] ab, die jedes grundrechtliche Prinzip in eine vermeintlich absolute Formulierung zu bringen vermag, beruht der Eindruck des Absoluten gewichtiger grundrechtlicher Prinzipien insbesondere auf zwei Gründen.

(1) *Der überproportionale Anstieg der Resistenz gegen weitere Eingriffe mit zunehmender Eingriffstiefe*

Die Resistenz von Grundrechten gegen weitere Eingriffe steigt mit zunehmender Eingriffstiefe nicht proportional an, sondern überproportional.[263] Dies ist bei grundrechtlichen Prinzipien mit hohem Gewicht – wie der Menschenwürde – besonders ausgeprägt.

Darauf wird im Rahmen der Untersuchung der Wesensgehaltsgarantie zurückzukommen sein, vgl. 2. Teil, 3. Abschnitt, A. II. 2. c) bb).

262 Bei der „definitorischen Elimination von Kollisionen" entsteht der Eindruck der Absolutheit einer prima facie-Grundrechtsposition dadurch, daß durch die Formulierung des Grundrechtstatbestandes kollidierende Rechte und Güter durch Definition eliminiert werden. Die Kollision, die zur Einschränkung führen könnte, ist dann gleichsam „hinwegdefiniert" worden (vgl. Alexy, Theorie der Grundrechte, S. 328). Als Beispiel für derartige Positionen kann die innerste Sphäre des verfassungsrechtlichen allgemeinen Persönlichkeitsrechts dienen, soweit sie keinen Sozialbezug aufweist (BVerfGE 80, 367 (374)). Ein anderes Beispiel ist das „forum internum" als Teil der Gewissensfreiheit gem. Art. 4 Abs. 1 GG, das lediglich innere Überzeugungen erfaßt (Herzog in Maunz/Dürig, Art. 4 GG, Rn 66, 76, 111; Scholler, Freiheit des Gewissens, S. 117 ff.; gegen eine Begrenzung der Gewissensfreiheit auf das forum internum Borowski, Die Glaubens- und Gewissensfreiheit des Grundgesetzes, S. 564 ff.). Dieses „Hinwegdefinieren", soweit es denn tatsächlich erfolgreich ist, ändert jedoch nicht die Struktur der fraglichen Grundrechtsposition, sondern blendet nur die möglichen Schrankengründe aus der Betrachtung vollständig aus. Man kann von jedem Prinzip sagen, es sei „absolut", wenn alle Schrankengründe ausgeblendet werden. Dies sagt aber noch nichts darüber, was denn gilt, wenn die Schrankengründe in den Blick genommen werden – etwa wenn und soweit Handlungen oder Zustände im Schutzbereich des allgemeinen Persönlichkeitsrechts Sozialbezug haben.

263 Alexy, Theorie der Grundrechte, S. 271; Höfling, Jura 1994, S. 172; Stelzer, Das Wesensgehaltsargument und der Grundsatz der Verhältnismäßigkeit, S. 228.

Um einen Eingriff in die Menschenwürde rechtfertigen zu können, müssen daher Gegengründe ganz außerordentlichen Gewichts angeführt werden. Sieht man die Menschenwürde im System der Grundrechte des Grundgesetzes als überragenden Höchstwert an, kann dies zu dem Gedanken führen, die Menschenwürde könne nur um der Menschenwürde anderer willen eingeschränkt werden.[264] Derartige definitorische Eingrenzungen werfen mit Nachdruck die Frage auf, ob die Menschenwürde in jedem Anwendungsfall Vorrang vor jedem anderen grundrechtlichen Recht oder verfassungsrechtlich relvanten Gut hat. Nimmt man nur den Fall der „polizeilichen Rettungsfolter" – bei der ein Täter gefoltert werden soll, um Wissen zu erlangen, welches allein das Überleben eines entführten Opfers zu gewährleisten vermag – stellt sich die Frage, ob hier Menschenwürde gegen Menschenwürde steht. Die Folterung ist ein paradigmatischer Eingriff in die Menschenwürde gem. Art. 1 Abs. 1 GG, während das grundrechtliche Schutzrecht hinsichtlich des Lebens „nur" aus Art. 2 Abs. 2 Satz 1 GG folgt. Derartige Kollisionen sollten nicht durch definitorische Eingrenzungen in der Grundrechtsdogmatik entschieden werden, sondern danach, was im konkreten Fall höheres Gewicht hat – allerdings bei gehöriger Beachtung der Grenzen der Erkenntnis im Moment der Entscheidung, was zum zweiten Grund vermeintlicher Absolutheit führt.

(2) Die Anforderungen an die Sicherheit empirischer Prämissen

Der zweite Grund für die vermeintliche Absolutheit der Menschenwürde liegt in den Anforderungen an die Sicherheit der Erkenntnis empirischer Prämissen, welche das zweite oder epistemische Abwägungsgesetz aufstellt: Je schwerer ein Eingriff in ein Grundrecht wiegt, desto größer muß die Gewißheit der den Eingriff tragenden Prämissen sein.[265] Daraus folgt, daß bei sehr intensiven Eingriffen – und Eingriffe in die besonders wichtige Menschenwürde sind praktisch immer sehr intensive Eingriffe – sehr große Anforderungen an die Sicherheit der Erkenntnis der empirischen Prämissen gestellt werden. Indem die aufgestellten Hürden praktisch unüberwindbar sind, entsteht der Eindruck der Absolutheit.

Wie groß die durch Erkenntnisfragen bedingten Unterschiede sind, kann man anhand der prototypischen Unterscheidung von „Seminarfällen" oder hypothetischen bzw. akademischen Fällen einerseits und Fällen im [266] „wirklichen Leben" andererseits illustrieren. Kennzeichnend für „Seminarfälle" ist, daß größtenteils mit empirischen Annahmen gearbeitet wird. Mit den eingeführten empirischen Annahmen werden Probleme der empirischen Erkenntnis vollständig oder zumindest weitgehend ausgeschlossen. Nimmt man das Beispiel die Konstellation des zum Terrorwerkzeug umfunktionierten Passagierflugzeugs, kann in einem „Seminarfall" schlicht angenommen werden, daß eine Entführung von Terroristen, die das Flugzeug auf ein Bodenziel lenken wollen, vorliegt, daß eine Überwältigung der Entführer durch Personen an Bord ausgeschlossen ist, daß

---

264 In diesem Sinne Starck in von Mangoldt/Klein/Starck[5], Art. 1 Abs. 1 GG, Rn 35, 79 vgl. auch Wittreck, DÖV 2003, S. 879 ff.
265 Siehe 1. Teil, 2. Abschnitt, II. 2. a) bb) bbb) (2).
266 Vgl. zu dieser Unterscheidung ausführlicher Borowski, Abwehrrechte als grundrechtliche Prinzipien.

die Entführer auch tatsächlich über alle Mittel und Fähigkeiten verfügen, ein Bodenziel verheerend zu treffen, daß der Abschuß dieses Passagierflugzeugs durch Militärmaschinen hinreichend schnell auf eine Art und Weise erfolgen kann, daß die ernste Gefährdung von sonstigen Personen am Boden ausbleibt etc. Unter derartigen empirischen Annahmen geht die Intuition – wenn auch schweren Herzens – spürbar in die Richtung, die rechtliche Zulässigkeit eines Waffeneinsatzes gegen Passagierflugzeuge zu bejahen. Denn so können viele Menschenleben gerettet werden, ohne daß weiteren Menschen Schaden zugefügt wird. Es ist jedoch ausgesprochen wichtig zu sehen, daß die Lösung eines derartigen Seminarfalles oder akademischen Falles nicht unhinterfragt in eine Handlungsanweisung zur Lösung von Fällen, die das „wirkliche Leben" stellt, umgesetzt werden kann.

Für Fälle im „wirklichen Leben" ist vielfältige empirische Unsicherheit kennzeichnend. Die Sicherheitsbehörde, die über den Einsatz von Waffengewalt gegen ein Passagierflugzeug zu entscheiden hat, muß auf der Basis von Vermutungen und Einschätzungen arbeiten. Es wird in Situationen, in denen über den Abschuß entschieden werden muß, eben nicht sofort klar sein, wer die Entführer sind und worin ihre Motive bestehen. Es wird nicht klar sein, ob die Entführer ein Bodenziel verheerend treffen können, und welches. Niemand weiß, was Flugzeugbesatzung und Passagiere gegen die Entführer ausrichten können, es ist weiter nicht klar, ob ein Abschuß durch Militärmaschinen zu Opfern am Boden führte. Vor dem Hintergrund dieser unsicheren Faktenlage in der typischen Entscheidungssituation geht die Intuition in die ganz entgegengesetzte Richtung, nämlich daß man auf der Grundlage derart unsicherer Erkenntnisse doch kein Passagierflugzeug abschießen darf.

Beide Intuitionen sind gleichermaßen berechtigt, was ein gutes Stück der Verwirrung in der Diskussion um die Einschränkung der Menschenwürde erklären dürfte. Wie das epistemische Abwägungsgesetz zeigt, liegt hierin ganz und gar kein Widerspruch. Selbst wenn man davon ausgeht, daß bei Gewißheit hinsichtlich aller genannten empirischen Prämissen für den Fall der terroristischen Flugzeugentführung ein Abschuß nicht grundrechtlich verboten ist, sieht dies unter empirischer Unsicherheit ganz anders aus. Die verbreitete Intuition, daß Eingriffe des Staates in die Menschenwürde in praxi nicht zu rechtfertigen sind, wird auf diese Weise prinzipientheoretisch rekonstruiert. Dies muß aber, und diesen Punkt gilt es hier hervorzuheben, keineswegs darauf beruhen, daß die Menschenwürde absoluter Natur ist und abwägungsfrei angewendet würde, sondern läßt sich vielmehr zwanglos auf die in grundrechtlichen Abwägungen geltenden Gesetze zurückführen.

(3) Die relative Absolutheit der Menschenwürde

Der Eindruck der Absolutheit gewichtiger grundrechtlicher Prinzipien beruht daher nicht nur darauf, daß in materieller Hinsicht die Resistenz gegen weitere Eingriffe mit zunehmender Eingriffstiefe überproportional ansteigt, sondern auch darauf, daß mit zunehmender Eingriffsintensität die geforderte Sicherheit der den Eingriff tragenden empirischen Prämissen ansteigt, bis praktisch unerfüllbare materielle und epistemische

Anforderungen für die Eingriffsrechtfertigung aufgestellt werden. Diese scheinbare, auf Abwägungsgesetzen beruhende Absolutheit bei gewichtigen Prinzipien kann als „relative Absolutheit" bezeichnet werden.[267]

bbb) *Die Prinzipienebene und die Regelebene der Menschenwürde*

Auch wenn die Menschenwürde auf den ersten Blick absoluten Charakter aufzuweisen scheint, kann sie dennoch ein Prinzip sein: Die Menschenwürde im weiteren Sinne. Sie ist in Abwägungen einzustellen und kann so selbst dann staatliches Handeln dirigieren, wenn sie im Ergebnis zurücktritt.[268] Hiervon zu unterscheiden ist die Menschenwürde im engeren Sinne, die nicht einschränkbar sein soll und nicht in Abwägungen soll eingestellt werden können[269], als Regel. Der Inhalt dieser Regel wird weder durch den Wortlaut der Verfassung noch durch den Willen des Verfassungsgebers näher konkretisiert, so daß ihr Inhalt allein durch Abwägung des Prinzips, der Menschenwürde im weiteren Sinne, mit kollidierenden Rechten und Gütern begründet wird. Der Zusammenhang von Menschenwürde im weiteren Sinne und Menschenwürde im engeren Sinne entspricht damit dem Kollisionsgesetz, nach dem Abwägungen stets zur Begründung von Regeln führen.[270] Insofern liegt in dieser Struktur nichts Besonderes. Eine Besonderheit bei der Menschenwürde besteht allerdings darin, daß die Prinzipienebene und die Regelebene viel näher beieinanderliegen als bei anderen Grundrechten. Aufgrund des sehr hohen Gewichts der Menschenwürde ist die Einschränkung durch kollidierende Rechte und Güter ein höchst seltenes Ereignis. Anlaß zu ausdrücklichen oder gar ausführlichen Abwägungsbegründungen besteht im Regelfall nicht, unter gewöhnlichen Umständen kann unter die Menschenwürde im engeren Sinne als Regel – als Abwägungsergebnis unter gewöhnlichen Umständen – subsumiert werden. In Zweifelsfällen, wenn ungewöhnliche Fälle oder Umstände vorliegen, muß aber auf die hinter der Regelebene liegende Prinzipienebene zurückgegriffen werden, um zu ermitteln, ob angesichts außergewöhnlicher Bedingungen der Kollision höchst ausnahmsweise die Menschenwürde im konkreten Fall zurückzutreten hat.[271]

Der Unterscheidung von Menschenwürde im weiteren Sinne und im engeren Sinne entspricht es ein Stück weit, wenn in Teilen der Literatur werden zunehmend ein eher absolutes und ein eher relatives Element der Menschenwürde unterschieden wird.[272]

---

267 Borowski, Abwehrrechte als grundrechtliche Prinzipien, S. 26.
268 Sie dirigiert die staatliche Maßnahme insofern, als sie einen Gegengrund bildet, dem gewichtigere Gründe entgegenstehen. Ändert sich das Gewicht der Gründe, weil sich die Umstände ändern, so können die Gründe an Gewicht verlieren, womit die Gegengründe, unter ihnen die Menschenwürde als Prinzip, nunmehr vorgehen können.
269 Im Fall des verfassungsrechtlichen allgemeinen Persönlichkeitsrechts bildet sie den Kernbereich im Sinne der Sphärentheorie, der einer Verhältnismäßigkeitsprüfung nicht zugänglich ist, BVerfGE 34, 238 (245); 75, 369 (380); 80, 367 (373 f.).
270 Siehe 1. Teil, 2. Abschnitt, II. 2. a) bb) eee).
271 Ders., a.a.O., S. 329.
272 Starck in von Mangoldt/Klein/Starck[5], Art. 2 Abs. 1 GG, Rn 57 (subjektives Grundrecht/objektivrechtliche Leitlinie); Alexy, Theorie der Grundrechte, S. 95 ff. (Menschenwürde-Regel/Menschenwürde-Prinzip); Zippelius in BonnKomm, Art. 1 Abs. 1 u. 2 GG, Rn 24 ff.; Maunz/Zippelius, Deut-

Die Differenzierung von Menschenwürde im weiteren und im engeren Sinne bildet Eigenschaften ab, die durch das besondere Gewicht des grundrechtlichen Höchstwerts der Menschenwürde entstehen, kann und soll aber nicht darüber hinwegtäuschen, daß es letztlich stets auf eine Abwägung ankommt. Jedes Ergebnis muß sich durch eine Abwägung der Menschenwürde im weiteren Sinne als Prinzip unter den konkreten Umständen des Falles rechtfertigen lassen, auch wenn in unproblematischen Fällen eine Subsumtion unter die Menschenwürde im engeren Sinne als Ergebnis einer abstrakten Abwägung erfolgen mag. Die Menschenwürde im engeren Sinne, die Regel, hat keine von der Menschenwürde im weiteren Sinne, dem Prinzip, unabhängige Bedeutung. In der erforderlichen Abwägung von Prinzipien kann die Menschenwürde gem. Art. 1 Abs. 1 GG hinter andere, im Einzelfall höchst ausnahmsweise gewichtigere Belange zurücktreten, also beschränkt werden. Sie gewährt daher ein außentheoretisches Recht.

dd) *Explizite und implizite Beschränkung der Menschenwürde*

Mit der außentheoretischen Natur ist festgestellt, daß für die Menschenwürde gemäß Art. 1 Abs. 1 GG keine Ausnahme von der grundsätzlichen außentheoretischen Natur der Abwehrrechte gilt. Es bleibt die Frage zu beantworten, ob – bedingt durch Besonderheiten der Menschenwürde – gegenüber dem außentheoretischen Grundschema der Abwehrrechte die Beschränkung implizit statt explizit erfolgt.

aaa) *Das Modell expliziter Beschränkungen der Menschenwürde*

Ein Modell expliziter Beschränkungen entsteht, wenn man die Menschenwürde grundrechtsdogmatisch wie jedes andere Abwehrrecht des Grundgesetzes behandelt. Die Menschenwürde im weiteren Sinne als Prinzip bildet das Schutzgut. Eine staatliche Handlung, die den Kriterien des Eingriffsbegriffs genügt, stellt einen Eingriff in den Schutzbereich dar. Nimmt man eine ungeschriebene grundrechtliche Eingriffsermächtigung an, wie für alle anderen Abwehrrechte ohne geschriebenen Schrankenvorbehalt,[273] kann dieser Eingriff verfassungsrechtlich gerechtfertigt werden. Diese Einschränkung hat schon wegen der Wesentlichkeitstheorie des Bundesverfassungsgerichts[274] aufgrund formellen Gesetzes zu erfolgen und muß neben anderen formellen und materiellen Anforderungen insbesondere der Schranken-Schranke des Grundsatzes der Verhältnismäßigkeit im weiteren Sinne genügen.[275] Nach diesem Modell teilt die Menschenwürde die grundrechtsdogmatische Struktur aller anderen Abwehrrechte. Ihre Besonderheit liegt allein in dem außerordentlichen Gewicht, welches aber innerhalb dieser abwehrrechtlichen Struktur ohne weiteres angemessen abgebildet werden kann.

---

sches Staatsrecht, S. 172 ff. (Grundrecht/richtungsweisende Wertentscheidung); Herdegen in Maunz/ Dürig, Art. 1 Abs. 1 GG, Rn 43 ff. (Würdekern/peripherer und abwägungsoffener Schutzbereich).
273 Zur ungeschriebenen grundrechtlichen Eingriffsermächtigung bei Abwehrrechten siehe Borowski, Die Glaubens- und Gewissensfreiheit des Grundgesetzes, S. 505 ff.
274 Zur Wesentlichkeitstheorie siehe 2. Teil, 3. Abschnitt, B. I. 6. b) bb).
275 Für ein solches Modell Kloepfer, Festgabe BVerfG I, Bd. 2, S. 419.

bbb) *Das Modell impliziter Beschränkungen der Menschenwürde*

Eine besondere Struktur nach dem Modell impliziter Beschränkungen dagegen entsteht, wenn die Beschränkung der Menschenwürde im weiteren Sinne, des Prinzips, bereits bei der Bestimmung des verfassungsrechtlichen Begriffs „Menschenwürde" vorgenommen wird. Die Abwägung im Einzelfall erfolgt zwischen dem hinter dieser „Menschenwürde" vorausgesetzten Prinzip, der Menschenwürde im weiteren Sinne, und den kollidierenden Rechten und Gütern. Das Abwägungsergebnis, also der effektive Garantiebereich, bildet dann die „Menschenwürde" gem. Art. 1 Abs. 1 GG im Sinne der Menschenwürde im engeren Sinne, der Regel. Dieses Vorgehen entspricht der absoluten Linie in der Judikatur des Bundesverfassungsgerichts und wird durch das außerordentliche Maß der semantischen Offenheit des Wortlautes des Art. 1 Abs. 1 GG möglich.[276]

ccc) *Das vorzugswürdige Modell*

Für das Modell impliziter Beschränkungen könnte man versuchen anzuführen, daß die Annahme einer ungeschriebenen Schrankenklausel überflüssig wird.[277] Dieses Argument trägt aber nicht weit, da die im Wortlaut vorbehaltlos gewährten Grundrechte nicht vereinzelte „Unglücksfälle" darstellen, sondern eine eigene Kategorie der Grundrechte des Grundgesetzes, für die seit langem dogmatische Lösungen zur Beschränkung erarbeitet sind.

Weiter kann man einen „grundrechtspädagogischen" Vorteil des Modells impliziter Beschränkungen darin sehen wollen, eine Beschränkung der Menschenwürde, des obersten materiellen Werts des Grundgesetzes,[278] nicht offen einräumen zu müssen. Indem die Höchstwertigkeit nicht durch Einschränkungen in Frage gestellt wird, wird das moralische Tabu von Menschenwürdeeingriffen[279] nicht unbequem erschüttert. Andererseits ist es gerade im Fall einer Beschränkung des höchsten materiellen Werts des Grundgesetzes besonders wichtig, daß Kollisionen mit Rechten anderer und kollektiven Gütern nicht verschleiert und verdeckt entschieden, sondern so klar wie möglich offengelegt werden und einer ebenso überzeugenden wie nachprüfbaren Lösung zugeführt werden. Dies leistet eine verdeckte Abwägung bei der Begriffsbestimmung gerade nicht.[280] Es wird eher verborgen, daß hinter der „Menschenwürde" als Regel ein grundsätzlich weitergehendes grundrechtliches Prinzip steht, das eingeschränkt werden kann. Alle Vorteile der ausdrücklichen dogmatischen Unterscheidung von Schutzbereich, Eingriff und verfassungsrechtlicher Rechtfertigung des Eingriffs gehen verloren. Das Modell impliziter Beschränkungen der Menschenwürde erweist sich letztlich als Anwendungsfall der grundsätzlichen Reduktion von Grundrechten auf das Abwägungser-

---

276 Alexy, Theorie der Grundrechte, S. 97 Anm. 69.
277 Ders., a.a.O.
278 BVerfGE 6, 32 (41); 12, 45 (53); 27, 1 (6); 30, 173 (193); 32, 98 (108); 45, 187 (227); 50, 166 (175); 82, 60 (87).
279 Vgl. zur Tabuisierung von Menschenwürdeeingriffen insbesondere Poscher, JZ 2004, S. 756 ff.
280 Vgl. V. Neumann, KritV 1993, S. 287.

gebnis und ist aus den gleichen Gründen wie dieses abzulehnen.[281] Das Modell expliziter Beschränkungen der Menschenwürde verwirklicht die Vorteile der bewährten außentheoretischen Struktur der Abwehrrechte in weit höherem Maße und ist daher vorzuziehen.

b) Schutzbereichsbegrenzung aufgrund kollidierenden Verfassungsrechts

Nach überwiegender Auffassung kann kollidierendes Verfassungsrecht – dies erfaßt sowohl Grundrechte anderer sowie andere Rechtswerte mit Verfassungsrang – eine **Beschränkung** vorbehaltlos garantierter Grundrechte rechtfertigen.[282] Die Gegenansicht sieht kollidierendes Verfassungsrecht bereits als **Begrenzung des Schutzbereichs**. Innerhalb dieser Gegenansicht wird nicht einheitlich beurteilt, ob die Wirksamkeit der Schutzbereichsbegrenzung von ihrer Verhältnismäßigkeit abhängt,[283] oder die Prüfung abwägungsfrei erfolgt.[284] Nach einer „vermittelnden" Ansicht schließlich soll zu unterscheiden sein: Während eine Kollision von Grundrechten anderer mit einem vorbehaltlosen Grundrecht zu einer Schutzbereichsbegrenzung führen soll, führe die Kollision von sonstigen Verfassungsgütern mit vorbehaltlosen Grundrechten zu einer Beschränkung.[285]

Das Bundesverfassungsgericht hat sich bislang nicht festgelegt, ob Schrankengründe zu einer Schutzbereichsbegrenzung oder einer Beschränkung führen. Klar dürfte sein, daß nach ständiger Rechtsprechung eine Begrenzung/Beschränkung vorbehaltloser Grundrechte durch eine Güterabwägung erfolgt.[286] Eine Entscheidung eines Vorprüfungsausschusses – die vieldiskutierte Entscheidung zum „Sprayer von Zürich" – wird überwiegend im Sinne einer Schutzbereichsbegrenzung gedeutet. Ein sich als Künstler verstehender Schweizer hatte in mehr als hundert Fällen Gebäude, die nicht in seinem

---

281 Siehe 1. Teil, 3. Abschnitt, IV.
282 Statt vieler Jarass in Jarass/Pieroth[8], Vorb. vor Art. 1 GG, Rn 45 ff.; Pieroth/Schlink, Grundrechte – Staatsrecht II[21], Rn 325 ff.; Borowski, Die Glaubens- und Gewissensfreiheit des Grundgesetzes, S. 509 f., jeweils mit weiteren Nachweisen. Für eine Begrenzung der tauglichen Schrankengründe auf Grundrechte anderer tritt in neuerer Zeit insbesondere Christian Bamberger ein (Bamberger, Verfassungswerte als Schranken vorbehaltloser Grundrechte, S. 138; ders., Der Staat 39 (2000), S. 369), hiergegen Borowski, a.a.O., S. 524 ff.
283 BVerwGE 87, 37 (45 f.); K. Hesse, Grundzüge des Verfassungsrechts der Bundesrepublik Deutschland[20], Rn 303 ff.; Erichsen, Verfassungsbeschwerde, S. 234 ff.; F. Müller, Die Einheit der Verfassung, S. 198 ff.; Kriele, Recht-Vernunft-Wirklichkeit, S. 620 ff.; Zippelius in BonnKomm, Art. 4 GG, Rn 84 ff.; Gellermann, Grundrechte in einfachgesetzlichem Gewande, S. 331 f.; in diesem Sinne auch die vermittelnde Ansicht, Roth, Faktische Eingriffe in Freiheit und Eigentum, S. 488 Anm. 172.
284 Herzog in Maunz/Dürig, Art. 8 GG, Rn 128, die Versammlungsfreiheit sei „von vornherein" nicht in Räumen gewährt, bezüglich derer die Versammlungsteilnehmer nicht dispositionsbefugt sind; vgl. auch Isensee, Festschrift Sendler, S. 58 f. Vereinzelt wird die These der abwägungsfreien Lösung einer Grundrechtskollision auch bei Grundrechten mit geschriebener grundrechtlicher Eingriffsermächtigung vertreten: „Indessen gestattet die Meinungsfreiheit von vornherein nicht, fremdes Eigentum als Mittel zur Meinungsbekundung zu nutzen", Ossenbühl, Abwägung im Verfassungsrecht, S. 31.
285 Roth, Faktische Eingriffe in Freiheit und Eigentum, S. 483.
286 BVerfG in st. Rspr. seit BVerfGE 28, 243 (261).

Eigentum standen, mit Figuren besprüht. Der Schweizer sollte zum Zweck der Strafvollstreckung an seinen Heimatstaat ausgeliefert werden. Gegen diese Auslieferung erhob er Verfassungsbeschwerde, die mangels hinreichender Erfolgsaussicht nicht zur Entscheidung angenommen wurde. Der seinerzeit statt der heutigen Kammer tätige Vorprüfungsausschuß hatte unter anderem die Frage zu klären, ob das Vorgehen des Schweizers – nach deutschem Recht beurteilt – durch Art. 5 Abs. 3 GG gedeckt war. Der Vorprüfungsausschuß führt aus, die Reichweite der Kunstfreiheit erstrecke

„sich aber von vorneherein nicht auf die eigenmächtige Inanspruchnahme oder Beeinträchtigung fremden Eigentums zum Zwecke der künstlerischen Entfaltung".[287]

Daraus ist geschlossen worden, das Gericht bestimme die Grenze zwischen Kunstfreiheit und Eigentumsfreiheit abwägungsfrei.[288] Hierfür scheint die typisch innentheoretische Formulierung „von vorneherein" zu sprechen. Jedoch folgt im nächsten Satz sogleich die Aussage, die Eigentumsfreiheit stehe „nicht prinzipiell hinter der Freiheit der Kunst zurück."[289] Dies ist eine typische Formulierung, um unbedingten Vorrang zugunsten bedingten Vorranges auszuschließen, sie spricht damit deutlich für eine Bestimmung des Vorrangs zwischen den Grundrechten der Eigentumsfreiheit und der Kunstfreiheit durch Abwägung. Auch die vom Vorprüfungsausschuß unkritisiert wiedergegebene Rechtsauffassung der Vorinstanz, des OLG Schleswig, daß die Kunstfreiheit

„einem Künstler nicht schlechthin gestatte, sich über die Eigentumsrechte anderer hinwegzusetzen",[290]

spricht für eine Lösung der Kollision durch Abwägung. Hier muß man schon genau lesen: „nicht schlechthin" meint eben klar etwas anderes als „schlechthin nicht". Die Entscheidung des Vorprüfungsausschusses kann daher nicht so unbefangen im Sinne einer Schutzbereichsbegrenzung verstanden werden, wie die Vertreter dieser Position dies meinen. Zudem wird diese vereinzelte Entscheidung eines Vorprüfungsausschusses durch eine Vielzahl von Senatsentscheidungen mehr als nur relativiert. So finden sich in Senatsentscheidungen etwa die Formulierung, es müsse

„in allen Fällen, in denen andere Verfassungsgüter mit der Ausübung der Kunstfreiheit in Widerstreit geraten, ein verhältnismäßiger Ausgleich der gegenläufigen, gleichermaßen verfassungsrechtlich geschützten Interessen mit dem Ziele der Optimierung gefunden werden".[291]

Weiter:

---

287 BVerfG NJW 1984, S. 1294.
288 Denninger, HbStR VI, § 146, Rn 40; Hoffmann, NJW 1985, S. 239; Huster, Rechte und Ziele, S. 160 Anm. 404; Isensee, Festschrift Sendler, S. 58 f.; ders., HbStR V, § 111, Rn 177.
289 BVerfG NJW 1984, S. 1294.
290 BVerfG a.a.O. (Hervorhebung von M.B.).
291 BVerfGE 81, 278 (292); ähnlich BVerfGE 83, 130 (143); vgl. BVerfGE 77, 240 (253).

"Dabei kommt dem Grundsatz der Verhältnismäßigkeit besondere Bedeutung zu".[292]

Das Gericht löst die Kollision zwischen dem Abwehrrecht und den Schrankengründen durch Abwägung, setzt daher die Prinzipienstruktur dieser Positionen voraus. Unabhängig von der Frage, ob die Abwägung bei der Frage der wirksamen Beschränkung des Abwehrrechts oder vermeintlich bei der Bestimmung eines grundrechtlichen „Schutzbereichs" eines Abwehrrechts vorgenommen wird, liegt eine außentheoretische Struktur vor. Allerdings wurde die letztgenannte Lösung bereits zurückgewiesen.[293] Zudem spricht gegen eine Begrenzung des Schutzbereichs vorbehaltloser Abwehrrechte durch Verfassungsgüter, daß im Falle der Grundrechte mit geschriebenem Vorbehalt Verfassungsgüter auch Schrankengründe bilden und nicht schon den Schutzbereich begrenzen. Der Unterschied zwischen geschriebenem und ungeschriebenem Vorbehalt kann einen derartigen Unterschied in der Struktur nicht begründen.[294]

Lediglich die Ansicht, nach der Verfassungsgüter zu einer abwägungsfrei zu bestimmenden Schutzbereichsbegrenzung führen, folgt wirklich der Innentheorie. Doch gegen diese Auffassung spricht, daß sie keinerlei Rücksicht auf die individuelle Interessenlage nimmt. Um an das Beispiel des Künstlers, der fremdes Eigentum in Anspruch nimmt, anzuknüpfen: Eine eigenmächtige Inanspruchnahme fremden Eigentums führt dann immer zur Versagung jedes Schutzes des Art. 5 Abs. 3 Satz 1 GG. Sollte sich bei einem bedeutenden Kunstwerk herausstellen, daß es auf gestohlener Leinwand gemalt wurde, verlöre dieses jeden Schutz des Art. 5 Abs. 3 Satz 1 GG. Hier zeigt sich, daß es Fallkonstellationen geben kann, in denen jedenfalls nicht von vornherein ausgeschlossen werden kann, daß die Interessen eines Künstlers, der eigenmächtig fremdes Eigentum in Anspruch genommen hat, die Interessen des Eigentümers überwiegen. Auch die zivilrechtliche Betrachtung zeigt, daß Differenzierungen notwendig sind. Das Zivilrecht entscheidet im Fall unrechtmäßiger Inanspruchnahme von Eigentum nicht stets zugunsten des beeinträchtigten Eigentümers. Entscheidend für die Frage des Eigentumsschutzes ist gem. § 950 Satz 1 BGB, ob der Wert einer Verarbeitung erheblich geringer ist als der Wert des Stoffes. Ist dies nicht der Fall, wie im Fall des Bemalens einer Leinwand durch einen Künstler, erwirbt dieser originär Eigentum gem. § 950 Satz 1, 2 BGB. Dies sogar dann, wenn die Sache vorher abhandengekommen und/oder der Künstler bösgläubig war.[295] Selbst diese nach dem Wertverhältnis differenzierende Regelung wird im Zivilrecht noch als zu unflexibel gerügt.[296]

Dies zeigt, daß die innentheoretische abwägungsfreie Schutzbereichsbegrenzung daher nicht angemessen Rücksicht auf die im Einzelfall auf dem Spiel stehenden Interessen nimmt. Der Satz, daß die eigenmächtige Inanspruchnahme fremden Eigentums nicht

---

[292] BVerfGE 83, 130 (143).
[293] Siehe bereits 1. Teil, 3. Abschnitt, IV.
[294] Borowski, Die Glaubens- und Gewissensfreiheit des Grundgesetzes, S. 510.
[295] RGSt 53, 167 (167); BGHZ 55, 176 (177); 56, 131 (135); MünchKomm[4]-Füller, § 950 BGB, Rn 13; Soergel[12]-Mühl, § 950 BGB, Rn 2; Staud.[13]-Wiegand, § 950 BGB, Rn 16. Im Gemeinen Recht schlossen Furtivität und Bösgläubigkeit den Eigentumserwerb dagegen nach herrschender Meinung aus, Windscheid, Lehrbuch des Pandektenrechts I[9], S. 969 f. Anm. 3.
[296] Staud.[12]-Wiegand, § 950 BGB, Rn 16.

von der Kunstfreiheit gedeckt ist, mag als Faustregel eine gewisse Berechtigung haben. In aller Regel werden bei eigenmächtiger Inanspruchnahme die Interessen des Eigentümers überwiegen. In atypischen Fällen kann dies aber durchaus anders sein. Hier muß es möglich bleiben, durch Abwägung zu ermitteln, ob aufgrund besonderer Umstände die Interessen eines Künstlers vorgehen.

c) Wesensgehaltsgarantie und Grundrechtsstruktur

In der Auslegung des Art. 19 Abs. 2 GG sind zwei miteinander kombinierbare Unterscheidungen möglich, was zu vier verschiedenen Positionen führt. Zunächst ist fraglich, ob der Wesensgehalt relativ oder absolut zu verstehen ist. Nach der Theorie vom relativen Wesensgehalt wird der Wesensgehalt durch Anwendung des Grundsatzes der Verhältnismäßigkeit im weiteren Sinne ermittelt, während die Theorie vom absoluten Wesensgehalt einen fall- und abwägungsunabhängigen Kern oder Mindestgehalt behauptet.[297] Das Bundesverfassungsgericht hat sich zu dieser Frage bisher nicht festgelegt.[298] Mit dieser Unterscheidung wird in der Regel die weitere Unterscheidung von subjektiven und objektiven Theorien verbunden. Dies ist die Frage, ob der Wesensgehalt des Grundrechts als subjektives Recht oder der Grundrechtsnorm als objektiver Einrichtung des Rechtssystems garantiert wird.[299] Auch eine Kombination ist denkbar.[300] Die mit der zweiten Unterscheidung zusammenhängenden Fragen sollen an dieser Stelle nicht weiter vertieft werden. Da Grundrechte in erster Linie individuelle Rechte darstellen, ist jedenfalls davon auszugehen, daß Art. 19 Abs. 2 GG sich jedenfalls auch auf das Grundrecht als subjektives Recht bezieht.[301] Daher soll im folgenden lediglich untersucht werden, welche Konsequenzen die relative oder absolute Wesensgehaltsgarantie für die Schrankentheorie der Abwehrrechte haben.

aa) *Die Theorie vom relativen Wesensgehalt*

Die Theorie vom relativen Wesensgehalt verwendet zur Bestimmung des Wesensgehaltes den Grundsatz der Verhältnismäßigkeit im weiteren Sinne.[302] Bei Anwendung dieses

---

297 Maunz in Maunz/Dürig, Art. 19 Abs. 2 GG, Rn 3 f.; Pieroth/Schlink, Grundrechte – Staatsrecht II[21], Rn 299 f.; Stelzer, Das Wesensgehaltsargument und der Grundsatz der Verhältnismäßigkeit, S. 48.
298 Statt vieler Pieroth/Schlink, Grundrechte – Staatsrecht II[21] Rn 301; anderer Ansicht Stern, Das Staatsrecht der Bundesrepublik Deutschland, Bd. 3/2, S. 853 (Theorie vom absoluten Wesensgehalt).
299 K Hesse, Grundzüge des Verfassungsrechts[20], Rn 334; Maunz in Maunz/Dürig, Art. 19 Abs. 2 GG, Rn 15; L. Schneider, Der Schutz des Wesensgehaltes von Grundrechten nach Art. 19 Abs. 2 GG, S. 76.
300 Stern, Das Staatsrecht der Bundesrepublik Deutschland, Bd. 3/2, S. 869 mit weiteren Nachweisen.
301 Statt vieler Stern, a.a.O., S. 870.
302 In diesem Sinne BGHSt 4, 375 (377); 4, 385 (392); BGHZ 22, 167 (175); BGH DVBl. 1953, 370 (371); BGH DÖV 1955, 729 (729 f.); BVerwGE 30, 313 (316); von Hippel, Grenzen und Wesensgehalt der Grundrechte, S. 47 ff.; K. Hesse, Grundzüge des Verfassungsrechts[20], Rn 332 f.; Hamel, Staatsrecht, Bd. 1, S. 85; Häberle, Die Wesensgehaltsgarantie des Artikels 19 Abs. 2 Grundgesetz, S. 31 ff. et passim; Alexy, Theorie der Grundrechte, S. 271 f.; Herbert, EuGRZ 1985, S. 331 ff.; L. Schneider, Der Schutz des Wesensgehaltes von Grundrechten nach Art. 19 Abs. 2 GG, S. 263; Borowski, Die Glaubens- und Gewissensfreiheit des Grundgesetzes, S. 547; Maunz in Maunz/Dürig,

Grundsatzes werden Grundrechtsnormen mit Prinzipiencharakter beschränkt. Die relative Theorie setzt damit Abwehrrechte als außentheoretische Rechte voraus.[303]

bb) *Die Theorie vom absoluten Wesensgehalt*

Nach der Theorie vom absoluten Wesensgehalt dagegen ist der Wesensgehalt abwägungsunabhängig zu bestimmen.[304] Häufig wird ein absoluter Kern gem. Art. 19 Abs. 2 GG eines Grundrechts unter Hinweis auf den Menschenwürdegehalt behauptet.[305] Dieses Argument setzt jedoch voraus, daß die Menschenwürde ihrerseits nicht wirksam beschränkt werden kann. Dies wurde bereits zurückgewiesen.[306]

Der Kernbereich nach der absoluten Wesengehaltsgarantie befindet sich innerhalb eines Schutzbereichs eines Grundrechts, und im Tatbestand außerhalb dieses Kerns sind verhältnismäßige Grundrechtseinschränkungen zulässig. Eingriffe in den abwägungsunabhängigen Kern stellen stets Verletzungen dar. Mit dieser Alles-oder-Nichts-Weise der Anwendbarkeit wird der Kern durch eine Norm mit Regelcharakter gewährleistet.[307] Eingriffe in den Schutzbereich außerhalb des Kerns sind gerechtfertigt, wenn alle formellen und materiellen Kriterien der wirksamen Beschränkung erfüllt sind. Insbesondere muß die erforderliche Abwägung ergeben, daß die für den Eingriff sprechenden Gründe gewichtiger sind als diejenigen, die für die Schrankengründe sprechen. Diese Dimension des Gewichts zeigt, daß die Norm, die den Schutzbereich außerhalb des Kerns gewährt, Prinzipiencharakter hat. Da Normen aber nur entweder Regeln oder Prinzipien darstellen können, besteht ein grundsätzlich einschränkbares Grundrecht mit einem absoluten Kern notwendig aus einer Kombination zweier Normen,[308] Regel und

---

Art. 19 Abs. 2 GG, Rn 16 ff.; Krebs in von Münch/Kunig[5], Art. 19 GG, Rn 24 f.; Drews, Die Wesensgehaltsgarantie des Art. 19 II GG, S. 271 ff.
303 Zum analytisch notwendigen Zusammenhang zwischen Anwendung des Grundsatzes der Verhältnismäßigkeit, Prinzipienstruktur der angewendeten Norm und außentheoretischer Natur des fraglichen Rechts siehe bereits 1. Teil, 2. Abschnitt, II. 2. d) und f).
304 Antoni in Seifert/Hömig[7], Art. 19 GG, Rn 6; Denninger in AK[3], Art. 19 Abs. 2 GG, Rn 10; Erichsen, NJW 1976, S. 1723 f.; Hendrichs in von Münch[3], Art. 19 GG, Rn 25; F .Klein, DÖV 1973, S. 436 f.; Krüger, DÖV 1955, S. 598; ders., Allgemeine Staatslehre, S. 536 f.; von Mangoldt/Klein, Das Bonner Grundgesetz, Bd. 1, S. 559 f.; Stern, HbStR V, § 109, Rn 86; ders., Das Staatsrecht der Bundesrepublik Deutschland, Bd. 3/2, S. 866 mit weiteren Nachweisen in Anm. 172; zum absoluten Kern institutioneller Garantien Abel, Bedeutung, S. 61 ff. mit weiteren Nachweisen.
305 BVerwGE 47, 330 (357); Denninger in AK[3], Art. 19 Abs. 2 GG, Rn 10; Dürig in Maunz/Dürig, Art. 1 Abs. 1 GG (Erstbearbeitung), Rn 8, 45, 81; ders., AöR 81 (1956); S. 121, 133 ff.; Hamann/Lenz, Art. 19 GG, Anm. B 7; Krebs in von Münch/Kunig[5], Art. 19 GG, Rn 25; weitere Nachweise bei L. Schneider, Der Schutz des Wesensgehaltes von Grundrechten nach Art. 19 Abs. 2 GG, S. 190 Anm. 241; Stern, Das Staatsrecht der Bundesrepublik Deutschland, Bd. 3/2, S. 873 f.
306 Siehe 2. Teil, 3. Abschnitt, A. II. 2. a).
307 Stelzer, Das Wesensgehaltsargument und der Grundsatz der Verhältnismäßigkeit, S. 226 f.
308 Anders ist dies im Fall der Theorie vom relativen Wesensgehalt. Hier besitzt der Begriff des Wesensgehalts lediglich deklaratorische Bedeutung. Als Grundrechtsnorm wird nur ein Prinzip vorausgesetzt, bei dessen Anwendung der Grundsatz der Verhältnismäßigkeit anzuwenden ist. Bei der Anwendung des grundrechtlichen Prinzips entsteht nach dem Kollisionsgesetz eine Regel, vgl. 1. Teil, 2. Abschnitt, II. 2. a) bb) eee). Insofern kann man sagen, daß auch bei der Theorie vom relativen Wesensgehalt zwei verschiedenen Normen existieren, Regel und Prinzip. Im Gegensatz zur Theorie vom absoluten Wesensgehalt entsteht die Regel bei der relativen Theorie erst bei der Anwendung

Prinzip. Der Kern besteht aus einem innentheoretischen, absoluten Recht, der restliche Tatbestand repräsentiert ein außentheoretisches Recht. Die Anwendung dieses komplexen Rechts erfolgt zweistufig. Zunächst ist die Wesensgehalts-Regel anzuwenden. Wenn deren absoluter Schutz nicht eingreift, ist der prima facie-Schutz durch das grundrechtliche Prinzip eröffnet.

Zur Begründung der Wesensgehalts-Regel sind zwei Strategien möglich. Die erste besteht in dem Verweis auf autoritative Setzung[309], die zweite in einer Begründung aus Prinzipienkollisionen. Die autoritative Setzung könnte in der Entscheidung des Verfassungsgebers in Art. 19 Abs. 2 GG gesehen werden. Erforderlich ist jedoch nicht die autoritative Entscheidung, daß ein Grundrecht einen Wesensgehalt hat, sondern die inhaltliche Festsetzung, welchen Wesensgehalt ein Grundrecht hat.[310] Daß Art. 19 Abs. 2 GG dies nicht leisten kann, wird man angesichts seines höchst formelhaften Wortlautes wohl kaum bestreiten können.[311]

Es bleibt damit nur die Möglichkeit der Begründung der Wesensgehalts-Regel aus Prinzipienkollisionen. In Betracht kommt insbesondere eine abstrakt-generelle Abwägung des grundrechtlichen Prinzips mit typischerweise kollidierenden verfassungsrechtlichen Prinzipien. Gemäß Kollisionsgesetz folgt daraus eine Regel,[312] in diesem Fall die Wesensgehalts-Regel. Mangels besonderer autoritativer Festsetzung bleibt diese Regel jedoch jederzeit insofern vorläufig, als besondere Umstände eine Überprüfung und gegebenenfalls Korrektur erfordern. Mit der Begründung der Wesensgehalts-Regel aus Prinzipienkollisionen ist jedoch die Position der absoluten Wesensgehaltsgarantie bereits verlassen. Sie führt zur relativen Wesensgehaltsgarantie, denn im Rahmen der erforderlichen Abwägung in der Prüfung des dritten Teilgrundsatzes der Verhältnismäßigkeit wird gemäß dem Kollisionsgesetz notwendig eine Regel begründet. Diese Regel ist im Fall der relativen Wesensgehaltsgarantie die Wesensgehalts-Regel. Damit bleibt stets letztlich das grundrechtliche Prinzip und dessen Abwägung mit kollidierenden

---

des Prinzips, und zwischen Prinzip und Regel besteht notwendig eine Begründungsrelation. Bei der Theorie vom absoluten Wesensgehalt dagegen kann die Regel nicht vollständig abwägungsabhängig sein, sonst erweist sie sich als verkappte relative Konzeption, hierzu sogleich im Text.

309 Kennzeichnend für eine autoritative Setzung ist, daß die inhaltliche Richtigkeit desjenigen, was gesetzt wird, grundsätzlich weder begründet werden muß noch hinterfragt werden kann. Ob derartige Kompetenzen in einem Rechtssystem, das verlangt, daß Entscheidungen auf „rationaler Argumentation" beruhen müssen (vgl. BVerfGE 34, 269 (287)), überhaupt anerkannt werden können, ist zweifelhaft. Grundsätzlich bedürfen auch Setzungsakte einer Begründung. Sie werden vor allem durch formelle Prinzipien begründet. Dies führt dann zur zweiten Begründungsmöglichkeit einer Wesensgehalts-Regel, der Begründung aus Vorrangrelationen zwischen – formellen und materiellen – Prinzipien.

310 Es soll damit gar nicht bestritten werden, daß der Verfassungsgeber den Grundrechten für den Bereich des „Wesensgehaltes" Regelcharakter hätte verleihen können, zu diesem Argument vgl. Stelzer, Das Wesensgehaltsargument und der Grundsatz der Verhältnismäßigkeit, S. 91; Stern, Das Staatsrecht der Bundesrepublik Deutschland, Bd. 3/2, S. 868; von Arnauld, Die Freiheitsrechte und ihre Schranken, S. 206. Nur hätte er dann definitive Festsetzungen inhaltlicher Art treffen müssen, wo der regelhafte und absolute Wesensgehalt beginnt und wo er aufhört – derartige inhaltliche Festsetzungen zum Wesensgehalt fehlen im Grundgesetz eben.

311 Zu den Schwierigkeiten bei der Ermittlung des Wesensgehalts nach der absoluten Theorie vgl. nur Stern, Das Staatsrecht der Bundesrepublik Deutschland, Bd. 3/2, S. 874 ff.

312 Vgl. soeben Fn. 308.

Prinzipien entscheidend, die Regel hat daneben materiell keine eigenständige Bedeutung.[313] Damit dürfte feststehen, daß mangels autoritativer Festsetzung eines absoluten Wesensgehalts die Wesensgehaltsgarantie gem. Art. 19 Abs. 2 GG im Sinne der Theorie vom relativen Wesensgehalt zu deuten ist.

3. Ergebnis

Die fundamentale Kritik an dem außentheoretischen Modell der Abwehrrechte ist zurückzuweisen, ernsthafte Alternativen existieren nicht. Abwehrrechte gewähren in weitem Umfang prima facie-Rechte, sind aber zugunsten von Rechten anderer und kollektiven Gütern Einschränkungen zugänglich. Auch ist von dieser dogmatischen Struktur weder für die Menschenwürde gem. Art. 1 Abs. 1 GG noch für die Wesensgehaltsgarantie gem. Art. 19 Abs. 2 GG eine Ausnahme anzuerkennen.

Der Eindruck der Absolutheit einiger grundrechtlicher Rechtspositionen ergibt sich aus der Sicherheit, mit der sie unter einer großen Zahl von Umständen anderen Positionen vorgehen. In typischen, klaren Fällen kann eine Regel im Sinne einer generellen Festsetzung von Vorrangrelationen zwischen den Prinzipien abwägungsfrei angewandt werden. Dies ändert nichts daran, daß in schwierigen Fällen der Rückgriff auf die Abwägung des grundrechtlichen Prinzips möglich bleiben muß. Theorien, die zur Bestimmung des definitiven grundrechtlichen Schutzes den Grundsatz der Verhältnismäßigkeit anwenden, und nur den definitiven grundrechtlichen Schutz zum Grundrechtsinhalt erklären, sind abzulehnen. Der gesamte Bereich eines Grundrechts, in dem eine Abwägung erforderlich wird, kann unter entsprechenden Umständen definitiv geschützt sein. Dieser Bereich des prima facie-Schutzes ist Gegenstand von Grundrechtsnormen. Der Bereich, innerhalb dessen eine Abwägung erforderlich wird, bildet daher den Grundrechtstatbestand.[314] Erst unter Berücksichtigung der Grundrechtsschranke ergibt sich der effektive Garantiebereich.

III. Die Prüfungsfolge der Abwehrrechte

Die Prüfungsfolge[315] für Abwehrrechte entspricht dem Grundschema der herkömmlichen Grundrechtsdogmatik.[316]

1. Eingriff in den Schutzbereich[317]

Zunächst ist unter die Kriterien des Grundrechtstatbestandes, Schutzbereich und Eingriff, zu subsumieren.

---

313 Vgl. Alexy, Theorie der Grundrechte, S. 271 f., 329; ähnlich von Hippel, Grenzen, S. 57, auch die Anhänger der absoluten Theorie kämen um eine Abwägung nicht herum; Höfling, Jura 1994, S. 172.
314 Vgl. Schwabe, Probleme der Grundrechtsdogmatik, S. 195.
315 Ich danke Herrn Prof. Dr. Robert Alexy für die Überlassung dieses Schemas, das er seit vielen Jahren in Vorlesungen und Übungen verwendet.
316 Siehe 2. Teil, 3. Abschnitt, A. I. 1. a).
317 $Sx \wedge Ex$.

a) Schutzbereich[318]

Auf dieser Stufe ist durch Subsumtion unter den Wortlaut der Verfassung zu klären, ob die fragliche Person in den personellen Schutzbereich fällt und ob ein grundrechtliches Schutzgut des Trägers des Abwehrrechts betroffen ist.

b) Eingriff[319]

Die staatliche Maßnahme muß den Kriterien des klassischen oder des modernen bzw. grundrechtlichen Eingriffsbegriffs entsprechen.[320]

2. Verfassungsrechtliche Rechtfertigung des Eingriffs[321]

Bei den Kriterien der verfassungsrechtlichen Rechtfertigung sind formelle und materielle Kriterien zu unterscheiden.

b) Formelle Kriterien[322]

   aa) Zuständigkeit, Verfahren, Form
   bb) Rechtsstaatliches Bestimmtheitsgebot
   cc) Einzelfallgesetzverbot, Art. 19 Abs. 1 Satz 1 GG
   dd) Zitiergebot, Art. 19 Abs. 1 Satz 2 GG
   ee) Parlamentsvorbehalt bzw. Wesentlichkeitstheorie

b) Materielle Kriterien[323]

   aa) Grundsatz der Verhältnismäßigkeit
   bb) Wesensgehaltsgarantie gem. Art. 19 Abs. 2 GG
   cc) Sonstige materielle Verfassungsgebote[324]

---

318 Im engeren Sinne, Sx.
319 Ex.
320 Siehe 2. Teil, 3. Abschnitt, A. I. 1. a) bb).
321 VRx. Vgl. 2. Teil, 3. Abschnitt, A. I. 1. a) cc).
322 FAx.
323 MAx.
324 Nach der Elfes-Konstruktion der Grundrechtsprüfung (vgl. hierzu Borowski, Die Glaubens- und Gewissensfreiheit des Grundgesetzes, S. 329 f.) zählen neben allen formellen Aussagen der Verfassung auch alle materielle Aussagen, also etwa materielle Aspekte des Rechtsstaats-, Demokratie- oder Sozialstaatsgebots, sowie auch Grundrechte anderer als objektive Rechtsnormen. Dies bedeutet, daß allein daraus, daß ein Beschwerdegegenstand einer Verfassungsbeschwerde einen Eingriff in Grundrechte des Beschwerdeführers bewirkt und zudem gegen Grundrechte anderer verstößt, eine Verletzung von Grundrechten des Beschwerdeführers folgt. Denn Grundrechte sind neben ihrer Qualität als subjektive Rechte für ihre Träger auch Teil des objektiven Rechts – wenn auch eben nicht des bloß objektiven Rechts. Als Teil des objektiven Verfassungsrechts sind auch Grundrechte anderer daher in der Prüfung der objektiven Verfassungsmäßigkeit grundrechtseingreifenden Staatshandelns zu berücksichtigen. Dies kann auch nicht pauschal mit dem Hinweis darauf bestritten werden, Grundrechte anderer hätten nicht den Zweck, den Beschwerdeführer einer Verfas-

Liegt ein Eingriff in den Schutzbereich eines Abwehrrechts vor, ist die verfassungsrechtliche Rechtfertigung dieses Eingriffs zu erörtern. Sind alle formellen und materiellen Kriterien der verfassungsrechtlichen Rechtfertigung des Eingriffs erfüllt, ist das Grundrecht im Hinblick auf den geprüften Sachverhalt wirksam beschränkt.[325] Eine Grundrechtsverletzung liegt dann nicht vor. Anderenfalls liegt eine Grundrechtsverletzung vor, dann tritt die Rechtsfolge des Grundrechts ein.

[auf einen erneuten Abdruck der Analyse von BVerfGE 83, 130 ff. – Josefine Mutzenbacher – wurde verzichtet, siehe hierzu S. 233-236 der Vorauflage]

---

    sungsbeschwerde zu schützen, dies gälte nur für dessen eigene Grundrechte. Erstens wird ja ein eigenes subjektives Grundrecht des Beschwerdeführers geprüft, die Grundrechte anderer werden in dieser Prüfung inzident erheblich. Zweitens ließe sich für die bloß objektiven Bestimmungen des Verfassungsrechts mit gleichem Recht sagen, sie entfalteten keine Schutzwirkung in der Grundrechtsprüfung – dies wird aber mit der Elfes-Konstruktion seit langem als selbstverständlich angesehen.

    Im Hinblick auf eine derartige Schutzwirkung von Grundrechten anderer wird auf drei Entscheidungen des Bundesverfassungsgerichts hingewiesen, die leicht restriktive Tendenzen andeuteten, BVerfGE 70, 1 (35); 77, 84 (101); 79, 203 (209). Wenn diese Entscheidungen überhaupt eine Linie formen, sind sie von einer Begründung einer systematischen Einschränkung der Prüfung Grundrechte anderer in der Prüfung von Abwehrrechten doch weit entfernt. Die ersten beiden Präjudizien betreffen den allgemeinen Gleichheitssatz, ihre Aussagekraft für die Analyse der Abwehrrechte ist daher mehr als fraglich. Das letzte Präjudiz betrifft den Sonderfall des Verhältnisses der Verletzung von Art. 6 Abs. 5 GG des Kindes und der Elterngrundrechte. Siehe zu diesen Entscheidungen Borowski, a.a.O., S. 330 Anm. 141.

    Allerdings ist einzuräumen, daß die praktische Relevanz der Prüfung der Grundrechte anderer in der verfassungsrechtlichen Rechtfertigung von Abwehrrechtseingriffen ihrer systematischen Bedeutung kaum gleichkommt. Dieser Prüfung kommt nur dann entscheidende Bedeutung in den Fällen zu, in denen sich die Verletzung von Grundrechten des Beschwerdeführers ausschließlich oder zumindest einfacher über die Prüfung der Verletzung von Grundrechten anderer begründen läßt. Dies dürfte selten der Fall sein.

325 Als Gesamtprüfungsschema ergibt sich daher $((x)(Sx \land Ex \land \neg(FAx \land MAx) \leftrightarrow ORx))$. Da $\neg(FAx \land MAx)$ mit $(\neg FAx \lor \neg MAx)$ logisch äquivalent ist, könnte auch der letztere Ausdruck verwendet werden. Zum Gesamtprüfungsschema und den Teilschemata in schematisierter Darstellung und logischer Formalisierung vgl. bereits 2. Teil, 3. Abschnitt, A. I. 1. b) aa), bb). Zur Prädikatenlogik und deontischen Logik vgl. bereits 1. Teil, 2. Abschnitt, II. 2. a) aa) und 2. Teil, 1. Abschnitt, II. 1. a).

B. Die grundrechtlichen Leistungsrechte im weiteren Sinne

Innerhalb der Leistungsrechte im weiteren Sinne ist, wie oben bereits dargelegt,[1] zwischen grundrechtlichen Schutzrechten, sozialen Grundrechten und grundrechtlichen Rechten auf Organisation und Verfahren zu unterscheiden. Oben wurde ferner bereits zwischen dem formellen und dem materiellen Begriff des Leistungsrechts unterschieden, und in struktureller Hinsicht der materielle als vorrangig angesehen.[2] Damit liegt ein grundrechtliches Leistungsrecht vor, wenn der Staat – denkt man sich die unterverfassungsrechtliche Rechtsordnung und vorgängiges Verhalten des Staates hinweg – positives Handeln schuldet. In den Rechtsordnungen demokratischer Verfassungsstaaten existieren jedoch zahlreiche einfachgesetzlich konstituierte Rechtspositionen. Der staatlich geschuldete Erfolg eines Leistungsrechts im materiellen Sinne kann in diesen Fällen oft erreicht werden, indem der Staat lediglich das Abschaffen oder die nachteilige Änderung dieser konstituierten Position unterläßt. Das grundrechtliche Leistungsrecht im materiellen Sinne kann in diesen Fällen durch staatliches Unterlassen erfüllt werden, stellt also ein Abwehrrecht im formellen Sinne dar. Dies setzt jedoch voraus, daß konstituierte Rechtspositionen bereits bestehen, was eben gerade nicht immer der Fall ist. Die Grundkonstellation der Leistungsrechte im weiteren Sinne besteht somit darin, daß ein positives Handeln des Staates geschuldet ist. Sie liegt der Untersuchung der drei Teilklassen der Leistungsrechte im weiteren Sinne in den folgenden Abschnitten I. bis III. zugrunde. In einem weiteren Abschnitt IV. wird abschließend gesondert auf den Grundrechtsschutz konstituierter Rechtspositionen im Bereich der Leistungsrechte im materiellen Sinne eingegangen.

I. Die grundrechtlichen Schutzrechte

Grundrechtliche Schutzrechte sind Rechte des Grundrechtsträgers gegen den Staat, vor Gefahren für grundrechtliche Schutzgüter durch Eingriffe Dritter geschützt zu werden.[3]

---

1 Siehe 2. Teil, 2. Abschnitt, I. 3.
2 Siehe 2. Teil, 2. Abschnitt, I. 2.
3 Robbers, Sicherheit als Menschenrecht, S. 121; Alexy, Theorie der Grundrechte, S. 410. Vereinzelt werden Leistungen des Staates, die nicht der Abwehr von Gefährdungen grundrechtlicher Schutzgüter dienen, als Schutzrechtsinhalt angesehen, Nachweise aus der Literatur bei Dirnberger, Recht auf Naturgenuß und Eingriffsregelung, S. 118 Anm. 98; G. Hermes, Grundrecht auf Schutz, S. 113 ff. In diesem Sinne geht das Bundesverfassungsgericht von einer Pflicht zu „Schutz und Förderung" von Privatschulen aus, BVerfGE 90, 107 (115 ff.); vgl. BVerfGE 75, 40 (63 ff.), und spricht im Zusammenhang mit dem materiellem Existenzminimum von einer „allgemeinen Schutzpflicht" (BVerfGE 40, 121 (133)). Die Gewährung finanzieller Hilfe stellt dann das Schutzmittel dar, mit dem die Gefahr der Zahlungsunfähigkeit von Privatschulen oder des Verhungerns einzelner abgewendet wird. Versteht man die Begriffe „Schutz" und „Schutzrecht" jedoch derart weit, erfassen sie alle Fälle, die herkömmlich als Fälle der sozialen Grundrechte diskutiert werden. Zum Beispiel ließe sich die Gewährung des materiellen Existenzminimums als schutzrechtlicher Fall formulieren, wenn man die definitiv verfassungsrechtlich geschuldete Sozialhilfe als Schutzmittel ansieht, welches vor der natürlichen Gefahr des Verhungerns schützt. Zwischen den in der liberalen Tradition stehenden grundrechtlichen Schutzrechten und den sozialen Grundrechten in der sozialstaatlichen Tradition bestehen

Im Grundsatz kann und muß der einzelne sich selbst helfen. Wenn allerdings die eigenen Möglichkeiten des einzelnen begrenzt sind und die Gefahren dringend oder gar existentiell, kann die Annahme definitiver grundrechtlicher Schutzrechte nahe liegen. Ob grundrechtliche Schutzrechte bestehen und welchen Inhalt sie aufweisen,

> „hängt von der Art, der Nähe und dem Ausmaß möglicher Gefahren, der Art und dem Rang des verfassungsrechtlich geschützten Rechtsguts sowie von den schon vorhandenen Regelungen ab".[4]

Vielfach wird nicht von grundrechtlichen **Schutzrechten**, sondern **staatlichen Schutzpflichten** gesprochen. In den ersten Entscheidungen des Bundesverfassungsgerichts bevorzugte das Gericht objektive Formulierungen, die Literatur hat diese Terminologie weitgehend übernommen. Bei den anderen Grundrechtsfunktionen – den Abwehrrechten, sozialen Grundrechten, grundrechtlichen Rechten auf Organisation und Verfahren sowie Gleichheitsrechten – hat sich jedoch die an Rechten orientierte Terminologie durchgesetzt, auch bei den Schutzrechten sollte sie der an Pflichten orientierten vorgezogen werden.[5]

Unter dem Grundgesetz besitzen grundrechtliche Schutzrechte keine derart feste Tradition wie die Abwehrrechte. Im Verfassungstext finden sich ein ausdrücklich statuierte Schutzrechte nur hinsichtlich der Menschenwürde gem. Art. 1 Abs. 1 Satz 2 GG und des Schutzes der Mutter gem. Art. 6 Abs. 4 GG. Die Diskussion um grundrechtliche Schutzrechte ist damit in erster Linie eine Diskussion um interpretativ zugeordnete Grundrechtsnormen. Gesteigerte Aufmerksamkeit erfuhr diese Grundrechtsfunktion vor allem durch die erste Entscheidung des Bundesverfassungsgerichts zu § 218 StGB.[6] Dennoch wird zu Recht häufig betont, es handele sich nicht um eine grundlegende Neuinterpretation der deutschen Grundrechte, sondern die **Wiederentdeckung einer Grundrechtsfunktion der liberalen Tradition**.[7] Zur Begründung von Schutzrech-

---

aber zu große Unterschiede, als daß letztere einfach als Unterfall der ersteren verstanden werden können. Zwar stellen beide eine Teilklasse der grundrechtlichen Leistungsrechte im weiteren Sinne dar und werfen ähnliche strukturelle Probleme auf, auch kann die Abgrenzung im Einzelfall Schwierigkeiten bereiten, vgl. bereits 2. Teil, 2. Abschnitt, I. 3. Bei sozialen Grundrechten geht es jedoch um ein Mindestmaß an faktischer Freiheit, nicht um die Abwehr drohender Beeinträchtigungen der rechtlichen Freiheit, vgl. Isensee, HbStR V, § 111, Rn 132 f. Ansprüche auf finanzielle oder sachliche Hilfen zur Ausübung der abwehrrechtlich geschützten Freiheiten, wie im Fall des materiellen Existenzminimum oder der Privatschulsubventionierung, werfen eigenständige Probleme auf und sollten unter der selbständigen Rubrik der sozialen Grundrechte behandelt werden.

4 BVerfGE 49, 89 (142); 56, 54 (78); vgl. BVerfGE 88, 203 (254) zur Schutzpflicht aus Art. 2 Abs. 2 Satz 1 GG: „Ihre Reichweite ist vielmehr im Blick auf die Bedeutung und Schutzbedürftigkeit des zu schützenden Rechtsguts – hier des ungeborenen menschlichen Lebens – einerseits und mit ihm kollidierender Rechtsgüter andererseits zu bestimmen." Vgl. auch BVerfGE 39, 1 (42).
5 Zur Terminologie vgl. auch Krings, Grund und Grenzen grundrechtlicher Schutzansprüche, S. 235.
6 BVerfGE 39, 1 ff. Zu Vorarbeiten der Literatur G. Hermes, Grundrecht auf Schutz, S. 59 ff.
7 Isensee, Der Staat 19 (1980), S. 374; ders., Grundrecht auf Sicherheit, S. 3; ders., HbStR V, § 111, Rn 22 ff.; Alexy, Theorie der Grundrechte, S. 414; Dirnberger, Recht auf Naturgenuß und Eingriffsregelung, S. 107; Hermann, Schutz vor Fluglärm, S. 89; G. Hermes, Grundrecht auf Schutz, S. 145 ff.; Höfling, Vertragsfreiheit, S. 53; Krings, Grund und Grenzen grundrechtlicher Schutzansprüche, S. 85 ff.; Wahl/Masing, JZ 1990, S. 560; Jarass, AöR 120 (1995), S. 351; Stern, Das Staats-

ten verweist die Rechtsprechung auf den objektiv-rechtlichen Gehalt der Grundrechte,[8] während die Literatur eher auf Art. 1 Abs. 1 Satz 2 GG abstellt[9] oder Schutzrechte als notwendiges Korrelat des staatlichen Verbots der Selbsthilfe ansieht.[10] Die grundrechtlichen Schutzgüter der Schutzrechte sind mit denen der Abwehrrechte im klassischen Sinne identisch.[11] Die Schutzgüter sind vor allen Gefahren zu schützen, die von Dritten ausgehen, also von anderen Privaten oder ausländischer Staatsgewalt.[12] Abwehrrecht im

---

recht der Bundesrepublik Deutschland, Bd. 3/1, S. 949. Zweifelnd Di Fabio, Risikoentscheidungen im Rechtsstaat, S. 49 Anm. 49.

8   BVerfGE 39, 1 (41 f.); 49, 89 (142); 53, 30 (57); 56, 54 (73); 77, 170 (214); 85, 191 (213). Ergänzend wird auch Art. 1 Abs. 1 GG herangezogen, vgl. BVerfGE 39, 1 (41); 88, 203 (251). Zustimmend beispielsweise Dolderer, Objektive Grundrechtsgehalte, S. 196 ff.

9   Nachweise bei G. Hermes, Grundrecht auf Schutz, S. 64 Anm. 137.

10 Isensee, Grundrecht auf Sicherheit, S. 21 ff.; ders., HbStR V, § 111, Rn 83; Di Fabio, Risikoentscheidungen im Rechtsstaat, S. 43 f.; Alexy, Theorie der Grundrechte, S. 414 f.; Bock, Umweltschutz im Spiegel von Verfassungsrecht und Verfassungspolitik, S. 151 ff.; Classen, JöR 36 (1986), S. 30; Fluck, UPR 1990, S. 83; Höfling, Vertragsfreiheit, S. 30 f.; E. Klein, NJW 1989, S. 1635 f.; S. König, Drittschutz, S. 203 f. Zu weiteren Begründungsansätzen Cremer, Freiheitsgrundrechte, S. 232 mit weiteren Nachweisen.

11 H. H. Klein, DVBl. 1994, S. 491; Isensee, HbStR V, § 111, Rn 86, 89, 93; Stern, Das Staatsrecht der Bundesrepublik Deutschland, Bd. 3/1, S. 944 mit weiteren Nachweisen; anderer Ansicht Preu, JZ 1991, S. 267. In der Rechtsprechung wurden Schutzrechte vor allem hinsichtlich des Lebens und der körperlichen Unversehrtheit gem. Art. 2 Abs. 2 Satz 1 GG anerkannt, BVerfGE 39, 1 (42 ff.); 45, 187 (254 f.); 46, 160 (164 f.); 49, 24 (53); 49, 89 (142); 53, 30 (57 f.); 56, 54 (73 f.); 57, 250 (284 f.); 77, 170 (214 f.); 77, 381 (402 f.); 79, 174 (201 f.); 85, 191 (212); 87, 363 (386); 88, 203 (251 ff.); 90, 145 (195); BVerfG, NJW 1987, S. 2287; BVerfG, NJW 1989, S. 3270); BVerwGE 60, 297 (305); VGH Kassel, JZ 1990, 88 (89); aber auch hinsichtlich des verfassungsrechtlichen allgemeinen Persönlichkeitsrechts gem. Art. 2 Abs. 1 i.V.m. 1 Abs. 1 GG, BVerfGE 35, 202 (221, 233); 73, 118 (201); BVerfG, DtZ 1994, S. 67; Art. 3 Abs. 2 GG, BVerfGE 89, 276 (286); der Wissenschaftsfreiheit gem. Art. 5 Abs. 3 Satz 1 GG, BVerfGE 35, 37 (114, 116); 43, 242 (267 f.); 55, 37 (58); 66, 155 (177); 85, 360 (384); Art. 6 Abs. 1 GG, BVerfGE 6, 55 (76); 24, 104 (109); 28, 324 (347); 32, 260 (267); 55, 114 (126); 76, 1 (49); 80, 81 (92 f.); 82, 60 (81); 87, 1 (35); 89, 315 (322 f.); 89, 346 (352); Art. 12 Abs. 1 GG, BVerfGE 81, 242 (255); 92, 140 (150); Art. 14 GG, BVerwGE 60, 297 (301, 305); offengelassen für Art. 8 GG in BVerfGE 69, 315 (355).

12 Dietlein, Die Lehre von den grundrechtlichen Schutzpflichten, S. 102 ff.; H. H. Klein, DVBl. 1994, S. 490; Robbers, Sicherheit als Menschenrecht, S. 124, 127; Krings, Grund und Grenzen grundrechtlicher Schutzansprüche, S. 190 ff.; Borowski, Die Glaubens- und Gewissensfreiheit des Grundgesetzes, S. 606; Stern, Das Staatsrecht der Bundesrepublik Deutschland, Bd. 3/1, S. 734 ff.; vgl. aber Isensee, HbStR V, § 111, Rn 89, 112, 120. Anderer Ansicht auch Cremer, Freiheitsgrundrechte, S. 268: Gefahren durch ausländische Staatsgewalt wird nicht erfaßt. In der Rechtsprechung wurden Rechte zum Schutz von Leben und körperlicher Unversehrtheit im Hinblick auf zahlreiche Gefahren anerkannt, zugunsten des nasciturus vor Schwangerschaftsabbruch (BVerfGE 39, 1 (42 ff.); 88, 203 (251 ff)); Terrorismus (BVerfGE 46, 160 (164 f.)); Nutzung der Kernenergie (BVerfGE 49, 89 (142); 53, 30 (57 f.); 77, 381 (402 f.); BVerwGE 60, 297 (305)); Stationierung von C-Waffen (BVerfGE 77, 170 (214 f.)); Lärm (BVerfGE 56, 54 (73 f.); 79, 174 (201 f.)); den gesundheitlichen Gefahren der Nachtarbeit (BVerfGE 85, 191 (212); 87, 363 (386)); den Gefahren durch AIDS (BVerfG, NJW 1987, S. 2287); durch religiöse Vereinigungen (BVerfG, NJW 1989, S. 3270; BVerwGE 90, 112 (122)); Gefahren durch Zeugenaussagen (BVerfGE 57, 250 (284 f.)); als Rechtfertigungsgrund für die lebenslange Freiheitsstrafe (BVerfGE 45, 187 (254 f.)) und das Kontaktsperregesetz (BVerfGE 49, 24 (53)) sowie Gefahren der Gentechnik (VGH Kassel, JZ 1990, 88 (89)) und den Verlust des Arbeitsplatzes (BVerfGE 92, 140 (150)). Auch wurde diskutiert, ob hochfrequente elektromagnetische Wellen und ähnliche Felder (sog. „Elektrosmog") eine rechtlich erhebliche Gefahr für Leben und körperliche Unversehrtheit darstellen. Obwohl der Bedarf an empirischer Forschung stets betont wird, verneint die Rechtsprechung diese Frage, wenn die gegenwärtig festge-

klassischen Sinne und grundrechtliches Schutzrecht stellen insofern komplementäre Gewährleistungen dar, sie schützen die gleichen Schutzgüter vor unterschiedlichen Gefährdungen.[13]

Die strukturelle Analyse der zu grundrechtlichen Schutzrechten vertretenen Positionen wird entlang dreier Unterscheidungen erfolgen. Die erste besteht in der Unterscheidung bindender und nicht bindender Normen, die zweite in der zwischen subjektiven Rechten und bloß objektivem Recht. Den Schwerpunkt aber bildet die Frage, ob es sich bei grundrechtlichen Schutzrechten um beschränkbare, außentheoretische prima facie-Rechte handelt, oder um innentheoretische Rechte, die ihren endgültigen Umfang von vornherein aufweisen.

1. Bindende und nicht bindende Normen

Eine bindende grundrechtliche Norm ist eine Norm, deren Verletzung durch das Bundesverfassungsgericht festgestellt werden kann.[14] Nicht bindenden Normen kommt dagegen keine rechtliche, sondern höchstens politische oder moralische Geltung zu.[15] Vereinzelt werden grundrechtliche Schutzrechte als rechtlich bindende Normen grund-

---

legten Grenzwerte eingehalten werden, BVerwG, NVwZ 1994, S. 1002; OVG Lüneburg, NVwZ 1992, S. 993; NVwZ 1993, S. 1118; NVwZ 1994, S. 390; OVG Münster, NVwZ 1993, S. 1116; NVwZ 1993, S. 1117; VGH München, NVwZ 1993, S. 1122 f.; VGH Kassel, NVwZ 1994, S. 392 ff.

Umstritten ist, ob grundrechtliche Schutzrechte auch vor Gefahren durch Naturkatastrophen schützen, dafür Robbers, Sicherheit als Menschenrecht, S. 124, 127, 192; Stern, Das Staatsrecht der Bundesrepublik Deutschland, Bd. 3/1, S. 735 f.; dagegen G. Hermes, Grundrecht auf Schutz, S. 231 ff.; Isensee, HbStR V, § 111, Rn 112; Unruh, Zur Dogmatik der grundrechtlichen Schutzpflichten, S. 22 f.; Krings, Grund und Grenzen grundrechtlicher Schutzansprüche, S. 217 ff.; Cremer, Freiheitsgrundrechte, S. 268; Borowski, Die Glaubens- und Gewissensfreiheit des Grundgesetzes, S. 608. Dafür scheint zu sprechen, daß Naturkatastrophen den einzelnen ebenso existentiell bedrohen können wie Eingriffe anderer Privater. Ob ein Hauseigentümer sein Haus durch Brandstiftung oder Blitzschlag verliert, führt zu keinem anderen Ergebnis, vgl. Stern a.a.O. Andererseits besteht der zentrale Grund für Schutzrechte darin, daß sie ein Korrelat zum Verbot der Selbsthilfe darstellen, auch wenn andere Begründungen daneben verstärkend wirken mögen. Der Staat verbietet aber nur Gewalt gegen andere Bürger, die grundrechtliche Schutzgüter bedrohen, er verbietet keine Selbsthilfe gegen Naturkatastrophen. Damit bedarf es insofern keines Korrelats. Zudem ist der einzelne Naturkatastrophen auch nicht schutzlos ausgeliefert, wenn grundrechtliche Schutzrechte nicht gegen Naturkatastrophen schützen. Wenn wichtige grundrechtliche Schutzgüter durch eine Naturkatastrophe stark bedroht sind, ist der Staat zu allgemeiner sozialstaatlicher Hilfe in Notlagen verpflichtet, vgl. G. Hermes, Grundrecht aus Schutz, S. 231. Sind die Schutzgüter besonders wichtig und droht die Naturkatastrophe dringend, kann staatliche Hilfe den Inhalt definitiver sozialer Grundrechte bilden. Naturkatastrophen lösen damit keine grundrechtlichen Schutzrechte aus. Zu der im Einzelfall nicht immer einfachen Abgrenzung, wann ein Eingriff Dritter gegenüber einer bloßen Naturgefahr vorliegt, vgl. G. Hermes, a.a.O., S. 231 ff.

13 Bock, Umweltschutz im Spiegel von Verfassungsrecht und Verfassungspolitik, S. 157; Dietlein, Die Lehre von den grundrechtlichen Schutzpflichten, S. 87 f.; Höfling, Vertragsfreiheit, S. 53; Isensee, Grundrecht auf Sicherheit, S. 33; Stern, Das Staatsrecht der Bundesrepublik Deutschland, Bd. 3/1, S. 949.

14 Alexy, Theorie der Grundrechte, S. 456; Borowski, JöR 50 (2002), S. 307; ders., Die Glaubens- und Gewissensfreiheit des Grundgesetzes, S. 219 ff.

15 Alex., Der Staat 29 (1990), S. 52. Vgl. H. H. Klein, Festschrift Weber, S. 653, der bloße Programmsätze im Sinne nicht bindender Normen als „Scheinnormen" bezeichnet.

sätzlich abgelehnt.[16] Dies hätte jedoch zur Folge, daß der parlamentarische Gesetzgeber über die Gewährung von Schutz vollkommen ungebunden entscheiden dürfte, er könnte beispielsweise die Tötungsdelikte des Strafgesetzbuches abschaffen. Wären grundrechtliche Schutzrechte nicht bindende Normen, könnte nicht festgestellt werden, daß dieses „Änderungsgesetz" zur Aufhebung der Tötungsdelikte verfassungswidrig ist.[17] Mit der umfassenden Bindung auch der Gesetzgebung an die Grundrechte, die der Parlamentarische Rat mit Art. 1 Abs. 3 GG verwirklichen wollte,[18] ist diese Sichtweise nicht zu vereinbaren. Dem entspricht es, daß die Existenz grundrechtlicher Schutzrechte als rechtlich bindende Normen in Rechtsprechung und Literatur allgemein anerkannt ist. Problematisch ist nicht die Existenz bindender grundrechtlicher Schutzrechte, sondern sind Inhalt, Umfang und Reichweite grundrechtlicher Schutzrechte.[19]

2. Subjektive Rechte und bloß objektives Recht

Ernster zu nehmen ist das Problem der Subjektivierung grundrechtlicher Schutzrechte. Jede Grundrechtsnorm ist Bestandteil des objektiven Rechts. Fraglich ist, ob grundrechtliche Schutzrechte darüber hinaus auch subjektive Rechte gewähren, also dem einzelnen die Rechtsmacht geben, vor Gericht und letztlich mit der Verfassungsbeschwerde die Verletzung von grundrechtlichen Schutzrechten rügen.[20] Handelt es sich dagegen bei ihnen um bloß objektives Recht, kann eine Verletzung nur in Verfahren des objekti-

---

16 Ridder, DuR 1978, S. 43 f. Vgl. aus der US-amerikanischen Grundrechtstheorie und -dogmatik die Entscheidung des United States Court of Appeals, Seventh Circuit, Federal Reporter 2d, 1200 (1203) und die bei Currie, AöR 111 (1986), S. 230 ff. referierte Literatur. Mißverständlich Starck, Praxis der Verfassungsauslegung, S. 83, grundrechtliche Schutzrechte könnten „entgegen Art 1 Abs. 3 GG kein unmittelbar geltendes Recht sein. Sie setzen Gesetzgebung voraus." Die mangelnde Bindung wird von Starck unter Hinweis auf den unbestimmten Inhalt der Schutzrechte begründet, ders., a.a.O. Dies ist jedoch ein Problem der Dichte der Bindung, nicht des Bestehens einer Bindung. Dem entspricht es, daß auch nach Starck das Bundesverfassungsgericht eine Verletzung grundrechtlicher Schutzrechte durch den Gesetzgeber feststellen kann und festzustellen hat, ders., a.a.O., S. 83.
17 Zur Verfassungswidrigkeit des Abschaffens der Tötungsdelikte statt vieler Starck in von Mangoldt/Klein/Starck^5, Art 2 Abs. 2 GG, Rn 214.
18 von Mangoldt, Das Bonner Grundgesetz, S. 158 ff.; ders., DÖV 1949, S. 262; ders., AöR 75 (1949), S. 276; Stern, Das Staatsrecht der Bundesrepublik Deutschland, Bd. 3/1, S. 166 f.; vgl. auch BT-Drucks. 2/2150 zur Änderung des Art. 1 Abs. 3 GG vom 19. März 1956.
19 Hain, DVBl. 1993, S. 982; G. Hermes, Grundrecht auf Schutz, S. 63; Borowski, Die Glaubens- und Gewissensfreiheit des Grundgesetzes, S. 613.
20 Zur Diskussion um subjektive Rechte Stern, Das Staatsrecht der Bundesrepublik Deutschland, Bd. 3/1, S. 554 ff.; Alexy, Theorie der Grundrechte, S. 159 ff.; Borowski, JöR 50 (2002), S. 308 ff.; ders, Die Glaubens- und Gewissensfreiheit des Grundgesetzes, S. 222 ff. Insbesondere ist die Frage umstritten, ob subjektive Rechte begrifflich notwendig gerichtlich durchsetzbar sind (Kelsen, Reine Rechtslehre, S.140 f.; Röhl, Allgemeine Rechtslehre, S. 357), oder ihre gerichtliche Durchsetzbarkeit eine typische, aber begrifflich kontingent Eigenschaft darstellt (beispielsweise Gerber, Grundzüge des Deutschen Staatsrechts, S. 40 f.; Leibholz, Die Gleichheit vor dem Gesetz, S. 236). Wer die letztere These vertritt, wird jedoch von einer Argumentationslast zugunsten der gerichtlichen Durchsetzbarkeit ausgehen müssen, da das Bestehen einer Rechtsposition zugunsten des Individuums ein Argument für die Rechtsmacht zur gerichtlichen Durchsetzbarkeit für dieses Individuum darstellt, Borowski, JöR 50 (2002), S. 309 Anm. 47; ders, Die Glaubens- und Gewissensfreiheit des Grundgesetzes, S. 225.

ven Rechtsschutzes – wie insbesondere Normenkontroll- oder Vorlageverfahren – festgestellt werden.

a) Die Positionen zur Subjektivierung grundrechtlicher Schutzrechte

Hinsichtlich der Frage der Subjektivierung grundrechtlicher Schutzrechte lassen sich grob drei Thesen unterscheiden:

(1) Grundrechtliche Schutzrechte sind stets bloß objektiv-rechtliche Rechtspositionen.[21]

(2) Grundrechtliche Schutzrechte sind grundsätzlich bloß objektiv-rechtliche Rechtspositionen, nur in evidenten Fällen gewähren sie subjektive Rechte.[22]

(3) Soweit grundrechtliche Schutzrechte inhaltlich reichen, sind sie vollständig subjektiviert.[23]

Während in älteren Stellungnahmen die erste These überwiegt, gewinnt die dritte in neueren Untersuchungen deutlich an Boden. Die zweite These mit ihrem Kompromißcharakter dürfte maßgebend darauf beruhen, daß der dominierende Begründungsstrang aus der „objektivrechtlichen Wertentscheidung" begrifflich eher gegen die Subjektivierung von grundrechtlichen Leistungsrechten wie grundrechtlichen Schutzrechten zu sprechen scheint,[24] andererseits aber in „evidenten Fällen" die Intuition stark dafür spricht, daß letztlich eine Verfassungsbeschwerde muß erfolgreich sein können.

b) Das Problem des Überganges von objektivem Recht zu subjektiven Rechten

These (2) hat auf den ersten Blick den Charme einer vermittelnden Lösung. Blickt man genauer hin, wirft sie insbesondere zwei Probleme auf. Erstens: Wann liegt ein evidenter Fall vor? Zweitens: Auf welche Art und Weise soll in evidenten Fällen ein Übergang von objektiv-rechtlichen Rechtspositionen zu subjektiven Rechten stattfinden? Ein evi-

---

21 K. Hesse, EuGRZ 1978, S. 433; Steinberg, NJW 1984, S. 461; vgl. Rauschning, DVBl. 1980, S. 832.
22 Badura, Festschrift Eichenberger, S. 489 ff.; ders., Staatsrecht, S. 108; Brohm, JZ 1994, S. 218; Rauschning, VVDStRL 38 (1980), S. 183; Sailer, DVBl. 1976, S. 529 f.; Steiger, Verfassungsrechtliche Grundlagen, S. 44; vgl. Dietlein, Die Lehre von den grundrechtlichen Schutzpflichten, S. 172.
23 Canaris, AcP 184 (1984), S. 227; ders., Grundrechte und Privatrecht, S. 70 et passim; Alexy, Theorie der Grundrechte, S. 414; ders., Der Staat 29 (1990), S. 61 (prima facie vollständig subjektiviert); Isensee, Grundrecht auf Sicherheit, S. 51 f.; ders., HbStR V, § 111, Rn 92, 184; Bleckmann, Staatsrecht II – Die Grundrechte[4], § 11, Rn 219; Dirnberger, Recht auf Naturgenuß und Eingriffsregelung, S. 179; Eiberle-Herm, NuR 1990, S. 206 f.; G. Hermes, Grundrecht auf Schutz, S. 214 ff.; ders., NJW 1990, S. 1765; E. Klein, NJW 1989, S. 1637; H. H. Klein, DVBl. 1994, S. 493; S. König, Drittschutz, S. 223; Murswiek, Die staatliche Verantwortung für die Risiken der Technik, S. 106 f.; ders., WiuVw. 1986, S. 199 f.; ders., UPR 1986, S. 373; Robbers, Sicherheit als Menschenrecht, S. 144 ff.; Schwabe, Probleme der Grundrechtsdogmatik, S. 207 ff.; Wahl/Masing, JZ 1990, S. 562; von Heinegg/Pallas, Grundrechte, Rn 157; Dolderer, Objektive Grundrechtsgehalte, S. 383 ff. Vgl. auch Krings, Grund und Grenzen grundrechtlicher Schutzansprüche, S. 236 f.
24 Gegen dieses oberflächlich-begriffliche Argument siehe bereits Einleitung, I. 1.

denter Fall dürfte zu bejahen sein, wenn das rechtlich relevante Interesse des einzelnen an Schutz gegenläufige verfassungsrechtlich erhebliche Rechte und Güter klar überwiegt und nach den tatsächlichen Gegebenheiten nur auf eine bestimmte Art und Weise realisiert werden kann. Hinter These (2) steht der Gedanke, daß der Übergang von objektivem Recht zu subjektiven Rechten durch eine Abwägung stattfindet. Die Abwägung von Grundrechten entscheidet jedoch primär darüber, wie weit der effektive Garantiebereich inhaltlich reicht, nicht ob es als subjektives Recht gerichtlich durchsetzbar ist.[25] Würde man die Subjektivierung von Grundrechten von einer inhaltlichen Abwägung des grundrechtlichen Prinzips mit kollidierenden Rechten und Gütern abhängig machen, käme es bei Grundrechtskollisionen zu unterschiedlichen Ergebnissen, je nachdem, welche verfassungsprozessuale Verfahrensart eingeleitet wird. Die Verfassungsbeschwerde gem. Art. 93 Abs. 1 Nr. 4a GG, §§ 13 Nr. 8a, 90 ff. BVerfGG ist nur zulässig, wenn ein Grundrecht als subjektives Recht verletzt sein kann.[26] Verfahren des objektiven Rechtsschutzes wie die abstrakte Normenkontrolle gemäß Art. 93 Abs. 1 Nr. 2 GG, §§ 13 Nr. 6, 76 ff. BVerfGG und die konkrete Normenkontrolle gemäß Art. 100 Abs. 1 GG, §§ 13 Nr. 11, 80 ff. BVerfGG dagegen sind auch dann zulässig, wenn kein subjektives Recht verletzt sein kann. Die Abwägung eines Grundrechts entscheidet jedoch darüber, welche definitiven Rechte und Pflichten der einzelne im Einzelfall hat – unabhängig davon, welche verfassungsprozessuale Verfahrensart eingeleitet wurde.[27] Zudem liegt These (2) die verfehlte Vorstellung zugrunde, objektive Pflichten vertrügen ein höheres Maß an Unbestimmtheit als subjektive Rechte.[28] Danach kommen nur These (1) oder These (3) in Betracht.

c) Die Subjektivierung qua Gegenstand des Optimierungsgebots

Für die These der Subjektivierung grundrechtlicher Positionen spricht, daß der Zweck der Grundrechte im Schutz des einzelnen, nicht kollektiver Ordnungen liegt. Dann muß der einzelne auch die Rechtsmacht haben, Grundrechtsverletzungen gerichtlich zu rü-

---

25 Zu einem differenzierten Modell der Abwägung zwecks Bestimmung der Subjektivierung sogleich. Hier geht es zunächst darum, daß das prima facie-Gebot der Optimierung des Inhalts der grundrechtlichen Rechtsposition und das der Optimierung der gerichtlichen Durchsetzung dieser Rechtsposition sowie die jeweils entsprechenden Gegengründe nicht unangemessen vermengt werden.
26 Innerhalb der Prüfung der Verletzung des Grundrechts als subjektives Recht hat das Verfassungsbeschwerdeverfahren auch die Funktion, das objektive Verfassungsrecht zu wahren und seiner Auslegung und Fortbildung zu dienen. Insofern kann es als „spezifisches Rechtsschutzmittel des objektiven Verfassungsrechts" (BVerfGE 33, 247 (258 f.); 45, 63 (74); vgl. BVerfGE 79, 365 (367); 81, 278 (290); 85, 109 (113)) bezeichnet werden. Damit wird jedoch nur klargestellt, daß das Gericht alle denkbaren Grundrechtsverletzungen prüfen kann und sich nicht auf die vom Beschwerdeführer gerügten beschränken muß. Eine Prüfung der Verfassungsmäßigkeit unabhängig von Grundrechtsverletzungen findet demgegenüber nicht statt, womit die Verfassungsbeschwerde kein Verfahren des objektiven Rechtsschutzes darstellt.
27 Borowski, JöR 50 (2002), S. 310 f.; ders., Die Glaubens- und Gewissensfreiheit des Grundgesetzes, S. 614 f.
28 Gegen diese Auffassung G. Hermes, Grundrecht auf Schutz, S. 213 f.; Schwabe, Probleme der Grundrechtsdogmatik, S. 207 f.

gen.²⁹ Bezieht man diesen Gedanken in die Deutung des Optimierungsgegenstandes von Prinzipien ein, spricht der Prinzipiencharakter der Grundrechte für eine Subjektivierung, da die Zuerkennung subjektiver Rechte vor diesem Hintergrund ein höheres Maß an Realisierung des Optimierungsgegenstands des Prinzips darstellt als die Zuerkennung einer bloß objektiv-rechtlichen Position.³⁰

aa) *Die Optimierung des Inhalts und der Durchsetzbarkeit eines Rechts*

Die Grundidee besteht dabei darin, Prinzipien nicht bloß als Gebote der Geltung von Rechtspositionen bestimmten Inhalts zu verstehen, sondern auch die graduierbare Frage der Durchsetzbarkeit in den Blick zu nehmen. Die Durchsetzbarkeit hängt von einer ganzen Reihe von Faktoren ab. Unter strukturellen Gesichtspunkten von besonderer Bedeutung ist jedoch die Frage, ob die fragliche Rechtsposition mit der Rechtsmacht verbunden ist, diese gegebenenfalls gerichtlich durchzusetzen, mit anderen Worten: ob sie ein subjektives Recht darstellt. Die Optimierung der Durchsetzbarkeit verlangt daher prima facie, daß in Erfüllung eines grundrechtlichen Prinzips gewährte Rechtspositionen als gerichtlich durchsetzbar gedeutet werden.

bb) *Das Grundrecht als subjektives Recht und einfachrechtliche subjektive Rechte*

Dies lenkt den Blick auf das Verhältnis zwischen der Qualität des Grundrechts selbst als subjektives Recht und der des grundrechtsdienlichen einfachen Rechts als subjektives Recht. Im Erlaß einfachen Rechts, welches in der Sache grundrechtsdienlich ist, aber seinerseits kein (einfachrechtliches) subjektives Recht gewährt, liegt eine Einschränkung des Grundrechts. Die Einschränkung besteht bei vollständiger Umsetzung des Inhalts der fraglichen Rechtsposition in der Einschränkung der gerichtlichen Durchsetzbarkeit.³¹ Es kann also sein, daß auf der Ebene einfachen Rechts die grundrechtlich prima facie subjektivierte Position definitiv nicht subjektiviert ist. Natürlich kann man im Rahmen der Anwendung der Schutznormtheorie³² die grundsätzliche Entscheidung im Grundrecht für die Subjektivierung im Rahmen einer verfassungskonformen Auslegung zum Anlaß nehmen, das einfache Recht im Rahmen seines mögli-

---

29 Robbers, Sicherheit als Menschenrecht, S. 135 ff.; Alexy, Theorie der Grundrechte, S. 451 ff.; ders., Der Staat 29 (1990), S. 61; Bock, Umweltschutz im Spiegel von Verfassungsrecht und Verfassungspolitik, S. 158; Dirnberger, Recht auf Naturgenuß und Eingriffsregelung, S. 178 f.; Fluck, UPR 1990, S. 83; Hermann, Schutz vor Fluglärm, S. 99; E. Klein, NJW 1989, S. 1637; H. H. Klein, DVBl. 1994, S. 493; S. König, Drittschutz, S. 223; Pietrzak, JuS 1994, S. 752; Borowski, JöR 50 (2002), S. 311; ders., Die Glaubens- und Gewissensfreiheit des Grundgesetzes, S. 614.
30 Alexy, Theorie der Grundrechte, S. 414; ders. Der Staat 29 (1990), S. 61 f.; ihm folgend S. König, Drittschutz, S. 220; Borowski, JöR 50 (2002), S. 311 Anm. 57; ders., Die Glaubens- und Gewissensfreiheit des Grundgesetzes, S. 226 f. Vorsichtig Krings, Grund und Grenzen grundrechtlicher Schutzansprüche, S. 238 f.
31 Zu dieser Einschränkung der Durchsetzbarkeit siehe Borowski, Die Glaubens- und Gewissensfreiheit des Grundgesetzes, S. 227, 614.
32 Zur Berücksichtigung von Grundrechten im Rahmen der Schutznormtheorie vgl. statt vieler Wolff/Bachof/Stober, Verwaltungsrecht, Bd. 1, § 43, Rn 12, 24; Maurer, Allgemeines Verwaltungsrecht¹⁵, § 8, Rn 10 ff.

chen Wortlauts als subjektives Recht zu deuten. Dies kann jedoch nichts daran ändern, daß der mögliche Wortlaut durch Auslegung nicht überschritten werden kann. Auch wird man einen eindeutig geäußerten Willen des Gesetzgebers, der im Wortlaut nur unvollkommen Ausdruck gefunden hat, nur schwer übergehen können. Wenn eine Position auf der Ebene der Verfassung prima facie subjektiviert ist, kann sie auf der Ebene des einfachen Rechts also trotzdem zu bloß objektivem Recht beschränkt sein.

Die Trennung der verfassungsrechtlichen und der einfachrechtlichen Ebene wird noch dadurch unterstrichen, daß eine Position, die auf der Ebene des Verfassungsrechts selbst nicht einmal prima facie subjektiviert ist, auf der Ebene einfachen Rechts definitiv subjektiviert sein kann. Dies liegt zum einen daran, daß der Gesetzgeber mehr gewähren kann als die Verfassung verlangt. Zum anderen kann die Einräumung eines einfachrechtlichen subjektiven Rechts die Realisierung eines verfassungsrechtlichen kollektiven Guts fördern. Während bei Gründen für subjektive Rechte sonst Gründe in der Person des Rechtsträgers (intrinsische Gründe) im Vordergrund stehen, sind es hier außerhalb des Rechtsträgers liegende Gründe (extrinsische Gründe), die hier zur Subjektivierung führen.[33] Dies kann am Beispiel der naturschutzrechtlichen Verbandsklage illustriert werden.[34] Nach der Novelle des Bundesnaturschutzgesetzes im Jahre 2002 wird anerkannten Vereinen, deren satzungsmäßiger Zweck in Naturschutz und Landschaftspflege besteht, gem. § 61 BNatSchG die Kompetenz zuerkannt, gegen bestimmte Rechtsakte wegen Verstoßes gegen umweltschützende Vorschriften einen Rechtsbehelf einzulegen, ohne daß die Vereine nach der Verwaltungsgerichtsordnung im klassischen Sinne klagebefugt wären. Der Zweck für diese Klagebefugnis liegt in der höhergradigen Realisierung des Staatszieles „Umweltschutz" gem. Art. 20a GG und der entsprechenden Bestimmungen der Landesverfassungen. Wegen des starken ehrenamtlichen Engagements der betreffenden Vereine und der in ihnen gebündelten Sachkenntnis können Verstöße gegen das unterverfassungsrechtliche Umweltrecht sanktioniert werden, die anderenfalls aufgrund der limitierten Ressourcen der Überwachungsbehörden vermutlich nicht würden von Amts wegen sanktioniert werden können. Der Optimierungsgegenstand des Staatsziels „Umweltschutz" wird folglich in höherem Maße realisiert, wenn die genannten Vereine die Klagebefugnis erhalten. Die Staatszielbestimmung Umweltschutz gem. Art. 20a GG, die als Verfassungsbestimmung selbst unstreitig kein subjektives Recht gewährt,[35] fordert daher das Verbandsklagerecht, weil ihr inhaltliches Ziel, eine intakte natürliche Umwelt, dadurch in höherem Maße realisiert werden kann. Auch in dieser Figur kommt es zur Begründung der Subjektivierung entscheidend auf den Gedanken der Optimierung an, allerdings vermittelt über Zweckmäßigkeitsüberlegungen. In diesem Sinne kann sie als „Subjektivierung durch ein kollektives Gut" bezeichnet werden.[36]

---

33 Zur Unterscheidung dieser beiden Arten von Gründen Borowski, Die Glaubens- und Gewissensfreiheit des Grundgesetzes, S. 223 ff.
34 Zum weiteren Beispiel der Rundfunkfreiheit siehe ders., a.a.O., S. 225.
35 Statt vieler Epiney in von Mangoldt/Klein/Starck[5], Art. 20a GG, Rn 37 f.; Schulze-Fielitz in Dreier, Art. 20a GG, Rn 68.
36 Borowski, JöR 50 (2002), S. 309 Anm. 46.

cc) *Einwände gegen die Subjektivierung qua Optimierung*

Gegen die Figur der Subjektivierung qua Optimierung ist eingewendet worden, eine „Versubjektivierung" grundrechtlicher Schutzrechte sei nicht mit einem höheren Maß an Schutz verbunden. Sie bedeute weder eine qualitative noch eine quantitative Steigerung grundrechtlicher Effizienz, sondern stehe in einem Aliudverhältnis zur objektivrechtlichen Verstärkung grundrechtlicher Geltungskraft.[37] Die Effizienz einer Rechtsposition für den einzelnen jedoch beurteilt sich nach Umfang und Durchsetzbarkeit. Eine Rechtsposition ist um je effizienter, desto größer ihr inhaltlicher Umfang ist und desto aussichtsreicher sie durchgesetzt werden kann. Eine Subjektivierung verändert den inhaltlichen Umfang nicht, insofern trifft es zu, daß sie kein „höheres Maß an Schutz"[38] erzeugt. Die gerichtliche Durchsetzung der Position wird jedoch erleichtert oder dem einzelnen erst ermöglicht, indem er nicht nur von Verfahren des objektiven Rechtsschutzes – die er selbst nicht einleiten kann – profitieren kann, sondern auch Klage und letztlich Verfassungsbeschwerde erheben kann. Daß bestehende Rechtspositionen auch grundsätzlich durchsetzbar sein müssen, ist nicht nur ein Grundsatz der allgemeinen Rechtslehre, sondern wird auch vom Rechtsstaatsgebot gemäß Art. 20 Abs. 3 GG gefordert.[39] Subjektive und bloß objektive Grundrechtspositionen lassen sich im Hinblick auf die Durchsetzungschance in eine komparative Ordnung bringen. Angesichts einer solchen komparativen Ordnung kann von einem „Aliudverhältnis" keine Rede sein. Mit der höheren Durchsetzungschance stellen subjektive grundrechtliche Rechte ein höheres Maß der Realisierung von Optimierungsgegenständen grundrechtlicher Prinzipien dar. Durch grundrechtliche Prinzipien begründete Rechtspositionen sind deshalb prima facie subjektiviert.

d) Einwände gegen eine umfassende Subjektivierung

Gegen eine umfassende Subjektivierung werden zudem funktionellrechtliche und pragmatische Einwände geltend gemacht. Funktionellrechtlichen Bedenken kann durch die Einräumung von Spielräumen für den parlamentarischen Gesetzgeber begegnet werden.[40] In pragmatischer Hinsicht könnte eine Überlastung des Bundesverfassungsgerichts drohen. Wie bereits ausgeführt,[41] stehen dem Bundesverfassungsgericht jedoch ausreichend Möglichkeiten zur Verfügung, seine Ressourcen auf die wirklich problematischen Grundrechtsfälle zu konzentrieren. Bezüglich der Verfahren vor den Fachgerichten wird geltend gemacht, die These der umfassenden grundrechtlichen Subjektivierung mache die einfachgesetzliche Entscheidung über die Einräumung einfachrechtlicher subjektiver Rechte obsolet.[42] Die Argumente für die Grundrechtssubjektivierung führen

---

37 Dietlein, Die Lehre von den grundrechtlichen Schutzpflichten, S. 155.
38 Ders., a.a.O., S. 155.
39 Statt vieler Wassermann in AK², Art. 19 Abs. 4 GG, Rn 1; Ramsauer in AK³, Art. 19 Abs. 4 GG, Rn 27; jeweils mit weiteren Nachweisen.
40 Vgl. zu den verschiedenen Arten von Spielräumen 1. Teil, 2. Abschnitt, III. 4.
41 Siehe 2. Teil, 3. Abschnitt, A. I. 2. j).
42 Scherzberg, Grundrechtsschutz und Eingriffsintensität, S. 182.

aber zur Annahme nur einer prima facie-Subjektivierung. Wenn eine grundrechtlich prima facie subjektivierte Position vom parlamentarischen Gesetzgeber zu einer einfachrechtlichen bloß objektiv-rechtlichen Position gleichen Inhalts umgesetzt wird, liegt allein darin bereits eine Grundrechtseinschränkung, eine Einschränkung der Durchsetzbarkeit.[43] Diese kann verfassungsmäßig sein, wenn alle Anforderungen an eine wirksame Beschränkung erfüllt sind. Allerdings ist einzuräumen, daß an derartige Beschränkungen strenge Anforderungen zu stellen sind. Eine Beschränkung der gerichtlichen Durchsetzbarkeit muß mit Argumenten begründet werden, die nicht gegen das Bestehen einer Position in inhaltlicher Hinsicht sprechen, sondern gegen die Durchsetzbarkeit einer bestehenden grundrechtlichen Position. Im Fall der Beschränkung auf bloß objektiv-rechtliche Positionen sind Rechtsbehelfe des Individualschutzes unzulässig, während Verfahren des objektiven Rechtsschutzes ohne weiteres zulässig sein können. Da der Unterschied vorwiegend verfassungsprozessualer Natur ist und verfassungsprozessuale Argumente gegen eine Subjektivierung zurückzuweisen sind, werden selten Argumente durchschlagend gegen eine Subjektivierung grundrechtlicher Rechtspositionen sprechen.[44] Die Entscheidung des parlamentarischen Gesetzgebers, ob einfachgesetzliche subjektive Rechte anerkannt werden, ist folglich ein Stück weit durch das definitiv grundrechtlich geforderte Maß an gerichtlicher Durchsetzbarkeit vorgezeichnet. Insofern kann man sagen, daß die Grundrechtsbindung der Legislative gem. Art. 1 Abs. 3 GG hinsichtlich der Durchsetzbarkeit Entscheidungen des Gesetzgebers vorzeichne. Dies liegt jedoch in der Konsequenz jeder rechtlichen Bindung des Gesetzgebers. Wer Grundrechte als subjektive Rechte des einzelnen ernst nimmt, kann nichts anderes wollen. Dem entspricht es, wenn das Bundesverfassungsgericht nach anfänglichem Zögern davon ausgeht, in der Verletzung eines grundrechtlichen Schutzrechts liege

„eine Verletzung des Grundrechts (aus Art. 2 Abs. 2 Satz 1 GG), gegen die sich der Betroffene mit der Verfassungsbeschwerde zur Wehr setzen kann".[45]

Nach allem dürfte feststehen, daß grundrechtliche Schutzrechte, soweit sie inhaltlich reichen, grundsätzlich umfassend subjektiviert sind.

3. Grundrechtliche Schutzrechte als innen- oder außentheoretische Rechte

Es gibt zwei fundamentale Modelle der Struktur von grundrechtlichen Schutzrechten. Entweder besitzt ein grundrechtliches Schutzrecht seinen definitiven Inhalt von vornherein (Innentheorie), oder ein grundsätzlich weiterreichendes Schutzrecht wird durch gegenläufige Rechte und Güter beschränkt, wodurch das definitive Schutzrecht entsteht (Außentheorie).[46] Dieses Problem wird in der Rechtsprechung und Literatur zu grund-

---

43 Vgl. bereits soeben 2. Teil, 3. Abschnitt, B. I. 2. b) bb).
44 Vgl. H. H. Klein, DVBl. 1994, S. 493.
45 BVerfGE 77, 170 (214); ähnlich BVerfGE 77, 381 (402 f.); 79, 174 (202).
46 Zur grundsätzlichen Unterscheidung von Innen- und Außentheorie siehe bereits 1. Teil, 1. Abschnitt, I. Im zweiten Fall ist der Grundrechtstatbestand im weiteren Sinne mit $(x)(URx \land \neg GSx \leftrightarrow ORx)$ zu formalisieren, im ersten mit $(x)(WIx \leftrightarrow ORx)$. Zum Begriff des Grundrechtstatbestandes im weite-

rechtlichen Schutzrechten selten ausdrücklich angesprochen oder erörtert.[47] Jedoch lassen sich aus den jeweiligen Ausführungen zu den grundrechtlichen Schutzrechten oft Rückschlüsse auf die vorausgesetzte Struktur ziehen.

a) Grundrechtliche Schutzrechte als Unterfall der Abwehrrechte im klassischen Sinne

Die einfachste Lösung des Problems der Struktur der grundrechtlichen Schutzrechte besteht darin, sie als Unterfall der Abwehrrechte anzusehen. Grundrechtliche Schutzrechte teilten dann die außentheoretische Struktur der Abwehrrechte. Diese maßgeblich von Schwabe und Murswiek entwickelte These stellt auf staatliche Mitverantwortung für die Handlungen Privater ab. Verbiete der Staat Eingriffe Dritter in grundrechtliche Schutzgüter eines einzelnen nicht, erlaube er sie. Dieser Erlaubnis für den Dritten korrespondiere notwendig eines Duldungspflicht des einzelnen, den Eingriff zu dulden. Diese Duldungspflicht könne vom Dritten durch Anrufung von Organen der Rechtspflege durchgesetzt werden. In der Auferlegung und Durchsetzung der Duldungspflicht liege

---

ren Sinne und dem außentheoretischen Grundschema (x)(URx ∧ ¬GSx ↔ ORx) siehe 2. Teil, 3. Abschnitt, A. I. 1. b) aa) und bb), zur Prädikatenlogik und deontischen Logik ebenda sowie 1. Teil, 2. Abschnitt, II. 2. a) aa). Das außentheoretische Grundschema ist für grundrechtliche Schutzrechte zu lesen wie folgt: Für alle staatlichen Handlungen „x" gilt: Wenn die Vornahme der staatlichen Handlung „x" durch das unbeschränkte grundrechtliche Schutzrecht (prima facie) geboten ist („URx"), und das grundrechtliche Schutzrecht im Hinblick auf die Handlung „x" nicht wirksam beschränkt ist („¬GSx"), ist die Vornahme der Handlung „x" durch das grundrechtliche Schutzrecht definitiv geboten.
(x)(WIx ↔ ORx) ist zu lesen: Für alle Handlungen „x" gilt: Wenn der Anspruch auf die Vornahme der staatlichen Handlung „x" den wahren Inhalt eines grundrechtlichen Schutzrechts darstellt, ist die Vornahme der Handlung „x" durch den Staat durch das grundrechtliche Schutzrecht definitiv grundrechtlich geboten. Diese Formulierung klingt ein wenig tautologisch. Dies liegt daran, daß die Innentheorie zur Inhaltsermittlung lediglich ein Ein-Schritt-Verfahren vorsieht, siehe 1. Teil, 1. Abschnitt, I. 2. Auf dieser fundamentalen Strukturebene erfolgt keine weitere Differenzierung der Voraussetzungen.

47 Für die Außentheorie vgl. E. Klein, NJW 1989, S. 1638, der davon ausgeht, daß der „vom Schutzbereich der Grundrechte abgesteckte Umfang der Schutzpflicht (effektiver Schutz) ... Einschränkungen zugänglich" sei. Mißverständlich ist es, den Bereich des prima facie-Schutzes, der eingeschränkt werden kann, als „effektiver Schutz" zu bezeichnen. Dieser Begriff wird in der Regel zur Bezeichnung des eingeschränkten Rechts verwendet. Legte man diese Interpretation zugrunde, würden die Ausführungen Kleins widersprüchlich, denn das eingeschränkte Recht ist nicht Einschränkungen zugänglich, sondern Ergebnis einer Einschränkung. Vgl. weiter Dietlein, Die Lehre von den grundrechtlichen Schutzpflichten, S. 116 f.: „soweit er [der Gesetzgeber, M.B.] den Bereich grundrechtlicher (Schutz-)Gewährleistungen einschränkt"; Pietrzak, JuS 1994, S. 751: „auch die Schutzpflicht muß einschränkbar sein"; Reuber, Lebens- und Gesundheitsschutz, S. 105, 124; Roßnagel, Grundrechte und Kernkraftwerke, S. 56 f.; Schwerdtfeger, NVwZ 1982, S. 9; Jarass in Jarass/Pieroth[8], Vorb. vor Art. 1 GG, Rn 16; Jarass, AöR 120 (1995), S. 360. Vgl. auch die Prüfungsfolge bei von Heinegg/Pallas, Grundrechte, Rn 158 ff. Zweifelnd dagegen Stern, Das Staatsrecht der Bundesrepublik Deutschland, Bd. 3/2, S. 221 f.: eine außentheoretische Dogmatik der Schutzrechte sei „in der Sache nicht in Sicht".
Für die Innentheorie Huster, Rechte und Ziele, S. 116 Anm. 237: „definitive Mindestgebote"; Lübbe-Wolff, Die Grundrechte als Eingriffsabwehrrechte, S. 16 f.; Murswiek in Sachs[3], Art. 2 GG, Rn 34; Stern, Das Staatsrecht der Bundesrepublik Deutschland, Bd. 3/2, S. 389.

eine Beteiligung des Staates an dem Eingriff. Folglich müsse sich der Staat die Handlungen Dritter zurechnen lassen.[48]

Dagegen spricht jedoch, daß das bloße Nicht-Verbot der Handlung eines Dritten allein keine Zurechnung auslösen kann.[49] Maßgebend ist vielmehr, ob der Staat durch das Nicht-Verbot der Handlung eines Dritten grundrechtliche Schutzrechte eines Privaten verletzt. Dies trifft nur in den Fällen staatlicher Duldung von Eingriffen Dritter zu, in denen den Staat eine besondere, positive Schutzpflicht trifft. In Fällen, in denen kein Schutzrecht bzw. keine staatliche Schutzpflicht besteht, sind Eingriffe Dritter nicht „zurechenbar".[50] Weiterhin versagt die Theorie der Zurechnung privater Handlungen an den Staat gegenüber Gefahren, die nicht im Verhalten von anderen Privaten, sondern ausländischen staatlichen Mächten liegen.[51] Auch lassen sich die erstrebten Rechtsfolgen in Schutzrechtsfällen regelmäßig nicht über die negatorische Funktion der Grundrechte erreichen. Der Staat schuldet die positive Handlung der Schutzgewährung, die nicht durch bloße Kassation ungenügender Regelungen erbracht ist.[52] Maßgebend ist daher nicht die Frage nach staatlicher Beteiligung an der Verletzung durch Dritte, sondern nach der Verletzung originär gegen den Staat gerichteter grundrechtlicher Schutzrechte des Verletzten. Trotz gemeinsamer Verwurzelung in der liberalen Tradition lassen sich grundrechtliche Schutzrechte nicht als Unterfall der Abwehrrechte verstehen.[53]

b) Argumente für eine innentheoretische Konzeption

Eine innentheoretische Konzeption ergibt sich, wenn man die bereits vorgestellte Theorie Gertrude Lübbe-Wolffs zugrundelegt.[54] Im Fall staatlicher Handlungspflichten, wie etwa grundrechtlicher Schutzrechte, stehe dem als verletzend gerügten Verhalten, staatlichem Unterlassen, eine indefinite Anzahl verfassungsmäßiger Alternativen gegenüber.[55] Staatliches Unterlassen werde daher grundsätzlich nach dem innentheoretischen Präformationsmodell kontrolliert.[56] Eine Ausnahme soll vorliegen, wenn durch eine Entscheidung des parlamentarischen Gesetzgebers die justitiabilitätshemmende Komplexität reduziert sei.[57] Die Konstruktion dieses Ausnahmebereichs wurde bereits zurückgewiesen.[58] Auch wenn die Gesamtkonzeption ohne den Ausnahmebereich kaum

---

48 Schwabe, AöR 100 (1975), S. 453 ff.; ders., Probleme, S. 213 ff.; ders., NVwZ 1983, S. 524 ff.; Murswiek, Die staatliche Verantwortung für die Risiken der Technik, S. 89 ff.; ders., Pflicht des Staates, S. 224 ff.; ders., WiuVw. 1986, S. 180 ff.; ders., NVwZ 1986, S. 611 ff.
49 Rauschning, VVDStRL 38 (1980), S. 184 f.; Robbers, Sicherheit als Menschenrecht, S. 128; Alexy, Theorie der Grundrechte, S. 417, 419; G. Hermes, Grundrecht auf Schutz, S. 97; E. Klein, NJW 1989, S. 1639.
50 Zu diesen „neutralen" Nicht-Verboten Robbers, Sicherheit als Menschenrecht, S. 128 f.
51 Ders., a.a.O., S. 128.
52 Grimm, Rückkehr zum liberalen Grundrechtsverständnis, S. 236 f.
53 Vgl. insgesamt auch Cremer, Freiheitsgrundrechte, S. 167 ff.
54 Siehe 2. Teil, 1. Abschnitt, I.
55 Lübbe-Wolff, Die Grundrechte als Eingriffsabwehrrechte, S. 40, 226.
56 Dies., a.a.O., S. 16 f., 148 Anm. 242 zu Schutzrechten, allgemein S. 39, 101.
57 Dies., a.a.O., S. 42, 123 f., 146.
58 Siehe 2. Teil, 1. Abschnitt, I. 2. e).

praktikabel sein dürfte, ist damit noch nicht die Gesamtkonzeption endgültig widerlegt. Die grundsätzliche Ablehnung eines außentheoretischen Modells im Leistungsbereich wird von Lübbe-Wolff unter anderem[59] mit dem Argument begründet, formelle Schutzwirkung sei bei grundrechtlichen Handlungspflichten unmöglich,[60] und außentheoretischer Grundrechtsschutz nach dem Eingriffs-Schranken-Schema ohne formellen Schutz nicht zu begründen.[61] Dieses Argument trifft jedoch nur außentheoretische Modelle mit formellem Schutz, nicht außentheoretische Modelle ohne formellen Schutz.[62] Die inhaltlichen Gegenargumente Lübbe-Wolffs gegen Modelle letzterer Art beziehen sich nur auf Abwehrrechte.[63]

Verbreitet wird geltend gemacht, im Bereich grundrechtlicher Handlungspflichten werde nur ein „Minimalschutz" gewährleistet.[64] Daran ist gewiß richtig, daß definitive grundrechtliche Schutzrechte eher die Ausnahme darstellen. Ein derartiger „Minimalschutz" kann jedoch entweder von vornherein vorliegen oder das Ergebnis einer starken Beschränkung eines grundsätzlich weiterreichenden Schutzes darstellen, läßt daher keinen Schluß auf die Schrankentheorie zu.[65] Nachdem außentheoretische Modelle im Bereich grundrechtlicher Handlungsmöglichkeiten auch – wie bereits eingehend dargelegt – möglich sind,[66] ist die Frage nach der fundamentalen Struktur weiterhin offen.

Ein weiterer Ansatzpunkt für ein innentheoretisches Modell grundrechtlicher Schutzrechte könnte in Art. 1 Abs. 1 Satz 2 GG gesehen werden. Wer grundrechtliche Schutzrechte ausschließlich durch Art. 1 Abs. 1 Satz 2 GG gewährleistet sieht,[67] und der verbreiteten Ansicht der Unbeschränkbarkeit der Menschenwürde[68] folgt, mag zu einem innentheoretischen Modell gelangen. Zum einen wurde aber die Unbeschränkbarkeit der Menschenwürde gem. Art. 1 Abs. 1 Satz 2 GG bereits zurückgewiesen,[69] zum anderen werden zur Begründung von Schutzrechten auch der objektivrechtliche Gehalt der Grundrechte sowie das staatliche Verbot der Selbsthilfe herangezogen. Diese zusätzlichen Begründungslinien könnte zu weiteren Schutzrechtsinhalten führen,[70] die nicht die vermeintlich innentheoretische Struktur der „Menschenwürdeinhalte" teilen müssen.

Wenn geltend gemacht wird, eine Kollision verschiedener Grundrechtspositionen mit grundrechtlichen Schutzrechten bestehe nur „scheinbar", gegenläufige Rechte und Gü-

---

59 Ein weiteres Argument besteht darin, mit der Anerkennung grundrechtlicher Handlungspflichten des Gesetzgebers werde die Befugnis zur Verwendung von Haushaltsmitteln entgegen der Gewaltenteilung vom Parlament auf das Bundesverfassungsgericht verlagert, Lübbe-Wolff, Die Grundrechte als Eingriffsabwehrrechte, S. 39. Dieses Argument besitzt bei sozialen Grundrechten wesentlich größere Bedeutung als bei grundrechtlichen Schutzrechten, siehe 2. Teil, 3. Abschnitt, B. II. 7. a).
60 Lübbe-Wolff, Die Grundrechte als Eingriffsabwehrrechte, S. 228 ff.
61 Dies., a.a.O., S. 30 ff.
62 Siehe 2. Teil, 1. Abschnitt, I. 2. a).
63 Siehe ebenda.
64 Statt vieler Wahl/Masing, JZ 1990, S. 563.
65 Siehe 2. Teil, 1. Abschnitt, I. 2. b).
66 Siehe 2. Teil, 1. Abschnitt, II.
67 Classen, JöR 36 (1986), S. 39.
68 Siehe 2. Teil, 3. Abschnitt, A. II. 2. a).
69 Siehe ebenda.
70 Statt vieler Dietlein, Die Lehre von den grundrechtlichen Schutzpflichten, S. 67; Dirnberger, Recht auf Naturgenuß und Eingriffsregelung, S. 147.

ter seien schon im Normbereich, nicht erst in den Schranken zu berücksichtigen,[71] deutet dies auf ein innentheoretische Konzeption grundrechtlicher Schutzrechte hin. Wird zur Ermittlung des „Normbereichs" der Schutzrechte aber eine Prüfung des Grundsatzes der Verhältnismäßigkeit verwendet,[72] wird damit die Prinzipienstruktur der in die Abwägung eingestellten Normen vorausgesetzt. Damit liegt notwendig ein außentheoreti sches Modell vor. Solche Konzeptionen reduzieren „das Grundrecht" inadäquat auf das Abwägungsergebnis, derartige Modelle wurden bereits umfassend zurückgewiesen.[73]

c) Argumente für eine außentheoretische Konzeption

Für eine außentheoretische Konzeption der grundrechtlichen Schutzrechte sprechen dagegen die Notwendigkeit der Anwendung des Grundsatzes der Verhältnismäßigkeit sowie die klare Stufung der Argumentation in einem außentheoretischen Modell.

aa) *Anwendung des Grundsatzes der Verhältnismäßigkeit*

Das Hauptargument für eine außentheoretische Konzeption grundrechtlicher Schutzrechte besteht darin, daß im Rahmen ihrer Prüfung der Grundsatz der Verhältnismäßigkeit zur Anwendung kommt. Die Ausführungen in Rechtsprechung und Literatur zum Zusammenhang zwischen grundrechtlichen Schutzrechten und dem Grundsatz der Verhältnismäßigkeit lassen sich drei verschiedenen Thesen zuordnen:

(1) Es wird allgemein gesagt, Schutzrechte und gegenläufige Rechte und Güter, vor allem Abwehrrechte[74] anderer, seien verhältnismäßig voneinander abzugrenzen,[75]

(2) es heißt, die Beschränkung von Abwehrrechten durch grundrechtliche Schutzrechte habe dem Grundsatz der Verhältnismäßigkeit zu genügen,[76] oder

---

71 Roßnagel, Grundrechte und Kernkraftwerke, S. 42.
72 Ders., a.a.O., S. 57 ff.; ähnlich Rose, DVBl. 1990, S. 280. Vgl. auch Murswiek in Sachs³, Art. 2 GG, Rn 34, grundrechtliche Schutzrechte seien nicht beschränkbar, die Konkretisierung des Schutzrechts müsse sich jedoch am Schema Eingriff und verfassungsrechtlicher Rechtfertigung des Eingriffs orientieren.
73 Siehe bereits 1. Teil, 3. Abschnitt, IV.
74 Grundsätzlich kommen neben Abwehrrechten im klassischen Sinne alle kollisionsfähigen Rechte und Güter in Betracht, insbesondere wiederum grundrechtliche Schutzrechte. Der ebenso klassische wie typische Fall besteht jedoch in der Gewährung von Schutz durch Eingriff in die Rechte anderer, auch wirft diese Konstellation für die Frage des formellen Schutzes besondere Fragen auf, siehe 2. Teil, 3. Abschnitt, B. I. 6 b) cc).
75 Fluck, UPR 1990, S. 83; Hain, DVBl. 1993, S. 983; Hermann, Schutz vor Fluglärm, S. 93; Hofmann, Rechtsfragen der atomaren Entsorgung, S. 326 ff.; Isensee, HbStR V, § 111, Rn 165; Jarass, AöR 110 (1985), S. 384; S. König, Drittschutz, S. 237 f.; Kopp, NJW 1994, S. 1756; Kramer, NJW 1981, S. 262; Lorenz, HbStR VI, § 128, Rn 46; Rose, DVBl. 1990, S. 280; Bleckmann, Staatsrecht II – Die Grundrechte⁴, § 11, Rn 220; Steinberg/Roller, Atomrechtliche Schadensvorsorge und Restrisiko, S. 105. Vgl. BVerfGE 39, 1 (43); 53, 30 (57 f.); 57, 250 (285); 81, 242 (255); 88, 338 (340) – diss. vote Mahrenholz/Sommer –.
76 BVerfGE 87, 363 (386 ff.); vgl. BVerfGE 49, 24 (53 f.); Bock, Umweltschutz im Spiegel von Verfassungsrecht und Verfassungspolitik, S. 179 ff.; Hermann, Schutz vor Fluglärm, S. 94 f.; Murswiek, Die staatliche Verantwortung für die Risiken der Technik, S. 236 ff.; Wahl/Masing, JZ 1990, S. 560.

(3) die Beschränkung von Schutzrechten durch gegenläufige Rechte und Güter müsse verhältnismäßig sein.[77]

Diesen drei Thesen liegen drei verschiedene Perspektiven zugrunde, ein und dasselbe Problem zu betrachten. Zwischen dem Staat, dem Träger des grundrechtlichen Schutzrechts und dem Träger des Abwehrrechts besteht eine Dreieckskonstellation.[78] Aus der Perspektive des Staates sind die abwehrrechtlichen und schutzrechtlichen Interessen der einzelnen zu einem gerechten Ausgleich zu bringen. Aus der Perspektive des Trägers des Abwehrrechts wirken die schutzrechtlichen Interessen des anderen Privaten beschränkend. Aus der Perspektive des Trägers des grundrechtlichen Schutzrechts wirkt wiederum das Abwehrrecht des anderen Privaten beschränkend. Wenn das Abwehrrecht ein grundrechtliches Schutzrecht beschränken kann, muß das Schutzrecht vor der Beschränkung inhaltlich einen weiterreichenden Inhalt gehabt haben. Folglich kann bei grundrechtlichen Schutzrechten zwischen einem unbeschränkten Recht und einem eingeschränkten Recht unterschieden werden, womit notwendig die außentheoretische Struktur des Rechts vorausgesetzt wird.[79] Die gebotene Anwendung des Grundsatzes der Verhältnismäßigkeit impliziert die Prinzipienstruktur der in die Abwägung eingestellten Rechte und Güter, was wiederum auf außentheoretische Struktur schließen läßt – selbst wenn typisch innentheoretische Begriffe verwendet werden.[80]

aaa) *Einwände gegen eine Prüfung der Verhältnismäßigkeit in Schutzrechtsfällen*

Gegen die Anwendung des Grundsatzes der Verhältnismäßigkeit bei grundrechtlichen Schutzrechten werden verschiedene Einwände erhoben. Preu macht geltend, daß Private – anders als der Staat – nicht an den Grundsatz der Verhältnismäßigkeit gebunden seien.

---

77 BVerfGE 88, 203 (255 f.); Dietlein, Die Lehre von den grundrechtlichen Schutzpflichten, S. 116; Eiberle-Herm, NuR 1990, S. 207; G. Hermes, Grundrecht auf Schutz, S. 253 ff.; E. Klein, NJW 1989, S. 1638; Mayer-Tasch, Umweltrecht im Wandel, S. 137 ff.; Roßnagel, Grundrechte und Kernkraftwerke, S. 56 ff.; Reuber, Lebens- und Gesundheitsschutz, S. 130; Losch, Wissenschaftsfreiheit, Wissenschaftsschranken, Wissenschaftsverantwortung, S. 248 ff., 361 ff.; Starck, JZ 1993, S. 817; ders., Praxis der Verfassungsauslegung, S. 81 f. Anderer Ansicht Huster, Rechte und Ziele, S. 116.

78 Diese klassische Dreieckskonstellation besteht zwar nur, wenn Abwehrrecht und grundrechtliches Schutzrecht kollidieren. Da aber die Schutzbereiche der Abwehrrechte im klassischen Sinne der weiten Tatbestandstheorie folgen, also weit zu bestimmen sind, und grundrechtliche Schutzrechte selten ohne Beeinträchtigung der Freiheitsinteressen anderer durchgesetzt werden können, ist diese Dreieckskonstellation ebenso häufig wie typisch. In der einfachsten Form dieser Konstellation ist der Staat nur vor die Aufgabe gestellt, die Grundrechtssphären zweier Privater voneinander abzugrenzen, und es sind je ein grundrechtliches Schutzrecht und ein Abwehrrecht beteiligt. Es können auf Seiten der beiden Privaten jedoch auch jeweils mehrere Grundrechtspositionen an der Kollision beteiligt sein, oder der zwei oder drei oder mehr Grundrechtsträger. Darüber hinaus kann der Staat neben der Lösung des Konflikts zwischen Privaten die Förderung kollektiver Güter bezwecken – sei es, weil das Verfassungsrecht dies ihm ein Stück weit vorschreibt (absolut positive Ziele), sei es, weil er von seiner Ermächtigung zur politisch motivierten Zwecksetzung Gebrauch macht (relative Ziele). Vom einfachsten Grundfall bis zu höchst komplexen Spannungslagen sind damit zahlreiche Konstellationen möglich.

79 Siehe 1. Teil, 1. Abschnitt, I. 1.

80 Siehe 1. Teil, 3. Abschnitt, IV.

Eine Beeinträchtigung anderer Privater durch sie sei deshalb nicht im Prüfungsschema Schutzbereich-Eingriff-Eingriffsrechtfertigung zu erfassen.[81] Mit diesem Argument wird jedoch verkannt, daß es auf das Verhältnis der Privaten untereinander nur mittelbar ankommt. Durch die Anerkennung grundrechtlicher Schutzrechte werden Private nicht unmittelbar Adressaten grundrechtlicher Pflichten. Die Frage, ob ein Verhalten eines Privaten, das das Schutzgut eines Grundrechts eines anderen Privaten gefährdet, eine Grundrechtsverletzung darstellt, ist daher verfehlt. Es geht vielmehr um die Frage, ob der Staat in die grundrechtlichen Schutzrechte des einen eingreift, indem er ihm gebotenen Schutz vorenthält. Innerhalb dieses Verhältnisses Staat-Schutzrechtsträger ist zu fragen, ob die Vorenthaltung prima facie gebotenen Schutzes, die Beschränkung des grundrechtlichen Schutzrechts, verhältnismäßig ist. Der Inhaber des Abwehrrechts wird nur mittelbar gebunden, insofern seine Freiheitssphäre wiederum verhältnismäßigen staatlichen Einschränkungen zugunsten verfassungsrechtlich gebotenen Schutzes der grundrechtlichen Schutzgüter anderer zugänglich ist. In diesem Sinne wirken die Grundrechte im Verhältnis zwischen den Privaten nur mittelbar.[82]

Einen anderen Einwand macht Gunnar Folke Schuppert mit der Unterscheidung ein- und mehrdimensionaler Freiheitsprobleme geltend. Eindimensionale Freiheitsprobleme bestünden in einer Beschränkung der Freiheit einzelner zugunsten kollektiver Güter.[83] Derartige Zweck-Mittel-Probleme ließen sich mit Hilfe des Grundsatzes der Verhältnismäßigkeit lösen.[84] Mehrdimensionale Freiheitsprobleme dagegen stellten Zielkonflikte dar, die nicht durch die Verfassung vorentschieden seien und durch Abwägung aufgelöst werden könnten.[85] In Schutzrechtsfällen, in denen die Schutzgewährung nur durch Eingriffe in die Freiheit anderer zu gewähren ist, stehen sich grundrechtsbewehrte Einzelinteressen gegenüber, womit in der Klassifikation Schupperts ein mehrdimensionales Freiheitsproblem vorliegt. Der Grundsatz der Verhältnismäßigkeit wäre damit nicht anwendbar. Aus der Unterscheidung zwischen ein- und mehrdimensionalen Freiheitsproblemen folgt als solcher aber noch kein Unterschied in der Anwendbarkeit des Grundsatzes der Verhältnismäßigkeit.[86] Auf der Seite eines Trägers eines grundrechtli-

---

81 Preu, JZ 1991, S. 268.
82 Zwischen den grundrechtlichen Schutzrechten und der Lehre der mittelbaren Drittwirkung bestehen enge Beziehungen, Canaris, AcP 184 (1984), S. 225 ff.; ders., JuS 1989, S. 163; ders., Grundrechte und Privatrecht, S. 16 ff.; Isensee, HbStR V, § 111, Rn 134 f.; Badura, Festschrift Molitor, S. 9; Alexy, Theorie der Grundrechte, S. 487 ff.; Badura, Staatsrecht, S. 107; Bleckmann, Staatsrecht II – Die Grundrechte[4], § 11, Rn 220; G. Hermes, NJW 1990, S. 1764 ff.; Jarass, AöR 120 (1995), S. 352; E. Klein, NJW 1989, S. 1639 f.; Starck in von Mangoldt/Klein/Starck[5], Art. 1 Abs. 3 GG, Rn 303 ff.; Starck, Praxis der Verfassungsauslegung, S. 66 ff.; Floren, Grundrechtsdogmatik im Vertragsrecht, S. 37 ff.; Dolderer, Objektive Grundrechtsgehalte, S. 201; Bäuerle, Vertragsfreiheit und Grundgesetz, S. 317 ff.; Borowski, Die Glaubens- und Gewissensfreiheit des Grundgesetzes, S. 250 f.; Stern, Das Staatsrecht der Bundesrepublik Deutschland, Bd. 3/1, S. 1572 ff.
83 Schuppert, Funktionell-rechtliche Grenzen der Verfassungsinterpretation, S. 39.
84 Ders., a.a.O., S. 40 f.
85 Ders., a.a.O.; ähnlich Canaris, JuS 1989, S. 164.
86 Etwas unklar ist, worin nach Schuppert der Unterschied der Lösung der vermeintlich verschiedenen Arten von Freiheitsproblemen liegen soll. Einerseits geht er davon aus, der Grundsatz der Verhältnismäßigkeit sei nur bei eindimensionalen Freiheitsproblemen anwendbar, Schuppert, Funktionellrechtliche Grenzen der Verfassungsinterpretation, S. 41. Andererseits handele es sich bei mehrdi-

chen Abwehrrechts können auch kollektive Güter gegen einen staatlichen Eingriff streiten, oder andererseits können auf der Seite kollektiver Güter zusätzlich grundrechtliche Interessen einzelner stehen.[87] Darüber hinaus sind kollektive Güter zumindest ein gutes Stück weit als Summierung individueller Positionen anzusehen.[88] Schupperts „eindimensionale Freiheitsprobleme" gibt es damit praktisch gar nicht – der Grundsatz der Verhältnismäßigkeit wäre beinahe niemals anwendbar. Dies unterschätzt bei weitem die Komplexität, die in den Strukturen der Verhältnismäßigkeit verarbeitet werden kann.

In abgeschwächter Form wendet Ernst-Wolfgang Böckenförde ein, der Grundsatz der Verhältnismäßigkeit sei zwar nicht in der klassischen Form anwendbar, aber in einer modifizierten Form.[89] Dies wird zum einen damit begründet, die klassische Form sei auf individuelle Fälle bezogen, die modifizierte Form dagegen auf generelle Regelungen.[90] Dies begründet aber keinen strukturellen Unterschied. Es mag richtig sein, daß die Wahl der Schutzmittel zur Erfüllung grundrechtlicher Schutzrechte in erster Linie dem Gesetzgeber obliegt,[91] insofern resultiert die Anwendung von grundrechtlichen Schutzrechten meist in einer generellen Regelung. Andererseits werden auch Abwehrrechtsprobleme, die eine nach Böckenförde klassische Verhältnismäßigkeitsprüfung erfordern, auf der Ebene genereller Regelungen erörtert: in der Prüfung der Verhältnismäßigkeit eines einfachrechtlichen Gesetzes. Weiterhin sind ohne weiteres Fälle denkbar, in denen Abwägungen von grundrechtlichen Schutzrechten in individuellen Fällen notwendig werden. Diese Notwendigkeit tritt ein, wenn eine verfassungskonforme Auslegung eines einfachen Gesetzes, das ein grundrechtliches Schutzrecht erfüllt, erforderlich wird, oder Parlamentsgesetze oder bloß materielle Gesetze ausnahmsweise nicht vorliegen müssen.[92]

Weiter macht Böckenförde geltend, im Rahmen der klassischen Verhältnismäßigkeit sei ein „Außer-Verhältnis-Stehen" des Eingriffs zu dem erreichten Zweck entscheidend, im Rahmen der modifizierten Form dagegen ein angemessener Ausgleich oder die prak-

---

mensionalen Freiheitsproblemen um durch Abwägung zu lösende Zielkonflikte. Eine Abwägung ist jedoch auch bei eindimensionalen Freiheitsproblemen, etwa staatlichen Eingriffen in Abwehrrechte zur Förderung kollektiver Güter, erforderlich. Gegenstand der Verhältnismäßigkeit im engeren Sinne ist die Abwägung des abwehrrechtlichen Prinzips mit anderen verfassungsrechtlichen Prinzipien, die für diesen Eingriff sprechen. Die beiden anderen Teilgrundsätze des Grundsatzes der Verhältnismäßigkeit, die Geeignetheit und Erforderlichkeit, stellen Minimalbedingungen rationalen Handelns dar, auf die nicht verzichtet werden kann. Dann sind aber sowohl bei ein- als auch bei mehrdimensionalen Freiheitsproblemen alle drei Teilgrundsätze des Grundsatzes der Verhältnismäßigkeit zu prüfen.

87 Haverkate, Rechtsfragen des Leistungsstaates, S. 272 f.; Alexy, Theorie der Grundrechte, S. 424; Dirnberger, Recht auf Naturgenuß und Eingriffsregelung, S. 156; S. König, Drittschutz, S. 216.
88 Die Einschränkung „jedenfalls teilweise" führt zur Frage, ob es überhaupt genuin kollektive Güter gibt. Zum Problem der vollständigen Reduzierbarkeit kollektiver Güter auf individuelle Rechte vgl. Alexy, Individuelle Rechte und kollektive Güter, S. 66 f.
89 Böckenförde, Grundrechte als Grundsatznormen, S. 183 f.; ders., EuGRZ 2004, S. 603.
90 Ders., a.a.O., S. 184 Anm. 81.
91 Statt vieler G. Hermes, Grundrecht auf Schutz, S. 266 ff.
92 Damit zeigt sich auch, daß grundrechtliche Schutzrechte nicht ausschließlich an den Gesetzgeber adressiert sein können, so aber Steinberg, NJW 1984, S. 459. Adressat ist vielmehr das nach der allgemeinen Kompetenzordnung zuständige staatliche Organ, Dietlein, Die Lehre von den grundrechtlichen Schutzpflichten, S. 70; G. Hermes, Grundrecht auf Schutz, S. 265 ff.; H. H. Klein, DVBl. 1994, S. 494.

tische Konkordanz.[93] Die klassische Formulierung, Eingriffsintensität und rechtfertigender Grund müßten „außer-Verhältnis-stehen" ist jedoch nichts anderes als ein rudimentärer Ausdruck für den Abwägungsspielraum als strukturellen Spielraum.[94] Die Abwägung im Sinne des dritten Teilgrundsatzes der Verhältnismäßigkeit und die „praktische Konkordanz" sind jedoch strukturell identisch.[95]

Ein weiteres Problem der Verhältnismäßigkeitsprüfung bei grundrechtlichen Schutzrechten wird in der staatlichen Zweckverfolgung gesehen. Der Grundsatz der Verhältnismäßigkeit diene der Prüfung von Zweck-Mittel-Relationen.[96] Wo kein Zweck verfolgt werde, versage er daher.[97] Im Fall grundrechtlicher Handlungspflichten könne der Staat die Vornahme einer Handlung erwägen, bezogen auf einen besonderen Zweck aber von einem Vollzug absehen. Andererseits könne aber auch ein Unterlassen vorliegen, ohne daß überhaupt eine Handlung oder ihr Unterlassen erwogen wurde, insbesondere in Fällen unvorhergesehener Gefahren.[98] An all dem ist gewiß vieles richtig. Es wurde jedoch schon eingehend ausgeführt, daß eine unmittelbare Umkehrung des Übermaßverbots nicht zum Untermaßverbot führt.[99] Vor diesem Hintergrund sind verschiedene Zwecke zu unterscheiden. Zum einen stellt das grundrechtliche Schutzrecht ein teleologisches Recht dar, das Handlungen um der Erreichung oder Förderung von verfassungsgebotenen Zielen willen gebietet.[100] Je nach Lage der Abwägung kann dem Staat definitiv die Gewährung von Schutz für Grundrechtsgüter vorgeschrieben sein. Gewährt er diesen Schutz dann nicht – gleich, was die entsprechenden Organwalter „wollen" – handelt er verfassungswidrig. Zum anderen stellt sich in der Prüfung der externen Geeignetheit im Rahmen des Untermaßverbots die Frage, ob die Unterlassung des Vollzuges der fördernden, durch grundrechtliche Schutzrechte prima facie gebotenen Handlung die Realisierung kollidierender Rechte oder Güter fördert.[101] Die letztgenannte Förderung muß objektiver Natur sein – gleich ob sie vom unterlassenden Staat bzw. den Organwaltern gewollt oder auch nur gesehen wird. Dem entspricht es, daß grundrechtliche Schutzrechte wie alle anderen grundrechtlichen Leistungsrechte keinen Anspruch auf tatsächliches Befassen im Parlament gewähren, der „Ermessensausfall" stellt keinen verfassungsrechtlich erheblichen Fehler dar.[102] Dies wäre in normativer

---

93 Böckenförde, Grundrechte als Grundsatznormen, S. 184 Anm. 81; Canaris, JuS 1989, S. 164.
94 Siehe zum Abwägungsspielraum 1. Teil, 2. Abschnitt, III. 4. a) bb).
95 Hirschberg, Grundsatz, S. 253 Anm. 18; diese strukturelle Identität gilt auch, wenn die Institute einen verschiedenen Anwendungsbereich besitzen sollen, vgl. Dechsling, Verhältnismäßigkeitsgebot, S. 57 f.
96 Statt vieler Huster, Rechte und Ziele, S. 129 ff.
97 Lücke, DÖV 1974, S. 770 f.; Robbers, Sicherheit als Menschenrecht, S. 171, Anderer Ansicht dagegen Hirschberg, Der Grundsatz der Verhältnismäßigkeit, S. 45 ff.
98 Robbers, Sicherheit als Menschenrecht, S. 171.
99 Siehe 2. Teil, 1. Abschnitt, II. 2. b) bb).
100 Siehe 2. Teil, 1. Abschnitt, II. 1. c). Vgl. auch G. Hermes, Grundrecht auf Schutz, S. 261; Murswiek, UPR 1986, S. 378; E. Klein, NJW 1989, S. 1638; Fluck, UPR 1990, S. 83; Wahl/Masing, JZ 1990, S. 558; Pietrzak, JuS 1994, S. 752. Vgl. BVerfGE 88, 203 (254): „Die Verfassung gibt den Schutz als Ziel vor, nicht aber seine Ausgestaltung im einzelnen."
101 Siehe 2. Teil, 1. Abschnitt, II. 2. b) cc) bbb) (1).
102 Ein derartiger Anspruch auf tatsächliches Befassen wird vorausgesetzt, wenn dem Schutzrechtsinhaber ein Recht auf fehlerfreie Ermessensausübung zuerkannt wird, so Bleckmann, Staatsrecht II – Die

Hinsicht mit der Geschäftsordnungsautonomie des Deutschen Bundestages gem. Art. 40 Abs. 1 Satz 2 GG[103] nicht vereinbar. Zudem würde die Arbeitskapazität des Parlaments derartiges nicht erlauben. Zusammengefaßt kann man daher sagen, daß wenn die adäquate Konzeption des Untermaßverbots zugrundegelegt wird, sich die Zweckverfolgung in beiden Richtungen sowohl objektiv wie subjektiv angemessen verarbeiten läßt.

Weiterhin begründet die bloße Komplexität der im Rahmen der Prüfung der Verhältnismäßigkeit erforderlichen Abwägungen keinen klassifikatorischen Unterschied zwischen Abwehr- und Schutzrechtsfällen. Auch wenn in Schutzrechtsfällen komplexe Abwägungen häufiger sein mögen, kommen in beiden Fallgruppen gleichermaßen komplexe und nicht-komplexe Abwägungen vor.[104]

bbb) *Die Verhältnismäßigkeit grundrechtlicher Schutzrechte – Das Untermaßverbot*

Die Diskussion um die Anwendung des Grundsatzes der Verhältnismäßigkeit bei grundrechtlichen Schutzrechten wird spürbar dadurch beeinträchtigt, daß die angemessene Fassung des Untermaßverbots bislang recht unklar geblieben ist. Zur Vermeidung von Wiederholungen sei auf die Passagen in dieser Untersuchung verwiesen, in denen das Untermaßverbot systematisch entwickelt worden ist.[105] Um das Untermaßverbot höchst gedrängt zu skizzieren: Zunächst sind alle Förderungshandlungen, deren Vollzug zu einer relevanten Förderung des Schutzziels führen würden, zu ermitteln.[106] Hierbei können zugunsten einer effektiven Fallbearbeitung praktische Erleichterungen eingeführt werden.[107] Dann sind die drei Teilgrundsätze der Verhältnismäßigkeit auf alle Förderungshandlungen anzuwenden,[108] wobei der Schwerpunkt auf der Verhältnismäßigkeit im engeren Sinne liegt – der Abwägung des Eingriffs in grundrechtliche Schutzrechte (Unterlassen der fördernden Handlung) gegen rechtfertigende Gründe (welche Rechte und Güter werden wie weit durch das Unterlassen gefördert).[109] Schließlich stellt sich die Frage, ob innerhalb der Klasse der gleichermaßen verhältnismäßigen Förderungs-

---

Grundrechte⁴, § 11, Rn 219; Enders, AöR 115 (1990), S. 630; Murswiek, UPR 1986, S. 375; Robbers, Sicherheit als Menschenrecht, S. 172. Unterbleibt das Befassen, findet auch keine Abwägung statt. Der Abwägungsausfall würde aber einen Ermessensfehler darstellen, folglich eine Grundrechtsverletzung. Vgl. auch Dietlein, Festschrift Rüfner, S. 144 zum subjektiven Recht „auf fehlerfreie Gesetzesentscheidung über die Anerkennung als Feiertag" im Rahmen der Garantie der Sonn- und Feiertagsruhe gem. Art. 140 GG i. V. m. Art. 139 WRV.

103 Die Geschäftsordnungsautonomie als Teil der Parlamentsautonomie umfaßt den Geschäftsgang, die innere Parlamentsorganisation sowie disziplinare Maßnahmen, Stern, Das Staatsrecht der Bundesrepublik Deutschland, Bd. 2, S. 81 ff. Die Frage, wie der Gegenstand der Beratungen festgelegt wird, ist Teil des Geschäftsganges.
104 Alexy, Theorie der Grundrechte, S. 425 f.; Dirnberger, Recht auf Naturgenuß und Eingriffsregelung, S. 156 f.
105 Siehe 2. Teil, 1. Abschnitt, II. 2. b).
106 Siehe 2. Teil, 1. Abschnitt, II. 2. b) cc) aaa).
107 Siehe zur Unterscheidung aktueller und potentieller Grundrechtsfälle 2. Teil, 3. Abschnitt, A. I. 2. j); 2. Teil, 3. Abschnitt, A. I. 4. b) sowie 2. Teil, 3. Abschnitt, B. I. 4. d); zur praktischen Grenze des Tatbestandes siehe 2. Teil, 3. Abschnitt, B. I. 4. d) bb).
108 Siehe 2. Teil, 1. Abschnitt, II. 2. b) cc) bbb).
109 Siehe 2. Teil, 1. Abschnitt, II. 2. b) cc) bbb) (3).

mittel eine weitere Verengung verfassungsrechtlich geboten ist, oder der Staat insoweit einen Spielraum hat.[110]

bb) *Das Argument der Stufung der Argumentation*

Eng verbunden mit der gebotenen Anwendung des Grundsatzes der Verhältnismäßigkeit ist das Argument der Stufung der Argumentation. Ein außentheoretisches Modell der grundrechtlichen Schutzrechte führt dazu, daß das grundrechtliche Schutzinteresse des Schutzrechtsträgers und kollidierende verfassungsrechtliche individuelle Rechte und kollektive Güter geordnet zueinander ins Verhältnis gesetzt werden. Das Ein-Schritt-Verfahren der Innentheorie gewährleistet dieses erreichbare Maß der Begründungsrationalität dagegen nicht, sondern läßt sich leichter zu Scheinbegründungen mißbrauchen.[111] Die Außentheorie erlaubt eine Abwägung der kollidierenden Belange und damit eine Entscheidung normativer Fragen auf analytisch höchstmöglichem Niveau.[112]

d) Ergebnis

Die Argumente für eine innentheoretische Konzeption grundrechtlicher Schutzrechte vermögen nicht zu überzeugen. Für das außentheoretische Modell dagegen spricht der Gewinn an Begründungsrationalität. Die Anwendung des Grundsatzes der Verhältnismäßigkeit, der mit der Außentheorie notwendig verbunden ist,[113] wird von der Rechtsprechung und der ganz herrschenden Lehre ohnehin seit langem in der Sache praktiziert.[114] Ein adäquates dogmatisches Modell der grundrechtlichen Schutzrechte folgt der Außentheorie,[115] grundrechtliche Schutzrechte haben Prinzipiennatur.[116]

---

110 Siehe 2. Teil, 1. Abschnitt, II. 2. b) cc) ccc); zu Spielräumen und möglichen Ergebnissen vgl. 2. Teil, 1. Abschnitt, II. 2. b) dd) und ee).
111 Siehe 1. Teil, 1. Abschnitt, III. 2.
112 Siehe 1. Teil, 2. Abschnitt, III. 3.
113 Diese analytische Notwendigkeit gilt zumindest für das unbestrittene materielle Grundrechtsverständnis unter dem Grundgesetz, vgl. 1. Teil, 3. Abschnitt, III.
114 Nachweise in Anm. 75-77 bei 2. Teil, 3. Abschnitt, B. I. 3. c) aa).
115 Damit gilt das allgemeine außentheoretische Grundschema: „Wenn URx und nicht GSx, dann Rx". Zu lesen: Wenn der Gegenstand „x" Inhalt eines unbeschränkten Rechts „an sich" ist und dieses Recht nicht im Hinblick auf „x" wirksam beschränkt ist, ist für „x" die Rechtsfolge dieses Rechts geboten. Logisch formalisiert entspricht dem (URx $\land$ ¬GSx $\leftrightarrow$ ORx). Zum allgemeinen außentheoretischen Grundschema vgl. bereits 2. Teil, 3. Abschnitt, A. I. 1. b) bb). Vgl. auch den Überblick bei Borowski, JöR 50 (2002), S. 326 ff.
116 Für den Prinzipiencharakter grundrechtlicher Schutzrechte vgl. nur H.H. Klein, DVBl. 1994, S. 495; Isensee, HbStR V, § 111, Rn 138; Alexy, Theorie der Grundrechte, S. 420 ff.; Sieckmann, Regelmodelle und Prinzipienmodelle des Rechtssystems, S. 144; Pietrzak, JuS 1994, S. 749; Borowski, JöR 50 (2002), S. 312 ff.; ders., Die Glaubens- und Gewissensfreiheit des Grundgesetzes, S. 615 ff.

e) Ein Überblick über das Eingriffs-Schranken-Schema bei grundrechtlichen Schutzrechten

In einem außentheoretischen Modell grundrechtlicher Schutzrechte ist zwischen Tatbestand und Schranke des Schutzrechts zu unterscheiden.

aa) *Der Tatbestand grundrechtlicher Schutzrechte*

Bei den Abwehrrechten wurde das unbeschränkte Recht (die Entsprechung von „URx" im allgemeinen außentheoretischen Grundschema), der Grundrechtstatbestand, als Konjunktion von Schutzbereich und Eingriff identifiziert („Sx und Ex").[117] Entsprechendes gilt für grundrechtliche Schutzrechte. In den Schutzbereich des grundrechtlichen Schutzrechts fallen alle staatlichen Handlungen, deren Vollzug Schutz für grundrechtliche Schutzgüter vor Gefährdungen durch andere Private und ausländische Staatsgewalt bewirkt.[118] Der Eingriff besteht darin, daß der Vollzug dieser Handlung unterlassen wird.[119] Auch der schutzgrundrechtliche Tatbestand erweist sich damit als zweigliedrig.[120] Alle staatlichen Handlungen, die die Realisierung von Schutz für grundrechtliche Schutzgüter fördern[121] und vom Staat (noch) nicht vollzogen wurden, sind prima facie geboten.[122]

---

117 Logisch formalisiert (Sx ∧ Ex), vgl. insgesamt 2. Teil, 3. Abschnitt, A. I. 1. b) aa), bb). Zur Prädikatenlogik und deontischen Logik ebenda sowie 1. Teil, 2. Abschnitt, II. 2. a) aa).
118 „Hx" (als Entsprechung für „Sx" bei Abwehrrechten) steht für staatliche Handlungen, die die Realisierung des grundrechtlichen Schutzziels fördern. „H" ist die Klasse der staatlichen Handlungen, die Schutz für grundrechtliche Schutzgüter darstellen oder fördern, „x" die Individuenvariable für Handlungen. „Ha" zum Beispiel bedeutet daher, daß die Handlung „a" Element der Klasse der Handlungen „H" ist, die Schutz für grundrechtliche Schutzgüter darstellen oder fördern.
119 „Ux" (als Entsprechung für „Ex" bei Abwehrrechten) steht für das Unterlassen des Vollzugs einer Handlung „x". „Ua" sagt daher, daß der Vollzug der Handlung „a" unterlassen wurde.
120 Logisch formalisiert: (Hx ∧ Ux).
121 Im folgenden: Förderungshandlungen.
122 Hier könnte eingewandt werden, die Beschränkung auf nicht vollzogene Handlungen sei unberechtigt, auch bereits vollzogene Handlungen seien prima facie geboten gewesen. Prima facie seien damit alle Förderungshandlungen geboten, der Tatbestand bestehe deshalb nur aus dem schutzrechtlichen Tatbestand im engeren Sinne: Hx. Dies trifft in bezug auf einzelne Handlungen jedoch nur für den Zeitraum zu, in dem sie noch nicht vollzogen waren. Im Moment des Vollzugs der Handlung erlischt der Anspruch durch Erfüllung. Bereits vollzogene Handlungen sind weder definitiv noch prima facie geboten. Das prima facie-Gebot erfaßt nur noch nicht vollzogene Förderungshandlungen. Diese Betrachtung läßt sich auch auf die Abwehrrechte übertragen. Hier könnte man den prima facie-Schutz auf das Unterlassen von Eingriffen an die Subsumtion einer Handlung oder eines Zustands unter den Schutzbereich im engeren Sinne (Sx) knüpfen. Ein prima facie-Anspruch auf das Unterlassen von Eingriffen wird erfüllt, wenn und solange nicht eingegriffen wird. Dies ist jedoch trivial. Wenn eine Versammlung im Sinne von Art. 8 GG abläuft, wird jederzeit der Anspruch auf das Unterlassen von Eingriffen erfüllt, solange keine staatliche Handlung negativ auf die Versammlung einwirkt. Die Analyse derartige Fälle ist grundrechtlich aber nicht von Interesse. Interessant sind dagegen die Fälle, in denen ein Eingriff erfolgt, dieser aber dennoch gerechtfertigt sein könnte. Entsprechend löst bei Abwehrrechten nicht allein der Schutzbereich im engeren Sinne (Sx) prima facie-Schutz aus, sondern erst der Eingriff in den Schutzbereich (Sx und Ex). Vergleichbar liegt der Fall bei grundrechtlichen Schutzrechten und auch den anderen grundrechtlichen Handlungsgeboten. Staatliche Handlungen, die die Realisierung eines grundrechtlichen Optimierungsgegenstands fördern und noch nicht

Gegen die Bezeichnung eines Unterlassens von Förderungshandlungen als „Eingriff" in grundrechtliche Schutzrechte könnte der Einwand erhoben, ein derart definierter Eingriff sei mit dem bekannten und bewährten Begriff des Eingriffs in Abwehrrechte in vielerlei Hinsicht nicht vergleichbar. Dies trifft etwas Richtiges, kann aufgrund der fundamentalen strukturellen Unterschiede zwischen grundrechtlichen Unterlassungsgeboten und Handlungsgeboten aber auch kaum verwundern. Der dargelegte zweigliedrige Grundrechtstatbestand der grundrechtlichen Schutzrechte, der das Unterlassen von Förderungshandlungen als Eingriff definiert, bildet die angemessene strukturelle Entsprechung zum zweigliedrigen Grundrechtstatbestand der Abwehrrechte. Beiden ist gemeinsam, daß sie den Bereich des prima facie-Schutzes bestimmen und so die Pflicht zur verfassungsrechtlichen Rechtfertigung auslösen („VRx").[123] Diese strukturelle Symmetrie rechtfertigt – bei allen sonstigen Unterschieden – die Bezeichnung als „Eingriff" in grundrechtliche Schutzrechte.[124]

bb) *Die verfassungsrechtliche Rechtfertigung von Eingriffen in den Schutzbereich*

In der verfassungsrechtlichen Rechtfertigung von Eingriffen in grundrechtliche Schutzrechte geht es zunächst um die später näher zu untersuchende Frage, auf welche grundrechtliche Eingriffsermächtigung zurückgegriffen werden kann.[125] Als zentrales materielles Kriterium wurde bereits das Untermaßverbot genannt,[126] neben der Frage, welche weiteren materiellen Kriterien zu prüfen sind, wird vor allem die Frage nach der formellen Schutzwirkung grundrechtlicher Schutzrechte zu untersuchen sein. Hier wird sich erweisen, daß – soweit formelle Kriterien überhaupt anzuerkennen sind – die formelle Schutzwirkung bei grundrechtlichen Leistungsrechten nicht mit derjenigen der Abwehrrechte vergleichbar ist.[127]

4. Enge oder weite Tatbestandstheorie grundrechtlicher Schutzrechte

Der Grundrechtstatbestand der Schutzrechte kann eng oder weit gefaßt werden. Es wurde bereits ausgeführt, daß enge und weite Tatbestandstheorien sich auf die Reichweite des gesamten Grundrechtstatbestands beziehen. Sie gebieten bei Abwehrrechten eine

---

vollzogen wurden, sind prima facie geboten (Hx und Ux). Dies gilt nicht für Handlungen, die den Schutz für grundrechtliche Schutzgüter nicht fördern, oder für Handlungen, die bereits vollzogen wurden.

123 Logisch formalisiert „VRx", im allgemeinen außentheoretischen Grundschema entspricht dem „nicht GSx" oder logisch formalisiert „¬GSx".
124 Vgl. Di Fabio, DÖV 1995, S. 6; Holoubek, Bauelemente eines grundrechtsdogmatischen Argumentationsschemas, S. 74; P. M. Huber, Konkurrenzschutz im Verwaltungsrecht, S. 227 f.; Borowski, JöR 50 (2002), S. 327; ders., Die Glaubens- und Gewissensfreiheit des Grundgesetzes, S. 619, 621. Anderer Ansicht Jarass, AöR 120 (1995), S. 367; Roth, Faktische Eingriffe in Freiheit und Eigentum, S. 126.
125 Siehe 2. Teil, 3. Abschnitt, B. I. 5.
126 Siehe 2. Teil, 1. Abschnitt, II. 2. b).
127 Siehe 2. Teil, 3. Abschnitt, B. I. 6. b).

enge beziehungsweise weite Fassung der Schutzgüter und des Eingriffsbegriffs.[128] Entsprechend liegt es grundsätzlich bei grundrechtlichen Schutzrechten. Die Frage nach der Weite eines Tatbestands grundrechtlicher Handlungspflichten ist die Frage nach den Kriterien, die über die Qualität einer Handlung als „Förderungshandlung" entscheiden. Die denkbar weiteste Tatbestandstheorie grundrechtlicher Schutzrechte resultiert, wenn man nur die Förderung der Realisierung des Optimierungsgegenstands des schutzrechtlichen Prinzips verlangt und auf weitere Kriterien verzichtet. Jegliches Unterlassen von Handlungen, die grundrechtliche Schutzgüter vor bestehenden Gefährdungen schützen, stellt dann einen Eingriff in grundrechtliche Schutzrechte dar. Je mehr zusätzliche Kriterien verwendet werden, desto „enger" wird die resultierende Tatbestandstheorie. Im folgenden gilt es der Frage nachzugehen, ob der Tatbestand grundrechtlicher Schutzrechte eher weit oder eher eng zu bemessen ist.

a) Das Erfordernis der evidenten Verletzung grundrechtlicher Schutzrechte

Im Fluglärm-Beschluß[129] verwendet das Bundesverfassungsgericht ein Evidenz-Kriterium. Eine Verletzung grundrechtlicher Schutzrechte, komme erst in Betracht, wenn die Verfassungswidrigkeit evident sei.[130] In eine ähnliche Richtung geht die später geprägte Formel, eine Schutzpflichtverletzung komme erst in Betracht, wenn die vorgesehenen Schutzmittel „gänzlich ungeeignet oder völlig unzulänglich" seien.[131] Dies könnte man im Sinne einer engen Tatbestandskonzeption deuten. Prima facie geboten wären von vornherein nur Schutzhandlungen oder -mittel, die ein evidentes Schutzbedürfnis erfüllen.[132] Andererseits könnte diese Formel lediglich das Problem der prozessualen Durchsetzung betreffen, wenn nur in Fällen evidenter Verletzung einer materiell umfassend bestehenden Pflicht ein subjektives Recht anerkannt würde, anderenfalls eine bloß objektivrechtliche Grundrechtsposition. Derartige Konstruktionen wurden allerdings bereits zurückgewiesen.[133] Schließlich kann dieses Kriterium bzw. diese Formel als Ausdruck des Spielraums anzusehen sein, der dem Gesetzgeber gegenüber dem Bundesverfassungsgericht zusteht. Nur in Fällen der evidenten Verletzung eines grundsätzlich umfassend bestehenden, vollständig subjektivierten prima facie-Rechts auf Schutz ist der

---

128 Siehe 2. Teil, 3. Abschnitt, A. I. 4.
129 BVerfGE 56, 54 ff.
130 BVerfGE 56, 54 (81, 86); ebenso BVerfG, NJW 1983, 2931 (2932); BVerfG, NJW 1987, 2287 (2287).
131 BVerfGE 77, 170 (214 f.); 79, 174 (202); 85, 191 (212).
132 Wer in diesem Sinne der engen Tatbestandstheorie (oder sogar Innentheorie) folgt und sagt, es müsse eine „evidente Verletzung" der grundrechtlichen Schutzpflicht beziehungsweise der Gesetzgebungspflicht des Gesetzgebers vorliegen (Lübbe-Wolff, Die Grundrechte als Eingriffsabwehrrechte, S. 148), formuliert mißverständlich. Eine grundrechtliche Schutzpflicht besteht ja dann von vornherein nur in evidenten Fällen. In diesem Fall ist die grundrechtliche Schutzpflicht nur dann, aber auch stets dann verletzt, wenn ein evidentes Schutzbedürfnis nicht erfüllt wird (und dies nicht gerechtfertigt ist). Die grundrechtliche Pflicht zur Erfüllung evidenter Schutzbedürfnisse ist dann schlicht verletzt, eine Unterscheidung zwischen evidenten oder nicht evidenten Verletzungen dieser Pflicht ist grundrechtlich unerheblich.
133 Siehe 2. Teil, 3. Abschnitt, B. I. 2. b).

Spielraum des Gesetzgebers derart reduziert, daß das Bundesverfassungsgericht eine Schutzrechtsverletzung feststellen kann.[134]
Da in der bundesverfassungsgerichtlichen Formel von einer evidenten Verletzung einer Schutzpflicht die Rede ist, wird eine nicht-evidente Verletzung der Pflicht als möglich vorausgesetzt. Eine Pflicht kann aber nur verletzt werden, wenn sie auch besteht. Folglich ist von einer materiell umfassender bestehenden grundrechtlichen Schutzpflicht auszugehen. In diesem Sinne stellt auch das Bundesverfassungsgericht klar, die

„im Beschluß des Senats vom 29. Oktober 1987 (vgl. BVerfGE 77, 170 [214 f.]) enthaltenen Ausführungen zur Zulässigkeit einer Verfassungsbeschwerde gegen staatliches Unterlassen dürfen nicht dahin verstanden werden, als genügten der Erfüllung der Schutzpflicht des Staates gegenüber menschlichem Leben schon Maßnahmen, ‚die nicht gänzlich ungeeignet oder völlig unzulänglich sind'".[135]

Die zitierten Entscheidungen sind daher nicht in Richtung einer engen Tatbestandstheorie zu deuten. Gewiß liegt die Annahme definitiver grundrechtlicher Schutzrechte besonders nahe, wenn ein evidentes Schutzbedürfnis nicht erfüllt wird, oder ein legitimes Schutzbedürfnis evident nicht erfüllt. Dies weist aber – nach allgemeinen Regeln der Grundrechtsdogmatik – auf kleinere Spielräume hin, da die Größe der Spielräume sich tendenziell umgekehrt zur Eingriffsintensität verhält.[136]

b) Die Sozialadäquanz als immanente Grenze grundrechtlicher Schutzrechte

Mit der Nutzung moderner Technik, etwa der Kernenergie, sind Risiken für die grundrechtlicher Schutzgüter verbunden. Eine absolute Sicherheit vor jeglicher Schädigung ist nicht möglich.[137] Nach der Rechtsprechung des Bundesverfassungsgerichts sind Restrisiken hinzunehmen, wenn es

„nach dem Stand von Wissenschaft und Technik praktisch ausgeschlossen erscheint, daß solche Schadensereignisse eintreten werden ... Ungewißheiten jenseits dieser Schwelle praktischer Vernunft haben ihre Ursache in den Grenzen des menschlichen Erkenntnisvermögens; sie sind als sozial-adäquate Lasten von allen Bürgern zu tragen".[138]

---

134 G. Hermes, Grundrecht auf Schutz, S. 51 f.; H. H. Klein, DVBl. 1994, S. 495; Vitzthum, VBlBW 1990, S. 50.
135 BVerfGE 88, 203 (262 f.).
136 Diese Interpretation entspricht auch der Auffassung des Bundesverfassungsgerichts, dessen soeben zitierte Klarstellung unmittelbar an die Erörterung des Problems der Spielräume des Gesetzgebers anschließt. Allerdings darf die Evidenzformel als Kontrollmaßstab nicht dahingehend verstanden werden, daß stets nur evidente Verletzungen grundrechtlicher Schutzrechte justiziabel sind. Die Größe des Spielraums hängt auch bei grundrechtlichen Schutzrechten von der Eigenart des Sachbereichs, den Möglichkeiten des Gerichts, sich ein sicheres Urteil zu bilden und der Bedeutung der auf dem Spiel stehenden Rechtsgüter ab, BVerfGE 88, 203 (262); vgl. hierzu auch Starck in von Mangoldt/Klein/Starck[5], Art. 2 Abs. 2 GG, Rn 233. Dies kann zu einer Evidenzkontrolle, aber auch zu einer Vertretbarkeitskontrolle oder voll intensivierten Inhaltskontrolle führen.
137 Statt vieler G. Hermes, Grundrecht auf Schutz, S. 240 f.
138 BVerfGE 49, 89 (143).

Die Rechtfertigung für die Auferlegung dieser Gefahr besteht in dem Nutzen der modernen Technik. Die Forderung nach absoluter Sicherheit würde „weithin jede staatliche Zulassung der Nutzung von Technik verbannen."[139]

Dieses Restrisiko kann man im Sinne einer „Sozialadäquanz" als immanente Grenze des Tatbestandes grundrechtlicher Schutzrechte ansehen. Wenn eine Gefährdung eines Schutzguts grundrechtlicher Schutzrechte in diesem Sinne sozialadäquat ist, läge kein prima facie-Recht auf schützende Handlungen des Staates vor.[140] Insofern handelte es sich um eine enge Tatbestandstheorie. Zwei Strategien werden vorgeschlagen, um eine tatbestandsbegrenzende Sozialadäquanz zu begründen, Sozialadäquanz kraft – weit verstandener – Situationsgebundenheit und kraft generell-abstrakter Abwägung.

aa) *Sozialadäquanz kraft Situationsgebundenheit*

Nach der ersten Konzeption der Sozialadäquanz wird von einer Situationsgebundenheit grundrechtlicher Schutzrechte auf eine enge Tatbestandstheorie geschlossen.[141] Eberhard Schmidt-Aßmann begründet die Situationsbedingtheit, die über grundrechtlichen prima facie-Schutz entscheide, entsprechend zur Eigentumsgewährleistung mit vorhandenen Vorbelastungen.[142] Daß eine Vorbelastung besteht, sagt jedoch nicht, daß weitere Belastungen in ähnlicher oder geringerer Höhe ohne weitere Rechtfertigung von Rechts wegen hinzunehmen sind.[143] Auch ist nicht gesagt, daß eine im Ergebnis hinzunehmende Vorbelastung oder neue Belastung bereits nicht einmal prima facie geschützt ist.[144]

Christoph Degenhart betont, die Schutzanforderungen von Art. 2 Abs. 2 Satz 1 GG seien im Rahmen des technischen Fortschritts veränderlich. Die

„Grundrechtsgarantie kann nur innerhalb einer bestehenden, technisch-zivilisatorischen Risikosituation wirksam werden, die sich ihrerseits verändert und fortentwickelt".[145]

Die Zulassung der Kernenergie, die Risiken für Leben und körperliche Unversehrtheit mit sich bringt, sei nicht von vornherein ein Eingriff in Art. 2 Abs. 2 GG, sondern „zunächst Gestaltung der für diesen Schutzbereich maßgeblichen Grundrechtssituation."[146]

---

139 BVerfG a.a.O.
140 Oben wurde ausgeführt, daß der Grundrechtstatbestand grundrechtlicher Schutzrechte aus einer prima facie gebotenen Handlung und deren Unterlassung besteht (Hx und Ux). Im Sinne der immanenten Beschränkung durch sozialadäquate Gefährdungen würde „Hx" lauten: Die Handlung „x" ist eine Handlung, die die Realisierung einer nicht sozialadäquaten Gefahr für grundrechtliche Schutzgüter hemmt. Das Unterlassen des Vollzugs von Handlungen, die nur dem Schutz vor sozialadäquaten Gefahren dienen, wäre kein Eingriff in grundrechtliche Schutzrechte und damit nicht rechtfertigungsbedürftig.
141 Degenhart, Kernenergierecht, S. 148; ders., DVBl. 1983, S. 934; Kloepfer, Umweltrecht, § 3, Rn 48; Schmidt-Aßmann, AöR 106 (1981), S. 214; Vitzthum, VBlBW 1990, S. 48 f.
142 Schmidt-Aßmann, a.a.O.
143 G. Hermes, Grundrecht auf Schutz, S. 242; Hofmann, BayVBl. 1983, S. 36; ders., Rechtsfragen der atomaren Entsorgung, S. 351.
144 Vgl. Murswiek, Die staatliche Verantwortung für die Risiken der Technik, S. 195.
145 Degenhart, DVBl. 1983, S. 934; ähnlich Kloepfer, Umweltrecht, § 3, Rn 48.
146 Degenhart, DVBl. 1983, S. 935; vgl. ders., Kernenergierecht, S. 149 f.

Dabei wird ausdrücklich auf den vom Bundesverfassungsgericht eingeführten[147] Begriff des „dynamischen Grundrechtsschutzes" hingewiesen.[148] Der Begriff des „dynamischen Grundrechtsschutzes" im Sinne des Bundesverfassungsgerichts dient jedoch der Realisierung des nach den jeweiligen technischen Erkenntnissen bestmöglichen Schutzes vor Gefahren.[149] Degenhart verwendet genau im Gegenteil den technischen Fortschritt, um die Schutzintensität grundrechtlicher Schutzrechte zu schwächen: Durch neue Entwicklungen und die Zulassung ihrer Nutzung steigt das Maß der ohne grundrechtliche Rechtfertigung hinzunehmenden Gefahren immer weiter an.[150] Maßgebend für die Frage der schutzrechtlichen Zulässigkeit der Nutzung der Kernenergie und ähnlich potentiell gefährlicher Technologien aber ist nicht, ob der Gesetzgeber die grundrechtliche Situation in diesem Sinne de facto geprägt hat, sondern ob eine derartige „Prägung" vor grundrechtlichen Schutzrechten gerechtfertigt werden kann.

bb) *Sozialadäquanz kraft Abwägung*

Christian Lawrence hat vorgeschlagen, zur Bestimmung der Sozialadäquanz als Grenze des Tatbestandes grundrechtlicher Schutzrechte die Abwägung zu verwenden.[151] Er verweist für diesen Zweck auf die Rechtsprechung des Bundesverfassungsgerichts zur Kollision von nach im Wortlaut vorbehaltlos gewährleisteten Grundrechten.[152] Nach dieser Rechtsprechung sei die Kollision durch eine Abwägung im Einzelfall beziehungsweise den Grundsatz der Verhältnismäßigkeit zu lösen.

Um diese Konzeption an einem Beispiel zu illustrieren: Man könnte etwa sagen, der Tatbestand grundrechtlicher Schutzrechte gemäß Art. 2 Abs. 2 Satz 1 GG erfasse nicht mögliche Gesundheitsgefahren durch „Elektrosmog" im Sinne von hochfrequenten elektromagnetischen Wellen und ähnlichen Feldern innerhalb der gegenwärtig festgelegten Grenzwerte.[153] Dies könnte man als generelles Abwägungsergebnis zwischen dem grundrechtlichen Schutzrecht im weiteren Sinne und der Berufsfreiheit gemäß

---

147 BVerfGE 49, 89 (137).
148 Degenhart, Kernenergierecht, S. 148 Anm. 20.
149 BVerfGE 49, 89 (137); Hofmann, BayVBl. 1983, S. 35; Murswiek, Die staatliche Verantwortung für die Risiken der Technik, S. 181 ff.
150 G. Hermes, Grundrecht auf Schutz, S. 242; Murswiek, Die staatliche Verantwortung für die Risiken der Technik, S. 149.
151 Bemerkenswert sind zudem die Bedenken, die er hinsichtlich des formellen Schutzes für eine weite Tatbestandstheorie grundrechtlicher Schutzrechte geltend gemacht hat. Am Anfang der strukturellen Erörterung der Einordnung nuklearer Restrisiken stellt Lawrence die Prämissen auf, daß Restrisiken Eingriffe in einen weiten Tatbestand grundrechtlicher Schutzrechte darstellen würden, derartige Eingriffe den formellen Anforderungen des Art. 19 Abs. 1 GG genügen müßten, und durch das Atomgesetz zugelassene Eingriffe diesen Anforderungen nicht genügten, Lawrence, Grundrechtsschutz, technischer Wandel und Generationenverantwortung, S. 88 f. Da Lawrence von der durch Nachweise belegten „anerkannten Verfassungsmäßigkeit" des AtG ausgeht (ders., a.a.O., S. 89), scheint eine weite Tatbestandstheorie ausgeschlossen. Ob grundrechtliche Schutzrechte formelle Schutzwirkung besitzen, ist problematisch, soll hier zunächst aber auf sich beruhen. Siehe hierzu 2. Teil, 3. Abschnitt, B. I. 6. b).
152 Lawrence, Grundrechtsschutz, technischer Wandel und Generationenverantwortung, S. 133.
153 Zur Diskussion um grundrechtliche Schutzrechte gegen „Elektrosmog" vgl. 2. Teil, 3. Abschnitt, B. I. mit weiteren Nachweisen.

Art. 12 Abs. 1 GG der Betreiber von Anlagen, die derartige Wellen oder Felder emittieren, ansehen. Zur Begründung könnte angeführt werden, daß gesundheitliche Gefahren, wie etwa Störungen des vegetativen Nervensystems oder eine erhöhte Wahrscheinlichkeit von Krebserkrankungen, medizinisch nicht nachgewiesen seien. Es entstünde als Abwägungsergebnis ein Tatbestand grundrechtlicher Schutzrechte im engeren Sinne, der elektromagnetische Wellen oder Felder innerhalb der gegenwärtig festgelegten Grenzwerte nicht erfaßt.

So plausibel diese Konzeption auch auf den ersten Blick scheinen mag – es wurde bereits im 1. Teil eingehend dargelegt, daß Modelle, nach denen nur das Abwägungsergebnis Grundrechtsinhalt ist, strukturell notwendig grob unvollständig bleiben müssen.[154] Bildet der Grundrechtstatbestand das Ergebnis der Abwägung, so müssen Prinzipien in die Abwägung eingestellt worden sein, die gegenüber dem Abwägungsergebnis einen überschießenden rechtlichen Gehalt aufweisen. Diese Prinzipien mit überschießendem rechtlichem Gehalt werden in der Abwägung inhaltlich beschränkt. Da die in die Abwägung eingestellten Normen wesentlicher Bestandteil der Grundrechte sind, werden also bei der „Tatbestandsbestimmung" im Sinne Lawrence' bereits grundrechtliche Normen beschränkt. Folglich muß der vorausgesetzte Grundrechtstatbestand weiter sein als der von Lawrence unter Berücksichtigung der „immanenten Schranke" angenommene. Daß eine Gefahr als „sozialadäquat" hinzunehmen ist, stellt das Ergebnis einer Beschränkung des grundrechtlichen Schutzrechts dar, deren Wirksamkeit maßgeblich in einer Abwägung im Rahmen der Prüfung des Untermaßverbots ermittelt wird.[155] Eine „Sozialadäquanz" vermag eine enge Tatbestandstheorie nicht zu begründen.

c) Das Kollisionsargument

Die Anerkennung grundrechtlicher Schutzrechte führt zur Zunahme von Grundrechtskollisionen.[156] Dies gilt erst recht, wenn die weite Tatbestandstheorie zugrundegelegt wird. Je weiter der Tatbestand, desto höher die Zahl der Grundrechtskollisionen. Daß Grundrechtskollisionen typischerweise „zu Rechtsunklarheit, ja bisweilen sogar zu einem Grundrechtswirrwarr"[157] führen, trifft allerdings nicht zu. Im Gegenteil, die Zunahme von Grundrechtskollisionen ist positiv zu bewerten, mit dem Verfahren der Abwägung im Sinne der Prinzipientheorie steht ein Verfahren zur Verfügung, das eine Entscheidung normativer Fragen auf dem höchstmöglichen analytischen Niveau ermöglicht. Gegenüber tatbestandsbegrenzenden Kriterien, die hinsichtlich der Offenlegung der vom Rechtsanwender zu treffenden Wertungen schlechter zu beurteilen sind, ist eine Zunahme von durch Abwägungen zu entscheidenden Grundrechtskollisionen vorzuziehen.

---

154 Siehe 1. Teil, 3. Abschnitt, IV.
155 Zu sozialadäquaten Risiken als Ergebnis einer Abwägung oder als gerechtfertigter Grundrechtseingriff Marburger, WiuVw. 1981, S. 247 ff; Hofmann, BayVBl. 1983, S. 37; Murswiek, Die staatliche Verantwortung für die Risiken der Technik, S. 195; Greipl, DVBl. 1992, S. 600 f.
156 Kloepfer, Festschrift Lerche, S. 764.
157 Ders., a.a.O.

d) Das Argument der fehlenden legitimierenden Kraft

Entsprechend dem Argument der fehlenden legitimierenden Kraft gegen die weite Tatbestandstheorie bei Abwehrrechten könnte man geltend machen, ein weiter Tatbestand grundrechtlicher Schutzrechte führe zu absurden grundrechtlichen Ansprüchen. Wenn keine Schwelle der Mindestintensität der Förderung des Schutzziels angenommen wird, dann sind alle tatsächlich möglichen Handlungen des Staates aus grundrechtlichen Schutzrechten prima facie geboten, die auch nur eine leichte Förderung des Schutzziels – und sei es nur als Nebenfolge – bewirken. Derartige Handlungen werden kaum je definitiv geboten sein. Es ist nur schwer vorstellbar, daß grundrechtliche Schutzrechte im Hinblick auf diese Handlungen in der notwendigen Abwägung den kollidierenden materiellen und formellen Prinzipien, insbesondere dem der Entscheidungsprärogative des demokratisch legitimierten Gesetzgebers, vorgehen. Insofern könnte man behaupten, den grundrechtlichen Schutzrechten fehle im Hinblick auf diese Handlungen jede legitimierende Kraft.

aa) *Die legitimierende Kraft aller Förderungshandlungen*

Es wurde bereits näher ausgeführt, daß eine Rekonstruktion grundrechtlicher Entscheidungen als Abwägung von Prinzipien, also Spiel von Grund und Gegengrund, gegenüber allen anderen Möglichkeiten der Begründung zu einem Rationalitätsgewinn führt.[158] Die grundrechtlichen Entscheidungen eines Rechtssystems sind daher insgesamt je rationaler, desto höher die Zahl der grundrechtlichen Fälle ist, deren Lösung durch eine Abwägung gerechtfertigt werden kann. Je weiter der grundrechtliche Tatbestand einer grundrechtlichen Gewährleistung ist, desto größer ist die Zahl der Grundrechtsfälle, deren Lösung durch eine Abwägung gerechtfertigt werden kann. Das Gebot der rationalen Begründung rechtlicher Entscheidungen fordert folglich eine weite Tatbestandstheorie grundrechtlicher Schutzrechte. Prima facie ist jede Handlung durch grundrechtliche Schutzrechte gefordert, die die Realisierung des Optimierungsgegenstandes des grundrechtlichen Prinzips – Schutz für grundrechtliche Schutzgüter – fördert. Aus diesem grundrechtlichen prima facie-Gebot ergibt sich die legitimierende Kraft. Die legitimierende Kraft ist je höher, desto mehr Gewicht das grundrechtliche prima facie-Gebot in Abwägungen besitzt.

Diese Sichtweise ist auch intuitiv plausibel. Gesetzt den Fall, der Gesetzgeber verbietet eine begrenzte Nutzung der Gentechnik nicht. Dies steigert die Todesfallwahrscheinlichkeit in der Bevölkerung angesichts der Sicherheitsauflagen lediglich um ein äußerst geringes Maß. Es ist für den einzelnen zwar außerordentlich unwahrscheinlich, als Folge gentechnischer Forschung oder Produktion das Leben zu verlieren, aber auch nicht vollkommen undenkbar. Andererseits wird durch die Nutzung der Gentechnik eine ganze Reihe individueller Rechte und kollektiver Güter gefördert. Die Forschungsfreiheit gem. Art. 5 Abs. 3 Satz 1 GG und die Berufsfreiheit von Unternehmern verlangen die

---

158 Siehe 1. Teil, 2. Abschnitt, III. 3.

Erforschung und Anwendung der Gentechnik. Werden, wie zu erwarten, revolutionäre Fortschritte in der medizinischen Behandlung und Herstellung industrieller Werkstoffe möglich, dient dies der Volksgesundheit und einem ganzen Bündel kollektiver Güter. Angesichts des hohen Gewichts der für die begrenzte Nutzung der Gentechnologie sprechenden Argumente ist das äußerst geringe Todesfallrisiko hinzunehmen. Dies kann man als sozialadäquate Gefährdung oder „allgemeines Lebensrisiko" bezeichnen. Es handelt sich jedoch um das Ergebnis einer Abwägung der für und gegen die Zulassung der begrenzten Nutzung der Gentechnologie sprechenden verfassungsrechtlichen Rechte und Güter.

Betrachtet man das auferlegte – wenn auch äußerst geringe Todesfallrisiko – isoliert, so kann jedoch keine Rede davon sein, ihm fehle jede legitimierende Kraft. Aus der Perspektive des Trägers des grundrechtlichen Schutzrechts ist von zwei Situationen, die sich in allen Hinsichten gleichen, nur daß in der ersten dieses äußerst geringe Todesfallrisiko zusätzlich besteht, in der zweiten nicht, fraglos die zweite vorzuziehen. Da der Unterschied aufgrund des nur äußerst gering erhöhten Todesfallrisikos nicht groß ist, ist die legitimierende Kraft eines grundrechtlichen Schutzrechts auf Unterlassen der Auferlegung dieses Risikos lediglich sehr schwach. Der Unterschied ist aber vorhanden.[159] Das Argument der fehlenden legitimierenden Kraft ist daher zurückzuweisen.

bb) *Die praktische Grenze des Tatbestandes*

Allerdings trifft der Einwand einen richtigen Punkt, wenn mit ihm gemeint wird, daß die ausgiebige grundrechtliche Erörterung von möglichen Schutzhandlungen ein dogmatisch ineffektives Vorgehen darstellt, wenn und soweit grundrechtliche Schutzrechte evident hinter kollidierende verfassungsrechtliche Belange zurücktreten. Ein derartig ineffektives dogmatisches Vorgehen verlangt die weite Tatbestandstheorie jedoch nicht. Wer eine Tatbestandstheorie als normative Theorie[160] vertritt, sieht einen gerechtfertigten Eingriff in den Grundrechtstatbestand als Ausnahmeerscheinung an. Jeder Grundrechtseingriff ist dann ausgiebig zu erörtern. Anders liegt der Fall dagegen, wenn eine Tatbestandstheorie als Konstruktionstheorie verstanden wird, hier kann ohne weiteres die wirksame Beschränkung, also der gerechtfertigte Eingriff, den Regelfall darstellen. Mit dem Eingriff ist dann nicht die Vermutung der Verletzung verbunden.

Bei einem Verständnis der weiten Tatbestandstheorie grundrechtlicher Schutzrechte als Konstruktionstheorie läßt sich eine dogmatisch effektive Fallbearbeitung erreichen, indem eine praktische Ebene eingezogen wird. Diese praktische Ebene wird durch eine Grenze in der Intensität des Schutzbedürfnisses, dem Produkt aus Schadenshöhe und Schadenwahrscheinlichkeit unter Berücksichtigung der Möglichkeit der Selbsthilfe, gezogen. Unterhalb dieser Intensitätsgrenze ist nur unter außergewöhnlichen Umständen ein definitiver Schutzanspruch vorstellbar. Wenn besondere Umstände vorliegen,

---

159 Gegen eine Gefahrenschwelle auch Cremer, Freiheitsgrundrechte, S. 286 ff.
160 Zur Unterscheidung normativer Theorien und Konstruktionstheorien siehe 1. Teil, 1. Abschnitt, III. 1. b).

die nahelegen, daß im Einzelfall gegenläufige materielle und formelle Prinzipien ein besonders geringes Gewicht aufweisen, sind ausnahmsweise staatliche Handlungen, die Schutz in der Intensität unterhalb dieser praktischen Grenze bewirken, näher auf ihre definitive Gebotenheit zu untersuchen. Fehlen diese besonderen Umstände, sind nur staatliche Handlungen, die Schutzintensität oberhalb der praktischen Grenze nach sich ziehen, ernsthaft zu erörtern. Wo diese praktische Grenze liegt, hängt davon ab, welches abstrakte Gewicht man grundrechtlichen Schutzrechten im Rechtssystem beimißt. Sie zu bestimmen, ist Aufgabe einer näher auszuarbeitenden Dogmatik der grundrechtlichen Schutzrechte.[161]

Mit Hilfe dieser praktischen Grenze des Tatbestandes grundrechtlicher Schutzrechte und zusätzlich der Unterscheidung aktueller und bloß potentieller Grundrechtsfälle[162] können auf der Basis der weiten Tatbestandstheorie alle Grundrechtsfälle eben-

---

161 Von welcher es zu Recht heißt, sie stünde noch am Anfang ihrer Entwicklung, Robbers, Sicherheit als Menschenrecht, S. 122 ff.; G. Hermes, Grundrecht auf Schutz, S. 76; Isensee, HbStR V, § 111, Rn 86 f.; Stern, HbStR V, § 109, Rn 60; ders., Das Staatsrecht der Bundesrepublik Deutschland, Bd. 3/2, S. 1806 f.
162 Die Konstruktion eines weiten Tatbestandes mit einer praktischen Grenze besitzt insofern Gemeinsamkeiten mit der bereits bei den Abwehrrechten vorgestellten Unterscheidung aktueller und potentieller Grundrechtsfälle (siehe 2. Teil, 3. Abschnitt, A. I. 2. j) und 2. Teil, 3. Abschnitt, I. 4. b)), als auch letztere eine praktische Grenze darstellt. Sie bezeichnet die praktische Grenze, jenseits derer – in bloß potentiellen Grundrechtsfällen – eine ausführliche grundrechtliche Argumentation nicht erforderlich ist, weil keine Zweifel bestehen, daß ein verfassungsrechtlich nicht gerechtfertigter Eingriff in ein Grundrecht nicht vorliegt. Der Unterschied besteht jedoch darin, daß sich die Unterscheidung aktueller/potentieller Grundrechtsfälle auf die grundrechtliche Zulässigkeit eines Eingriffs oder einer Handlung insgesamt bezieht, die praktische Grenze eines schutzgrundrechtlichen Tatbestandes dagegen nur auf den Grundrechtstatbestand. Die beiden verschiedenen Arten praktischer Grenzen sind zu kombinieren, indem neben einer praktischen Grenze des Tatbestands grundrechtlicher Schutzrechte auch bei grundrechtlichen Schutzrechten zwischen aktuellen und bloß potentiellen Grundrechtsfällen unterschieden wird. Unterhalb der praktischen Grenze des Tatbestandes, also wenn nur ein geringes Schutzbedürfnis des einzelnen besteht, liegt zwar nicht notwendig, aber doch ganz überwiegend ein bloß potentieller Grundrechtsfall vor, da das Untätigbleiben des Gesetzgebers aufgrund von kollidierenden Prinzipien und Spielräumen nur in besonderen Ausnahmefällen grundrechtswidrig sein kann. Wenn aber ein Schutzbedürfnis oberhalb der praktischen Grenze vorliegt, etwa ein mittleres Schutzbedürfnis, beschränkt sich die weitere Prüfung nicht auf das Vorliegen ganz besonderer Ausnahmefälle. Wenn ein Schutzbedürfnis mittlerer Intensität kollidierenden Prinzipien von insgesamt mittlerem Gewicht gegenübersteht, liegt ein aktueller Schutzgrundrechtsfall vor, zu dessen Lösung eingehend grundrechtlich zu argumentieren ist. Im Fall mittleren Schutzbedürfnisses kann aber auch ein bloß potentieller Schutzgrundrechtsfall vorliegen, wenn die kollidierenden Prinzipien ohne Zweifel überwiegen. Dies ist der Fall, wenn einem mittleren Schutzbedürfnis kollidierende Prinzipien von insgesamt hohem Gewicht gegenüberstehen.
Gegen die Kombination der praktische Grenze des schutzgrundrechtlichen Tatbestands mit der Unterscheidung aktueller und bloß potentieller Schutzgrundrechtsfälle könnte der Einwand erhoben werden, die praktische Grenze des Tatbestands sei überflüssig, eine effiziente dogmatische Fallbearbeitung lasse sich – wie bei Abwehrrechten – auch mit der Unterscheidung aktueller und bloß potentieller Grundrechtsfälle allein lösen. Dieses Argument vernachlässigt jedoch die Unterschiede zwischen Abwehrrechtsfällen und Schutzrechtsfällen. In Schutzrechtsfällen sind regelmäßig zahlreiche verschiedene Schutzhandlungen zu erörtern, die erforderlichen Abwägungen sind typischerweise komplexer als abwehrrechtliche Abwägungen, auch ist der Spielraum des Gesetzgebers regelmäßig größer als bei Abwehrrechten. Daher ist es bei grundrechtlichen Schutzrechten vorteilhaft, bereits auf der Tatbestandsebene durch eine praktische Grenze des Schutzbedürfnisses als „Vorfilter" die

so dogmatisch effizient bearbeitet werden wie auf der Basis der engen Tatbestandstheorie. Anders als die enge Tatbestandstheorie ermöglicht diese Konstruktion aber unter entsprechenden Umständen in allen Fällen, in denen ein schutzrechtliches Interesse überhaupt besteht, eine Abwägung der verfassungsrechtlichen Rechte und Güter. Dadurch kann jede schutzrechtsrelevante grundrechtliche Entscheidung anhand einer Abwägung gerechtfertigt werden, auch wenn diese in erkennbar erfolglosen Fällen nicht ausdrücklich vollzogen werden muß.[163]

e) Das Argument der Stufung der Argumentation

Auch die Ermittlung des definitiven Inhalts grundrechtlicher Schutzrechte besteht in einem Spiel von Grund und Gegengrund. Eine Abwägung im Sinne der Prinzipientheorie erlaubt die relativ höchste Rationalität in der Entscheidung der normativen Probleme.[164] Jede Verengung des schutzgrundrechtlichen Tatbestandes verengt vorzeitig den Bereich, innerhalb dessen ein geordnetes In-Beziehung-Setzen der kollidierenden verfassungsrechtlichen Rechte und Güter möglich ist. Diese analytisch klare Stufung erfaßt um so mehr Fälle, desto weiter der Tatbestand ist.

f) Ergebnis

Auf der Basis der weiten Tatbestandstheorie ist eine effektive Fallbearbeitung genauso möglich wie auf der Basis der engen Tatbestandstheorie. Aufgrund des Gewinns an Begründungsrationalität ist für grundrechtliche Schutzrechte, ebenso wie für Abwehrrechte,[165] von der weiten Tatbestandstheorie auszugehen.

5. Grundrechtliche Eingriffsermächtigung bei grundrechtlichen Schutzrechten

Nachdem der Tatbestand abgesteckt ist, stellt sich die Frage, auf der Grundlage welcher grundrechtlichen Eingriffsermächtigung eine verfassungsrechtliche Rechtfertigung von Eingriffen in den Schutzbereich erfolgen kann. In Betracht kommt insbesondere ein Rückgriff auf die „abwehrrechtlichen" Eingriffsermächtigungen.

---

weitere grundrechtliche Prüfung auf die ernster in Betracht kommenden Schutzhandlungen zu konzentrieren.

163 In struktureller Hinsicht zeigt sich bei diesem Verständnis grundrechtlicher Schutzrechte eine entgegengesetzte Erscheinung zur Menschenwürde (zur Einschränkbarkeit der Menschenwürde siehe 2. Teil, 3. Abschnitt, A. II. 2. a)). Während die Menschenwürde nur unter sehr außergewöhnlichen Umständen wirksam beschränkt sein kann, bezeichnet der Tatbestand der grundrechtlichen Schutzrechte unterhalb der oben eingeführten praktischen Grenze den Teil des Grundrechtstatbestands, der nur unter sehr außergewöhnlichen Umständen nicht beschränkt sein wird. Insofern wird ein breites Spektrum im Rahmen des außentheoretischen Eingriffs-Schranken-Schemas erkennbar, das von nur höchst ausnahmsweise beschränkbaren Rechten bis hin zu regelmäßig vollständig beschränkten Rechten reicht. Darauf wird im Rahmen der weiten Tatbestandstheorie bei sozialen Grundrechten zurückzukommen sein, vgl. 2. Teil, 3. Abschnitt, B. II. 5. c).
164 Siehe 1. Teil, 2. Abschnitt, III. 3.
165 Siehe 2. Teil, 3. Abschnitt, I. 4. f).

a) Die abwehrrechtlichen Eingriffsermächtigungen

Die grundrechtlichen Schutzrechte werden interpretativ den thematisch einschlägigen Grundrechtsbestimmungen zugeordnet, das grundrechtliche Recht auf Schutz des Lebens etwa Art. 2 Abs. 2 Satz 1 GG. Dann scheint es auch nahezuliegen, auf die entsprechende geschriebene grundrechtliche Eingriffsermächtigung zurückzugreifen, die der in erster Linie als abwehrrechtlich gedeuteten Grundrechtsbestimmung beigefügt ist, im Beispiel Art. 2 Abs. 2 Satz 3 GG. Der Unterschied der Bedeutung eines Parlamentsgesetzes im Bereich von Abwehrrecht im klassischen Sinne und grundrechtlichem Schutzrecht verbietet diese Interpretation jedoch. Aufgrund der abwehrrechtlichen Gesetzesvorbehalte ist regelmäßig für jeden Grundrechtseingriff eine parlamentsgesetzliche Ermächtigungsgrundlage erforderlich.[166] Wie sogleich zu erörtern sein wird, würde der Gesetzgeber objektiv überfordert, wenn gleiches für grundrechtliche Schutzrechte gälte. Es wird sich zeigen, daß – zumindest in weiten Bereichen – der Eingriff in grundrechtliche Schutzrechte durch Verwaltung oder Rechtsprechung ohne einfachrechtliche Ermächtigungsgrundlage möglich ist. Nur ausnahmsweise bedarf es aufgrund der Wesentlichkeitstheorie des Bundesverfassungsgerichts objektivrechtlich eines Parlamentsgesetzes, dies kann dann zusätzlich als Anforderung des grundrechtlichen Schutzrechts verstanden werden. Doch selbst wenn das Fehlen eines eingriffslegitimierenden Gesetzes mit dem subjektiven grundrechtlichen Schutzrecht gerügt werden kann, resultiert aus diesem formellen Fehler kein gebundener Anspruch auf die formell rechtswidrig vorenthaltene Leistung.[167] Bei Abwehrrechten im klassischen Sinne besteht dagegen von vornherein ein umfassender grundrechtlicher Gesetzesvorbehalt, durch die Wesentlichkeitstheorie werden die Anforderungen an die einfachrechtlichen Ermächtigungsgrundlagen in verschiedenen Hinsichten gesteigert. Während bei Abwehrrechten das Parlamentsgesetz in erster Linie individualschützend wirkt, handelt es sich bei dem schutzrechtlichen Gesetzesvorbehalt in erster Linie um einen rechtstaatlichen Gesetzesvorbehalt, der nur mittelbar und schwach individualschützend wirkt. Abwehrrechtliche Gesetzesvorbehalte lassen sich nicht schlicht auf grundrechtliche Schutzrechte übertragen.

b) Die ungeschriebene Eingriffsermächtigung

Es bleibt die Möglichkeit der Annahme einer ungeschriebenen grundrechtlichen Eingriffsermächtigung. Da die grundrechtlichen Schutzrechte des Grundgesetzes in aller Regel interpretativ zugeordnete Grundrechtsnormen darstellen, ist die Annahme einer interpretativ zugeordneten grundrechtlichen Eingriffsermächtigung auch durchaus kon-

---

166 Es ist umstritten, ob die grundrechtliche Eingriffsermächtigung Art. 2 Abs. 2 Satz 3 GG Einschränkungen durch bloß materielles Gesetz erlaubt. Das Erfordernis eines formellen Gesetzes ergibt sich jedoch jedenfalls aus der Wesentlichkeitstheorie des Bundesverfassungsgerichts, statt vieler Pieroth/Schlink, Grundrechte – Staatsrecht II[21], Rn 397; siehe auch 2. Teil, 3. Abschnitt, B. I. 6. b) bb). Nach herrschender Ansicht in Rechtsprechung und Literatur verlangt Art. 2 Abs. 2 Satz 3 GG als solcher bereits ein formelles Gesetz, vgl. statt vieler BVerfGE 22, 180 (219); aus dem Schrifttum Kunig in von Münch/Kunig[5], Art. 2 GG, Rn 80.
167 Siehe 2. Teil, 3. Abschnitt, B. I. 6. b) bb).

sequent. Die Restriktionen, die für den ungeschriebenen Gesetzesvorbehalt bei im Wortlaut vorbehaltlos gewährleisteten Abwehrrechten überwiegend angenommen werden – Einschränkung nur durch Grundrechte anderer oder sonstige Rechtswerte mit Verfassungsrang – finden dabei keine Anwendung. Die besondere Zurückhaltung, bei vorbehaltlos garantierten Abwehrrechten Schranken anzuerkennen, resultiert daraus, daß der Grundrechtstatbestand eines Abwehrrechts ausdrücklich gewährleistet und ebenso ausdrücklich vorbehaltlos gewährleistet ist.[168] Davon kann bei grundrechtlichen Schutzrechten keine Rede sein. Somit ist von einer ungeschriebenen einfachen grundrechtlichen Eingriffsermächtigung für grundrechtliche Schutzrechte auszugehen.[169] Dies bedeutet, daß nicht nur Grundrechte anderer und sonstige Rechtswerte mit Verfassungsrang – Prinzipien mit Verfassungsrang 1. Grades –, sondern auch sonstige legitime Ziele des Gesetzgebers – Prinzipien mit Verfassungsrang 2. Grades – als Schrankengründe in Betracht kommen.[170] Formeller Schutz wird nur begrenzt gewährt, in vielen Fällen kann ein Eingriff ohne eingriffslegitimierendes Parlamentsgesetz erfolgen.[171] Daher ist auch eine Bezeichnung als „Gesetzesvorbehalt" in der Sache nicht gerechtfertigt.

6. Die Kriterien für die Wirksamkeit von Schranken für grundrechtliche Schutzrechte

Entsprechend der formellen und materiellen Schutzwirkung bei Abwehrrechten kann auch bei grundrechtlichen Schutzrechten zwischen formellen und materiellen Kriterien der Wirksamkeit von Grundrechtsschranken unterschieden werden.[172] Eine wirksame Grundrechtsschranke liegt mit dem Eingriff vor, wenn dieser den formellen Kriterien der verfassungsrechtlichen Rechtfertigung grundrechtlicher Schutzrechte[173] und den entsprechenden materiellen Kriterien[174] genügt.[175] Die Reihenfolge der Erörterung dieser konjunktiv verknüpften Kriterien ist beliebig. Grundsätzlich werden die formellen

---

168 Vgl. bereits 2. Teil, 3. Abschnitt, A. I. 5. a) cc).
169 Vgl. Cremer, Freiheitsgrundrechte, S. 289 f.
170 Während die verfassungsunmittelbaren Schrankengründe, Prinzipien mit Verfassungsrang 1. Grades, ohne jedes Zutun des Gesetzgebers gelten – wenn auch allein der Gesetzgeber ermächtigt sein mag, die wirksame Beschränkung vorzunehmen –, gilt dies nicht für die relativen Ziele, die Prinzipien mit Verfassungsrang 2. Grades (zu dieser Unterscheidung siehe bereits 1. Teil, 2. Abschnitt, III. 2. a). Diese gelten erst dann als Schrankengründe, wenn der Gesetzgeber von seiner Ermächtigung, Schrankengründe in Geltung zu setzen, erfolgreich Gebrauch gemacht hat. Dies ist bei Abwehrrechten so, und es ist auch dann nicht anders, wenn Schrankengründe für das Unterlassen in Rede stehen, also im Bereich von staatlichen prima facie-Handlungspflichten. Ohne Ausübung der Kompetenz gilt kein wirksamer Schrankengrund, insbesondere reicht das bloße Bestehen der Kompetenz nicht. Bei vollständigem Nichtstun des Gesetzgebers zählen damit – aus rein strukturellen Gründen – nur die verfassungsunmittelbaren Schrankengründe, die Prinzipien mit Verfassungsrang 1. Grades.
171 Siehe 2. Teil, 3. Abschnitt, B. I. 6. bb).
172 Die wirksame Grundrechtsschranke wird im allgemeinen außentheoretischen Grundschema „Wenn URx und nicht GSx, dann Rx" (logisch formalisiert: $(x)(URx \land \neg GSx \leftrightarrow ORx)$) durch „GSx" repräsentiert. Siehe 2. Teil, 3. Abschnitt, A. I. 1. b) aa) und bb). Zur Prädikatenlogik und deontischen Logik siehe ebenda und 1. Teil, 2. Abschnitt, II. 2. a) aa).
173 „FSRx", entsprechend „FAx" bei den Abwehrrechten, siehe 2. Teil, 3. Abschnitt. A. I. 1. b) bb).
174 „MSRx", entsprechend „MAx" bei den Abwehrrechten, siehe ebenda.
175 „GSx" ist daher bei grundrechtlichen Schutzrechten mit „FSRx und MSRx" (logisch formalisiert: $(FSRx \land MSRx)$) identisch.

Kriterien in der Fallbearbeitung zuerst geprüft, da ihr Vorliegen in der Regel mit geringerem Aufwand beurteilt werden kann. Hier soll mit den materiellen Kriterien begonnen werden.

a) Materielle Kriterien der Wirksamkeit der Beschränkung grundrechtlicher Schutzrechte

Die materiellen Kriterien der wirksamen Beschränkung grundrechtlicher Schutzrechte bestehen in der Beachtung des Untermaßverbots[176] und der sonstigen materiellen Aussagen der Verfassung. Ebenso wie bei Abwehrrechten erschöpft sich der Wesensgehalt gem. Art. 19 Abs. 2 GG nach der vorzugswürdigen[177] relativen Theorie in der Verhältnismäßigkeit, also bei grundrechtlichen Handlungsgeboten im Untermaßverbot.[178]

b) Formelle Kriterien der Wirksamkeit der Beschränkung grundrechtlicher Schutzrechte

Schwieriger zu beurteilen ist das Problem der formellen Kriterien. Grundsätzlich kommt eine Übertragung aller formellen Kriterien der verfassungsrechtlichen Rechtfertigung der Abwehrrechte auf diejenige bei grundrechtlichen Schutzrechten in Frage.

aa) *Umfassender formeller Schutz*

Die Abwehrrechte des Grundgesetzes weisen umfassende formelle Schutzwirkung auf. Diese umfassende formelle Schutzwirkung besteht darin, daß jeder Grundrechtseingriff formellen Anforderungen genügen muß. Insbesondere muß jeder Grundrechtseingriff – grundsätzlich unabhängig von der Eingriffsintensität[179] – auf ein Parlamentsgesetz zurückgeführt werden können. Ein derart umfassender formeller Schutz würde sich auch bei grundrechtlichen Schutzrechten ergeben, wenn man zur Beschränkung des schutzrechtlichen prima facie-Rechts auf die abwehrrechtlichen grundrechtlichen Eingriffsermächtigungen zurückgreift. Im Fall des meistdiskutierten grundrechtlichen Schutzrechts für Leben und körperliche Unversehrtheit gem. Art. 2 Abs. 2 Satz 1 GG wäre dies Art. 2 Abs. 2 Satz 3 GG.[180] Die Anwendbarkeit des Art. 2 Abs. 2 Satz 3 GG – der umfassend

---

176 Siehe 2. Teil, 1. Abschnitt, II. 2. b).
177 Siehe 2. Teil, 3. Abschnitt, A. II. 2. c).
178 „MSRx" ist daher zu lesen: Der Vollzug der Handlung „x" ist nicht durch das Untermaßverbot definitiv geboten, das Unterlassen ihres Vollzugs verletzt auch keine sonstigen materiellen Aussagen der Verfassung.
179 Zu Relativierungen bei Eingriffen geringer Intensität Borowski, Die Glaubens- und Gewissensfreiheit des Grundgesetzes, S. 449.
180 Für die Anwendung des Art. 2 Abs. 2 Satz 3 GG in Fällen der Einschränkung des Schutzrechts aus Art. 2 Abs. 2 Satz 1 GG Dietlein, Die Lehre von den grundrechtlichen Schutzpflichten, S. 116; Gusy, GA 1983, S. 80 ff.; G. Hermes, Grundrecht auf Schutz, S. 258; R. Hermes, Der Bereich des Parlamentsgesetzes, S. 106; Hofmann, Rechtsfragen der atomaren Entsorgung, S. 311 ff.; Lawrence, Grundrechtsschutz, technischer Wandel und Generationenverantwortung, S. 88, 132; Rauschning, VVDStRL 38 (1980), S. 193; Reuber, Lebens- und Gesundheitsschutz, S. 128 f.; Roßnagel, Grundrechte und Kernkraftwerke, S. 56 f.; Schwerdtfeger, NVwZ 1982, S. 9. Vgl. BVerfGE 39, 1 (78 f.) – diss. vote Rupp und von Brünneck/Simon –; 53, 30 (51). In BVerfGE 88, 203 (253 f.) wird Art. 2

materielle Schutzwirkung entfaltet – hätte jedoch zur Folge, daß jeder Fall eines Eingriffs in das grundrechtliche Schutzrecht gem. Art. 2 Abs. 2 Satz 1 GG durch ein Parlamentsgesetz legitimiert werden müßte. Dies würfe erhebliche Probleme auf.

Wie bereits dargelegt, stellen grundrechtliche Schutzpflichten universelle prima facie-Gebote von Handlungen dar. Der Grundrechtstatbestand ist weit zu fassen, so daß eine nennenswerte Schwelle der Förderungsintensität nicht existiert. Jede Handlung, die die Gewährung von Schutz für grundrechtliche Schutzgüter fördert, ist prima facie geboten.[181] In der Regel wird eine große Anzahl möglicher Handlungen diese Anforderungen erfüllen. In materieller Hinsicht bereitet diese große Anzahl kein Problem, denn in der Anwendung des Untermaßverbots wird – wenn überhaupt – lediglich eine Handlung als definitiv grundrechtlich geboten ausgezeichnet. In formeller Hinsicht entstünde jedoch das Problem, daß für jede Unterlassung des Vollzugs einer Handlung aus der großen Anzahl der prima facie gebotenen, also für jeden Eingriff in Schutzrechte, ein ermächtigendes Parlamentsgesetz hinreichender Bestimmtheit vorliegen müßte. Angesichts der Bestimmtheitsanforderungen an grundrechtseingreifende Gesetze müßte eine große Anzahl verschiedener Parlamentsgesetze im Hinblick auf Handlungen erlassen werden, deren Nicht-Vollzug einen Eingriff in grundrechtliche Schutzrechte darstellt. Diese Anforderung ist praktisch nicht zu erfüllen.

Eine Alternative bestünde darin, lediglich eine „Generalnorm" zu erlassen, die die formelle Argumentationslast gleichsam umkehrt. Sie besagte in der Sache: „Schutzfördernde Handlungen sind nicht geschuldet, es sei denn, ihr Vollzug ist gesetzlich ausdrücklich angeordnet".[182] Der Grundrechtseingriff läge jedoch nicht in der Anordnung des Vollzugs einer bestimmten Handlung, sondern in der Generalnorm selbst, und diese genügte nicht einmal geringsten Bestimmtheitsanforderungen. Damit bleibt festzuhalten, daß weiter Schutzrechtstatbestand und umfassender formeller Schutz nicht vereinbar sind.[183]

bb) *Eingeschränkter formeller Schutz*

Aus der Unmöglichkeit umfassenden formellen Schutzes folgt aber nicht, daß formeller Schutz ganz fehlen muß. Es kann auch eingeschränkter formeller Schutz eröffnet sein.

aaa) *Eingeschränkter Gesetzesvorbehalt*

Georg Hermes hat vorgeschlagen, den Gesetzesvorbehalt aus Art. 2 Abs. 2 Satz 3 GG nicht nur für das Abwehrrecht aus Art. 2 Abs. 2 Satz 1 GG, sondern auch das korre-

---

Abs. 2 Satz 3 GG als Argument herangezogen, daß das Schutzrecht aus Art. 1 Abs. 1 und 2 Abs. 2 GG nicht gegenüber jedem anderen Rechtsgut ausnahmslos Vorrang genießt. In den übrigen Entscheidungen finden sich keine Aussagen zur grundrechtlichen Eingriffsermächtigung.
181 Siehe 2. Teil, 3. Abschnitt, B. I. 4.
182 Vgl. Lübbe-Wolff, Die Grundrechte als Eingriffsabwehrrechte, S. 229.
183 Woraus bisher dann eher der Verzicht auf einen weiten Tatbestand als auf den formellen Schutz gefordert wurde, vgl. Lawrence, Grundrechtsschutz, technischer Wandel und Generationenverantwortung, S. 132 f.; Lübbe-Wolff, Die Grundrechte als Eingriffsabwehrrechte, S. 228 ff.

spondierende grundrechtliche Schutzrecht anzuwenden. Entsprechend wären bei anderen Grundrechtsbestimmungen die abwehrrechtlichen Gesetzesvorbehalte auszudehnen. Der Gesetzesvorbehalt sei aber auf Beeinträchtigungen in Bereichen zu begrenzen, die staatlicher Regelung zugänglich seien.[184] Diese Beschränkung soll weitgehend der materiellen Grenze der tatsächlichen Unmöglichkeit der Schutzgewährung entsprechen.[185] Nach seiner Auffassung ist diese Grenze jedoch weit und markiert lediglich den äußersten Umfang der Schutzpflicht,[186] so daß der Bereich, um den der Gesetzesvorbehalt beschränkt ist, eher klein sein dürfte. In vielen Fällen wird eine Schutzgewährung zwar tatsächlich möglich sein, aber nur auf Kosten kollidierender Rechte und Güter. Der verbleibende Bereich des „Gesetzesvorbehalts" wird im Ergebnis daher recht weit ausfallen und weitgehend mit dem soeben abgelehnten umfassenden Gesetzesvorbehalt vergleichbar sein. Er ist aus den gleichen Gründen wie jener abzulehnen.

Ein zurückhaltenderer Ansatz zur formellen Schutzwirkung von grundrechtlichen Schutzrechten setzt bei der Wesentlichkeitstheorie des Bundesverfassungsgerichts an. Diese ist im Ansatz objektivrechtlicher Natur, deshalb sind zwei Fragen zu unterscheiden. Die erste Frage lautet: Ist nach der Wesentlichkeitstheorie als objektivrechtlicher Anforderung ein formelles Gesetz für die Verweigerung von Schutz für grundrechtliche Schutzgüter erforderlich? Nur wenn ja, lautet die zweite: Stellt dieser Verstoß gegen die Wesentlichkeitstheorie einen Verstoß gegen grundrechtliche Schutzrechte dar?

(1) Erforderlichkeit eines formellen Gesetzes für schutzrechtrelevante Fragen

Aus der unter Hinweis auf Rechtstaatsgebot und Demokratieprinzip begründeten Wesentlichkeitstheorie des Bundesverfassungsgerichts folgt, daß

„der Gesetzgeber verpflichtet ist, – losgelöst vom Merkmal des ‚Eingriffs' – in grundlegenden normativen Bereichen, zumal im Bereich der Grundrechtsausübung, soweit diese staatlicher Regelung zugänglich ist, alle wesentlichen Entscheidungen selbst zu treffen".[187]

„Wesentlich" im grundrechtsrelevanten Bereich bedeutet „wesentlich für die Verwirklichung der Grundrechte".[188] Die Wesentlichkeitstheorie stellt drei verschiedene Anforderungen auf. Erstens: Grundrechtseingriffe in wesentlichen Fragen müssen durch formelles Gesetz legitimiert werden. Zweitens: Die wesentlichen Entscheidungen im Hinblick auf diese Grundrechtseingriffe müssen vom Parlament selbst getroffen werden, und schließlich drittens: Ein Grundrechtseingriff ist je eher wesentlich, desto intensiver er

---

184 G. Hermes, Grundrecht auf Schutz, S. 259.
185 Ders., a.a.O., S. 259.
186 Ders., a.a.O., S. 244.
187 BVerfGE 49, 89 (126); ähnlich BVerfGE 34, 165 (192 ff.); 40, 237 (249 f.); 41, 251 (260); 45, 400 (417 f.); 47, 46 (78 ff.); 48, 210 (221); 61, 260 (275); 76, 1 (75); 77, 170 (231); 80, 124 (132); 88, 103 (116). Neben der zitierten Rechtsprechung vgl. zur Wesentlichkeitstheorie statt vieler Ossenbühl, HbStR III, § 62, Rn 41 ff.
188 BVerfGE 34, 165 (192); 40, 237 (248 f.); 41, 251 (260 f.); 47, 46 (79).

ist. Die erste Anforderung besitzt für die Abwehrrechte in den Fällen keine besondere Bedeutung, in denen bereits die grundrechtliche Eingriffsermächtigung als solche für jeden Grundrechtseingriff, sei er wesentlich oder nicht-wesentlich, das Vorliegen eines Parlamentsgesetzes fordert.[189] Die beiden anderen Anforderungen stellen gegenüber dem klassischen rechtsstaatlichen Bestimmtheitsgebot strengere Anforderungen an die Regelungsdichte einfachrechtlicher Ermächtigungsgrundlagen. Insofern werden Anforderungen gestellt, die über die des allgemeinen grundrechtlichen Gesetzesvorbehalts hinausgehen. Andererseits kann der Gesetzesvorbehalt nach der Wesentlichkeitstheorie auch ausgelöst werden, wenn kein Grundrechtseingriff vorliegt: Der Gesetzesvorbehalt soll gerade von „Eingriffen in Freiheit und Eigentum" gelöst werden.[190]

Das Unterlassen der Gewährung von Schutz durch den Staat stellt keinen Grundrechtseingriff im Sinne eines Eingriffs in Abwehrrechte dar, welche der Wesentlichkeitstheorie zugrunde liegt. Dennoch kann die Frage, inwieweit die grundrechtlichen Schutzgüter des einzelnen vor Gefahren durch andere Private oder ausländische Staatsgewalt zu schützen sind, eine „grundlegende Frage" sein. Dem entspricht es, daß nach verbreiteter Ansicht die Wesentlichkeitstheorie in schutzgrundrechtrelevanten Fragen ein formelles Gesetz verlangen kann.[191] Im Hinblick auf das Problem, welche Frage wesentlich ist, ist entsprechend der Anwendung der Wesentlichkeitstheorie auf die Abwehrrechte bei grundrechtlichen Schutzrechten vor allem nach der Intensität des Eingriffs zu fragen. Eingriffe in grundrechtliche Schutzrechte sind Unterlassungen des Vollzugs prima facie gebotener Handlungen, die den Schutz grundrechtlicher Schutzgüter fördern. Der Eingriff ist je intensiver, desto dringender das bestehende Schutzbedürfnis ist. Das Schutzbedürfnis bestimmt sich nach Schadenshöhe und Schadenswahrscheinlichkeit, unter gehöriger Berücksichtigung der Möglichkeit zur Selbsthilfe.

Wendet man die Grundsätze der Wesentlichkeitstheorie auf die grundrechtlichen Schutzrechte an, fordert sie für intensive Eingriffe, also das Unterlassen des Vollzugs von Handlungen, die ein dringendes Schutzbedürfnis erfüllen, ein formelles Gesetz mit hinreichender Regelungsdichte. Die Regelungsdichte muß je höher sein, desto intensiver der Eingriff ist. Wird zum Beispiel dem einzelnen die dringende, für ihn nicht zu vermeidende Gefahr schwerer körperlicher Verletzungen auferlegt, so mag dies aufgrund außerordentlich gewichtiger kollidierender verfassungsrechtlicher Rechte und Güter vielleicht materiell verfassungsmäßig sein, auch wenn sehr hohe Anforderungen

---

189 Die Wesentlichkeitstheorie setzt das das Erfordernis eines Parlamentsgesetzes für jeden Grundrechtseingriff in diesen Fällen nicht außer Kraft, sondern stellt zusätzliche Anforderungen auf. Sie dient der Verstärkung, nicht der Verkürzung des Grundrechtsschutzes, Ossenbühl, HbStR III, § 62, Rn 40, 43, 46; Pieroth/Schlink, Grundrechte – Staatsrecht II[21], Rn 265.
190 BVerfGE 47, 46 (78 f.); 49, 238 (127 f.); 76, 1 (75); Jarass in Jarass/Pieroth[8], Art. 20 GG, Rn 46; Löffler, Parlamentsvorbehalt im Kernenergierecht, S. 40; Ossenbühl, HbStR III, § 62, Rn 40; Stern, Das Staatsrecht der Bundesrepublik Deutschland, Bd. 3/2, S. 1820 f.
191 Zur Begründung der Erforderlichkeit eines formellen Gesetzes im Bereich grundrechtlicher Schutzrechte aus der Wesentlichkeitstheorie vgl. BVerfGE 81, 242 (255); 84, 212 (227); 88, 103 (116); VGH Kassel, JZ 1990, 88 (89 f.); OVG Lüneburg, NVwZ 1994, 390 (390); Di Fabio, DÖV 1995, S. 6; Gassner, NVwZ 1993, S. 1052; vgl. auch Kloepfer, Umweltrecht, § 3, Rn 69 f.; Löffler, Parlamentsvorbehalt im Kernenergierecht, S. 48 ff; Preu, JZ 1991, S. 268 f.

zu stellen sein werden. Dies kann jedoch nur eine Entscheidung des demokratisch besonders legitimierten Parlaments sein, nicht allein die der Exekutive.

(2) *Formelles Gesetz als Anforderung grundrechtlicher Schutzrechte*

Daß die Wesentlichkeitstheorie ein Parlamentsgesetz für einige Eingriffe in grundrechtliche Schutzrechte fordert, muß nicht automatisch bedeuten, daß – entsprechend der Dogmatik der Abwehrrechte – mit der Verletzung der Anforderungen der Wesentlichkeitstheorie notwendig eine Verletzung des Grundrechts vorliegt. Denkbar wäre auch, daß die Wesentlichkeitstheorie zwar objektivrechtlich eine parlamentsgesetzliche Regelung fordert, deren Fehlen aber nicht das grundrechtliche Schutzrecht als subjektives Recht verletzt. Gegen eine resultierende formelle Schutzwirkung grundrechtlicher Schutzrechte könnte man versuchen einzuwenden, es resultiere eine Pflicht des Parlaments zur Befassung mit schutzrechtlichen Fragen. Wenn das Unterlassen des Vollzuges von Handlungen, die ein dringendes Schutzbedürfnis erfüllen, durch ein Parlamentsgesetz legitimiert sein muß, wird verfassungsrechtlich ein ordnungsgemäßes Gesetzverfahren geboten, einschließlich einer parlamentarischen Befassung. Derartige Pflichten zur Befassung schränken die Parlamentsautonomie ein und sind im Hinblick auf die faktische Arbeitskapazität der Gesetzgebungsorgane problematisch.[192] Andererseits muß man sehen, daß diese Pflicht nur im Hinblick auf Handlungen besteht, die ein dringendes Schutzbedürfnis erfüllen. Bei einem hinreichend engen Verständnis eines „dringenden Bedürfnisses" wird dies nur Handlungen des Staates betreffen, die vor nennenswerten Lebensgefahren, wahrscheinlich eintretenden schweren Gesundheitsschäden oder ähnlich schweren Schäden schützen – wenn der Betroffene nicht ausreichend Möglichkeit zur Selbsthilfe hat. Derartige Gefährdungslagen beziehungsweise schützende Handlungen sind vergleichsweise selten, so daß die Parlamentsautonomie und die Arbeitskapazität der Gesetzgebungsorgane nur leicht betroffen sind. Zudem muß man sehen, daß die „grundrechtliche Bewehrung" der Wesentlichkeitstheorie bei grundrechtlichen Schutzrechten nicht die Parlamentsautonomie zusätzlich beschränkt, denn eine Pflicht zur Befassung mit Fragen, die für die Verwirklichung der grundrechtlichen Schutzrechte wesentlich sind, folgt objektivrechtlich in vollem Umfang ohnehin aus der Wesentlichkeitstheorie. Die grundrechtliche Bewehrung führt letztlich nur dazu, daß bei gleichen Anforderungen in der Sache nicht nur objektive Beanstandungsverfahren, sondern auch Verfahren des subjektiven Rechtsschutzes, bis hin zur Verfassungsbeschwerde, erfolgreich sein können.

Für eine Subjektivierung der Anforderungen der Wesentlichkeitstheorie läßt sich anführen, daß der einzelne die Möglichkeit erhält, formelle Verfassungswidrigkeiten im Hinblick auf seine grundrechtlichen Schutzrechte zu rügen. Der Zweck der Grundrechte liegt in erster Linie im Schutz des einzelnen, nicht im Schutz kollektiver oder objektiver Ordnungen.[193] Weiterhin könnte eine Subjektivierung formeller Anforderungen ein hö-

---

192 Siehe 2. Teil, 3. Abschnitt, B. I. 3. c) aa) aaa).
193 Siehe 2. Teil, 3. Abschnitt, B. I. 2. c).

heres Maß an Schutz für grundrechtliche Schutzgüter nach sich ziehen. Um abschätzen zu können, inwiefern eine Subjektivierung der Anforderungen der Wesentlichkeitstheorie über grundrechtliche Schutzrechte ein höheres Maß an Schutz nach sich zieht, ist ein Blick auf die Folgen dieser Subjektivierung zu werfen. Bei Abwehrrechten besteht die formelle Schutzwirkung darin, daß innerhalb des Bereichs materiell zulässiger Beschränkung weitere, formelle Anforderungen gestellt werden. Gesetzt den Fall, drei verschiedene Eingriffe in ein Abwehrrecht, E_1 bis E_3, genügen allen materiellen Anforderungen. Dem Staat steht grundsätzlich frei, ob er eingreift, und wenn ja, welchen Eingriff er wählt. Wählt er E_2, verletzt aber formelle Anforderungen, besteht die Rechtsfolge und Sanktion regelmäßig in der Nichtigkeit ipso iure[194] des eingreifenden Aktes. Indem die Anforderungen gegenüber rein materiellem Schutz erhöht werden, steigt die Wahrscheinlichkeit, daß Eingriffe nicht erfolgreich gerechtfertigt werden. Diese Betrachtung kann man grundsätzlich auf grundrechtliche Schutzrechte übertragen. Indem das Unterlassen des Vollzugs von Handlungen, die ein dringendes Schutzbedürfnis erfüllen, durch Parlamentsgesetz legitimiert werden muß, bestehen strengere Anforderungen gegenüber einem rein materiellen Schutz. Die Wahrscheinlichkeit einer wirksamen Beschränkung sinkt daher. Insofern führen formelle Anforderungen zu einem höheren Maß an Grundrechtsschutz. Neben dieser Gemeinsamkeit von Abwehrrechten und grundrechtlichen Schutzrechten besteht aber auch ein relevanter Unterschied. Bei einem materiell zulässigen, aber formell fehlerhaften Eingriff in Abwehrrechte ist der Eingriffsakt regelmäßig ipso iure nichtig. Im Fall eines materiell zulässigen, aber formell fehlerhaften Nichtvollzuges einer durch grundrechtliche Schutzrechte prima facie gebotenen Handlung ist die Handlung nicht ipso iure vollzogen. Es ist auch nicht festgestellt, daß der Vollzug der prima facie gebotenen Handlung definitiv geboten ist. Der Anspruch richtet sich lediglich auf eine parlamentarische Befassung und ein zutreffendes Abwägungsergebnis. Diese Rechtsfolge ist weit weniger einschneidend als die regelmäßige ipso iure Nichtigkeit bei Abwehrrechten. Der Gesetzgeber kann sich über einige Zeit weitgehend folgenlos seiner Pflicht zur Ermessensausübung entziehen, eine Ersetzung der Entscheidung des Gesetzgebers innerhalb des legislativen Spielraums dürfte, – wenn überhaupt – nur bei hartnäckigen und schweren Verstößen in Betracht kommen. Insgesamt ist der formelle Schutz bei grundrechtlichen Schutzrechten in seiner Effektivität nicht mit dem bei Abwehrrechten zu vergleichen.

Wenn die Effektivität der formellen Schutzwirkung bei grundrechtlichen Schutzrechten auch nicht mit der von Abwehrrechten vergleichbar ist, erhöht die grundrechtliche Bewehrung der Pflicht der Gesetzgebungsorgane zur Befassung mit den schutzgrundrechtlichen Interessen des einzelnen die Chance, daß Schutz auch gewährt wird. Die

---

194 Eine Einschränkung der ipso-iure-Nichtigkeit ergibt sich daraus, daß in einigen Fallgruppen eine Bestimmung zwar für verfassungswidrig erklärt wird, aber nicht ihre Nichtigkeit festgestellt wird. Diese Entscheidungsvariante der bloßen Unvereinbarkeit mit dem Grundgesetz wurde in Gleichheitsfällen entwickelt vgl. hierzu insbesondere J. Ipsen, Rechtsfolgen der Verfassungswidrigkeit von Norm und Einzelakt, S. 109 ff. Sie wurde bald auch auf abwehrrechtliche Fälle ausgedehnt, vgl. ders., a.a.O., S. 144 ff.; Schlaich/Korioth, Das Bundesverfassungsgericht, Rn 404 ff. Zu weiteren Grenzen der ipso-iure-Abwicklung verfassungswidriger Rechtslagen J. Ipsen, a.a.O., S. 261 ff.

Parlamentsautonomie und die Arbeitskapazität des Parlaments werden dadurch nicht zusätzlich beeinträchtigt, da eine objektivrechtliche Pflicht zum Erlaß eines Parlamentsgesetzes ohnehin aus der Wesentlichkeitstheorie folgt.

Folglich dürfen Judikative und Exekutive den Vollzug einer Handlung, die ein dringendes Schutzbedürfnis erfüllt, nur unterlassen, wenn eine Unterlassung durch hinreichend bestimmtes Parlamentsgesetz legitimiert ist.[195] Das Parlamentsgesetz muß nicht notwendig den Träger des grundrechtlichen Schutzrechts als Adressaten nennen. Dieser muß dem Gesetz aber entnehmen können, was an Vorenthaltung von Schutz er hinzunehmen hat.[196] Für die Unterlassung des Vollzugs von Handlungen, die ein nicht-dringendes Schutzbedürfnis erfüllen, bestehen dagegen keinerlei formelle, sondern nur materielle Anforderungen. Insofern erweist sich die grundrechtliche Eingriffsermächtigung bei grundrechtlichen Schutzrechten damit nur zum Teil als „Gesetzesvorbehalt".

bbb) *Sonstige formelle Anforderungen*

Bedarf es gemäß der Wesentlichkeitstheorie ausnahmsweise aufgrund eines dringenden Schutzbedürfnisses eines Parlamentsgesetzes, sind an dieses alle Anforderungen zu stellen, die auch bei Abwehrrechten erörtert werden. Neben „Zuständigkeit, Verfahren und Form" des einschränkenden Gesetzes gehört hierzu die Wahrung des rechtsstaatlichen Bestimmtheitsgebots[197] ebenso hierzu wie die Wahrung des Einzelfallgesetzverbots, Art. 19 Abs. 1 Satz 1 GG, wie des Zitiergebots gem. Art. 19 Abs. 1 Satz 2 GG.

Die formellen Sicherungen des Art. 19 Abs. 1 GG finden keine Anwendung. In der Literatur wird das Zitiergebot gemäß Art. 19 Abs. 1 Satz 2 GG in der Regel von den Autoren für anwendbar gehalten, die Art. 2 Abs. 2 Satz 3 GG als grundrechtliche Eingriffsermächtigung auch auf das grundrechtliche Schutzrecht anwenden.[198] Dies entspricht der Sichtweise bei den Abwehrrechten, hier gilt das Zitiergebot für Art. 2 Abs. 2 Satz 3 GG.[199] Nach der Rechtsprechung des Bundesverfassungsgerichts gilt das Zitiergebot nur für Grundrechte, „die aufgrund ausdrücklicher Ermächtigung vom Gesetzge-

---

195 Die formellen Kriterien der wirksamen Einschränkung grundrechtlicher Schutzrechte („FSRx") lauten daher: Die Handlung „x" ist eine Handlung, die ein dringendes Schutzbedürfnis im Hinblick auf grundrechtliche Schutzgüter erfüllt und die Unterlassung des Vollzugs von „x" ist durch ein Parlamentsgesetz gemäß der Wesentlichkeitstheorie legitimiert, oder „x" ist eine sonstige Handlung.
196 G. Hermes, Grundrecht auf Schutz, S. 258 Anm. 397; Murswiek, Die staatliche Verantwortung für die Risiken der Technik, S. 137 f.
197 Zum rechtsstaatlichen Bestimmtheitsgebot statt vieler Jarass in Jarass/Pieroth[8], Art. 20 GG, Rn 60 ff. mit weiteren Nachweisen. Dieses Kriterium dürfte praktisch weitgehend bedeutungslos sein, da die Wesentlichkeitstheorie in aller Regel strengere Anforderungen stellt.
198 Für die Anwendbarkeit des Zitiergebots gem. Art. 19 Abs. 1 Satz 2 GG im Rahmen der Einschränkung grundrechtlicher Schutzrechte, insbesondere des Art. 2 Abs. 2 Satz 1 GG Dietlein, Die Lehre von den grundrechtlichen Schutzpflichten, S. 116; Hofmann, Rechtsfragen der atomaren Entsorgung, S. 345; ders., BayVBl. 1983, S. 37; Lawrence, Grundrechtsschutz, technischer Wandel und Generationenverantwortung, S. 88, 132; Mayer-Tasch, Umweltrecht, S. 137 f.; Murswiek, Die staatliche Verantwortung für die Risiken der Technik, S. 142; Reuber, Lebens- und Gesundheitsschutz, S. 130; Schwerdtfeger, NVwZ 1982, S. 9; anderer Auffassung G. Hermes, Grundrecht auf Schutz, S. 260.
199 Statt vieler Menger in BonnKomm, Art. 19 Abs. 1 S. 2 GG, Rn 183; Jarass in Jarass/Pieroth[8], Art. 19 GG, Rn 4.

ber eingeschränkt werden dürfen".[200] Die Anwendung der abwehrrechtlichen Eingriffsermächtigungen auf grundrechtliche Schutzrechte wurde bereits zurückgewiesen, statt dessen ist auf eine ungeschriebene allgemeine grundrechtliche Eingriffsermächtigung für grundrechtliche Schutzrechte zurückzugreifen.[201] Dies stellt keine ausdrückliche Ermächtigung für den Gesetzgeber im Sinne der Formel des Bundesverfassungsgerichts dar, so daß Art. 19 Abs. 1 Satz 2 GG nicht anwendbar ist.[202] Auch das Einzelfallgesetzverbot gemäß Art. 19 Abs. 1 Satz 2 GG ist nur anwendbar, wenn ein Grundrecht aufgrund ausdrücklicher Ermächtigung beschränkt wird.[203] Folglich gilt Art. 19 Abs. 1 GG insgesamt nicht für die Einschränkung grundrechtlicher Schutzrechte.

Wenn der eingeschränkte Gesetzesvorbehalt kein Parlamentsgesetz fordert – also im Regelfall, in dem kein dringendes Schutzbedürfnis vorliegt – entfällt eine Prüfung formeller Anforderungen vollständig. Es ist kein staatlicher Akt vorhanden oder geboten, an den formelle Anforderungen gestellt werden könnten.

ccc) *Ergebnis*

Grundrechtliche Schutzrechte gewähren ein begrenztes Maß an formellem Schutz. Dieser formelle Schutz unterscheidet sich jedoch vor allem in drei Hinsichten von dem der Abwehrrechte. Erstens besteht formeller Schutz überhaupt nur für das Unterlassen von Handlungen, die ein dringendes Schutzbedürfnis erfüllen. Eingriffe in Abwehrrechte unterliegen dagegen grundsätzlich umfassend formellen Anforderungen. Zweitens werden Handlungen, die ein dringendes Schutzbedürfnis im Hinblick auf grundrechtliche Schutzgüter erfüllen, häufig auch materiell definitiv geboten sein. Ein dringendes grundrechtliches Schutzbedürfnis nicht zu erfüllen, kann nur durch dringende gegenläufige verfassungsrechtliche Belange gerechtfertigt werden, die regelmäßig nicht vorliegen werden. Wenn eine Unterlassung dieser Handlung materiell gegen grundrechtliche Schutzrechte verstößt, erweist es sich nicht mehr als entscheidend, ob sie zusätzlich formell grundrechtswidrig ist. Anders als bei Abwehrrechten kommt es folglich selten entscheidend auf formelle Kriterien an. Drittens besteht in den Fällen, in denen die Unterlassung des Vollzugs einer Handlung, die ein dringendes Schutzbedürfnis erfüllt,

---

200 BVerfGE 83, 130 (154); vgl. BVerfGE 21, 92 (93); 24, 367 (396 f.); 64, 72 (79 f.). Ebenso oder ähnlich restriktiv Denninger in AK³, Art. 19 Abs. 1, Rn 17 f.; Jarass in Jarass/Pieroth⁸, Art. 19 GG, Rn 4; Krebs in von Münch/Kunig⁵, Art. 19 GG, Rn 15; Menger in BonnKomm, Art. 19 Abs. 1 S. 2 GG, Rn 158; für eine deutliche Ausweitung des Anwendungsbereichs des Zitiergebots Herzog in Maunz/Dürig, Art. 19 Abs. 1 GG, Rn 57 ff.; Roth, Faktische Eingriffe in Freiheit und Eigentum, S. 618 f.; differenzierend Stern, Das Staatsrecht der Bundesrepublik Deutschland, Bd. 3/2, S. 753 ff.
201 Siehe 2. Teil, 3. Abschnitt, B. I. 5.
202 Im Ergebnis ebenso, jedoch mit anderer Begründung, G. Hermes, Grundrecht auf Schutz, S. 260 f.
203 K. Hesse, Grundzüge des Verfassungsrechts²⁰, Rn 329; Jarass in Jarass/Pieroth⁸, Art. 19 GG, Rn 4; Kimminich in BonnKomm, Art. 14 GG, Rn 148 f.; anderer Ansicht Menger in BonnKomm, Art. 19 Abs. 1 GG, Rn 89; Stern, Das Staatsrecht der Bundesrepublik Deutschland, Bd. 3/2, S. 732. Die Bedeutung dieser Kontroverse ist allerdings gering. Das Bundesverfassungsgericht hat bisher kein Gesetz an Art. 19 Abs. 1 Satz GG scheitern lassen (Krüger/Sachs in Sachs³, Art. 19 GG, Rn 22) und die Anforderungen des Einfallgesetzverbots ergeben sich ohnehin aus dem allgemeinen Gleichheitssatz, BVerfGE 25, 371 (399); Jarass in Jarass/Pieroth⁸, Art. 19 GG, Rn 1.

nicht bereits materiell grundrechtswidrig ist, lediglich ein Anspruch auf „Ermessenausübung", eine Entsprechung zur Nichtigkeit ipso iure bei Abwehrrechten gibt es nicht.

cc) *Zu formellem Schutz in Dreieckskonstellationen*

Besondere Probleme hinsichtlich der formellen Schutzwirkung werfen die für grundrechtliche Schutzrechte typischen Dreieckskonstellationen auf. Ein instruktives Beispiel hierfür bietet der lebhaft diskutierte[204] Gentechnik-Anlagen-Beschluß des Verwaltungsgerichtshofs Kassel.[205] Ein Unternehmen erhielt eine Genehmigung zum Betrieb einer Anlage, in der mittels gentechnisch manipulierter Mikroorganismen Vorstufen zur Herstellung von Humaninsulin erzeugt werden sollten. Die drittbetroffenen Beschwerdeführer legten gegen diese Genehmigung Widerspruch ein. Im Rahmen des Streits um die Wiederherstellung der aufschiebenden Wirkung der Klage der Beschwerdeführer hielt der Verwaltungsgerichtshof Kassel, anders als die Vorinstanz,[206] das Bundes-Immissionsschutzgesetz für nicht anwendbar.[207] Damit existierte keine einfachgesetzliche Bestimmung, auf die sich eine Entscheidung hätte stützen können. Die abwehrrechtliche Grundrechtsposition der Anlagenbetreiber aus Art. 5 Abs. 3 Satz 1, 12 Abs. 1, 14 GG und das grundrechtliche Schutzrecht der drittbetroffenen Beschwerdeführer gem. Art. 2 Abs. 2 Satz 1 GG hinsichtlich Gefahren der Gentechnik für ihr Leben und ihre körperliche Unversehrtheit standen sich ohne jede Vermittlung durch den Gesetzgeber gegenüber. Eine den Anforderungen der Wesentlichkeitstheorie genügende einfachrechtliche Ermächtigungsgrundlage zum Eingriff in die Abwehrrechte der Betreiber der Anlage lag somit nicht vor. Insoweit wäre zu erwarten gewesen, daß mangels Erfolgsaussicht der Klage der Drittbetroffenen der Antrag – ebenso wie in der Vorinstanz –zurückgewiesen würde.

Der Verwaltungsgerichtshof Kassel gab jedoch dem Antrag statt. Aufgrund der unabsehbaren Gefahren der Nutzung der Gentechnik sei eine parlamentarische Entscheidung erforderlich. Diese Forderung hat viel für sich.[208] Aus dem Fehlen der parlamentarischen Entscheidung wurde sodann gefolgert, daß derartige Anlagen nicht betrieben werden dürften:

---

204 Umfangreiche Nachweise bei Kloepfer, Festschrift Lerche, S. 755 Anm. 1.
205 Abgedruckt in NJW 1990, S. 336 ff.; DVBl. 1990, S. 63 ff.; JZ 1990, S. 88 ff.; NVwZ 1990, S. 276 ff., NuR 1990, S. 221 ff.; UPR 1990, S. 33 ff.; BB 1989, S. 2285 ff.; DB 1989, S. 2427 ff.; GewArch. 1990, S. 49 ff.; RdL 1990, S. 95 ff.
206 VG Frankfurt, NVwZ 1989, 1097 (1098).
207 VGH Kassel, JZ 1990, 88 (89 f.).
208 Umstritten war dabei lediglich, ob dies in Form eines eigenen Gentechnikgesetzes zu geschehen habe, so Eiberle-Herm, NuR 1990, S. 204 f.; Gersdorf, DÖV 1990, S. 516; Sendler, NVwZ 1990, S. 234; oder die seinerzeit bestehenden Regelungen, insbesondere das Bundes-Immissionsschutzgesetz, ausreichten, so Hirsch, NJW 1990, S. 1446 f.; Kloepfer, Festschrift Lerche, S. 764 f.; Preu, JZ 1991, S. 268 f.; Rose, DVBl. 1990, S. 281. Mit dem Inkrafttreten des Gesetzes zur Regelung der Gentechnik, BGBl. I, S. 1080, am 1. Juli 1990 dürfte diese Kontroverse für neue Sachverhalte keine entscheidende Rolle mehr spielen.

„Der Senat ist der Auffassung, daß Anlagen, in denen mit gentechnischen Methoden gearbeitet wird, nur aufgrund einer ausdrücklichen Zulassung durch den Gesetzgeber errichtet und betrieben werden dürfen".[209]

Aus der Perspektive der Anlagenbetreiber bedeutet dies, daß ihre abwehrrechtliche Freiheit, derartige Anlagen zu betreiben, gleichsam unter dem Vorbehalt gesetzgeberischer Zulassung steht. Dies ist nichts weniger als eine Umkehrung der klassischen Grundrechtsidee, wonach nicht der Freiheitsgebrauch, sondern die Freiheitsbeschränkung zu rechtfertigen ist.[210] Ein derartig pauschales Verbot der Gentechnik ist nicht nur materiell verfassungswidrig, weil unverhältnismäßig,[211] sondern verkennt in formeller Hinsicht, daß grundrechtliche Schutzrechte grundsätzlich keinen Eingriffstitel darstellen.[212] Wenn man mit dem Verwaltungsgerichtshof Kassel von einem normativen Defizit im Bereich der Gentechnik ausgeht, existiert keine Ermächtigungsgrundlage, um die Abwehrrechte der Betreiber von gentechnischen Anlagen zu beschränken. Das Gericht hätte gem. Art. 100 Abs. 1 Satz 1 2. Fall GG das Verfahren aussetzen und dem Bundesverfassungsgericht das – nach seiner Auffassung – verfassungswidrige Unterlassen des Gesetzgebers „vorlegen" müssen.[213]

Dieses Beispiel eines Schutzes durch Eingriff illustriert noch einmal eindringlich, daß grundrechtliche Schutzrechte keine umfassende formelle Schutzwirkung haben können. Wird Schutz durch Eingriff gewährt, so ist aufgrund der umfassenden formellen Schutzwirkung der Abwehrrechte ein Parlamentsgesetz erforderlich. Wird Schutz versagt, und für diese Einschränkung stets ein Parlamentsgesetz gefordert, entstünde eine umfassende Pflicht des Gesetzgebers, alle möglichen Kollisionen von Abwehrrechten und grundrechtlichen Schutzrechten mit einer der Wesentlichkeitstheorie genügenden Bestimmtheit zu normieren. Eine derartige Forderung ist, wie bereits erwähnt,[214] nicht zu erfüllen. Vielmehr gewähren grundrechtliche Schutzrechte nur in erheblich eingeschränktem Maße formellen Schutz.[215] Selbst wenn man mit dem VGH Kassel aufgrund eines dringenden Schutzbedürfnisses – dies hätte substantiiert werden müssen – unter Hinweis auf die Wesentlichkeitstheorie eine parlamentsgesetzliche Normierung fordert, kann aus deren Fehlen nicht ipso iure der prima facie geforderte Schutz, Verbot des Betriebs gentechnischer Anlagen, entstehen. Vielmehr hatte der VGH Kassel im

---

209 VGH Kassel, JZ 1990, 88 (89).
210 Dietlein, Die Lehre von den grundrechtlichen Schutzpflichten, S. 68 Anm. 262; Enders, AöR 115 (1990), S. 619 f.; Gersdorf, DÖV 1990, S. 515; Kloepfer, Festschrift Lerche, S. 766; Preu, JZ 1991, S. 269.
211 Kloepfer, Festschrift Lerche, S. 766 f.
212 Dietlein, Die Lehre von den grundrechtlichen Schutzpflichten, S. 67 ff.; Di Fabio, Risikoentscheidungen im Rechtsstaat, S. 423 f.; H. Dreier, Jura 1994, S. 513 Anm. 110; G. Hermes, Grundrecht auf Schutz, S. 206 ff.; Hermes/Walther, NJW 1993, S. 2339; Höfling, Vertragsfreiheit, S. 55; Preu, JZ 1991, S. 270; Wahl/Masing, JZ 1990, S. 559.
213 G. Hermes, Grundrecht auf Schutz, S. 272 f.; Isensee, HbStR V, § 111, Rn 156; Fluck, UPR 1990, S. 86; Kloepfer, Festschrift Lerche, S. 768; Preu, JZ 1991, S. 270; Wahl/Masing, JZ 1990, S. 562; zur parallelen Problematik von Gesundheitsgefährdungen durch „Elektrosmog" ebenso Di Fabio, DÖV 1995, S. 7.
214 Siehe 2. Teil, 3. Abschnitt, B. I. 6. b) aa).
215 Siehe 2. Teil, 3. Abschnitt, B. I. 6. b) bb).

Verfahren der konkreten Normenkontrolle die Rechtsfrage dem Bundesverfassungsgericht vorzulegen, das im Fall festgestellter Verfassungswidrigkeit des Unterlassens den Gesetzgeber zum Erlaß eines grundrechtlichen Schutzrechten genügenden Gesetzes aufgefordert hätte.

Die Analyse der Dreieckskonstellation macht deutlich, daß die Anerkennung grundrechtlicher Schutzrechte zu einer **Einschränkung der grundsätzlich umfassenden formellen Schutzwirkung der Abwehrrechte** zwingt. Es sind Kollisionen grundrechtlicher Schutzrechte und Abwehrrechte vorstellbar, in denen das materielle Interesse des Trägers des grundrechtlichen Schutzrechts das kollidierende Interesse des Abwehrrechtsträgers in einem derartigen Maße überwiegt, daß ausnahmsweise ein Eingriff ohne hinreichendes Parlamentsgesetz als verfassungsmäßig hinzunehmen ist. Im Fall einer dringenden Gefahr eines schweren, unmittelbar bevorstehenden Schadens und vergleichsweise geringem kollidierenden Interesse des Trägers des Abwehrrechts, in das zur Schutzgewährung eingegriffen werden muß, wäre es grob unbillig, unter Hinweis auf bloß die fehlende formale Eingriffsgrundlage jeden Schutz zu versagen. Will man diese intuitive Einsicht grundrechtsdogmatisch rekonstruieren, steht hinter dem Gesetzesvorbehalt bei Abwehrrechten und einer Ausnahmeklausel, die die genannten Fälle erfaßt, ein Prinzip, welches prima facie die formelle Rechtfertigung von Eingriffen verlangt, bei sehr gewichtigen materiellen Gegengründen gegen die formelle Schutzwirkung aber höchst ausnahmsweise zurücktreten kann. Normalerweise muß der Erlaß einer einfachrechtlichen Ermächtigungsgrundlage durch den Gesetzgeber abgewartet werden. In besonderen Ausnahmefällen, bei qualifiziertem Überwiegen des grundrechtlichen Schutzrechts, wird aber auch das Prinzip überspielt, welches für die Gewährung formellen Schutzes des Trägers der Abwehrrechte spricht, so daß ein Eingriff in Abwehrrechte ohne legitimierendes Parlamentsgesetz zulässig wird. Zwar bilden grundrechtliche Schutzrechte grundsätzlich keine Eingriffstitel, **sehr dringendes Schutzbedürfnis kann aber unter extremen Umständen dazu führen, daß es eines formellen Eingriffstitels nicht bedarf**.[216] Diese Ausnahme kommt jedoch ernsthaft nur bei sehr dringendem Schutzbedürfnis in Frage. In der überwiegenden Mehrzahl der Fälle gibt es keinen Anlaß zu der Erörterung, ob die formelle Schutzwirkung von Abwehrrechten überhaupt eröffnet ist.

Diese Sichtweise, nach der formeller Schutz bei Abwehrrechten nicht um jeden Preis gewährt wird, hat auch einen Sitz im Leben. Sie wird durch die Rechtsprechung und Literatur zu Übergangsfristen hinsichtlich fehlender Ermächtigungsgrundlagen oder solchen mit defizitärer Regelungsdichte bestätigt.[217] Im Fangschaltungsbeschluß[218] recht-

---

216 Im Grundsatz zustimmend Cremer, Freiheitsgrundrechte, S. 348 ff.
217 Ein verfassungswidriger Rechtszustand sei vorübergehend hinzunehmen, „um eine Lage zu verhindern, die den verfassungsrechtlichen Anforderungen noch ferner stünde als der bisherige Zustand", BVerfGE 85, 386 (401); vgl. BVerfGE 33, 1 (12 f.); 33, 303 (347); 41, 251 (267); 45, 400 (420); 48, 29 (38); 76, 171 (189); 83, 130 (154); 90, 60 (105). Dementsprechend ist dem VGH Kassel auch entgegengehalten worden, selbst wenn ein normatives Defizit im Gentechnikbereich bestanden haben sollte, sei dieses für eine Übergangszeit hinzunehmen gewesen, Rupp, JZ 1990, S. 91 f.; Sendler, NVwZ 1990, S. 232 ff.; Vitzthum, VBlBW 1990, S. 50.
218 BVerfGE 85, 386 ff.

fertigt das Bundesverfassungsgericht den Verzicht auf eine gesetzliche Eingriffsermächtigung ausdrücklich mit einer Abwägung:

„Bei einer Abwägung zwischen dem verfassungsrechtlichen Mangel, der in dem Fehlen einer gesetzlichen Eingriffsgrundlage besteht, und dem verfassungsrechtlichen Defizit, das im Fehlen des Persönlichkeits- und Gesundheitsschutzes gegenüber anonymen Anrufen liegt, geht der Schutz der Rechtsgüter aus Art. 2 GG vor. Während dort nur die ausreichende gesetzliche Grundlage eines materiell an sich zulässigen Eingriffs fehlt, steht hier der materielle Grundrechtsschutz selber auf dem Spiel".[219]

Diese Formulierung wird man sicher nicht ohne weiteres dahingehend verallgemeinern dürfen, daß materielle Gegengründe regelmäßig das Fehlen einer gesetzlichen Eingriffsgrundlage entbehrlich werden lassen. Dies würde die formelle Schutzwirkung der Abwehrrechte ganz grundsätzlich und zu weit aushöhlen. Sie führt aber klar vor Augen, daß der formelle Schutz hinter materielle Gegengründe zurücktreten kann, und daß dies in Abwägungsstrukturen zu rechtfertigen ist.

Als Ergebnis ist festzuhalten: In Fällen nicht-dringenden Schutzbedürfnisses, also im Regelfall, kann der Staat ohne gesetzliche Grundlage Schutz durch Eingriff verweigern. Eine einfachrechtliche Ermächtigungsgrundlage ist nur erforderlich, wenn er zu Lasten des Abwehrrechtsträgers Schutz gewährt: Eingriffe in Abwehrrechte müssen grundsätzlich durch Parlamentsgesetz legitimiert sein. Hält ein Fachgericht das Fehlen einer einfachgesetzlichen Grundlage zum Eingriff in Abwehrrechte, der zur Gewährung gebotenen Schutzes notwendig ist, für verfassungswidrig, so ist das Unterlassen im Wege einer konkreten Normenkontrolle gem. Art. 100 Abs. 1 GG „vorzulegen". In Fällen, in denen das Schutzrechtsinteresse das Abwehrrechtsinteresse bei weitem überwiegt, kann sich ein Eingriff in Abwehrrechte zur Gewährung von dringendem Schutz ohne einfachgesetzliche Ermächtigungsgrundlage ausnahmsweise als verfassungsgemäß erweisen.

7. Zusammenfassung

Grundrechtliche Schutzrechte werden durch bindende Normen gewährt und stellen umfassend subjektive Rechte dar. Es handelt sich um außentheoretische Rechte, deren Einschränkung möglich ist. Alle Handlungen, die den Schutz grundrechtlicher Schutzgüter fördern, sind prima facie geboten. Ein Unterlassen des Vollzugs einer derartigen Handlung stellt einen Eingriff in Schutzrechte dar. Dieser Eingriff ist verfassungsrechtlich gerechtfertigt, wenn sich durch Anwendung des Untermaßverbots und sonstiger materieller Kriterien die Handlung nicht als definitiv geboten erweist. Formelle Kriterien der verfassungsrechtlichen Rechtfertigung bestehen nur in Fällen dringenden Schutzbedürfnisses, in denen die Anforderungen der Wesentlichkeitstheorie ausgelöst sind. Hier ist durch Parlamentsgesetz zum Unterlassen der prima facie gebotenen Schutzhandlung zu

---

219 BVerfGE 85, 386 (401).

ermächtigen. Die Sanktion bei Verletzung dieser Pflicht ist aber in ihrer Effektivität mit derjenigen bei Abwehrrechten nicht vergleichbar.

8. Die Prüfungsfolge der grundrechtlichen Schutzrechte

Die Prüfungsfolge für grundrechtliche Schutzrechte entspricht in der Grundstruktur dem Eingriffs-Schranken-Schema bzw. dem allgemeinen außentheoretischen Grundschema.

a) Eingriff in den Schutzbereich grundrechtlicher Schutzrechte

Wenn eine staatliche Handlung Schutz für grundrechtliche Schutzgüter des einzelnen bewirkt, und diese Handlung vom Staat noch nicht vollzogen wurde, ist sie prima facie durch grundrechtliche Schutzrechte geboten.[220] Dies gilt grundsätzlich unabhängig von der Intensität des Schutzbedürfnisses. Aus Gründen der effizienten Fallbearbeitung sind in der Grundrechtsprüfung jedoch nur diejenigen Handlungen des Staates zu berücksichtigen, die aufgrund eines gesteigerten Schutzbedürfnisses des einzelnen eine ernsthafte Aussicht haben, sich in der erforderlichen Abwägung mit den kollidierenden materiellen und formellen Prinzipien durchzusetzen.[221] Wird diese Handlung nicht vollzogen, stellt dies einen Eingriff[222] in grundrechtliche Schutzrechte dar und bedarf der verfassungsrechtlichen Rechtfertigung.

b) Verfassungsrechtliche Rechtfertigung des Eingriffs in den Schutzbereich grundrechtlicher Schutzrechte

In der verfassungsrechtlichen Rechtfertigung des Eingriffs in den Schutzbereich grundrechtlicher Schutzrechte wird geprüft, ob das grundrechtliche Schutzrecht im Hinblick auf die in Frage stehenden Förderungshandlungen wirksam beschränkt ist.[223] Dies ist nur der Fall, wenn alle formellen und materiellen Voraussetzungen der Beschränkung erfüllt sind.[224]

aa) *Formelle Kriterien*[225]

Formelle Kriterien sind nur zu prüfen, wenn das Schutzinteresse des einzelnen derart hoch ist, daß die Anforderungen der Wesentlichkeitstheorie des Bundesverfassungsgerichts eingreifen.[226] Das Unterlassen einer Schutzgewährung durch Judikative oder Exekutive ist in diesem Fall nur verfassungsgemäß, wenn hierzu in einem formellen Gesetz

---

220 (Hx ∧ Ux), vgl. 2. Teil, 3. Abschnitt, B. I. 3. e) aa).
221 Vgl. zu dieser praktischen Grenze 2. Teil, 3. Abschnitt, B. I. 4. d) bb).
222 Zum Gebrauch des Begriffs „Eingriff" bei grundrechtlichen Handlungspflichten des Staates vgl. bei 2. Teil, 3. Abschnitt, B. I. 3. e) aa).
223 „GSx"; vgl. 2. Teil, 3. Abschnitt, B. I. 3. e) bb).
224 „FSRx ∧ MSRx".
225 „FSRx", vgl. 2. Teil, 3. Abschnitt, B. I. 6. b).
226 Vgl. 2. Teil, 3. Abschnitt, B. I. 6. b) bb).

ermächtigt wird. Gilt kein entsprechendes formelles Gesetz, entsteht nicht ipso iure die definitive verfassungsrechtliche Verpflichtung zum Vollzug genau einer Handlung, sondern der Gesetzgeber ist verpflichtet, seine Gestaltungsfreiheit verfassungsgemäß auszuüben.[227]

Sind die Anforderungen der Wesentlichkeitstheorie nicht ausgelöst, werden keine formellen Anforderungen der verfassungsrechtlichen Rechtfertigung gestellt.

bb) *Materielle Kriterien*[228]

Das Unterlassen des Vollzuges einer Förderungshandlung ist materiell verfassungswidrig, wenn das Untermaßverbot oder sonstige materielle Aussagen der Verfassung ihren Vollzug definitiv gebietet.[229]

Ist eine staatliche Handlung prima facie durch grundrechtliche Schutzrechte geboten, sind aber alle formellen und materiellen Anforderungen der verfassungsrechtlichen Rechtfertigung des Unterlassens der prima facie gebotenen Förderungshandlungen erfüllt, ist das grundrechtliche Schutzrecht im Hinblick auf die schützende Handlung wirksam beschränkt.[230] Der Nichtvollzug dieser Handlung stellt dann keine Grundrechtsverletzung dar.

[auf einen erneuten Abdruck der Analyse von BVerfGE 88, 203 ff. – Schwangerschaftsabbruch II – wurde verzichtet, siehe hierzu S. 283-288 der Vorauflage]

---

227 Zur gegenüber Abwehrrechten stark eingeschränkten Bedeutung der formellen Anforderungen bei grundrechtlichen Schutzrechten vgl. ebenda.
228 „MSRx", vgl. 2. Teil, 3. Abschnitt, B. I. 6. a).
229 Siehe ebenda.
230 Als Gesamtprüfungsschema ergibt sich daher: $(x)((Hx \wedge Ux) \wedge \neg(FSRx \wedge MSRx) \leftrightarrow ORx)$.

II. Die sozialen Grundrechte

Die Diskussion um soziale Grundrechte hatte sich nach einer recht lebhaften Phase in den siebziger Jahren und Anfang der achtziger Jahre weitgehend beruhigt. Vorübergehenden Auftrieb erfuhr sie durch die Diskussion um eine grundlegende Verfassungsrevision anläßlich der Wiedervereinigung. Obwohl soziale Grundrechte damit verschiedene Wellen der Konjunktur hatten, ist ihre Struktur bislang eher dunkel geblieben.

1. Soziale Grundrechte im Grundgesetz

Auch wenn Diskussionen um Grundrechte letztlich immer ein Stück weit ideologisch aufgeladen sind, gilt dies für die Diskussion um soziale Grundrechte in ganz besonderem Maße. Um so wichtiger ist es, zwischen geltendem Verfassungsrecht, der Ebene moralischer Rechte[1] und bloßen politischen Wünschen klar zu unterscheiden.

a) Der Begriff der sozialen Grundrechte

Während Abwehrrechte im klassischen Sinne rechtliche Freiheit gewähren, zielen soziale Grundrechte auf **faktische Freiheit**. Entscheidend ist nicht allein, was dem einzelnen rechtlich erlaubt ist, sondern auch, zu welchen Grundrechtsausübungen er tatsächlich in der Lage ist. Rechtliche Freiheit ohne faktische Freiheit, liberté ohne capacité, kann wertlos sein.[2] Soziale Grundrechte zielen auf finanzielle oder sachliche Leistungen, die dem einzelnen die Wahrnehmung rechtlicher Freiheiten, faktische Freiheit, ermöglichen.[3]

---

[1] Zu sozialen Menschenrechten siehe statt vieler Gosepath, Zu Begründungen sozialer Menschenrechte, S. 146 ff.; vgl. auch Arango, Der Begriff der sozialen Grundrechte, S. 173 ff.

[2] Vgl. statt vieler Böckenförde, NJW 1974, S. 1535; auch BVerfGE 33, 303 (333); 75, 40 (62); 85, 36 (53), 90, 107 (115). Die allgemeine These der Wertlosigkeit rechtlicher Freiheit ohne faktische Freiheit bedarf jedoch weiterer Differenzierungen. Für den einzelnen kann rechtliche Freiheit ohne faktische Freiheit dennoch wertvoll sein, wenn er (1) davon mittelbar profitiert, daß andere diese Freiheit haben, (2) die Chance hat, später zusätzlich zur rechtlichen die faktische Freiheit zu erhalten, (3) wenn man die rechtliche Freiheit als Selbstzweck betrachtet. Darüber hinaus ist faktische Freiheit nicht entweder gegeben oder nicht gegeben, sondern graduierbar, vgl. Alexy, Theorie der Grundrechte, S. 458.

[3] Eine Theorie sozialer Grundrechte kann auch als Bedürfnistheorie konzipiert werden. In einer Bedürfnistheorie folgen die Rechte aus den Bedürfnissen der einzelnen, vgl. Tugendhat, Vorlesungen über Ethik, S. 348 f.; Gosepath, Zu Begründungen sozialer Menschenrechte, S. 167 ff. Zu diesen Bedürfnissen gehört nicht allein das Bedürfnis nach faktischer Freiheit. Das Argument für eine Bedürfnistheorie besteht darin, daß zur Lebenserhaltung nicht nur äußere Bedingungen gegeben sein müßten, sondern auch eigene Fähigkeiten. „Wer zu jung oder zu alt ist oder krank oder behindert ist, kann sich, auch wenn er die Ressourcen hätte, nicht selbst helfen. Daher erscheint es ausgeschlossen, lediglich durch die Erweiterung des Freiheitsbegriffs eine menschenwürdige Existenz aller Personen menschenrechtlich zu sichern" (Tugendhat, a.a.O., S. 360 f.). Doch auch in einer Bedürfnistheorie besitzt das Bedürfnis nach faktischer Freiheit als Grundbedürfnis eine zentrale Rolle, vgl. Tugendhat, a.a.O., S. 361. Inwieweit soziale Grundrechte durch andere Bedürfnisse als das an faktischer Freiheit begründet werden können, kann im Rahmen dieser Untersuchung nicht näher erörtert wer-

Als Rechte „auf etwas" stellen sie eine Teilklasse der grundrechtlichen Leistungsrechte im weiteren Sinne dar.[4] Die Abgrenzung von den anderen Leistungsrechten im weiteren Sinne kann Probleme bereiten, was aber im Hinblick auf die Struktur unschädlich ist.[5] Innerhalb der grundrechtlichen Leistungsrechte im weiteren Sinne stellt ein grundrechtliches Problem immer dann ein Problem der sozialen Grundrechte dar, wenn ein einzelner zur Ausübung einer rechtlichen Freiheit dringend auf finanzielle oder sachliche Hilfe des Staates angewiesen ist. Typische Gegenstände sind etwa Fürsorge, Arbeit, Wohnung und Bildung.[6]

In der verfassungsrechtlichen Diskussion wird der Begriff „Soziale Grundrechte" in verschiedenen Bedeutungen verwendet.[7] In einer sehr weiten Verwendung handelt es sich um alle Grundrechte, die einen besonderen Bezug zum „Sozialen" haben. Hierzu zählen dann auch Abwehrrechte im klassischen Sinne wie etwa Art. 12 GG.[8] Diese Begriffsverwendung eignet sich jedoch nicht als Bezeichnung für eine Teilklasse der Leistungsrechte im weiteren Sinne. Verbreitet wird auch zwischen sozialen Grundrechten und Teilhaberechten differenziert. Bei Teilhaberechten wiederum wird regelmäßig zwischen derivativen und originären Teilhaberechten unterschieden.[9] Derivative Teilhaberechte geben Ansprüche auf Partizipation an bestehenden Einrichtungen oder Leistungen, die anderen bereits gewährt wurden. Es handelt sich um Gleichbehandlungsansprüche im Leistungsbereich, ihre dogmatische Struktur folgt der des allgemeinen Gleichheitssatzes. Wie bei der Diskussion der Gleichheitsrechte noch zu zeigen sein wird, können definitive Leistungsansprüche aus Gleichheitsrechten zur Herstellung rechtlicher, in besonderen Fällen auch zur Herstellung faktischer Gleichheit geboten sein. Originäre Teilhaberechte dagegen sind auf die Schaffung von etwas noch nicht Bestehendem gerichtet. Nach einem eingebürgerten Sprachgebrauch werden die Leistungsansprüche gegen den Staat, die aus Abwehr- oder Freiheitsrechten begründet werden, eher als „Teilhaberechte" oder „soziale Teilhaberechte" bezeichnet, während es bei „sozialen Grundrechten" vorwiegend um die in formelhafter Weise ausdrücklich in Verfassungen garantierten Rechte „auf Arbeit" etc. geht.[10] Bei dieser Unterscheidung geht es vorwiegend um verschiedene Traditionslinien sozialer Leistungsgrundrechte und um verschiedene Techniken der Verankerung in der Verfassung. Diese Unterschiede betreffen nicht die dogmatische Struktur und werden im folgenden nicht weiter in den Blick genommen. Alle leistungsgrundrechtlichen Ansprüche, die in erster Linie die faktische Freiheit des einzelnen erweitern, werden im folgenden als soziale Grundrechte bezeichnet.

---

      den. Auswirkungen auf die Grundrechtsstruktur hat die Antwort auf diese Frage nicht. Im folgenden wird daher vereinfachend allein auf die faktische Freiheit abgestellt.

4 Vgl. statt vieler Arango, Der Begriff der sozialen Grundrechte, S. 43.
5 Vgl. bereits 2. Teil, 2. Abschnitt, II. 2.
6 Vgl. Borowski, Die Glaubens- und Gewissensfreiheit des Grundgesetzes, S. 609 f.
7 Statt vieler Murswiek, HbStR V, § 112, Rn 13; Stern, Das Staatsrecht der Bundesrepublik Deutschland, Bd. 3/2, S. 1485 f.
8 In diesem Sinne Badura, Der Staat 14 (1975), S. 31; vgl. Isensee, Der Staat 19 (1980), S. 373.
9 Siehe bereits 2. Teil, 2. Abschnitt, II. 2.
10 Vgl. statt vieler Herzog in Maunz/Dürig, Art. 20 GG, VIII, Rn 49 ff; Murswiek, HbStR V, § 112, Rn 13.

b) Politisches Problem, Staatsziel und Grundrecht

Hinsichtlich der Frage, inwieweit der Staat dem einzelnen Fürsorge, Arbeit, Wohnung und Bildung geben muß, sind zwei verschiedene Ebenen genau auseinanderzuhalten. Die erste ist die politische Ebene des Problems der Verteilung sozialer Güter, die zweite die verfassungsrechtliche Ebene. Natürlich ist das politische Problem der zutreffenden Konzeption der Verteilungsgerechtigkeit sozialer Güter hoch umstritten. Hier entscheidet grundsätzlich die demokratisch unmittelbar legitimierte, parlamentarische Mehrheit durch einfaches Gesetz.

Die verfassungsrechtliche Ebene besitzt wiederum zwei Unterebenen. Auf der ersten Ebene befindet sich das Sozialstaatsgebot gem. Art. 20 Abs. 1 GG als Staatsziel. Das Sozialstaatsgebot ist auf die Schaffung der existentiellen Voraussetzungen für die Entfaltung von Freiheit, also auf faktische Freiheit gerichtet. Jedoch lassen sich aus Art. 20 Abs. 1 GG allein keine justiziablen Rechte und Pflichten deduzieren.[11] Die zweite Ebene sind die sozialen Grundrechte.[12] Hier geht es um die Frage, ob die faktische Freiheit des einzelnen in bestimmten Konstellationen derart wichtig ist, daß die Entscheidung über ihre Gewährung nicht der einfachen parlamentarischen Mehrheit überlassen werden kann.[13] Soziale Grundrechte können, soweit sie inhaltlich reichen, mit der Verfassungsbeschwerde durchgesetzt werden.

Zunächst einmal gilt ganz grundsätzlich, daß der einzelne die Voraussetzungen für die Ausübung rechtlicher Freiheit durch eigene Leistung zu schaffen hat.[14] Auf der politischen Ebene kann dann in bestimmten Konstellationen eine soziale Umverteilung zugunsten Benachteiligter vorgesehen werden, was durch einfaches Gesetz umgesetzt wird, zum Beispiel durch das Bundessozialhilfegesetz. Ein Stück weit ist der Gesetzgeber, wie auch Verwaltung und Rechtsprechung, durch die beiden verfassungsrechtlichen Ebenen zum sozialen Ausgleich verpflichtet. Zum einen ist aber zu berücksichtigen, daß übermäßige Umverteilung die Grundrechte derjenigen verletzt, denen zum Zweck der Umverteilung genommen wird. Zum anderen kann und will das Grundgesetz eine detaillierte, verbindliche Konzeption der Verteilungsgerechtigkeit nicht festlegen, woraus ein erheblicher Spielraum des Gesetzgebers resultiert.

---

11 Degenhart, Staatsrecht I – Staatsorganisationsrecht[21], Rn 571; Herzog in Maunz/Dürig, Art. 20 GG, VIII, Rn 28; Schnapp in von Münch/Kunig[5], Art. 20 GG, Rn 38; Zacher, HbStR II[3], § 28, Rn 121.
12 Wie sich die Ebene des sozialen Staatsziels und die der sozialen Grundrechte unterscheiden lassen, ist nicht ganz klar. Zum Teil wird der Begriff der sozialen Grundrechte im Sinne von Staatszielbestimmungen verstanden, z.B. Nebendahl, ZRP 1991, S. 262, womit die beiden Ebenen zusammenfallen. Vollständige Identität der Ebenen kann jedoch nicht bestehen. Eine Verletzung von Art. 20 Abs. 1 GG allein kann unstreitig nicht mit der Verfassungsbeschwerde gerügt werden, während dies für soziale Grundrechte im Sinne von Grundrechten des Grundgesetzes gilt. Daß andererseits keine vollständige Unabhängigkeit beider Ebenen bestehen kann, zeigt sich daran, daß die Interpretation von Grundrechtsbestimmungen im Sinne sozialer Grundrechte regelmäßig argumentativ auch auf Art. 20 Abs. 1 GG gestützt wird. Eine vollständige Klärung des Verhältnisses beider Ebenen setzt eine Analyse der Struktur der sozialen Grundrechte und des sozialen Staatsziels voraus. Im folgenden konzentriert sich die Untersuchung vorwiegend auf die sozialen Grundrechte.
13 Vgl. Alexy, Theorie der Grundrechte, S. 406.
14 Vgl. statt vieler Tugendhat, Vorlesungen über Ethik, S. 355.

Als soziale Grundrechte kommen weitreichende definitive Ansprüche deshalb eher nicht in Betracht, es geht im Ergebnis eher um einen Schutz von Minimalpositionen.

c) Soziale Grundrechte und Verfassungstext

Ebenso wie bei den anderen Grundrechtsfunktionen kann auch bei sozialen Grundrechten zwischen ausdrücklich statuierten und interpretativ zugeordneten Grundrechtsnormen unterschieden werden. Während die Landesverfassungen der alten und neuen Bundesländer[15] oder Verfassungen anderer Staaten und internationale Pakte[16] sowie der Vertrag über eine Verfassung für Europa[17] eine ganze Reihe ausdrücklich statuierter sozialer Grundrechte enthalten, weist der Text des Grundgesetzes nur eines auf: Das Recht der Mutter auf Schutz und Fürsorge der Gemeinschaft gem. Art. 6 Abs. 4 GG. Die Diskussion um soziale Grundrechte des Grundgesetzes ist daher in erster Linie eine Diskussion um interpretativ zugeordnete soziale Grundrechte.[18] Die dogmatische Struk-

---

15 Recht auf Arbeit: Art. 166 BayVerf.; Art. 12 BerlVerf.; Art. 48 BrabVerf.; Art. 8 BremVerf.; Art. 28 HessVerf.; Art. 24 NRWVerf.; Art. 53 Rh.-Pf.Verf.; Art. 45 SaarlVerf.; Art. 7 Abs. 1 SächsVerf.; Art. 39 Sachs.-Anh.Verf.; Art. 36 ThürVerf.; Recht auf Wohnung: Art. 106 Abs. 1 BayVerf.; Art. 19 BerlVerf.; Art. 47 BrabVerf.; Art. 14 BremVerf.; Art. 7 Abs. 1 SächsVerf.; Art. 40 Sachs.-Anh. Verf.; Art. 15 ThürVerf.; Recht auf Bildung: Art. 11 BWVerf.; Art. 128 BayVerf.; Art. 29 Abs. 1 BrabVerf.; Art. 27 BremVerf.; Art. 8 NRWVerf.; Art. 7 Abs. 1 SächsVerf.; Art. 25 Abs. 1 Sachs.-Anh.Verf.; Art. 20 ThürVerf.; Recht auf Lebensunterhalt: Art. 168 BayVerf.; Art. 14 BerlVerf.; Art. 45 BrabVerf.; Art. 58 BremVerf.; Art. 28 HessVerf.; Art. 7 Abs. 1 SächsVerf.
16 Statt vieler vgl. J. P. Müller, ZSR 92 (1973), S. 942 ff.; Murswiek, HbStR V, § 112, Rn 41 ff.; jeweils mit weiteren Nachweisen.
17 Vgl. insbesondere Art. II-87 EuVerf bis Art. II-96 EuVerf.
18 Dabei ist zu beachten, daß soziale Grundrechte nach dem vorzugswürdigen semantischen Normbegriff (siehe hierzu 1. Teil, 3. Abschnitt, II. 2. b)) als (Rechte gewährende) Normen nur interpretativ Verfassungsbestimmungen zugeordnet werden können, nicht Verfassungsnormen. Als Verfassungsbestimmungen, denen sie zugeordnet werden, kommen nur Bestimmungen in Betracht, die ausdrücklich Grundrechte oder grundrechtsgleiche Rechte statuieren. Wenn soziale Grundrechte auf „Freiheitsrechte" oder „Abwehrrechte" zurückgeführt werden – vgl. aus der Literatur statt vieler Roth, Faktische Eingriffe in Freiheit und Eigentum, S. 427 f.; aus der Rechtsprechung BVerfGE 90, 107 (116) zur Förderpflicht aus Art. 7 Abs. 4 GG: „Im übrigen steht die Förderpflicht, wie alle aus Freiheitsrechten abgeleiteten Leistungsansprüche, ..." –, ist folglich hinreichend zwischen Grundrechtsbestimmung und Grundrechtsnorm zu unterscheiden. Art. 2 Abs. 2 Satz 1 GG ist eine Grundrechtsbestimmung. Diese Bestimmung gewährt ein ausdrücklich statuiertes Abwehrrecht im klassischen Sinne als Grundrechtsnorm. Staatliche Tötungen sind prima facie verboten. Der Grundrechtsbestimmung Art. 2 Abs. 2 Satz 1 GG wird weiter ein grundrechtliches Schutzrecht als Grundrechtsnorm interpretativ zugeordnet. Das grundrechtliche Schutzgut ist vor Gefährdungen durch andere Private oder ausländische Staatsgewalt zu schützen. Weiterhin kann man der Grundrechtsbestimmung Art. 2 Abs. 2 Satz 1 GG ein soziales Grundrecht als Norm interpretativ zuordnen. Das grundrechtliche Schutzgut, Leben, ist durch finanzielle oder sachliche Zuwendungen zu erhalten, vgl. Jarass in Jarass/Pieroth[8], Art. 2 GG, Rn 91, 94; Kunig in von Münch/Kunig[5], Art. 2 GG, Rn 60 mit weiteren Nachweisen. Das soziale Grundrecht als Norm wird interpretativ der Grundrechtsbestimmung zugeordnet, die ausdrücklich ein Abwehrrecht als Norm statuiert. Dagegen ergibt sich aus der Norm „Abwehrrecht" nicht unmittelbar die Norm „soziales Grundrecht". Zwischen diesen beiden Normen besteht vielmehr nur eine argumentative Beziehung. Man kann aus der Gewährung einer rechtlichen Freiheit schließen, daß der einzelne auch die faktische Freiheit haben soll, diese rechtliche Freiheit tatsächlich auszuüben. Dieses Argument hat aber eben nur eine stark begrenzte Kraft, da jeder grundsätzlich selbst die Voraussetzungen seiner faktischen Freiheit durch eigene Leistung zu schaffen hat.

tur der sozialen Grundrechte ist jedoch unabhängig von der Frage, ob die leistungsgrundrechtliche Rechtsposition ausdrücklich statuiert oder interpretativ zugeordnet ist, denn hinsichtlich Inhalt, Struktur und Problemen besteht Übereinstimmung.[19]

Aus der weitgehend fehlenden Positivierung sozialer Grundrechte könnte man zu schließen versuchen, soziale Grundrechte seien nicht Bestandteil des Grundgesetzes. Eine autoritative Festsetzung des Verfassungsgebers könnte dieses Schweigen im Text nur dann gesehen werden, wenn es den Ausdruck einer endgültigen, negativen Entscheidung darstellte. Der Verzicht auf die Positivierung wurde jedoch vom Parlamentarischen Rat unter Hinweis auf den provisorischen Charakter des Grundgesetzes und die Unabsehbarkeit der sozialwirtschaftlichen Struktur in der Zukunft begründet.[20]

Im Zuge der Verfassungsrevision anläßlich der durch die deutsche Einigung aufgeworfenen verfassungsrechtlichen und verfassungspolitischen Fragen haben sich die für Verfassungsänderungen zuständigen gesetzgebenden Körperschaften auch mit der Aufnahme sozialer Grundrechte in das Grundgesetz befaßt. Der Empfehlung des Art. 5 EinigungsV folgend, konstituierte sich am 16. Januar 1992 die Gemeinsame Verfassungskommission aus je 32 Mitgliedern des Bundestages und Bundesrates. Ihre Aufgabe bestand in der Erörterung der Fragen zur Änderung des Grundgesetzes, die im Zusammenhang mit der deutschen Einigung aufgeworfen wurden. Sie erwog die Aufnahme sozialer Grundrechte oder Staatsziele in die Verfassung, empfahl die Aufnahme jedoch nicht.[21] Es wurde aber auch nicht empfohlen, soziale Grundrechte oder Staatszielbestimmungen nicht aufzunehmen, sondern ausdrücklich von einer Empfehlung abgesehen.[22] Ohnehin stellte die Gemeinsame Verfassungskommission nur ein vorbereitendes Beschlußorgan dar. Ihren Empfehlungen und Vorschläge kam gewiß „wegweisende Bedeutung" für Beratung und Beschlußfassung in den gesetzgebenden Körperschaften über Änderungen und Ergänzungen des Grundgesetzes zu,[23] ein Wille des Verfassungsgebers kann sich jedoch erst in diesen Körperschaften bilden.

Als Reaktion auf die Empfehlungen der Gemeinsamen Verfassungskommission wurden vier verschiedene Gesetzentwürfe im Bundestag eingebracht. Der gemeinsame Gesetzentwurf der Fraktionen der CDU/CSU, SPD und FDP[24] diente ebenso wie der

---

19 Vgl. Alexy, Theorie der Grundrechte, S. 455. Dies gilt jedoch nur mit der Einschränkung, daß ausdrücklich statuierte Grundrechte in der in der Verfassungstradition vorherrschenden formelhaften Weise positiviert sind. Andererseits besteht die Möglichkeit, bei der Verfassungsgebung oder Verfassungsänderung dem Wortlaut nach konkrete, definitive Mindestpositionen zu schaffen, die einen derart hohen Festsetzungsgehalt aufweisen, daß sie unmittelbar subsumtionsfähig sind, vgl. Murswiek, HbStR V, § 112, Rn 60. Derartige Positionen wären weder abwägungsfähig noch -bedürftig. Dem Vorteil der abwägungsfreien Anwendbarkeit stünde der Nachteil der fehlenden Flexibilität gegenüber, der Anspruch bestünde unabhängig von allen möglicherweise kollidierenden Rechten und Gütern und wäre nur durch Verfassungsänderung anzupassen. Die Positivierung derartiger definitiver Mindestpositionen unmittelbar auf Verfassungsebene wäre damit außerordentlich unpraktikabel, vgl. Murswiek, HbStR V, § 112, Rn 49, und steht gegenwärtig auch nicht ernsthaft zur Disposition.
20 JöR 1951, S. 43. Zu sozialen Grundrechten in der Entstehungsgeschichte des Grundgesetzes Cremer, Freiheitsgrundrechte, S. 366 f.
21 BTDrucks. 12/6000, S. 75 ff.
22 BTDrucks. 12/6000, S. 75.
23 Vgl. BTDrucks. 12/6000, S. 5.
24 BTDrucks. 12/6633.

Gesetzentwurf des Bundesrates[25] der Umsetzung der Empfehlungen der Gemeinsamen Verfassungskommission, sie enthielten keinerlei kodifizierte soziale Grundrechte. Dagegen sahen der Gesetzentwurf der Fraktion der SPD[26] und der Gesetzentwurf des Abg. Dr. Wolfgang Ullmann und der Gruppe BÜNDNIS 90/DIE GRÜNEN[27] weitreichende soziale Grundrechte vor. Aus der Ablehnung der letztgenannten Gesetzentwürfe in der Sitzung des Bundestages vom 27. Oktober 1994 kann jedoch nicht geschlossen werden, daß der Wille des Verfassungsgebers die Annahme jeglicher sozialer Grundrechte verbietet. Der verfassungsändernde Gesetzgeber kannte den Stand der Interpretation der Grundrechte als soziale Grundrechte und wollte ihn nicht ändern.

Aus dem Willen des Verfassungsgebers und des verfassungsändernden Gesetzgebers ergibt sich daher kein Verbot, Grundrechtsbestimmungen des Grundgesetzes interpretativ soziale Grundrechte zuzuordnen. Damit erlangen substantielle Argumente entscheidende Bedeutung. Für die Anerkennung sozialer Grundrechte spricht, daß die Gewährleistung der Abwehrrechte wertlos sein kann, wenn dem einzelnen die tatsächlichen Voraussetzungen der Inanspruchnahme fehlen. In einer modernen Industriegesellschaft ist der einzelne in verschiedener Hinsicht auf staatliche Leistungen angewiesen.[28] Dies führt dazu, daß in einigen Fällen das Interesse an Leistungen des Staates höher ist als das Interesse an staatlichem Unterlassen in vielen abwehrrechtlichen Konstellationen. Faktische Freiheit kann durchaus ebenso wichtig sein wie rechtliche Freiheit. So wurden in der Rechtsprechung – von der Literatur weitgehend gebilligt – interpretativ zugeordnete soziale Grundrechte auf die Gewährung des Existenzminimums anerkannt.[29] Auch wurde ein grundsätzliches Recht auf Hochschulzugang bejaht,[30] aber ausdrücklich offengelassen, ob ein Leistungsrecht auf Schaffung weiterer Studienplätze besteht.[31] Weiter kann man staatliche Hilfen zur Ausübung von Religion und Weltanschauung hierunter fassen.[32] Zudem werden die Privatschulsubventionierung[33] und staatliche Lei-

---

25 BTDrucks. 12/7109.
26 BTDrucks. 12/6323.
27 BTDrucks. 12/6686.
28 Verbreitet wird geltend gemacht, die Angewiesenheit auf staatliche Leistungen sei eine Folge der Entwicklung der modernen Industriegesellschaft, während in vorindustriellen Gesellschaften eher autarke Individuen zu finden gewesen seien, statt vieler J. P. Müller, ZSR 92 (1973), S. 813. Dieser Eindruck entsteht vor allem, wenn als Vergleichsgruppe in vorindustriellen Gesellschaften der Idealtypus des bourgois gewählt wird. Der statistisch erheblich mehr relevante Durchschnittsbürger jener Gesellschaften war jedoch ebensosehr auf Hilfe zur Wahrnehmung rechtlicher Freiheit angewiesen wie der Durchschnittsbürger der gegenwärtigen Industriegesellschaften, vgl. Schwabe, Probleme der Grundrechtsdogmatik, S. 257 f.
29 BVerfGE 1, 97 (104 f.); 40, 121 (133); 45, 187 (228); 82, 60 (85); vgl. BVerfGE 87, 153 (170 f.); BVerwGE 1, 159 (161 f.); 5, 27 (31); 9, 78 (80 f.); 52, 339 (346); 61, 15 (19); aus der Literatur vgl. statt vieler Breuer, Festgabe BVerwG, S. 95 ff.
30 BVerfGE 33, 303 (331); 43, 291 (313 ff.); 59, 172 (199); 66, 155 (178); 85, 36 (53 f.); BVerwGE 65, 303 (307); BVerwG bei Buchholz 421.2, Nr. 69a; 421.21, Nr. 14, 30, 42, 49.
31 BVerfGE 33, 303 (333).
32 Vgl. Borowski, Die Glaubens- und Gewissensfreiheit des Grundgesetzes, S. 634 ff. mit weiteren Nachweisen
33 BVerfGE 75, 40 (62 ff.); 90, 107 (114 ff.); BVerwGE 23, 347 (349 f.); 27, 360 (362 f.); 52, 339 (346); 70, 290 (295); 74, 134 (136); 79, 154 (156); BVerwG bei Buchholz 11, Art. 7 Abs. 4 GG, Nr. 6, 8, 14, 15, 17, 21, 27, 30. Nachweise aus der Literatur, die in Begründung oder jedenfalls im Er-

stungen zur Förderung der Wissenschaftsfreiheit des Hochschullehrers[34] regelmäßig als Inhalt sozialer Grundrechte angesehen. Gemeinsam ist den beiden letzteren Konstellationen, daß diese Leistungen die faktische Freiheit der Leistungsempfänger erhöhen. Bei einigen der genannten Kategorien tritt neben das Argument der faktischen Freiheit die Förderung bedeutender kollektiver Güter, etwa des Privatschulwesens und der freien Wissenschaft, jeweils als Institution.

Unklar und umstritten ist, welchen Grundrechtsbestimmungen diese sozialen Grundrechte zuzuordnen sind. Oft wird ein ganzes Bündel von Bestimmungen genannt. Das Garantie des Existenzminimums wird entweder auf Art. 1 Abs. 1 GG gestützt,[35] Art. 2 Abs. 2 GG,[36] Art. 1 Abs. 1 i.V.m. 20 Abs. 1 GG[37], Art. 20 Abs. 1 i.V.m. 1 Abs. 1 und 2 Abs. 2 GG[38] oder auf Art. 1 Abs. 1 i.V.m. 2 Abs. 2 sowie 2 Abs. 1 i.V.m. 20 Abs. 1 GG.[39] Das Recht auf Hochschulzugang wird meist auf Art. 12 Abs. 1 i.V.m. 3 Abs. 1 und 20 Abs. 1 GG zurückgeführt,[40] der Teilhabeanspruch des Hochschullehrers auf Art. 5 Abs. 3 Satz 1 GG[41] und die Privatschulsubventionierung auf Art. 7 Abs. 4 GG.[42]

Werden einerseits in besonderen Konstellationen soziale Grundrechte als bindende subjektive definitive Rechte weitgehend anerkannt, besteht doch andererseits Einigkeit darüber, daß jenseits dieser relativ seltenen Konstellationen bindende subjektive definitive Rechte nicht in Betracht kommen. Unklar und umstritten ist jedoch, wie sich der Übergang zu bindenden subjektiven definitiven Rechten vollzieht. Ebenso unklar bleibt, wie soziale Grundrechte außerhalb dieser Ausnahmekonstellationen zu charakterisieren sein sollen. Hier ist von Programmsätzen, Staatszielbestimmungen, Einrichtungsgarantien, Richtlinien, Ermessensrichtlinien, Gesetzgebungsaufträgen, Verfassungsaufträgen, Leitprinzipien und ähnlichem die Rede. Zu dieser Vielfalt kommt hinzu, daß diese Begriffe in verschiedenen Bedeutungen verwendet werden. Während Programmsätze im Sinne der Verfassungslehre unter der Weimarer Reichsverfassung als rechtlich nicht bindende Normen verstanden wurden, wird dieser Begriff in der Diskussion um soziale Grundrechte teilweise im Sinne rechtlich bindender Normen gebraucht.[43]

---

gebnis die Rechtsprechung billigt, bei Hund, Festschrift Zeidler, S. 1450 Anm. 30. Nachweise zur Gegenansicht bei ders., a.a.O., S. 1451 Anm. 34.
34 BVerfGE 35, 79 (115 f.); 43, 242 (267); 88, 129 (137).
35 Kunig in von Münch/Kunig[5], Art. 1 GG, Rn 30; Pieroth/Schlink, Grundrechte – Staatsrecht II[21], Rn 361; Starck in von Mangoldt/Klein/Starck[5], Art. 1 Abs. 1 GG, Rn 41.
36 Jarass in Jarass/Pieroth[8], Art. 2 GG, Rn 94; Podlech in AK[2], Art. 2 Abs. 2 GG, Rn 23; Kunig in von Münch/Kunig[5], Art. 2 GG, Rn 60.
37 Zippelius in BonnKomm, Art. 1 Abs. 1 u. 2 GG, Rn 102; vgl. Häberle, HbStR II[3], § 22, Rn 77; Herdegen in Maunz/Dürig, Art. 1 Abs. 1 GG, Rn 114.
38 BVerwGE 1, 159 (161); 52, 339 (346); Dürig in Maunz/Dürig, Art. 1 Abs. 1 GG (Erstbearbeitung), Rn 43; ders., a.a.O., Art. 2 Abs. 2 GG (Erstbearbeitung), Rn 27; wobei die Reihenfolge der genannten Normen variiert.
39 Murswiek, HbStR V, § 112, Rn 99.
40 BVerfGE 33, 303 (332).
41 BVerfGE 35, 79 (115); 43, 242 (267); 88, 129 (137).
42 BVerfGE 75, 40 (62 ff.); 90, 107 (114 ff.).
43 Nebendahl, ZRP 1991, S. 262; Tomandl, Festschrift Wannagat, S. 634; Wipfelder, ZRP 1986, S. 144; vgl. zu dieser Begriffsverwendung Lücke, AöR 107 (1982), S. 27 f.

Entsprechend der bisherigen Untersuchung wird sich die Erörterung an den Unterscheidungen bindender/nicht bindender Normen, bloß objektivem Recht oder subjektiven Rechten und prima facie-Rechten und definitiven Rechten orientieren. Diese Unterscheidungen erschöpfen im wesentlichen[44] den Rahmen der analytisch relevanten Differenzierungen. Im Rahmen der strukturellen Erörterung wird auf die zahlreichen Argumente gegen soziale Grundrechte einzugehen sein. Insgesamt wird sich zeigen, daß ein außentheoretisches Modell sozialer Grundrechte entwickelt werden kann, das allen Einwänden hinreichend Rechnung trägt.

2. Bindende und nicht bindende Normen

Bindende Normen sind Normen, deren Verletzung gerichtlich festgestellt werden kann, während nicht bindende Normen nur politische oder moralische Geltung besitzen.[45] Von sozialen Grundrechten als nicht bindenden Normen geht aus, wer sie als „leges imperfectae" ansieht, die nicht unmittelbar vollziehbar seien.[46] Noch deutlicher wird Peter Häberle, wenn er von einem „nicht justiziablen Verfassungsauftrag" spricht, der nur „als Appell an die politischen Instanzen" wirke.[47] Eine Konzeption sozialer Grundrechte im Sinne nicht bindender Normen wirft zwei Probleme auf. Erstens ist eine gerichtliche Feststellung der Verletzung derartiger Grundrechtspositionen definitionsgemäß in keinem Fall möglich, insofern laufen diese Grundrechte leer. Es darf als grundlegende Einsicht der Verfassungstheorie gelten, daß leerlaufende Bestimmungen oder Normen in Verfassungen die Achtung vor der Verfassung grundsätzlich untergraben.[48] Dies beträfe zwar in erster Linie ausdrücklich statuierte Grundrechte wie etwa das formelhaft gewährte „Recht auf Arbeit", welche man im Grundgesetz vergebens sucht. Sofern soziale Grundrechte als interpretativ zugeordnete Normen anerkannt werden, erfaßt dieses Problem jedoch auch die Grundrechtsbestimmungen, denen sie zugeordnet werden. Unter dem Grundgesetz kommt zweitens hinzu, daß gem. Art. 1 Abs. 3 GG alle Grundrechte die Staatsgewalt umfassend binden. Wer nicht bindende „Grundrechte" behauptet, leugnet damit das Bestehen von Grundrechtspositionen im Sinne des Grundgesetzes.

Dies könnte man mit dem Argument begrüßen, soziale Schutzansprüche erreichten dort ihre höchste Stufe, wo in der Verfassung keine sozialen Grundrechte proklamiert würden.[49] Dieses Argument bezieht sich auf die Praxis vieler Staaten, in der Verfassung garantierte weitreichende soziale Grundrechte nur unvollkommen oder gar nicht zu erfüllen. Im Gegensatz dazu wird auf das Grundgesetz abgestellt, das praktisch keine ausdrücklich statuierten sozialen Grundrechte enthält, unter dessen Geltung aber ein

---

44 Vorbehaltlich weiterer Differenzierungen.
45 Alexy, Theorie der Grundrechte, S. 456; ders., Der Staat 29 (1990), S. 52; Borowski, Die Glaubens- und Gewissensfreiheit des Grundgesetzes, S. 219 ff. Siehe bereits 2. Teil, 3. Abschnitt, B. I. 1.
46 Martens, VVDStRL 30 (1972), S. 30; von Mutius, VerwArch 64 (1973), S. 193; vgl. Forsthoff, VVDStRL 12 (1954), S. 20.
47 Häberle, VVDStRL 30 (1972), S. 115, 140.
48 Starck in von Mangoldt/Klein/Starck[5], Art. 1 Abs. 3 GG, Rn 191; Tomandl, Festschrift Wannagat, S. 640.
49 Brunner, Die Problematik der sozialen Grundrechte, S. 37; Rupp, AöR 101 (1976), S. 176.

hoher Standard einfachrechtlicher sozialer Ansprüche erreicht wurde. Dieser hohe Standard einfachrechtlicher Ansprüche ist jedoch ein Ergebnis des wirtschaftlichen Erfolges der Bundesrepublik Deutschland, nicht des Fehlens sozialer Grundrechte im Verfassungstext. Darüber hinaus können einfachrechtliche Ansprüche auf soziale Leistungen, selbst auf hohem Niveau, soziale Grundrechte nicht ersetzen. Die gewährten Leistungen mögen zwar den Inhalt sozialer Grundrechte zumindest erreichen, aber sie sind nicht gegen die einfache parlamentarische Mehrheit gesichert. Entschließt sich diese, die einfachrechtlichen Leistungsgesetze durch ein Änderungsgesetz abzuschaffen, so steht dem – abgesehen von einem gewissen Vertrauensschutz – nichts im Wege. Der Grundgedanke der Grundrechte besteht dagegen darin, daß sie derart wichtige Positionen sind, daß ihre Gewährung oder Nichtgewährung nicht der einfachen parlamentarischen Mehrheit überlassen werden kann.[50] Genau hier liegt das Problem des Arguments, einfachrechtliche Positionen seien flexibler als grundrechtliche.[51] Sie sind so flexibel, daß sie dem einzelnen vollständig genommen werden können.

Eine Interpretation sozialer Grundrechte im Sinne nicht bindender Normen führte zum Beispiel dazu, daß die einfache parlamentarische Mehrheit jegliche Sozialhilfe aus politischen Erwägungen ersatzlos streichen könnte. Dieses Ergebnis ist verfassungsrechtlich nicht zu billigen. Soziale Grundrechte sind notwendig bindende Normen.

3. Subjektive Rechte und bloß objektives Recht

In der Literatur wird zwar meist eine bindende Pflicht des Staates zur Förderung faktischer Freiheit anerkannt, diese aber dann oft als bloß objektiv-rechtlich gedeutet. Die Diskussion um soziale Grundrechte als subjektive Rechte ähnelt grundsätzlich derjenigen bei grundrechtlichen Schutzrechten, nur daß man bei sozialen Grundrechten mit der Anerkennung subjektiver Rechte eher zurückhaltender ist. Wie auch bei grundrechtlichen Schutzrechten werden drei verschiedene Auffassungen vertreten:

(1) Soziale Grundrechte sind, ohne daß ausdrücklich Einschränkungen gemacht werden, bloß objektiv-rechtliche Positionen.[52]

(2) Soziale Grundrechte sind grundsätzlich bloß objektiv-rechtliche Positionen, in evidenten Fällen aber subjektive, gerichtlich einklagbare Rechte.[53]

---

50 Alexy, Theorie der Grundrechte, S. 406; ders., Der Staat 29 (1990), S. 68.
51 Isensee, Der Staat 19 (1980), S. 381 f.
52 Badura, Der Staat 14 (1975), S. 27 f.; Denninger in AK[3], vor Art. 1 GG, Rn 28; Erichsen, HbStR VI, § 152, Rn 78; K. Hesse, Grundzüge des Verfassungsrechts[20], Rn 208, 289; Krebs, Vorbehalt des Gesetzes und Grundrechte, S. 122; H. Dreier in Dreier[2], Vorb., Rn 81; Westphal, JuS 2000, S. 339.
53 Bieback, EuGRZ 1985, S. 664; Bleckmann, Staatsrecht II – Die Grundrechte[4], § 11, Rn 37; Böckenförde, NJW 1974, S. 1536; ders., Die sozialen Grundrechte, S. 155 ff.; Brohm, JZ 1994, S. 216, 218; Brunner, Die Problematik der sozialen Grundrechte, S. 35 f.; Denninger, HbStR V, § 113, Rn 42 f.; J. P. Müller, ZSR 92 (1973), S. 852; ders., Der Staat 29 (1990), S. 41 f.; Murswiek, HbStR V, § 112, Rn 55 ff.; Nebendahl, ZRP 1991, S. 260 ff.; Vitzthum, ZfA 1991, S. 699 Anm. 16.

(3) Soziale Grundrechte sind, soweit sie inhaltlich reichen, vollständig subjektiviert.[54]

Gegen die erste Auffassung spricht aus der verfassungsprozessualen Perspektive, daß die eingeleitete Verfahrensart über das Ergebnis entscheiden würde. Rügt ein Beschwerdeführer, der in der letzten Instanz des fachgerichtlichen Instanzenzugs unterliegt, daß das Urteil in Anwendung einer einfachrechtlichen Norm zustande kam, die soziale Grundrechte verletzt, so wäre seine Verfassungsbeschwerde mangels subjektiven Grundrechts als unzulässig zu verwerfen. Ist dagegen ein Gericht des fachgerichtlichen Instanzenzugs der Überzeugung, daß die anzuwendende einfachrechtliche Norm soziale Grundrechte des Verfahrensbeteiligten verletzt, wird es sie bzw. das Unterlassen gem. Art. 100 Abs. 1 GG, §§ 13 Nr. 8, 80 ff. BVerfGG dem Bundesverfassungsgericht vorlegen. Dieses Verfahren ist erfolgreich, wenn die Norm gegen die Verfassung verstößt, also auch in Fall des Verstoßes gegen bloß objektives Verfassungsrecht. Ob ein Fachgericht die Norm vorlegt oder er statt dessen gegen das abweisende Urteil Verfassungsbeschwerde einlegen muß, kann der einzelne nicht beeinflussen. Diese aus seiner Perspektive zufällige Tatsache kann aber nicht für das Ergebnis maßgeblich sein.[55] Die erste Auffassung ist zurückzuweisen.

Die zweite Auffassung wirft, wie die entsprechende bei grundrechtlichen Schutzrechten, insbesondere zwei Fragen auf: Wann liegt ein evidenter Fall vor, und auf welche Weise findet in evidenten Fällen ein Übergang von bloß objektiv-rechtlichem Recht zu subjektiven Rechten statt? Ein evidenter Fall dürfte vorliegen, wenn das Interesse des einzelnen an faktischer Freiheit besonders groß ist, der Anspruchsgegenstand klar bestimmt und gegenläufige verfassungsrechtliche Rechte und Güter nur gering betroffen sind. Ein Beispiel ist das materielle Existenzminimum, ohne das der einzelne verhungert. Was zur Vermeidung des Verhungerns ausgehändigt werden muß, ist weitgehend klar, auch werden Staatshaushalt und Parlamentsautonomie in kalkulierbarem Maße berührt. Damit zeigt sich, daß hinter dem Gedanken der subjektiven Rechte bloß in evidenten Fällen der Gedanke der Abwägung steht. Wie bereits dargelegt, kann man nicht durch eine Abwägung eines Grundrechts ermitteln, ob es ein subjektives Recht gewährt.[56] Darüber hinaus entstünde hier ähnlich wie bei der ersten Auffassung das Problem, daß in evidenten Fällen Verfassungsbeschwerde und Verfahren des objektiven Rechtsschutzes zulässig wären, in nicht evidenten zwar die Verfassungsbeschwerde nicht, wohl aber die Verfahren des objektiven Rechtsschutzes. Dies zeigt, daß das Problem der Beschränkung sozialer Grundrechte auf evidente Fälle nicht ein Problem des Überganges von subjektiven zu bloß objektiven Rechten ist, sondern des Überganges

---

54 Alexy, Theorie der Grundrechte, S. 465 ff.; Roth, Faktische Eingriffe in Freiheit und Eigentum, S. 410 ff.; Arango, Der Begriff der sozialen Grundrechte, S. 38 ff.
55 Ebenso Roth, Faktische Eingriffe in Freiheit und Eigentum, S. 410; vgl. zu grundrechtlichen Schutzrechten ähnlich H. H. Klein, DVBl. 1994, S. 495.
56 Genauer gesagt: Es ist klar zwischen Gründen für und gegen das Bestehen einer Position und Gründen für und gegen die gerichtliche Durchsetzbarkeit einer Position zu unterscheiden, siehe 2. Teil, 3. Abschnitt, B. I. 2. c).

von prima facie-Rechten zu definitiven Rechten. Die weiteren Argumente für und gegen eine umfassende Subjektivierung sozialer Grundrechte entsprechen denen bei grundrechtlichen Schutzrechten.[57] Wie dort gilt daher: Soziale Grundrechte sind, soweit sie inhaltlich reichen, vollständig subjektiviert.

4. Soziale Grundrechte als innen- oder außentheoretische Rechte

Oben wurde bereits gesagt, soziale Grundrechte kämen als weitreichende definitive Positionen nicht ernsthaft in Betracht. Andererseits sind weitgehend unumstritten gewisse Mindestpositionen definitiv zu gewähren. Diese definitiven Mindestpositionen können entweder abschließend den Inhalt sozialer Grundrechte beschreiben. Einschränkungen sind dann weder erforderlich noch möglich. Oder sie stellen das Ergebnis einer Beschränkung weitergehender sozialer Grundrechte im Sinne von außentheoretischen Rechten „an sich" dar. Im ersten Fall handelt es sich um innentheoretische Rechte,[58] im zweiten um außentheoretische Rechte.[59] Die Rechtsprechung hält sich eher bedeckt. Im zweiten Urteil des Bundesverfassungsgerichts zur Privatschulsubventionierung führt das Gericht zum Anspruchsumfang aus:

„Wartefristen greifen nicht in ein vorgegebenes Recht des Schulträgers ein, sondern konkretisieren die staatliche Förderungspflicht".[60]

Das Fehlen eines Eingriffs kann einerseits daran liegen, daß das Gericht von einem innentheoretischen Modell ausgeht. Andererseits kann es auch ein außentheoretisches Modell in Form einer engen Tatbestandstheorie vertreten, eine Förderung ohne Warte-

---

57   Siehe 2. Teil, 3. Abschnitt, B. I. 2.
58   In diesem Fall wäre zur dogmatischen Rekonstruktion das allgemeine innentheoretische Grundschema „Wenn WIx, dann Rx", zu lesen als: Wenn der Gegenstand x wahrer Inhalt eines Rechts ist, ist für „x" die Rechtsfolge dieses Rechts geboten. Logisch formalisiert entspricht dem $(x)(WIx \leftrightarrow ORx)$. Zum allgemeinen innentheoretischen Grundschema und der Prädikatenlogik und deontischen Logik vgl. bereits 2. Teil, 3. Abschnitt, A. I. 1. b) aa), bb) und 2. Teil, 3. Abschnitt, B. I. 3. Für soziale Grundrechte wäre das innentheoretische Schema zu lesen als: Für alle staatlichen Handlungen „x" gilt: Wenn „x" den wahren Inhalt des sozialen Grundrechts darstellt, ist die Vornahme dieser Handlung durch den Staat definitiv grundrechtlich geboten. Es wären die Tatbestandsbedingungen herauszuarbeiten, unter denen ein definitives Recht auf staatliche Unterstützung zur Ausübung bestehender rechtlicher Freiheiten anzunehmen ist.
59   Zur dogmatischen Rekonstruktion wäre das allgemeine außentheoretische Grundschema „Wenn URx und nicht GSx, dann Rx" heranzuziehen, zu lesen als: Wenn der Gegenstand „x" Inhalt eines unbeschränkten Rechts „an sich" ist, und dieses Recht nicht im Hinblick auf „x" beschränkt wirksam ist, ist für „x" die Rechtsfolge dieses Rechts geboten. Logisch formalisiert: $(x)(URx \wedge \neg GSx \leftrightarrow ORx)$. Zum allgemeinen außentheoretischen Grundschema sowie zur Prädikatenlogik und deontischen Logik siehe 2. Teil, 3. Abschnitt, A. I. 1. b) aa), bb) sowie 2. Teil, 3. Abschnitt, B. I. 3. Das unbeschränkte Recht im Sinne der Außentheorie entspricht in diesem Modell dem Prinzip der faktischen Freiheit. Jede staatliche Handlung „x", die die Realisierung des Optimierungsgegenstandes des Prinzips der faktischen Freiheit fördert („FFx") und die noch nicht vorgenommen wurde („Ux"), ist, wenn das Grundrecht im Hinblick auf diese Handlung nicht wirksam beschränkt ist („¬GSx") definitiv vorzunehmen: „Wenn FFx und Ux und nicht GSx, dann Rx". Logisch formalisiert entspricht dem $(x)((FFx \wedge Ux) \wedge \neg GSx \leftrightarrow ORx)$.
60   BVerfGE 90, 107 (121).

fristen fällt dann nicht in den „Schutzbereich" des Leistungsanspruchs aus Art. 7 Abs. 4 GG. In der Literatur wird eine außentheoretische Konzeption sozialer Grundrechte in aller Regel abgelehnt. Nach Stefan Huster handelt es sich bei grundrechtlichen Leistungsrechten lediglich um „definitive Mindestgebote".[61] Nach Auffassung von Gertrude Lübbe-Wolff gewähren soziale Grundrechte nicht prima facie umfassende und unbedingte Leistungsansprüche. Die grundrechtliche Gewährleistung umfasse

> „von vornherein nur den bedingten und eingeschränkten, d. h. einen präformierten Anspruch, der dann einer weiteren Einschränkung durch Gesetz auch weder bedürftig und fähig ist".[62]

Nach Michael Sachs folgen grundrechtliche Leistungsrechte nicht dem

> „für die Abwehrrechte kennzeichnenden Regel-Ausnahme-Schema ..., nach dem zunächst überschießend mehr gewährleistet wird, als im Ergebnis effektiven Schutz genießt".[63]

Die Befürwortung von ausdrücklich formulierten Eingriffs-Schranken-Modellen sozialer Grundrechte ist in der Literatur bislang deutlich seltener.[64]

a) Argumente gegen ein außentheoretisches Modell

Die klassischen Argumente gegen soziale Grundrechte überhaupt werden auch als Argumente gegen ein außentheoretisches Modell angeführt.

aa) *Die Unbestimmtheit des Anspruchsgegenstandes*

Eine außentheoretische Konzeption sozialer Grundrechte setzt die Bestimmung des außentheoretischen Rechts „an sich" voraus. Eine derartige

> „dogmatisch abzuschichtende, der Verallgemeinerung fähige Zwischenstufe rechtfertigungsbedürftiger Untätigkeit"

scheitere bereits an der Unbestimmtheit des Leistungsinhalts. Erst nach Beseitigung aller Unklarheiten liege eine Position vor, die sinnvollerweise einen Bezugspunkt für eine gerechtfertigte Nichtleistung trotz Leistungspflicht bilden könne.[65] Auch Lübbe-Wolff begründet ihr Präformationsmodell sozialer Grundrechte maßgeblich unter Hinweis auf die Unbestimmtheit des Anspruchsgegenstands.[66] Dieses Argument ist eine ab-

---

61 Huster, Rechte und Ziele, S. 116 Anm. 237.
62 Lübbe-Wolff, Die Grundrechte als Eingriffsabwehrrechte, S. 17.
63 Stern, Das Staatsrecht der Bundesrepublik Deutschland, Bd. 3/2, S. 221.
64 Vgl. Alexy, Theorie der Grundrechte, S. 454 ff. Auch van der Ven, Festschrift Wannagat, S. 643 ff. spricht mehrfach von der „Einschränkung" sozialer Grundrechte, ohne jedoch ein geschlossenes dogmatisches Modell vorzulegen. Vgl. auch Jarass, AöR 120 (1995), S. 360.
65 Stern, Das Staatsrecht der Bundesrepublik Deutschland, Bd. 3/2, S. 221.
66 Lübbe-Wolff, Die Grundrechte als Eingriffsabwehrrechte, S. 39 f.

geschwächte Variante des häufig vorgebrachten allgemeinen Arguments gegen soziale Grundrechte, ihr Inhalt lasse sich nicht bestimmen.[67] Es ist abgeschwächt, da in evidenten Fällen wie etwa dem Existenzminimum der Anspruchsinhalt für bestimmbar gehalten wird. Ein definitiver Anspruch in evidenten Fällen kann daher gewährt werden, während ein prima facie-Anspruch auf weitergehende Inhalte, etwa ein „selbstbestimmtes Leben in Freiheit und Würde" oder ähnliches keinen mit juristischen Mitteln bestimmbaren Inhalt mehr aufweisen soll.

Sicher gilt für alle grundrechtlichen Leistungsrechte im weiteren Sinne, daß die Inhaltsbestimmung größere Schwierigkeiten aufwirft als bei Abwehrrechten. Wie jedoch das außentheoretische Modell grundrechtlicher Schutzrechte gezeigt hat, können diese Schwierigkeiten mit juristischen Mitteln durchaus gelöst werden. Sozialen Grundrechten liegt das Prinzip der faktischen Freiheit zugrunde. Als Prinzip im Sinne der Prinzipientheorie stellt es ein universelles prima facie-Handlungsgebot dar. Prima facie sind alle Handlungen des Staates, die die Realisierung faktischer Freiheit des einzelnen fördern, geboten.[68] Der Inhalt dieses prima facie-Rechts ist leicht festzustellen. Es muß nur geklärt werden, welche Handlungen die faktische Freiheit des einzelnen fördern. Dies ist bei allen sachlichen und finanziellen Zuwendungen regelmäßig der Fall.

Problematischer ist die Bestimmung des definitiven Anspruchsinhalts. Wie die Untersuchung der Möglichkeit eines außentheoretischen Modells im Leistungsbereich gezeigt hat, liegt die Lösung des Problems in der Anwendung des Grundsatzes der Verhältnismäßigkeit in Gestalt des Untermaßverbots.[69] Als Ergebnis der Prüfung ergibt sich dann, daß entweder gar keine Handlung definitiv geboten ist, genau eine Handlung oder eine Handlung aus einer Klasse von Handlungen.[70] Nach der Anwendung des Untermaßverbots ist daher das Problem der Unbestimmtheit gelöst. Bei der Anwendung der Kriterien des Untermaßverbots treten zwar regelmäßig die allgemeinen Schwierigkeiten der Rechtfertigung empirischer und normativer Prämissen auf. Dies gilt jedoch ebenso für die Abwehrrechte und rechtfertigt keine klassifikatorische Unterscheidung.

bb) *Die Erforderlichkeit einer multidimensionalen Abwägung*

Nach dem gegenwärtigen Grundrechtsverständnis unterliegen alle Grundrechtseinschränkungen einer materiellen Bindung der Verfassung, realisiert vor allem durch

---

67 Bethge, Der Staat 24 (1985), S. 378; Bleckmann, Staatsrecht II – Die Grundrechte[4], § 11, Rn 37; Böckenförde, Die sozialen Grundrechte, S. 152; Breuer, Festgabe BVerwG, S. 93; Wildhaber, Gedächtnisschrift Imboden, S. 388 f.; Brohm, JZ 1994, S. 216; Brunner, Die Problematik der sozialen Grundrechte, S. 17 f.; Denninger in AK[3], vor Art. 1 GG, Rn 27; P. M. Huber, Grundrechtsschutz durch Organisation und Verfahren, S. 29 f.; Murswiek, HbStR V, § 112, Rn 93; Rüfner, Festschrift Wannagat, S. 386 f.; Starck in von Mangoldt/Klein/Starck[5], Art. 1 Abs. 3 GG, Rn 190; Stern, Das Staatsrecht der Bundesrepublik Deutschland, Bd. 3/1, S. 695; Wipfelder, ZRP 1986, S. 149.
68 Für jede Förderungshandlung gilt, daß sie prima facie geboten ist. Dies darf nicht mit dem prima facie-Gebot aller Förderungshandlungen verwechselt werden, vgl. hierzu Sieckmann, Rechtstheorie 25 (1994), S. 184.
69 Vgl. 2. Teil, 1. Abschnitt, II.
70 2. Teil, 1. Abschnitt, II. 2. b) ee).

Grundsatz der Verhältnismäßigkeit. Sollte eine Abwägung unmöglich sein, könnten soziale Grundrechte nicht ernsthaft außentheoretisch konzipiert werden.

Die bei Leistungsrechten erforderliche Abwägung ist nach Albert Bleckmann „multidimensional", im Gegensatz zur zweidimensionalen Abwägung bei Abwehrrechten.[71] Diese Unterscheidung ähnelt der Unterscheidung Schupperts von ein- und mehrdimensionalen Freiheitsproblemen,[72] die bereits im Rahmen der Untersuchung grundrechtlicher Schutzrechte zurückgewiesen wurde. Bleckmann bestreitet nicht, daß eine Abwägung strukturell möglich ist, wohl aber, daß ein Richter sie leisten könne.[73]

Die Gegenüberstellung zwei- und multidimensionaler Abwägungen überzeugt jedoch ebensowenig wie diejenige Schupperts von ein- und mehrdimensionalen Freiheitsproblemen. Es trifft nicht zu, daß bei der Einschränkung von Abwehrrechten stets nur zwei Interessen betroffen sind. Oft stehen sich in der Abwägung ganze Bündel von abwehrrechtlichen, schutzrechtlichen oder anderen individuellen Interessen sowie kollektiven Gütern gegenüber. Der einzige Aspekt, der bei Abwägungen von Einschränkungen sozialer Grundrechte verstärkt in den Vordergrund tritt, ist der finanzielle. Dieser führt jedoch nicht dazu, daß diese Abwägungen so komplex werden, daß ein Richter sie nicht leisten könnte. Die Komplexität einer Abwägung steigt mit der Anzahl der zu berücksichtigenden Rechte und Güter, die bei grundrechtlichen Leistungsrechten typischerweise höher liegt als bei Abwehrrechten. Doch erstens ist dies eine Sache des Grades, nicht des entweder/oder. Zweitens sind leistungsgrundrechtliche Abwägungen nicht notwendig komplexer als abwehrrechtliche. Es gibt auch nicht komplexe Abwägungen von grundrechtlichen Leistungsrechten und komplexe Abwägungen von Abwehrrechten. Im Falle einer komplexen Abwägung eines Abwehrrechtsfalles käme jedoch niemand ernsthaft auf den Gedanken, sie könne nicht vom Richter geleistet werden.

cc) *Kein Recht auf alles*

Ein weiteres Argument rügt die Absurdität eines prima facie-„Rechts auf alles", das sich notwendig aus der Interpretation sozialer Grundrechte im Sinne eines Optimierungsgebots, als Anerkennung des Prinzips der faktischen Freiheit, ergebe.[74] Wie oben ausgeführt, liegt einem außentheoretischen Modell sozialer Grundrechte das Prinzip der faktischen Freiheit zugrunde. Fraglich ist, inwiefern das Prinzip der faktischen Freiheit zwangsläufig zu einem „Recht auf alles" führt. Dies kann in einem inhaltlichen oder einem strukturellen Sinne verstanden werden. Wenn damit im inhaltlichen Sinne gesagt werden soll, daß jedes außentheoretische Modell sozialer Grundrechte notwendig prima facie-Rechte auf völlig utopische, luxuriöse Zuwendungen des Staates gewährt, trifft der Einwand nicht zu. Im Sinne einer engen Tatbestandstheorie im Rahmen eines außentheoretischen Modells sozialer Grundrechte kann zum Beispiel das prima facie-Recht nur in Höhe eines bestimmten Prozentwertes des durchschnittlichen Lebens- und

---

71 Bleckmann, Staatsrecht II – Die Grundrechte[4], § 11, Rn 38.
72 Schuppert, Funktionell-rechtliche Grenzen der Verfassungsinterpretation, S. 39 ff.
73 Bleckmann, Staatsrecht II – Die Grundrechte[4], § 11, Rn 38.
74 Murswiek, HbStR V, § 112, Rn 93; Huster, Rechte und Ziele, S. 116 Anm. 237.

Versorgungsstandards eines einfachen Arbeitnehmers bestehen. Dies wäre dann kein „Recht auf alles". Ob ein eher weites oder enges prima facie-Recht anzunehmen ist, ist die Frage, ob eine weite oder enge Tatbestandstheorie sozialer Grundrechte vorzugswürdig ist.[75] Andererseits kann der Einwand in einem strukturellen Sinne interpretiert werden. Er besagt dann, daß grundrechtliche Handlungsgebote aus strukturellen Gründen, also unabhängig vom Inhalt, keine universellen Handlungsgebote darstellen können. Dies trifft jedoch, wie bereits gezeigt wurde, nicht zu.

dd) Die Unmöglichkeit umfassenden formellen Schutzes

Gegen die Möglichkeit eines außentheoretischen Modells wird ferner die Unmöglichkeit umfassenden formellen Schutzes geltend gemacht.[76] Wie bereits die Diskussion der Theorie Lübbe-Wolffs gezeigt hat, ist in außentheoretischen Modellen die Wirksamkeit von Einschränkungen nicht analytisch notwendig von formellen Kriterien abhängig. Die Diskussion um formelle Kriterien bei der Wirksamkeit der Einschränkung von grundrechtlichen Schutzrechten hat gezeigt, daß bei grundrechtlichen Leistungsrechten die Annahme von – wenn auch stark reduziertem – formellen Schutz durchaus vorzugswürdig sein kann.[77]

b) Argumente für ein außentheoretisches Modell

Allen Argumenten für ein außentheoretisches Modell sozialer Grundrechte ist gemeinsam, daß sie auf die Vorteile der Abwägung – welche mit dem außentheoretischen Modell notwendig verbunden ist – abstellen.[78]

Daß definitive soziale Grundrechte das Ergebnis einer Abwägung verschiedener kollidierender Rechte und Güter darstellen, kann anhand der klassischen definitiven Mindestposition dargelegt werden, die dem einzelnen weitgehend unstreitig zuerkannt werden: Dem Existenzminimum. Wie Rüdiger Breuer zutreffend betont, kann die Lösung bei sozialen Grundrechten nicht in vollständiger Ablehnung oder unbeschränkter Anerkennung bestehen, sondern nur in einer „Kompromißlösung".[79] Auf der einen Seite steht das Prinzip der faktischen Freiheit.[80] Es verlangt dringend die Gewährung des Existenzminimums, denn ohne materielle Lebensgrundlage kann keine rechtliche Freiheit ausgeübt werden. Eine wenigstens minimale Lebensgrundlage ist für den einzelnen außerordentlich wichtig.[81] Auf der anderen Seite stehen verschiedene Rechte und Güter.

---

75 Siehe 2. Teil, 3. Abschnitt, B. II. 5.
76 Lübbe-Wolff, Die Grundrechte als Eingriffsabwehrrechte, S. 228 ff.
77 Vgl. 2. Teil, 3. Abschnitt, B. I. 6. b).
78 Ausdrücklich eine Abwägung sehen vor: Alexy, Theorie der Grundrechte, S. 465 ff. und Bleckmann, Staatsrecht II – Die Grundrechte[4], § 11, Rn 53; vgl. auch Böckenförde, Die sozialen Grundrechte, S. 156, der eine Parallele zu den „Ermessensabwehransprüchen" sieht.
79 Breuer, Festgabe BVerwG, S. 93.
80 Zum Prinzip der faktischen Freiheit als Grundlage der sozialen Grundrechte siehe bereits eingangs 2. Teil, 3. Abschnitt, B. II. 1. a).
81 Demgegenüber sind Hochschulzugang für den Studienwilligen und Leistungen des Staates als Voraussetzung für die Forschung des Hochschullehrers zwar auch jeweils sehr wichtige Dinge, aber

Zunächst einmal muß alles, was der Staat an Leistungen gewährt, erst durch die Erhebung von Steuern beschafft werden. Dies ist weder tatsächlich noch rechtlich unbegrenzt möglich. Weiterhin steht die Kompetenz zur Entscheidung über die Verwendung der erhobenen Mittel grundsätzlich dem demokratisch unmittelbar legitimierten Parlament zu. Darüber hinaus wird durch die Erfüllung eines sozialen Grundrechts die Erfüllung der sozialen Grundrechte anderer erschwert, weil die ohnehin knappen finanziellen Mittel in noch geringerem Maße zur Verfügung stehen. Diese Rechte und Güter führen dazu, daß es regelmäßig der Initiative des einzelnen überlassen bleiben muß, durch eigene Leistung die Voraussetzungen für die Ausübung rechtlicher Freiheiten zu schaffen.

Andererseits kann der einzelne unverschuldet in die Lage kommen, nicht einmal für seine grundlegendsten Bedürfnisse selbst aufkommen zu können. Er hat dann ein dringendes Interesse, ein materielles Existenzminimum, ein Mindestmaß an medizinischer Versorgung, eine einfache Wohnung und Schul- und Berufsausbildung sowie jedenfalls eine Chance auf Hochschulzugang zu erhalten. Da lediglich ein Minimalstandard ausreicht, um das dringende Interesse zu befriedigen, werden Staatshaushalt und die Gestaltungsfreiheit des Gesetzgebers nur relativ gering betroffen.[82]

An weitergehenden staatlichen Zuwendungen hat der einzelne auch ein Interesse, wenn auch kein dringendes. Staatshaushalt, Gestaltungsfreiheit des Gesetzgebers und weitere Rechte und Güter würden in höherem Maße betroffen. Das geringere Interesse des einzelnen und das höhere Gewicht der kollidierenden Rechte und Güter führen dazu, daß die Abwägung dann nicht zugunsten des einzelnen ausfällt.

---

nicht so wichtig wie das Existenzminimum für den einzelnen. Ungleich weniger Bedeutung für den einzelnen als diese drei Dinge besitzt die Privatschulsubventionierung. Zwar kann der einzelne ein Interesse an der faktischen Freiheit haben, eine Privatschule zu betreiben, dieses Interesse ist jedoch objektiv eher gering. Im Vordergrund der Argumentation zur Privatschulsubventionierung stand im ersten Urteil des Bundesverfassungsgerichts denn auch nicht die faktische Freiheit potentieller Betreiber von Privatschulen, sondern das vom Grundgesetz vorgesehene private Ersatzschulwesen: Die für die Schulgesetzgebung zuständigen Länder hätten die Pflicht, „das private Ersatzschulwesen neben dem öffentlichen Schulwesen zu fördern und in seinem Bestand zu schützen" (BVerfGE 75, 40 (62)). Im zweiten Urteil zur Privatschulsubventionierung wird dagegen stärker auf die Betreiber abgestellt: „Es kann hier unerörtert bleiben, ob und welche Rechte sich aus der Garantie der Privatschule als Institution ... für den einzelnen Träger des Grundrechts aus Art. 7 Abs. 4 Satz 1 GG ergeben. Jedenfalls muß der Staat dagegen Vorsorge treffen, daß das Grundrecht als subjektives Recht wegen der seinem Träger durch Art. 7 Abs. 4 Satz 3 und 4 GG auferlegten Bindungen praktisch kaum noch wahrgenommen werden kann. Insofern kann sich über dessen Abwehrcharakter hinaus ein Anspruch auf staatliche Förderung ergeben ... (BVerfGE 90, 107 (114 f.)) Das zweite Urteil stellt deutlich klar, daß es um die faktische Freiheit des einzelnen und insofern um soziale Grundrechte geht. Dies ändert jedoch nichts daran, daß bei der Privatschulsubventionierung ein für soziale Grundrechte atypisch niedriges Interesse an faktischer Freiheit definitiv grundrechtlich geschützt ist. Der Förderungsanspruch beruht maßgeblich darauf, daß Art. 7 Abs. 4 GG eine Gewährleistung des Privatschulwesens entnommen wird. Staat und Gesellschaft profitieren vom privaten Ersatzschulwesen. Wäre die rechtliche Freiheit zur Errichtung und zum Betrieb von Ersatzschulen lediglich Bestandteil der allgemeinen Handlungsfreiheit gem. Art. 2 Abs. 1 GG und das private Ersatzschulwesen Staat und Gesellschaft nicht in hohem Maße förderlich, würde vermutlich niemand auf den Gedanken kommen, zugunsten der Ausübung dieser Freiheit des einzelnen definitive grundrechtliche Leistungsansprüche auch nur zu erwägen.

82 Vgl. Breuer, Festgabe BVerwG, S. 96.

aa) *Die Rekonstruktion des Überganges zu definitiven Rechten*

Sicher besteht eine der wichtigsten Fragen bei sozialen Grundrechten darin, wie dieser Kompromiß inhaltlich auszusehen hat. Die Antwort auf diese Frage hängt von fundamentalen Annahmen über verfassungsrechtliche Festsetzungen zur Verteilungsgerechtigkeit ab, denen hier kann nicht weiter nachgegangen werden kann. Es wurde schon mehrfach darauf hingewiesen, daß Rechtsprechung und Literatur von einer Kompromißlösung ausgehen. Sicher kann man, wie verbreitet praktiziert, soziale Grundrechte in der klassischen Form kategorisch ablehnen, und danach im Hinblick auf elementarste Bedürfnisse gerichtlich einklagbare grundrechtliche Ansprüche anerkennen. Anhand des Anspruchsinhalts und den Bedingungen, unter denen der Anspruch bestehen soll, kann man auch inhaltlich etwa ersehen, wie der Kompromiß zwischen den kollidierenden Rechten und Gütern inhaltlich aussieht. Doch damit bleibt offen, wie der Übergang zu definitiven subjektiven Rechten zu rekonstruieren ist. Sofern hierzu überhaupt etwas gesagt wird, wird dieser Übergang an die subjektiv/objektiv-Dichotomie geknüpft. Dies ist, wie bereits gezeigt wurde, nicht möglich.[83] Vielmehr besteht der Übergang in einem Übergang von prima facie-Positionen zu definitiven Positionen. Eine weitergehende leistungsrechtliche Position wird inhaltlich beschränkt. Nur in Fällen, in denen die faktische Freiheit einzelner eine staatliche Leistung sehr dringend fordert, und gegenläufige Rechte und Güter nur in geringem Maße betroffen sind, erweist sich die weitergehende leistungsrechtliche Position als nicht beschränkt und erstarkt zum definitiven Recht.

bb) *Der Wandel des Anspruchsinhalts*

Das Abwägungsmodell kann auch erklären, inwiefern das grundrechtlich geschuldete Existenzminimum sich mit der Zeit verändert.[84] Wenn die tatsächlichen Umstände, unter denen die gegenläufigen Prinzipien kollidieren, sich verändern, kann sich auch das Abwägungsergebnis verändern. In Zeiten des Überflusses muß ein Staat die drängenden sozialen Bedürfnisse befriedigen, bevor Prachtbauten errichtet werden dürfen.[85] Allerdings verringert sich auch mit der Verknappung der insgesamt zur Verfügung stehenden finanziellen Mittel das aus sozialen Grundrechten definitiv Geschuldete, so daß dann nur die sehr dringenden Bedürfnisse befriedigt werden müssen.

Änderungen des aus sozialen Grundrechten definitiv Geschuldeten müssen sich allerdings nicht notwendig auf die Höhe der tatsächlich gewährten Sozialleistungen aus-

---

83 Siehe 1. Teil, 3. Abschnitt, I. 2. b) dd).
84 Vgl. zur Wandelbarkeit des Existenzminimums Dürig in Maunz/Dürig, Art. 3 Abs. 1 GG, Rn 71 ff.; Breuer, Festgabe BVerwG, S. 97; Kunig in von Münch/Kunig[5], Art. 1 GG, Rn 30; Murswiek, HbStR V, § 112, Rn 108.
85 Vgl. Schwabe, Probleme der Grundrechtsdogmatik, S. 266 f., dem Gesetzgeber stehe ein Gestaltungsspielraum hinsichtlich der Verwendung der finanziellen Mittel zu, nicht aber freies Belieben: „Aus der Perspektive dieser Grundrechte (Art. 1 Abs. 1 Satz 2, Art. 2 Abs. 2 Satz 1 GG, M.B.) kann es beispielsweise keine Freiheit geben, dringend benötigte 400.000.- DM für ein Spastikerzentrum zu verweigern, aber – wie unlängst geschehen – annähernd dieselbe Summe allein für ein Trainingszentrum zum Bobschlittenstart auszuwerfen."

wirken. Ein Rechtssystem kann einfachrechtliche Leistungsansprüche vorsehen, die ein ganzes Stück weit über dem grundrechtlich definitiv geschuldeten Minimum liegen, wie das Bundessozialhilfegesetz in der Bundesrepublik Deutschland.[86] Wenn das grundrechtlich definitiv geschuldete Minimum ansteigt, aber immer noch unterhalb des einfachrechtlichen Niveaus liegt, werden früher freiwillig gewährte Leistungen zu verfassungsrechtlich zwingend geschuldeten Leistungen.[87] Zwingende Änderungen des einfachrechtlichen Leistungsniveaus ergeben sich erst, wenn das verfassungsrechtlich definitiv Geschuldete über das einfachrechtlich Gewährte ansteigt.

cc) *Die Offenheit für verschiedene normative Konzeptionen*

Ein weiterer Vorteil des außentheoretischen Abwägungsmodells besteht darin, daß es mit einem breiten Spektrum normativer Konzeptionen vereinbar ist. Ausgenommen sind lediglich Fanatiker. Dies betrifft auf der einen Seite libertäre Fanatiker, die es etwa nicht als grundrechtlich geboten ansehen, Verhungernde vor dem Tod zu retten, auf der anderen fanatische Sozialstaatler, die bedingungslos und ohne Rücksicht auf den Staatshaushalt utopische Leistungen als grundrechtlich geboten ansehen. Erstere leugnen die Geltung des grundrechtlichen Prinzips der faktischen Freiheit, letztere betrachten es als absolutes Prinzip. Wer jedoch der faktischen Freiheit des einzelnen einen – sei es auch noch so geringen – Wert an sich, aber keinen absoluten Wert, beimißt, betritt das Feld der Abwägung. Ob in einem konkreten Fall dem einzelnen ein definitiver Anspruch aus sozialen Grundrechten zukommt, entscheidet sich mit der Gewichtung der kollidierenden Rechte und Güter. Eher libertär orientierte Personen werden andere Vorrangrelationen festsetzen als überzeugte Sozialisten. Die Diskussion ist aber eine Diskussion um Vorrangrelationen innerhalb ein und desselben dogmatischen Modells, es stehen sich nicht strukturell unvereinbare dogmatische Modelle gegenüber.

dd) *Das Rationalitätsargument*

Ein Abwägungsmodell sagt nicht, wie die erforderlichen normativen Prämissen begründet werden können. Das Abwägungsmodell zeigt aber auf, welche normativen und empirischen Prämissen zu begründen sind. Dies erlaubt eine Entscheidung der normativen Probleme auf dem analytisch derzeit höchstmöglichen Niveau.[88] Gegenüber der ad hoc-Behauptung, etwas sei gerichtlich einklagbarer Inhalt eines sozialen Grundrechts oder nicht, ist ein Abwägungsmodell fraglos vorzugswürdig.

---

86 Kunig in von Münch/Kunig[5], Art. 1 GG, Rn 30; Starck in von Mangoldt/Klein/Starck[5], Art. 1 Abs. 1 GG, Rn 41; vgl. Schwabe, Probleme der Grundrechtsdogmatik, S. 265.
87 Insoweit kann man sagen, das einfache Gesetz wirke hinsichtlich des verfassungsrechtlich geschuldeten Minimums nicht konstitutiv, sondern deklaratorisch, Grimm, Rückkehr zum liberalen Grundrechtsverständnis, S. 239.
88 Vgl. bereits 1. Teil, 2. Abschnitt, III. 3.

c) Ergebnis

Ein außentheoretisches Modell der sozialen Grundrechte ist innentheoretischen Modellen überlegen.[89]

5. Enge oder weite Tatbestandstheorie sozialer Grundrechte

Damit stellt sich die Frage, welcher Standard faktischer Freiheit durch soziale Grundrechte prima facie geboten ist. Eine enge Tatbestandstheorie sozialer Grundrechte verwendet bei der Bestimmung des prima facie-Rechts ein einschränkendes Kriterium. Dieses wird sich an einem bestimmten Niveau eines ausgewählten Lebensstandards orientieren. In Betracht kommt ein festgelegter Bruchteil des durchschnittlichen Lebensstandards oder des Lebensstandards einer ausgewählten Personengruppe. Eine weite Tatbestandstheorie verzichtet dagegen auf jedes einschränkende Kriterium, womit auch ausgesprochen luxuriöse Grundrechtsausübungen prima facie faktisch zu ermöglichen sind.

In der Diskussion um soziale Grundrechte wird zwar zwischen „Optimalstandard" und „Minimalstandard" faktischer Freiheit unterschieden,[90] dies betrifft jedoch eher das Problem der Reichweite definitiver Positionen. Ausdrückliche Erörterungen, welche Tatbestandstheorie vorzuziehen ist, finden sich praktisch nicht. Dennoch werden einige Argumente vorgebracht, die für das Problem der Reichweite des prima facie-Schutzes von Bedeutung sind.

a) Das Unredlichkeitsargument

Das Unredlichkeitsargument besagt, daß eine weite Tatbestandstheorie zu leeren Versprechungen führt. Aufgrund der begrenzten finanziellen Mittel des Staates und kollidierender Rechte und Güter werde der Anspruch auf weitreichende staatliche Leistungen ohnehin weitgehend beschränkt, womit die erweckten hohen Erwartungen notwendig enttäuscht werden. Zunächst hohe Erwartungen zu wecken und dann zu enttäuschen, sei unredlich.[91]

Man kann dieses Argument bereits als Argument gegen die Außentheorie in jeglicher Form ansehen,[92] nicht erst als Argument gegen die Außentheorie in Form der weiten Tatbestandstheorie. Es trifft jedoch besonders die Außentheorie in der Form der weiten

---

89 Es kann schematisiert werden wie folgt. „Wenn FFx und Ux und nicht GSx, dann Rx". Dies ist zu lesen als: Jede staatliche Handlung „x", die die faktische Freiheit des einzelnen fördert („FFx") und die noch nicht vorgenommen wurde („Ux"), ist, wenn das Grundrecht im Hinblick auf diese Handlung nicht wirksam beschränkt ist („¬GSx"), definitiv vorzunehmen („Rx"). Logisch formalisiert (x)((FFx ∧ Ux) ∧ ¬GSx ↔ ORx), vgl. insgesamt 2. Teil, 3. Abschnitt, B. II. 4.
90 Breuer, Festgabe BVerwG, S. 94; Murswiek, HbStR V, § 112, Rn 98.
91 Badura, Der Staat 14 (1975), S. 25; Isensee, Der Staat 19 (1980), S. 382 f.; Lücke, AöR 107 (1982), S. 38 ff.; Nebendahl, RdA 1992, S. 262; Rupp, AöR 101 (1976), S. 177; Vitzthum, ZfA 1991, S. 701 Anm. 20, S. 708; Wipfelder, ZRP 1986, S. 149; Zielke, RdA 1992, S. 190.
92 Das Unredlichkeitsargument wird denn auch als Argument gegen die Außentheorie vorgebracht, vgl. bereits 2. Teil, 3. Abschnitt, A. I. 2. h).

Tatbestandstheorie. Je mehr prima facie geschützt ist und dann zum definitiven Nicht-Recht beschränkt wird, desto eher sind enttäuschte Erwartungen zu befürchten. Von einer Unredlichkeit kann aber nur gesprochen werden, wenn mehr versprochen als gehalten wird. Wer die Außentheorie in Form der weiten Tatbestandstheorie als Versprechen weitgehender staatlicher Leistungen versteht, nimmt eine inhaltliche Interpretation vor. Ob diese Interpretation zutrifft, hängt davon ab, ob die weite Tatbestandstheorie als Konstruktionstheorie oder normative Theorie gedeutet wird. Dies gilt nur dann, wenn eine weite Tatbestandstheorie im Sinne einer normativen Theorie verstanden wird, was weder analytisch notwendig noch inhaltlich vorzugswürdig ist.

b) Das Argument der strukturellen Unmöglichkeit

Die strukturelle Unmöglichkeit einer weiten Tatbestandstheorie sozialer Grundrechte behauptet, wer auf die notwendige Begrenztheit staatlicher Leistungen abstellt. In diesem Sinne führt Carl Schmitt zu sozialen Grundrechten aus:

> „Sie können nicht unbegrenzt sein, denn jedes Recht auf die Leistung eines Andern ist begrenzt, jedenfalls aber ein Recht Aller auf Leistungen des Staates. Derartige Rechte setzen eine staatliche Organisation voraus, welcher der berechtigte Einzelne eingefügt wird. Dadurch ist sein Recht bereits relativiert. Es ist bedingt und zwar von einer das Individuum erfassenden, ihm seinen Platz anweisenden, seinen Anspruch zumessenden und rationirenden Organisation. Wenn ein Verfassungsgesetz das ‚Recht auf Arbeit' proklamiert, so kann damit kein prinzipiell unbegrenztes Recht gemeint sein."[93]

Ein außentheoretisches Recht „an sich" muß jedoch lediglich schrankenlos vorstellbar sein, nicht schrankenlos in der realen Welt existieren können.[94] Schmitt legt lediglich dar, daß definitive Rechte nicht unbeschränkt vorstellbar sind.

c) Das Argument der fehlenden legitimierenden Kraft

Dieses Argument fragt nach dem Sinn eines prima facie-Rechts, das in nahezu allen Anwendungsfällen beschränkt ist. Definitive Ansprüche aus sozialen Grundrechten kommen aufgrund des Gewichts der regelmäßig kollidierenden Rechte und Güter ernstlich nur in Ausnahmekonstellationen in Betracht. Dann kann man weiter argumentieren, es reiche doch aus, lediglich das Anspruchsniveau prima facie zu gewährleisten, in dessen Höhe ernsthaft definitive Ansprüche aus sozialen Grundrechten in Betracht kommen. Ein derartiges normatives Verständnis der Außentheorie liegt den Ausführungen von Michael Sachs zugrunde, wenn er für ein außentheoretisches Modell sozialer Grundrechte eine „Strukturierung anhand ‚eigentlich' relevanter Nichtleistungen und ausnahmsweise durchgreifender Rechtfertigungen" verlangt.[95]

---

93 Schmitt, Verfassungslehre, S. 169; vgl. von Mangoldt/Klein, Das Bonner Grundgesetz, Bd. 1, S. 74.
94 Siehe 2. Teil, 3. Abschnitt, A. I. 2. c).
95 Stern, Das Staatsrecht der Bundesrepublik Deutschland, Bd. 3/2, S. 221.

Andererseits stößt die Bestimmung des Bereichs, in dem „ernsthaft" definitive Ansprüche in Betracht kommen, auf Schwierigkeiten. Die Gefahr bei einer engen Tatbestandstheorie besteht in erster Linie darin, daß Grundrechtsfälle mit einer abstrakten Tatbestandsbeschreibung vom prima facie-Schutz ausgenommen werden, in denen unter besonderen Bedingungen dennoch definitiver Schutz geboten ist. Um dieses Risiko möglichst klein zu halten, darf eine „enge" Tatbestandstheorie nicht „allzu eng" gefaßt werden. Wenn Zweifel darüber bestehen, ob eine staatliche Leistung prima facie geschuldet ist, ist von einem prima facie-Recht auszugehen. Damit kommt man einer weiten Tatbestandstheorie schon recht nahe.

Zudem verliert eine weite Tatbestandstheorie den Schrecken des uferlosen Anspruchsinhalts,[96] wenn im Interesse der Effizienz praktischer Fallbearbeitung eine **praktische Grenze** eingeführt wird. Sie mag etwa dort liegen, wo sich auch Konzeptionen enger Tatbestandstheorien finden. Zusätzlich kann darüber hinaus zwischen **aktuellen und potentiellen Grundrechtsfällen** unterschieden werden. Es wurde bereits bei der Untersuchung grundrechtlicher Schutzrechte festgestellt, daß eine weite Tatbestandstheorie in Verbindung mit einer praktischen Grenze alle Vorteile der engen Tatbestandstheorie aufweist, aber ohne ihre Nachteile.[97]

Dieser Vorteil ist je größer, desto größer die Gefahr ist, durch eine enge Tatbestandstheorie in Grundrechtsfällen prima facie-Schutz zu versagen, obwohl sich bei einer Abwägung definitiver Schutz ergeben könnte. Es ist einzuräumen, daß diese Gefahr bei sozialen Grundrechten aufgrund des in vielen Fällen geringeren Gewichts faktischer Freiheit tendenziell kleiner ist als bei Abwehrrechten oder grundrechtlichen Schutzrechten. Im Hinblick auf das Verhältnis von prima facie-Recht und definitivem Recht stellen die sozialen Grundrechte gewiß einen Grenzfall dar, insofern das prima facie-Recht auf staatliche Leistungen im Interesse faktischer Freiheit in fast allen Anwendungsfällen vollständig beschränkt ist.

Grundrechtliche Prinzipien lassen sich nach ihrem abstrakten Gewicht und der Häufigkeit ihrer Beschränkung abstufen. Auf der einen Seite des Extrems stehen die Grundrechtspositionen, die aufgrund ihres außerordentlich hohen Gewichts nur unter besonderen Umständen eingeschränkt werden können, wie etwa die Menschenwürde gem. Art. 1 Abs. 1 GG.[98] Prima facie-Recht und definitives Recht sind

---

96 Diesem Schrecken wird in aller Regel durch die Aufzählung luxuriöser Grundrechtsausübungen Ausdruck verliehen, deren Ermöglichung als staatlich geschuldet zu gelten hätte. Zugunsten der Ermöglichung der „freien Entfaltung der Persönlichkeit" wären Tennisstunden oder eine Studienreise nach China geschuldet, Murswiek, HbStR V, § 112, Rn 93. Aus der grundrechtlichen Gewährleistung der Freizügigkeit gem. Art. 11 GG hätte ein Anspruch auf Zurverfügungstellung eines Volkswagens zu folgen, Ossenbühl, NJW 1976, S. 2104. Ein wenig bescheidener schon Albert Bleckmann, der nach einem „(Farb-)Fernsehgerät" und der „Möglichkeit eines Urlaubs auf Mallorca" fragt, Bleckmann, Staatsrecht II – Die Grundrechte[4], § 11, Rn 37. Insgesamt sei der Anspruchsinhalt nur durch die Phantasie der jeweiligen Grundrechtsinterpreten begrenzt, Martens, VVDStRL 30 (1972), S. 33. Vgl. auch Borowski, Die Glaubens- und Gewissensfreiheit des Grundgesetzes, S. 618.
97 Siehe 2. Teil, 3. Abschnitt, B. I. 4., zur praktischen Grenze des Tatbestandes insbesondere 2. Teil, 3. Abschnitt, B. I. 4. d) bb).
98 Zur Einschränkbarkeit der Menschenwürde gem. Art. 1 Abs. 1 GG siehe bereits 2. Teil, 3. Abschnitt, A. II. 2. a).

fast immer deckungsgleich, woraus der Eindruck der Unbeschränkbarkeit folgt. Gleichsam die Normalfälle der Außentheorie sind die speziellen Abwehrrechte, die in einigen Fällen definitive Freiheiten gewähren, in anderen nicht. Für denjenigen, der die Außentheorie in einem normativen Sinne versteht,[99] fangen die Probleme dann bereits bei der allgemeinen Handlungsfreiheit gem. Art. 2 Abs. 1 GG an. Aus der Perspektive der allgemeinen Handlungsfreiheit gewinnen große Teile der Rechtsordnung den Charakter eines rechtfertigungsbedürftigen Freiheitseingriffs. Versteht man die grundrechtlichen Schutzrechte als außentheoretische Rechte, wird der nächste große Schritt in Richtung auf das Verständnis im Sinne einer Konstruktionstheorie hin gemacht. Bei Abwehrrechten reicht die Untersuchung einer einzigen positiven Handlung, die der Staat möglicherweise hätte unterlassen müssen, aus. Bei grundrechtlichen Leistungsrechten im weiteren Sinne sind dagegen grundsätzlich alle fördernden Handlungen zu erwägen, nicht nur eine. Im Hinblick auf alle fördernden Handlungen, die nicht definitiv vorgenommen werden müssen, ist das Schutzrecht beschränkt. Eine Steigerung erfährt dieses Auseinanderfallen von prima facie-Schutz und definitivem Schutz dann bei sozialen Grundrechten, die sich noch weitaus seltener als grundrechtliche Schutzrechte zu definitiven Positionen verdichten.[100]

Wenn man im Sinne einer engen Tatbestandstheorie von einem halbwegs bescheidenen Niveau des prima facie Gebotenen ausgeht, und diesen Anspruch als regelmäßig beschränkt ansieht, ist ein mangelhaft gerechtfertigtes grundrechtliches Urteil kaum zu erwarten. Dieses könnte nur eintreten, wenn ein definitiver grundrechtlicher Anspruch auf das Existenzminimum oberhalb des des erwähnten halbwegs bescheidenen Niveaus besteht. Angesichts der hohen Bedeutung der kollidierenden formellen und materiellen Prinzipien dürften derartige Ansprüche unter heute absehbaren Bedingungen jedoch nur in ganz besonderen Ausnahmekonstellationen entstehen können. Andererseits sollte man nicht übersehen, daß eine weite Tatbestandstheorie den Vorteil der konsequenten Konstruktion besitzt und bei Anerkennung einer praktischen Grenze ebenfalls gleichermaßen eine effiziente Fallbearbeitung gewährleistet.

d) Das Rationalitätsargument

Eine weite Tatbestandstheorie verwirklicht die Vorteile einer Außentheorie im Grundsatz in höherem Maße als eine enge Tatbestandstheorie.[101] Angesichts des deutlich geringen generellen Gewichts der Prinzips der faktischen Freiheit wirkt sich der Gewinn an Begründungsrationalität einer weiten Tatbestandstheorie gegenüber einer engen zwar nicht in allzu vielen Fällen praktisch aus, kann in den Fällen, in denen es darauf ankommt, aber entscheiden.

---

99 Siehe 1. Teil, 1. Abschnitt, III. 1. b).
100 H. H. Klein, DVBl. 1994, S. 497.
101 Siehe 2. Teil, 3. Abschnitt, A. I. 3. f).

e) Ergebnis

Eine weite Tatbestandstheorie grundrechtlicher Schutzrechte ist gegenüber einer engen Tatbestandstheorie vorzuziehen.[102] Im Interesse der effizienten Fallbearbeitung ist allerdings bei der Grundrechtsprüfung eine praktische Grenze des Anspruchsniveaus zu berücksichtigen. Diese genauer zu bestimmen, ist die Aufgabe einer Dogmatik der sozialen Grundrechte. Dabei wird man von einem halbwegs bescheidenen materiellen Lebensniveau, einer einfachen medizinischen Versorgung und einer einfachen Schul- und Berufsbildung ausgehen können.

6. Grundrechtliche Eingriffsermächtigung bei sozialen Grundrechten

Ebenso wie bei den grundrechtlichen Schutzrechten ist auch bei sozialen Grundrechten von einer ungeschriebenen grundrechtlichen Eingriffsermächtigung auszugehen.[103]

7. Die Kriterien für die Wirksamkeit von Schranken für soziale Grundrechte

Auch bei sozialen Grundrechten hängt die Wirksamkeit von Schranken von materiellen Kriterien und gegebenenfalls zusätzlich von formellen Kriterien ab.[104]

a) Materielle Kriterien der Wirksamkeit von Schranken sozialer Grundrechte

Die materiellen Kriterien der wirksamen Beschränkung sozialer Grundrechte bestehen in der Beachtung des Untermaßverbots[105] und der sonstigen materiellen Aussagen der Verfassung. Die Wesensgehaltsgarantie gem. Art. 19 Abs. 2 GG erschöpft sich auch bei sozialen Grundrechten in der Verhältnismäßigkeit in Form des Untermaßverbots.

In der erforderlichen Abwägung im Hinblick auf alle Handlungen, welche die faktische Freiheit des einzelnen fördern, sind auf der einen Seite das Prinzip der faktischen Freiheit, auf der anderen Seite kollidierende formelle und materielle Prinzipien zu berücksichtigen. Mit formellen Prinzipien wird das Prinzip der Gestaltungsfreiheit des demokratisch legitimierten Gesetzgebers normativ in der Abwägung abgebildet. Damit kann dem wohl am häufigsten vorgetragenen Einwand gegen die Anerkennung sozialer Grundrechte – der befürchteten unangemessenen Machtverschiebung von der Legislati-

---

102 Hinsichtlich der staatlichen Handlungen, die die Realisierung des Optimierungsgegenstandes des Prinzips der faktischen Freiheit darstellen oder fördern, „FFx", ist daher keinerlei einschränkendes Kriterium anzuerkennen.
103 Vgl. 2. Teil, 3. Abschnitt, B. I. 5. b).
104 Die wirksame Grundrechtsschranke wird im außentheoretischen Schema sozialer Grundrechte „Wenn FFx und Ux und nicht GSx, dann Rx" durch „GSx" repräsentiert (logisch formalisiert entspricht dem $(x)((FFx \land Ux) \land \neg GSx \leftrightarrow ORx))$. Eine wirksame Grundrechtsschranke „GSx" liegt in staatlichem Unterlassen, wenn es die materiellen („MSozx") und formellen Kriterien („FSozx") der Einschränkung sozialer Grundrechte erfüllt (logisch formalisiert $GSx \leftrightarrow (FSozx \land MSozx)$). Vgl. 2. Teil, 3. Abschnitt, B. II. 4. sowie die Parallele bei den grundrechtlichen Schutzrechten, 2. Teil, 3. Abschnitt, B. I. 3., 2. Teil, 3. Abschnitt, B. I. 6.
105 Siehe 2. Teil, 1. Abschnitt, II. 2. b).

ve zur Judikative – angemessen Rechnung getragen werden. In der allgemeinen Form dieses Einwandes wird eine Verletzung der grundgesetzlich vorgesehenen Gewaltenteilung befürchtet,[106] in seiner speziell auf die finanziellen Mittel des Staates bezogenen Form eine verfassungsrechtliche und verfassungsrichterliche Festlegung der Haushaltspolitik.[107] Das Abwägungsergebnis bei sozialen Grundrechten kann die Gewaltenteilung damit gar nicht verletzen, weil diese in der Abwägung angemessen berücksichtigt wird.

Ähnliches gilt in materieller Hinsicht für die Abwehrrechte anderer, die mit der übermäßigen Anerkennung sozialer Grundrechte verletzt würden.[108] Verwandt ist das Argument, der Staat besitze nur in Form eines totalitären Regimes die Verfügungsbefugnis über das Anspruchsobjekt.[109] Doch auch hier gilt, daß kollidierende individuelle Rechte in der Abwägung berücksichtigt werden, also nicht verletzt werden können.

Einen ganz besonderen Stellenwert nimmt bei sozialen Grundrechten das Argument der Finanzierbarkeit ein. Selbst wenn nur in geringer Höhe definitive Positionen anerkannt werden, können soziale Grundrechte, die von vielen in Anspruch genommen werden, in erheblichem Maße finanzwirksam sein. Um den Staatshaushalt nicht zu überfordern, sollen soziale Grundrechte unter einem „Vorbehalt des Möglichen" stehen. Nach dem Bundesverfassungsgericht stehen Teilhaberechte

> „Auch soweit Teilhaberechte nicht von vornherein auf das jeweils Vorhandene beschränkt sind, stehen sie doch unter dem Vorbehalt des Möglichen im Sinne dessen, was der Einzelne vernünftigerweise von der Gesellschaft beanspruchen kann".[110]

In diesem „Vorbehalt des Möglichen" bei sozialen Grundrechten wird eine gefährliche Relativierung der Bindungskraft aller Grundrechte gesehen, die sogar die Bindungskraft der klassischen Abwehrrechte in Mitleidenschaft zu ziehen drohe.[111] Dieser Vorbehalt des Möglichen in finanzieller Hinsicht stellt jedoch auch eine Begrenzung der anderen Grundrechtsfunktionen dar, ohne daß dort eine unangemessene Relativierung der Bin-

---

106 Bieback, EuGRZ 1985, S. 604; Breuer, Festgabe BVerwG, S. 93; Brohm, JZ 1994, S. 216; Brunner, Die Problematik der sozialen Grundrechte, S. 19; Forsthoff, VVDStRL 12 (1954), S. 20 f.; K. Hesse, Grundzüge des Verfassungsrechts[20], Rn 289; Herzog in Maunz/Dürig, Art. 20 GG, VIII, Rn 50; Isensee, Der Staat 19 (1980), S. 379; Martens, VVDStRL 30 (1972), S. 35 f.; J. P. Müller, ZSR 92 (1973), S. 853; Murswiek, HbStR V, § 112, Rn 95; von Mutius, VerwArch 64 (1973), S. 191; Tomandl, Festschrift Wannagat, S. 636; Wildhaber, Gedächtnisschrift Imboden, S. 389.
107 Böckenförde, Die sozialen Grundrechte, S. 152; Lübbe-Wolff, Die Grundrechte als Eingriffsabwehrrechte, S. 39; Denninger in AK[3], vor Art. 1 GG, Rn 27; Haverkate, Rechtsfragen des Leistungsstaates, S. 104; Jarass, AöR 110 (1985), S. 389; ders. in Jarass/Pieroth[8], Vorb. vor Art. 1 GG, Rn 8; Nebendahl, ZRP 1991, S. 262; Starck in von Mangoldt/Klein/Starck[5], Art. 1 Abs. 3 GG, Rn 188.
108 Isensee, Der Staat 19 (1980), S. 379 f.; H. H. Klein, Festschrift Weber, S. 657 ff.; Lücke, AöR 107 (1982), S. 40; Martens, VVDStRL 30 (1972), S. 33; Nebendahl, ZRP 1991, S. 263; Brohm, JZ 1994, S. 216; Rüfner, Festschrift Wannagat, S. 389; Zielke, RdA 1992, S. 189.
109 Isensee, Der Staat 19 (1980), S. 379 f.; Brunner, Die Problematik der sozialen Grundrechte, S. 14 ff.; Haverkate, Rechtsfragen des Leistungsstaates, S. 109; Stern, Das Staatsrecht der Bundesrepublik Deutschland, Bd. 3/2, S. 1488; vgl. Bleckmann, Staatsrecht II – Die Grundrechte[4], § 11, Rn 40; Denninger in AK[3], vor Art. 1 GG, Rn 27; H. Dreier in Dreier[2], Vorb., Rn 81.
110 BVerfGE 33, 303 (333); vgl. BVerfGE 75, 40 (68); 90, 107 (116).
111 Böckenförde, Die sozialen Grundrechte, S. 154 Anm. 19; Lücke, AöR 107 (1982), S. 38 ff.; Isensee, Der Staat 19 (1980), S. 381 f.; Pieroth/Schlink, Grundrechte – Staatsrecht II[21], Rn 92.

dungskraft der Grundrechte zu beobachten wäre. Zwar sind grundrechtliche Schutzrechte nicht in jedem Fall in hohem Maße kostenträchtig. Wenn ein grundrechtliches Schutzrecht durch ein bloßes Verbotsgesetz erfüllt werden kann, wird der Staatshaushalt nur gering belastet. Sie können aber in hohem Maße finanzwirksam sein. Nach Auffassung des Bundesverfassungsgerichts verpflichten der Schutz des ungeborenen Lebens, der Schutzauftrag für Ehe und Familie (Art. 6 GG) und die Gleichstellung von Mann und Frau in der Teilhabe am Arbeitsleben (vgl. Art. 3 Abs. 2 GG sowie Art. 3, 7 des Internationalen Paktes über wirtschaftliche, soziale und kulturelle Rechte vom 19. Dezember 1966 (BGBl. 1973 II, S. 1570) den Staat, die Grundlagen dafür zu schaffen, daß Familientätigkeit und Erwerbsleben aufeinander abgestimmt werden können.[112] Dies setzt unter vielem anderem voraus, daß ausreichend Kindergartenplätze vorhanden sind. Aus grundrechtlichen Schutzrechten für den nasciturus folgt somit ein Anspruch auf einen Kindergartenplatz. Aus der Perspektive der Mutter geht es bei einem Anspruch auf einen Kindergartenplatz dagegen um die Erfüllung eines sozialen Grundrechts.[113] Wenn kein Kindergartenplatz verfügbar ist, kann sie ihre Erwerbstätigkeit nicht oder nur schwer ausüben. Ihre faktische Freiheit, einen Beruf auszuüben, ist stark gemindert. Aus der Perspektive des sozialen Grundrechts steht der Anspruch auf einen Kindergartenplatz ebenso unter dem finanziellen Vorbehalt des Möglichen wie aus der Perspektive des grundrechtlichen Schutzrechts.

Aber auch Abwehrrechte im klassischen Sinne können erhebliche finanzielle Belastungen des Staatshaushalts bewirken.[114] Das Bundesverfassungsgericht stellt daher im Beschluß zur Arbeitnehmerüberlassung klar, daß auch Abwehrrechte im klassischen Sinne unter dem Vorbehalt des finanziell Möglichen stehen. Durch § 12a AFG wurde die gewerbsmäßige Arbeitnehmerüberlassung in Betrieben des Baugewerbes für Arbeiten, die üblicherweise von Arbeitern verrichtet werden, untersagt. Der Gesetzgeber verfolgte mit dem Verbot das Ziel, die illegale Arbeitnehmerüberlassung zu bekämpfen. § 12a AFG stellt einen Eingriff in die Berufsausübungsfreiheit der Verleiher dar.[115] Die Verleiher machten geltend, das generelle Verbot sei nicht erforderlich. Mit wirksameren Kontrollen auf den Baustellen – ermöglicht durch eine deutliche Aufstockung der personellen und sächlichen Mittel der Bundesanstalt für Arbeit –, mit verbesserten Überwachungsmöglichkeiten sowie der Einführung eines Bau- oder Leiharbeiterpasses stünden mildere und gleich geeignete, wenn nicht sogar effektivere Mittel zur Verfügung. Im Rahmen der Überprüfung der Erforderlichkeit des § 12a AFG führt das Bundesverfassungsgericht aus:

„Wenngleich Grundrechte nicht nur nach Maßgabe dessen bestehen, was an Verwaltungseinrichtungen vorhanden ist (vgl. BVerfGE 15, 288 [296]; 33, 303 [332 f.]; 34, 369

---

112 BVerfGE 88, 203 (260).
113 Vgl. Isensee, DVBl. 1995, S. 2.
114 Lübbe-Wolff, Die Grundrechte als Eingriffsabwehrrechte, S. 39 f.; Roth, Faktische Eingriffe in Freiheit und Eigentum, S. 437; R. Schneider, AöR 89 (1964), S. 46 f. Vgl. auch Alexy, Theorie der Grundrechte, S. 466.
115 BVerfGE 77, 84 (106).

[380 f.]), kann der Einzelne im Blick auf seine Gemeinschaftsbezogenheit und Gemeinschaftsgebundenheit (vgl. BVerfGE 65, 1 [44] m.w.N.) doch nicht erwarten, daß zur Vermeidung grundrechtsbeschränkender Maßnahmen mit dem Ziel der Bewältigung sozialer Mißstände die nur begrenzt verfügbaren öffentlichen Mittel über das vernünftigerweise von der Gesellschaft erwartbare Maß hinaus zum Ausbau der für die Bekämpfung dieser Mißstände zuständigen Behörde verwendet werden".[116]

Dies legt nahe, daß der finanzielle Vorbehalt des Möglichen bei allen Grundrechtsfunktionen eine Rolle spielen kann. Daß er bei sozialen Grundrechten mit großer Regelmäßigkeit von Bedeutung ist, bei anderen Grundrechtsfunktionen dagegen in vielen Fällen zurücktritt, rechtfertigt keine kategorische Unterscheidung. Bei jeder grundrechtlichen Abwägung können die finanziell begrenzten Mittel des Staates in der Abwägung relevant werden.

Die Struktur der Prüfung des Untermaßverbots wurde bereits dargestellt.[117] Soziale Grundrechte legen den Staat ein Stück weit auf die Verfolgung eines bestimmten Zweckes fest, und zwar die Gewährleistung faktischer Freiheit:

„Das tangiert die Gewaltenteilung nicht wesentlich, sondern erinnert nur an die verfassungsrechtliche Verpflichtung, nicht die Behebung elementarer Not hinter Extravaganzen zurückzusetzen".[118]

Grundsätzlich ist jede staatliche Handlung, die die Realisierung der faktischen Freiheit des einzelnen fördert, prima facie geboten. In der praktischen Fallbearbeitung sind allerdings nur die staatlichen Handlungen ernsthaft zu erwägen, die eine Bedürftigkeit jenseits einer praktischen Grenze des Tatbestandes erfüllen. In der Prüfung des Untermaßverbots wird festgestellt, ob eine der prima facie gebotenen staatlichen Handlungen definitiv geboten ist. Im Rahmen der Abwägung sind angemessene Spielräume zu berücksichtigen.[119]

b) Formelle Kriterien der Wirksamkeit von Schranken sozialer Grundrechte

Auch hinsichtlich der formellen Kriterien kann grundsätzlich auf das zu den grundrechtlichen Schutzrechten Ausgeführte verwiesen werden.[120] Aufgrund des geringeren generellen Gewichts des Prinzips der faktischen Freiheit wird jedoch die Vorenthaltung einer Leistung erheblich seltener „wesentlich" im Sinne der Wesentlichkeitstheorie des Bundesverfassungsgerichts sein. Formeller Schutz wird damit nur ausgesprochen selten erheblich sein. Ebenso wie bei grundrechtlichen Schutzrechten führt ein Verstoß gegen formelle Kriterien der Wirksamkeit der Schranken sozialer Grundrechte nicht ipso iure zur Leistungsgewährung oder definitiven Verpflichtung zur Leistungsgewährung.

---

116 BVerfGE 77, 84 (110 f.).
117 Siehe 2. Teil, 1. Abschnitt, II. 2. b).
118 Schwabe, Probleme der Grundrechtsdogmatik, S. 267.
119 Vgl. zu Spielräumen bereits 1. Teil, 2. Abschnitt, III. 4.
120 Siehe 2. Teil, 3. Abschnitt, B. I. 6. b).

8. Zusammenfassung

Soziale Grundrechte stellen bindende, umfassend subjektivierte prima facie-Rechte auf staatliche Leistungen im Interesse faktischer Freiheit des einzelnen dar. In der fundamentalen dogmatischen Struktur folgen sie der Außentheorie. In der Vorenthaltung einer staatlichen Leistung, die die faktische Freiheit des einzelnen fördert, liegt ein Eingriff in soziale Grundrechte. Er ist gerechtfertigt, wenn die kollidierenden formellen und materiellen Prinzipien in der erforderlichen Abwägung ein höheres Gewicht aufweisen. Zu den formellen Prinzipien gehört insbesondere die Gestaltungsfreiheit des demokratisch legitimierten Gesetzgebers, zu den materiellen vor allem die Knappheit der finanziellen Mittel des Staates. Angesichts des geringen generellen Gewichts des Prinzips der faktischen Freiheit und des hohen generellen Gewichts der regelmäßig kollidierenden Prinzipien sind soziale Grundrechte nur in ganz besonderen Ausnahmefällen nicht beschränkt. Eine staatliche Leistung ist durch soziale Grundrechte nur in den Ausnahmekonstellationen definitiv grundrechtlich geboten, in denen das Prinzip der faktischen Freiheit sie sehr dringend fordert und gegenläufige formelle und materielle Prinzipien nur geringfügig beeinträchtigt werden. Dies trifft für das materielle Existenzminimum, eine einfache medizinische Versorgung, eine einfache Unterkunft sowie eine Mindestschul- und Mindestberufsausbildung zu. Von diesen besonderen Ausnahmekonstellationen abgesehen, muß der einzelne die Voraussetzungen der Ausübung rechtlicher Freiheiten daher durch seine eigene Leistung herstellen.

9. Die Prüfungsfolge der sozialen Grundrechte

Die Prüfungsfolge der sozialen Grundrechte entspricht derjenigen der grundrechtlichen Schutzrechte,[121] nur mit dem Unterschied, daß an der Stelle des Prinzips des Schutzes von grundrechtlichen Schutzgütern das Prinzip der faktischen Freiheit steht.[122] Dieses hat grundsätzlich ein geringeres generelles Gewicht in den erforderlichen Abwägungen, so daß nur in ganz außerordentlichen Konstellationen von definitiven grundrechtlichen Ansprüchen auf Leistungen zur Herstellung oder Förderung faktischer Freiheit ausgegangen werden kann.

[auf einen erneuten Abdruck der Analyse von BVerfGE 43,291 ff. – numerus clausus II – wurde verzichtet, siehe hierzu S. 316-319 der Vorauflage]

---

121 Zur Prüfungsfolge bei grundrechtlichen Schutzrechten siehe 2. Teil, 3. Abschnitt, B. I. 8.
122 Das Gesamtprüfungsschema lautet damit in logischer Formalisierung $(x)((FFx \land Ux) \land \neg(FSozx \land MSozx) \leftrightarrow ORx)$.

III. Die grundrechtlichen Rechte auf Organisation und Verfahren

Wenn gesagt wird, der Gedanke der Verfahrensrelevanz der Grundrechte sei „seit langem ein Gemeinplatz im deutschen Verfassungsrecht",[1] trifft dies etwas Richtiges. Eine eingehendere Diskussion über die Bedeutung der Grundrechte für Organisation und Verfahren findet jedoch erst seit dem Ende der siebziger Jahre statt. Diese Klasse der grundrechtliche Leistungsrechte besitzt eine höhere interne Komplexität als die grundrechtlichen Schutzrechte oder die sozialen Grundrechte, so daß im Rahmen der strukturellen Analyse zwischen verschiedenen Teilklassen zu unterscheiden sein wird.

1. Der Begriff des grundrechtlichen Rechts auf Organisation und Verfahren

Der Gedanke, eine Entscheidung nicht anhand materialer Kriterien, sondern anhand der Durchführung von Verfahren oder Prozeduren zu rechtfertigen, spielt in der rechtsphilosophischen Diskussion eine große Rolle. Fast alle modernen Gerechtigkeitstheorien sind prozedurale Theorien.[2] Damit liegt es nahe, den prozeduralen Gedanken auch für die Grundrechte fruchtbar zu machen. Die Initialzündung der grundrechtlichen Debatte war der Mülheim-Kärlich-Beschluß des Bundesverfassungsgerichts[3] mit dem Sondervotum Simon/Heußner[4], auch wenn der Gedanke der Organisations- und Verfahrensrelevanz der Grundrechte bereits in vielen älteren Entscheidungen des Gerichts eine Rolle spielt.[5] Entscheidende Weichen wurden in dieser Rechtsprechung gestellt, bevor das Schrifttum begann, diesem Problem größere Aufmerksamkeit zu schenken.[6] Die Verfahrens- und Organisationsrelevanz der Grundrechte spielt auch in vielen späteren Entscheidungen eine Rolle. Hervorzuheben sind hier nur die Rundfunkentscheidungen des Gerichts, in denen es von einer grundrechtlichen Pflicht aus Art. 5 Abs. 1 Satz 2 2. Fall GG ausgeht, zur Verwirklichung der Rundfunkfreiheit organisatorische Regeln und Verfahrensregeln zu schaffen.[7]

---

1   Ossenbühl, DÖV 1981, S. 5.
2   Um nur die wichtigsten Beispiele zu nennen, die Entscheidungstheorien von John Rawls, Robert Nozick, James Buchanan und David Gauthier sowie als Argumentationstheorien die Diskurstheorien von Jürgen Habermas und Robert Alexy.
3   BVerfGE 53, 30 ff.
4   BVerfGE 53, 69 ff.
5   Zu Rechten auf Verfahren im engeren Sinne BVerfGE 24, 367 (401); 35, 79 (108 ff.); 35, 148 (151 ff.); 35, 348 (361); 37, 132 (141); 39, 276 (294); 45, 297 (322); 46, 325 (334); 49, 220 (225); 49, 244 (247 f.); 49, 252 (257); 50, 16 (30); 51, 150 (156); 51, 324 (343 f.); 52, 214 (219); 52, 380 (389 f.); 52, 391 (407); zu Rechten auf Organisation im engeren Sinne BVerfGE 12, 205 (261); 31, 314 (326); 35, 79 (114 f.); 43, 242 (267); 50, 290 (368); vgl. insgesamt Alexy, Theorie der Grundrechte, S. 429 f.; Stern, Das Staatsrecht der Bundesrepublik Deutschland, Bd. 3/1, S. 313 ff. Zur Unterscheidung von Rechten auf Verfahren und Organisation jeweils im engeren Sinne sogleich.
6   Alexy, Theorie der Grundrechte, S. 429.
7   BVerfGE 12, 205 (261); 31, 314 (326); 57, 295 (320); 73, 118 (152 f.); 74, 297 (324); 83, 238 (296); 87, 181 (198); 90, 60 (88).

Die Diskussion um Grundrechtsschutz durch Organisation und Verfahren[8] wirft vor allem das Problem auf, ganz unterschiedliche Gegenstände und Probleme zu erfassen.[9] Wie diese zu unterscheiden sind, ist unklar und umstritten. Zudem wird häufig die große Komplexität der aufgeworfenen Probleme betont,[10] und die Terminologie ist uneinheitlich. Eine eingehende Analyse aller Probleme der grundrechtlichen Rechte auf Organisation und Verfahren würde den Rahmen dieser Untersuchung – die auf fundamentale strukturelle Fragen begrenzt bleiben muß – bei weitem sprengen. Als Rahmen für die folgende strukturelle Untersuchung soll die auf den Gegenstand des Rechts bezogene Unterscheidung zwischen (1) Rechten auf Verfahren im engeren Sinne, (2) Rechte auf Organisation im engeren Sinne, (3) Rechte auf privatrechtliche Kompetenzen und (4) Rechte auf Organisation und Verfahren der staatlichen Willensbildung dienen.[11] Allen Teilklassen der grundrechtlichen Rechte auf Organisation und Verfahren ist gemeinsam, daß ihnen der Gedanke des Verfahrens im weiteren Sinne zugrundeliegt, sie aus den Grundrechten als objektivrechtliche Wertentscheidungen abgeleitet werden und daß sie grundrechtliche Leistungsrechte im weiteren Sinne darstellen.

a) Der Gedanke des Verfahrens

Verfahren sind Systeme von Regeln und/oder Prozeduren zur Erzeugung eines Ergebnisses.[12] Werden die Regeln eingehalten und die Prozeduren korrekt durchgeführt, ist

---

8 Stellungnahmen zu dem fraglichen Problem verwenden regelmäßig die beiden Begriffe „Organisation" und „Verfahren", wobei sich die genauen Formulierungen unterscheiden, ohne daß dies in der Sache einen Unterschied darstellt: So finden sich als Formulierungen etwa „Grundrechtsschutz durch Organisation und Verfahren" (Denninger, HbStR V, § 113, Rn 27; P. M. Huber, Grundrechtsschutz durch Organisation und Verfahren); „Grundrechtsverwirklichung und Grundrechtssicherung durch Organisation und Verfahren" (Bethge, NJW 1982, S. 1 ff.; Hesse, EuGRZ 1978, S. 434); „Grundrechtswirkung für Organisation und Verfahren" (Stern, Das Staatsrecht der Bundesrepublik Deutschland, Bd. 3/1, S. 953 ff.); oder beispielsweise „Grundrechte als Verfahrens- und Organisationsmaximen" (Stern, Das Staatsrecht der Bundesrepublik Deutschland, Bd. 3/2, S. 1736).
9 Bethge, NJW 1982, S. 2; P. M. Huber, Grundrechtsschutz durch Organisation und Verfahren, S. 86; H. Dreier in Dreier², Vorb., Rn 105 f.
10 Bethge, NJW 1982, S. 2; Stern, Das Staatsrecht der Bundesrepublik Deutschland, Bd. 3/1, S. 959; Ossenbühl, Festschrift Eichenberger, S. 195.
11 Vgl. zu dieser Unterscheidung Alexy, Theorie der Grundrechte, S. 440 ff.; Borowski, JöR 50 (2002), S. 306); ders., Die Glaubens- und Gewissensfreiheit des Grundgesetzes, S. 610 f. Die letzte Teilklasse steht in der gegenwärtigen Diskussion eher im Hintergrund, so daß auf eine nähere Untersuchung hier verzichtet werden soll. Auch die Diskussion anderer Vorschläge zur Unterscheidung von Teilklassen kann in diesem Rahmen nicht erfolgen. Zu nennen wäre hier insbesondere die Unterscheidung Konrad Hesses zwischen (1) Grundrechtseinwirkungen auf das Verfahrensrecht, (2) Verfahrensanforderungen im Interesse eines wirksamen Grundrechtsschutzes und (3) die unmittelbare Verwirklichung und Sicherung von Grundrechten durch Organisation und Verfahren (Hesse, EuGRZ 1978, S. 435 f.); die Fritz Ossenbühls zwischen (1) Verfahrensgrundrechten, (2) verfahrensabhängigen, (3) verfahrensbetroffenen und (4) verfahrensgeprägten Grundrechten (Ossenbühl, Festschrift Eichenberger, S. 185 ff.; vgl. ders., DÖV 1981, S. 5 f.) sowie die Unterscheidung Bethges zwischen Organisation und Verfahren als Mittel zur Grundrechtseffektuierung im Verhältnis (1) einzelner Grundrechtsträger untereinander oder (2) zwischen einem Grundrechtsträger und dem Staat (Bethge, NJW 1982, S. 2 ff.); vgl. auch die Einteilung bei Denninger, HbStR V, § 113, Rn 7; Stern, Das Staatsrecht der Bundesrepublik Deutschland, Bd. 3/1, S. 974 ff.
12 Alexy, Theorie der Grundrechte, S. 431.

das Ergebnis prozedural gerechtfertigt. Im Hinblick auf das Verhältnis materialer und prozeduraler Aspekte kann zwischen drei fundamentalen Modellen unterschieden werden. Nach dem ersten Modell hängt die Richtigkeit eines Ergebnisses allein von inhaltlichen Maßstäben ab. Entspricht das Ergebnis diesem inhaltlichen Maßstab, ist es allein deswegen zutreffend. Dieses Modell kann die Grundrechte des Grundgesetzes nicht erschöpfend erfassen, da es für zahlreiche grundrechtliche Probleme entscheidend ist, wie ein Ergebnis zustandekam. Nach dem zweiten Modell hängt die Richtigkeit eines Ergebnisses allein von der korrekten Durchführung einer Prozedur ab, inhaltliche Maßstäbe spielen keine Rolle. Doch auch dieses Modell ist zu einfach, im Bereich der Grundrechte können Prozeduren materielle Anforderungen nicht vollständig ersetzen. Zutreffend ist vielmehr das dritte Modell, das materielle und prozedurale Anforderungen vereint: **Die Prozedur ist ein Mittel, um den materiellen Anforderungen entsprechende Ergebnisse herbeizuführen und Spielräume innerhalb der materiellen Maßstäbe zu füllen.**[13]

Der Gedanke des Verfahrens verbindet alle vier Teilklassen der Rechte auf Organisation und Verfahren. Hinsichtlich (1) der Rechte auf Verfahren im engeren Sinne, also auf gerichtliche und behördliche Verfahren, bedarf dies keiner näheren Erläuterung. Auch bei (4), den Rechten auf Organisation und Verfahren der staatlichen Willensbildung, liegt der Zusammenhang auf der Hand. So gewährt etwa Art. 38 GG dem einzelnen Rechte in der Prozedur der staatlichen Willensbildung. Das Ergebnis der Bundestagswahl ist korrekt zustandegekommen, wenn die prozeduralen Anforderungen an die Wahl eingehalten wurden, unabhängig vom inhaltlichen Ergebnis der Wahl. Der Zusammenhang zwischen der Verfahrensidee und (3) den Rechten auf privatrechtliche Kompetenzen besteht darin, daß mit der Zuerkennung von Kompetenzen an den einzelnen die Rechtssphären der Bürger untereinander noch nicht inhaltlich abgegrenzt werden. Diese inhaltliche Abgrenzung der Rechtssphären erfolgt erst, indem von den Kompetenzen Gebrauch gemacht wird: durch den Abschluß von schuldrechtlichen Verträgen, der Übereignung von Sachen oder der Errichtung von Testamenten. Indem Kompetenzen erst die Möglichkeit privatrechtlicher Rechtsänderung begründen, stellt ihr Gebrauchmachen ein Verfahren der Rechtserzeugung dar. Kennzeichnend für (2) Rechte auf Organisation im engeren Sinne ist, daß sie ein auf bestimmte Zwecke gerichtetes Zusammenwirken zahlreicher Personen regeln. Der Bezug zur Verfahrensidee besteht hier darin, daß zur Erzeugung grundrechtsgemäßer Ergebnisse verschiedene Personen und Personengruppen als Teile der Organisation nach bestimmten Regeln und/oder Prozeduren zusammenwirken müssen. Die Bildung dieser Organisation, der Organisationsteile und ihr Zusammenwirken haben Verfahrensanforderungen zu genügen.

Gegen die Zusammenfassung dieser vier Teilklassen unter dem Begriff des „Verfahrens im weiteren Sinne" ist geltend gemacht worden, es handele sich um einen zu ab-

---

13 Vgl. K. Hesse, EuGRZ 1978, S. 434 f.; Grimm, NVwZ 1985, S. 871; D. Neumann, Vorsorge und Verhältnismäßigkeit, S. 181 ff.; Alexy, Theorie der Grundrechte, S. 445. Die Subsidiarität prozeduraler Anforderungen gegenüber materiellen wird auch vom Bundesverfassungsgericht betont: „Prozeduraler Grundrechtsschutz ist vor allem dort geboten, wo die Grundrechte ihre materielle Schutzfunktion nicht hinlänglich erfüllen können" (BVerfGE 90, 60 (96)).

strakten Begriff, der insbesondere die Organisation im Sinne eines organisierten Gebildes nicht erfassen könnte.[14] Es wurde bereits darauf hingewiesen, daß unter dem Thema „Grundrechtsschutz durch Organisation und Verfahren" sehr unterschiedliche Dinge diskutiert werden. Wenn überhaupt eine Gemeinsamkeit besteht, dann ist diese notwendig recht abstrakt. Daß weitere Unterscheidungen notwendig sind, soll hier nicht in Abrede gestellt werden. Selbst wenn man alle vier Teilklassen unter dem Ausdruck des Grundrechtsschutzes durch „Verfahren im weiteren Sinne" zusammenfaßt, sind die besonderen Probleme des Grundrechtsschutzes durch Organisation innerhalb der Teilklasse (2) Rechte auf Organisation im engeren Sinne zu erörtern. Im übrigen wird selbst von Kritikern der hier verwendeten weiten Verfahrensbegriffs eingeräumt, daß sich wesentliche Aspekte des Grundrechtsschutzes durch Organisation durch einen weiten Verfahrensbegriff erfassen lassen.[15]

b) Die Begründung aus der objektiv-rechtlichen Wertentscheidung

Grundrechtliche Rechte auf Organisation und Verfahren werden nicht nur aus den materiellen Grundrechten, sondern auch aus dem Rechtsstaatsprinzip gem. Art. 20 Abs. 3 GG[16] und den Justizgrundrechten deduziert. Als Justizgrundrechte werden die Grundrechte bezeichnet, die sich unmittelbar auf justizielle Verfahren beziehen, dies gilt für Art. 19 Abs. 4, 101 Abs. 1, 103 Abs. 1, 104 GG. Allerdings stellen Rechte aus dem Rechtsstaatsprinzip keine grundrechtlichen Rechtspositionen dar, und die Justizgrundrechte erfassen nur einen Teil der Probleme.[17] Die folgende Untersuchung beschränkt sich daher weitgehend auf die Rechte auf Organisation und Verfahren aus materiellen Grundrechten. Diese werden, wie bereits hervorgehoben wurde, unter Hinweis auf die Grundrechte als objektiv-rechtliche Wertentscheidungen begründet.[18]

---

14 Stern, Das Staatsrecht der Bundesrepublik Deutschland, Bd. 3/1, S. 960 f.
15 Ders., a.a.O., S. 960.
16 Das Bundesverfassungsgericht begründet unter Hinweis auf das Rechtsstaatsprinzip gem. Art. 20 Abs. 3 GG insbesondere das „Recht auf ein faires Verfahren", BVerfGE 26, 66 (71); 38, 105 (111); 40, 95 (99); 46, 202 (210); 46, 325 (334 f.); 54, 100 (116); 57, 250 (275 f.); 59, 128 (164); 63, 45 (61); 63, 380 (390); 64, 135 (145); 65, 171 (174 f.); 70, 297 (308 f.); 86, 288 (317 f.), sowie die Garantie effektiven Rechtsschutzes in bürgerlichrechtlichen Streitigkeiten, BVerfGE 46, 17 (28 f.); 53, 115 (127); 54, 277 (291); 84, 366 (369); 85, 337 (345); 88, 118 (123). Zu Pflichten des Staates hinsichtlich Organisation und Verfahren aus Art. 20 Abs. 3 GG vgl. aus der Literatur nur Denninger, HbStR V, § 113, Rn 28; Jarass in Jarass/Pieroth[8], Art. 20 GG, Rn 91 ff.; Laubinger, VerwArch 73 (1982), S. 83 f.; Papier, HbStR VI, § 153, Rn 7.
17 Das Verhältnis zwischen den Justizgrundrechten und den Rechten auf Organisation und Verfahren aus materiellen Grundrechten ist nicht endgültig geklärt, vgl. Bethge, NJW 1982, S. 6 f.; Held, Der Grundrechtsbezug des Verwaltungsverfahrens, S. 184 ff.; Laubinger, VerwArch 73 (1982), S. 83; Lorenz, AöR 105 (1980), S. 638 f.; von Mutius, NJW 1982, S. 2155 f.; Papier, HbStR VI, § 154, Rn 14 ff.; Schmidt-Aßmann in Maunz/Dürig, Art. 19 Abs. 4 GG, Rn 23. Der zutreffende Ansatz dürfte darin bestehen, die Justizgrundrechte innerhalb ihres Anwendungsbereichs als leges speciales anzusehen, vgl. von Münch in von Münch/Kunig[5], Vorb. Art. 1-19 GG, Rn 27; Bethge, NJW 1982, S. 7; Goerlich, Grundrechte als Verfahrensgarantien, S. 293.
18 Allgemein zu Rechten auf „Organisation und Verfahren" P. M. Huber, Grundrechtsschutz durch Organisation und Verfahren, S. 4 ff.; Jarass, AöR 110 (1985), S. 385 ff.; Pieroth/Schlink, Grundrechte – Staatsrecht II[21], Rn 99; H. Dreier, Jura 1994, S. 511 f.; Stern, Das Staatsrecht der Bundesrepu-

c) Der Charakter als Leistungsrechte im weiteren Sinne

Weiterhin handelt es sich bei allen vier Teilklassen der grundrechtlichen Rechte auf Organisation und Verfahren um Leistungsrechte im weiteren Sinne, also grundrechtliche Handlungspflichten des Staates. Ein Einwand gegen diese Zuordnung könnte man darauf zu stützen suchen, daß vom Staat durchgeführte Verfahren einen Eingriff in Abwehrrechte im klassischen Sinne darstellen können.[19] Damit sei zu erörtern, ob dieser Eingriff in Abwehrrechte verfassungsrechtlich gerechtfertigt ist. Rechte auf Organisation und Verfahren sind jedoch in erster Linie Rechte „auf etwas", nämlich auf die staatliche Bereitstellung grundrechtsfördernder Organisation oder Verfahren.[20] Wenn der Staat dieses Leistungsrecht im weiteren Sinne erfüllt, kann durch die Schaffung von Organisation und Verfahren ein Grundrechtseingriff in die Abwehrrechte anderer Privater erfolgen, womit die – insbesondere bei grundrechtlichen Schutzrechten oft hervorgehobene – Dreieckskonstellation[21] auch bei grundrechtlichen Rechte auf Organisation und Verfahren vorliegt. Dies besagt jedoch nicht mehr, als daß Rechte auf Organisation und Verfahren – wie alle grundrechtlichen Leistungsrechte im weiteren Sinne – mit Abwehrrechten kollidieren können.

Ebenso wie die anderen Teilklassen der grundrechtlichen Leistungsrechte im weiteren Sinne binden auch die Rechte auf Organisation und Verfahren gem. Art. 1 Abs. 3 GG alle drei Staatsgewalten. In der Praxis steht die Pflicht der Exekutive und Judikative zur grundsrechtskonformen Auslegung und Anwendung des einfachen Rechts im Vor-

---

blik Deutschland, Bd. 3/1, S. 971 f.; insbesondere zu Rechten auf Verfahren im engeren Sinne vgl. BVerfGE 35, 79 (114 f.); 53, 30 (57 f.); 77, 170 (229 f.); hinsichtlich der Rechte auf Organisation im engeren Sinne BVerfGE 43, 242 (267); 66, 155 (177 f.); 67, 202 (207); 85, 360 (384); 88, 129 (136 f.); Hoffmann-Riem in AK³, Art. 5 Abs. 1, 2 GG, Rn 156 ff.

19 Zu Organisation und Verfahren als Eingriff in Abwehrrechte vgl. Redeker, NJW 1980, S. 1595; Held, Der Grundrechtsbezug des Verwaltungsverfahrens, S. 65, 161 ff.; Ossenbühl, Festschrift Eichenberger, S. 186 f.; P. M. Huber, Grundrechtsschutz durch Organisation und Verfahren, S. 86; ders., AöR 114 (1989), S. 271; Jarass, AöR 110 (1985), S. 387; ders. in Jarass/Pieroth⁸, Vorb. vor Art. 1 GG, Rn 11 f.; Starck in von Mangoldt/Klein/Starck⁵, Art. 1 Abs. 3 GG, Rn 199 ff.; Schmidt-Aßmann, HbStR III, § 70, Rn 15; Stern, Das Staatsrecht der Bundesrepublik Deutschland, Bd. 3/1, S. 972.

20 Für Rechte auf Verfahren im engeren Sinne BVerfGE 49, 252 (257); Redeker, NJW 1980, S. 1595; Lorenz, AöR 105 (1980); S. 640 ff.; Goerlich, Grundrechte als Verfahrensgarantien, S. 26; Grimm, NVwZ 1985, S. 867, 869; Held, Der Grundrechtsbezug des Verwaltungsverfahrens, S. 175; Alexy, Theorie der Grundrechte, S. 434 ff.; P. M. Huber, Grundrechtsschutz durch Organisation und Verfahren, S. 25; Jarass, AöR 110 (1985), S. 386; Ossenbühl, Festschrift Eichenberger, S. 185, 187; Papier, HbStR VI, § 154, Rn 14; ders. in Maunz/Dürig, Art. 14 GG, Rn 45; Denninger in AK³, vor Art. 1 GG, Rn 15; ders., HbStR V, § 113, Rn 4; Stern, Das Staatsrecht der Bundesrepublik Deutschland, Bd. 3/2, S. 1172; für Rechte auf Organisation im engeren Sinne zur Rundfunkfreiheit gem. Art. 5 Abs. 1 Satz 2 2.Fall GG BVerfGE 12, 205 (261); 31, 314 (326); 57, 295 (320); 73, 118 (159, 198); 74, 297 (323 f.); 83, 238 (322); 87, 181 (197 f.); 90, 60 (87 f.); Starck in von Mangoldt/Klein/Starck⁵, Art. 5 Abs. 1, 2 GG, Rn 21; im Bereich der Wissenschaftsfreiheit gem. Art. 5 Abs. 3 GG BVerfGE 35, 79 (114 f.); 43, 242 (267); 66, 155 (177 f.), 67, 202 (207); 85, 360 (384); 88, 129 (136 f.); zur Koalitionsfreiheit gem. Art. 9 Abs. 3 GG BVerfGE 50, 290 (368); 58, 233 (247); 88, 103 (115). Für Rechte auf privatrechtliche Kompetenzen wird diese Frage im entsprechenden Abschnitt gesondert untersucht.

21 Siehe insbesondere 2. Teil, 3. Abschnitt, B. I. 3. c) aa).

dergrund.[22] Unter strukturellen Gesichtspunkten interessanter sind dagegen die gegen den Gesetzgeber gerichteten Rechte auf Normerlaß, die im folgenden den Schwerpunkt der Untersuchung bilden werden.

2. Die grundrechtlichen Rechte auf Verfahren im engeren Sinne

Bei grundrechtlichen Rechten auf Verfahren im engeren Sinne handelt es sich um Rechte auf gerichtliche und behördliche Verfahren. Hier geht es insbesondere um „effektiven Rechtsschutz". Nach ständiger Rechtsprechung des Bundesverfassungsgerichts ergibt sich der Anspruch auf effektiven Rechtsschutz nicht erst aus dem Rechtsstaatsprinzip oder den Justizgrundrechten, sondern bereits aus dem materiellen Grundrecht selbst.[23] Das ebenso grundlegende wie überzeugende Argument besteht darin, daß die Grundrechte ohne wirksame verfahrensrechtliche Absicherung oft nicht durchgesetzt werden könnten und weitgehend ihren praktischen Wert für den jeweiligen Grundrechtsträger verlören.[24]

Das Bundesverfassungsgericht behandelt die Rechte auf Verfahren im engeren Sinne als bindende subjektive Rechte.[25] Für die Subjektivierung spricht insbesondere die Verankerung im materiellen Grundrecht.[26] Soweit gesagt wird, sie seien grundsätzlich bloß objektiv-rechtliche Positionen und nur in evidenten Fällen subjektiviert,[27] ist auf die entsprechenden Ausführungen bei grundrechtlichen Schutzrechten und sozialen Grundrechten zu verweisen.[28]

---

22 Zum Gebot der grundrechtskonformen Auslegung und Anwendung des einfachen Rechts im Hinblick auf Organisation und Verfahren BVerfGE 35, 348 (362); 46, 325 (335); 49, 220 (223); 49, 228 (235) – diss. vote Böhmer –; 49, 244 (251); 49, 252 (257); 51, 150 (156); 52, 380 (389); 56, 216 (236); 69, 315 (355 f.); 84, 34 (46); 84, 59 (72); 88, 118 (125); aus der Literatur statt vieler K. Hesse, EuGRZ 1978, S. 435; Stern, Das Staatsrecht der Bundesrepublik Deutschland, Bd. 3/1, S. 967; Dolde, NVwZ 1982, S. 66.
23 BVerfGE 24, 367 (401); 35, 348 (361); 37, 132 (141, 148); 39, 276 (294); 45, 297 (322); 46, 325 (334); 49, 220 (225); 49, 244 (251); 49, 252 (257); 50, 16 (30); 51, 150 (156); 52, 214 (219); 52, 380 (389); 60, 233 (295); 86, 288 (317 f.); 89, 340 (342).
24 BVerfGE 49, 228 (235) – diss. vote Böhmer –; 63, 131 (143); vgl. zur Rechtsprechung Redeker, NJW 1980, S. 1595; aus der Literatur Goerlich, Grundrechte als Verfahrensgarantien, S. 29, 59 f.; Held, Der Grundrechtsbezug des Verwaltungsverfahrens, S. 177 f.; Hesse, EuGRZ 1978, S. 434 f.; Stern, Das Staatsrecht der Bundesrepublik Deutschland, Bd. 3/1, S. 956, 976 f. In diesem Zusammenhang ist auch die Begründung der Subjektivierung von grundrechtlichen Rechten aus der Prinzipiennatur des sie gewährenden Prinzips zu sehen (siehe 2. Teil, 3. Abschnitt, B. I. 2. c)), die zeigt, daß Grundrechte nicht nur Inhalte, sondern auch den effektiven Schutz von Inhalten gebieten.
25 Dies zeigen die Entscheidungen, in denen aufgrund der Verletzung der grundrechtlichen Rechte auf Organisation und Verfahren eine Verfassungsbeschwerde für begründet erklärt wurde, vgl. nur BVerfGE 39, 276 (292 ff.); 49, 220 (225 ff.); 49, 244 (247 ff.); 50, 16 (29 ff.); 52, 214 (219); 52, 380 (388 ff.); 56, 216 (235 ff.); 65, 1 (41 ff.); 70, 290 (307 ff.); 86, 288 (310 ff.).
26 Lorenz, AöR 105 (1980); Alexy, Theorie der Grundrechte, S. 433; Stern, Das Staatsrecht der Bundesrepublik Deutschland, Bd. 3/1, S. 986.
27 Grimm, Rückkehr zum liberalen Grundrechtsverständnis, S. 234; Held, Der Grundrechtsbezug des Verwaltungsverfahrens, S. 181 f.
28 Siehe 2. Teil, 3. Abschnitt, B. I. 2. und 2. Teil, 3. Abschnitt, B. II. 3.

a) Rechte auf Verfahren im engeren Sinne als innen- oder außentheoretische Rechte

Daher bedarf nur näherer Erörterung, ob grundrechtliche Rechte auf Verfahren im engeren Sinne innen- oder außentheoretische Positionen gewähren. Einigkeit besteht darüber, daß nur ein Kernbereich verfahrensrechtlicher Regelungen grundrechtlich definitiv geboten ist und alles weitere im Ermessen des Gesetzgebers steht.

Wer ein innentheoretisches Modell vertritt, sieht nur den absoluten Kernbereich als grundrechtlich geschützt an. Eine Einschränkung dieser Rechtspositionen ist dann weder erforderlich noch möglich.[29] Da eine Abwägung zur Ermittlung des Inhalts innentheoretischer Rechte strukturell nicht möglich ist,[30] dürfte diese Auffassung letztlich auf eine kasuistische Aufzählung elementarer Verfahrensgarantien hinauslaufen.[31]

Ein außentheoretisches Modell dagegen verwendet zur Bestimmung des definitiv grundrechtlich geschuldeten Verfahrensschutzes die Abwägung, oder genauer gesagt, den Grundsatz der Verhältnismäßigkeit in Form des Untermaßverbots.[32] Verfahrensgestaltungen, welche die Realisierung eines grundrechtlichen Prinzips fördern, sind deshalb prima facie geboten. Aufgrund einer Kollision mit Rechten anderer oder kollektiven Gütern kann dieses prima facie-Recht jedoch beschränkt sein. Auch formelle Prinzipien, wie insbesondere das formelle Prinzip der Gestaltungsfreiheit des demokratisch legitimierten Gesetzgebers, sind angemessen zu berücksichtigen.[33] Diese Konstruktion hat den Vorteil, daß das Gewicht der kollidierenden Rechte und Güter[34] ebenso angemessen berücksichtigt werden kann wie die Dringlichkeit der in Frage stehenden Verfahrensgestaltung und den Spielraum des Gesetzgebers. Vor allem aufgrund der weiten

---

29 Der dogmatischen Rekonstruktion läge dann das allgemeine innentheoretische Grundschema zugrunde: „Wenn WIx, dann Rx". Logisch formalisiert (x)(WIx ↔ Rx). Zum allgemeinen innentheoretischen Grundschema sowie zur Prädikatenlogik und deontischen Logik siehe 2. Teil, 3. Abschnitt, A. I. 1. b) aa) und bb).

30 Siehe 1. Teil, 1. Abschnitt, I. 2. und 1. Teil, 1. Abschnitt, IV.

31 Vgl. zu elementaren, grundrechtsgebotenen Verfahrensgarantien – unabhängig von der Frage ihrer Begründung – vgl. BVerfGE 84, 34 (46 f.); 84, 59 (72 f.); Burmeister, Grundgesetzliche Verfahrensstrukturierungsgebote, S. 143; Denninger in AK³, vor Art. 1 GG, Rn 20; ders., HbStR V, § 113, Rn 29; Grimm, NVwZ 1985, S. 869 f.; Held, Der Grundrechtsbezug des Verwaltungsverfahrens, S. 183 f.; Laubinger, VerwArch 73 (1982), S. 74 ff.; D. Neumann, Vorsorge und Verhältnismäßigkeit, S. 186.

32 Für eine Abwägung oder Prüfung des Grundsatzes der Verhältnismäßigkeit Held, Der Grundrechtsbezug des Verwaltungsverfahrens, S. 183; Hill, Das fehlerhafte Verfahren, S. 240 ff.; P. M. Huber, Grundrechtsschutz durch Organisation und Verfahren, S. 75; Lorenz, AöR 105 (1980), S. 642; von Mutius, NJW 1982, S. 2158; Schmidt-Aßmann, HbStR III, § 70, Rn 20.

33 BVerfGE 60, 253 (295); 63, 131 (144); Denninger, HbStR V, § 113, Rn 36; Dolde, NVwZ 1982, S. 70; Hill, Das fehlerhafte Verfahren, S. 244; P. M. Huber, Grundrechtsschutz durch Organisation und Verfahren, S. 166; von Mutius, NJW 1982, S. 2158; D. Neumann, Vorsorge und Verhältnismäßigkeit, S. 186 f.; Schmidt-Aßmann, HbStR III, § 70, Rn 20. Zu formellen Prinzipien und durch sie begründete Spielräume siehe bereits 1. Teil, 2. Abschnitt, III. 4. b).

34 Verbreitet wird auch von einem Spannungsverhältnis zwischen dem Rechtsschutz materieller Grundrechte und der Effizienz der gerichtlichen oder behördlichen Verfahren gesprochen, statt vieler von Mutius, NJW 1982, S. S. 2150 ff. P. M. Huber, AöR 114 (1989), S. 272 ff.; Bei der Bestimmung des Gewichts der „Verfahrenseffizienz" ist jedoch zu beachten, daß diese nicht als Selbstzweck behandelt werden darf. Entscheidend ist, wie gewichtig die materiellen Ziele sind, die vom Staat möglichst effizient verfolgt werden sollen.

Gestaltungsfreiheit des Gesetzgebers kommen definitive Ansprüche auf bestimmte Verfahrensgestaltungen nur ernsthaft in Betracht, wenn das Interesse des Grundrechtsträgers diese Verfahrensgestaltung dringend fordert.

Die Argumente für und gegen dieses außentheoretische Modell entsprechen im wesentlichen den bereits bei grundrechtlichen Schutzrechten und sozialen Grundrechten erörterten Argumenten.[35] Gegen eine außentheoretische Konzeption der grundrechtlichen Rechte auf Verfahren im engeren Sinne, vor allem in Form der weiten Tatbestandstheorie, wird das Argument der leeren Versprechungen geltend gemacht.[36] Dieses wurde in anderem Zusammenhang bereits zurückgewiesen.[37] Auch das allgemein gegen grundrechtliche Handlungspflichten des Staates vorgebrachte Argument, der Anspruchsinhalt sei zu unbestimmt, wird bei den Verfahrensrechten vorgebracht.[38] Durch eine Anwendung des Untermaßverbots läßt sich der Anspruchsinhalt jedoch bestimmen. Weiterhin wird eine ungerechtfertigte Machtverschiebung innerhalb der Gewaltenteilung von der Legislative zur Judikative befürchtet. Die Kollisionslösung verschiedener Interessen lasse sich nicht dem Grundgesetz entnehmen, sondern sei dem Gesetzgeber vorbehalten.[39] Dieses Argument läßt sich durch den normativen Gestaltungsspielraum des demokratisch legitimierten Gesetzgebers innerhalb der Abwägung entkräften. Auch der Einwand, die Aufgabenverteilung innerhalb der Judikative zwischen Bundesverfassungsgericht und den Fachgerichten werde aus den Angeln gehoben, weil jeder Verstoß gegen einfachrechtliches Verfahrensrecht auch die Grundrechte verletzt,[40] führt auf ein allgemeines Problem zurück. Dieses Problem entsteht bei allen Grundrechten mit weiten Tatbeständen, wie etwa der allgemeinen Handlungsfreiheit. Es wird vom Gericht durch verschiedene Stufen der Intensität der Kontrolle fachgerichtlicher Entscheidungen sowie differenzierte Kriterien für die Festlegung der Stufe der Kontrollintensität gelöst, wobei der Eingriffsintensität das größte Gewicht für die Festlegung zukommt. Für eine außentheoretische Konzeption, insbesondere in Form der weiten Tatbestandstheorie, sprechen dagegen alle bereits dargelegten Vorteile der Anwendung des Grundsatzes der Verhältnismäßigkeit in Form des Untermaßverbots. Das außentheoretische Modell ist daher auch für die Rechte auf Verfahren im engeren Sinne vorzuziehen.[41]

---

35 Siehe 2. Teil, 3. Abschnitt, B. I. 3. und 2. Teil, 3. Abschnitt, B. II. 4.
36 Dolde, NVwZ 1982, S. 71.
37 Siehe 2. Teil, 3. Abschnitt, A. I. 2. h).
38 Grimm, NVwZ 1985, S. 869.
39 Dolde, NVwZ 1982, S. 70.
40 Ders, a.a.O., S. 69.
41 Auch die dogmatische Rekonstruktion der Rechte auf Verfahren im engeren Sinne folgt damit dem außentheoretischen Grundschema „Wenn URx und nicht GSx, dann Rx" (logisch formalisiert (URx ∧ ¬GSx ↔ ORx)). Zum allgemeinen außentheoretischen Grundschema und der Prädikatenlogik und deontischen Logik siehe 2. Teil, 3. Abschnitt, A. I. 1. b) aa) und bb). Entsprechend der Struktur der anderen Teilklassen der grundrechtlichen Leistungsrechte im weiteren Sinne (vgl. 2. Teil, 3. Abschnitt, B. I. 3. und 4. sowie 2. Teil, 3. Abschnitt, B. II. 4.) ist der Grundrechtstatbestand erfüllt, wenn eine Handlung, deren Vollzug als Gewährung von Verfahren im engeren Sinne die Realisierung eines grundrechtlichen Prinzips darstellt oder fördert, unterlassen wird. Die Unterlassung stellt in der hier verwendeten Terminologie einen Eingriff in das grundrechtliche Leistungsrecht dar. Zum Gesamtprüfungsschema siehe 2. Teil, 3. Abschnitt, B. III. 4. c) am Ende. Wenn vereinzelt gesagt wird, Verfahrensrecht stelle keinen Eingriff dar (Grimm, NVwZ 1985, S. 869; D. Neumann,

In der Literatur wird diskutiert, ob ein Optimalstandard, ein Minimalstandard oder vielmehr ein angemessener Standard an Verfahren grundrechtlich geschuldet ist.[42] Bezieht man dies auf die Reichweite des prima facie-Schutzes, so läge dieser Kontroverse die Unterscheidung zwischen enger und weiter Tatbestandstheorie zugrunde. Ein Optimalstandard wird jedoch unter Hinweis auf die Kollision des Rechts auf Verfahren mit anderen Rechten oder Gütern und die Gestaltungsfreiheit des Gesetzgebers zurückgewiesen.[43] Damit wird nur gesagt, daß ein optimaler Verfahrensschutz aufgrund kollidierender verfassungsrechtlicher Rechte und Güter nicht definitiv gewährt werden kann. Dieses Argument bezieht sich auf den effektiven Garantiebereich, nicht die Reichweite des prima facie-Schutzes. Der Diskussion liegt damit ein ganzes Stück weit eine Scheinkontroverse zugrunde. Berücksichtigt man die Unterscheidung von prima facie-Rechten und definitiven Rechten, sind beide Positionen miteinander vereinbar: Prima facie ist ein optimaler Standard grundrechtlich geboten, aufgrund der kollidierenden materiellen Prinzipien, insbesondere Grundrechten anderer, und des gewichtigen formellen Prinzips der Gestaltungsfreiheit des demokratisch legitimierten Gesetzgebers, ist regelmäßig definitiv jedoch nur ein Mindeststandard geboten.

Helmut Goerlich wendet gegen eine weite Tatbestandstheorie ein, Grundrechte seien als Vorgaben für Verfahren ebenso punktuell und elementar wie gegenüber materiellem Recht. Ihnen könne eine universelle Verfahrensfreiheit ebensowenig entnommen werden wie eine im Prinzip unbeschränkte natürliche Freiheit des einzelnen.[44] Bei der Untersuchung der Abwehrrechte im klassischen Sinne hat sich jedoch gezeigt, daß die Annahme einer im Prinzip unbeschränkten Freiheit des einzelnen durchaus vorzugswürdig ist.[45] Entsprechendes gilt im Bereich der Rechte auf Verfahren im engeren Sinne.

Angesichts der ebenfalls bereits mehrfach erläuterten Vorzüge der weiten Tatbestandstheorie auch bei grundrechtlichen Leistungsrechten[46] ist davon auszugehen, daß jedes Verfahren, das die Realisierung des Optimierungsgegenstandes eines grundrechtlichen Prinzips darstellt oder fördert, auch prima facie geboten ist. Im Interesse effizienter dogmatischer Fallbearbeitung ist auch hier von einer praktischen Grenze der ernsthaft zu erörternden Verfahrensgestaltungen auszugehen.[47] Hinsichtlich der grundrecht-

---

Vorsorge und Verhältnismäßigkeit, S. 182; Starck in von Mangoldt/Klein/Starck[5], Art. 1 Abs. 3 GG, Rn 202), steht dies nicht im Widerspruch hierzu. Diesen Aussagen liegt der Begriff „Eingriff" in der Bedeutung des Grundrechtseingriffs in Abwehrrechte zugrunde.

42 Für einen Optimalstandard BVerfGE 52, 391 (408); 53, 69 (75, 88) – diss. vote Simon/Heußner –: „bestmöglicher Grundrechtsschutz"; K. Hesse, EuGRZ 1978, S. 436; Alexy, Theorie der Grundrechte, S. 446; dagegen für einen „angemessenen" oder „Minimalstandard" Dolde, NVwZ 1982, S. 70; Goerlich, Grundrechte als Verfahrensgarantien, S. 34 f.; ders., DÖV 1982, S. 634; Held, Der Grundrechtsbezug des Verwaltungsverfahrens, S. 181; Hill, Das fehlerhafte Verfahren, S. 241; Starck in von Mangoldt/Klein/Starck[5], Art. 1 Abs. 3 GG, Rn 203; von Mutius, NJW 1982, S. 2156; Ossenbühl, DÖV 1981, S. 8; vgl. Denninger, HbStR V, § 113, Rn 26.

43 Dolde, NVwZ 1982, S. 70; Held, Der Grundrechtsbezug des Verwaltungsverfahrens, S. 183; Hill, Das fehlerhafte Verfahren, S. 241 ff.; Starck in von Mangoldt/Klein/Starck[5], Art. 1 Abs. 3 GG, Rn 203; von Mutius, NJW 1982, S. 2156, 2158; Papier in Maunz/Dürig, Art. 14 GG, Rn 53.

44 Goerlich, DÖV 1982, S. 634.

45 Siehe 2. Teil, 3. Abschnitt, A. I. 4.

46 Siehe 2. Teil, 3. Abschnitt, B. I. 4. und 2. Teil, 3. Abschnitt, B. II. 5.

47 Vgl. 2. Teil, 3. Abschnitt, B. I. 4. d) bb) und 2. Teil, 3. Abschnitt, B. II. 5. c).

lichen Eingriffsermächtigung und der Kriterien für die wirksame Beschränkung sei sinngemäß auf die Untersuchung der grundrechtlichen Schutzrechte und sozialen Grundrechte verwiesen.

b) Ergebnis

Alle Verfahren und Verfahrensgestaltungen, die den Grundrechtsschutz für den einzelnen fördern, sind prima facie geboten. Wenn das grundrechtliche Prinzip in der erforderlichen Anwendung des Untermaßverbots ein höheres Gewicht besitzt als kollidierende Rechte und Güter und insbesondere das formelle Prinzip der legislativen Gestaltungsfreiheit des demokratisch legitimierten Gesetzgebers, ist das entsprechende Verfahren bzw. die entsprechende Verfahrensgestaltung auch definitiv grundrechtlich geboten. Aufgrund des regelmäßig hohen Gewichts der Gegengründe wird dies allerdings nicht allzu oft angenommen werden können.

3. Die grundrechtlichen Rechte auf Organisation im engeren Sinne

Kennzeichnend für Rechte auf Organisation im engeren Sinne ist, daß sie ein auf bestimmte Zwecke gerichtetes Zusammenwirken zahlreicher Personen regeln. Im Interesse des geregelten Zusammenwirkens wird ein organisiertes Gebilde geformt. Der Begriff „Organisation" wird sowohl für das organisierte Gebilde selbst, den Vorgang des Organisierens als auch die innere Ordnung des organisierten Gebildes verwendet.[48] In erster Linie interessiert die Organisation als normative Ordnung. Rechtsbeziehungen bestehen nicht nur zwischen Staat und dem einzelnen, sondern auch zwischen dem einzelnen und dem organisierten Gebilde sowie dem organisierten Gebilde und dem Staat. Die folgenden Erörterungen beschränken sich im wesentlichen auf grundrechtliche Aspekte des Verhältnisses zwischen dem einzelnen und dem Staat. Dabei geht es vor allem um die grundrechtskonforme Anwendung geltender Organisationsbestimmungen durch die Exekutive und die Judikative sowie Rechte auf den Erlaß von Organisationsvorschriften gegenüber der Legislative. Letztere sollen, wie bisher bei allen grundrechtlichen Leistungsrechten im weiteren Sinne, ganz im Vordergrund stehen.

Das zentrale Argument für einen Anspruch auf den Erlaß von Organisationsbestimmungen besteht darin, daß zumindest bei einigen Grundrechten anderenfalls das durch die Gewährleistung angestrebte Ziel nicht erreicht wird. Als Ziel eines Grundrechts kommt in erster Linie die effektive Gewährleistung einer Freiheit in Betracht, aber auch die Förderung eines kollektiven Guts. Im ersten Fall bedarf die grundrechtliche Freiheit organisatorischer Regelungen, um effektiv wahrgenommen werden zu können.[49] Im

---

48 Stern, Das Staatsrecht der Bundesrepublik Deutschland, Bd. 3/1, S. 960.
49 Zur Wissenschaftsfreiheit vgl. BVerfGE 35, 79 (115); 43, 242 (267); 66, 155 (177 f.); 85, 360 (384); 88, 129 (136 f.); zum Mitbestimmungsrecht BVerfGE 50, 290 (368); 58, 233 (247); 88, 103 (115). Aus der Literatur vgl. allgemein Rupp, AöR 101 (1976), S. 192 f.; Bethge, NJW 1982, S. 3; Starck in von Mangoldt/Klein/Starck[5], Art. 5 Abs. 1, 2 GG, Rn 21; P. M. Huber, Grundrechtsschutz durch Organisation und Verfahren, S. 37; Stern, Das Staatsrecht der Bundesrepublik Deutschland, Bd. 3/2, S. 1142.

zweiten Fall kann das grundrechtlich geschützte kollektive Gut ohne organisatorische Regelungen nicht hinreichend realisiert werden.[50] Rechte auf Organisation im engeren Sinne betreffen insbesondere das Rundfunk-, Hochschul- und Mitbestimmungsrecht.[51] Die Struktur der Rechte auf Organisation im engeren Sinne wird im folgenden am Beispiel der Rundfunkfreiheit gem. Art. 5 Abs. 1 Satz 2 2. Fall GG untersucht.[52]

a) Subjektive Rechte oder bloß objektives Recht

Eine Verletzung der Pflicht zur organisatorischen Ausgestaltung der einfachrechtlichen Rundfunkordnung kann von den Gerichten – in letzter Instanz vom Bundesverfassungsgericht – festgestellt werden,[53] womit Art. 5 Abs. 1 Satz 2 2. Fall GG definitionsgemäß eine bindende Norm darstellt.[54] Weniger einfach zu beantworten ist die Frage, ob der Anspruch auf Erlaß von Organisationsvorschriften aus Art. 5 Abs. 1 Satz 2 2. Fall GG ein subjektives Recht darstellt. In der Rechtsprechung des Bundesverfassungsgerichts ist diese Frage nicht ausdrücklich entschieden worden.[55] Das Problem entsteht durch

---

50 Dies betrifft insbesondere die Rundfunkfreiheit gem. Art. 5 Abs. 1 Satz 2 2. Fall GG, die zur bestmöglichen Realisierung der freien Meinungsbildung auch organisatorische Regelungen verlangt, BVerfGE 12, 205 (261 f.); 31, 314 (326); 57, 295 (318); 73, 118 (152 f.); 74, 297 (324); 83, 238 (296); 87, 181 (197 f.); 90, 60 (88); vgl. Ruck, AöR 117 (1992), S. 546 f. Auch in BVerfGE 35, 79 (115) werden organisatorische Regelungen zugunsten der in der Wissenschaft Tätigen ergänzend mit dem Interesse des Gemeinwesens an einem funktionierenden Wissenschaftsbetrieb begründet.

51 Zum grundrechtlichen Gebot des Erlasses von Organisationsnormen im Rundfunkrecht BVerfGE 12, 205 (261); 31, 314 (326); 57, 295 (320); 60, 53 (64); 73, 118 (152 f.); 74, 297 (324); 83, 238 (296); 87, 181 (198); 89, 144 (152); 90, 60 (88); im Hochschulrecht BVerfGE 35, 79 (114 f.); 43, 242 (267); 66, 155 (177 f.; 67, 202 (207); 85, 360 (384); 88, 129 (136 f.); im Mitbestimmungsrecht BVerfGE 50, 290 (368); 58, 233 (247); 88, 103 (115). In einem gewissen Sinne könnte man sagen, daß auch die Grundrechte aus Art. 6 Abs. 1, 9 Abs. 1 und 14 GG zur effektiven Gewährleistung zivilrechtlicher „Organisationsnormen" bedürfen. Dies ist jedoch Gegenstand der Untersuchung der nächsten Teilklasse der Rechte auf Organisation und Verfahren, der Rechte auf privatrechtliche Kompetenzen.

52 Wie für die gesamte Untersuchung gilt auch insbesondere hier, daß eine ganze Reihe intensiv diskutierter Probleme weder gelöst noch nur angesprochen werden kann. Die folgenden Ausführungen beschränken sich auf die fundamentalen Probleme, die zur Klärung der Normstruktur unerläßlich sind.

53 Eine Verletzung dieser Pflicht wurde festgestellt in BVerfGE 12, 205 (263 ff.); 57, 299 (320 ff.); 73, 118 (152 ff.); 74, 297 (322 ff.); 83, 238 (322 ff.); 90, 60 (87 ff.).

54 Zur Unterscheidung bindender/nicht bindender Normen vgl. bereits 2. Teil, 3. Abschnitt, B. I. 1.

55 Bei den Entscheidungen, in denen eine Verletzung der Pflicht zur organisatorischen Ausgestaltung angenommen wurde, handelte es sich überwiegend um Verfahren des objektiven Rechtsschutzes (abstrakte Normenkontrollen, BVerfGE 12, 205 ff.; 73, 118 ff.; 83, 238 ff. oder konkrete Normenkontrollen, BVerfGE 57, 295 ff.; 90, 60 ff.). Das Gericht konnte das Problem der Subjektivierung damit offenlassen. Lediglich in der fünften Rundfunkentscheidung wurde einer Verfassungsbeschwerde stattgegeben, weil eine einfachrechtliche Organisationsnorm die freie Meinungsbildung hemmte, BVerfGE 74, 297 (331 ff.). In den übrigen Entscheidungen lassen die Formulierungen des Gerichts, aus denen Rückschlüsse auf seine Auffassung zum Problem der Subjektivierung gezogen werden könnten, keine eindeutige Entscheidung zu. Es finden sich sowohl eher objektive Formulierungen als auch eher subjektive Formulierungen. Kennzeichnend für alle Entscheidungen ist, daß die Bedeutung des kollektiven Guts der freien Meinungsbildung im Vordergrund steht. Zum Teil tritt die individuelle Seite ganz in den Hintergrund, zum Teil finden sich jedoch auf individuelle Rechte bezogene Formulierungen. So spricht das Gericht im dritten Rundfunkurteil von der Bedeutung des Rundfunks für „das individuelle und öffentliche Leben" (BVerfGE 57, 295 (321)). Im sechsten

das Nebeneinander eines kollektiven Guts, welches nach allgemeinen Grundsätzen nicht Gegenstand einer subjektiven Berechtigung ist, und eines nach allgemeinen Grundsätzen subjektivierten individuellen Rechts.

Die Besonderheit bei der Rundfunkfreiheit besteht darin, daß sie in besonderem Maße eine „dienende Freiheit" darstellt.[56] In der Regel werden grundrechtliche Freiheiten dem einzelnen zum Zweck seiner Persönlichkeitsentfaltung eingeräumt. Im Hinblick auf den Träger des Grundrechts ist die Freiheit Selbstzweck: Es wird nicht gefragt, ob durch die Einräumung einer bestimmten Freiheit besondere positive Effekte für andere oder die Gemeinschaft entstehen.[57] Im Gegenteil, es wird sogar in Kauf genommen, daß kollektive Güter in einigen Fällen der Kollision mit individuellen Rechten zurücktreten müssen. Ganz anders liegt der Fall bei einer „dienenden Freiheit". Hier wird dem einzelnen eine Freiheit eingeräumt, um außerhalb seiner Person positive Effekte hervorzurufen.[58] Im Fall der Rundfunkfreiheit ist dies die „individuelle und öffentliche Meinungsbildung".[59] Die Meinungsfreiheit ist für eine freiheitlich-demokratische Staatsordnung „schlechthin konstituierend".[60] Dem einzelnen wird die individuelle Rundfunkfreiheit verliehen, damit das besonders wichtige kollektive Gut der freien Meinungsbildung gefördert wird. Die besonderen Probleme einer „dienenden Freiheit" wie der Rundfunkfreiheit bestehen darin, daß nicht jede Form der Ausübung der individuellen Freiheit die Realisierung des kollektiven Guts fördert. Wer seine eigene Meinung darstellt und andere mit argumentativen Mitteln gewinnen will, fördert den Prozeß der öf-

---

Rundfunkurteil heißt es, die Rundfunkfreiheit werde als „dienende Freiheit ... nicht primär im Interesse der Rundfunkveranstalter, sondern im Interesse freier individueller und öffentlicher Meinungsbildung gewährleistet" (BVerfGE 83, 238 (315)). Erstens wird sie zwar nicht primär, aber auch im Interesse der Rundfunkveranstalter gewährleistet, zweitens findet sich auch hier der Bezug zur individuellen Meinungsbildung. Letzteres gilt weiter für die siebte und achte Entscheidung zur Rundfunkfreiheit (BVerfGE 87, 181 (197); 90, 60 (87)).

56 BVerfGE 57, 295 (320); 83, 238 (316); 87, 181 (197); 90, 60 (87).
57 Jedenfalls in verfassungsrechtlichen Argumentationen werden diese Rechte daher als Anfangsgründe der Argumentation behandelt. Etwas anderes gilt für die rechtstheoretische und rechtsphilosophische Diskussion um die universelle Begründbarkeit der Grund- und Menschenrechte. Hier sind die individuellen Rechte nicht Anfangsgrund der Argumentation, sondern gerade Gegenstand der Rechtfertigung.
58 Man kann dies auch mit der Unterscheidung von intrinsischen Gründen für Rechte – in der Person des Trägers des Rechts liegenden Gründen – und extrinsischen Gründen – außerhalb der Person des Trägers liegenden Gründen – erfassen, vgl. hierzu Borowski, Die Glaubens- und Gewissensfreiheit des Grundgesetzes, S. 223 ff. Ein Beispiel für die Begründung eines individuellen Rechts maßgeblich durch ein kollektives Gut ist der bereits bei sozialen Grundrechten erörterte Anspruch auf Subventionierung privater Ersatzschulen. Bei der Erörterung des in Rechtsprechung und Lehre anerkannten definitiven Leistungsanspruchs der Betreiber von privaten Ersatzschulen wurde bereits darauf hingewiesen, daß das individuelle Interesse des Betreibers für allein zur Begründung nicht ausreicht. Ein definitiver individueller Anspruch wird vielmehr maßgeblich unter Hinweis auf die positiven Effekte des privaten Ersatzschulwesens für Staat und Gemeinwesen begründet. Ähnlich wird auch im Hochschulurteil die Einräumung eines individuellen Anspruchs des Wissenschaftlers auf Leistungen zusätzlich mit der Förderung des kollektiven Guts des funktionierenden Wissenschaftsbetriebes begründet, BVerfGE 35, 79 (115 f.).
59 BVerfGE 57, 295 (319); 73, 118 (152); 74, 297 (323); 83, 238 (316); 87, 181 (197); 90, 60 (87); vgl. BVerfGE 12, 205 (259 f.); 31, 314 (325 f.).
60 BVerfGE 7, 198 (208); 12, 113 (125); 62, 230 (247); 69, 315 (344 f.); 71, 206 (219); 76, 196 (208 f.); 85, 23 (31).

fentlichen Meinungsbildung. Wer ein Medienmonopol errichtet hat und falsch, unvollständig und tendenziös informiert, schadet der öffentlichen Meinungsbildung.

Hinsichtlich des Verhältnisses der individuellen Freiheit der Rundfunkveranstaltung und dem kollektiven Gut der freien Meinungsbildung kann man zwischen zwei[61] fundamentalen Modellen unterscheiden. Nach dem ersten wird die individuelle Freiheit bloß als Mittel zur Förderung der freien Meinungsbildung angesehen. Die Freiheit besitzt keinerlei selbständige Bedeutung. Nach dem zweiten Modell dient die Rundfunkfreiheit sowohl der Realisierung der freien Meinungsbildung als auch der freien Entfaltung der Persönlichkeit des einzelnen. Das gewichtige kollektive Gut der freien Meinungsäußerung unterstützt oder beschränkt diese individuelle Freiheit, je nach der Konstellation im Einzelfall.

aa) *Individuelle Freiheit allein als Zweck für die öffentliche Meinungsbildung*

Wer die individuelle Freiheit des Rundfunkveranstalters allein als Mittel zum Zweck der Förderung der freien Meinungsbildung ansieht,[62] stellt entscheidend auf ein kollektives Gut ab. Die Annahme eines subjektiven Rechts liegt dann zunächst eher fern. In jedem Fall ist festzuhalten, daß keine Freiheit zur Rundfunkveranstaltung in einer Form, die den Prozeß der freien Meinungsbildung hemmt oder gefährdet, besteht – weder prima facie noch definitiv. Im übrigen ist weiter zu unterscheiden, ob die im Interesse der Förderung eines kollektiven Guts gewährte Freiheit eine positive oder negative Freiheit darstellt.

Eine positive Freiheit liegt vor, wenn der Freiheitsgegenstand in genau einer Handlung besteht. Es ist dann geboten, das Richtige zu tun. Die Annahme eines subjektiven Rechts des einzelnen steht hier fern, es geht vielmehr in erster Linie um die objektive Verpflichtung des einzelnen gegenüber dem Staat, eine bestimmte Handlung zu vollziehen. Grundrechtliche Freiheit unter dem Grundgesetz ist jedoch negative Freiheit, auf die Gefahr eines positiven Freiheitsbegriffs als Basis der politischen Theorie wurde bereits hingewiesen.[63] Der Gedanke von grundrechtlichen Pflichten für den einzelnen zu Handlungen aus den Grundrechten steht Rechtsprechung und Lehre bei der Rundfunkfreiheit fern.

Dies führt zu der im Interesse der freien Meinungsbildung eingeräumten negativen Freiheit. Auch hier besteht weder prima facie noch definitiv Freiheit zu Handlungen, die

---

61 Ein drittes Modell bestünde darin, in der Rundfunkfreiheit allein die individuelle Freiheit des einzelnen geschützt zu sehen und die Bedeutung des kollektiven Guts der freien Meinungsbildung vollständig zu leugnen. Eine derartige Konzeption wird jedoch, soweit ersichtlich, nirgends vertreten. Vereinzelt wird zwar entgegen der ständigen Rechtsprechung des Bundesverfassungsgerichts die Rundfunkfreiheit primär als individuelles Recht der Rundfunkveranstaltung angesehen, ohne daß jedoch der freien Meinungsbildung jegliche Bedeutung abgesprochen wird, Nachweise bei Ruck, AöR 117 (1992), S. 555 f. Ob die Rundfunkfreiheit primär dieses individuelle Recht und nur sekundär die freie Meinungsbildung als kollektives Gut schützt oder umgekehrt, ist lediglich eine Frage der Gewichtung innerhalb des zweiten Modells.

62 Bethge, DVBl. 1986, S. 861; weitere Nachweise bei Brugger, Rundfunkfreiheit und Verfassungsinterpretation, S. 31 ff.

63 Siehe 1. Teil, 1. Abschnitt, III. 1. a).

die freie Meinungsäußerung hemmen oder gefährden. Hinsichtlich der Handlungen, die die Realisierung der öffentlichen Meinungsbildung fördern, wie etwa der privaten Rundfunkveranstaltung mit den derzeit geltenden Beschränkungen, besteht eine prima facie-Freiheit. Solange sie nicht mit im Einzelfall gewichtigeren Rechten anderer oder kollektiven Gütern kollidiert, handelt es sich auch um eine definitive Freiheit. Der einzelne kann wählen, ob er die – die freie Meinungsbildung fördernde – Handlung vollzieht oder den Vollzug unterläßt. Der Freiheitsgegenstand besteht in einer Handlungsalternative, damit handelt es sich um eine negative Freiheit. Ein Vertreter des positiven Freiheitsbegriffs könnte einwenden, mit der Einräumung der negativen Freiheit hinsichtlich der Handlungen, die die freie Meinungsbildung fördern, sei die Förderung nicht notwendig verbunden. Es könne sein, daß niemand von seiner Freiheit, eine die freie Meinungsbildung fördernde Handlung vorzunehmen, Gebrauch macht. Der Schluß von der Einräumung der Freiheit auf die Förderung der freien Meinungsbildung wird erst gültig, wenn man die anthropologische Prämisse hinzunimmt, daß jedenfalls einige Menschen von einer Freiheit Gebrauch machen, die allen eingeräumt wird. Man wird sagen dürfen, daß dies erfahrungsgemäß zutrifft.

Wenn jetzt nach der Subjektivierung dieser Erlaubnis zu den genannten Handlungen gefragt wird, scheiden auf das individuelle Interesse bezogene Argumente aus, da die individuelle Freiheit nur Mittel zum Zweck der freien Meinungsbildung ist. Doch daraus den Schluß auf die fehlende Subjektivierung zu ziehen,[64] wäre etwas voreilig. Ob die negative Freiheit des einzelnen gerichtlich durchsetzbar, also subjektiviert ist, hängt von den Folgen für das kollektive Gut der freien Meinungsbildung ab. Wird die freie Meinungsbildung durch eine subjektivierte Freiheit des einzelnen in höherem Maße gefördert als durch die nicht subjektivierte Freiheit, gebietet das kollektive Gut der freien Meinungsbildung die Subjektivierung der negativen, „dienenden" Freiheit. Wenn die Einräumung einer Freiheit zu bestimmten Handlungen die freie Meinungsbildung fördert, und eine subjektivierte Freiheit gegenüber einer bloß objektiven Freiheit ein höheres Maß an Realisierung der Freiheit darstellt, fördert die subjektivierte Freiheit im Zweifel die freie Meinungsbildung in höherem Maße als die bloß objektive Freiheit. Das Interessante an dieser Konstruktion besteht darin, daß die Förderung eines kollektiven Guts ein individuellee subjektives Recht begründet.[65]

---

64 Nach einer verbreiteten Ansicht entstehen subjektive Rechte des einzelnen im Bereich der Rundfunkfreiheit erst durch die gesetzgeberische Ausgestaltung, also auf der Ebene einfachen Rechts, statt vieler Hoffmann-Riem in AK³, Art. 5 Abs. 1, 2 GG, Rn 180 (mit weiteren Nachweisen): „Subjektive Rechte auf Nutzung der Massenmedien Presse, Rundfunk und Film zur Verbreitung von Massenkommunikation gibt es gemäß Art. 5 Abs. 1 Satz 2 nach Maßgabe der ausgestaltenden Regelungen, soweit solche erlassen worden sind bzw. aus verfassungsrechtlichen Gründen erlassen werden müssen".
65 Vgl. Borowski, JöR 50 (2002), S. 309; ders., Die Glaubens- und Gewissensfreiheit des Grundgesetzes, S. 223 ff.

bb) *Individuelle Rundfunkfreiheit auch als Mittel zur Entfaltung der Persönlichkeit*

Nach dem zweiten Modell schützt die Rundfunkfreiheit auch die individuelle Freiheit zur Veranstaltung von Rundfunk als Selbstzweck.[66] Diese individuelle Freiheit ist als prima facie-Freiheit zu beliebiger Rundfunkveranstaltung Gegenstand eines Prinzips. Durch das bedeutende kollektive Gut der freien Meinungsbildung – auch Gegenstand eines Prinzips – wird dieses individuelle Recht zur Rundfunkveranstaltung in erheblichem Maße beeinflußt. Fördert die Ausübung der individuellen Freiheit die freie Meinungsbildung, stützen sich individuelles Recht und kollektives Recht gegenseitig. Die Ausübungshandlung besitzt dann ein sehr hohes Gewicht, das kaum noch durch Gegengründe übertroffen werden kann. Andererseits kann das kollektive Gut der freien Meinungsbildung mit der Ausübung der individuellen Freiheit zur Rundfunkveranstaltung kollidieren. Dann ist nach allgemeinen Grundsätzen abzuwägen. Die Errichtung eines privaten Rundfunkmonopols etwa kann sehr wohl im individuellen Interesse liegen, beeinträchtigt die freie Meinungsbildung aber in erheblichem Maße. Das individuelle Recht wird in diesem Fall in aller Regel beschränkt sein.

Der Lösung dieser internen Kollision der Rundfunkfreiheit können natürlich verschiedene normative Konzeptionen zugrundegelegt werden, je nachdem, welches abstrakte Gewicht man der Veranstalterfreiheit und der öffentlichen Meinungsbildung zuerkennt. Rekonstruiert man die Rechtsprechung des Bundesverfassungsgerichts in diesem Modell, tritt gegenüber dem kollektiven Gut der freien Meinungsbildung das individuelle Recht zwar nicht vollständig, aber doch deutlich zurück.[67]

Die „Rundfunkfreiheit" in einem konkreten Fall stellt nach diesem Modell ein Ergebnis der Abwägung zweier Prinzipien dar, das zur Feststellung des im Einzelfall grundrechtlich definitiv Gesollten noch mit weiteren Prinzipen abzuwägen ist. Eine Abwägung des Prinzips der individuellen Veranstalterfreiheit mit der freien Meinungsbildung ergibt eine abstrakt-generelle Vorrangrelation im Sinne eines Prinzips mit teilweisem Festsetzungsgehalt.[68] Im Fall der gegenseitigen Stützung beider Einzelprinzipien der Rundfunkfreiheit können kollidierende Prinzipien nur schwer die Rundfunkfreiheit beschränken. Kollidieren individuelles Recht und kollektives Gut der Rundfunkfreiheit bereits intern, wird aufgrund des hohen generellen Gewichts des kollektiven Guts der freien Meinungsbildung regelmäßig das individuelle Veranstalterrecht intern beschränkt. Da die „Rundfunkfreiheit" als Prinzip mit teilweisem Festsetzungsgehalt als generelles Abwägungsergebnis nur Festsetzungsgehalt relativ auf die beiden Einzelprinzipien der Rundfunkfreiheit besitzt, ist im Einzelfall mit weiteren Prinzipien abzuwägen. Ob bei der Rechtsanwendung zunächst im Einzelfall die „Rundfunkfreiheit" als

---

66 Statt vieler Degenhart in BonnKomm, Art. 5 Abs. 1. u. 2 GG, Rn 643 ff., 709 ff. mit weiteren Nachweisen.

67 Eine Rekonstruktion dieser Rechtsprechung im Sinne dieses zweiten Modells ist auch vorzugswürdig, da in den Formulierungen des Gerichts das kollektive Gut zwar im Vordergrund steht, das individuelle Recht aber nicht vollständig vernachlässigt wird.

68 Individuelles Recht und kollektives Gut sind jeweils Gegenstand eines Prinzips, das nicht durch ein anderes Prinzip begründet wird, also Prinzipien ohne jeden Festsetzungsgehalt. Zur Unterscheidung von Prinzipien mit teilweisem und ohne Festsetzungsgehalt siehe 1. Teil, 2. Abschnitt, II. 3. c) aa).

Prinzip mit teilweisem Festsetzungsgehalt hinsichtlich nur der beiden Einzelprinzipien, individuelle Freiheit und kollektives Gut, separat ermittelt wird, bevor Kollisionen mit weiteren Prinzipien entschieden werden, ist lediglich eine Frage der Zweckmäßigkeit. Es ist ohne weiteres auch möglich, gleich von Grund auf alle Prinzipien abzuwägen.

Für eine Rekonstruktion der Rundfunkfreiheit im Sinne des zweiten Modells spricht eine ganze Reihe von Argumenten. Zunächst ist es nicht – wie für das erste Modell – erforderlich, jegliche selbständige Bedeutung der individuellen Veranstalterfreiheit innerhalb der Rundfunkfreiheit zu leugnen. Der Wortlaut und die systematische Stellung im Art. 5 Abs. 1 GG und innerhalb des Grundrechtsteils der Verfassung sprechen stark für eine auch originär individualrechtliche Interpretation.[69] Auch aus der Entstehungsgeschichte ergibt sich kein Gegenargument.[70] Diese Veranstalterfreiheit wird zwar in vielen Fällen beschränkt, in denen sie mit der freien Meinungsbildung kollidiert. Sie hat aber nur in den Fällen zurückzutreten, in denen im Einzelfall ein Zurücktreten auch geeignet, erforderlich und angemessen, mit anderen Worten: verhältnismäßig im weiteren Sinne ist.[71] Trotz der umfassenden Anerkennung der Veranstalterfreiheit kann die besondere Bedeutung des kollektiven Guts der freien Meinungsbildung für die Demokratie in dieser Verhältnismäßigkeitsprüfung angemessen berücksichtigt werden.

Weiterhin spricht für dieses zweite Modell, daß es mit einer ausgesprochen großen Anzahl verschiedener normativer Konzeptionen verbunden werden kann. Es kann nicht nur darum gestritten werden, ob die Rundfunkfreiheit allein dem kollektiven Gut der freien Meinungsbildung oder allein der individuellen Veranstalterfreiheit dient. Solange den beiden Prinzipien ein Wert an sich – wie gering man diesen auch immer veranschlagen mag – zuerkannt wird, kann jede Gewichtung vertreten werden. Das zweite Modell ist daher vorzuziehen.

Daraus ergeben sich Konsequenzen für die Subjektivierung der Rundfunkfreiheit gem. Art. 5 Abs. 1 Satz 2 2. Fall GG. Entsprechend der oben getroffenen Unterscheidung ist zu differenzieren, ob eine Organisationsvorschrift die Realisierung der individuellen Veranstalterfreiheit oder des kollektiven Guts der freien Meinungsbildung fördert. Das umfassend anzuerkennende individuelle Recht auf Rundfunkveranstaltung ist, wie alle Abwehrrechte, umfassend subjektiviert. Soweit zu seiner effektiven Gewährleistung organisationsrechtliche Regelungen erforderlich sind, besteht ein grundrechtlicher, umfassend subjektivierter prima facie-Anspruch auf Erlaß der entsprechenden Regelungen. Insoweit sei sinngemäß auf die Ausführungen bei Rechten auf Verfahren im engeren Sinne verwiesen. Neben diese individuelle Begründung der Subjektivierung kann noch die aus dem kollektiven Gut treten, wenn der Erlaß der den einzelnen begünstigenden, subjektivierten Organisationsregelung auch den Prozeß der freien Meinungsbildung fördert.

---

69 Statt vieler Starck in von Mangoldt/Klein/Starck[5], Art 5 Abs. 1, 2 GG, Rn 108; Degenhart in Bonn-Komm, Art. 5 Abs. 1 u. 2 GG, Rn 645; Wendt in von Münch/Kunig[5], Art. 5 GG, Rn 50; jeweils mit weiteren Nachweisen.
70 Vgl. JöR 1951, S. 86.
71 Starck in von Mangoldt/Klein/Starck[5], Art. 5 Abs. 1, 2 GG, Rn 108.

Sind die Organisationsnormen dagegen erforderlich, um das grundrechtlich geschützte kollektive Gut der freien Meinungsbildung zu fördern, ohne daß ein subjektives Recht des einzelnen ein Mittel zu diesem Zweck darstellt, hat der einzelne aus der Perspektive des kollektiven Guts kein subjektives Recht auf ihren Erlaß. Interessanter für den einzelnen ist aber, daß zur Förderung der freien Meinungsbildung erlassene Organisationsvorschriften regelmäßig einen Eingriff in die individuelle Veranstalterfreiheit bilden. Mit dem Eingriff in das Abwehrrecht ist ein subjektives Recht betroffen. Zusammengefaßt bedeutet dies: Der einzelne hat ein umfassendes subjektives Recht auf den Erlaß von Organisationsnormen, die seine individuelle Veranstalterfreiheit fördern. Weiterhin hat er ein umfassendes subjektives Recht gegen den Erlaß von Organisationsnormen, die die freie Meinungsbildung fördern, aber in seine Veranstalterfreiheit eingreifen. Das Recht auf begünstigende und gegen belastende Organisationsnormen ist, soweit es inhaltlich reicht, umfassend subjektiviert. Ob der Erlaß einer einzelnen Organisationsregelung geboten, bloß erlaubt oder verboten ist, richtet sich maßgeblich der Abwägung der kollidierenden Rechte und Güter. Bei dieser Abwägung ist nach allgemeinen Regeln ein weiter normativer Gestaltungsspielraum des Gesetzgebers zu beachten.[72]

Dieses Modell zeigt auch, warum die herkömmlich erhobenen Einwände gegen subjektive Rechte auf Erlaß von Organisationsnormen nicht überzeugen können. Der erste dieser Einwände besteht darin, daß ein subjektives Recht des einzelnen zur Verwirklichung des kollektiven Guts der gleichgewichtigen Vielfalt im Rundfunk ihn in die Position eines Funktionärs der objektiven Rechtsordnung versetzen würde.[73] Der entscheidende Bezugspunkt der Subjektivierung ist jedoch die Veranstalterfreiheit als individuelles Recht. Das kollektive Gut kann neben diese individuelle Freiheit treten und sie argumentativ stützen, was den entscheidenden Ausschlag geben kann. es gilt aber zu beachten, daß der einzelne stets auch sein individuelles Recht durchsetzt, niemals allein das kollektive Gut. Der zweite Einwand ist der Einwand der Popularklage: „Wo alle gleichermaßen betroffen sind, kann von einer individuellen Betroffenheit keine Rede mehr sein".[74] Doch auch hier gilt, daß der einzelne sein individuelles subjektives Recht geltend macht. Ob andere daneben subjektive Rechte gleichen Inhalts haben, oder bei Verwirklichung des subjektiven Rechts kollektive Güter gefördert werden, spielt keine entscheidende Rolle.[75]

b) Innen- oder außentheoretische Rechte

Damit bleibt die Frage zu beantworten, ob die Rechte auf Organisation im engeren Sinne innen- oder außentheoretische Rechte darstellen. Diese Frage wird in der Literatur

---

72 BVerfGE 12, 205 (262 f.); 35, 79 (122 ff.); 43, 242 (269); 50, 290 (368 f.); 57, 295 (321 f.); 58, 233 (247 f.); 66, 155 (177); 73, 118 (153); 74, 297 (324); 83, 238 (296, 324); 87, 181 (197); 90, 60 (94); aus der Literatur statt vieler Degenhart in BonnKomm, Art. 5 Abs. 1 u. 2 GG, Rn 638.
73 Bethge, UFITA 81 (1978), S. 92; vgl. Jarass, Die Freiheit des Rundfunks vom Staat, S. 261 f.
74 Ossenbühl, DÖV 1981, S. 7.
75 Vgl. Alexy, Der Staat 29 (1990), S. 66.

kaum erörtert, auch die Äußerungen der Rechtsprechung lassen keine Schlüsse zu. Es kann mutatis mutandis auf die Ausführungen zu den Rechten auf Verfahren im engeren Sinne verwiesen werden. Wie bei diesen begründet die Förderung eines grundrechtlichen Prinzips einen prima facie-Anspruch auf positive Handlungen des Staates, nur daß es nicht um Verfahren im engeren Sinne, sondern Organisation im engeren Sinne geht.

c) Ergebnis

Die Rechte auf Organisation im engeren Sinne begründen ein umfassend subjektiviertes prima facie-Recht auf alle Organisationsregelungen, die die Realisierung des Optimierungsgegenstandes eines grundrechtlichen Prinzips fördern. Was definitiv geboten ist, wird maßgeblich in einer Abwägung im Rahmen der Verhältnismäßigkeit in Form des Untermaßverbots ermittelt. Angesichts des weiten Spielraums des Gesetzgebers und zusätzlich kollidierender materieller Prinzipien ist ein definitiver Anspruch auf den Erlaß einer bestimmten Organisationsnorm deutlich die Ausnahme.

4. Die Rechte auf privatrechtliche Kompetenzen

Rechte auf privatrechtliche Kompetenzen sind Rechte gegenüber dem Staat darauf, daß er Normen zur Verfügung stellt, die für privatrechtliche Rechtshandlungen und damit für Begründung, Änderung und Aufhebung privatrechtlicher Rechtspositionen konstitutiv sind.[76] In der bisherigen Erörterung standen Freiheiten und Rechte auf etwas ganz im Vordergrund. Der für das Zivilrecht und den Grundrechtsschutz zivilrechtlicher Positionen zentrale Begriff ist der der Kompetenz.[77] Kennzeichnend für Kompetenzen ist, daß sie durch institutionelle Handlungen ausgeübt werden. Institutionelle Handlungen sind Handlungen, die nicht allein aufgrund natürlicher Fähigkeiten vorgenommen werden können, sondern für sie konstitutive Regeln voraussetzen.[78] Zum Beispiel würde ohne die zivilrechtlichen Vertragsregeln zwar eine tatsächliche Einigung vorliegen, es könnten aber nicht rechtliche Berechtigungen und Verpflichtungen entstehen.

Damit sind die in Ausübung der Kompetenz erzeugten Rechtspositionen von den Kompetenznormen zu unterscheiden. Hiervon ist weiter der Vollzug der institutionellen Handlung zu unterscheiden. Grundrechtsschutz im Zusammenhang mit Kompetenzen wirft daher insbesondere dreierlei Fragen auf. Die erste Frage besteht darin, ob der einzelne ein Recht auf die Geltung einer bestimmten, insbesondere privatrechtlichen Kom-

---

76 Alexy, Theorie der Grundrechte, S. 441. In Ausnahmekonstellationen kommen auch Rechte auf öffentlichrechtliche Kompetenzen in Betracht, vgl. Borowski, Die Glaubens- und Gewissensfreiheit des Grundgesetzes, S. 313.
77 Allgemein zur Bedeutung der Unterscheidung zwischen Verpflichtungsnormen und Kompetenznormen vgl. nur Hart, The Concept of Law, S. 81: „Rules of the first type impose duties; rules of the second type confer powers, public or private. ... in the combination of these two types of rules there lies what Austin wrongly claimed to have found in the notion of coercive orders, 'the key to the science of jurisprudence'".
78 Zum Begriff der Kompetenz vgl. Alexy, Theorie der Grundrechte, S. 211 ff.; Sieckmann, Regelmodelle und Prinzipienmodelle des Rechtssystems des Rechts, S. 45 ff.; Borowski, Die Glaubens- und Gewissensfreiheit des Grundgesetzes, S. 192 ff.; jeweils mit weiteren Nachweisen.

petenz hat. Bei der zweiten Frage geht es darum, ob er die Freiheit zum Vollzug der institutionellen Handlung hat, mit der die Kompetenz ausgeübt wird.[79] Die dritte Frage schließlich besteht darin, ob die durch Kompetenzausübung erzeugte Rechtsposition gegen nachteilige Änderung grundrechtlich geschützt ist.[80] Im vorliegenden Zusammenhang, im Rahmen der strukturellen Untersuchung der Rechte auf Organisation und Verfahren als Teilklasse der grundrechtlichen Leistungsrechte im weiteren Sinne, soll nur die erste Frage näher in den Blick genommen werden.

Komplexe Systeme zivilrechtlicher Kompetenznormen finden sich insbesondere im Vertrags-, Ehe-, Eigentums- und Erbrecht. Daß an diese Kompetenzen grundrechtliche Anforderungen zu stellen sind, kann als gesichert gelten.[81] Unklar ist aber, welcher Art diese grundrechtlichen Anforderungen sind. Im weiteren sollen drei Fragen beantwortet werden. Die erste besteht darin, ob es sich bei den Rechten auf privatrechtliche Kompetenzen überhaupt um grundrechtliche Leistungsrechte im weiteren Sinne oder nicht vielmehr um Abwehrrechte im klassischen Sinne handelt. Die zweite Frage besteht darin, ob hinsichtlich der Geltung privatrechtlicher Kompetenzen ein subjektives grundrechtliches Recht des einzelnen oder nur eine objektiv-rechtliche Verpflichtung des Staates anzunehmen ist, die dritte ist die nach der Schrankentheorie, Innen- oder Außentheorie. Diese Fragen sollen im folgenden vorwiegend am Beispiel der Eigentumsgarantie des Art. 14 GG untersucht werden.

---

79 Hinsichtlich der Freiheit zum Vollzug der institutionellen Handlung kann weiter zwischen der rechtlichen und der faktischen Freiheit unterschieden werden. Auch wenn der Vollzug einer institutionellen Handlung in Ausübung einer Kompetenz eine Rechtsposition entstehen läßt, kann an den Vollzug dieser Handlung eine rechtliche Sanktion geknüpft werden. Der Träger der Kompetenz ist dann zu etwas ermächtigt, wird für die Ausübung der Kompetenz bestraft. Diese rechtliche Sanktion könnte man als Problem allein der Abwehrrechte im klassischen Sinne ansehen. Dem kann man aber entgegenhalten, daß damit nicht alle Aspekte erfaßt werden. Es geht nicht allein um den Vollzug einer natürlichen Handlung als solcher, sondern gerade darum, daß diese Handlung aufgrund der eingeräumten Kompetenz eine institutionelle Handlung darstellt. Wird zwar eine Kompetenz eingeräumt, die entsprechende institutionelle Handlung aber rechtlich verboten, wird der Zweck der Einräumung der Kompetenz vereitelt. Dies spricht dafür, auch die rechtliche Freiheit zum Vollzug der institutionellen Handlung – zusätzlich – durch das grundrechtliche Leistungsrecht auf Kompetenzeinräumung geschützt zu sehen, vgl. Borowski, Die Glaubens- und Gewissensfreiheit des Grundgesetzes, S. 595 f. Zusätzlich kann man fragen, ob der einzelne auch die faktische Freiheit hat, die institutionelle Handlung zu vollziehen, vgl. zu Art. 14 GG ablehnend statt vieler Papier in Maunz/Dürig, Art. 14 GG, Rn 15. Dies stellt als Problem der faktischen Freiheit nach allgemeinen Regeln ein Problem der sozialen Grundrechte dar.
80 Dies gilt insbesondere für die Bestandsgarantie des Art. 14 GG, das Recht auf „Haben" und „Gebrauchmachen" an einem konkreten Eigentumsgegenstand, Papier in Maunz/Dürig, Art. 14 GG, Rn 8. Die durch die Bestandsgarantie geschützte konkrete Rechtsposition, das Eigentumsrecht an einer bestimmten Sache, stellt eine dreistellige Zuordnungsrelation dar, die als $Z(a, e, I)$ formalisiert werden kann. „Z" steht für die Zuordnungsrelation, „a" für den Träger der Rechtsposition, „e" für den Zuordnungsgegenstand und „I" für den Inhalt der Rechtsposition, vgl. Sieckmann, Homo oeconomicus 10 (1993), S. 463 f. Zum konkreten Eigentumsrecht als Zuordnungsrelation vgl. weiter Leisner, HbStR VI, § 149, Rn 81 ff. Entsprechendes gilt für andere zivilrechtliche Rechtspositionen.
81 Grundrechtliche Anforderungen an eherechtliche Kompetenzen ergeben sich aus Art. 6 Abs. 1 GG, an eigentums- und erbrechtliche Kompetenzen aus Art. 14 GG. Zur allgemeinen Vertragsfreiheit vgl. bereits bei 1. Teil, 3. Abschnitt, I. 3. a) aa) aaa).

a) Grundrechtliche Rechte auf privatrechtliche Kompetenzen als grundrechtliche Leistungsrechte im weiteren Sinne

Art. 14 GG wird eine Bestandsgarantie, das Recht auf „Haben" und „Gebrauchmachen" an einem konkreten Eigentumsgegenstand,[82] und die Institutsgarantie des Privateigentums entnommen.[83] Diese Institutsgarantie bezieht sich auf die Normen, die die Begründung, Änderung und Aufhebung des konkreten Eigentums und seiner Nutzung regeln, also auf die eigentumsrechtlichen Kompetenznormen. Im Zeitpunkt des Inkrafttretens des Grundgesetzes und auch gegenwärtig galten und gelten zahlreiche Normen, die Kompetenzen zu Erwerb und Veräußerung des Eigentums regeln. Wenn nach dem Grundrechtsschutz eigentumsrechtlicher Kompetenzen gefragt wird, liegt der Akzent in den Formulierungen in Rechtsprechung und Literatur regelmäßig sehr auf staatlich geschuldeten Unterlassungen:

„Die Institutsgarantie verbietet, solche Sachbereiche der Privatrechtsordnung zu entziehen, die zum elementaren Bestand grundrechtlich geschützter Betätigung im vermögensrechtlichen Bereich gehören".[84]

Damit stellt sich die Frage, ob es sich statt eines grundrechtlichen Leistungsrecht im materiellen Sinne nicht vielmehr um ein Abwehrrecht im materiellen Sinne handelt. Im ersten Falle verlangt Art. 14 GG die Geltung bestimmter eigentumsrechtlicher Kompetenznormen. Soweit sie bestehen, sind sie gegen nachteilige Änderung geschützt, soweit sie noch nicht bestehen und definitiv geboten sind, besteht eine Verpflichtung des Gesetzgebers zu ihrem Erlaß. Im zweiten Falle werden nur bereits bestehende Kompetenzen gegen nachteilige Änderung geschützt. Nach der Rechtsprechung des Bundesverfassungsgerichts kommt der Eigentumsgarantie

„im Gesamtgefüge der Grundrechte die Aufgabe zu, dem Träger des Grundrechts einen Freiheitsraum im vermögensrechtlichen Bereich sicherzustellen und ihm damit eine eigenverantwortliche Gestaltung des Lebens zu ermöglichen".[85]

Ein Freiheitsraum im vermögensrechtlichen Bereich setzt Eigentumspositionen voraus. Ohne Kompetenzen zum Erwerb der Eigentumspositionen kann der einzelne keine Eigentumspositionen erwerben. Folglich fordert Art. 14 GG prima facie die Geltung von Kompetenzen zum Erwerb von Eigentumspositionen. Der Staat hat somit die grund-

---

82 Papier in Maunz/Dürig, Art. 14 GG, Rn 8 mit weiteren Nachweisen.
83 Kimminich in BonnKomm, Art. 14 GG, Rn 119 ff.; Papier in Maunz/Dürig, Art. 14 GG, Rn 11 ff.; jeweils mit weiteren Nachweisen.
84 BVerfGE 24, 367 (388 ff.); 58, 300 (339); aus der Literatur vgl. statt vieler Papier in Maunz/Dürig, Art. 14 GG, Rn 11 ff.
85 BVerfG in st. Rspr. seit BVerfGE 24, 367 (389); zuletzt BVerfGE 79, 292 (303 f.). Von diesem Zweck der umfassenden Eigentumsgarantie (Bestandsgarantie und Institutsgarantie) ist der Zweck der Bestandsgarantie zu unterscheiden. Vgl. BVerfGE 89, 1 (7): „Art. 14 GG schützt nur vorhandene Positionen"; vgl. weiter Böhmer, NJW 1988, S. 2562 „Die Grundidee der verfassungsrechtlichen Gewährleistung ist der Schutz privaten Eigentums vor ungerechtfertigten Eingriffen der Staatsgewalt; sie soll das rechtmäßig erworbene Eigentum respektieren."

rechtliche Pflicht, dem einzelnen privatrechtliche Kompetenzen zum Eigentumserwerb und zur Eigentumsnutzung zur Verfügung zu stellen.[86] Aus Gründen der Rechtssicherheit und -klarheit hat dies in Form formeller Gesetze zu geschehen. Wenn man sich die unterverfassungsrechtliche Rechtsordnung hinwegdenkt, ist der Staat zu einer Handlung verpflichtet, es handelt sich also um ein Leistungsrecht im materiellen Sinne.

Daß die Rechtsfolge der Institutsgarantie, die Geltung bestimmter Kompetenzen, im deutschen Rechtssystem regelmäßig durch staatliche Unterlassungen herbeigeführt werden kann, liegt an zwei Gründen: erstens der einfachrechtlichen Normierungstechnik und zweitens daran, daß das geltende Zivilrecht im Grundsatz älter ist als das Grundgesetz. Im Zivilrecht gilt der Grundsatz der Eigentumsfreiheit, der in § 903 BGB seinen Ausdruck gefunden hat.[87] Alle weiteren Normen in Bereich des zivilrechtlichen Eigentums schränken diese umfassende zivilrechtliche Eigentumsfreiheit wieder ein. Wenn aufgrund der technischen Entwicklung eine neue Form der Eigentumsnutzung möglich wird, ist sie zivilrechtlich grundsätzlich zunächst definitiv geschützt. Wird diese Eigentumsnutzung vom Gesetzgeber unter Hinweis auf negative Folgen für die Allgemeinheit verboten, und erweist sich dieses Verbot als zu weitgehende Beschränkung als verfassungswidrig, wird deren Nichtigkeit festgestellt. Damit ist festgestellt, daß die zunächst weitgehend gewährleistete Eigentumsfreiheit insofern nicht wirksam eingeschränkt wurde. Die Rechtsfolge, Geltung aller definitiv verfassungsgebotenen Aspekte der Eigentumsfreiheit, kann durch die verfassungsgerichtliche Feststellung der Nichtigkeit der beschränkenden Norm erreicht werden, was eher für Abwehrrechte im materiellen Sinne kennzeichnend ist. Entsprechendes gilt im Bereich der einfachrechtlichen Vertragsfreiheit wie auch der einfachrechtlichen Eheschließungsfreiheit. Anderseits wäre es zwar weniger praktikabel, aber auch möglich gewesen, auf der Ebene des einfachen Rechts jeweils ein Bündel spezieller Kompetenzen in einer Reihe von Normen enumerativ festzulegen. Wenn eine neue Eigentumsnutzung durch technische Entwicklung möglich wird, und die Erlaubnis zu dieser Nutzung jedenfalls zum Teil verfassungsrechtlich definitiv geboten ist, wäre der Gesetzgeber aus Art. 14 GG verpflichtet, dies durch Gesetz entsprechend zu festzusetzen. Im Fall der enumerativen Aufzählung spezieller Kompetenzen wäre der Gesetzgeber somit stets zur Erweiterung der Kompetenzen verpflichtet, während er im Fall der allgemeinen Gewährung und speziellen Beschränkung seine Pflichten durch das Unterlassen entsprechender Beschränkungen im einfachen Recht erfüllt. Um ein Handeln des Gesetzgebers geht es dann nur noch bei der Frage, ob er bei der Konstituierung der einfach-rechtlichen Rechtsordnung auf einfachrechtlicher Ebene eine umfassende Eigentumsfreiheit anerkennt. Da das Bürgerli-

---

86 Vgl. Leisner, HbStR VI, § 149, Rn 71: „‚Inhalt und Schranken des Eigentums' zu bestimmen – das ist mehr eine Pflicht als ein Recht des Gesetzgebers: Er muß optimale rechtliche Möglichkeiten der privaten Nutzbarkeit aller Güter schaffen, er ist nicht ihr global-sozialisierender Herr."

87 Ob § 903 BGB eine Definition des Eigentums festsetzt oder sie nur voraussetzt, ist nicht ganz klar. Von den Pandektisten wurden Formulierungen im Sinne dieser Norm als Eigentumsdefinitionen bezeichnet, nach heute überwiegender Ansicht gibt § 903 BGB jedoch keine Eigentumsdefinition, sondern setzt sie voraus, statt vieler Staud.[14]-Seiler, § 903 BGB, Rn 2.

che Gesetzbuch deutlich älter ist als das Grundgesetz und bei dessen Erlaß auch nicht in Frage gestellt werden sollte, wurde dieses Problem niemals aufgeworfen.

Daß ein Problem bislang nicht aufgeworfen wurde bedeutet jedoch nicht notwendig, daß dieses Problem nicht existiert. Insbesondere außerhalb des klassischen zivilrechtlichen Eigentums und damit außerhalb § 903 BGB kann es durchaus relevant werden. Gesetzt den Fall, der Gesetzgeber hätte das Urheberrecht nicht einfachrechtlich anerkannt, wäre er verpflichtet, die Zuordnungsbeziehung Urheber-Werk im Sinne des verfassungsrechtlich geschuldeten definitiven Minimums zu schützen und dem Urheber zur Nutzung zuzuweisen.[88] Entsprechendes gilt, wenn durch technische oder gesellschaftliche Entwicklung neue immaterielle Gegenstände entstehen, deren Zuordnung zu einem Träger durch dessen Freiheit im vermögensrechtlichen Bereich derart dringend gefordert ist, daß die gesetzliche Anerkennung dieser Zuordnungsrelation außerhalb des Spielraums des Gesetzgebers liegt. Ein rein abwehrrechtliches, bloß bestandswahrendes Modell kann diese Verpflichtung nicht erfassen. Hier wäre eine einfachrechtliche Kompetenz nur verfassungsrechtlich gegen nachteilige Änderung geschützt, was den Bestand einer derartigen Kompetenz voraussetzt.[89] Ob eine derartige Kompetenz jedoch zunächst erlassen und dann verfassungswidrig nachteilig geändert wurde, oder von vornherein verfassungswidrig gar nicht erlassen wird, ist aus der Perspektive des einzelnen zufällig. Dies kann nicht darüber entscheiden, ob der einzelne ein grundrechtliches Recht auf die Geltung einer privatrechtlichen Kompetenz hat. Über diese Frage entscheidet die substantielle Argumentation. Art. 14 GG stellt, soweit es auf der Ebene der Institutsgarantie um Rechts auf privatrechtliche Kompetenzen geht, ein grundrechtliches Leistungsrecht im materiellen Sinne dar.

---

88 Vgl. Nierhaus, AöR 116 (1991), S. 101; vgl. weiter allgemein zu Pflichten des Gesetzgebers zur Anerkennung von Zuordnungsbeziehungen als „Eigentum" Holoubek, Bauelemente eines grundrechtsdogmatischen Argumentationsschemas, S. 72; Leisner, HbStR VI, § 149, Rn 71; Lubberger, Eigentumsdogmatik, S. 248 ff.; Rittstieg, Eigentum als Verfassungsproblem, S. 386 f. Dementsprechend zeigen auch die Formulierungen des Bundesverfassungsgerichts im Bereich des Urheberrechts, daß es um positive Handlungen des Gesetzgebers geht: „Er [der Gesetzgeber, M.B.] hat dem Urheber die vermögenswerten Ergebnisse seiner schöpferischen Leistung grundsätzlich zuzuordnen und dessen Freiheit zu gewährleisten, in eigener Verantwortung darüber verfügen zu können. ... Beide widerstreitenden Belange hat der Gesetzgeber in Anwendung des Verhältnismäßigkeitsgrundsatzes sowie der Beachtung des Gleichheitsgebotes in ein ausgewogenes Verhältnis zu bringen" (BVerfGE 79, 29 (40 f.); ähnlich BVerfGE 81, 12 (17 f.): „Der Gesetzgeber steht bei der durch Art. 14 Abs. 1 S. 2 GG gebotenen Ausgestaltung vor der Aufgabe, die Belange der Urheber, ausübenden Künstler, Hersteller wie schließlich auch der Benutzer von Bild- und Tonträgern aufeinander abzustimmen und zu einem gerechten Ausgleich zu bringen"; ebenso BVerfGE 81, 208 (220 f.): „Dieser [der Gesetzgeber, M.B.] stand bei der Ausgestaltung der Interpretenrechte vor der Aufgabe, deren Belange mit den widerstreitenden Verwertungs- und Nutzungsinteressen anderer Leistungsschutzberechtigter, vor allem aber der Urheber und der Allgemeinheit an der Nutzung der Tonträger gerecht auszugleichen und in ein ausgewogenes Verhältnis zu bringen."

89 In diesem Sinne aber zum Urheberrecht Herzog, Festschrift Zeidler, Bd. 2, S. 1419: „Gäbe es die diversen Urhebergesetze – einschließlich des Patentgesetzes und des Warenzeichengesetzes – nicht, so wäre allenfalls darüber zu philosophieren, ob und in welchem Umfang sie zu erlassen wären. Bis dahin wäre aber kein Urheberrecht Eigentum im Sinne des Art. 14 GG".

b) Grundrechtliche Rechte auf privatrechtliche Kompetenzen als subjektive Rechte

Es ist unstreitig, daß die Bestandsgarantie des Art. 14 GG dem einzelnen einen subjektiven grundrechtlichen Anspruch gibt, daß konkrete Rechtspositionen nicht verfassungswidrig entzogen werden. Fraglich ist, ob auch die Rechte auf privatrechtliche Kompetenzen subjektiviert sind. Der Zweck der Eigentumsgarantie besteht darin, dem einzelnen einen Freiheitsraum im vermögensrechtlichen Bereich zu eröffnen. Der einzelne hat ein Recht, durch eigene Leistung ein Vermögen aus körperlichen und rechtlichen Gegenständen zu bilden. Dies setzt voraus, daß diese Gegenstände ihm rechtlich zugeordnet sind. Folglich sind die Voraussetzungen zu schaffen, daß er diese rechtliche Zuordnung bewirken kann. Dies geschieht durch den Erlaß einfach-rechtlicher Bestimmungen, die die Rechtsmacht oder Kompetenz zum Erwerb, zur Änderung, Belastung und Übertragung von Eigentumspositionen regeln. Indem die Freiheit des einzelnen gewährleistet werden soll, ist der Schutz des einzelnen, nicht einer kollektiven Ordnung, bezweckt. Dann muß der einzelne auch die Rechtsmacht haben, die verfassungswidrige Vorenthaltung definitiv geschuldeter einfachrechtlicher Kompetenzbestimmungen auch gerichtlich und letztlich verfassungsgerichtlich zu rügen.[90] Grundrechtliche Rechte auf privatrechtliche Kompetenzen sind daher grundsätzlich umfassend subjektiviert.

c) Grundrechtliche Rechte auf privatrechtliche Kompetenzen als innen- oder außentheoretische Rechte

Das entscheidende Argument für die außentheoretische Konzeption der grundrechtlichen Rechte auf privatrechtliche Kompetenzen ergibt sich daraus, daß ihre Anwendung die Prüfung des Grundsatzes der Verhältnismäßigkeit einschließt. Die bestehenden privatrechtlichen Kompetenzen wurden nicht um ihrer selbst willen erlassen, sondern um dem einzelnen einen rechtlichen Freiheitsraum zu eröffnen. Ihr Erlaß und das Unterlassen der nachteiligen Änderung stellen keine kontingente Entscheidung des Gesetzgebers dar, sondern sind ein Stück weit definitiv verfassungsgeboten. Wie weit privatrechtliche Kompetenzen definitiv verfassungsgeboten sind, wird durch eine Abwägung ermittelt. Auf der einen Seite dieser Abwägung steht ein grundrechtliches Prinzip, im Fall der Eigentumsfreiheit gem. Art. 14 GG ist dies das Eigentumsprinzip.[91] Auf der anderen Seite stehen kollidierende Rechte und Güter. Bei der Abwägung ist, wie stets bei Abwägungen von grundrechtlichen Leistungsrechten im weiteren Sinne, ein entsprechend großer Gestaltungsspielraum des demokratisch legitimierten Gesetzgebers als formelles Prinzip zu berücksichtigen. Wird unter Wahrung des Untermaßverbots ein einfachrecht-

---

90 Vgl. zu diesem Argument bereits 2. Teil, 3. Abschnitt, B. I. 2.
91 Zum Eigentumsprinzip Leisner, HbStR VI, § 149, Rn 71; vgl. auch Alexy, Theorie der Grundrechte, S. 304. Das Eigentumsprinzip verlangt prima facie, daß dem einzelnen optimale rechtliche Möglichkeiten der Nutzbarkeit von Gütern zugeordnet werden.

liches Eigentumsrecht nicht vollständig anerkannt, liegt darin eine verfassungsmäßige Beschränkung des verfassungsrechtlichen Eigentumsprinzips aus Art. 14 GG.[92]

Daß in der geschilderten Prüfung, ob die Vorenthaltung von einfachrechtlichen kompetenzgewährenden Bestimmungen ein Verfassungsverstoß liegt, der Grundsatz der Verhältnismäßigkeit angewendet wird, darf im Grundsatz als unbestritten gelten.[93] Umstritten ist dagegen, unter welchen Voraussetzungen überhaupt eine grundrechtlich geschützte privatrechtliche Kompetenz vorliegt. Dies jedoch ist die Frage nach der Weite des Tatbestands, eine fundierte Antwort auf sie erfordert, insbesondere angesichts der Fülle an Rechtsprechung und Literatur zu Art. 14 GG, eine eigene Untersuchung. Da Rechte auf privatrechtliche Kompetenzen eine Teilklasse der grundrechtlichen Leistungsrechte im weiteren Sinne darstellen, sei hier nur die These aufgestellt, daß sie ebenso wie die grundrechtlichen Schutzrechte, sozialen Grundrechte und anderen Teilklassen der Rechte auf Organisation und Verfahren aus entsprechenden Gründen der weiten Tatbestandstheorie folgen. Die Rechte auf privatrechtliche Kompetenzen sind daher, ebenso wie die Rechte auf Verfahren im engeren Sinne und die Rechte auf Organisation im engeren Sinne, außentheoretische Rechte.[94]

5. Die Prüfungsfolge der grundrechtlichen Rechten auf Organisation und Verfahren

Die Prüfungsfolge entspricht grundsätzlich der der grundrechtlichen Schutzrechte,[95] nur daß die Förderungshandlung Organisation oder Verfahren gewährt und dadurch die Realisierung eines grundrechtlichen Prinzips fördert.[96]

[auf einen erneuten Abdruck der Analyse von BVerfGE 79, 29 ff. – Urhebervergütung für Musiksendungen in Vollzugsanstalten – wurde verzichtet, siehe hierzu S. 345-348 der Vorauflage]

---

92 Zur einfachrechtlichen Eigentumsordnung als Beschränkung der verfassungsrechtlichen Eigentumsfreiheit vgl. Leisner, HbStR VI, § 149, Rn 64.
93 BVerfGE 8, 71 (80); 50, 290 (339 ff.); 52, 1 (29 f.); 58, 137 (147 f.); 62, 169 (183); 70, 191 (200 ff.); 72, 66 (77 f.); 74, 203 (214 f.), 79, 29 (40 f.); 81, 12 (17 f.); K. Hesse, Grundzüge des Verfassungsrechts[20], Rn 448; Maunz/Zippelius, Deutsches Staatsrecht, S. 246.
94 Die Rekonstruktion aller drei Teilklassen hat daher auf der Grundlage des allgemeinen außentheoretischen Grundschemas zu erfolgen, zu diesem sowie zu Schematisierungen und Formalisierungen vgl. 2. Teil, 3. Abschnitt, A. I. 1. b) aa) und bb). Schematisiert: „Wenn O/Vx und Ux und nicht GSx, dann Rx" (formalisiert: $(x)((O/Vx \wedge Ux) \wedge \neg GS_x \leftrightarrow ORx)$). Jeweils zu lesen als: Wenn eine staatliche Handlung „x" als Gewährung von Organisation und Verfahren die Realisierung eines grundrechtlichen Prinzips fördert, und die Handlung noch nicht vollzogen wurde und das betreffende Grundrecht nicht im Hinblick auf „x" beschränkt ist, ist die Rechtsfolge dieses Grundrechts für „x" geboten. Je nachdem, ob es sich um Verfahren im engeren Sinne, Organisation im engeren Sinne oder eine privatrechtliche Kompetenz handelt, könnte weiter unterschieden werden. Ebenso könnte weiter zwischen formellen und materiellen Anforderungen der wirksamen Einschränkung unterschieden werden.
95 Zur Prüfungsfolge bei grundrechtlichen Schutzrechten siehe 2. Teil, 3. Abschnitt, B. I. 8.
96 Als Gesamtprüfungsschema ergab sich „Wenn O/Vx und Ux und nicht GSx, dann Rx" (logisch formalisiert: $(x)((O/Vx \wedge Ux) \wedge \neg GSx \leftrightarrow ORx)$).

IV. Der Grundrechtsschutz konstituierter Positionen im Bereich der grundrechtlichen Leistungsrechte im weiteren Sinne

In dieser Untersuchung wird eine materielle Unterscheidung von Abwehrrechten und grundrechtlichen Leistungsrechten zugrundegelegt.[97] Ein Anwendungsfall der grundrechtlichen Leistungsrechte liegt danach immer dann vor, wenn es der Sache nach um eine Leistungsgewährung des Staates geht – unabhängig von der Frage, ob diese Leistungsgewährung im konkreten Einzelfall durch positives Handeln oder Unterlassen des Staates erfolgt. Oben wurde bereits darauf hingewiesen, daß im Bereich grundrechtlicher Handlungspflichten des Staates in vielen Fällen einfachgesetzlich oder sonst unterverfassungsrechtlich konstituierte Rechtspositionen bestehen.[98] In diesen Fällen besteht häufig technisch gesehen die Möglichkeit, eine für den Grundrechtsträger nachteilige Veränderung der konstituierten Rechtsposition für nichtig zu erklären und damit ohne positive staatliche Handlung des Staates einen grundrechtsgemäßen Zustand herzustellen. Wenn der Staat ein bestimmtes Leistungsniveau grundrechtlich definitiv schuldet, und eine bisher geltende einfachrechtliche Regelung mindestens dieses Leistungsniveau gewährt, und wenn in einem Änderungsgesetz dieses Minimum unterschritten wird, so kann ein verfassungsgemäßer Zustand hergestellt (oder besser: bewahrt) werden, wenn das Änderungsgesetz als nichtig angesehen wird (Kassationslösung). Formell geht es hier um einen Anspruch auf Unterlassen, nämlich um das Unterlassen der nachteiligen Gesetzesänderung. Es wurde bereits dargelegt, daß dies keinen Anwendungsfall der Abwehrrechte im materiellen Sinne darstellt.[99]

Diese Kassationslösung ist grundsätzlich der Neuerlaßlösung vorzuziehen.[100] Bei dieser würde man dem verfassungswidrigen Änderungsgesetz die Kraft beimessen, die alte, verfassungsmäßige Regelung zu derogieren. Um einen verfassungsmäßigen Zustand herzustellen, bedürfte es jedoch einer neuen gesetzlichen Regelung, die dann die verfassungsrechtlich definitiv geforderten einfachrechtlichen Bestimmungen in Geltung setzt. Für die Übergangszeit bestünde ein Zustand, der dem verfassungsmäßigen Zustand ferner steht als der vorherige. Nach der Rechtsprechung des Bundesverfassungsgerichts zu Übergangsfristen kann es zur Vermeidung dieser Lage sogar geboten sein, einen verfassungswidrigen Rechtszustand vorübergehend hinzunehmen.[101] Dann ist es erst recht geboten, die alte, verfassungsmäßige Regelung als geltend anzusehen. Denkbar wäre auch, daß das Bundesverfassungsgericht für eine Übergangszeit aufgrund § 35 BVerfGG eine verfassungskonforme „einfachrechtliche" Regelung erläßt. Diese Schöpfung einer Norm durch das Bundesverfassungsgericht stellt jedoch einen intensiveren Eingriff in die Gewaltenteilung dar als die Weitergeltung einer ursprünglich vom Ge-

---

97 Siehe 2. Teil, 2. Abschnitt, I. 2. a).
98 2. Teil, 2. Abschnitt, I. 2. a) bb) ccc).
99 Siehe 2. Teil, 2. Abschnitt, I. 2. a) bb) bbb).
100 Vgl. bereits ebenda.
101 BVerfGE 33, 1 (12 f.); 33, 303 (347); 41, 251 (267); 45, 400 (420); 48, 29 (38); 76, 171 (189); 83, 130 (154); 85, 386 (401); 90, 60 (105).

setzgeber geschaffenen Norm. Ein weiteres Problem der Neuerlaßlösung besteht darin, daß eine neue, verfassungswidrige Regelung die Kraft haben soll, eine alte, verfassungsmäßige zu derogieren. Dies widerspräche dem Grundsatz, daß verfassungswidrige Normen als ipso iure nichtige Normen keinerlei Rechtswirkungen entfalten.[102]

Man könnte es als ein Problem der Kassationslösung ansehen, daß der Wille des Gesetzgebers, diese alte Regelung außer Kraft zu setzen, nicht hinreichend respektiert wird. Doch der gesetzgeberische Wille wurde nicht in verfassungskonformer Weise betätigt, an die Stelle einer verfassungsgemäßen Regelung sollte eine verfassungswidrige gesetzt werden. Im übrigen steht es dem Gesetzgeber weiterhin frei, die alte Regelung durch eine andere neue, verfassungskonforme Regelung seiner Wahl zu ersetzen.

Dies bedeutet für konstituierte Rechtspositionen bei grundrechtlichen Leistungsrechten: Erfolgt der Eingriff in das grundrechtliche Leistungsrecht in nachteiliger Änderung einer bestehenden einfachrechtlichen Position, so ist zu prüfen, ob die angestrebte Neuregelung verfassungsmäßig ist. Dies ist insbesondere dann nicht der Fall, wenn das verfassungsrechtlich definitiv geschuldete Leistungsniveau unterschritten wird. Wenn es möglich ist, einen verfassungsmäßigen Zustand herzustellen bzw. beizubehalten, indem das Änderungsgesetz für nichtig erklärt wird und die ursprüngliche Regelung fortgilt, hat diese Lösung gegenüber der Verpflichtung des Gesetzgebers zur Herstellung einer verfassungsmäßigen Lage durch positive Handlungen Vorrang. Dies ist eine praktikable Möglichkeit, einen verfassungsgemäßen Zustand herzustellen bzw. beizubehalten, und auch nur ein geringer Eingriff in die Gewaltenteilung.

Kann durch die Kassation des Änderungsgesetzes keine verfassungsmäßige Lage aufrechterhalten werden,[103] bleibt es bei der Grundkonstellation, wonach der Gesetzgeber grundrechtlich zu positiven Handlungen verpflichtet ist.

---

102 Zu diesem Grundsatz statt vieler Schlaich/Korioth, Das Bundesverfassungsgericht, Rn. 379 ff. mit weiteren Nachweisen.
103 Die verschiedenen Konstellationen wurden bereits erörtert, siehe 2. Teil, 2. Abschnitt, I. 2. a) bb) bbb). Entweder wurde im entsprechenden Bereich noch nie eine einfachrechtliche Regelung erlassen. Eine Rechtsposition, die aufrechterhalten werden könnte, existiert in diesem Fall nicht. Weiter kann es sein, daß eine einfachrechtliche Regelung erlassen wurde, die von vornherein verfassungswidrig war. Schließlich kann eine ursprünglich verfassungsmäßige Regelung nachträglich durch Änderung der Sach- oder Rechtslage im Lauf der Zeit verfassungswidrig geworden sein. Allen diesen Fallgruppen ist gemeinsam, daß gleichsam eine logische Sekunde vor Erlaß des (verfassungswidrigen) Änderungsgesetzes keine wirksame einfachrechtliche Regelung galt, die durch Kassation des Änderungsgesetzes aufrechterhalten werden kann.

C. Die Gleichheitsrechte

Das Problem der Schrankentheorien stellt sich auch bei den Gleichheitsrechten. Obwohl die Gleichheitsrechte traditionell Gegenstand grundrechtlicher Gewährleistungen sind, ist ihre Dogmatik weit weniger gefestigt als die der Abwehrrechte. Zudem gerät die Dogmatik der Gleichheitsrechte zunehmend in Bewegung. In Rechtsprechung und Literatur wird immer häufiger die Anwendung des Grundsatzes der Verhältnismäßigkeit gefordert, was für eine dogmatische Rekonstruktion im Sinne der Außentheorie, als einschränkbares Recht, spricht. Das strukturelle Problem der Schrankentheorien kann jedoch nicht erörtert werden, bevor der substantielle Gehalt des allgemeinen Gleichheitssatzes in den Blick genommen wurde.

I. Der Gegenstand der Untersuchung

Als Gegenstand der Untersuchung soll der allgemeine Gleichheitssatz gem. Art. 3 Abs. 1 GG ganz im Vordergrund stehen. Die speziellen Gleichheitsrechte, Art. 3 Abs. 2, 3[1], 6 Abs. 5, Art. 33 Abs. 1-3 und Art. 38 Abs. 1 Satz 1 GG sowie die durch sie aufgeworfenen Probleme können im Rahmen dieser Untersuchung nicht näher erörtert werden.[2]

II. Das allgemeine Willkürverbot als Inhalt des allgemeinen Gleichheitssatzes

Ein klarer Anwendungsfall des allgemeinen Gleichheitssatzes ist die willkürliche Ungleichbehandlung zweier Personen, Personengruppen oder Sachverhalte. Hier geht es um Gleichheitsfragen, zu deren Beantwortung zwei verschiedene Personen, Personengruppen oder Sachverhalte verglichen werden müssen. Anders ist dies bei der Anwendung des allgemeinen Willkürverbots, das als fundamentaler Rechtsgrundsatz die Beachtung der materiellen Gerechtigkeit verlangt. Eine evidente Ungerechtigkeit als Verstoß gegen dieses allgemeine Willkürverbot kann festgestellt werden, ohne daß zwei Personen, Personengruppen oder Sachverhalte verglichen werden. Es erfaßt keine spezifischen Gleichheitsprobleme, sondern allgemeine Gerechtigkeitsprobleme. Dennoch ergibt es sich nach Auffassung des Bundesverfassungsgerichts aus Art. 3 Abs. 1 GG.[3]

---

1   Insbesondere für Art. 3 Abs. 2, 3 GG ist umstritten, ob es sich um selbständige spezielle Gleichheitsrechte oder um unselbständige Differenzierungsverbote handelt, die im Rahmen der Prüfung des Art. 3 Abs. 1 GG zu berücksichtigen sind. Für selbständige Grundrechte Herzog in Maunz/Dürig, Art. 3 GG Anh, Rn 1, 40; Jarass in Jarass/Pieroth[8], Art. 3 GG, Rn 83; für unselbständige Differenzierungsverbote Huster, Rechte und Ziele, S. 322; Podlech, Gehalt und Funktionen des allgemeinen verfassungsrechtlichen Gleichheitssatzes, S. 91. Nur die erste Sichtweise wird dem Charakter von Art. 3 Abs. 2, 3 GG als eigenständiges Grundrecht gerecht, vgl. Borowski, Die Glaubens- und Gewissensfreiheit des Grundgesetzes, S. 713 Anm. 122.
2   Zur Struktur spezieller Gleichheitsrechte im Bereich von Glaube und Gewissen siehe ders., a.a.O., S. 703 ff.
3   Ständige Rechtsprechung des Bundesverfassungsgerichts, zum Beispiel BVerfGE 91, 118 (123), wo ausdrücklich dem allgemeinen Gleichbehandlungsgebot des Art. 3 Abs. 1 GG, das eine Prüfung der

Nach überwiegender Ansicht der Literatur ist dieses allgemeine Willkürverbot nicht aus Art. 3 Abs. 1 GG, sondern dem Rechtsstaatsprinzip gem. Art. 20 Abs. 3 GG[4] oder den Abwehrrechten[5] zu begründen. Selbst wenn man der Ansicht des Bundesverfassungsgerichts folgt und das allgemeine Willkürverbot Art. 3 Abs. 1 GG entnimmt, bleibt es trotz dieser Verortung ohne Auswirkungen auf die dogmatische Struktur von originären Gleichheitsproblemen. In der folgenden Untersuchung bleibt es daher außer Betracht.

III. Rechtliche und faktische Gleichheit

Problematisch ist zunächst, was überhaupt den Inhalt des Gleichheitssatzes bildet. In Betracht kommen sowohl die rechtliche Gleichheit als auch die faktische

---

Ungleichbehandlung von Personen oder Personengruppen verlange, das allgemeine Willkürverbot aus Art. 3 Abs. 1 GG gegenübergestellt wird. Am Anfang der Rechtsprechung ließen sich zwei Interpretationslinien in der Willkürrechtsprechung des Gerichts unterscheiden. Der Erste Senat neigte eher der Ansicht zu, daß es bei der Anwendung des allgemeinen Gleichheitssatzes stets ein Vergleichspaar geben müsse, während der Zweite Senat zu einer Interpretation auch im Sinne eines allgemeinen Willkürverbots tendierte, vgl. Alexy, Theorie der Grundrechte, S. 364. Diese Aufspaltung gibt es jedenfalls in dieser Strenge nicht mehr. Neben einer ganzen Reihe von Entscheidungen des Zweiten Senats, in denen vergleichspaarunabhängige Willkürprüfungen des Art. 3 Abs. 1 GG vorgenommen werden, BVerfGE 42, 64 (74); 54, 117 (125); 57, 39 (42); 58, 163 (167 f.); 59, 98 (103); 62, 338 (343); 66, 199 (206); 71, 122 (136); 74, 102 (127); 81, 132 (137); 91, 118 (123); finden sich einige derartige Entscheidungen des Ersten Senats, BVerfGE 62, 189 (192); 66, 324 (330); 70, 93 (97); 80, 48 (51); 86, 59 (63 f.); 87, 273 (278 f.); 89, 1 (13 f.). Die Entscheidungen betrafen in erster Linie Akte der Judikative. Ein Richterspruch verstoße als willkürlich gegen Art. 3 Abs. 1 GG in seiner Bedeutung als Willkürverbot, wenn er unter keinem denkbaren Aspekt rechtlich vertretbar sei und sich der Schluß aufdränge, daß er auf sachfremden Erwägungen beruht, in dieser oder ähnlicher Formulierung BVerfGE 54, 117 (125); 58, 163 (167 f.); 62, 189 (192); 66, 199 (206); 66, 324 (330); 70, 93 (97); 74, 102 (127); 80, 48 (51); 81, 132 (137); 86, 59 (63); 87, 273 (278 f.); 89, 1 (13); vgl. weiter BVerfGE 59, 98 (103); 62, 338 (343); 71, 122 (136). Daneben wurde das Verbot, offensichtlich unsachliche Erwägungen zur Grundlage einer staatlichen Entscheidung zu machen, an alle drei Gewalten adressiert, BVerfGE 57, 39 (42). Zur Interpretation des Gleichheitssatzes der Bayrischen Landesverfassung auch im Sinne des allgemeinen Willkürverbots durch den Bayrischen Verfassungsgerichtshof vgl. BayVerfGH, NJW 1986, 1096 (1097). Aus der Literatur ist vor allem Gerhard Leibholz zu nennen, Leibholz, Gleichheit vor dem Gesetz, S. 72. Die erste Auflage dieses Werkes erschien 1925. Als Mitglied des Zweiten Senats des Bundesverfassungsgerichts prägte Leibholz dessen Rechtsprechung zu Art. 3 Abs. 1 GG entscheidend. Vgl. auch ders., Diskussionsbeitrag, S. 88 ff.

4 Hamann/Lenz, Art. 3 GG, Anm. B. 4. c) cc); Kloepfer, Gleichheit als Verfassungsfrage, S. 60 (aus Rechtsstaatsprinzip und allen Grundrechten); Koenig, JuS 1995, S. 314 f.; Maaß, NVwZ 1988, S. 19 f.; Rüfner in BonnKomm, Art. 3 Abs. 1 GG, Rn 16; vgl. Herzog in Maunz/Dürig, Art. 3 GG Anh, Rn 5; vgl. weiter BVerfGE 42, 79 (81 f.) – diss. vote Geiger –; sowie BVerfGE 56, 99 (107 ff.); 61, 68 (72 f.), in denen ein Überschreiten der Grenze sachgerechter, noch vertretbarer Interpretation von Vorschriften des einfachen Rechts durch die Judikative nicht als Verletzung des Art. 3 Abs. 1 GG in seiner Ausprägung als allgemeines Willkürverbot, sondern als Verletzung des Rechtsstaatsprinzips aus Art. 20 Abs. 3 GG angesehen wurde. In den Entscheidungen BVerfGE 21, 362 (374); 23, 353 (372 f.); 26, 228 (244); 35, 263 (271 f.); 76, 130 (139); 86, 148 (251) wird für das Verhalten von Hoheitsträgern untereinander ein verfassungsrechtliches Willkürverbot als Element der Rechtsstaatlichkeit gem. Art. 20 Abs. 3 GG aufgestellt.

5 BVerfGE 42, 79 ff. – diss. vote Geiger –; vgl. ders., Diskussionsbeitrag, S. 100 ff.; Kirchhof, HbStR V, § 124, Rn 251; Alexy, Theorie der Grundrechte, S. 364 f.; Höfling, JZ 1991, S. 958 ff.; Huster, Rechte und Ziele, S. 51; Kloepfer, Gleichheit als Verfassungsfrage, S. 60 (aus Rechtsstaatsprinzip und allen Grundrechten); Robbers, DÖV 1988, S. 755.

Gleichheit. Der allgemeine Gleichheitssatz wird im Sinne rechtlicher Gleichheit verstanden, wenn die verfassungsrechtlich gebotene Gleichbehandlung aktbezogen gedeutet wird. Unabhängig von bestehenden faktischen Ungleichheiten gebietet der allgemeine Gleichheitssatz in diesem Sinne eine gleiche Behandlung, also den Vollzug derselben Akte.[6] Wenn unbegabten Kindern und begabten Kindern exakt der gleiche Unterricht erteilt wird, werden die Begabteren, bedingt durch die von vornherein bestehenden Unterschiede, das Bildungsziel in höherem Maße erreichen. Bezogen auf die Akte der Ausbildung herrscht vollständige Gleichheit, hinsichtlich der Folgen nicht.

Die Herstellung faktischer Gleichheit dagegen zielt auf die Gleichheit des Ergebnisses. Faktische Gleichheit ist daher folgenbezogen. Wenn, was häufig zutrifft, von vornherein natürliche oder soziale Unterschiede bestehen, so ist zur Herstellung faktischer Gleichheit eine rechtliche Ungleichbehandlung notwendig. Im genannten Beispiel müssen die weniger begabten Schüler daher besonders gefördert werden, um im gleichen Maße das Bildungsziel zu erreichen wie die Begabten.

Es steht außer Zweifel, daß der allgemeine Gleichheitssatz gem. Art. 3 Abs. 1 GG die Gewährleistung rechtlicher Gleichheit zum Inhalt hat.[7] Die Frage lautet daher nur noch, ob er zusätzlich gebietet, die Herstellung faktischer Gleichheit anzustreben. Wer dies verneint, sieht die Forderung nach faktischer Gleichheit regelmäßig ausschließlich im Sozialstaatsprinzip gem. Art. 20 Abs. 1 GG verankert. In der Literatur ist diese Frage umstritten,[8] die Rechtsprechung des Bundesverfassungsgerichts läßt keine klare Aussage zu.[9]

---

6   Alexy, Theorie der Grundrechte, S. 377 f.; vgl. Borowski, die Glaubens- und Gewissensfreiheit des Grundgesetzes, S. 680. Umstritten ist, ob die rechtliche Gleichheit des allgemeinen Gleichheitssatzes prima facie eine gleiche Behandlung im – so die pejorative Formulierung – „schematischen" Sinne oder vielmehr in einem normativen Sinne gebietet, im letzteren Sinne Huster, Rechte und Ziele, S. 25; ders., JZ 1994, S. 547; ders. in BerlKomm, Art. 3 GG, Rn 85. Um dies an einem Beispiel zu erläutern: Bezogen auf die Steuerschuld werden zwei Bürger im „schematischen" Sinne rechtlich gleich behandelt, wenn ihre Steuerschuld absolut die gleiche Höhe aufweist. Im normativen Sinne werden sie rechtlich gleich behandelt, wenn der gleiche Maßstab angelegt wird. Wenn der eine Bürger 2000 € verdient, der andere 7000 €, so werden beide bei einem progressionsfreien Steuertarif von 20% normativ gleich behandelt, wenn der eine 400 € zu zahlen hat, der andere 1400 €. Was auf den ersten Blick wie eine Ungleichbehandlung aussieht, stellt sich bei normativer Betrachtung als Gleichbehandlung dar. Die Diskussion der Frage, welcher Begriff rechtlicher Gleichheit vorzugswürdig ist, wird später aufgenommen, siehe 2. Teil, 3. Abschnitt, C. VIII. 2.
7   Statt vieler Schoch, DVBl. 1988, S. 866.
8   Gegen das Gebot der Annäherung an faktische Gleichheit aus Art. 3 Abs. 1 GG Jarass in Jarass/Pieroth[8], Art. 3 GG, Rn 1; Katz, Staatsrecht[16], Rn 704; Kloepfer, Gleichheit als Verfassungsfrage, S. 43 f.; Leisner, Gleichheitssatz, S. 143 ff.; Podlech, Gehalt und Funktionen des allgemeinen verfassungsrechtlichen Gleichheitssatzes, S. 200 ff.; Schoch, DVBl. 1988, S. 867, 869; Rüfner, Festgabe BVerfG, Bd. 2, S. 463 f. Anm. 54; ders. in BonnKomm, Art. 3 Abs. 1 GG, Rn 53 ff.; Starck, Gleichheitssatz, S. 55 ff.; Starck in von Mangoldt/Klein/Starck[5], Art. 3 Abs. 1 GG, Rn 4 ff. (Zum Teil vorsichtig) Befürwortend dagegen K. Hesse, AöR 77 (1951/52), S. 208 ff.; Zacher, AöR 93 (1968), S. 341 ff.; ders., HbStR II[3], § 28, Rn 37; Alexy, Theorie der Grundrechte, S. 380 ff.; Robbers, DÖV 1988, S. 757 f.; G. Müller, VVDStRL 47 (1989), S. 54 f.; Zippelius, VVDStRL 47 (1989), S. 14 f.; Huster, Rechte und Ziele, S. 413; Lorz, Modernes Grund- und Menschenrechtsverständnis und die Philosophie Kants, S. 306; Scholler, Die Interpretation des Gleichheitssatzes als Willkürverbot oder als Gebot der Chancengleichheit, S. 14 ff.; Stein in AK[3], Art. 3 GG, Rn 74 (zu-

Gegen die Verankerung der verfassungsrechtlichen Forderung nach Annäherung an faktische Gleichheit lassen sich vor allem drei Argumente vorbringen. Zunächst ist der Begriff der faktischen Gleichheit höchst unklar.[10] Weiterhin beschneiden verfassungskräftige subjektive Rechte des einzelnen auf faktische Gleichheit die Kompetenz des demokratisch legitimierten Gesetzgebers zur freien Verwendung finanzieller Mittel.[11] Schließlich wird vorgebracht, das endgültige Ziel der faktischen Gleichheit, die Gleichheit aller Menschen in jeder Hinsicht, sei mit den Freiheitsrechten des Grundgesetzes nicht vereinbar.[12] Diese Argumente lassen sich auf der Basis einer Deutung der faktischen Gleichheit als Prinzip im Sinne der Prinzipientheorie entkräften. Innerhalb des Spielraums des demokratisch legitimierten Gesetzgebers kann dieser ein Konzept faktischer Gleichheit festlegen, sofern es verfassungsrechtlichen Mindestanforderungen genügt.[13] Die festgelegte Konzeption faktischer Gleichheit ist gegen die Prinzipien der rechtlichen Gleichheit und der rechtlichen Freiheit abzuwägen, wobei letzteren beiden ein prima facie-Vorrang zukommt, jeweils und erst recht zusammen. Nur wenn die Bedeutung einer Position der faktischen Freiheit für den einzelnen von derartiger Bedeutung ist, daß die rechtliche Gleichheit und die rechtliche Freiheit demgegenüber gleichermaßen zurücktreten, setzt sich das Prinzip der faktischen Gleichheit in der Abwägung durch.[14] Daß in diesen Fällen die Kompetenzen des demokratisch legitimierten Gesetzgebers beschnitten werden, liegt in der Natur jeder materiellen Bindung der Legislative durch Grundrechte. Eine Verletzung dieser legislativen Kompetenzen ist bei

---

rückhaltender dagegen Stein/Frank, Staatsrecht, § 49 III 3.; Borowski, Die Glaubens- und Gewissensfreiheit des Grundgesetzes, S. 682 ff.

9 Eher für das Gebot der Annäherung an faktische Gleichheit BVerfGE 3, 58 (158); 36, 247 (248 ff.) – diss. vote Rupp-von Brünneck –; eher dagegen 4, 193 (203); 8, 51 (67 f.); 9, 237 (244); 12, 354 (367); vgl. auch BVerwGE 17, 306 (311 f.). In einer ganzen Reihe von Entscheidungen hat das Gericht das Gebot zur Annäherung an faktische Gleichheit hinsichtlich des Rechtsschutzes auf Art. 3 Abs. 1 GG i.V.m. dem Sozialstaatsprinzip gestützt: Zur weitgehenden Herstellung der Rechtsschutzgleichheit von bemittelten und unbemittelten Parteien sei die Gewährung von Prozeßkostenhilfe geboten, BVerfGE 9, 124 (131); 10, 264 (270); 22, 83 (86); 38, 187 (197 f.); 39, 316 (327); 45, 376 (386 f.); 51, 295 (302); 56, 139 (143); 63, 380 (394 f.); 78, 104 (117 f.); vgl. auch das obiter dictum in BVerfGE 88, 5 (16). Wird die faktische Gleichheit allein durch das Sozialstaatsprinzip gefordert, enthält Art. 3 Abs. 1 GG lediglich das Gebot rechtlicher Gleichheit. Dann forderte das Sozialstaatsprinzip entgegen Art. 3 Abs. 1 GG die Herstellung faktischer Gleichheit, nicht beide in Verbindung miteinander. Wäre das Gebot der faktischen Gleichheit allein in Art. 3 Abs. 1 GG verankert, wäre die Nennung des Sozialstaatsprinzips überflüssig. Die verwendete Formel ist daher im Sinne einer Doppelbegründung zu interpretieren. Nach ihr stellen Sozialstaatsprinzip gem. Art. 20 Abs. 1 GG und der allgemeine Gleichheitssatz gleichermaßen das Gebot der Annäherung an faktische Gleichheit auf.

10 Lorz, Modernes Grund- und Menschenrechtsverständnis und die Philosophie Kants, S. 305; vgl. auch Alexy, Theorie der Grundrechte, S. 385 f. Zur Unterscheidung von faktisch gleichen Zuständen und faktisch gleichen Chancen innerhalb der faktischen Gleichheit siehe Borowski, Die Glaubens- und Gewissensfreiheit des Grundgesetzes, S. 681.

11 Podlech, Gehalt und Funktionen des allgemeinen verfassungsrechtlichen Gleichheitssatzes, S. 207; Alexy, Theorie der Grundrechte, S. 384 ff.

12 Starck in von Mangoldt/Klein/Starck[5], Art. 3 Abs. 1 GG, Rn 4; Rüfner in BonnKomm, Art. 3 Abs. 1 GG, Rn 55; Starck, Gleichheitssatz, S. 56.

13 Zu diesen Mindestanforderungen Huster, Rechte und Ziele, S. 423 f.

14 Vgl. Rüfner in BonnKomm, Art. 3 Abs. 1 GG, Rn 56.

richtiger Abwägung unmöglich, da diese Kompetenzen durch ein formelles Prinzip in der erforderlichen Abwägung berücksichtigt werden. Weiter ist wichtig zu sehen, daß man den angedeuteten inhaltlichen Kollisionen nicht dadurch entgeht, daß das Prinzip faktischer Gleichheit ausschließlich im Sozialstaatsprinzip gem. Art. 20 Abs. 1 GG verankert wird. Das Problem wird so nur auf die objektivrechtliche Ebene verschoben.

Der Unterschied beider Auffassungen dürfte, neben den unterschiedlichen eröffneten verfassungsprozessualen Verfahrensarten, vor allem darin liegen, daß der faktischen Gleichheit mit der Verankerung im Grundrecht aus Art. 3 Abs. 1 GG ein tendenziell höheres Gewicht gegeben werden soll als mit der Verankerung im Staatsziel aus Art. 20 Abs. 1 GG. Diese substantielle Frage des Gewichts ist mit der Frage der Verortung jedoch nicht notwendig entschieden. Die Frage der Gewichtung von rechtlicher Freiheit, rechtlicher Gleichheit und faktischer Gleichheit ist von fundamentalen staatstheoretischen und rechtsphilosophischen Annahmen abhängig.[15] Es dürfte unbestritten sein, daß nach der deutschen Verfassungstradition rechtliche Freiheit und rechtliche Gleichheit gegenüber der faktischen Gleichheit grundsätzlich den Vorrang beanspruchen. Eine Interpretation des allgemeinen Gleichheitssatzes auch im Sinne der faktischen Gleichheit kann und soll daran nichts ändern.

Für die Verankerung faktischer Gleichheit in Art. 3 Abs. 1 GG spricht die Interpretation des Art. 3 Abs. 2 GG. Bereits Art. 3 Abs. 2 GG alter Fassung hatte das Bundesverfassungsgericht auch als ein auf die gesellschaftliche Wirklichkeit bezogenes Gebot faktischer Gleichberechtigung der Geschlechter interpretiert.[16] Diese Rechtsauffassung wurde insofern bestätigt,[17] als Art. 3 Abs. 2 GG nach der Änderung dieses Gebot nun dem ausdrücklichen Wortlaut nach enthält.[18] Wenn Art. 3 Abs. 2 GG als lex specialis zu

---

15 Scholler, Die Interpretation des Gleichheitssatzes als Willkürverbot oder als Gebot der Chancengleichheit, S. 13; Alexy, Theorie der Grundrechte, S. 381 f.; Huster, Rechte und Ziele, S. 423. Eine fundamentale Kontroverse auch zeitgenössischer Gerechtigkeitstheorien besteht in der Frage, ob die dem einzelnen zufällig von der Natur und der sozialen Stellung mitgegebenen Talente, Fertigkeiten und Vorteile ihm selbst gebühren. Jeder Ausgleich zugunsten der von der Natur Benachteiligten bedarf dann einer besonderen Rechtfertigung. Nach der Gegenansicht gebühren diese Vorteile des einzelnen von vornherein der Gemeinschaft, so daß sie von vornherein ausgleichspflichtig sind. Begründungsbedürftig ist dann nicht der faktische Ausgleich, sondern das Bestehenlassen der faktischen Ungleichverteilung. In der modernen Diskussion der Gerechtigkeitstheorien geht die erste Linie auf Robert Nozick zurück, die zweite auf John Rawls.
16 BVerfGE 85, 191 (207); 87, 234 (258); 89, 276 (286); BVerfG NJW 1992, 2213 (2215); vgl. auch VG Bremen, NJW 1988, 3224 (3224 f.).
17 BVerfGE 92, 91 (109). In der Empfehlung der Gemeinsamen Verfassungskommission wird ausdrücklich auf die Rechtsprechung des Bundesverfassungsgerichts hingewiesen: die ihr zugrundeliegende Rechtsauffassung solle bestätigt werden, BTDrucks. 12/6000, S. 49 f. Vgl. im übrigen auch den Gesetzentwurf zur Änderung des Grundgesetzes der Fraktionen der CDU/CSU, SPD und FDP, BTDrucks. 12/6633, S. 5 f.
18 Art. 3 Abs. 2 GG: „Männer und Frauen sind gleichberechtigt. Der Staat fördert die tatsächliche Durchsetzung der Gleichberechtigung von Frauen und Männern und wirkt auf die Beseitigung bestehender Nachteile hin." Satz 2 wurde eingefügt durch Gesetz vom 27. Oktober 1994 (BGBl. I S. 3146). Einigkeit bestand innerhalb der Gemeinsamen Verfassungskommission dahingehend, daß die reale Angleichung der Lebensverhältnisse von Männern und Frauen als Staatsziel verankert werden solle. Einschränkend wird jedoch gesagt, durch die Formulierung als „Staatsziel" werde deutlich, daß kein Individualanspruch auf ein bestimmtes staatliches Handeln eingeräumt werden soll, BTDrucks. 12/6000, S. 50. Diese Einschränkung resultiert aus der Befürchtung, zu weitgehende de-

Art. 3 Abs. 1 GG das spezielle Gebot der faktischen Gleichstellung der Geschlechter enthält, liegt es nahe, das allgemeine Gebot der faktischen Gleichstellung in der lex generalis Art. 3 Abs. 1 GG verankert zu sehen. Das Gebot der Annäherung an faktische Gleichheit ist daher Bestandteil des allgemeinen Gleichheitssatzes gem. Art. 3 Abs. 1 GG. Zwischen der rechtlichen Gleichheit und der faktischen Gleichheit besteht regelmäßig ein Spannungsverhältnis, da faktische Gleichheit fast immer nur auf Kosten der rechtlichen verwirklicht werden kann. Dieses interne Spannungsverhältnis kann man als „Paradox der Gleichheit" bezeichnen.[19] Es können nicht nur die Prinzipien rechtlicher Freiheit oder sonstige Prinzipien mit dem Gleichheitssatz kollidieren, sondern auch Teile des Gleichheitssatzes miteinander. Diese interne Kollision wirft jedoch keine besonderen strukturellen Probleme auf, den allgemeinen Regeln folgend sind alle kollidierenden Prinzipien in eine Gesamtabwägung einzustellen.[20] Bei der internen Kollision der rechtlichen und faktischen Gleichheit besitzt die rechtliche Gleichheit in aller Regel das deutlich höhere Gewicht. In den folgenden Erörterungen steht die rechtliche Gleichheit, ebenso wie in Rechtsprechung und Literatur zum allgemeinen Gleichheitssatz, im Vordergrund.

IV. Der allgemeine Gleichheitssatz als bindende Norm

Geltende Gesetze sind von Exekutive und Judikative gleich anzuwenden. Die **Rechtsanwendungsgleichheit** ergibt sich unmittelbar aus dem Wortlaut des Art. 3 Abs. 1 GG: „Alle Menschen sind vor dem Gesetz gleich". Sie garantiert eine universelle Entscheidungspraxis und ist insofern identisch mit der allgemeinen Gesetzesbindung.[21] Die Bindung der Legislative an den Gleichheitssatz dagegen läßt sich dem Wortlaut nicht unmittelbar entnehmen. Unter der Weimarer Reichsverfassung war umstritten, ob der im Wortlaut dem Art. 3 Abs. 1 GG ähnliche Art. 109 Abs. 1 WRV[22] auch die Rechtset-

---

finitive Festsetzungen im Verfassungstext zu verankern. Dazu ist es nicht notwendig, den Charakter des Art. 3 Abs. 2 GG als subjektives Grundrecht zu leugnen, so aber Jahn, DVBl. 1994, S 183. Anders als beim Staatsziel „Umweltschutz" gem. Art. 20a GG, das ausdrücklich als bloß objektivrechtliches Staatsziel bezeichnet wird, aus dem keine konkreten Leistungsansprüche abzuleiten seien, BTDrucks. 12/6000, S. 67, sagt die Empfehlung zum Problem einer möglichen Subjektivierung des Art. 3 Abs. 2 GG nichts. Diese Norm kann also dahingehend verstanden werden, daß sie eine bindende Norm darstellt, die ein subjektives prima facie-Recht auf faktische Gleichheit gewährt, das aufgrund des großen normativen Gestaltungsspielraums des Gesetzgebers nur in seltenen Ausnahmefällen ein definitives Recht auf konkrete Gleichstellungsmaßnahmen darstellt.

19 Alexy, Theorie der Grundrechte, S. 379, Huster, Rechte und Ziele, S. 417.
20 Damit kann auch das Argument, der Staat könne „logisch" nicht gem. Art. 1 Abs. 3 GG gleichzeitig an rechtliche Gleichheit und faktische Gleichheit gebunden sein (Starck, Gleichheitssatz, S. 56; ders. in von Mangoldt/Klein/Starck[5], Art. 3 Abs. 1 GG, Rn 5) nicht überzeugen. Beide Grundsätze sind als Prinzipien in die erforderliche Abwägung mit gegebenenfalls weiteren kollidierenden Prinzipien einzustellen. Wenn staatliches Verhalten vorliegt, das nicht Ausdruck einer zutreffenden Abwägung der kollidierenden Prinzipien sein kann, wird das Bundesverfassungsgericht eine Verletzung des zu Unrecht eingeschränkten Gleichheitsrechts feststellen. In dieser Bindung an das Ergebnis einer zutreffenden Abwägung liegt die Bindung sowohl an rechtliche als auch faktische Gleichheit.
21 Statt vieler vgl. Kelsen, Reine Rechtslehre, S. 146, 393 f.
22 Art. 109 WRV: „Alle Deutschen sind vor dem Gesetze gleich."

zung reglementierte.[23] Der Wortlaut des Art. 3 Abs. 1 GG wurde jedoch nur aus Gründen der Verfassungstradition gewählt. Seine Deutung auch im Sinne der Rechtsetzungsgleichheit entspricht dem ausdrücklichen Willen des Parlamentarischen Rates. Der Entwurf von Herrenchiemsee sah in Absatz 2 des Gleichheitsartikels ausdrücklich vor: „Der Grundsatz der Gleichheit bindet auch den Gesetzgeber". Der Parlamentarische Rat hat aus den erwähnten Gründen der Verfassungstradition von der Übernahme dieser Formulierung abgesehen, da sich eine Bindung des Gesetzgebers ohnehin aus Art. 1 Abs. 3 GG ergäbe.[24] Dementsprechend wird Art. 3 Abs. 1 GG nach allgemeiner Ansicht auch als Gebot der Rechtsetzungsgleichheit verstanden.[25] Der allgemeine Gleichheitssatz bindet daher gleichermaßen alle drei Gewalten. Grundrechtsdogmatisch ist die Rechtsetzungsgleichheit von besonderem Interesse. In der folgenden Untersuchung wird sie im Vordergrund stehen.

V. Der allgemeine Gleichheitssatz als subjektives Recht

Das Bundesverfassungsgericht nimmt in ständiger Rechtsprechung an, daß ein Verstoß gegen Art. 3 Abs. 1 GG zur Begründetheit einer Verfassungsbeschwerde führt. Es behandelt den allgemeinen Gleichheitssatz also als subjektives Recht.[26] Die Literatur hat sich dem angeschlossen.[27]

VI. Gleichbehandlungsgebot und Ungleichbehandlungsgebot

Verbreitet wird dem allgemeinen Gleichheitssatz sowohl ein Gleichbehandlungsgebot als auch ein Ungleichbehandlungsgebot entnommen. Dies kommt in der Formel, die das Bundesverfassungsgericht in ständiger Rechtsprechung verwendet, zum Ausdruck:

---

23 Leibholz, Gleichheit vor dem Gesetz, S. 202 ff.; Huster, Rechte und Ziele, S. 15; jeweils mit weiteren Nachweisen.
24 JöR 1951, S. 67.
25 BVerfG in st. Rspr. seit BVerfGE 1, 14 (52); zur Rechtsprechung des Bundesverfassungsgerichts vgl. auch Herzog in Maunz/Dürig, Art. 3 GG Anh., Rn 19; aus der Literatur Leibholz, Gleichheit vor dem Gesetz, S. 241; Dürig in Maunz/Dürig, Art. 3 Abs. 1 GG, Rn 292; Hamann/Lenz, Art. 3 GG, Anm. B. 3.; von Mangoldt, Das Bonner Grundgesetz, S. 51; von Mangoldt/Klein, Art. 3 Anm. III 2.; Alexy, Theorie der Grundrechte, S. 358 f.; Huster, Rechte und Ziele, S. 16; Zippelius, VVDStRL 47 (1989), S. 11; Maaß, NVwZ 1988, S. 14; Rüfner in BonnKomm, Art. 3 Abs. 1 GG, Rn 163; Kannengießer in Schmidt-Bleibtreu/Klein[10], Art 3 GG, Rn 7; Schoch, DVBl. 1988, S. 873; Bleckmann, Staatsrecht II – Die Grundrechte[4], § 24, Rn 1; Nachweise zur vereinzelt geäußerten Gegenansicht bei Alexy, Theorie der Grundrechte, S. 359 Anm. 13; Huster, Rechte und Ziele, S. 18 Anm. 20.
26 Statt vieler BVerfGE 88, 5 (12). Man mag sagen, das Bundesverfassungsgericht habe sich insofern der Ansicht von Leibholz angeschlossen, Leibholz, Gleichheit vor dem Gesetz, S. 242 (1. Aufl.: 1925). Auf die prägende Kraft Leibholz für die Rechtsprechung des Bundesverfassungsgerichts zum allgemeinen Gleichheitssatz wurde bereits hingewiesen, siehe bei 2. Teil, 3. Abschnitt, C. II.
27 von Mangoldt/Klein, Art. 3 GG, Anm. II 5.; Hamann/Lenz, Art. 3 GG, Anm. A. 2.; Jarass in Jarass/Pieroth[8], Art. 3 GG, Rn 1; Kannengießer in Schmidt-Bleibtreu/Klein[10], Art. 3 GG, Rn 3; Gubelt in von Münch/Kunig[5], Art. 3 GG, Rn 2; Katz, Staatsrecht[16], Rn 704; Schoch, DVBl. 1988, S. 867; Nachweise und Kritik zur vereinzelt geäußerten Gegenansicht bei Dürig in Maunz/Dürig, Art. 3 GG, Rn 275 ff.

„Der Gesetzgeber ist an den allgemeinen Gleichheitssatz in dem Sinne gebunden, daß er weder wesentlich Gleiches willkürlich ungleich noch wesentlich Ungleiches willkürlich gleich behandeln darf."[28]

1. Das Gleichbehandlungsgebot

Der Gleichheitssatz enthält ein Gleichbehandlungsgebot. Dieses wird durch verschiedene Formeln zum Ausdruck gebracht. Nach der wohl bekanntesten des Bundesverfassungsgerichts ist Art. 3 Abs. 1 GG verletzt, wenn

„sich ein vernünftiger, aus der Natur der Sache sich ergebender oder sonst sachlich einleuchtender Grund für die gesetzliche Differenzierung nicht finden läßt".[29]

Eine Gleichbehandlung ist also geboten, wenn sich ein zureichender Grund für die Erlaubtheit einer Ungleichbehandlung nicht findet. Die zentrale Frage besteht also darin, ob ein zureichender Grund für eine Differenzierung vorliegt. Für das Vorliegen dieses zureichenden Grundes trägt der Staat die Argumentationslast. Mißlingt die Begründung der Differenzierung, ist sie verfassungswidrig.[30] Diese Argumentationslast ist vergleichbar mit der Argumentationslast des Staates bei Eingriffen in Abwehrrechte. Ebenso wie rechtliche Freiheit einen Wert an sich darstellt,[31] ist auch rechtliche Gleichheit ein Wert an sich.[32] Der allgemeine Gleichheitssatz enthält damit das Prinzip der rechtli-

---

28 BVerfGE 4, 144 (155); ähnlich 3, 58 (135); 23, 98 (107); 36, 73 (79); 42, 64 (72); 46, 55 (62); 47, 109 (124); 49, 148 (165); 49, 260 (271); 49, 280 (283); 50, 142 (161 f.); 55, 114 (128); 61, 138 (147); 65, 325 (354); 71, 255 (271). Zur philosophischen Tradition dieser und ähnlicher Formeln vgl. Podlech, Gehalt und Funktionen des allgemeinen verfassungsrechtlichen Gleichheitssatzes, S. 53 ff. Zum Ungleichbehandlungsgebot vgl. weiter BVerfGE 86, 81 (87); 90, 145 (195 f.); 90, 226 (239).
29 BVerfGE 18, 121 (124); ähnlich BVerfGE 1, 14 (52); 12, 341 (348); 20, 31 (33); 30, 409 (413); 44, 70 (90); 51, 1 (23); 60, 101 (108); 61, 138 (147); 68, 237 (250); 71, 39 (58); 78, 104 (121); 83, 1 (23); 89, 132 (141).
30 Leibholz, Gleichheit vor dem Gesetz, S. 83; Dürig in Maunz/Dürig, Art. 3 Abs. 1 GG, Rn 316 ff.; Alexy, Theorie der Grundrechte, S. 371; Lorz, Modernes Grund- und Menschenrechtsverständnis und die Philosophie Kants, S. 302 Anm. 160; Podlech, Gehalt und Funktionen des allgemeinen verfassungsrechtlichen Gleichheitssatzes, S. 85 ff.; Gubelt in von Münch/Kunig[5], Art. 3 GG, Rn 32; Rüfner in BonnKomm, Art. 3 Abs. 1 GG, Rn 56; Starck, Gleichheitssatz, S. 61; Stern, Festschrift Dürig, S. 214; Höfling, JZ 1991, S. 958.
31 Berlin, Introduction, S. VX; Alexy, Theorie der Grundrechte, S. 325; Burgi, ZG 9 (1994), S. 358; Huster, Rechte und Ziele, S. 127; Schmitt Glaeser, HbStR VI, § 129, Rn 22.
32 Alexy, Theorie der Grundrechte, S. 379; Zippelius, VVDStRL 47 (1989), S. 90. Problematisch ist allerdings, ob dies für die schematische Gleichheit oder nur für eine normative Gleichheit gilt, im letzteren Sinne Huster, Rechte und Ziele, S. 23, 41 ff.; ders., JZ 1994, S. 547 Anm. 90. Diese Frage wird später erörtert werden, siehe 2. Teil, 3. Abschnitt, VIII. 2. Vgl. auch Dürig in Maunz/Dürig, Art. 3 GG, Rn 135, 164, Gleichheit sei nach dem Grundgesetz kein Wert an sich. Dürig begründet dies mit der Erwägung, daß sonst alle „Veranstaltungen gleichen Leids und Elends – die Modelle einer gerecht verfaßten Gesellschaft" seien (Hervorhebung im Original). Gleichheit habe gegenüber der Freiheit nur eine dienende Funktion, jene der Präponderanz (ders., a.a.O., Rn 135). Jedoch kann man der Freiheit grundsätzlich den Vorrang vor der Gleichheit geben, ohne zu leugnen, daß Gleichheit einen Wert an sich besitzt. Rechtlicher Freiheit wird dann im Konfliktfall generell ein höheres Gewicht gegeben als der rechtlichen Gleichheit, letztere verliert ihren Wert jedoch nicht vollständig und kann unter besonderen Umständen vorgehen. Erkennt man neben dem Gebot der rechtlichen

chen Gleichheit als prima facie-Position. Soweit dieses Prinzip in Abwägungen kollidierenden Prinzipien vorgeht, ist unter den besonderen Umständen des Falles eine rechtliche Gleichbehandlung definitiv geboten.[33] Innerhalb des Gleichbehandlungsgebots ist damit zwischen der prima facie-Position und verschiedenen zugeordneten definitiven Positionen als Abwägungsergebnissen zu unterscheiden.

2. Das Ungleichbehandlungsgebot

Verbreitet wird dem allgemeinen Gleichheitssatz neben dem Gleichbehandlungsgebot ein Ungleichbehandlungsgebot zugeordnet.[34] Es läge nahe, in struktureller Symmetrie zum Gleichbehandlungsgebot zu formulieren, wenn es keinen hinreichenden Grund für die Erlaubtheit einer Gleichbehandlung gebe, sei eine Ungleichbehandlung geboten. Dagegen ist geltend geamcht worden, daß wenn der allgemeine Gleichheitssatz neben dem prima facie-Gebot der Gleichbehandlung auch ein derartiges prima facie-Gebot der Ungleichbehandlung enthält, er jede Richtung auf Gleichheit verliert. Er würde lediglich zu einer schlichten Forderung der Begründung von Normen.[35] Dieser Konsequenz kann man auf zwei Wegen entgehen. Nach dem ersten wird ein selbständiges Ungleichbehandlungsgebot als Inhalt des allgemeinen Gleichheitssatzes geleugnet. Der zweite Weg besteht darin, das Ungleichbehandlungsgebot anders als soeben zu formulieren.

a) Die vermeintliche Redundanz des Gebots der Ungleichbehandlung

Das entscheidende Argument für die These der Redundanz des Ungleichbehandlungsgebots gegenüber dem Gleichbehandlungsgebot soll in der Möglichkeit der Umformulierung von Ungleichbehandlungen in Gleichbehandlungen bestehen. Bei zutreffender Wahl der Vergleichsgruppen lasse sich jede als verfassungswidrig gerügte Gleichbehandlung als eine prima facie rechtfertigungsbedürftige Ungleichbehandlung formulieren.[36] Was auf den ersten Blick als Problem der Gleichbehandlung er-

---

Gleichheit auch das Gebot der faktischen Gleichheit als Forderung des allgemeinen Gleichheitssatzes an, hat auch die faktische Gleichheit grundsätzlich einen, wenn auch geringen, Wert an sich.
33 Als Beispiel für ein definitives Recht auf rechtliche Gleichbehandlung kann die Entscheidung des Bundesverfassungsgerichts zu steuerlichen Behandlung von Nachtarbeitszuschlägen dienen. § 3b Abs. 1, Abs. 2 Nr. 4 EStG unterschied zwischen zwei verschiedenen Personengruppen, die Lohnzuschläge für Nachtarbeit erhielten. War der Anspruch durch Gesetz oder Tarifvertrag vorgesehen, waren die Lohnzuschläge in vollem Umfang steuerfrei. Beruhte der Anspruch dagegen auf einer Betriebsvereinbarung oder auf dem Arbeitsvertrag, waren sie nur bis zu einem Höchstbetrag steuerfrei. Nach Auffassung des Bundesverfassungsgerichts sind keine Gründe ersichtlich, die gewichtig genug wären, diese unterschiedliche Behandlung zu rechtfertigen, BVerfGE 89, 15 (24 ff.). Es besteht daher ein definitives Recht auf gleiche Behandlung.
34 Statt vieler Stern, Festschrift Dürig, S. 207 ff. mit weiteren Nachweisen.
35 Podlech, Gehalt und Funktionen des allgemeinen verfassungsrechtlichen Gleichheitssatzes, S. 57; Alexy, Theorie der Grundrechte, S. 371 f.
36 Es erhebt sich sofort die Frage, ob dies auch umgekehrt gelten soll. Ausdrücklich äußern sich die Vertreter der Redundanzthese hierzu nicht. Die Frage der Umformulierbarkeit von Ungleichbehandlungen in Gleichbehandlungen stellt sich insofern für die Vertreter der Redundanzthese auch nicht,

scheint, stelle tatsächlich ein Problem der Ungleichbehandlung dar.[37] Dies sei anhand der Entscheidung des Bundesverfassungsgerichts zu § 6 Abs. 1 Nr. 2 BEG[38] illustriert. Das Bundesentschädigungsgesetz gewährt öffentlichrechtliche Entschädigungen für nationalsozialistisches Unrecht. Gem. § 6 Abs. 1 Nr. 2 BEG ist die Entschädigung ausgeschlossen, wenn der Antragsteller nach dem 23. Mai 1949 die freiheitlich-demokratische Grundordnung im Sinne des Grundgesetzes bekämpft hat. Gem. Abs. 3 ist die Entschädigung ferner verwirkt, wenn unter anderem der obengenannte Ausschlußgrund nachträglich eintritt. Der Beschwerdeführer war seit 1920 Mitglied der KPD und wurde vom nationalsozialistischen Regime verfolgt. Von 1949 bis Ende 1952 war er Sekretär des Kreisverbandes Celle der KPD. Die Ziele dieser Partei verfolgte er nur mit allgemein erlaubten Mitteln. Bereits gewährte Entschädigungen nach dem BEG wurden unter Hinweis darauf zurückgefordert, daß er nach 1949 für die KPD tätig gewesen sei. Diese Partei sei zwischenzeitlich gem. Art. 21 Abs. 2 GG verboten worden,[39] womit ein nachträglicher Eintritt des Ausschlußgrundes gem. § 6 Abs. 3 BEG vorliege. Nach Auffassung des Bundesverfassungsgerichts liegt in dieser Behandlung des Beschwerdeführers eine verfassungswidrige Gleichbehandlung von Ungleichem.[40] Als Vergleichsgruppen fungieren einerseits die Gruppe der Parteifunktionäre, die vor dem Parteiverbot die Ziele ihrer Partei mit allgemein erlaubten Mitteln verfolgen, andererseits die Gruppe der Parteifunktionäre, die nach dem Parteiverbot mit allgemein erlaubten Mitteln die Ziele ihrer Partei verfolgen.[41] Das Bundesverfassungsgericht stellt unter Hinweis auf ein Präjudiz[42] klar, daß die Entscheidung gem. Art. 21 Abs. 2 GG konstitutive Wirkung habe.[43] Das vor dem Verbot liegende Verhalten des Beschwerdeführers bleibe daher auch nach dem Parteiverbot rechtmäßig, nur das nach dem Parteiverbot liegende Verhalten werde

---

als Art. 3 Abs. 1 GG nach ihrer Auffassung ausschließlich ein Verbot nicht gerechtfertigter Ungleichbehandlungen enthält.
37 Pieroth/Schlink, Grundrechte – Staatsrecht II[21], Rn 436 f.; Podlech, Gehalt und Funktionen des allgemeinen verfassungsrechtlichen Gleichheitssatzes, S. 58 ff.; Rüfner in BonnKomm, Art. 3 Abs. 1 GG, Rn 9 f. Anderer Ansicht Huster, Rechte und Ziele, S. 230 f.; Jarass in Jarass/Pieroth[8], Art. 3 G, Rn 5.
38 Bundesentschädigungsgesetz vom 29. Juni 1956, BGBl. I S. 562.
39 Vgl. BVerfGE 5, 85 (391).
40 BVerfGE 13, 46 (53).
41 Man könnte noch weiter unterscheiden, ob sich ein Bekämpfen der freiheitlich-demokratischen Grundordnung allein aus der Zugehörigkeit zu einer gem. Art. 21 Abs. 2 GG verbotenen Partei oder aus dem individuellen Verhalten ergibt, was zur Unterscheidung von vier Vergleichsgruppen führte. Wer nach einem Parteiverbot für eine gem. Art. 21 Abs. 2 GG verbotene Partei als Parteifunktionär tätig ist, bekämpft die freiheitlich-demokratische Grundordnung. Unabhängig von der formalen Parteizugehörigkeit kann die freiheitlich-demokratische Grundordnung im Sinne von § 6 Abs. 1 Nr. 2 BEG bekämpfen, wer als einzelner verfassungsfeindliche Ziele verfolgt (BVerfGE 13, 46 (54)). Weiterhin kann beides zusammentreffen, ein Bekämpfen der freiheitlich-demokratischen Grundordnung ist dann doppelt begründet. Weiter kann weder das eine noch das andere vorliegen, so daß kein verfassungsfeindliches Verhalten anzunehmen ist. Die Frage des individuellen verfassungsfeindlichen Verhaltens konnte nicht abschließend beurteilt werden, da die Fachgerichte ihr Urteil auf die formale Zugehörigkeit zur KPD stützten. Über das individuelle Verhalten war kein Beweis erhoben worden, das Verfahren war daher an die Berufungsinstanz zurückzuverweisen (BVerfGE 13, 46 (54)).
42 BVerfGE 12, 296 (304 f.).
43 BVerfGE 13, 46 (52).

rechtswidrig. Indem das Verhalten vor und nach dem Parteiverbot gleichbehandelt werde, werde „Ungleiches gegen ein zwingendes Gebot gleich behandelt".[44]
Dies kann man jedoch als Verstoß gegen das Gleichbehandlungsgebot aufzufassen suchen. Die Vergleichsgruppen bestehen in zwei Gruppen von Parteifunktionären, die die Ziele ihrer Partei mit allgemein erlaubten Mitteln verfolgen. Die erste Gruppe gehört einer Partei an, die später verboten wird, die andere einer Partei, die später nicht verboten wird. Da das Parteiverbot konstitutive Wirkung hat, kann es nicht auf die Rechtmäßigkeit der vorherigen Betätigung zurückwirken. Wenn die Betätigung der ersten Gruppe als verfassungsfeindlich gilt, die der zweiten nicht, wird gleiches ohne zureichenden Grund für die Erlaubtheit einer Ungleichbehandlung ungleich behandelt. Folglich liegt ein Verstoß gegen das Gleichbehandlungsgebot vor.

b) Kritik an der Redundanzthese

Die These der umfassend möglichen Umformulierung von Gleichbehandlungen in Ungleichbehandlungen ist nicht unbestritten geblieben. Deren Unplausibilität soll sich bereits daraus ergeben, daß ungerechtfertigte Gleichbehandlungen nicht mehr erfaßbar seien, wenn nur zwei Vergleichspersonen vorhanden sind. Wenn A genauso wie B behandelt werde, könne die vermeintlich verfassungswidrige Gleichbehandlung nicht in eine Ungleichbehandlung des A mit einem Dritten umformuliert werden, wenn es einen Dritten nicht gebe. Regelmäßig lägen geeignete Vergleichsobjekte nicht vor.[45] Diese empirische These stellt kein starkes Argument dar, denn Vergleichsobjekte müssen nur in relevanten Hinsichten gleich sein, werden also gar nicht selten vorliegen. Im erwähnten Beispielsfall gab es Funktionäre von Parteien, die später nicht gem. Art. 21 Abs. 2 GG verboten wurden. Weiterhin kann man an die Möglichkeit denken, nicht in der Realität existierende Vergleichsgruppen zu verwenden. Gesetzt den Fall, die soeben erwähnte Vergleichsgruppe von Funktionären anderer Parteien würde nicht existieren, würde niemand ernsthaft bestreiten wollen, daß es rechtswidrig ist, wenn Funktionären von Parteien, die nicht gem. Art. 21 Abs. 2 GG verboten werden, allein unter Hinweis auf ihre formale Parteizugehörigkeit gem. § 6 Abs. 1 Nr. 2 BEG Entschädigung versagt beziehungsweise gewährte Entschädigung gem. § 6 Abs. 3 BEG zurückgefordert wird. Wenn feststeht, daß vom Standpunkt des Verfassungsrechts eine derartige Behandlung verboten ist, kann es keinen Unterschied darstellen, ob eine Situation, in der eine derart gebotene Behandlung vorgenommen wurde, bereits vorlag. Ob ein solcher Fall vorlag, ist von der Perspektive des einzelnen aus zufällig.[46] Wenn er vorlag, und der Staat eine andere als die gebotene Behandlung – rechtswidrig – vornahm, kann dies nicht die Grundlage für gleichheitsrechtliche Argumentationen darstellen. Folglich gilt: Wenn die gebotene Behandlung einer hypothetischen Vergleichsgruppe verfassungsrechtlich feststeht, und diese hypothetische Vergleichsgruppe in relevanten Hinsichten der anderen,

---

44 BVerfGE 13, 46 (53).
45 Huster, Rechte und Ziele, S. 230 f.; vgl. auch ders., JZ 1994, S. 547 Anm. 87.
46 Daß diese Tatsache „kontingent" ist, sieht auch Huster, Huster, Rechte und Ziele, S. 231.

in der Realität bestehenden Vergleichsgruppe gleicht, ohne daß ein zureichender Grund für die Erlaubtheit einer Ungleichbehandlung vorliegt, ist für die in der Realität bestehende Vergleichsgruppe dieselbe Rechtsfolge geboten. Bezugspunkt des Vergleichs ist hier nicht eine reale Behandlung durch den Staat, sondern eine (nicht aus Gleichheitsrechten, sondern anderen Verfassungsnormen) verfassungsrechtlich gebotene Behandlung einer Personengruppe.

Allerdings ist einzuräumen, daß eine Umformulierung nicht in allen Fällen möglich ist. Wenn die Vergleichsgruppen, die für die Umformulierung von Gleichbehandlungen in Ungleichbehandlungen erforderlich sind, weder in der Realität dementsprechend behandelt wurden noch ihre entsprechende Behandlung verfassungsrechtlich definitiv geboten ist, kann das Gleichbehandlungsgebot nicht zu einem definitiven Recht führen. Dennoch erscheint nicht ausgeschlossen, daß in diesen Fällen ein definitives Recht auf Ungleichbehandlung besteht. Gesetzt den Fall, der Staat ist aus sozialen Grundrechten nicht verpflichtet, dem einzelnen über eine einfache Schulbildung hinaus Hochschulbildung zu finanzieren. Auch freiwillig sieht er keinerlei finanzielle Leistungen für Studienförderung vor. Der aus der Schicht sozial Schwacher stammende, mittellose A erhält ebensowenig finanzielle Förderung seines Studiums wie der Millionärssohn B. Der intelligente und fleißige A ist der Ansicht, indem er ebensowenig Studienförderung erhalte wie der eher nicht so begabte und faule B, werde wesentlich Ungleiches zu Unrecht gleich behandelt. Diese Gleichbehandlung läßt sich nicht in eine Ungleichbehandlung umformulieren. A wird nicht gegenüber einem Dritten ungleich behandelt, da niemand Studienförderung erhält. Da auch aus Nicht-Gleichheitsrechten kaum Studienförderung definitiv geboten sein dürfte, wird A auch gegenüber einer hypothetischen Vergleichsgruppe nicht ungleich behandelt. Dennoch legt das intuitive Gerechtigkeitsgefühl nahe, daß wenn ein nicht begabter und fauler Millionärssohn studieren kann, man es auch einem intelligenten und fleißigen, aber vollkommen mittellosen Mitglied der Schicht sozial Schwacher ermöglichen muß. Die Redundanzthese trifft daher nicht zu.[47]

c) Die vorzugswürdige Formulierung des Ungleichbehandlungsgebots

Die entscheidende Weichenstellung für die Frage der Anerkennung eines Ungleichbehandlungsgebots als Inhalt des Art. 3 Abs. 1 GG besteht darin, ob man dem allgemeinen Gleichheitssatz neben dem Prinzip der rechtlichen Gleichheit noch weitere Prinzipien zuordnet. Lehnt man dies ab, enthält er keine prinzipielle Position, die prima facie eine rechtliche Ungleichbehandlung fordert. Im Fall einer Kollision des Prinzips der rechtlichen Gleichheit mit einem Prinzip, das einer anderen Verfassungsbestimmung interpretativ zugeordnet wird, sind drei Ergebnisse möglich. Erstens kann das Prinzip der rechtlichen Gleichheit aus Art. 3 Abs. 1 GG gegenüber dem kollidierenden Prinzip ein derart hohes Gewicht aufweisen, daß eine rechtliche Gleichbehandlung definitiv geboten ist.

---

[47] Gegen den Versuch von Peter Martini, Ungleichbehandlungsprobleme in die abwehrrechtliche Verhältnismäßigkeitsprüfung zu verschieben (Martini, Art. 3 Abs. 1 GG als Prinzip absoluter Rechtsgleichheit, S. 225 ff.), siehe Borowski, Die Glaubens- und Gewissensfreiheit des Grundgesetzes, S. 685 Anm. 19.

Der allgemeine Gleichheitssatz verlangt dann im konkreten Fall eine rechtliche Gleichbehandlung. Zweitens kann der fragliche Fall im Spielraum liegen, so daß weder im Fall einer rechtlichen Gleichbehandlung noch im Fall einer rechtlichen Ungleichbehandlung ein Verfassungsverstoß festgestellt werden kann. Drittens kann das kollidierende Prinzip gegenüber dem der rechtlichen Gleichheit ein derart hohes Gewicht aufweisen, daß eine rechtliche Ungleichbehandlung definitiv geboten ist. Diese definitive Position ergibt sich dann jedoch aus dem kollidierenden Prinzip beziehungsweise der Verfassungsbestimmung, der im Wege der Verfassungsinterpretation dieses Prinzip zugeordnet wird. Die definitive Position hinsichtlich der Ungleichbehandlung ergibt sich nicht aus dem insofern beschränkten allgemeinen Gleichheitssatz, aus dessen Perspektive ist dem Staat die Ungleichbehandlung bloß freigestellt.[48] Sowohl die prima facie-Position als auch die definitive Position hinsichtlich der Ungleichbehandlung ergeben sich dann nicht aus dem allgemeinen Gleichheitssatz, sondern aus anderen Verfassungsbestimmungen, die die kollidierenden Rechtspositionen gewähren oder begründen. Art. 3 Abs. 1 GG kann in dieser Interpretation weder ein prinzipielles noch ein definitives Ungleichbehandlungsgebot enthalten.

Anders ist es dagegen, wenn man dem allgemeinen Gleichheitssatz weitere Prinzipien entnimmt oder zuordnet, die mit dem Prinzip der rechtlichen Gleichheit kollidieren können. Dann sind sowohl die prima facie-Position als auch die definitiven Positionen als Abwägungsergebnisse dieser internen Kollision Bestandteil des Art. 3 Abs. 1 GG. Es wurde oben bereits dargelegt, daß der allgemeine Gleichheitssatz auch das Prinzip der faktischen Gleichheit enthält. In seltenen Ausnahmefällen kann dieses Prinzip ein derart hohes Gewicht gegenüber der rechtlichen Gleichheit aufweisen, daß zum Abbau der faktischen Unterschiede zwischen Personengruppen eine rechtliche Ungleichbehandlung definitiv geboten ist.[49] Welche anderen Prinzipien darüber hinaus dem allgemeinen Gleichheitssatz entnommen werden können, wird im Verlauf der weiteren Untersuchung zu erörtern sein.

Somit bleibt festzuhalten: Aus Kollisionen des Prinzips rechtlicher Gleichheit mit anderen Prinzipien kann sich das definitive Gebot einer Ungleichbehandlung ergeben. Aus der Perspektive der rechtlichen Gleichheit ist eine Ungleichbehandlung geboten, wenn es einen zureichenden Grund für das Gebot einer Ungleichbehandlung gibt. Sieht man diese zureichenden Gründe im allgemeinen Gleichheitssatz gemäß Art. 3 Abs. 1

---

48 Entsprechend liegt es auch bei den Abwehrrechten. Wenn im Einzelfall eine Kollision zwischen Meinungsäußerungsfreiheit gem. Art. 5 Abs. 1 Satz 1 1. Fall GG und dem Recht der persönlichen Ehre gem. Art. 2 Abs. 1 i.V.m. 1 Abs. 1 GG besteht, und in diesem Fall die Meinungsäußerungsfreiheit zurücktritt, besteht kein definitives Recht zur freien Meinungsäußerung. Wenn dennoch eine Meinungsäußerung in der Form, in der auf sie kein Recht besteht, vorgenommen wird, wird Art. 5 Abs. 1 Satz 1 1. Fall GG nicht verletzt, sondern vielmehr nur Art. 2 Abs. 1 i.V.m. 1 Abs. 1 GG. Wenn ein Prinzip beschränkt ist, bedeutet dies, daß nicht definitiv gilt, daß seine Rechtsfolge eintritt. Es bedeutet dagegen nicht, daß die gegenteilige oder eine sonstige Rechtsfolge eintritt, dies kann sich nur aus den kollidierenden Prinzipien ergeben, die im konkreten Fall nicht zurücktreten.

49 Als Beispiel kommt die Gewährung von Prozeßkostenhilfe in Betracht, die nach der ständigen Rechtsprechung des Bundesverfassungsgerichts zur Angleichung der Rechtsschutzes von unbemittelten und bemittelten Prozeßparteien aus Art. 3 Abs. 1 GG i.V.m. dem Sozialstaatsprinzip gem. Art. 20 Abs. 1 GG geboten ist, vgl. bei 2. Teil, 3. Abschnitt, III.

GG selbst verankert, so sind sowohl die prima facie-Position als auch die definitive Position als Abwägungsergebnis Bestandteil dieses Grundrechts. Entnimmt man sie dagegen anderen Verfassungsbestimmungen, so ergeben sich sowohl das prima facie-Recht auf Ungleichbehandlung als auch das definitive Recht auf Ungleichbehandlung als Abwägungsergebnisse aus diesen anderen Verfassungsbestimmungen. Das Prinzip der faktischen Gleichheit aus Art. 3 Abs. 1 GG zeigt, daß die erste Möglichkeit jedenfalls ein Stück weit zutrifft. Art. 3 Abs. 1 GG enthält also neben dem Gleichbehandlungsgebot auch ein Ungleichbehandlungsgebot.[50]

VII. Der allgemeine Gleichheitssatz als innen- oder außentheoretisches Recht

Auch beim allgemeinen Gleichheitssatz besteht die zentrale strukturelle Frage darin, ob er außentheoretische oder innentheoretische Rechte gewährt, oder, in anderen Worten, ob er – mutatis mutandis – dem Eingriffs-Schranken-Schema folgt.

1. Die grundsätzlichen Thesen

In der Literatur lassen sich die Äußerungen zur dogmatischen Struktur des Art. 3 Abs. 1 GG vier[51] verschiedenen Thesen zuordnen.

(1) Die erste These besagt, daß bei Art. 3 Abs. 1 GG weder das Eingriffs-Schranken-Schema noch der Grundsatz der Verhältnismäßigkeit anwendbar sind.[52]

(2) Nach der zweiten These sind sowohl das Eingriffs-Schranken-Schema als auch der Grundsatz der Verhältnismäßigkeit anzuwenden.[53]

(3) Nach der dritten These ist zwar der Grundsatz der Verhältnismäßigkeit anzuwenden, das Eingriffs-Schranken-Schema jedoch nicht (3).[54]

---

50 Vgl. zur Frage des selbständigen Ungleichbehandlungsgebots gem. Art. 3 Abs. 1 GG Huster, Rechte und Ziele, S. 230 f.; ders. in BerlKomm, Art. 3 GG Rn 69; Michael, Der allgemeine Gleichheitssatz als Methodennorm komparativer Systeme, 235 ff.; Borowski, Die Glaubens- und Gewissensfreiheit des Grundgesetzes, S. 685.
51 Eine fünfte These bestünde darin, zwar die Anwendbarkeit des Eingriffs-Schranken-Schemas anzuerkennen, die Wirksamkeit einer Beschränkung aber nicht von einer Prüfung der Verhältnismäßigkeit abhängig zu machen. Sie wird, soweit ersichtlich, nicht vertreten.
52 W. Schmidt, AöR 91 (1966), S. 70; Kirchhof, HbStR V, § 124, Rn 288 ff.; ders., Festschrift Lerche, S. 144 f.; H. Schneider, Die Güterabwägung des Bundesverfassungsgerichts bei Grundrechtskonflikten, S. 101 f.; Lübbe-Wolff, Die Grundrechte als Eingriffsabwehrrechte, S. 18, 258; Geddert-Steinacher, Menschenwürde als Verfassungsbegriff, S. 26; Riggert, Die Selbstbindung der Rechtsprechung durch den allgemeinen Gleichheitssatz, S. 32 ff.; Rohloff, Zusammenwirken von allgemeinem Gleichheitssatz und Freiheitsgewährleistungen, S. 231 ff.
53 Kloepfer, Gleichheit als Verfassungsfrage, S. 54 ff.; Alexy, Theorie der Grundrechte, S. 390 f. Anm. 91; Huster, Rechte und Ziele, S. 225 ff.; ders., JZ 1994, S. 547 ff.; Jarass, AöR 120 (1995), S. 361 f., 376; Roth, Faktische Eingriffe in Freiheit und Eigentum, S. 402.
54 G. Müller, VVDStRL 47 (1989), S. 40 f., 49 f.; P. M. Huber, Konkurrenzschutz im Verwaltungsrecht, S. 520 ff.; Jarass in Jarass/Pieroth[8], Art. 3 GG, Rn 17 ff; Gubelt in von Münch/Kunig[5], Art. 3 GG, Rn 14, 29; Pieroth/Schlink, Grundrechte – Staatsrecht II[21], Rn 430, 444; Rüfner in BonnKomm, Art. 3 Abs. 1 GG, Rn 96 f. (vgl. aber Rn 121).

(4) Der vierten These folgen die Autoren, die die Anwendung des Grundsatzes der Verhältnismäßigkeit verlangen, ohne weitere Aussagen zur dogmatischen Struktur des Gleichheitssatzes zu machen.[55]

Im Hinblick auf die fundamentale dogmatische Struktur führt These (1) zum innentheoretischen Präformationsmodell, These (2) bis (4) dagegen gleichermaßen zu einem außentheoretischen Eingriffs-Schranken-Modell des Gleichheitssatzes.

Nach These (1) sind „Ungleichbehandlungen im verfassungsrechtlichen Sinne" immer eine Verletzung des allgemeinen Gleichheitssatzes. Eine „Ungleichbehandlung im verfassungsrechtlichen Sinne" liegt vor, wenn „wesentlich Gleiches ungleich"[56] behandelt wird. Liegt ein sachlicher Grund für eine Differenzierung vor, so handelt es sich bei den Vergleichsgruppen nicht mehr um „wesentlich Gleiches", womit ein Verstoß gegen Art. 3 Abs. 1 GG ausgeschlossen ist. Eine Unterscheidung von Tatbestand und Schranken des allgemeinen Gleichheitssatzes wird dadurch vermieden, daß der Begriff der „wesentlichen Gleichheit" alle denkbaren Gründe und Gegengründe für Ungleichbehandlungen in sich aufnimmt. Nachdem abwägungsfrei ermittelt wurde, ob „wesentliche Gleichheit" vorliegt, besteht weder Bedürfnis noch Möglichkeit einer Einschränkung des Gebots, wesentlich Gleiches auch gleich zu behandeln.[57] Die Unmöglichkeit der Beschränkung sowie die abwägungsfreie Bestimmung des Inhalts sind kennzeichnend für innentheoretische Rechtspositionen.[58]

These (2) führt mit dem Eingriffs-Schranken-Schema notwendig zu einem außentheoretischen Modell.[59] Ähnliches gilt für These (4). Wird der Grundsatz der Verhältnismäßigkeit angewendet, werden im dritten Teilgrundsatz, der Verhältnismäßigkeit im

---

55 Robbers, DÖV 1988, S. 750 ff.; Schoch, DVBl. 1988, S. 874; Wendt, NVwZ 1988, S. 784 ff.; Zippelius, VVDStRL 47 (1989), S. 23; Maunz/Zippelius, Deutsches Staatsrecht, S. 213; Höfling, StuWi. 1992, S. 248 f.; Koenig, JuS 1995, S. 315 ff.; von Arnim, Staatslehre, S. 157 ff. Auch die Rechtsprechung des Bundesverfassungsgerichts entspricht mit der „Neuen Formel", wie noch zeigen sein wird, der These (4).
56 Im Anschluß an die Formeln des Bundesverfassungsgerichts werden in der Diskussion drei verschiedene Formulierungen verwendet: Der Gleichheitssatz verbiete dem Gesetzgeber (1) „Gleiches ungleich", (2) „wesentlich Gleiches ungleich" oder (3) „wesentlich Gleiches willkürlich ungleich" zu behandeln. (1) bis (3) besitzen dieselbe Bedeutung, Alexy, Theorie der Grundrechte, S. 365 ff.
57 Zu dieser „herkömmlichen Auffassung", nach der nicht zwischen Schutzbereich und Schranken des allgemeinen Gleichheitssatzes unterschieden wird, vgl. Huster, Rechte und Ziele, S. 57 f.; ders., JZ 1994, S. 541 f. Zu Husters eigener Auffassung eingehend 2. Teil, 3. Abschnitt, C. VIII. 2.
58 Siehe 1. Teil, 1. Abschnitt, I. 2. Nach dieser Ansicht wäre das allgemeine innentheoretische Grundschema zur Rekonstruktion der dogmatischen Struktur des allgemeinen Gleichheitssatzes heranzuziehen: „Wenn WIx, dann Rx", vgl. 2. Teil, 3. Abschnitt, A. I. 1. b) aa) und bb). „WIx" entspräche strukturell „UGx": Das staatliche Verhalten „x" ist eine Ungleichbehandlung von wesentlich Gleichem. Somit wäre in einem Schritt abwägungsfrei zu ermitteln, ob wesentliche Gleichheit vorliegt. Wenn ja, war eine Gleichbehandlung verfassungsrechtlich geboten, so daß im Falle der verfassungswidrigen Ungleichbehandlung die Rechtsfolgen des Art. 3 Abs. 1 GG einträten („Rx"): „Wenn UGx, dann Rx". In logischer Formalisierung: (x)(UGx ↔ ORx). Zur Prädikatenlogik und deontischen Logik siehe ebenda und 1. Teil, 2. Abschnitt, II. 2. a) aa). Erkennt man eine Ungleichbehandlungsnorm an, ist diese sinngemäß zu fassen.
59 Zum Zusammenhang des Eingriffs-Schranken-Schemas mit der Außentheorie siehe bereits Einleitung, I. 3. a).

engeren Sinne, Normen mit Prinzipienstruktur in die Abwägung eingestellt. Diese Prinzipien können bei der Abwägung beschränkt werden, indem sie hinter kollidierende Prinzipien zurücktreten. Somit werden diese Normen beschränkt, sie besitzen notwendig außentheoretische Struktur.[60]

Genau dies scheint These (3) zu leugnen, die das Eingriffs-Schranken-Schema ausdrücklich ablehnt, aber eine Verhältnismäßigkeitsprüfung verlangt. Soweit mit dieser These lediglich eine undifferenzierte Übertragung des Eingriffs-Schranken-Schemas der Abwehrrechte abgelehnt werden soll, wird man ihr zustimmen müssen. Wenn aber mit ihr einerseits die Unbeschränkbarkeit des Gleichheitssatzes behauptet wird,[61] und andererseits der Grundsatz der Verhältnismäßigkeit zur Ermittlung des definitiven Inhalts im einzelnen Fall, der „Konkretisierung"[62] oder „Ausgestaltung"[63] verwendet wird, ist diese Position abzulehnen. Eine Abwägung zur Bestimmung des effektiven Garantiebereichs zu verwenden und nur das Abwägungsergebnis als Grundrechtsinhalt anzusehen, hat sich bereits als strukturell unmöglich erwiesen.[64] Varianten dieser Auffassung wurden bereits bei der Diskussion der Abwehrrechte und der grundrechtlichen Schutzrechte abgelehnt.[65] These (3) und (4) lassen sich in struktureller Hinsicht nicht sinnvoll von (2) unterscheiden, alle führen gleichermaßen zu einem außentheoretischen Modell.[66]

---

60 Zum Zusammenhang zwischen der Außentheorie und der Anwendung des Grundsatzes der Verhältnismäßigkeit siehe bereits 1. Teil, 3. Abschnitt. Vgl. auch Huster, Rechte und Ziele, S. 65; ders., JZ 1994, S. 542 f. zum Zusammenhang zwischen Eingriffsdogmatik und Anwendung des Grundsatzes der Verhältnismäßigkeit.
61 Vgl. P. M. Huber, Konkurrenzschutz im Verwaltungsrecht, S. 520; G. Müller, VVDStRL 47 (1989), S. 40.
62 P. M. Huber, a.a.O., S. 522 ff.
63 G. Müller, VVDStRL 47 (1989), S. 40, 49 f.
64 Siehe 1. Teil, 3. Abschnitt, IV.
65 Siehe 2. Teil, 3. Abschnitt, A. II. 1. a), b) sowie 2. b); vgl. weiter 2. Teil, 3. Abschnitt, B. I. 3. b).
66 Die dogmatische Rekonstruktion hat dann auf der Grundlage des allgemeinen außentheoretischen Grundschemas „Wenn URx und nicht GSx, dann Rx" zu erfolgen, zu diesem siehe bereits bei 2. Teil, 3. Abschnitt, A. I. 1. b) aa) und bb). Entsprechend der Unterscheidung innerhalb des Schutzbereiches im weiteren Sinne bei Abwehrrechten kann auch bei Gleichheitsrechten innerhalb des Grundrechtstatbestandes („RGx", entsprechend „URx") zwischen Schutzgut und Eingriff unterschieden werden. „Gx" steht für das Schutzgut, „Dx" für einen Eingriff durch eine staatliche Ungleichbehandlung, eine Differenzierung: „RGx" ist daher mit („Gx und Dx") äquivalent. Logisch formalisiert: RGx $\leftrightarrow$ (Gx $\wedge$ Dx). Der Unterschied zwischen „Gx" und „Dx" wird klarer, wenn man Varianten enger Tatbestandstheorien betrachtet. Eine enge Tatbestandstheorie kann bei „Gx" ansetzen, etwa zunächst nur einen Anspruch auf die Gleichbehandlung von wesentlich Gleichem einräumen. Statt dessen oder zusätzlich kann man am Eingriffsbegriff ansetzen und nur evidente Ungleichbehandlungen als Eingriff in den Gleichheitssatz ansehen. Entscheidend bleibt in jedem Fall, daß das verfassungsrechtliche prima facie-Gebot sich aus dem Grundrechtstatbestand, also dem Schutzbereich im weiteren Sinne („RGx", identisch mit („Gx und Dx") beziehungsweise „RGx $\leftrightarrow$ (Gx $\wedge$ Dx)") des allgemeinen Gleichheitssatzes ergibt. Nur dasjenige staatliche Verhalten „x", das „RGx" erfüllt, ist in der Prüfung der Beschränkung zu rechtfertigen. In der weitest denkbaren Form der Außentheorie ist dieser Anspruch ohne jede von vornherein gegebene Begrenzung gewährt, während abwägungsfreie Gewährleistungsgrenzen zu einem von vornherein begrenzten Anspruch führen. Dies führt zu dem später zu erörternden Problem, ob eher die enge oder eher die weite Tatbestandstheorie zugrundezulegen ist.
Ob eine wirksame Beschränkung des verfassungsrechtlichen Anspruchs auf prima facie rechtliche Gleichbehandlung vorliegt, wird in „nicht GSx" („¬GSx") ermittelt. Als Prüfungsschema ergibt sich

2. Die Argumente für ein innentheoretisches Recht

Gegen die Möglichkeit einer Beschränkung des allgemeinen Gleichheitssatzes wird zunächst vorgebracht, dieser weise im Wortlaut keinen Gesetzesvorbehalt auf.[67] Dies gilt bekanntermaßen auch für eine ganze Reihe von Abwehrrechten, ohne daß ernsthaft behauptet wird, sie seien unbeschränkbar.[68] Auch das Argument, ein Modell des allgemeinen Gleichheitssatzes nach dem Eingriffs-Schranken-Schema stehe nicht in der Tradition der Gleichheitsrechte,[69] ist alles andere als zwingend. Selbst wenn Gleichheitsprüfungen bisher nicht ausdrücklich in außentheoretischen Eingriffsrechtfertigungsstrukturen formuliert wurden, kann die Praxis der Prüfung in der Sache durchaus in außentheoretischen Strukturen rekonstruierbar sein – dann wäre es vorzugswürdig, sie auch explizit in den Kategorien von Eingriff und Eingriffsrechtfertigung zu formulieren.

Weiter wird die horizontale Ausgewogenheit als Ziel des Gleichheitssatzes der vertikalen Angemessenheit, gewährleistet durch den freiheitsrechtlichen Grundsatz der Verhältnismäßigkeit, gegenübergestellt. Der Verhältnismäßigkeitsgrundsatz wirke mäßigend, der Gleichheitssatz dagegen angleichend.[70] Es seien gleichheitsgemäße Freiheitsverletzungen und gleichheitswidrige Eingriffe, die nicht Freiheitsrechte verletzten, denkbar.[71] Diese Argumentation übersieht bereits im Ansatz, daß nicht der Grundsatz der Verhältnismäßigkeit mit seinem freiheitsrechtlichen Inhalt auf den allgemeinen Gleichheitssatz übertragen werden soll. Übertragen werden kann nur die Grundstruktur, innerhalb derer dann originär gleichheitsrechtliche Positionen und Argumente geprüft werden. Damit können trotz Übertragung des Verhältnismäßigkeitsgrundsatzes wegen verschiedener inhaltlicher Maßstäbe Abwehrrechte und Gleichheitsrechte unabhängig voneinander verletzt oder gewahrt sein. Bei dem soeben referierten Argument fällt auf, daß die für die kontrastierenden dogmatischen Modelle verwendeten Begriffe „Ausgewogenheit" (Gleichheitssatz) und „Angemessenheit" (Abwehrrechte) nach der Sprachintuition dieselbe Bedeutung besitzen: Die Abwägung (vgl. „Ausgewogenheit") im dritten Teilgrundsatz der Verhältnismäßigkeit im weiteren Sinne dient nach verbreiteter Terminologie der Herstellung der „Angemessenheit". So wird auch ausdrücklich einge-

---

somit: „Wenn RGx und nicht GSx, dann Rx" (in logischer Formalisierung „RGx ∧ ¬GSx ↔ ORx"), äquivalent mit „Wenn (Gx und Dx) und nicht GSx, dann Rx" (entspr. (Gx ∧ Dx) ∧ ¬GSx ↔ ORx): Für alles staatliche Verhalten „x" gilt, daß wenn „x" sich auf das Schutzgut des Gleichheitssatzes bezieht („Gx"), und „x" eine Ungleichbehandlung gegenüber der Behandlung einer anderen Person, Personengruppe oder einem anderen Sachverhalt darstellt („Dx"), und der allgemeine Gleichheitssatz im Hinblick auf „x" nicht wirksam beschränkt ist („¬GSx"), die Rechtsfolge des Art. 3 Abs. 1 GG für „x" eintritt („ORx"). Zur Rechtsfolge des allgemeinen Gleichheitssatzes vgl. Borowski, Die Glaubens- und Gewissensfreiheit des Grundgesetzes, S. 702 mit weiteren Nachweisen.

67 W. Schmidt, AöR 91 (1966), S. 69; Kirchhof, HbStR V, § 124, Rn 288. Vgl. auch Lübbe-Wolff, Die Grundrechte als Eingriffsabwehrrechte, S. 259: eingriffsrechtlich konstruierter Gleichheitsschutz finde im Text des Grundgesetzes keine Grundlage.
68 Huster, Rechte und Ziele, S. 56 f. Jedenfalls gilt dies, wenn man die Menschenwürde, die von vielen als Sonderfall angesehen wird, außer Betracht läßt.
69 Lübbe-Wolff, Die Grundrechte als Eingriffsabwehrrechte, S. 259.
70 Kirchhof, HbStR V, § 124, Rn 289; ders., Festschrift Lerche, S. 133. Ähnlich auch Rohloff, Zusammenwirken von allgemeinem Gleichheitssatz und Freiheitsgewährleistungen, S. 231.
71 Kirchhof, HbStR V, § 124, Rn 290.

räumt, zur Herstellung von „Ausgewogenheit" und „Angemessenheit" müßten sowohl die Abwehrrechte als auch der allgemeine Gleichheitssatz in das rechtliche Umfeld eingefügt werden, inhaltlich auf andere Rechte und Befugnisse abgestimmt werden. Der Unterschied soll darin bestehen, daß beim Gleichheitssatz diese Abgestimmtheit zum substantiellen Inhalt werde, nicht wie bei Abwehrrechten dem substantiellen Inhalt verdeutlichend oder einschränkend gegenübergestellt werde.[72] Damit wird jedoch nur die These formuliert, daß Art. 3 Abs. 1 GG der Innentheorie folgt, aber kein Argument für diese These vorgebracht. Warum die „Abstimmung" des Gleichheitssatzes auf das rechtliche Umfeld nicht in den formalen Strukturen des Verhältnismäßigkeitsgrundsatzes soll erfolgen können, bleibt offen.

Gegen die Anwendung des Grundsatzes der Verhältnismäßigkeit bei der Prüfung des Gleichheitssatzes soll sprechen, daß der Gesetzgeber bei Art. 3 Abs. 1 GG einen weiten Spielraum besitzt. Der Grundsatz der Verhältnismäßigkeit führe dagegen zu einer zu hohen Kontrolldichte.[73] Zutreffend daran ist in der Tat, daß das Bundesverfassungsgericht ständig einen weiten Spielraum des Gesetzgebers anerkennt:

> „Dem Gesetzgeber läßt der Gleichheitssatz vielmehr einen weiten Bereich des Ermessens offen. Das Bundesverfassungsgericht kann nur prüfen, ob die äußersten Grenzen dieses Bereiches überschritten sind, hat aber nicht darüber zu befinden, ob der Gesetzgeber im einzelnen die zweckmäßigste, ‚vernünftigste' oder ‚gerechteste' Lösung gefunden hat".[74]

Bei der Prüfung des Verhältnismäßigkeitsgrundsatzes kann die Kontrollintensität ohne weiteres variiert werden, im Grunde sogar stufenlos.[75] Um drei wichtige Stufen der Kontrollintensität zu erwähnen, kann zunächst die Prüfung der Verhältnismäßigkeit im Sinne einer bloßen **Evidenzkontrolle** durchgeführt werden, dies entspräche in etwa der Kontrolldichte der traditionellen Willkürprüfung bei Art. 3 Abs. 1 GG. In Fällen mittlerer Betroffenheit des Beschwerdeführers, der sich auf Art. 3 Abs. 1 GG beruft,

---

72 Ders., a.a.O., Rn 289.
73 K. Hesse, AöR 109 (1984), S. 191; ders., Festschrift Lerche, S. 130; Kirchhof, Festschrift Lerche, S. 144; Rohloff, Zusammenwirken von allgemeinem Gleichheitssatz und Freiheitsgewährleistungen, S. 232.
74 BVerfG in st. Rspr. seit BVerfGE 3, 162 (182), zuletzt BVerfGE 71, 39 (53); 71, 255 (271); 81, 108 (117 f.); 81, 156 (206); 83, 395 (401); 84, 348 (351). In zahlreichen weiteren Entscheidungen werden verschiedene Formeln mit ähnlicher Bedeutung verwendet.
75 Zur Notwendigkeit verschiedener Kontrolldichten und der Rechtsprechung des Bundesverfassungsgerichts zu dieser Frage vgl. K. Hesse, Festschrift Lerche, S. 126 ff. Das entscheidende Kriterium für die Kontrolldichte dürfte in der Eingriffsintensität liegen. Ein Eingriff in Art. 3 Abs. 1 GG ist um so intensiver, je mehr die Ungleichbehandlung „Grundvoraussetzungen menschlicher Existenz und Betätigung verkürzt" (ders., a.a.O., S. 131; vgl. auch Rüfner in BonnKomm, Art. 3 Abs. 1, Rn 107). In diesem Zusammenhang ist auch das Bemühen des Bundesverfassungsgerichts zu sehen, mit der neuesten Variante der „Neuen Formel" zu Art. 3 Abs. 1 GG Kriterien für verschiedene Kontrollintensitäten zu entwickeln, siehe sogleich unter d). In dem Abstellen auf die Eingriffsintensität wird eine Parallele zwischen der „Neuen Formel" des Bundesverfassungsgerichts und der „equal protection-clause" des US-amerikanischen Verfassungsrechts gesehen, etwa Gubelt in von Münch/Kunig[5], Art. 3 GG, Rn 14; K. Hesse, AöR 109 (1989), S. 196 ff.; Maaß, NVwZ 1988, S. 17 f. Vgl. jedoch Simons, Grundrechte und Gestaltungsspielraum, S. 130 ff.

kann gegebenenfalls eine Vertretbarkeitskontrolle, in Fällen schwerer Betroffenheit sogar eine voll intensivierte Inhaltskontrolle durchgeführt werden.[76]

3. Die Argumente für ein außentheoretisches Recht

Eine außentheoretische Struktur des allgemeinen Gleichheitssatzes könnte sich schon daraus ergeben, daß es sich bei ihm um einen Unterfall der Abwehrrechte im klassischen Sinne handelt. Es wurde jedoch schon darauf hingewiesen, daß die Rede vom allgemeinen Gleichheitssatz als „modales" oder „materielles" Abwehrrecht bloß an der sprachlichen Oberfläche bleibt.[77] Jedenfalls sind die Unterschiede zwischen Abwehr- und Gleichheitsrechten zu groß, als daß die dogmatische Struktur ohne eingehende weitere Untersuchung übertragen werden könnte.

Das Hauptargument für die Anwendung des außentheoretischen Eingriffs-Schranken-Schemas auf die Gleichheitsrechte besteht in der höheren Stufung und größeren Klarheit der Argumentation.[78] Die Anwendung des Grundsatzes der Verhältnismäßig-

---

76 Fraglich ist, wie die Einräumung von Spielräumen konstruktiv bewältigt werden kann. Es ist vorgeschlagen worden, zwischen dem Problem der materiellen Bindung an den Gleichheitssatz und dem funktionellrechtlichen Problem der Intensität der verfassungsgerichtlichen Kontrolle von legislativen Entscheidungen zu unterscheiden. Dann wäre zwischen einer tendenziell strengeren materiellen Bindungsnorm und einer weniger strengen funktionellrechtlichen Kontrollnorm – dem Willkürverbot – zu unterscheiden, Dürig in Maunz/Dürig, Art. 3 Abs. 1 GG, Rn 395; K. Hesse, Grundzüge des Verfassungsrechts[20], Rn 439; Robbers, DÖV 1988, S. 755. Gegen die Unterscheidung zweier verschiedener Normen in diesem Sinne spricht, daß die Zuerkennung von Spielräumen im Ergebnis wie eine Schrankensetzungskompetenz wirkt (vgl. Alexy, Theorie der Grundrechte, S. 427). Dem einzelnen nützt es wenig, wenn der Gesetzgeber materiell zwar streng an Art. 3 Abs. 1 GG gebunden ist, dies aufgrund funktionellrechtlicher Erwägungen aber nicht verfassungsgerichtlich durchsetzbar ist. Darüber hinaus hängt das funktionellrechtliche Problem eng mit dem materiellrechtlichen zusammen. Die Größe des Spielraums wird maßgeblich von materiellen Erwägungen bestimmt, insbesondere der Eingriffsintensität in den Gleichheitssatz. Vorzugswürdig ist damit eine Rekonstruktion legislativer Spielräume innerhalb der Abwägung im Rahmen der Prüfung der Verhältnismäßigkeit im engeren Sinne, Alexy, Theorie der Grundrechte, S. 391 Anm. 90; Gubelt in von Münch/Kunig[5], Art. 3 GG, Rn 29; Rüfner in BonnKomm, Art. 3 Abs. 1 GG, Rn 103. Innerhalb der Abwägung der materiellen Prinzipien, die für und gegen die Zulässigkeit einer Ungleichbehandlung sprechen, sind formelle Prinzipien zu berücksichtigen, die eine Zugrundelegung der normativen und empirischen Prämissen fordern, welche der demokratisch legitimierte Gesetzgeber wählt. Daß der Gestaltungsspielraum des Gesetzgebers im Rahmen des Art. 3 Abs. 1 GG das normative Problem der Abwägung betrifft, stellt auch BVerfGE 88, 87 (96 f.) klar, wo zwischen dem normativen Problem des „gesetzgeberischen Gestaltungsspielraums" und dem empirischen Problem der „Einschätzungsprärogative" hinsichtlich der Beurteilung der Ausgangslage und der zu erwartenden Auswirkungen der Differenzierung terminologisch klar unterschieden wird. Die vom Bundesverfassungsgericht stets betonte Gestaltungsfreiheit im Gleichheitsbereich entsteht somit auf der Grundlage eines normativen Abwägungsspielraums innerhalb der Prüfung der Verhältnismäßigkeit im engeren Sinne.
77 Siehe 2. Teil, 2. Abschnitt, II. 1.
78 Zum außentheoretischen Eingriffs-Schranken-Schema Kloepfer, Gleichheit als Verfassungsfrage, S. 56, 64; Huster, Rechte und Ziele, S. 462; ders., JZ 1994, S. 549; zum Grundsatz der Verhältnismäßigkeit, der notwendig mit dieser Schrankentheorie verbunden ist, K. Hesse, Festschrift Lerche, S. 129 f.; Wendt, NVwZ 1988, S. 780 ff.; Riggert, Die Selbstbindung der Rechtsprechung durch den allgemeinen Gleichheitssatz, S. 39; Pieroth/Schlink, Grundrechte – Staatsrecht II[21], Rn 444; anderer Ansicht Kirchhof, HbStR V, § 124, Rn 290: „eher verwirrend"; ähnlich G. Müller, VVDStRL 47 (1989), S. 41.

keit führt dazu, daß die für und gegen eine Gleichbehandlung sprechenden Argumente nicht in einer undurchsichtigen „Gesamtschau" verschmelzen, sondern zunächst auf verschiedenen Stufen in ihrem Gewicht ermittelt werden. Dies gilt insbesondere in der Prüfung der Verhältnismäßigkeit im engeren Sinne. Hier wird die Intensität des Eingriffs in Art. 3 Abs. 1 GG gegen die Gründe abgewogen, die für die Vornahme der Differenzierung sprechen. Der Träger des Grundrechts auf rechtlich gleiche Behandlung kann je nach den Umständen des Falles ein vom objektiven Standpunkt starkes oder schwaches Interesse an Gleichbehandlung haben. Das Bundesverfassungsgericht hat hierfür Kriterien entwickelt.[79] Wirken sich die Ungleichbehandlungen nachteilig auf die Ausübung grundrechtlich geschützter Freiheit aus, so spricht dies für einen intensiven Eingriff in Art. 3 Abs. 1 GG. Erschwerend kann hinzukommen, daß die Betroffenen bei verhaltensbezogenen Unterscheidungen die Kriterien für die Ungleichbehandlung nicht selbst beeinflussen können oder daß das Differenzierungskriterium einem der Merkmale des Art. 3 Abs. 3 GG ähnelt.

Ist die Eingriffsintensität ermittelt, stellt sich die Frage nach dem Gewicht der rechtfertigenden Gründe. Entscheidend ist, welche Gründe vom objektiven Standpunkt des Verfassungsrechts für die Erlaubtheit der Differenzierung sprechen. Der rechtfertigende Grund kann in – hinreichend gewichtigen – relevanten Unterschieden zwischen den Vergleichsgruppen liegen, sowie in kollidierenden Rechten und Gütern.

In der abschließenden Abwägung sind die Schwere des Eingriff durch Differenzierung und das Gewicht der die Differenzierung rechtfertigenden Gründe abzuwägen. Ist die Eingriffsintensität höher als das Gewicht der rechtfertigenden Gründe, liegt eine Verletzung des allgemeinen Gleichheitssatzes vor.

4. Zur „Neuen Formel" des Bundesverfassungsgerichts

Das Bundesverfassungsgericht versteht die Anwendung seiner „Neuen Formel" selbst als eine Prüfung der Verhältnismäßigkeit. In zahlreichen Entscheidungen heißt es, die Anforderungen könnten von einer bloßen Willkürkontrolle bis zu einer „strengen Bindung an Verhältnismäßigkeitserfordernisse" reichen.[80] Nach den alten Formeln verbot der Gleichheitssatz lediglich die willkürlich ungleiche Behandlung von Personen oder Sachverhalten.[81] Die Entwicklung der „Neuen Formel" durch den ersten Senat des Bundesverfassungsgerichts[82] erfolgte in zwei Stufen. Zunächst wurde lediglich zwischen

---

79 Zu diesen Kriterien sogleich unter 2. teil, 3. Abschnitt, C. VII. 4.
80 BVerfGE 88, 87 (96); 89, 15 (22); 89, 365 (375); 91, 346 (363); 91, 389 (401); 92, 53 (68); 92, 365 (407); 93, 99 (111); 95, 267 (316); 97, 271 (290); 99, 341 (355); 99, 367 (388); 101, 54 (101); 103, 172 (193); 103, 310 (318); 105, 73 (110). Es ist bemerkenswert, daß das Gericht nicht einfach von einer Verhältnismäßigkeitsprüfung, sondern deutlich vorsichtiger von „Verhältnismäßigkeitserfordernissen" spricht, was auf eine wichtige Einschränkung in bestimmten Fallgruppen hinweist, vgl. Borowski, Die Glaubens- und Gewissensfreiheit des Grundgesetzes, S. 693. Darauf wird noch zurückzukommen sein.
81 Zur älteren Willkür-Rechtsprechung des Bundesverfassungsgerichts siehe statt vieler Huster, Rechte und Ziele, S. 45 ff. mit weiteren Nachweisen.
82 Zu Unterschieden und Gemeinsamkeiten der Rechtsprechung der beiden Senate K. Hesse, Festschrift Lerche, S. 123 ff.; Maaß, NVwZ 1988, S. 14 f.; Rüfner in BonnKomm, Art. 3 Abs. 1 GG, Rn 25 ff.

der ungleichen Behandlung von Normadressaten und sonstigen Ungleichbehandlungen unterschieden. Nach der Normadressatenformel ist Art. 3 Abs. 1 GG verletzt,

„wenn eine Gruppe von Normadressaten im Vergleich zu anderen Normadressaten anders behandelt wird, obwohl zwischen beiden Gruppen keine Unterschiede von solcher Art und solchem Gewicht bestehen, daß sie die ungleiche Behandlung rechtfertigen könnten".[83]

Mit der Frage nach dem „Gewicht" ist die Eigenschaft von Prinzipien in Bezug genommen, je nach den Umständen der Prinzipienkollision mehr oder weniger Gewicht in Abwägungen zu besitzen. Die Anwendung von Prinzipien erfordert die Prüfung des Grundsatzes der Verhältnismäßigkeit.[84] Auch die Formulierung,

„Ungleichbehandlung und rechtfertigender Grund müssen in einem angemessenen Verhältnis zueinander stehen",[85]

die sich in einer Entscheidung unmittelbar im Anschluß an die Normadressatenformel findet, spricht für die Notwendigkeit einer Verhältnismäßigkeitsprüfung. Die Angemessenheit wird verbreitet als Bezeichnung für den dritten Teilgrundsatz der Verhältnismäßigkeit, der Verhältnismäßigkeit im engeren Sinne, verwendet. Bevor das Gericht selbst sein Vorgehen als Prüfung von Verhältnismäßigkeitserfordernissen bezeichnete, wurde es von der Literatur bereits überwiegend in diesem Sinne verstanden.[86] Außerhalb der ungleichen Behandlung von Normadressaten sollte es dagegen bei der herkömmlichen Prüfung der willkürlichen Ungleichbehandlung bleiben.[87]

Auch in der Neuen Variante der Neuen Formel unterscheidet das Gericht zwischen der Ungleichbehandlung von Personengruppen und der Ungleichbehandlung von Sachverhalten. Innerhalb der Ungleichbehandlung von Sachverhalten wird weiter unterschieden, ob sie mittelbar zu einer Ungleichbehandlung von Personengruppen führt. Ist dies der Fall, soll die Bindung ähnlich streng wie bei der Ungleichbehandlung von Per-

---

83 BVerfGE 55, 72 (88); so wörtlich oder ähnlich 58, 369 (373 f.); 60, 123 (133 f.); 60, 329 (346); 62, 256 (274 f.); 64, 229 (239); 64, 243 (247); 65, 104 (112 f.); 66, 66 (75); 67, 231 (236); 67, 348 (365); 68, 287 (301); 70, 230 (239 f.); 71, 146 (154 f.); 71, 364 (384); 72, 84 (89 f.); 72, 141 (150); 73, 301 (321 f.); 74, 129 (149); 74, 203 (217); 75, 78 (105); 75, 166 (179); 75, 284 (300 f.); 75, 348 (357); 75, 382 (393); 79, 87 (98); 79, 106 (121 f.); 81, 1 (8); 81, 108 (118); 81, 156 (205); 81, 228 (236); 82, 60 (86); 82, 126 (146); 83, 238 (335); 83, 395 (401); 84, 133 (157); 84, 197 (199); 84, 348 (359); 85, 191 (210); 85, 238 (244 f.); 85, 360 (383); 87, 1 (36); 87, 234 (255); 88, 5 (12); 92, 277 (318). Die Normadressatenformel des Bundesverfassungsgerichts ist mittlerweile auch fester Bestandteil der Rechtsprechung der Fachgerichte.
84 Siehe 1. Teil, 3. Abschnitt, II.
85 BVerfGE 82, 126 (146).
86 K. Hesse, AöR 109 (1984), S. 189; ders., Grundzüge des Verfassungsrechts, S. 180 Anm. 88; ders., Festschrift Lerche, S. 122; Herzog in Maunz/Dürig, Art. 3 GG Anh, Rn 6; Gubelt in von Münch/Kunig[5], Art. 3 GG, Rn 14; Höfling, StuWi. 1992, S. 248; Pieroth/Schlink, Grundrechte – Staatsrecht II[21], Rn 438 ff.; Robbers, DÖV 1988, S. 751 f.; Stettner, BayVBl. 1988, S. 547 f.; Zuck, MDR 1986, S. 724; Rüfner in BonnKomm, Art. 3 Abs. 1 GG, Rn 96 f.; weitere Nachweise bei Huster, Rechte und Ziele, S. 63 Anm. 81.
87 BVerfGE 55, 72 (89 f.); 60, 329 (346 f.); 81, 156 (206 f.).

sonengruppen sein.[88] Darüber hinaus werden die drei bereits genannten Kriterien der Eingriffsintensität zur Bestimmung der Dichte der Bindung des Gesetzgebers an Art. 3 Abs. 1 GG eingeführt. Die Anforderungen an personenbezogene Ungleichbehandlungen seien um so strenger, je mehr sie sich den Merkmalen des Art. 3 Abs. 3 GG annähern.[89] Bei verhaltensbezogenen Ungleichbehandlungen seien die Anforderungen um so strenger, je weniger die Betroffenen das Vorliegen der Differenzierungsmerkmale beeinflussen können.[90] Sowohl bei Ungleichbehandlungen von Personengruppen als auch von Sachverhalten ergebe sich eine strenge Bindung daraus, daß sie sich nachteilig auf die Ausübung grundrechtlich geschützter Freiheiten auswirken könne.[91] Diese zweite Stufe der Entwicklung der „Neuen Formel" ist erkennbar von dem Bemühen gekennzeichnet, eine feinere Abstufung der Bindung an den Gleichheitssatz zu finden. Sie wirft jedoch eine Reihe von Fragen auf.

Zunächst existieren zwei verschiedene Prüfungsmodelle, das Willkürverbot und die Prüfung, ob für die Differenzierung Gründe solcher Art und von solchem Gewicht bestehen, daß ungleiche Rechtsfolgen gerechtfertigt sind. Jedes Modell kann aber nicht für eine bestimmte Bindungsintensität stehen, denn diese soll graduierbar sein: Aus Art. 3 Abs. 1 GG ergäben sich für den Gesetzgeber

> „je nach Regelungsgegenstand und Differenzierungsmerkmalen unterschiedliche Grenzen für den Gesetzgeber, die vom bloßen Willkürverbot bis zu einer strengen Bindung an Verhältnismäßigkeitserfordernisse reichen."[92]

Innerhalb der Prüfungsmodelle ist folglich weiter zu unterscheiden. Das Willkürverbot soll nur dann verletzt sein, wenn „die Unsachlichkeit der Regelung evident ist."[93] Innerhalb dieser Prüfung wird man kaum zwischen verschiedenen Bindungsintensitäten differenzieren können.[94] Nach dem System der Kriterien des Gerichts ist das Willkürverbot nur einschlägig, wenn eine Ungleichbehandlung von Sachverhalten vorliegt, die weder mittelbar eine Ungleichbehandlung von Personengruppen darstellt noch sich nachteilig auf die Ausübung grundrechtlich geschützter Freiheiten auswirken kann. Fraglich ist, ob es solche Ungleichbehandlungen überhaupt gibt, oder ob nicht jede Ungleichbehandlung von Sachverhalten eine – jedenfalls mittelbare – Ungleichbehandlung von

---

88 BVerfGE 88, 87 (96); 89, 15 (22); 91, 346 (363); 92, 53 (69).
89 BVerfGE 88, 87 (96); 97, 169 (181); 99, 367 (388); 101, 275 (291); 103, 310 (319).
90 BVerfGE 88, 5 (12); 88, 87 (96); 89, 15 (23); 91, 346 (363); 95, 267 (316); 99, 367 (388).
91 BVerfGE 60, 123 (134); 62, 256 (274); 81, 108 (118); 82, 126 (146); 87, 1 (36 f.); 87, 234 (256); 88, 5 (12); 88, 87 (96); 89, 15 (22 f.); 89, 69 (89); 89, 365 (376); 90, 46 (56); 91, 346 (363); 91, 389 (401); 92, 53 (68); 95, 267 (316 f.); 99, 367 (388); 103, 172 (193). Vgl. P. M. Huber, Konkurrenzschutz im Verwaltungsrecht, S. 526 ff.; Huster, Rechte und Ziele, S. 461; Maunz/Zippelius, Deutsches Staatsrecht, S. 216; Jarass in Jarass/Pieroth[8], Art. 3 GG, Rn 21; Herzog in Maunz/Dürig, Art. 3 GG Anh, Rn 51; vgl. Rohloff, Zusammenwirken von allgemeinem Gleichheitssatz und Freiheitsgewährleistungen, S. 219 f.
92 BVerfGE 88, 87 (96); 89, 15 (22); 89, 365 (375); 91, 346 (362); 91, 389 (401); 92, 53 (68); 92, 365 (407).
93 BVerfGE 88, 87 (97); 89, 15 (23); 90, 46 (56); 91, 346 (363); 91, 389 (401).
94 K. Hesse, Festschrift Lerche, S. 128.

Personengruppen darstellt.[95] Selbst wenn man die Möglichkeit dieser Unterscheidung unterstellt, besteht bei allen Ungleichbehandlungen jedenfalls die Möglichkeit der nachteiligen Auswirkung auf die Ausübung grundrechtlich geschützter Freiheiten, wenn man kein einschränkendes Kriterium einführt. Das Willkürverbot dürfte damit keinen nennenswerten Anwendungsbereich besitzen.[96]

Entscheidend ist damit die Abstufung der Bindungsintensität innerhalb des anderen Prüfungsmodells anhand der erwähnten Kriterien. Welches Gewicht diese Kriterien im Verhältnis zueinander besitzen und ob nicht noch andere Kriterien eine Rolle spielen, ist bislang weitgehend ungeklärt.

Bei allen Problemen, die die „Neue Formel" nach wie vor aufwirft, bleibt festzuhalten: Mit der Frage, ob für die Differenzierung Gründe von solcher Art und von solchem Gewicht bestehen, daß sie die unterschiedlichen Rechtsfolgen rechtfertigen können, wird eine Prüfung der Verhältnismäßigkeit eingeführt. Dadurch wird gegenüber dem bloßen Willkürverbot die Möglichkeit einer strengeren Bindung eröffnet. Die Dichte der Bindung kann aufgrund bestimmter Kriterien differenziert festgelegt werden.[97] In der dogmatischen Konstruktion des allgemeinen Gleichheitssatzes bedeutet dies einen großen Fortschritt, insofern mag man von einer „kopernikanischen Wende"[98] sprechen. Im Hinblick auf die Entscheidungspraxis des Bundesverfassungsgerichts dürfte keine größere Änderung eintreten. Die „Neue Formel" erlaubt lediglich eine adäquatere Rekonstruktion des Entscheidungsprozesses, der auch schon der Prüfung des alten Willkürverbots zugrunde lag.[99]

5. Ergebnis

Die Argumente für die innentheoretische Konzeption des allgemeinen Gleichheitssatzes waren zurückzuweisen. Für ein außentheoretisches Prüfungsmodell spricht die größere Stufung der Argumentation, die zu nachvollziehbarer und überzeugender Rechtsfindung beiträgt. Mit der „Neuen Formel" wird es der Sache nach bereits in ständiger Rechtsprechung des Bundesverfassungsgerichts angewandt.[100]

---

95 Herzog in Maunz/Dürig, Art. 3 GG Anh, Rn 9; K. Hesse, Festschrift Lerche, S. 128 f.; Borowski, Die Glaubens- und Gewissensfreiheit des Grundgesetzes, S. 690 Anm. 38.
96 Auch wenn man daraus den Schluß zieht, daß für alle Anwendungsfälle des Art. 3 Abs. 1 GG Verhältnismäßigkeitserfordernisse zu prüfen sind, kann die Willkürformel durchaus weiterhin angewandt werden. Wo eine Differenzierung willkürlich ist, für sie also kein Argument vorgebracht werden kann, steht die Verfassungswidrigkeit fest, eine eingehendere Erörterung anhand strengerer Maßstäbe kann unterbleiben, Herzog in Maunz/Dürig, Art. 3 GG Anh, Rn 10.
97 Eine Abschwächung der Bindung ergibt sich, wie bereits dargelegt, durch einen normativen Abwägungsspielraum im Rahmen der Prüfung der Verhältnismäßigkeit im engeren Sinne.
98 Zuck, MDR 1986, S. 724.
99 In diesem Sinne auch Rüfner in BonnKomm, Art. 3 Abs. 1 GG, Rn 27 f.; Riggert, Die Selbstbindung der Rechtsprechung durch den allgemeinen Gleichheitssatz, S. 36.
100 Damit ist die weitere Erörterung die Rekonstruktion auf der Grundlage des allgemeinen außentheoretischen Grundschemas vorzunehmen, das bereits vorgestellt wurde: „Wenn (Gx und Dx) und nicht GSx, dann Rx", logisch formalisiert: $(x)((Gx \land Dx) \land \neg GSx \leftrightarrow ORx)$.

VIII. Enge oder weite Tatbestandstheorie des allgemeinen Gleichheitssatzes

Damit erhebt sich die Frage nach dem Grundrechtstatbestand des allgemeinen Gleichheitssatzes. Zur Bestimmung, wann die Rechtsfolge des allgemeinen Gleichheitssatzes eintritt, wurde oben bereits das Schema „Wenn (Gx und Dx) und nicht GSx, dann Rx" eingeführt. Durch die Bestimmung von „Gx und Dx", äquivalent mit „RGx", ist festzulegen, welches Schutzgut Art. 3 Abs. 1 GG besitzt („Gx"), und welches staatliche Verhalten einen Eingriff in dieses Schutzgut darstellt („Dx"). Der Gesamtausdruck dieser beiden Merkmale bildet den Schutzbereich im weiteren Sinne oder Grundrechtstatbestand des Gleichheitssatzes und damit den Bereich des prima facie-Schutzes. Eingriffe in das Schutzgut des allgemeinen Gleichheitssatzes sind nur verfassungsrechtlich gerechtfertigt, wenn sie eine wirksame Beschränkung darstellen. Die weitest mögliche gleichheitsrechtliche Tatbestandstheorie erhält man, wenn sowohl Schutzgut als auch Eingriff kein einschränkendes Kriterium aufweisen. Dann besteht ein prima facie-Anspruch auf die Gleichbehandlung von allen Personen, Personengruppen oder Sachverhalten. Jede Ungleichbehandlung, von was auch immer und in welcher Hinsicht auch immer, stellt einen rechtfertigungsbedürftigen Eingriff in Art. 3 Abs. 1 GG dar. Engere Tatbestandstheorien können entweder an der Definition des Schutzguts oder am Eingriffsbegriff ansetzen. Auch eine Kombination ist möglich. In der Diskussion um den Eingriffsbegriff bei Gleichheitsrechten wird vereinzelt eine Relevanzgrenze hinsichtlich der Eingriffsintensität erwogen,[101] was mutatis mutandis dem verbreiteten Ansatz eines „Bagatellvorbehalts" beim Begriff des Eingriffs in Abwehrrechte, der nicht ernstlich zu einer engen Tatbestandstheorie führt, entspricht. Konzeptionen enger Tatbestandstheorien setzen bei Gleichheitsrechten in aller Regel bei der Bestimmung des Schutzguts an.

1. Michael Kloepfer

Michael Kloepfer entwickelte in seinem im Jahre 1980 erschienenen Werk „Gleichheit als Verfassungsfrage" das erste ausdrückliche Eingriffs-Schrankenmodell des allgemeinen Gleichheitssatzes. Nach seiner Auffassung besteht das Schutzgut des Gleichheitssatzes in der wesentlichen Gleichheit zwischen zwei rechtlich geregelten Tatbeständen.[102] Eingriff in Art. 3 Abs. 1 GG sei jede Ungleichbehandlung im Bereich des Schutzguts, also von wesentlich Gleichem, wobei gemäß den Lehren der allgemeinen Grundrechtsdogmatik eine untere Relevanzgrenze bestehe.[103]

Daß von vornherein nur wesentlich Gleiches prima facie auch gleich zu behandeln sein soll, besitzt zunächst eine gewisse intuitive Plausibilität. Es stellt sich jedoch sofort die Frage, wie zu ermitteln ist, ob zwei Tatbestände wesentlich gleich sind. Eine Definition findet sich bei Kloepfer nicht. Auf diese Frage sind zwei Antworten denkbar. Die erste Antwort besteht darin, wesentliche Gleichheit durch „wertmäßige Gleichheit" zu definieren. Nur wertmäßig gleiche Tatbestände wären dann prima facie gleich zu be-

---

101 Kloepfer, Gleichheit als Verfassungsfrage, S. 57; anderer Ansicht Jarass, AöR 120 (1995), S. 363.
102 Ders., a.a.O., S. 56, 64.
103 Ders., a.a.O., S. 56 f.

handeln. Steht aber fest, daß wertmäßige Gleichheit zwischen zwei Tatbeständen vorliegt, ist eine Gleichbehandlung nicht nur prima facie, sondern definitiv geboten. Eine Prüfung der Beschränkung ist dann überflüssig, da der Begriff der wertmäßigen Gleichheit alle Gründe und Gegengründe für Gleichbehandlungen in sich aufnimmt.[104] Die zweite mögliche Antwort müßte also Kriterien zur Unterscheidung einführen, unter welchen Umständen schon nicht einmal ein prima facie-Recht auf Gleichbehandlung besteht und unter welchen ein beschränkbares prima facie-Recht auf Gleichbehandlung. Derartige Kriterien finden sich bei Kloepfer nicht.

2. Stefan Huster

Während das erste Eingriffs-Schranken-Modell des Gleichheitssatzes bei Kloepfer eher den Charakter einer Skizze hatte, widmet Stefan Huster Art. 3 Abs. 1 GG eine eingehende Untersuchung. Die zentrale These seiner Arbeit mit dem Titel „Rechte und Ziele" besteht darin, daß der allgemeine Gleichheitssatz prima facie normative Gleichheit gewährleiste. Bei der Prüfung des Art. 3 Abs. 1 GG sei zwischen zwei verschiedenen Klassen von Gründen für Ungleichbehandlungen im – wie es bei ihm durchgängig pejorativ heißt – „schematischen" oder rechtlichen Sinne zu unterscheiden. Diese verschiedenen Gründe bestehen in der Verfolgung verschiedener Zwecke durch Ungleichbehandlungen, die Huster als interne Zwecke und externe Zwecke bezeichnet. Eine Ungleichbehandlung im „schematischen" oder rechtlichen Sinne verfolgt einen internen Zweck, wenn sie auf Eigenschaften von Personen abstellt, die ihnen in einem starken Sinne zugeschrieben werden könnten.[105] Ungleichbehandlungen aufgrund interner Zwecke beruhten auf der „Natur der Sache" beziehungsweise auf „in der Sache selbst liegenden Gesetzlichkeiten".[106] Als Beispiele dienen die strafrechtliche Schuld, im Rahmen des Einkommensteuerrechts die wirtschaftliche Leistungsfähigkeit und im Sozialversicherungsrecht die Bedürftigkeit.[107] Dem werden Ungleichbehandlungen gegen-

---

104 Alexy, Theorie der Grundrechte, S. 391 Anm. 91.
105 Huster, Rechte und Ziele, S. 166.
106 Ders., a.a.O., S. 167. Eine Definition des Begriffs der „Natur der Sache" (weiterhin verwendet auf S. 52, 215; ders. JZ 1994, S. 543), erfolgt erst später auf S. 215 f. Der Begriff der „Natur der Sache" kann in einem empirisch-theoretischen, metaphysisch-theoretischen, technisch-praktischen oder objektiv-praktischen Sinne verstanden werden, vgl. R. Dreier, Zum Begriff der „Natur der Sache", S. 98 ff. Huster lehnt die Interpretation im Sinne eines naiven naturrechtlichen Rückgriffs in dem Sinne, die Lebensverhältnisse trügen ihr Maß und ihre Ordnung in sich, ab. Sie berge die Gefahr, unausgewiesene Wertungen zu verschleiern. Die Interpretation im Sinne eines empirischen Begriffs, daß die faktischen Gegebenheiten zu berücksichtigen seien, sei ein funktionsloses Schlagwort und trivial. Er schlägt vor, „Natur der Sache" im Sinne bereichsspezifischer Gerechtigkeitskriterien zu verstehen, denen bereichsunspezifische Zweckmäßigkeitserwägungen gegenüberstünden.
Daß bei der Interpretation des Gleichheitssatzes bereichsspezifische Kriterien zu entwickeln sind, wird jedoch nicht ernsthaft bestritten. Für diese allseits akzeptierte und insofern selbstverständliche These den Begriff der „Natur der Sache" mit seinen vielfältigen philosophischen, insbesondere metaphysischen Konnotationen zu verwenden, ist mißverständlich. Der von Huster alternativ verwendete Begriff „spezifische Gerechtigkeitsmaßstäbe" (ders., Rechte und Ziele, S. 224 und öfter) oder ähnliche drücken wesentlich klarer aus, was gesagt werden soll.
107 Ders., Rechte und Ziele, S. 166.

übergestellt, mit denen ein externer Zweck verfolgt werde. Dies seien Ungleichbehandlungen, die sich nicht auf Eigenschaften beziehen, die Personen in einem starken Sinne zugeschrieben werden,[108] im Strafrecht etwa generalpräventive Zwecke und im Einkommensteuerrecht eine Lenkungssteuer zugunsten besonderer wirtschaftspolitischer Ziele.[109] Der Unterscheidung interner und externer Zwecke liege die Unterscheidung individueller Rechte und kollektiver Güter zugrunde.[110] Während bei Ungleichbehandlungen aus internen Zwecken nur eine Entsprechensprüfung unter Zugrundelegung eines bestimmten Maßstabs möglich sei, müsse bei Ungleichbehandlungen aus externen Zwecken eine Verhältnismäßigkeitsprüfung vorgenommen werden.[111] Daraus resultiere ein zweistufiges Prüfungsmodell des allgemeinen Gleichheitssatzes. Auf der ersten Stufe seien die spezifischen Gerechtigkeitsmaßstäbe zu ermitteln, die der Gesetzgeber in Verfolgung interner Zwecke festgesetzt habe. Während es in Husters Monographie zunächst hieß, der Gesetzgeber sei hier nur an das Willkürverbot gebunden, ein Verstoß derartiger Ausgestaltungen sei ein „seltener Extremfall", weil der Gesetzgeber kaum Gerechtigkeitsmaßstäbe vertreten werde, die jenseits aller Plausibilität lägen,[112] ist diese feste Kopplung an geringe Kontrollintensität in neueren Schriften ausdrücklich aufgegeben.[113] Wie dem auch sei, in jedem Fall besteht eine wichtige These Husters darin, daß Ungleichbehandlungen in Verfolgung interner Zwecke dem allgemeinen Gleichheitssatz weder definitiv noch prima facie widersprächen, sondern ihn verwirklichten.[114] Dadurch werde ein Schutzbereich konstituiert, innerhalb dessen ein Anspruch auf normative Gleichheit bestehe, also eine Behandlung gemäß den konstituierten spezifischen Gerechtigkeitsmaßstäben. Erfolge eine „Durchbrechung" dieser Gerechtigkeitsmaßstäbe aus Gründen externer Zwecke, also kollektiver Güter wie allgemeiner Wohlfahrt, gesellschaftlichem Gesamtnutzen oder Zweckmäßigkeit, liege ein Eingriff in das prima facie-Recht auf normative Gleichbehandlung vor.[115] Dieser Eingriff sei rechtfertigungsbedürftig, neben eingeschränktem formellen Schutz[116] werde materieller Schutz insbesondere durch die Anwendung des Grundsatzes der Verhältnismäßigkeit gewährt.[117]

Zur Illustration dieses Modells können zwei verschiedene Ungleichbehandlungen bei der Besteuerung verschiedener Personen dienen.[118] (1) A erzielt ein steuerpflichtiges Einkommen in Höhe von 2000 €, B in Höhe von 7000 €. Aufgrund seiner höheren Lei-

---

108 Ders., a.a.O., S. 217.
109 Ders., a.a.O., S. 167.
110 Ders., a.a.O., S. 225; ders., JZ 1994, S. 546; ders. in BerlKomm, Art. 3 GG, Rn 83.
111 Ders., Rechte und Ziele, S. 242.
112 Ders., a.a.O., S. 233, 226 f.
113 Huster in BerlKomm, Art. 3 GG, Rn 79 Anm. 154. Es ist auch gar nicht einzusehen, wieso die in weiten Teilen unsichere Unterscheidung automatisch an eine bestimmte Kontrolldichte gekoppelt werden sollte, siehe dazu in der Vorauflage auf S. 392 sowie Borowski, Die Glaubens- und Gewissensfreiheit des Grundgesetzes, S. 700.
114 Ders., JZ 1994, S. 544.
115 Ders., Rechte und Ziele, S. 233, ders., JZ 1994, S. 548; ders. in BerlKomm, Art. 3 GG, Rn 87 ff.
116 Ders., Rechte und Ziele, S. 238; ders., JZ 1994, S. 548.
117 Ders., Rechte und Ziele, S. 239 ff.; ders., JZ 1994, S. 549.
118 Dieses Beispiel ist angelehnt an Beispiele von Huster, ders., Rechte und Ziele, S. 165 f.; ders., JZ 1994, S. 543.

stungsfähigkeit muß B höhere Steuern zahlen als A, bei einem progressionsfreien Steuertarif von 20 % 1400 € gegenüber 400 €. Die Besteuerung in ungleicher Höhe dient der gerechten, an individuellen Rechten orientierten Besteuerung, also nach Husters Klassifikation auf internen Zwecken. Diese Ungleichbehandlung soll nach Huster den vom Gesetzgeber konstituierten spezifischen Gerechtigkeitsmaßstäben entsprechen, der allgemeine Gleichheitssatz werde nicht rechtfertigungspflichtig durchbrochen, sondern verwirklicht. (2) A und B erzielen ein steuerpflichtiges Einkommen in Höhe von jeweils 5000 €. A hat jedoch ein Eigenheim gebaut, und kann deswegen monatlich 2000 € von seinen steuerpflichtigen Einkünften absetzen. Diese Möglichkeit hat der Gesetzgeber eröffnet, um die Baukonjunktur zu beleben. A zahlt damit nur 600 € Steuern gegenüber den 1000 € des B. Diese Ungleichbehandlung beruhe auf externen Zwecken, da mit der Baukonjunktur ein kollektives Gut gefördert werde, das mit den Personen nicht in einem starken Sinne zu tun habe. Aufgrund der gleichen Leistungsfähigkeit sind A und B normativ prima facie gleich zu besteuern. Die Durchbrechung dieses spezifischen Gerechtigkeitsmaßstabs, also der prima facie gebotenen normativen Gleichheit, soll unter besonderen Umständen auch formell zu rechtfertigen sein, jedenfalls aber materiell durch eine Verhältnismäßigkeitsprüfung.[119]

Der Konzeption des außentheoretischen Eingriffsmodells im Bereich externer Zwecke ist zuzustimmen. Die Unterscheidung interner und externer Zwecke, die an sie geknüpften dogmatischen Unterscheidungen und die praktischen Auswirkungen dieser Gesamtkonzeption sind jedoch zahlreichen durchschlagenden Einwänden ausgesetzt.[120]

a) Normative Gleichheit und der Begriff der Ungleichbehandlung

Huster betont mehrfach, der Gleichheitssatz gebiete lediglich eine normative, nicht eine schematische oder aktbezogene Gleichbehandlung.[121] Eine normative Gleichbehandlung liegt vor, wenn der Behandlung zweier Vergleichsgruppen derselbe Maßstab zugrundegelegt wird. Bei der Verwendung eines normativen Begriffs der Gleichheit läge es dann auch nahe, einen normativen Begriff der Gleichbehandlung zu verwenden. Die normative Gleichbehandlung wäre die Handlung, die den Zustand der normativen Gleichheit herstellt. Dies lehnt Huster aber ab. Der Begriff der Gleichbehandlung sei im „schematischen" Sinne zu deuten. Eine Ungleichbehandlung im „schematischen" oder rechtlichen Sinne liegt vor, wenn zwei Vergleichsgruppen nicht rechtlich identisch behandelt werden. Im obengenannten Steuerbeispiel (1) liegt eine Ungleichbehandlung im „schematischen" oder rechtlichen Sinne vor, da die absolute Höhe der Steuerschuld nicht identisch ist. Damit kann, wie im genannten Beispiel, eine Ungleichbehandlung im schematischen oder rechtlichen Sinne normative Gleichheit herstellen und in diesem

---

119 Vgl. ders., Rechte und Ziele, S. 165 ff.; ders. JZ 1994, S. 543 f.
120 Kritisch zur Theorie Husters Martini, Art. 3 Abs. 1 als Prinzip absoluter Rechtsgleichheit, S. 187 ff.; Somek, Rationalität und Diskriminierung, S. 115 ff.; Kischel, AöR 124 (1999), S. 188 ff.; Eckhoff, Rechtsanwendungsgleichheit im Steuerrecht, S. 189 ff.; Gubelt in von Münch/Kunig[5], Art. 3 GG, Rn 15; vgl. auch Borowski, Die Glaubens- und Gewissensfreiheit des Grundgesetzes, S. 697 ff.
121 Ders., Rechte und Ziele, S. 23, 41 f., 220, 226, 229, 361 f., 418, 470; ders., JZ 1994, S. 547.

Sinne als normative Gleichbehandlung bezeichnet werden.[122] Andererseits kann eine Gleichbehandlung (im „schematischen" oder rechtlichen Sinne) rechtliche Ungleichheit (im normativen Sinne) herstellen. Dieses recht kontraintuitive Verständnis der Begriffe „Gleichbehandlung" und „Gleichheit" wird mit dem Argument begründet, sonst würden alle Rechtfertigungsfragen in den Begriff der Gleichbehandlung transportiert.[123] Dieses Argument setzt aber voraus, daß Ungleichbehandlungen im „schematischen" oder rechtlichen Sinne überhaupt rechtfertigungsbedürftig sind. Dies führt zum nächsten Problem.

b) Die Rechtfertigungslast von Ungleichbehandlungen im „schematischen" oder rechtlichen Sinne

Huster geht ausdrücklich von einer Rechtfertigungsbedürftigkeit für Ungleichbehandlungen im „schematischen" oder rechtlichen Sinne aus.[124] Dies widerspricht jedoch seiner Kernthese, der Gleichheitssatz gebiete prima facie nur normative Gleichheit, die schematische Gleichbehandlung besitze keinen „Wert an sich".[125]

Wenn der Gesetzgeber bei der Ausgestaltung der spezifischen Gerechtigkeitsmaßstäbe – die die für Art. 3 Abs. 1 bereichsspezifisch verbindliche Konzeption normativer Gleichheit darstellen – das durch den allgemeinen Gleichheitssatz prima facie-Gebotene konstituiert, kann er nicht gegen dieses Grundrecht verstoßen. Entweder gebietet Art. 3 Abs. 1 GG prima facie nur normative Gleichheit, die der Gesetzgeber konstituiert, eine Bindung des Gesetzgebers ist dann strukturell nicht möglich. Oder der Gesetzgeber ist, wenn auch schwach, an ihm vorausliegende Maßstäbe gebunden, hier kommt vor allem die prima facie gebotene rechtliche – nicht „normative" – Gleichheit in Betracht. Bei der Ausgestaltung der spezifischen Gerechtigkeitsmaßstäbe konstituiert er die normative Gleichheit, jedoch ist nicht erst sie prima facie geboten, sondern bereits die rechtliche oder „schematische" Gleichheit.

Huster will zwischen einer „Schwellengewichtsposition" und einer „formalen Argumentationslastregel"[126] beziehungsweise „materialen" und „formalen" Prinzipien unterscheiden.[127] Der Begriff der „Schwellengewichtsposition"[128] oder „materiales Prinzip" bezeichnet die Eigenschaft einer Rechtsposition, in Abwägungen von Prinzipien ein Gewicht zu besitzen. Kennzeichnend für das Gebot der Begründung von Ungleichbehandlungen im „schematischen" oder rechtlichen Sinne als „formale Argumentationslastregel" oder „formales Prinzip" sei, daß es keinen normativen Vorrang der Gleichbehandlung im „schematischen" oder rechtlichen Sinne begründen könne.[129] In Abgrenzung zum Begriff der „Schwellengewichtsposition" und im Zusammenhang mit den früheren

---

122 Ders., Rechte und Ziele, S. 25, 168.
123 Ders., a.a.O., S. 20, 227 f.
124 Ders., a.a.O., S. 14, 164.
125 Ders., a.a.O., S. 23, 41 f., 220, 229, 361 f., 418, 470; ders. JZ 1994, S. 547.
126 Ders., Rechte und Ziele, S. 419, 470.
127 Ders., a.a.O., S. 454.
128 Den Begriff „Schwellengewicht" übernimmt Huster ausdrücklich von Ronald Dworkin, Huster, Rechte und Ziele, S. 124.
129 Ders., a.a.O., S. 454, 470.

Aussagen, die Gleichbehandlung im schematischen oder rechtlichen Sinne sei kein „Wert an sich", kann dies nur in dem Sinne verstanden werden, daß die „schematische" oder rechtliche Gleichbehandlung nicht einmal schwach prima facie geboten ist. Wenn aber nicht einmal ein schwaches prima facie Gebot der schematischen Gleichbehandlung bestehen soll, dann kann auch keine Argumentationslast zu ihren Gunsten bestehen. Wenn eine Argumentationslast zugunsten einer Position besteht, dann bedeutet dies, daß bei Fehlen zureichender Gründe gegen diese Position eben diese Position besteht. Dies heißt aber nichts anderes, als daß die Position ein „Schwellengewicht" besitzt. Es wäre auch gar nicht einzusehen, wieso eine Abweichung von etwas zureichend begründet werden muß, wenn dieses etwas keinen Wert an sich hat. Auch die Kennzeichnung einer Argumentationslast als „formal" ändert daran nichts. Huster verweist auf die Bedeutung der Unterscheidung materialer und formaler Prinzipien.[130] Aber formalen beziehungsweise formellen und materialen beziehungsweise materiellen Prinzipien ist gemeinsam, daß sie gleichermaßen Prinzipien sind. Als solche ist ihre Anwendungsform die Abwägung, innerhalb derer sie unter den konkreten Umständen des Falles ein mehr oder weniger großes Gewicht entfalten. Per definitionem besitzen sie jedoch ein Gewicht in Abwägungen und damit einen „Wert an sich".

Der „Wert an sich" der „schematischen" oder rechtlichen Gleichbehandlung[131] zeigt sich vor allem in dem „seltenen Extremfall", in dem der Gesetzgeber bei der Verfolgung interner Zwecke Gerechtigkeitsmaßstäbe vertritt, die jenseits aller Plausibilität liegen und deshalb willkürlich sind. Hier liegt ein Verstoß gegen Art. 3 Abs. 1 GG vor.[132] Verfassungsgemäße Gerechtigkeitsmaßstäbe im Sinne normativer Gleichheit existieren gerade nicht, deshalb kann sich der Verstoß gegen den allgemeinen Gleichheitssatz nicht auf derartige Maßstäbe stützen. Folglich kann der Verstoß gegen den allgemeinen Gleichheitssatz nur darin bestehen, daß eine prima facie gebotene „schematische" oder rechtliche Gleichbehandlung ohne zureichenden Grund nicht erfolgte.

c) Mögliche Auswege aus dem Dilemma

Diesem Dilemma kann man nur entkommen, wenn man eine der beiden Kernthesen von Huster aufgibt. Ist nur die normative, durch den Gesetzgeber konstituierte Gleichheit prima facie geboten, dann ist der Gesetzgeber bei der Ausgestaltung der normativen Gleichheit nicht an Art. 3 Abs. 1 GG gebunden. Die Folgen einer derart radikalen Theorie der bindungslosen Ausgestaltung des Gleichheitsgrundrechts sind nicht tragbar.[133] Solange der Gesetzgeber sich an internen Zwecken orientiert, also etwa einen grundlegenden, wie auch immer an individueller wirtschaftlicher Leistungsfähigkeit orientier-

---

130 Ders., a.a.O., S. 454.
131 Vgl. zur rechtlichen Gleichheit als „Wert an sich" Koller, Soziale Güter und soziale Gerechtigkeit, S. 85; Zippelius, VVDStRL 47 (1989), S. 90; Alexy, Theorie der Grundrechte, S. 379; Martini, Art. 3 Abs. 1 GG als Prinzip absoluter Rechtsgleichheit, S. 188 ff.; Borowski, Die Glaubens- und Gewissensfreiheit des Grundgesetzes, S. 698 ff.
132 Ders., a.a.O., S. 233.
133 Ungebundene Ausgestaltung wurde bereits grundlegend zurückgewiesen, siehe 1. Teil, 3. Abschnitt, III. 2. a).

ten Steuermaßstab entwickelt, könnte niemals ein Verfassungsverstoß festgestellt werden. Der Gesetzgeber könnte sowohl eine radikal egalitäre als auch extrem libertäre Konzeption der Steuergerechtigkeit vertreten. Ein extrem stark progressiver Tarif wäre ebenso verfassungsrechtlich zulässig wie auch sogar ein beliebig regressiver Tarif. Dies läuft dem Willen des Parlamentarischen Rates, den Gesetzgeber gem. Art. 1 Abs. 3 GG umfassend an Art. 3 Abs. 1 GG zu binden, zuwider, ebenso dem Anliegen des Bundesverfassungsgerichts, mit der „Neuen Formel" eine stärkere Bindung an den allgemeinen Gleichheitssatz zu ermöglichen.

Damit bleibt nur die Möglichkeit, die „schematische" oder rechtliche Gleichbehandlung als prima facie geboten anzusehen. In diesem Fall ist der Gesetzgeber bei der „Ausgestaltung" der Konzeption der „normativen Gleichheit" an den allgemeinen Gleichheitssatz gebunden.[134] Dann ist aber in allen Fällen, in denen ein Prinzip mit dem Prinzip der „schematischen" oder rechtlichen Gleichbehandlung kollidiert, eine Abwägung gemäß dem Grundsatz der Verhältnismäßigkeit geboten. Dies widerspricht klar der Konzeption Husters, nach der „schematische" oder rechtliche Gleichbehandlungen keinen „Wert an sich" besitzen sollen, ebenso wie bei der Verfolgung interner Zwecke statt einer Verhältnismäßigkeitsprüfung nur eine „Entsprechensprüfung" möglich sein soll.[135]

d) Husters Argumente

Der aufgezeigte Ausweg aus dem Dilemma kann nur beschritten werden, wenn Husters Argumente gegen das prima facie-Gebot der „schematischen" oder rechtlichen Gleichbehandlung und gegen die Möglichkeit der Prüfung der Verhältnismäßigkeit bei der Verfolgung interner Zwecke nicht zu überzeugen vermögen. Einige Argumente richten sich unmittelbar gegen das prima facie-Gebot der schematischen oder rechtlichen Gleichbehandlung, andere nur mittelbar, indem sie gegen die Anwendung des Grundsatzes der Verhältnismäßigkeit bei der Prüfung von „schematischen" oder rechtlichen Ungleichbehandlungen aufgrund interner Zwecke gerichtet sind.

aa) *Argumente gegen das prima facie-Gebot „schematischer" oder rechtlicher Gleichbehandlung*

Huster bezeichnet das prima facie-Gebot der „schematischen" oder rechtlichen Gleichbehandlung als „absurd".[136] Diesem Begriff begegnet man auch in der Diskussion um die enge oder weite Tatbestandstheorie bei Abwehrrechten. Dort entsteht der Eindruck der Absurdität eines Grundrechts auf „Hehlen, Stehlen und Töten" in der Interpretation

---

134 Diese „Ausgestaltung" erweist sich als Ergebnis der Abwägung des Prinzips rechtlicher Gleichheit gegen „interne Zwecke" – um hier der Husterschen Terminologie zu folgen. Das Ergebnis ist ein „Prinzipiencluster", der seinerseits weiter gegen „externe Zwecke" abgewogen werden kann, vgl. Borowski, Die Glaubens- und Gewissensfreiheit des Grundgesetzes, S. 698 ff.
135 Ders., a.a.O., S. 174, 242 f.; ders., JZ 1994, S. 544.
136 Huster, Rechte und Ziele, S. 41, vgl. auch S. 23, 220.

der weiten Tatbestandstheorie aus der mehrdeutigen Verwendung des Begriffs „Grundrecht".[137] Ebenso liegt es hier. Huster versteht unter dem Gebot der „schematischen" Gleichbehandlung die Forderung, alle Personen stets rechtlich gleich zu behandeln. Es sei aber offensichtlich ungerecht, wenn ein Millionär den gleichen Steuerbetrag zahle wie ein Tagelöhner, Schuldige und Unschuldige gleichermaßen und gleich hart bestraft würden etc.[138] Damit ist aber nur die Absurdität eines definitiven Gebots der „schematischen" oder rechtlichen Gleichbehandlung dargelegt. Auch die angegebenen Nachweise[139] beziehen sich lediglich auf das definitive Gebot schematischer Gleichbehandlung. In der Tat ist die Vorstellung eines umfassenden definitiven Gebots der schematischen oder rechtlichen Gleichbehandlung absurd. Daraus, daß ein definitives Gebot von etwas nicht bestehen kann, kann jedoch nicht geschlossen werden, daß dieses etwas nicht einmal prima facie geboten ist. Bei Abwehrrechten kann die allgemeine Handlungsfreiheit gem. Art. 2 Abs. 1 GG nicht definitiv geboten sein, da sie in sehr vielen Fällen mit zahlreichen Rechten und Gütern kollidiert. Eine schrankenlose Gewährleistung subjektiver Willkür ist nicht möglich. Dies heißt jedoch nicht, daß negative Freiheit nicht umfassend prima facie geboten ist, negative Freiheit ist durchaus ein Wert an sich.[140] Gleiches gilt für die „schematische" oder rechtliche Gleichbehandlung. Sofern die relevanten Unterschiede zwischen Personen ausgeblendet werden, ist eine „schematische" oder rechtliche Gleichbehandlung geboten. „Schematischer" oder rechtlicher Gleichbehandlung kommt daher ein Wert an sich zu.[141] Bezieht man relevante Unterschiede in die Betrachtung mit ein, kollidiert das Gebot der „schematischen" oder rechtlichen Gleichbehandlung mit dem Gebot der „schematischen" Ungleichbehandlung aufgrund relevanter Unterschiede. Eine Abwägung ergibt, ob in diesem Einzelfall eine „schematische" oder rechtliche Gleichbehandlung definitiv geboten ist oder nicht. Führt man diese Abwägung für eine große Zahl verschiedener Fälle durch, so erhält man einen Maßstab, welche Behandlung (schematische Gleichbehandlung oder Ungleichbehandlung in ver-

---

137 Siehe bereits 2. Teil, 3. Abschnitt, A. I. 4. b).
138 Huster, Rechte und Ziele, S. 22.
139 Ders., a.a.O., S. 22 Anm. 37.
140 Berlin, Introduction, S. VX; Schmitt Glaeser, HbStR VI, § 129, Rn 22; Alexy, Theorie der Grundrechte, S. 325; Burgi, ZG 9 (1994), S. 358; Huster, Rechte und Ziele, S. 127.
141 Zippelius, VVDStRL 47 (1989), S. 90; Alexy, Theorie der Grundrechte, S. 379; Martini, Art. 3 Abs. 1 GG Prinzip absoluter Rechtsgleichheit, S. 188 ff.; Borowski, Die Glaubens- und Gewissensfreiheit des Grundgesetzes, S. 698. Grundlegend auch Koller, Soziale Güter, S. 85 mit weiteren Nachweisen zum Prinzip der Gleichbehandlung: „Es verlangt nicht eine strikte und mechanische Gleichbehandlung aller Beteiligten, sondern es besagt nur, daß jede Ungleichverteilung gemeinschaftlicher Güter und Lasten einer Rechtfertigung durch allgemein annehmbare Gründe bedarf. Als derartige Gründe gelten im allgemeinen die Berücksichtigung der Beiträge, Leistungen, oder Verdienste der Gemeinschaftsmitglieder, die Wahrung wohlerworbener Rechte und das Vorliegen ungleicher Bedürfnisse" (Hervorhebungen ausgelassen). Zunächst wird ein umfassendes definitives Gebot der schematischen Gleichbehandlung abgelehnt. Dann wird mit der Rechtfertigungsbedürftigkeit von Ungleichbehandlungen das prinzipielle Gebot der schematischen Gleichbehandlung eingeführt. Es sei angemerkt, daß als rechtfertigende Gründe insbesondere Kriterien zugelassen werden, die in der Klassifikation Husters interne Zwecke darstellen, und in seiner Theorie mangels prinzipiellem Gebots der schematischen Gleichbehandlung gar nicht mit diesem kollidieren könnten.

schiedenen Hinsichten) geboten ist. Abwägungsergebnis im Einzelfall und der Maßstab als Ergebnis einer großen Zahl von Abwägungen stellen definitive Gebote dar.

Wenn Huster geltend macht, niemand habe ein Recht darauf, genauso behandelt zu werden wie ein anderer, solange er nicht in der relevanten Hinsicht gleich sei,[142] trifft dies nur für definitive Gebote zu. Im Anschluß führt er aus, der Gedanke, alle Menschen hätten ein Recht auf „schematische" Gleichbehandlung, solange nicht relevante Unterschiede bestünden, treffe zu. Dabei dürfe nur nicht übersehen werden, daß das Gebot der Behandlung „als Gleiche" im konkreten Fall eine Ungleichbehandlung verlangen könne, wenn die Zuteilung von Rechten an eine Eigenschaft angeknüpft werde, die nicht alle Menschen hätten.[143] Mit anderen Worten gesagt liegt also ein relevanter Unterschied vor, der entgegen dem prima facie-Gebot der „schematischen" oder rechtlichen Gleichbehandlung definitiv eine „schematische" Ungleichbehandlung erlaubt oder gebietet, wenn Art und Ausmaß der Unterschiede das Gebot oder die Erlaubnis der unterschiedlichen Behandlung rechtfertigen. Obwohl Huster somit das prima facie-Gebot der „schematischen" oder rechtlichen Gleichbehandlung und seine Beschränkung zum definitiven Gebot der schematischen Ungleichbehandlung der Sache nach formuliert hat, bestreitet er unmittelbar im Anschluß – wie öfter – das prima facie-Gebot „schematischer" oder rechtlicher Gleichbehandlung.

Ein weiteres Argument gegen das prima facie-Gebot „schematischer" oder rechtlicher Ungleichbehandlung sei, daß dann die gesamte Rechtsordnung mit ihren unzähligen Differenzierungen als „gleichheitsparadox" erscheine.[144] Dies trifft zu, stellt jedoch kein Problem dar.[145] Der allgemeine Gleichheitssatz repräsentiert im System der Gleichheitsrechte das allgemeine Gleichheitsrecht. Bei den Abwehrrechten entspricht dem die allgemeine Handlungsfreiheit. Aus der Perspektive der prima facie-Gewährleistung umfassender negativer Freiheit erscheint die gesamte Rechtsordnung mit ihren zahllosen Ge- und Verboten an den Freiheitsträger und der Zuerkennung von Erlaubnissen und Kompetenzen an Träger konkurrierender Interessen als Freiheitseingriff und somit als „freiheitsparadox". Freiheitseingriffe sind zwar rechtfertigungsbedürftig, aber eben auch grundsätzlich rechtfertigungsfähig. Natürlich kann man auf einer anderen Ebene sagen, daß die Rechtsordnung die definitive Freiheit konstituiert oder ausgestaltet. Dies ändert jedoch nichts an dem Eingriffscharakter von Ge- und Verboten der Rechtsordnung. In diesem analytischen Sinne ist die gesamte Rechtsordnung einerseits sowohl ein Freiheitseingriff als auch ein Gleichheitseingriff und somit freiheits- wie gleichheitsparadox, auf anderer Ebene eine umfassende Ausgestaltung definitiver Freiheit und Gleichheit.

---

142 Huster, Rechte und Ziele, S. 229.
143 Ders., a.a.O.
144 Ders., a.a.O., S. 418 f.
145 Vgl. auch Alexy, Theorie der Grundrechte, S. 390 Anm. 91.

bb) *Argumente gegen die Prüfung der Verhältnismäßigkeit bei der Verfolgung interner Zwecke*

Huster bringt ein ganzes Bündel von Argumenten gegen die Prüfung der Verhältnismäßigkeit bei der Verfolgung interner Zwecke vor. Diese sind gleichzeitig mittelbar gegen das Prinzip rechtlicher Gleichheit jenseits seiner Konzeption normativer Gleichheit gerichtet, denn mangels Verhältnismäßigkeitsprüfung bei der Anwendung könnte insoweit keine durch Prinzipien gewährte prima facie-Position bestehen.

aaa) *Zu strenger Prüfungsmaßstab*

Das erste Argument besteht darin, daß die Prüfung der Verhältnismäßigkeit im Sinne der „Neuen Formel" des Bundesverfassungsgerichts bei Ungleichbehandlungen in Verfolgung interner Zwecke den Verfassungsinterpreten überfordere und einen zu strengen Maßstab darstelle.[146] Dieses Argument gegen die Prüfung der Verhältnismäßigkeit bei internen Zwecken wird von anderen Autoren als Argument gegen die Anwendung des Verhältnismäßigkeitsgrundsatzes bei Art. 3 Abs. 1 GG überhaupt vorgebracht.[147] Gegen alle Varianten dieses Arguments spricht entscheidend, daß über Spielräume für den Gesetzgeber die Kontrolldichte nahezu beliebig variiert werden kann.[148]

bbb) *Wird in der Praxis nicht durchgeführt*

Weiter bringt Huster vor, ein spezifischer Gerechtigkeitsmaßstab im Sinne normativer Gleichheit könne zwar durch Abwägung gerechtfertigt werden, in Gleichheitsprüfungen würden diese Maßstäbe aber mehr oder weniger unhinterfragt vorausgesetzt.[149] Zunächst stellt sich die Frage, wie nach Husters Theorie überhaupt eine Abwägung zur Rechtfertigung der Gerechtigkeitsmaßstäbe soll möglich sein können. Gleichheitsaspekte können nicht Gegenstand der Abwägung sein, da ja erst die durch die Abwägung herzustellende normative Gleichheit – so jedenfalls Husters Konzeption – prima facie geboten sein soll. Wenn aber Aspekte in die Abwägung eingestellt werden, die nicht Gleichheitsaspekte sind, bleibt unklar, wieso deren Abwägung normative Gleichheit herstellen soll.

Die empirische These, die Gerechtigkeitsmaßstäbe würden in der Praxis nicht durch Abwägung gerechtfertigt, sondern bloß vorausgesetzt, hat ein Stück einen wahren Kern. Dies vermag Husters Konzeption jedoch keineswegs zu tragen. Diese empirische These besagt nur, daß bei Gleichheitsprüfungen die legislativen Maßstäbe oftmals nicht in Frage gestellt würden. Sie besagt nicht, daß eine Prüfung auf Verfassungsmäßigkeit hin unmöglich sei, was – nebenbei bemerkt – in dieser Pauschalität gegen die Grundrechtsbin-

---

146 Huster, Rechte und Ziele, S. 226 f.
147 K. Hesse, AöR 109 (1984), S. 191; vgl. auch ders., Festschrift Lerche, S. 130; Kirchhof, Festschrift Lerche, S. 144; Rohloff, Zusammenwirken von allgemeinem Gleichheitssatz und Freiheitsgewährleistungen, S. 232.
148 Siehe zu Spielräumen bereits 1. Teil, 2. Abschnitt, III. 4.
149 Huster, Rechte und Ziele, S. 224, 382, 472.

dung auch des Gesetzgebers gem. Art. 1 Abs. 3 GG verstoßen würde. Die nicht explizite Vornahme einer möglichen Prüfung folgt lediglich dem Gebot effektiver Fallbearbeitung. Dies kann anhand eines Vergleichs mit den Abwehrrechten gezeigt werden. Bei Abwehrrechten ist zur Prüfung der Verfassungsmäßigkeit eines grundrechtseingreifenden Gesetzes im Prinzip stets eine Prüfung der Verhältnismäßigkeit durchzuführen. Wer eine derartiges Gesetz als geltendes Recht anwendet, behauptet implizit die Verhältnismäßigkeit des im Gesetz liegenden Grundrechtseingriffs. Dies bedeutet jedoch nicht, daß jeder Anwendung der einfachrechtlichen Bestimmung eine ausdrückliche und eingehende Erörterung der Verfassungsmäßigkeit und insbesondere Verhältnismäßigkeit dieses Gesetzes vorausgehen muß. Sie ist nur notwendig, wenn besondere Zweifel an der Verfassungsmäßigkeit der einfachrechtlichen Bestimmung vorliegen. Nur in derart aktuellen Grundrechtsfällen[150] sind eingehende grundrechtliche Argumentationen erforderlich, in bloß potentiellen Grundrechtsfällen wird die Verfassungsmäßigkeit nicht explizit erörtert. Überträgt man diese Betrachtung auf Art. 3 Abs. 1 GG und Husters „spezifische Gerechtigkeitsmaßstäbe", so entspricht dem einfachen grundrechtseingreifenden Gesetz der Gerechtigkeitsmaßstab, der regelmäßig seinerseits einfachrechtlich festgelegt ist. Dem Gesetzgeber stehen empirische und normative Abwägungsspielräume zu, so daß ein Verstoß gegen Art. 3 Abs. 1 GG in der Prüfung der Verhältnismäßigkeit selten festzustellen sein wird. Der legislativ festgesetzte „Gerechtigkeitsmaßstab" wird daher in aller Regel vom Rechtsanwender als verfassungsgemäß anzuwenden sein. In diesem Sinne mag man tatsächlich sagen, er werde in praxi „mehr oder weniger unhinterfragt vorausgesetzt".[151] Dies liegt jedoch nicht daran, daß seine Verfassungsmäßigkeit grundsätzlich nicht angezweifelt werden kann, sondern daran, daß es sich um einen bloß potentiellen Grundrechtsfall[152] im Bereich des allgemeinen Gleichheitssatzes handelt. Nur dann, wenn in aktuellen Grundrechtsfällen ernsthafte Zweifel an der Vereinbarkeit des Gerechtigkeitsmaßstabs mit Art. 3 Abs. 1 GG bestehen, ist unter Berücksichtigung der legislativen Spielräume der Gerechtigkeitsmaßstab ausdrücklich in einer Prüfung der Verhältnismäßigkeit zu rechtfertigen.[153] Wegen des grundsätzlich großen Spielraums des Gesetzgebers sind derart aktuelle Grundrechtsfälle eher selten. Obwohl aus Gründen der effizienten Fallbearbeitung in bloß potentiellen Grundrechtsfällen keine ausdrückliche Rechtfertigung der Gerechtigkeitsmaßstäbe erfolgt, bleibt sie in aktuellen Grundrechtsfällen möglich und geboten.

---

150 Zur Unterscheidung aktueller und bloß potentieller Grundrechtsfälle siehe 2. Teil, 3. Abschnitt, A. I. 2. j); 2. Teil, 3. Abschnitt, A. I. 4. b) sowie 2. Teil, 3. Abschnitt, B. I. 4. d).
151 Huster, Rechte und Ziele, S. 224.
152 Die abwehrrechtliche Terminologie wird hier beibehalten. Genaugenommen paßt sie bei den Gleichheitsrechten hinsichtlich des „Gerechtigkeitsmaßstabs" im Sinne Husters nicht ganz. Denn auch wenn dieser Maßstab als verfassungsgemäß vorausgesetzt wird, kann ein ungerechtfertigtes Abweichen von diesem Maßstab den allgemeinen Gleichheitssatz verletzen. Ohne ausdrückliche Prüfung wird daher nicht die Einhaltung aller grundrechtlichen Anforderungen behauptet, sondern nur eines Teils der grundrechtlichen Anforderungen. Bezogen auf diesen Teil entspricht die Unterscheidung der Sache nach derjenigen bei Abwehrrechten.
153 Vgl. zu dem „Prinzipiencluster", der aus dem prima facie-Gebot der rechtlichen Gleichheit und dem Gebot der Ungleichbehandlung aus internen Zwecken entsteht, Borowski, Die Glaubens- und Gewissensfreiheit des Grundgesetzes, S. 698 ff.

ccc) *Rechtfertigung der Gerechtigkeitsmaßstäbe betrifft keine Rechtsfragen*

Nach Huster betrifft die Rechtfertigung der spezifischen Gerechtigkeitsmaßstäbe regelmäßig keine Rechtsfragen, sondern politische Fragen.[154] Obwohl nicht ganz klar wird, ob die Eigenschaft einer Frage als bloß politisch nicht lediglich eine Folge der begrenzten verfassungsrechtlichen Bindung darstellt, läßt sich dies als Argument für eine nur schwache rechtliche Kontrolle verstehen: Weil es sich primär um eine politische Frage handelt, ist eine nur schwache rechtliche Kontrolle geboten. Damit dieses Argument dem Grundsatz der Verhältnismäßigkeit entgegengehalten werden kann, muß die zusätzliche Prämisse vorausgesetzt werden, daß dessen Anwendung notwendig zu einer strengen rechtlichen Kontrolle führt. Diese Prämisse wurde bereits zurückgewiesen. Darüber hinaus ist die Gleichsetzung der Rechtfertigung der Verfolgung interner Zwecke als primär politische Frage und der Rechtfertigung der Verfolgung externer Zwecke als primär Rechtsfrage sehr zweifelhaft. Daß die Frage des grundsätzlichen Steuertarifs (Verfolgung interner Zwecke) primär einer politische Frage, die Zulässigkeit einer Lenkungssteuer (Verfolgung externer Zwecke) dagegen eine primär rechtliche Frage sein soll, ist in dieser Schärfe nicht einzusehen. Beide Fragen betreffen fraglos ein politisch umkämpftes Gebiet, unter Berücksichtigung angemessener Spielräume kann und sollte aber eine Kontrolle der Verfassungsmäßigkeit vorgenommen werden.

ddd) *Handlungstheoretische Argumente*

Das Hauptargument Husters gegen eine Prüfung des Grundsatzes der Verhältnismäßigkeit besteht darin, daß Verhältnismäßigkeitsprüfungen stets ein empirisches Zweck-Mittel-Verhältnis voraussetzten, welches bei der Verfolgung interner Zwecke notwendig fehle.

Die Verhältnismäßigkeitsprüfung bei empirischen Zweck-Mittel-Verhältnissen demonstriert Huster anhand einer Entscheidung des Bundesverfassungsgerichts zur allgemeinen Handlungsfreiheit, BVerfGE 80, 137 ff. – Reiten im Walde. Das Interesse der Reiter, im Wald reiten zu können, kollidiert mit demjenigen der Spaziergänger, keinerlei Gefahren und Beeinträchtigungen durch Reiter ausgesetzt zu sein. Zweck des gesetzlichen Verbots des Reitens im Walde ist der Schutz der Fußgänger. Das Bundesverfassungsgericht prüfe, ob das Verbot des Reitens im Wald geeignet sei, den Schutzzweck zu erreichen. Das Verhältnis von Mittel und Zweck sei kausaler Natur. Das Verbot sei die Ursache, daß Fußgänger im Wald Reitern nicht begegnen könnten und damit keiner Gefährdung ausgesetzt seien. Auch die Erforderlichkeitsprüfung sei kausaler Natur.[155] In der Prüfung der Verhältnismäßigkeit im engeren Sinne würden Mittel und Zweck abgewogen, Mittel und Zweck seien an die kollidierenden Rechtsgüter gebunden.[156]

Um die Unmöglichkeit der Verhältnismäßigkeitsprüfung bei fehlendem Zweck-Mittel-Verhältnis zu demonstrieren, verwendet er drei andere Beispiele. Erstens werde häu-

---

154 Huster, Rechte und Ziele, S. 233.
155 Ders., a.a.O., S. 132.
156 Ders., a.a.O., S. 142.

fig das Gebot der schuldangemessenen Bestrafung mit dem Verhältnismäßigkeitsgrundsatz begründet. Die Strafe habe den Zweck, eine schuldangemessene Bestrafung zu erreichen. Zwischen der Strafe und der Gerechtigkeit der Strafe liege jedoch kein empirisches Zweck-Mittel-Verhältnis vor. Eine Prüfung von Eignung und Erforderlichkeit im herkömmlichen Sinne sei nicht möglich.[157] Auch eine Prüfung der Verhältnismäßigkeit im engeren Sinne sei nicht möglich. Verhältnismäßig müßten Ausmaß der Schuld und Höhe der Strafe sein. Eine Herstellung dieser „Verhältnismäßigkeit" sei jedoch in keiner Weise als Prozeß von Kosten und Nutzen kollidierender Interessen zu beschreiben. Zweitens werde der Grundsatz der Äquivalenz von Leistung und Gegenleistung im Gebührenrecht unter Hinweis auf den Verhältnismäßigkeitsgrundsatz gerechtfertigt. In der Zweck-Mittel-Terminologie wäre die Gebühr das Mittel, den Zweck des gerechten Verhältnisses von Leistung und Gegenleistung zu erreichen. Auch bei diesem nicht empirischen Zweck-Mittel-Verhältnis scheitere eine Prüfung der Eignung und Erforderlichkeit im herkömmlichen Sinne.[158] Die „Verhältnismäßigkeit" müsse zwischen Leistung und Gegenleistung bestehen. Abgewogen werden könne aber nur zwischen dem Interesse des Staates, seine Kassen zu füllen, und dem Interesse des Leistungsempfängers, von Belastungen verschont zu bleiben. Habe man sich aber entschieden, im Sinne des Äquivalenzprinzips eine kostendeckende Gebühr zu verlangen, sei für eine Abwägung kein Raum mehr.[159] Drittens werde im kollektiven Arbeitsrecht der Einsatz von Arbeitskampfmitteln unter den Vorbehalt der Verhältnismäßigkeit gestellt. Zweck einer Maßnahme des Arbeitskampfes sei das Erreichen des Kampfziels, Mittel die Kampfmaßnahme. Zwischen beiden bestünde ein empirisches Zweck-Mittel-Verhältnis.[160] In der Verhältnismäßigkeit im engeren Sinne könne jedoch nur auf das „Verhältnis" der Kampfmaßnahmen beider Tarifparteien abgestellt werden, diese stellten jedoch keine kollidierenden Rechtsgüter dar.[161]

Allen drei Beispielen sei gemeinsam, daß es nicht um empirische Zweck-Mittel-Verhältnisse und um Zweck und Mittel als kollidierende Rechtsgüter gehe, sondern um die Frage, ob ein Mittel einem Maßstab entspreche. Der Prüfung der Verhältnismäßigkeit zum Ausgleich der Kollision von Rechtsgütern sei daher die „Entsprechensprüfung" gegenüberzustellen.[162] Die Maßstäbe, die in der Entsprechensprüfung zugrunde gelegt werden, sind die durch den Gesetzgeber konstituierten Gerechtigkeitsmaßstäbe für einen bestimmten Regelungsbereich. Im Fall einer Ungleichbehandlung im schematischen Sinne sei zu prüfen, ob sie dem entsprechenden Gerechtigkeitsmaßstab entspricht.

Dagegen kann man einwenden, einerseits könne eine Prüfung anhand eines Maßstabs vorgenommen werden. Innerhalb dieser Entsprechensprüfung sind dann tatsächlich erfolgte Behandlung und Maßstab für die Behandlung keine kollidierenden Rechtsgüter,

---

157 Ders., a.a.O., S. 133 ff.
158 Ders., a.a.O., S. 136.
159 Ders., a.a.O., S. 141 f.
160 Ders., a.a.O., S. 137.
161 Ders., a.a.O., S. 138, 142.
162 Ders., a.a.O., S. 142; vgl. ders., JZ 1994, S. 543.

so daß eine Verhältnismäßigkeitsprüfung hinsichtlich dieser Gegenstände nicht möglich ist. Andererseits könne doch auch dieser Maßstab in einer Abwägung gerechtfertigt werden, in die andere Gegenstände eingestellt würden. Dies kann anhand eines Vergleichs, den Huster selbst in anderem Zusammenhang verwendet[163], illustriert werden. Ausgehend von einer Entsprechensprüfung kann man im Bereich der Abwehrrechte im klassischen Sinne eine einfachrechtliche Eingriffsermächtigung als legislativ gesetzten Maßstab für zulässige Freiheitseingriffe ansehen. Angenommen, diese Ermächtigungsgrundlage ermächtige die Verwaltung unter den Tatbestandsbedingungen T zum Eingriff E in das Abwehrrecht A. Der Maßstab besteht dann darin, daß immer dann, wenn T vorliegt, der Eingriff E erfolgen kann. Wenn man mit Huster voraussetzt, daß die Ermächtigungsgrundlage verfassungsgemäß ist,[164] kann keine Abwägung, stattfinden – insbesondere nicht zwischen Gesetz und der auf das Gesetz gestützten Freiheitsbeschränkung. In Fällen, in denen keine ernsthaften Zweifel an der Zulässigkeit der Ermächtigungsgrundlage als „Maßstab" vorliegen (also in bloß potentiellen Grundrechtsfällen), stellt die Vornahme lediglich einer Entsprechensprüfung, wie bereits ausgeführt, ein effektives dogmatisches Vorgehen dar. Doch die Verfassungsmäßigkeit des Maßstabes kann nicht in allen Fällen ohne weiteres vorausgesetzt werden. Wenn ernsthafte Zweifel an der Verfassungsmäßigkeit der einfachrechtlichen Ermächtigungsgrundlage als „Maßstab" vorliegen, erfolgt eine Abwägung von Grund auf, in der der „Maßstab" in Frage gestellt wird. Wenn dies bei Abwehrrechten unbestritten und unproblematisch möglich ist, fragt sich, warum dieses Nebeneinander von Entsprechens- und Verhältnismäßigkeitsprüfung in diesem Sinne nicht auch bei Gleichheitsrechten möglich sein soll. Die Frage, ob der Maßstab angewendet (Entsprechensprüfung) oder hinterfragt (Verhältnismäßigkeitsprüfung) wird, stellt sich damit eher als Frage der Perspektive dar, von der aus die Dinge betrachtet werden.

Huster sieht dieses Problem ein Stück weit. Zunächst heißt es, eine Interessenabwägung sei nur zur Rechtfertigung einiger, aber nicht aller Maßstäbe möglich.[165] Dort wo sie möglich sei, werde sie zweitens in der Praxis nicht vorgenommen.[166] Wo sie im Bereich interner Zwecke vorgenommen werden könne und vorgenommen werde, handele es sich drittens bei der Abwägung zur Rechtfertigung eines Maßstabes um eine „andere" Abwägung als die bei der Abweichung von diesem Maßstab.[167] Das dritte Argument ist kein Argument gegen die Möglichkeit von Abwägungen, das zweite wurde bereits zurückgewiesen. Das erste Argument betrifft, bezogen auf seine obengenannten drei Beispiele nur das erste, das angemessene Verhältnis zwischen Schuld und Strafe.[168]

---

163 Ders., Rechte und Ziele, S. 145.
164 Ders., a.a.O.: „Wenn der Gesetzgeber ein Gesetz erlassen hat, das die Freiheit des einen zulässigerweise einschränkt".
165 Ders., a.a.O., S. 156.
166 Ders., a.a.O., S. 224.
167 Ders., a.a.O., S. 223 f.
168 Für die Maßstäbe im zweiten und dritten Beispiel wird die Möglichkeit einer Rechtfertigung durch Abwägung eingeräumt, ders., a.a.O., S. 138, 141.

Zunächst stellt sich hier erneut die Frage, inwiefern Huster überhaupt, also auch nur für einen Teil der Gerechtigkeitsmaßstäbe, die Möglichkeit einer Abwägung einräumen kann. Nach seiner Auffassung kann der allgemeine Gleichheitssatz selbst nicht an dieser Abwägung beteiligt sein, denn das ihm zugrundeliegende prima facie-Gebot normativer Gleichheit soll ja erst konstituiert werden. Wenn aber Gleichheitsaspekte an der Abwägung gar nicht beteiligt sind, dann stellt sich die Frage, wie der Schutzbereich des Art. 3 Abs. 1 GG im Sinne normativer Gleichheit durch eine Abwägung konstituiert werden soll, in die nur Nicht-Gleichheits-Prinzipien eingestellt werden können.[169] Legt man das Beispiel des angemessenen Verhältnisses von Schuld und Strafe zugrunde, fragt sich zunächst, warum dies in erster Linie ein Gleichheitsproblem sein soll. Wenn ein unangemessenes Verhältnis von Schuld und Strafe vorliegt, dann ist im Fall der Freiheitsstrafe insbesondere das Abwehrrecht der Freiheit der Person, Art. 2 Abs. 2 Satz 2 GG, verletzt.

Nach Huster läßt sich ein angemessenes Verhältnis von Schuld und Strafe nicht als Ergebnis einer Abwägung rekonstruieren.[170] Dies muß dem Hintergrund gesehen werden, daß in der strafrechtlichen Rechtsprechung und Literatur zwischen drei unterschiedlichen Strafzwecken unterschieden wird. Nach den absoluten Straftheorien oder Vergeltungstheorien wird die Strafe losgelöst von allen Zweckerwägungen als reines Gebot der Gerechtigkeit verstanden.[171] Nach der spezialpräventiven Theorie leistet die Strafe Verbrechensvorbeugung in der Person des Verurteilten selbst, nach der generalpräventiven Theorie in der Gesamtheit der Rechtsgenossen.[172] Nach herrschender Auffassung sind diese drei Theorien in einer Vereinigungstheorie zu kombinieren.[173]

Bei der spezialpräventiven und generalpräventiven Straftheorie kann ohne weiteres eine Prüfung der Verhältnismäßigkeit vorgenommen werden, und in grundrechtlichen Fällen ist sie auch geboten. Dem Interesse des Straftäters, in seinen Abwehrrechten nicht beeinträchtigt zu werden, steht das Interesse der Gesellschaft an der Verhinderung zukünftiger Straftaten gegenüber.[174] Die Strafe als Mittel muß geeignet sein, den verfolgten Zweck der Verbrechensverhinderung zu erreichen, und auch erforderlich sein. Sie muß gegenüber dem Eingriff in die abwehrrechtlichen Positionen des Straftäters verhältnismäßig im engeren Sinne sein. Anders ist dies im Fall der Vergeltungstheorie. Eine Prüfung eines mit der Strafe verfolgten Zwecks ist schon per definitionem nicht möglich, da die Vergeltungstheorie dadurch definiert ist, daß Strafe losgelöst von jeglichen Zweckerwägungen geboten ist: „poena absoluta ab effectu".[175] Es kommt nicht von ungefähr, daß diese eher metaphysische Strafzwecktheorie gegenüber der spezial- und generalpräventiven Theorie allgemein als weniger rational angesehen wird.[176] Aus

---

169 Siehe 2. Teil, 3. Abschnitt, C. VIII. 2. d) bb) bbb).
170 Huster, Rechte und Ziele, S. 140.
171 Jescheck in LK[11], Einl, Rn 29.
172 Ders., a.a.O., Rn 25 f.
173 Ders., a.a.O., Rn 31 ff.
174 Hinsichtlich der generalpräventiven Theorie räumt Huster dies auch ein, Huster, Rechte und Ziele, S. 141 Anm. 332.
175 Jescheck in LK[11], Einl, Rn 29.
176 Vgl. statt vieler ders., a.a.O., Einl, Rn 29 f.

dieser Theorie mit ihrem Ausnahmecharakter kann nicht auf die grundsätzlichen dogmatischen Strukturen des allgemeinen Gleichheitssatzes geschlossen werden.

Die Möglichkeit einer Abwägung bei der Verfolgung interner Zwecke kann anhand des von Huster mehrfach verwendeten Beispiels der Besteuerung nach der Leistungsfähigkeit[177] gezeigt werden. Nach seiner Auffassung gebietet Art. 3 Abs. 1 GG von vornherein eine Besteuerung nach der Leistungsfähigkeit, so daß eine an ungleicher Leistung orientierte schematische Ungleichbehandlung keine Ungleichbehandlung im Sinne des Art. 3 Abs. 1 GG darstelle.[178]

Dagegen kann man einwenden, es handele sich bei der Besteuerung nach der Leistungsfähigkeit grundsätzlich um einen Eingriff in das prima facie-Recht auf „schematische" oder rechtliche Gleichbehandlung. Zweck der Differenzierung als Eingriff besteht in der Berücksichtigung tatsächlicher Unterschiede im Rahmen der rechtlichen Regelung. Dagegen darf der Zweckbegriff nicht derart stark normativ aufgeladen werden, wie Huster es in seinem argumentum ad absurdum voraussetzt: Zweck könne nur die gerechte Differenzierung sein.[179] Dann könnte man in jeder Verhältnismäßigkeitsprüfung die Herstellung eines gerechten Ausgleichs als Zweck einer Maßnahme ansehen. Der gerechte Ausgleich ist unter anderem nur derjenige, der verhältnismäßig im engeren Sinne ist. In der Eignung wäre somit stets eine komplette Prüfung der Verhältnismäßigkeit im engeren Sinne geboten, was die Prüfungsreihenfolge auf den Kopf stellen würde. In Betracht kommen nur konkrete Zwecke, es dürfen keine normativ aufgeladenen Zweckformulierungen gewählt werden. Denkbar ist auch, daß die Differenzierung nicht aufgrund von Unterschieden erfolgt, die gemacht werden (das sind die Husterschen externen Zwecke), sondern aufgrund von Unterschieden, die vorliegen (den Husterschen internen Zwecken). Im letzteren Fall, wenn kein empirischer Zweck-Mittel-Zusammenhang vorliegt, kann in der Tat die Eignung und die Erforderlichkeit nicht geprüft werden. Dies heißt aber nicht, daß nicht „Verhältnismäßigkeitserfordernisse" geprüft werden könnten, nämlich die Abwägung im dritten Teilgrundsatz der Verhältnismäßigkeit.[180] In der Abwägung ist dann zu erörtern, ob die Ungleichbehandlung in ihrer Intensität durch Art und Gewicht der Unterschiede gerechtfertigt wird.

e) Probleme der Gesamtkonzeption Husters

Die Gesamtkonzeption Husters, die Unterscheidung interner und externer Zwecke von Ungleichbehandlungen und die an sie geknüpfte Unterscheidung von Entsprechensprüfung und Verhältnismäßigkeitsprüfung, wirft eine Reihe von Problemen auf. Dies gilt sowohl hinsichtlich ihrer Anwendung als auch ihrer Konsequenzen.

---

177 Huster, Rechte und Ziele, S. 165, 223, 357 ff.; ders., JZ 1994, S. 543.
178 Ders., Rechte und Ziele, S. 168; ders., JZ 1994, S. 543.
179 Vgl. ders., Rechte und Ziele, S. 133, 136, 138.
180 Vgl. Borowski, Die Glaubens- und Gewissensfreiheit des Grundgesetzes, S. 699.

aa) *Anwendungsprobleme*

Eine klare Abgrenzung von Ungleichbehandlungen aus internen und externen Zwecken im Husterschen Sinne ist nicht möglich. Huster selbst bezeichnet dieses Problem als „neuralgischen Punkt" seines Modells.[181] Ungleichbehandlungen aus internen Zwecken sollen auf Eigenschaften abstellen, die den betroffenen Personen in einem starken Sinne zugeschrieben werden, die aus externen Zwecken nicht.[182] Prägnanter wird es, wenn gesagt wird, daß dem die Unterscheidung individueller Rechte und kollektiver Güter zugrunde liege. Ungleichbehandlungen in Verfolgung interner Zwecke stellten auf individuelle Rechte ab, in Verfolgung externer Zwecke auf kollektive Güter.[183]

Kollektive Güter seien dadurch gekennzeichnet, daß sie nicht unter verschiedenen Personen aufgeteilt (Unteilbarkeit) und einzelne Personen nicht von ihrer Nutzung ausgeschlossen werden könnten (Öffentlichkeit).[184] Diese Definition ist zunächst aufgrund ihrer Unvollständigkeit problematisch. Auch eine hohe Kriminalitätsrate weist die Eigenschaften der Unteilbarkeit und Öffentlichkeit auf. Dennoch ist eine hohe Kriminalitätsrate weder verfassungsrechtlich geboten, noch ist es verfassungsrechtlich erlaubt, eine möglichst hohe Kriminalitätsrate anzustreben. Es handelt sich um das Gegenstück zu einem kollektiven Gut: um ein kollektives Übel. Nur was geboten ist, kann ein kollektives Gut sein, nur was verfassungsrechtlich geboten ist, kann ein verfassungsrechtliches kollektives Gut sein.[185]

Unter Hinweis auf die Unterscheidung Dworkins zwischen „principles" und „policies", die zusammen die Klasse der „principles in the generic sense" bilden, spricht Huster kollektiven Gütern die Prinzipieneigenschaft ab. Aufgrund der Schutzbedürftigkeit nur des einzelnen, nicht der kollektiven Güter vor dem Gesetzgeber seien nur individuelle Rechte mit einem „Schwellengewicht" ausgestattet. Problematisch an dieser These ist, daß bei Abwägungen zum Beispiel von Abwehrrechten im klassischen Sinne in der Abwägung unstreitig kollektive Güter berücksichtigt werden dürfen und müssen. Wenn ein kollektives Gut die Einschränkung eines Abwehrrechts, also eines individuellen Rechts rechtfertigt, dann würde nach der Husterschen Konzeption eine Position ohne „Schwellengewicht" die Einschränkung einer Position mit „Schwellengewicht" rechtfertigen.[186] Der weite Begriff des Prinzips, in der Terminologie Dworkins der des Prinzips im generischen oder klassifikatorischen Sinne, ist daher vorzuziehen.[187] Zudem

---

181 Huster, Rechte und Ziele, S. 243. Ähnlich Rüfner in BonnKomm, Art. 3 Abs. 1 GG, Rn 98 zu seiner eigenen, der Husters verwandten Konzeption. Darüber hinaus stellt sich das Problem, daß die beiden Ebenen sich gegenseitig beeinflussen können, vgl. Huster, Rechte und Ziele, S. 244.
182 Ders., Rechte und Ziele, S. 166, 217.
183 Ders., a.a.O., S. 225; ders., JZ 1994, S. 546.
184 Ders., Rechte und Ziele, S. 94.
185 Zum normativen Status kollektiver Güter Alexy, Individuelle Rechte und kollektive Güter, S. 55 f.
186 Von der Möglichkeit einer Begrenzung von Abwehrrechten durch kollektive Güter geht Huster ausdrücklich aus, Huster, Rechte und Ziele, S. 103 ff.
187 Insofern ist die These Husters, das Grundgesetz und seine Interpreten hätten sich dem engeren Prinzipienbegriff angeschlossen, höchst problematisch. Insbesondere ist sie beileibe nicht notwendig, um eine „Präponderanz der Rechte" zu begründen. Mit diesem Begriff will Huster ausdrücken, daß das Grundgesetz eine individualistische Moral mit einem prima facie-Vorrang von individueller Freiheit

sollte man erwähnen, daß Dworkin ausdrücklich einräumt, daß „principles" und „policies" in verschiedenen Kontexten aufeinander zurückgeführt werden können.[188] Noch problematischer dagegen für Husters Theorie dagegen ist es, wenn für individuelle Rechte ein „Schwellengewicht" gerade kennzeichnend sein soll.[189] Dessen „juristischer Ausdruck" soll der Verhältnismäßigkeitsgrundsatz sein. Unverständlich bleibt dann, wieso gerade Ungleichbehandlungen aus internen Zwecken, die sich an individuellen Rechten orientieren, einer Verhältnismäßigkeitsprüfung nicht zugänglich sein sollen.

Die Unterscheidung interner/externer Zwecke mit der Unterscheidung individueller Rechte und kollektiver Güter zu verbinden, macht die Konzeption zwar aussagekräftiger. Dies wird jedoch mit dem hohen Preis erkauft, daß alle Probleme der Unterscheidung individueller Rechte und kollektiver Güter in die Konzeption inkorporiert werden. Insbesondere das Reduktionsproblem, also die Frage, ob und inwieweit individuelle Rechte auf kollektive Güter reduziert werden können oder umgekehrt, führt in tiefgehende Fragen der praktischen Philosophie.[190] Auch wenn die beiden starken Thesen, eine Reduktion sei entweder (1) überhaupt nicht möglich oder (2) vollständig möglich, abzulehnen sind, ist das Problem keineswegs gelöst. Wesentlich plausibler ist die These der partiellen Reduzierbarkeit. Wenn aber ein kollektives Gut gefördert wird, das sich zum Teil auf individuelle Rechte reduzieren läßt beziehungsweise umgekehrt, ist kaum noch zu entscheiden, ob ein interner oder externer Zweck verfolgt wird.

Auch die „Testfrage", die Huster zur Feststellung formuliert, schafft letztlich keine Klarheit. Nach dieser Testfrage ist entscheidend, ob die gesamten Differenzierungen eines Regelungsbereichs sich nach dem in Frage stehenden Grund für eine Ungleichbehandlung richten könnten.[191] Erstens ist eine Antwort auf diese Frage nicht sicher möglich, da nicht jedes Rechtsgebiet immer nur vollständig von genau einer Differenzierung geprägt wird. Weitaus häufiger wird ein Rechtsgebiet in verschiedenen Teilbereichen von verschiedenen Differenzierungen geprägt. Zweitens ist der Begriff des „Rechtsgebiets" unklar. In vielen Fällen kann man streiten, ob zwei Bestimmungen dem gleichen Rechtsgebiet oder unterschiedlichen Rechtsgebieten angehören. Drittens soll auch die Antwort auf diese Testfrage, wenn sie denn gefunden ist, nur eine Vermutung begründen.[192]

Die Bedeutung dieser Abgrenzungsschwierigkeiten hält Huster für gering, da es nicht abschließend um die Zulässigkeit einer Ungleichbehandlung, sondern nur die Auswahl

---

    und Gleichheit gegenüber anderen Gütern enthält, Huster, Rechte und Ziele, S. 125. Wenn individuellen Rechten und kollektiven Gütern gleichermaßen ein „Schwellengewicht" zuerkannt wird, ist über das Verhältnis der Gewichte zueinander jedoch noch nichts gesagt. Zu einer Konzeption mit einem prima facie-Vorrang individueller Rechte vor kollektiven Gütern auf der Basis des Prinzipienbegriffs im weiteren Sinne vgl. Alexy, Individuelle Rechte und kollektive Güter, S. 69 f.; vgl. auch ders., Zur Struktur der Rechtsprinzipien, S. 52.
188 Dworkin, Taking Rights Seriously, S. 22 f.
189 Huster, Rechte und Ziele, S. 95.
190 Vgl. Alexy, Individuelle Rechte und kollektive Güter, S. 64.
191 Huster, Rechte und Ziele, S. 243.
192 Ders., a.a.O., S. 243.

der Ebene der Erörterung ihrer Zulässigkeit gehe.[193] Dies läßt aber außer Acht, daß mit der Ebene der Erörterung, Entsprechens- oder Verhältnismäßigkeitsprüfung, maßgeblich über die Kontrolldichte entschieden wird. Während Ungleichbehandlungen aus externen Zwecken grundsätzlich einer eher strengen Kontrolle unterliegen,[194] soll es sich bei einer verfassungswidrigen Ungleichbehandlung aufgrund interner Zwecke um einen „seltenen Extremfall" handeln.[195] Da die Kontrolldichte in vielen Fällen eine entscheidende Bedeutung für das Ergebnis der verfassungsgerichtlichen Kontrolle haben dürfte, gilt dies auch für alle Abgrenzungen, die die Kontrolldichte festlegen. Wird eine Ungleichbehandlung als aufgrund interner Zwecke vorgenommen eingestuft, steht ihre Verfassungsmäßigkeit so gut wie fest.

bb) *Konsequenzen für die Kontrolldichte*

Die wohl problematischste Konsequenz der ursprünglichen[196] Konzeption Husters ist die automatische Kopplung der Kontrolldichte an die Unterscheidung interner und externer Zwecke. Die Feststellung, ob ein interner oder externer Zweck verfolgt wird, begründet nicht einmal eine Vermutung für die Eingriffsintensität der Ungleichbehandlung. Eine stark egalitäre Konzeption der Steuergerechtigkeit kann einem wirtschaftlich besonders Leistungsfähigen zum Beispiel einen Steuertarif von 80% auferlegen. Gegenüber einem Sozialhilfeempfänger, der keine Steuern zahlt, sondern vollständig aus den Steuermitteln des Leistungsfähigen subventioniert wird, bedeutet dies eine schwere rechtliche oder - um Husters pejorativen Ausdruck zu verwenden – „schematische" Ungleichbehandlung. Wird dagegen zur Förderung eines beliebigen kollektiven Guts dem einen eine Steuerermäßigung von 1,5% auf seine Einkommensteuer gewährt, so liegt darin gegenüber den anderen eine eher leichte rechtliche Ungleichbehandlung. Nach Huster wäre im ersten Fall nur eine schwache Kontrolle möglich, im zweiten dagegen eine strenge Kontrolle. Dies widerspricht dem Grundsatz der allgemeinen Grundrechtsdogmatik, daß sich die Kontrolldichte im Fall von epistemischen Spielräumen, seien sie empirischer oder normativer Natur, maßgeblich nach der Bedeutung der auf dem Spiel stehenden Grundrechtsposition des einzelnen richtet.[197]

Statt dessen pauschal im Bereich interner Zwecke eine stark reduzierte verfassungsgerichtliche Kontrolle zu verlangen, führt in diesem Bereich zu einer nahezu bindungslosen legislativen Ausgestaltungskompetenz. Mit dem Willen des Parlamentarischen Rates, den Gesetzgeber umfassend an Art. 3 Abs. 1 GG zu binden, ist dies nur schwer

---

193 Ders., a.a.O., S. 243 Anm. 325.
194 Vgl. ders., a.a.O., S. 463.
195 Ders., a.a.O., S. 233, vgl. auch S. 224, 463 ff.
196 Allerdings wurde schon darauf hingewiesen, daß in neueren Schriften Husters der Zusammenhang zwischen Ebene der Prüfung und Kontrolldichte weniger starr ausfällt. Dies relativiert zugegebenermaßen das hier vorgebrachte Gegenargument. Auf der anderen Seite relativiert Huster damit auch seine gesamte Konzeption wesentlich.
197 Zur Rechtsprechung des Bundesverfassungsgerichts hinsichtlich der gebotenen Abstufung der Kontrolldichte anhand materieller Kriterien siehe 2. Teil, 3. Abschnitt, C. VII 4.; bei grundrechtlichen Schutzrechten BVerfGE 88, 203 (262).

zu vereinbaren. Beiläufig sei angemerkt, daß es dem Bestreben des Bundesverfassungsgerichts, mit der – nicht auf die Verfolgung externer Zwecke begrenzten – „Neuen Formel" eine stärkere Bindung zu ermöglichen, zuwiderläuft.

f) Ergebnis

Dem Eingriffsmodell des Gleichheitssatzes im Bereich externer Zwecke ist grundsätzlich zuzustimmen. Die Unterscheidung interner und externer Zwecke von Ungleichbehandlungen hat – in den richtigen Zusammenhang gestellt – eine gewisse Bedeutung,[198] kann aber die von Huster an sie geknüpften dogmatischen Konsequenzen nicht tragen. Aus Art. 3 Abs. 1 GG folgt das prima facie-Gebot rechtlicher oder „schematischer" Gleichbehandlung. Ein Eingriff in dieses prima facie-Recht durch beliebige staatliche Ungleichbehandlung kann sowohl durch – in Husters Terminologie – interne als auch externe Zwecke gerechtfertigt werden. In beiden Fällen ist gleichermaßen eine Abwägung in den Strukturen des Grundsatzes der Verhältnismäßigkeit möglich und gegebenenfalls erforderlich.

Zugunsten der Effizienz der praktischen Fallbearbeitung mag sich zeigen, daß eine zweistufige Abwägung der relevanten Aspekte eine angemessenes praktisches Vorgehen darstellt.[199] Zum Beispiel könnte es im Steuerrecht sinnvoll sein, zunächst das Gewicht der relevanten Unterschiede im Hinblick auf die wirtschaftliche Leistungsfähigkeit und das jeweilige generelle Gleichbehandlungsinteresse miteinander abzuwägen. Ergebnis dieser Abwägung ist eine Konzeption der grundlegenden Steuergerechtigkeit als Prinzip mit teilweisem Festsetzungsgehalt im Sinne der Prinzipientheorie, die Festsetzungsgehalt nur im Hinblick auf die bereits berücksichtigten Prinzipien besitzt. Dieses Prinzip mit teilweisem Festsetzungsgehalt könnte im Fall verschiedener Lenkungseffekte dann weiter mit anderen Prinzipien abgewogen werden, die jeweils durch zum Beispiel eine Lenkungssteuer gefördert werden. Die Unterscheidung zwischen internen und externen Zwecken kann sich insofern in einem gewissen Umfang in einer bestimmten Prüfungsfolge spiegeln. Es handelt sich jedoch um ein Problem von Abwägungsstrukturen, nicht um das Problem, ob eine Abwägung überhaupt möglich ist.

3. Wolfgang Rüfner

Eine der Husters ähnlichen[200] Konzeption vertritt Wolfgang Rüfner in der Kommentierung des Art. 3 Abs. 1 GG im Bonner Kommentar. Rüfner unterscheidet zwischen an der Individualgerechtigkeit orientierten Ungleichbehandlungen und bewußten und gewollten Abweichungen von der Gleichbehandlung aus Gründen jenseits der Individualgerechtigkeit. Während bei Ungleichbehandlungen der ersten Art nicht in das Grundrecht auf Gleichheit eingegriffen werde, sei dies bei Ungleichbehandlungen der zweiten

---

198 Vgl. Borowski, Die Glaubens- und Gewissensfreiheit des Grundgesetzes, S. 697 ff.
199 Zu Art. 3 Abs. 1 GG als „Prinzipiencluster" und der daraus resultierenden zweistufigen Abwägung siehe ders., a.a.O., S. 698 ff.
200 So ausdrücklich Huster, Rechte und Ziele, S. 191.

Art der Fall.²⁰¹ Nur in Fällen der zweiten Art sei eine Prüfung der Verhältnismäßigkeit vorzunehmen.²⁰²

Ein Unterschied der Konzeptionen Husters und Rüfners besteht darin, daß Rüfner anders als Huster das Eingriffs-Schranken-Modell bei der Prüfung von Gleichheitsproblemen beider Fallgruppen ablehnt.²⁰³ Es wurde jedoch schon dargelegt, daß die Anwendung des Grundsatzes der Verhältnismäßigkeit notwendig zu einer Beschränkung der in die Abwägung eingestellten Rechtspositionen führt.²⁰⁴ Im übrigen ist das Modell Rüfners den gleichen grundsätzlichen Einwänden ausgesetzt wie das Hustersche Modell.

4. Christian Koenig

Auch das dogmatische Modell des allgemeinen Gleichheitssatzes von Christian Koenig basiert auf der engen Tatbestandstheorie. Er schlägt vier verschiedene Prüfungsstufen vor.²⁰⁵ Die letzte betrifft das Problem der Rechtsfolge, welche hier nicht näher in den Blick genommen werden soll. Die dritte Stufe, die Prüfung der Systemgerechtigkeit, erklärt er gegen Ende seines Artikels selbst für überflüssig.²⁰⁶ Für die Prüfung der Verletzung des Art. 3 Abs. 1 GG interessieren daher nur die ersten beiden Ebenen seines Schemas. Der erste Prüfungspunkt besteht in der Vergleichbarkeit der ungleich behandelten Personen, Personengruppen oder Sachverhalte. Auf dieser Tatbestandsebene des allgemeinen Gleichheitssatzes sei der Gesetzgeber bei der Vergleichsgruppenbildung weitgehend frei. Diese Freiheit stehe nur unter dem „rechtsstaatlichen Vorbehalt des Willkürverbotes".²⁰⁷ Der zweite Prüfungspunkt verlangt einen sachlichen Differenzierungsgrund für die festgestellte Ungleichbehandlung vergleichbarer Personen, Personengruppen oder Sachverhalte. Ob ein sachlicher Grund vorliegt, wird in einer Verhältnismäßigkeitsprüfung festgestellt.²⁰⁸

Dieses Modell ist im wesentlichen den gleichen Bedenken ausgesetzt wie das Modell von Kloepfer. Koenig nennt keinerlei Kriterien für die Unterscheidung der Gründe, die zu einer Unvergleichbarkeit auf der Tatbestandsebene oder einer Rechtfertigung der Differenzierung auf der Rechtfertigungsebene führen können. Darüber hinaus stellt er selbst die Legitimation der Unterscheidung von Tatbestandsebene und Rechtfertigungsebene hinsichtlich der unterschiedlichen Anforderungen in Frage. Er gibt zu bedenken, daß eine Ablehnung der Vergleichbarkeit auf der Tatbestandsebene die weitere Untersuchung auf der Rechtfertigungsebene abschneide. Diese Ablehnung dürfe daher nur „wohl begründet" erfolgen.²⁰⁹ Dies ist mit der Aussage, auf der Tatbestandsebene be-

---

201 Rüfner in BonnKomm, Art. 3 Abs. 1 GG, Rn 93, 97.
202 Ders., a.a.O., Rn 97.
203 Ders., a.a.O., Rn 96.
204 Siehe 1. Teil, 3. Abschnitt, I. 2. a).
205 Koenig, JuS 1995, S. 314.
206 Ders., a.a.O., S. 318.
207 Ders., a.a.O., S. 314.
208 Ders., a.a.O., S. 315 ff.
209 Ders., a.a.O., S. 314.

stünden über das rechtsstaatliche Willkürverbot hinaus keine weiteren verfassungsrechtlichen Vorgaben,[210] hinsichtlich der Kontrolldichte kaum zu vereinbaren. Welches andere Verfahren als die Verhältnismäßigkeitsprüfung soll erweisen können, ob diese Ablehnung „wohl begründet" ist, wird nicht ersichtlich. Weder im Prüfungsverfahren noch in der Kontrolldichte dürfte damit ein Unterschied zwischen Tatbestandsebene und Rechtfertigungsebene bestehen, dann ist die Unterscheidung dieser verschiedenen Ebenen aber überflüssig.

5. Robert Alexy

Nach Auffassung von Robert Alexy gebietet der allgemeine Gleichheitssatz prima facie eine „schematische" oder rechtliche Gleichbehandlung. Jede rechtliche Differenzierung stelle einen Eingriff in Art. 3 Abs. 1 GG dar. In der verfassungsrechtlichen Rechtfertigung des Eingriffs sei zu fragen, ob die Differenzierung verhältnismäßig ist.[211]

Wie die Untersuchung der Husterschen Konzeption gezeigt hat, enthält Art. 3 Abs. 1 GG das prima facie-Gebot der „schematischen" oder rechtlichen Gleichbehandlung. Wenn man, wie Alexy, keine Intensitätsgrenze hinsichtlich der Eingriffsintensität aufstellt, ist praktisch jede staatliche Maßnahme ein Eingriff in den allgemeinen Gleichheitssatz. Diese Konsequenz wurde bereits bei dem Argument Husters, ein prima facie-Gebot der „schematischen" oder rechtlichen Gleichbehandlung führe zu einer Sichtweise der gesamten Rechtsordnung als „gleichheitsparadox",[212] untersucht. Diese „gleichheitsparadoxe" Natur der Rechtsordnung stellt kein Problem dar, sondern ist notwendig, wenn das gleichheitsrechtlich relevante Staatshandeln umfassend an Art. 3 Abs. 1 GG gemessen werden soll. Problematische Konsequenzen ergeben sich auf der Grundlage der weiten Tatbestandstheorie nur, wenn sie im normativen Sinne[213] verstanden sind. Dann bestünde ein prima facie-Vorrang des Prinzips der rechtlichen Gleichheit vor kollidierenden Prinzipien. Das Ergebnis wäre zwar nicht ganz so radikal wie im Fall eines definitiven Gebots „schematischer" oder rechtlicher Gleichbehandlung, aber auch weit von der Tradition des Grundgesetzes entfernt. Ein normatives Verständnis einer weiten Tatbestandstheorie des allgemeinen Gleichheitssatzes ist jedoch weder notwendig noch vorzugswürdig. Im Sinne einer Konstruktionstheorie ist es nicht erforderlich, rechtlicher Gleichheit einen prima facie-Vorrang einzuräumen. Das Verständnis als Konstruktionstheorie dient der rationalen Rekonstruktion der Begründung individueller Gleichheitsurteile. Es ist damit völlig unschädlich, wenn das prima facie-Gebot „schematischer" oder rechtlicher Gleichbehandlung in der überwiegenden Anzahl der Anwendungsfälle wirksam beschränkt ist. Schlagwortartig gesagt, hat nach dem gegenwärtigen Verfassungsverständnis die rechtliche Freiheit einen gewissen prima facie-Vorrang vor rechtlicher Gleichheit, und rechtliche Gleichheit vor faktischer Gleichheit.

---

210 Ders., a.a.O., S. 314.
211 Alexy, Theorie der Grundrechte, S. 390 Anm. 91.
212 Siehe 2. Teil, 3. Abschnitt, C. VIII. 2. d) aa).
213 Zur Unterscheidung normativer Theorien und Konstruktionstheorien siehe bereits 1. Teil, 1. Abschnitt, III. 1. b).

Auch wenn der nahezu unendliche Tatbestand des allgemeinen Gleichheitssatzes auf der Ebene der dogmatischen Konstruktion keine Probleme bereitet, könnte man Anwendungsprobleme behaupten. Wenn dem A eine Baugenehmigung für ein Einfamilienhaus nicht erteilt wird, dem B die Baugenehmigung für ein ähnliches Einfamilienhaus in ähnlicher Lage dagegen erteilt wird, besteht Anlaß zu einer intensiven Gleichheitsprüfung. Etwas weniger Anlaß besteht, wenn für ganz verschiedene Einfamilienhäuser in ganz verschiedener Lage die Baugenehmigung beantragt und erteilt bzw. versagt wurde. Wiederum weniger Anlaß liegt vor, wenn dem A eine Baugenehmigung für ein Einfamilienhaus nicht erteilt wird, dem gewerblichen Vermieter V dagegen eine Baugenehmigung für ein Mehrfamilienhaus. Kaum noch Anlaß zu einer ausdrücklichen Gleichheitsprüfung besteht, wenn dem A seine Baugenehmigung verweigert wird, dem Fabrikanten F dagegen eine Baugenehmigung für eine Fabrikhalle auf seinem Firmengelände erteilt wird. Diese Reihe ließe sich immer weiter fortsetzen, indem Vergleichsgruppen mit immer größeren Unterschieden formuliert werden. Am Ende stünden recht kuriose Vergleichsgruppen, etwa der A, dem seine Baugenehmigung versagt wird, und der T, der von einem Strafgericht wegen Betrugs zu einer Geldstrafe verurteilt wird. Nach der weiten Tatbestandstheorie besteht in allen Fällen ein prima facie-Recht auf Gleichbehandlung, der Eingriff ist also rechtfertigungsbedürftig. Dies könnte den Einwand provozieren, eine schier unendliche Zahl verschiedener Vergleichsgruppen sprenge dem Rahmen jeder praktischen Fallbearbeitung.

Nicht jeder Grundrechtseingriff bedarf jedoch einer intensiven Erörterung. Wenn die Eingriffsintensität gering ist, reichen schon eher schwache rechtfertigende Gründe aus, eine Ungleichbehandlung zu rechtfertigen. Das Gewicht der rechtfertigenden Gründe für Eingriffe in das Gleichheitsrecht ist je höher, desto unterschiedlicher die Vergleichsgruppen in relevanten Hinsichten sind. Dazu kommt noch der Gestaltungsspielraum des Gesetzgebers, der bei nur schwachen Eingriffen in das Gleichheitsrecht eher groß zu veranschlagen ist. Dies führt dazu, daß der allergrößte Teil der Differenzierungen sich ohne nähere Prüfung als verfassungsrechtlich gerechtfertigt erweist. Nur in den Fällen, in denen das Interesse an rechtlicher Gleichbehandlung eher hoch ist und das Gewicht der die Differenzierung rechtfertigenden Gründe eher gering, besteht trotz des Einschätzungs- und Gestaltungsspielraums des Gesetzgebers eine nennenswerte Aussicht, daß sich die Differenzierung als verfassungswidrig erweist.

In dem Mühen um Beschränkung der ausdrücklichen und intensiven Erörterung auf diese problematischen Differenzierungen besteht das grundsätzlich zustimmungswürdige Anliegen der engen Tatbestandstheorien. Dazu ist es jedoch nicht notwendig, den weniger problematischen Differenzierungen die Eigenschaft als Eingriff in den allgemeinen Gleichheitssatz abzusprechen. Das Problem der engen Tatbestandstheorie besteht darin, eine Grenze festzulegen, jenseits derer Gleichbehandlung nicht einmal prima facie geboten ist. Auf den Wortlaut der Verfassung kann sich eine derartige Grenze nicht berufen. Abwägungsfreie Grenzziehungen weisen gegenüber durch Abwägung gerechtfertigten Grenzziehungen ein Rationalitätsdefizit auf. Wird eine Grenzziehung durch Abwägung gerechtfertigt, wird wiederum in der Abwägung ein Prinzip weitergehenden Inhalts vorausgesetzt.

Gegenüber einer abwägungsfrei behaupteten „Tatbestandsgrenze" ist die weite Tatbestandstheorie vorzuziehen. Die größte Anzahl der Differenzierungen erweist sich bereits bei flüchtiger Prüfung als ohne nennenswerte Zweifel verfassungsrechtlich gerechtfertigt. Eine abstrakte und fallunabhängige Festlegung zwischen problematischen und nicht problematischen Differenzierungen ist jedoch nicht möglich, da die Grenze zwischen beiden je nach den an der Kollision beteiligten Prinzipien und ihren Gewichten im konkreten Fall sehr unterschiedlich sein kann. Problematische Differenzierungen sind eingehend zu untersuchen. Gleiches gilt, wenn Zweifel hinsichtlich der Frage bestehen, ob eine Differenzierung problematisch ist.

Während bei der engen Tatbestandstheorie mangelhaft gerechtfertigte grundrechtliche Gleichheitsurteile drohen, besteht bei der weiten Tatbestandstheorie nur die Gefahr einer zu eingehenden Prüfung. Angesichts der Bedeutung effektiver Fallbearbeitung soll diese Gefahr nicht gering geschätzt werden. Doch erstens gibt es ein Kriterium für die Unterscheidung eher problematischer und eher unproblematischer Differenzierungen. Eine Differenzierung ist je eher problematisch, desto weniger klar die Summe aus dem Gewicht der die Differenzierung materiell rechtfertigenden Gründe und dem Gewicht der Gestaltungsfreiheit des Gesetzgebers das Gewicht des Interesses an rechtlicher Gleichbehandlung des Trägers des Art. 3 Abs. 1 GG überwiegt. Zweitens steht aufgrund der hermeneutischen Kompetenz der Rechtsanwender einerseits und der nur begrenzt zur Verfügung stehenden Zeit nicht zu befürchten, daß in großer Anzahl unproblematische Fälle eingehend erörtert werden. Bei der Erstellung jedes Rechtsgutachtens wird in der Phase der Entscheidungsfindung eine sehr große Anzahl verschiedener Bestimmungen erwogen, die anschließend in der Rechtfertigung der Entscheidung weder intensiv erörtert noch überhaupt erwähnt werden. Was für diese nicht problematischen Bestimmungen gilt, dürfte ebenso für unproblematische Differenzierungen in der Gleichheitsprüfung gelten.

Somit verdient die weite Tatbestandstheorie den Vorzug. Die Beschränkung der ausdrücklichen Erörterung auf problematische Differenzierungen ist kein Ergebnis von vornherein begrenzten prima facie-Schutzes, sondern folgt aus dem Gebot effektiver Fallbearbeitung.

6. Reduktion auf ohnehin gebotene oder nicht verbotene Rechtsfolgen

Eine besondere Form einer engen Tatbestandstheorie ergibt sich, wenn man die Anwendung des allgemeinen Gleichheitssatzes von vornherein auf Ungleichbehandlungen beschränkt, in denen (1) die begehrte Rechtsfolge im übrigen rechtlich geboten oder (2) jedenfalls nicht rechtlich verboten ist. Letzteres wird in der Grundrechtsdogmatik und im Verwaltungsrecht[214] seit längerem diskutiert, wenn gefragt wird, ob es einen Anspruch auf Gleichheit im Unrecht oder – noch stärker pejorativ – auf Fehlerwiederholung gibt. Die Variante (1) ist jedoch insofern eine weitgehendere Eingrenzung

---

214 Zur verwaltungsrechtlichen Diskussion, die hier nicht weiter in den Blick genommen werden kann, vgl. Koch/Rubel/Heselhaus, Allgemeines Verwaltungsrecht, § 6, Rn 106 ff.

des Tatbestandes von Art. 3 Abs. 1 GG, als sie (2) vollständig einschließt: (2) erfaßt Rechtsfolgen, die nach rechtlichen Vorschriften jenseits des allgemeinen Gleichheitssatzes geboten sind oder zumindest erlaubt sind.

a) Reduktion auf ohnehin gebotene Rechtsfolgen

Diese These vertritt, wer sagt, der Gleichheitssatz sei nur anwendbar, wenn eine Differenzierung rechtlich geschützte Interessen oder subjektive Rechte beeinträchtigt.[215] In diesem Sinne hat das Bundesverwaltungsgericht ausgeführt:

> „Deshalb kann die Verletzung des Gleichheitssatzes mit Erfolg, d.h. hier mit dem Anspruch auf Einräumung einer Begünstigung oder auf Unterlassung eines Eingriffs, nur rügen, wer nach der maßgebenden objektiven Rechtslage einen Anspruch auf die von ihm begehrte Gleichbehandlung hat. Gebietet die Rechtslage die erstrebte Behandlung nicht oder schließt sie sie aus, so ist der Gleichheitssatz auch dann nicht verletzt, wenn eine Behandlung entgegen der objektiven Rechtslage in anderen gleichgelagerten Fällen gewährt worden ist."[216]

Erfolgen Differenzierungen bei Belastungen oder Begünstigungen, könnten damit nur Ansprüche aus Art. 3 Abs. 1 GG bestehen, wenn der Träger des Gleichheitsgrundrechts aus anderen Bestimmungen Ansprüche auf staatliches Unterlassen oder Handeln hat. Fehlt es an derartigen Anspruchsnormen oder rechtlich geschützten Positionen, ist von vornherein die Berufung auf Art. 3 Abs. 1 GG verwehrt. Bei der Bestimmung, ob eine Position „rechtlich geschützt" ist, sind zur Vermeidung von Zirkularität Gleichheitsrechte nicht zu berücksichtigen, da deren Anwendungsbereich gerade in Frage steht. Als Grundlage der Bestimmung, ob eine Position „rechtlich geschützt" ist, kann verschiedenes dienen: (1) einfachrechtliche subjektive Rechte, (2) definitive grundrechtliche Rechte oder (3) grundrechtliche prima facie-Rechte.

aa) *Reduktion auf Differenzierungen im Anwendungsbereich einfachrechtlicher subjektiver Rechte*

Einer Bestimmung des Tatbestandes des allgemeinen Gleichheitssatzes durch einfaches Recht steht entgegen, daß der Gesetzgeber gem. Art. 1 Abs. 3 GG an Art. 3 Abs. 1 GG gebunden ist. Dies gilt jedenfalls, seit anerkannt ist, daß der allgemeine Gleichheitssatz auch die Rechtsetzungsgleichheit gewährt.[217] Wenn einfaches Recht an Art. 3 Abs. 1 GG zu messen sind, kann es nicht seinen Tatbestand bestimmen. Die Bindung des Gesetzgebers an Art. 3 Abs. 1 GG würde obsolet, wenn er selbst über die Voraussetzungen der Bindung bestimmen könnte.

---

215 Beispielsweise Bleckmann, Die Struktur des allgemeinen Gleichheitssatzes, S. 54, 63.
216 BVerwGE 34, 278 (284); vgl. BVerwGE 5, 1 (8).
217 Siehe 2. Teil, 3. Abschnitt, C. IV.

bb) *Reduktion auf Differenzierungen im Bereich von Abwehrrechten oder grundrechtlichen Leistungsrechten*

Ein Versuch, auf Verfassungsebene Kriterien dafür zu finden, ob eine Position eines einzelnen „rechtlich geschützt" ist, führt zu Grundrechten. Zur Vermeidung der erwähnten Zirkularität könnte es dabei nur um abwehrrechtliche Grundrechte oder leistungsgrundrechtliche Rechte gehen. Das Argument der Grundrechtsbindung, das gegen die Bestimmung anhand einfachen Rechts spricht, wäre damit zwar ausgeräumt. Je nachdem, ob man auf das von Abwehrrechten oder grundrechtlichen Leistungsrechten definitiv oder prima facie Gebotene abstellt, entstehen jedoch unterschiedliche Probleme.

aaa) *Bestimmung anhand des von Abwehrrechten oder grundrechtlichen Leistungsrechten definitiv Gebotenen*

Nach der ersten Variante kann der einzelne nur Gleichbehandlung verlangen, wenn er aus Nichtgleichheitsrechten einen Anspruch auf die fragliche Rechtsfolge hat. Wenn jemand beispielsweise geltend macht, ihm würden gleichheitswidrig Berufsausübungsregelungen auferlegt, steht damit die Frage im Vordergrund, ob diese Berufsausübungsregelungen an und für sich wegen eines Verstoßes gegen Art. 12 Abs. 1 GG verfassungswidrig sind. Ist dies der Fall, hat der einzelne einen definitiven Unterlassungsanspruch, die Berufsausübungsregelung wird in aller Regel nichtig sein. Damit ist dann auch festgestellt, daß der einzelne sich auf den allgemeinen Gleichheitssatz berufen kann. Das ist dann aber eine wenig interessante Erkenntnis, denn es steht ja bereits fest, daß er einen definitiven Abwehranspruch aus Abwehrrechten hat. Ist die Berufsausübungsregelung dagegen nicht an und für sich verfassungswidrig, hat der einzelne keinen definitiven grundrechtlichen Anspruch.[218] Dann kann er sich von vornherein gar nicht auf den allgemeinen Gleichheitssatz berufen. Im Leistungsbereich gilt mutatis, mutandis das Gleiche. In keiner Konstellation kann der allgemeine Gleichheitssatz Grundrechtsschutz erzeugen, der über das hinausgeht, was schon aus Abwehrrechten oder grundrechtlichen Leistungsrechten folgt. Nach dieser Deutung verliert der allgemeine Gleichheitssatz jeden selbständigen Anwendungsbereich und jede selbständige Bedeutung als Grundrecht. Neben der hierin liegenden Degradierung zu einem irrelevanten Grundrecht führt diese Variante auch in Zirkularitätsprobleme, wenn bei der Abwägung im Rahmen der Anwendung von Abwehrrechten oder grundrechtlichen Leistungsrechten Gleichheitsaspekte berücksichtigt werden.

bbb) *Bestimmung anhand des von Abwehrrechten oder grundrechtlichen Leistungsrechten prima facie Gebotenen*

Die andere Variante besteht schließlich darin, auf prima facie-Rechte aus Abwehrrechten oder grundrechtlichen Leistungsrechten abzustellen. Ein Anspruch auf Gleichbe-

---

218 Vorausgesetzt, es sind keine weiteren Grundrechte einschlägig.

handlung aus Art. 3 Abs. 1 GG setzt dann voraus, daß ein Eingriff in ein Abwehrrecht oder grundrechtliches Leistungsrecht vorliegt.[219] Wie weit der Tatbestand des allgemeinen Gleichheitssatzes reicht, hängt dann von der jeweils vertretenen Konzeption des Tatbestandes von Abwehrrechten und grundrechtlichen Leistungsrechten ab. Angesichts der breiten Akzeptanz der Deutung des Art. 2 Abs. 1 GG als allgemeine Handlungsfreiheit dürfte auf der Hand liegen, daß im Abwehrbereich der Tatbestand des allgemeinen Gleichheitssatzes weit ist. Anders sieht dies jedoch für den Leistungsbereich aus, wenn man grundrechtliche Leistungsrechte, wie verbreitet, bloß als eng definierte absolute Mindestpositionen versteht.[220] In diesem Fall werden Gleichbehandlungsansprüche im Leistungsbereich zur seltenen Ausnahme.[221]. Dies führte zu dem merkwürdigen Ergebnis, daß gering wiegende Differenzierungen im Abwehrbereich mit Art. 3 Abs. 1 GG erfaßt werden könnten, selbst grobe Ungleichheiten im Leistungsbereich dagegen in aller Regel nicht. Da der allgemeine Gleichheitssatz gerade groben Ungleichheiten vorbeugen soll, kann diese stark asymmetrische Rekonstruktion nicht überzeugen. Damit bleibt festzuhalten, daß wie auch immer man zu bestimmen versucht, ob die Ungleichbehandlung sich auf eine „rechtlich geschützte" Position bezieht, keine überzeugende Konzeption resultiert.

b) Reduktion auf nicht verbotene Rechtsfolgen – Keine Gleichheit im Unrecht

Eine weniger weitgehende Einschränkung des Tatbestandes des allgemeinen Gleichheitssatzes entsteht, wenn man ihn auf Differenzierungen reduziert, bei denen die begehrte Rechtsfolge im übrigen nicht rechtlich verboten sein darf. Schlagwortartig gesagt, gebietet Art. 3 Abs. 1 GG dann nur „Gleichheit im Recht", keine „Gleichheit im Unrecht".[222] Eine derartig enge Tatbestandstheorie vertritt jedoch nur, wer ohne jede Einschränkung sagt, es bestehe kein Anspruch auf Gleichbehandlung im Unrecht. Nach der Ansicht des Bundesverwaltungsgerichts bezeichnet die Bindung der Verwaltung an Gesetz und Recht gem. Art. 20 Abs. 3 GG

---

219 Vgl. Bleckmann, Die Struktur des allgemeinen Gleichheitssatzes, S. 57, 63.
220 Vgl. insbesondere 2. Teil, 3. Abschnitt, B. I. 3. b) mit Nachweisen.
221 Diese Asymmetrie kann von vornherein nicht entstehen, wenn man – wie in der dieser Untersuchung – bei grundrechtlichen Leistungsrechten die weite Tatbestandstheorie zugrundelegt, vgl. insbesondere 2. Teil, 3. Abschnitt, B. I. 4.; 2. Teil, 3. Abschnitt, B. II. Allerdings gilt es hervorzuheben, daß die hier diskutierte Begrenzung des Tatbestandes des allgemeinen Gleichheitssatzes damit de facto vollständig leerläuft, denn eine staatliche Belastung ist praktisch immer ein Eingriff in Abwehrrechte und das Unterlassen einer grundrechtsförderlichen Handlung praktisch immer ein Eingriff in grundrechtliche Leistungsrechte. Dies führt in der Sache zu einer weiten Tatbestandstheorie des allgemeinen Gleichheitssatzes. Dann kann und sollte man aber auf das Erfordernis, die Ungleichbehandlung müsse sich auf eine „rechtlich geschützte Position" beziehen, ganz verzichten.
222 Es sei hier nur angemerkt, daß die Rede von „Gleichheit im Unrecht" pejorativ und genaugenommen schief ist. Mit „Unrecht" wird auf das einfachrechtlich Gebotene (bzw. Verbotene) abgestellt, aber wenn im Einzelfall ein definitiver Gleichbehandlungsanspruch besteht (ob und unter welchen Voraussetzungen dies möglich ist, wird im Text im folgenden näher erörtert werden), ist der einzelne aus der Perspektive des Verfassungsrechts „im Recht", wenn er die Rechtsfolge begehrt. Aufgrund des Geltungsvorranges des Verfassungsrechts ist diese Ebene entscheidend. Die Rede von „Gleichheit im Unrecht" ist jedoch fest eingebürgert und wird nur deshalb im folgenden beibehalten.

„im übrigen auch die Grenze des Gleichheitssatzes, der auf die Gleichbehandlung im Recht ausgerichtet ist und weder den Anspruch des Bürgers noch die Befugnis der Verwaltung beinhaltet, eine rechtswidrige Gleichbehandlung zu fordern oder zu gewähren".[223]

Eine derartige enge Tatbestandstheorie vertritt dagegen nicht, wer Ausnahmen vom Grundsatz „keine Gleichheit im Unrecht" anerkennt. Denn wenn in Ausnahmefällen – an welchen Kriterien man ihr Vorliegen auch immer messen mag – definitive Ansprüche auf „Gleichheit im Unrecht" aus dem allgemeinen Gleichheitssatz folgen können, muß in diesen Fällen dessen Tatbestand erfüllt sein. Meist werden Ausnahmen unter Hinweis auf das Vertrauensschutzprinzip aus Art. 20 Abs. 3 GG[224] begründet.[225] Zwar muß der einzelne grundsätzlich mit einer Änderung der Staats- und insbesondere Verwaltungspraxis rechnen, unter besonderen Umständen kann das Vertrauen auf eine Praxis aber durchaus schutzwürdig sein.[226] Vor diesem Hintergrund gilt es scharf zu unterscheiden, ob es nie einen Anspruch auf „Gleichheit im Unrecht" gibt, oder ob nur regelmäßig die Gegengründe überwiegen. Ersteres führt zu einer engen Tatbestandstheorie, letzteres kann ohne weiteres im Rahmen einer weiten Tatbestandstheorie rekonstruiert werden. Die Gegengründe werden dann in der Abwägung regelmäßig – aber eben nicht immer – zu einer Beschränkung des Anspruchs aus Art. 3 Abs. 1 GG führen.[227]

---

223 BVerwGE 34, 278 (283). Vgl. BVerfGE 50, 142 (166); BVerfG, NVwZ 1994, S. 476; BVerwGE 36, 313 (315); 44, 82 (87); 92, 153 (157); 101, 211 (220); BVerwG, DÖV 1973, S. 135; BVerwG, NVwZ 1986, S. 758; BVerwG, Urteil vom 14. Februar 1990, Buchholz 236.1 § 20a SG Nr. 2 S. 19; BVerwG, Beschluß vom 2. März 1989, Buchholz 431.1 Nr. 11 S. 2; VG Berlin, NJW 1974, S. 332; VG Schleswig, NJW 1978, S. 341 f.; aus der Literatur H. P. Ipsen, Gleichheit, S. 147 f. sowie ferner Arndt, Festschrift Armbruster, Bachof, JZ 1962, S. 402; Dicke, VerwArch 59 (1968), S. 299; Randelzhofer, JZ 1973, S. 542; Ossenbühl, DÖV 1970, S. 266; ders. in Erichsen/Martens, Allgemeines Verwaltungsrecht[12], § 6, Rn 47, § 10, Rn 20; Maurer, Allgemeines Verwaltungsrecht[15], § 24, Rn 30; Wolff/Bachof/Stober, Verwaltungsrecht, Bd. 1, § 33, Rn 68; Pieroth/Schlink, Grundrechte – Staatsrecht II[21], Rn 497; Dürig in Maunz/Dürig, Art. 3 Abs. 1 GG, Rn 179, 182 f.; Heun in Dreier[2], Art. 3 GG, Rn 60; Gubelt in von Münch/Kunig[5], Art. 3 GG, Rn 42; Huster in BerlKomm, Art. 3 GG, Rn 114 ff.; Paehlke-Gärtner in Umbach/Clemens, Art. 3 Abs. 1 GG, Rn 156; Jarass in Jarass/Pieroth[8], Art. 3 GG, Rn 36: jeweils mit weiteren Nachweisen. Zurückhaltend Kirchhof, HbStR V, § 125, Rn 66, die Formel „keine Gleichheit im Unrecht" sei „edukatorisch gemeint, ...ohne als ein für die die Lösung von Einzelfällen handhabbarer Maßstab dienen zu können".
224 Zur Verortung des Vertrauensschutzprinzips in Art. 20 Abs. 3 GG vgl. nur Maurer, HbStR III, § 60, Rn 17.
225 VGH Baden-Württemberg, DVBl. 1972, S. 187; Bleckmann, Die Struktur des allgemeinen Gleichheitssatzes, S. 107; Götz, Festgabe BVerwG, S. 246, 254; ders., NJW 1979, S. 1481; Pauly, JZ 1997, S. 653; Starck in von Mangoldt/Klein/Starck[5], Art. 3 Abs. 1 GG, Rn 275. Weiter werden als rechtfertigende Gründe „unerträgliche Wettbewerbsnachteile" genannt, Götz NJW 1979, S. 1481, vgl. auch Starck a.a.O., Rn 253; sowie die Beendigung einer Verwaltungspraxis, so daß kein Wechsel zu einer rechtmäßigen Praxis mehr möglich sei, Götz, a.a.O.
226 Statt vieler Starck in von Mangoldt/Klein/Starck[5], Art. 3 Abs. 1 GG, Rn 275.
227 Siehe grundsätzlich 2. Teil, 3. Abschnitt, C. VII. 3. b); 2. Teil, 3. Abschnitt, C. VII. 4. Für ein Abwägungsmodell auch bei „Gleichheit im Unrecht" Götz, Festgabe BVerwG, S. 254; Osterloh in Sachs[3], Art. 3 GG, Rn 48 ff.; Pauly, JZ 1997, S. 653.

Der Ausgangspunkt besteht darin, daß rechtliche Gleichheit einen „Wert an sich" darstellt[228] und daher grundsätzlich unabhängig von der Frage, ob die Rechtsfolge von Gleichheitsgrundrechten im Einzelfall gegen sonstiges Recht verstößt, zunächst prima facie rechtliche Gleichbehandlung geboten ist. Dann stellt sich die Frage, ob die Gegengründe die Kraft haben, „Gleichheit im Unrecht" stets und immer auszuschließen.

Für die ausnahmslose Geltung von „keine Gleichheit im Unrecht" wird regelmäßig der Grundsatz der Gesetzmäßigkeit der Verwaltung als Ausprägung des Rechtsstaatsprinzips gem. Art. 20 Abs. 3 GG[229] oder die Sorge um die „Autorität des Rechts überhaupt"[230] angeführt.[231] Soweit die strikte Geltung des Vorranges des Grundsatzes „keine Gleichheit im Unrecht" zudem darauf gestützt wird, daß Art. 3 Abs. 1 GG Gleichheit nur vor dem, nicht gegen das Gesetz gebiete,[232] liegt dem die verfehlte und bereits zurückgewiesene Vorstellung[233] zugrunde, der allgemeine Gleichheitssatz verlange bloß die gleiche Anwendung einfachrechtlicher Gesetze. Wenn vereinzelt Abwägungsskepsis angeführt wird,[234] kann diese auch im Kontext der „Gleichheit im Unrecht" keine durchgreifenden Zweifel gegen ein Abwägungsmodell begründen.[235]

Das zentrale Argument gegen die Pflicht des Staates zur „Fehlerwiederholung" besteht jedoch darin, daß es bei der Anerkennung eines gleichheitsrechtlichen Anspruchs auf „Gleichheit im Unrecht" insbesondere der Verwaltung nicht möglich sein soll, auf den Boden des Rechts zurückzukehren, da sie dann bei allen weiteren Fällen die Pflicht hätte, entgegen der einfachrechtlichen Rechtslage zu entscheiden.[236] Es sprechen gewiß gute Gründe dafür, daß die Verwaltung gemäß der einfachrechtlichen Rechtslage entscheiden soll, allen voran die Gesetzesbindung der Verwaltung. Allerdings ist der prinzipielle Anspruch auf Gleichbehandlung, verankert in Art. 3 Abs. 1 GG, verfassungskräftig, und besitzt damit technisch Vorrang vor dem einfachen Recht. Dies mag man wiederum damit kontern, daß die Gesetzesbindung der Verwaltung in Art. 20 Abs. 3 GG verankert und damit auch verfassungskräftig sei. Damit befinden sich Grund und Gegengrund auf der Verfassungsebene, und daß der Anspruch auf Gleichbehandlung in den geschilderten Konstellationen in jedem Fall zurückzutreten hätte, kann nur jemand behaupten, für den das Entscheiden gemäß dem einfachrechtlich Gebotenen ein absoluter Wert an sich ist. Dies hat etwas Fanatisches. Es wird auch der Komplexität der möglichen Konstellationen nicht gerecht. Vorzugswürdig erscheint demgegenüber eine angemessene Berücksichtigung in der nach allgemeinen Regeln gebotenen gleichheits-

---

228 Siehe 2. Teil, 3. Abschnitt, C. VIII. 2. d) aa).
229 BVerwGE 34, 278 (283); VG Schleswig, NJW 1978, S. 341; Ossenbühl, DÖV 1970, S. 266; Randelzhofer, JZ 1973, S. 542.
230 Dürig in Maunz/Dürig, Art. 3 Abs. 1 GG, Rn 180.
231 VG Schleswig, NJW 1978, S. 341; Götz, DVBl. 1968, S. 93 ff.; ders., NJW 1979, S. 1479; Berg, JuS 1980, S. 421; Pauly, JZ 1997, S. 648.
232 Arndt, Festschrift Armbruster, S 239 f.
233 Siehe 2. Teil, 3. Abschnitt, C. IV.
234 Arndt, Festschrift Armbruster, S. 244.
235 Zu Abwägungsskepsis siehe insbesondere 1. Teil, 2. Abschnitt, III. 3.
236 BVerwGE 34, 278 (283); VG Berlin, NJW 1974, S. 332; VG Schleswig, NJW 1978, S. 342; Kirchhof, HbStR V, § 125, Rn 67; Ossenbühl, DÖV 1970, S. 264; Randelzhofer, JZ 1973, S. 542; Rechenbach, NVwZ 1987, S. 386.

rechtlichen Abwägung. Sofern die Verwaltung ihr entsprechendes Vorverhalten als „Fehler" erkennt und zu einer anderen – am Maßstab des einfachen Rechts gemessen rechtmäßigen – Praxis übergehen will, ist dies ein gewichtiger sachlicher Grund, der gegen die Pflicht zu Perpetuierung einer als „rechtswidrig" erkannten Praxis spricht.[237] Ob dieser sachliche Grund das Interesse des Trägers des allgemeinen Gleichheitssatzes an rechtlicher Gleichbehandlung „im Unrecht" – gemessen am einfachen Recht – überwiegt, hängt von den konkreten Umständen ab, insbesondere wie intensiv sich die Ungleichbehandlung für den einzelnen darstellt und welche negativen Folgen durch eine Perpetuierung der einfachrechtlich rechtswidrigen Praxis drohen. Wenn die Bedeutung an Gleichbehandlung „im Unrecht" für den einzelnen besonders hoch ist, und die Präjudizwirkung für folgende Entscheidungspraxis atypisch gering, liegt es nahe, ausnahmsweise einen definitiven Anspruch auf Gleichbehandlung „im Unrecht" zu gewähren.

Die vereinzelt geäußerte Befürchtung, die Verwaltung könne sich im Bereich der Eingriffsverwaltung unter Umgehung des Gesetzesvorbehalts durch eine rechtswidrige Verwaltungspraxis über die Figur der „Gleichheit im Unrecht" selbst eine Eingriffsermächtigung schaffen,[238] begründet keinen durchschlagenden Einwand. Was die subjektive Seite des Grundrechts angeht, sind Grundrechtsträger, die sie selbst belastendes „fehlerhaftes" Staatshandeln unter Berufung auf Art. 3 Abs. 1 GG begehren, kaum zu erwarten.[239] Daß der allgemeine Gleichheitssatz zudem letztlich kein Recht gewährt, am Maßstab selbst erlittener Belastungen eine Fremdbelastung zu verlangen, wird einhellig anerkannt.[240] Soweit es jenseits subjektiver Rechte um den allgemeinen Gleichheitssatz als objektive Norm geht, ist die Vorstellung, die Verwaltung könne einfach etwas – gemessen am einfachen Recht – „falsch" machen und dann schlicht erklären, sie bleibe wegen Art. 3 Abs. 1 GG für folgende Fälle dabei, doch etwas simpel. Natürlich besteht eine erhebliche Argumentationslast für Entscheidungen contra legem. Um dieser gerecht zu werden, muß eine ausgiebige Darlegung der Gründe erfolgen, warum, in der Sache entgegen dem einfachen Recht, ausnahmsweise aus Art. 3 Abs. 1 GG ein Gleichbehandlungsanspruch folgt.

Ein weiteres Argument wird auf den Fall rechtswidriger, aber dennoch angewandter Verwaltungsvorschriften gestützt. Erkenne man „Gleichheit im Unrecht" an, könnten die Verwaltungsvorschriften entgegen der Hierarchie der Normen Parlamentsgesetze derogieren, was gegen die Tatsache verstoße, daß der Richter gem. Art. 97 Abs. 1 GG an Gesetze, nicht an Verwaltungsvorschriften gebunden sei.[241] Erkennt man in begründeten Ausnahmefällen einen Anspruch auf Gleichbehandlung „im Unrecht" an, folgt

---

237 Götz, DVBl. 1968, S. 96; ders., NJW 1979, S. 1479; ders., Festgabe Bundesverwaltungsgericht, S. 253; vgl. Kirchhof, HbStR V, § 125, Rn 74; Pauly, JZ 1997, S. 650 ff.; sowie ferner Dürig in Maunz/Dürig, Art. 3 Abs. 1 GG, Rn 402 ff.; Arndt, Festschrift Armbruster, S. 239, die für insbesondere Rechtsprechung und Verwaltung eine Pflicht zum „prospective overruling" erwägen.
238 Randelzhofer, JZ 1973, S. 542; VG Berlin, NJW 1974, S. 332.
239 Arndt, Festschrift Armbruster, S. 238 f.; Kirchhof, HbStR V, § 125, Rn 75.
240 Statt vieler Dürig in Maunz/Dürig, Art. 3 Abs. 1 GG, Rn 172, 471, 473; Huster in BerlKomm, Art. 3 GG, Rn 114.
241 VG Berlin, NJW 1974, S. 332; VG Schleswig, NJW 1978, S. 342; Ossenbühl, DÖV 1970, S. 266; Randelzhofer, JZ 1973, S. 542.

eine mögliche Derogation von Parlamentsgesetzen aus dem allgemeinen Gleichheitssatz mit Verfassungsrang, die Verwaltungsvorschriften sind nur mittelbar erheblich, als und soweit sie die Verwaltungspraxis initiieren. Diese Argumentation verkennt die bloß indizielle Wirkung von Verwaltungsvorschriften im Rahmen des Anspruches auf Gleichbehandlung durch die Verwaltung.[242]

Insgesamt gebietet kein Argument überzeugend die absolute Geltung des Grundsatzes „keine Gleichheit im Unrecht". Der einzelne hat damir einen prima facie-Anspruch auf Gleichbehandlung auch – gemessen am einfachen Recht – „im Unrecht". Dieser kann durch den Aspekt des Vertrauensschutzes gem. Art. 20 Abs. 3 GG[243] an Gewicht gewinnen, wird jedoch regelmäßig durch den Grundsatz der Gesetzmäßigkeit der Verwaltung gem. Art. 20 Abs. 3 GG beschränkt sein. Dies ist vor allem der Fall, wenn die Verwaltung generell zu einer „rechtmäßigen" Verwaltungspraxis übergehen will.

IX. Die grundrechtliche Eingriffsermächtigung

Der Wortlaut des Art. 3 Abs. 1 GG weist keine grundrechtliche Eingriffsermächtigung auf. Dies kann kaum überraschen, da eine ausdrückliche Eingriffsdogmatik bei Gleichheitsrechten zur Zeit der Entstehung des Grundgesetzes noch nicht einmal am Horizont stand. Zudem stammt die insbesondere aus Gründen der Verfassungstradition gewählte Formulierung aus einer Zeit, in der sich das materielle Grundrechtsverständnis der modernen Grundrechtstheorie und -dogmatik noch nicht durchgesetzt hatte. Das Bedürfnis nach einer Beschränkung entsteht erst, wenn man von weitgehender Rechtsanwendungs- und Rechtssetzungsgleichheit ausgeht, und eine Rechtfertigung von Ungleichbehandlungen erlaubt.[244] Angesichts der Vorteile einer außentheoretischen Interpretation, die eine grundrechtliche Eingriffsermächtigung voraussetzt, ist von einer ungeschriebenen grundrechtlichen Eingriffsermächtigung auszugehen.[245] Diese Sichtweise hat sich auch bei den vorbehaltlosen Abwehrrechten seit langer Zeit durchgesetzt. Anders als bei diesen muß der Rechtfertigungsgrund für den Eingriff in den allgemeinen Gleichheits-

---

242 Maßgebend im Rahmen des Gleichbehandlungsanspruches ist die Verwaltungspraxis, auch wenn sie von den Verwaltungsvorschriften abweicht, vgl. nur Maurer, Allgemeines Verwaltungsrecht[15], § 24, Rn 21 f.; Wolff/Bachof/Stober, Verwaltungsrecht, Bd. 1, § 24, Rn 27 ff.
243 Wenn eine Verortung des Problems der „Gleichheit im Unrecht" nicht im allgemeinen Gleichheitssatz, sondern allein im Rechtsstaatsprinzip gem. Art. 20 Abs. 3 GG in der Fallgruppe des Vertrauensschutzes erfolgt, wird das Problem von den Grundrechten in eine bloß objektive Staatszielbestimmung verlegt. Dies wirft die Frage auf, warum diese originäre Gleichheitsfrage nicht unter Berufung auf Art. 3 Abs. 1 GG verfassungsbeschwerdefähig sein soll. Die These, „Gleichheit im Unrecht" sei primär kein Problem individueller Belange, sondern vielmehr öffentlicher Belange (Huster in BerlKomm, Art. 3 Abs. 1 GG, Rn 116), kann man nur schwer nachvollziehen. Wenn der prima facie-Anspruch auf rechtliche Gleichbehandlung ein individuelles Interesse schützt, dann gilt dies ebenso „im Recht" wie „im Unrecht", auch wenn im letzteren Fall, wie bereits ausgeführt, die Gegengründe in aller Regel überwiegen mögen. Konsequenterweise müßte man rechtlicher Gleichheit überhaupt den Status des „individuellen Belangs" verweigern, was – da auch Gleichheitsrechte grundsätzlich in erster Linie individuelle Rechte sind – letztlich auf eine Verweigerung der Anerkennung des allgemeinen Gleichheitssatzes als Grundrecht hinausliefe.
244 Vgl. Huster, Rechte und Ziele, S. 236 f.; ders., JZ 1994, S. 548.
245 Vgl. ders., Rechte und Ziele, S. 238 f.; ders., JZ 1994, S. 548.

satz jedoch nicht in einem kollidierenden Verfassungsgut bestehen.[246] Zunächst ist der allgemeine Gleichheitssatz in seiner tatbestandlichen Weite durchaus mit der allgemeinen Handlungsfreiheit gem. Art. 2 Abs. 1 GG zu vergleichen. Damit ist er viel zu umfassend, als daß die notwendigen Einschränkungen nur durch kollidierende Verfassungsgüter gerechtfertigt werden könnten.[247] Entscheidend ist jedoch, daß der Grund für die restriktive Interpretation der Schrankengründe bei vorbehaltlos gewährleisteten Abwehrrechten bei Art. 3 Abs. 1 GG von vornherein gar nicht besteht. Bei den vorbehaltlos gewährleisteten Abwehrrechten wird ein Abwehrrechtstatbestand ebenso wie bei den anderen Abwehrrechten ausdrücklich gewährleistet, anders als bei diesen aber ohne Vorbehalt. Aus diesem Unterschied wird auf generell höhere Rechtfertigungsanforderungen geschlossen, was zu einer restriktiven Interpretation der Schrankengründe führen soll. Wenn aber dem Wortlaut nach ein ausdrücklich gewährter Tatbestand nicht vorhanden ist, entsteht auch das Problem der Vermutung der generell höheren Rechtfertigungsanforderungen nicht. Für den allgemeinen Gleichheitssatz gilt insoweit nichts anderes als für grundrechtliche Schutzrechte.[248] Zulässiger Eingriffsgrund sind damit sowohl alle kollidierenden Verfassungsgüter als auch alle vom Gesetzgeber legitimerweise verfolgten Ziele.[249]

X. Die Kriterien für die Wirksamkeit von Schranken des allgemeinen Gleichheitssatzes

Auch beim allgemeinen Gleichheitssatz ist zwischen formellen und materiellen Kriterien der Wirksamkeit von Grundrechtsschranken zu unterscheiden. Das Kriterium „GSx" ist äquivalent „FGx und MGx".[250] Die Reihenfolge der Erörterung ist grundsätzlich beliebig.[251] Aus Gründen effizienter Fallbearbeitung werden die einfacher zu beurteilenden formellen Kriterien in Grundrechtsprüfungen regelmäßig zuerst untersucht. Da die wichtigste materielle Anforderung, der Grundsatz der Verhältnismäßigkeit, in der bisherigen Untersuchung des Art. 3 Abs. 1 GG bereits ausgiebig erörtert wurde, soll hier mit den materiellen Kriterien begonnen werden.

---

246 So aber Rüfner in BonnKomm, Art. 3 Abs. 1 GG, Rn 209; Möckel, DVBl. 2003, S. 496.
247 Huster, Rechte und Ziele, S. 239.
248 Zur grundrechtlichen Eingriffsermächtigung bei grundrechtlichen Schutzrechten siehe 2. Teil, 3. Abschnitt, B. I. 5.
249 Im Ergebnis ebenso Huster, Rechte und Ziele, S. 239; ders., JZ 1994, S. 548.
250 In logischer Formalisierung GSx ↔ (FGx ∧ MGx). „GSx": Der allgemeine Gleichheitssatz ist im Hinblick auf das staatliche Verhalten „x" wirksam beschränkt; „FGx": Das staatliche Verhalten „x" erfüllt die formellen Rechtfertigungsanforderungen des Art. 3 Abs. 1 GG; „MGx": Das staatliche Verhalten „x" erfüllt die materiellen Rechtfertigungsanforderungen des Art. 3 Abs. 1 GG.
251 Dies gilt nur für die Rechtfertigungsebene. Problematisch ist es daher, wenn Christian Koenig eine Prüfung der formellen Verfassungsmäßigkeit der differenzierenden staatlichen Maßnahme verlangt, bevor überhaupt eine Tatbestandsprüfung vorgenommen wurde (Koenig, JuS 1995, S. 314). Dies setzt voraus, daß Art. 3 Abs. 1 GG außerhalb seines Tatbestands Rechtfertigungsanforderungen auslöst. Definitionsgemäß beschreibt der Tatbestand eines Grundrechts jedoch abschließend den Bereich, innerhalb dessen formelle und materielle Rechtfertigungsanforderungen bestehen. Natürlich kann auch unabhängig von Art. 3 Abs. 1 GG die Verfassungsmäßigkeit zum Beispiel eines differenzierenden formellen Gesetzes geprüft werden, diese Prüfung bildet dann aber kein Bestandteil der Grundrechtsprüfung.

1. Materielle Kriterien

Das wichtigste materielle Kriterium der Wirksamkeit von Schranken des allgemeinen Gleichheitssatzes besteht im Grundsatz der Verhältnismäßigkeit.[252] Eine Differenzierung muß geeignet, erforderlich und verhältnismäßig im engeren Sinne sein.[253] Je nach den empirischen Zusammenhängen kann die Prüfung der Eignung oder Erforderlichkeit mehr oder weniger komplex ausfallen. Welche Kriterien im Rahmen der Abwägung des Gleichbehandlungsinteresses gegen das Gewicht der die Differenzierung rechtfertigenden Gründe eine Rolle spielen, wurde bereits bei der Diskussion der „Neuen Formel" des Bundesverfassungsgerichts angesprochen.[254] Wenn darüber hinaus vorgeschlagen wird, die Anzahl der von einer Differenzierung betroffenen Adressaten als Kriterium für die Eingriffsintensität zu verwenden,[255] begegnet dies Bedenken. Die Grundrechte des Grundgesetzes sind in erster Linie individuelle Rechte. Daß ein anderer ebenso von einem Nachteil betroffen ist, begründet für einen einzelnen grundsätzlich keine höhere Eingriffsintensität. Weiterhin sind bei der Abwägung nach allgemeinen Regeln Spielräume[256] zu berücksichtigen, deren Größe von verschiedenen Kriterien, vor allem aber von der Eingriffsintensität abhängt. Zur Rechtfertigung in der Abwägung allein auf die gesetzgeberische Gestaltungsfreiheit abzustellen, wie Kloepfer vorschlägt,[257] ist jedoch nicht möglich. Gesetzgeberische Spielräume allein können keinen zureichenden Grund für eine Differenzierung darstellen.[258] Ferner darf die Differenzierung nicht gegen sonstige materielle Aussagen der Verfassung verstoßen, die in der Abwägung nicht berücksichtigt werden konnten. Die Wesensgehaltsgarantie gem. Art. 19 Abs. 2 GG erschöpft nach der auch bei Gleichheitsrechten vorzugswürdigen subjektiv-relativen Theorie im Grundsatz der Verhältnismäßigkeit.[259]

2. Formelle Kriterien

Die Frage nach formellen Kriterien der Wirksamkeit von Schranken des Gleichheitssatzes ist die Frage nach Bestehen und Reichweite eines Gesetzesvorbehalts.

---

252 Zur Prüfung der Verhältnismäßigkeit zur wirksamen Beschränkung des Art. 3 Abs. 1 GG vgl. Alexy, Theorie der Grundrechte, S. 390 f. Anm. 91; Huster, Rechte und Ziele, S. 239 ff.; ders., JZ 1994, S. 549; Jarass, AöR 120 (1995), S. 376; Kloepfer, Gleichheit als Verfassungsfrage, S. 61 ff.; Roth, Faktische Eingriffe in Freiheit und Eigentum, S. 402.
253 Es wurde schon darauf hingewiesen, daß Unterscheidungen jenseits empirischer Zweck-Mittel-Verhältnisse nicht auf Geeignetheit und Erforderlichkeit geprüft werden können, hier erfolgt allein eine Abwägung des Gewichts der Unterschiede gegen das Interesse an Gleichbehandlung, siehe 2. Teil, 3. Abschnitt, C. VIII. 2. d) bb) ddd).
254 Siehe 2. Teil, 3. Abschnitt, C. VII. 4.
255 So aber Huster, Rechte und Ziele, S. 459.
256 Siehe zu Spielräumen bereits 1. Teil, 2. Abschnitt, III. 4.
257 Kloepfer, Gleichheit als Verfassungsfrage, S. 58.
258 Alexy, Theorie der Grundrechte, S. 391 Anm. 91; Huster, Rechte und Ziele, S. 235.
259 Huster, Rechte und Ziele, S. 242.

a) Umfassender formeller Schutz

Nach Auffassung von Kloepfer besteht ein umfassender Gesetzesvorbehalt. Damit müßte jede Differenzierung auf gesetzlicher Grundlage erfolgen.[260] Dabei ist aber zu berücksichtigen, daß er von einer engen Tatbestandstheorie ausgeht, nach der nur wenige Differenzierungen überhaupt einen Grundrechtseingriff in Art. 3 Abs. 1 GG darstellen. Ein umfassender formeller Schutz bei der weiten Tatbestandstheorie würde aber überzogene Rechtfertigungsanforderungen stellen.[261] Oben wurde dargelegt, daß nahezu jede staatliche Maßnahme einen Eingriff in Art. 3 Abs. 1 GG darstellt. Jede einzelne Maßnahme impliziert eine ganze Reihe verschiedener Differenzierungen, jede für sich ein Gleichheitseingriff. Materiell sind diese Differenzierungen in der Regel ohne größere Probleme rechtfertigungsfähig. Verlangte man aber stets eine gesetzliche Grundlage, müßte die gesamte Rechtsordnung mit der notwendigen Regelungsdichte parlamentsgesetzlich normiert werden. Dies ist weder praktisch zu erfüllen noch von den Konsequenzen her zu begrüßen.

b) Eingeschränkter formeller Schutz

Eingeschränkter formeller Schutz könnte sich aus den Grundsätzen der Wesentlichkeitstheorie[262] des Bundesverfassungsgerichts ergeben. Nach Auffassung des Gerichts ist die Wesentlichkeitsteorie umfassend im Freiheits- und Gleichheitsbereich anwendbar.[263] Ein Parlamentsgesetz ist damit erforderlich, wenn die Gleichheit des einzelnen wesentlich betroffen ist. Dies ist anzunehmen, wenn ein intensiver Eingriff in den allgemeinen Gleichheitssatz vorliegt.[264] Die Differenzierung muß auf ein Parlamentsgesetz zurückgeführt werden können, das eine hinreichende, der Eingriffsintensität entsprechende Regelungsdichte aufweist.

Daß nach der Wesentlichkeitstheorie ein Parlamentsgesetz erforderlich ist, bedeutet noch nicht notwendig, daß das Fehlen eines entsprechenden formellen Gesetzes das subjektive Grundrecht aus Art. 3 Abs. 1 GG verletzt. Für eine grundrechtliche Subjektivierung über Art. 3 Abs. 1 GG spricht aber die individualschützende Zielrichtung der Grundrechte des Grundgesetzes. Der einzelne erhält mit der Verfassungsbeschwerde das Recht, auf einer besonderen demokratischen Legitimation für Differenzierungen mit hoher Eingriffsintensität zu bestehen.

Gegen eine „Subjektivierung" formeller Anforderungen wird angeführt, strenge formelle Anforderungen paßten nicht zu den nur geringen materiellen Anforderungen.[265] Erstens hängt die Strenge der materiellen Anforderungen insbesondere von der Eingriffsintensität ab, sie ist bei Art. 3 Abs. 1 GG nicht stets gering. Die Anwendungsfälle

---

260 Kloepfer, Gleichheit als Verfassungsfrage, S. 57 f.
261 Vgl. Jarass, AöR 120 (1995), S. 377.
262 Zur Wesentlichkeitstheorie siehe bereits 2. Teil, 3. Abschnitt, B. I. 6. b) bb).
263 BVerfGE 49, 89 (126).
264 Ebenso Huster, Rechte und Ziele, S. 238.
265 So aber Riggert, Die Selbstbindung der Rechtsprechung durch den allgemeinen Gleichheitssatz, S. 34.

der Wesentlichkeitstheorie betreffen gerade die intensiven Eingriffe, bei denen eher strenge materielle Anforderungen gestellt werden. Zweitens kann der eingeschränkte formelle Schutz über die Wesentlichkeitstheorie kaum als „besondere formale Strenge"[266] bezeichnet werden. Erforderlich ist lediglich ein Parlamentsgesetz mit hinreichender Regelungsdichte.

Weiterhin stellt die Subjektivierung über die Wesentlichkeitstheorie keine zusätzlichen Anforderungen an den parlamentarischen Gesetzgeber. Auf der objektivrechtlichen Ebene ist ohnehin aufgrund der Wesentlichkeitstheorie ein Parlamentsgesetz erforderlich. Eine Ablehnung der Subjektivierung würde die Parlamentsautonomie nicht fördern, sondern führte nur dazu, daß im Gleichheitsbereich bei formellen Mängeln zwar alle verfassungsprozessualen Verfahren des objektiven Rechtsschutzes zulässig sein könnten, nur die Verfassungsbeschwerde nicht.[267]

Insgesamt sind aufgrund des höheren Maßes an Grundrechtsschutz die Anforderungen der Wesentlichkeitstheorie im Gleichheitsbereich über Art. 3 Abs. 1 GG mit der Verfassungsbeschwerde zu rügen.[268] Ist ein Parlamentsgesetz gemäß der Wesentlichkeitstheorie erforderlich, hat dieses allen allgemeinen formellen Anforderungen an Parlamentsgesetze zu genügen. Insbesondere Zuständigkeit, Verfahren und Form müssen gewahrt sein. Grundsätzlich ist auch das allgemeine rechtsstaatliche Bestimmtheitsgebot zu beachten, die Wesentlichkeitstheorie stellt jedoch stets höhere Bestimmtheitsanforderungen. Das Einzelfallgesetzverbot gem. Art. 19 Abs. 1 Satz 1 GG ist ebenso wie das Zitiergebot gem. Art. 19 Abs. 1 Satz 2 GG unanwendbar. Sie gelten nur für Grundrechte, die aufgrund ausdrücklicher Ermächtigung vom Gesetzgeber eingeschränkt werden dürfen,[269] was ungeschriebene Eingriffsermächtigungen nicht erfaßt. Ist nach der Wesentlichkeitstheorie dagegen kein Gesetz erforderlich, bestehen keine formellen Anforderungen an die Wirksamkeit von Schranken des Art. 3 Abs. 1 GG.

XI. Ein Drei-Bereiche-Modell des allgemeinen Gleichheitssatzes

In dieser Untersuchung wurde bisher in erster Linie auf das Prinzip der rechtlichen Gleichheit als Inhalt des allgemeinen Gleichheitssatzes abgestellt. Es wurde bereits ausgeführt, daß der allgemeine Gleichheitssatz zudem, wenn auch mit deutlich geringerem Gewicht, faktische Gleichheit gebietet.[270] Die Herstellung faktischer Gleichheit erfordert regelmäßig eine rechtliche Ungleichbehandlung, so daß das Prinzip der faktischen Gleichheit auch ein prima facie-Gebot der rechtlichen Ungleichbehandlung beinhaltet. In der Abwägung der Prinzipien der rechtlichen und faktischen Gleichheit kann letzteres unter besonderen Umständen jedoch das höhere Gewicht aufweisen. Diese Kollision

---

266 Ders., a.a.O.
267 Vgl. insgesamt bereits 2. Teil, 3. Abschnitt, B. I. 6. b) bb) aaa) (2).
268 In diesem Sinne vorsichtig Huster, Rechte und Ziele, S. 238: die Lösung „dürfte … im Umfeld der ‚Wesentlichkeitstheorie' zu suchen sein"; ders., JZ 1994, S. 548: es gehe um „einen behutsamen Rückgriff auf die Grundsätze der Wesentlichkeitstheorie".
269 Siehe 2. Teil, 3. Abschnitt, B. I. 6. b) bb) (2).
270 Siehe 2. Teil, 3. Abschnitt, C. III.

kann man einerseits aus der Perspektive des Prinzips der rechtlichen Gleichheit betrachten. Im Regelfall wird das Prinzip der rechtlichen Gleichheit nicht beschränkt, sondern nur im Ausnahmefall. Aus der Perspektive des Prinzips der faktischen Gleichheit wird die Kollisionslage genau andersherum beschrieben. Im Regelfall wird das Prinzip der faktischen Gleichheit beschränkt, im Ausnahmefall nicht.

Auf den ersten Blick entsteht damit ein Zwei-Bereiche-Modell. Entweder weist das Prinzip der rechtlichen Gleichheit das höhere Gewicht auf, eine rechtliche Gleichbehandlung ist dann definitiv geboten. Oder das Prinzip der faktischen Gleichheit besitzt ausnahmsweise das höhere Gewicht, dann ist eine bestimmte rechtliche Ungleichbehandlung definitiv geboten. Beides oder etwas anderes kommt nicht in Frage.

Ein Drei-Bereiche-Modell entsteht dagegen, wenn Spielräume[271] berücksichtigt werden. Innerhalb eines Spielraums kann eine Grundrechtsverletzung nicht festgestellt werden. Bezogen auf die epistemischen Spielräume gilt: Überwiegt das Prinzip der rechtlichen Gleichheit sowohl das der faktischen Gleichheit als auch die formellen Prinzipien, die für die Gewährung eines Spielraums sprechen, ist eine rechtliche Gleichbehandlung definitiv geboten. Überwiegt das Prinzip der faktischen Gleichheit sowohl gegenüber der rechtlichen Gleichheit als auch den formellen Prinzipien, ist eine rechtliche Ungleichbehandlung definitiv geboten. Überwiegt weder das Prinzip der rechtlichen Gleichheit noch das der faktischen Gleichheit das jeweils andere in Verbindung mit den formellen Prinzipien, sind dem Staat sowohl rechtliche Gleichbehandlung als auch rechtliche Ungleichbehandlung freigestellt. Im ersten Fall ist definitiv eine Gleichbehandlung geboten, im zweiten definitiv eine Ungleichbehandlung, im dritten weder definitiv das eine noch das andere, sondern eine Gleichbehandlung ebenso wie eine Ungleichbehandlung definitiv erlaubt.

Dies gilt nicht nur für das Prinzip der faktischen Gleichheit als prima facie-Ungleichbehandlungsgebot, sondern ebenso für alle anderen Prinzipien, die prima facie eine Ungleichbehandlung fordern. Fraglich ist, welche prima facie-Ungleichbehandlungsgebote jenseits faktischer Gleichheit dem allgemeinen Gleichheitssatz zugeordnet werden können. Bei Abwehrrechten werden die Gegengründe in aller Regel nicht interpretativ der entsprechenden abwehrrechtlichen Grundrechtsbestimmung zugeordnet. Dies legte nahe, diese Gegengründe zu rechtlicher Gleichheit in anderen Verfassungsbestimmungen zu verankern. Auch könnte man darauf hinweisen, daß bei einer Verortung der Gegengründe in Art. 3 Abs. 1 GG dieses Grundrecht eine starke interne Spannungslage aufwiese. Da dem Art. 3 Abs. 1 GG neben dem Prinzip der rechtlichen Gleichheit aber auch das Prinzip der faktischen Gleichheit zu entnehmen ist, existiert diese interne Spannungslage in vielen Fällen ohnehin. Darüber hinaus besteht der Sache nach kein relevanter Unterschied, ob kollidierende Prinzipien interpretativ auf verschiedene Grundrechtsbestimmungen zurückgeführt werden, oder nur auf eine einzige. Für eine Zuordnung der prinzipiellen Ungleichbehandlungsgebote zum allgemeinen Gleichheitssatz spricht, daß diese Gebote sonst einen seltsam vagabundierenden Charakter erhielten. Die Rüge einer verfassungswidrigen Ungleichbehandlung könnte man auf den

---

271 Siehe 1. Teil, 2. Abschnitt, III. 4.

allgemeinen Gleichheitssatz stützen, die Rüge einer verfassungswidrigen Gleichbehandlung in einer korrespondierenden Kollisionslage aber nicht. Auch die Formulierungen des Bundesverfassungsgerichts – insbesondere diejenige, Art. 3 Abs. 1 GG gebiete „Ungleiches seiner Eigenart entsprechend verschieden"[272] zu behandeln – sprechen für eine insoweit extensive Interpretation. Unterschiedlichkeit in relevanter Hinsicht gebietet damit prima facie eine Ungleichbehandlung.[273] Unerheblich ist dabei, ob das Prinzip, dessen Optimierungsgegenstand durch eine Ungleichbehandlung gefördert wird, zusätzlich in einer anderen Verfassungsnorm positiviert ist. Das Prinzip der Berufsfreiheit aus Art. 12 Abs. 1 GG kann eine rechtliche Ungleichbehandlung fordern. Aus der Berufsfreiheit folgt, daß eine Tätigkeit, die auf die Schaffung einer Lebensgrundlage gerichtet ist und die die sonstigen Merkmale des Berufsbegriffs erfüllt, gegenüber einem bloßen Hobby – ceteris paribus – privilegiert sein muß. Wenn in dieser Konstellation die Gleichheitsfrage abgewogen wird, stellt sich das Prinzip der Berufsfreiheit, soweit es prima facie eine Ungleichbehandlung fordert, als Bestandteil des prima facie-Ungleichbehandlungsgebots des Art. 3 Abs. 1 GG dar. Folglich stellen alle Abwägungen in Gleichheitsfragen technisch gesehen interne Kollisionen des allgemeinen Gleichheitssatzes dar. Dies heißt jedoch nicht, daß Art. 3 Abs. 1 GG in der Sache ein geschlossenes rechtliches Universum innerhalb der Verfassung bildet. Vielmehr gilt das genaue Gegenteil, der allgemeine Gleichheitssatz ist entscheidend darauf angewiesen, die in anderen Grundrechts- und sonstigen Verfassungsbestimmungen getroffenen Wertungen in sich aufzunehmen und in eine korrespondierende Gleichheitskonzeption zu transformieren,[274] damit ein konsistentes und kohärentes Gesamtsystem von grundrechtlicher Freiheit und Gleichheit entsteht.

XII. Zusammenfassung

Art. 3 Abs. 1 GG gewährt umfassend subjektive Rechte und bindet alle Staatsgewalten. Der allgemeine Gleichheitssatz enthält ein umfassendes prima facie-Gebot der rechtlichen oder aktbezogenen Ungleichbehandlung. Zur Anwendung dieses Grundrechts ist eine Anwendung des Grundsatzes der Verhältnismäßigkeit erforderlich, innerhalb der im dritten Teilgrundsatz erforderlichen Abwägung sind das prinzipielle Gebot der rechtlichen Gleichbehandlung und Prinzipien, die prima facie eine Ungleichbehandlung gebieten, gegenüberzustellen. Bei dieser Abwägung sind nach allgemeinen Regeln Spielräume insbesondere des Gesetzgebers zu berücksichtigen. Je nach dem Gewicht der in der Abwägung beteiligten materiellen und formellen Prinzipien kann definitiv eine Gleichbehandlung geboten sein, definitiv eine Ungleichbehandlung oder weder definitiv das eine noch das andere. Letzterenfalls ist es dem Staat freigestellt, eine Gleichbehandlung oder Ungleichbehandlung vorzunehmen. Ist eine rechtliche Gleichbehandlung nicht definitiv geboten, ist das Prinzip der rechtlichen Gleichheit beschränkt.

---

272 BVerfGE 3, 58 (135); 42, 64 (72); 71, 255 (271); vgl. BVerfGE 90, 145 (195 f.).
273 Borowski, Die Glaubens- und Gewissensfreiheit des Grundgesetzes, S. 685 f.
274 Vgl. ders., a.a.O.

XIII. Die Prüfungsfolge des allgemeinen Gleichheitssatzes[275]

I. Ungleichbehandlung

Auf der ersten Ebene ist zu klären, ob eine Ungleichbehandlung vorliegt. Dies ist immer dann der Fall, wenn Personen, Personengruppen oder Sachverhalte rechtlich ungleich behandelt werden.[276] Es sind die Vergleichsgruppen zu ermitteln, hinsichtlich derer eine verfassungswidrige Ungleichbehandlung nicht von vornherein auszuschließen ist.[277]

II. Verfassungsrechtliche Rechtfertigung der Ungleichbehandlung

Auf dieser Stufe wird ermittelt, ob die Ungleichbehandlung gerechtfertigt ist. Ebenso wie bei den anderen Grundrechtsfunktionen ist zwischen formellen und materiellen Kriterien zu unterscheiden. Hinsichtlich der formellen Kriterien[278] ist entscheidend, ob die Ungleichbehandlung derart intensiv ist, daß die Anforderungen der Wesentlichkeitstheorie ausgelöst sind. Ist dies der Fall, verlangt auch Art. 3 Abs. 1 GG eine formell-gesetzliche Ermächtigung der Exekutive oder Judikative zur Ungleichbehandlung.[279] Verlangt die Wesentlichkeitstheorie kein formelles Gesetz, bestehen keine formellen Anforderungen. Die materiellen Anforderungen[280] bestehen darin, daß die Ungleichbehandlung verhältnismäßig im weiteren Sinne sein muß und nicht gegen sonstige materielle Aussagen der Verfassung verstoßen darf.[281] Liegt eine rechtliche Ungleichbehandlung vor, und sind die Kriterien der verfassungsrechtlichen Rechtfertigung der rechtlichen Ungleichbehandlung nicht erfüllt, so tritt die Rechtsfolge des Art. 3 Abs. 1 GG ein.[282]

[auf einen erneuten Abdruck der Analyse von BVerfGE 88, 5 ff. – Beratungshilfeausschluß in arbeitsrechtlichen Angelegenheiten – wurde verzichtet, siehe hierzu S. 409-410 der Vorauflage]

---

275 Die nachfolgende Prüfungsfolge gilt nur für den – weitaus häufigsten – Fall, in dem das Prinzip der rechtlichen Gleichheit den Ausgangspunkt bildet. Dies gilt dann, wenn eine rechtliche Ungleichbehandlung geprüft wird. Wird eine rechtliche Gleichbehandlung geprüft, so ist von dem Prinzip auszugehen, das eine rechtliche Ungleichbehandlung gebietet, und zu fragen, ob es durch das Prinzip der rechtlichen Gleichheit wirksam beschränkt ist.
276 „RGx", äquivalent „Gx und Dx", logisch formalisiert RGx $\leftrightarrow$ (Gx $\wedge$ Dx).
277 Vgl zu dieser praktischen Grenze im Rahmen der weiten Tatbestandstheorie bei 2. Teil, 3. Abschnitt, C. VIII. 5.
278 „FGx".
279 Vgl. 2. Teil, 3. Abschnitt, C. X. 2. b).
280 „MGx".
281 Vgl. 2. Teil, 3. Abschnitt, C. X. 1.
282 „Rx", logisch formalisiert „ORx". Als Gesamtprüfungsfolge ergibt sich daher: „Wenn (Gx und Dx) und nicht GSx, dann Rx", wobei „GSx" äquivalent ist mit „FGx und MGx". Logisch formalisiert: (x)((Gx $\wedge$ Dx) $\wedge$ ¬GSx $\leftrightarrow$ ORx), wobei GSx $\leftrightarrow$ (FGx $\wedge$ MGx).

Gesamtergebnis der Untersuchung

Es hat sich gezeigt, daß nicht nur die Abwehrrechte, sondern auch die grundrechtlichen Leistungsrechte und die Gleichheitsrechte in der fundamentalen Struktur der Außentheorie folgen. Grundlage für die Rekonstruktion aller grundrechtlichen Rechtspositionen ist das allgemeine außentheoretische Grundschema

„Wenn URx und nicht GSx, dann Rx".[283]

Bei allen inhaltlichen Unterschieden zwischen den Grundrechtsfunktionen und einigen notwendigen strukturellen Differenzen gilt: Die Unterscheidung zwischen unbeschränktem Recht und beschränktem Recht im Sinne der Außentheorie oder die Unterscheidung zwischen prima facie-Position und definitiver Position stellt den fundamentalen Konstruktionsgrundsatz der Grundrechte dar. Das wichtigste Kriterium für die Wirksamkeit der Beschränkung eines Rechts „an sich" oder einer prima facie-Position ist der Grundsatz der Verhältnismäßigkeit im weiteren Sinne, entweder als Übermaßverbot, Untermaßverbot oder in der gleichheitsrechtlichen Ausprägung der Verhältnismäßigkeit.

---

283 Zu lesen als: Wenn der Gegenstand „x" Inhalt eines unbeschränkten Rechts „an sich" ist und dieses Recht nicht im Hinblick auf „x" wirksam beschränkt ist, ist für „x" die Rechtsfolge dieses Rechts geboten. Vgl. 2. Teil, 3. Abschnitt, A. I. 1. b) aa), bb). In logischer Formalisierung (x)(URx ∧ ¬GSx ↔ ORx). Für Abwehrrechte ergab sich (x)((Sx ∧ Ex) ∧ ¬VRx ↔ ORx); für grundrechtliche Schutzrechte (x)((Hx ∧ Ux) ∧ ¬GSx ↔ ORx); für soziale Grundrechte (x)((FFx ∧ Ux) ∧ ¬GSx ↔ ORx); für grundrechtliche Rechte auf Organisation und Verfahren (x)((O/Vx ∧ Ux) ∧ ¬GSx ↔ ORx) und für Gleichheitsrechte (x)((Gx ∧ Dx) ∧ ¬GSx ↔ ORx). Hinsichtlich der Kriterien der wirksamen Beschränkung „GSx" war jeweils zwischen formellen und materiellen Kriterien zu unterscheiden.

Literaturverzeichnis

Aarnio, A., Taking Rules Seriously, in: Law and the States in Modern Times, W. Maihofer/G. Sprenger [Hg.], Stuttgart 1990, S. 180-192
Abel, G., Die Bedeutung der Lehre von den Einrichtungsgarantien für die Auslegung des Bonner Grundgesetzes, Berlin 1964
Afonso da Silva, L. V., Grundrechte und gesetzgeberische Spielräume, Baden-Baden 2003
Albrecht, W. E., Die Gewere als Grundlage des ältern deutschen Sachenrechts, Königsberg 1828
Aleinikoff, T. A., Constitutional Law in the Age of Balancing, in: Yale Law Journal 96 (1987), S. 943-1005
Alexy, R., Theorie der juristischen Argumentation, 2. Aufl., Frankfurt am Main 1991
– Zum Begriff des Rechtsprinzips, in: Argumentation und Hermeneutik in der Jurisprudenz, W. Krawietz et al. [Hg.], Berlin 1979, S. 59-87 (auch in: ders., Recht, Vernunft, Diskurs, Frankfurt am Main 1995; S. 177-212)
– Die logische Analyse juristischer Entscheidungen, in: Argumentation und Recht, W. Hassemer et al. [Hg.], Wiesbaden 1980, S. 181-212 (auch in: ders., Recht, Vernunft, Diskurs, Frankfurt am Main 1995, S. 13-51)
– Rechtsregeln und Rechtsprinzipien, in: Geltungs- und Erkenntnisbedingungen im modernen Rechtsdenken N. MacCormick/S. Panou/L. Vallauri [Hg.], Stuttgart 1985, S. 13-29
– Rechtssystem und praktische Vernunft, in: Rechtstheorie 18 (1987), S. 405-419 (auch in: ders., Recht, Vernunft, Diskurs, Frankfurt am Main 1995, S. 213-231)
– Individuelle Rechte und kollektive Güter, in: Internationales Jahrbuch für Rechtsphilosophie und Gesetzgebung 1 (1989), S. 49-70 (auch in: ders., Recht, Vernunft, Diskurs, Frankfurt am Main 1995, S. 323-261)
– Zur Kritik des Rechtspositivismus, in: Rechtspositivismus und Wertbezug des Rechts, R. Dreier [Hg.], Stuttgart 1990, S. 9-26
– Grundrechte als subjektive Rechte und objektive Normen, in: Der Staat 29 (1990), S. 49-68 (auch in: ders., Recht, Vernunft, Diskurs, Frankfurt am Main 1995, S. 262-287)
– Idee und Struktur eines vernünftigen Rechtssystems, in: Rechts- und Sozialphilosophie in Deutschland heute, ders./R. Dreier/U. Neumann [Hg.], Stuttgart 1991, S. 30-44
– Begriff und Geltung des Rechts, 2. Aufl., Freiburg/München 1994
– Rights, Legal Reasoning and Rational Discourse, in: Ratio Juris 5 (1992), S. 143-152
– Normbegründung und Normanwendung, in: Rechtsnorm und Rechtswirklichkeit, Festschrift für Werner Krawietz, A. Aarnio et al. [Hg.], Berlin 1993, S. 3-17 (auch in: ders., Recht, Vernunft, Diskurs, Frankfurt am Main 1995, S. 52-70)
– Theorie der Grundrechte, 3. Aufl., Frankfurt am Main 1996

- Bulygins Kritik des Richtigkeitsarguments, in: Normative Systems in Legal and Moral Theory, Festschrift für Carlos E. Alchourron und Eugenio Bulygin, E. Garzon-Valdez/W. Krawietz/G.H. von Wright/R. Zimmerling [Hg.], Berlin 1997, S. 235-250
- Die Institutionalisierung der Menschenrechte im demokratischen Verfassungsstaat, in: Philosophie der Menschenrechte, S. Gosepath/G. Lohmann [Hg.], Frankfurt am Main 1998, S. 244-264
- Grundrechte, in: Enzyklopädie Philosophie, Bd. 1, H. J. Sandkühler [Hg.], Hamburg 1999, S. 525-529
- The Institutionalization of Reason, in: The Law in Philosophical Perspectives. My Philosophy of Law, L. J. Wintgens [Hg.], Dordrecht/Boston/London 1999, S. 23-45
- Grundrechtsnorm und Grundrecht, in: Politische Herrschaftsstrukturen und Neuer Konstitutionalismus. Iberoamerika und Europa in rechtsvergleichender Perspektive, W. Krawietz/E. G. Valdés/A. Squella [Hg.], Berlin 2000, S. 101-115
- Zur Struktur der Rechtsprinzipien, in: Regeln, Prinzipien und Elemente im System des Rechts, B. Schilcher/P. Koller/B.-C. Funk [Hg.], Wien 2000, S. 31-52
- Die Abwägung in der Rechtsanwendung, in: Jahresbericht des Institutes für Rechtswissenschaften an der Meiji Gakuin Universität 17 (2001), S. 69-83
- Kollision und Abwägung als Grundprobleme der Grundrechtsdogmatik, in: Festschrift for 80th Birthday of Naoki Kobayashi, Korean Branch on International Association of Constitutional Law [Hg.], World Constitutional Law Review 6 (2001), S. 181-207
- Zur Entwicklung der Grund- und Menschenrechte in Deutschland, in: Christiana Albertina 54 (2002), S. 6-18
- Verfassungsrecht und einfaches Recht – Verfassungsgerichtsbarkeit und Fachgerichtsbarkeit, in: VVDStRL 61 (2002), S. 7-33
- Postscript, in: R. Alexy, A Theory of Constitutional Rights, übers. von J. Rivers, Oxford 2002, S. 388-425
- Die Gewichtsformel, in: Gedächtnisschrift für Jürgen Sonnenschein, J. Jickeli/ P. Kreutz/D. Reuter [Hg.], Berlin 2003, S. 771-792
- On Balancing and Subsumtion. A Structural Comparison, in: Ratio Juris 16 (2003), S. 433-449
- Menschenrechte ohne Metaphysik?, in: DZPhil 52 (2004), S. 15-24

Alexy, R./Dreier, R., Precedent in the Federal Republic of Germany, in: Interpreting Precedents. A Comparative Study, D. N. MacCormick/R. S. Summers [Hg.], Aldershot/Brookfield/Singapur/Sydney, S. 17-64

Alexy, R./Peczenik, A., The Concept of Coherence and Its Significance for Discoursive Rationality, in: Ratio Juris 3 (1990), S. 130-147

Alternativkommentar zum Grundgesetz für die Bundesrepublik Deutschland, E. Denninger/H. Ridder/H. Simon/E. Stein [Hg.], 2. Aufl., Bd. 1: Art. 1-37 GG, Neuwied 1989

- 3. Aufl., Bd. 1-3, E. Denninger/W. Hoffmann-Riem/H.-P. Schneider/E. Stein [Hg.], Neuwied, Loseblattsammlung: Stand August 2002

Anschütz, G., Die Verfassung des Deutschen Reiches vom 11. August 1919, 14. Aufl., Berlin 1933

Arango, R., ¿Hay respuestas correctas en el derecho?, Bogotá 1999
- Der Begriff der sozialen Grundrechte, Baden-Baden 2001

Aristoteles, Nikomachische Ethik, in: Aristoteles. Werke in deutscher Übersetzung, Bd. 6, E. Grumach [Begr.]/H. Flashar [Hg.], übers. von F. Dirlmeier, 8. Aufl., Berlin 1983

von Arnauld, A., Die Freiheitsrechte und ihre Schranken, Baden-Baden 1999
- Die normtheoretische Begründung des Verhältnismäßigkeitsgrundsatzes, in: JZ 2000, S. 276-280

Arndt, H.-W., Ungleichheit im Unrecht?, in: Rechtsfragen im Spektrum des Öffentlichen. Mainzer Festschrift für Hubert Armbruster, F. Burkei/D.-M. Polter [Hg.], Berlin 1976, S. 233-251

von Arnim, H. H., Staatslehre der Bundesrepublik Deutschland, München 1984

Arnold, W., Cultur und Recht der Römer, Berlin 1868

Austin, J., Lectures on Jurisprudence or the Philosophy of Positive Law, 5. Aufl., London 1861

Bachof, O., Freiheit des Berufs, in:, Die Grundrechte, Bd. 3, Teilbd. 1, K. A. Bettermann/H. C. Nipperdey/U. Scheuner [Hg.], Berlin 1958, S. 155-265
- Die Rechtsprechung des Bundesverwaltungsgerichts (BVerwGE Band 4-12), in: JZ 1962, S. 399-404

Badura, P., Das Prinzip der sozialen Grundrechte und seine Verwirklichung im Recht der Bundesrepublik Deutschland, in: Der Staat 14 (1975), S. 17-48
- Die verfassungsrechtliche Pflicht des gesetzgebenden Parlaments zur „Nachbesserung" von Gesetzen, in: Staatsorganisation und Staatsfunktionen im Wandel, Festschrift für Kurt Eichenberger, G. Müller et al. [Hg.], Basel/Frankfurt am Main 1982, S. 481-492
- Persönlichkeitsrechtliche Schutzpflichten des Staates im Arbeitsrecht, in: Sozialpartnerschaft in der Bewährung. Festschrift für Karl Molitor zum 60. Geburtstag, F. Gamillscheg/B. Rüthers/E. Stahlhacke [Hg.], München 1988, S. 1-18
- Die Verfassung im Ganzen der Rechtsordnung und die Verfassungskonkretisierung durch Gesetz, in: Handbuch des Staatsrechts der Bundesrepublik Deutschland, Bd. 7, J. Isensee/P. Kirchhof [Hg.], Heidelberg 1992, S. 165-188
- Staatsrecht, 3. Aufl., München 2003

Bäuerle, M., Vertragsfreiheit und Grundgesetz. Normativität und Faktizität individueller Vertragsfreiheit in verfassungsrechtlicher Perspektive, Baden-Baden 2001

Baier, K., The Moral Point of View, Ithaca/London 1958

Bamberger, C., Verfassungswerte als Schranken vorbehaltloser Freiheitsgrundrechte, Frankfurt am Main et al. 1999
- Vorbehaltlose Grundrechte unter staatlichem Vorbehalt? Zur Auflösung eines grundrechtsdogmatischen Paradoxons, in: Der Staat 39 (2000), S. 355-379

Bartolus (a Saxo Ferrato), Commentaria In Primam Digesti Novi Partem, Venetien 1580

Bartlsperger, R., Das Abwägungsgebot in der Verwaltung als objektives und individualrechtliches Erfordernis konkreter Verhältnismäßigkeit, in: Abwägung im Recht, W. Erbguth et al., Köln/Berlin/Bonn/München 1996, S. 79-108

Benda, E., Die Menschenwürde, in: Handbuch des Verfassungsrechts der Bundesrepublik Deutschland, ders./W. Maihofer/H.-J. Vogel [Hg.], 2. Aufl., Berlin/New York 1994, S. 161-190

Berg, W., Keine Gleichheit im Unrecht?, in: JuS 1980, S. 418-422

Berka, W., Die Gesetzesvorbehalte der Europäischen Menschenrechtskonvention, in: Österreichische Zeitschrift für Öffentliches Recht und Völkerrecht 37 (1986), S. 71-100

Bernal Pulido, C., The Structure and the Limits of Balancing, in: Proceedings of the 21st IVR World Congress, Part 2: Law and Practice, S. Eng [Hg.], Stuttgart 2005, S. 79-84

Berlin, I., Introduction, in: ders., Four Essays on Liberty, Oxford/New York 1969, S. ix-lxiii

– Two Concepts of Liberty, in: ders., Four Essays on Liberty, Oxford/New York 1969, S. 118-172

Bethge, H., Rechtsschutzprobleme eines rundfunkspezifischen Pluralismus, in: UFITA 81 (1978), S. 75-96

– Grundrechtsverwirklichung und Grundrechtssicherung durch Organisation und Verfahren, in: NJW 1982, S. 1-7

– Aktuelle Probleme der Grundrechtsdogmatik, in: Der Staat 24 (1985), S. 351-382

– Die rechtliche Ordnung des Rundfunks und sein Verhältnis zu anderen Medien, in: DVBl. 1986, S. 859-868

– Der Grundrechtseingriff, in: VVDStRL 57 (1998), S. 7-56

Bettermann, K. A., Grenzen der Grundrechte, Berlin 1968

Bieback, K.-J., Sozialstaatsprinzip und Grundrechte, in: EuGRZ 1985, S. 657-669

Blaesing, H., Grundrechtskollisionen, Diss. iur., Bochum 1974

Blankenagel, A., Gentechnologie und Menschenwürde, in: KJ 20 (1987), 379-393

Bleckmann, A., Neue Aspekte der Drittwirkung der Grundrechte, in: DVBl. 1988, S. 938-946

– Staatsrecht I – Staatsorganisationsrecht, Köln/Berlin/Bonn/München 1993

– Begründung und Anwendungsbereich des Verhältnismäßigkeitsprinzips, in: JuS 1994, S. 177-183

– Die Struktur des allgemeinen Gleichheitssatzes, Köln/Berlin/Bonn/München 1995

– Staatsrecht II – Die Grundrechte, 4. Aufl., Köln/Berlin/Bonn/München 1997

Bleckmann, A./Eckhoff, R., Der „mittelbare" Grundrechtseingriff, in: DVBl. 1988, S. 373-382

Blomeyer, K., Hat der Bauer Eigentum am Erbhof?, in: Festschrift für Rudolf Hübner, Rechts- und Wirtschaftswissenschaftliche Fakultät der Universität Jena [Hg.], Jena 1935, S. 92-109

Bock, B., Umweltschutz im Spiegel von Verfassungsrecht und Verfassungspolitik, Berlin 1990

Böckenförde, E.-W., Grundrechtstheorie und Grundrechtsinterpretation, in: NJW 1974, S. 1529-1538
- Die sozialen Grundrechte im Verfassungsgefüge, in: ders., Staat, Verfassung, Demokratie, 2. Aufl., Frankfurt am Main 1992, S. 146-158
- Grundrechte als Grundsatznormen, in: ders., Staat, Verfassung, Demokratie, 2. Aufl., Frankfurt am Main 1992, S. 159-199
- Schutzbereich, Eingriff, Verfassungsimmanente Schranken. Zur Kritik gegenwärtiger Grundrechtsdogmatik, in: Der Staat 42 (2003), S. 165-192
- Wie werden in Deutschland die Grundrechte im Verfassungsrecht interpretiert?, in: EuGRZ 2004, S. 598-603

Böhmer, W., Grundfragen der verfassungsrechtlichen Gewährleistung des Eigentums in der Rechtsprechung des Bundesverfassungsgerichts, in: NJW 1988, S. 2561-2574

Bolz, M., Das Verhältnis von Schutzgut und Schranken der Grundrechte, Zürich 1991

Bonner Kommentar zum Grundgesetz, Bd. 1-4, R. Dolzer/K. Vogel/K. Graßhoff [Hg.], Heidelberg, Loseblattsammlung: 120. Lieferung, Stand Dezember 2005

de Boor, H. O., Methodisches zur Dogmatik und Rechtsvergleichung, in: AcP 141 (1935), S. 265-279

Borowski, M., Prinzipien als Grundrechtsnormen, in: ZÖR 53 (1998), S. 307-335
- Intendiertes Ermessen, in: DVBl. 2000, S. 149-220
- La restricción de los derechos fundamentales, in: Revista Española de Derecho Constitucional 20 (2000), S. 29-56
- Discourse Theory in International Law – Human Rights Through Discourse, in: German Yearbook of International Law 44 (2001), S. 38-71
- Der Grundrechtsschutz des religiösen Selbstverständnisses, in: Religion und Weltanschauung im säkularen Staat, A. Haratsch et al. [Hg.], Stuttgart et al. 2001, S. 49-80
- Grundrechtliche Leistungsrechte, in: JöR 50 (2002), S. 301-329
- La Estructura de los Derechos Fundamentales, Bogotá 2003
- Die Lehre vom Stufenbau des Rechts nach Adolf Julius Merkl, in: Hans Kelsen. Staatsrechtslehrer und Rechtstheoretiker des 20. Jahrhunderts, S. L. Paulson/M. Stolleis [Hg.], Tübingen 2005, S. 122-159
- Die Glaubens- und Gewissensfreiheit des Grundgesetzes, Tübingen 2006
- Abwehrrechte als Prinzipien, Ms. 2006 (im Erscheinen)

Bracker, S., Kohärenz und juristische Interpretation, Baden-Baden 2000

Brenner, M., Grundrechtsschranken und Verwirkung von Grundrechten, in: DÖV 1995, S. 60-66

Breuer, R., Grundrechte als Anspruchsnormen, in: Verwaltungsrecht zwischen Freiheit, Teilhabe und Bindung, Festgabe aus Anlaß des 25-jährigen Bestehens des Bundesverwaltungsgerichts, O. Bachof/L. Heigl/K. Redeker [Hg.], München 1978, S. 89-119

Brinkmann, K., Grundrechts-Kommentar zum Grundgesetz, Bonn, Loseblattsammlung: Stand Dez. 1960

Brohm, W., Soziale Grundrechte und Staatszielbestimmungen in der Verfassung, in: JZ 1994, S. 213-220

Brożek, B., Defeasibility in Legal Reasoning, Krakau 2004
- Law, Defeasibility and Logical Consequence, in: Law and Practice, S. Eng [Hg.], Stuttgart 2005, S. 69-78

Brugger, W., Rundfunkfreiheit und Verfassungsinterpretation, Heidelberg 1991
- Darf der Staat ausnahmsweise foltern?, in: Der Staat 35 (1996), S. 67-97

Brunner, G., Die Problematik der sozialen Grundrechte, Tübingen 1971

Bryde, B.-O., Programmatik und Normativität der Grundrechte, in: Handbuch der Grundrechte in Deutschland und Europa, Bd. 1, D. Merten/H. J. Papier [Hg.], Heidelberg 2004, S. 679-706

Buchwald, D., The Rule of Law: A Complete and Consistent Set of (Legal) Norms?, in: Rule of Law – Political and Legal Systems in Transition, W. Krawietz/E. Pattaro/A. Erh-Soon Tay [Hg.], Berlin 1997, S. 155-160

Bulygin, E., Das Problem der Normenlogik, in: Institution und Recht, P. Koller/W. Krawietz/P. Strasser [Hg.], Berlin 1994, S. 35-50

Bumke, C., Der Grundrechtsvorbehalt. Untersuchung über die Begrenzung und Ausgestaltung der Grundrechte, Baden-Baden 1998

Burgi, M., Erholung in freier Natur, Berlin 1993
- Das Grundrecht der freien Persönlichkeitsentfaltung durch einfaches Gesetz, in: ZG 9 (1994), S. 341-366

Burmeister, J., Grundgesetzliche Verfahrensstrukturierungsgebote komplexer Verwaltungsentscheidungen, in: Jahrbuch des Umwelt- und Technikrechts 1988, R. Breuer et al. [Hg.], Düsseldorf 1988, S. 121-159

Bydlinski, F., Die „Elemente" des Beweglichen Systems: Beschaffenheit, Verwendung und Ermittlung, in: Regeln, Prinzipien und Elemente im System des Rechts, B. Schilcher/P. Koller/B.-C. Funk [Hg.], Wien 2000, S. 9-29

Calliess, C., Die Justitiabilität des Art. 72 Abs. 2 GG vor dem Hintergrund von kooperativem und kompetitivem Föderalismus, in: DÖV 1997, S. 889-899

Canaris, C.-W., Systemdenken und Systembegriff in der Jurisprudenz, 2. Aufl., Berlin 1983
- Grundrechte und Privatrecht, in: AcP 184 (1984), S. 201-246
- Grundrechtswirkungen und Verhältnismäßigkeitsprinzip in der richterlichen Anwendung und Fortbildung des Privatrechts, in: JuS 1989, S. 161-172

Chang, C.-Y., Zur Begründung und Problematik der objektiven Dimension der Grundrechte, Frankfurt am Main et al. 2000

Christie, G.C., The Model of Principles, in: Duke Law Journal 1968, S. 649-669

Classen, C.D., Die Ableitung von Schutzpflichten des Gesetzgebers aus Freiheitsrechten – ein Vergleich von deutschem und französischem Verfassungsrecht sowie der Europäischen Menschenrechtskonvention, in: JöR 36 (1987), S 29-48

Clérico, L., Die Struktur der Verhältnismäßigkeit, Baden-Baden 2001

Cornils, M., Die Ausgestaltung der Grundrechte. Untersuchungen zur Grundrechtsbindung des Ausgestaltungsgesetzgebers, Tübingen 2005

Cosack, K., Lehrbuch des Deutschen bürgerlichen Rechts, Bd. 2, 1./2. Auflage, Jena 1900

Cremer, W., Freiheitsgrundrechte. Funktionen und Strukturen, Tübingen 2003
Crome, C., System des Deutschen Bürgerlichen Rechts, Bd. 1, Tübingen/Leipzig 1900
– System des Deutschen Bürgerlichen Rechts, Bd. 3, Tübingen 1905
Currie, D.P., Positive und negative Grundrechte, in: AöR 11 (1986), S. 230-252
Dahm, G., Deutsches Recht, 2. Aufl., Stuttgart 1963
Dannbeck, S., Freiheit der Persönlichkeit im nationalsozialistischen Gemeinschaftsstaat, in: Nationalsozialistisches Handbuch für Recht und Gesetzgebung, H. Frank [Hg.], 2. Aufl., München 1935, S. 427-452
Dechsling, R., Das Verhältnismäßigkeitsgebot, München 1989
Degenhart, C., Kernenergierecht, Köln/Berlin/Bonn/München 1981
– Technischer Fortschritt und Grundgesetz: Friedliche Nutzung der Kernenergie, in: DVBl. 1983, S. 926-936
– Staatsrecht I – Staatsorganisationsrecht, 21. Aufl., Heidelberg 2005
Delbrück, J., Quo vadis Bundesverfassungsgericht?, in:, Recht im Dienst des Friedens, Festschrift für Eberhard Menzel, ders./K. Ipsen/D. Rauschning [Hg.]Berlin 1975, S. 83-105
Denninger, E., Staatliche Hilfen zur Grundrechtsausübung durch Verfahren, Organisation und Finanzierung, in: Handbuch des Staatsrechts der Bundesrepublik Deutschland, Bd. 5, J. Isensee/P. Kirchhof [Hg.], Heidelberg 1992, S. 291-319
Dernburg, H., Das bürgerliche Recht des Deutschen Reichs und Preußens, Bd. 1, Halle 1902
– Pandekten, Bd. 1, 7. Aufl., Berlin 1902
Deutscher Bundestag/Bundesarchiv [Hg.]: Der Parlamentarische Rat 1948-1949. Akten und Protokolle, Bd. 2: Der Verfassungskonvent auf Herrenchiemsee, K. G. Wernicke/H. Booms [Hg.], bearb. von P. Bucher, Boppard am Rhein 1981
– Bd. 5/1: Ausschuß für Grundsatzfragen, R. Schick/F. P. Kahlenberg [Hg.], bearb. von E. Pikart/W. Werner, Boppard am Rhein 1993
Dicke, D. C., Der allgemeine Gleichheitssatz und die Selbstbindung der Verwaltung, in: VerwArch 59 (1968), S. 293-310
Dietlein, J., Die Lehre von den grundrechtlichen Schutzpflichten, Berlin 1992
– Das Untermaßverbot, in: ZG 10 (1995), S. 131-141
– Das Feiertagsrecht in Zeiten des religiösen Wandels, in: Kirche und Religion im sozialen Rechtsstaat. Festschrift für Wolfgang Rüfner zum 70. Geburtstag, S. Muckel [Hg.], Berlin 2003, S. 131-146
Di Fabio, U., Risikoentscheidungen im Rechtsstaat, Tübingen 1994
– Rechtsfragen zu unerkannten Gesundheitsrisiken elektromagnetischer Felder, in: DÖV 1995, S. 1-9
Dilcher, G./Kern, B.R., Die juristische Germanistik des 19. Jahrhunderts und die Fachtradition der deutschen Rechtsgeschichte, in: ZRG Germ. Abt. 101 (1984), S. 1-46
Dirnberger, F., Recht auf Naturgenuß und Eingriffsregelung, Berlin 1991
Dölle, H., Das bürgerliche Recht im nationalsozialistischen deutschen Staat, in: Schmollers Jb. 57 (1933), S. 649-676

Dolde, K.-P., Grundrechtsschutz durch einfaches Verfahrensrecht?, in: NVwZ 1982, S. 65-71
Dolderer, M., Objektive Grundrechtsgehalte, Berlin 2000
Donellus, H., Opera omnia, Bd. 2, Lucae 1763
Dreier, H., Subjektiv-rechtliche und objektiv-rechtliche Grundrechtsgehalte, in: Jura 1994, S. 505-513
– Grundgesetz Kommentar, Bd. 1: Präambel, Art. 1-20 GG, 1. Aufl., Tübingen 1996
– Grundgesetz Kommentar, Bd. 2: Art. 20-82 GG, 1. Aufl., Tübingen 1998
– Grundgesetz Kommentar, Bd. 1: Präambel, Art. 1-20 GG, 2. Aufl., Tübingen 2004
Dreier, R., Zum Begriff der „Natur der Sache", Berlin 1965
– Zur Problematik und Situation der Verfassungsinterpretation, in: Recht, Moral, Ideologie, R. Dreier [Hg.], Frankfurt am Main 1981, S. 106-145
– Der Rechtsstaat im Spannungsverhältnis zwischen Gesetz und Recht, in: JZ 1985, S. 353-359
– Der Begriff des Rechts, in: NJW 1986, S. 890 896
Drews, C., Die Wesensgehaltsgarantie des Art. 19 II GG, Baden-Baden 2005
Dürig, G., Der Grundrechtssatz von der Menschenwürde, in: AöR 81 (1956), S. 117-157
– Art. 2 des Grundgesetzes und die Generalermächtigung zu allgemeinpolizeilichen Maßnahmen, in: AöR 79 (1970), S. 57-86
Dworkin, R., Does Law Have a Function, in: The Yale Law Journal 74 (1965), S. 641-651
– Taking Rights Seriously, Cambridge/Mass. 1978
– Law's Empire, London 1986
Eckhoff, R., Der Grundrechtseingriff, Köln/Berlin/Bonn/München 1992
Eckhoff, T./Sundby, N. K., Rechtssysteme, Berlin 1988
Ehrlich, E., Grundlegung der Soziologie des Rechts, München/Leipzig 1913
Eiberle-Herm, V., Gentechnologie und Parlamentsvorbehalt, in: NuR 1990, S. 204-207
Eichhorn, K. F., Einleitung in das deutsche Privatrecht, 3. Aufl., Göttingen 1829
Eichler, H., Institutionen des Sachenrechts, Bd. 1, Berlin 1954
Emmerich-Fritsche, A., Der Grundsatz der Verhältnismäßigkeit als Direktive und Schranke der EG-Rechtsetzung, Berlin 2000
Endemann, F., Lehrbuch des Bürgerlichen Rechts, Bd. 2, 8./9. Aufl., Berlin 1905
Endemann, F./Gareis, C., Einführung in das Studium des Bürgerlichen Gesetzbuchs für das Deutsche Reich, Erster und Zweiter Theil, Berlin 1896
Enderlein, W., Abwägung in Recht und Moral, Freiburg/München 1992
Enders, C., Neubegründung des öffentlich-rechtlichen Nachbarschutzes aus der grundrechtlichen Schutzpflicht?, in: AöR 115 (1990), S. 610-636
Engel, C., Die Schranken in der Europäischen Menschenrechtskonvention, in: Österreichische Zeitschrift für Öffentliches Recht und Völkerrecht 37 (1986), S. 261-287
Engisch, K., Logische Studien zur Gesetzesanwendung, 3. Aufl., Heidelberg 1963
– Die Idee der Konkretisierung in Recht und Rechtswissenschaft unserer Zeit, 2. Aufl., Heidelberg 1968

Englisch, L., Die verfassungsrechtliche Gewährleistung kommunalen Eigentums im Geltungskonflikt von Bundes- und Landesverfassung, Berlin 1994

Enneccerus, L./Nipperdey, H. C., Allgemeiner Teil des Bürgerlichen Rechts, Bd. 1, 2. Halbbd., 15 Aufl., Tübingen 1960

Erichsen, H.-U., Zur Verfassungswidrigkeit der lebenslangen Freiheitsstrafe, in: NJW 1976, S. 1721-1726
- Die Verfassungsbeschwerde, in: ders. [Hg.], Jura Extra – Studium und Examen, 2. Aufl., Berlin/New York 1983, S. 214-244
- Allgemeine Handlungsfreiheit, in: Handbuch des Staatsrechts für die Bundesrepublik Deutschland, Bd. 6, J. Isensee/P. Kirchhof [Hg.], Heidelberg 1989, S. 1185-1220
- Das Verwaltungshandeln, in: Allgemeines Verwaltungsrecht, H.-U. Erichsen/ W. Martens [Hg.], 12. Aufl., Berlin 2002, S. 229-475

Erman, W. [Begr.], Handkommentar zum Bürgerlichen Gesetzbuch, hrsg. von H. P. Westermann, Bd. 1 und 2, 8. Aufl., München 1989
- Handkommentar zum Bürgerlichen Gesetzbuch, hrsg. von H. P. Westermann, Bd. 1, 11. Aufl., Münster/Köln 2004

Esser, J., Grundsatz und Norm in der richterlichen Fortbildung des Privatrechts, 3. Aufl., Tübingen 1974

Fechner, E., Die soziologische Grenze der Grundrechte, Tübingen 1954

Feinberg, J., Freedom and Liberty, in: Routledge Encyclopedia of Philosophy, Bd. 3, E. Craig [Gen. Hg.], London/New York 1998, S. 753-757

Fischer H. A., Soziale Organismen, in: Festschrift für Rudolf Hübner, Rechts- und Wirtschaftswissenschaftliche Fakultät der Universität Jena [Hg.], Jena 1935, S. 50-62

Flessner, A., Juristische Methode und europäisches Privatrecht, in: JZ 2002, S. 14-23

Floren, D., Grundrechtsdogmatik im Vertragsrecht, Berlin 1999

Fluck, J., Grundrechtliche Schutzpflichten und Gentechnik, in: UPR 1990, S. 81-86

Forsthoff, E., Der totale Staat, 2. Aufl., Hamburg 1933
- Der Neubau der kommunalen Selbstverwaltung in Preußen, in: DJZ 1934, S. 308-311
- Begriff und Wesen des sozialen Rechtsstaats, in: VVDStRL 12 (1954), S. 8-36
- Zur heutigen Situation einer Verfassungslehre, in: Epirrhosis. Festgabe für Carl Schmitt, H. Barion et al. [Hg.], Berlin 1968, S. 185-211
- Der Staat in der Industriegesellschaft, 2. Aufl., München 1971
- Deutsche Verfassungsgeschichte der Neuzeit, 4. Aufl, Stuttgart/Berlin/Köln/Mainz 1972

Frege, G., Die Verneinung, in: ders., Logische Untersuchungen, hrsg. von G. Patzig, 3. Aufl., Göttingen 1986, S. 54-71

Freihalter, G. U., Gewissensfreiheit. Aspekte eines Grundrechts, Berlin 1973

Friauf, K. H./Höfling, W. [Hg.], Berliner Kommentar zum Grundgesetz, Berlin, Loseblattsammlung: 15. Lieferung, Stand April 2006

Frommel, M., Männliche Gerechtigkeitsmathematik versus weiblicher Kontextualismus?, in: Rechts- und Sozialphilosophie heute, R. Alexy/R. Dreier/U. Neumann [Hg.], Stuttgart 1991, S. 82-95

Frowein, J. A./Peukert, W., Europäische Menschenrechtskonvention. EMRK-Kommentar, 2. Aufl., Kehl/Straßburg/Arlington 1996

Gallwas, H. U., Der Mißbrauch von Grundrechten, Berlin 1967
- Faktische Beeinträchtigungen im Bereich der Grundrechte, Berlin 1970

Gassner, U. M., Fragen der baurechtlichen Zulässigkeit von Mobilfunksendeanlagen, in: NVwZ 1993, S. 1045-1053

Geddert-Steinacher, T., Menschenwürde als Verfassungsbegriff, Berlin 1990

Geiger, W., Diskussionsbeitrag, in: Der Gleichheitssatz im modernen Verfassungsleben, C. Link [Hg.], Baden-Baden 1982, S. 100-102

Geis, M.-E., Der Kernbereich des Persönlichkeitsrechts, in: JZ 1991, S. 112-117

Gellermann, M., Grundrechte im einfachgesetzlichen Gewande. Untersuchung zur normativen Ausgestaltung der Freiheitsrechte, Tübingen 2000

Gentz, M., Zur Verhältnismäßigkeit von Grundrechtseingriffen, in: NJW 1968, S. 1600-1607

Georgiades, A., Eigentumsbegriff und Eigentumsverhältnis, in: Beiträge zur europäischen Rechtsgeschichte und zum geltenden Zivilrecht. Festgabe für Johannes Sontis, F. Baur et al. [Hg.], München 1977, S. 149-166

Gerber, C. F. W., Grundzüge des Deutschen Staatsrechts, 3. Aufl., Leipzig 1880

Gerber, H., Die weltanschaulichen Grundlagen des Staates, Stuttgart 1930

Gersdorf, H., Parlamentsvorbehalt versus Gesetzesvorbehalt, in: DÖV 1990, S. 514-517

von Gierke, O., Das deutsche Genossenschaftsrecht, Bd. 1, Berlin 1868
- Das deutsche Genossenschaftsrecht, Bd. 2, Berlin 1873
- Das deutsche Genossenschaftsrecht, Bd. 3, Berlin 1881
- Das deutsche Genossenschaftsrecht, Bd. 4, Berlin 1913
- Labands Staatsrecht und die deutsche Rechtswissenschaft, in: Schmollers Jb. 7 (1883), S. 1097-1195
- Die Genossenschaftstheorie und die Deutsche Rechtsprechung, Berlin 1887
- Die soziale Aufgabe des Privatrechts, Berlin 1889
- Deutsches Privatrecht, Bd. 2, Leipzig 1905
- Recht und Sittlichkeit, in: Logos 6 (1916/17), S. 211-264

Gilligan, C., In a Different Voice, Cambridge, Mass./London 1982

Goerlich, H., Grundrechte als Verfahrensgarantien, Baden-Baden 1981
- Nachbarschutz durch Verfahrensrechte, in: DÖV 1982, S. 631-639

Götz, V., Das Grundrecht auf Rechtsanwendungsgleichheit und der verwaltungsgerichtliche Rechtsschutz, in: DVBl. 1968, S. 93-97
- Über die „Gleichheit im Unrecht", in: Verwaltungsrecht zwischen Freiheit, Bindung und Teilhabe. Festgabe aus Anlaß des 25jährigen Bestehens des Bundesverwaltungsgerichts, O. Bachof/L. Heigl/K. Redeker [Hg.], München 1978, S. 245-259
- Der allgemeine Gleichheitssatz und die Rechtsanwendung im Verwaltungsrecht, in: NJW 1979, S. 1478-1483
- Innere Sicherheit, in: Handbuch des Staatsrechts der Bundesrepublik Deutschland, Bd. 3, J. Isensee/P. Kirchhof [Hg.], Heidelberg 1988, S. 1007-1035

Gosepath, S., Zu Begründungen sozialer Menschenrechte, in: Philosophie der Menschenrechte, S. Gosepath/G. Lohmann [Hg.], Frankfurt am Main 1998, S. 146-187

Grabenwarter, C., Europäische Menschenrechtskonvention, München/Wien 2003

Grabitz, E., Der Grundsatz der Verhältnismäßigkeit in der Rechtsprechung des Bundesverfassungsgerichts, in: AöR 98 (1973), S. 568-616

Greer, S., „Balancing" and the European Court of Human Rights: A Contribution to the Habermas-Alexy Debate, in: Cambridge Law Journal 63 (2004), S. 412-434

Greipl, C., Schadensvorsorge und „Restrisiko" im Atomrecht, in: DVBl. 1992, S. 598-601

Grimm, D., Verfahrensfehler als Grundrechtsverstöße, in: NVwZ 1985, S. 865-872

– Deutsche Verfassungsgeschichte 1776-1866, Frankfurt am Main 1988

– Rückkehr zum liberalen Grundrechtsverständnis, in: ders., Die Zukunft der Verfassung, Frankfurt am Main 1991, S. 221-240

Gröschner, R., Die Republik, in: Handbuch des Staatsrechts der Bundesrepublik Deutschland, Bd. 2, J. Isensee/P. Kirchhof [Hg.], 3. Aufl., Heidelberg 2004, S. 369-428

Gromitsaris, A., Die Unterscheidung zwischen präventivem Verbot mit Erlaubnisvorbehalt und repressivem Verbot mit Befreiungsvorbehalt, in: DÖV 1997, S. 401-409

Günther, K., Der Sinn für Angemessenheit, Frankfurt am Main 1988

Gusy, C., Auslieferung bei drohender Todesstrafe?, in: GA 1983, S. 73-83

Habermas, J., Faktizität und Geltung, Frankfurt am Main 1992

Häberle, P., Grundrechte im Leistungsstaat, in: VVDStRL 30 (1972), S. 43-141

– Die Wesensgehaltsgarantie des Artikel 19 Abs. 2 Grundgesetz, 3. Aufl., Heidelberg 1983

– Die Menschenwürde als Grundlage der staatlichen Gemeinschaft, in: Handbuch des Staatsrechts für die Bundesrepublik Deutschland, Bd. 2, J. Isensee/P. Kirchhof [Hg.], 3. Aufl., Heidelberg 2004, S. 317-367

– Rezension von R. Alexy, Die Theorie der Grundrechte, in: Der Staat 26 (1987), S. 135-141

– Grundrechte und parlamentarische Gesetzgebung im Verfassungsstaat, in: AöR 114 (1989), S. 361-390

Hailbronner, K., Die Einschränkung von Grundrechten in einer demokratischen Gesellschaft, in: Völkerrecht als Rechtsordnung – Internationale Gerichtsbarkeit – Menschenrechte. Festschrift für Hermann Mosler, R. Bernhardt et al. [Hg.], Berlin/Heidelberg/New York 1983, S. 359-385

Hain, K.-E., Der Gesetzgeber in der Klemme zwischen Übermaß- und Untermaßverbot?, in: DVBl. 1993, S. 982-984

– Das Untermaßverbot in der Kontroverse, in: ZG 11 (1996), S. 75-84

– Die Grundsätze des Grundgesetzes. Eine Untersuchung zu Art. 79 Abs. 3 GG, Baden-Baden 1999

– Ockham's Razor – ein Instrument zur Rationalisierung der Grundrechtsdogmatik?, in: JZ 2002, S. 1036-1045

Hamann, A./Lenz, H., Das Grundgesetz für die Bundesrepublik Deutschland vom 23. Mai 1949, 3. Aufl., Neuwied/Berlin 1970
Hamel, W., Deutsches Staatsrecht, Bd. 1, Berlin 1971
Hare, R. M., Moral Thinking, Oxford 1981
Hart, H. L. A., The Concept of Law, 2nd ed., Oxford 1994
Hartung, F., Deutsche Verfassungsgeschichte, 8. Aufl., Stuttgart 1964
Hausmaninger, H./Selb, W., Römisches Privatrecht, 9. Aufl., Wien/Köln/Weimar 2001
Haverkate, G., Rechtsfragen des Leistungsstaates, Tübingen 1983
Heck, P., Grundriß des Sachenrechts, Tübingen 1930
Hedemann, J. W., Sachenrecht des Bürgerlichen Gesetzbuches, 2. Aufl., Berlin/Leipzig 1924
Hegel, G. W. F., Vorlesungen über die Philosophie der Geschichte, Theorie Werkausgabe, Bd. 12, Frankfurt am Main 1970
von Heinegg, W. H./Pallas, N., Grundrechte, Neuwied 2002
Held, J., Der Grundrechtsbezug des Verwaltungsverfahrens, Berlin 1984
Helfritz, E., Otto v. Gierke und die neueste Lehre von der juristischen Staatsperson, in: RVerwBl. 1935, S. 485-490
Hellermann, J., Die sogenannte negative Seite der Freiheitsrechte, Berlin 1993
Hensel, A., Grundrechte und politische Weltanschauung, Tübingen 1931
– Die Rangordnung der Rechtsquellen insbesondere das Verhältnis von Reichs- und Landesgesetzgebung, in: Handbuch des Deutschen Staatsrechts, Bd. 2, G. Anschütz/ R. Thoma [Hg.], Tübingen 1932
Herbert, G., Der Wesensgehalt der Grundrechte, in: EuGRZ 1985, S. 321-335
Herdegen, M., Europarecht, 7. Aufl., München 2005
Hermann, M., Schutz vor Fluglärm bei der Planung von Verkehrsflughäfen im Lichte des Verfassungsrechts, Berlin 1993
Hermes, G., Das Grundrecht auf Schutz von Leben und Gesundheit, Heidelberg 1987
– Grundrechtsschutz durch Privatrecht auf neuer Grundlage?, in: NJW 1990, S. 1764-1768
Hermes, G./Walther, S., Schwangerschaftsabbruch zwischen Recht und Unrecht, in: NJW 1993, S. 2337-2347
Hermes, R., Der Bereich des Parlamentsgesetzes, Berlin 1988
Herzog, R., Grundrechte aus der Hand des Gesetzgebers, in: Festschrift für Wolfgang Zeidler, Bd. 2, W. Fürst/R. Herzog/D. C. Umbach [Hg.], S. 1415-1428
Hesse, E., Die Bindung des Gesetzgebers an das Grundrecht des Art. 2 I GG bei der Verwirklichung einer „verfassungsmäßigen Ordnung", Berlin 1968
Hesse, K., Der Gleichheitsgrundsatz im Staatsrecht, in: AöR 77 (1951/52), S. 167-224
– Bestand und Bedeutung der Grundrechte in der Bundesrepublik Deutschland, in: EuGRZ 1978, S. 427-438
– Der Gleichheitssatz in der neueren deutschen Verfassungsentwicklung, in: AöR 109 (1984), S. 174-198
– Der allgemeine Gleichheitssatz in der neueren Rechtsprechung des Bundesverfassungsgerichts zur Rechtsetzungsgleichheit, in: Wege und Verfahren des Verfassungs-

lebens. Festschrift für Peter Lerche, P. Badura/R. Scholz [Hg.], München 1993, S. 133-149
- Grundzüge des Verfassungsrechts der Bundesrepublik Deutschland, 20. Aufl., Heidelberg 1995

Heusch, A., Der Grundsatz der Verhältnismäßigkeit im Staatsorganisationsrecht, Berlin 2003

Heyde, W., Der Regelungsspielraum des Gesetzgebers bei vorbehaltlos gewährleisteten Grundrechten, in: Festschrift für Wolfgang Zeidler, Bd. 2, W. Fürst/R. Herzog/D.C. Umbach, S. 1429-1444

Hilgendorf, E., Feministische Moral- und Rechtsphilosophie, in: ARSP 80 (1994), S. 278-286

Hill, H., Das fehlerhafte Verfahren und seine Folgen im Verwaltungsrecht, Heidelberg 1986

von Hippel, E., Grenzen und Wesensgehalt der Grundrechte, Berlin 1965

Hirsch, G., Keine Gentechnik ohne Gesetz?, in: NJW 1990, S. 1445-1448

Hirschberg, L., Der Grundsatz der Verhältnismäßigkeit, Göttingen 1981

Höfling, W., Offene Grundrechtsinterpretation, Berlin 1987
- Vertragsfreiheit, Heidelberg 1991
- Das Verbot prozessualer Willkür, in: JZ 1991, S. 955-962
- Verfassungsfragen einer ökologischen Steuerreform, in: StuWi. 1992, S. 242-251
- Grundrechtstatbestand - Grundrechtsschranken - Grundrechtsschrankenschranken, in: Jura 1994, S. 169-173
- Um Leben und Tod: Transplantationsgesetzgebung und Grundrecht auf Leben, in: JZ 1995, S. 26-33
- Die Unantastbarkeit der Menschenwürde - Annäherungen an einen schwierigen Verfassungsrechtssatz, in: JuS 1995, S. 857-862

Höhn, R., Otto von Gierkes Staatslehre und unsere Zeit, Hamburg 1936

Hölder, E., Kommentar zum Allgemeinen Theil des Bürgerlichen Gesetzbuches, München 1900

Hoffmann, J., Kunstfreiheit und Sacheigentum, in: NJW 1985, S. 237-246

Hofmann, H., Rechtsfragen der atomaren Entsorgung, Stuttgart 1981
- Atomgesetz und Recht auf Leben und Gesundheit, in: BayVBl. 1983, S. 33-38
- Die versprochene Menschenwürde, in: AöR 118 (1993), S. 353-377

Holländer, P., Rechtsnorm, Logik und Wahrheitswerte, Baden-Baden 1993

Holländer, P./Knapp, V., Zur Problematik des logischen Quadrats in der deontischen Logik, in: ARSP 77 (1991), S. 396-407

Holoubek, M., Bauelemente eines grundrechtsdogmatischen Argumentationsschemas: Schutzbereich - Eingriff - Schranken, in: Allgemeinheit der Grundrechte und Vielfalt der Gesellschaft, C. Grabenwarter et al. [Hg.], Stuttgart et al. 1994, S. 61-81

Holstein, G., Von den Aufgaben und Zielen heutiger Staatsrechtswissenschaft, in: AöR 50 (1926), S. 1-40

Honneth, A., Kommunitarismus, Frankfurt am Main/New York 1993

Honsell, H., Römisches Recht, 6. Aufl., Berlin/Heidelberg/New York 2006

Hoppe, W., Die Bedeutung von Optimierungsgeboten im Planungsrecht, in: DVBl. 1992, S. 853-862
- „Ziele" und „Grundsätze" der Raumordnung und Landesplanung in normtheoretischer Sicht, in: Beiträge zur Rechtswissenschaft. Festschrift für Walter Stree und Johannes Wessels, W. Kuper/J. Welp [Hg.], Heidelberg 1993, S. 1153-1171
- „Ziele der Raumordnung und Landesplanung" und „Grundsätze der Raumordnung und Landesplanung" in normtheoretischer Sicht, in: DVBl. 1993, S. 681-687
- Das Abwägungsgebot in der Novellierung des Baugesetzbuches, in: DVBl. 1994, S. 1033-1041

Hotz, W. F., Zur Notwendigkeit und Verhältnismäßigkeit von Grundrechtseingriffen, Zürich 1977

Huber, E. R., Bedeutungswandel der Grundrechte, in: AöR 62 (1933), S. 1-98
- Verfassungsrecht des Großdeutschen Reiches, 2. Aufl., Hamburg 1937
- Deutsche Verfassungsgeschichte, Bd. 2: Der Kampf um Einheit und Freiheit 1830-1850, 3. Aufl., Stuttgart/Berlin/Köln/Mainz 1988

Huber, P. M., Grundrechtsschutz durch Organisation und Verfahren als Kompetenzproblem in der Gewaltenteilung und im Bundesstaat, München 1988
- Der Immissionsschutz im Brennpunkt modernen Verwaltungsrechts, in: AöR 114 (1989), S. 252-307
- Konkurrenzschutz im Verwaltungsrecht, Tübingen 1991

Hubmann, H., Die Methode der Abwägung, in: Festschrift für Ludwig Schnorr von Carolsfeld, H. Hubmann/H. Hübner [Hg.], Köln/Berlin/Bonn/München 1973, S. 173-197
- Güterabwägung in der Rechtsprechung des Bundesverfassungsgerichts, in: Rechtsstaat, Kirche, Sinnverantwortung. Festschrift für Klaus Obermayer, R. Bartlsperger et al. [Hg.], München 1986, S. 43-51

Hughes, G., Rules, Policy and Decision Making, in: The Yale Law Journal 77 (1968), S. 411-439

Hund, M., Staatliche Schutzpflichten statt Teilhaberechte?, in: Festschrift für Wolfgang Zeidler, Bd. 2, W. Fürst/R. Herzog/D. Umbach [Hg.], Berlin/New York 1987, S. 1445-1457

Huster, S., Rechte und Ziele, Berlin 1993
- Gleichheit und Verhältnismäßigkeit, in: JZ 1994, S. 541-549

Imboden, M., Staat und Recht, Basel/Stuttgart 1971

Ipsen, H. P., Gleichheit, in: Die Grundrechte, Bd. 2, F. L. Neumann/H. C. Nipperdey/U. Scheuner [Hg.], 2. Aufl., Berlin 1968, S. 111-198

Ipsen, J., Rechtsfolgen der Verfassungswidrigkeit von Norm und Einzelakt, Baden-Baden 1980

Isensee, J., Wer definiert die Freiheitsrechte?, Heidelberg/Karlsruhe 1980
- Verfassung ohne soziale Grundrechte, in: Der Staat 19 (1980), S. 367-384
- Das Grundrecht auf Sicherheit, Berlin/New York 1983

- Das staatliche Gewaltmonopol als Grundlage und Grenze der Grundrechte, in: Bürger-Richter-Staat, Festschrift für Horst Sendler, E. Franßen et al. [Hg.], München 1991, S. 39-63
- Das Grundrecht als Abwehrrecht und als staatliche Schutzpflicht, in: Handbuch des Staatsrechts der Bundesrepublik Deutschland, Bd. 5, J. Isensee/P. Kirchhof [Hg.], Heidelberg 1992, S. 143-241
- Der Rechtsanspruch auf einen Kindergartenplatz, in: DVBl. 1995, S. 1-9

Jahn, F.-A., Empfehlungen der Gemeinsamen Verfassungskommission zur Änderung und Ergänzung des Grundgesetzes, in: DVBl. 1994, S. 177-187

Jakobs, M. C., Der Grundsatz der Verhältnismäßigkeit, Köln/Bonn/Berlin/München 1985
- Der Grundsatz der Verhältnismäßigkeit, in: DVBl. 1985, S. 97-102

Jansen, N., Die Abwägung von Grundrechten, in: Der Staat 36 (1997), S. 27-54
- Die Struktur der Gerechtigkeit, Baden-Baden 1998
- Die Struktur des Haftungsrechts, Tübingen 2003

Jarass, H. D., Die Freiheit der Massenmedien, Baden-Baden 1978
- Die Freiheit des Rundfunks vom Staat, Berlin 1981
- Grundrechte als Wertentscheidungen bzw. objektivrechtliche Prinzipien in der Rechtsprechung des Bundesverfassungsgerichts, in: AöR 110 (1985), S. 363-397
- Das allgemeine Persönlichkeitsrecht im Grundgesetz, in: NJW 1989, S. 857-862
- Bausteine einer umfassenden Grundrechtsdogmatik, in: AöR 120 (1995), S. 345-381
- Die Grundrechte: Abwehrrechte und objektive Grundsatznormen. Objektive Grundrechtsgehalte, insbes. Schutzpflichten und privatrechtsgestaltende Wirkung, in: Festschrift 50 Jahre Bundesverfassungsgericht, Bd. 2, P. Badura/H. Dreier [Hg.], Tübingen 2001, S. 35-53

Jarass, H. D./Pieroth, B., Grundgesetz für die Bundesrepublik Deutschland: Kommentar, 3. Aufl., München 1995
- Grundgesetz für die Bundesrepublik Deutschland: Kommentar, 8. Aufl., München 2006

Jauernig, O. [Hg.], Bürgerliches Gesetzbuch Kommentar, 6. Aufl., München 1991
- Bürgerliches Gesetzbuch Kommentar, 11. Aufl., München 2004

Jellinek, G., Die Erklärung der Menschen- und Bürgerrechte, 4. Aufl., München/Leipzig 1927
- System der subjektiven öffentlichen Rechte, 2. Aufl., Tübingen 1905

Jellinek, W., Grundrechte und Gesetzesvorbehalt, in: DRZ 1 (1946), S. 4-6

Jestaedt, M., Grundrechtsentfaltung im Gesetz, Tübingen 1999

von Jhering, R., Geist des römischen Rechts auf den verschiedenen Stufen seiner Entwicklung, Bd. 1, 1. Aufl., Leipzig 1852
- Der Zweck im Recht, Bd. 1, 1. Aufl., Leipzig 1877
- Scherz und Ernst in der Jurisprudenz, Leipzig 1884

Kant, I., Die Metaphysik der Sitten, in: Kants gesammelte Schriften, hrsg. v. d. Königlich Preußischen Akademie der Wissenschaften, Bd. 6, Berlin 1907/14, S. 203-494

Kaser, M./Knütel, R., Römisches Privatrecht, 18. Aufl., München 2005

Katz, A., Staatsrecht, 16. Aufl., Heidelberg 2005

Kaufmann, E., Die Gleichheit vor dem Gesetz im Sinne des Art. 109 der Reichsverfassung, in: VVDStRL 3 (1927), S. 2-24

Kaufmann, M., Politische Gestaltungsfreiheit als Rechtsprinzip, in: Staatswissenschaften und Staatspraxis 1997, S. 161-186

Kearns, T. R., Rules, Principles and the Law, in: American Journal of Jurisprudence 18 (1973), S. 114-135

Kelsen, H., Reine Rechtslehre, 2. Aufl., Wien 1960

Kiesel, M., Die Liquidierung des Ehrenschutzes durch das BVerfG, in: NVwZ 1992, S. 1129-1137

Kirchhof, P., Der allgemeine Gleichheitssatz, in: Handbuch des Staatsrechts der Bundesrepublik Deutschland, Bd. 5, J. Isensee/P. Kirchhof [Hg.], Heidelberg 1992, S. 837-972

– Gleichheit in der Funktionenordnung, in: Handbuch des Staatsrechts der Bundesrepublik Deutschland, Bd. 5, J. Isensee/P. Kirchhof [Hg.], Heidelberg 1992, S. 973-1016

– Gleichmaß und Übermaß, in: Wege und Verfahren des Verfassungslebens. Festschrift für Peter Lerche, P. Badura/R. Scholz [Hg.], München 1993, S. 133-149

Kischel, U., Systembindung des Gesetzgebers und Gleichheitssatz, in: AöR 124 (1999), S. 174-211

Klein, E., Grundrechtliche Schutzpflicht des Staates, in: NJW 1989, S. 1633-1640

Klein, F., Bodenzuwachssteuer und Art. 14 des Grundgesetzes, in: DÖV 1973, S. 433-439

Klein, H. H., Ein Grundrecht auf saubere Umwelt?, in: Im Dienst an Recht und Staat. Festschrift für Werner Weber, H. Schneider/V. Götz [Hg.], Berlin 1974, S. 643-661

– Die grundrechtliche Schutzpflicht, in: DVBl. 1994, S. 489-497

Kloepfer, M., Grundrechtstatbestand und Grundrechtsschranken in der Rechtsprechung des Bundesverfassungsgerichts, in: Bundesverfassungsgericht und Grundgesetz. Festgabe aus Anlaß des 25-jährigen Bestehens des Bundesverfassungsgerichts, Bd. 2, C. Starck [Hg.], Tübingen 1976, S. 405-420

– Gleichheit als Verfassungsfrage, Berlin 1980

– Der Vorbehalt des Gesetzes im Wandel, in: JZ 1984, S. 685-695

– Versammlungsfreiheit, in: Handbuch des Staatsrechts für die Bundesrepublik Deutschland, Bd. 6, J. Isensee/P. Kirchhof [Hg.], Heidelberg 1989, S. 739-772

– Technikverbot durch gesetzgeberisches Unterlassen?, in: Wege und Verfahren des Verfassungslebens. Festschrift für Peter Lerche, P. Badura/R. Scholz [Hg.], München 1993, S. 755-769

– Umweltrecht, 3. Aufl., München 2004

– Leben und Würde des Menschen, in: Festschrift 50 Jahre Bundesverfassungsgericht, Bd. 2, P. Badura/H. Dreier [Hg.], Tübingen 2001, S. 77-104

Knubben, R., Der nationalsozialistische Führer- und Totalstaat in seiner Stellung zu den Weimarer Grundrechten und den individualistischen Menschenrechten, in: RVerwBl. 1934, S. 772-775

Koch, B., Prinzipientheorie der Notwehreinschränkungen, in: ZStW 104 (1992), S. 785-820

Koch, H.-J., Die Begründung von Grundrechtsinterpretationen, in: EuGRZ 1986, S. 345-361

– Zur Methodenlehre des Rechtspositivismus. Das Prinzipienargument, in: Rechtspositivismus und Wertbezug des Rechts, R. Dreier [Hg.], Stuttgart 1990, S. 152-161

– Die normtheoretische Basis der Abwägung, in: Abwägung im Recht, W. Erbguth et al. [Hg.], Köln/Berlin/Bonn/München 1996, S. 9-24

– Diskussionsbeitrag, in: Abwägung im Recht, W. Erbguth et al. [Hg.], Köln/Berlin/Bonn/München 1996, S. 49-51

– Rechtsprinzipien im Bauplanungsrecht. Zur normtheoretischen Basis der planerischen Abwägung, in: Regeln, Prinzipien und Elemente im System des Rechts, B. Schilcher/P. Koller/B.-C. Funk [Hg.], Wien 2000, S. 245-257

Koch, H.-J./Rubel, R./Heselhaus, S. M., Allgemeines Verwaltungsrecht, 3. Aufl., Neuwied 2003

Koch, H.-J./Rüßmann, H., Juristische Begründungslehre, München 1982

– Juristische Methodenlehre und analytische Philosophie, in: Rechts- und Sozialphilosophie heute, R. Alexy/R. Dreier/U. Neumann [Hg.], Stuttgart 1991, S. 186-200

Koch, T., Der Grundrechtsschutz des Drittbetroffenen, Tübingen 2000

Koellreutter, O., Grundriß der Allgemeinen Staatslehre, Tübingen 1933

– Der Deutsche Führerstaat, Tübingen 1934

– Rezension von E. Tartarin-Tarnheyden, Werdendes Staatsrecht, in: AöR 65 (1935), S. 127-128

Koenig, C., Die gesetzgeberische Bindung an den Gleichheitssatz – Eine Darstellung des Prüfungsaufbaus zur Rechtsetzungsgleichheit, in: JuS 1995, S. 313-318

König, S., Drittschutz, Berlin 1993

Kokott, J., Gleichheitssatz und Diskriminierungsverbote in der Rechtsprechung des Bundesverfassungsgerichts, in: Festschrift 50 Jahre Bundesverfassungsgericht, Bd. 2, P. Badura/H. Dreier [Hg.], Tübingen 2001, S. 127-162

Koller, P., Soziale Güter und soziale Gerechtigkeit, in: Theorien der Gerechtigkeit, H.-J. Koch/M. Köhler/K. Seelmann [Hg.], Stuttgart 1994, S. 79-104

Kopp, F., Grundrechtliche Schutz- und Förderungspflichten der öffentlichen Hand, in: NJW 1994, S. 1753-1757

Krämer, H., Die Grundlegung des Freiheitsbegriffs in der Antike, in: Freiheit. Theoretische und praktische Aspekte des Problems, J. Simon [Hg.], Freiburg/München 1977, S. 239-270

Kramer, R., Die nach dem Atomgesetz erforderliche Schadensvorsorge als Grundrechtsproblem, in: NJW 1981, S. 260-265

Kraus, R., Der Grundsatz der Verhältnismäßigkeit, Hamburg 1955

Krebs, W., Vorbehalt des Gesetzes und Grundrechte, Berlin 1975

Kriele, M., Recht – Vernunft – Wirklichkeit, Berlin 1990

Krings, G., Grund und Grenzen grundrechtlicher Schutzansprüche. Die subjektivrechtliche Rekonstruktion der grundrechtlichen Schutzpflichten und ihre Auswirkung auf die verfassungsrechtliche Fundierung des Verbrauchervertragsrechts, Berlin 2003
Kroeschell, K., Zur Lehre vom „germanischen" Eigentumsbegriff, in: Rechtshistorische Studien. Festschrift für Hans Thieme zum 70. Geburtstag, Köln/Wien 1977, S. 34-71
– Die nationalsozialistische Eigentumslehre, in: Rechtsgeschichte und Nationalsozialismus, D. Simon/M. Stolleis [Hg.], Tübingen 1989, S. 43-61
Krüger, H., Der Wesensgehalt der Grundrechte i.S. des Art. 19 GG, in: DÖV 1955, S. 597-602
– Allgemeine Staatslehre, 2. Aufl., Stuttgart/Berlin/Köln/Mainz 1966
de Lagarde, P., Deutscher Glaube. Deutsches Vaterland. Deutsche Bildung, hrsg. v. F. Daab, Jena 1914
Landsberg, E., Die Glosse des Accursius und ihre Lehre vom Eigenthum, Leipzig 1883
Larenz, K., Volksgeist und Recht, in: Zeitschrift für Deutsche Kulturphilosophie (Neue Folge des Logos) 1 (1935), S. 40-60
– Richtiges Recht, München 1979
– Methodenlehre der Rechtswissenschaft, 6. Aufl., Berlin et al. 1991
Laubinger, H.-W., Grundrechtsschutz durch Gestaltung des Verwaltungsverfahrens, in: VerwArch 73 (1982), S. 60-85
Lawrence, C., Grundrechtsschutz, technischer Wandel und Generationenverantwortung, Berlin 1989
Lehmann, H., Zur Lehre von der Verwirkung, in: JW 1936, S. 2193-2197
Leibholz, G., Die Gleichheit vor dem Gesetz, 2. Aufl., München/Berlin 1959
– Diskussionsbeitrag, in: Der Gleichheitssatz im modernen Verfassungsstaat, C. Link [Hg.], Baden-Baden 1982, S. 88-91
Leibniz, G. W., Philosophische Schriften, hrsg. von F. Gerhardt, Bd. 7, Hildesheim 1961
Leipziger Kommentar, Großkommentar zum StGB, 1. Lieferung, Einleitung, §§ 1-2, 11. Aufl., Berlin/New York 1992
– 11. Lieferung, §§ 13-14, 11. Aufl., Berlin/New York 1993
Leisner, W., Begriffliche Grenzen verfassungsrechtlicher Meinungsfreiheit, in: UFITA 37 (1962), S. 129-151
– Der Gleichheitssatz, Berlin 1980
– Eigentum, in: Handbuch des Staatsrechts der Bundesrepublik Deutschland, Bd. 6, J. Isensee/P. Kirchhof [Hg.], Heidelberg 1989, S. 1023-1098
– Der Abwägungsstaat. Verhältnismäßigkeit als Gerechtigkeit?, Berlin 1997
Lerche, P., Übermaß und Verfassungsrecht, 2. Aufl., Köln/Berlin/Bonn/München 1999
– Verfassungsrechtliche Zentralfragen des Arbeitskampfes, Bad Homburg v. d. H./Berlin/Zürich 1968
– Grundrechtlicher Schutzbereich, Grundrechtsprägung und Grundrechtseingriff, in: Handbuch des Staatsrechts der Bundesrepublik Deutschland, Bd. 5, J. Isensee/P. Kirchhof [Hg.], Heidelberg 1992, S. 739-773
– Grundrechtsschranken, in: Handbuch des Staatsrechts der Bundesrepublik Deutschland, Bd. 5, J. Isensee/P. Kirchhof [Hg.], Heidelberg 1992, S. 775-804

Liver, P., Eigentumsbeschränkung und Eigentumsordnung, in: Gedenkschrift für Franz Gschnitzer, C. Faistenberger/H. Mayrhofer [Hg.], Aalen 1969, S. 247-264

Löbe, K., Der Grundsatz der Gewaltenteilung im deutschen Verfassungsleben, Diss. iur., Kiel 1936

Loebenstein, E., Die Behandlung des österreichischen Grundrechtskataloges durch das Expertenkollegium zur Neuordnung der Grund- und Menschrechte, in: EuGRZ 1985, S. 365-400

Löffler, S., Parlamentsvorbehalt im Kernenergierecht, Baden-Baden 1985

Löw, K., Ist die Würde des Menschen im Grundgesetz eine Anspruchsgrundlage, in: DÖV 1958, S. 516-520

Lorenz, D., Der grundrechtliche Anspruch auf effektiven Rechtsschutz, in: AöR 105 (1980), S. 623-649

− Recht auf Leben und körperliche Unversehrtheit, in: Handbuch des Staatsrechts der Bundesrepublik Deutschland, Bd. 6, J. Isensee/P. Kirchhof [Hg.], Heidelberg 1989, S. 3-39

− Wissenschaft darf nicht alles! Zur Bedeutung der Rechte anderer als Grenze grundrechtlicher Gewährleistung, in: Wege und Verfahren des Verfassungslebens. Festschrift für Peter Lerche, P. Badura/R. Scholz [Hg.], München 1993, S. 267-280

Lorz, R. A., Modernes Grund- und Menschenrechtsverständnis und die Philosophie der Freiheit Kants, Stuttgart et al. 1993

Losch, B., Wissenschaftsfreiheit, Wissenschaftsschranken, Wissenschaftsverantwortung, Berlin 1993

Loschelder, W., Der Islam und die religionsrechtliche Ordnung des Grundgesetzes, in: Essener Gespräche 20 (1986), S. 149-176

Lubberger, A., Eigentumsdogmatik, Baden-Baden 1995

Lübbe-Wolff, G., Die Grundrechte als Eingriffsabwehrrechte, Baden-Baden 1988

Lücke, J., Die Grundsätze der Verhältnismäßigkeit und der Zumutbarkeit, in: DÖV 1974, S. 769-771

− Soziale Grundrechte als Staatszielbestimmungen und Gesetzgebungsaufträge, in: AöR 107 (1982), S. 15-60

− Der additive Grundrechtseingriff sowie das Verbot der übermäßigen Gesamtbelastung des Bürgers, in: DVBl. 2001, S. 1469-1478

Maaß, R., Die neuere Rechtsprechung des BVerfG zum allgemeinen Gleichheitssatz, in: NVwZ 1988, S. 14-21

MacIntyre, A., Ist Patriotismus eine Tugend?, in: Kommunitarismus, A. Honneth [Hg.], Frankfurt am Main/New York 1993

Mahrenholz, E. G., Freiheit der Kunst, in: Handbuch des Verfassungsrechts der Bundesrepublik Deutschland, E. Benda/W. Maihofer/H.-J. Vogel [Hg.], 2. Aufl., Berlin/New York 1994, S. 1289-138

von Mangoldt, H., Die Grundrechte, in: DÖV 1949, S. 261-263

− Grundrechte und Grundfragen des Bonner Grundgesetzes, in: AöR 75 (1949), S. 273-290

− Das Bonner Grundgesetz, Berlin/Frankfurt am Main 1953

von Mangoldt, H./Klein, F., Das Bonner Grundgesetz, 2. Aufl., Bd. 1: Präambel, Art. 1-28 GG, Berlin/Frankfurt am Main 1957
von Mangoldt, H./Klein, F./Starck, C., Das Bonner Grundgesetz, 3. Aufl., Bd. 1: Präambel, Art. 1-5 GG, München 1985
von Mangoldt, H./Klein, F./Starck, C. [Hg.], Das Bonner Grundgesetz, 5. Aufl., Bd. 1: Präambel, Art. 1-19 GG, München 2005
– Bd. 2: Art. 20-82 GG, München 2005
Manssen, G., Privatrechtsgestaltung durch Hoheitsakt, Tübingen 1994
Marburger, P., Rechtliche Grenzen technischer Sicherheitspflichten, in: WiuVw. 1981, S. 241-258
Martens, W., Grundrechte im Leistungsstaat, in: VVDStRL 30 (1972), S. 7-42
Martini, P., Art. 3 Abs. 1 GG als Prinzip absoluter Rechtsgleichheit, Köln/Berlin/Bonn/München 1997
Marx, K., Die Konstitution der Französischen Republik, angenommen am 4. November 1848, in: K. Marx/F. Engels, Werke, Bd. 7, Berlin 1960, S. 494-506
Maunz, T., Das Verwaltungsrecht des nationalsozialistischen Staates, in: H. Frank [Hg.], Deutsches Verwaltungsrecht, München 1937
Maunz, T. /Dürig, G., Grundgesetz Kommentar, Bd. 1-6, München, Loseblattsammlung: 45. Lieferung, Stand August 2005
Maunz, T./Schmidt-Bleibtreu, B./Klein, F./Bethge, H., Bundesverfassungsgerichtsgesetz Kommentar, Bd. 1 und 2, München, Loseblattsammlung: 24. Lieferung, Stand Januar 2005
Maunz, T./Zippelius, R., Deutsches Staatsrecht, 30. Aufl., München 1998
Maurer, H., Allgemeines Verwaltungsrecht, 15. Aufl., München 2004
Mayer, C., Die Nachbesserungspflicht des Gesetzgebers, Baden-Baden 1996
Mayer-Maly, T., Das Eigentumsverständnis der Gegenwart und die Rechtsgeschichte, in: Festschrift für Heinz Hübner, G. Baumgärtel et al. [Hg.], S. 145-158
Mayer-Tasch, P. C., Umweltrecht im Wandel, Opladen 1978
Meier-Hayoz, A., Vom Wesen des Eigentums, in: Revolution der Technik, Evolution des Rechts. Festgabe für Karl Oftinger, M. Keller [Hg.], Zürich 1969, S. 171-186
Merk, Walter, Das Eigentum im Wandel der Zeiten, Langensalza 1934
Merk, Wilhelm, Der Staatsgedanke im Dritten Reich, Stuttgart 1935
Merten, D., Vereinsfreiheit, in: Handbuch des Staatsrechts der Bundesrepublik Deutschland, Bd. 6, J. Isensee/P. Kirchhof [Hg.], Heidelberg 1989, S. 775-807
Michael, L., Der allgemeine Gleichheitssatz als Methodennorm komparativer Systeme, Berlin 1997
– Methodenfragen der Abwägungslehre. Eine Problemskizze im Lichte von Rechtsphilosophie und Rechtsdogmatik, in: JöR 48 (2000), S. 169-203
– Die drei Argumentationsstrukturen des Grundsatzes der Verhältnismäßigkeit – Zur Dogmatik des Über- und Untermaßverbotes und der Gleichheitssätze, in: JuS 2001, S. 148-155
– Grundfälle zur Verhältnismäßigkeit, in: JuS 2001, S. 654-659, 764-767, 866-870

Möckel, S., Der Gleichheitsgrundsatz. Vorschlag für eine dogmatische Weiterentwicklung, in: DVBl. 2003, S. 488-496

Möstl, M., Probleme der verfassungsprozessualen Geltendmachung gesetzgeberischer Schutzpflichten. Die Verfassungsbeschwerde gegen legislatives Unterlassen, in: DÖV 1998, S. 1029-1039

Morgenthaler, G., Freiheit durch Gesetz. Der parlamentarische Gesetzgeber als Erstadressat der Freiheitsgrundrechte, Tübingen 1999

Morlok, M., Selbstverständnis als Rechtskriterium, Tübingen 1993

Müller, F., Freiheit der Kunst als Problem der Grundrechtdogmatik, Berlin 1969
– Die Einheit der Verfassung, Berlin 1979
– Die Positivität der Grundrechte, 2. Aufl., Berlin 1990

Müller, F./Christensen, R., Juristische Methodik, 9. Aufl., Berlin 2004

Müller, G., Privateigentum heute, in: ZSR 100 (1981), S. 1-116
– Der Gleichheitssatz, in: VVDStRL 47 (1989), S. 37-62

Müller, J. P., Soziale Grundrechte in der Verfassung?, in: ZSR 92 (1973), S. 687-964
– Zur sog. subjektiv- und objektivrechtlichen Bedeutung der Grundrechte, in: Der Staat 29 (1990), S. 33-48

von Münch, I. [Hg.], Grundgesetz-Kommentar, 3. Aufl., Bd. 1: Präambel, Art. 1-20 GG, München 1985

von Münch, I./Kunig, P. [Hg.], Grundgesetz-Kommentar, 5. Aufl., Bd. 1: Präambel, Art. 1-19 GG, München 2000
– 5. Aufl., Bd. 2: Art. 20-69 GG, München 2001

Münchner Kommentar zum Bürgerlichen Gesetzbuch, K. Rebmann/F. J. Säcker/R. Rixecker [Hg.], Bd. 2a, §§ 241-432 BGB, 4. Aufl., München 2003
– Bd. 6, §§ 854-1296 BGB, WEG, ErbbauVO, SachenRBerG, SchuldRÄndG, 4. Aufl., München 2004

Murswiek, D., Die staatliche Verantwortung für die Risiken der Technik, Berlin 1985
– Die Pflicht des Staates zum Schutz vor Eingriffen Dritter nach der Europäischen Menschenrechtskonvention, in: Grundrechtsschutz und Verwaltungsverfahren, H.-J. Konrad [Hg.], Berlin 1985, S. 213-242
– Zur Bedeutung der grundrechtlichen Schutzpflichten für den Umweltschutz, in: WiuVw. 1986, S. 179-204
– Entschädigung für immissionsbedingte Waldschäden, in: NVwZ 1986, S. 611-615
– Die Haftung der Bundesrepublik Deutschland für die Folgen ausländischer Nuklearunfälle, in: UPR 1986, S. 370-379
– Grundrechte als Teilhaberechte, soziale Grundrechte, in: Handbuch des Staatsrechts der Bundesrepublik Deutschland, Bd. 5, J. Isensee/P. Kirchhof [Hg.], Heidelberg 1992, S. 243-289

von Mutius, A., Grundrechte als „Teilhaberechte" – zu den verfassungsrechtlichen Aspekten des „numerus clausus", in: VerwArch 64 (1973), S. 183-201
– Grundrechtsschutz contra Verwaltungseffizienz im Verwaltungsverfahren?, in: NJW 1982, S. 2150-2160

Nebendahl, M., Grundrecht auf Arbeit im marktwirtschaftlichen System, in: ZRP 1991, S. 257-264

Neumann, D., Vorsorge und Verhältnismäßigkeit, Berlin 1994

Neumann, U., Rezension von Robert Alexy, Begriff und Geltung des Rechts, in: Protosoziologie 6 (1994), S. 241-247

– Die Geltung von Regeln, Prinzipien und Elementen, in: Regeln, Prinzipien und Elemente im System des Rechts, B. Schilcher/P. Koller/B.-C. Funk [Hg.], Wien 2000, S. 115-127

Neumann, V., Menschenwürde und psychische Krankheit, in: KritV 1993, S. 276-288

Nicolini, U., La propieta, il principe e l'espropriazione per publica utilita, Mailand 1940

Nierhaus, M., Grundrechte aus der Hand des Gesetzgebers?, in: AöR 116 (1991), S. 72-111

van Nieuwland, H., Darstellung und Kritik der Theorien der immanenten Grundrechtsschranken, Diss. iur, Göttingen 1981

Nipperdey, H.-C., Die Würde des Menschen, in: Die Grundrechte, Bd. 2, F. L. Neumann/H.-C. Nipperdey/U. Scheuner [Hg.], Berlin 1954, S. 1-50

Oeing-Hanhoff, L., Immanent, Immanenz, in: Historisches Wörterbuch der Philosophie, Bd. 4, K. Gründer/J. Ritter [Hg.], Darmstadt 1976, S. 219-238

Oertmann, P., Kommentar zum Bürgerlichen Gesetzbuch und seinen Nebengesetzen, 1./2. Aufl., Berlin 1908

Oestreich, G., Geschichte der Menschenrechte und Grundfreiheiten im Umriß, 2. Aufl., Berlin 1978

Olzen, D., Die geschichtliche Entwicklung des zivilrechtlichen Eigentumsbegriffs, in: JuS 1984, S. 328-335

Ossenbühl, F., Administrative Selbstbindung durch gesetzwidrige Verwaltungsübung?, in: DÖV 1970, S. 264-267

– Die Interpretation der Grundrechte in der Rechtsprechung des Bundesverfassungsgerichts, in: NJW 1976, S. 2100-2107

– Kernenergie im Spiegel des Verfassungsrechts, in: DÖV 1981, S. 1-11

– Grundrechtsschutz im und durch Verfahrensrecht, in: Staatsorganisation und Staatsfunktionen im Wandel. Festschrift für Kurt Eichenberger, G. Müller et al. [Hg.], Basel/Frankfurt am Main 1982, S. 183-195

– Vorrang und Vorbehalt der Gesetze, in: Handbuch des Staatsrechts der Bundesrepublik Deutschland, Bd. 3, J. Isensee/P. Kirchhof [Hg.], Heidelberg 1988, S. 315-349

– Abwägung im Verfassungsrecht, in: W. Erbguth et al., Köln/Berlin/Bonn/München 1996, S. 25-41

– Rechtsquellen und Rechtsbindungen der Verwaltung, in: Allgemeines Verwaltungsrecht, H.-U. Erichsen/W. Martens [Hg.], 12. Aufl., Berlin 2002, S. 133-227

Palandt, O. [Begr.], Bürgerliches Gesetzbuch, 63. Aufl., München 2004

Papier, H.-J., Justizgewähranspruch, in: Handbuch des Staatsrechts der Bundesrepublik Deutschland, Bd. 6, J. Isensee/P. Kirchhof [Hg.], Heidelberg 1989, S. 1221-1232

- Rechtsschutzgarantie gegen die öffentliche Gewalt, in: Handbuch des Staatsrechts der Bundesrepublik Deutschland, Bd. 6, J. Isensee/P. Kirchhof [Hg.], Heidelberg 1989, S. 1233-1270

Pareto, V., Manuel d'Economie Politique, 2. Aufl., Paris 1927 (engl.: Manual of Political Economy, London 1971)

Park, J. H., Rechtsfindung im Verwaltungsrecht. Grundlegung einer Prinzipientheorie des Verwaltungsrechts als Methode der Verwaltungsrechtsdogmatik, Berlin 1999

Pauly, W., Gleichheit im Unrecht als Rechtsproblem, in: JZ 1997, S. 647-654

- Grundrechtstheorien in der Zeit des Nationalsozialismus und Faschismus, in: Handbuch der Grundrechte in Deutschland und Europa, Bd. 1, D. Merten/H.-J. Papier [Hg.], Heidelberg 2004, S. 563-592

Peczenik, A., On Law and Reason, Dordrecht/Boston/London 1989

Penski, U., Rechtsgrundsätze und Rechtsregeln, in: JZ 1989, S. 105-114

- Zur Begründung und Struktur sozialer Rechte, in: Law, Justice and the State, A. Peczenik/M. M. Karlsson [Hg.], Stuttgart 1995, S. 179-187

Pestalozza, C., Kritische Bemerkungen zu Methoden und Prinzipien der Grundrechtsauslegung in der Bundesrepublik Deutschland, in: Der Staat 2 (1963), S. 425-449

Peters, H., Das Recht auf freie Entfaltung der Persönlichkeit als Verfassungsziel, in: Gegenwartsprobleme des internationalen Rechtes und der Rechtsphilosophie, D. S. Constantopoulos/H. Wehberg [Hg.], Festschrift für Rudolf Laun, Hamburg 1953, S. 669-678

- Das Recht auf freie Entfaltung der Persönlichkeit in der höchstrichterlichen Rechtsprechung, Köln/Opladen 1963

Peters, M., Grundrechte als Regeln und als Prinzipien, in: ZÖR 51 (1996), S. 159-182

Pfeifer, M., Der Grundsatz der Konfliktbewältigung in der Bauleitplanung, Münster 1989

- Regeln und Prinzipien im Bauplanungsrecht, in: DVBl. 1989, S. 337-344

Piccinelli, F., Studi e Ricerche Intorno alla definizione: Dominum est ius utendi, Florenz 1886

Pieroth, B., Rezension von G. Lübbe-Wolff, Die Grundrechte als Eingriffsabwehrrechte, in: AöR 115 (1990), S. 517-520

- Materiale Rechtsfolgen grundgesetzlicher Kompetenz- und Organisationsnormen, in: AöR 114 (1989), S. 422-450

Pieroth, B./Schlink, B., Grundrechte – Staatsrecht II, 21. Aufl., Heidelberg 2005

Pietrzak, A., Die Schutzpflicht im verfassungsrechtlichen Kontext - Überblick und neue Aspekte, in: JuS 1994, S. 748-753

Planck, G., Bürgerliches Gesetzbuch nebst Einführungsgesetz, Bd. 1, Berlin 1897

- Bürgerliches Gesetzbuch nebst Einführungsgesetz, Bd. 3, 1./2. Aufl., Berlin 1902
- Planck's Kommentar zum Bürgerlichen Gesetzbuche, Bd. 3, 4. Aufl., Berlin/Leipzig 1920

Podlech, A., Gehalt und Funktionen des allgemeinen verfassungsrechtlichen Gleichheitssatzes, Berlin 1971

Pöyhönen, J., Auslegung contra legem als ein dekonstruktives Spiel von Regeln und Prinzipien im Recht, in: Rechtstheorie 20 (1989), S. 211-220

von Pollern, H.-I., Forum: Immanente Grundrechtsschranken - eine Bestandsaufnahme, in: JuS 1977, S. 644-648

Poscher, R., Grundrechte als Abwehrrechte. Reflexive Regelung rechtlich geordneter Freiheit, Tübingen 2003

– „Die Würde des Menschen ist unantastbar", in: JZ 2004, S. 756-762

Pound, R., A Survey of Social Interests, in: Harvard Law Review 57 (1943), S. 1-39

Preu, P., Freiheitsgefährdung durch die Lehre von den grundrechtlichen Schutzpflichten, in: JZ 1991, S. 265-271

Preuß, U. K., Die Internalisierung des Subjekts, Frankfurt am Main 1979

– Verfassungstheoretische Überlegungen zur normativen Begründung des Wohlfahrtsstaates, in: Sicherheit und Freiheit, C. Sachße/H. Engelhardt [Hg.], Frankfurt am Main 1990, S. 106-132

Puchta, G. F., Pandekten, 1. Aufl., Leipzig 1838

Quine, W. V. O., Grundzüge der Logik, 7. Aufl., Frankfurt am Main 1990

Raabe, M., Grundrechtsschutz und gesetzgeberischer Einschätzungsspielraum: Ein Konstruktionsvorschlag, in: C. Grabenwarter et al. [Hg.], Stuttgart et al. 1994

– Grundrechte und Erkenntnis, Baden-Baden 1998

Raape, L., Gebrauchs- und Besitzüberlassung, in: JherJb. 71 (1922), S. 97-186

Ramsauer, U., Die Bestimmung von Grundrechten nach dem Normzweck, in: VerwArch 72 (1981), S. 89-106

– Die Rolle der Grundrechte im System der subjektiven öffentlichen Rechte, in: AöR 111 (1986), S. 501-536

Randa, A., Das Eigenthumsrecht nach österreichischem Rechte, Bd. 1, 2. Aufl., Leipzig 1893

Randelzhofer, A., Gleichbehandlung im Unrecht?, in: JZ 1973, S. 536-544

Rauschning, D., Staatsaufgabe Umweltschutz, in: VVDStRL 38 (1980), S. 167-210

– Urteilsanmerkung zu BVerfG, DVBl. 1980, 356, in: DVBl. 1980, S. 831-833

Raz, J., Legal Principles and the Limits of Law, in: The Yale Law Journal 81 (1972), S. 823-854

– The Concept of a Legal System, 2. Aufl., Oxford 1983

Rechenbach, P., Verfassungsanspruch auf „Gleichbehandlung im Unrecht"?, in: NVwZ 1987, S. 383-387

Redeker, K., Grundgesetzliche Rechte auf Verfahrensteilhabe, in: NJW 1980, S. 1593-1598

Reimer, F., Verfassungsprinzipien. Ein Normtyp im Grundgesetz, Berlin 2001

Reuber, N., Lebens- und Gesundheitsschutz und Gesetzesvorbehalt unter besonderer Berücksichtigung der Gentechnologie, Diss. iur., Köln 1993

RGRK, Das Bürgerliche Gesetzbuch mit besonderer Berücksichtigung der Rechtsprechung des Reichsgerichts und des Bundesgerichtshofes, Bd. 3, hrsg. von den Mitgliedern des Bundesgerichtshofes/Reichsgerichtsräten, 10. Aufl., Berlin 1954

RGRK, Das Bürgerliche Gesetzbuch mit besonderer Berücksichtigung der Rechtsprechung des Reichsgerichts und des Bundesgerichtshofes, Bd. 1, Teil 2, §§ 241-432, hrsg. von den Mitgliedern des Bundesgerichtshofes, 11. Aufl., Berlin 1960

RGRK, Das Bürgerliche Gesetzbuch mit besonderer Berücksichtigung der Rechtsprechung des Reichsgerichts und des Bundesgerichtshofes, Bd. 2, 1. Teil, §§ 241-413, hrsg. von den Mitgliedern des Bundesgerichtshofes, 12. Aufl., Berlin/New York 1976

Riecken, J., Verfassungsgerichtsbarkeit in der Demokratie. Grenzen verfassungsgerichtlicher Kontrolle unter besonderer Berücksichtigung von John Hart Elys prozeduraler Theorie der Repräsentationsverstärkung, Berlin 2003

Ridder, H., Die soziale Ordnung des Grundgesetzes, Opladen 1975

– „Judicial restraint" auf deutsch, in: DuR 1978, S. 42-47

Riedel, E., Vom Grund des Grundgesetzes, in: Würde und Recht des Menschen. Festschrift für Johannes Schwartländer, H. Bielefeldt/W. Brugger/K. Dicke [Hg.], Würzburg 1992, S. 111-126

Riggert, R., Die Selbstbindung der Rechtsprechung durch den allgemeinen Gleichheitssatz (Art. 3 I GG), Berlin 1993

Rittstieg, H., Eigentum als Verfassungsproblem, Darmstadt 1975

Robbers, G., Sicherheit als Menschenrecht, Baden-Baden 1987

– Der Gleichheitssatz, in: DÖV 1988, S. 749-758

– Rezension von G. Lübbe-Wolff, Die Grundrechte als Eingriffsabwehrrechte, in: DÖV 1989, S. 687-688

Röhl, K. F., Allgemeine Rechtslehre, 2. Aufl., Köln/Berlin/Bonn/München 2001

Rohloff, W., Zusammenwirken von allgemeinem Gleichheitssatz und Freiheitsgewährleistungen, Diss. iur., Augsburg 1992

Rose, M., Gentechnik und Vorbehalt des Gesetzes, in: DVBl. 1990, S. 279-282

Ross, A., Directives and Norms, London 1968

Ross, W. D., The Right and the Good, Oxford 1930

Rossen, H., Grundrechte als Regeln und Prinzipien, in: Allgemeinheit der Grundrechte und Vielfalt der Gesellschaft, C. Grabenwarter et al. [Hg.], Stuttgart et al. 1994, S. 41-60

Roßnagel, A., Grundrechte und Kernkraftwerke, Heidelberg 1979

Roth, W., Faktische Eingriffe in Freiheit und Eigentum, Berlin 1994

Roumeliotis, M., On the One Right Answer, in: ARSP 87 (2001), S. 72-96

Rubel, R., Planungsermessen, Frankfurt am Main 1982

Ruck, S., Zur Unterscheidung von Ausgestaltungs- und Schrankengesetzen im Bereich der Rundfunkfreiheit, in: AöR 117 (1992), S. 543-566

Rüfner, W., Grundrechtskonflikte, in: Bundesverfassungsgericht und Grundgesetz. Festgabe aus Anlaß des 25-jährigen Bestehens des Bundesverfassungsgerichts, Bd. 2, C. Starck [Hg.], Tübingen 1976, S. 453-479

– Grundrechtliche Leistungsansprüche, in: Im Dienst des Sozialrechts. Festschrift für Georg Wannagat, W. Gitter/W. Thieme/H. F. Zacher [Hg.], Köln/Berlin /Bonn/München 1981, S. 379-390

Rühl, U. F. H., Tatsachen – Interpretationen – Wertungen. Grundfragen einer anwendungsorientierten Grundrechtsdogmatik der Meinungsfreiheit, Baden-Baden 1998
Rupp, H. H., Vom Wandel der Grundrechte, in: AöR 101 (1976), S. 161-201
– Urteilsanmerkung zu VGH Kassel, JZ 1990, 88 ff., in: JZ 1990, S. 91-92
Sachs, M., Zur dogmatischen Struktur der Gleichheitsrechte als Abwehrrechte, in: DÖV 1984, S. 411-419
– Grenzen des Diskriminierungsverbotes, München 1987
– Rezension von G. Lübbe-Wolff, Die Grundrechte als Eingriffsabwehrrechte, in: NWVBl. 1989, S. 350-352
– Die Gesetzesvorbehalte des Grundgesetzes, in: JuS 1995, S. 693-697
– [Hg.], Grundgesetz Kommentar, 3. Aufl., München 2003
Sailer, C., Subjektives Recht und Naturschutz, in: DVBl. 1976, S. 521-532
Sartor, G., Defeasibility in Legal Reasoning, in: Rechtstheorie 24 (1993), S. 281-316
– A Formal Model of Legal Argumentation, in: Ratio Juris 7 (1994), S. 177-211
Schäfer, H., Die Rechtsstellung des Einzelnen – Von den Grundrechten zur volksgenössischen Gliedstellung, in: Staatsrecht und Staatslehre im Dritten Reich, E.-W. Böckenförde [Hg.], Heidelberg 1985, S. 106-121
Scheffer, T., Liberale oder kommunitäre Gerechtigkeit?, in: Diskurs 1994, S. 63-68
Scherzberg, A., Grundrechtsschutz und „Eingriffsintensität", Berlin 1989
– Diskussionsbeitrag, in: Abwägung im Recht, W. Erbguth et al. [Hg.], Köln/Berlin/Bonn/München 1996, S. 49
Scheuner, U., Die Rechtsstellung der Persönlichkeit in der Gemeinschaft, in: Deutsches Verwaltungsrecht, H. Frank [Hg.], München 1937, S. 82-97
– Die Funktion der Grundrechte im Sozialstaat, in: DÖV 1971, S. 505-513
Scheyhing, R., Deutsche Verfassungsgeschichte der Neuzeit, Köln/Berlin/Bonn/München 1968
Schlaich, K./Korioth, S., Das Bundesverfassungsgericht. Stellung, Verfahren, Entscheidungen, 6. Aufl., München 2004
Schlink, B., Abwägung im Verfassungsrecht, Berlin 1976
– Freiheit durch Eingriffsabwehr – Rekonstruktion einer klassischen Grundrechtsfunktion, in: EuGRZ 1984, S. 457-468
– Grundrechte als Prinzipien?, in: Osaka University Law Review 39 (1992), S. 41-58
– Der Grundsatz der Verhältnismäßigkeit, in: Festschrift 50 Jahre Bundesverfassungsgericht, Bd. 2, P. Badura/H. Dreier [Hg.], Tübingen 2001, S. 445-465
Schloßmann, F., Ueber den Begriff des Eigenthums, in: JherJb. 45 (1903), S. 289-390
Schmalz, D., Grundrechte, 4. Aufl., Baden-Baden 2001
Schmidt, C. A., Der principielle Unterschied zwischen dem römischen und dem germanischen Rechte, Rostock/Schwerin 1853
Schmidt, W., Die Freiheit vor dem Gesetz, in: AöR 91 (1966), S. 42-85
Schmidt-Aßmann, E., Anwendungsprobleme des Art. 2 Abs. 2 GG im Immissionsschutzrecht, in: AöR 106 (1981), S. 205-217
– Der Rechtsstaat, in: Handbuch des Staatsrechts der Bundesrepublik Deutschland, Bd. 2, J. Isensee/P. Kirchhof [Hg.], 3. Aufl., Heidelberg 2004, S. 541-612

- Verwaltungsverfahren, in: Handbuch des Staatsrechts der Bundesrepublik Deutschland, Bd. 3, J. Isensee/P. Kirchhof [Hg.], Heidelberg 1988, S. 623-651

Schmidt-Bleibtreu, B./Klein, F., Kommentar zum Grundgesetz für die Bundesrepublik Deutschland, 10. Aufl., Neuwied 2004

Schmitt, C., Verfassungslehre, 4. Aufl., München/Leipzig 1928

- Über die drei Arten rechtswissenschaftlichen Denkens, Hamburg 1934
- Grundrechte und Grundpflichten, in ders., Verfassungsrechtliche Aufsätze, Berlin 1958, S. 181-231

Schmitt Glaeser, W., Die Meinungsfreiheit in der Rechtsprechung des Bundesverfassungsgerichts, in: AöR 97 (1972), S. 276-298

- Schutz der Privatsphäre, in: Handbuch des Staatsrechts der Bundesrepublik Deutschland, Bd. 6, J. Isensee/P. Kirchhof [Hg.], Heidelberg 1989, S. 41-107

Schnapp, F. E., Grenzen der Grundrechte, in: JuS 1978, S. 729-735

- Die Verhältnismäßigkeit des Grundrechtseingriffs, in: JuS 1983, S. 850-855

Schneider, H., Die Güterabwägung des Bundesverfassungsgerichts bei Grundrechtskonflikten, Baden-Baden 1979

Schneider, L., Der Schutz des Wesensgehaltes von Grundrechten nach Art. 19 Abs. 2 GG, Berlin 1983

Schneider, R., Rechtsschutz gegen verfassungswidriges Unterlassen des Gesetzgebers, in: AöR 89 (1964), S. 24-56

Schnur, W., Anspruch, absolutes Recht und Rechtsverhältnis im öffentlichen Recht entwickelt aus dem Zivilrecht, Berlin 1993

Schoch, F., Folgenbeseitigung und Wiedergutmachung im Öffentlichen Recht, in: Verwaltungsarchiv 79 (1988), S. 1-67

- Der Gleichheitssatz, in: DVBl. 1988, S. 863-882

Scholderer, F., Rezension von G. Lübbe-Wolff, Die Grundrechte als Eingriffsabwehrrechte, in: KJ 22 (1989), S. 367-371

Scholler, H., Die Interpretation des Gleichheitssatzes als Willkürverbot oder als Gebot der Chancengleichheit, Berlin 1969

- Die Freiheit des Gewissens, Berlin 1958

Scholtissek, H., Innere Grenzen der Freiheitsrechte, in: NJW 1952, S. 561-563

Schramm, T./Strunk, G. P., Staatsrecht, Bd. 2, 4. Aufl., Köln/Berlin/Bonn/München 1985

Schuppert, G. F., Funktionell-rechtliche Grenzen der Verfassungsinterpretation, Königstein 1980

Schwab, F., Der Europäische Gerichtshof und der Verhältnismäßigkeitsgrundsatz: Untersuchung der Prüfungsdichte, Frankfurt am Main et al. 2001

Schwabe, J., Das Verbot mit Erlaubnisvorbehalt, in: JuS 1973, S. 133-140

- Bundesverfassungsgericht und „Drittwirkung" der Grundrechte, in: AöR 100 (1975), S. 442-470
- Grundrechtlich begründete Pflichten des Staates zum Schutz gegen staatliche Bau- und Anlagengenehmigungen?, in: NVwZ 1983, S. 523-527
- Probleme der Grundrechtsdogmatik, Darmstadt 1977

- Rezension von G. Lübbe-Wolff, Die Grundrechte als Eingriffsabwehrrechte, in: Der Staat 30 (1991), S. 283-287

Schwäble, U., Das Grundrecht der Versammlungsfreiheit, Berlin 1975

Schwenk, F., Umfang und Wirkung der Meinungs- und Pressefreiheit, in: NJW 1962, S. 1321-1325

Schwerdtfeger, G., Grundrechtlicher Drittschutz und Baurecht, in: NVwZ 1982, S. 5-11
- Öffentliches Recht in der Fallbearbeitung, 11. Aufl., München 2003

Searle, J., Prima Facie Obligations, in: Practical Reasoning, J. Raz [Hg.], Oxford et al. 1978, S. 81-90

Seifert, K.-H./Hömig, D. [Hg.], Grundgesetz für die Bundesrepublik Deutschland, 7. Aufl., Baden-Baden 2003

Selmer, P., Generelle Norm und individueller Grundrechtsschutz, in: DÖV 1972, S. 551-560

Sendler, H., Gesetzes- und Richtervorbehalt im Gentechnikrecht, in: NVwZ 1990, 231-234

Siebert, W., Verwirkung und Unzulässigkeit der Rechtsausübung, Marburg 1934
- Vom Wesen des Rechtsmißbrauchs, in: Grundfragen der neuen Rechtswissenschaft, G. Dahm et al. [Hg.], Berlin 1935, S. 189-224
- Wandlung und Fortbildung des Treuhandrechts, in: DJZ 1934, S. 1239-1243
- Die neueste Stellungnahme des Reichsgerichts zur Verwirkung, in: JW 1934, S. 1829-1831
- Urteilsanmerkung zu RG JW 1934, 3054, in: JW 1934, S. 3054-3056
- Die Volksgemeinschaft im bürgerlichen Recht, in: Nationalsozialistisches Handbuch für Recht und Gesetzgebung, H. Frank [Hg.], 2. Aufl., München 1935, S. 955-969
- Das Arbeitsverhältnis in der Ordnung der nationalen Arbeit, Hamburg 1935
- Urteilsanmerkung zu RG JW 1935, 1550 (=RGZ 146, 385), in: JW 1935, 1553-1554
- Subjektives Recht, Konkrete Berechtigung, Pflichtenordnung, in: DRWiss 1 (1936), S. 23-31
- Die neueste grundsätzliche Entscheidung des Reichsgerichts über die Verwirkung, in: JW 1937, S. 2495-2496
- Zur Rechtserneuerung im Schuldrecht, in: DR 1941, S. 1930-1934

Sieckmann, J.-R., Das System richterlicher Bindungen und Kontrollkompetenzen, in: Die Leistungsfähigkeit des Rechts, R. Mellinghoff/H.-H. Trute [Hg.], Heidelberg 1988, S. 39-60
- Regelmodelle und Prinzipienmodelle des Rechtssystems, Baden-Baden 1990
- Rechtssystem und praktische Vernunft, in: ARSP 78 (1992), S. 145-165
- Zur Bedeutung des Eigentumsschutzes im demokratischen Rechtsstaat, in: Homo oeconomicus 10 (1993), S. 461-488
- Zur Abwägungsfähigkeit von Prinzipien, in: Praktische Vernunft und Rechtsanwendung, H.-J. Koch/U. Neumann [Hg.], Stuttgart 1994, S. 205-213
- Semantischer Normbegriff und Normbegründung, in: ARSP 80 (1994), S. 227-245
- Logische Eigenschaften von Prinzipien, in: Rechtstheorie 25 (1994), S. 163-189
- Zur Begründung von Abwägungsurteilen, in: Rechtstheorie 26 (1995), S. 45-69

- Richtigkeit und Objektivität im Prinzipienmodell, in: ARSP 83 (1997), S. 14-36
- Zur Analyse von Normkonflikten und Normabwägungen, in: Analyomen 2, Proceedings of the 2nd Conference „Perspectives of Analytical Philosophy", Bd. 3, Berlin/New York 1997, S. 349-356
- Zum Verhältnis von Werten und Normen, in: Rationalität – Realismus – Revision, J.N. Nida-Rümelin [Hg.], Berlin/New York 2000, S. 743-750
- Modelle des Eigentumsschutzes. Eine Untersuchung zur Eigentumsgarantie des Art. 14 GG, Baden-Baden 1998
- Zum verfassungsrechtlichen Eigentumsschutz im deutschen und britischen Recht, Baden-Baden 1999
- Begriff und Struktur von Regeln, Prinzipien und Elementen im Recht, in: Regeln, Prinzipien und Elemente im System des Rechts, B. Schilcher/P. Koller/B.-C. Funk [Hg.], Wien 2000, S. 69-82
- Grundrechtliche Abwägung als Rechtsanwendung. Das Problem der Begrenzung der Besteuerung, in: Der Staat 41 (2002), S. 385-405
- Autonome Abwägung, in: ARSP 90 (2004), S. 66-85

Simonius, A., Über Bedeutung, Herkunft und Wandlung der Grundsätze des Privatrechts, in: ZSR 71 (1952), S. 237-273

Simons, C., Grundrechte und Gestaltungsspielraum. Eine rechtsvergleichende Untersuchung zum Prüfungsinstrumentarium von Bundesverfassungsgericht und US-amerikanischem Supreme Court bei der Normenkontrolle, Berlin 1999

Slote, M., Beyond Optimizing, Cambridge, Mass./London 1989

Smend, R., Verfassung und Verfassungsrecht, in: ders., Staatsrechtliche Abhandlungen, 3. Aufl., Berlin 1994, S. 119-276
- Das Recht der freien Meinungsäußerung, in: VVDStRL 4 (1928), S. 44-74

Soergel, H. T. [Begr.], Bürgerliches Gesetzbuch, hrsg. von W. Siebert, Bd. 1, §§ 1-432, 9. Aufl., Stuttgart 1959

Soergel, H. T. [Begr.], Bürgerliches Gesetzbuch, hrsg. von W. Siebert, Bd. 2, §§ 241-610, 10. Aufl., Stuttgart/Berlin/Köln/Mainz 1967

Soergel, H. T. [Begr.], Bürgerliches Gesetzbuch, 12. Aufl., Bd. 2, §§ 241-432 BGB, Stuttgart/Berlin/Köln/Mainz 1990
- Bd. 6, §§ 854-1296, Stuttgart/Berlin/Köln/Mainz 1990

Soergel, H. T. [Begr.], Bürgerliches Gesetzbuch, 13. Aufl., Bd. 2: §§ 104-240 BGB, Stuttgart/Berlin/Köln/Mainz 1999
- Bd. 14, §§ 854-984 BGB, Stuttgart 2002

Somek, A., Rationalität und Diskriminierung. Zur Bindung der Gesetzgebung an das Gleichheitsrecht, Wien/new York 2001

Sontis, J. M., Strukturelle Betrachtungen zum Eigentumsbegriff, in: Festschrift für Karl Larenz, C.-W. Canaris [Hg.], München 1973, S. 981-1002

Soper, E. P., Legal Theory and the Obligation of a Judge: the Hart/Dworkin Dispute, in: Michigan Law Review 75 (1977), S. 473-519

de Spinoza, B., Ethica, in: ders., Opera, hrsg. v. K. Blumenstock, Bd. 2, Darmstadt 1967, S. 84-557

Starck, C., Die Grundrechte des Grundgesetzes, in: JuS 1981, S. 237-246
- Die Anwendung des Gleichheitssatzes, in: Der Gleichheitssatz im modernen Verfassungsstaat, C. Link [Hg.], Baden-Baden 1982, S. 51-73
- Die Verfassungsauslegung, in: Handbuch des Staatsrechts der Bundesrepublik Deutschland, Bd. 7, J. Isensee/P. Kirchhof [Hg.], Heidelberg 1992, S. 189-229
- Der verfassungsrechtliche Schutz des ungeborenen menschlichen Lebens, in: JZ 1993, S. 816-822
- Praxis der Verfassungsauslegung, Baden-Baden 1994
Stark, R., Ehrenschutz in Deutschland, Berlin 1996
von Staudinger, J. [Begr.], Kommentar zum Bürgerlichen Gesetzbuch, 5./6. Aufl., Bd. 3: §§ 854-1296 BGB, München/Berlin 1910
von Staudinger, J. [Begr.], Kommentar zum Bürgerlichen Gesetzbuch, 9. Aufl., Bd. 1: §§ 1-240 BGB, Berlin/Leipzig 1925
- Bd. 3, 1. Teil: §§ 854-1017 BGB, Berlin/Leipzig 1926
von Staudinger, J. [Begr.], Kommentar zu Bürgerlichen Gesetzbuch, 11. Aufl., Bd. 1: §§ 1-240, Berlin 1957
- Bd. 2, Teil 1b, § 242 BGB, Berlin 1960
von Staudinger, J. [Begr.], Kommentar zum Bürgerlichen Gesetzbuch, 12. Aufl., §§ 90-240 BGB, Berlin 1980
von Staudinger, J. [Begr.], Kommentar zum Bürgerlichen Gesetzbuch, 13. Aufl., §§ 925-984 BGB, Anhang zu § 929 ff. BGB, Berlin1995
von Staudinger, J. [Begr.], Kommentar zum Bürgerlichen Gesetzbuch, 14. Aufl., §§ 903-924 BGB, Berlin 2002
Stegmüller, W., Probleme und Resultate der Wissenschaftstheorie und analytischen Philosophie, Bd. 2, 2. Halbbd., Berlin/Heidelberg/New York 1970
- Probleme und Resultate der Wissenschaftstheorie und analytischen Philosophie, Bd. 1, 2. Aufl., Berlin/Heidelberg/New York 1983
Steiff, J., Rechtsfindung im Umweltrecht. Normtheoretische Grundlagen, verfassungsrechtliche Konditionierung, verwaltungs- und planungsdogmatische Entfaltung, Baden-Baden 2006
Steiger, H., Verfassungsrechtliche Grundlagen, in: J. Salzwedel [Hg.], Grundzüge des Umweltrechts, Berlin 1982, S. 21-63
Stein, E./Frank, Götz, Staatsrecht, 19. Aufl., Tübingen 2004
Steinberg, R., Grundfragen des öffentlichen Nachbarrechts, in: NJW 1984, S. 457-464
- Verfassungsrechtliche Kontrolle der Nachbesserungspflicht des Gesetzgebers, in: Der Staat 26 (1987), S. 161-186
Steinberg, R./Roller, G., Atomrechtliche Schadensvorsorge und „Restrisiko", in: Schadensvorsorge im Atomrecht zwischen Genehmigung, Bestandsschutz und staatlicher Aufsicht, H. Schneider/R. Steinberg [Hg.], Baden-Baden 1991, S. 9-114
Stelzer, M., Das Wesensgehaltsargument und der Grundsatz der Verhältnismäßigkeit, Wien/New York 1991
Stern, K., Das Staatsrecht der Bundesrepublik Deutschland, Bd. 2, München 1980
- Das Staatsrecht der Bundesrepublik Deutschland, Bd. 3, Teilbd. 1, München 1988

- Das Staatsrecht der Bundesrepublik Deutschland, Bd. 3, Teilbd. 2, München 1994
- Das Gebot zur Ungleichbehandlung, in: Das akzeptierte Grundgesetz, Festschrift für Günter Dürig, H. Maurer [Hg.], München 1990, S. 207-219
- Idee und Elemente eines Systems der Grundrechte, in: Handbuch des Staatsrechts der Bundesrepublik Deutschland, Bd. 5, J. Isensee/P. Kirchhof [Hg.], Heidelberg 1992, S. 45-100
- Zur Entstehung und Ableitung des Übermaßverbotes, in: Wege und Verfahren des Verfassungslebens. Festschrift für Peter Lerche, P. Badura/R. Scholz [Hg.], München 1993, S. 165-175
- Die Grundrechte und ihre Schranken, in: Festschrift 50 Jahre Bundesverfassungsgericht, Bd. 2, P. Badura/H. Dreier [Hg.], Tübingen 2001, S. 1-34

Stettner, R., Der Gleichheitssatz, in: BayVBl. 1988, S. 545-552

Stieglitz, E., Allgemeine Lehren im Grundrechtsverständnis nach der EMRK und der Grundrechtsjudikatur des EuGH. Zur Nutzbarmachung konventionsrechtlicher Grundrechtsdogmatik im Bereich der Gemeinschaftsgrundrechte, Baden-Baden 2002

Störmer, R., Zur Verwertbarkeit tagebuchartiger Aufzeichnungen, in: Jura 1991, S. 17-24

Streinz, R. [Hg.], EUV/EGV. Vertrag über die Europäische Union und Vertrag zur Gründung der Europäischen Gemeinschaft, München 2003

Struensee, E., Handeln und Unterlassen, Begehungs- und Unterlassungsdelikt, in: Beiträge zur Rechtswissenschaft. Festschrift für Walter Stree und Johannes Wessels, W. Küper/W. Welp [Hg.], Heidelberg 1993, S. 133-157

Suppé, R., Die Grund- und Menschenrechte in der deutschen Staatslehre des 19. Jahrhunderts, Berlin 2004

Tartarin-Tarnheyden, E., Werdendes Staatsrecht, Berlin 1934

Taylor, C., Philosophy and the Human Sciences – Philosophical Papers 2, Cambridge et al. 1985

Teifke, N., Flexibilität der Menschenwürde? Zur Struktur des Art. 1 Abs. 1 GG, in: Objektivität und Flexibilität im Recht, C. Bäcker/S. Baufeld [Hg.], Stuttgart 2005, S. 142-156

Thoma, R., Die juristische Bedeutung der grundrechtlichen Sätze der deutschen Reichsverfassung im allgemeinen, in: Die Grundrechte und Grundpflichten der Reichsverfassung, Bd. 1, H. C. Nipperdey [Hg.], Berlin 1929, S. 1-53
- Das System der subjektiven Öffentlichen Rechte und Pflichten, in: Handbuch des Deutschen Staatsrechts, Bd. 2, G. Anschütz/R. Thoma, [Hg.], Tübingen 1932, S. 607-623

Tomandl, T., Gedanken zum Grundrecht auf soziale Sicherheit, in: Im Dienst des Sozialrechts, Festschrift für Georg Wannagat, W. Gitter/W. Thieme/H. F. Zacher [Hg.], Köln/Berlin/Bonn/München 1981, S. 625-642

Tugendhat, E., Vorlesungen über Ethik, Frankfurt am Main 1993

von Vangerow, K. A., Leitfaden für Pandekten-Vorlesungen, Bd. 1, 2. Aufl., Marburg/Leipzig 1841 *van der Ven, J. J. M.*, Einschränkung und Ausstrahlung sozialer Grundrechte, in: Im Dienst des Sozialrechts. Festschrift für Georg Wannagat, W. Gitter/W. Thieme/ H. F. Zacher [Hg.], Köln/Berlin/Bonn/München 1981, S. 643-659

Villiger, M. E., Handbuch der Europäischen Menschenrechtskonvention (EMRK), Zürich 1993

Vitzthum, W., Gentechnologie und Menschenwürdeargument, in: Menschen- und Bürgerrechte, U. Klug/M. Kriele [Hg.], Wiesbaden/Stuttgart 1988, S. 119-138

– Gentechnik und Grundrechtsschutz, in: VBlBW 1990, S. 48-51

– Soziale Grundrechte und Staatszielbestimmungen morgen, in: ZfA 1991, S. 695-711

Vocke, A., Grundrechte und Nationalsozialismus, Diss. iur., Heidelberg 1938

Vogel, H.-J., Bodenrecht und Stadtentwicklung, in: NJW 1972, S. 1544-1547

Wagner, A., Allgemeine oder theoretische Volkswirtschaftslehre, Bd. 1, Leipzig/Heidelberg 1876

Wahl, R., Die Entwicklung des deutschen Verfassungsstaates bis 1866, in: Handbuch des Staatsrechts der Bundesrepublik Deutschland, Bd. 1, J. Isensee/P. Kirchhof [Hg.], 3. Aufl., Heidelberg 2003, S. 45-91

– Die objektiv-rechtliche Dimension der Grundrechte im internationalen Vergleich, in: Handbuch der Grundrechte in Deutschland und Europa, Bd. 1, D. Merten/H. J. Papier [Hg.], Heidelberg 2004, S. 745-781

Wahl, R./Masing, J., Schutz durch Eingriff, in: JZ 1990, S. 553-563

Wang, P.-W., Defeasibility in der juristischen Begründung, Baden-Baden 2004

Weber, H., Das Dogma der Gewaltenteilung und die Verfassungsgrundsätze des nationalsozialistischen Deutschen Reiches, Diss. iur., Heidelberg 1935

Weinberger, O., Normentheorie als Grundlage der Jurisprudenz und Ethik, Berlin 1981

– Rechtslogik, 2. Aufl., Berlin 1989

Wendt, R., Der Gleichheitssatz, in: NVwZ 1988, S. 778-786

Westphal, S., Art. 20a GG – Staatsziel „Umweltschutz", in: JuS 2000, S. 339-343

Wilburg, W., Die Elemente des Schadensrechts, Marburg 1941

– Entwicklung eines beweglichen Systems im bürgerlichen Recht, Graz 1951

– Zusammenspiel der Kräfte im Aufbau des Schuldrechts, in: AcP 163 (1963), S. 346-379

Wild, M., Grundrechtseingriff durch Unterlassen staatlicher Leistungen?, in: DÖV 2004, S. 366-373

Wildhaber, L., Soziale Grundrechte, in: Der Staat als Aufgabe, Gedenkschrift für Max Imboden, P. Saladin/L. Wildhaber [Hg.], Basel/Stuttgart 1972, S. 371-391

Willoweit, D., Dominum und Propietas, in: Historisches Jahrbuch 94 (1974), S. 131-156

Windscheid, B., Lehrbuch des Pandektenrechts, Bd. 1, 4. Aufl., Düsseldorf 1875

– [bearb. von Theodor Kipp], Lehrbuch des Pandektenrechts, Bd. 1, 9. Aufl., Frankfurt am Main 1906

Wipfelder, H.-J., Die verfassungsrechtliche Kodifizierung sozialer Grundrechte, in: ZRP 1986, S. 140-149

– Ungeschriebene und immanente Schranken der Grundrechte, in: BayVBl. 1981, S. 417-423, 457-462

Wittig, P., Zum Standort des Verhältnismäßigkeitsgrundsatzes im System des Grundgesetzes, in: DÖV 1968, S. 817-825

Wittreck, F., Menschenwürde und Folterverbot. Zum Dogma von der ausnahmslosen Unabwägbarkeit des Art. 1 Abs. 1 GG, in: DÖV 2003, S. 873-882

Wolff, H. J./Bachof, O./Stober, R., Verwaltungsrecht, Bd. 1, 11. Aufl., München 1999
– Verwaltungsrecht, Bd. 2, 6. Aufl., München 2000

Wolff, M./Raiser, L., Sachenrecht, 10. Aufl., Tübingen 1957

von Wright, G. H., The Logic of Preference, Edinburgh 1963
– Norm and Action, London 1963
– Is There a Logic of Norms?, in: Ratio Juris 4 (1991), S. 265-283

Wülfing, T., Grundrechtliche Gesetzesvorbehalte und Grundrechtsschranken, Berlin 1981

Würdinger, H., Das subjektive Recht im Privatrecht, in: DRWiss 1 (1936), S. 15-23
– Wandlung in der Eigentumsverfassung, in: ZAkDR 3 (1936), S. 70-77

Würtenberger, T., Von der Aufklärung zum Vormärz, in: Handbuch der Grundrechte in Deutschland und Europa, Bd. 1, D. Merten/H.-J. Papier [Hg.], Heidelberg 2004, S. 49-96

Zacher, H. F., Soziale Gleichheit, in: AöR 93 (1968), S. 341-383
– Das soziale Staatsziel, in: Handbuch des Staatsrechts der Bundesrepublik Deutschland, Bd. 2, J. Isensee/P. Kirchhof [Hg.], 3. Aufl., Heidelberg 2004, S. 659-784

Zeitler, F.-C., Immanente Grundrechtsschranken oder Normenkonkordanz, in: BayVBl. 1971, S. 417-419

Zielke, O., Das Recht auf Arbeit in der Verfassung, in: RdA 1992, S. 185-194

Zippelius, R., Das Verbot übermäßiger gesetzlicher Beschränkung von Grundrechten, in: DVBl. 1956, S. 353-355
– Der Gleichheitssatz, in: VVDStRL 47 (1989), S. 7-36
– Diskussionsbeitrag, in: VVDStRL 47 (1989), S. 90

Zippelius, R./Würtenberger, T., Deutsches Staatsrecht, 31. Aufl. [des von T. Maunz begr. Werkes], München 2005

Zuck, R., Was ist Willkür?, in: MDR 1986, S. 723-724
– Der Zugang zum BVerfG: Was läßt das 5. Änderungsgesetz zum Gesetz über das BVerfG von der Verfassungsbeschwerde übrig?, in: NJW 1993, S. 2641-2646

Sachregister

Abwägung *insbes.* 117 f., 189 f.
- 2. Stufe 204
- bei der Menschenwürde 271 ff.
- Gewichtsformel 84 f., 190
- formeller und materieller Prinzipien 128 ff., 251
- „Mathematisierung" 83
- mehr- oder multidimensionale 309 ff., 353 f.
- methodologische 119 Anm. 306
- Rationalität 120 ff., 246, 258
- Skalierung 83 f.
- und Subsumtion 118 f.
- von Regeln 86, 136 f.

Abwägungsgesetz *insbes.* 82 ff.
- epistemisches oder zweites 83 f., 279 f.
- materielles oder erstes 82

Abwägungslehre 64
Abwägungspatt 84, 125, 206
Abwägungsskepsis 112 ff., 120 ff., 256, 445
Abwägungsstufe der Rechtsanwendung 101, 184, 240

Abwehrrechte *insbes.* 231 ff.
- als bindende Normen 231
- als innen- oder außentheoretische Rechte 231 ff.
- als subjektive Rechte 231
- Eingriff 233 f.
- formelle Kriterien der Rechtfertigung von Eingriffen 291
- formelle Schutzwirkung 165, 337
- grundrechtliche Eingriffsermächtigung 259 ff.
- Grundschema 231 ff.
- im formellen Sinne 222
- im materiellen Sinne 213 ff.
- materielle Kriterien der Rechtfertigung von Eingriffen 291 f.
- modale 228 f.
- Modalität der Grundrechtsausübung, Schutz der 233
- Nichtdiskriminierungsfunktion 229
- Prüfungsfolge 290 ff.
- Schutzbereich, personeller/sachlicher 232 f.
- Tatbestandstheorie, enge und weite 253 ff.
- verfassungsrechtliche Rechtfertigung des Eingriffs 234

allgemeine Handlungsfreiheit 54, 66, 90 f., 140, 152, 214, 258 f., 265, 272, 276 f., 362, 375, 424 f., 443, 448
Anspruchsinflation 247 f.
Arbeitnehmerüberlassungsbeschluß 188 Anm. 135, 365
Argumentation, Stufung der 53, 252, 307, 313, 324, 416
Anwendungsdiskurs 111
Argumentationslast 51 ff., 67, 328, 401, 421 f., 446

Ausgestaltung 48, 148 ff., 175, 244, 266, 268, 378, 409, 419, 421 ff., 435
- als Gegenbegriff zur Einschränkung 152 f.
- der unterverfassungsrechtlichen Rechtsordnung 154
- des Grundrechts selbst 151 ff.
- gebundene/ungebundene 151 ff.
- und grundrechtliche Leistungsrechte 149 f.

Auslegung von Grundrechten 114 ff.
Ausreisefreiheit 225
Ausstrahlungswirkung 209 Anm. 2
Austauschmittel 189

außentheoretisches Grundschema, allgemeines 238 Anm. 42,
303 f. Anm. 46, 313 Anm. 115,
351 Anm. 58, 375 Anm. 41,
409 Anm. 66
Außentheorie *insbes.* 30, 34 ff., 137 ff.
Bagatellvorbehalt 234, 417
Begriff
– klassifikatorischer 182 Anm. 108
– komparativer 83
– qualitativer 182 Anm. 108
– quantitativer 83
Begriffsjurisprudenz 27
Begriffsrelation 138
Begründungsdiskurs 111
Berufsfreiheit 34 Anm. 2, 103, 114, 141, 143 ff., 154, 240 f., 319, 321, 365, 442, 453
Bestandsgarantie des Eigentums 149, 151, 217 Anm. 30, 386 ff.
Bestimmtheitsgebot 291, 330, 333, 451
defeasibility 111 f.
definites verfassungsmäßiges Gegenteil 162, 164, 169 f., 173 f.
Demokratiegebot 127 ff., 147, 250 f., 329
demokratischer Prozeß 123, 145, 251, 270
deontische Logik 79 Anm. 65, 98 Anm. 176, 177 Anm. 91
deontische Modalitäten 100, 108 f.
Dimension des Gewichts 75, 77 f., 80, 103 f., 113, 129, 288
Dimensionen der Rechtswissenschaft 26 ff.
Drei-Stufen-Theorie 187 Anm. 126
Dreieckskonstellation 191 f., 199, 202, 308, 335 ff., 372
Drittwirkung 124, 209 Anm. 2, 309 Anm. 82
effektiver Garantiebereich 29 ff., 35, 38, 42 ff., 156, 165 f., 179, 184, 192, 237, 254, 267, 270 f., 283, 290, 299, 376, 409
Eigentum *insbes.* 386 ff.,
– als materielles Leistungsrecht 387 ff.
– Bestandsgarantie 149, 151, 217 Anm. 30, 386 ff.
– deutschrechtlicher Eigentumsbegriff 57 ff.
– eigenmächtige Inanspruchnahme 284 ff.
– Institutsgarantie 149 ff., 217 Anm. 30, 387 ff.
– römischrechtlicher Eigentumsbegriff 46, 54 f.
– zivilrechtlicher Eigentumsbegriff 55 ff.
Eigentumsfreiheit 58, 103, 141, 143, 145, 217 Anm. 30, 270, 285, 388, 390
Eingriff *insbes.* 233 f.
– Begriff 233 f.
– in Abwehrrechte 233 ff., 255, 291
– in Gleichheitsrechte 409 Anm. 66, 417
– in grundrechtliche Schutzrechte 314 f., 330, 339
– in soziale Grundrechte 367
– „herkömmlicher" Eingriffsbegriff 233 Anm. 13
– klassischer Eingriffsbegriff 233
– moderner Eingriffsbegriff 233 f.
Eingriffs-Schranken-Schema 26, 29 ff., 39, 150, 160 ff., 175, 231, 266 ff., 314, 339, 352, 407 ff., 437
Einschränkung 28 ff., 37, 39, 43, 51 ff., 64, 67, 91, 106, 110 f., 116, 131, 139 ff., 166, 210, 216, 222, 245 f., 259 ff., 272, 280 ff., 288, 290, 300, 303, 309, 334 ff., 349 ff., 374, 408, 433, 443, 448
Einschränkung der Ausübung 35
Einzelfallgesetzverbot 292, 334 f., 451
Element-Menge-Relation 178 Anm. 95

Elfes-Konstruktion der Grundrechtsprüfung 291 Anm. 324
Erforderlichkeit 90, 120 f., 188 f., 199 ff.
Erforderlichkeit, interne/externe 199 ff.
Evidenzkontrolle 317 Anm. 136, 411
Existenzminimum 36, 163, 220, 223 ff., 346 ff., 350, 353, 355 ff., 362, 367
Fangschaltungsentscheidung 66 f., 337 f.
Festsetzungsgehalt von Normen 88, 93, 98 ff., 101 ff., 135 ff., 382 f., 436
Fluglärm-Beschluß 316
Flugzeug, als Terrorwerkzeug 279 f.
Folgenbeseitigungsanspruch 173, 216, 223
formelle Prinzipien 80 Anm. 65, 87 Anm 109, 88, 93 f., 112, 124, 126 Anm. 349, 127 ff., 136, 145 f., 248, 250 Anm. 109, 251, 289 Anm. 309, 321 ff., 339, 363, 374, 452 f.
– Gewicht 129
– Optimierungsgegenstand 127
– Abwägung mit materiellen Prinzipien *insbes.* 128 ff., 251
formelle Schutzwirkung von Grundrechten 151, 166, 306, 315, 326 ff.
Forschungsfreiheit 321
Freiheit *insbes.* 46 ff.
– als dreistellige Relation 47
– bewehrte/unbewehrte 48 Anm. 71, 215 Anm. 24
– dienende 379 ff.
– faktische 225, 341 ff., 353 ff., 374 f., 397 f.
– „Freiheit von gesetzwidrigem Zwange" 29 Anm. 34, 136 Anm. 8, 249 Anm. 106
– konstituierte 243 f.
– natürliche/vorstaatliche 103, 214
– negative 47 ff., 52, 214, 252, 424
– positive 47 ff., 380

– rechtliche 90, 225, 341, 343, 398, 401
Freiheitsrechte *s.* Abwehrrechte
Geeignetheit 90, 120 f., 186 f., 198 f.
Geeignetheit, interne/externe 198 f.
Gentechnik-Anlagen-Beschluß des VGH Kassel 335 f.
Gesetzesvorbehalt 118, 124 f., 141, 167, 234, 259 ff., 325, 329 f., 334, 337, 410, 446, 449 f.
– einfacher 260
– Gebot der weiten Deutung 261 ff.
– qualifizierter 260 ff.
– ungeschriebener 260 f., 326
Glaubens- und Gewissensfreiheit 47 Anm. 67, 96 Anm. 164, 190, 255 Anm. 129
Gewichtsformel 84 f., 190
Gleichheit
– faktische 342, 395 ff., 451 f.
– „im Unrecht" 133, 440, 443 ff.
– normative 418 ff.
– rechtliche 395 ff.
Gleichheit, rechtliche, als Wert an sich 401, 423, 444
Gleichheitsprinzipien
– Prinzip der faktischen Gleichheit 397 f., 451 f.
– Prinzip der rechtlichen Gleichheit 397, 401 f., 405 f., 438, 451 f.
Gleichbehandlung
– aktbezogene, „schematische" oder rechtliche 396
– folgenbezogene 396
– normative 418 ff.
Gleichheitsrechte 32 f., 155, 159 f., 207, 209, 223 ff., 342, 394 ff., 425
– spezielle 394
– Unterscheidung von Abwehrrechten 228 f.
– Unterscheidung von grundrechtlichen Leistungsrechten 229 f.

Gleichheitssatz, allgemeiner *insbes.* 394 ff.
- aktuelle/potentielle Grundrechtsfälle 427, 430
- als außentheoretisches Recht 407 ff.
- als bindende Norm 399 f.
- als subjektives Recht 400
- Drei-Bereiche-Modell 451
- Eingriff 417
- „Entsprechensprüfung" 419, 423, 429 f.
- formelle Kriterien der Rechtfertigung von Eingriffen 449 ff.
- Gleichbehandlungsgebot 401 f.
- „Gleichheit im Unrecht" 133, 440, 443 ff.
- grundrechtliche Eingriffsermächtigung 447 f.
- materielle Kriterien der Rechtfertigung von Eingriffen 449
- „Neue Formel" des Bundesverfassungsgerichts 413 ff.
- „Neue Variante der Neuen Formel" 414 ff.
- Normadressatenformel 414
- „Paradox der Gleichheit" 399, 425, 438
- Prüfungsfolge 454
- Rechtsanwendungsgleichheit 399
- Rechtsetzungsgleichheit 399 f., 441
- Reduktion auf ohnehin gebotene Rechtsfolgen 441 ff.
- Spielräume 411 f., 452
- Tatbestandstheorie, enge oder weite 417 ff.
- Verhältnismäßigkeit 413 ff.
- verfassungsrechtliche Rechtfertigung von Eingriffen 447 f.
- Ungleichbehandlungsgebot 402 ff.
- Willkürverbot, allgemeines 394 f.
- Zwecke für Ungleichbehandlungen, externe/interne 418 ff.

Gründe für Rechte, intrinsische und extrinsische 379 Anm. 59
Grundpositionen, rechtliche 26 Anm. 2
Grundrechte *s. a.* die anderen auf Grundrechte bezogenen Stichworte
- als subjektive Rechte *insbes.* 114 f., 297 ff.
- auf „Hehlen, Stehlen und Töten" 254 f., 423
- objektive bzw. objektivrechtliche Funktionen 25, 124, 149 f., 295, 298, 302, 306, 316, 329 ff., 349 f., 369, 371, 380, 386, 398, 446, 451
- als Ordnungsprinzipien für die Gemeinschaft 65, 265, 269
- als Programmsätze 248 f., 347
- Menschenwürdegehalt 272 Anm. 240
- soziale *s.* soziale Grundrechte
Grundrechte anderer als objektive Rechtsnomen 291 f. Anm. 324
grundrechtliche Eingriffsermächtigung
- bei Abwehrrechten 259 ff.
- beim allgemeinen Gleichheitssatz 447 f.
- bei grundrechtlichen Schutzrechten 324 f.
- bei sozialen Grundrechten 363
- und Tatbestand 264
Grundrechtseingriff *s.* Eingriff
Grundrechtsfall, aktueller/potentieller 247, 255 f., 323 f., 361, 427
Grundrechtsfunktionen 209 ff.
Grundrechtsnorm, interpretativ zugeordnete 294, 325, 344 ff., 405, 452
Grundrechtsschranke *s.* Schranke
Grundrechtstatbestand *s.* Tatbestand
Grundrechtstheorien 26 f.
Güterabwägung *s.* Abwägung
Handlungsgebote und -verbote, universelle und existentielle 176 ff.
Handlungsstufe der Rechtsanwendung 101, 184, 240

Handlungspflichten 149 f., 162, 172, 175 f., 184 f., 191, 196 f., 223, 305 f., 311, 316, 372, 375, 392
Handwerksordnungsbeschluß 187 Anm. 126
Haushaltskompetenz des demokratisch legitimierten Gesetzgebers 36, 363
Hochschulurteil 379 Anm. 59
Ideale/Konkretisierungen 99, 104
ideales und reales Sollen 99 ff.
immanente Schranken 39 ff., 253 Anm. 124, 317 ff.
„in dubio pro libertate" 232 f.
Indifferenzkurve 82
Inkommensurabilität, inkommensurabel 84, 128 f.
innentheoretisches Grundschema, allgemeines 238 Anm. 42, 351 Anm. 57, 374 Anm. 29, 408 Anm. 58
Innentheorie 30, 37 ff.
– Abwägung bei der 286
– Ein-Schritt-Prüfung 53, 313
institutionelle Grundrechtstheorie 26, 265 f.
institutionelle Handlung 385 f.
Institutsgarantie des Eigentums 149 ff., 217 Anm. 30, 387 ff.
Intensität des Eingriffs 83 ff., 234, 263, 330, 413
Interessenjurisprudenz 27
„Jurisdiktionsstaat", verfassungsgerichtlicher 123 ff., 207
Kaldor-Hicks-Kriterium 188 f. Anm. 135
Kardinalskala, kardinale Ordnung 83, 205
Kassationslösung 219 ff., 392 f.
Kohärenz 27, 122, 269
kollektive Güter 50, 52, 192, 226, 237 f., 245, 256, 283, 290, 299, 301, 309 f., 313, 321 f., 331, 347, 354, 374, 377 ff., 390, 419 f., 429, 433

kollidierendes Verfassungsrecht als Schutzbereichsbegrenzung 284 ff.
Kollisionsargument 256 f., 320
Kollisionsgesetz 85 f., 89 f., 99, 105, 141, 143 f., 156, 241, 281, 289
Kompetenznormen 385 ff.
Konkretisierungen 99, 103 f.
konstituierte Rechtsposition 163, 173 ff., 218 ff., 392 f.
Konstruktionstheorie/normative Theorie 50 ff., 67, 239, 243, 246, 248, 252, 254, 322, 360, 362, 438
Kontrollintensität 375, 411, 419
Kunstfreiheit 141 ff., 237, 275, 281, 283
Lebach-Entscheidung 238
legitimes Ziel 125, 186, 192, 198 f.
Leistung, Begriff 216
Leistungsrechte, grundrechtliche insbes. 175 ff., 209 ff., 293 ff.
– Formulierung von Förderungshandlungen 197 Anm. 167
– im formellen Sinne 222
– im materiellen Sinne 216 ff.
– Teilerfüllung/Schlechterfüllung 196
Logik, monotone/nichtmonotone 111 f.
Lüth-Urteil 25, 239
Maximierungsgebot 97, 105
mehrdimensionale Freiheitsprobleme 309 f.
Meinungsfreiheit 64, 250 Anm. 110, 275, 284 Anm. 284, 379
Menschenwürde insbes. 271 ff.
– als außentheoretisches Recht 271 ff.
– als Grundrecht 271
– als oberster Wert im System der Grundrechte 271
– im engeren Sinne 281 ff.
– im weiteren Sinne 281 ff.
– Modell expliziter Beschränkungen 282
– Modell impliziter Beschränkungen 283

493

- Prinzipienebene 281 ff.
- Regelebene 281 ff.
- relative Absolutheit 281

Mindestposition 189 f. Anm. 138
Mitbestimmungsurteil 377
Mittelstandsschutz 245
Mülheim-Kärlich-Beschluß 368
Mutzenbacher-Entscheidung 141
Nachtbackverbots-Beschluß 143 f., 240
nationalsozialistische „Rechtserneuerung" 59 f., 64 f.
„Natur der Sache" 37, 418
Neuerlaßlösung 219 ff., 392
Nicht-Recht, definitives 240, 249
nonmonotonic reasoning 111
„Normalebene des Verhaltens" s. Verhaltensform, Abgrenzung bei Lübbe-Wolff
normative Theorie/Konstruktionstheorie 50 ff., 67, 239, 243, 246, 248, 252, 254, 322, 360, 362, 438
Normen
- außerrechtliche 157 f.
- Festsetzungsgehalt 88, 93, 98 ff., 101 ff., 135 ff., 382 f., 436
- individuelle 147, 159
- generelle 147, 159
- moralische 157 f., 241, 296, 348
- subsidiäre 97
- strikt geltende 95 ff., 104 Anm. 217

Normbegriff
- geltungsfreier 148
- semantischer 69 Anm. 5, 104 Anm. 212, 146 ff., 273, 283, 344 Anm. 17

Normenkontrolle
- abstrakte 213 Anm. 13, 299
- konkrete 299, 337 f.

Normsatz 104, 107
Normwidersprüche 100 f.
objektivrechtliche Funktionen s. Grundrechte, objektive bzw. objektivrechtliche Funktionen

Optimierungsgebot 78, 87, 91 ff., 97, 106, 108, 118, 299, 354
- planungsrechtliches 78 Anm. 60
- rechtstheoretisches 78, 91 ff., 118

ordinale Ordnung 83 f., 182 Anm. 108, 205

Organisation und Verfahren, grundrechtliche Rechte auf insbes. 368 ff.
- Begriff 225, 369 f.
- Begründung aus der objektivrechtlichen Wertentscheidung 371
- Gedanke des Verfahrens im weiteren Sinne 369 ff.
- als Leistungsrechte im weiteren Sinne 372
- Prüfungsfolge 391
- Rechte auf Organisation im engeren Sinne s. dort
- Rechte auf privatrechtliche Kompetenzen s. dort
- Rechte auf Verfahren im engeren Sinne s. dort

„Paradox der Gleichheit" 399, 425, 438
Pareto-Optimalität 188
Parlamentsvorbehalt s. Wesentlichkeitstheorie
Persönlichkeitsrecht, verfassungsrechtliches allgemeines insbes. 272 ff.
- als echtes Kombinationsgrundrecht 276 ff.
- Kernbereich 133, 274 f.
- Sphärentheorie 281 Anm. 269

Prädikatenlogik 79 Anm. 65, 177 Anm. 91
Präferenzlogik 81 Anm. 75
Präformationsmodell 26, 30, 161 ff., 231, 305, 352, 408
Präjudizienbindung 122
präventiver Erlaubnisvorbehalt 215 Anm. 26
prima facie-Recht s. Recht, prima facie
Prinzip insbes. 70 ff.

- Alles-oder-Nichts-Anwendbarkeit 75 ff., 96
- als Geltungsgebot 100 ff.
- als Grund 76, 89, 107 Anm. 230
- als normatives Argument 99 f.
- als Optimierungsgebote 78, 87, 91 ff., 97, 106, 108, 118, 299, 354
- als universelles Handlungsgebot 100, 176 f.
- der faktischen Freiheit 278 ff., 353 ff., 358, 362 f., 366 f.
- der faktischen Gleichheit 397 f., 451 f.
- der Menschenwürde 278 ff.
- der rechtlichen Freiheit 397
- der rechtlichen Gleichheit 397, 401 f., 405 f., 438, 451 f.
- Dimension des Gewichts 75, 77 f., 80, 103 f., 113, 129, 288
- Eindruck der Absolutheit 278 ff., 290
- formelles s. formelle Prinzipien
- Geltung 158
- moralisches 157 ff., 241, 296, 348
- Optimierungsgegenstand o. -ziel 93, 108 ff., 120, 126 ff., 137 f., 140, 142, 147, 180 ff., 190, 203, 244, 300 f., 316, 321, 376, 385, 453
- Prinzipiencluster 423 Anm. 134, 427 Anm. 153
- Stützungsprinzip 93, 112, 144, 245
- Teilnahme an der Abwägung als Grund 97
- und „policy" 74 Anm. 40, 433 f.
- und Verhältnismäßigkeitsgrundsatz 89 ff.
- und Wert 90

Prinzipienkollision *insbes.* 80 ff.
Prinzipientheorie *insbes.* 70 ff.
- Anwendung auf die Grundrechte 69 f., 114 ff.
- „als solche" 68 f., 70 ff.
- als „Reimport"? 71 Anm. 20
- als „Nullpunkt der Dogmatik"? 131 f.
- vermeintliche wissenschaftstheoretische Verdächtigkeit 132
- schwache Trennungsthese 71
- starke Trennungsthese 70
- Strukturierungsleistung 96, 121 f.
- und bundesverfassungsgerichtspositivistische Affirmation 132 ff.
- und Diskurstheorie 134
- und Verhältnismäßigkeitsgrundsatz 89 f.
- Verbindungsthese 71

Privatschulsubventionierung 225 f., 299 Anm. 3, 346 f., 351, 355 Anm. 80
Programmsätze 248 f., 347
Prozedur 225, 368 f.
Rationalitätsargument 252, 258, 358, 362
Recht
- „an sich" 34, 137 ff.,
- „auf alles" 354 f.
- „auf etwas" 24 Anm. 2, 342, 372, 385
- außentheoretisches 31, 36, 40, 50, 54, 63, 67, 90, 135, 137 ff., 155, 161, 208, 231 ff., 264, 267, 277, 282, 288, 296, 303 ff., 338 f., 348, 351 ff., 375 ff., 384, 390 f., 407 ff., 455
- bloßes prima facie- 35, 109, 249
- eingeschränktes 35, 37 ff., 67, 139, 308
- definitives 36, 51, 54, 246, 255, 405, 424
- innentheoretisches 31, 38 ff., 44, 49 f., 67, 135 ff., 155, 159, 161, 231, 239, 289, 296, 305 ff., 351, 359, 374, 407 ff.
- prima facie 29, 34 ff., 50 ff., 60, 63, 67, 126, 136 ff., 143 ff., 147 ff., 157, 175, 237, 240 ff., 253 ff., 290, 296, 300 ff., 321, 332, 348, 350, 354, 357,

360 f., 367, 374, 385, 402, 418, 436, 441
– scheinbarer/wahrer Inhalt 135 f.
Rechte auf privatrechtliche Kompetenzen *insbes.* 385 ff.
– als außentheoretische Rechte 390 f.
– als Leistungsrechte im weiteren Sinne 387 ff.
– als subjektive Rechte 390
Rechte auf Organisation im engeren Sinne *insbes.* 377 ff.
– als außentheoretische Rechte 384 f.
– als subjektive Rechte 378 ff.
Rechte auf Verfahren im engeren Sinne *insbes.* 373 ff.
– als außentheoretische Rechte 374 ff.
– als bindende subjektive Rechte 373
– Tatbestandstheorie, enge oder weite 376 f.
Rechtfertigungslast 51 f., 54, 421
Rechtsbegriff 72 Anm. 22, 117 Anm. 301, 158, 248, 258
Rechtspositivismus 72 Anm. 22
Rechtssicherheit 122, 145, 221, 255, 388
Rechtssicherheitsargument 257 f.
rechtsstaatliches Verteilungsprinzip 63
Rechtsstaatsgebot 185 ff., 268, 274, 291, 302, 333, 371, 373, 395, 438, 445, 451
Regel
– Abwägungsunfähigkeit 86, 97, 137, 155
– als definitives Sollen 94, 139
– als Festsetzung im Raum des tatsächlich und rechtlich Möglichen 87 Anm. 106, 87 Anm. 109, 240
– als normative Aussage 99 f.
– im engeren/weiteren Sinne 95
– strikte/nicht strikte 86 f.
– Stützungsprinzip 93, 112, 144, 245
– und Subsumtion 94, 102, 105, 119, 145

Regelkollision 79
Regel/Prinzipienkollision 86 f., 144 f.
Regelmodell des Rechtssystems 92, 137
repressives Verbot mit Erlaubnisvorbehalt 215 Anm. 26
„Restrisiko" 318
Rundfunkfreiheit 238, 368, 378 ff.
Sammlungsgesetz-Urteil 213
Schnellreinigungsbeschluß 66
Schranke, Schranken
– als Norm 140, 146 f.
– Begriff 140
– Einzelakt als 146 f.
– immanente *s.* immanente Schranken
– Prinzipien als 140 ff.
– Regeln als 143 ff.
– und Tatbestand 237 f.
– Wirksamkeit 147 f.
Schrankenklausel *s.* grundrechtliche Eingriffsermächtigung
Schrankentheorien *s.* Außentheorie, Innentheorie
„Schrankenwirrwarr" 259
Schutz durch Eingriff 336, 338
Schutzbereichsbegriffe 234 ff.
Schutzbereichsbegrenzung aufgrund kollidierenden Verfassungsrechts 284 ff.
Schutzgut 145, 176, 178, 218 f., 224, 226, 232, 235 f., 253, 282, 291, 309, 318, 417
Schutzhelmpflichtbeschluß 90
Schutzpflichten, grundrechtliche *s.* Schutzrechte, grundrechtliche
Schutzrechte, grundrechtliche *insbes.* 293 ff.
– Adressat 309, 310 Anm. 92
– aktuelle/potentielle Grundrechtsfälle 323
– als außentheoretische Rechte 303 ff.
– als Eingriffstitel? 336, 337
– als subjektive Rechte 297 ff.

- Begriff 224 f., 293
- Begründung 294 f.
- durch bindende Normen gewährt 296 f.
- Eingriff 314 f., 339
- „Ermessensausfall" 311 f.
- „evidente Verletzung", Erfordernis der 316 f.
- formelle Kriterien der Rechtfertigung von Eingriffen 327 ff., 339 f.
- formeller Schutz in Dreieckskonstellationen 335 ff.
- grundrechtliche Eingriffsermächtigung 324 ff.
- materielle Kriterien der Rechtfertigung von Eingriffen 327, 340
- „Minimalschutz" 306
- Naturgewalten 296 Anm. 12
- praktische Grenze des Tatbestandes 322 ff.
- Prüfungsfolge 339 f.
- sozialadäquate Risiken o. Restrisiken 317 ff.
- Schutzbereich 314, 339
- Sozialadäquanz 317 ff.
- Tatbestandstheorie, enge oder weite 315 ff.
- und Abwehrrechte 304 f.
- und liberale Tradition 226, 294, 305
- verfassungsrechtliche Rechtfertigung von Eingriffen 324 ff.
- Untermaßverbot 312 f.
- Wiederentdeckung 294
„Seminarfälle" 279 f.
Skalierung, infinitesimale/limitierte 125
„Soldaten sind Mörder"-Entscheidung 275
soziale Grundrechte *insbes.* 341 ff.
- als außentheoretische Rechte 351 ff.
- als subjektive Rechte 349 ff.
- Bedürfnistheorie 341 Anm. 3
- Begriff 225, 341 f.

- durch bindende Normen gewährt 348 f.
- durch interpretativ zugeordnete Grundrechtsnormen gewährt 344 f.
- Eingriff 367
- faktische Freiheit 225, 341 ff., 353 ff., 374 f., 397 f.
- formelle Kriterien der Rechtfertigung von Eingriffen 366
- grundrechtliche Eingriffsermächtigung 363
- materielle Kriterien der Rechtfertigung von Eingriffen 363 ff.
- praktische Grenze des Tatbestandes 361
- Prüfungsfolge 367
- Tatbestandstheorie, enge oder weite 359 ff.
- Untermaßverbot 366
- verfassungsrechtliche Rechtfertigung von Eingriffen 363 ff.
- Vorbehalt des Möglichen 364 f.
- Wandel des Anspruchsinhalts 357 f.
Sozialstaatsgebot 149 Anm. 76, 226, 268, 291 Anm. 324, 294 Anm. 3, 296 Anm. 12, 343, 358, 396 ff., 406 Anm. 49
Sphärentheorie 275 ff.
Spielräume *insbes.* 123 ff.
- Abwägungsspielraum 125, 205245,
- Erkenntnisspielraum 126, 205 f.245,
- Mittelwahlspielraum 126, 205
- struktureller Spielraum 124 ff.
- Zwecksetzungsspielraum 118 Anm. 304, 124 f., 245
„Sprayer von Zürich"-Entscheidung 284 f.
Staatszielbestimmung 113, 154, 187, 301, 343, 345, 347, 398, 447 Anm. 243
status negativus 215
Strauß-Karrikatur-Entscheidung 274 f.

497

Strukturtheorie der Grundrechte 26 ff., 190
Stufenbau der Rechtsordnung 245
Subjektive Rechte 297 ff.
- Begriff 297
- Begründung aus der Prinzipiennatur der das Recht gewährenden Norm 299 ff.
Subsumtion 94, 102, 105, 107, 116, 118 f., 260, 282, 291
Subsumtion und Abwägung 118 f.
Tagebuchentscheidung 138 f., 273 f.
Tatbestand
- Begriff 234 ff.
- der Abwehrrechte 231 ff.
- der grundrechtlichen Rechte auf Organisation und Verfahren 391
- der grundrechtlichen Schutzrechte 303 ff., 314 f.
- der sozialen Grundrechte 351 ff.
- des allgemeinen Gleichheitssatzes 407 ff.
- und Eingriff 234 ff.
- und grundrechtliche Eingriffsermächtigung 264
- und Schranke 237 f.
- und Schutzbereich 234 ff.
Tatbestandstheorie; enge o. weite 116, 253 ff., 315 ff., 359 ff., 417 ff.
- bei Abwehrrechten 253 ff.
- bei grundrechtlichen Schutzrechten 315 ff.
- bei sozialen Grundrechten 359 ff.
- beim allgemeinen Gleichheitssatz 417 ff.
Teilhaberechte, derivative/originäre 229 f., 342
teleologischer Schluß 179 f.
Übermaßverbot *insbes.* 185 ff.
Umweltschutz 118, 154, 301
Ungleichbehandlung
- normative 420 f.
- schematische oder rechtliche 396

Ungleichbehandlungsgebot 402 ff.
Unredlichkeitsargument 246, 256, 359 f.
Unterlassungen, bewußte/unbewußte 195, 199, 311
Unterlassungspflichten 149, 172, 176, 185 f.
Untermaßverbot *insbes.* 196 ff.
- als unmittelbare strukturelle Umkehrung des Übermaßverbots 192 ff.
- Auswahl unter verhältnismäßigen Mitteln? 203 ff.
- Erforderlichkeit 199 ff.
- Geeignetheit 198 f.
- und Spielräume 205 ff.
- Verhältnismäßigkeit im engeren Sinne 201 f.
Verbot mit Erlaubnisvorbehalt 215 Anm. 26
Verfahren *s.* Organisation und Verfahren, grundrechtliche Rechte auf
Verfassungsbeschwerde 115, 171, 213, 248, 285, 297 ff., 302 f., 317, 331, 343, 350, 400, 450 f.
Verfassungsgericht, Überlastung des 247, 257, 302
Verfassungsrang 1./2. Grades 118, 124 f., 245, 326 Anm. 170
verfassungsrechtliche Rechtfertigung des Eingriffs
- in Abwehrrechte 259 ff.
- in den allgemeinen Gleichheitssatz 447 ff.
- in grundrechtliche Rechte auf Organisation und Verfahren 391
- in grundrechtliche Schutzrechte 324 ff.
- in soziale Grundrechte 363 ff.
Verhältnismäßigkeit im engeren Sinne 90, 189 f., 201 f., 206, 256, 310 Anm. 86, 312, 374, 413 f., 428 f., 432

Verhältnismäßigkeit im weiteren Sinne 29, 32, 51, 64, 89, 95, 125, 135, 142, 150, 152 f., 184, 186, 190, 197, 252, 263, 271 f., 282, 287, 410, 455
- Begründung 89 f., 185 f.
- und Menschenwürde 271 ff.
- und Prinzipientheorie 89 f.
- und Wesensgehalt 287 ff.

Verhaltensform (positives Handeln und Unterlassen)
- Abgrenzung 210 ff.
- Abgrenzung bei Lübbe-Wolff 161 ff., 168 ff.

Versammlungsfreiheit 219 284 Anm. 284

Verteilungsprinzip, rechtstaatliches 63

Vertretbarkeitskontrolle 317 Anm. 136, 412

Vertragsfreiheit 151 f., 388

voll intensivierte Kontrolle 317 Anm. 136, 412

Wechselwirkungstheorie 239 f., 329 ff.

„Weltenei, juristisches" 124, 205

Wesensgehalt 266, 287 ff., 327
- absolute Theorie 288 f.
- relative Theorie 287 f.

Wesentlichkeitstheorie 29, 147, 282, 291, 325, 329 ff., 366, 450 f., 454

Wissenschaftsfreiheit 346

Ziele, negativ absolute/relative/positiv absolute 179 Anm. 97, 187

Zitiergebot 29, 291, 333, 451

Zweck-Mittel-Relation 138, 195, 309, 311, 428 f., 432, 449 Anm. 253

Zwecke für Ungleichbehandlungen, externe/interne 418 ff.